W0197234

Für
Sigrid

Titelbild

Die Wetterhexen. Hans-Baldung Grien
(1484/85 – 1545). Öl auf Holz (65 x 45 cm).
Städel'sches Kunstinstitut. Frankfurt ST 12.
Mit freundlicher Genehmigung.

Das Bild entsteht etwa zeitgleich mit der Herausgabe der 1. Auflage des »Hexenhammers«.
Es ist denkbar, daß Grien nicht nur das Hexen-
thema (Wettermachen/Ritt auf einem Bock)
im Auge hat, sondern zugleich eine Bewe-
gungsstudie.

Hans-Jürgen Wolf

Hexenwahn

Hexen in Geschichte und Gegenwart

Vorderer und hinterer Vorsatz

Junge Frau in der Folterkammer bzw. vor dem
Inquisitionstribunal. Um sie herum die Folterinstrumente Streckbank, glühend gemachte
Zangen zum Zwicken, Geige und doppelte (?)
Daumenschraube. Man hat dieses Motiv überdies für die sexuelle Unausgeglichenheit des römisch-katholischen Klerus beansprucht.

Lizenzausgabe 1990 für
Manfred Pawlak Verlagsgesellschaft mbH,
Herrsching
© by Historia Verlag, Dornstadt
Alle Rechte vorbehalten
Umschlaggestaltung: Bine Cordes, Weyarn
Umschlagmotiv: Archiv für Kunst und Geschichte, Berlin
Printed in Hungary
ISBN 3-88199-735-0

Die Hexen

Herr! Hörst Du die Hexen schreien im Turm?
Eine jede ist doch Dein Kind!
Sie beten! Sie fluchen! Sie rufen nach Dir!
Herr! Und Du weißt, daß als Hexen schuldlos sie sind.

Herr! Wehre den Bütteln beim grausigen Tun!
Befreie die Menschen vom furchtbaren Wahn!
Was willst Du einmal tun beim Jüngsten Gericht –
Wenn die Hexen erscheinen und klagen an?

Aus: Hexenprozesse in der Grafschaft Büdingen
Protokolle – Ursachen – Hintergründe
Walter Niess. 1984.

Vorwort

Dieses Buch soll als bescheidener Beitrag für eine menschenwürdigere Welt ohne Haß, Intoleranz, Gewalt, Unterdrückung, Folter, ohne Glaubensverpflichtung an Teufel (= Dämonen) verstanden werden. Es soll (wach)rütteln, um nachzudenken über unsere Mängel in Geschichte und Gegenwart. Es ist nicht auf eine einseitige Kritik an den damaligen Kirchen ausgerichtet und soll Diskussionen entfachen, die ermöglichen, die komplexen Zusammenhänge über die Hexerei besser zu erfassen, zu verstehen und zu interpretieren. Deshalb bietet es Hintergrundinformationen, ein tief gegliedertes Inhaltsverzeichnis, einen größeren Quellenteil und ein weiterführendes Literaturverzeichnis von etwa 1200 Titeln. Sinn ist überdies, dem »alten« Standardwerk, dem »Soldan-Heppe«, ein aktuelles Werk entgegenzusetzen. Soldan-Heppe gelangte zu einem heute nicht mehr haltbaren Urteil.

Neue Erkenntnisse verdanke ich vor allem Herrn Prof. van Dülmen (Saarbrücken) und Frau Dr. Müller (Würzburg); bzw. ihren Arbeiten zur Ketzergeschichte. Erweiterte Kapitel wurden eingefügt über den Jesuit Friedrich v. Spee, den sächsischen Jurist Thomasius, die schwäbischen Reformatoren Benz und Gräter. Ebenso wurden neuere Forschungsergebnisse aus den Regionen Schwäbisch Hall (und Hohenlohe), Nördlingen (im Ansatz), Erlangen, dem Ostalpenraum und der Steiermark berücksichtigt. Hinzu kommen die Hexenprozesse aus dem Werdenfelser Land, die aus Ulm und die neue Bearbeitung des Hexenprozesses gegen die Mutter des Hofastronomen Kepler (Weil der Stadt).

Wir leben in einer Zeit, da esoterische Gedanken (wieder) in breiter Form Fuß fassen und in der Millionen an die Wirksamkeit von Hexen glauben. Es ist absurd, denn es hat niemals wirkliche Hexen, Teufel, Gespenster, Götter und/oder Werwölfe gegeben. Der Glaube daran ist so nichtig wie der an das Goldmachen, an die Wunderwirkung des mittelalterlichen Theriak oder an die Horoskope. Und doch begleiten diese Phantasmen unsere Entwicklung durch alle Zeiten, Altersstufen und Bildungsgrade. Gewisse feministische Bewegungen gehen an der Sache vorbei und zeichnen sich durch Unsachlichkeit aus.

Die Verfolgung Einzelner, Gruppen und/oder Völker hat bis heute nicht aufgehört. Das Individuum Mensch ist bei allen Fortschritten auf einer relativ niedrigen Stufe stehengeblieben. »Warum nur, möchte ich wissen, müssen die Menschen leiden, da es nicht notwendig wäre . . . ein wenig Willenanstrengung könnte sie aus dem selbstverschuldeten Elend herausführen. Töricht ist der Mensch, der sich mit Angstgespenstern umgibt und sich vor Dingen fürchtet, die es nicht gibt« (Richard Llewellyn). Doch: wem stünde es zu, über die zu richten, die zu Staub geworden sind.

Die Hexenprozesse sind Teil unserer Geschichte. Sie dürfen und können ebensowenig wie die Judenverfolgungen totgeschwiegen werden. Der kritische Beobachter vermag daraus Nutzen zu ziehen.

Kapitel

Inhaltsverzeichnis

11

Die vier Hexen. Vermutlich eine Bewegungsstu-
die. Kupferstich von Albrecht Dürer aus dem Jahr
1497. Die realistische Betrachtung wird vor allem
aus einem Detail deutlich: aus der Türöffnung beobachtet ein listiger Teufel die Szenerie. Vermutlich hat Dürer seinen Zeitgenossen Hans Baldung
Grien zu dessen Hexendarstellungen angeregt.

Einführung/Standpunkt

Schon immer steht die Frage im Raum, ob es Hexen gegeben hat und/oder ob es heute (noch) welche gibt. Der Glaube an sie ist Bestandteil der Volksethik und in den Anfängen unserer Geschichte verwurzelt. Aus dieser Vorstellung entwickelt sich ein Ungeheuer von beachtlichen Dimensionen: es hat die abendländische Geschichte überschattet. Es gab Epochen, da waren nahezu alle vom Vorhandensein der Hexen *und* von der Rechtmäßigkeit ihrer Bestrafung überzeugt[1]. Wer sich dagegen sträubte, konnte allein deshalb der Nächste sein. Das Hexenwesen begleitet in unterschiedlichen Intervallen und Ausformungen die Geschichte der Menschheit, die sich von dieser Idee nicht zu trennen vermag. Dies wird auch künftig so sein!

Man rechnet die Hexerei zu den menschlichen Irrtümern, und – wäre das Thema nicht so erotisch, grausig und pikant, daß man eben doch geneigt ist »mitzureden« – will man mit einem Achselzucken darüber hinweggehen, ähnlich wie beim Glauben an Gespenster, das Goldmachen und an Werwölfe.

Eine ernsthafte Auseinandersetzung mit diesem Phänomen bestätigt, daß in der Vorstellung vieler der Aberglaube mit elementaren Kräften der Bildung streitet[2]: oft zugunsten des einfacheren Weges. Trotz vieler Errungenschaften wandeln wir keinesfalls im Licht der Vernunft. ». . . bald geht die Entwicklung der Menschheit langsam und bald schnell voran. Stets werden Vertreter einer höheren Stufe auf uns blicken. Auch über uns wird zu Gericht gesessen. Menschtum ist Irrtum: der Beste ist nur ein Kind seiner Zeit«[3].

Dies berechtigt nicht, die Sache auf sich ruhen zu lassen. Der Stoff der Hexenprozesse ist schauerlich. In nur wenigen Fällen ist er rührend und von menschlicher Wärme getragen. Es lohnt sich, sich damit zu beschäftigen, denn nur so sind wir in der Lage, der in uns liegenden Intoleranz, Inkompetenz, Überheblichkeit und Selbstsucht – oft nur um eines winzigen Vorteils willen – entgegenzuwirken. Geschichte ist nicht das Füllhorn überlaufender Phantasie, sondern das Aneinanderreihen komplizierter Sachverhalte. Die reale Erforschung des Hexenwesens ist komplex und schwierig.

Der Hexenprozeß hat immer wieder das Interesse der Historiker, aber auch das der Poeten und Tagesschriftsteller auf sich gezogen, wobei von diesen manch einer sich nur deshalb mit dem Thema beschäftigte, um eigenes Gift gehässig verspritzen zu können[4]. Erst in der jüngsten Zeit drängt die Erforschung der Hexerei stärker in unser Bewußtsein. Mit ausgelöst wurde es durch feministische Bestrebungen und dem daran geknüpften Identifikationswahn. Das Thema ist »historisch« nicht aufgearbeitet und es wäre wünschenswert, der Hexerei im Konsens unserer geschichtlichen Entwicklung »endlich« die richtige Wertung zu geben. Wir haben eine Parallele zur Geschichtsschreibung des III. Reiches vor uns: mit Verdrängung und Schönfärberei, ja mit nachträglicher Verherrlichung ist es nicht getan!

Die Literatur über das Hexenwesen ist über weite Strecken unbrauchbar. Wir finden oft nur Abgeschriebenes von Abgeschriebenem. Meine Untersuchung entstammt – neben der Faszination, die von diesem Thema ausgeht –, dem Bedürfnis, das »alte« Standardwerk zu den Hexen*prozessen*, den »Soldan-Heppe« zu überarbeiten[5]. Verfasser dieses Buches waren in der 2. Hälfte des vorigen Jahrhunderts ein protestantischer Jurist und sein Schwiegersohn. Trotz ihres umfassenden Engagements ist ihre Darstellung fehlerhaft und beschäftigt sich lediglich mit dem letzten Zipfel des Geschehens, dem Hexenprozeß. Die Autoren zeichnen ein »zu« hartes Bild, gehen mit den Quellen spärlich um und geben dem Leser *nicht* Gelegenheit, die Thematik von verschiedenen Seiten her zu beurteilen. Ihr Buch hat überdies den Nachteil, daß es bezüglich der Schuldfrage die katholische Kirche über Gebühr belastet[6]. Außerdem werden Unkorrektheiten manifestiert[7].

Die Hexenprozesse sind nicht das Hexenwesen selbst. Sie geben nur Kunde von ihm, so wie die aus fauligen Wassern aufsteigenden Blasen über die darunter verborgenen Kräfte. Hier gilt ein Ausspruch Einsteins in seinen Selbstzeugnissen: ». . . nach und nach erkannte ich, daß das geschichtliche Geschehen voller Rätsel ist und daß wir es für immer aufgeben müssen, die Vergangenheit wirklich zu verstehen«.

Wenn das Thema auf die »Hexen« kommt, ergibt sich fast immer das gleiche (falsche) Schema. Das Hexenwüten gehört dem »finsteren« Mittelalter an, man habe überwiegend Frauen verbrannt; diese seien allesamt alt und häßlich. Auf ihrem Buckel sitzt in schöner Regelmäßigkeit eine Katze oder ein Rabe. Diese oberflächliche Betrachtung spiegelt lediglich das Bild wieder, das im Zug der Romantik – im 19. Jh. im Verbund mit den großen Volksmärchen – aufkommt. Es hat mit meiner Untersuchung nichts zu tun.»Vereinfachte Pauschalurteile über geistesgeschichtliche Fakten treffen oft weit neben das Ziel«.

Tatsache ist, daß die Frau zur Zeit des hohen Mittelalters zumeist große Anerkennung genoß. Man denke an den Minnesang und an die von Frauen geführte Zünfte und Klöster. Erst mit dem Ende dieser Epoche treten – unter dem Vorschub des italienischen Humanismus Abneigung, Tadel und Verachtung in den Vordergrund. Selbst Hans Sachs hat es in seinen Schwänken nicht anders gehalten, der Frau alle guten Eigenschaften abzusprechen und sie als verdorbenes, untergeordnetes Geschöpf darzustellen[8].

Tatsache ist, daß dem Mittelalter das organisierte Wüten gegen sog. Hexen (ausgeklammert Judenverfolgungen, Ketzer- und Inquisitionskampagnen, die im wesentlichen auf das Kirchenkonto gehen) wesensfremd ist. Es sei lediglich der Hinweis gestattet, daß man schon damals versucht hat, Ketzer mit dem Feuertod aus der Welt zu schaffen. Man ging in der irrigen Vorstellung auf, mit dem Verbrennen gleichzeitig die geistige Opposition vernichten zu können. »Es scheint, als habe die Glaubenswut der Christen von Zeit zu Zeit ein Abschlachten Andersdenkender verlangt, um sich in den zum Himmel schlagenden Flammen zu kühlen«[9].

Die Hinrichtungswellen des 16. und 17 Jh. umfassen Kleinkinder (die man der noch lebenden Mutter auf den Scheiterhaufen wirft), Rats- und Chorherren, »schöne« Jungfrauen, geistliche und weltliche Honoratioren[10], wie 95-jährige Greise, die man auf einer »Ochsenhaut« oder Bahre zum Brandplatz schleift. Das Hexenbrennen ist *nicht* auf das weibliche Geschlecht beschränkt. Doch es läßt sich sagen, daß man insgesamt mehr Frauen als Männer verfolgt *und* hingerichtet hat.

Erste in diese Richtung gehende Aktivitäten deuten auf Lynchjustiz und/oder verdeckte Zaubereiprozesse. Im April 1074 wird in Köln eine Frau von der Stadtmauer gestürzt, weil sie im Verdacht steht, mit magischen Kräften umzugehen. 1409 soll in Frankfurt/Main eine Frau ihr Kind an einen zaubernden Jude verkauft haben. Sie wird in einen Kerker gezerrt (dann wieder freigelassen), er wird in Friedberg verbrannt[11].

Mit dem Zerfall der spätmittelalterlichen Ordnung im geistig-kirchlichen Bereich geht das über Jahrhunderte von der Kirche geprägte Gefühl der Geborgenheit verloren. Im religiösen Vakuum zeigt sich ein extremes Verlangen des Volkes nach dem Heil der Seele. Der von allen Seiten geängstigte Mensch sucht erneut nach Halt und Anerkennung, Zuflucht und Erklärung. Doch die Zweifel an der klerikalen Aufrichtigkeit sind bereits zu groß und sie werden durch den Protestantismus (noch) geschürt. Dieses Klima mit seinem steten Suchen, Abwägen und Neugestalten prägt das 16. Jh., eine Zeit also, da die Hexenverfolgungen immer dichter werden. In einer solchen Atmosphäre wuchert (auch) der Aberglaube. Dazu gesellte sich die längst fundamentierte Angst vor Hölle und Fegefeuer[12]. Die Sphäre des Dämonischen gewinnt an Bedeutung und es fehlt nicht an Interpretationsversuchen. Geistige Erschütterungen werden oft aus widersprüchlichen Quellen gespeist. Sie fließen aus vielen Rinnsalen irgendwo zusammen, brechen dann plötzlich auf und suchen ihren (Aus)weg. So entsteht (auch) das Wüten gegen die vermeintlichen Hexen.

Im späten Mittelalter wird das Hexen mit »schädigendem« Zauber gleichgesetzt. Autoren erkennen in den Hexen eine neu entstandene Sekte und erwähnen Mitglieder, die mit dem Satan einen Bund geschlossen haben (sollen). Nun entstehen Schriften, die das aufkeimende Hexenwesen beeinflussen. So der »Formicarius« von Nider und der Hexenhammer der beiden Dominikaner Sprenger und Krämer. Die Tragweite ihres Wirkens bleibt ihnen verborgen. Sie können nicht wissen, daß sie einen Schatten über Europa legen. Überdies: auch einige südafrikanische Völker glauben an Hexerei. Dort wird sie von Männern (kaioab) und Frauen (kaiabs) ausgeführt. Sie geben vor, Regen machen zu können, Kranke zu heilen und die Ursachen des menschlichen Todes aus-

18

findig zu machen. Was ist ihr Regenmacher anderes als unsere Wetterhexe?

Langsam entwickelt sich die Vorstellung, bei den Hexen handle es sich um kindermordende, nachts herumschweifende, mit Teufeln im Verbund stehende weibliche Wesen. ». . . auf die glänzende Seite der Geschichte des 15. Jh. mit ihren epochemachenden Erfindungen (z.B. Buchdruckerkunst)[13], fällt der Schlagschatten eines Ungeheuers, das an Furchtbarkeit alle anderen Greuel überragt, der Hexenprozeß«[14].

Schon hier sehen wir die geistige Spaltung: griechische und römische philosophische Strömungen verbinden sich mit christlichen Vorstellungen, eben dem von dieser Seite beigesteuerten irrigen Teufelswahn mit all seinen negativen Eigenschaften. Er ist unumgänglich, um die Lauterkeit dieser Religionsvariante zu dokumentieren!

Zeitdauer und Ausmaß der Hexenbrände

Die Behauptung, aus vorliegenden Chroniken, Rechts- und Tagebüchern lasse sich der Schluß ziehen, daß die Zahl der Hexenverbrennungen »in die Millionen« gegangen sei, ist nicht zu rechtfertigen. Die historische Demographie hat uns gelehrt mit Angaben, die Bevölkerungszahlen betreffen, vorsichtig zu sein. Das Phänomen des Hexenwahns bedarf der Übertreibung nicht, es ist furchtbar genug[15].

Wer an die Hexenprozesse herangeht, muß sich hüten zu verallgemeinern, und zu vergröbern, muß leichtfertige Unterstellungen und überscharfe, anachronistische Wertungen vermeiden und sich von dem Irrtum befreien, die von Papst Innocenz VIII. am 5. Dezember 1484 erlassene Bulle »Summis desiderantes affectibus« trage die Hauptschuld an den großangelegten Hexenverfolgungen, die zwischen 1590 und 1630 einen neuen beängstigenden Höhepunkt fanden, zu einer Zeit, da man in weiten Teilen Europas dem Statthalter Gottes weder Gehorsam noch Gehör schenkte. Die Hexenverfolgung wurde zwar durch die erwähnte Bulle legalisiert: trotzdem dürfen wir sie nicht überbewerten[16]. Das gleiche betrifft den »Malleus maleficarum«, den viel zu hoch geschaukelten »Hexenhammer«, den zwei Mönche verfaßt haben.

Mit Logik allein läßt sich das Hexenwesen nicht begründen: es liegt mehr im irrationalen Bereich und ist gerade deshalb schwierig zu bewerten.

Die ersten Verfolgungen setzen – zaghaft – im letzten Drittel des 15. Jh. ein. Zu einer Zeit, da das »alte« Glaubensgefüge am Rand eines Abgrundes steht. Längst steht die Institution »Kirche« unter historisch gewachsenen Zwängen und hat das theologische Wissen (jedoch auch das Halbwissen) ihrer Vergangenheit zu bewältigen.

Die römisch-katholische Kirche übernimmt den Glauben an Geister von antiken Strickmusterbögen und zimmert daraus ein imaginäres, auf die Verwirklichung *ihrer* Interessen ausgerichtetes Luftschloß. Erst unter dem Einfluß des Christentums, das den Zauberglauben vorfindet, (ver)schwinden die »alten« Götter, um »neuen« Platz zu machen. Besser sind sie darum nicht und wir haben Beispiele, die dokumentieren, daß man christliche Kirchen auf geschleifte (angebliche) Götzentempel gesetzt hat. Durch die mit dem Christentum einkehrende Wende tritt der auf Phantasien ruhende Geschlechtsverkehr zwischen Menschen und Dämonen in ein abartiges Licht[17]. Die Auseinandersetzung mit dem »listigen« Teufel führt über die Brücke zur Teufelsbuhlschaft und von dort – weiter gedacht – zum Hexenbrand[18].

Um das klerikale Verhalten zu begreifen, muß man wissen, daß ihr Kampf nicht den Hexen, sondern dem (erfundenen) Teufel als erklärtem Gegner gilt. Er wird über Jahrhunderte zur Zentralfigur des Christentums. Ist er es noch heute?

Rechthaberische Theokraten posaunen von Hunderten von Kanzeln die teuflische Idee in die Wogen der verängstigten Menschen. Die Zeit ist geschwängert von diversen Teufelsaustreibungen. Neben modifizierten Bibeln entsteht ein »zweites« Zauberbuch der Christenheit, das »Rituale Romanorum«, nach dem noch heute in modifizierter Form Exorzismen gelesen werden. Damals setzt ein, was sich bis heute eskaliert: die Zahl derjenigen wächst, die ungebildet sind und bleiben (heute gibt es allein in den USA ca. 60 Millionen Analphabeten mit steigender Tendenz): unser Land ist davon keinesfalls befreit. In diesem Humus wachsen nicht nur Religionen und Sekten, da blüht seit eh und je der krasse Aberglaube: dazu zählt für mich der Glaube an Teufel.

Über die Kanzeln – hier geben sich Protestanten, Calvinisten und Katholiken brüderlich die Hand – fließt der künstlich gestaute Haß über das »Teufelsgesind«, die »Hurenvögel« und die vom »rechten Glauben Abgefallenen« in einer kaum vorstellbaren Woge an die Obrigkeit zurück[19]: sie fordert ihr Handeln heraus! Natürlich haben die Theologen durch die nahe Beziehung, die zwischen Kirche und Staat bestand, die Gesetzgebung und die daraus resultierende Rechtssprechung, die sich auf Hexerei und Zauberei bezog, beeinflußt, aber das Verfahren gegen die Hexen war, bedingt durch die politische Entwicklung in Europa, sukzessive den geistlichen Gerichten entzogen und weltlichen zugewiesen worden[20].

Die weltliche Obrigkeit erniedrigt sich zum Spießgeselle klerikaler Hoffnungen und beeilt sich, diejenigen zu verfolgen, denen man ein »teuflisches« Bündnis unter das Korsett geschoben hat. So wird der Kessel des Hexentreibens entfacht[21]: die Glut hält lange vor!

Der Wahn des vernachlässigten Volkes witterte überall Hexerei und Zauberei. Engherzige Gelehrte gaben dem Volksglauben nach, statt ihn zu bekämpfen. Daraus entstand das Hexentreiben im Verbund mit Rachsucht und Habgier, unterstützt von einer fast wahnsinnig zu nennenden Folter«[22]. Wie dieser Patriot die Sache sieht, so ist sie nicht! Problematisch sind die geistigen Grundlagen und der Aufhänger: »... der dubiose Schild eines in die Irre geleiteten Glaubens, getragen von einer mehrbödigen Moral und einer zeitweise unsittlichen Rechtsauffassung«[23].

Ab der zweiten Hälfte des 16. Jh. nehmen die Verfolgungen zu (Gegenreformation, Jesuitismus, Konzil von Trient). Dann werden sie durch die Flammen des 30-jährigen (Glaubens)krieges unterbrochen, bzw. verlagert. Dann brausen die Hexenbrände (wieder) auf und nehmen schließlich kontinuierlich ab. Das Banner des Verstandes wird von der Aufklärung – im Widerstand zu traditionellen Ansichten des Klerus – vorangetragen. Man kann es wenden wie man will; mit der Verminderung des Glaubens an den Teufel verschwindet die Glaubwürdigkeit der Hexen[24]. Parallel sehen wir eine stete Zurücknahme der Folterpraxis.

Bereits im 18. Jh. wird der Teufelsglaube scharf angegriffen, indem aufrichtige Theologen wie Cornelius Loos, Balthasar Bekker und Juristen wie Christian Thomasius die These aufstellen, daß der Teufel kein leiblicher, sondern bestenfalls ein imaginär gesehener Gegner sein könne. Dies rüttelt an der Kirchentür: so setzt für die Kurialgeschichte eine kritische Phase sein. Sie hat gegen die hörige Masse stets gewonnen, doch den Kampf gegen Einzelne oft verloren. Jetzt *muß* sie klein beigeben und erkennen, daß sich die meisten Menschen nicht mehr ohne weiteres wie Marionetten bewegen lassen. Goethe formuliert es später so: »... es ist noch viel Dummes am Glauben der Kirche, aber sie will eben herrschen. Ein Mischmasch von Irrtum und Gewalt«. Nicht der Teufel selbst, sondern die Furcht vor ihm verwandelt das Diesseits in eine Hölle[25] und ob es ein Jenseits gibt, wissen wir nicht. Die Kirche kämpft mit erfundenen Dämonen gegen erfundene Sünden und opfert dieser irrealen Vorstellung Menschen.

Für das 18. und 19. Jh. lassen sich immer weniger Prozesse nachweisen, wobei unterschwellig der Hexengedanke erhalten bleibt. 1944 wird in London Helen Duncan unter Berufung auf ein Hexengesetz aus dem Jahr 1735 angeklagt und für schuldig befunden. Ein vor Aufregung eingetretener Herzinfarkt bewahrt sie vor weiterer Diskriminierung.

Die Gotteskundler ergehen sich in suspekten Haarspaltereien und erörtern die Frage »... was denn zu tun sei, wenn eine Maus Weihwasser getrunken habe«, bzw. stellen in Frage, ob es richtig sei, einer als Hexe Verurteilten unmittelbar vor der Hinrichtung eine Hostie zu reichen »... denn sie bliebe vielleicht unverdaut und dies könne dieses Sakrament verunehren«. Sie *müssen* ihre Fassade gleichzeitig vorn und hinten stützen. Dazu halten Tausende dickleibiger Folianten her und dazu werden Tintenströme vergossen. Erinnern wir uns an Mark Twain: »... was die Regierungskunst angeht, so muß die Etikette stimmen, nicht die Moral«.

Fest steht, daß die Geistlichkeit seit Jahrhunderten ihre eigene Geschichte schreibt: sie ist nicht kongruent mit der übrigen. Hier geben sich unter purpurnen Roben aufgewärmte Volksmärchen, Kittungen, Unwahrheiten und bewußt eingeschobene Fälschungen die Hand[26]. Unglaubliches *muß* zur Rettung der Ideologie geglaubt werden. Wir haben eine nach allen Seiten verpflichtende Verherrlichungsgeschichte vor uns, die letztendlich wertlos ist.

Unweigerlich denkt man an einen Ausspruch von Salvador de Madrigala: ». . . in einem totalitären Staat sind die Historiker mächtiger als der liebe Gott. Sie können sogar die Wahrheit verändern«. Dies ist lange gutgegangen. Doch rückt die Forschung seit geraumer Zeit Steinchen für Steinchen des Trümmerfeldes beiseite, das sich Kirchengeschichte nennt! Hier sind interessante Ergebnisse zu erwarten und die Arbeiten eines Karl-Heinz Deschner (z.B.) können nicht unbeachtet bleiben.

Nach wie vor ist das christliche Glaubensfundament beweislastig. Unter dem Talar der Geistlichkeit bewegt sich eine spezielle Variante des Egoismus, wie das jedweder umspannenden Organisation zu eigen ist. Die angeblichen Kardinalstugenden sind durch die Kirchengeschichte widerlegt. Ihr Beitrag am Hexenbrennen ist – so hart es klingen mag – als relativ harmlos anzusehen[27]. Das Theologenzitat: ». . . ich bin der Glaube, das Leben und die Hoffnung« ist bar jeder Realität.

Die von der Kirche über Jahrhunderte systematisch aufgebaute »geistige« Knechtschaft trägt (auch) im Umfeld des Hexentreibens Früchte. Tatsache ist, daß eine mißverstandene *und* aus dem Zusammenhang gerissene Passage des AT (Exodus 22.18 ». . . die Zauberinnen sollst du nicht leben lassen«) dazu hergehalten hat, um – überwiegend auf protestantischer Seite – sog. Hexen zu jagen und danach zu verbrennen.

Theologen gehen mit den Termini Sünde(n), Fegefeuer, Höllenstrafe(n) und Teufelswahn auf dem Marktplatz der menschlichen Einfalt spazieren. Selbst ohne Kenntnis der Bibel kann man als anständiger Mensch durch's Leben gehen. Nach dem Pfarrer Schindler ist der Hexenprozeß eine Zuchtrute der Christenheit, getragen von einer Dogmatik, die neben Gott den bösen Geistern Gewalt beigemessen hat[28]. Er täuscht sich, denn beides sind Illusionen.

Die Geistlichen können ihre Lateinkenntnisse auffrischen, denn sie haben den Begriff »Dämon« verschanzelt. Ursprünglich bedeutet dies »voller« Weisheit, wobei gute Dämonen als »eudämon« und als bös gedacht als »kakodämon« bezeichnet werden. Von einem Teufel ist nicht die Rede. Das christliche Glau-

bensmanifest schert alles über den gleichen Kamm und bezeichnet sie *grundsätzlich* als böse!

Durch Indoktrination wird der Hexenglaube zur ideologischen Größe und zur alles beherrschenden Vorstellung. Es geschah nichts ohne Kirche und nichts gegen sie. Sie lieferte die Begründung und die Weltlichkeit gehorchte. An dieser Stelle sind die unterdrückten Begierden derjenigen zu nennen, denen die Kirche das Zölibat umgehängt hat und die ihre sexuell verklemmten Vorstellungen – wie die damit verbundenen Ausschweifungen – auf das Volk projizierten. Wem fällt nicht beim Studium der Akten auf, wie gierig Hexenriecher im Aufspüren erotischer Details sind. Die Frauen werden schlichtweg als Negativum in das undurchsichtige Labyrinth theologischer Weisheit gepreßt. Dies hält Geistliche nicht davon ab, sie in Pfarrhäusern, Beichtstühlen oder während Hausbesuchen als »sexuelle« Leckerbissen zu behandeln. Steht doch schon in den päpstlichen Dekretalen: ». . . den Christen soll alles gemeinsam sein, auch die Weiber«.

Ruhen Antisexualismus *und* Hexenwahn auf einem klerikalen Mißverständnis? Nietsche betont, daß das abendländische Sexualverhalten durch das Christentum vergiftet worden sei: so gesehen ist das Wüten gegen vermeintliche Hexen ein Ausfluß sexueller Perversion.

Jede pauschale Aussage über die Zahl der wirklich Verbrannten ist falsch: ». . . wie viele in Kerkern verschmachtet, zu Krüppeln geschlagen, zu Tode gefoltert, vergewaltigt, erwürgt, auf Scheiterhaufen gezerrt und verkohlt wurden, wie viele aus Angst vor Häschern das Land verlassen haben, bleibt unbekannt«[29].

Rechtlich gesehen bedeutete die Hexerei ein mehrfaches Verbrechen, dem verschiedene Straftatbestände zugrunde lagen, nämlich Schadenszauber, Gotteslästerung, Sodomie (vereinzelt) und allenfalls Ehebruch und/oder Kuppelei. Es ist nachträglich schwer, die Verfahren zu trennen. Wer könnte heute bei der damaligen Rechtsterminiologie[30] sagen, wie aus einem Giftmischer-, Abtreibungs-, Verleumdungs- oder Ehehandel ein Hexenprozeß geschmiedet worden ist? Vor allem Verwandte haben sich gegenseitig bezichtigt. Die Frauenzunge ist hier stets spitz und kampfeslustig (gewesen?).

Die Verteidigung hat ganz allgemein den Hexenprozeß erschwert, und ihn stellenweise eingeschränkt. Sie hat in vielen Fällen versagt, mußte doch der Denfensor, indem er für den oder die Angeklagten eintrat, vielfach selbst damit rechnen, in den Geruch der Hexerei und Zauberkunst zu gelangen. Beispielsweise berichtet 1590 der Rentmeister von Felsberg über das Hexenunwesen im dortigen Amt und betont: ». . . die Witwe des Werner Gerlach würde für eine böse Zauberin gehalten. Nachbarn meiden die Metze (= Dirne), weil sie nachts mit den Kindern als reißender Wolf ihr Unwesen treibe. Sie entheilige den Sonntag und mache Heu (oder rupfe Hanf) während der Kirchzeit«.

Rasch reiht sich Denunziation an Denunziation. Wie schnell hat man vergessen, wie schnell man selbst an der Reihe sein konnte? Im Volk bildet sich eine »gesteuerte« Angst. ». . . kaum einer begreift die Grausamkeiten, mit denen die Völker von ihren Priestern in die Enge geführt worden sind«[31]. Einmal in den Fangarmen der Obrigkeit, gab es so gut wie kein Entrinnen mehr!

Nach vorsichtigen Schätzungen ist die Zahl der wirklichen Hexenopfer zur Gesamtpopulation relativ gering. Und: wäre es nur eine gewesen, so wäre es eine zuviel! Alle früher genannten Hochrechnungen sind eher spekulativ denn richtig. Über weite Strecken fehlen Dokumente[32], wenngleich heute festzustellen ist, daß noch viele vorliegen, denen man seither keine Beachtung geschenkt hat. Je weiter die Chronisten fortschreiten, desto dramatischer wird die Sache hingestellt. Wir haben eine Parallele in den Legenden der Märtyrer. Auch diese Suppe war nicht so heiß, wie sie (noch heute) gegessen wird. Brauchbare Unterlagen sind:

● Criminalratsprotokolle.
● Briefe (Catharina Henot (16.5.1637); Bürgermeister Junius).
● Bürgermeisterbücher, Aufzeichnungen von Ratskommisarien und der Stimmeister.
● Akten über Untersuchungen und Bestrafungen bei peinlichen Verbrechen.
● Urgichten, Verhörsprotokolle, Fakultätsgutachten.
● Einzelne Dissertationen, z.T. die aufgelaufene Literatur.

Für Köln, Esslingen und Werdenfels – um Beispiele zu nennen – liegen detaillierte Untersuchungen vor. Überdies gibt es eine Reihe guter Dissertationen zu diesem Thema und zu anderen Orten. Die Originalakten über den Prozeß gegen die Mutter des Hofastronomen Kepler (Leonberg) haben sich erhalten. Für das ehemalige Bistum Bamberg weist Lambreg von 1624 – 1630 785 Verfahren wegen »Drudnerei« nach, denen zufolge 307 Personen ihr Leben gelassen haben[33]. Ab 1627 macht er die Einschränkung, daß man sie vor dem Verbrennen geköpft hat, was einer Strafmilderung gleichkommt. In Büdingen werden in der Zeit von 1633 – 1634 311 Personen wegen Zauberei (muß nicht heißen: Hexerei) aus der Welt geschafft[34].

Dies sind jedoch nur Beispiele, die extrem hohe Todeszahlen ausweisen. In vielen Orten hören wir von einzelnen Anklagen und Prozessen. Es war also nicht so, daß man epidemieartig daranging, Hexen »systematisch« auszurotten.

Schuldfrage

Insgesamt herrscht in der Auseinandersetzung um die Schuldfrage[35] eine heftige Kontroverse. Jeder versucht, den »schwarzen« Peter von sich zu schieben. ». . . man versucht, sich auf Kosten einer anderen Verantwortlichkeit vom Blut der Unschuldigen reinzuwaschen, die ihr Leben auf der Schlachtbank der menschlichen Willkür gelassen haben«[36].

Die von theologischer Seite aus injizierte »Habsuchtstheorie«, die den weltlichen Kollegen in die Schuhe geschoben werden soll, ist nicht haltbar. Es versteht sich von allein, daß die Juristen die Geistlichen angegriffen haben: doch jede Partei ist – für sich allein gesehen – nicht oder nur partiell schuld. Es waren die Umstände, an denen sich alle beteiligt haben. Die Juristen werden nachträglich hart ins Kreuzverhör genommen. Manche sprechen von einem Justizmord als »stehender« Einrichtung[37] und heben hervor: ». . . die Richter wären einer engherzigen Beschränktheit verfallen und hätten einen Zauberwahn vorausgesetzt . . . sie hätten die Tortur ersonnen[38] . . . und unter Berufung auf ›göttliches‹ Recht grausame Verbrechen begangen«[39].

Man erkennt in ihnen nutzlose Gesellen, die durch die Verurteilung von Hexen zusätzliche Einnahmequellen witterten. Man sagt ihnen

Eskalation

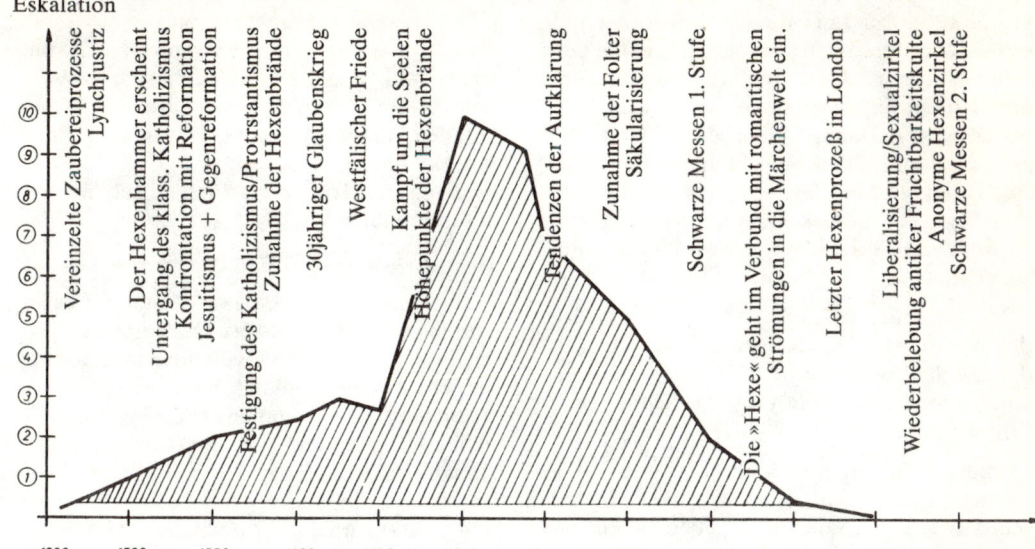

nach: ». . . sie wären unfähig gewesen, sich von den Anschauungen des Zauberglaubens freizumachen«.

Sicher wird in einzelnen Gerichtsstuben geschludert. Einzelne Advokaten müssen sich nachträglich den Vorwurf der Laschheit gefallen lassen[40]. Öfters werden Pauschalurteile gefällt und/oder Delinquenten mit Nummern bezeichnet. Auch unter den damaligen Juristen gibt es »schwarze« Schafe. Ein Dokument vom 28. November 1630 (Camberg) hebt hervor: ». . . daß man, wenn man über die Zauberer Verhör halte, es an nichts fehlen lasse, (denn) es gehe ja alles auf Kosten der Hexen. Der Wein würde beim Wirt geholt!«[41] Vereinzelt putzen sich Scharfrichter wie eitle Weiber heraus und ziehen trotz ihres schmutzigen Geschäftes prunkend im Land herum.

Die Richter behandeln die Hexerei stets als Ausnahmeverbrechen. Man darf die Sache nicht so hinstellen, als haben sie ausschließlich Hexen verurteilt. Sie machen in der Gesamtheit der damaligen Rechtsprechung einen geringen Teil aus. Zudem beziehen sich die Juristen auf verbindliche Rechtsquellen, z.B. die »Carolina« das bedeutendste Rechtsbuch der Epoche.

Der Seitenhieb der Kleriker geht ins Leere, weil die Juristen bis weit in das 18. Jh. hinein von der Ausbildung her («römisches« Rechts-

denken) innerhalb der christlichen Bannmeile stehen. Der Rechtsgelehrte Benedikt Carpzov, angeblich eine »Leuchte am sächsischen Juristenhimmel«, rühmt sich die Bibel, freilich die protestantische, 53 x gelesen zu haben. Die Kleriker täuschen sich, denn diejenigen, auf die sie mit dem Finger zeigen, sind Christen. Bis heute steht ein klares Bekenntnis der Theologen zu diesem Thema aus. Scheinbar lassen sie sich lieber 100 Jahre etwas Unangenehmes vorhalten, als es einmal zuzugeben! Görres hebt hervor, » . . . wohl war schon im Jahre 1657 in der Druckerei der apost. Kammer in Rom eine Instruktion für die Prozesse in Sachen der Hexen, Zauberer und Malefiker erschienen, in der offen zugegeben wurde: . . . wie die schwersten Irrthümer gegen das Hexenwesen zum Nachtheile der Gerechtigkeit und der angeklagten Frauen begangen werden . . . wie kaum jemals ein Prozeß der Art regelmäßig und in Rechtsform überführt worden war . . . wodurch es denn gekommen ist, daß überaus viele und ungerechte Todesurteile oder Übergaben an den weltlichen Arm erfolgt sind«.

Wie man sich die Kurve der Hexenverfolgungen vorstellen kann, habe ich versucht, an der beigefügten Grafik darzustellen. Es ist nur eine grobe Linie und soll als Anhaltspunkt dienen.

Die Anwendung der Folter ist seinerzeit nicht außergewöhnlich: sie hat nichts mit dem Hexenwesen zu tun. Ihre Handhabung gilt *nicht* als Strafe, sondern als Mittel, um ein Geständnis – möglichst freiwillig – herbeizuführen. Mit der Folter allein läßt sich das Hexenwesen nicht erklären[42], denn dieser Gedanke läßt die kulturelle Entwicklung außer acht. Auch die Folter begleitet die Menschen auf ihrem Weg durch die Geschichte. Ihre pünktliche Anwendung wird im 13. Jh. von Päpsten gutgeheißen.

Die Tatsache, daß noch heute gefoltert wird, dokumentiert, wie wesensfremd uns die Gedanken der Toleranz sind. Wir leben inmitten »moderner« Barbaren und bezeichnen das Mittelalter als »finster«.

Immer wieder halten die Richter den Delinquenten vor: ».. . daß sie sich mit leib und seel dem leidigen Satan hingegeben haben und darum mit dem feuer lebendig zum todt müssen gerichtet werden«[43]. Sie sind Kinder ihrer Zeit. Schuld war nicht eine generell beabsichtigte Ungerechtigkeit, sondern der an den Tag gelegte religiöse Übereifer, der die Massen ergriffen hat[44].

Der Psychiater Snell bestätigt dies später in einer Untersuchung. Sie soll klären, ob die als Hexen Verurteilten geisteskrank gewesen und demzufolge einer Wahnidee aufgesessen sind. Er gelangt zu der Überzeugung, daß nicht die Hexen wahnsinnig waren (es sei denn die wenigen, sie sich selbst der Hexerei bezichtigt haben)[45], sondern daß der Zeitwahn den Ausschlag gegeben hat.

Früh macht man dem kleinen Mann auf der Straße klar, daß ihm die Peiniger unerreichbar sind. Es wird proklamiert, daß »erlauchte« Personen wie Geistliche, Richter, Schergen, Henker, Häscher, Hexenriecher und -fänger von der Anwendung der Tortur befreit sind. So (u.a.) nachzulesen in der Peinlichen Halsgerichtsordnung der Katholikin Maria Theresia.

Die Kirchenoberen zeigen sich nicht zimperlich. 1551 hält sich der Bischof von Breslau acht Henker. Die Mainzer Domkapitularkammer gewinnt durch das Hinrichten von 300 Personen 1 000 Morgen Land[46]. Dem Bamberger Bischof wird für 1631 nachgerechnet, daß er eine halbe Million Gulden durch das Verbrennen von Hexen eingestrichen hat. Ein Würzburger Fürstbischof ordnet an: ».. . alle Wochen auf Dienstag – außer wenn hohe Feste anfallen – einen Hexenbrand zu tun, jedesmal 20 – 30 Weiber, zum allerwenigsten 25 und nicht weniger als 15 auf einmal zu verbrennen . . . und solches wollen ihre fürstlichen Gnaden durch das ganze Bistum kontinuieren«[47]. Eine klare Sprache zeigt u.a. die Verordnung des Trierer Kurfürsten Johann VII. aus dem Jahr 1591.

Hexenbegriff

Herkunft und Alter des Hexenbegriffes lassen sich nicht mehr fassen. Der Terminus »Hexe(rei)« setzt sich aus verstückelten Vorstellungen antiker, südländischer und germanischer Begriffe zusammen. Die beigefügte Tabelle dokumentiert die sprachliche Vielfalt. Ansatzpunkte sind die Worte »hag« (= Zaun) und »zussa« (= Weib). Wir haben die schon bei den Assyrern und Babyloniern bekannte »Zaunreiterin« vor uns. Die italienische »strix«(altfranzösisch = estrié) entspricht einem Zaubervogel und deshalb mehr der römisch-abergläubischen Vorstellungswelt.

Grimm sucht nachzuweisen, daß der Begriff von »hägtese« (= altsächsisch = dexter) stammt. Dies deutet auf ein verschmitztes Weib. Keiser[48] ist der Auffassung, daß das Wort »haegse« zugrundeliegt, was auf eine kluge und weiße Frau deutet. Von hier aus ist die Rückführung auf die altgermanischen Druiden relativ einfach.

Bis weit in das 18. Jh. hinein werden in unserem Sprachraum die Begriffe Trut, Trutte, Unhold(e) und Drut mit der Hexe gleichgesetzt. Hier zeigt sich eine auffallende Verbindung zum »Nachtmahr« oder »Alp«. Danach setzt eine sprachliche Verflachung ein. Der einst so heikle Hexenbegriff wird im 19. Jh. der Verniedlichung preisgegeben. Doch: das Hexenwesen ist durch und durch unromantisch. Zu seiner Erklärung wurden verschiedene

Theorien

ersonnen. Die These, daß es sich bei den Hexen um Prostituierte und leichtfertige Frauen gehandelt hat, ist bar jeder Grundlage. Die These, daß die »damaligen« Hexen heidnischen Kulten anhingen[49] (Grimm), steht auf schwachen Füßen. Die These, daß erst das Foltern die Hexen gemacht hat, ist unrealistisch und geht an der Sache vorbei. Wahnsinnig wa-

Hexennamen

hagazussa	(Zaunsitzerin)	alt-nordisch
hexse		deutsch (1293)
hess		deutsch (1387)
hezze		deutsch
haghetissen		deutsch
häxen		deutsch (15. Jh.)
hächse		deutsch (1510)
hägs		deutsch
hag		englisch
hazessa		deutsch
hekse		holländisch
holzmuoia		deutsch
tunritha	(Zaunreiterin)	alt-nordisch
zunrite	(Zaunreiterin)	oberdeutsch
walriderske	(Zaunreiterin)	niederdeutsch
wildaz wip	(das wilde Weib)	deutsch
wicca	(die weise Frau)	altenglisch
witch		englisch
sorcière	(Zauberin)	französisch
strega	(Streicherin)	italienisch
erbaria	(Kräuterfrau)	italienisch
bruja	(Zauberin)	spanisch
xorguina	(Zauberin)	spanisch
maga	(Zauberin)	lateinisch
striga	(Eule)	lateinisch
venefica	(Giftmischerin)	lateinisch
malefica	(Schadenszauberin)	lateinisch
indivina	(Wahrsagerin)	lateinisch
lamia	(weibl. Dämon)	lateinisch
masca	(Maske)	lateinisch
larva	(Totengeist)	lateinisch

ren die als Hexen Bezeichneten gleichfalls nicht[50]. Dann hat man versucht, das Hexenwesen medizinisch zu erklären. Die Einnahme von Hexengetränken (Hexenwein, Hexensuppen, Hexensalben) sind jedoch nur eine Marginale im Konsens des allgemeinen Hexentreibens. Eine dominierende Rolle nimmt dabei der Stechapfel (= datura stramonium) ein. Mary Matossian von der Universität Maryland wartet im September 1982 mit der waghalsigen These auf, der Hexenwahn sei als Ausfluß einer Getreidekrankheit zu verstehen. Offensichtlich ist sie nicht in der Lage, in historischen Zusammenhängen zu denken[51].

Hexen und Teufel = siamesische Zwillinge

Entscheidend in dieser Szene ist der Glaube an die Existenz des Teufels. Freimütig bekennt ein Katholik: ». . . die Anbetung des Teufels muß als die größte Sünde und (als) Inbegriff der Gottlosigkeit angesehen werden«[52]. Der Protestant Vilmar ist der Auffassung: ». . . der Teufel ist ein kosmisch geschaffenes Wesen, das mit seiner persönlichen Macht die Erde umspannt. Er verfügt über ein organisiertes Reich und eine Schar affilierter Geister. Es ist das 'finstere' Reich der Zauberei, dem wir volle Realität zusprechen müssen«[53]. Vermutlich sitzt unser Gewährsmann einem Irrtum auf!

Der Jesuit Gury merkt an: ». . . Maleficium ist die Kunst, mit der Hilfe des bösen Feindes Anderen zu schaden. Man unterscheidet die Liebes- von der schädigenden Zauberei. Das Anzaubern der Liebe ist eine vortreffliche Kunst. Die schädigende Zauberei ist dazu geeignet, dem Nächsten mit der Hilfe des bösen Feindes zu schaden«[54].

Der 1903 verstorbene Papst Leo XII. soll eine Vision gehabt haben, derzufolge: ». . . dem Satan eine letzte Frist von 75 Jahren für seine Herrschaft über die Welt eingeräumt wird, ehe die Zeit der Abrechnung mit dem Bösen kommt«[55]. Es bleibt festzustellen, daß bislang keine religiöse Prophezeiung eingetroffen ist. Solche Argumente sind so lächerlich, daß man sich bestenfalls eine Sekunde damit beschäftigen kann.

Auf jeden Fall bildet sich die Vorstellung heraus: ». . . wer den katholischen Glauben verleugnet, *muß* verloren sein, . . . es ist besser, ein kleines Weilchen auf einem Scheiterhaufen zu brennen, als hernach (ewig) verdammt zu sein. Den Verurteilten stehe es zu, erst erwürgt und dann verbrannt zu werden. Bei Unbußfertigen brauche man jedoch diese Milderung nicht zu beachten«[56]. Welch christlicher Trost im Angesicht des Todes!

Ohne den Glauben an die Existenz des Teufels gäbe es keine Exorzismusprozesse. Beim letzten Spektakel 1976 in Klingenberg/Main waren die vom Bischof bestellten Teufelsaustreiber so erfolgreich, daß eine 26-jährige – zugegeben religiös gestörte – Frau unter ihren betenden Händen verstorben ist. Meines Wissens ist es der erste Prozeß, in dem ein weltlicher Richter hochrangige Geistliche als »nicht voll zurechnungsfähig« deklariert. Als kurz danach ein anerkannter Tübinger Theologieprofessor proklamiert: ». . . die Kirche sei eine internationale Firma zur Herstellung von Angst und dagegen protestiert, daß die heutigen Christen noch immer an den Teufel glauben *müssen*«, wird er suspendiert. Doch zurück zur Hexerei.

Entwicklung des Hexenwesens

Zeit	Trend(s)
Altertum	Schaffung der Grundlagen des »späteren« Hexenwesens. Assyrer und Babylonier kennen die auf Besen reitenden Hexen. Geistesgeschichtliche Entwicklung der Griechen mit den damit verbundenen philosophischen Ansätzen. Hier wird der Glaube an Zwischenwesen gefestigt, die man als Mittler zwischen Mensch und Gott versteht. Verzerrung dieser imaginären Vorstellung innerhalb der »römischen« Götterlehre und ihrer Glaubensstrukturen. Jetzt festigt sich der Dämonenglaube im Bewußtsein des Volkes.
4. Jh. Beginn	Als »neue« Komponente kommt die christliche Religion hinzu. Durch ihre Anerkennung als »Staatsreligion« wird sie im 4. Jh. hoffähig und zeigt früh despotische Ansätze. Sie übernimmt **und** modifiziert antike Dämonologien. **Nun beginnt das eigentliche Verhängnis: antike Ansätze werden aufgewärmt und als »glaubenswahr« hingestellt.**
400 – 1250	(ca.) Festigung des Aberglaubens durch Kirchenlehrer und Scholastiker. Teilweise gewaltsame Christianisierung weiter Landstriche Europas. Be- und Verdrängung bestehender Glaubensformen. Parallel: negatives Herausstellen des weiblichen Geschlechts. Die Frauen werden zur »Schlange der Lust« degradiert.
1230 – 1430	Fundamentierung des Hexenbegriffs und gleichzeitiges Aktivieren des Glaubens an Teufel innerhalb der kurialen Lehrgebäude. Dem Volk wird dieses Denken »aufgezwungen«. Parallel: Ketzer- und Inquisitionsprozesse.
1470 – 1480	Jetzt steht der eigentliche Hexenbegriff. Er wird untrennbar an das Teufelsdogma gekoppelt. Kurz danach erscheinen verschiedene christliche Hexenbücher. Sie zielen auf eine Vernichtung der Hexerei ab, wobei der eigentliche Kampf dem Teufel gilt.
nach 1500	Einzelne – später – großangelegte Hexenverfolgungen durch Kirche und Staat. Noch haben die Erscheinungen lokalen Charakter.
Um 1580	Höhepunkt der Hexenbrände im Verbund mit Reformation, Gegenreformation und Jesuitismus. Konzil von Trient: es tobt der Kampf um die Seelen. Nachlassen der Hexenverfolgungen und -brände.
Mitte 17. Jhs.	Der 30-jährige Glaubenskrieg lenkt vom Hexenbrennen ab und führt eine Verschiebung des Geschehens herbei. Mit seinem Ende leben die Greuel (wieder) auf. Es folgen weitere Höhepunkte menschlicher Grausamkeit. Jetzt buhlen Protestanten **und** Katholiken um die Gunst des Teufels.
ab 1700	Beginn aufklärerischer Tendenzen. Verminderung der Prozesse durch die Zurücknahme der Folter.
ab 1800	Nur wenige Fälle realer Hexenverfolgung bekannt. Verschiebung des »Hexenbildes« im Volksbewußtsein ins Märchenhafte, Naive und Lächerliche. Integration der »deutschen« Hexe in die Märchenbücher. Jetzt spielt der Teufel eine untergeordnete Rolle.
1954	Letzter in England geführter Hexenprozeß unter Berufung auf ein Hexengesetz aus dem Jahr 1754.
20. Jh. 2. Hälfte	Deutliche Verschiebung. Künstliche Wiederbelebungsversuche durch Freidenker und religiöse Fanatiker. Wiederbelebung antiker Fruchtbarkeitszeremonien in Verbindung mit sexuellen Wunschbildern. Das Hexenwesen spielt sich als »modernes« Identifikationsproblem in Zirkeln und Privatkreisen ab. Parallel nimmt der Trend zu »schwarzen« Messen zu.

In den letzten Jahren zeigt sich eine erneute Aktivierung des Hexenkultes auf dem niedrigen Niveau. Es ist diesmal eine Verballhornung antiker Fruchtbarkeitskulte, die mit der sexuellen Liberalisierung einhergehen. Es steigt (wieder) die Zahl derer, die meinen, eine Hexe oder ein Hexer zu sein. Glücklicherweise denkt keiner daran, sie auf einen Scheiterhaufen zu zerren. Gewisse feministische Bewegungen, die diesen Trend aktiviert haben, gehen an der Sache vorbei, ja man hat den Eindruck, als fühlten sich einige besonders emanzipatorische von ihnen (noch heute) persönlich dafür verantwortlich, daß man ihre Geschlechtsgenossinnen vor Jahrhunderten verbrannt hat.

Zum vorgelegten Buch

Ich bin der Auffassung, daß es zu keiner Zeit wirkliche Hexen gegeben hat. Wir haben eine geistige Züchtung vor uns, die dazu erhalten mußte, um obrigkeitliche (dazu zähle ich theologische) Geltungssucht abzudecken. Das Wüten gegen angebliche Hexen ist als Beispiel für eine Fehlentwicklung zu werten. Es gibt Parallelen und die bislang schlimmste ist wohl die in der letzten Generation inszenierte Verfolgung der Juden und Randgruppen.

Man wird behaupten, das Material sei von vornherein einseitig auf eine Kritik an den Kirchen ausgerichtet. Dem ist nicht so. Wer an die Bewertung von Ursachen tritt, die erhebliche Teile der europäischen Bevölkerung über Jahrhunderte in Schach gehalten haben, kann nicht darauf verzichten, theologische Quellen zu nennen. Sie stehen jedermann zur Verfügung.

Im scharfen Kontrast zu unserer Entwicklung hat es im Bereich der orthodoxen Kirche keine Hexenprozesse gegeben, obwohl gerade bei den dort angesiedelten Volksstämmen der Hexenglaube weit verbreitet und tief in ihrer Geschichte verwurzelt war.

Ich schicke das Buch mit der Hoffnung auf den Weg, daß es kritisch beurteilt und verbessert wird. Es soll eine Diskussion entfachen, die es ermöglicht, die schwierigen Zusammenhänge über die Hexerei besser und gerechter zu verstehen. Folgen Sie mir auf dem Streifzug durch die Geschichte des Hexen(un)wesens.

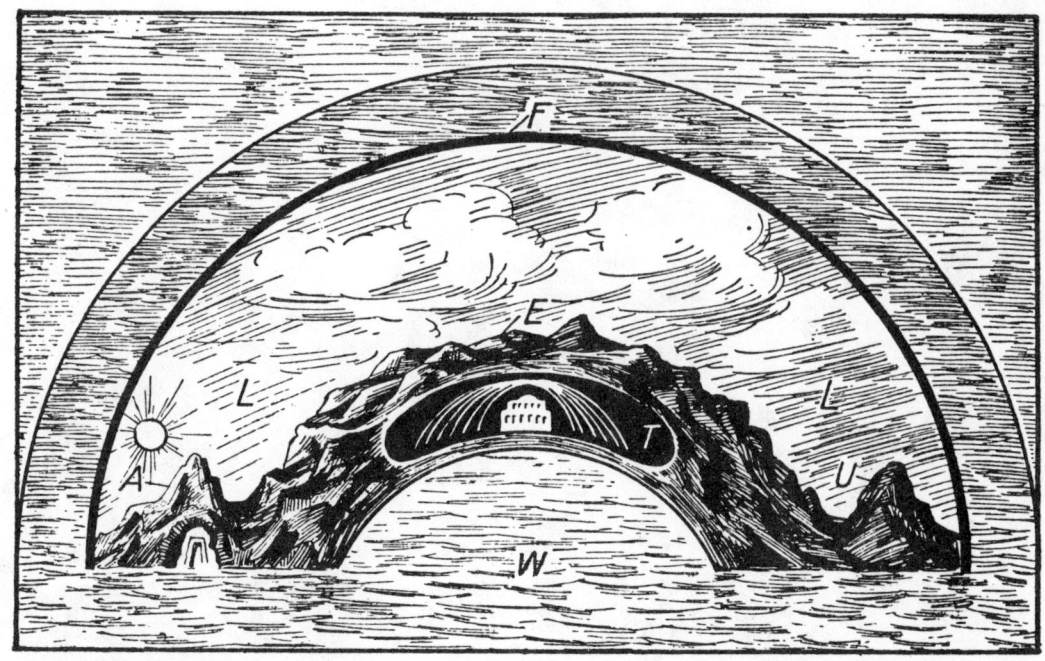

Weltbild der Babylonier. W = Weltmeer, E = Gewölbe der Erde, L = Luftraum, F = Feste des Himmels mit dem darüber gedachten Himmelswasser. A/U = Anfangs- und Untergangstore der Sonne, T = Totenreich.

Grundlagen des Hexenwahns

Vorstufen und Altertum

Eine Untersuchung über die Anfänge der Hexerei muß ansetzen, wo das Individuum über sein Schicksal nachzudenken beginnt: längst vor der Phase schriftlicher Aufzeichnungen. Der frühe Mensch legt belebten und unbelebten Wesen, von denen er sich umgeben und beeinflußt sieht, übernatürliche – ihm artfremde – Kräfte bei. Er erkennt einfache Steuerungsmechanismen und vermutet dahinter höhere (vielleicht schon, doch später: göttliche) Wesen.

Die Kräfte der Natur wohnen in der Luft, im Feuer, im Wasser und in der Erde. Der »natürliche« Tod ist ihm zunächst nicht erklärbar. Wo Bewegung ist, wird eine Seele angenommen. Der Tod bedeutet die Trennung von ihr; die Seelen der Verstorbenen führen als unsichtbare Geister »ihr« Leben weiter.

Das Gefühl der Machtlosigkeit gegenüber der Natur führt zu Furcht und Anerkennung: auch zu dem Wunsch, diese Mächte – wie das Reich der Toten – zu beeinflussen. Nach und nach umgibt er sich mit einer differenzierten Geisterwelt, belegt sie mit Fähigkeiten (die er selbst nicht hat), unterscheidet nach Gut und Böse, schafft sich Götter und versucht sie durch Kulthandlungen zu lenken.

Es ist die Geburtsstunde der Naturreligion(en). Die religiösen Vorstellungen der Naturvölker bestehen aus einem Gemisch animistisch-spiritueller Komponenten. Im Zusammenhang mit den als feindlich gedeuteten Naturkräften verdächtigt man Einzelne der Zubereitung zauberischer Mittel. Man bezichtigt sie der »Verwünschung« und schreibt ihnen die Fähigkeit des »bösen« Blickes zu. Früh fällt der Blick auf das weibliche Geschlecht.

In der weiteren Folge werden Einzelne als Deuter der unerklärbaren Ereignisse gewählt oder fühlen sich dazu berufen. Daraus entstehen die Magier, deren orientalische Wiege sich in den ältesten Zeiten der Kulturgeschichte verliert. *Sie* fungieren als Berater der Herrscher, legen Kulthandlungen fest und verstehen sich als Künder des »göttlichen« Willens. Was dies ist, haben *sie* festgelegt: *sie* proklamieren die Gott-Herrschaften und sie geben deren Existenz vor. Deshalb werden in Bezug auf Sittlichkeit, Neutralität und Gerechtigkeit hohe Anforderungen an sie gestellt. Bei Versagen drohen harte Strafen[1]. Nach Herodot hat man Zauberer wegen falscher Auslegungen zum Tod verurteilt.

Darum werden Verstöße gegen *ihren* Status, das Beleidigen *ihrer* tabuierten Person, die Übertretung der von *ihnen* auferlegten Gebote geahndet. Es entstehen einfache Religionssysteme. Früh arbeiten »geistliche« und »weltliche« Herrscher zusammen, weil es für beide sinnvoll ist.

Später nimmt die Magie mystische, ja phantastische Formen an. Sie reichen weit über das Vorstellungsvermögen des Einzelnen hinaus. Die Magie artet aus. Ihr einst hohes Ansehen bröckelt ab und wird zunehmend Kritik unterzogen. Sie gerät in Mißkredit und öffnet ihre Pforten dem Betrug. Dann fällt sie in die »Theurgie« und »Goetik« auseinander; in eine legale *und* illegale Variante. Aus dieser Trennung entstehen Wahrsager, Propheten und Zauberer.

Parallel blüht der Aberglaube. Gefährlich wird der »theologische«, weil er davon ausgeht, das Heil der Welt hänge von einem bestimmten System ab. Immer weiter ufern die theosophischen Spekulationen aus und führen das religiöse Denken ad absurdum. In der weiteren Folge entwickeln sich – viel später – die sog. Weltreligionen mit ihrem Widerstreit. Zwischen ihren Vorstellungen und denen der Naturvölker besteht nur der Unterschied der Komplexität. In beiden Fällen ist eine Beweisführung der Wesensinhalte versagt.

Das heutige Tragen von Ringen, Amuletten und Stäben – der Bischofsstab gehört dazu – entspricht antikem Denken. Die Ohrringe, mögen sie noch so hübsch und teuer sein – erinnern an die Zeit der Sklaverei mit der damit verbundenen Kennzeichnungspflicht.

Das Auflegen der Hände, das Sprechen (und Nachsprechen) von Riten, das Bauchreden und die Propheterie sind ebenfalls Relikte der Vergangenheit: geändert haben sich die Zeiten, nicht das menschliche Wesen. Das mühsame Rad der Geschichte dreht sich langsam; es ändern sich Technologien und Ansichten: doch der Mensch bleibt stets der gleiche.

Er ist heute so abergläubisch wie vor 100 000 Jahren. Dieses Phänomen zieht durch alle Zeiten, Alters- und Bildungsgrade.

Akkader, Babylonier, Ägypter, Chaldäer

An akkadischen Priesterschulen wird Magie gelehrt. Dazu gehört das Herstellen von Zauberknoten, -getränken und -stöcken, ebenso wie die »richtige« Verwendung von Talismanen. Die Akkader verfügen über ein mythologisches System; sie glauben an gute und böse Dämonen. Ihrer Ansicht nach wohnen die bösen auf Berggipfeln, Sümpfen und Wüsten, greifen in menschliche Schicksale ein und werden als Ursache von Unwettern, Sonnen- und Mondfinsternissen, Unfruchtbarkeit und Krankheit angesehen. Der mit ihnen geschlossene Bund *gilt* als Verbrechen. Die Sterne betrachten sie als Lenker des Weltalls und (Ver-)künder besonderer Vorkommnisse. Wenn in der späteren Bibel der Christen von einem »leitenden« Stern berichtet wird, hat er hier seine geistige Grundlage.

Die religiösen Vorstellungen der Akkader beinhalten wesentliche Elemente des (christlichen) Hexenglaubens. Dazu gehören das Reiten auf einem Stück Holz[2] (= der Hexenflug), gemeinsame Versammlungen (= Sabbate, Hexenmahl) und der Vampyrismus[3]; hier sekundär. 5000 Jahre später flackert dies in der Antike gelegte Feuer (wieder) auf.

Von besonderem Interesse zum Verständnis für die Geschichte des Christentums ist die religiöse Vorstellungswelt der Babylonier. Hier schälen sich verschiedene Schutzgottheiten heraus.

Der babylonische Gott Marduk wird gegen Ende des 2. Jahrt. v.u.Z. zum Reichsgott erhoben. Unter Sargon I. (um 2000 v.u.Z.) gibt es eine Staatsreligion. Sie nimmt altakkadische Beschwörungsformeln und den damit verbundenen Dämonismus in »ihre« heiligen Schriften auf.

Marduk *gilt* als Erschaffer der Welt und der Menschen. Gewöhnlich wird er in Menschengestalt wiedergegeben und verehrt. Er *gilt* als Gott der Weisheit, der Heilkunst und des Beschwörungswesens, als von einem Vater gesandter Erlöser und Erwecker der Toten. Er *gilt* als Herr aller Herren und Könige. Wie Christus – in der viel späteren Version – wird er gefangengenommen, zum Tod verurteilt, gegeißelt und zusammen mit einem Verbrecher hingerichtet. Eine Frau wischt das Herzblut ab, das aus einer Seitenwunde quillt (= wir haben die christliche Heilandsidee vor uns).

Die babylonische Religionslehre unterscheidet gute Dämonen (Lami, Lamasu, Schedu) von bösen (Assaku, Pazuzu, Lamatschu). Aus den Eingeweiden von Opfertieren, dem Rauch, Vogelflug, Träumen, Ölbechern und ungewöhnlichen Naturerscheinungen wird geweissagt. Wenngleich der Glaube an die Auferstehung fehlt[4], gilt die Welt der Toten als »Land der Rückkehr«. Man glaubt, daß sie Wasser und Staub zu sich nehmen.

Bereits im 3. Jahrt. wird auf die Höllenfahrt der Ischtar aufmerksam gemacht. Dem um 3150 v.u.Z. verstorbenen Urnia von Gagasch bringen die Babylonier göttliche Ehre entgegen. Im 14. Jh. v.u.Z. bestürmt der Gott Nergal die Unterwelt und besiegt deren angebliche Heere. Die Babylonier glauben an die Wirksamkeit von Schutzengeln.

Berosus verfaßt (ca. 280 – 270 v.u.Z.) unter Antiochus Soter die Babylonische Chronik. Sie beginnt mit der Erschaffung der Welt und berichtet über die kosmogonischen und kulturellen Mythen der Epoche. Ihrzufolge besteht das All aus Wasser und Finsternis. Es ist voll ungeheuerlicher Geschöpfe und wird von Homoraka, dem Urwesen, bzw. der »Allmutter« beherrscht. Ihr steht eine männliche Urkraft gegenüber.

Sie gestaltet den »chaotischen« Urstoff. Der Sonnengott Bel nimmt die Aufteilung in Himmel, Erde, Tag, Nacht, Sonne, Mond und Sterne vor. Daraufhin gehen die weiblichen Ungeheuer zugrunde, denn sie können das Licht nicht ertragen. Bel beißt sich den Kopf ab und befiehlt den Göttern, sein Blut mit Erde zu vermischen. Daraus werden Tiere und Menschen geformt.

Von Interesse sind ihre Vorstellungen von der Sintflut und der Schöpfung der Welt, denn sie kehren in der Genesis des Alten Testamentes wieder.

▶

Der Franziskanermönch Johannes Kapistran, der bedeutendste Wanderprediger des 15. Jh. Er predigt 40 Jahre, heilt Kranke und organisiert fromme Werke. Er gilt als Gegner der Folter. Seine Kreuzzugspredigt gegen die Türken findet 1456 ihre Krönung in der Rettung Belgrads, die sein Werk ist.

Seine Lebenszeit deckt sich mit der der Autoren des Hexenhammers.

PRVDER IOHANNES CAPISTRANVS ·zē· 1452

Der babylonische Mythenbereich kennt den Lebensbaum und die »unsterblich« machende Speise. Der Adapa-Mythos führt uns zum christlichen Adam. Die Rolle der Schlange als Verführerin stammt aus ähnlichen Vorstellungen. Die Legende vom Sündenfall ist eine Variante des babylonischen Mythos von der Entstehung des Todes.

Die babylonische Schöpfungsgeschichte kennt die Urflut (= Tiamat) und die biblische Sintflut. Die Aufschlüsselung ist einfach. Noah, der sich in eine Arche rettet, entspricht dem babylonischen Utnapitschim. Im wesentlichen lautet der alte Text: ». . . Xisutros (= christlich umgedeutet Noah) erhält vom Gott der Wassertiefe den Befehl, ein Schiff von einer bestimmten Größe zu bauen, es gut zu verpichen(!) und dann seine Familie und allen lebenden Samen darin zu bergen. Dann stößt das Schiff in die alles vernichtenden Wogen hinaus . . . schließlich strandet es auf einem Berg.

In der christlichen Schöpfungsgeschichte haben wir eine modifizierte Wiederholung des altbabylonischen Mythos »enuma elisch« vor uns. Auch hier haben wir ein Chaos, die Finsternis der Tiefe, den Ur-Ozean und einen schwebenden Geist Gottes. Über ihm befindet sich die Himmelsfeste (mit dem damals noch darüber gedachten Himmelsozean). Es heißt: ». . . Marduk fuhr der Urflut entgegen und stellte Wächter hinein . . . ihr Wasser nicht herauszulassen befahl er ihnen«.

Auch in der christlichen Schöpfungsgeschichte – die in zwei unterschiedlichen Versionen vorliegt – werden erst die Wassermassen zur Erschaffung von Himmel und Erde getrennt.

Die babylonische Chronik wirft ein grelles Licht auf die historischen Grundlagen des Christentums. Der Althistoriker Bromme vermutet, daß den Aufzeichnungen des Alten Testamentes ein Teil dieser Chronik zugrundeliegt. Dieser Gedankengang ist nicht abwegig, bedarf aber weitergehender Untersuchungen.

Die Ägypter verfügen über einen ausgeprägten Dämonenglauben. Ihre Theurgie ist aus einigen Papyri erkennbar, vor allem aus dem »Totenbuch« und dem »magischen« Papyrus Harris. Die Magie der Ägypter stellt eine Verzerrung einer weit entwickelten Religionslehre dar. Sie glauben an gute und böse Geister. Herodot bemerkt, daß sie darüber grü-

beln, welcher Gottheit welcher Tag heilig ist, welches Schicksal den Menschen bevorsteht, der an ihm geboren ist und welche Gemütsart er hat. Hier liegen die Anfänge horoskopischer Betrachtungen!

Moses berichtet, wie ägyptische Zauberer durch Beschwörungen Stäbe in Schlangen verwandeln, Frösche hervorbringen und aus dem Wasser des Nils Blut zaubern. Man *glaubt*, mit magischen Worten Dinge verwandeln zu können.

Nach der ägyptischen Vorstellung sind die Gespenster, die Menschen erschrecken, Seelen der Verdammten, die auf die Erde zurückgekommen sind. Die Ägypter kennen die »zweimal« Gestorbenen, die bis zu ihrer Verurteilung auf der Erde wandeln. Die als unsterblich gedachte Seele steigt nach dem Tod des Menschen in die Unterwelt und wird von Osiris empfangen. Sein Herz wird auf eine Waagschale gelegt und von Horus, dem Gott der Zeit, gehalten. Ihm gegenüber befindet sich Thot, der Gott der Weisheit und Gerechtigkeit; er hält das Resultat der Wägung fest. Verurteilte werden auf dem Schafott der Unterwelt hingerichtet (= Nemma), wo ihnen ein Nilpferd den Kopf abbeißt. Zwar fehlt in der altägyptischen Vorstellung das Teufelsdenken, doch Ansichten über die Hölle sind vorhanden.

Die Ägypter bereiten aus dem Saft des Hanfes einen giftig-narkotischen Extrakt und formen ihn zu walnußgroßen Kugeln. Ihr Schlukken erzeugt ekstatische Visionen. Nach der Auffassung verschiedener Forscher handelt es sich um den Saft der Sonnen- und Lotuspflanze. Wer denkt nicht an die Narkotika, die im Zusammenhang mit dem »christlichen« Hexenwesen beschrieben sind?

Altindische Gesetze sagen: ». . . je aufrichtiger und freiwilliger der Mensch seine Sünden erkennt, desto vollkommener wirft er sie von sich ab«[5]. Die Inder wahrsagen mit Hilfe der Geister und gehen mit Zauberformeln um. In ihren Mythen wird neben der »schwarzen« eine »weiße« Magie gelehrt.

Über die religiösen Vorstellungen der Araber ist wenig bekannt. Sie glauben an Dschinnen (= Dämonen) und unterscheiden gute wie böse Geister, die sie sich auf Straußen reitend vorstellen.

Die Religion der Chaldäer ist eine konsequent durchstrukturierte Geisterlehre. Sie identifizieren ihre Götter mit den Sternen. Dämonen werden als Ursache allen Übels angesehen, diese können aber nur mit der Einwilligung der Gestirne tätig werden. Aus chaldäischen Beschwörungsformeln geht hervor, daß ihnen magische Handlungen, Verwünschungen, Salben und Getränke bekannt sind. ». . . wer bist du Zauberin, in deren Herz das Wort meines Unglücks wohnt, auf deren Zunge mein Verderben gezeugt wird, auf deren Lippen meine Vergiftung entsprießt, in deren Fußstapfen der Tod entsteht? Zauberin, ich banne deinen Mund, ich banne deine Zunge, deine unruhig schauenden Augen, ich banne deine lenksamen Hände und binde sie unter mich«[6].

Die Chaldäer beobachten nach mantischen Regeln den Vogelflug und die Eingeweide der Opfertiere. Sie kennen das Wahrsagen nach der Zusammensetzung der Wolken und nach den Strahlen des Blitzes, dem Rauschen der Baumwipfel, dem Vorkommen von Mißgeburten und nach überraschend klingenden Worten. Der »römische« Aberglaube wird von ähnlichen Faktoren bestimmt. Hier findet sich eine Form der religiösen Prostitution[7]. Diesen Kult übernehmen die Perser nach der Eroberung von 331 v.u.Z.

Bei den Chaldäern kommen Gnome und Kobolde vor, die in der Nähe der Menschen wohnen. Andere halten sich auf Bergspitzen oder in der Wüste auf (hier haben wir eine Querverbindung zu den akkadischen Ansichten). Einige von ihnen werden die »nächtlich« Bezwingenden genannt, in deren Umarmungen sich Schlafende nicht wehren können. Hier liegen die Anfänge unserer Vorstellung vom Nachtmahr[8].

Auf der anderen Seite sind die Chaldäer ein naturwissenschaftlich begabtes Volk. Sie berechnen das Mondjahr mit 365,25 Tagen und seine Umlaufzeit mit 30 Tagen. Sie wissen, daß sich nach 223 Mondumläufen oder 18 Sonnenjahren die Mond-, bzw. Sonnenfinsternis wiederholen. Die Chaldäer prägen die Anfänge der »modernen« Zeiteinteilung.

Die Altperser glauben an die Kraft der Gebete, an das Erscheinen von Göttern und Toten. Bei den Persern fällt das harte Bestrafen bei sexuellen Vergehen auf. Dazu ein Beispiel: ». . . Arde Viraf sah eine Ehebrecherin, die mit einem eisernen Kamm ihren Busen zerriß.

Andere sind an den Brüsten aufgehängt und wieder anderen werden Holzpflöcke in die Augen getrieben. Daraufhin dringen Försche, Schlangen und Ungeziefer in die inneren Teile. Frauen, die den Männern die eheliche Pflicht verweigern, stehen auf den Köpfen, während Igel mit eisernen Stacheln in sie dringen; aus ihren Nasen dringt Unrat«[9].

Innerhalb der persischen Magie wird die Lehre von den beiden Prinzipien (Gut/Böse) verfeinert. Dies wird einem Zoroaster zugeschrieben. Noch bis weit in das 18. Jh. hinein wird er als Erfinder der persischen Zauberkunst hingestellt[10]. Die persische Lehre stellt die Aufhebung des Gegensatzes, den Sieg des Lichtes über die Finsternis, als Prämisse auf. Dies ist die Kernidee der viel späteren christlichen und anderer Religionslehren.

Nun soll ein späterer, zweiter Zoroaster hinzugekommen sein: er *gilt* als Lehrer des *gemeinsamen* Prinzips: er hat Licht und Finsternis geschaffen. Er wird als Welt-Bildner verstanden und geehrt. Nach dieser Version besteht seit Ewigkeit ein höchstes und in jeder Weise unerreichbares Wesen. Unter ihm befinden sich die Engel des Lichts und die der Finsternis. Aus einer Mixtur zwischen Gut und Böse schaffen sie alle existierenden Dinge, die im ständigen Widerstreit bleiben. Diese Auseinandersetzung dauert bis zum Ende der Welt. Dann kommt der Tag der »allgemeinen« Auferstehung (= Jüngster Tag bei den Christen). Die Engel der Finsternis (= christlich umgedeutet, die Teufel; das personifizierte Böse) gehen mit ihren Anhängern in eine eigene Welt, um ewige Strafen zu erleiden (= christlich umgedeutet, die Hölle). Daraufhin empfangen die Anhänger des Lichts den Lohn für ihre guten Taten (= christlich umgedeutet, den Eingang in den Himmel).

Die mesopotamische Schönheit Bentenresth, eine Schwägerin von Ramses II., *gilt* als von einem Dämon besessen. Um ihr zu helfen, sendet der König die Statue des Gottes Khnsuhetep und fünf weitere – mit geringeren Gottheiten beladene Schiffe nach Mesopotamien: mit magischen Zeremonien scheint die Heilung zu gelingen.

Es bleibt festzustellen, daß schon vor dem Einsetzen der griechischen und römischen Kultur wesentliche Voraussetzungen sowohl

33

für das spätere Christentum wie mit dem im Zusammenhang stehenden Hexentreiben ausgebildet sind.

Griechische Vorstellungen

Es kann nicht ausbleiben, daß in die griechische Kultur altdämonische Vorstellungen dringen und dort weiter »ausgefeilt« werden. Die griechische Epoche festigt den Glauben an die Existenz von Dämonen und verankert ihn fest in der Kulturgeschichte.

Platon nennt die Geister das »Luftgeschlecht« und legt ihnen die Fähigkeit bei, zwischen Göttern und Menschen zu vermitteln. Die Geister tragen Gebete und Opfer in den Himmel, bzw. überbringen göttliche Befehle an die Menschen. In seinem Denken nimmt die religiöse Schwärmerei zu, der Umgang mit Schutzgeistern wird intensiver.

Nachfolger feilen diese Ideen aus: immer mehr werden die Dämonen zur latenten Schicksalsmacht emporstilisiert.

Thales v. Milet (650 – 560) sieht die Welt voll Dämonen: sie bereiten den Menschen Träume und Krankheiten. Nach Xenokrates wohnen sie in der Region unter dem Mond und vermitteln den Verkehr zwischen den Göttern. Plutarch anerkennt als Ergebnis seiner philosophischen Forschungen den Nachweis einer Dämonenwelt zwischen Göttern und Menschen.

Dieser Gruppe stehen Zweifler gegenüber. Polybius sagt: ». . . weil (die Dämonen) den Leidenschaften einen Zaum angelegt und die Menge der Menschen zum ehrbaren Leben angefeuert haben . . . sollten wohl nicht die Religionsspötter aus diesem Brunnen getrunken haben?«[11].

Dionysios Helikarnossos erwähnt: ». . . er wolle nicht urteilen, ob die Erscheinungen, die man den falschen Gottheiten zuschreibe, glaubhaft sind oder ob zwischen Göttern und Menschen eine vermittelnde Natur angenommen werden muß«. Aristoteles akzeptiert die Seelen als Geistwesen, während Epikur alle Gottheiten, magische Künste und Wunder bestreitet. Pythagoras gerät in Mißkredit, weil er daran glaubt, in die Zukunft sehen zu können. Aristoteles erklärt in seiner Abhandlung »Über den Traum« alle inneren Sinn- und Traumbilder seien Produkte der Empfindung und Phantasie. Nach Demokrit sind Visionen und Träume »vorüberziehende« Bildidole. Hippokrates bringt ein, daß die »hinfallende«

Krankheit nicht göttlich sei und daß man sie nicht mit heiligen Beschwörungen und Zaubergesängen heilen kann. Er erwähnt das Hypercion (= Johanniskraut), das er »Teufelsaustreiber« nennt. Er spricht von Abergläubischen, die sich Tag und Nacht von übelwollenden Dämonen umgeben sehen.

Wie oft in der Geschichte überwiegt der »negative« Ansatz; der Stachel im wundersüchtigen Volk sitzt tief. Plinius sagt von seinem Zauberbuch: ». . . es habe bei den Griechen nicht nur eine heftige Begierde, sondern einen rasenden Heißhunger nach (der) Anwendung der Magie hervorgerufen«[12]. Platon nennt die Zauberer »Wunderwirker« und deutet auf deren Schwächen: ». . . Bettelpriester und Wahrsager ziehen vor den Häusern der Reichen umher und sagen ihnen, daß sie, wenn sie einem Feind etwas antun wollen, mit wenig Kosten ebenso gut einem Gerechten wie Ungerechten schaden könnten, indem sie mit gewissen Zaubermitteln die Götter zu bewegen wüßten, ihnen dienstbar zu sein«. Platon mahnt, solchen Possen aus dem Weg zu gehen, um die Gesetzgeber nicht zu zwingen, Strafmittel dagegen anzusetzen. Er erkennt die Sinnlosigkeit seines Wunsches, Abergläubische von ihrem Tun abzuhalten[13].

Jetzt treten die Stoiker auf den Plan der Geschichte. Die Stoa, die Glaube *und* Vernunft auf einen Nenner bringen will, scheitert an unterschiedlichen Ansatzpunkten. Die Stoiker verteidigen die Lehre von der Unsterblichkeit der Seele und rücken Dämonen als festen Bestandteil zwischen Götter und Menschen. Ihr Denken führt zum Neu-Platonismus, zu Simon Magnus, der in der Apostelgeschichte erwähnt wird, und zu Apolonius von Tyana.

Er sieht Krankheiten, den Tod bestimmter Personen und politische Ereignisse voraus. Er prophezeit den Ephesern eine verheerende Pest, und, nachdem sie eingetreten ist, hilft er ihnen aus der Situation, indem er einen Bettler steinigen läßt, in dem er den Verursacher erkennt. In ähnlicher Weise erklärt er bei der Hochzeit seines Schülers Menippus dessen Braut als Lamie, die in Frauengestalt Jünglingen nachstellt, um ihr Fleisch zu verzehren. In Rom gibt er einer für tot gehaltenen Jungfrau, deren Leichenzug er begegnet, das Leben zurück. Bei seinem Tod sollen sich die Pforten des Tempels von Kreta geöffnet und geschlossen haben[14].

Die neuplatonische Schule setzt zum letzten Versuch an, nunmehr einen tragbaren philosophischen Konsens zu liefern[15]. An die Stelle der »alten« Mythologie tritt ein zunehmend religiös-philosophisches System. Es bringt einen Aufschwung des religiösen Lebens mit sich und schiebt die monotheistische Idee immer mehr in den Vordergrund. Die Schule von Athen entwickelt sich zur wissenschaftlichen Hochburg. Hier agieren und argumentieren Plotin, Plutarch, Philon von Alexandrien und andere. Man geht von der Existenz der Dämonen aus. Alte Gedanken werden wissenschaftlich abgesichert und gehen von da an einen verhängnisvollen Weg durch die Geschichte.

Der Jude Philon von Alexandrien beschreibt ein Heer unkörperlicher Geister, die zwischen Menschen und Göttern vermitteln. Falls der Mensch entsprechende Mittel anwende, könne er mit ihnen einen vertraulichen Umgang erwirken. Er erwähnt das Fasten und die Beherrschung der Leidenschaften: zwei Segmente, die im Glauben der römisch-katholischen Kirche (wieder) in Erscheinung treten.

Plotin (205 – 270 u.Z.) hält die Seelen der Dämonen für größer und stärker als die der Menschen. Sie verwalten im Auftrag einer »Allseele« einzelne Teile des Weltalls. Er rühmt sich eines wahrsagenden in die Zukunft sehenden Blicks und gibt eine unmittelbare Beziehung zu Geistern vor. Plotin kann als Begründer der griechischen Teurgie angesehen werden.

Porphyrio (233 – 304 u.Z.) verliert sich im Dschungel der Magie und der orientalischen Theologie. Er spricht von Engeln und Erzengeln. Er teilt die Dämonen in irdische und feurige. Er anerkennt Zauberei und Beschwörung. Unter seiner Theosophie versteht er die höchste Glückseligkeit und die reinste Erkenntnis der Dinge.

Jamblichius aus Syrien wird bereits der »Göttliche« oder »Wunderbare« genannt. Er geht von der realen Verbindung mit Göttern, Engeln, Dämonen (= Geistern) aus. Nach ihm besteht die Theurgie in der Lehre von geheimnisvollen Handlungen, Worten, Zeichen und Zeremonien. Mit ihm erreicht die »neu-platonische« Schule ihre Ausprägung und zugleich den geistigen Höhepunkt.

Die Griechen erstellen das Lehrgebäude der abendländischen Philosophie. Sie vermengen historische Ansätze mit eigenen Vorstellun-gen. Verhängnisvoll wird die Fixierung an den Dämonenglauben: er fließt in den »römischen« Kulturkreis und wird dort weiter verzerrt. Innerhalb der griechischen Dämonologie finden sich Vorstellungen, die im christlichen Hexentreiben aufleben.

Geisterwelt der Griechen

Im alten Griechenland wird die religiöse Prostitution gepflegt. Dirnen und Wüstlinge verfügen über Schlaf-, und Liebestränke, deren Zubereitung verboten ist. Man unterscheidet Liebe-erweckende und Haß-fördernde Indegrenzien. Mit anderen meint man Frauen unfruchtbar, bzw. Männer impotent zu machen. Wieder andere sollen den Tod herbeiführen. Nach Dioskorid gilt die Wurzel des Saubrotes, gestampft und zu Pillen gedreht, als Universalmittel[16]. Wir haben einen Vorläufer des im Mittelalter gebräuchlichen Theriak vor uns.

Die berühmteste griechische Dirne war Lamie. Ursprünglich ist sie eine Auletride (= Flötenspielerin). Der mazedonische König Poliokretes (ca. 300 v.u.Z.) erhebt sie zur Mätresse. Die Chroniken sagen: ». . . sie starb inmitten ihrer Orgien«[17]. Die nach ihr genannten Lamien – auch Empusen genannt – tauchen später als Nachtgespenster auf, um das Blut schlafender Personen zu schlürfen. Die Empusen haben ein feuriges Gesicht, einen ehernen und Eselsfuß.

Thessalische Weiber können mit ihren Salben Menschen in Steine verwandeln, ihren Geist mit Blindheit und sie mit Lahmheit schlagen. Sie rufen Wolken, gebieten Donner und Blitz und sie ziehen den Mond zu sich herunter. In Vögel verwandelt, fliegen sie auf Buhlschaften durch die Luft[18].

Die Gelluden fressen die Leber von getöteten Kindern. Sie können fliegen und durch geschlossene Türen dringen. Hinzu kommen gefräßige Lemuren und vogelartige Strigen, die ihre mit vergifteter Milch gefüllten Brüste Kindern reichen.

Die Erinnyen sind Rachegöttinnen. Die Telchinen machen Regen und Schnee. Sie verderben mit stygischem Wasser Tiere und Pflanzen: sie können sich beliebig verwandeln. In ähnlicher Form taucht später die »Wetterhexe« auf.

Die Toten-, Spuk- und Mondgöttin Hekate wird zur Beschützerin der Hexen und Beherrscherin des Zauberwesens. Sie tritt als grauenvolle Göttin der Unterwelt und Vorsteherin des Zauberwesens in Erscheinung. Sie kommt, gerufen in finsterer Nacht, mit Drachenfüßen und Schlangenhaar, von Hunden umbellt. Mit dem Zauberkraut Moly werden Menschen in Löwen, Wölfe und Schweine verwandelt.

Die Griechen kennen die Lykantrophie und legen damit den Baustein für spätere Werwolfsagen. Plotin hält an der Meinung fest, daß die Grausamen unter den Menschen in Wölfe und Streitsüchtige in Hunde verwandelt werden.

Aus der griechischen Vorstellungswelt haben sich verschiedene Beschwörungsformeln erhalten[19]. Bekannt ist das vielfältige Anwenden von Orakeln, das spätere Autoren als Dämonenwerk deuten und als Teufelswerk abtun[20]. Der griechische Dämonenglaube artet – mehr und mehr verzerrt – in spekulative und phantastische Formen aus. Bevor er in unserem Kulturraum in Erscheinung tritt, wird er nochmals durch das römische Brauchtum gefiltert und weiter differenziert.

Der »goldene« Esel des Apuleius

liefert Aufschlüsse über das antike Hexenwesen. Der spätantike Roman aus dem 2. Jh. u.Z. schildert den Lebens- und Bildungsgang des griechischen Jünglings Lucius, der in seinen Lehr- und Wanderjahren durch einen Fehler thessalischer Hexen in einen Esel verwandelt wird. Er gerät unter Magier und Räuber, wird verkauft und mißhandelt, erlebt Liebesabenteuer und grausige Verbrechen. Die Beschreibung der Zauberriten gelten der Erbauung. Nahezu alle Motive, die später bei der Beschreibung der Hexenzusammenkünfte vorkommen, finden sich in der Passage, die die Vorgänge kurz vor der Verwandlung des Lucius beschreiben. Die liebreizende Hexe Photis berichtet Lucius von ihrer Kollegin Pamphile: ». . . bei einbrechender Nacht, ehe du vom Essen zurückgekehrt warst, stieg Pamphile schon ganz außer sich auf den Dachboden, der auf der anderen Seite des Hauses dem offenen Durchzug ausgesetzt ist und den Blick nach Osten und auch nach den anderen Himmelsrichtungen gestattet, so daß er sich für ihre Künste besonders gut eignet und von ihr immer wieder heimlich aufgesucht wird. Zunächst versorgte sie ihre Wirkungsstätte mit der üblichen Ausrüstung: Spezereien aller Art, mit unleserlichen Zeichen beschriebene Metalltäfelchen, Wrackstückchen von gescheiter-

ten Schiffen und natürlich auch mit Gliedmaßen von Toten und sogar schon Beerdigten in reichlicher Auswahl; Nasen und Finger, Galgennägel, mit dem Fleisch von Gehenkten, Blut von Ermordeten und Schädelteilen, den Zähnen wilder Tiere entrissen.

Dann bespricht sie die rauchenden Eingeweide und besprengt sie mit verschiedenem Naß, bald Quellwasser, bald Kuhmilch, bald wildem Honig und bald Met. Nun wirft sie die ineinander verschlungenen und verknoteten Haare mit Essenzen zum Räuchern auf glühende Kohlen. Und vermöge der unwiderstehlichen Macht der magischen Künste und vermöge der geheimen Kraft des Geisterbanns werden die Leiber, deren Haare zischen und qualmen, mit menschlichem Leben erfüllt, hören, wandeln und kommen, dem Geruch der verbrannten Abfälle folgend, statt des jungen Bööters Einlaß heischend vor die Haustür: und im gleichen Augenblick kehrst du vom Wein berauscht zurück und bringst, durch das Dunkel der tiefen Nacht getäuscht, mit gezücktem Schwert wie der rasende Ajax, zwar nicht lebende Tiere und ganze Schafherden zerfleischend, nein viel heldenhafter: Drei aufgeblasene Ziegenschläuche kühn ums Leben, so daß ich dich, der du deine Feinde, ohne einen Tropfen Blut zu vergießen, zu Boden gestreckt hast, nun nicht als Meuchelmörder, sondern als Schläuchemörder in meine Arme schließe.«

Da konnte ich der witzigen Photis nur beipflichten und erwiderte, um ihr nichts schuldig zu bleiben: ». . . so kann ich diese erste Bewährungsprobe schon nach dem Vorbild der zwölf Arbeiten des Herkules werten, wenn ich die drei ermordeten Schläuche dem dreilebigen Geryones oder dem dreiköpfigen Zerberus gleichstelle. Aber damit ich dir von Herzen deine ganze Schuld, die mir einen solchen Schrecken eingebracht hat, verzeihen kann, mußt du mir eine große Bitte erfüllen und mich zusehen lassen, wenn deine Herrin ihre Zauberkünste ins Werk setzt, wenn sie die Geister beschwört, wenigstens wenn sie ihre Vorbereitungen trifft. Ich bin ganz versessen darauf, mit eigenen Augen zu sehen, wie gezaubert wird. Allerdings scheint mir, daß auch du in diesen Dingen Erfahrung besitzt und Übung hast. Ich weiß das und spüre es ganz deutlich, denn könntest du mich sonst, nachdem ich bisher mit einer Liebschaft kaum etwas anzufangen wußte, mit deinen leuchtenden Augen, deinen rosigen Wangen, deinem schimmernden Haar, deinen lechzenden Küssen und deinen duftenden Brüsten fesseln wie einen Sklaven, der dir mit Leib und Seele angehört. Ich denke schon gar nicht mehr an Zuhause, noch rüste ich mich zur Heimreise, denn nichts geht mir über eine Nacht bei dir.«

»Ich würde so gern deinen Wunsch erfüllen, ›Lucius‹ erwiderte sie, aber, ganz abgesehen von ihrem Mißtrauen, sie pflegt dergleichen Dinge in aller Heimlichkeit und ohne Zeugen abzutun. Allein dein Wunsch soll mir mehr gelten als die Gefahr, in die ich mich begebe, und ich will sehen, daß er sich bei günstiger Gelegenheit erfüllen läßt; aber wie ich Dir schon zu Anfang gesagt habe, du mußt über diese Dinge absolutes Stillschweigen bewahren«.

Lucius erlebt einige Nächte der Wonne: ». . . als Photis eines Tages aufgeregt und ängstlich zu mir kam und mir eröffnete, daß ihre Herrin, da ihre sonstigen Künste bei ihrem Geliebten bisher völlig versagt hätten, sich in der kommenden Nacht in einen gefiederten Vogel verwandeln wolle, um zu dem Ersehnten zu fliegen; ich soll mich heimlich bereithalten, um Augenzeuge dieses großen Ereignisses zu sein. Und um die Zeit der ersten Nachtwache führte sie mich lautlos auf den Zehenspitzen hinauf in das Dachgeschoß und ließ mich durch einen Türspalt sehen, was dort geschah: Pamphile hatte bereits alle Kleider abgelegt und schloß eine kleine Truhe auf, der sie verschiedene Büchsen entnahm; deren eine öffnete sie, um die Salbe lang zwischen ihren Handflächen zu reiben und sich dann von Kopf bis zu den Zehen damit einzureiben, während sie gleichzeitig heimliche Zwiesprache mit ihrer Lampe führte und dann ihre Glieder schüttelte und rüttelte. Und während sie sich leise vor sich hin und her wiegte, sproßte zarter Flaum, wuchsen ihr starke Federn, krümmte sich die Nase zum Schnabel, bogen sich die Zehennägel zu Krallen: Pamphile war zu einer Eule geworden; sie krächzste schauerlich und hüpfte am Boden hin und her, um ihre Schwingen zu prüfen; dann erhob sie sich in die Lüfte und verschwand mit breiten Fittichen in der Ferne«.

Ich komme auf diesen Zusammenhang bei der Behandlung der Hexensalben zurück. Apuleius sagt in einem anderen Zusammenhang: ». . . daß man durch Zauberkunst Menschen und Tiere verwandeln kann, die Schatten von Verstorbenen aus der Hölle rufen, die Macht der Götter hemmen, oder um die Finsternis eines Abgrundes zu erleuchten. Er treibt seine Vorstellungen so weit, daß er beim Landpfleger wegen Zauberei verklagt wird. Apuleius soll gekontert haben: ». . . so unwissend und dumm seid ihr in den Wissenschaften, den Fabeln und Märchen des gemeinen Pöbels, daß ihr eure Anklage nicht vortragen könnt. Ihr seid so ungeschickt, daß ihr nicht einmal wißt, worin die Zauberkunst besteht«.

Römische Vorstellungen

Der orientalische und griechische Kulturstrom verbindet sich im 3. Jh. v.u.Z. mit römischem Gedankengut. Die Römer übernehmen die Befragung der Götter und die mantischen Künste. Cicero verfaßt eine Schrift über das Wahrsagen. Er nennt eine natürliche und künstliche Variante. Zum Wahrsagen zieht man die Eingeweide der Tiere, den Blitz, den Vogelflug, den Lauf der Gestirne, Vorbedeutungen und Wunderzeichen (ostenta) heran. Dies deckt sich weitgehend mit den Vorstellungen der Etrusker.

Man glaubt an Laren und Lemuren, an gute und schlechte Seelen. Es bilden sich okkulte Praktiken heraus. Die Römer glauben an die Wirksamkeit des Pestnagels[21]: sie befragen zur Besänftigung des Götterzorns die »sybillinischen« Bücher, deren Existenz umstritten ist[22].

Durch Opferfeste sucht man böse Geister abzuwenden. So beim Lemurenfest, von dem Ovid eine Beschreibung hinterlassen hat[23]. Außerdem wird bei den Römern – antiken Mustern folgend – religiöse Prostitution getrieben. Erwähnenswert ist das Fest der Lupercalien, das bis ins 5. Jh. gefeiert wird. Wir haben eine Anlehnung an alte Fruchtbarkeitsriten und -tänze vor uns.

Auffallend ist der »römische« Aberglaube in seiner Vielfältigkeit. In der Kaiserzeit ist er so extrem, daß Zauberer oder »mathematici« per Senatsbeschluß verbannt werden. Einzelne Dichter aktivieren die abergläubischen Vorstellungen durch Zaubergesänge.

Römische Ärzte huldigen dem Aberglauben. Krankheiten werden bösen Dämonen zugeschrieben. Die Mediziner entwickeln Theorien, um solchen Übeln zu begegnen. Hier bildet sich der Gedanke der Traumheilung (= incubation) heraus. Man soll eine Nacht im Tempel des Jupiter oder Äskulap verbringen, damit der Gott Gelegenheit zur Hilfe hat. Hier liegen die Anfänge der Vorstellung vom In- und Sucubismus. Marcellus berichtet in seiner Schrift »die Arzneien« über verschiedene Zaubermittel. Gegen Halsschmerzen soll man »Crisis, Crasis, Cancrasis« sprechen!

Kaiser Konstantin setzt harte Strafen auf diejenigen, die unter dem Schein der Gesundheit Anderen Schaden zufügen, bzw. in ihnen »böse« Begierden wecken. Das römische Recht bestraft *nicht* das Zaubern, sondern nur den daraus vermuteten Schaden. Im gleichen Atemzug erklärt der Kaiser die Anwendung zauberischer Mittel zur Heilung von Kranken, bzw. um Felder und Fluren zu schützen, für erlaubt[24]. Es gibt Bestimmungen gegen den Feld- und Fruchtzauber[25]. Plinius erwähnt den Kornzauber[26]. Giftbereiter und »böse« Verwünscher werden mit dem Tod bedroht[27].

Plinius beleuchtet einige Formen des Aberglaubens und entwickelt ein Register von Kräutern, das den Menschen fremde und ungewöhnliche Kräfte vermitteln soll. Er erwähnt das Eisenkraut und den Nachtschatten. Er berichtet von einem an Pontus lebenden Volksstamm, dessen Zauberer man daran erkennt, daß sie im Wasser nicht untergehen[28]. Hier liegen die Anfänge des Schwemmens der Hexen in unserem Sprachraum. Plinius sagt: ». . . es gäbe keinen Mensch, der nicht fürchtet, durch schreckliche Verwünschungen gebannt zu werden[29].

Er erwähnt das Bannen und spricht von einem Gespenst, das sich in einem verlassenen Haus aufgehalten hat und sich als im Keller gefesselte Leiche herausstellte.

Obszöne Worte gelten den Römern als schlimme Vorzeichen. Aus dem fallenden Urin wird die Zukunft gedeutet. Für die »verschlagenen« Winde wird eine Gottheit geschaffen. Das Niesen hat verschiedene Bedeutungen und wird einem Schutzgott zugeschrieben. In Liebesangelegenheiten achtet man sorgfältig auf das Klirren der Ohren, das Zittern des Körpers (sallisationes) und auf willkürliche Bewegungen. Nach Plinius ist das Ohrenklingen das Echo von Gesprächen Abwesender. Außer den menschlichen Geräuschen bewertet man das Knarren des Bettes (argutatio lecti): aus dem Knarren der Möbel stellt man einen regelrechten Katalog zusammen: das Flackern der Öllampen hat bei den Römern okkulte Bedeutung.

Geisterwelt der Römer

Die berühmteste Zaubergestalt ist Medea, die von der griechischen Mythologie abgekupfert ist. Ihre Taten und Verwandlungen werden in den Metamorphosen des Ovid beschrieben. Sie fährt in mondheller Nacht auf einem von geflügelten Drachen gezogenen Wagen durch die Luft und sammelt auf entlegenen Bergspitzen und schaurigen Klüften Kräuter, die sie für Zaubereien verwendet. Horaz schreibt einem Freund: ». . . verlachst auch du die nächtlich träumenden Bilder, die Zauber und Wunder der erschreckenden Geister, die auf Besen und Gabeln fahrenden Hexen?«.

Petronius erwähnt die »Herumschweifenden« (= stridentes). Strix ist der römische Nachtvogel – der später (auch) im französischen Kulturbereich auftaucht –. Später bringt man die Hexen damit in Verbindung. ». . . als die Leiche eines Knaben bestattet werden sollte und die Mutter mit anderen Leidtragenden zugegen war, fiel ein Schwarm von Strigen über sie. Daraufhin hörte man einen klagenden Ton und sie waren (wieder) verschwunden. Der Sklave lag bewußtlos auf dem Totenbett, am ganzen Körper grau und blau geschlagen. Als die Mutter die Leiche ihres Sohnes betrachtete, fand sie dessen Brust aufgerissen; Herz, Leber und Eingeweide waren verschwunden. An deren Stelle befanden sich Strohpuppen.

Vor dem Töten schreckt man nicht zurück. So organisieren sich die Totengräber von Rom in einer Kaste. Julianus d. Abtrünnigen wird nachgesagt, daß man nach seinem Ableben Kisten mit Totenschädeln und -beinen in seiner Nähe gefunden hat. Das Beschwören von Toten wird zur Lieblingsbeschäftigung einiger römischer Kaiser. Maxentius, der Gegner von Konstantin, läßt schwangeren Frauen den Bauch aufschneiden, um sich der Leibesfrucht zu bemächtigen, die er für Zaubereien verwendet.

Daneben wird Skyomantie betrieben. Man verwendet das Blut von Leichen, um daraus zu weissagen. »In Syrien tötet man kleine Kinder, schneidet ihnen den Kopf ab, balsamiert sie, ritzt den Namen des betreffenden Geistes in ein Täfelchen und stellt daraufhin den Kopf auf einen Opfertisch . . . nach eifrigen Gebeten erhält man die gewünschte Auskunft«.

Gewöhnlich ist der Esquilin Schauplatz von Beschwörungsszenen und magischer Handlungen. Er dient als Begräbnisstätte für Sklaven, die ohne Leichenhemd verscharrt werden. Bei den römischen Kampfspielen erscheint der Totenführer als wilde, halb tierische Greisengestalt mit vorstehenden Zähnen, rollenden Augen, spitzen Ohren und Sporen an den Füßen, um die Leichen der Getöteten aus der Arena zu schaffen. Auf dem Esquilin wohnt der Scharfrichter (carnifex), dessen Haus von Kreuzen und Galgen umsäumt ist. Hier treiben nachts Zauberinnen ihr schauriges Handwerk und hier sträunen Dirnen herum. Mit Körperteilen Getöteter wird Handel getrieben. Dazu zählen das Mark, Fett, Testikel oder die Galle von Kindern und Gehenkten. Häufig auch das feine Häutchen, mit dem der Kopf von Neugeborenen bedeckt ist. Kinder werden geopfert. Sie müssen einer Amme oder den Eltern geraubt sein, weil sonst nach dem Volksglauben das Mark seiner Knochen und seine Leber – für Zaubereien – minder wertig sind. Folgerichtig wird der Raub eines freien Kindes mit dem Tod bestraft. Hebammen betreiben dieses schmutzige Geschäft.

Auf den Straßen, Hausschwellen, unter Säuleneingängen und in Backöfen findet man die Leichen von Neugeborenen. Das Geschäft des Kindermordes obliegt den »saga«. Sie ersticken sie in den Falten ihres Gewandes. Canidia ergreift einen Knaben, gräbt ihn bis zum Mund in die Erde und läßt ihn langsam verhungern, weil seine ausgedörrte Leber und das verbrannte Mark für einen Liebeszauber benötigt wird[30].

Es ist anzunehmen, daß sich die Ärzte des Altertums wenig mit der Heilung von Geschlechtskrankheiten auseinandersetzen: sie erkennen darin den Anstrich eines göttlichen Fluches. So nehmen Betroffene Zuflucht bei Zauberinnen, den Rezepten des Volkes und den Hilfsmitteln des Aberglaubens. Sie suchen bei Scharlatanen und Geistlichen Hilfe.

Das Salben und Parfümieren wird bis zum Exzess betrieben. Unverhohlen sagt Plautus: ». . . ein Weib riecht gut, wenn es nicht riecht. Denn diese Fregatten, diese zahllosen Scheusale, die sich mit Parfüm überschütten, die die Ruinen ihrer einstigen Schönheit mit Puder bedecken, duften, wenn sich ihr Schweiß mit Wohlgerüchen vermischt, schlimmer als ein Koch, der ein Ragout mit verschiedenen Saucen angerichtet hat.«

Das Feld der Liebestränke und Abtreibungen nimmt bei den Römern zentrale Bedeutung ein. Durch Amulette und Beschwörungen leistet man bei der Geburt illegitimer Kinder Beistand. Die Zubereitung von Liebestränken wird von den Griechen übernommen und ausgefeilt.

Die Römer brauen extrem starke Getränke. Daraus entwickeln sich sog. »aphrodiasaka«. Ovid bemerkt: ». . . diese Mittel, die den Teint bleichen, nützen den jungen Mädchen nichts, sie schaden dem Verstand und übertragen die Keime zur wahnsinnigen Raserei«. Das Problem ist das gleiche wie heute. Man beginnt mit leichten Drogen und geht auf stärkere über.

Hier haben sich verschiedene Rezepturen erhalten. Zu ihnen gehören der »Sehnsuchtstrank« und die »anregenden Wasser« (aqua amatrices). Die Alraunen, der wilde Hanf und der Stechapfel rufen eine wollüstige Trunkenheit hervor. Einigen Pilzen, besonders den Morcheln und dem Blätterpilz, den bitteren Trauben, aromatischen Kräutern und deren alkoholreiche Liköre, denen man Destillate stark riechender Pflanzen beimischt.

Spanische Fliegen, Grillen und Ameisen werden zu Pulver gestampft, und mit Weingeist angelaugt. Tintenfische und Schildkröteneier werden zu Speisen verarbeitet. Das gefürchtetste Liebesgetränk ist das »Hippoman«, dessen exakte Zusammensetzung unbekannt ist. Entweder stammt es aus den Geschlechtsteilen einer »rossigen« Stute oder es handelt sich um die Verwendung der Nachgeburt des Fohlens.

Aus nachträglicher Sicht prägt vor allem der von den Römern integrierte »griechische« Aberglaube in weiteren Verästelungen – von der römischen Kultur bereichert – das Hexenwesen.

Auch »unseren« Hexen wird nachgesagt, Kinder aus Gräbern zu stehlen, sie in einem Topf zu kochen und das gewonnene Fett zum Schmieren der Besen zu verwenden. Im Blickfeld sind hier besonders die Hebammen, denen der Kindermord nachgesagt wird!

Hebräische Vorstellungen

Die jüdische Religion bringt den Monotheismus. Jehova oder Jahve *gilt* als Erschöpfer und Erhalter der Welt. Die Bedeutung seines Namens ist unklar. Ursprünglich handelt es sich (wohl) um einen Berggott der Sinaihalbinsel.

Man erkennt in ihm den Lenker der Geschichte. Trotz vereinzelt ähnlicher Götternamen des 2. Jh. v.u.Z. aus Mesopotamien und Ugarit ist anzunehmen, daß die Verehrung Jehovas auf Israel beschränkt ist.

Die geistige Leistung, nur noch *einen* Gott zu verehren und in logischer Konsequenz Unter- und Nebengötter auszuschließen, reicht nicht hin, um gleichzeitig den Glauben an Dämonen auszurotten.

Die Kanaaniter kennen den heidnischen Kult des Moloch und – analog der babylonischen Vorstellung – die Kedeschim, geweihte Tempeldirnen, die Liebestränke verkaufen und Weihrauch verbrennen. Der Hurenlohn, das »Handgeld« wird dem Tempel gespendet.

Beim Tempel von Jerusalem treiben Tempeldirnen ihr Wesen. Um 1 000 v.u.Z. werden die Götzenbilder dieser Kultur zerschlagen, ihre Tempel zerstört, die Bildsäulen umgestoßen, die Unzuchtshaine ausgerottet und die Hurer vertrieben.

In der Genesis finden sich Formen der gastlichen Prostitution, die sich aus der religiösen entwickelt hat. Die als heilig angesehenen Bücher bringen einige Passagen, aus denen deutlich wird, daß die Kreuzwege den Dirnen als Marktplatz dienen. Der Tempel Salomons ist zur Zeit der Makkabäer (150 v.u.Z.) ihr offizieller Handelsplatz. Die Schrift nennt sie »fremde« Weiber. Darum ist nicht verwunderlich, wenn die mosaische Gesetzgebung mit einem strengen Sittenkodex aufwartet[31].

Nach den überlieferten Versionen des alten Testaments *gilt* Moses als Stifter der Jahvereligion: als eines *gedachten* Bundes zwischen Gott und Israel. Er *gilt* als Befreier der Israeliten aus der ägyptischen Knechtschaft. Das nachbiblische Judentum hat sein Leben mit Legenden geschmückt[32].

Geisterwelt der Hebräer

In die jüdische Dämonologie fließen Elemente des chaldäischen Aberglaubens. Die hebräische Dämonologie unterscheidet gute und böse Geister: wie alle vorangegangenen oder parallelen Religionsformen. Schon Jesai-

jas warnt vor Wahrsagern und Zeichendeutern[33]. Aaron verwandelt einen Stab in eine Schlange und zaubert Frösche herbei. Von Menasse wird erzählt: ». . . er ließ seine Söhne durch das Feuer im Tal Hinnoms gehen und wählte Tage, achtete auf das Geschrei der Vögel, stiftete Wahrsager und Zeichendeuter. Er tat viel, um den Herrn zu erzürnen«[34].

Im Alten Testament steht (Exodus 22.18) ». . . die Zauberinnen sollst du nicht leben lassen«.

Christliche Exegeten haben es falsch verstanden, aus dem Zusammenhang gerissen und ausgelegt. Dieser Satz muß herhalten, um Jahrhunderte später Unschuldige auf Scheiterhaufen zu zerren. Dieses Zitat zieht wie ein roter Faden – vor allem in der protestantischen Argumentation – durch das Hexenwesen in unserem Sprachraum. Die Bibel wird zum knechtenden Buchstabe.

Der norddeutsche Arzt Weyer macht schon in der 2. Hälfte des 16. Jh. auf diesen Fehler aufmerksam und betont, daß das hebräische Wort »Kasaph« nicht Zauberer, sondern Giftmischer bedeutet. Die Verwechslung sei daher gekommen, weil man damals die Begriffe Zauberei und Giftmischerei wegen der ähnlich geheimnisvollen Wirkungen als vergleichbar angesehen und zusammengeworfen hat. Er bleibt ungehört!

Die jüdische Frau muß als unerläßliche Mitgift die Jungfräulichkeit in die Ehe einbringen. Der Nachweis des Vergehens wird mit dem Tod durch Steinigung bestraft. Einer Frau, die – wenn auch nur zufällig – die Geschlechtsteile des Mannes berührt, wird die Hand abgeschlagen[35]. Die allegorische Interpretation der Schlange wird im hebräischen Sündenfall zum Inbegriff der »bösen« Lust. Die Hebräer kennen den sog. »Eifersuchtskuchen«[36].

Nach den Lehren der Kabbala sind vor allem die Frauen den Lockungen Satans ausgesetzt. List, Neugierde, Vorwitz, den Trieb, durch Reize den Mann zu fesseln, den sie durch Macht nicht zwingen kann, Schlangenlust, das sich Vorgestellte zu erreichen, werden ihr als Attribute beigelegt. ». . . darum hat das Weib den Zug zu verborgenen Kräften . . . durch Zaubermittel ihr Werk zu erreichen«.

Moses entwickelt agressive Vorstellungen gegen das Zauberwesen. In der ihm *zugeschriebenen* Gesetzgebung fällt auf, daß Ungehorsam gegen Geistliche als Gotteslästerung verstanden und mit Steinigung bestraft wird[37]. Zudem ist es das Strafmaß für Zauberer[38].

Die hebräischen Religionsvorstellungen sind für eine Untersuchung der Hexerei von Interesse, weil hier die Idee des Satans als zentralem Widersacher vorgeprägt wird, weil die bekannte Stelle im Exodus zu beachten ist und weil Talmud und Kabbala entstehen.

Kabbala und Talmud

Die Kabbala ist eine Religionsphilosophie, deren geistige Heimat im babylonischen Raum angesiedelt ist. Es ist eine antike Geheimlehre, die helfen soll, den Sinn der »alten« Schriften zu entziffern. Die Überlieferung umfaßt das (angebliche) Geheimnis Gottes, die Entstehung der Finsternis, das Chaos, die erneuerte Ordnung der Welt an sechs Tagen, die Schöpfung des sichtbaren Menschen, seinen Fall, die Führungen Gottes zu seiner Erlösung: die Wiederherstellung der gestörten Harmonie und seine Zurückbringung zu Gott.

Die Entzifferung der Kabbala erfolgt durch Geomantria (Geometrie), Notarikon und Themurah. Die Methoden ruhen auf der Eigentümlichkeit der hebräischen Sprache und Schriftform, die keine besonderen Zeichen für Zahlen hat. Daraus folgt das Denken: »jedes Wort, eine Zahl«, bzw. andersherum. Bei nüchterner Betrachtung kann es keinen Sinn ergeben. Die Kabbalisten erfüllen die Räume der Schöpfung mit guten und bösen Geistern, teilen sie in Ordnungen, setzen ihnen Oberhäupter vor, unterscheiden sie namentlich und weisen ihnen Ämter zu. Nach ihrer Lehre regiert Gott in einem Lichtäther. Von ihm gehen – gleichsam wie Strahlen – göttliche Aktivitäten aus.

Man kennt eine Ordnung der Engel und der sog. Elementargeister. Die erste umfaßt die des Feuers, die zweite die von Feuer und Luft, die dritte die von Feuer, Luft und Wasser. Den beiden letztgenannten unterstellt man eine bösartige Natur. Die bösen Dämonen haben Namen wie Schedim, Seirim, Malache oder ChaBalla (= Engel des Verderbens). Die bösen Geister halten sich in einem düsteren Raum unter dem Mond auf. Als Zwischenwesen leben sie in der Luft, in Flüssen, Morasten und auf Bergspitzen – wie ihre akkadischen Kollegen. Man nennt sie im Volk »falsche« Götter oder Feldteufel[39]. Sie können sich in einem Augenblick von einem zum anderen Ende

der Welt bewegen. Sie essen und trinken wie Menschen und pflanzen sich ebenso fort[40].

Die Vermutung, daß die Sehrim aus dem alten Ägypten stammen, ist naheliegend. Jesaija 34.14 erwähnt die »nächtliche«, ein weibliches Nachtgespenst. Talmudisten geben ihr die Gestalt eines geputzten Weibes mit langen Haaren, das Kindern nachstellt. Daraus wird Lilith, das jüdische Nachtgespenst. Nach der kabbalistischen Auffassung hat Gott vier weibliche Teufel geschaffen.

Namah gilt als die Frau des Teufels Schereon. Macolath soll über 470 Rotten von höchsten Geistern befehlen. Der Teufel Iglereth soll mittwochs und freitags nachts mit 1 800 bösen Geistern herumschwärmen und den Menschen schaden. Nach anderen Versionen soll Gott die Teufelin Lilith erschaffen haben, die daraufhin mit Adam weitere Teufel zeugt. Nach der Sage der Rabbinen hat Gott die Teufel am zweiten Tag geschaffen. Die Aussagen sind widersprüchlich[41].

Wie es neun Engelsordnungen gibt, so auch neun der Teufel, der sog. »Peseudothei«, die als Wahrsagegeister, Erfinder der Würfel, Karten, Geschosse und der tödlichen Werkzeuge betrachtet werden. An ihrer Spitze steht Belial. Die Ehestandsstörer, Anstifter des Neides und der Rache werden von Asmodes geführt.

Nach der Kabbala zerfallen die magischen Übungen in drei Klassen, die unterschiedlich gewichtet und bestraft werden. Man kennt die Lykantrophie und eine Variante des Hexensabbats, wobei Öle und Salben verwendet werden. ». . . es gibt Weiber, die einen Bund mit dem Schedin machen und zu gewissen Zeiten mit ihnen zusammenkommen, mit ihnen tanzen und Geistern beiwohnen, die ihnen als Böcke erscheinen«.

Ein Unbekannter fügt der Mischna einen Kommentar bei. Daraus entsteht der Talmud. Er ist eine weitere Auslegung des Alten Testaments. Nach ihm bilden Teufelspakte und Buhlschaften die wesentlichen Bestandteile der jüdischen Magie. Der Mischnah, der älteste Teil stammt aus der Zeit um 189 v.u.Z. Man unterscheidet einen jerusalemitischen und babylonischen Talmud, dessen Abfassung etwa in das Jahr 500 fällt und der dem Rabbi Aache und seinem Gehilfen Sure zugeschrieben wird[42].

Aus dem Talmud ist zu vernehmen, daß die Hölle eines der sieben Dinge ist, die Gott vor der übrigen Welt erschaffen hat. Dazu heißt es: ». . . dem Sünder kommen drei Scharen von Teufeln entgegen und rufen ihm zu . . . keine Ruhe dem Frevler, er liege in Qualen«[43].

Die Kabbala und der Talmud halten ein gutes und böses Prinzip aufrecht. Die kabbalistische Lehre gewinnt – vor allem im Mittelalter und darüber hinaus – begeisterte Anhänger. Paracelsus baut diese Theorien aus. Der sich als sachkundig verstehende Kabbalist (besser: Spekulant) rückt im Lauf der Zeit in den Geruch eines Zauberers und Hexenmeisters. Weil Vorstellungen vom Satan, Hexen und deren Verkehr mit Dämonen, Teufelsbeschwörungen, Haß- und Freundschaftsstiftungen in den kabbalistischen Schriften vorkommen, ist man bemüht, den mittelalterlichen Teufels- und Hexenglauben daraus abzuleiten. Bei einer realen Betrachtung ist es nicht statthaft, denn es liegen weitere Verästelungen und gegenseitig-kulturelle Befruchtungen vor: die jüdische Geheimlehre ist lediglich Bestandteil des Ganzen.

Teufel und Hölle im Alten Testament

Im Alten Testament ist das Wesen des Satans noch verschwommen. Er erscheint inmitten der Göttersöhne und *gilt* noch nicht als Widersacher des göttlichen Willens. Er stellt sich als ohnmächtiger Geselle in Gottes Hand dar. Im Buch Henoch erscheint er als Werkzeug, um die Lauterkeit eines Mannes zu prüfen.

Diese Vorstellungen sind bei Zacharia weiterentwickelt. Hier tritt Satan als Ankläger und Widersacher der Menschen auf. Bald danach *gilt* er als Vollstrecker des göttlichen Zornes. Er kann nur mit der Zustimmung des Herrn tätig werden[44].

In den apokalyptischen Büchern wird die Satansidee weiter entwickelt. Immer mehr wird diesem Fabelwesen Einfluß auf die Sünden des Individuums zugeschoben. Der Dualismus wird jetzt deutlicher: dem als Gott *gedachten* Guten steht der als Teufel *gedachte* Böse gegenüber. Ein Hinterfragen dieses Ansatzes wird als Gotteslästerung empfunden. Diese Vorstellungen beherrschen um die Zeitenwende das Denken und es ist verständlich, daß diese Vorstellungen von jüdischen Autoren festgehalten und von christlichen abgeschrieben werden. Es konnte nicht ausbleiben, daß die junge sich katholisch nennende Sekte aus diesem Fundus Wissen zieht. Sie bringt eine folgenschwere Komponente ein: das Glauben-*müssen* an die Existenz und Wirksamkeit der Teufel: es wird (nicht nur) den Hexen zum Verhängnis.

Im Alten Testament finden wir keine direkte Beschreibung vom Aufenthaltsort der Verstorbenen: die Feuerhölle ist ihnen unbekannt[45]. Der Begriff Schoel bezeichnet einen düsteren und traurigen Ort unter der Erde. Ein jüdischer Totenengel schneidet den zu Tötenden die Haare ab. Wer denkt nicht an das »Rasieren« der Hexen? Das Buch Henoch beinhaltet eine Jenseitsdarstellung unter der Führung eines Engels und gibt eine detaillierte Beschreibung von seinem Fall[46]. Hier sind antike Gedanken verwoben. Vom Buch Henoch sind nur noch Fragmente, bzw. Abschriften nach einer äthiopischen Übersetzung vorhanden[47].

Später tritt der Gehonom als abgegrenzter Strafort, als Hölle im jetzt biblischen Sinn in Erscheinung[48]. Der Name ist von einem südlich von Jerusalem gelegenem Tal (Ge)hinnom entlehnt, wo abgefallene Juden dem Baal oder Moloch Kinder geopfert haben sollen. In Sabbath 104 a spricht der Talmud von einem Fürst der Hölle, der Gott um Seelen bittet. Nach einer weiteren Version hat jede Abteilung 6 000 Räume und 6 000 Nischen. In jeder stehen 6 000 Giftgefäße für Schmäher und ungerechte Richter. Es besteht ein Unterschied zwischen dem jüdischen Gehinnom und dem griechischen Hades, wenngleich beides die gleiche geistige Grundlage hat.

Nach jüngeren Höllenvorstellungen sind Ehebrecher an ihren Geschlechtsteilen aufgehängt. In der Tunda-Vision werden Männer und Frauen von Teufeln geschwängert und gebären unter furchtbaren Qualen Scheusale mit glühenden Köpfen, scharfen Schnäbeln und nach rückwärts geschweiften Stacheln. Ein Chronist bemerkt: ». . . dies trifft vorzüglich Nonnen und Pfaffen, die Gott mit dem geistlichen Habit zu teuschen vermeinen«[49].

Frauen, die sich auf dem offenen Markt entblößen, um ihren Kindern die Brust zu reichen und so Männer anlocken, sind während des Höllendaseins an Haaren und Brüsten aufgehängt[50]. Nach dem jerusalemitischen Talmud hing der Hohepriester Simon Schetach längere Zeit mit einem Ohr an einer Türangel, weil er seinem Versprechen entgegen die Hinrichtung von Hexen(!) verzögert hat, bzw. sie erst später hängen ließ[51].

Moses *soll* zu den ihm unterstellten noch zwei weitere Bücher geschrieben haben. Damit wird bis heute Unsinn getrieben, indem man den Käufern einredet, daß von den dubiosen Texten bestimmte Wirkungen ausgehen. Es handelt sich um eine Zusammenfassung von Zaubersprüchen, Anweisungen zur Abwehr von Zaubereien, Herbeirufungen von Luft-, Erd- und Wassergeistern. Dieses Manuskript soll nach einem (wieder) gefundenen Urtext 1534 in Philadelphia entdeckt und gedruckt worden sein[52]. Mit den Legenden um Moses hat diese Legende nichts zu tun, bestätigt jedoch, wie zäh sich der Aberglaube im Bewußtsein hält.

Gemanische Vorstellungen

Die Germanen glauben an das göttliche Wesen Allfadur (= Allvater). Alle deutschen Mundarten bezeichnen es als Gott[53]. Die Druiden gelten als Priester der keltischen Völker und entsprechen weitgehend den indischen Bramanen. Sie deuten religiöse Dinge und nehmen an privaten wie öffentlichen Opfern teil. Vermutlich ist der Begriff aus der sprachlichen Vermischung des Stammwortes Drude(n) (= got. = trudan) abgeleitet. Daraus wird später die sog. »Trute« oder »Trutte«, ein nächtlicher Druckgeist. Bis weit in das 18. Jh. hinein werden die Hexen bei uns als »Druden« oder »Trutten« verschrieen. Dies zeigt die geringe Unterscheidungsfähigkeit des Volkes. Bei altgermanischen Stämmen ist der Drudenfuß als Schutzmittel in Gebrauch. Es ist ein magisches Zeichen in der Form eines Pentagramms. Im späten Mittelalter – vor allem darüber hinaus – wird er oft zusammen mit abergläubischen Vorstellungen erwähnt. Zudem kennt man den sog. »Drudenstein«.

Die Druiden bewahren eine religiöse Geheimlehre, üben die Kunst der Weissagung und richterliche Funktionen aus. Sie übernehmen heil- und sternkundliche Aufgaben, glauben an die Unsterblichkeit der Seele und opfern dieser Vorstellung Menschen. Kaiser Claudius hebt darum den druidischen Gottesdienst auf. Nach der germanischen Auffassung sind die Seelen unsterblich. Die Toten essen in den Gräbern und führen ein irdisches Leben. Von dieser Vorstellung wird der Vampyrismus mitgestaltet.

Die Frauen der Druiden werden als »Alrunen« bezeichnet. Sie entsprechen den Pythonierinnen in ägyptischen und griechischen Tempeln.

Sie sind wegen der ihnen zugeschriebenen Wahrsagekunst und der Zubereitung von Salben, Heilmitteln und -tränken berühmt: ». . . die alten Weiber sind in Liebe und Armut abgestorben. Phantasie, Tradition, Bekanntschaft mit Heilmitteln, Armut und Müßiggang haben sie zu Zauberinnen gemacht«[54]. Die Cimbern werden bei ihren Feldzügen von wahrsagenden Frauen begleitet. Das Blut der Gefangenen wird zu einem Opferkessel gebracht, um daraus zu weissagen; es ist eine Vorstufe des Hexenkessels.

Die alt-heidnische Zeit kennt das Katzenopfer, wonach schwarze Katzen in der Gestalt sprechender Geister erscheinen. Man kommt nicht umhin, diese Komponente in das Hexentreiben einzubinden. Seit alter Zeit verfügen die Lappländer über sog. »Wahrsagepauken«, die mit einem Schlegel aus Rentierhorn geschlagen werden. Wir haben eine Parallele im späteren Sieb- und/oder Schlüssellaufen vor uns, das man noch im 17. Jh. zum Aufspüren der Hexen einsetzt. Die der germanischen Göttin geweihte Katze wird sukzessive zum Tier der Hexen und Nachtfrauen[55].

Die Germanen huldigen einem ausgedehnten Götterkult und verfügen über umfassende mythologische Vorstellungen. Sie reichen von der Weltschöpfung durch die Götter aus den Gliedmaßen des Riesen Ymir bis zur Erweckung des ersten Menschenpaares Ask und Embla: (später bei uns: Adam und Eva). Der bedeutendste germanische Gott ist Donar; er übt helfende und schützende Funktionen aus. Der kirchentreue Bonifazius fällt 723 u.Z. bei Hofgeismar (Nordhessen) die Donar- oder Donnereiche. In einem rohen Vergewaltigungsakt wird dokumentiert, zu was christliche Nächstenliebe fähig ist: zur Unterdrückung Andersgläubiger!

Die christliche Missionierung führt zu einer Verzerrung im religiösen Bewußtsein des Volkes und nährt den ohnehin wuchernden Aberglauben. Sie führt nicht dazu, die druidische Religion auszumerzen. Mit Bonifazius kommt die Nonne Walpurgis ins Land, eine der ersten Schutzheiligen auf deutschem Boden. Später wird sie mit den Hexen in Verbindung gebracht (= Walpurgisnacht).

Im Verbund mit den römischen Eroberungszügen nach Norden kommen mythologische

43

Elemente dieses Kulturkreises hinzu: wiederum vollgesogen mit früheren Formen. Ein Vergleich zwischen der germanischen und persischen Mythologie zeigt viele Parallelen. Ein schaffender Gott, Untergötter und der Dualismus zwischen Gut und Böse sollen als Beispiel genügen. Immer mehr werden die heidnischen Gottheiten zu Teufeln christlicher Prägung deklariert und mit negativen Eigenschaften belegt. So werden aus den weissagenden Frauen der Germanen allmählich Zauberinnen und Genossinen böser Geister[56].

Die germanische Göttin Hellia erinnert an das Wort »Hölle«. Ihre Wohnung wird tief im Dunkel der Erde vermutet. Sie wird als halb schwarz und halb menschenfarbig angesehen. Holda zieht mit den Elben – ihrem Gefolge – durch die Lüfte. Hier haben wir eine Anbindung an die damit verbundenen Hexenfahrten.

Die Elben gelten als übernatürliche Mächte, die ohne menschliche Vermittlung in deren Schicksal eingreifen. Sie erscheinen als Totenseelen, als Schutz- und Hausgeister.

Später tauchen sie unter den Bezeichnungen Mar, Alp und/oder Schrattel auf: sie verkünden bevorstehendes Unglück. Sie können mit Blicken zaubern und sich in andere Gestalten verwandeln. Ihr verführerischer Gesang (= Alblaich) wird mehrfach erwähnt. Ihr Hauch (= Elbhauch) bedeutet Gliedergeschwulst. Sie haben Verlangen nach kleinen Kindern und legen an deren Stelle Wechselbälge in die Wiege. Sie fahren auf Wetterwolken oder Wirbelwinden, in Sieben oder auf Besen.

Betrachtet man die Vorstufen, ergibt sich eine logische, in sich schlüssige Entwicklung. Nahezu alle Ansätze zur Hexerei werden in der Antike gezimmert und schon dort verzerrt. So ist es mit dem Glauben und dem Aberglauben. Keine Kulturstufe hat es geschafft, den Glauben an »böse« Kräfte abzuschütteln. Das Frühchristentum konnte nicht umhin, bereits vorhandenes aufzusaugen und zu modifizieren.

Eine Hexe im Kampf gegen sieben Teufel oder Dämonen, von denen sie bereits zwei zu Boden geworfen hat. Hier wird versinnbildlicht der Kampf zwischen Gut und Böse; freilich muß das Gute siegen. Holzschnitt aus dem frühen 16. Jh.

Der »christliche« Hexenglaube wird programmiert

Die Auflistung auf den Seiten 48 und 49 verdeutlicht, wie schwer es die Institution Kirche hat, nach gescheiterten Versuchen einen tragbaren *und* glaubhaften Weg einzuschlagen, der sittliche, moralische und tolerante Komponenten (im Sinn der Bergpredigt) in sich birgt. Vor allem drei Fakten schlagen im »späteren« Hexentreiben zu Buche: 1. Die klerikale Machtstellung, 2. Ihr teuflisches Dogma und 3. die der Frau zugewiesene Rolle als Verführerin zum Bösen.

Weitere Ausflüsse kurialer Politik sind die von der Unglaubwürdigkeit der Kirche provozierten Ketzerbewegungen wie ihre inquisitorischen Verfolgungskampagnen, die für die damalige Zeit beispiellos sind. Damals wird die verhängnisvolle Trennung nach Gläubigen und Ungläubigen realisiert. Schutz erhalten lediglich Gläubige, andere versucht man auszurotten.

Durch die früh erdachte zentralistische Verfassung und dem Herausschälen einer funktionablen Hierarchie, spielt sich die junge Kirche zur Herrin der Christenwelt auf. Ihre Macht stützt sie auf Illusionen, Irrtümer und auf die Gutgläubigkeit der Massen. Die Seligkeit wird *nur* versprochen und die Höllenstrafen werden *nur* angedroht. Der Vorzug aller Weltreligionen besteht für ihre Führer darin, daß die meisten Menschen zu träge sind, um die ihnen aufoktroierten (einfachen) Mechanismen zu durchschauen. Zur Zeit des Hexenwahns war ein Aufbegehren gegen sie schon an sich ein halbes Todesurteil. Sie hat stets gegen die Massen gewonnen und oft gegen Einzelne verloren. Die wenigen (damaligen) Gegner des Hexentreibens aus dem theologischen und juristischen Lager stellen es unter Beweis.

Christianisierung

Die »neue« Religion würdigt heidnische Religionsvorstellung herab und ist bemüht, dem abergläubischen Geplänkel veränderte Vorzeichen zu geben. Man beginnt, gegen dem Christentum fremde Götter zu wettern, gegen Träume, Wahrsager und angeblich zauberische Kräfte anzugehen, sie seit Hunderttausenden von Jahren zum ethischen Volksgut zählen und fest verankert sind. Aberglaube prallt auf Aberglaube und letztlich bleibt alles beim Alten. Religion wird eine Frage des Standpunktes und zum Klassenkampf degradiert. Diesem Trend sitzt (auch) das Christentum auf: ja es wird zum Aktivator.

Fehr verdreht die Tatsachen, wenn er konstatiert: ». . . das Volksleben der Germanen war stark hinneigend zu fröhlichen Götterfesten und Götzenbildern. Hartnäckig beharrend auf den Sitten der Kinds-Aussetzung, zauberischer Weissagung, Totenbeschwörung, Essen von Pferdefleisch usw. . . . *nur* dem Einfluß der Kirche, die lehrend, weihend, leitend und regierend wirkte, ist zuzuschreiben, daß den Germanen der Sinn für das Höhere bewahrt wurde«.

So war es sicher nicht, denn als Fehr zur Feder griff, war unser Wissen über die germanischen Volksstämme zu schlecht, als daß man solche Dinge hätte ableiten können. Die z.T. erzwungene Christianisierung entspricht einem Akt der Vergewaltigung. Auf der einen Seite haben wir die unverwüstliche Kraft des altgestandenen Volksglaubens, in den ein Sammelsurium antik-abergläubischer Vorstellungen gebettet ist. Auf der anderen Seite haben wir das von den Christen erklärte Ziel, andere davon überzeugen zu *müssen,* daß es nur *einen,* eben *ihren* Gott gibt. So stiftet der »neue« Glauben Verwirrung und wirkliche Götter gibt es nicht: alle sind von Menschen erdacht, was auch die sog. »heiligen« Bücher betrifft.

Im 2. und 3. Jahrhundert entstehen im deutschsprachigen Raum christliche Kirchen. Oft entspricht ihr Standort einem mutwillig abgerissenem als heidnisch bezeichneten Tempel. So in Trier, Metz, Köln, Tongern, Speyer und Mainz: hier ist der alte Mithraskult angesiedelt. Die ersten »deutschen« Kirchen stehen in Lorch (laureacum) und Petaunin (jetzige Steiermark). Hinzu kommt die im Jahr 304 der Dirne Afra in Augsburg geweihte. In Helvetien befindet sich eine bischöfliche Kirche in Vindonisse (Windisch). Die von Tongern (Belgien) wird 452 nach Maastrich verlegt.

In der Passauer Gegend verkündet(!) 440 der belgische Missionar Valentinus den Heiden die christliche Frohbotschaft. Der Irländer Fridolin begründet 511 das Christentum bei den Alemannen. Am Bodensee rührt sich um 611 der Mönch Columban. Er wird verjagt, geht nach Italien und kommt mit zwölf Gleichgesinnten zurück. Einer von ihnen nennt sich Gallus, der krankheitshalber in der Schweiz verbleibt. Seinem Fleiß verdanken wir den Aufbau des Klosters St. Gallen.

Der Apostel der Franken ist Emmeran (652), wenngleich die Christianisierung des fränkischen Reiches und in dessen Folge die Bekehrung der Burgunder durch die Schlacht Chlodwigs gegen die Alemanen im Jahr 496 eingeleitet wird. Am Rhein wirkt um 600 der Einsiedler Goar. Zu seiner Ehre wird das Kloster St. Goar begründet und daraus entsteht Goarshausen. Der fränkische Mönch Korbinian stiftet die Kirche von Freisingen und stirbt 730 als deren Bischof. Aus der nachträglichen Gesamtsicht kommt vor allem dem Benediktiner Winfried alias Bonifazius zentrale Bedeutung zu.

Bonifazius und die Nonne Walpurgis

Winfried ist ein Sohn angelsächsischer Eltern und wird um 650 im heutigen Kirton (Devonshire) geboren. Er absolviert im Kloster Rhutscell (Southampton) ein theologisches Studium und schließt sich daraufhin den Benediktinern an. Als Priester geht er 718 nach Rom. Am 15. Mai 719 erhält er von Gregor II. einen Missionsbrief. Daraufhin geht er über Pavia nach Bayern, wandert nach Thüringen und zu den Franken. Den Chroniken zufolge ließen sich aufgrund »seiner« Predigten »Tausende« taufen. Beim damaligen Stand der Volksbildung, den Bevölkerungsziffern und dem durchgängigen Analphabetentum scheint dies übertrieben: vor allem deshalb, weil die Chronisten erst Jahrhunderte nach ihm die Blume der Verherrlichung schmücken. Dazu gibt es in der Kirchengeschichte treffende Beispiele: so die Legenden um die Aufrichtigkeit der Märtyrer oder die Glorifizierung der Bibel.

Der Platzwechsel des Aberglaubens geht nicht ohne Komplikationen vor sich. Wenn man berücksichtigt, daß bis zum Wirken eines Bonifazius mindestens 700 Jahre Christentum »gelebte Geschichte« vergangen sind, kann die Idee der Christianisierung so erfolgreich nicht verlaufen sein, wie sie hingestellt wird. Hinzu kommt die Notwendigkeit, daß sich die »neue« Kirche gezwungen sieht, die als von ihr bezeichneten heidnischen Sitten salonfähig zu machen. Z.B. den Allerheiligen- und den Allerseelentag!

Er wird 835 von Gregor IV. ins Leben gerufen und hat möglicherweise folgende Bewandtnis auf sich: ». . . ein von Jerusalem heimkehrender Pilger wird auf dem Meer von einem Sturm überrascht und auf eine Felseninsel gespült, wo er daraufhin als frommer Eremit lebt. Im Landesinnern befindet sich ein feuerspeiender Berg, in dem Verdammte Strafen (er)leiden. Merkwürdigerweise gehören zu ihnen Mönche aus dem französischen Kloster Cluny. Auf Umwegen erfährt der dortige Abt Odilo von dem Mißgeschick, denn man bittet ihn, künftig besser für das Seelenheil der Eingeschlossenen zu beten. Daraufhin fühlt er sich verpflichtet: ». . . daß man einen Tag nach Allerheiligen einen Gottesdienst abhalten solle . . . zum Heil aller Seelen seit der Erschaffung der Welt[2]. Petrus Damiani hat dieses Märchen der Nachwelt hinterlassen: noch heute beten Millionen diesen Unfug nach.

Winfried gründet im Hammelburg ein Kloster und durchwandert daraufhin Hessen. Gregor II. bittet nun sein Schäflein nach Rom. Am 30. November 723 wird er aufgrund seiner Erfolge zum Bischof der Deutschen ohne bestimmten Sitz geweiht. Bei dieser Gelegenheit erhält er seinen künftigen Namen: Bonifazius. Mit einem Schutzbrief Carl Martells im Beutel, wagt sich der Erhöhte an das Fällen der Donareiche bei Hofgeismar. Nach diesem Vergewaltigungsakt gründet er an dieser Stelle eine Kirche zu Ehren des hl. Petrus. Dann durchzieht er Thüringen und gründet 724 – 27 das Kloster Ohrduff. Ihm schließt sich die Gründung der Frauenklöster Kitzingen, Ochsenfurt und Bischofsheim an. In Hessen werden die Klöster Fritzlar und Amönenburg installiert. Für seine Dienste sendet ihm der Papst das bischöfliche Pallium.

738 hält sich Bonifazius erneut in Rom auf. Während seiner Rückkehr ins Land der Deutschen wird er von Odilo v. Bayern gebeten, die

▶

Hus, Jan (Johannes) tschechischer Kirchenreformer. Geb. in Husinetz (daher sein Name), geb. um 1370, gest. 6.7.1415 in Konstanz. Er übernimmt von Wicliff die Prädestinationslehre und den Kampf gegen Güterbesitz und Verweltlichung des Klerus und der Klöster. Auf Geheiß der herrschenden Kirche wird er auf einem Scheiterhaufen verbrannt.

... AN HUSSUS BOEMUS Acad. ...

B.

ꞓaſc. in Huſenecꝛ ꞇ..
..natur Conſtanꞇ..
an·1415·

tibus & dulci vincens modulamine. ꞇig..
ꞓx inter ꞓgnos canditus Anſer. ꞓrat

Entwicklungsstufen des Christentums

1. Die Glaubensgemeinschaft wächst extrem langsam, was auf viele Widerstände schließen läßt. So dienen die ersten 1 000 Jahre vor allem der Festigung. Man ist bemüht, die biblischen Inhalte zu rechtfertigen und die gewonnenen Anhänger in diesem Glauben zu verpflichten. Es sind sehr komplexe Vorgänge und erst im 11. Jh.u.Z. gelingt der Durchbruch des Katholizismus. Die – oder eine – entscheidende Kraft ist Papst Gregor d.G. mit den von ihm durchgesetzten Reformen. Erst ab diesem Zeitpunkt schält sich heraus, was der einfache Bürger unter dem Terminus »katholisch« zu verstehen hat.

2. Dem sich ausweitenden Christentum gelingt es nicht, das bestehende Volksbrauchtum abzunabeln, bzw. es generell in ihrem Sinn umzupolen. Die »alten« Kulturen vereinigen auf sich eine hunderttausendjährige Geschichte, während das Christentum nur eine »junge« und »neue« Variante ist. Die erzwungene Vermischung religiöser Grundformen führt zwangsweise zu Verzerrungen.

3. Die Erhebung des Katholizismus zur Staatskirche führt zu weitreichenden Kompetenzen, Kraftakten und -ausbrüchen. An die Stelle der ursprünglich gedachten Nächstenliebe treten Zwänge, Habgier, Vermessenheit, Unrecht und Despotismus. Die Organisation wird unüberschaubar groß. Zur Verschleierung des Ehrenkodex beginnt man, eine eigene Geschichte zu schreiben und sich an Traditionen zu klammern.

4. Parallel dazu entsteht ein eigenes, das kanonische Recht. Es beeinflußt früh das abendländische Rechtsdenken. Die katholische Kirche entscheidet sich früh für die Anwendung der Folter. Im Zusammenhang mit den großen Schenkungen werden bis weit in das 17. Jh. hinein Sklaven gehalten. Mit zunehmender Vehemenz beginnt der Klerus, das weibliche Geschlecht zu verteufeln. Mehr und mehr werden die Frauen zur Sünderin abgestempelt.

5. Staatskirchentum, eigenes Recht und eigene Geschichte führen zur eigenen Moral. Theoretisch-theologische Spekulationen bleiben in weltverbesserischen Ansichten stecken und führen zu breit angelegten kriegerischen Auseinandersetzungen. Das damit verbundene Unrecht wird immer deutlicher und im 16. Jh. wachen die Menschen auf: sie lassen sich nicht mehr wie Marionetten bewegen.

6. Dies führt zu einer umfassenden Reformation der Kirche und zur Abspaltung des Protestantismus und Calvinismus. Mit der sog. Aufklärung kommt es zu weiteren Spannungen. Während sich die Staaten im Lauf der Zeit öffnen, kapselt sich die Kirche immer deutlicher ein. Ihre heutigen zentralen Probleme sind: 1) Absicherung des Imperiums durch das Gewinnen »neuer« Glaubensanhänger im Wettstreit mit den anderen Weltreligionen und 2) immer mehr Zwänge, doch – wenigstens einige – Fehlverhalten und Fehlinterpretationen zugeben zu müssen. Dies ist heikel, denn damit steht und fällt der von ihr proklamierte Wahrheitsanspruch. Dies betrifft auch den Wahrheitsgehalt der christlichen Bibel.

7. Im Zusammenhang mit diesem Buch ist es wichtig, darauf hinzuweisen, daß das Christentum erhebliche Teile ihres Denkens aus antiken Ansätzen übernommen hat. Ich habe bei der gegenüberstehenden Tabelle versucht, dies aufzuzeigen. Man kann ablesen, an was die einzelnen Völker geglaubt haben und sicher noch glauben und so wird deutlich, wie groß die »intelektuelle« Abhängigkeit des Christentums von gläubischen und abergläubischen Vorgängern wird.

Religiös-kulturelles Betätigungsfeld \ Religiöse Vorstellungen der	Naturvölker	Akkader	Babylonier	Ägypter	Inder	Chaldäer	Perser	Araber	Griechen	Römer	Hebräer	Germanen	Christen
Aufkommen des Götter- und Götzenglaubens	■												
Glaube an gute/böse Dämonen	■	■	■	■	■	■	■	■	■	■	■	■	■
Dämonen (Teufels)-bündnisse	■	■	■	■	■	■	■	■	■	■	■	■	■
Magische Opferhandlungen/Goetik	■	■	■	■	■	■	■	■	■	■	■	■	■
Beschwörungen/Mantik/Theurgie	■	■	■	■	■	■	■	■	■	■	■	■	■
Strafen für Gotteslästerung	■	■	■	■	■	■	■	■	■	■	■	■	■
Seelenglaube/Mythologische Elemente		■	■	■	■	■	■	■	■	■	■	■	■
Zauberformeln		■	■	■	■	■	■	■	■	■	■	■	■
Hexenritt, Versammlungen, Sabbatformen		■	■	■	■	■	■	■	■	■	■	■	■
Vampyrismus/Lykantropie/Werwolfsagen		■	■	■	■	■	■	■	■	■	■	■	■
Reichsgott/Staatsreligion			■	■	■	■	■	■	■	■	■	■	■
Diverse Schutzgottheiten/Schutzengel				■	■	■	■	■	■	■	■	■	■
Schöpfungsgeschichte			■	■	■	■	■	■	■	■	■	■	■
Unsterblich gedachte Seele				■	■	■	■	■	■	■	■	■	■
Narkotische Extrakte				■	■	■	■	■	■	■	■	■	■
Schlaf-, Liebes- und Abortivtränke				■	■	■	■	■	■	■	■	■	■
Religiöse Prostitution			■	■	■	■	■	■	■				
Gastliche Prostitution/Floralien/Luperalien									■	■			
Gnome/Kobolde							■	■	■	■	■	■	■
Vorstufe Jüngster Tag /Auferstehung						■	■	■	■	■	■	■	■
Engel des Lichts und der Finsternis						■	■	■	■	■	■	■	■
Höllen- und Himmelsvorstellung				■	■	■	■	■	■	■	■	■	■
Thessalische Weiber, Lamien, Empusen									■	■			
Gelluden, Eyrinnen									■	■			
Laren und Lemuren										■			
Hekate: Vorsteherin des Zauberwesens									■	■			
Schmelzen von Wachsbildern									■	■			
Incubation/Traumheilungen										■			
Nachtvogel/Strigen										■			
Feld- und Fruchtzauber (Kornzauber) Bannen										■			
Skyomantie/Kinderopfer (Sagae)										■			
Knüpfen von Knoten										■			
Totenengel/Jenseitsdarstellungen											■		
Druiden/Alraunen/Drudenfuß, -stein												■	■
Hexenkessel												■	■
Elben-, Schutz-, Hausgeister												■	■
Fahren auf Wirbelwinden und Wetterwolken												■	■
Fahren auf Stöcken und Besen												■	■

kirchliche Organisation seines Landes zu regeln. Er teilt es in die Provinzen Salzburg, Regensburg, Freising und Passau; dazu werden die notwendigen Bischöfe geweiht. 741 werden die Bistümer Würzburg, Büreburg (Hessen) und Erfurt (Thüringen) eingerichtet. 744 kommt das Kloster Fulda hinzu. Mit der Übernahme des Erzbistums Mainz (747) wird Bonifazius päpstlicher Legat für Germanien und Gallien, zudem Primas von Deutschland.

Er setzt sich mit den Vorstellungen des germanischen Volksglaubens auseinander. Deutlich wird es u.a. aus den Inhalten des Konzils von Leptinä (1. März 743), das unter seinem Vorsitz geführt wird. Hier erfolgt das Verbot der Abschwörung des Teufels, der *vor* Bonifazius vermutlich in dieser Form unbekannt ist, und ein 27-Punkte umfassendes Verzeichnis abergläubischer Gebräuche, das vermutlich als Belehrung für Geistliche gedacht ist[3].

Bonifazius erkennt dubiose Elemente innerhalb der jungen Kirche und klagt über sie mehr als über die zu bekehrenden Heiden. Er nennt sie Afterbrüder, Hurer und Ehebrecher. Später überträgt er sein Lebenswerk seinem Schüler Lullus. Während einer letzten Bekehrungsreise nach Friesland stirbt er nach Aussagen katholischer Schriftsteller den Tod eines Märtyrers, denn er wird alten Quellen zufolge am 5. Juni 755 mit 52 Glaubensgenossen auf einem freien Feld erschlagen.

Mit Bonifazius kommt die Benediktinerin Walpurgis (Walburg, Waldburg, Walburge, Walpurga) zu uns. Sie ist die Tochter des hl. Richard und wird um 710 in England geboren. Auf Wunsch von Bonifazius folgt sie ihren Glaubensbrüdern Winne- und Wunnibald. Wunnibald ist der erste Abt des Klosters Heidenheim. Als er am 16. Dezember 761 stirbt, übernimmt seine Schwester die Leitung des Klosters. Später wird sie heiliggesprochen. Ihr Namenstag ist der 1. Mai. Deshalb bringt sie später der Aberglaube mit der Hexerei, bzw. der sog. Walpurgisnacht in Verbindung. Nach der christlichen Mythologie gilt sie als Patronin der Bauern, Wöchnerinnen und Augenleidenden. Ihr kunstgeschichtliches Attribut ist ein Ölfläschchen. Mit dem späteren Hexenwesen hat sie nichts zu tun!

Sie wird beschuldigt, mit den Aposteln Philippus und Jacobus unzüchtigen Umgang gehabt zu haben. Sie beweist ihre Unschuld durch das Einsetzen eines dürren Stabes, der

bereits am nächsten Tag frische Triebe zeigt[4]. Es sei der Hinweis gestattet, daß zwischen den Lebensaltern der Liebespaare etwa 600 Jahre liegen. Demzufolge kann das Verhältnis nur platonisch gewesen sein.

Während dieser Epoche werden weitere Landesteile missioniert, d.h. für den christlichen Glauben nutzbar gemacht, d.h. religiös umgedeutet. Der bayerische Herzog Theodor begibt sich nach Rom, um das Geschäft der Bekehrung zu aktivieren. Gregor II. (715 – 731) gibt ihm eine Gesandtschaft, die aus dem Bischof Martinian, dem Kardinaldiakon Georg und dem Subdiakon Dorotheus besteht: sie erhalten ausgedehnte Vollmachten. Eine Anweisung besteht aus 13 Punkten, deren Beachtung von Interesse ist, denn aus ihr wird erkennbar, wie intensiv der »alte« Volksglaube verhaftet ist[5]. Der hl. Otto, Erzbischof von Bamberg, missioniert Pommern. Er stößt auf Glaubenselemente früherer Zeiten und eilt, sie mit »neuen« Theorien auszumerzen.

Christianisierung des antiken Dämonenglaubens

». . . zur Zeit, als das Christentum in Rom bekannt wird, ist Italien ein Sammelbecken syrischer, ägyptischer, armenischer, phrygischer und indischer Magier, Astrologen und Priester, die sich bettelnd herumtreiben, Sünden vergeben, Anweisungen erteilen und Frauen betrügen[6]. Es ist natürlich, wenn die frühchristlichen Gemeinden aus dem Fundus der Geschichte schöpfen; es handelt sich um die Verschmelzung zwischen heidnischen, jüdischen und christlichen Grundbegriffen. Der festgefügte Glaube an eine existierende Geisterwelt bedeutet aus der Sicht aller die Splittung nach guten und bösen Kräften, über denen ein Weltschöpfer gedacht ist: wir sehen den antiken Ansatzpunkt.

Wenn man Christus nachträglich die Formulierung: ». . . ich bin der Weg, die Wahrheit und das Leben. Wer mir folgt, der wandelt nicht in der Finsternis«[7] in den Mund legt, so ist das eine Unterstellung. Wer diesem Gedanken folgt, wandelt in geistiger Finsternis. Der Krummstab der christlichen Bischöfe geht aus dem ägyptischen Augurenstab hervor und schon die »alten« Ägypter verfügen über das Symbol des Kreuzes. Das sog. »ewige« Licht brannte in antiken Kirchen und der Glaube an sog. Dämonen ist uralt: das junge Christentum hat ihn »aufgesogen«.

Augustin glaubt an die Existenz von Dämonen und zitiert als Beweis ihrer Herkunft die »Diomedischen Vögel«, die einer antiken Sage folgend, Wasser in den Schnäbeln tragen und Fremde mißhandeln. Origenes ist der Meinung, daß sich die Dämonen aus dem Dampf des Weihrauches ernähren. Einige frühe Kirchenväter beschäftigen sich vorwiegend mit Dämonen und Tertullian behauptet, daß kein Mensch ohne sie auskommen kann. Dagegen vertritt Origenes die Auffassung, daß sich die als bös gedachten Dämonen in einem steten Kampf mit dem Christentum befinden. Nach ihm sind die Menschen lediglich ihre Werkzeuge. Athenagoras meint: ». . . die Teufel (man beachte: nicht mehr: *die Dämonen!*) suchen den Menschen allerhand Übel zuzufügen, indem sie Landplagen, Mißwachs, Dürre, Pest, Viehseuchen, Krankheiten und sonstige Übel hervorbringen«[8].

Nach Tatian sind die dämonischen Leiber von der Art der Luft oder des Feuers. Theodoret meint zu diesem Thema: ». . . sie heißen unkörperlich im Vergleich zu den geistigen Leibern der Seligen, wogegen sie nicht mehr als ein Schatten sind«. Zudem gehen einige Kirchenväter davon aus, daß die Seelen keine Geschlechtsmerkmale tragen. Die Mehrzahl der Experten stützt sich auf die Apokalypse, derzufolge die Seligen im Himmel verheiratet sind, Kinder zeugen und an körperlichen Genüssen teilhaben.

Lactianus umreißt zu Beginn des 4. Jh. das Denken seiner Epoche: ». . . das Streben der Dämonen und unreinen Geister zielt darauf ab, das göttliche Reich zu vernichten und den Menschen zu schaden. Ein Christ braucht sich (aber) nicht zu fürchten. Er kann sie austreiben und zwingen, ihren Namen zu nennen und einzugestehen, daß sie keine Götzen sind, obgleich sie in ihren Tempeln als heidnische Götter verehrt werden«[9].

Vielleicht erinnert er sich an Origenes, der behauptet haben soll, daß von dem Name »Jesu« eine magische Wirkung ausgeht. ». . . wer sich davon überzeugen möchte, braucht nur unter den Gaukeleien der Dämonen, dem Betrug der Orakel und den Wundern der Magier das Zeichen des Kreuzes zu schlagen . . . er wird sehen, wie sogleich der Teufel flieht, das

Orakel schweigt und jede Zauberei stockt«[10]. Es ist merkwürdig zu behaupten: ». . . der Teufel flieht vor dem Gebet eines Christen«[11] (eben: weil es keine Teufel gibt) oder vor dem Zeichen des Kreuzes[12]. Mit den gleichen Argumenten gingen bereits die alten Ägypter hausieren.

Im Grunde genommen haben wir ein Sammelsurium von Spekulationen und widersprüchlichen Auffassungen vor uns. Allein dies mahnt zur Vorsicht. Die ersten Kirchenväter waren sicherlich ernsthaft um eine Klärung dieser Frage bemüht. Und: sie sind Kinder ihrer Zeit. Es fällt ihnen schwer, diese sophistischen Haarspaltereien aus dem Sammelbecken des griechisch-römischen Aberglaubens ad acta zu legen. Problematisch ist der sich türmende Berg des historischen Ballastes, den sie vor sich herschieben. Es wird schwer, ihn sachlich zu rechtfertigen. Das theokratische Denksystem vermag sich nicht von antiken Vorstellungen zu lösen, weil es darin fest eingebunden ist. So setzt (früh) ein geistiger Erstarrungsprozeß ein, der künftige Entwicklungen hemmen wird.

Wo Überzeugung nicht hilft, da hilft Gewalt

Bald schlagen die Ansichten in ihrer Verfänglichkeit zu Buche. Der im 3. Jh. lebende Jurist Paulus hebt hervor: ». . . wer einen gottlosen Gottesdienst vornimmt um jemand zu schaden, soll gekreuzigt oder wilden Tieren vorgeworfen werden. Das gleiche geschehe den Mitwissern der Magie[13]. In der weiteren Folge schälen sich Vorschriften und »innenpolitische« Reglementierungen heraus, die gegen als heidnisch bezeichnete Bräuche gerichtet sind. Immer und immer wieder wird versucht, den vorausgegangenen Dämonenglauben umzudeuten und an dessen Stelle den christlichen zu festigen[14]. Dies ist wichtig, hier festzuhalten, denn ohne dieses Faktum bleiben die späteren Hexenbrände unerklärlich. Ich möchte an einigen Beispielen dokumentieren, wie die christliche Dämonologie Fuß faßt:

● Während einer Kirchenversammlung aus dem Jahr 506 wird betont: ». . . Weiber, die behaupten, mit Dämonen auf gewissen Tieren zu reiten, sollen mit dem Bann belegt werden«[15].

● Während des deutschen Nationalkonzils aus dem Jahr 742 wird betont: ». . . jeder

Bischof, der der Schutzherr der Kirche ist, hat anzuordnen, daß das christliche Volk keine Zaubereien und Hexereien mache, wie dies einfältige Menschen nach heidnischem Brauch bei der Kirche tun«[16].

- Eine Notiz aus den Jahren 785/786 sagt: ». . . wer vom Teufel geblendet ist und nach der Weise der Heiden glaubt, daß jemand eine Hexe sei und Menschen fresse, und (der) diese Person verbrennt, soll mit dem Tod bestraft werden«[17].

- Eine Bestimmung aus dem Jahr 799 hebt hervor: ». . . Zauberer und Hexen sollen eingekerkert werden. Doch am Leben darf ihnen nichts geschehen«[18].

- Die Priester sollen das gläubige Volk ermahnen und ihnen sagen, daß die magischen Künste und Zaubereien Fallstricke und Nachstellungen des alten Feindes sind«[19].

- 1009 bestimmt das Konzil von Aenham: ». . . wenn sich irgendwo Hexen, Zauberer und Weissager finden, sollen sie des Landes verwiesen werden« (wohl unter Bezug auf den »Canon Episcopi«).

- ». . . kein Weib gebe vor, sie reise in der Nacht mit der heidnischen Göttin Diana oder Herodia in Begleitung anderer Weiber. Dies ist eine dämonische Vorspiegelung«.

- ». . . es ist die Pflicht der Pfarrer, unter Ankündigung einer beliebigen Strafe die Pfarrkinder beim Bischof anzuzeigen, von denen sie wissen, daß sie von Irrtümern angesteckt sind oder abergläubischen Dingen nachgehen«.

- Ein irisches Konzil des 9. Jh. verdammt jeden Christ, der an das Dasein von Hexen glaubt und zwingt ihn zum Widerruf.

- Um 1074 warnt ein Konzil die Gläubigen, in trüben Stunden Zuflucht bei Zauberern zu nehmen. Nach den Gesetzen der Könige Stephan und Ladislaus (997 – 1095) werden sie mit Prostituierten auf eine Stufe gestellt und unterliegen den gleichen Strafen.

- Koloman (1095 – 1114) wischt die Angelegenheit mit der einzig korrekten Anmerkung vom Tisch: ». . . *es gebe keine Zauberei, infolgedessen sei von einem Verfahren gegen die Hexen keine Rede«*.

Wir stoßen auf einen Widerspruch. Es fällt in diesen Epochen auf, daß man das Hexen ab-grundtief bezweifelt. Etwa um die gleiche Zeit entstehen der »canon episcopi« und das 20-bändige »magnum decretum volumen« des Wormser Bischofs Burchard (gest. 1025). Auch andere Kirchenlehrer wie Regino v. Prüm (um 900) und Ivo v. Chartres (um 1100) geben vergleichbare, doch nicht so bedeutende Werke heraus. Alle kreisen wie ein Adler über dem Phänomen »Dämonismus« und suchen ihn in den Griff zu bekommen. Sie schreiben sich auf das Banner, dieses nicht existente Übel auszurotten. Ein Ausfluß dieser Politik sind die späteren »christlichen« Hexen.

Abt Pirmin, Canon Episcopi, Magnun Decretum Volumen

Abt Pirmin ruft auf deutschem Boden das erste Nationalkonzil zusammen. In diesem Umfeld entsteht die Schrift »de singulis libris canonicis scaraphus«, in der er gegen den bestehenden Aberglauben wettert. Hören wir kurz hinein:

- Kein Weib soll einen Abtreibungstrank nehmen, um das empfangene oder geborene Kind zu töten. Diese Weiber sind des Totschlags schuldig.

- Glaubt nicht an Kartenschläger, Hexenmeister und Beschwörer, an das Nießen, das Zusammenziehen der Vögel und an teuflische Eingebungen.

- Gott allein kennt das Zukünftige. Deshalb glaubt nicht an Wettermacher und hängt euch keine »characteres herbas« (= Zauberkräuter) um.

- Kein Christ halte in den Kirchen und zuhause Hexentänze, Zauber- und Teufelsspiele. Er soll unzüchtige Gaukeleien und unflätige Worte, die auf fleischliche Liebe oder Wollust deuten, nicht aus seinem Mund gehen lassen.

Rhabanus Maurus geht auf den wundersüchtigen Geist der glaubensschwangeren Epoche ein und sagt: ». . . daß die Ungeheuer, die den Mond zerfleischen sollen, ein Unding sind, denn seine Abnahme entsteht durch den Schatten der Erde«. In der Schrift »de universo« spricht er über Sybillen, heidnische Gebräuche und deren Götter[20]. Er nennt die Magier wegen der von ihnen verübten Werke »malefici«. Außerdem geht er in einem Brief an Haribald, den Bischof von Auxerre, näher auf abergläubische Bräuche ein:

- ». . . jede Frau, die den Samen des Mannes mit Speise vermischt, um dadurch seine Liebe zu gewinnen, wird mit einer Buße belegt«[21].

- ». . . denen, die den männlichen Samen mit Getränken und jenen, die den Hirnschädel eines Menschen verbrennen und ihn zur Vermeidung von Krankheiten einnehmen, wird eine einjährige Buße verhängt«.

- ». . . das Weib, das ihr Mädchen auf das Dach oder in einen Ofen legt, um das Fieber zu heilen, soll sieben Jahre büßen«[22].

Hier wird wiederholt, was schon die alten Griechen und Römer getan haben.

Im Jahr 847 taucht die Prophetin Thiota auf und verkündet den nahen Weltuntergang. Unter den sensationslüsternen Menschen löst dies Unruhen aus; man betrachtet sie als eine vom Himmel gesandte Lehrerin. Von einer Synode zur Rede gestellt, muß sie kleinlaut bekennen: ». . . der Rat eines unwürdigen Priesters habe sie zur schändlichen Gewinnsucht getrieben«.

Das wichtigste Dokument, das belegt, wie die Kirche im 10. Jh. über das Hexentreiben denkt, ist der »Canon Episcopi«, der zuerst in einer Visitationsanweisung von 906 in Erscheinung tritt. Hier wird den Bischöfen zur Pflicht gemacht, unheilvolle, vom Teufel erfundene Künste aus den Parochien zu rotten und ihre Anhänger fortzutreiben. Im wesentlichen wird gesagt: ». . . es gibt verbrecherische Weiber, die durch Einflüsterungen und Vorspiegelungen der Dämonen verleitet, glauben und öffentlich aussprechen, daß sie zur Nachtzeit mit der heidnischen Göttin Diana oder Herodia und unzähligen anderen, auf gewissen Tieren über große Länderstrecken im Schweigen der unheimlichen Nacht dahineilen. Sie gehorchen den Befehlen ihrer Göttin und lassen sich in gewissen Nächten zu ihr rufen. Eine große Menge des Volkes glaubt, daß es wahr sei. Es weicht dadurch vom »rechten« Glauben ab und verfällt den Hauptirrtümern der Heiden, indem es außer dem *einen* Gott (noch) andere übermenschliche Wesen anbetet . . . deshalb sind die Priester verpflichtet, dem beim Gottesdienst versammelten Volk zu verdeutlichen, daß dies falsch ist und daß solche Einbildungen nicht von einem göttlichen, sondern bösen Geist den Seelen der Gläubigen eingeflößt werden«.

». . . nachdem der Satan den Geist eines Weibes gefangengenommen hat, um sie zum Unglaube zu bewegen, verwandelt er sich in verschiedene Personen. Es ist öffentlich anzukündigen, daß, wer solches oder ähnliches für wahr hält, den rechten Glaube verloren hat. Er gehört nicht dem Herrn, sondern dem Teufel an. Wer für wahr hält, irgendeine Kreatur könnte in etwas Besseres oder Schlechteres verwandelt werden, ist ungläubig und steht tief unter den Heiden«[23].

Heute haben wir zu fragen, weshalb man nicht auf diesem Standpunkt verharrt ist. Wir haben zu berücksichtigen, daß das damalige Netz der Kommunikation noch lückenhaft ist, d.h. längst nicht alle Geistliche haben die Dinge so realistisch gesehen wie unser Gewährsmann. Es gibt etliche Beispiele, aus denen deutlich wird, daß selbst hochrangige Geistliche dem krassen Aberglauben frönen:

Um 1016 schickt der Erzbischof Popo von Trier einer Stiftsdame einen ledernen Mantel, um daraus Schuhe fertigen zu lassen, die er beim Lesen der Messe anziehen möchte. Kaum hat er sie anprobiert, bezaubern sie ihn so, daß er sich »unsterblich« in sie verliebt. In seiner Not verschenkt er die Schuhe an einen Geistlichen, doch hier tritt die gleiche Wirkung ein. Daraufhin kommt der Gotteskundlern der rettende Gedanke. Die Sünderin wird aus dem Kloster getrieben und der Erzbischof unternimmt eine Pilgerfahrt ins hl. Land. 500 Jahre später hätte man die Unschuldige möglicherweise auf einen Scheiterhaufen gezerrt!

Burchard, der Bischof von Worms, ist der Verfasser des 20-bändigen Werkes über den geltenden Volksglaube. Er wettert gegen angebliche Teufel und trägt vor: ». . . jeder, der sich damit beschäftigt, soll aus dem Sprengel gejagt werden. In jedem Fall müsse die Kirche von einer solchen Befleckung verwahrt bleiben«[24]. Dazu einige Beispiele:

- ». . . diejenigen, die Zauberer in ihre Häuser führen, um Unheil zu bannen, erhalten eine fünfjährige Buße«.

- ». . . wer glaubt, daß die Menschen Gewitter machen können . . . oder wenn ein Weib Wahrsagereien ausübt, soll sieben Jahre büßen«.

- ». . . wer das Neue Jahr nach heidnischer Sitte begeht und auf den Gassen singt, wird mit dem Bann belegt«.

- »... christliche Weiber sollen bei den Wollarbeiten keine eitlen Dinge betrachten, sondern den göttlichen Beistand anrufen ... durch den sie ihre Kunstfertigkeit erlangt haben«.
- »... beim Sammeln von Arzneikräutern darf man keine Zauberformeln gebrauchen«.
- »... Weissager, die vorgeben, zukünftige Dinge zu wissen, sollen gepeitscht und aus dem Sprengel getrieben werden«.
- »... Weiber, die vorgeben, die Gemüter der Menschen verändern zu können und meinen, sie könnten ihre Gesinnung von Liebe in Haß und andersherum verändern, oder die sagen, daß sie nachts auf Tieren reiten können, sind aus der Pfarrei zu weisen«.
- »... wer nachts den Dämonen opfert oder Zauberer und Wahrsager zu Rate zieht, soll, falls er ein Priester ist, von jeder geistlichen Handlung ausgeschlossen sein und drei Jahre Buße tun«.

Wichtig ist in diesem Zusammenhang das 5. Kapitel des 19. Buches. Es behandelt »de arte magica«, die Zauberkunst, und enthält Gewissensfragen an Beichtkinder. Dazu einige Beispiele:

- »... hast du Zauberer gefragt, heidnische Gebräuche beobachtet, den Neumond abgewartet ... um ein Haus zu bauen oder um dich zu verheiraten?«
- »... hast du in dieser Nacht Brot gebacken, um, wenn es in die Höhe ging, dein Glück zu erkennen?«
- »... hast du Hexereien veranstaltet oder beim Sammeln der Arzneikräuter Zauberformeln gesprochen, anstatt die Gebete des Glaubens?«
- »... hast du geglaubt, daß es Weiber gibt, die durch Gebete Zauberkünste vorgeben, um die Gemüter der Menschen zu ändern«[25]?

Der Erzbischof Agobard von Lyon erkennt: »... nun glauben immer mehr Christen an Albernheiten, die selbst den Heiden unmöglich gewesen wären, denen Gott als Schöpfer unbekannt ist«[26]. Einerseits trifft er den Nagel auf den Kopf und zum anderen fällt er ein zu hartes Urteil, denn die von ihm als Heiden Bezeichneten, glaubten *auch* an höhere Wesen.

Tatsache ist, daß der römisch-katholische Glaube in etlichen Punkten widersprüchlich ist. Es nützt nichts, wenn der Säulenheilige Thomas v. Aquien fixiert, daß es Dämonen gibt, die anderen schaden wollen. Ihn nachträglich ob seiner Verdienste in einen nichtexistenten Himmel zu heben, geht an der Realität vorbei.

In der Phase der Scholastik mit all ihren Spitzfindigkeiten, Deuteleien und Rechtfertigungsversuchen entstehen diverse Zauberbücher: sie kursieren vor allem unter der Geistlichkeit und in weltabgewandten Klöstern. So wird im eigenen Lager der Wunderglaube geschürt, zumal die Theologen gegenüber dem kleinen Mann auf der Scholle über ein erheblich differenzierteres – doch einseitig gepoltes – Wissen verfügen.

Rasch überträgt sich der giftige Funke auf breitere Schichten: die Kanzel ist der optimale Platz für dieses Geschäft. Dann gehen Geschichten schwanger wie: »... die Nonne Marcella wird von einem Teufel verfolgt, doch der Engel Gabriel bringt ihr ein Stück Holz aus dem Paradies, womit sie den Bösewicht vertreibt«. Hinzu kommt, daß sich die Weltlichkeit immer mehr vor das Gerüst des Glaubens stellt und ihm damit einen unschätzbaren Dienst erweist. So werden Gesetze gegen die Anwendung der Zauberei erlassen und so fließt kuriales Wollen, Spekulieren und Träumen in die Köpfe der weltlichen Herrscher: sie wollen freilich (auch) in den gedachten Himmel kommen und beeilen sich, der Geistlichkeit die Hand zum Bund zu reichen.

Konstantin untersagt die Ausübung aller magischen Künste und droht harte Strafen an. Er vermeint, durch seine obrigkeitliche Entscheidung jahrtausende altes Kulturgut vom Tisch fegen zu können. 357 verhängt er die Todesstrafe über diejenigen, die Astrologen, Zeichendeuter, Auguren, Chaldäer oder Magier nach der Zukunft fragen. 392 erklärt Theodosius als Verbrechen: »... wer sich über die Gesetze der Natur erhebt, Verborgenes erkundet, Verbotenes untersucht oder etwas Unerlaubtes zu bereiten versteht«[27].

Zu Beginn des 5. Jh. legt Honorius den Magiern das Handwerk, indem er sie aus allen Schichten der Bevölkerung zu treiben sucht und gebietet (!), deren Bücher zu vernichten[28]. Er sitzt der irrigen Meinung auf, daß es mit dem Verbrennen der Literatur getan ist. Zwischen 887 und 893 hebt Kaiser Leo (d. Philosoph) in einer Verordnung hervor: ».. . man habe in Erfahrung gebracht, daß alle Zauberübungen (= incanta menta) die Menschen von Gott entfernen und sie dem Dienst gräulicher Dämonen zuführen. Seelischer Schaden sei davon unzertrennlich. Darum werden alle zauberischen Begehungen verboten: deren Übertreter sollen den Tod erleiden«[29].

In einem Synodaldekret der Bischöfe, das auf Befehl von Kaiser Karl im Jahr 790 publiziert wird, heißt es im Artikel 15: ».. . in Hinsicht der Zaubereien, abergläubischen Wahrsagereien, Vorbedeutungen und Hexereien hat das Konzilium verordnet, daß man sie verhaften soll, wo immer sie ertappt werden. Es soll mit Mäßigung geschehen und sie sollen ihr Leben nicht verlieren, sondern im Kerker niedergebeugt gerettet werden, bis sie auf Eingebung Gottes Besserung verheißen. Sie sollen nicht ohne scharfe Züchtigung entlassen werden«.

Der englische König Knut verordnet 1032: ».. . zur Ehre Gottes gebieten wir, daß man anfange, das Gebiet ringsherum zu säubern. Falls Zauberer, Weissager und öffentliche Dirnen angetroffen werden, schaffe man sie hinweg. Wenn sie von ihren Schlechtigkeiten nicht absehen, sollen sie auf eine höhere Weise büßen«[30].

Hundertmal wird der teuflische Unfug verboten und tausendmal wird gepredigt: ».. . ein Greuel vor Gott sind die Zauberer und Hexen, die man bereits in einen Topf geworfen hat. Nun: die Kirchen haben ihre Glaubenstheorien nicht bewiesen. Und zugegeben: die ihr widersprechenden Autoren auch nicht. Doch eines unterscheidet sie, denn die letzteren haben keinen Schaden angerichtet. Da man früh erkennt, daß das Wettern von den Kanzeln und das Erlassen von Dekreten, Verordnungen und Verfügungen nichts nutzt, besinnt man sich der Exkommunikation, abstruser Strafen und ersinnt langatmige Bußkataloge. Widerspenstige werden aus der Gemeinschaft geschlossen, *müssen* Büßerhemden tragen, die Messe barfuß hören und dürfen – wenn überhaupt – erst nach den Rechtgläubigen das Gotteshaus betreten. Wir können uns diese Wirkung heute nicht mehr recht vorstellen, doch bei den damaligen Sozialverbänden wurde ein Ausschluß aus dem religiösen Leben als harte Strafe empfunden.

Von der Toleranz zum Glaubenszwang

In den ersten Jahrzehnten scheint das Christentum intakt, denn deren Gemeinden genießen keine Vorrangstellung. Die Machtstrukturen sind keinesfalls gefestigt und – wenn wir den Quellen Glauben schenken dürfen – besinnt man sich wirklich noch der wahren Nächstenliebe, vor allem der Gleichstellung der Geschlechter: man lehnt die Sklavenhaltung ab. Eusebius erwähnt die gegenüber den Christen geübte Toleranz von Obrigkeit und anderen religiösen Gruppen[31].

Tertulian nimmt in einer Schutzschrift die Religions*freiheit* für sich in Anspruch. Er verwirft den zur Gottesverehrung ausgeübten Zwang[32] und betont, daß es Jedem freistehe, *seinen* Glaube frei zu wählen[33]. Lactianus hebt hervor: ».. . Religion kann nicht erzwungen werden. Blutgier und Frömmigkeit sind zwei verschiedene Dinge. Religion kann man nicht verteidigen, indem man ihre Widersacher umbringt[34] .. . wer es mit Blutvergießen und Folterwerkzeugen tut, besudelt die Religion[35]. Athanasius (326 – 373), der 46 Jahre lang Inhaber des ägyptischen Metropolitenstuhles ist, betont: ».. . Zwang in Religionssachen ist unchristlich«[36]. Diese vernünftigen Stimmen gehen im Weihrauch des Christentums unter. Ihre Ansichten gelten im späteren Konzert der kurialen Willküraktse nichts.

Cyprian beginnt das Blatt zu wenden, denn er vertritt die Auffassung, daß der Mensch von der bischöflichen Gunst abhängig ist. Die Wende zum Negativen kommt mit dem später als hl. bezeichneten Augustin: er verhängt über die immer noch kleine Christenschar den Glaubens- *und* Gewissenszwang. Er betont, daß Zwang nicht in jedem Fall verwerflich sei und konstatiert mit – ja man möchte fast sagen – jesuitischer Schläue: ».. . es komme eben darauf an, ob man zu Gutem oder zu Bösem gezwungen wird«. Was das ist, entscheidet nunmehr eine Institution und nicht mehr das Individuum. Er versteift sich in der These: ».. . es sei barmherzig, die Menschen von *der* Partei abzubringen, bei der sie durch dämonisches Blendwerk festgehalten werden .. . damit sie in der katholischen Lehre gesunden Unterricht erhalten«. Wenn das keine Wertung ist?

Später scheint er den Ausrutscher zu bereuen, denn er gesteht seinem Jugendfreund Vicentius: ». . . meine anfängliche Meinung war nicht, jemand durch Zwang dem Christentum zuzuführen. Über die vernünftige Beweisführung sollte nicht hinausgegangen werden«.

Auf dem Konzil von Nicäa wird die Rechtgläubigkeit der römisch-katholischen Kirche festgeschrieben. Die Hintergründe dieses Aktes sind nicht ausgeleuchtet. Unmittelbar danach erzwingt Kaiser Konstantin die Gleichschaltung des Glaubens in seinem Reich. Zunehmend werden Andersdenkende behelligt und angegriffen. Kaiser Julian sieht sich zu der Bemerkung veranlaßt: ». . . daß er noch keine wilderen Tiere gefunden hat, die so grausam gegen Menschen wüten, wie die Christen gegen ihre Brüder«[37].

Sobald die hierarchischen Strukturen geregelt sind, macht sich in der Kirche (wieder) der alte Aberglaube bemerkbar. Die Anmerkung von Gregor d.G.: ». . . ein der Vernunft entsprechender Glaube ist wertlos«, wird zum Leitstern der Christenheit. Nun wird Christus aufpoliert, nun wird die Bibel abgestaubt. Immer vehementer beginnt man, Jesus v. Nazareth und seine Jünger mit erdachten Fähigkeiten zu belegen. Beispielsweise hebt man hervor, daß sie stärker als die Dämonen sind, daß sie Wunder verüben (können) und daß das Heil der Welt im Glauben an sie begründet ist. An die Stelle der ursprünglichen Toleranz treten Zwänge: dies fordert die noch latente Opposition herauf. Einzelne Kirchenfürsten und Päpste verrennen sich in dem unnatürlich gewordenen Glaubenssystem, bauen eine zunehmend künstliche Welt und beginnen, sie gewaltsam zu vermarkten: sie leiten einen Verkrampfungsprozeß mit unübersehbaren Folgen ein. Mit dem »rechten« Glaube hat dies immer weniger zu tun. Allein die Behauptung – durch ein erst 100 Jahre junges Dogma abgestützt, daß die Päpste in Glaubensdingen unfehlbar sind, ist durch ihre Geschichte widerlegt und läßt sich mühelos nachweisen.

Rolle der Frau im frühen Christentum Promiskuität kontra Enthaltsamkeit

Viele der sog. Apostel schöpfen aus dem Fundus der ihnen auferlegten Geschichte und aus der damals veralteten mosaischen Vorstellung, wenn sie der christlichen Sekte Enthaltsamkeit und Reinlichkeit der Sitten nahelegen. In frühen christlichen Kirchen werden die Geschlechter getrennt; sie können sich während der Predigt nicht sehen. Es gab jedoch (auch) christliche Liebesmahle, die anderen Anlaß zu heftiger Kritik gegeben haben. Alle Menschen sind Kinder ihrer Zeit und kein religiöses System kann ihre natürlichen Anlagen und Fähigkeiten (im Guten wie im Schlechten) auf lange Sicht in feste Bahnen pressen. In den ersten Jahrhunderten u.Z. schälen sich viele Sekten und Glaubensgemeinschaften heraus. Sie lassen sich in prosexuelle und enthaltsame teilen.

Die Nikolaiten treten für die Abwerfung jeder geschlechtlichen Scham ein und behaupten, daß Ausschweifungen heilsam sind. Später vereinigen sie sich mit den Gnostikern und bilden unter dem Namen der Phiboniten eine neue Sekte. Ihre Lehren werden im 4. Jh. von Epiphanias beschrieben. Sie laufen auf eine Befriedigung der sinnlichen Lust hinaus. Die Manichäer halten die Prostitution für wünschenswert und für einen »heiligen« Akt[38]. Ich komme auf diesen Zusammenhang beim Kapitel »Schwarze Messen« zurück.

Zu Beginn des 2. Jh. verkünden die Karpokratianer und Valensianer die Lehre von der Promiskuität. Verschiedentlich wird über deren Exzesse berichtet: ». . . sie essen und trinken mit wenig Maß. Wenn es beendet und der Segen gesprochen ist, ruft der König des Festes dreimal: ›. . . fort mit den Lichtern und Uneingeweihten‹. Daraufhin löscht man die Fakkeln und gibt sich in der Dunkelheit Ausschweifungen hin«[39].

Um 120 u.Z. gründet Prodokius die Sekte der Adamiten. Ihr geistiger Ursprung geht auf die Agapen oder frühchristlichen Liebesmahle zurück. Man lehrt, daß die Seelen in den Körper geschickt werden, um (dort) Vergnügungen zu genießen. Epiphanias schreibt, daß sie sich nackt versammeln und so ihre Handlungen praktizieren. Wir haben eine ebenfalls prosexuelle Bewegung vor uns, die sich im deutschen Sprachraum bis weit über das 16. Jh. hinaus erhalten hat.

Die Sarabiten sind herumstreichende Brüder und führen ihren Ursprung auf den Jude Ananias zurück. Einer Legende zufolge soll ihn Petrus mitsamt seiner Frau wegen Lügenhaftigkeit zum Tod verurteilt haben. Wie: ein Christ spricht ein Todesurteil! Hieronymus berichtet, daß die Sarabiten an den Festtagen Ausschweifungen nachgehen und Jungfrauen verfolgen[40].

Diesen Vereinigungen stehen die zur extremen Enthaltsamkeit neigenden gegenüber. Die Valentianer meiden alle Anreize der sinnlichen Lust, führen eine strenge Lebensweise und geben sich philosophischen Spekulationen hin. Ihr Gründer, der Araber Valesius, behauptet, daß wahre Keuschheit nur in einem verstümmelten Körper möglich ist. Schon die alten Griechen waren in diesem Punkt schlauer, wenn sie sagten, daß nur in einem gesunden Körper ein ebensolcher Geist sein könne.

Marcion, der Begründer der marcionitischen Sekte, ist der Sohn eines Bischofs. Als Jüngling führt er den bekannt lockeren Lebenswandel, indem er ein Mädchen verführt. Doch als Boß seiner Sekte tauft er nur diejenigen, die das Gelübde der geschlechtlichen *und* geistigen Enthaltsamkeit auf sich genommen haben. Die Bewegung hat erheblichen Zulauf. Konstantin d. G. erläßt 326 ein Edikt gegen sie. Fast 100 Jahre danach bekehrt Theodoret, der Bischof v. Thyrus, mehr als 10 000(?) ihrer Anhänger und führt sie dem seiner Meinung nach »rechten« Glaube zu. Zu den enthaltsamen Sekten gehören außerdem die Enkraiten.

Ich erwähne dies, weil ich zeigen will, daß das Problem der Sexualität damals viele Gemüter erregt. Es wurde zum Verhängnis der Christen, daß ihre Führer eine negative Komponente einbringen, denn auch dieser Mühlstein wird späteren Hexen um den Hals gehängt.

»Heilige Dirnen«

Hundertfach wird die Christianisierung ins Positive gekehrt: ».. . es bedurfte dreier Jahrhunderte des Kampfes, der Predigt und des vorbildlichen Lebenswandels, um die unreinen Tempel der Isis, Ceres, Venus und Flora zu zerstören«[41]. Tatsache ist, daß es dieses Kampfes nicht bedurft hätte, hätten ihn die Christen nicht selbst injiziert!

Einzelne Kirchenväter sind der Meinung, daß ein besonderer Dämon die Menschen zum fleischlichen Genuß treibt. Ein Beispiel ist die Dirne Maria Magdalena, denn: ».. . sie folgte ihrem göttlichen Erlöser bis nach Golgatha (= Schädelstätte) und von Stund an ward sie ein frommes Weib, eine würdig-reuige Sünderin« (was immer man auch darunter verstehen will!). Später wird sie zur Heiligen erhoben, selbst wenn sie sich im Mittelalter und danach

als Schutzpatronin der Freudenmädchen nicht sonderlich geehrt fühlen kann[42].

Im Verbund mit den hochgespielten Verfolgungen werden Christinnen zur Prostitution gezwungen. Zu ihnen gehören die sieben Jungfrauen von Ancyra, die zwischen 70 und 80 Jahre alt gewesen sein sollen. Viele Heiligenlegenden bieten Beispiele von Kurtisanen, die ihr Seelenheil in einer Änderung ihres seitherigen Lebenswandels erkennen, z.B. Maria Magdalena, Maria die Ägypterin, Thais und die hl. Pelagia. Alle zeigen das gleiche Strickmuster und den Touch zur Verherrlichung der römisch-katholischen Kirche. Die Zahl der wirklichen Märtyrer war verschwindend gering.

Der Jesuit Theophil Raynauld hat eine Geschichte über die »ägyptische« Maria hinterlassen. Sie soll dem Abt Zosimus gestanden haben: ».. . in meinem 12. Lebensjahr kam ich nach Alexandrien, wo ich 17 Jahre in einem öffentlichen Haus (= Bordell) war. Als Leute aus der Gegend eine Reise nach Jerusalem antreten wollten, um die Religion des Kreuzes anzubeten, bat ich sie, mich mitzunehmen. Als sie mich fragten, welchen Preis ich für die Überfahrt zu zahlen bereit sei, sprach ich zu ihnen: ,. . . Brüder, ich habe nichts, was ich euch geben könnte, außer meiner Gunst, mit der ich die Reise bezahlen will'. Als wir in Jerusalem ankamen und ich mich mit anderen an die Pforte der Kirche begab, fühlte ich mich plötzlich durch eine unsichtbare Hand zurückgewiesen, während die anderen ohne Schwierigkeiten eintraten. Ich überdachte mein vergangenes Leben und ward inne, daß meine zahllosen Sünden die Ursache waren. Ich begann Reue zu empfinden und meinen Körper zu kasteien. Darauf legte ich das Keuschheitsgelübde ab, ließ mich taufen und floh in die Wüste, wo ich 47 Jahre einsam lebte«[43].

Thais lebt ebenfalls in Ägypten. Ihre Schönheit ist so betörend, daß sie sich etwas darauf einbildet und einzelne Liebhaber ihre Habe verkaufen, nur um ihre Gunst zu erlangen. Wer wundert sich, wenn der Abt Paphnutius den Vorsatz faßt, gerade sie zu bekehren? Siegessicher führt er sie in eine Klosterzelle. ».. . später stirbt sie wie eine Jungfrau«[44].

Der ehemaligen Schauspielerin und später hl. Pelagia erscheint ein Einsiedler. Er führt sie zu einer einsamen Kirche: ».. . dort hätten sie ein neugeborenes Kind gefunden und es wie ihr eigenes angenommen. Als das Gerücht entsteht, es handle sich ja doch um ihres, trägt sie zum Beweis der Unschuld glühende Kohlen im Gewand. Hier haben wir ein frühes Beispiel der sog. »Gottesurteile« vor uns. Pelagia stirbt mitsamt der hl. Afra, einer Augsburger Dirne während der Christenverfolgung unter Licinius um das Jahr 308.

In den Listen der Heiligen finden wir den Kuppler Leno-gesimus. Er soll um 619 gelebt und eine Jungfrau namens Agneflede in seine Zelle gelockt, bzw. veranlaßt haben, daß sie den Schleier nimmt. »Von Stund an lebten sie zusammen«[45]. Die Beispiele zeigen, wie wichtig der ägyptische Einfluß auf die junge Staatsreligion ist: zumindest in diesem Segment. Die moralische Haltung des Klerus ist zu allen Zeiten zwiespältig. Immer wieder hören wir von sexuellen Eskapaden: daraus resultiert u.a. eine »doppelte« Moral.

»Sündige« Frauen

Weil nicht alle Menschen heilig sind, geht man kirchlicherseits gegen unliebsame vor. Predigten gegen die Gelüste des Fleisches sind ein permanentes, fast könnte man sagen, Lieblingsthema der niederen *und* hohen Geistlichkeit. Origenes bezeichnet die Existenz des weiblichen Geschlechts als unnütz und will wissen, daß nur das männliche von den Toten aufersteht. Der hl. Augustin wendet das Blatt und stellt die Behauptung auf: ». . . Gott wird alles von den Auferstandenen nehmen was lasterhaft ist, aber ihr Geschlecht wird er bestehen lassen, zumal er es selbst geschaffen hat«[46]. Fernab dieser Wortklauberei geht es auf der übrigen Welt normal zu.

St. Cyprian schreibt um das Jahr 320: ». . . es gibt keine Frömmigkeit mehr unter den Christen, keine Disziplin in ihren Sitten. Die Männer kämmen sich den Bart und die Weiber pudern ihr Gesicht. So verunstaltet man das göttliche Ebenbild, daß man sich sogar die Haare färbt. Man verheiratet sich mit Ungläubigen und die Prostitution ist in Gang«[47]. Folgerichtig sagt der Rechtsgelehrte Ulpian über sie: ». . . die Kurtisane ist ein Weib, das sich den Lüsten mehrerer Männer hingibt«[48]. In den apostolischen Konstitutionen, die im Jahr 67 Papst Clemens zugeschrieben werden, finden wir Verhaltensmaßregeln für christliche Jungfrauen, die sie einzuhalten haben, um sich von Heidinnen zu unterscheiden. Man untersagt ihnen, sich die Haare künstlich aufzustecken, sich mit Pomade zu salben, hohe Schuhe und goldene Ringe zun tragen oder mit lüsternen Blicken um sich zu werfen«. Zeigt sich nicht bereits hier die christliche Weltfremdheit? Der christliche Glaube unterschätzt die Eitelkeit, durch die sich, der Hinweis sei gestattet, (auch) viele Kirchenfürsten auszeichnen.

Suetonis erinnert an die alte Vorschrift, derzufolge ein Henker verurteilte Jungfrauen vor der Hinrichtung zu vergewaltigen hat[49]. Selbst hier spiegelt sich antikes Denken. Immer mehr wird gegen das Treiben der christlichen Jungfrauen gewütet und immer absurder werden deren Erziehungsmaßstäbe angelegt. Man sagt: ». . . wenn sich ein Priester einen Fehltritt zuschulden kommen läßt, müsse er sein Amt niederlegen und an der Abtötung seines Fleisches arbeiten«[50]. Der hl. Basilius fordert für Ehebruch, Blutschande und Sodomie eine 15-jährige Buße.

Die Frauen sind nicht sonderlich gut angesehen. Die Idee der – vor allem ihrer – sexuellen Enthaltsamkeit wird mehr und mehr in den Vordergrund geschoben. Das Pönitential von Angers sieht Strafen für diejenigen vor: ». . . die an Sonntagen, Feiertagen, drei Tage vor der Kommunion und vier Wochen vor Ostern und Weihnachten nicht enthaltsam sind«[51]. Verschiedene konziliare Beschlüsse geben über die widersinnige Reglementierung Auskunft[52].

Während des Konzils von Mailand unter dem Episkopat von Karl Borromäus wird festgeschrieben: ». . . damit die Prostituierten von den ehrbaren Frauen zu unterscheiden sind, sollen die Bischöfe darauf achten, daß sie beim öffentlichen Auftreten in einem besonderen Gewand, das ihren schimpflichen Stand kennzeichnet, bekleidet sind. Die Behörden sollen ihnen den Gebrauch kostbarer Stoffe, silberner Schmucksachen und das Tragen seidener Kleider untersagen«.

Immer stärker wird der Trend, Frauen schlechter und Männer besser zu machen als sie sind. Sukzessive wird die Frau zur Verführerin degradiert. Es trägt dazu bei, in christlichen Kreisen einen latenten Frauenhaß zu schüren, dem die Frauen nahezu wehrlos ausgesetzt sind. Er hält sich über Jahrhunderte und in konservativen Kreisen bis heute. In kirchlichen Gesetzen und während zahlloser Predigten werden die Frauen diffamiert. Sie vermögen sich nicht dagegen zu stellen: die Kirchenleitung scheint sich ihrer Machtfülle bewußt. Sie kaschiert, daß dies ein Beweis der von ihr geübten Intoleranz ist. Dazu einige Beispiele:

- »Das Weib ist die Pforte der Hölle, der Weg zur Unzucht, der Stachel des Skorpions, ein unnützes Geschlecht«[53].
- »Kein Kopf ist so listig wie der der Schlange und kein Zorn bitterer als der Frauenzorn. Ich wollte lieber bei einem Löwen und Drachen wohnen, als bei einem Weib. Wenn sie böse ist, verstellt sie ihre Gebärde und wird schließlich wie ein Sack. Alle Bosheit ist gering gegen die der Weiber. Es geschehe ihr, was mit den Gottlosen geschieht. Die Sünde kommt von einem Weib . . . deshalb müssen wir alle sterben«[54].
- ». . . was ist das Weib als eine Feindin der Freundschaft, eine nicht zu vermeidende Strafe, ein notwendiges Übel, eine natürliche Versuchung, ersehntes Elend, häusliche Gefahr, vergnüglicher Untergang, die Natur des Bösen mit der Farbe des Guten übertüncht. Wenn es eine Sünde ist, ein Weib zu entlassen, so ist es eine Pein, es zu behalten.«
- ». . . auf der Welt würde ein göttliches Leben sein, wenn es ohne Weiber bestehen könnte«[55].

So schlimm können sie nicht gewesen sein, denn es haben sich Hunderte von Beispielen erhalten, die die sittlichen Eskapaden der niederen und hohen Geistlichkeit mit ihnen schildern. Sie lassen an Deutlichkeit keine Wünsche offen. Sie sind so gravierend, daß eine ausgemachte »Engelmacherin« erröten würde. Doch über die sexuellen Ausschweifungen der Priester deckt man das hauchdünne Mäntelchen der christlichen Nächstenliebe.

Wir müssen nochmals auf die Grundzüge des Christentums zurückkommen: die messianische Idee, die frühen Teufelsvorstellungen, deren Vorstellungen von Hölle, Engeln und Dämonen erläutern. Es ist für das spätere Hexenverständnis wichtig.

Messianische Idee

Messias ist eine Umformung des Wortes »der Gesalbte«. Nach der jüdischen *und* christlichen Theologie *gilt* er als der von Gott verheißene Erlöser. Der Messiasglaube tritt in Form einer Weissagung auf. Man erwartet von einem Messias die Befreiung vom Joch fremder Herrschaft, die Wiederherstellung des Monotheismus, eine Umbildung der politischen Situation und die Übernahme der Weltherrschaft. Aus dem altjüdischen Denken heraus ist der Wunsch verständlich; real ist er nicht, weil zu bezweifeln ist, daß es einen Gott in diesem Sinne gibt. Das Anstreben der Weltherrschaft ist eine Vermessenheit.

Das polytheistische Heidentum hat sich ausgelebt. Deren Götter- und Götzenglaube wird von Nachfolgenden zur Farce deklariert oder zur Einkleidung philosophisch-spekulativer Gedanken herangezogen. Das seinerzeitige Judentum ist in eine Vielzahl von Sekten und Glaubensgemeinschaften gesplittet: es befindet sich in einem Auflösungsprozeß. Die griechische Bildung hat das menschliche Bewußtsein sensibilisiert. Man besinnt sich auf die Einkehr, sucht einen Schwerpunkt des sittlichen Handelns und Selbsterkenntnis. In dieses geistige Klima »platzt« das Christentum; noch weiß es nicht, welchen Wirbel es im Lauf seiner Geschichte verursachen wird.

Die Zeitgenossen erwarten vom Messias zur Beglaubigung der dargestellten Fähigkeiten die Ausführung von Wundern (sprich: Beweisen)[56]. Die Wundersucht der Christen steigt ins Unermeßliche. Der Kirchenvater Augustin sucht das Beste daraus zu machen und sagt: ». . . die zur Verehrung des wahren Glaubens bewirkten Wunder werden durch Glaubenseinfalt und frommes Vertrauen, aber nicht durch künstlich zusammengeschriebene Beschwörungs- und Zauberformeln bewirkt«. Weit greift er seiner Zeit voraus, denn er umschreibt das notwendige Rückgrat einer jedweden Weltreligion: Einfalt und frommes Vertrauen der sog. Gläubigen, ohne die nichts funktioniert!

Freilich wird dem erwarteten Messias, dem (möglichen) Fischer aus Nazareth, der sich Jesus nennt, die Macht zugeschoben, stärker als der stärkste Dämon zu sein. Von hier zu exorzistischen Praktiken ist es nur ein Schritt. Folgerichtig *mußte* Jesus seinen Jüngern die Fähigkeit des Teufelsbannens übertragen: er wäre sonst unglaubwürdig geworden.

Über den Zeitpunkt der Überwältigung des angeblichen Widersachers gehen in Expertenkreisen die Meinungen auseinander. Einige

Chronisten sagen, Christus wäre bereits von Anfang an der Stärkere; nach Johannes ist der Teufel bereits gerichtet. Nach einer weiteren Version geht er wie ein brüllender Löwe herum; bald ist der Kampf durch Christi Tod ausgestanden, bald dauert er bis zu seiner Wiederkehr. Wo so viele Widersprüche sind, kann das Fundament nicht stimmen.

Der Teufel im Neuen Testament

Der neutestamentarische Satan ist als spezifisches Produkt der veränderten Anschauungen zu betrachten. Im Neuen Testament beginnt die satanische Idee ihren verfänglichen Siegeszug durch die Geschichte des Christentums; sie tritt zunehmend ins religiöse Bewußtsein und kommt als ausgereifter Teufelsglaube hervor. Der Teufel zeigt sich als hochstilisiertes Phantasieprodukt und als Inhaber einer theoretischen Herrscherwürde. Es ist kein Wunder, wenn er unter verschiedenen Bezeichnungen auftritt.

Der Begriff stammt ursprünglich aus dem Griechischen und bedeutet Verleumder, Durcheinanderwerfer oder Täuscher. Er wird zum Oberhaupt des Bösen *gemacht*. Ohne den Glauben an ihn ist das spätere Hexenbrennen nicht möglich. Von einem Äußeren des Teufels ist keine Rede: er erscheint als Versucher der Frommen und Ankläger der Menschen, er wird mit der Sünde in Verbindung *gebracht,* zum speziellen Feind Christi *erklärt* und man hängt ihm ein negatives Mäntelchen um. Rasch steht die gewagte These: ». . . wer an Christus glaubt, entrinnt der teuflischen Gewalt und wird in das göttliche Reich versetzt«[57]. Rasch ergibt sich ein Katalog der dem angeblichen Teufel *zugedachten* Bosheiten:

- Er bedient sich der List, gibt sich den Anschein des Guten und verstellt sich zu einem Engel des Lichts[58].
- Er sucht Schwache durch Zeichen zu überwältigen[59].
- Er sucht ohne Unterlaß den Samen des Bösen auszustreuen[60] und das Wort Gottes aus den Herzen zu reißen[61].
- Seine erste Tat war die Verführung Evas zur Sünderin; die zweite die Verleitung Kains zum Brudermord.
- Er ist der Urmörder, der Urheber der Sünde und des Todes[62].

Dies sind Zuschreibungen fernab jeder Realität.

Die Geschichte von Adam und Eva ist Tausende Jahre älter als das Christentum; die Sache von Kain und Abel hat den Hauch der Unwahrheit an sich und zur Zeit des Jesus v. Nazareth ist der Glaube an dämonische Kräfte fest im Volk verankert[63]. Die Religionsführer müssen zu diesem heiklen Punkt Stellung beziehen: und doch gibt es keinen Satan.

Christliche Engel und Dämonen

Der Glaube an die Existenz der Engel ist ein Vorzugsthema vieler Kirchenväter. Die jüdische Religion hat *ihre* Engellehre in altitalienische Vorstellungen gewoben und die christliche schöpft *ihre* Theorien aus einem Sammelsurium sich widersprechender Ansichten. Bereits die alten Väter (der Kirche) sprechen von einer Rangordnung der Engel. Später hält es Thomas v. Aquien für wahrscheinlich, daß sie in der heiligmachenden Gnade des Ein-Gottes erschaffen worden sind und als übernatürliche Existenz ins Dasein getreten sind: ». . . ein Engel erleuchtet den anderen und *kann* ihm Wahrheit und Erkenntnis mitteilen«[64]. Nach Thomas v. Aquien gibt es 1 000 x 1 000 Millionen Engel[65]. Ihre Natur ist über die menschliche erhaben. Den Engeln werden luft- und lichtartige Körper beigelegt. Wie Gott die Welt erschaffen hat, so umgibt er sie mit dienenden Geistern, die mit himmlischen Kräften ausgestattet sind. Sie bewegen die himmlische Sphäre und leiten die Bahnen der Sterne. Sie kennen die göttliche Weisheit, können fliegen, Wasser treten, sich unsichtbar machen und Krankheiten heilen: sie bestimmen das Geschehen am Himmelszelt.

Nach Origenes hat Raphael die Aufsicht über die Kranken, Gabriel über Kriege und Michael über die Wirksamkeit der Gebete. Die Engel bewachen die Frommen, fördern deren Tugenden und bringen christliche Kinder zu Bett. Später setzt sich die Auffassung durch, daß ein Fürst – und wäre er der Schlechteste, nur Christ muß er sein – noch immer einen besseren Schutzengel als ein »gewöhnlicher« Mensch hat. Selbst Gemeinden werden unter die Aufsicht von Engeln gestellt.

Von allein drängt sich die Frage auf, daß es neben gut-*gedachten* auch bös-*gedachte* Zwischenwesen geben muß. Diese Vorstellung reicht bis zu den Anfängen unserer Geschichte zurück und die Bedeutung der Dämonen wird in der widerspruchsvollen Apostelgeschichte hervorgetan. Nach der kirchlichen Lehre werden die bösen Dämonen zusammen mit den guten geschaffen; doch sie wirken dem göttlichen Willen (der letztendlich ein »menschlicher« ist) entgegen. Wir haben eine Variante des zoroastrischen Dualismus vor uns.

Man schreibt den bösen Engeln diabolische Weisheiten zu. ». . . sie machen Donner, Schauer, Hagel, Schnee, Regen, Wind und Wolkenbrüche . . . seltsame Figuren am Himmel und dergleichen Stücke mehr« (Paracelsus). Wer denkt nicht an die fliegenden Hexen und ihr Wettermachen?

Nach Cyprian sind sie die Erfinder der Ketzerei. Tertullian glaubt zu wissen, daß sie beim Götzendienst die Sakramente nachahmen, Getreue taufen und sie auf der Stirn kennzeichnen. Wer denkt nicht sogleich an das Hexenmahl (= stigma diabolicum)? Hinzu kommt, daß menschliche Schwächen dämonischen Erscheinungen zugeordnet werden. So hält Clemens Alexandrinus den leckermauligen Bauchteufel für den bösartigsten Dämon, der mit den in Bauchrednern wirksamen identisch ist[66].

Freilich gelten sie als Anstifter der Abgötterei: der oberste von ihnen ist als Luzifer bekannt. Nach der mittelalterlichen Weltanschauung erscheint er in Tiergestalt mit einem Pferdefuß, Hörnern, Schweifen oder in einem Federkleid. Untergeordnete Dämonen haben besondere Kostüme; darüber geben (später) die gefolterten christlichen Hexen Auskunft. Die angenommene Begegnung zwischen Engeln, Dämonen und Menschen wird spekulativ gelöst und fließt tausendfach in die darstellende Kunst. Dadurch entsteht lange vor der Erfindung der Buchdruckerkunst, doch auch parallel und vor allem danach – eine Breitenwirkung von immensen Folgen. Der nachmittelalterliche Mensch ist Analphabet und gewohnt, aus Bildern zu »lesen«, denn diese kann er deuten und verstehen. Und: in wie vielen Kirchen sieht er Darstellungen von Gott, Engeln und Teufeln.

In der Phase der Festigung des christlichen Glaubens wird nach der allgemeinen Lehre das Wesen der Sünde in den freien Willen des Menschen verlagert. Was unter einer »Sünde« zu verstehen ist, haben Priester ausgeknobelt.

Die frühchristliche Hölle

Wenn man Dämonen in die Köpfe der Menschen hämmert, muß man dafür Sorge tragen, (auch) immer wieder auf die damit verbundenen Schrecken hinzuweisen. Damit befassen sich viele Geistliche a) aus dem Berufsethos heraus und b) aus persönlicher Überzeugung. So werden für vorab ausgedachte Sünden differenzierte Strafen konstruiert. Hier tut sich ein riesiges Feld von Schwärmern, Phantasten und Spekulanten auf. So gelangt man von allein auf den Strafort zur Abbuße der vielen Sünden: die Hölle.

Bereits die ältesten Kirchenväter sprechen von einer Hölle als einem wirklichen Feuer. Augustin(us) nennt sie »ewiges Sterben« und sucht nachzuweisen, daß die Sünder in der Hölle schmoren müssen, ohne verzehrt zu werden, wie dies auch bei Vulkanen, Pfauenfleisch (Phönix (?)) und gebranntem Kalk der Fall ist. Johannes soll in seinen Offenbarungen gesagt haben: ». . . ich sah einen Engel vom Himmel fliegen, der den Schlüssel zum Abgrund und eine große Kette in seinen Händen hatte. Er hat den Drachen, die alte Schlange, ergriffen, die der Teufel in seinen Händen hat und (ihn) auf 1 000 Jahre gefesselt«[67].

Deshalb rechnen honorige Geister im Jahr 1 000 mit einem Weltuntergang. Auf der einen Seite ruft diese Enttäuschung die großen Ketzerbewegungen hervor und auf der anderen Seite konnte diese Prophezeiung nicht eintreten, weil sonst der Katholizismus in der Versenkung verschwunden wäre. Theologen finden den Ausweg, indem sie proklamieren: ». . . man könne dies nicht so genau nehmen, denn beim Herrn wären 1 000 Jahre wie ein Tag«. So wird geschickt aus der Nah- eine Fernerwartung konstruiert: so bleibt das Gesicht gewahrt.

Eine altchristliche Jenseitsvision ist die sog. »Apokalypse des Petrus«. Ihrzufolge werden die Anfertiger von Götzenbildern in schrecklichen Flammen gebraten. Nach der Vision des Paulus stecken die Seelen der Ungläubigen in einer unendlichen Blutgrube, in die sie immer tiefer sinken, ohne je den Grund zu erreichen; vergeblich flehen sie um Erbarmen. Der menschlichen Phantasie im Ausmalen von Höllenqualen sind keine Grenzen gesetzt.

Der hl. Antonius soll ein ganzes Jahr gebetet haben, Gott möge ihm die Aufenthaltsorte der

Gerechten *und* Sünder offenbaren.». . . doch er sah nur einen großen, schwarzen, bis zu den Wolken reichenden Riese mit ausgestreckten Händen, unter dem sich ein ungeheurer See ausbreitete«.

Nach der Vision des Alberich müssen Eheleute, die an Sonn- und Feiertagen zusammen schlafen, eine 360 Ellen hohe, glühende eiserne Leiter besteigen, von der sie in einen Kessel mit siedendem Pech, Öl und Harz stürzen[68]. Der Mönch Wetti aus dem Kloster Reichenau hat kurz vor seinem am 3. Oktober 824 erfolgtem Tod, von einem Engel begleitet, Himmel, Hölle und Fegefeuer durchwandert. Der wundersüchtige Cäsarius v. Heisterbach (gest. 1244) behauptet, daß ihm ein totgeglaubter Pilger bestätigt hat, in der Hölle gewesen zu sein.

Ich möchte anregen, daß sich einmal ein Psychiater all der angelaufenen Höllenschilderungen annimmt, denn hier jagten unsere Altvordern einem Phantom nach. Solche Schilderungen können nur der theologischen Phantasie erwachsen. Es ist bedauerlich, daß sie in die Heiligen- und Legendenliteratur der Epoche münden und von da aus zum sensationsgierigen und lüsternen Volk gelangen. Wahrer werden sie dadurch nicht!

Über den Ort der Hölle liegt keine dogmatische Entscheidung vor. Dennoch ist man sich nahezu einig, daß es sich um einen abgeschlossenen Raum innerhalb der Erdkugel handelt[69]. Erst später beginnt man daran zu zweifeln. Es ist ein Ort unermeßlicher Qualen. So glauben die Ägypter an den Amenta, die Juden an den Scheol, die Griechen an den Hades und die Christen an die Hölle. Nach der später ausgebildeten Lehre ist sie ein Gefängnis, in dem gefallene Engel *und* verdammte Menschen eingeschlossen sind. Klipp und klar heißt es in einem Katechismus: ». . . die Seelen der Verdammten werden in einem furchtbar grauenhaften und überaus finsteren Kerker, im ewigen und unauslöschlichen Feuer zugleich mit unreinen Geistern gequält«[70].

Nach der Version des Papstes Gregor d.G. ist die Hölle so tief unter der Erde, wie diese unter dem Himmel. Sie besteht aus zwei Abteilungen. Die Scholastiker behaupten, daß sie sich wahrscheinlich im Erdinnern befindet[71]. Zodiakus soll zu Pluto gesagt haben: ». . . daß es bei ihm in der Hölle voll wäre. Täglich würden Türken, Juden, Christen, Priester, Mön-

che und Kirchendiener dazukommen . . . während die wenigen Seelen im unermeßlichen Himmel ihren Wohnsitz haben«[72].

Drexel konstatiert: ». . . die Hölle hat sieben Gemächer und drei Pforten. In jeder Wohnung sind sieben Flüsse und Hagel. In jeder Wohnung befinden sich 7 000 Löcher. In jedem von ihnen sind 7 000 Risse und in jedem von ihnen 7 000 Skorpione. Jeder von ihnen hat sieben Gelenke und in jedem befinden sich 1 000 Tonnen Gift. Die Hölle hat Raum für 100 Millionen Seelen«[73]. Da wir momentan eine Weltbevölkerung von 6 Milliarden anstreben, müßte sie nach menschlichen Ermessen wegen Überfüllung geschlossen werden.

Der gelehrte Hieronymus Vitalis erklärt 1699 für unbezweifelbar, daß die feuerspeienden Berge nichts anderes als die Eingänge zur Hölle sind. Neu ist es nicht, denn fast das gleiche hat 800 Jahre vor ihm der Benediktiner Odilo in seiner Lebensbeschreibung gesagt. Gegenüber diesen profunden Dokumenten theologischer Weisheit behauptet der Mathematiker und Theologe William Whiston (1667 – 1752): ». . . die Hölle befindet sich in einem Komet, dessen größere, bzw. geringere Entferung von der Sonne die in manchen Höllenvorstellungen erwähnte Abwechslung von Hitze und Kälte verursacht«[74].

Dagegen nimmt der englische Theologe Swinden, Pfarrer in Cuxton, an: ». . . die Hölle befindet sich in der Sonne, weil es keinen anderen Ort gibt, der genügend Raum für die unendliche Zahl von Teufeln und sonstigen Verdammten hat . . . die Sonne ist das Zentrum des Universums«[75].

Mit Überzeugung und der gründlichen Aufarbeitung von 300 heidnischen, jüdischen und christlichen Autoren hat der Doktor des ambrosianisch-theologischen Institutes von Mailand, Anton Ruska, die Hölle geschildert. Sein geistiges Elaborat erscheint 1621, ist dem »Er-

▶

Bildnis des Erzherzog Sigismund von Tirol. (Um 1480 – 90). Wien. Gemäldegalerie des kunsthistorischen Museums. Er wird mehrfach im Zusammenhang mit Hexenfragen konfrontiert. In Innsbruck ist der Dominikaner Krämer aktiv, einer der Autoren des »Hexenhammers«.

löser und der Menschheit« gewidmet und heißt: »5 Bücher von der Hölle und dem Zustand der Dämonen vor dem Ende der Welt«. Ob es den Ansprüchen gerecht wird, ist unbekannt, doch ist es mit detaillierten Grundriß-Plänen ausgestattet. Der Autor betont ausdrücklich: ». . . daß es die kirchliche Zensurbehörde als gelehrtes und gründliches Werk betrachte, in dem nichts gegen den rechten Glaube und die guten Sitten steht«[76]. Der Zensor muß ein außersinnlich begabter Mann gewesen sein!

Bautz, ein Theologe des 20. Jh. ist nur wenig schlauer als seine mittelalterlichen und nachmittelalterlichen Kollegen. Er ist der Meinung, daß die Hölle lediglich von Geistern bewohnt wird und sagt: ». . . sollten ihre Dimensionen *nach* der Auferstehung der Leiber unzulänglich sein, wird der Schöpfer der 'neuen' Erde Sorge tragen, daß es keine Probleme gibt«. Wie sagt man doch: ». . . der Mensch denkt (nicht) und Gott lenkt, sonst würde er dieses Gehabe als Hokuspokus von sich weisen.« Er übersieht, daß sich antike Magier erst einmal die Götter schaffen mußten, um sie dann zu vermarkten!

In der mittelalterlichen Weltanschauung setzt sich der Gedanke fest, daß das höllische Reich eine Nachahmung des himmlischen – im negativen Sinn – bedeutet. Vor einem so systematisch aufgebauten Hintergrund ist es möglich, Dämonen (= Teufel) zu glorifizieren und ihnen Hexen an den Rockzipfel zu hängen.

Das stete Ausfeilen der christlichen Gerechtigkeitsidee führt zwangsweise zur Eskalation, einer immer grausameren Ausschmückung der Phantome »Hölle« *und* »Teufel«. So gesehen ist es kühn zu behaupten: ». . . man müsse sich im irdischen Leben den himmlischen Lohn verdienen«. Offensichtlich trifft dies (auch) auf Geistliche zu, denn Papst Gregor d.G. berichtet, daß der sonst fromme und tugendhafte Diakon Paschius bei der Papstwahl mit siedendem Wasser bestraft worden ist, weil er gegen den legitimen Symachus stimmt, bzw. dessen Gegner als »neuen« Papst anerkennt[77].

So ist es so, daß sich die Priester als »bestallte« Vertraute einer angenommenen Gottheit, als Mittler zwischen den erdachten, himmlischen, irdischen und höllischen Mächten, bzw. den sündigen Menschen hervortun. Es ist leichtfertig, wenn Origenes von der Wirksamkeit der Gebete und von einer göttlichen Gnade spricht. Niemand weiß etwas darüber und es ist zweifelhaft, ob es so etwas gibt.

Alle Details zur Ausschmückung der Engel, Teufel und der Hölle gehören in das Reich der Fabel. Wir stehen vor der unbeantworteten Frage, was mit den Verstorbenen geschieht. Darüber haben sich bereits erste Kulturmenschen Gedanken gemacht, die von Adam und Eva nichts gewußt haben. Gibt es eine Seele? Weicht sie aus dem Körper? Wo findet sie sich? Und was geschieht mit ihr? Namhafte Theologen gestehen inzwischen, daß dies ein spekulatives Feld ist, auf das es keine Antwort gibt. Wenn das so ist, darf man es nicht als Realität hinstellen.

Das aus organisatorischen Zwängen zur Gewalt neigende Christentum prägt mit seinem Denken und Wollen das abendländische Weltbild. In der Periode des späten Mittelalters schürt die Kirche den Glaube an den Teufel. So legt sie das Fundament für das spätere Hexentreiben. Zwei Strömungen hat sie im Vorfeld zu bewältigen; die Phase der Ketzerei und die der Inquisition, aus denen sie als geistiger Verlierer hervorgeht, denn sie hat Unrecht gehandelt. In einem krassen Schlagabtausch verliert sie mit dem erwachenden Geist ihrer Kritiker an Boden. Einzelne schrecken ob des ihnen als wahr aufgetischten Zwangsglaubens hoch, werden unsicher und unruhig: sie leiten den intellektuellen Niedergang einer unglaubwürdigen Institution ein, die sich fortan überwiegend mit Druckmitteln, Fälschungen und Halbwahrheiten aus der Schlinge zu ziehen sucht. Es gibt von den Anfängen der Ketzerei bis zu den Reformatoren des 16. Jh. eine gerade Linie. Die Amtskirche hat längst den Boden der Toleranz, Ehrlichkeit und Nächstenliebe verlassen. Sie kämpft um den Erhalt ihrer Organisation mit den damit verbundenen Rechtfertigungs- und Machtgelüsten. Mit dem »eigentlichen« Katholizismus hat dies nichts zu tun. So gesehen, schießt sie sich ein klassisches Eigentor, denn es zwingt sie zur steten Abkapselung: damit steigt der Widerstand.

Frühe Teufelsbündnisse

Vom Teufel zur Teufelsverschreibung und von hier zu den Hexenbränden ist es nicht weit. Es ist in der aufgelaufenen Literatur wenig beachtet, daß es zunächst einmal die »großen« Geister waren, die sich dem Teufel verschrieben haben. Selbst Kurfürsten bleiben von teuflischen Anfechtungen nicht verschont. Basilius, der Erzbischof von Cäsarena und Kappedonien, soll als Jüngling von einem bösen Zauberer einen Empfehlungsbrief bekommen haben. Daraufhin wird er (angeblich) zu einem höllischen Versammlungsplatz geführt, wo Satan thront. Der Heilige lobt seinen »neuen« Herrn, doch bereut später sein Verhalten. Der hl. Cyprian von Antiochien soll sich, angeblich um die schöne Justine zu erlangen, einem Teufel verschrieben haben.

An dieser Stelle ist die Geschichte des Theophilus zu nennen, die Goethe später in der Faustsage verarbeitet. Nach der ältesten Version ist er ein frommer Mann und lebt um 550 u.Z. Erst zum Bischof erhöht und dann wieder abgesetzt, fühlt er sich so gekränkt, daß er bei einem Zauberer Zuflucht sucht. Dieser bringt ihn in einen großen Zirkus. Hier brennen Fakkeln: in der Mitte sitzt der erhöhte Satan, um Huldigungen zu empfangen. Theophil fällt auf die Knie, um die diabolischen Füße zu küssen. Daraufhin sagt er Jesus, Maria und den Aposteln ab, erkennt seinen »neuen« Herrn, überreicht eine mit Blut geschriebene und mit Wachs gesiegelte Urkunde an den »Fürst der Hölle«.

Fortan lebt der Abtrünnige in Saus und Braus. Als teuflischer Lehnsmann führt er ein herrliches Leben, doch später packt ihn die Reue. Er fleht 40 Tage und Nächte in der Kirche der Panhagia Maria, um christlichen Trost und Beistand zu erheischen. Dann läßt sich die Gottesmutter erweichen, schafft die Verschreibung herbei und legt sie dem Schlafenden auf die Brust: ». . . drei Tage danach stirbt er eines seligen Todes«[78]. Bei näherem Hinsehen entpuppen sich solche Geschichten als Märchen. Ich komme weiter unten auf solche Bündnisse zurück, denn sie spielen im Konsens des nachmittelalterlichen Hexentreibens eine Rolle.

Christentum und Folter

Ursächlich gehört die Anwendung der Folter zu den Errungenschaften des griechisch-römischen Geistes. Im kirchlichen Denken entwickelt sich der Foltergedanke langsam: sie kann ihn nicht ignorieren, denn im Verbund mit ihrer Rechtsauffassung stößt sie automatisch darauf. Gregor, seit 573 Bischof v. Tours, berichtet öfters von ihrem Gebrauch[79]. Der Erzbischof v. Rheims erwähnt die Folter in mehreren Schriften, wogegen sich der Erzbischof v. Lyon (816 – 841) lediglich mit den Gottesurteilen auseinandersetzt[80]. Von den karolingischen Synoden bis zum Jahr 843 erwähnt das »Concilium anheimense« aus der Zeit um 765 die Folter. Auf der Synode von Reisbach taucht der Begriff »Zwangsgewalt« auf, der nicht eindeutig zu definieren ist. In der sachlich umfassenden, sorgsam gefälschten Kirchenrechtssammlung der falschen »Capitula« des Benedictus Levita, sind Bestimmungen enthalten, die auf die Folter Bezug nehmen.

Papst Nicolaus I. (858 – 867) erhebt seine Stimme gegen sie und betont: ». . . ein Geständnis *muß* freiwillig abgelegt werden, man darf es nicht erpressen«. Er ist sich darüber im Klaren, daß Gefolterte zu jeder Aussage bereit sind, wenn sie hinreichend gequält werden. Nicolaus verwirft die Gottesurteile und sagt gegenüber dem König von Dänemark: ». . . glaubt nicht, daß es euch zusteht, verurteilten Weibern Leid anzutun. Es ist sinnlos, durch gräuliches Wüten gegen Unschuldige den göttlichen Zorn heraufzubeschwören«[81]. Deutlicher kann man es nicht sagen: spätere Kirchenfürsten erinnern sich nicht seiner lauteren Worte.

In Carcasonne wird ein Minorit, ein schwacher Greis, seiner Würde enthoben und zu lebenslänglichem Kerker verurteilt. Er hat das Verbrechen begangen, sich über den Gebrauch der Folter zu beschweren, einige von der Obrigkeit Eingezogene in Schutz genommen und zur Wollust Anderer Zauberei betrieben[82]. Doch rasch werden die Stimmen der wenigen Vernünftigen vom kurialen Wollen übergangen: die immer größer werdende Organisation verlangt nach einem umfassenden Rechtssystem.

In den Dekreten des Mönches Gratian (gest. um 1050) wird verschiedentlich auf die Folter Bezug genommen. Es ist vermutlich so zu verstehen, daß die im Glauben Untreuen körperlichen Schmerzen ausgesetzt werden, wobei nicht klar ist, ob die Geständniserzwingung oder die Strafe im Vordergrund der Überlegung steht. Öfters kommt die Bezeichnung »tormenta« vor. Es ist kein Beweis für die Anwendung der Folter, sondern deutet auf das Herbeiführen von Qualen.

Es ist nicht so, daß die Kirchenführung von sich aus den Gebrauch der Folter aktiviert, sondern es ist so, daß eine maßgebliche Beeinflussung der weltlichen Seite der Kirche schließlich den Ausschlag gibt, der Folter in ihrer Grausamkeit zuzustimmen. Es wird aus einer von Innocenz IV. erlassenen Instruktion deutlich. Hier wird den Geistlichen befohlen, der Vornahme der Tortur pünktlich Folge zu leisten. Diese Bestimmung wird 1259 vom Papst Alexander IV. und 1265 von Clemens IV. bestätigt, ja teilweise verschärft. Kurz danach erwähnt Papst Gregor in einer Sammlung von Kirchengesetzen das Halten von Sklaven.

Hier ist eine parallele Strömung zu berücksichtigen. Anfangs wird den Geistlichen untersagt, Todesurteile auszusprechen oder bei Hinrichtungen anwesend zu sein. 1255 verbietet das Konzil von Bordeaux, Briefe zu schreiben oder zu diktieren, die mit Bluturteilen zusammenhängen. Mehr und mehr begnügt sich die Kirchenleitung mit der Feststellung, wer in *ihren* Augen als Abtrünniger der Kirche anzusehen ist. Es genügt: rasch eilen die weltlichen Schergen, die Bluttat auszuführen. Sie erwarten dafür göttlichen Lohn. Die Glaubensbrüder überlassen solche Kandidaten dem weltlichen Arm mit der heuchlerischen Bitte: ». . . ihr Leben zu schonen und ihr Blut (möglichst) nicht zu vergießen«. So schleichen sie sich aus der Verantwortung.

Um 1200 wird ein junger Geistlicher aus Soest wegen Zauberei angeklagt, verurteilt und verbrannt. In den Flammen singt er das Ave Maria, bis ihm ein Verwandter einen glühenden Stock in den Mund steckt, um ihn zum Schweigen zu bringen[83]. Folgerichtig geht man selbst in den eigenen Reihen nicht zaghaft um: greift jedoch wie überall nur die unteren Chargen. Während des Konzils von Vienne (1313) unter Clemens V. wird vermerkt, daß die Bischöfe Verhaftungen vornehmen und ihre Opfer in Fesseln legen lassen. Bei der Verhängung der Strafe *und* (der Anwendung) der Folter, sollen sie mit dem weltlichen Arm zusammenarbeiten[84].

Fest steht, daß kirchlicherseits bis weit in unser 18. Jh. hinein nichts Entscheidendes *gegen* die Anwendung der Folter geschehen ist. Ein rühmliches Beispiel haben wir in dem Jesuit Friedrich v. Spee; doch gerade er spiegelt nicht die seinerzeitige Meinung der Kirchenleitung wider!

Die Opposition macht sich bemerkbar

Es konnte nicht ausbleiben, daß kritische Geister argwöhnisch auf die Entwicklung des kurialen Imperiums schauen und dessen Mängel erkannten. Einzelne sehen die Intrigen und die Halbwahrheiten. Das Verfolgen Andersdenkender mit nicht immer humanen Mitteln wird auf das Kirchenbanner geheftet, während man sich in Rom allen erdenklichen Lastern hingibt[85]. Hier wird deutlich, daß im 10. und 11. Jh. vom Katholizismus keine Rede sein kann, denn er steht moralisch, strukturell und organisatorisch vor einem Abgrund.

Papst Johann XII. (955 – 964) kommt mit 18 Jahren zur göttlichen Würde. Die Chroniken berichten: ». . . er lebte mit Weibern aus allen Ständen . . . im Lateran erscholl der Jubel eines Freudenhauses beim Würfelspiel, frechen Schwüren auf Jupiter, Venus und den höllischen Geistern«[86]. Eine Bulle des Papstes Benedikt IX. (1033) bestätigt, daß in der Nähe der Kirche des hl. Nikolaus ein Bordell errichtet worden ist[87]. 1198 wird der Erzbischof von Besancon, Gerhard von Rougemont des Meineids, der Simonie und Blutschande bezichtigt. Papst Innocenz spricht seinen Amtsbruder frei. Später lebt er mit einer Verwandten, einer Äbtissin und mit anderen Frauen im Konkubinat. Matthäus von Lothringen gibt sich der Jagd und den Ausschweifungen hin. Seine Lieblingskonkubine ist seine Tochter, mit der er eine Nonne (aus Epinal) gezeugt hat. Dessen ungeachtet behält er das einträgliche Amt eines Großprobstes. Papst Clemens V. ist so gierig, daß er auf einer Reise nach Bordeaux die am Weg liegenden Kirchen plündert.

Robert Grosseteste erklärt von Innocenz IV.: ». . . die Kurie ist die Quelle aller Gemeinheit. Sie macht das Priestertum zum Gegenstand des Spottes und zur Schande für die Christenheit«[88]. Peter Cantor nennt die Bischöfe Geldfischer, die mit 1 000 Betrügereien die Taschen der Armen leeren. Der Benediktiner Potho v. Prüm klagt 1052. ». . . die Kirche eilt ihrem Untergang entgegen, keine Hand rührt sie, ihren Fall aufzuhalten. Es gibt keinen Priester, der würdig ist, als Mittler zwischen Gott und den Menschen zu dienen«. Der päpstliche Legat, Heinrich von Albano, drückt sich folgendermaßen aus: . . . der Sieg des Fürsten der Finsternis steht bevor. Infolge der Verderbtheit seines Klerus, seines Luxus, seiner Hetz- und Falkenjagden, Spiels, Handels, Streitigkeiten und vor allem wegen seiner Unenthaltsamkeit wird der Zorn Gottes erregt. Dadurch werden schlimme Ärgernisse zwischen Volk und Klerus hervorgerufen. Weite Teile der Bevölkerung sehen der Turbulenz nicht untätig zu; hier bilden sich die Anfänge der oppositionellen Strömungen.

Die Kirche stempelt ihre Widersacher erst später als Ketzer ab; erst ist sie mit eigenen Konflikten befaßt. Unter dem Oberbegriff »Ketzer« faßt *sie* diejenigen zusammen, die nicht oder nicht mehr bereit sind, ihren Glaubensgrundsätzen und -vorstellungen zu folgen. Die Ursachen der Ketzerei sind vielfältig und teilweise in der religiösen Unsicherheit des Volkes begründet.

Problematisch wird es für den Klerus, als kritische Bürger unter Zitierung angeblich göttlicher Worte das christliche Denken bezweifeln. Man schmettert sie mit der Antwort ab: ». . . die Bibel habe eine solche Tiefe, daß ihr Verständnis selbst für Gelehrte schwierig sei«. Dem ist nicht so, denn dazu genügt der gesunde Menschenverstand. Er sagt, daß dieses Glaubensbuch nach dem Tod eines Jesus von Nazareth zusammengeschrieben wird, daß es in sich widersprüchlich ist und im Lauf seiner Geschichte – selbst von der Kirche – mehrfach modifiziert wird. Die biblischen Inhalte bedürfen einer erneuten Prüfung: auch damalige Menschen spüren es. Sie erwachen und beginnen zu kritisieren.

Die Christen erwarten im Jahr 1000 den verheißenen Weltuntergang. In diesem Punkt täuschen sich die Ausschmücker der Apokalypse. Dadurch wird das Ansehen der Kirche erschüttert und es ist kein Zufall, daß sich kurz danach Oppositionelle in Szene setzen und zu Ketzerbewegungen formieren. Sie verdeutlichen, wie unsicher und unglaubhaft das theokratische Lehrgebäude seinerzeit ist. In dieser Phase stellt sich die römisch-katholische Kirche auf eine lange Phase des Blutvergießens und der Gewaltanwendung ein. Es geht um ihr Überleben. Bald wird das Vergehen gegen den »rechten« Glauben mit dem Tod bestraft. Dadurch richtet sie sich (moralisch) selbst!

Mönchischer Bekehrungseifer, päpstliche Sendschreiben, das Donnern höriger Legaten, Exkommunikation und bischöfliche Gerichtsbarkeit reichen nicht hin, um den Geist der Menschen zu knechten, selbst wenn es nur der von wenigen ist, die hinter die Kulissen schauen. Das spätere eingeführte Inquisitionsverfahren bringt keine umfassende Änderung mit sich: denn es ist die Kirche, die sich im Unrecht befindet. So bereitet sie aus sich selbst die großen Kirchenspaltungen des 14. – 16. Jh. vor, aus denen sie als intelektueller Verlierer hervorgeht.

Montanus und Priscilian

Zur Zeit Tertullians (um 200 u.Z.) tritt der Häretiker Montanus auf und behauptet, er sei der unmittelbare Weg, durch den der hl. Geist der Christenheit ein neues Licht verkünde. Er ist ein Glied in der endlosen Kette göttlicher Propheten und wird von den Frauen Prisca und Maximilla begleitet, die einigen Kirchenvätern Kopfzerbrechen bereiten. Sie glauben sich von bösen Dämonen besessen und stellen mit Bestürzung fest, daß das leichtgläubige Volk auf sie hört. Die Päpste Zephrinius und Victor sind von der Wahrheit ihrer Aussagen durchdrungen und stellen Friedensbriefe aus.

Als Häretiker wird der Spanier Priscilian angesehen. Er wird um 380 in Saragossa exkommuniziert und fünf Jahre später mit seinen Anhängern von Kaiser Maximus in Trier verhört und getötet. Papst Leo I. versucht später, den Racheakt zu vertuschen. Die zweite spanische Synode (563) dekrediert im 6. Canon: ». . . wer glaubt, daß der Teufel, weil er einige Dinge in der Welt vorgebracht hat, aus seiner Macht Donner, Blitz, Gewitter und Dürre macht, wie das Priscilian lehrt, der sei verflucht«.

Langsam schiebt sich die »organisierte« Religion über die Weltlichkeit und infiltriert sie so, daß sie sich zunehmend bereitwillig hinter ihre Theorien stellt. Schon im 4. Jh. fühlt sich die Kirche so stark, daß sie dem Kaiser Theodosius den Eintritt in die Kathedrale von Mailand verweigert. Doch mit ihren Machtansprüchen wachsen auch die Widersprüche.

Im 5. Jh. lehrt Chrysosthomus: ». . . daß die Ketzer zum Schweigen gebracht werden müssen, damit sie nicht andere in ihre Schlingen ziehen«. Wir spüren die Angst der Kirche, damit niemand erkennt, welch trügerische Hoffnungen sie vermarktet. Sie wird zunehmend intolerant und überläßt es dem Einzelnen nicht (mehr), was er zu glauben und abzulehnen hat. Unter dem Patriarch Michael Oxista, während des Konzils von Konstantinopel, wird die Strafe des »lebend Verbrennens« für die Bogumilen eingeführt[89]. Selbst vor Toten schreckt man nicht zurück!

67

Tote werden nachträglich verdammt

618 leugnet das Konzil von Sevilla die Berechtigung der Verdammung Toter. 680 entscheidet das 6. Laterankonzil, daß dies zwar stimme, aber nicht für Ketzer gelte. Unter Berufung auf diese Sentenz hält sich der Papst Stephan (897) für berechtigt, die Leiche seines Vorgängers, des Papstes Formosus, der schon sieben Monate im Grab liegt, exhumieren zu lassen. Sie wird herbeigeschafft und unter die zu seiner Verurteilung gerufene Synode gesetzt. Nachdem man ihr zwei Finger abgehauen hat, wird sie in den Tiber geworfen. Es gelingt, die modernde Leiche herauszufischen und erneut zu vergraben. Im nächsten Christenjahr erklärt der neue Statthalter, Johann IX. dieses Verfahren für unzulässig und verkündet während einer Synode: ». . . daß niemand nach seinem Tod verurteilt werden kann; der Angeklagte müsse in jedem Fall die Möglichkeit der Verteidigung haben«. Dies hindert Sergius II. nicht, 905 nochmals die Gebeine des Formosus ausgraben zu lassen, sie in päpstliche Gewänder zu hüllen, auf einen Thron zu setzen, sie feierlich zu verurteilen, dann zu enthaupten und ihm drei weitere Finger abschlagen zu lassen!

Später läßt man sich zu folgender Vorschrift herab: ». . . daß der durch die Begrabung eines Andersgläubigen ausgewiesene Gottesacker von Neuem geweiht werden müsse«. Der »sacris de sepultris« bestimmt: ». . . daß die Gebeine eines solchen, wenn sie noch von denen eines Christen unterschieden werden können, aus dem Friedhof geworfen werden müssen«[90]. Auf das Hinauswerfen von Leichen komme ich zurück, denn darauf besinnt man sich beim späteren Hexenbrennen.

Diese Vorbemerkungen sind erforderlich, um zu verstehen, weshalb sich die Bürger der folgenden Glaubensepochen immer intensiver gegen den Glaubenszwang der römisch-katholischen Kirche stellen. Sie suchen den religiösen Frieden und finden ihn nicht. Immer mehr entfernt sich das kuriale Wollen von den (möglichen) einstigen Idealen; immer mehr treten an deren Stelle Willkür, Gewalt und Despotismus. Ab dem 2. Jahrt. unserer Geschichte kommt ein weiterer Faktor dazu: die systematische Unterdrückung der geistigen Freiheit. Sie wird mit den großen Ketzerbewegungen eingeleitet.

Anmerkungen zur Ketzerei[1]

Bis zum 10. Jh. befindet sich die Kirche in einem kritischen und wenig gefestigten Zustand. Durch Willkürate und Nepotismus wird ihre Aufbauphase gestört. Dadurch wird die Organisation geschwächt und innerlich ausgehöhlt.

Sie steuert in Intervallen dem Bruch zu, den etwa 500 Jahre danach der Augustinerchorherr Martin Luther vollziehen wird. Um die Jahrtausendwende wird Rom über längere Strecken von Unfähigen, ja Huren regiert; der Imageverlust ist beachtlich. Es werden mehr als 40 in sich differente Gruppen bekannt, die gegen die »offizielle« Kirchenlehre angehen. Neben den grunsätzlichen Strömungen der Epoche, der teilweise gewaltsamen Festigung der kurialen Hierarchie, dem Aufkommen oppositioneller Kräfte und dem Herausschälen von Bettelorden, zeigt sich eine weitere, doch zu allen Zeiten geläufige Erscheinung. Religiöse Schwärmer, Fanatiker und Bigotte erheben ihre Stimme, verunsichern verunsicherte Christen und fordern zum Handeln auf. Ein wesentlicher Tenor ist ihre Enttäuschung über deren leere Versprechungen, Laster und Ausschweifungen. Es handelt sich um manichäisch-arianisch, bibelgläubige, Waldesier, judaisierende und philosophisch orientierte Gemeinschaften mit einer jeweils eigenständigen Organisation, die die »offizielle« Kirche reflektiert. Einig sind sie sich in *nur* einem Punkt: dem Widerstand gegen die sie bedrängende Glaubenspflicht und der Tatsache der Nichtanerkennung *ihrer* religiösen Ansichten.

Lang bevor es den Ketzerprozeß »per inquisitionem« und die festgefügte Inquisition gab, erfolgten Versuche von Seiten der Kirche, mit dem immer brennender werdenden Problem der sich ausbreitenden Häresie fertigzuwerden[2]. Es ist nicht so, daß die Inquisitionprozesse auf Ketzer beschränkt waren. »Es gab nicht den Inquisitionprozeß an sich, das ist der Idealtypus, an dem sich die verschiedenen Ausformungen zeigen lassen«[3]. Unter der Ketzerinquisition – nur davon wird hier gesprochen – versteht man Verfahren, bei denen vom Papst autorisierte Richter auf unbestimmte Zeit zur Verfolgung von Andersdenkenden abgestellt worden sind. Da – wohl wegen der engen Verknüpfung der Bischöfe mit den Lokalgewalten – die bischöfliche Ketzeraufspürung ungenügend war, werden vom Papst Gregor IX. Angehörige der Bettelorden als selbständig fungierende Richter mit der Verfolgung der Ketzer beauftragt; mit ihnen wird das Tribunal der Inquisition geschaffen. Es ist 1231 der Fall. Lange vor der Einführung der Todesstrafe für Ketzer wird diese praktiziert. »Überraschend schnell und gutwillig wurde dies von den Päpsten anerkannt. Dadurch halfen sie mit, die Todesstrafe zu legitimieren«[4].

Die »kirchliche« Ketzerbekämpfung ist in der frühen Phase »reaktiv«. Die Bischöfe greifen (erst) ein, wenn Ketzer aufgespürt worden sind. Bei ihrer Überführung liegt es an ihnen, Häretiker durch Disputation über die Schriftauslegung[5] oder durch Ordalien[6] als Heterodoxe zu entlarven. Einige »ketzerische« Thesen habe ich in der Tabelle zusammengestellt:

Die »offizielle« Kirche verteidigt ihre Position nach Zögern mit Agression; zuvor versichert sie sich der Unterstützung durch den weltlichen Arm. Beiden sind Sachargumente verwehrt, denn Glaube *und* Verstand sind unvereinbar. Die Katholiken ereifern sich an der Formulierung: » . . . daß die Haltung der Manichäer unbiblisch *und* unphilosophisch sei.

Sie würden das von Gott geschaffene Evangelium bekämpfen und sich den angenommen (= dem Sinn nach verbindlichen) Begriffen widersetzen«. Hier genügt der Hinweis, daß Gott kein Evangelium geschaffen haben kann. Jede schriftliche Aufzeichnung ist mehr oder weniger gelungenes Menschenwerk.

Zuerst ist die Kirche der Meinung, daß die Bestrafung Andersdenkender *ihre* Angelegenheit sei. Die Konzilien von Rheims (1049)[8] und Toulouse (1058)[9] gehen darauf ein. In der Regel versucht man, Abtrünnige erneut dem »rechtmäßigen« Glauben zuzuführen. Gelingt es nicht, droht man geistliche Strafen, bzw. die Exkommunikation an. Erste Fälle von Ketzerhinrichtungen sind eher unter dem Terminus Lynchjustiz zu fassen, der die Geistlichkeit beiseite steht. Für die Kirche stand die Todesstrafe in weiter Ferne[10]. Um das Jahr 1000 treffen wir den ersten überlieferten Fall von Ketzerei.

Ein Leuthard (Luthardus?) behauptet, daß er eine göttliche Offenbarung empfangen hat. Unter Berufung auf die Evangelien trennt er sich von seiner Frau und verwirft die Anbetung des Kreuzes. Er soll in einem Brunnen ertrun-

Angriffspunkte oppositioneller Gruppen

	Mani-chäer	Albin-genser	Wal-desier	judai-sier. Ketzer
Die römische Kirche stammt nicht von Jesus, sondern von Übeltätern ab. Mit dem Papst Sylvester dringt das Gift der zeitlichen Güter in sie.	●			
Der Papst ist das Haupt aller Irrtümer.	●			
Wegen der von ihm und seinen Bischöfen geführten Kriege ist er (sind sie) als Totschläger zu bezeichnen.	●			
Die römische Kirche ist eine Hure der Offenbarung. In ihr herrschen Sünden und Laster.	●			
Gott hat die Welt nicht geschaffen. Himmel und Erde sind ewig und haben von Anfang an bestanden.	●			
Die kirchliche Lehre vom dreieinigen Gott ist zu verwerfen.	●	●		●
Christus wurde nicht von einer Jungfrau geboren.				
Christus hat nicht für die Menschen gelitten. Er lag nicht im Grab und ist nicht von den Toten auferstanden.	●	●		
Das Anrufen von Bekennern ist überflüssig.	●	●		
Die Verwandlung von Brot und Wein in den Leib und Blut Christi sind zu verwerfen. Desgleichen alle kirchlichen Zeremonien.	●	●		
Nach dem Tod nützen weder Bußübungen, Gebete, Almosen und Meßopfer.	●	●		
Kirchliche Begräbnisse an geweihten Orten sind ohne Bedeutung.	●	●		
Johannes der Täufer ist ein Dämon.		●		
Die äußere Kirche ist verdorben und verfallen.		●		
Die kirchlichen Einrichtungen sind unnütz. Ihre Sakramente haben keinen Sinn.		●		
Das Taufwasser ist gewöhnliches Flußwasser.		●		
Beichte und Konfirmation sind frivol und unnötig.		●		
Ein Leib kann nicht auferstehen.		●		
Beichte und das Vergeben von Sünden gegen Bezahlung sind zu verwerfen.			●	
Alle äußeren Zeremonien der Messe sind ungültig.			●	
Bei der Taufe sind der Exorzismus, das Anblasen, das Zeichen des Kreuzes, der Gebrauch des Salzes, das Weihen des Wassers, das dreimalige Eintauchen sowie die Befragung des Taufpaten unnötig.[7]			●	
Das mosaische Gesetz ist strikt zu beachten. Sabbath und Beschneidung sind gesetzlich.				●
Christus, der Sohn Gottes, ist nicht dem Vater gleich. Die drei Personen sind nicht Gott und ein Wesen.				●

ken sein. Dadurch bleibt es dem in diese Sache verwickelten Bischof erspart, zu entscheiden, wie mit ihm zu verfahren sei[11].

Berthold von Regensburg nennt die Ketzerei »Mordaxt des Teufels«[12] und wettert gegen die Auswüchse von Zauberei und Aberglaube. Wie Alanus v. Issel leitet er das Wort »Ketzer« von »Katze« ab, hebt aber hervor: »... mehr wegen der Gleichheit der Eigenschaften als aus sprachlichen Gründen«. Als Kennzeichen der Häretiker führt er an: »... daß sie den Sonntag nicht feiern und vorgeben, mit Geistern zu verkehren«. Bei Licht betrachtet, zieht der 2. Vorwurf nicht, denn (auch) die christliche Kirche proklamiert den Verkehr mit Engeln, Teufeln und Dämonen (= Geistern = Illusionen).

Hinzu kommt, daß sich Bettel(=Volks)orden herauskristallisieren. Sie verfügen über die unmittelbare Nähe zum kleinen Mann auf der Straße und beginnen, Geistliche aus Pfründen zu drängen. In rascher Folge entstehen ausgedehnte Klosteranlagen. Sie werden später zum Sammelplatz für Gottesfürchtige, Denunzianten, Spekulanten, Heuchler und Verbrecher[13]. Abgesehen davon brüten hier Laster und Begierden.

Wer erinnert sich nicht an die Offenbarung der hl. Brigitta, derzufolge die Mönchsorden, obwohl dem Gelübde der Armut verpflichtet, Reichtümer häufen, so daß sich ihr Sinn auf dessen Vermehrung richtet »... daß sie sich wie Bischöfe kleiden, daß viele mehr Juwelen zur Schau tragen als die reichsten unter den Laien«. Schon immer sind die Amtstrachten ein Panoptikum der Eitelkeit. Sie sind Voraussetzung für den Erfolg breit angelegter Hierarchien. Sie fördert den Hörigen wie den Streber, erleichtert die Manipulation und das Ausleben despotischer Züge wenig Gebildeter und vieler Ungebildeter. Sie trägt dazu bei, Illusionen wachzuhalten; regelmäßig bleiben zwischenmenschliche Beziehungen auf der Strecke; d.h. die christliche Nächstenliebe wird zur Farce!

Zu Ostern 1251 tritt der geheimnisvolle Prediger Ungar auf. In seiner Hand, die er nie öffnet, trägt er ein Papier, das er, wie er sagt, von der Jungfrau Maria erhalten hat und das besondere Instruktionen enthält. Er richtet Angriffe gegen den Klerus und hebt hervor: »... die Bettelorden sind Vagabunden und Heuchler, die Zisterzienser gierig nach Geld und Gut, die Benediktiner stolz und gefräßig, die Dominikaner gehen weltlichen Interessen und der Sinneslust nach, die Bischöfe und Beamten sind habgierige Geldsucher«. Bald scharen sich Volksmassen um den Phantast.

Am 11. Juni zieht die Schar unter dem Vorritt von Bannenträgern in Orleans ein und wird stürmisch begrüßt. Der Bischof blickt argwöhnisch auf die Szene. Ein Student unterbricht den Prediger und bezeichnet ihn als Lügner. Daraufhin wird er ob seiner frevlerischen Bemerkungen erschlagen. Nun erhebt sich ein Tumult. Über den weiteren Fortgang der Sekte ist nichts bekannt.

»... wie viele edle Menschenfreunde und unverdrossene Pfleger der Wissenschaft von Rom aus komprommitiert, drangsaliert, um das Lebensglück gebracht, gefoltert, erdrosselt, gehängt und verbrannt worden sind, ist unbekannt ... die Mönche, die sich am Fett ihrer Opfer mästeten, erhielten, was sie sich wünschten«[14].

Hinzu kommen einzelne Streiter, die mit zunehmender Schärfe das kuriale Wollen an den Pranger stellen. Außerdem frömmlerische Sekten wie die »pauperes catholici«, die nach den vollkommenen Regeln der Armut leben und auf den (denkbaren) Ausgangspunkt der christlichen Religion weisen. Sie werden von Spekulanten und Schwärmern begleitet, so wie das heute der Fall ist, denn das Geschäft mit dem Glauben floriert zu allen Zeiten. Von der »offiziellen« Kirche wird es damals wie heute mit Argwohn beachtet.

Manichäer

Zur Gruppe der Manichäer (= Katharer) gehören Patarener, Bulgarer, Josephisten, Weber (= Texeranten), Piphler, Paulicianer, Publicarer und Populicarer. Alle gehen von dem in der Antike erprobten dualistischen Denken aus, aus dem sich die Weltreligionen gebildet haben. Dies führt auf Umwegen zu der das Mittelalter bestimmenden spiritistischen Haltung, der Trennung von Geist und Materie, Kirche und Staat, Papst und Kaiser. Die »Armen von Lyon« zeigen manichäische Elemente, bleiben aber der katholischen Lehre verbunden. Sie anerkennen Innocenz III., leben in Armut, erklären die fleischliche Vermischung als Todsünde und (darum) verlassen Männer ihre Frauen.

Die »neuen« Manichäer werden der jungen – sich langsam festigenden – Kirche aus mehreren Gründen hinderlich. Zum einen organisieren sie sich eigenständig. Ihr Klerus setzt sich aus dem Episkopus, einem filius major, bzw. minor und einem Diakon zusammen. Sie proklamieren Sakramente, so das Auflegen der Hände (= consolamentum), die Einsegnung des Brotes und die Pönitenz. Zum anderen verwerfen sie die christliche Lehre an wunden Punkten; d.h. sie suchen das Flickwerk einzustürzen, das sich die »Rechtgläubigen« in nahezu 1000 Jahren mit Widerstand gezimmert haben.

1017 wird in Aquatanien eine Sekte manichäischen Charakters entdeckt. Sie verwerfen die Taufe und die Verehrung des Kreuzes, verlangen Enthaltsamkeit und enthalten sich bestimmter Speisen. 1020 stößt man in Arras auf eine oppositionelle Vereinigung. Die »boni homines« verwerfen das Alte Testament, die Sakramente, das Abendmahl und den Eid. 1022 wird in Orleans eine Gruppe von Ketzern entdeckt[15]. Ihr gehören Kleriker, Hofbeamte und der Beichtvater der Königin an. König Robert schreitet aufgrund einer Denunziation ein und verhängt Todesurteile durch Verbrennen. Warum er sich für den Scheiterhaufen entscheidet, ist nicht schlüssig geklärt[16]. Vermutlich haben wir die erste Ketzerverbrennung in Frankreich vor uns. Nun bürgert sich die Gewohnheit ein, Ketzer zu verbrennen. 1025 erfährt der Bischof Gerhard v. Chambray in Arras während einer Visitationsreise von Ketzern. Sie werden verhört und haben sich gegenüber einer Synode zu verantworten[17]. Sie schwören ihrem Glauben ab und wenden sich (wieder) dem Katholizismus zu. Um 1030 entdeckt der Mailänder Erzbischof Heribert (v. Mailand) ketzerische Elemente in seinem Sprengel, die die Auffassung vertreten, daß sich die Menschen wie Bienen vermehren. Als Bekehrungsversuche scheitern[18], werden sie auf Betreiben des Adels verbrannt.

Daniela Müller nennt als Grund für die Ausweitung der Häresie die im Zug der Gregorianischen Reform erfolgte Abwertung des Laienstandes. Die Formel der »Libertas ecclesiae« umfaßt eine Disqualifizierung der Laien. Man geht in der Vorstellung auf, daß die Heilsaufgaben der Kirche von Geistlichen wahrgenommen werden, während den Laien eine »dienende« Funktion zugewiesen wird[19]. Deren Betätigung auf Randgebieten[20] bedeutet eine Stärkung des Papsttums, die damals mehr als notwendig ist. Gratian trennt die kirchlichen von den weltlichen Angelegenheiten.

Obwohl er sich zunächst (C. 24 q. 4) der augustinischen Toleranzforderung für die Behandlung von Ketzern anschließt, billigt er Maßnahmen, die weit über die geistlichen Strafen reichen. Er spricht sich für Enteignung und Körperstrafen aus, ja er zieht die Todesstrafe in Betracht[21]. Zudem fordert er die weltliche Macht zur Unterstützung seiner Interessen auf[22].

Es setzt sich die Auffassung durch, daß die Kirche allein nicht (mehr) in der Lage ist, der Sache Herr zu werden. In Zukunft werden geistliche Bußen durch das kirchliche Recht verhängt und materielle Strafen durch das weltliche. Bereits das 2. Laterankonzil von 1139 schärft die Pflicht der weltlichen Gewalt auf Ketzerverfolgungen ein[23]. Den Gregorianern gelingt die kirchenrechtliche Formulierung, daß Häresie nicht nur allgemein die Abweichung vom »rechten« Glauben, sondern speziell die Nichtübereinstimmung mit der römischen Kirche sei[24].

1157 fordert das Konzil von Rheims die Exkommunikation und Konfiskation als Strafe für Ketzer. Häresieverdächtige müssen ihre Unschuld durch das Ordal des glühenden Eisens beweisen. Im Fall des Mißlingens werden sie gebrandmarkt und vertrieben[25]. 1179 vertieft das 3. Laterankonzil die Bestimmungen und verschafft dem Ketzerkreuzzug Eingang in das Kirchenrecht[26]. Nun wird das Zusammengehen der Gewalten deutlich. Friedrich I. erklärt die Reichsacht für Ketzer[27]. Papst Lucius setzt mit seiner Bulle »Ab abolendam« einen weiteren Meilenstein auf dem Weg der Verfolgung[28]. Darin tauchen Anweisungen für ein geregeltes Gerichtsverfahren gegen Ketzer auf. Gestützt auf die Einrichtung eines bischöflichen Ketzergerichtes wird das Rügeverfahren des deutschen Sendgerichts zum Vorbild genommen[29].

Geistlichen Oberhirten wird in diesem Zusammenhang die Visitationspflicht auferlegt. In Gemeinden, in denen das Gerücht über Ketzer umgeht, sollen ehrenwerte Männer unter Eid über das Vorhandensein von Ketzern befragt werden. Beschuldigte sollen sich durch den Eid der Purgation reinigen. Weigern sie sich, werden sie als Ketzer angesehen und unterliegen den dafür vorgesehenen Strafen[30].

Nicht sogleich Reuige werden dem weltlichen Arm übergeben; Rückfällige verfallen der weltlichen Gewalt[31]. Dieser fällt die Güterkonfiskation und Vertreibung zu[32].

Innocenz III. und die Ketzerei[33]

Jetzt tritt Innocenz III. auf den Plan der Geschichte. Mit ihm kommt eine schärfere Gangart in die Verfolgung der Ketzer. Er baut die Folter und Todesstrafe in den Prozeßverlauf; zudem das »summarische« Verfahren, woraus sich Strafverschärfungen ableiten lassen. Man stellt die Ketzer dem römischen Majestätsverbrecher gleich. Religionsverbrechen werden als Sakrileg angesehen. Nach dem römischen Recht *und* der päpstlichen Dekretale ist es ein »crimen publica«; die Todesstrafe wird als angemessen angesehen[34]. Das Bekehrungsgeschäft erhält eine neue Dimension, denn dieser Papst stellt sich u.a. folgende Aufgaben:

● Das Papsttum zu stärken.
● Das hl. Land von Ungläubigen zu befreien.
● Die Ketzer zu vertilgen.

Während einzelne Kirchenhistoriker hervorheben: ». . . man dürfe ihn unbedenklich den größten aller Päpste nennen, die je auf dem Stuhl Petri saßen«, wird dieses Bild von seinen Gewalttaten gegen Minderheiten Lügen gestraft. ». . . ist doch die Kirche, für die er streitet, nicht die Kirche Christi, sondern das Papsttum mit seinen Flecken und Mängeln. Er strebt nicht eine freie, sondern eine erzwungene Gemeinschaft an. Er schlägt dazu einen grauenhaften und blutigen Weg ein. Die von ihm angewendeten Mittel sind nicht göttlich oder gottgefällig, sondern unchristlich. Die ihn leitenden Triebfedern sind nicht lauter, sondern gehen aus einem herrschsüchtigen Sinn hervor. Er sucht die Weltherrschaft. Seine Weisheit kommt nicht von oben, sondern ist ›nur‹ menschliche Klugheit. Sein Mut und seine Festigkeit werden zum trotzigen Eigensinn«[35].

Der Unfehlbare hat sich durch die unter ihm zum Dogma erhobene Lehre von der Transsubstantation und der Ohrenbeichte in die Annalen der Kirchengeschichte eingeschrieben. Bemerkenswert ist, daß zwischen Innocenz III. und den Albingensern darüber gestritten wird, ob Christus mit zwei, drei oder vier Nägeln an das Kreuz geschlagen worden ist[36].

Man erkennt, daß sich das kuriale Wollen über das weltliche schiebt. Weltliche Herrscher zeigen wenig Widerstand gegen die päpstliche Politik und machen sich zu Vasallen. Nach dem 3. Laterankonzil werden alle, die sich gegen die heilige, rechtgläubige (welch kühne Behauptung!) und allgemeine Kirche stellen, verurteilt. Innocenz greift auf frühere Vorschriften zurück: einerseits »Ab abolendam« (1184) und zum anderen auf zwei zuvor von ihm erlassene Dekretalen: »Vergentins in senium« (1199) und »Ad Elimendam« (1207)[37]. Danach sollen die Söhne von Ketzern dem gleichen Schicksal verfallen.

● Die wegen Ketzerei Verdammten werden dem weltlichen Arm zur Bestrafung überstellt.
● Geistliche werden ihrer Würden degradiert, damit ihre weltlichen Güter eingezogen werden können.
● Verdächtige müssen sich innerhalb eines Jahres reinigen. Tun sie es nicht, werden sie als Ketzer angesehen und verurteilt.
● Weltliche Gewalten dürfen keine Häretiker dulden. Wenn sie diesem nicht nachkommen, werden sie exkommuniziert.
● Reinigen sie sich nicht, löst der Papst seine Vasallen vom Treueeid und gibt den Rechtgläubigen(!) dessen Land zum Erobern (d.h. er tut so, als wäre es seines!).
● Laienprediger werden exkommuniziert (die sich ohne Erlaubnis Roms das Predigeramt anmaßen).
● Die Visitationspflicht der Bischöfe wird ausgebaut. Nötigenfalls müssen sie die gesamte Nachbarschaft schwören lassen, alles was über Häretiker, geheime Zusammenkünfte und abweichende Glaubensmeinungen bekannt ist, anzuzeigen.
● Nachlässige Bischöfe werden des Amts enthoben und durch geeignete Personen ersetzt[38].

In seiner Dekretale »Qualiter« (1206) ist eine frühe Ausformung des kanonischen Inquisitionsprozesses zu erkennen. Nun kann der durch eine »mala fama« entstandene Verdacht nicht mehr (nur) mit der Purgation abgetan werden; es wird bis zur Wahrheitsfindung weiter verhandelt. Was dies ist, entscheidet die Kirche. Es scheint so, daß es sich um Disziplinarverfahren gegen rebellische Geistliche handelt. Der »kanonische« Inquisitionsprozeß ist noch nicht ausgeprägt. Mit Beginn des Jahres

1207 sieht sich der Papst veranlaßt, weltliche Fürsten zum Beistand zu bewegen. Daraus entwickelt sich der Albingenserkrieg, in dessen Umfeld die Inquisition ausgeprägt wird.

Das Krönungsgesetz von Friedrich II. (1220)[39] übernimmt explizit die Auffassung von Innocenz III. von der Ketzerei als Majestätsverbrechen im ganzen Reich. Vier Jahre danach erfahren wir in der Lombardei von einer Strafverschärfung. Erwähnt werden Zungenverlust und Feuertod. Unbestritten stehen bei Friedrich im Zusammenhang mit der Einführung der Todesstrafe (noch) andere Vorbilder Pate. 1194 hat sein Vorgänger, König Alfons von Aragon, ein neues Verfahren eingeschlagen; er setzt für Ketzer die Landesausweisung fest, » . . . da sie als Feinde der Kirche auch die des Staates sind«. 1232 dehnt Friedrich die Bestimmungen über den Feuertod auf den gesamten deutschsprachigen Raum aus und setzt fest[40]:

- Alle Ketzer, die von der Kirche verdammt werden, verfallen der Todesstrafe durch den weltlichen Arm.
- Diejenigen, die aus Todesangst in die kirchliche Gemeinschaft zurückkehren, werden mit ewigem Gefängnis bestraft.
- Begünstiger von Ketzern erleiden die gleiche Strafe.
- Rückfällige haben ihr Leben verwirkt.
- Nachkommen und Erben der Ketzer werden enterbt und verlieren bis in den 2. Grad die öffentlichen Ehren – außer wenn die Kinder ihre ketzerischen Eltern (selbst) angezeigt haben.
- Die Mitglieder des Predigerordens werden geschützt.

»Recht schnell hat die kirchliche Gesetzgebung diesen Erlaß anerkannt und rezipiert, anfangs allerdings ohne ausdrückliche Billigung der Todesstrafe«[41]. Bereits der Parteigänger Gregors, Mangold von Lautenbach, vertritt die Auffassung, daß ein Ketzer dem Antichrist gleichzusetzen sei[42], der freilich ein Fabelwesen ist. »Tatsächlich entsteht bei einer Prüfung der Quellen leicht der Eindruck, daß die päpstliche Gesetzgebung bewußt unpräzise, auslegungsbedürftige Formulierungen für die den Ketzern angemessene Strafe verwandte«[43]. Innocenz hatte bereits *vor* dem Laterankonzil über die Greueltaten des Albingenserkrieges erfahren. Trotzdem ist von ihm keine eindeutige Mißbilligung hierüber bekannt.

In Frankreich wütet ein 20-jähriger Religionskrieg

Während des Konzils v. Tours (1163) führt Alexander III. den Vorsitz und ergreift Maßnahmen zur Ausrottung der Ketzerei. Ungeachtet dessen breiten sie sich vor allem in Langeduoc und Toulouse aus. Ihr Führer ist ein Olivier. Eine zeitlang stehen sie unter dem Schutz des Grafen von Beziers. Dann wendet sich Graf Raimond V. an das Generalkapitel der Zistersienser und bittet um Hilfe bei der Unterdrückung der Ketzerei. Er hebt hervor: » . . . die Häresie habe so überhand genommen, daß Zwietracht unter den Familien herrscht. Die Priester haben sich verführen lassen, die Kirchen zu verlassen; sie zerfallen wie Ruinen. Man weigert sich, die Taufe zu verrichten. Das Nachtmahl (= Abendmahl) ist ihnen verhaßt; die Beichte wird verachtet. Man glaubt nicht an die Schöpfung des Menschen und an die Auferstehung des Fleisches. Mit einem Wort: alle Sakramente sind beiseite gesetzt . . . was mich betrifft, der ich mit zwei Schwertern bewaffnet bin und mich rühme, Rächer und Diener des göttlichen Zorns zu sein, suche vergeblich ein Mittel, um so großen Übeln ein Ende zu bereiten. Ich erkenne, daß ich nicht stark genug bin (um) dieses Ziel zu erreichen, weil die Angesehendsten unter meinen Untertanen verführt wurden; mit ihnen eine große Menge des Volkes. Demütig flehe ich um Eure Hilfe, euren Rat und (um) Euer Gebet, um die Ketzer zu vertilgen . . . da das geistliche Schwert unwirksam ist, muß das weltliche zur Hilfe eilen. Überzeugt, daß meine Anwesenheit dazu beitragen wird, die Ketzerei mit der Wurzel auszurotten, verwende ich mich beim König von Frankreich und suche ihn zu bewegen, sich dorthin zu begeben. Ich werde bis zum letzten Blutstropfen beistehen, um die Feinde der Christen zu vertilgen«[44].

Sein Wunsch bleibt nicht ungehört. Mit dem Einverständnis von Alexander III. begeben sich 1178 der Kardinallegat Peter, der Erzbischof Guarin von Bourges, die Bischöfe Reginald von Bath und Johann von Poitiers, wie der Abt Heinrich von Clairveaux in das Krisengebiet, um die Widerspenstigen zu exkommunizieren, bzw. die zu strafen, die nicht bereit sind, auf ihre Anweisungen zu hören.

Die Mission bleibt erfolglos. In Predigten wettern fromme Christen gegen die Lehren der Albingenser. In der weiteren Folge veranstaltet der Papst das 3. Laterankonzil und sagt im 27. Canon: »... weil in der Gascogne und in den Gebieten von Albegois, Toulouse und anderen Orten die verdammte Lehre der Ketzer so überhand genommen hat, daß sie sie öffentlich an den Tag legen und dadurch bei schwachen und einfältigen Seelen Eingang finden, beschließen wir, daß sie dem Bann unterliegen sollen. Bei gleicher Strafe verbieten wir Jedem, sie in sein Haus (= Gebiet) aufzunehmen oder (sie) zu begünstigen«.

1180/81 reist der Erzbischof in das »verketzerte« Gebiet und versucht, die nach seiner Auffassung Ungläubigen mit Worten und Taten zu bekehren. Er belagert und erobert Labour, nötigt den dortigen Graf, sich zu unterwerfen und den religiösen Irrtümern abzusagen. Weil auch die zweite Bekehrungsreise erfolglos bleibt, erläßt Peter II. von Aragonien ein Edikt. Dann schaltet sich Papst Innocenz III. ein. Kaum sitzt er auf dem Stuhl Petri, richtet er an den Erzbischof folgendes Schreiben: »... es betrübt unseren Geist, daß sich die teuflische Lehre gegen den wahren Glauben erhebt. Sie verstricken auf eine bejammernswerte Weise die Seele der Einfältigen, ziehen sie mit sich ins Verderben und bemühen sich, die Einheit der katholischen Kirche zu zerstören, indem sie das Verständnis der hl. Schrift durch abergläubische und erdichtete Erfindungen verkehren. Da aber die Pest des Irrtums in der Gascogne und in den umliegenden Ländern immer mehr an Kraft gewinnt, wollen wir, daß durch Deine und der anderen Bischöfe Bemühungen dieser Krankheit wirksam entgegen getreten wird«.

In scharfer Form wendet er sich an die Erzbischöfe von Aix, Narbonne, Vienne, Arles, Embrun, Tarragon, Lyon, an die Prinzen, Barone, Grafen wie an das einfache Volk in deren Provinzen. Er proklamiert, gegen Waldesier, Katharer und Patharener vorzugehen. Er läßt mitteilen, wie er die Zistersienser Rainer und Gui bestimmt hat, seine Interessen wahrzunehmen. Deren Delegierte werden mit weitreichenden Vollmachten ausgestattet. Sie können Bann und Interdikt verhängen und ergehen sich gleichzeitig in der Vorstellung, daß die Strafen wirksam sind. Innocenz III. teilt gleichzeitig denen mit, die zur Stange halten: »... er gewähre ihnen dieselbe Vergebung der Sünden, die sie erhalten, wenn sie den Tempel des hl. Petrus und Jacobus besuchen«.

1203 kommen die Legaten Peter v. Castelneau und Raoul (= Radolphus) nach Toulouse. Innocenz überträgt ihnen die Gerichtsbarkeit und hintergeht dadurch die bischöfliche Amtsgewalt. Sogleich beschwert sich der Bischof von Narbonne: ... wie unbillig sich die Legaten gegen ihn und die geringsten Geistlichen benehmen«. 1205 treffen sie mit dem Graf Raimond VI. von Toulouse zusammen. Ein Mönch sagt über ihn: »... vor allem ist zu sagen, daß er gleichsam von der Wiege an die Ketzer liebte, beschützte und ehrte. Bis heute führt er, wie versichert wird, wohin er geht, Häretiker in gewöhnlicher Kleidung mit sich, um unter ihren Händen zu sterben. So bezeugt er sich stets als Glied des Teufels, als Feind des Kreuzes und Verfolger der Kirche, Unterdrücker der Rechtgläubigen, als Diener des Verderbens, seinem Glauben meineidig, gegen alle voll Verbrechen und Sünde«.

Er wird zum Opfer einer Ideologie. Im Mai 1205 leistet er den von der Kirche geforderten Eid, nun aktiv gegen Ketzer vorzugehen. Trotzdem widersetzt er sich dem unnötigen Gerangel der christlichen Legaten. Dadurch macht er sich verdächtig und wird exkommuniziert. Sein Regierungsgebiet wird mit dem Interdikt belegt und Innocenz III. läßt ihm mitteilen: »... überlege doch, Unsinniger, Überlege, Gott der Herr über Leben und Tod, kann plötzlich Deine Tage beenden, damit sein Zorn den, den Deine Legaten nicht zur Reue führte, ewigen Qualen überliefere. Er werde allen umliegenden Fürsten empfehlen, gegen ihn als Feind Christi und Verfolger der Kirche aufzustehen ... und ihnen erlauben, alles, was sie aus seinem Land erobern, zu behalten«[45]. Jetzt besinnt sich der Angegriffene, empfindet Reue und empfängt die Absolution der Kirche; ein freier Geist beugt sich in ein unfreies Joch.

Um diese Zeit findet das Religionsgespräch von Papiers statt. Unter den Teilnehmern befindet sich ein Durand von Huesca[46]. Er bekommt die Erlaubnis, sich nach Katalonien zurückzuziehen, um ein Kloster zu gründen.

Daraus formieren sich die »armen Katholiken«, die sich im südfranzösischen Gebiet ausweiten. Sie leben in freiwilliger Armut und beschäftigen sich mit der Bekehrung von Häretikern. Bald mischen sich dubiose Elemente ein und der Papst richtet am 5. Juli 1209 ernsthafte

Mahnungen an sie. Kurz danach fällt die Glaubensgemeinschaft auseinander.

Nun wird der päpstliche Legat Castelneau von Aufsässigen erstochen. Der Papst reagiert unerbittlich. Nicht nur der Mörder, sondern auch dessen Verteidiger werden exkommuniziert. Die von ihm besuchten Orte werden mit dem Interdikt belegt. Wieder schürt er die Flammen und schreibt an die Legaten: » . . . scheut Euch nicht, in einem so herrlichglorreichen Kampf nach dem Beispiel der Meister die Seelen für Christus zu opfern«. Dem französischen König ruft er zu: » . . . vereinige das Schwert, das Du zur Strafe für die Übeltäter und zum Lob der Rechtschaffenheit von Gott empfangen hast, mit dem unsrigen, damit wir zusammen an den so frevlerischen Übeltätern Rache nehmen«.

Er unterläßt nicht, die 1209 aufbrechenden Kreuzfahrer anzufeuern: » . . . wohlan ihr tapferen Krieger, widerstrebt den Vorgängern des Antichrist, kämpft mit den Dienern der alten Schlange um des ewigen Ruhmes willen . . . kämpft für Gott«. Tausende fallen auf die leeren Worte herein.

Doch wie immer kosten Krisen Geld. Der Papst fordert unter Androhung von Kirchenstrafen die Geistlichen auf, nach der Bestimmung der Legaten einen Teil ihrer Einkünfte abzuliefern. Die Gläubigen werden aufgerufen: » . . . freudig und reichlich einen Teil ihrer jährlichen Einkünfte zur Unterstützung der Heere darzubieten und sich so den Eingang in die Seligkeit zu verschaffen«. Eine Intrige jagt die andere. Bald steht ein Heer unter der Führung der Legaten von Lyon bereit. Es setzt über die Rhone und zieht nach Montpellier, um Unterstützung zu erfahren. Gewaltsam werden die befestigten Städte Beziers und Carcasonne eingenommen. Ein Mönch aus Veaux-Cernay berichtet: » . . . es seien beinahe alle, vom Jüngsten bis zum Ältesten, und in der Kirche der hl. Maria Magdalena allein 7 000 getötet worden. Man habe Kinder, Junge, Priester und Frauen ohne Unterschied ermordet«. Diese Kampagne verbreitet einen solchen Schreck unter der Bevölkerung, daß viele ihre Wohnstätten verlassen, um den Christen zu entgehen.

In der weiteren Folge bekommen die Geistlichen den Argwohn des Volkes zu spüren. Ein-

Aufstände gegen die Inquisition

Wann	Begebenheit
1233	Aufstand in Cordes gegen die Inquisitoren. Sie werden vom aufgebrachten Volk getötet.
1234	Aufstand in Narbonne gegen den Inquisitor und Erzbischof wegen der Gefangensetzung eines der Ketzerei verdächtigen Bürgers: ein Jahr später wird ein Waffenstillstand ausgehandelt.
1234	Aufstand in Albi, wo die Inquisitoren zwei Häretiker verbrennen lassen, zwölf weitere zu einem Kreuzzug in das heilige Land verurteilen und dafür sorgen, daß mehrere Tote ausgegraben und verbrannt werden.
1234	Aufstand in Toulouse. Hier werden mehrere Ketzer verbrannt.
1235	Aufstand in Toulouse. Leichen werden ausgegraben, durch die Straßen geschleppt und verbrannt.
	Aufstand in Narbonne gegen die Inquisitoren. Sie werden zusammen mit den Dominikanern aus der Stadt gejagt.
1242	(Mai). Die Inquisitoren in Avignon werden ermordet.

zelne werden mißhandelt, verjagt und/oder umgebracht. Sie verhalten sich genauso unrecht wie ihre Peiniger. Einige Beispiele habe ich in der Tabelle zusammengefaßt.

Wer wundert sich, wenn die Geistlichen in ihrer Gesamtheit aggressiver werden? Damit steigt der Widerwille an der gegnerischen Partei, obwohl es »nur« um einen Glaubensbegriff geht. Am 18. April 1243 wird Raimond VII. exkommuniziert. Er gibt während des Konzils von Beziers folgende Erklärung ab: . . . ich biete mich in der Hoffnung an, um meinen Eifer für den Glauben zu beweisen, daß mir die Kirche Gerechtigkeit angedeihen lassen wird.

Ich hoffe auf den glücklichen Ausgang der Inquisition«. Weitere Bestimmungen auf den Konzilien von Montpellier und Beziers (19. April 1246) sind von Bedeutung, weil sie die Grundlage des späteren Inquisitionsverfahrens bilden. So läßt Raimond 1239 80 Häretiker ergreifen, in seiner Gegenwart der Ketzerei überführen und verbrennen. Er stirbt 1249 im Alter von 52 Jahren im Schoß der Mutter Kirche.

Nachdem Graf Raimond VII. von Toulouse im Friedensvertrag von Meaux endgültig nach den Albingenserkriegen kapituliert, wird im gleichen Jahr das Konzil von Toulouse einberufen, auf dem 18 Bestimmungen gegen die Bekämpfung der Ketzer erlassen werden[48]. Das Konzept ist so:

- Eine kleine Gruppe ausgewählter und vereidigter Männer spürt die Ketzer auf.
- Baillis verhaften sie und übergeben sie dem kirchlichen Gericht (es handelt sich um gräfliche oder königliche Beamte, denen (auch) die Zerstörung der Häuser anheimfiel, in denen Ketzer gefunden wurden).
- Das kirchliche Gericht fällt das Urteil.
- Baillis nehmen die Konfiskation und die Hinrichtung vor[49].

Um 1104 – 1106 tritt der Kleriker Petrus von Bruyns in den Diözesen Arles, Embrun, Die und Gap auf. Später sammelt er in Toulouse Anhänger um sich. Er rügt die Geistlichkeit und trägt vor.

- » . . . glaubt den Bischöfen, Priestern und Geistlichen nicht, die euch verführen. Wie in vielen anderen Sündenstücken, so betrügen sie euch beim Opferdienst des Altars, bei dem sie lügenhafter Weise vorgeben, sie brächten den Leib von Christus hervor«.

- » . . . Kinder, bei denen der Verstand nicht entwickelt ist, können nicht durch die Taufe Christi zur Seligkeit gelangen. Erst wenn ein Mensch seinen Gott erkennen kann und an ihn zu glauben bereit ist, soll er getauft werden«.

- » . . . die Erbauung von Tempeln ist überflüssig, weil die Kirche nicht aus der Menge der zusammengesetzten Steine, sondern aus der Einheit der Gläubigen besteht. Man kann Gott auch in einer Schenke oder in einem Stall anrufen. Vorhandene Kirchen sind abzureißen«.

- » . . . die hl. Kreuze müssen zerbrochen und verbrannt werden, weil das Instrument, durch das Christus gemartert und grausam getötet worden ist, nicht die Anerkennung wert ist«.

- » . . . was die Diener des Altars tun, ist überflüssig. Opfer, Gebete, Almosen und was die Gläubigen für Verstorbene tun, ist zu verspotten, denn sie nützen den Toten nichts«.

- » . . . Gott hat keinen Gefallen am Kirchengesang. Er kann weder durch lautes Geschrei, noch durch musikalische Klänge besänftigt werden«[50].

Um 1112 – 15 taucht ein Tanchelin (Tanchelm?) in den niederländischen Küstenstädten auf. Dann wendet er sich nach Utrecht. Er besitzt die Eigenschaften eines Schwärmers; er rügt das Verhalten der Geistlichen. Seiner Auffassung nach ist die Wirkung der Sakramente von der Heiligkeit des Spenders abhängig.

Heilige Gebräuche sind ihm überflüssig. In einem Bericht der Kirche wird vermerkt, daß er sich für Gott ausgegeben hat. Das Volk himmelt ihn an und erkennt in ihm den kommenden Reformator. Er erklärt, daß er sich mit der hl. Jungfrau Maria verlobt hat und daß (er) daran denke, sie in Kürze zu heiraten. Er habe Jesus in der Fülle des hl. Geistes empfangen und sei (darum) nicht geringer als er. Das Wasser, mit dem er sich gewaschen hat, wird von Leichtgläubigen als Göttertrank bezeichnet.

Frauen rühmen sich der besonderen Gnade, sich fleischlich mit ihm vermischt zu haben. Er wandert nach Rom und wird während der Rückreise vom Kölner Erzbischof mitsamt seiner Anhänger gefangen. Nach einer gewagten Kampagne werden drei seiner Mitläufer in

Bonn zum Feuertod verurteilt; er wird drei Monate später von einem Geistlichen erschlagen.

Kurz danach erhebt sich ein Endo v. Stella, um gegen den Klerus zu wettern. Er ist ein unwissender Laie, der als Haupt einer neuen Sekte auftritt. Er wird vom Rheimser Erzbischof als Ketzer (ein)gefangen und 1148 vor Papst Eugen III. geführt. Auf die Frage, wer er sei, gibt er zur Antwort: »... ich bin der, welcher kommen soll, zu richten die Lebenden und die Toten«. In seiner Hand hält er einen 3-fach gespitzten Stab und meint dazu: »... solange beide Spitzen in den Himmel zeigen, besitzt Gott zwei Teile und ich den dritten. Kehre ich sie um und richte eine Spitze himmelwärts, so behalte ich zwei Teile für mich und überlasse den dritten Gott«. Darüber wird er ausgelacht. Auf die Bitte eines Bischofs schenkt man ihm das Leben, von dem die Kirche keinesfalls berechtigt ist, es anderen zu nehmen.

Waldesier

Zu Beginn des 13. Jh. treten im südlichen Frankreich die Albingenser als Sekten in den »Parties d'Albegois«, im Großraum der Diözese Albi (Toulouse Beziers, Carcasonne und Albi) in Erscheinung. Der englische Chronist Parisius behauptet, daß sich ihre Bezeichnung von der Stadt Albi ableitet. Cartels ist der Auffassung, »... jene Ketzer heißen so, weil sie auf dem dortigen Konzil zum erstenmal verdammt worden sind«. Ihre Ansichten entsprechen weitgehend denen der Manichäer; ein antiker Dualismus bildet das Fundament. Sie sprechen von einem doppelten Christus. Einer wäre in Bethlehem geboren und wurde gekreuzigt. Der andere verfüge über einen Scheinkörper. Er sei geistig im Körper des Apostels Paulus auf der Erde. Der Ursprung der Waldesier wird teilweise bis auf den Papst Sylvester (314 – 335) zurückgeführt; doch treten ihre Glaubenselemente erst ab dem 11. Jh. deutlicher in Erscheinung.

Frühe Waldesiergruppen opponieren in Piermont und Gallien. Dazu schreibt Daniel Specklin: »... anno 1230 regt sich der Waldesier Ketzerei wieder hie, und ward der fürnembst, Johannes Guldin, ein Priester aus Straßburg, verbrannt. Andere büßten im Gefängnis oder wurden aus der Stadt gewiesen«[51]. Vor allem geht es ihnen um die verfallene Kirchenzucht, das weibliche Geschlecht und den Alkoholmißbrauch. Sie enthalten sich negativer Zusammenkünfte und schändlicher Verschwörungen, dem Hader, Streit u.ä. Sie legen eine asketisch-unnatürliche Lebensweise an den Tag und suchen das Heil der Welt ausschließlich in der Aufrechterhaltung *ihrer* Ansichten (= Theorien). Es bleibt zu fragen, ob *sie* sich durch jene Toleranz auszeichnen, die sie von anderen erwarten.

Sie heben hervor: »... der Tanz ist eine Prozession des Teufels ... der weibliche Schmuck ist Sünde. Satan schärft sein Schwert an den Schmucksteinen der Weiber. Die, die ihre Töchter schmücken, sind gleich denen, die trockenes Holz an Feuer legen, damit es besser brennt. Sie zünden das Feuer der Wollust in den Herzen der Männer an. Die stärksten Waffen des Teufels sind die Frauen«.

»... wer als Schlemmer ins Wirtshaus geht, geht aufrecht, und, wenn er zurückkommt, kann er sich nicht mehr halten. Er hat gleichsam Gesicht, Gehör und Sprache verloren ... das Wirtshaus ist eine Schule des Teufels«.

Früh werden die Waldesier (= Talleute) verfolgt. Eine Kampagne setzt 1380 auf Betreiben des in Avignon residierenden Papstes Clemens VIII. bzw. mit Unterstützung des Franziskaners Borelli, ein. Die Verfolgung dauert 13 Jahre und beinhaltet kapitale Verbrechen wider die Menschlichkeit. 1460 setzt Pius II. die Hetzjagd fort und Innocenz VIII. setzt ihr die Krone der Unmenschlichkeit auf. Unter seinem Legat Albert von Capitanien werden die Waldesier bewaffnet angegriffen und neben der Hexerei der Ketzerei beschuldigt. So wird der in Douai verbrannten Denisette Greniere ein Teufelsbündnis vorgeworfen. Prozesse aus dem Jahr 1460 in Arras lauten auf Teufelsbuhlschaft. Der Dortrechter Domherr, Dr. der Theologie, Johannes Tinktoris, beschuldigt in

▶

Agrippa von Nettesheym (14.9.1486 – (Köln) 18.2.1535 (Grenoble oder Lyon). Er gründet 20-jährig eine Gesellschaft zum Studium der Geheimwissenschaften. Tätig als Sekretär, Offizier, Theologe, Arzt, Historiker, Astrologe, Philosoph und Schriftsteller. Er befreit 1519 gegen den Willen des Dominikaners Nikolaus Savini eine Frau aus den Armen der Hexenfänger.

einer Predigt die Waldesier, daß sie aus den ermordeten Kindern Salbe bereiten, die sie fähig macht, mit dem Teufel auf Buhlschaft durch die Luft zu fliegen[52]. Bei einer um 1440 inszenierten Verfolgung wird behauptet: »... die Kinder der Talleute würden mit einem Auge auf der Stirn und vier Reihen schwarzer Zähne geboren«.

Eine Handschrift aus dem 14. Jh. verrät Hinweise auf anhängige Prozeßverfahren. U.a. lesen wir: »... vor der Folter soll der Angeklagte entkleidet werden. Hat er sein Geständnis widerrufen, so soll er, sobald ihm der Schmerz noch frisch in Erinnerung ist, aufs neue gefoltert werden. Man soll ihn in einen fürchterlichen Kerker sperren und (ihn) schlecht ernähren, denn Hunger und finsteres Gefängnis sind wirksam. Waldesier können nur mit der Folter besiegt werden«.

Unter dem französischen Herzog Karl V. Savoyen setzen sich die Verfolgungen fort. Franz I. mahnt: »... sie sollten gemäß den Gesetzen der römischen Kirche leben, widrigenfalls als hartnäckige Ketzer bestraft werden. Er lasse sie in Frankreich nicht verbrennen, um sie in den Alpen zu dulden«. Um 1650 wird in Turin eine Gesellschaft zur Ausrottung der Waldesier[53] gegründet. Wer denkt nicht an die Judenpogrome unserer Zeit, die ebenfalls von Christen inszeniert worden sind? Man ersinnt alle Verführungskünste, um Andere zu diskriminieren. 1653 wird unter der Führung des Grafen Tedesco das Kloster der Mönche von Villard gestürmt. Etwa 5 000 Menschen finden den unnötigen Glaubenstod. Nachdem die »rechtmäßige« Kirche über Jahrhunderte die »Abtrünnigen« sinnlos verfolgt, wird ihnen 1694 Religionsfreiheit zugesprochen.

Judaisierende Ketzerei

Schon immer waren den »rechtgläubigen« Christen die Juden ein Dorn im Auge, wenngleich es dazu keinerlei Grund gibt. Kaum eine andere Illusion hat mehr Verwirrung in den bislang 2 000 Jahren der christlichen Religion gestiftet als diese.

Über die judaisierenden Sekten, die Passagier[54] oder Circumcise[55] haben sich wenig Nachrichten erhalten. Sie treten vor allem im 12. Jh. in Oberitalien auf. Papst Nikolaus sagt 1288: »... daß viele Christen die Wahrheit des Glaubens leugnen und sich (den) jüdischen Gebräuchen zuwenden«. Agobard berichtet: »... wie Christ(en)kinder von den Juden in Frankreich und Spanien verkauft oder zu allerhand Handlungen mißbraucht werden. Sie besitzen ein Zaubermittel und suchen damit die Christen zu vergiften. Mit den christlichen Ammen, die sie in ihre Häuser aufnehmen, treiben sie Schändlichkeiten und nehmen ihnen die Milch weg. Sie erlauben Schmähungen und Spottreden gegen die Christen, sind dem Wucher ergeben und übervor-

---

Frühe Beispiele von Aggressionen gegen Juden

Wann	Begebenheit
1096	(zur Zeit der Kreuzzüge) werden Juden verfolgt.
1146	Der aufrührerische Mönch Radulph strebt die totale Vernichtung der Juden an. Bernhard von Clairveaux verhindert dies.
1290/1291	Aus England werden Juden vertrieben.
1298	Der fränkische Landsmann Rindfleisch inszeniert im Nürnberger Raum eine großangelegte Judenhetze.
14. Jh.	Große Judenverfolgungen im Verbund mit den Pesten bahnen sich an. Hier werden Juden zur Annahme des Christentums gezwungen. Man entreißt jüdische Kinder und läßt sie katholisch taufen.
13. Jh.	In Spanien, Frankreich und Deutschland werden jüdische Gräber geplündert und entweiht.

teilen sie. Sie haben die Gewohnheit, am Passahfest (= Ostern) Kinder zu rauben, sie unter Martern zu kreuzigen und ihre Eingeweide für Zaubereien zu benutzen«. Diese Darstellung ruht auf einer Legende[56] und spricht für die Einfalt der Vortragenden.

Hinzu kommt, daß Innocenz IV. 1248 gegen die Juden polemisiert. Später stellen findige Inquisitoren Regeln auf, an denen sie meinen, judaisierende Ketzer zu erkennen:

- Sie würden ihr Schlachtmesser abziehen und es dann am Nagel polieren.
- Sie würden kleine Kinder durch das Auflegen der Hände segnen.
- Sie ließen das Schicksal eines Neugeborenen astrologisch untersuchen.
- Sie waschen Tote, scheren sie, kleiden sie weiß und legen ihnen eine Münze in den Mund.

13. Jh. / philosophierende Ketzer

Ein weiteres Problem gesellt sich dazu. Damals gilt die Pariser Universität als geistiges Zentrum des Abendlandes. Um die Mitte des 13. Jh. beherrscht die arestotelische Philosophie das Denken der Gelehrten und solcher, die sich dafür halten. Es widerspricht in einigen Punkten der klassisch-kurialen Lehre und erzeugt von hier aus Opposition. In diesem Umfeld tauchen David v. Dinant, Amalrich v. Bena, Joachim v. Floris und ein Ortlieb v. Straßburg auf.

Dinant gibt sich religiösen Spekulationen hin, die er aus den Ansichten des Aristoteles und arabischen Kommentaren schöpft. Er fügt dem christlichen Denken neuplatonische Elemente bei, die den griechischen Theismus in eine Art mystischen Pantheismus lenken. 1204 wird er an der Pariser Universität zum Abschwören seiner Ansichten gezwungen. Vier seiner Anhänger werden lebenslang in einen Kerker geworfen, zehn weitere auf einem Scheiterhaufen verbrannt.

Amalrich von Bena[57] kommt als Lehrer der Theologie nach Paris. Seine Ansichten werden gleichfalls von der Hochschule verdammt. Darum reist er zu seiner Verteidigung nach Rom. Hier wird er zum Widerruf gezwungen und stirbt 1207. Er ist der Auffassung, daß jeder Mensch ein Stück von Christus ist und daß niemand, der eine andere Meinung vertritt, selig werden kann. Er hat sich nicht förmlich von der katholischen Lehre getrennt, doch stellt er eine der offiziellen Lehrmeinung abweichende These von der hl. Dreifaltigkeit auf. Durch verschiedene Weissagungen gilt er als Vorbote der Reformation. Er hat jedoch nicht das Glück, in Luthers Epoche zu leben, in der die Macht des »alten« Katholizismus weitgehend gebrochen ist. Amalrich wird verbrannt; seine Gebeine werden ausgegraben und Hunden zum Fraß vorgeworfen. Seine Schriften werden verboten und an der Pariser Universität wird das Studium der Naturwissenschaften für drei Jahre ausgesetzt. Die Werke des Aristoteles werden öffentlich verbrannt. Damit ist die Illusion verbunden, den dahinter stehenden Geist ausmerzen zu können. Wir haben ein frühes Beispiel der Bücherzensur vor uns!

Joachim von Floris ist nahe bei Amalrich von Bena und einem Simon von Tournay angesiedelt. Er zählt zu den philosophierenden Ketzern, in denen die Kirche besonders gefährliche Gegner erkennt. Joachim ist ein heftiger Widersacher der scholastischen Philosophie.

Seiner Ansicht nach ist die Kirche verdorben; er nennt die unangemessene Herrschsucht, die Geldgier und die weitverbreitete Simonie. Später errichtet er mit seinem Freund Rainerius ein Bethaus und daraufhin das Kloster Floris unter einer strengen Regel.

Ein Anhänger von Bena ist Ortlieb von Straßburg, der die Glaubensgemeinschaft der Ortliebenser ins Leben ruft. Sie nennen sich »Brüder des freien Geistes« und erhalten später den Spottnamen »bufonem tangentes« (= Krötenlecker), weil man sie mit den Luziferianern auf eine Stufe stellt. Sie vertreten folgende Auffassung:

- Das Universum ist seit Ewigkeit da und wurde nicht erschaffen.
- Die Auferstehung des Fleisches ist zu leugnen.
- Der Mensch ist zur Sünde unfähig.
- Alle Wesen kehren zu Gott zurück und sind dann in ewiger Ruhe mit ihm vereint.

Wir finden um die Mitte des 13. Jh. diese Vereinigung vor allem in Schwaben (Nördlingen/Öttingen). Albertus Magnus erstellt ein Verzeichnis der ihnen zur Last gelegten Irrtümer. Die Quellen sagen: » . . . zu Beginn des 13. Jh. verbreitete sich ihre Sekte, die aus Spanien und Maastrich gekommen war. Von da aus verbreitete sie sich nach Köln und von hier rheinwärts bis zur Grafschaft Brandenburg aus. Sie sind die unsinnigsten Abergläubischen, Abgötter und Phantasten. Was aber am wunderlichsten ist, daß ihre Anhänger nicht aus der dummen Hefe des Volkes stammen, sondern aus der Geistlichkeit«.

1223 berichtet der Mönch Alberich[58] » . . . ein gewisser Meister von Toledo, ein Schwarzkünstler, der sich dem Teufel ergeben hat, kam nach Maastrich, zwischen Brabant und Köln. Als er dort zwischen den Geistlichen zu Tisch saß, machte er, daß die, so er wollte, aßen und andere, so er wollte, schliefen. Worauf sich alsbald darauf acht nichtswürdige Geistliche anschlossen und von ihm begehrten, daß er ihnen zur Befriedigung ihrer Lüste verhelfen sollte . . . daraufhin zog er einer Katze die Haut ab und hieb zwei Tauben mittendurch«. Danach rief er drei Teufel und sagte: » . . . er habe sie zum Nachtmahl geladen, damit sie den Geistlichen die Bitten erfüllen mögen«. Der Teufel jedoch antwortete: » . . . dies stünde nicht in seiner Macht und er dürfe ihnen nicht zur schändlichen Lust verhelfen . . . sie mögen sich zu etwas anderem wenden . . . sie lästern den Schöpfer, nehmen zu Ostern den hl. Leib des Herrn in den Mund und von dort nachhause. Dort werfen sie ihn zur Beschimpfung des Erlösers in den Abfluß«.

Um die gleiche Zeit erscheint Fulco von Neuilly. Er ist ein unbekannter Priester und von einer tiefen Verachtung gegen die Scholastik getragen. Er gibt sein Amt als Seelsorger auf und übernimmt missionarische Pflichten. Er steht in dem besonderen Ruf, Frauen vom sündhaften Lebenswandel abzubringen und tiefgläubige Nonnen aus ihnen zu machen. Darum gründet er das Kloster St. Antoine (Paris). Er stirbt im Mai 1202 und überläßt seine Habe frommen Bürgern.

Heinrich Minneke, Probst des Zistersienserklosters Neuwerk (Goslar) setzt die Reihe der religiösen Schwärmer fort. Er lebt in Armut und verdient seinen Unterhalt durch Betteln. 1224 wird er wegen folgender Vergehen weltlichen Behörden überstellt und verbrannt:

- Er habe den Nonnen Glauben machen wollen, daß er größer als irgendein anderer von einem Weib Geborener sei.
- In vielen Beziehungen habe er die strengen Regeln der Zistersienser gemildert.
- Er habe sich in seinem Lob der Jungfräulichkeit bis zu der Behauptung verstiegen, daß das Heiraten eine Sünde sei.
- Er habe behauptet, in einer Vision gesehen zu haben, daß Satan Gott um Verzeihung gebeten hat.
- Er habe gelehrt, daß es im Himmel eine Frau gibt, die größer als die hl. Jungfrau sei und die den Namen »Weisheit« führe[59].

Das Geschehen im Süden Frankreichs ist so typisch wie das Verhalten der Bischöfe in Norddeutschland gegen die Stedinger, bzw. das Agieren des Konrad von Marburg in Thüringen. Die Verlagerung von lokalen Verfolgungen zum Flächenbrand ist längst erkennbar.

Viele werden als Ketzer denunziert, von weltlichen Behörden eingezogen und verbrannt. Es zeichnet sich eine Verflechtung zwischen dem Teufelsglaube und der Ketzerei ab; von hier bis zur Hexerei ist es nur ein Schritt.

So steht ein frühes Beispiel von Hexerei ins Haus. Im 13. Jh. wird ein Mädchen von der Sekte der Texeranten aus der Gegend von Trier der Zauberei bezichtigt, ergriffen und verbrannt. Als man ihre Meisterin ergreifen will, entkommt diese dem Scheiterhaufen: » . . . an einem Zwirnfaden durch das Fenster«[60]. 1234 werden Manichäer in Flandern durch den Inquisitor Robert den Flammen übergeben. 1317 werden österreichische Häretiker verbrannt und 1275 bekennt sich in Toulouse Angela von Labertha (Laberthe?) unter dem Druck der Folter zum geschlechtlichen Umgang mit einem Teufel. Die Frucht dieser Verbindung soll ein Ungeheuer mit Wolfskopf und Schlangenschwanz gewesen sein, das man mit kleinen Kindern ernähren mußte.

Die Inquisition:
Tribunal des »rechten« Glaubens

Ursächlich schließt die christliche Sekte Zwang in Glaubensdingen (und daraus resultierende Gewaltmaßnahmen) aus. Das Tribunal der Inquisition kann vor dieser Haltung nicht bestehen. »Das vergossene Blut fällt dem Papsttum zur Last, denn . . . die Statthalter Christi haben jahrhundertelang an der Spitze eines Mord- und Blutsystems gestanden, das Verwüstung verbreitet und den christlichen Glaube geschändet hat«[1].

Um die Mitte des 11. Jh. sagt Wazo, der Bischof von Lüttich, in einem Brief an seinen Amtsbruder in Chalons: » . . . genug der Scheiterhaufen. Der Herr will den Tod des Sünders nicht. Die heute Ketzer sind, können sich morgen bekehren. Die Bischöfe sind die Gesalbten des Herrn, nicht um den Tod zu geben, sondern um das Leben zu bringen«.

Dieser Standpunkt wird bald von den Realitäten eingeholt. Die Kirchenleitung stellt die These auf: » . . . ihrem Oberhaupt falle die Aufgabe zu, den von Christus anvertrauten Glaubensschatz zu hüten«. Folgerichtig wird die Inquisition installiert, um die (Recht)gläubigkeit des Einzelnen zu überwachen; darin liegt ihr Verhängnis, denn die Verteidigung eines solchen Begriffes ist absurd und nur aus der damaligen Zeit heraus verständlich. Es ist fraglich, ob Jesus v. Nazareth einen »Glaubensschatz« hinterlassen hat.

Guidonis merkt an: » . . . das Amt des Inquisitors ist, die Ketzerei zu zerstören. Sie kann nicht zerstört werden, ohne daß die Ketzer und ihre Begünstiger ausgerottet werden«[2]. So kann man dies nicht stehen lassen, denn eine glaubwürdige Religion hätte die Inquisition überflüssig gemacht: zu deutlich zeichnen sich die Machtstrukturen des Klerus ab. Bald besinnt man sich auf den Inquisitor Christus, der keiner gewesen ist. In dem Innocenz XII. gewidmeten »sacra arsenale« von Menghini wird der Stammbaum der Inquisition vermerkt: » . . . Gott war Inquisitor, als er Adam und Eva züchtigte. Inquisitor war Johannes (d. Täufer) und der Apostel Petrus, der den Tod über Ananias und sein Weib verhängte«[3].

Die Inquisition öffnet dem Denunziant ein breites Tor: absurde Konzeptionen werden als glaubenswahr angesehen und nehmen einen verhängnisvollen Lauf. Die Institutionalisierung dokumentiert das kuriale Interesse in einer für sie schwierigen Epoche. Alle kirchlichen Argumente sind bei Licht betrachtet beweislastig und es ist unwahr, wenn man behauptet: » . . . die Inquisition hat höchstens kirchliche und geistliche Strafen verhängt«[4]. Dies beinhaltet nicht das von der Kirche erwartete Zugehen der »Weltlichkeit« auf ihre Interessen. Moralisch betrachtet kann der Klerus nicht von der Schuld befreit werden.

Das Bild der Geschichte wird verdreht

In einer Flut christlicher Literatur wird – analog dem späteren Hexentreiben – versucht, die Schuld von sich zu weisen. Es trifft vor allem auf die Vorgänge der »spanischen« Inquisition zu. Hier geschehen krasse Auswüchse gegenüber Toleranz und Nächstenliebe: hier setzt ein Verteidigungshebel des angeschlagenen Christentums im 2. Jahrt. unserer Zeitrechnung an. Wenn die Kirche solche Gewaltakte nötig hatte, kann ihr Fundament nicht so rein und ihre Macht nicht so groß gewesen sein!

Der Benediktiner Pius schreibt: » . . . die spanische Inquisition war ein Werkzeug der Staaten«. Der Bischof Hefele von Rottenburg gelangt zu der Erkenntnis, daß die »spanische« Inquisition von der gleichlautenden kirchlichen verschieden ist und sagt: » . . . die Angestellten erhielten ihre Bestallung von den weltlichen Herrschern; die Päpste waren diesem Institut abgeneigt«. Derber kann man Tatsachen nicht ins Gesicht schlagen![5]

In einer theologischen Monatszeitschrift lesen wir: » . . . mit vollem Recht hat das kirchliche Gesetz gegen die Ketzer gekämpft, damit die Schafherde nicht durch Wölfe verwüstet wurde: komme sie aber in Schafspelzen an, um die Lämmer zu zerreißen, dann sollen sie mit Schwert und Feuer aus dem Stall getrieben werden. Fort mit den Redensarten der damaligen Zeit, von der Härte der Sitten und dem übertriebenen Eifer, als ob unsere hl. Mutter, die Kirche, entschuldigt werden müßte wegen der Taten der hl. Inquisition. Ihrer glücklichen Wachsamkeit ist die Glaubensfestigkeit zuzuschreiben, die das spanische Volk ziert. Oh, ihr gesegneten Flammen der Scheiterhaufen.

Durch euch wurden, nach Vertilgung weniger und verdorbener Menschen, Tausende Seelen aus dem Schlund der ewigen Verdammnis gerettet; dadurch blieb die bürgerliche Gesellschaft glücklich erhalten«[6].

Vor allem sucht man sich von den Vorkommnissen in spanischen Inquisitionsgefängnissen reinzuwaschen. Diefenbach trägt dazu vor: »... die Kerker waren nicht jene schrecklichen, finsteren, kalten, voll Ungeziefer wimmelnden Verliese, wie wir sie zur Zeit der Hexenprozesse kennengelernt haben«[7]. Sein Glaubensbruder Hefele betont: »... es ist gewiß, daß seit langer Zeit von der Inquisition nicht mehr auf die Folter erkannt wurde, so daß man sie heute als abgeschafft bezeichnen kann«[8]. Er verschweigt, daß es Päpste des hohen Mittelalters gewesen sind, die die Folter sanktioniert haben.

Nachdem verschiedene Missionierungskampagnen abgeschlossen sind, gilt es, diese Gebiete fester an sich zu binden, was ohne Hilfe des weltlichen Armes nicht realisiert werden kann. So setzt Karl d. G. »missa domine« ein. Sie haben den Auftrag, das Land zu durchstreifen und nach Fällen von Unordnung, Verbrechen und/oder Ungerechtigkeit zu forschen. Sie verfügen über richterliche Gewalt, halten nach eigenem Ermessen Sitzungen, hören sich Klagen und Beschwerden an und strafen die Täter. Später entstehen geistliche Gerichtshöfe, die mit den Bistümern verbunden sind und dadurch über ein größeres Gebiet die Jurisdiktion ausüben. Langsam entwickelt sich das »kanonische« (besser wäre manchmal: das »drakonische«) Recht der Kirche.

Es ist erforderlich, um die immer größer werdende Schar der Geistlichen und Christen im Zaum zu halten. Die Kirche geht davon aus, daß es ihr allein zusteht, sich zum Richter über Leben und Tod aufzuspielen. »... wie eine dunkle Wolke überzieht die christliche Inquisition das Land mit einem Leichenteppich«. Rasch finden sich Zuträger, Hörige, Denunzianten und Lügner, um dem fatalen Treiben die Stange zu halten. Von hier bis zum organisierten Verbrechen ist es nicht weit. In gewisser Weise haben wir eine Vorform des späteren Hexenwütens vor uns. Geebnet wird die Inquisition durch kuriale Instruktionen, z.B. durch die des Guido Fuldocius[9].

Der organisatorische Aufbau

1184 bestimmt Papst Lucius: »... daß die staatliche Obrigkeit auf Verlangen der Bischöfe die Verfolgung der Ketzer eidlich geloben soll«. Hier kommt ein trügerischer Stein ins Rollen. Der organisatorische Aufbau der Inquisition umfaßt im wesentlichen sechs Stufen, die ich in der folgenden Tabelle verdeutlicht habe.

Die Inquisitoren gelten als unverletzlich, d.h. sie genießen eine frei in den Raum gestellte Tabu-Stellung. Von ihnen gefällte Urteile sind von der Überprüfung durch weltliche Gerichte ausgeschlossen. Urban IV. betont: »... daß die Tätigkeit der Inquisitoren nicht behindert werden darf«[11]. Innocenz VIII. stellt den Grundsatz auf: »... daß die staatlichen Behörden ohne Einsichtnahme der Unterlagen ihre Urteile auszuführen haben«. Der Papst macht sie zum Scharfrichter kurialer Interessen[12]; viele beeilen sich mangels besserem Wissen seinem Wollen nachzukommen und um dadurch desto eher in den nichtexistenten Himmel zu gelangen.

Im Lauf der folgenden Generation wird der Staat zum Henkerknecht degradiert, bzw. läßt sich dazu gebrauchen.

Der geistliche Prozeß kennt die Verfahren der »accusatio«, »denunciatio« und »inquisitio«[13]. Beim letztgenannten läßt der Ordinarius ggf. den Denunzierten einziehen, um ihm die Anklage (= »capitula«) mitzuteilen und (ihn) daraufhin zu verhören. Gesteht er nicht, werden Zeugen gehört. Dem Beschuldigten werden ihre Namen und Aussagen mitgeteilt. Danach erwartet ihn das Urteil. Steht seine Schuld(!) fest(!), wird der Reinigungseid (= »pugatio canonica«) verlangt, den der Angeklagte – schon fast unentrinnbar in den Fängen der Geistlichkeit – mit einer festgeschriebenen Zahl von Standespersonen leistet. Dieser aus der Epoche heraus bedingte Rechtsgang (vergl. die Aktivitäten der Feme/Übersiebnen) werden nach und nach aufgeweicht.

Dieses Denken wird von mehreren Päpsten weiterentwickelt. Heute steht fest, daß die am 20. April 1233 von Gregor IX. erlassene Bulle *nicht* als Geburtsstunde der christlichen Inquisition anzusehen ist. Es muß angenommen werden, daß er damit lediglich gegen Kleriker vorzugehen sucht, die die Ketzerei begünstigt haben[14]. Später revidiert der in Glaubensdin-

Organisatorischer Aufbau der Inquisition:

1 Innocenz III. (1198 – 1216) hebt hervor: » . . . in Kraft des hl. Gehorsams wollen, befehlen und verordnen wir, daß die Bischöfe, wenn sie der kanonischen Strafe entgehen wollen, sorgsam in ihren Sprengeln wachen. Wer von ihnen in der Entfernung des Sauerteiges der ketzerischen Bosheit nachlässig ist, wird seines Amtes entsetzt«[10].

2 Mit Gregor IX. (1227 – 1241) bis Bonifazius VIII. (1294 – 1300) setzt die noch von den Bischöfen und Mönchen geprägte Inquisition ein.

3 Die offizielle Einsetzung der Inquisition erfolgt 1229 während der Synode von Toulouse. Der Vorsitz wird von dem päpstlichen Legat, Kardinal Romanus, übernommen. Er betont:
- Die Bischöfe sollen Priester und Laien eidlich verpflichten, nach Ketzern zu forschen.
- Alle männlichen Personen vom 12. und alle weiblichen vom 14. Lebensjahr an müssen schwören, ihnen bekannte Ketzer bei der Obrigkeit anzuzeigen.
- Dieser Eid ist jedes Jahr zu erneuern.
- Wer nicht jährlich dreimal beichtet, gilt als der Ketzerei verdächtig.
- Die weltlichen Herren werden angewiesen, die Wohnstätten der Ketzer zu zerstören.
- Wer der Ketzerei abschwört, soll in eine rechtgläubige Ortschaft siedeln.

4 Die förmliche Übertragung der Inquisition an die Dominikaner erfolgt durch ein an Raimund von Pennaforte gerichtetes Breve vom 20. Oktober 1248. Hinter ihm steht der in Glaubensdingen fehlbare Papst Innocenz IV.

5 Von Bonifazius bis Benedikt XI. (1303 – 1304) wird sie theoretisch abgesichert und fundamentiert.

6 Mit Klemens V. (1305 – 1314) geht das Geschehen in die Aktivität der Bettelorden über: von hier aus verbreitet sich der Schrecken über halb Europa. Die Bettelorden haben eine besondere Nähe zum Volk und sind für solche Aktivitäten der beste Garant.

gen sich unfehlbar Wähnende seine Meinung und sagt: » . . . es sind gelehrte Dominikaner auszusenden, die gezielt gegen Ketzer vorzugehen haben«.

Immer schneller rollt der Stein des falschverstandenen Glaubens. Alexander IV. hebt die bischöfliche Jurisdiktion auf, indem er 1257 die Inquisitoren unabhängig macht und sie von der Notwendigkeit befreit, sich mit den Bischöfen abzustimmen. Er unterbindet das noch unter Gregor IX. geltende bischöfliche Mitsprache-, ja Entscheidungsrecht. Daraus entstehen heftige innerparteiliche Rangeleien. Am 15. Mai 1252 erläßt Innocenz IV. an alle Prälaten und italienischen Herrscher die Bulle »ad extirpanda«, ein wohl erwogenes und sorgfältig ausgearbeitetes Gesetz, das die systematische Unterdrückung Andersdenkender salonfähig macht«[15]. Es besagt im Wesentlichen:

- » . . . die Staatsoberhäupter haben Ketzer *und* Zauberer auf eine Stufe zu stellen und (sie) in öffentlichen Versammlungen zu ächten«.

- » . . . die weltlichen Herrscher und deren Beamte haben einen Eid zugunsten der Inquisition zu leisten«[16].

- » . . . wer einen Ketzer findet, darf sich seiner Person und (seines) Besitzes bemächtigen. Seine Güter sind einzuziehen und dem Bischof zu übergeben«.

- » . . . die mit der Wahrnehmung dieser Aufgabe Betrauten werden von allen öffentlichen Pflichten befreit, die mit ihrer Tätigkeit unvereinbar sind. Ihnen steht 1/3 der Ketzern auferlegten Geldstrafen und Konfiskationen zu«.

- » . . . der Staat muß alle Verdächtigen verhaften, einkerkern, sie unter sicherem Geleit dem Bischof, bzw. Inquisitor überantworten und innerhalb von 14 Tagen die Urteile fällen«.

- » . . . kommen sie dieser Anweisung nicht nach, werden Exkommunikationen über sie verhängt«[17].

● » . . . diese Statuten sollen in alle weltlichen Bestimmungen eingeflochten werden, und zwar zusammen mit den Dekreten, die spätere Päpste in diesem Zusammenhang erlassen werden«.

Die Geschichte der Inquisition verdeutlicht, wie intensiv sich einzelne Volksteile gegen dieses willkürliche Verhalten stellen. Viele Bewohner verlassen ihre Häuser oder wechseln vorübergehend den Wohnsitz, um abzuwarten, bis der Menschenfänger weitergezogen ist. Der Schauplatz seines Handelns sind entweder die Gemächer eines als hl. bezeichneten Offiziums oder öffentliche Gebäude. Von hier aus prostituiert der Glaubensbruder seine Vorstellungen im Brustton klerikaler Überzeugung, *einem* Gott zu dienen.

Der Glaubensrichter erscheint in den schlichten Gewändern seines Ordens und entscheidet über das Schicksal Andersdenkender, weil er darin einen Sinn und für sich persönlich einen Vorteil erkennt.

Der Inquisitor begibt sich zum weltlichen Territorialherr, weist auf seine Bestallung und verpflichtet ihn beim Fangen der Ketzer, Hehler und Gönner beizustehen.

Dann werden weltliche Beamte gezwungen, dem Gottesknecht bei der Ausrottung der »ketzerischen Schlechtigkeit« zu helfen[18]. Sich Widersetzende werden mit der Exkommunikation bedroht und ggf. ihrer Ämter und Würden enthoben. Danach werden die Ortsgeistlichen aktiviert. Sie verschicken ein Zirkular und verkünden: » . . . wann es dem angekommenen Inquisitor beliebe, einen Sermon über den ›rechten‹ Glauben zu halten, bzw. zu proklamieren: . . . wer ihm aufrichtig zuhöre, würde einen 40-tägigen Ablaß bekommen«. Wir haben das klassische Beispiel einer geistigen Bevormundung vor uns. Und: mit einem Ablaß zu winken ist absurd, denn er ist eine Fiktion.

Nun hat der Menschenfänger den Boden für seine Blutarbeit geebnet: die todbringende Saat ist ausgestreut: die Treibjagd auf glaubensuntreue Menschlein kann beginnen. Nun tritt der Inquisitor in Szene und sagt: » . . . teils vom Hörensagen, teils aus eigener Erfahrung weiß ich, daß es in hiesiger Gegend, für die *ich* vom apostolischen Stuhl als Ketzermeister berufen bin, einige von dem ketzerischen Gift der alten Schlange angesteckte, pestilenzische Personen gibt, die der

Kirche feindlich gesinnt sind und wie Füchse mit einander verschlungenen Schwänzen im Weinberg des Herrn herumstreichen . . . und mit ihrer nichtswürdigen Zunge den Gott der Götter lästern. *Mir* drehen sich die Eingeweide im Leib herum, wenn *ich* daran denke, daß dieses Gift die Herzen vieler angesteckt hat . . . kraft apostolischer Autorität, kraft des hl. Gehorsams, den man *mir* schuldig ist, richte ich zum ersten, zweiten und dritten Mal an Regular- und Sekulargerichte und Laien, welchen Standes sie auch seien, die Ermahnung, daß sie mir binnen sechs Tagen jede Person anzeigen, von der sie wissen oder gehört haben, daß sie ketzerisch oder der Ketzerei verdächtig sind, bzw. eine vom gewöhnlichen Menschenschlag abweichende Lebensweise haben«.

Die Geistlichen vermögen nicht zu erkennen, daß sie es sind, die dieser Lebensweise frönen.

Rasch finden sich Denunzianten, die ob eines scheinbaren Vorteils rücksichtslos ihre Mitmenschen anklagen. Es war damals, zur Zeit der Hexenverfolgungen und zur Zeit der Judenvernichtungen so: zu allen Zeiten waren es Christen, die andere verfolgt haben.

Die Inquisition hätte nicht so krasse Formen annehmen können, wenn die Toleranz ein Wesenszug der Menschen wäre; hier reagieren sich Millionen ab, die mit sich selbst nichts anzufangen wissen. Religiöse schüren die Flamme der Intrige, indem sie Einzelne in Bann, Angst und Schrecken jagen (lassen). Geschickt bringt der angeblich von Gott Bestallte Verheißungen für diejenigen ein, die ihm treu zur Seite stehen, doch schon im nächsten Moment selbst denunziert werden können. Er sagt: » . . . kraft apostolischer Autorität verleihe *ich* allen, die gekommen sind, um *meinen* Sermon zu hören, einen Ablaß . . . der Papst fügt für diejenigen einen weiteren von drei Jahren dazu, die *mir* einen Verdächtigen offenbaren«[19].

» . . . kraft apostolischer Güte(!) sichere *ich* allen Ketzern, Begünstigern, Beherbergern und Verteidigern derselben, wie allen der Ketzerei Anrüchigen einen Monat als Gnadenfrist zu, wenn sie während dieser Zeit vor *mir* erscheinen, um so der Denunziation zuvorkommen, um *ihre* Schuld aus freien Stücken zu bekennen. *Ich* sichere ihnen Nachsicht und Mildherzigkeit zu, während die anderen dieser Gnade(!) verlustig sind«[20].

Der südfranzösische Inquisitor Bernhard Gui erläßt 1309 einen Haftbefehl gegen drei Ketzer und betont: »... allen Christgläubigen erbietet der Predigerbruder den Lohn des ewigen Lebens und den der himmlischen Krone. Gürtet euch, ihr Söhne Gottes und erhebt euch mit mir gegen die Feinde des Kreuzes und die Verderber der Wahrheit des katholischen Glaubens. *Ich* befehle euch in der Kraft Gottes, die, die sich in Höhlen verbergen und in Finsternis wandeln, aufzusuchen, zu ergreifen und (mir) zuzuführen; den Ergreifern verspreche *ich* den ewigen Lohn Gottes und euch ein gewisses Entgelt. Wachet also, daß die Wölfe nicht einbrechen und die Herde zerreißen«[21].

Ein weiteres kommt hinzu. Die inquisitorischen Urteile werden öffentlich bekanntgegeben. Jeder neu eingezogene Ketzer löst Schrecken aus. Und doch ist es nur eine Kulisse, denn 1) die Schuld der Unschuldigen steht vorher fest und 2) nahezu alle sind unfähig, sich dieser Zwänge zu erwehren. Der Einfluß des sprachgewandten Gottesknechtes, *seine* Schilderung des Falles, *seine* Routine und Erfahrenheit ersticken jedweden Widerspruch. Wer wagt schon, einem göttlichen Statthalter zu widersprechen? Er ist ein Produkt menschlicher Phantasie. Die Theologen mögen das Gegenteil beweisen!

Bald greift das Gift der Ketzerei um sich. Es erweist sich als unwirtschaftlich, jeden einzeln zu verurteilen. So läßt man einige zusammenkommen, umgeht Rechtsgrundsätze, neigt zur Laschheit, und inszeniert ein öffentliches Spektakel um die Kirche in Szene zu setzen. Daraus entsteht das vor allem in Spanien so gefürchtete Auto Dafe. In einem gigantischen Schauspiel wird hier demonstriert, zu was menschliche (Un)gerechtigkeit fähig ist.

Prozeßverlauf und -verfahren

Das Prozeßverfahren der Inquisition ruht nur bedingt auf den Grundsätzen des »allgemeinen« oder »öffentlichen« Rechts, weil über den Strafbestand des »rechten« Glaubens nur in Kirchenkreisen gefiebert wird. Der Inquisitor geht davon aus, den »rechten« Glauben schützen zu wollen und begeht ob dieser Naivität Unrecht, indem er meint, einen imaginären Gott »rächen« zu *müssen*. Zudem obliegt ihm die Pflicht, menschliche Gedanken zu erraten,

denn: »... jeder kann in seinem Herz ein Ketzer sein, trotzdem gibt es in Wirklichkeit nur wenige, die es offen bekennen«. Hinzu kommen der falsch verstandene Glaubenseifer, willkürliche Grausamkeiten; in Einzelfällen tritt Habgier zutage[22].

Kaum einer kann sich in dieser glaubensschwangeren Zeit der Verpflichtung entziehen, vor dem Tribunal des Glaubens zu erscheinen. Soziologische Strukturen, enge Familienverbände, Unwissenheit und Analphabetentum tragen zur Schärfung der Situation bei. Dies wird bewußt oder unbewußt, oft aber geschickt von einzelnen Inquisitoren ausgenützt. Die Konzile von Toulouse, Beziers und Albi setzen das Schwuralter mit 14 Jahren für das männliche und 12 Jahren für das weibliche Geschlecht fest. Andere setzen es auf sieben Jahre an oder bestimmen 9 1/2 für Mädchen und 10 1/2 für Knaben. Welch grausame Sophisterei?

Vernünftige tragen vor: »... ein Kind müsse erst einmal alt genug sein, um den Sinn eines Eides zu verstehen«. Flucht aus der aufoktroierten Verantwortung wird als Geständnis gewertet. Eine Ungerechtigkeit verfolgt die andere; der Tod bedeutet kein Entrinnen aus den Fangarmen des Glaubens.

Die kirchliche Gewalt stellt den Inquisitor als unparteiischen und geistigen Richter hin, dessen Tätigkeit auf die Rettung frommer Seelen abzielt. Sein Handeln wird durch fremde Kompetenzen nicht beschnitten. Jeder zweifelhafte Punkt wird zugunsten des Glaubens entschieden. Der Stärkere hält die Waagschale des Rechts in seinen Händen.

Üblicherweise werden den Inquisitoren die Informationen von Glaubensabtrünnigen zugespielt. Das einfache Volk übersieht, wie *Jeder* schon im nächsten Moment als nächster in den Sog der Denunzianten geraten kann. Ist ein Beschuldigter fluchtverdächtig, wird er eingezogen oder muß Bürgschaften beibringen. Oft wird er so lange eingesperrt, bis sich der geistliche Gerichtshof geneigt sieht, zu seiner Verurteilung zu schreiten. Das Gesetz schreibt drei Vorladungen vor, aber es bürgert sich die Formel »einmal für dreimal« ein; man erkennt das Aufweichen des Rechtsganges.

Das Geständnis wird zur Überlebensfrage der Inquisition. So rückt allmählich neben der körperlichen die geistige Tortur in den Mittelpunkt des Denkens. Von hier bis zur praktischen Anwendung der Folter ist es nicht weit. Genauso geht es den später als Hexen Denunzierten, denen man Buhlschaften mit nichtexistenten (christlichen) Teufeln unterstellt.

Die Verhöre entsprechen einem Spiegelfechten zwischen der andressierten Schlauheit eines Geistlichen mit dem um sein Leben ringendem Bauer. Dennoch bleibt festzuhalten, daß nicht alle Inquisitoren borniere Fanatiker gewesen sind, die durch Eigennutz und falschen Ehrgeiz motiviert waren. »... es gab solche, die wirklich glaubten, eine heilige Pflicht zu erfüllen, wenn sie einen Unbußfertigen dem Feuertod preisgaben«. Solche Fanatiker gab es zu allen Zeiten.

In den Verhandlungen wechseln sich Drohungen und Schmeicheleien ab. Man bringt den Gefangenen aus übelriechenden Gefängnissen in (scheinbar) bessere und entlockt ihnen die Namen Anderer. Auch dies entspricht in gewisser Weise der Methodik aus der Zeit der späteren Hexenverfolgungen.

Ein wirksames Mittel ist der sog. »Aufschub«. Hier wird der Betroffene in eine Zelle geführt, »... um in der Einsamkeit des dunklen Verlieses über seine Taten nachzudenken«. Drei, fünf oder zehn Jahre sind keine Seltenheit, um den Geist der Menschen zu brechen. 1308 beklagen sich zehn Gefangene bei Clemens V. »... daß sie nach einer achtjährigen Kerkerhaft noch nicht verurteilt oder freigesprochen seien«. Wilhelm Salavert wird am 24. Februar 1300 erstmals verhört und am 30. September 1319 verurteilt: er wird nahezu 20 Jahre hingehalten.

Dazu kommt die unerträglich harte Gefangenschaft, wenngleich Gratian die Regel aufstellt, daß mit Folterqualen kein Geständnis erzwungen werden soll. Es ändert sich überdies durch eine Bestimmung des Laterankonzils von 1215 und dem gleichzeitigen Verbot der Gottesurteile (Gottesgerichte). Innocenz plädiert in seiner Bulle »ad extirpanda« für den Einsatz der Folter; er genehmigt sie für das Auffinden von Ketzern.

Beweise und Verteidigung

Man ersinnt das Verbrechen »Verdacht auf Ketzerei« und diffamiert die Menschen nach einem leichten, mittleren und schweren Grad des Fehlverhaltens. Zunächst gilt die Regel:

»... daß keiner als Ankläger zugelassen werden darf, der ein Ketzer, der Ketzerei verdächtig, exkommuniziert, ein Mörder, Dieb, Zauberer, Wahrsager, Mädchenschänder, Ehebrecher oder falscher Zeuge ist«[23].

Rasch verwischt sich dieser Grundsatz und alles nur erdenkliche Gesindel wird in den Zeugenstand gerufen, um den religiösen Status abzusichern. Frauen, Kinder und Angehörige werden zugelassen, wenn ihre Aussage belastend sind. Advokaten, die die Verteidigung von Ketzern übernehmen, werden suspendiert und als glaubensabtrünnig angesehen.

Ein drastisches Zeugnis für die inquisitorische Logik erkennen wir am Ausspruch Zaccinis: »... ein Zeuge, der eine dem Gefangenen ungünstige Aussage zurücknimmt, muß bestraft werden«. Falsche Zeugen werden zum Zeichen ihres Verbrechens beauftragt, sich Stoffstücke in Form von kleinen Zungen auf Brust und Rücken zu heften, damit sie jedermann erkenne.

An einem Pranger werden sie öffentlich zur Schau gestellt: ansonst bleiben sie im Kerker, damit der Öffentlichkeit die von ihnen wohl berechtigte Kritik am Gewaltglauben verborgen bleibt. Es liegt in der Natur des Verfahrens, daß eine Verteidigung bzw. Rechtfertigung so gut wie unmöglich ist. Der Angeklagte braucht weder ein Ketzer, noch besonders christlich zu sein, um in den Sog von »Intrigen ob des rechten Glaubens« zu gelangen. Wer sich weigerte, das ihm Angedichtete anzuerkennen bzw. abzustreiten, wurde als überführt angesehen und dem weltlichen Arm zur Bestrafung überstellt. Diese wiederum beeilte sich, klerikalen Wünschen zuvorzukommen: so schloß sich – schon damals – der »teuflische« Kreis der Ungerechtigkeit.

Im idealen Fall hatte er die Chance der Bewährung: dies bedeutete lebenslange Kerkerhaft. Dann ergeht die Weisung: »... sich ins Gefängnis zu begeben, sich bei Brot und Wasser einzuschließen und dort aufrichtig Buße zu tun. Wenn er den Kerker verlasse, ziehe er automatisch die Exkommunikation nach sich und werde als Rückfälliger betrachtet: die bedeutet im Umkehrschluß lebendiges Verbrennen auf einem Scheiterhaufen.

Kirchenbußen

Neben dem Inquisitionsverfahren gibt es die

traditionellen Kirchenbußen: sie werden von den Glaubenshütern verhängt und dienen angeblich der Rettung der menschlichen Seele. Manche Urteile lauten: » . . . zum besten der irrenden Seele und zur Tilgung der Sünden«. Solche Bußen sind von der Sache her beschwerlich. Sie bestehen aus frommen Werken, wie im Hersagen von Gebeten, Kirchenbesuchen, Geiselungen, Fasten und aufwendigen Pilgerfahrten. Geldzahlungen oder (Wachs)-spenden in begrenztem Umfang gehören dazu. Solche Strafbeimessungen hatten für den Klerus zwei Vorteile. Er verdiente daran und steigerte die stets notwendige Zwangs-Verherrlichung des Glaubens, der sich durch die Inquisition in Frage gestellt hat.

Ihnen folgen die »poena confusibiles«, demütigende und entehrende Strafen, von denen die schwerste das Tragen gelber Kreuze ist, die auf die Kleider genäht werden. Bedenkt man, daß das Ghetto eine christliche Erfindung ist und daß der Judenstern eine Variante christlicher »Leibzeichen« ist, wird man stutzig ob der gerechten Beurteilung unserer jüngsten Vergangenheit.

Das Konfiszieren der Güter wird als Nebenstrafe verstanden und ist, wie das Verbrennen, der weltlichen Gerichtsbarkeit überlassen: hier zeigt der Klerus als geistiger Initiator des Unrechts vornehm Zurückhaltung. Man unterscheidet zwischen zwei Kerkerstrafen: dem »murus largus« und dem »murus strictus«. Ich komme darauf zurück.

Der nachträglich zum Heiligen ernannte Domenikus, der Jahre seines Lebens für die Bekehrung der Ketzer verwendet, legt während seiner Amtstätigkeit unter dem Legat Arnold (um 1208) dem Katharer Pontius Roger folgende Buße auf: . . . er soll bis zum Gürtel entblößt, an drei aufeinanderfolgenden Sonntagen vom Priester gegeißelt werden, und zwar von seinem Kerker bis in die Stadt Treville zur Kirchentür. Für immer muß er sich des Fleisches, der Eier und des Käses enthalten, ausgenommen an Ostern, Pfingsten und Weihnachten. Er muß vollständig fasten, wenn es seine Gesundheit erlaubt. Er muß Mönchskleider mit kleinen auf die Brust genähten Kreuzen tragen. Wenn möglich, muß er täglich eine Messe hören und an den Festtagen der Vesper beiwohnen. Siebenmal am Tag muß er die Stundengebete sprechen, zehnmal das

Vaterunser und das gleiche zwanzigmal pro Nacht. Außerdem hat er die strengste Keuschheit zu beachten«.

Jeden Monat müsse er die Vorschriften dem Priester zeigen, der die Erfüllung der Buße zu überwachen hat. Falls er sie übertreffe, werde er als Meineidiger angesehen und aus der Gemeinschaft der Gläubigen geschlossen.

Es ist schwer zu unterscheiden, wer hier der Psyhopath ist: der angeblich Heilige vor dem Verkünden der Strafe oder der Betroffene danach!

Das Ausdenken einer solchen Strafe verdeutlicht uns (heute), wie verschroben man damals dem »rechten« Glauben gegenübergestanden hat. Es ist eine Strafe, die keinen Sinn ergibt.

Die Pilgerfahrten sind im Zeichen der Zeit mit Erschwernissen verbunden; man unterscheidet kleine und große. Zu den großen zählen in erster Linie Zwangsreisen nach Rom, Santiago de Copmpostella, Canterbury oder zu den hl. Drei Königen nach Köln. Die kleineren erstrecken sich zu den Kirchen der Ortsheiligen und sind in der Regel barfuß zu bewältigen. Die am Weg liegenden Klöster üben Gastfreundschaft aus und erlauben selbst dem Ärmsten das Weitergehen. In der Frühzeit besteht die Pilgerfahrt regelmäßig im Besuch von Palästina. 1243 oder 1242 wird es durch ein päpstliches Dekret untersagt.

Während die Pilgerfahrt *keinen* Ehrverlust beinhaltet, wird die Strafe des Tragens von aufgenähten Kreuzen als Demütigung empfunden. 1208 befielt man einem Ketzer: » . . . daß er zwei kleine Kreuze zum Zeichen der Reue tragen soll . . . eines davon auf der Brust und das andere auf dem Rücken«. Hat er einen Meineid geleistet, wird den Kreuzen ein zweiter Querarm aufgenäht. Ist er ein »vollkommener« Ketzer, wird ein dritter hinzugefügt. Hier übeträgt der Klerus die mittelalterliche »Bildersprache«, wie sie ja in den Kirchen praktiziert wird, auf die Bürger.

Wer gegen eine Bürgschaft auf freiem Fuß bleibt, muß einen Hammer tragen. Rote Zungen für falsche Zeugen und das Symbol eines Briefes für den Fälscher sind weitere »Leibzeichen« der Epoche. Sie dürfen nicht beiseitegelegt werden. Wenn sie abgetragen sind, muß sie der Büßer auf seine Kosten erneuern. Zunächst schwanken die Tragzeiten zwischen einem und sieben Jahren; später werden sie auf

Lebenszeit zuerkannt. Ein Charakteristika der »spanischen« Inquisition ist das Tragen eines Spottkleides, des »san benito«. Offiziell nennt man es »sacro benito«. Parallel dazu gab es die »zamarra«. Hinzu kommen mit Feuerzungen bemalte Kleider, mit christlichen Symbolen bemalte Schandmützen, die die Verurteilten vor der Vollstreckung des Urteils zu tragen hatten.

Problematisch im Umfeld des inquisitorischen Bemühens zeigt sich die Anwendung der Geldstrafen. Das Geld ist knapp bemessen. Schuldzahlungen ziehen sich oft über Generationen hin: so bleiben viele viel zu lang im Joch der Unterdrücker.

Dir Kirchenleitung sieht diesem Treiben ungern zu. 1244 befiehlt das Konzil von Narbonne den Inquisitoren, sich solcher Bußen zu enthalten. 1245 vertritt Innocenz IV. die Auffassung, » . . . um den guten Ruf der Inquisition zu schützen, sollen alle Geldbußen an zwei vom Bischof ernannte Personen bezahlt und zum Bau von Gefängnissen, bzw. zum Unterhalt der Gefangenen verwendet werden«. 1249 tadelt er einige Inquisitoren wegen der Höhe der von ihnen auferlegten Strafen und sagt: » . . . zur Schande des hl. Stuhles und zum Ärgernis der Gläubigen solle man davon absehen«.

1251 verbietet er das Erheben von Geldstrafen, » . . . falls irgendeine andere Art der Strafe gefunden werden kann«. Letztendlich erlangen Geistliche auf Schleichwegen das Recht, solche Bußen nach *ihrem* Ermessen festzuschreiben. Damit wird der Ungerechtigkeit das Tor geöffnet.

Hinzu kommt die Sitte, hohe Bürgschaften zu verlangen. Gewöhnlich wird das Vermögen des Betroffenen und das zweier Zeugen verpfändet. Jede Verurteilung bringt die Konfiskation der Güter mit sich. Man geht davon aus, daß sie mit dem Tag dem Fiskus verfallen, » . . . an dem der Ketzer sein Verbrechen geplant hat(!)«. Innocenz III. befiehlt 1163 den weltlichen Herren in einem Erlaß: » . . . in den Ländern, die unserer Jurisdiktion unterworfen sind, das Eigentum aller Ketzer einzuziehen . . . auch in den anderen soll diese Regelung eingeführt werden. Wenn sie säumig sind, sollen sie durch kirchliche Zensuren gezwungen werden«[24].

1231 kommt Verwirrung in die Rechtssprechung, weil der Wormser Reichstag bestimmt, daß Allodialgüter[25] und das persönliche Eigentum der Verurteilten den rechtmäßigen Erben und nicht der Kirche zufällt, bzw. daß Lehngüter für den Lehnherrn bestimmt sind. Außerdem sollen die Kosten für die Verbrennung des Ketzers, wie die dem Gerichtsherr zustehenden Gebühren, vom persönlichen Vermögen abgezogen werden«.

1233 protestiert das Konzil von Mainz gegen die Ungerechtigkeit: » . . . den Angeklagten ohne weiteres für schuldig zu betrachten und sein Vermögen einzuziehen«. 1252 bestimmt Innocenz III.: » . . . 1/3 sollen die Beamten der Inquisition und 1/3 der Bischof erhalten. Der Betrag darf *nur* zur Verfolgung weiterer Ketzer verwendet werden«[26].

1260 befiehlt Alexander IV. den Inquisitoren von Rom und Spoleto: » . . . das konfiszierte Vermögen zu verkaufen und den Erlös dem Papst zu entrichten«. Noch 1369 bestätigt der kirchentreue Kaiser Karl IV. daß »1/3 der Güter den Inquisitoren zufallen soll«.

Die Ableistungspflicht geht auf die Angehörigen und selbst Verstorbene über. 1239 befielt die Inquisition von Carcasonne die Ausgrabung und Verbrennung der Gebeine von sieben Personen, » . . . weil sie die auferlegte Buße nicht ausgeführt haben und infolgedessen in der Ketzerei verstorben sind«. Oft werden die Häuser der als Ketzer bezeichneten und die ihrer Begünstiger dem Erdboden gleichgemacht. Das Baumaterial fließt der Kirche zu.

Die strengste Strafe, die ein Inquisitor einem Glaubens(un)treuen auferlegen kann, ist die des Kerkers. Es ist eigentlich keine Strafe, sondern analog der Folter ein Mittel zu dem Zweck: » . . . durch das der Büßer beim Brot des Elends und dem Wasser der Trübsal Gott um die Verzeihung seiner Sünden bitten kann«. Der Kerker ist lediglich bei reuigen Sündern möglich. Die 1229 von Gregor IX. erlassene Bulle »ex communi cationis« bestimmt, daß alle, die nach der Verhaftung aus Frucht vor dem Tod zum ›wahren‹ Glauben zurückkehren, lebenslänglich einzukerkern sind . . . um die gebührende Reue zu vollbringen«.

Das Dekret von Ravenna gibt dieser Vorstellung Gesetzeskraft. So stellen die Inquisitoren das Einkerkern als besondere Gnade für diejenigen hin, die noch nicht alle Ansprüche auf das menschliche Mitleid verwirkt haben. Und warum: weil sie sich mehr Gedanken über die Religion gemacht haben als ihre Peiniger. Wo ist die christliche Nächstenliebe geblieben?

Man unterscheidet den »murus strictus« vom »murus largus«; nach einer strengeren und einfacheren Haft. Der Verkehr mit dem Eingeschlossenen ist untersagt, weil man befürchtet, daß dadurch weitere angesteckt und mit dem (Un)glauben konfrontiert werden. Beim »murus strictus« ist der Gefangene in einer kleinen, dunklen und schmutzigen Zelle angekettet.

Pro-katholische Schreiber versuchen, das Bild in *ihrem* Sinn zu fälschen, wenn *sie* behaupten: » . . . die Kirche nimmt keinen Anteil an der körperlichen Bestrafung der Ketzer. Diejenigen, die elend umgekommen sind, wurden wegen ihrer Verbrechen bestraft und von Richtern verurteilt, die die königliche Gerichtsbarkeit innehatten«. Tatsache ist, daß der Klerus das geistige Klima einbringt, sein Denken, Handeln und Wollen in den Vordergrund rückt und daß somit *sie* die eigentlichen Urheber der Auswüchse sind. Wenn man über einen Punkt nicht streiten kann, so ist es der Glauben.

Die Diener des »rechten« Glaubens bemühen sich bis zur letzten Sekunde, dem vermeintlichen Satan die vermeintliche Seele zu entreißen: » . . . wohl nirgends in der Geschichte hat sich der Eifer, aus dem Unglück der Menschen Gewinn zu ziehen, in so abstoßender Weise gezeigt, als bei jenen Geiern, die den Spuren der Inquisition folgten, um sich an dem von ihr angerichtetem Unglück zu mästen«[27]. Die wenigen, die sich vom Konsens des Mordens ausgeschlossen haben, sind rühmlich zu erwähnen, beeinflussen jedoch das Gesamtbild nicht.

Kuriales Machtstreben

Im Umfeld der Verfolgungen der Ketzer und der Einsetzung der Inquisitiontribunale setzt sich die Auffassung durch, daß der Kirche die Macht über alle Kreaturen zusteht, was bar jeder Logik ist. Politisch gesehen ist der deutschsprachige Raum damals schwach besetzt und die weltliche Gewalt stößt an ihre Grenzen. Einige deutsche Kaiser und Könige kommen dem kurialen Wunsch entgegen, ja

unterstützen ihn. Damit zeichnen sie sich mitverantwortlich für die Folgen.

1194 setzt Kaiser Heinrich IV. strenge Strafen auf die Ketzer. Er ordnet an, deren Eigentum einzuziehen und deren Häuser zu zerstören. Friedrich II. trägt zur Verschärfung der Situation bei. Am 12. Juli 1213 gibt er Innocenz und im September 1219 gegenüber dem Papst Honorius das Versprechen, gegen die Ketzer vorzugehen[28]. Im März 1232 erteilt er von Ravenna aus ein Dekret an alle Fürsten des Reiches, um zu gebieten, zur Ausrottung der Ketzerei beizutragen. Heute ist der Nachweis erbracht, daß diese Aktivitäten auf eine Beeinflussung von Dominikanern zurückzuführen sind[29]. In einer Konstitution vom März 1224 setzt er den Feuertod oder den Verlust der Zunge als Strafe für die Ketzerei an. Das kaiserliche Beispiel schüchtert Untergeordnete ein: so rückt die Verpflichtung zur Unterstützung des kirchlichen Ansinnens mehr und mehr in weltliche Gesetze, ja hinunter bis in einzelne Stadtordnungen. Weitere Zuträger sind Otto II. und Otto IV. Der Herzog von Bayern befiehlt um 1233 seinen Beamten, die Dominikaner bei der Ausrottung der Ketzer zu unterstützen.

Wieder hat die Kirche einen Winkelzug gewonnen. » . . . durch Jahrhunderte haben weltliche Fürsten dem Statthalter Christi Henkerdienste geleistet«[30] » . . . armes Deutschland, wie weit ist es mit dir gekommen, daß du vor geldgierigen Dominikanermönchen und deren Spießgesellen zittern mußt«[31].

Besonders ehrerbietig verhält sich der deutsche Kaiser Karl IV. gegenüber der Kirche: eigentlich müßte sie ihn zu einem Heiligen ernennen, denn ohne sein aktives Zutun hätte der Klerus seine starke Position – in dieser Form – nicht festigen können. Nachdem er am 5. Dezember 1368 mit Urban V. in Rom zusammenkommt, befiehlt er von Lucca aus, daß die Obrigkeit die Begharden und Beguinen als die schlimmsten Feinde des Reiches anzusehen hat: sie wären Ketzer und Geächtete. Außerdem verleiht er der Inquisition alle notwendigen Privilegien, Rechte und Freiheiten[32]. Am 17. Juni 1369 drückt er seine Freude über die Tätigkeit des Inquisitors Kerlin in den Bistümern Magdeburg und Bremen, wie in Hessen und Thüringen aus, wo man sieben Ketzer verbrannt hat.

Außerdem bestimmt er, daß die ketzerischen Häuser den Inquisitoren zu übergeben sind, damit man aus ihnen weitere Kerker schaffe. Gregor XI. bestätigt in einer Bulle vom 9. Juni 1371 diese Bestimmung. Am 17. Juni 1369 gibt der Kaiser einen Erlaß gegen die Ketzer heraus. Ihmzufolge wird allen Geistlichen, weltlichen Obrigkeiten, Richtern, Ratsmännern und Schöffen befohlen, den Inquisitoren Beistand zu leisten. Den Laien wird gleichzeitig verboten, kanonische Schriften in der Muttersprache zu lesen. Kurz vor seinem Tod tritt er nochmals für die Interessen der Inquisition ein, denn am 17. Februar 1378 bestellt er von Trier aus Konservatoren, um ihnen Beistand zu leisten.

Vor dem Abschluß des »corpus iuris canonici« führt Eymericus zehn zu Gunsten der Inquisition erlassene päpstliche Schreiben an[33]. Er betont, daß es unzweckmäßig sei, neben der katholischen Religion eine weitere im Staat zu dulden. Seiner Auffassung nach haben die Päpste *nie* ihre Macht überschritten; »außerdem stehe der Kirche das Recht zu, äußeren Zwang anzuwenden«[34]. Wer wundert sich, wenn Bonifazius VIII. 1302 in der Bulle »unam sanctam« erklärt:

● » . . . wir bestimmen als zur Seligkeit notwendig, daß jede menschliche Kreatur dem Papst unterworfen ist. Seine Gewalt ist göttlich«[35].

● » . . . kein Sterblicher unternehme es, den Papst einer Schuld anzuklagen. Er kann von niemand gerichtet werden«[36].

● » . . . wer die Dogmen, Befehle, Verbote, Bestimmungen und Beschlüsse des apostolischen Stuhles verachtet, den treffe der Bann«[37].

● » . . . kirchliche Rechte können durch keinen weltlichen Richterspruch aufgehoben werden[38]. Gott hat *uns* über die Könige und deren Rechte gesetzt, um auszureißen, zu zerstören, zu verderben, zu zerstreuen, zu bauen und zu pflanzen«[39].

Die Geschichte dokumentiert, daß es hier keinesfalls um neurotische Gelüste geht und daß es sich nicht um »theoretische« Rechthabereien handelt. » . . . wir haben es mit schlummernden Raubtieren zu tun, die agil und munter werden, sobald die Staatsgewalt Schwächen zeigt«[40]. Durch diese Vorstellungen hat man ein Phantom zur Realität erhoben, dem sich nahezu alle Menschen frei- oder unfreiwillig beugen!

Wer auch nur eine Sentenz zitiert oder diese den Gläubigen vorsetzt, glaubt sich durch das Wort: » . . . man muß Gott mehr als den Menschen glauben«, gedeckt[41], übersieht jedoch, daß sich die Menschen ihre Götter selbst geschaffen haben.

Damals schändet Gregor VII. den deutschen Kaiser Heinrich IV. im Büßerhemd. Alexander III. stellt dem Kaiser Friedrich (Rotbart) den Fuß auf den Nacken. Cölestin III. fühlt sich berechtigt, Heinrich IV. die aufgesetzte Krone mit dem Fuß wegzustoßen. Clemens IV. verflucht Ludwig d. Bayer und verlangt dessen Absetzung. Hadrian VI. schreibt 1332 an den Kurfürst Friedrich von Sachsen: » . . . du bist ein Schaf, untersuche nicht lange den Hirten, wirf dich nicht länger zum Richter über Gott (= Papst) auf«[42].

Es ist bekannt, daß sich die Kirchenleitung früh der wissenschaftlichen Forschung entgegenstellte, um ihre verknöcherten Traditionen besser wahren zu können. Bonifazius verbietet unter Androhung harter Strafen das Präparieren von Skeletten. Nachdem das Studium der Naturwissenschaften den Welt- und Ordensgeistlichen untersagt bleibt, wird den Mönchen die Ausübung der Medizin durch das Lateranische Konzil von 1139 und das sündhafte Lesen physikalischer Schriften durch eine Bulle Gregors IX. verboten. Selbst hier versucht die Kirche, den freien Geist zu knechten, indem sie die Herausgabe von Büchern *ohne* ihre Zustimmung zu verhindern sucht. Wie sonst wäre die folgende Äußerung zu verstehen: » . . . damit nicht durch die Buchdruckerkunst Dornen unter dem guten Samen aufschießen und nicht Gift unter die Arznei gemischt wird, unterstehe sich niemand, wer es auch sei, ein Buch oder eine Schrift zu drucken, ohne daß er über die Erlaubnis des päpstlichen Vikars, Bischofs oder Inquisitors verfügt: bei Strafe von 100 Dukaten an die päpstliche Kammer, der Verbrennung der Bücher *und* der Exkommunikation«[43].

Durch die Igelstellung, die zum Versteckspielen eines unredlichen Systems günstig ist, hat sich die Kirche eine gefährliche Schlinge um den Hals gelegt, sich weit von einstigen Idealen entfernt: sie ist der Wahrheit damit entrückt. Dies zwingt sie (noch heute) dazu,

Dinge als glaubenswahr zu deklarieren, die bar jeder Logik sind.

Diese Vorbemerkungen sind notwendig, um den Blick für die Inquisition zu öffnen. Ich umreiße sie kurz für einzelne Länder und verweise auf die Spezialliteratur zu den Vorgängen. Die Beschreibung der Inquisition ist in einem »Hexenbuch« nur insofern von Bedeutung, als daß wesentliche Linien nachzuzeichnen sind. Es verdeutlicht ein einheitliches Wollen, Denken und Handeln. Es ist der unbeugsame Sinn der Kirche, sich in die vordere Reihe der Anerkennung zu zwängen, anstatt sich auf die Grundlagen der christlichen Nächstenliebe zu besinnen. Auf der anderen Seite ist ihr Verhalten verständlich, denn sie benötigt zum Überleben die Masse: Quantität anstatt Qualität: dies ist ihr Problem!

Inquisition in Deutschland

Das »Glaubensgericht« hat in Deutschland wenig Bestand und bleibt trotz der Zuarbeit einiger weltlicher Herren Flickwerk. Die Tribunale erlangen kaum Bedeutung, haben aber markante Folgen. Das Bemühen scheitert u.a. an den übergangenen Bischöfen. Sie sehen einen Eingriff in ihre seitherigen Kompetenzen, als man ihnen Inquisitoren vor die Nase setzt.

Zum anderen entspinnt sich ein hartnäckiger Kampf zwischen Kirche und Staat. Wenngleich sich die weltlichen Herrscher beugen, geht die Institution Kirche als Verlierer *und* Sieger zugleich hervor, weil *ihr* Glaubenssystem auf wackligen Beinen ruht und Gewalt dazu herhalten muß, es zu kitten. Das Foltern, Kerkern und Verbrennen schiebt sie der weltlichen Gerichtsbarkeit in die Schuhe; sie wäscht ihre Hände vor der unkritischen Masse in Unschuld.

Deutliche Angaben über die Inquisition in Deutschland verdanken wir dem anonymen Schriftsteller David v. Augsburg, der um 1260 – 1266(?) zur Feder greift. Die vorgetragenen Instruktionen lassen ein ausgebildetes Prozeßverfahren erkennen. Es haben sich nur wenig Namen von deutschen Inquisitoren erhalten. Zu ihnen gehört der Martinus, Eylard Schönfeld und Johann v. Frankfurt, Konrad v. Marburg, ein Dominikanerprovinzial Konrad und ein Walter Keerling. Zu ihnen gesellen sich später die Verfasser des Hexenhammers, Institoris und Sprenger. Am 1. Mai 1318 geht

ein päpstlicher Erlaß an die Bischöfe von Olmütz, Meißen und Krakau, an den böhmischen König, den Markgraf von Meißen, wie an die Herzöge von Krakau und Breslau. Darin wird die Ernennung eines päpstlichen Inquisitors angezeigt. Um 1381 gibt es in den Diözesen Regensburg, Bamberg und Meißen keine offiziell tätigen Inquisitoren mehr; von da an wird vermutlich kein Ketzerrichter mehr bestellt[44].

Die Kirche hat zu diesem Zeitpunkt nicht mehr die Kraft, Andersdenkende mit einem Federwisch vom Tisch zu fegen. Schon fährt sie mit »halber« Kraft; sie bekämpft die »innere« Ungerechtigkeit, die Tradition und muß sich einem veränderten Menschenbild stellen. Sie erkennt, daß ihr Ketzerei und Inquisition blutige Wunden gerissen haben, denn sie hat sich auf die Seite von Glaubensmördern gestellt. Die Vorboten der Reformation zeichnen sich ab; es wird *ihrem* Wollen nach dem Anspruch auf Totalität einen weiteren Strich durch die Rechnung machen.

Die Ketzergrube

Lang vor der Installierung der »deutschen« Inquisition tobt der Kampf gegen sog. Ketzer. Nach einer bischöflichen Verordnung aus dem Jahr 1051 werden in Goslar mehrere Katharer zum Tod durch Flammen verurteilt[45]. 1112 läßt der Erzbischof Bruno von Trier zwei Priester als Ketzer hinrichten. 1163 werden unter dem Erzbischof Reinold sechs Männer und zwei Frauen verbrannt[46]. 1164 gelangen in Trier einige Ketzer auf die Scheiterhaufen. 1209 kommt der Bischof von Straßburg, Heinrich II. von Behringen, im Gefolge des Kaisers Otto IV. nach Rom. Einige Begleiter zeigen sich »über die fast offene« Duldung der Ketzerei in der hl. Stadt empört. Dieser Legende zufolge soll er sich nach der Rückkehr intensiv mit diesem Phänomen auseinandergesetzt haben, denn er gelangt zu der Erkenntnis, » . . . daß sein Land nun voll Ungläubiger sei«.

Als die Lehre der Waldesier in Straßburg Fuß faßt, ruft Heinrich II. den Beschlüssen der Synode von Verona zur Folge (1184) Dominikaner als Inquisitoren gegen die »ketzerische Bosheit« auf[47]. Rasch hat man 500 zusammengetrieben, um ein Exempel zu statuieren. Im Anblick des nahenden Todes liest man ihnen in 17 Artikeln erdichtete Sünden vor. Beispielsweise, daß sie nachts zum Buhlen mit Weibern zusammenkommen[48].

Der Priester Johannes, ein waldesischer Wortführer, beteuert, daß ihnen, wenn sie auch Sünder wären, nichts gegen den christlichen Glauben vorzuwerfen sei ... sie erwarten von der göttlichen Barmherzigkeit die Verzeihung ihrer Fehler[49]. Doch weit gefehlt! Letztendlich wird der Kirchenbann gegen sie erhoben und in einer großen Grube ein Scheiterhaufen errichtet, auf dem die Unglücklichen gemeinsam verbrannt werden. Bis weit in das 16. Jh. hinein hat sich im Volksmund die Bezeichnung »Ketzergrube« erhalten. Die Waldesier wüten vor allem im Südosten des Landes. Die Annalen von Klosterneuburg (1210) berichten: » ... daß viele pestilenzische Pataner (? wohl = Patarener = Katharer) getötet worden sind«. Vermutlich bezieht es sich auf die Verfolgungswellen durch den Herzog Leopold v. Österreich zwischen 1198 und 1230, der Einzelne sieden läßt. Kurz danach soll Gregor IX. gesagt haben: » ... der Glaube sei in Deutschland selten. Man sollte in allen Provinzen Ketzer und Verdächtige ergreifen und nach den päpstlichen Dekreten (von 1231) gegen sie vorgehen«.

Konrad v. Marburg

ist der Beichtvater der hl. Elisabeth von Thüringen. Mit 18 Jahren vertraut sie sich ihm an, der » ... dieses Himmelskind mit der Grausamkeit eines Dämons zu knechten begann«[50]. Sechs Jahre später sinkt sie in das Grab. Aufgrund verschiedener Visionen und der Tatsache, daß ihr Körper »noch im Tod gut roch und Wunder auf Wunder geschah«, wird sie auf sein Betreiben heilig gesprochen.

Konrad erhält 1214 den Auftrag, in Deutschland einen Kreuzzug zu predigen. Dies bringt ihn in eine enge Beziehung zu Rom. Viele nehmen an seinen Predigten teil und ergreifen das Kreuz. Sagte nicht ein Kritiker des kurialen Regiments: » ... wenn man das Kreuz anbetet, an dem Christus gestorben ist, muß man auch den Esel anbeten, auf dem er geritten ist«. Ich meine, daß beide Annahmen auf ihren Realitätsgehalt untersucht werden müßten. Es ist fraglich, ob er an einem Kreuz gestorben ist und es ist gleichgültig, ob er je auf einem Esel geritten ist: wir haben ein »zeittypisches« Transportmittel vor uns: mehr nicht.

1227 wird Konrad v. Marburg beauftragt, die Inquisition in Deutschland durchzuführen. Der Papst ermächtigt ihn, » ... wen auch immer zu seinem Beistand zu ernennen, um mit seiner Hilfe eifrig nach allen zu fahnden, die von der Ketzerei angesteckt sind ... damit das Unkraut aus dem Weinberg des Herrn ausgerottet wird«.

Acht Tage später (20. Juni) erteilt ihm Gregor IX. die Befugnis: » ... die Verordnungen des Kardinallegaten Konrad v. Potho(?) gewaltsam durchzuführen«. Im Oktober 1231 erreicht ihn ein Lob des Statthalters Christi auf der sündigen Erde. Nun besinnt er sich der verlotterten Kirchenzucht und jagt gottlose Nonnen aus dem Kloster von Nordhausen. Zudem erinnert er sich des weltlichen Armes, um die Blutarbeit im Namen Christi zu beginnen. Konrad geht ohne Zaudern ans Werk. Er kennt die Alternativen: gestehen *und* verbrennen oder nicht gestehen *und* verbrennen[51]. In Marburg werden Verdächtige ergriffen, unter ihnen Ritter und Priester. Einige widerrufen, andere werden verbrannt. Während einer Reise nach Erfurt im Jahr 1232 nimmt der Knecht Gottes die Chance wahr, weitere den Flammen zu überliefern. Konrad v. Marburg sendet an Gregor IX. einen verfänglichen Bericht über das Treiben der Luziferianer. Darin stellt er die Behauptung auf, daß es eine Sekte gibt, die den Teufel anbetet, sich unzüchtig vermischt, daß ihr ein schwarzer Kater erscheint und daß sie die Hostien zur Schande des Erlösers in den Abfluß werfen. Ähnliche Argumente werden (später) gegen angebliche Hexen zurechtgelegt.

Es ist anzunehmen, daß der in Glaubensdingen unfehlbare Papst *diese* Anmerkungen in seine Bulle aufgenommen hat[52], die bei der Interpretation des (späteren) Hexentreibens Bedeutung erlangt, aber nichts als eine Farce ist.

▶

Geiler von Keiserberg. Domprediger in Straßburg. Er predigt des öfteren über das Thema »Hexen«. Er ist davon überzeugt, daß die Hexen mit teuflischer Hilfe aktiv werden können. Dies reiht ihn unter die Befürworter des Hexenwahns ein, zumal er als Geistlicher ohnehin vom Teufelswahn befangen ist.
Holz 37,3 x 26,5 cm. Bayer. Staatsgemäldesammlungen, 8 München. Mit freundl. Genehmigung.

Am 10. Juni 1233 teilt er Konrad mit, daß er zu einem Kreuzzug gegen sie aufrufen soll. Der Mainzer Erzbischof, der Bischof von Hildesheim und der deutsche Kaiser mitsamt seinem Sohn Heinrich, erhalten die päpstliche Order ihre Kraft aufzubieten, um die »elenden« Ketzer auszurotten. Schließlich erleidet Konrad v. Marburg eine persönliche Niederlage, indem er gegen den Graf von Saym, einen mächtigen Adeligen aus der Diözese Trier, vorzugehen sucht. Der Gottesknecht wird am 30. Juli 1233 auf freiem Feld erschlagen[53]. Einer seiner Helfer wird in Freiburg erhängt. Konrad Dorso wird erschlagen, als er in Straßburg den Junker von Mühlheim (Müllenheim(?)) vorzuladen sucht[54]. Wegen seiner besonderen Verdienste wird Konrad v. Marburg an der Seite der hl. Elisabeth beigesetzt.

»... der Enthusiasmus eines solchen Mannes mußte zur Katastrophe führen. Er ist nicht für das angerichtete Elend verantwortlich. Die Schuld tragen die, die sich kaltblütig eines solchen Werkzeuges bedienten, die seinen Eifer auf die Spitze trieben«. Gregor IX. ist ob dieser grausamen Tat erschüttert und übersieht, daß *sein* Wollen der Auslöser gewesen ist. Er lamentiert: »... der Tod Konrads sei ein Donnerschlag für ihn, der das Heiligtum der Christenheit erschüttere. Er könne keine Worte finden, die stark genug wären, um die himmlischen Tugenden und Verdienste dieses Märtyrers zu würdigen... er könne keine Strafe ausfindig machen, die für den Mörder zu streng ist«[55]. Er übersieht, daß er ein intellektueller Mörder ist. Vielleicht erinnert er sich an den Kirchenvater Augustin, der gesagt haben soll: Zwang darf angewendet werden, wenn er zum Guten ist.

Auf einer Synode tritt jetzt der Groll der deutschen Bischöfe zutage, vor allem wegen des Ansehens, das die geistlichen Kurfürsten von Mainz, Trier und Köln besitzen, das man ihnen durch das Vorschieben des Inquisitors genommen hat. Die Würdenträger reichen beim Papst eine Beschwerde ein. Konrad v. Marburg wird scharf getadelt und von 25 Bischöfen verurteilt. Einer vertritt die Auffassung: »... er müsse ausgegraben und als Ketzer verbrannt werden«[56]. Erneut weisen sie darauf hin, daß ihnen die Gerichtsbarkeit über Glaubensabtrünnige zusteht, die sie doch selber sind, denn sie haben Gewalt an ihre Fahnen geheftet, die eines Christen unwürdig sind. Sie weisen die Mönche in die Schranken und untersagen ihnen, sich in öffentliche Geschäfte wie in die bischöfliche Gerichtsbarkeit zu mischen[57].

Der Papst macht im Juli 1235 seinem Unwillen Luft und verurteilt in heftigen Gemütsbewegungen die Mainzer Synode: »... weil sie gewagt hat, die freizusprechen, die Konrad verfolgte«. Sein Urteil ist plump: »... man soll sich im folgenden März dem nach Palästina aufbrechenden Kreuzzug anschließen und eine Bürgschaft stellen. Mittlerweile sollen sie barfüßig und nackt bis auf die Beinkleider, mit einem Strick um den Hals und einer Rute in der Hand, alle größeren Kirchen im Umkreis ihres Verbrechens besuchen und dabei gegeißelt werden«.

Daraufhin erhält ein Dominikanerprovinzial namens Konrad am 21. Oktober 1233 den Befehl, in Gemeinschaft mit den Bischöfen die Inquisition in Deutschland einzuführen. Konrad v. Hildesheim kommt diesem Ansinnen nach, bleibt jedoch erfolglos. Das erste, was von dem am 2. Februar 1234 in Frankfurt zusammengekommenen Reichstag berichtet wird, ist, daß der junge König Heinrich den Bischof wegen seines Aufrufes zum Kreuzzug rügt. Der Reichstag legt auf die Feststellung wert, daß Recht *immer noch* vor Unrecht zu stehen habe.

Verfolgung der Stedinger[58]

Damals gehört ein Teil des heutigen Oldenburg zum Erzbistum Bremen, deren Bischöfe das Jagdrecht und den Zehnten über den teils zu Delmenhorst, teils zu Oldenburg gehörenden Gau Steding beanspruchen. Chroniken berichten, daß ein Priester beim Abendmahl der Frau eines Gutsbesitzers anstatt der Hostie einen Beichtgroschen in den Mund gelegt hat, weil er ihm als Opfergabe für den Herrn zu gering erscheint[59]. Ihr Mann ärgert sich darüber und verklagt den Geistlichen. Weil er von dieser Seite weitere Vorwürfe erntet, erschlägt er den Beleidiger. Danach kommt der Stein ins Rollen. Der Streit nimmt am Ende des 12. Jh. ernsthaften Charakter an. Der Bischof Hartwig II. v. Bremen fordert von den Stedingern die Auslieferung des Mörders und wird abgewiesen. 1197 schickt er Geistliche ins Land, um den Zehnten einzutreiben. Sie werden unter Beschimpfungen über die Grenze gejagt[60]. Daraufhin reicht der gekränkte Bischof eine

Klage beim Papst ein und verschärft die »geistlichen« Strafen. Der Erzbischof Ludwig II. erwirkt sich die Erlaubnis, einen Kreuzzug gegen die Stedinger zu predigen. Hartwig II. plant 1207 einen Einfall in ihr Gebiet[61], denn mit vernünftigen Argumenten kann er ihnen nicht beikommen. Er stirbt 1209 und sein Neffe, Gerhard II. folgt ihm im Amt. Die Fehden werden fortgesetzt und es gelingt den Häschern, die Burg Schlutter (castrum sluttere) aufzureiben. Um 1230 sammelt sich unter der Führung des Grafen Hermann v. der Lippe ein Heer gegen die Aufsässigen und inszeniert einen blutigen Angriff. Er unterliegt mit seinen Mannen; Hermann liegt mit 200 erschlagenen Kämpfern auf dem Feld.

Jetzt steigert sich die Verbitterung auf beiden Seiten. Priester und Mönche müssen das Land der Stedinger verlassen. Das Volk ist gezwungen, selbst Gottesdienste einzurichten. Gregor IX. verfügt durch eine Bulle die Bischöfe von Minden, Lübeck und Ratzeburg, ihrem Mitbruder beizustehen und das Kreuz gegen die Stedinger zu ergreifen. Es reicht nicht hin, um ihren Widerstand zu brechen.

Deshalb weitet der Papst die Order auf die Bischöfe v. Paderborn, Hildesheim, Verden, Münster und Osnabrück, wie an den Erzbischof von Mainz aus. In einem zusätzlichen Breve, das in den Kirchen der benachbarten Diözesen zu verlesen ist, werden streitbare Männer zum Wehrdienst aufgerufen. Ein Jahr später ist ein christliches Heer zusammengetrommelt, das es der Kirche ermöglicht, die Widersacher auszurotten.

Sie werden am 2. Mai 1234 bei Altenesch geschlagen. 4 000 Tote wegen eines Beichtgroschens? Die Zurückgebliebenen müssen Gregor IX. Genugtuung leisten und dem Erzbischof von Bremen Gehorsam schwören. Das Stedingergau wird zwischen dem Erzbischof von Bremen, den Grafen Otto II. und Christian III. v. Oldenburg geteilt. Um diese Zeit gehört der Kirche bereits der 7. Teil des Grund und Bodens im deutschsprachigen Raum.

Nachdem die Stedinger geschlagen sind, wird in deren Parochien ein Verzeichnis aufgelegt, das alle männlichen Personen vom 14. und alle weiblichen vom 12. Jahr an verpflichtet, eidlich zu bestätigen, daß sie jeden Ketzer zu verfolgen bereit sind. Außerdem wird ihnen untersagt, Bücher des Alten Testament zu be-

sitzen, daß sich ein Kranker, der der Ketzerei verdächtig ist, sich eines Arztes bedienen darf und daß jeder als der Ketzerei verdächtig anzusehen ist, der nicht dreimal pro Jahr zur Beichte schreitet, bzw. das christliche Abendmahl empfängt.

Die Karriere des Konrad v. Marburg und die Auseinandersetzung mit den Stedingern verdeutlichen den Konflikt. In diese Epoche fällt der Dialog zwischen Papst und Kaiser, Kirche und Reich, Glaube und Verstand. Er führt zu einem lang anhaltenden Kampf.

Friedrich II. soll durch das Auferlegen von Kirchenstrafen gezwungen werden, einen Beitrag zum zugesagten Kreuzzug zu leisten. Weil er dem Ansinnen nicht nachkommt, wird er am 29. September 1227 exkommuniziert. Hieraus entsteht eine scharfe Kontroverse. Seit der umstrittenen Wahl von Ludwig d. Bayer (1314) sind die Beziehungen zwischen dem Reich und dem Papst gespannt. Der Sieg von Mühldorf sichert dem weltlichen Herrscher die Krone, die die Kirchenführung nicht anerkennt. Ein Jahr später folgt der Bruch mit dem Papst Johann XXII. Hieraus entspinnt sich ein Kampf um Leben und Tod zwischen zwei konkurrierenden Machtsystemen.

Jeder erklärt seinen Gegner zum Ketzer. Daraufhin läßt der Papst Bannflüche, Exkommunikationen und Interdikte über Deutschland regnen. Ludwig verfolgt die Geistlichen mit Grausamkeit und Härte. Doch die meisten deutschen Herrscher sind auf lange Sicht gesehen zu schwach, um sich den Vorstellungen der Kirche zu widersetzen. Dieser kommt das Bedürfnis des Individuums nach Religion entgegen, ohne die sie nicht auszukommen vermeint.

Inquisition in Spanien

Im Gegensatz zum deutschsprachigen Raum ist Spanien als wenig besiedelter Großflächenstaat anzusehen. Hier hat die Kirche ein leichtes Spiel; umso verheerender sind die Folgen, deren Gewicht sie zum damaligen Zeitpunkt nicht erkennt oder falsch einschätzt. In Spanien gelangt die Inquisition zu erheblicher Bedeutung[66]. Bereits 1197 verordnet Peter II., König von Aragonien, daß die Ketzer sein Land verlassen sollen, und, wer diesem nicht nachkomme, seine Güter verliere.

Die »spanische« Inquisition unterscheidet sich in ihrer praktischen Ausübung von der in

Beispiele von Ketzerverbrennungen aus dem 13. – 15. Jh.

Wann	Begebenheit
1285	Im Salzburger Gebiet werden Ketzer verfolgt. In Krems werden 16, in St. Pölten 11 und in Wien 102 Personen verbrannt.
1315	Der Bischof Heinrich I. von Breslau läßt 50 Ketzer durch Franziskaner und Dominikaner verbrennen.
1378 – 1384	Der Domdechant Heinrich von Regensburg läßt als päpstlicher Inquisitor Frauen als waldesische Ketzer verbrennen.
1378 – 1379	In Nürnberg werden 15 Ketzer verbrannt.
1392	Der päpstliche Inquisitor Martinus läßt mehrere Ketzer in Erfurt verbrennen.
1393	Der Dominikanerinquisitor Petrus läßt in Wolfern (Niederösterreich) mehrere Ketzer verbrennen.
1397	Die Klosterannalen von Garten berichten, „ . . . daß im nahegelegenen Steywr (wohl: Steyr) mehr als 1 000 Personen wegen Ketzereien eingekerkert waren und daß man zwischen 80 bis 100 von ihnen verbrannt hat". Dies ist ein grundsätzlicher Hinweis, denn die Zange des späteren Hexentreibens greift einmal vom Süden Frankreichs, wo erhebliche Ketzerbewegungen aufkommen, und zum anderen aus der hier genannten Ecke auf den deutschen Raum.
1399	In Nürnberg werden sechs Frauen und ein Mann wegen Ketzereien verbrannt.
1402	Der Inquisitor Eylard Schönefeld läßt in Lübeck und Wismar zwei Ketzer öffentlich verbrennen.
1411 – 1467	In Wien werden zwei Ketzer verbrannt.
1429	Der Inquisitor Johann von Frankfurt berichtet: „ . . . daß er am 4. Juni in Würzburg den Ketzer Johann Fuyger öffentlich verbrannt hat, . . . unter großen Feierlichkeiten, an einem öffentlichen Ort und nach einer hinreißenden Predigt übergab er ihn dem weltlichen Gericht"[62].
1438	In Zürich werden Ketzer verbrannt.
1450 – 1487	In der Diözese Regensburg kommt ein merkwürdiger Fall zutage, der zwischen inquisitorischem Gehabe und Zauberei einzuordnen ist[63]. Hier werden einige unbußfertige Ketzer zum Flammentod verurteilt. Doch das Feuer läßt sie unversehrt. Durch ein neues Urteil will man sie ertränken, aber selbst das Wasser schadet ihnen nicht. Schon wagen einige, ihren Glauben rechtmäßig anzuerkennen. Nun legt der kluge Bischof seiner Herde ein dreitägiges Fasten auf. Schließlich entdeckt man bei einem der Unschuldigen ein sog. „maleficium". Es wird entfernt und glücklicherweise können die Bösewichter nun verbrannt werden[64].
1485	Wird von Ketzerverfolgungen in Berlin berichtet. Hier sind zur Zeit Friedrichs II., der Bischof Stephan von Brandenburg und der Franziskaner Johann Kannemann als Inquisitoren bestellt. Sie verurteilen am 28. April einen Matthäus Hagen als Ketzer zum Feuertod und übergeben ihn in feierlicher Weise den kurfürstlichen Beamten zum Verbrennen[65].
	Danach: Erscheinung des Hexenhammers.

anderen Ländern. Wegen der Hartnäckigkeit und Grausamkeit ihrer Glaubensrichter, der Länge der Zeit her, wie in einzelnen Foltermethoden. Beispielsweise der »Wasser- oder Feuerfrage«, der »spanischen Stiefel« oder der Verwendung der »madre dolorosa« eines »todsicheren« Tötungsmechanismus. Spanien ist das klassische Land der Großinquisitoren, mit einer immensen Machtfülle ausgestattet, dort schält sich die Diffamierung der zurückbleibenden Familien heraus. Tausende tragen die »Zamarra« oder den »San Benito«, das Spottkleid der Ketzer.

Der Jesuit Mariana sagt: » . . . (die) Inquisitoren gingen mit der Folter gegen (die) Ketzer vor. Nach langen Qualen wurden sie durch Feuer getötet. Ihren Familien wurde dauerhafte Infamie eingeprägt und deren Güter (wurden) eingezogen«. Die Klagen über die Grausamkeiten der Inquisition dringen bald an das Ohr des Papstes Sixtus IV. Er fühlt sich betroffen und tadelt das Vorgehen in einem Breve vom Januar 1481 (einige Jahre, bevor der Hexenhammer erscheint). Darin sagt er unverhohlen: » . . . ohne Innehaltung irgendwelcher Rechtsverfahren haben sie viele eingekerkert, schrecklichen Folterqualen unterworfen, sie ungerecht als Ketzer ausgegeben und sie ihres Vermögens beraubt, um sie (dann) verbrennen zu lassen«. Der Statthalter Gottes wird hellhörig[67], unternimmt jedoch nichts Grundsätzliches zur Besserung der Lage. Der spanische Inquisitor Lucere, Domherr von Almeria, geht in seinen Bestialitäten so weit, daß man ihn anstelle seiner Opfer in einen Kerker sperrt. Ein weiterer Inquisitor wird am Altar erschlagen. Die Vergewaltigung weiblicher Gefangener hat so überhand genommen, daß man die Todesstrafe darauf setzt[68].

In Spanien sind die Dominikaner Träger der Inquisition. Mit Vollmachten der Päpste Gregor IX., Innocenz IV., Urban IV., Klemens IV. und V. ausgestattet, üben sie ab der 1. Hälfte des 13. Jh. das inquisitorische Amt in den Königreichen Kastilien, Leon und Aragonien aus. Ein für seine Grausamkeit bekannter Inquisitor ist Nicolaus Eymericus. Er fungiert seit 1338 in Aragonien, hat sein Amt 44 Jahre inne und genießt das Ansehen eines vorbildlichen Christen, » . . . er hat alles getan, um seinen Artgenossen die Blutarbeit zu erleichtern, denn er hinterläßt einen praktischen Leitfaden für den Umgang mit Ketzern«. Der Mühe,

eine Bibliothek grausamer Vorschriften mit sich herumzuschleppen, hat er sie enthoben. Sein Brevier, ein Kruzifix im Felleisen, und der »Mann Gottes« hat alle Requisiten für die Menschenjagd zusammen[69]. Aufgrund des Henkerbuches sind viele in Gefängnissen verfault, um Vermögen, Gesundheit und Leben gebracht worden[70]. Eymericus stirbt 1393 am Schauplatz seines Wirkens.

Die »spanische« Inquisition ist eine kirchliche Angelegenheit. Der Jesuit Blötzer sagt im Staatslexikon der Görres-Gesellschaft: » . . . der vorherrschend kirchliche Charakter der spanischen Inquisition läßt sich heute kaum mehr in Zweifel ziehen«[71]. Der Jesuit Grisar bekennt: » . . . alle Großinquisitoren erhielten die Vollmachten vom hl. Stuhl. Eine Tatsache, die niemand in Abrede stellen kann«. Sixtus V. sagt in der Bulle »immensa aeterni Dei« vom 22. Januar 1588: » . . . es ist unsere Absicht, daß in der Inquisition der spanischen Länder . . . die durch die Vollmacht des päpstlichen Stuhles eingesetzt worden ist, und durch die wir auf dem Acker des Herrn täglich reiche Früchte zeitigen sehen . . . ohne unser oder unserer Nachfolger Wissen darf nichts daran geändert werden«[72]. Der Inquisitor Ludwig von Paronne schreibt: » . . . unsere Vollmachten erhalten wir vom Papst«. Caesar Carena erklärt: » . . . die Generalinquisitoren sind vom Papst bestellte Richter«.

Hinzu kommt eine Inschrift am Inquisitionsgefängnis von Sevilla, die besagt: » . . . im Jahre des Herrn 1481 unter dem Pontifikat Sixtus IV. und unter der Herrschaft Ferdinands und Isabellas nahm hier die hl. Inquisition ihren Anfang. Bis in das Jahr 1524 haben mehr als 20 000 Ketzer ihre scheußlichen Verbrechen abgeschworen eine ›andere‹ Meinung zu haben. Fast 1 000 sind dem Feuer überliefert worden, unter Billigung der Päpste Innocenz VIII., Alexander VI., Pius III., Julius II., Leo X., Adrian VI. und Klemens VII. Der Lizentiat de la Cueva hat, auf Befehl und Kosten des Kaisers unseres Herrn, die Inschrift anbringen lassen, die verfaßt ist von Diego von Cortegano im Jahr 1524«.

Die Kirchenschreiber suchen das Bild zu drehen, indem sie vortragen, daß die spanische Inquisition eine Angelegenheit des Staates sei. Sie berufen sich auf das Königspaar Ferdinand und Isabella, die Sixtus IV. um die Einführung der Inquisition ersuchen. Durch ein Breve vom September 1478 entspricht der Statthalter dieser Bitte und gibt der spanischen Krone die Erlaubnis, Inquisitoren zu ernennen. Sie wird eingeführt, um: » . . . die dogmatische und sittliche Reinheit der Religion zu schützen«. Der Papst teilt am 23. Februar 1483 der Königin mit, daß *ihm* die Einführung der Inquisition sehr am Herzen liege. Sie soll *seine* Bemühungen unterstützen, weil sie dadurch Gott wohlgefälliger werde als durch alles andere(!)«. Historisch ist nachweisbar, daß die Inquisition in Spanien auf klerikale Kreise zurückgeht. Die Verherrlichungsschreiber vertuschen das Entscheidende: die Zeit *vor* Sixtus, in der die geistigen Grundlagen aufgerichtet werden. Sie erhalten durch die Aktivitäten von Ferdinand und Isabella lediglich einen »staatlichen« Rahmen.

Nach der offiziellen Einsetzung werden am 17. September 1480 die Dominikaner Michael de Morillo und Johannes de S. Martino als Glaubensrichter für die Stadt und Diözese Sevilla ernannt. Sixtus dehnt am 17. Oktober deren Gewalt auf Kastilien und Leon aus und läßt wissen: » . . . kraft apostolischer Vollmacht bestellen wir Michael und Johannes zu Inquisitoren in diesen Ländern. Wir ernennen den Erzbischof Inigo von Sevilla zum päpstlichen Appelationsrichter. Keinem Menschen ist gestattet, sich unserer Willenserklärung zu widersetzen. Wer es tut, der wisse, daß er den Zorn des allmächtigen Gottes wie den der Apostel Petrus und Paulus auf sich gezogen hat«[73].

Torquamada und andere

1483 verschafft Sixtus IV. die Würde eines Großinquisitors für Spanien dem Dominikanerprior von St. Cruz in Segovia, Thomas (de) Torquemada. Am 27. Oktober 1483 unterstellt er ihm gleichzeitig das Königreich Aragonien. Er ist ein Günstling von Ferdinand und führt kurz danach das Glaubensgericht in Aragonien und Kastilien ein. Die Spanier nennen ihn »König der Henker«. Er errichtet eine eigenständige Inquisitionspolizei. Hier gelten besondere Aufnahmebedingungen, wie die »Reinheit des Blutes«, bzw. daß kein Vorfahre von der Inquisition bestraft worden ist[74]. Torquemada proklamiert die Fahne der Inquisition, der sog. »Miliz Christi«, die im Kern 1208 vom Gründer des Dominikanerordens in Frankreich eingeführt wird.

Torquemada ist ein Fanatiker, der sich bei jedem Vorgehen auf die Ketzer durch Fasten und Geißeln vorbereitet[75]. Vor Beginn des Verhörs muß der Beschuldigte auf das Evangelium schwören. Er inszeniert 1484 ein Inferno und verurteilt 40 Tote wegen des Vergehens der Ketzerei. So ergeht das Urteil, die Leichen auszugraben und sie den »gerechten« Flammen zu übergeben. Er frohlockt: » . . . da wir wissen, daß die Genannten in geweihter Erde liegen, und da kein Ketzer, Apostat, Exkommunizierter . . . dort liegen darf, da wir wissen, wie man sie fortschaffen kann, ohne daß die Gebeine der treuen Katholiken berührt werden, befehlen wir, daß sie ausgegraben und den Flammen übergeben werden«. Das Urteil wird am 15. März 1485 vollstreckt.

Der Chronist Molens berichtet: » . . . wenden wir unsere Augen weg . . . bei dem man Skelette und faulende Leichen an vierzig Pfählen den zweiten Tod, den des Feuers, erleiden machen will. Sind das die Milderungen, die durch die Inquisition bei den weltlichen Gerichten eingeführt sein sollten?«[76].

Sixtus IV. schreibt an Torquemada: » . . . deine Taten erfüllen mich mit großer Freude . . . und, wenn er so fortfahre, werde er die höchste päpstliche Gunst erwerben«[77]. Was ist dies? Unter Torquemada werden etwa 2 000 Menschen verbrannt. Ungeachtet dessen lesen wir 1895 in einer katholischen Zeitschrift: . . . oh, erlauchter Torquemada, der durch klugen Eifer und unerschütterliche Standhaftigkeit, indem er Juden und Ungläubige nicht nur zur Taufe zwang, die Getauften durch heilsamen Schreck vom Abfall zurückhielt und so seinem Vaterland Wohlstand verschaffte«[78].

Der spanische Inquisitor Peter Arbues (1441 – 1485), wird das Opfer einer Verschwörung und während einer Messe am Altar erstochen[79]. Ungeachtet seiner christlichen Fähigkeiten wird er 1661 von Papst Alexander selig und von Pius IX. heilig gesprochen. Der Spanier Diego Deza kühlt seinen Glaubenseifer durch die Einführung der Inquisition in Sizilien. Das neu eroberte Königreich Granada kommt unter seiner Amtszeit in den Genuß der Inquisition. Deza bleibt acht Jahre in dieser Position und rühmt sich, etwa 2 500 Menschen lebend verbrannt zu haben. Auf ihn folgt Franz Ximenes de Cineros, der Kardinalbischof von Toledo. Der Ritter Gonzalo de

Ayora berichtet dem Geheimschreiber des Königs Ferdinand: » . . . die Inquisitoren Deza, Lucero und Johann de la Fuente haben das Land entehrt. Die meisten ihrer Beamten kennen weder Gott noch die Gerechtigkeit. Zur Schande und zum Schaden der Religion morden und stehlen sie. Sie notzüchtigen Frauen und Mädchen«.

Auf Cisnero folgt der Kardinal Hadrian, der 1522 zum Papst erhoben wird (Hadrian IV.). Unter seinem Banner werden ca. 1 600 Menschen verbrannt. Unter dem siebten spanischen Großinquisitor, Kardinal Loassa, werden 120 Ketzer lebend verbrannt. Sein Nachfolger ist der Kardinalerzbischof Valdes, dem es vor allem um die Unterdrückung der lutherischen Bewegung geht[80]. Er verurteilt sie zu ewigem Kerker bzw. zum Tragen eines Bußkleides.

Wie aktiv die Glaubensbrüder sind, bestätigt folgender Bericht: » . . . zwei Mädchen im Alter von neun und elf Jahren sagen beim Inquisitor von Navarra: › . . . wenn man sie begnadige, würden sie alle übrigen Zauberinnen zur Anklage bringen, denn sie würden sie am linken Auge erkennen‹. Die Geistlichen gehen auf den Hinweis ein: so durchzieht eine priesterliche Beamtenschar mit den Kindern und 50 Bewaffneten im Schlepptau die Gegend. In jedem Ort werden ihnen die Frauen vorgeführt. Wer wundert sich, wenn unter ihnen Ketzer gefunden werden«[81].

Inquisitionsgefängnisse

Es haben sich Dokumente erhalten, die Einblick in das Gefängnistreiben geben » . . . das menschliche Elend ist grenzenlos, die Schmerzensschreie der Gefolterten, das Todesröcheln der Gemordeten, das Wehklagen der Witwen und Waisen . . . die Kirche windet sich wie eine Schlange, um nicht zugeben zu müssen, was sie angerichtet hat«.

Bei der Wasserfrage wird der Beschuldigte auf eine Bank geschnürt, ein Stück feuchtes Linnen wird ihm in den Mund und/oder in die Nasenlöcher gestopft. Dann läßt man sich die Tücher langsam mit Wasser vollsaugen. Je intensiver es der Fall ist, desto unmöglicher wird das Atmen. Bei den auftretenden Qualen schneiden sich die Fesseln bis auf die Knochen des Ungläubigen.

Bei der Feuerfrage wird der Angeschuldigte ausgestreckt auf ein hölzernes Gestell gebun-

den. Seine Füße hängen ein wenig über das untere Ende der Lagerstatt in einem Block gefaßt. Vermummte Geistliche stellen ihm ein Becken unter die Füße, das glühende Kohlen in sich hat. Zur Erhöhung der Qualen wird ihm von Zeit zu Zeit Öl über die Beine geträufelt. In anderen Fällen setzt man dem Hilflosen ein glühendes Becken auf den Brustkorb. Hinzu kommen Auspeitschungen, das Annageln der Hände an eine Wand und die noch zu beschreibenden »spanischen Stiefel«.

Molinier sagt über das Inquisitionsgefängnis von Carcasonne: » . . . jedes beschreibende Wort ist eine leere Phase gegenüber der Wirklichkeit. Man kann darüber zweifeln, ob der Tod oder der Kerker die schwerere Strafe ist«. Gregor IX. sieht sich genötigt, die Inquisitoren zu ermahnen, die Gefangenen nicht verhungern zu lassen. Im Kerker selbst ist strenges Schweigen vorgeschrieben.

Falls einer jammerte oder um Gottes Hilfe bat, wurde er rücksichtslos geschlagen[82]. Ein Franzose, der zwei Jahre im Inquisitionsgefängnis von Goa eingesperrt war, berichtet: » . . . der Kerker bestand aus zwei Räumen. Der im unteren Stock ist für die Männer und der obere für die Frauen bestimmt. Zur Befriedigung der natürlichen Bedürfnisse war in der Mitte des Raumes eine Senkung angebracht, in die wir das Wasser ließen. Für die übrigen Ausleerungen war ein großer Trog aufgestellt, der zweimal in der Woche geleert wurde. Aus dem über uns liegendem Frauengefängnis sikkerte der Urin in unseren Kerker. Jeder Raum war 40 Fuß lang und 15 Fuß breit . . . in ihm waren 40 Personen eingezwängt«[83].

Ein anderer berichtet: » . . . die Gefängnisse der Inquisition liegen tief, wahre Gräber von mehr als 20 Fuß unter der Erde. Die kräftigsten Personen schlafen auf dem feuchten Boden, die schwächeren kauern sich auf einem Feldbett. Ein Gefäß, das der Befriedigung der natürlichen Bedürfnisse dient, wird alle acht Tage oder nach zwei Wochen geleert. Es befindet sich in einer Ecke und verunreinigt die Luft, die ohnehin durch die Ausatmung der Unglücklichen verdorben ist«[84].

Zu den napoleonischen Taten gehört die Unterdrückung des hl. Offiziums in Spanien. 1808 berichtet der General Lasalle über das Inquisitiongefängnis von Toledo: » . . . in einem Gewölbe stand in einer Mauerblende eine hölzerne Bildsäule, die Mutter Gottes darstellend.

Beispiele von spanischen Ketzerverbrennungen vom 13. – 19. Jh.

Wann	Begebenheit
1257	(11. Januar). Die Dominikaner Peter de Tonones und Peter de Cadiere lassen die ketzerischen Gebeine des Grafen Raimund (de Urgel) ausgraben und in Barcelona verbrennen.
1269	(2. November). Die Gebeine des Grafen von Castelbon und die seiner Tochter Ermesinda werden ausgegraben und verbrannt: sie sind seit 28 Jahren tot[86].
1302	Der Dominikanerinquisitor Bernhard übergibt mehrere Ketzer dem weltlichen Arm zur Verbrennung.
1334	Der Dominikanerinquisitor Wilhelm de Coast läßt den Mönch Bonato verbrennen.
1360	Bernhard Ermengol, Inquisitor von Valenzia, läßt mehrere Ketzer verbrennen.
1441	Der Dominikaner Michael Ferriz, Inquisitor von Aragonien, läßt mehrere Ketzer verbrennen.
1477	Die spanische Inquisition wird offiziell installiert, indem sie der Kardinal Pedro Gonzales de Mondoza mit Genehmigung von Sixtus IV. zu einer königlichen Einrichtung erhebt.
1481	(6. Januar). Während des ersten Inquisitionsgerichtes von Sevilla werden sechs Ketzer lebend verbrannt; bis zum November des gleichen Jahres steigt ihre Zahl auf 298.
1484	(August/September). In Cinbad Real werden 40 Verstorbene wegen Ketzerei verurteilt, deren Leichen ausgegraben und den Flammen überantwortet.
1487	(27. März). In Sevilla werden 5 Ketzer verbrannt.
1491	(16. November). Die Inquisitoren von Avila verkünden das Todesurteil gegen Juce Franco. Es umfaßt 10 Druckseiten. Er wird an einen Pfahl gebunden und lebend verbrannt[87].
1501	(22. Februar). In Toledo werden 38 Ketzer verbrannt.
1507	Die Inquisitoren von Calahorra lassen 30 Frauen als Zauberinnen verbrennen[88].
1546	Unter dem Kardinal Laossa werden 120 Ketzer lebend verbrannt.
1559	(8. Oktober). Während eines AutoDaFe in Valladolid werden 14 Personen lebend verbrannt.
1559	(24. September). In Sevilla werden 24 Personen lebend verbrannt, 80 weitere zu harten Strafen verurteilt, denn sie haben es gewagt, der lutherischen Lehre anzuhängen.
1559	(8. Oktober). Während eines AutoDaFe in Valladolid werden 13 Personen lebend verbrannt.
1559	(22. Dezember). In Sevilla werden 14 Personen lebend verbrannt.

Beispiele von spanischen Ketzerverbrennungen vom 13. – 19. Jh.

Wann	Begebenheit
1560	Während der Hochzeitsfeierlichkeiten von Philipp II. und Elisabeth von Valois wird eine größere Zahl von Ketzern verbrannt.
1561	In Toledo werden 4 Lutheraner verbrannt.
1571	(nach Pfingsten). In Toledo werden 2 Menschen lebend verbrannt.
1593	(27. Mai). In Granada werden 5 Menschen verbrannt.
1610	In Logrono werden 6 Ketzer lebend verbrannt.
1660	(3. April). In Sevilla werden 3 Personen lebend verbrannt.
1680	Zur Feier der königlichen Hochzeit von Karl II. mit Marie-Louise von Bourbon werden 19 Ketzer öffentlich verbrannt.
1700	(bis 1746). In Spanien werden durch die Inquisitoren 1564 Menschen verbrannt und ca. 14 000 bestraft.
1745	Aus einem Protokoll wird deutlich, daß man in diesem Jahr Lebende verbrannt, ihre Leichen ausgegraben und sie dann erneut auf den Scheiterhaufen geschleppt hat[89].
1775	(bis 1783). Die öffentlichen Verbrennungen gehen unter dem Einfluß der Aufklärung merkbar zurück. In diesem Zeitraum werden nur zwei Fälle bekannt.
1802	Das letzte Todesurteil wird von der spanischen Inquisition in Saragossa über den Pfarrer von Esco gesprochen, jedoch nicht vollstreckt.
1808	Das Inquisitionsgefängnis von Toledo beinhaltet eine „madre dolorosa", einen komplizierten mechanischen Tötungsmechanismus.
1809	Das Inquisitionsgefängnis von Madrid wird ausgehoben und gesprengt. In ihm findet man noch angekettete Skelette und modernde Leichen; wenngleich in den selben Räumen nackte Gefangene gehalten werden. Für die faulenden Leichen sind Abzugsrohre vorhanden.

Ein vergoldeter Strahlenkranz umgab sie. Bei genauer Untersuchung ergab sich, daß ihre Vorderseite aus vielen, mit den Spitzen nach außen gekehrten Nägeln und Messerklingen bestand. Arme und Füße der Figur hatten Gelenke. Eine hinter einer spanischen Wand angebrachte Maschine leitete ihre Bewegungen. Der Gefangene wurde zu ihr geführt . . . dann begann die Bildsäule, ihre ausgebreiteten Arme zu heben. Allmählich, kaum merkbar, drangen die Spitzen mehr und mehr in seinen Körper. Der namenlose Schmerz entlockte entweder das Geständnis oder der Delinquent blieb zerstückelt in ihren Armen hängen.« Die Diener der Religion nannten diese Maschine »Madre Dolorosa« (= Schmerzensmutter). Wir haben eine Variante der »eisernen Jungfrau« vor uns, die in Deutschland über das 17. Jh. hinaus von weltlichen Gerichten zur Abstrafung eingesetzt wird. U.a. berichtet der Nürnberger Jurist Siebenkäs darüber. Ich komme darauf zurück.

Marschall Soult läßt 1809 das Inquisitionsgefängnis von Madrid ausheben und sprengen. Bei der vorausgehenden Untersuchung stellt er fest: » . . . wir gingen daran, das Höllengefängnis zu untersuchen und entdeckten unter einer Platte eine Treppe. Unten angelangt, betraten wir einen großen viereckigen Raum, den ›Saal des Gefängnisses‹. Um ihn herum befanden sich viele kleine Zellen. In ihnen waren die unglücklichen Opfer des inquisitorischen Hasses eingeschlossen, bis sie der Tod von ihren Henkern befreite. Dort blieben die Leichname bis zur Zersetzung liegen, obwohl die Zellen gleichzeitig mit anderen Gefangenen besetzt waren. Für den Geruch der faulenden Leichen waren Abzugsrohre vorhanden. In den Zellen fanden wir Überreste einiger Menschen, die erst kürzlich gestorben sein konnten, während sich in anderen noch angekettete Skelette fanden. In anderen fanden wir lebende Opfer jeden Alters und Geschlechts, vom Jüngling über das Mädchen bis zum 70-jährigen Greis; alle nackt wie zur Stunde ihrer Geburt . . . dann fanden wir die Folterinstrumente. Wir erhielten ein Beispiel jesuistischer Verlogenheit. Der Generalinquisitor und die Patres kamen aus ihren Zufluchtsorten, in geistlicher Kleidung, die Arme über die Brust gekreuzt und die Finger auf die Schulter ruhend: so als hätten sie nichts vom Lärm des Angriffs vernommen, erkundigten sie sich, was vorgefallen sei. Die Wut unserer Soldaten war schrankenlos . . . daraufhin haben wir das Gebäude gesprengt«[85].

Bis in das 18. Jh. hinein hat man Nonnen bei bestimmten Vergehen lebend eingemauert.

Inquisition in Frankreich

Papst Alexander III. schickt 1180 den Kardinal Heinrich nach Südfrankreich, damit er dort gegen die Albingenser vorgehe. Doch ihr eigentlicher Schlächter ist Innocenz II. der nach der Ermordung des päpstlichen Legaten Peter v. Castelneau (1208) einen systematischen Vernichtungskrieg inszeniert. In glühenden Worten fordert er die Vertilgung der seiner Ansicht nach Gottlosen. In einem Schreiben an seine Legaten mahnt er den Graf von Toulouse, die Ketzer schlau zu täuschen, so als ob man es nicht auf sie abgesehen habe. Er beruft sich auf den Apostel Paulus, der gesagt haben soll: » . . . dieweil ich tückisch war, habe ich euch mit Hinterlist gefangen«[90].

Im Juli und August 1209 werden Beziers und Carcasonne erobert. Triumphierend kann der päpstliche Legat ausrufen: » . . . tötet sie alle, Gott wird die Seinen zu erkennen wissen«. Das Masaker besteht aus 20 000 Menschen. Kinder und Greise werden abgeschlachtet. In der Kirche zur hl. Maria Magdalena werden etwa 7 000 Menschen umgebracht.

Die in Lavaux versammelten Bischöfe schreiben am 20. Februar 1213 an Innocenz: » . . . wir bitten Eure Gütigkeit mit gebührender Ehrfurcht, knieend und unter Tränen, daß ihr gemäß des Phineas diese Stadt Toulouse mit all ihren Verbrechen, ihrer Unreinheit und ihrem Schmutz, von Grund auf der gebührenden Vernichtung anheim fallen lasset«. Der Statthalter Gottes auf der Erde sieht sich geneigt, diesem Wunsch zu entsprechen.

Honorius zeigt sich gegen die Albingenser verbittert. Die Bischöfe von Beziers und Saint raten ihm, sämtliche Einwohner töten zu lassen. Diesem Gewalttakt fallen etwa 5 000 Männer, Frauen und Kinder zum Opfer. Um die Verfolgung attraktiver zu machen, hebt Martin IV. das kirchliche Asylrecht auf. Gregor IX. ordnet den Bau neuer Gefängnisse an und hat den Mut, die Gläubigen, die ihm dabei behilflich sind, mit einem Ablaß zu belohnen[91].

In Südfrankreich werden die Gefangenen oft in unterirdische Kerker gesperrt. Über ein

Beispiele von französischen Ketzerverbrennungen vom 11. – 16. Jh.

Wann	Begebenheit
1022	In Orleans werden die ersten Katharer, 10 Domherren, öffentlich verbrannt.
1077	In Cambrai wird ein Katharer von den Bischöfen, Äbten und Klerikern zum Tod verurteilt und verbrannt[95].
1166	Der Bischof Hugues von Auxerre verfolgt heftig die Ketzer „ . . . er beraubt sie ihrer Güter und ließ sie dann verbrennen".
1167	Auf Veranlassung des Abtes von Bezelay werden zu Ostern zahlreiche Albingenser im Tal Ecouan lebend verbrannt.
1172	In Arras wird ein Geistlicher als Ketzer zum Feuertod verurteilt, nachdem er durch die Probe des glühenden Eisens überführt war.
1180	Der Erzbischof von Rheims verurteilt 2 Personen zum Feuertod.
1183	wird berichtet: „ . . . viele, darunter Adelige, Bürgerliche, Geistliche, Jungfrauen und Witwen wurden vom Erzbischof von Rheims und dem Grafen von Flandern dem Flammentod überliefert.
1209	(Juli/August). In Carcassonne werden 400 Ketzer verbrannt und 50 weitere gehängt.
1211	Beim Blutbad von Lavaux kommen mehr als 100 Ketzer durch Schwert und Feuer ums Leben.
1222	(um). In Besancon werden Ketzer als „Diener des Teufels" verbrannt, um mit dem „ewigen Feuer" gereinigt zu werden[96].
1232	Der Dominikaner Raimund de Falguaire läßt 19 Albingenser in Toulouse verbrennen.
1234	Der Dominikanerinquisitor Peter Cellani läßt in Toulouse mehrere Ketzer dem Scheiterhaufen überantworten.
1239	(13. Mai oder 29. Mai). In Mont-Aime bei Chalons sur Marne werden 183 Ketzer lebend verbrannt. Der Chronist Alberich vermerkt: „ . . . ein großes und Gott gefälliges Brandopfer"[97].
1244	(14. März). Nach der Einnahme von Montsegur werden 200 Ketzer lebend verbrannt.
1308	(3. März). In Toulouse werden Ketzer und ausgegrabene Ketzerleichen verbrannt.
1310	In Paris wird Margaretha la Porete als Ketzerin verbrannt.
1312	In Toulouse werden 34 Ketzerleichen gemeinsam mit 3 Männern und Frauen verbrannt.
1318	(7 Mai). Der Inquisitor von Marseille, der Franziskaner Michael, läßt 4 Brüder „vom armen Leben" lebend verbrennen[98].
1322	Bernhard Gui läßt 6 Waldesier verbrennen.
1339	In der Dauphine werden verstorbene Waldesier ausgegraben und verbrannt.
1339	(22. Mai). 80 Waldesier aus den Tälern von Freysseniers und Argentiere, wie 150 Waldesier aus Valloise werden zum Feuertod verurteilt.
1348	Der Erzbischof de Sarrats läßt vor der Domkirche von Embrun 12 Waldesier verbrennen.
1373	In Paris wird Johanna Dauberton als Ketzerin verbrannt. Auf dem gleichen Scheiterhaufen befindet sich die Leiche eines Ketzers, der einige Tage vor der Urteilsverkündung verstorben ist. Sein Leichnam war 5 Tage lang in ungelöschtem Kalk gelegen, „ . . . um ihn (noch) möglichst unversehrt verbrennen zu können".
1382	Der päpstliche Franziskanerinquisitor verbindet sich mit einer 22-köpfigen Räuberbande, um Ketzer zu ergreifen und verbrennen zu lassen. Außerdem setzt er Kopfgelder aus[99].
1417	Der Dominikanerinquisitor Raimund Cabassa läßt im Oktober Katharina Soau(?) als Ketzerin verbrennen.
1421	In Paris werden mehrere Ketzer verbrannt.
1539	(29. März). In Cavillon in der Provence werden 13 Ketzer verbrannt.

Maueröffnung wird ihnen Nahrung zugeschoben und ab und zu ein frisches Hemd gereicht. Sie befinden sich oft jahrelang in Finsternis. Wahnsinn und Selbstmord sind natürliche Folgen dieser Behandlung. Die Glaubensfänger nannten solche Gefängnisse »casa sancta« (= hl. Haus).

Neben den Albingensern werden in Frankreich die Waldesier grausam verfolgt. Schon Innocenz IV. fordert durch eine Bulle aus dem Jahr 1248 zu ihrer Verfolgung in der Bourgogne auf. Es kommt zu regelrechten Abschlachtungskampagnen. In der Kirche von Cabriers werden zwischen 400 – 500 Ketzer niedergemetzelt. Um den Häschern zu entgehen, verbergen sich 25 Ketzer mit ihren Familien in einer Höhle. Der päpstliche Viezelagat Mormoiron läßt an ihrem Eingang Feuer legen, so daß sie ersticken[92].

Der Dominikaner Belisse berichtet

Der als Inquisitor eingesetzte Mönch Wilhelm Belisse berichtet in schlichten Worten von den Greueln, die im Namen Christi, seiner Heiligen und des göttlichen Stellvertreters auf der Erde gewirkt werden. Der Mönch trägt vor: » . . . zum Ruhm und Lob Gottes und der seligsten Jungfrau Maria und des hl. Domenikus . . . und der ganzen himmlischen Heerschar will ich einiges aufzeichnen, das der Herr in der Gegend von Toulouse erwirkt hat. Damals starben ein ketzerischer Kleriker, der im Kreuzgang der Kirche beerdigt wurde. Als dies (der) Magister Rollandus hörte, ging er mit seinen Brüdern hin. Sie gruben ihn aus, schleiften ihn durch die Straßen und verbrannten ihn. Zur gleichen Zeit starb ein Ketzer namens Galvanus. Das entging dem Magister nicht. Er rief seine Brüder (= Dominikaner), den Klerus und das Volk zusammen. Sie gingen in das Haus, wo er gestorben war, zerstörten es von Grund auf und machten daraus eine Dungstätte; den Galvanus gruben sie aus und schleppten seinen Leichnam durch die Stadt und verbrannten ihn außerhalb von ihr. Das ist geschehen im Jahr 1231 zur Ehre unseres Herrn Jesus Christi . . . Arnoldus Catalanus verurteilte die Ketzer Peter von Puechperdut und Peter Bomasippio zum lebendigen Brand; sie wurden zu verschiedenen Zeiten verbrannt.

Außerdem ließ er einige Verurteilte ausgraben und verbrennen. Der Inquisitor Bruder Ferraris ließ viele Ketzer einmauern; einige ließ er unter dem Beistand des gerechten Gottes verbrennen. In Montesegurum ließen sie Johannes da Garda mit 210 anderen verbrennen. Inzwischen ließ der Bruder Pontius de S. Egidio den Handwerker Sancerius vorfordern: doch er leugnete alles. Aber der Prior und die Brüder verurteilten ihn. Er wurde zum Scheiterhaufen geführt und verbrannt. Als 1234 die Heiligsprechung unseres Vaters, des hl. Domenikus in Toulouse verkündet wurde, ging der Bischof unmittelbar nach einem Festessen zu einer kranken Frau ans Bett. Er meinte zu erkennen, daß sie eine Ketzerin sei. Unmittelbar darauf ließ er sie mitsamt dem Bett, auf dem sie lag, zum Scheiterhaufen tragen und verbrennen. Daraufhin gingen die Brüder zum Speisesaal zurück und aßen mit großer Fröhlichkeit. In jenen Tagen wurden einige verstorbene Ketzer ausgegraben. Ihre Gebeine und stinkenden Körper wurden durch die Stadt geschleift und ein Posaunenbläser verkündete: › . . . wer Gleiches tut, wird auf gleiche Weise zugrunde gehen‹. Schließlich wurden sie zur Ehre Gottes und der seligsten Jungfrau verbrannt. Hier endet was aufgeschrieben hat mit seiner Hand der Bruder Wilhelm Pelhisso, der alles selbst gesehen hat und dabeigewesen ist«. (Er ist 1268 gestorben).

Der erste Ketzerrichter in Frankreich ist Robert »le Bougre«, der seinen Beinamen führt, weil er ein bekehrter Ketzer ist. Er wird von Papst Gregor IX. (nicht vor 1233) zum Generalinquisitor erhoben und bereist in dieser Eigenschaft das mittlere und nördliche Frankreich. Schreckensmeldungen eilen ihm voraus und rauchende Scheiterhaufen kennzeichnen seinen Weg. 1239 läßt er eine Ketzerin verbrennen, die unter der Folter bekennt: » . . . daß sie nachts vom Teufel nach Mailand entführt worden ist, um bei den Katharern am Tisch zu sitzen. Den Platz an der Seite ihres schlafenden Mannes habe inzwischen ein gleich aussehender Teufel eingenommen«. Wir haben einen frühen Verweis auf Hexerei und Teufelsbuhlschaft[94].

Inquisition in den Niederlanden

Die Quellen zur Ketzerei in den Niederlanden fließen spärlich. Ein bischöfliches Dekret aus Doornick (13. Jh.) nennt unter denen, die der Exkommunikation verfallen: » . . . wer mit dem Leib des Herrn Zauberei treibt, alle

Beispiele von niederländischen Ketzerverbrennungen

Wann	Begebenheit
1164	In Utrecht werden einige Ketzer verbrannt.
1172	Auf Befehl des Bischofs von Arras wird der Priester Robert als Ketzer verbrannt.
1183	Zahlreiche Ketzerverbrennungen in Flandern. Unter ihnen befindet sich ein junges Mädchen, das sich ein Kleriker zur Buhlin aneignen will. Weil sie sich seinen Lüsten gegenüber weigert, wird sie angeklagt und auf Befehl des Erzbischofs verbrannt[104].
1217	Auf Befehl des Bischofs von Cambrai werden mehrere Ketzer verbrannt.
1235	Der Dominikanerinquisitor Robert läßt in Cambrai und Douais Männer und Frauen als Ketzer verbrennen.
1238	In Brabant werden mehrere Ketzer verbrannt.
1329	Auf Befehl flandrischer Bischöfe wird ein Ketzer verbrannt.
1416	(3. Februar). Der Bischof von Tournay und der Dominikaner Peter Floure lassen einen Ketzer verbrennen.
1421	In Douais und Arras werden mehrere Ketzer durch den Bischof und gleichzeitigen Inquisitor verbrannt.
1429	In Lille werden vier Ketzer verbrannt.
1460	In Utrecht werden mehrere Ketzer verbrannt.
1512	(14. Dezember). In Haag wird der Ketzer Hermann Rijswijk „zu Pulver und Asche" verbrannt.
1517	In Bouvignes (bei Namur) wird eine Ketzerin verbrannt.
1523	(1. Juli). Der Laie Franz van der Hulst wird vom Papst Hadrian als Inquisitor bestätigt. Er läßt in Brüssel die ersten lutherischen Ketzer verbrennen.

Zauberer und Hexen, Wahrsager und (die) Beschwörer des Teufels«[100].

In diesem Raum faßt die Inquisition spät Fuß. Erst als ihr Kaiser Karl V. die mächtige Hand zum Bund reicht, beginnt das Blutbad gegen Andersdenkende und -gläubige. Interessant ist sein Schriftwechsel mit Hadrian. Karl V. schreibt am 22. August 1523 an den Glaubensbruder: » . . . er suche das niederländische Volk vom Irrtum zu befreien, indem er die der Gottlosigkeit überführten hinrichten lasse«[101]. Hadrian läßt antworten: » . . . daß sein irdisches Glück von der Inquisition abhänge und daß er die Welt wissen lassen soll, daß er ein Feind der Ketzer ist . . . er soll mit Eisen und Feuer die unreine Ketzerei vertilgen«.

Wer wundert sich, wenn der Kaiser postuliert: » . . . daß er die Pest mit der Wurzel auszurotten gedenkt«. Am 28. Februar 1546 wird von Maastrich aus eingeschärft: » . . . daß die weltlichen Richter die von der Kirche Verurteilten sofort hinzurichten habe«.

Karl V. ernennt am 22. April 1522 den Laie Franz v. Hulst zum Bevollmächtigten: » . . . um die ausfindig zu machen, die vom Gift der Ketzerei ergriffen sind«. Hadrian VI. bestätigt seine Ernennung und erteilt ihm per 1. Juni 1523 inquisitorische Vollmachten. Papst Klemens VIII. ernennt am 19. März die Geistlichen Buedens, Houseeau und Coppin zu Inquisitoren. Peter Tilman (Titelman?), der Dechant von Renaix ist apostolischer Inquisitor des hl. Glaubens, Bevollmächtigter des hl. Stuhles und durch den Willen Sr. Majestät Unterinquisitor von Flandern. »Hinter dem hochtrabenden Titel verbirgt sich ein Mörder«. Er benachrichtigt am 4. Oktober 1550 den flandrischen Rat: » . . . er habe den Henker von Gent bereitzuhalten, um einen Ketzer aus Sotteghem hinzurichten[102] . . . er wäre nicht bereit, die Prozeßakten von den weltlichen Gerichten einsehen zu lassen. Er verwalte sein Amt gemäß der päpstlichen Vollmacht«.

Freimütig gesteht der Katholik Poullet: » . . . die niederländischen Inquisitoren erhalten ihre Anweisungen vom päpstlichen Stuhl. Keine Bestimmung eines weltlichen Herrschers begrenzt die Form noch den Inhalt ihrer Gerechtigkeit«.

Es ist unwahr, wenn der klerikale Abgeordnete Dümortier am 20. Dezember 1876 sagt: » . . . nie hat die Inquisition in Belgien existiert«[103]. Widerlegt wird er durch die hier beigefügte unvollständige Tabelle. Es wäre ein Widerspruch in sich, denn die Inquisition überzieht halb Europa. Es gäbe keinen Grund, die relativ kleinen Niederlande auszuklammern, zumal Karl V. als streng katholisch bezeichnet wird. Dennoch muß das inquisitorische Geschehen im niederländischen Raum als mäßig angesehen werden. Es haben sich Verbrennungsprotokolle aus dem Zeitraum von 1164 bis 1523 erhalten. Sie erreichen nicht die Bedeutung, wie das Szenarium in Spanien, Frankreich oder Deutschland.

»Römische« Inquisition

Es ist berechtigt, von einer »römischen« Inquisition zu sprechen, denn das klassische Land des Katholizismus, vor Spanien und Deutschland, war Italien. Es kann sich dem Trend nicht widersetzen. Nach wie vor wird behauptet, daß in Rom kein Ketzer hingerichtet worden ist. Dies ist falsch. Das Nachschlagewerk von Moroni, an dem Papst Gregor XVI. mitgearbeitet hat, nennt die römische Inquisition »eine heilsame und gütige Einrichtung . . . überaus süß und väterlich«[105].

Katholische Autoren beziehen sich vermutlich auf den Jesuit Petra Santa, denn dieser meinte: » . . . zu Rom wird niemand wegen Ketzerei mit dem Tod bestraft, wenn er nicht ein Häresiarch ist. Er wird vielmehr gezüchtigt und entlassen. Nur die, die in die Ketzerei zurückfallen, werden zum Tod verurteilt. Sie werden nicht lebendig verbrannt, sondern erst erdrosselt. Dies geschieht nicht aus Härte, sondern in der Hoffnung, ihnen den Starrsinn auszukochen und sie durch die Größe der Strafe zum Bekenntnis des ›rechten‹ Glaubens zu bewegen«[106].

Papst Paul III. setzt ein Kollegium aus sechs Kardinälen ein. Es fungiert als Berufungsinstanz in Sachen Glauben. Pius V. schärft später den Gehorsam gegenüber diesem ein und sagt: » . . . alle weltlichen Obrigkeiten hätten sich nach *seinem* Befehl zu richten und jeden der Ketzerei Verdächtigen anzuzeigen«. Sixtus V. erhebt es am 22. Januar 1587 zur Kongregation. Sie besteht noch heute.

Handbücher der Inquisition

Eine weitere Bestätigung für das umspannende Netz der inquisitorischen Aktivitäten sind die in diesem Umfeld erschienenen Handbücher. Sie stammen aus geistlichen Federn,

Beispiele von „römischen" Ketzerverbrennungen aus dem 15. – 17. Jh.

Wann	Begebenheit
1424	(8. Juni). In Rom wird die Hexe Finicella verbrannt, „ . . . weil sie in teuflischer Weise so viele Kreaturen getötet und so vielen anderen geschadet hat". Ganz Rom geht hin, um dem Spektakel beizuwohnen. Es geschieht im gleichen Moment, in dem der Bußprediger Bernhadino von Siena vor dem Capitol auf einem Scheiterhaufen Frauenputz, Glücksspiele, Musikinstrumente und weltlichen Tand verbrennt[107].
1432	In Rom wird der bretonische Karmelitermönch Thomas Concecto als Ketzer verbrannt[108].
1533	In Rom werden der Minorit Mollio und ein Prediger gehängt und dann verbrannt.
1558	Der in Kalabrien verhaftete Waldenserprediger Gianoldo vico Pasquali wird lebend in Rom verbrannt.
1566	(29. Juni). Der vatikanische Gesandte berichtet: „ . . . am letzten Sonntag wurden in der Kirche Minverva in Gegenwart aller Kardinäle die Urteile der Inquisition gegen 15 Anwesende verkündet. Sieben wurden als falsche Zeugen zu Galeerenstrafen verurteilt. Sieben, die Ketzer gewesen, schworen öffentlich ab. Einer wurde als Rückfälliger dem weltlichen Arm übergeben. Es ist Don Pompeo di Monti, ein Bruder des Marche de Carrigliano, ein naher Verwandter des Kardinals Colonna".
1567	(27. September). Der vatikanische Gesandte berichtet: „ . . . am Sonntag fand der feierliche Akt der Inquisition in Gegenwart vieler Kardinäle statt, die Seine Heiligkeit im letzten Konsistorium ermahnt hatte, zu kommen. Von den 17 Schuldigen schworen 15 ab und wurden teils zur Einmauerung, teils zu lebenslänglichem Gefängnis verurteilt. Die beiden anderen wurden mit einem mit Flammen bemalten Gewand angetan und in die Sakristei geführt, um degradiert zu werden, denn es waren Geistliche. Carnesecci und der Franziskaner sind enthauptet und dann verbrannt worden.
1567	In Rom ergeht folgendes Todesurteil: „ . . . unter Aufrufung des Namens Gottes verkünden und erklären wir, daß du, Gregor Perini, ein Rückfälliger und Unbußfertiger bist: wir erklären deine beweglichen und unbeweglichen Güter gemäß den hl. Kanons für beschlagnahmt und stoßen dich aus unserem kirchlichen Forum und unserer heiligen und unbefleckten(!) Kirche aus. Wir übergeben dich dem weltlichen Gericht, dem Gouverneur von Rom. Wir bitten ihn aber, daß er das Urteil mäßigen möchte, daß es nicht laute auf Blutvergießen und Leibesgefahr"[109].
1569	(22. Mai). In Gegenwart von 22 Kardinälen werden vier Unbußfertige zum Feuertod verurteilt. Einem von ihnen wurde, da er sich unmittelbar vor der Hinrichtung bekehrte, das Leben geschenkt.
1570	(3. Juli). Antonia Paleario wird gehängt, obwohl er sich auf einen Widerruf eingelassen hat. Vor seinem Tod muß er die schriftliche Erklärung abgeben, daß „nicht nur die Kirche im allgemeinen das Recht hat, Ketzer zu töten, sondern daß in gewissen Fällen selbst der Papst Hand anlegen kann".
1581	In Rom wird ein Engländer lebend verbrannt, weil er sich einer Hostie bemächtigen wollte und aus dem Kelch Wein gegossen hat, den er einem Priester entriß.
1583	(20. Februar). Drei rückfällige Ketzer werden in Rom zum Tod verurteilt.
1591	(oder 1594). In Rom werden einem Engländer beide Hände abgeschlagen, ihm ein Maulkorb umgelegt und, nach einem anderen Bericht, zusätzlich die Zunge abgeschnitten . . . dann wurde er zum Campo di Fiori geführt, mit brennenden Fackeln ge- und verbrannt. Er soll eine Hostie geschändet haben. (Dieser Vorgang könnte mit dem 1581 genannten identisch sein).
1600	(17. Februar). In Rom wird Giordano Bruno lebend verbrannt.
1635	In Rom wird ein portugiesischer Jude lebend verbrannt, weil er es gewagt hat, sich mehrmals taufen zu lassen; seine Asche wird mit Kot gemischt und in den Tiber geworfen.
1643	Die Juden Ferdinand Alvarez und seine Frau Leokadia schwören dem Judentum ab. Alvarez wird rückfällig. Das Inquisitionstribunal läßt ihn lebend verbrennen: „ . . . als es aber daran ging, das Urteil zu vollstrecken und als ihm ein Strick um den Hals gelegt wurde, stieß er selbst das Brett beiseite, auf dem er stand. Er endete also nicht durch das Feuer, sondern durch Selbstmord"(!).

sind in mehreren Auflagen gedruckt und in der Regel Päpsten zugeschrieben, bzw. von ihnen gegen unerlaubte Nachdrucke geschützt. Es muß angenommen werden, daß ein Teil dieser Schriften unbekannt geblieben ist und daß sich lediglich Standardwerke erhalten haben; außerdem müssen wir diese Schriften parallel zur Bibel bewerten; Praxis und Glaubenstheorie klaffen unvereinbar auseinander.

Die Handbücher und Kommentare zur Inquisition sind »praktische« Leitfäden zur Ungerechtigkeit. Sie greifen in gewisser Weise dem Hexenhammer der Dominikaner Sprenger und Instistoris vor. Sie zirkulieren nachweisbar vom frühen 14. Jh. bis weit in das 18. hinein.

Von einer gewissen Bedeutung ist das Lehrbuch des Bernhard Guidonis[110], von dem sich die Inquisitoren von Bordeaux eine Abschrift erbitten. Nicolaus Eymericus[111] verfaßt einen dreiteiligen Wegweiser für dieses Geschäft. Sein »directorium inquisitorum« ist, obwohl es als eine Privatarbeit zu verstehen ist, ein regelrechtes Mordbrevier. Soweit bekannt, erscheint die erste gedruckte Auflage 1503 in Rom. Es erreicht mehrere Auflagen: die von 1585 ist Gregor XIII. gewidmet. Als Herausgeber fungiert Franz Pegna, ein päpstlicher Theologe von höherem Rang[112]. Papst Gregor XIII. hat sie unter dem 13. August 1578 auf zehn Jahre mit einem Privilegium gegen den Nachdruck unter der Androhung von Geldstrafen und der Exkommunikation geschützt[113].

Eymericus hinterläßt seinen Glaubensbrüdern ein komplettes Verzeichnis aller nur erdenklichen Ketzereien » . . . der gründlichste Kenner der Ketzergeschichte erstaunt über den ungeheuren Vorrat von Anklage- und Verteidigungsstoff. Allein der Buchstabe A bringt 54 Kennzeichen der Ketzerei: das Alphabet umfaßt 432 Positionen. Das Netz ist so dicht, daß der Frömmste nicht hindurchschlüpfen kann«.

Auf Eymericus folgt Thomas Carena, der unter dem Papst Urban VIII. als römischer Inquisitor fungiert[114]. Auch sein Elaborat erlebt mehrere Auflagen. Er sagt im Vorwort: » . . . die Ketzer müssen mit Feuer, Tod und Schwert bezwungen werden, denn sie werden leichter überwunden als überredet. Unbußfertige sind dem weltlichen Gericht zu übergeben, damit man sie lebend verbrennt«.

Auf ihn folgt Antonius Diana, der Konsultur der Inquisition im Königreich Spanien und der gleichzeitige Verfasser der »resolationes morales«. Im 16. Jh. erscheint eine »richterliche« Anleitung für den Orden der Minderen Bürder des hl. Franziskus, um in »heiliger« Weise Gerechtigkeit anzuwenden[115].

1693 erscheint das »sacra arsenale« des Dominikaners Thomas Menghini. Es ist Innocenz XII. gewidmet und beschäftigt sich u.a. ausführlich mit der praktischen Anwendbarkeit der Folter. Schauen wir kurz in diesen Katalog:

● . . . erst werden die Eide der weltlichen Beamten entgegengenommen. Die Formel lautet: » . . . wir schwören bei den hl. Evangelien Gottes, daß wir den Glauben unseres Herrn Jesus Christus und der hl. römischen Kirche bewahren und ihn mit allen unseren Kräften verteidigen. Wir schwören, daß wir die Ketzer und deren Begünstiger verfolgen und ergreifen und daß wir sie den Inquisitoren anzeigen. Außerdem schwören wir, daß wir solchen pestilenzischen Personen kein öffentliches Amt übertragen und daß wir keine Ketzer in unsere Familien aufnehmen. Wir werden in allem der Inquisition gehorchen; so wahr uns Gott helfe«[116].

● Bei verstorbenen Ketzern muß man sich damit begnügen, ihre Leichen auszugraben, um sie danach zu verbrennen[117].

● » . . . die hartnäckigen Ketzer können durch die Qualen der Folter, jedoch ohne Verstümmelung und Beeinträchtigung ihres Lebens als Räuber, Seelenmörder und Sakramentschänder dazu gebracht werden, sowohl ihre Irrtümer wie andere Ketzer anzugeben«.

● » . . . man soll Gnade walten lassen . . . denn dadurch würde der Beschuldigte veranlaßt, andere anzuzeigen. So lok-

▶

Johannes Weyer (Wier?). Er gilt als einer der ersten Gegner des Hexenwahns. Im Zeichen der Zeit ist er vom Teufelswahn befangen. Er macht darauf aufmerksam, daß Ex. 22.18 »Die Zauberinnen sollst Du nicht leben lassen«, falsch interpretiert und aus dem Zusammenhang gerissen ist. Seine kritische Stimme verhallt im Glaubenswahn der Zeit.

ke man die listigen Schlangen aus ihren Schlupfwinkeln«.

● » . . . die Häuser der Ketzer sind zu zerstören«.

Guidonis empfiehlt seinen Ordensbrüdern, dieses Buch bei sich zu tragen, um eventuellen Komplikationen aus dem Weg zu gehen.

Eymericus eskaliert das inquisitorische Denken und bringt unheilvolle Varianten ein, indem er betont: » . . . den rechtmäßigen Kindern der Ketzer darf das Vermögen der Eltern nicht überlassen werden«. Innocenz III. gelangt zu der Auffassung: » . . . gerechterweise wird den Verächtern der irdischen Majestät (= Papst) das Leben nur aus Barmherzigkeit gelassen. Die Enterbung der katholisch gebliebenen Kinder soll in keiner Weise unter dem Vorwand des Mitleids geändert werden, da oft nach der göttlichen Anordnung Kinder für die Sünden ihrer Eltern bestraft werden«[118].

Um den Glauben der Beschuldigten zu erforschen, läßt Eymericus Spitzel und Notare vor den Kerkertüren postieren, um eventuelle Gespräche aufzuzeichnen[119]. Außerdem betont er, daß die ohnehin selten zugelassenen Verteidiger Eiferer für den »rechten« Glauben sein müssen. Er gelangt zu dem Schluß: » . . . auch derjenige, der sein Verbrechen beharrlich leugnet und den katholischen Glauben bekennt, wird, wenn er von Zeugen der Ketzerei überführt wird, dem weltlichen Arm zur Bestrafung übergeben«[120]. Seiner Vorstellung nach müssen die weltlichen Obrigkeiten den Eid an die Inquisitoren kniend erfüllen. Er postuliert: » . . . wer einen Ketzer in geweihter Erde begraben hat, verfällt so lange der Exkommunikation, bis er ihn eigenhändig ausgegraben hat«. Ein Erlaß des Papstes Alexander VI. bekräftigt diese Einstellung[121]. Franz Pegna eskaliert das Treiben, denn er vertritt folgende Thesen:

● » . . . es ist eine allgemeine Rechtsregel, daß mit dem Tod des Verbrechers die Verfolgung der Strafe aufhört. Aber wegen der Unmenschlichkeit der Ketzerei ist dies nicht so: man läßt die Gebeine ausgraben und verbrennen«.

● » . . . die Vermögensbeschlagnahme zugunsten der Kirche kann noch nach 40 Jahren stattfinden. Die Ausgrabung der ketzerischen Leichen ist an keinen Zeitraum gebunden«[122].

● » . . . selbst Exkommunizierte werden als Zeugen gegen die Ketzer zugelassen. Auch deren Frauen, Diener und Kinder, falls ihre Aussagen belastend sind«.

● » . . . reumütige Ketzer werden in der Regel zu einer lebenslangen Kerkerstrafe verurteilt. Rückfällige werden dem weltlichen Arm übergeben. Das Konzil von Narbonne sagt, weshalb die reumütigen Ketzer nicht in den Schoß der Kirche zurückkehren können: . . . denn es ist wahrlich genug, daß sie durch ihre falsche Bekehrung die hl. Kirche einmal getäuscht haben«.

Pegna bezeichnet die Wohnorte der Ketzer als »ewige Schlupfwinkel des Schmutzes und Abfalls«. Nach dem vollständigen Abriß ihrer Häuser sollen alle Steine, Balken und der angesammelte Mörtel der Inquisition zufallen. Er sagt: » . . . nach altem Brauch kann der Boden, auf dem es stand, unter Verwünschungen und Beschwörungen mit Salz bestreut werden, um ihn unfruchtbar zu machen«. Er sagt: » . . . daß die Ketzerei ein kirchliches Verbrechen ist, so steht es ihr allein zu, darüber zu urteilen . . . wenn sich die weltlichen Herrscher nachlässig verhalten, sind sie es nicht wert, einen Teil der eingezogenen Güter zu erhalten«[123].

Die von der Inquisition angerichteten Verwüstungen sind verheerend und oft innerhalb der geschädigten Familien nicht wieder gut zu machen. Die kurialen Vorstellungen reichen bis unter die Bettdecke der Ehepartner. So können ketzerische Frauen ohne weiteres von ihren Männern verlassen werden. Untergebene werden beim ersten Anzeichen der Ketzerei ihrer Herren vom Treueeid entbunden.

Thomas Carena ist der Auffassung, daß man lediglich reumütige Rückfällige vor dem Verbrennen erdrosseln soll: » . . . Unbußfertige sind (auf jeden Fall) zu verbrennen«. Er plädiert dafür, Minderjährige den Flammen zu überliefern, falls sie keine Reue zeigen.

» . . . bei der Hinrichtung Rückfälliger ist zu beachten, daß man ihnen einen Knebel in den Mund steckt, damit sie bei den Umstehenden kein Ärgernis erregen . . . gäbe es eine grausamere Strafe gegen die Ketzerei als das Verbrennen, wäre es anzuwenden. Der weltliche Richter hat das Urteil des Inquisitors sofort zu vollstrecken«.

Antonius Diana betont in seinen »resolutiones«: » . . . in Glaubenssachen kann jeder als

Zeuge vernommen werden: Exkommunizierte, Verbrecher, Meineidige, Lügner, Hausgenossen, Familienmitglieder und Blutsverwandte, Ehegatten und Kinder unter 14 Jahren: lediglich Todfeinde sind von der Zeugenschaft ausgenommen . . . von den Mitteln, die dem Inquisitionsrichter zur Verfügung stehen, um die Wahrheit herauszufinden, ist die Folter das geeignetste. Das Anzeichen der Ketzerei genügt, um zur Folter zu schreiten, doch sind Vornehme gelinder und weniger als Gemeine zu foltern«.

Das Inquisitionshandbuch der Franziskaner nimmt ausgiebig Bezug auf die Folter: » . . . im Folterraum, wo alle Werkzeuge aufbewahrt werden, soll der Angeklagte, die Hand auf den hl. Evangelien, den Eid leisten, die Wahrheit zu bekennen. Der hochwürdige Pater spricht zu ihm: . . . gestehe freiwillig, sonst zwingen wir dich durch die Stricke«.

Der Protokollant hat jeden Schrei des Geqälten, jeden Seufzer und jede Träne festzuhalten. » . . . wenn du hartnäckig bist, ist es unnütz, dich zu beneiden«. Daraufhin wird der Angeklagte nackt ausgezogen, mit den Strikken gebunden und vor- oder rückwärts aufgezogen. Später renkt man ihm (wieder) die Knochen ein und bringt ihn in sein Gefängnis. Am nächsten Tag wird er erneut in die Folterkammer geführt. Der fromme Pater spricht: » . . . da wir mit deinen Antworten nicht zufrieden sind, haben wir uns entschlossen, dich auf's neue zu foltern«.

Verliert der Delinquent während der Tortur das Bewußtsein, so stehe im Protokoll: » . . . der Angeklagte, in den Stricken hängend, blaß und mit kaltem Schweiß bedeckt, schrie fortwährend: oh, mein Gott, mein Gott«. Der hochwürdige Pater lasse ihn auf eine Bank legen und träufle ihm Essig und Schwefeldämpfe ein. Erst wenn sich zeigt, daß der Betroffene ohnmächtig ist, wird er in sein Gefängnis zurückgebracht . . . ist es nur eine Scheinohnmacht, wird die peinliche Befragung fortgesetzt. Dann soll es im Protokoll heißen: » . . . daraufhin ließ ihn der ehrwürdige Pater wieder in die Höhe ziehen«.

Manchmal kommt es vor, daß der Delinquent während der Folter einschläft und schmerzunempfindlich wird. Dann soll es im Protokoll heißen: » . . . da sich der Angeklagte unempfindlich gemacht hat und der hoch

würdige Pater dahinter eine Arglist des Teufel vermutet, gibt er den Befehl, den Angeklagten zu entblößen und unter den Armen, im Mund, zwischen den Haaren und an anderen Teilen des Körpers nachzusehen . . . ob nicht irgendein Mittel verborgen ist, das solche Wirkungen hervorrufen kann. Dann werden die Haare am (ganzen) Körper abgeschoren . . . vollständig nackt und rasiert wird er auf's Neue aufgezogen«[(124)].

In gewisser Weise als Nachzügler zu verstehen ist das »sacro arsenale« des Dominikaners Thomas Menghini, das 1693 in Rom erscheint. Im 6. Teil der Ausführungen geht er detailliert auf die Anwendung der Folter ein. Menghini trägt mit kirchlicher Approbation vor:

● » . . . hat der Angeklagte sein Vergehen geleugnet und ist es nicht gelungen, ihn zu überführen, entsteht die Notwendigkeit, zur Folter zu schreiten . . . sie ist der kirchlichen Milde und Sanftmütigkeit nicht entgegen, wenn die Schuld des Angeklagten eindeutig ist«.

● » . . . der Angeklagte wird aus dem Kerker in die Folterkammer geführt und von dem erlauchten Pater Inquisitor befragt. Gesteht er nicht, wird er auf die Folterbank gebunden. Die Folter soll angewendet werden, um ein Geständnis seiner Taten, der inneren Ansichten bzw. um die Namen von Mitschuldigen zu erfahren«.

Sein Arsenale führt vier Folterarten auf:

1. *Feuerfolter*
»Dabei werden die nackten Füße des Beschuldigten mit Schweinefett bestrichen und darunter ein Feuer angesetzt. Schreit er stark, wird zwischen seine Beine und das Feuer ein Brett geschoben. Gesteht er nicht, wird es wieder weggezogen«.

2. *Folter durch Fußschrauben*
» . . . dabei werden dem Angeklagten verstellbare Eisenschuhe angelegt. Parallel gibt es die Daumenschrauben. Sie werden so eng geschraubt, daß mitunter die Knochen splittern«.

3. *Folter durch Rohrstückchen*
» . . . hier werden die Hände des Angeklagten gebunden und zwischen seine Finger Rohrstückchen geklemmt. Daraufhin preßt der Henker dessen Hände zusammen«.

4. *Geißelung unschuldiger Kinder*

Keine Silbe ist notwendig, um dies zu kommentieren. Unter dem Mäntelchen scheinbarer Milde und Nächstenliebe wird gemordet, gefoltert, denunziert und vergewaltigt, verheerendes Elend angerichtet, geheuchelt und diffamiert. Der Preis ist hoch und wird von der seinerzeitigen Kirchenleitung mit ihrem Absolitätsanspruch falsch eingeschätzt. Dieses Unrecht, selbst gezüchtet und verteidigt, führt zu immer mehr Kritik und zu einer weiteren Aushöhlung der Religion.

Der Streifzug durch die Geschichte der Inquisition belegt, daß sich die Theologen einem Phantom verschrieben haben. Von dem Treiben der Glaubensrichter zu den Verfolgungen der Hexen ist es lediglich ein Schritt. Wenn es schon unmöglich ist, den »rechten« Glaube zu erzwingen, kann man den wehr- und rechtlosen Frauen wenigstens eine Buhlschaft mit einem nichtexistenten Teufel an den Rockzipfel hängen. Das kulturelle Klima ist vorbereitet und über die Zwischenstufe allgemeiner Tendenzen nimmt das Wüten gegen abermals Unschuldige und als Hexen Denunzierte konkrete Züge an.

Blick in eine inquisitorische Folterkammer. Links der Notar, der jeden Schrei, jede Bewegung und Handlung des Delinquenten zu notieren hatte. Diverse Marterinstrumente und in der Bildmitte die sog. »Wasserfolter«. Rechts die sog. »spanischen« Stiefel und ein Kohlebecken.

Weltliches Zwischenspiel . . .
Gärprozeß bis zur Kirchenteilung

Flagellanten, Nollbrüder, Illuminaten

Wie von einer Seuche erfaßt, treten um 1259 in Perugia sog. »Flagellanten« in Erscheinung. Von Bußwut ergriffen, schreiten »Adelige, Bauern, Jung und Alt, selbst 5-jährige Kinder, paarweise und nackt bis auf ein Lendentuch, klagend, bittend und sich peitschend einher . . . Männer marschieren im strengen Winter Tag und Nacht durch die Städte . . . voran Priester mit Kreuzen und Fahnen . . . die Frauen legen sich die Buße aus Scham in den Kammern auf; ein regelrechtes Reuefieber hat sie gepackt. Bald ist Oberitalien infisziert und die Bewegung greift über die Grenzen«.

1348 treten sie erneut auf und 1399 entsteht in Italien die Geißlerbewegung der Albati (= Bianchi) durch einen Geistlichen. Sie tragen das Bild des vermeintlichen Heilands voran, das unreal ist, weil niemand weiß, wie er ausgesehen hat. Später läßt Papst Bonifazius IX. einige ihrer Anhänger in Viterbo fangen und in Rom verbrennen. Daraufhin bricht die Bewegung in sich zusammen. Die Geißlerzüge entstehen im Umfeld der Pesten und der großen Volkskrankheiten, denen man von der medizinischen Seite machtlos gegenübersteht. Umso mehr schiebt sich die Mahnung der Geistlichen in den Vordergrund, daß es sich um ein »göttliches« Strafgericht handle. Erst langsam legt sich die Erregung und die Geißler verschwinden aus dem Blickfeld unserer Geschichte[1]; als religiöse Schwärmer leben sie noch heute fort.

In der jesuitischen Epoche des 16. – 18. Jh. gibt es eine parallele Strömung in Form der sog. »marianischen Kongregationen«, die ein Seitenstück des Hexenwesens sind, weil sie dem Volk vorgaukeln, daß es Märtyrer, Engel, Teufel und Dämonen gibt.

Um die Wende vom 13. zum 14. Jh. entstehen zudem viele halbklösterliche Gemeinschaften. Sie treten unter Namen wie Beguinen[2], Lollarden[3] und Celliten auf; man spürt die religiöse Verunsicherung der Epoche. Dies macht die Kirchenleitung auf eklatante Fehler innerhalb ihres Regimentes aufmerksam und erregt die Aufmerksamkeit des Volkes; doch auch die Mißachtung des Klerus.

Nun bildet sich eine Sekte heraus, die nach den vollkommenen Regeln der Armut lebt und sich »pauperes catholici« (= arme Katholiken) nennt. Man setzt dem kurialen Feudalismus die schlichte Einfachheit gegenüber, um auf den Ausgangspunkt der christlichen Religion zu weisen. Hier wird vorgezeichnet, was später die Bettelorden praktizieren. Die »armen« Katholiken sind unerwünscht, den Geistlichen ein Dorn im Auge und verschwinden bald aus dem Blickfeld.

Die Gesellschaft der Lollarden entsteht um 1300 in Antwerpen während des Ausbruchs einer Seuche. Wir haben Laienbrüder vor uns, die sich der Pflege von Kranken und Irren, vor allem der Bestattung Toter widmen. Vermutlich erhalten sie ihre Bezeichnung von der Artikulierung der Leichengesänge. Später nennen sie sich »Alexandriner«; in Deutschland werden sie unter dem Terminus »Nollbrüder« bekannt. Hartnäckig werden sie von der »offiziellen« Kirche verfolgt und es dauert lang, bis man deren Nützlichkeit im sozialen Konsens erkennt. 1472 setzt Karl d. Kühne bei Sixtus IV. durch, daß sie in den Reigen der religiösen Orden integriert werden. Julius II. gewährt ihnen 1506 Vorrechte.

Die religiöse Anschauung der »Brüder des freien Geistes«, der sog. »Illuminaten« (die es heute noch gibt), wie sie sich nennen, um das innere Licht anzudeuten, das aus ihnen leuchtet, ist pantheistischer Natur. Ihrer Auffassung nach kehren die Seelen nach dem Tod zu einem Gott zurück. Demzufolge braucht der Einzelne keinen solchen, denn er kann nicht sündigen. Die praktische Folge ihrer Absichten zielt auf die Vernichtung der römisch-katholischen Kirche ab.

Bettelorden schälen sich heraus

In der Phase, wo die Kirche ihre Position mehr oder weniger gewaltsam festigt, regt sich in stärkerem Maß die Opposition. Jetzt treten einige bedeutende Bettelorden hervor. Sie halten Kontakte zur Masse des Volkes, den die Amtskirche teilweise verloren hat. » . . . sie tauchen gleichsam wie eine Offenbarung in der Christenheit auf, um zu beweisen, daß es selbst in dieser Zeit Männer gibt, die bereit sind, sich für den Glauben aufzuopfern und dem Beispiel der Apostel zu folgen, Sünden der Ungläubigen zu erlassen, das eingeschlafene sittliche Empfinden zu wecken, Unwissende zu unterweisen und denjenigen die Seligkeit zu bringen, denen die Kirche wegen ihrer Schlechtigkeit nicht (mehr) nahetreten konnte«[4].

Hundertfach hat die Geschichte bewiesen: mit dem Reichtum kommt die Macht, mit ihr der Luxus und mit diesem das Verderben. Auch bei der Kirche ist es so. So wird der Widerspruch zwischen den Ansätzen und der Realität deutlich. Aus den bescheidenen Hütten der Bettelpriester werden gigantische Paläste, die ihre Inhaber regelrecht zum Feudalismus zwingen. 1257 richtet der hl. Bonaventura ein Rundschreiben an seine Provinziale und beklagt die Verachtung seines Ordens. Als Ursache führt er an: die gierige Sucht nach Geld, das Haschen nach Vermächtnissen und Begräbnis(kosten); Müßiggang, Ausschreitungen ... und die Betrauung ungeeigneter Personen mit kirchlichen Aufgaben führen den Niedergang herbei.

Die Soldaten Christi

Domingo Guzmann[5], der Gründer des Ordens der Dominikaner, wird von der römisch-katholischen Kirche als Vorkämpfer ihrer Theorien und als Begründer der Inquisition verehrt. Das letztgenannte ist sachlich falsch. Fest steht, daß er Jahre seines Lebens bemüht ist, Ketzer auf friedlichem Weg zu bekehren, doch nicht in der Weise, wie es bei der späteren Inquisition in Erscheinung tritt.

Die Dominikaner und Franziskaner werden erst später in das teuflische Netz verwickelt. Der Grund ist naheliegend, denn die Bettelorden stehen dem Volk näher als der Papst in Rom mit seinen Helfershelfern. Dies verspricht die größtmögliche Effizienz beim Aufspüren von Andersdenkenden, Schwätzern, Denunzianten und Besserwissern; just des Personenkreises, der im späteren Hexentreiben zum Machtfaktor wird.

Im Gegensatz zu den Mönchen der Epoche versteht man die rasch wachsende Schar der Dominikaner als »Soldaten Christi«. Sie widmen sich nicht dem beschaulichen Leben der Asketen, sondern gehen gezielt an ihre Aufgaben heran. Das Gelübde der Armut wird 1228 in ihren Statuten festgeschrieben.

Parallel dazu entsteht die von Antonius v. Padua[6] begründete Gemeinschaft der Franziskaner. Die ursprüngliche Philosophie dieses Ordens ist von der der Dominikaner so verschieden wie der Charakter ihrer Gründer. Ist der hl. Domenikus der Typ des praktischen Missionars, ist Franziskus das Ideal eines beschaulichen Asketen.

Wichtig ist die jeweils straffe Organisation dieser Gemeinschaften, denn die Amtskirche befindet sich in einem Prozeß der Aufweichung. So werden vor allem die Franziskaner zu einer schlagkräftigen Truppe ausgebaut. Sie spielen im 13./14. Jh. etwa die gleiche Rolle wie die späteren Jesuiten. Das Ziel der Franziskaner besteht in der »lebenden« Nachfolge Christi: sie wollen die Einfachheit seiner Jünger dokumentieren, über die lediglich Legenden zirkulieren. Wir sehen einen deutlichen Protest gegenüber dem Geiz, der Völlerei, Trunksucht und Unzucht, dem damals viele Geistliche erlegen sind.

Allmählich wirkt sich die Position der Bettelorden nachteilig auf die Linie der Amtskirche aus. Es beginnt damit, daß man Mönchen gestattet, einen Altar mit sich zu führen, Beichte(n) zu hören und Absolutionen zu erteilen.

Daran schließen sich seelsorgerische Verpflichtungen. Mönche treten zunehmend an die Stelle der »offiziellen« Geistlichen und an die von Bischöfen. So entsteht ein »Staat im Staate«, der für alle Beteiligten problematisch wird. Es kommt zu natürlichen und unnatürlichen Spannungen, denn pfründegewohnte Geistliche sind wenig erbaut, wenn ihr Lotterleben vor Gläubigen ausgebreitet wird. Die Entwicklung wird vom Volk gesehen und bewertet.

Allmählich schält sich die Auffassung heraus, daß die von den Mönchen auferlegten Bußen wirksamer als die der Priester sind. So wachsen einzelne »Bettelkirchen« zu regulären Pfarrkirchen heran und den dortigen Geistlichen über den Kopf. » . . . nicht selten nehmen sterbende Sünder das Kleid der Bettelmönche, vermachen ihren Leichnam den Brüdern und setzen den Orden als Erbe ein«. In rascher Folge entstehen Streitigkeiten über das Wohin mit den Toten. 1247 bleiben in Pamplona mehrere Leichen über einen längeren Zeitraum unbeerdigt, weil sich Domherren und Franziskaner nicht einigen können, was mit ihnen geschehen soll. Schließlich verständigt man sich dahingehend, daß den Pfarrpriestern ein Teil der Beute zugewiesen wird[7].

Immer mehr drängt sich die Frage der Vorherrschaft über die Schar der Christen heraus. Deshalb erläßt Innocenz am 21. November 1254 die Bulle »esti animarum«, die den Bettelmönchen als die »Schreckliche« bekannt ist. Ihrzufolge wird den Mitgliedern aller religiösen Orden verboten, an Sonn- und Feiertagen die Pfarrkinder anderer Kirchen in ihre einzulassen. Außerdem sollen sie ohne besondere Erlaubnis der Geistlichen keine Beichte hören, nicht zu ihren Zeiten predigen oder dann, wenn es die Bischöfe tun.

Wir müssen uns in die Zeit zurückversetzen. Die Städte sind vergleichsweise klein, die Häuschen drängen sich zusammen und in ihnen viele einfältige Menschenkinder. Selbst unter den Bettelorden entsteht eine scharfe Konkurrenz. Papst Clemens läßt verkünden: » . . . es müsse ein Abstand von mindestens 300 Fuß zwischen ihren jeweiligen Gebietsteilen liegen«. Der Tod von Innocenz rettet sie. Später hebt Alexander IV. die Bulle seines Vorgängers auf und am 14. April 1255 wird durch die Bulle »quasi lignum vitae« der Streit zugunsten der Dominikaner beendet. Ungeachtet dessen gehen die Zänkereien weiter. 1408 beklagen sich die Bettelbrüder, daß alle den Mönchen gebeichteten Sünden den Pfarrpriestern nochmals vorzutragen sind(!).

Beichte, Ablaßkrämer, Rolle der Klöster

Im Verbund mit der Beichte öffnet sich dem römisch-katholischen Klerikalismus weltweit ein Feld der Erpressung. Ein Chronist erwähnt, daß ein Priester namens Einhard einen Beichtenden tadelt, weil er sich während der Fastenzeit nicht seiner Frau enthalten hat und deshalb 18 Denar Strafe fordert, um für sein Heil Seelenmessen zu lesen. Einen anderen verurteilt er, weil er die Gelegenheit versäumt hat, in dieser Zeit ein Kind zu zeugen, wie es seine Pflicht gewesen wäre[8].

Die Rolle der Klöster wird dubios; sie werden vereinzelt zum Sammelplatz für Verbrecher und Verbrechen, » . . . sie bilden bei der Verfolgung von Flüchtigen ein dichtes und gut funktionierendes Spitzelnetz, das über ganz Europa verbreitet ist und das sich tausendfach bewährt hat«[9].

1219 befiehlt das Konzil von Valenzia: » . . . daß alle Frauenschänder und diejenigen, die Kleriker, Mönche, Pilger, Reisende und Kaufleute überfallen, in ein Kloster ge-

steckt oder verbrannt werden sollen«. Der üble Ruf der Mönche verschlechtert sich durch Scharen von Wanderpredigern, die vom Betrügen, Betteln und/oder Heucheln leben. Sie schachern mit falschen Reliquien und gaukeln dem Volk Unglaubliches als »glaubenswahr« vor.

Der Ablaß ist ursächlich als Loskaufung einer Buße gedacht; die Einsetzung eines »frommen« Werkes, z.B. das Geben eines Almosens anstelle der sonst auferlegten Bußzeit, wie sie in Bußbüchern festgeschrieben sind.

Mit der Theorie von den Sakramenten, von Scholastikern geprägt, verschwindet der einfache Bußcharakter, den der kleine Mann (noch) eingesehen hat. Jetzt wird die Sünde in den Rang der »theologischen« Wissenschaft erhoben. Bald unterscheidet man beim Verzeihen theoretisch die »remissia a culpa« und die »remissio a poena«. Die erste soll durch priesterliche Absolution erwirkt werden und befreit die Sünder von angenommenen Höllenqualen. Die zweite wird durch die Ableistung einer Buße, bzw. durch das Erkaufen eines Ablasses erworben. Sie löst die angenommene Seele aus dem nichtexistenten Fegefeuer.

Alexander v. Hales, Albertus Magnus und Thomas v. Aquin(o) bauen die zwielichtige Theorie des Ablasses aus: » . . . wonach er als Quelle der Verdienste Christi und der Heiligen bezeichnet wird, den die Kirche Gott als Ersatz für die von Sündern geschuldete Buße anbietet«. Es ist unglaublich, welche wirtschaftlichen Vorteile die Kirche aus dieser Finte gezogen hat.

Ein weiterer Mißbrauch innerhalb des Ablaß(un)wesens besteht in der Aussendung der »quaestarii« (= Ablaßkrämer). Oft besteht ihr Gepäck aus gefälschten bischöflichen Papieren, in denen der Betreffende ermächtigt scheint, gegen Geld Sünden nachzulassen. Allmählich, doch in rascher Folge, wird der Ablaßkramer zum Berufsstand und zum einträglichen Gewerbe.

Hinzu kommt die Machtstellung der Priester, die vorgeben, Sünden vergeben zu können, die sie vorab in die Welt gesetzt haben. Durch Seelenmessen geben sie vor, ein zum Gott erhobenes Phantom beeinflussen zu können, bzw. die Länge der angeblichen Qualen in einem angeblichen Fegefeuer bzw. Hölle zu mindern. Zwar gibt es den offiziellen Ablaß jener Zeit nicht mehr, aber noch heute entscheiden römisch-katholische Geistliche im Beichtstuhl über die Natur der Sünden[10].

Langsam entwickelt sich ein gefährlicher Feind: der erwachende und zunehmend kritischer werdende Geist einiger Bürger, die sich nicht mehr mit leeren Formeln abspeisen lassen und dafür Geld hinzublättern haben. Die innerkirchliche Entwicklung der Scholastik aktiviert die Spannungen. Hinzu gesellt sich die allmähliche Herausschälung des Zivilrechts[11], das fortschrittlicher als das »römische« ist.

1519 beklagt sich Erasmus v. Rotterdam in einem Brief an den Kardinal und Erbischof v. Mainz: » . . . die Welt ist erdrückt von der Tyrannei der Bettelmönche; obwohl sie Trabanten des römischen Stuhles sind, treten sie so zahlreich und mächtig auf, daß sie dem Papst und den Fürsten furchtbar werden. Ihnen ist der Papst, wenn er ihnen hilft, mehr als ein Gott, wenn er aber nicht ihren Willen tut, wie ein Traum«[12].

Verfolgung Einzelner

Die Kette der Kritik am kurialen Treiben reißt nicht mehr ab. Es fällt den Kirchenoberen zunehmend schwer, ihre Interessen vernünftig durchzusetzen, denn das Druckmittel der Gewalt steht immer weniger zu Gebote. Schon formiert sich ein Pool des Widerstandes in den eigenen Reihen. Schon steht ein Georg v. Heimburg, der »bürgerliche« Luther auf und schon wiegelt der herumziehende Pfeifer und Trommler Hans Böhm v. Niklashausen das Volk gegen die Priester auf.

Während die Kirche vordem größere Ketzerbewegungen in die Ecke treibt, steht sie hier mehr oder weniger bloßgestellt da, denn sie muß sich dem Geist Einzelner stellen, deren Intellekt sie nur noch bedingt gewachsen ist. Dies ist der damaligen Kirchenführung fremd. Sie schießt in ihrer Argumentation über das Ziel hinaus und verliert den Dialog.

Zu Beginn des 14. Jh. entsteht in England eine oppositionelle Bewegung unter der Führung von Johann Wicleff[13] (1320 – 1384). Er ist ein Mann mit scholastischer Bildung und klarem Verstand: er ist theologisch und philosophisch geschult. Er genießt hohes Ansehen. Seine berufliche Laufbahn ist bemerkenswert, denn er wird wegen der Verbreitung seiner Lehren exkommuniziert und kann dennoch sein Leben als in Ruhe gelassener Mann beenden. Er stirbt 1384 auf einem Rektorat in Luttersworth. Erst 1413, während des Konzils von Rom, werden seine Schriften verdammt und im Verlauf des Konstanzer Konzils (1415) wird er als Ketzer ausgerufen. Man ordnet an, seine Gebeine auszugraben und zu verbrennen. Er ist schon mehr als 30 Jahre beerdigt!

Seine Ansichten werden als Irrlehre deklariert. Wicleff leitet Teile seiner Anschauung von der Augustinischen Lehre der Prädestination ab. Im wesentlichen trägt er vor:

- Die Päpste der Epoche verkörpern den Antichrist.
- Die kuriale Hierarchie ist wegen ihrer Habgier, Grausamkeit und Herrschaft(s)sucht, wie wegen ihres schlechten Lebenswandels zu verfluchen.
- Päpstliche Dekretaen brauchen nicht befolgt zu werden; dies betrifft (auch) die Exkommunikation.
- Die Ablässe sind eitel Lug und Trug.
- Die Ohrenbeichte ist nicht notwendig, denn die Menschen sollen ihr Vertrauen auf Christus setzen.
- Die Anrufung der Heiligen ist nutzlos.
- Alle Kirchen sind beschmutzt und von Gott verflucht, weil darin seine Ehre verkauft wird und auf die Bücher (= Evangelien) falsche Eide geschworen werden. Es sind Räuberhöhlen und Wohnungen böser Geister.
- Gebete sind überall wirksam.
- Geistliche dürfen nicht in Pracht und Üppigkeit leben, sondern wie die Armen. Sie sollen ein Beispiel der Frömmigkeit sein.
- Unfähige Pfarrpriester sind abzusetzen.
- Bei der Konsekration bleibt Brot Brot und Wein Wein. Doch bei dieser Gelegenheit vermischen sich die göttlichen Elemente mit ihnen. (Diese These wird ihm (später) zum Verhängnis).

Rasch verbreiten sich diese Ansichten, denen ein gewisser Realismus nicht abgesprochen werden kann und gelangen an europäische Hochschulen; um 1390 nach Prag. Hier wird der Böhme Johann v. Husinec damit konfrontiert[14]. Schon drei Jahre später wagt der Pfarrer Wenzeslaus Rohle an der St. Martinskirche in der Prager Altstadt, den Ablaß als Betrug zu bezeichnen.

Wir sehen Huß als Priester und 1402 als Prediger an der Betlehemskapelle. Hier entwickelt er sich zum geistigen Führer des religiös verunsicherten Volkes. Danach setzen seine Strafreden gegen den Lebenswandel der Geistlichen ein. Seine engsten Mitarbeiter sind Stephan, Palencz, Stanislaus v. Znaim, Johann v. Jessinetz und Hieronymus v. Prag. Im Oktober 1407 erheben Geistliche eine förmliche Anklage beim Erzbischof Zbinco gegen Huß. Er wird aus der Stellung gedrängt und man versucht ihn abzuschieben; dadurch werden auf beiden Seiten Leidenschaften entfacht.

1405 stellt eine Synode die unbedingte Lehre von der Transsubstantiation fest und schießt sich damit ein Eigentor, denn jede kritische Untersuchung über diesen Gegenstand ist wertlos und endet in der Rumpelkammer der Phantasie. Man stellt die Behauptung auf, daß jeder, der sie anders interpretiert, als Ketzer anzusehen ist. Zu allem Übel bricht 1408 ein Konflikt unter den Gegenpäpsten au[15].

König Wenzel hält es für angebracht, eine neutrale Haltung einzunehmen. Er veranlaßt die Universität, Boten an die Kardinäle zu schicken, um Benedikt XII. wie seinem Gegner, Gregor XII. die Gefolgschaft aufzusagen. In Bologna fallen sie dem päpstlichen Legat Balthasar Cossa (dem späteren Johannes XXII.) in die Hände und werden eingesperrt. Daraufhin soll die Prager Universität neue Statuten bekommen. Es hängt eng mit ihrer Verfassung zusammen.

Es führt zu Streitigkeiten und zur Übereinstimmung der Böhmen. Dagegen opponieren deutsche Professoren und Studenten; so entsteht kurz darauf die Universität von Leipzig. Rasch wird das Gerücht verbreitet, Böhmen wäre ein Ketzernest, (nur) weil der König Wenzel eine vernünftige Entscheidung getroffen hat.

Inzwischen wendet sich Huß gegen das Papsttum und geht mit großen Schritten dem Bruch mit Rom entgegen. 1410 macht Johannes XXIII. dem Kardinal Cologna die Mitteilung, daß Klagen über Huß nach Rom gekommen seien.

Er wird aufgefordert, sich persönlich zu rechtfertigen. Die an seiner Stelle geschickten Verteidiger werden kurzerhand in den Kerker geworfen und Huß wird im Februar 1411 exkommuniziert. Dies wird am 15. März in nahezu allen Prager Kirchen proklamiert. Das Volk steht auf der Seite des Predigers: so wird das Interdikt über Prag verhängt.

Huß predigt unverdrossen weiter: neuer Zündstoff verschärft die Lage. Papst Johannes XXIII. läßt Ende des Jahres 1411 gegen den auf der Seite Gregors XII. stehenden König Ladislaus v. Neapel einen Kreuzzug (mit Ablaßzusage) predigen. Huß reagiert scharf und betont:

● Wie können die vielen Päpste, die Ablässe gewähren und selbst verurteilt sind, ihre Sünden und Sündenvergebungen vor Gott rechtfertigen?

● Die Ablaßkrämer sind Diebe, die durch schlimme Lügen nehmen, was sie durch Gewalt nicht erreichen.

● Der Papst und die streitende Kirche begehen Irrtümer: eine ungerechte Exkommunikation braucht nicht beachtet zu werden.

Einige Tage danach verbrennt Huß die päpstlichen Ablaßbullen: eine klare Herausforderung. Nun versucht man, Huß während einer Predigt von der Kanzel herunter zu verhaften, was vom Volk verhindert wird. In seiner Abhandlung »de ecclesia« greift er erneut die Kirche an: » . . . der Papst sei kein wahrer Nachfolger Christi, solange er nicht Petrus nachahmt. Ein Papst, der dem Geiz ergeben ist, ist der Stellvertreter des Juden Ischariot. Das gleiche gilt von den Kardinälen«.

Nun brechen weitere Konflikte aus. In Prag werden Gottesdienste eingestellt und mit ihnen kirchliche Handlungen. Die Neugeborenen werden nicht (mehr) getauft und Verstorbene nicht (mehr) beerdigt. Huß zieht sich auf die Burg zurück. Jetzt dreht sich der Streit nicht mehr um die Ursachen der Verderbnis der Geistlichkeit, sondern um die Frage: ist die Schlüsselgewalt des Papstes wahr oder nicht? Nur eine Partei kann gewinnen: die Kirche oder die Wahrheit. Ein Einzelner bietet ihr die Stirn und sie scheitert an ihm; ein Beweis für die Unhaltbarkeit ihrer Fundamente, die bereits zu dieser Zeit gewaltsam verteidigt werden (müssen).

Parallel zur Entwicklung im böhmischen Raum bemüht sich Papst Johannes XXIII., in Italien anstehende Streitpunkte aus der Welt zu schaffen. Man beschließt, in der alten Bischofsstadt Konstanz ein Konzil zu installieren. Neben geistlichen Würdenträgern sollen sich Hunderte von Freudenmädchen getummelt haben.

Der Gegenpapst wird vorgefordert und erscheint wider Erwarten. König Sigmund v.

Böhmen sichert Huß freies Geleit nach Konstanz zu, und so macht er sich auf den beschwerlichen Weg. Er erreicht die Stadt am 3. November, eine Woche vor Eröffnung des Konzils. Es ist der Wende- und gleichzeitig Schlußpunkt seines Lebens. » . . . hätte er jetzt geschwankt und zugegeben, daß er es nicht wagt, der Kirche pari zu bieten, hätte er sich selbst zu einem Ketzer abgestempelt«[16].

Es kommt wie es kommen muß: Huß wird am 28. November 1414 verhaftet und stirbt kurz danach auf einem Scheiterhaufen. Ein Augenzeuge berichtet: » . . . er muß sich auf ein Reisigbündel stellen und wird mit Stricken an einen Pfahl gebunden. Als man merkt, daß er nach Osten blickt, was sich für einen Ketzer nicht geziemt, wird er nach Westen gedreht.

Das Brennmaterial wird bis zu seinem Kinn gehäuft. Dann nähert sich der Pfalzgraf Ludwig, der die Hinrichtung leitet, mit dem Marschall v. Konstanz. Letztmalig fordern sie den Unschuldigen auf, zu widerrufen. Als er sich weigert, ziehen sie sich zurück und geben durch Klatschen dem Henker das Signal, den Holzstoß anzuzünden. Dann nimmt man die halbverkohlte Leiche, bricht die Knochen und wirft sie mit den Eingeweiden auf einen neuen Scheiterhaufen, um sie vollends zu vernichten«.

Huß wird der erste Märtyrer des Wiclif'cismus in Böhmen und ein Opfer der Kirchenpolitik. Wohlgemerkt: er stirbt als aufrichtiger Priester! Unmittelbar nach diesem Gewaltakt wird vorgeschlagen, auf Böhmen das Inquisitionsverfahren anzuwenden. Dadurch beginnen die sog. Hussitenkriege. Doch es gelingt der Kurie nicht, weder die Ketzerei zu unterbinden, noch sich zu reformieren. 1423 wird während eines Konzils beschlossen, jeden Verkehr mit den Ketzern zu verbieten, besonders den Tausch von Waffen, Bekleidung, Pulver und Blei. Es wird deutlich, daß die Kirche nun die auf sie zukommende Gefahr erkennt und mit vehementen Ansprüchen dem Übel zu begegnen sucht. Schon wirkt sich der gestaute Ballast störend aus; schon hat sie sich zu weit vom rettenden Ufer der Wahrheit entfernt, schon ist sie im eigenen Netz gefangen. Sie sucht mit Gewalt, was sie mit den Kräften des Verstandes nicht lösen kann.

Hundert Jahre danach muß sie kleinlaut den bislang schwersten Schlag ihrer Geschichte hinnehmen; sie muß das Erworbene teilen,

denn ein Mann aus den eigenen Reihen, der Augustinerchorherr Luther, bringt das Faß zum Überlaufen. Ich komme darauf zurück.

Nun ereifern sich die Geister Für und Wider die Kirche. Johann Malkaw ist ein Weltgeistlicher aus Brodnitz (Westpreußen) und Magister der Theologie. Er gilt als gelehrt und redegewandt. Mit der Begeisterung seiner feurigen Natur vertritt er die Sache der Kurie gegen deren Widersacher. Straßburg hat sich für Urban VI. und dessen Nachfolger ausgesprochen. Der Gegenpapst in Avignon ist Clemens VII. Malkaw predigt in Straßburg: » . . . er wäre weniger als ein Mensch und schlimmer als ein Teufel; sein Platz sei beim Antichrist, seine Anhänger wären verurteilte Schismatiker und Ketzer«. Weil er gleichzeitig gegen die sittliche Verdorbenheit des Klerus wettert, zieht er sich die Feindschaft der Straßburger Geistlichen zu. Schon sieht das Volk in ihm einen von Gott inspirierten Prophet, da suchen ihn die Geistlichen heimlich in Rom anzuschwärzen. Später wird er in Straßburg während einer Predigt von der Kanzel herunter verhaftet, in ein Gefängnis geworfen und von hier aus in Ketten zum bischöflichen Schloß Benfeld geführt, wo man ihm Bücher, Tinte und Papier entzieht.

1391 wird er für schuldig befunden und soll sich rechtfertigen. Dann wird er aus der Diözese verbannt. Er läßt sich 1392 an der Kölner Universität immatrikulieren und bleibt der römischen Obidienz treu. Später wird er durch den Kardinal Johann v. Ragussa, dem Legat von Gregor XII. während des Konstanzer Konzils absolviert und von der Anklage der Ketzerei freigesprochen. Über den weiteren Verlauf seines Lebens ist nichts bekannt.

Ein weiteres Ereignis erschüttert die christliche Welt: 1431 wird die Jungfrau v. Orleans dem Scheiterhaufen überstellt und lebend verbrannt. Nider berichtet einige Jahre nach ihrer Hinrichtung: » . . . es sei, wie der Abgesandte der Pariser Universität, Magister und Licentiat der Theologie, Nicolaus Amichi gesagt, anfangs zweifelhaft gewesen und unter Weltgeistlichen und Mönchen gestritten worden, ob die Jungfrau ein göttlicher oder teuflischer Geist regiere, zumal sie böhmischen Ketzern Drohbriefe geschrieben hat. Bei näherer Prüfung habe es sich erwiesen, daß es ein böser gewesen sei«.

Für ihr Schicksal ist nicht der Volkswahn ausschlaggebend, sondern ein Gutachten der

Pariser Universität. Was kann ein Einzelner gegen die Honoratioren einer Lehranstalt von Rang, gegen eine eingespielte Organisation unternehmen? Hier überspielen Dogmen den Verstand. Glaube wird zum Lehrstuhlfach.

Nider gilt als Fachmann der christlichen Dämonologie, denn er meint: »...daß eine 15-jährige Jungfrau, da sie im Zorn ein Fluchwort gesagt und ohne Gebet zu Tisch gegangen sei, beim ersten Bissen eine Fliege verschluckt habe. Damit sei der böse Geist in sie gefahren, welcher erst auszutreiben gewesen, als sie geschworen, Jungfrau zu bleiben«[17]. Zudem weist er auf drei weitere Frauen: »...deren eine dem Dominikaner Kalteisen, dem Kölner Inquisitor, entwichen. Die andere sei vom Inquisitor von Frankreich eingezogen und verbrannt worden; die dritte habe sich bekehrt«[18].

Georg v. Heimburg, von einigen der »bürgerliche« Luther des 15. Jh. genannt, wird um 1340 in Schweinfurt geboren und tritt während des Konzils von Basel in Erscheinung. Er sieht sein Lebenswerk darin, den jungen Samen des Humanismus auszustreuen. Mit unerschütterlichem Mut verteidigt er bis zum letzten Atemzug die Rechte des Reiches und die Autorität der Konzilien. Er ist der Auffassung, daß die Schlüsselgewalt den Aposteln in ihrer Gesamtheit verliehen worden ist und daß die päpstliche Allgewalt eine Anmaßung darstellt.

Wenn er die Empörung der herrschenden Klassen gegen Rom verkörpert, zeigt Hans Böhm den rastlosen Geist des Widerspruchs gegen das Priestertum, wie er in den unteren Schichten des Bürgertums zum Ausdruck kommt. Er ist ein herumziehender Pfeifer aus Helmstadt, der sich in Niklashausen bei Würzburg niederläßt. Angeblich empfängt er von der hl. Jungfrau Maria Offenbarungen. Er trägt vor: »...er habe die Macht, die Seelen aus der Hölle zu befreien und denen, die ihm folgen, vollkommene Ablässe zu gewähren«.

Rasch sammeln sich Volksscharen aus Bayern, Thüringen, Sachsen und Meißen um ihn, um den Worten des »Gotterleuchteten« zu lauschen. Da haben wir es wieder. Ein »neuer« Scharlatan tritt auf den Schauplatz der Geschichte. Der Bauernsohn proklamiert:

- Die hl. Jungfrau habe ihm verkündet, daß Christus nicht länger den Stolz und die Sinneslust der Priesterschaft dulden kann,

bzw. daß die Welt infolge der Verderbnis des Klerus zugrundegehen wird.

- Zehnten und Zölle müssen freiwillig sein; Steuern und Abgaben sind abzuschaffen.
- Die Jagd soll nicht länger Einzelnen vorbehalten sein.
- Rom habe kein Vorrecht auf einen Vorrang des Glaubens . . . das Fegefeuer sei eine »Erfindung«.

Später wird er von bischöflichen Wachen ergriffen und auf die Feste Marienberg (bei Würzburg) gebracht, gefoltert und zum Tod auf dem Scheiterhaufen verurteilt. Seine Beichte ist kurz; das Drama hat am 12. Juli ein Ende. Auf dem Hinrichtungsplatz warten Anhänger auf das Einschreiten Gottes; es bleibt aus! »...um einer etwaigen Zauberei vorzubeugen, schneidet ihm der Henker die Haare ab und um zu verhindern, daß seine Asche als Reliquie verwertet wird, sammelt man sie ein und wirft sie in den Main«. Wie oft in der Geschichte passiert das Gleiche! In kurzer Zeit entwickelt sich das Städtchen zum Wallfahrtsort. Der Bischof Rudolf v. Würzburg erläßt mehrere Verbote gegen die zunehmenden Pilgerfahrten nach Niklashausen.

Außerdem bestätigt Johann Ruchrat aus Oberwesel, daß der oppositionelle Geist im Schoß der Kirche lebendig ist. Er zählt damals zu den bekannten Theologen und ist als heftiger Disputant bekannt. Wie Luther beginnt er seine Karriere mit einem Angriff auf das Ablaßwesen. Veranlassung ist vermutlich das Jubeljahr 1450. Er geht schrittweise vor, um die Kirche ihrer Machtvollkommenheiten zu berauben.

So verwirft er die Autorität der Überlieferung der Kirchenväter und will lediglich die hl. Schrift als Glaubensgrundlage gelten lassen. Darin übermittelte Widersprüche bleiben ihm verborgen. Seit 1460 wirkt er aufklärend in Basel und in Worms. Die Kirche steht nicht tatenlos beiseite. Seine Schriften werden verbrannt und er wird zu lebenslänglicher Gefangenschaft im Mainzer Augustinerkloster begnadigt. Er stirbt 1481, einige Jahre vor dem Erscheinen des Hexenhammers.

Man sieht im deutschsprachigen Raum allenthalben Diskussionen über das Hexenwesen aufflackern. Als Träger der Wesensinhalte stehen vor allem kirchliche Äußerungen und Schriften im Raum. Die Meinungen prallen hart aufeinander. So spricht sich im benachbarten Ausland der Prior von St. Germaine en Laye 1453 auf der Kanzel gegen die Realität der Hexenfahrten aus. Er muß abschwören und seinen Widerspruch mit lebenslänglicher Haft bezahlen. 1499 sträubt sich ein Pfarrer von Abensberg, Hexenpredigten zu halten und gegen sie einzuschreiten. Dies zeigt, daß selbst in kirchlichen Kreisen die Vernunft nicht erloschen ist. Hans Sachs veröffentlicht 1531 ein »Gespräch von den fünf Unholden«[20].

Allmählich setzt der Gärprozeß ein. Parallel dazu gelingen grundsätzliche Erkenntnisse auf dem Gebiet der Naturwissenschaften. Die Entdeckungen eines Galilei, Kepler, Otto von Guericke und Huygens untergraben langfristig den blinden Glauben an Götter und Dämonen.

In diesem Umfeld schärft sich die Kritik am Hexenglaube. Es ist absurd, wenn 1471 von den Dominikanern der strengen Observanz die Buchdruckerkunst als verwerfliche Einrichtung deklariert und ihre Ausübung bei der Strafe der Ungnade verboten wird[21].

Christliche Autoren zum Thema »Aber- und Hexenglaube«

Hartlieb, Vintler, Mathias von Kemnat

Das Zauberbuch von Johann v. Hartlieb[22] entsteht auf Wunsch eines weltlichen Fürsten[23] und gewährt einen Einblick in die Fülle des herrschenden Aberglaubens. In den Predigten des Johann Herolt (um 1450) ist von Wahrsagerei, Teufelsbeschwörung und Nekromantie, aber nicht von der Hexerei die Rede[24].

Eine wichtige Fundgrube des spätmittelalterlichen Volks(aber)glaubens beinhaltet die auf der Burg Runkelstein entstandene Dichtung »Plumen der Tugent« von Hans Vintler[25]. Sie stammt aus dem frühen 15. Jh. Mathias v. Kemnat, Sekularkleriker und Hofkaplan von Friedrich dem Siegreichen (von der Pfalz), ist ein Nachbeter des inquisitorischen Hasses und unmittelbar vor den Dominikanern Institoris (= Sprenger) und Krämer einzureihen.

Hartlieb nennt an abergläubischen Dingen: » . . . die Leute segnen Käse und meinen, wer an einem Diebstahl schuldig ist, könne nichts davon essen,[26] sie besprengen ihr Vieh mit Weihwasser, damit es nicht von den Wölfen gefressen wird oder bespritzen Pflanzen, weil sie meinen, daß es dann von Krautwürmern verschont bleibt.

Er nennt das »Kräutergraben« und berichtet vom Anfertigen der »Atzmänner«, wohl einer Variante der »Weckmänner«, daß man die Eingeweide von Tieren verbrennt, um aus dem aufsteigenden Rauch zu weissagen. Er berichtet vom Sehen in den Parill (= Kristallkugel) und dem Lesen aus der Hand: » . . . ein Volk zieht in der Welt herum, das heißt Zygeiner, die treiben dies gar sehr und verführen einfältige Menschen: doch hat diese Kunst keinen Grund. Die Sache ist allein, daß sie die Leute um ihr Geld bringen«. Er sagt, daß man mit Wein oder Weihwasser gewaschene Ochsenschultern beschaut, um Fragen auf die Zukunft beantwortet zu bekommen, oder daß man mit dem gleichen Ziel das Gänsebein betrachtet, » . . . danach urteilen sie, wie der Winter werden soll«. Er nennt das Beschreien der Kinder und die »Wechselbälge«. Seine Ausführungen zeigen, daß der damals gepflegte Aberglaube (auch) aus römischen Vorstellungen Wasser zieht.

Unser Gewährsmann berichtet: » . . . die Geistlichen darf ich nicht nennen; sie wollen strafen und ungestraft sein. Ich weiß gar vieler Prälaten, Erzbischöfe, Äbte, Pröbste und Priester, die dem Aberglauben anhängen. Sie glauben selbst an die Wirkung des Gänsebeins. Dieser Unglaube ist ein Gespenst des Teufels«.

Auf der geistigen Höhe seiner Zeit stehend, vielgereist, Arzt, Diplomat, Humanist und Kenner der Literaturszene, verrät er einen festgefügten Glaube an die Macht und Wirksamkeit des Teufels auf der Erde[27]. Er ist im mittelalterlichen Denken behaftet: » . . . tut man etwas, was die Kirche nicht erlaubt, so ist dies eine Todsünde und Abgötterei. Der Teufel mischt sich in diese Sachen, damit leichtfertige Menschen dem Unglauben verfallen. Die hl. Kirche hat dies bemerkt und einen großen Verlust der Seelen darin erkannt. Deshalb hat sie solche Künste bei dem Feuer verboten. In den weltlichen Rechten sind sie noch schwerer verboten, denn die Bücher sagen, daß man solche Zauberer und Abgötterer mit glühenden Zangen und ›Kauppen‹ ohne Gnade und Barmherzigkeit zerreißen soll«.

Hartlieb erkennt den freien Geist des Menschen, ohne dessen Zustimmung der Teufel machtlos ist. Deshalb betont er in seinem Belehrungsbuch: » . . . fliehe vor der Trügerei.

Der Teufel reizt den Mensch mit bösen Gleichnissen. Sobald er seinen Willen dazu gibt, erdichtet er alles, woran ein Mensch gefallen hat. Mancher gemeine Mann wird durch das böse Ebenbild des Teufels verleitet und verführt«. Im gleichen Atemzug nennt er die törichten Menschen, die auf einen solchen Unfug hereinfallen.

Von den 132 Kapiteln des Buches gehen nur zwei auf die Hexerei ein. Ein beredtes Zeugnis für dessen untergeordnete Bedeutung. Aus praktischen Gründen beschäftigen sie die Menschen des ausgehenden Mittelalters mehr mit dem Kurieren von Krankheiten, was das Hexenwesen am Rand tangiert. Und doch ist die Kenntnis seines Werkes für das spätere Hexentreiben in unserem Sprachraum von Bedeutung. So geht er auf die damals aktuellen »Heidelberger Hexenprozesse« ein und sagt: » . . . Hagel und Schauer machen ist eine ihrer verbotenen Künste. Wer damit umgeht, muß alle Heiligen und die christliche Gnade verleugnen. Niemand treibt diese Kunst mehr als die alten Weiber, die an Gott verzagt sind«[28].

» . . . mit Zauberlisten machen die Leute Rosse, die kommen (dann) in ein altes Haus, und so der Mann will, sitzt er auf und reist in kurzer Zeit viele Meilen dahin. Das Roß ist in Wahrheit der Teufel. Zu solchen Zaubereien gehört das Blut von Fledermäusen. Damit verschreibt sich der Mensch dem Teufel. Zu solchen Fahrten benützen die Unholde die Salbe ›Uguentem Pharelis‹. Sie wird aus verschiedenen Kräutern gemacht, in das das Blut von Vögeln und in das Tierschmalz gemischt wird. Wenn sie wollen, bestreichen sie Bänke, Säulen, Rechen und Ofengabeln und fahren dahin. Das alles ist Schwarzkunst und verboten«.

Eine Generation danach treten die Dominikanermönche Krämer und Sprenger auf den Plan der Geschichte. Sie verfassen den Hexenhammer und geben damit dem Hexenbrennen eine negative Wendung, die jedoch von der Nachwelt ins Dramatische gesteigert wird.

Der Richter Hans Vintler nimmt gegenüber dem Hexenwesen eine aufgeklärte Position ein und legt seine Hand sofort in die offene Wunde. » . . . der Teufel wäre nicht für Gott zu haben, wenn ihm ein altes Weib gebieten könnte. Ob es also sein kann, daß sie der Herr und er der Knecht ist? Leute, die solche Dinge glauben, sind der Wahrheit fern«. Er glaubt nicht an die Hexenfahrten, denn er betont: » . . . es

fährt kein Mensch und doch mancher wähnt, daß er fahre, und doch sind sie daheim, als man dessen gute Beweise hat. Ihr Leib kommt nicht vonstatten, sie werden lediglich in ihrem Sinn verrückt«. Außerdem rügt er die Geistlichen, die dieses Gehabe aktivieren:

» . . . viele, die Zauberei treiben, sprechen: (das) hat mich der Pfaff gelehrt, wie möcht(e) es böse sein? . . . einen solchen soll man hart bestrafen«. Nicht so liberal denkt man in Kirchenkreisen. Der berühmte Benediktiner Wilhelm de Lure, Mönch aus Poitiers, hat gepredigt, »daß die satanischen Versammlungen Hirngespinste sind«. Dafür wird er 1453 zu ewigem Gefängnis verurteilt, » . . . indem sich ergeben, daß er selbst mit den Teufeln ein Bündnis geschlossen . . . wodurch (er) viele Richter zur Milde bewogen . . . und (darum) das Unwesen so überhand genommen (hat)«[29].

Es sei der Hinweis gestattet, daß im November/Dezember 1988 – 536 Jahre danach, in Konstanz ebenfalls mit dem Teufel geschachert wird. Dort wird eine alte Frau von einer ebensolchen totgeprügelt, weil sie meint, jene wäre vom Teufel besessen. Was haben die Menschen dazugelernt? und: wo ist die Stellungnahme des intellektuell Schuldigen?

Hans Vintler gehört nicht zu denen, denn (auch) er ist von den teuflischen Machenschaften überzeugt. Außerdem nennt er einige abergläubische Varianten, die bei Hartlieb noch nicht auftauchen. Z.B.:

● Etliche haben mit der bösen Erodia Gemeinschaft und glauben an die falsche Göttin Diana.
● Viele alte Weiber können die Herzen der Menschen zu Liebe und Haß (= Feindschaft) verwandeln.
● Etliche beten den Teufel, den Mond und die Sterne an.
● Viele sagen, sie können Gewitter machen.
● Manche sprechen: » . . . die Trutte sei ein altes Weib und komme, (um) die Leute (zu) saugen. Etliche glauben, der Alp minne die Leute (Anm. Hier entwickelt sich die Vorstellung vom Nachtmahr).
● Etliche sagen, die Schrattel sei ein kleines Kind (und) so gering (= leicht) wie der Wind . . . er wäre ein verzweifelter Geist.
● Viele können salben den Kübel, (so) daß sie fahren oben hinaus.

- Etliche fahren so behend, daß sie hundert Meilen in einer kleinen Weile zurücklegen.
- Etliche nehmen die Gestalt einer Katze an.
- Viele fahren mit der Ba(h)r, auf Kälbern und Böcken.

Auch ihm sind die Hexenbrände aus dem Heidelberger Raum bekannt. Hinzu kommen zwei Verbrennungen, die 1475 in Tilberg vollstreckt werden. Es sind die vor dem Auftreten der Dominikaner Krämer und Sprenger eingehendsten, die in der damaligen Literatur beschrieben sind. Es wird erkennbar, daß sich in den Köpfen der Menschen eine in sich geschlossene Zaubersekte formiert. Als zusätzlichen Beleg für diese Auffassung dient das »flaggelorum haereticorum fascinacorum« des Inquisitors Jaquier.

Kemnat gelangt zu dem Schluß: » . . . nun komme ich auf die Sekte der Unholden (= Gazaiorum) . . . die bei Nacht auf Besen, Ofengabeln, Katzen, Böcken oder anderen sonderbaren Dingen fahren. Es sind die Allerverfluchtesten; es gehört viel Feuer und wenig Erbarmen dazu«. Wer in diese Sekte kommen will, muß schwören:

- Auf den Ruf eines Mitglieds unverzüglich alle Dinge liegen zu lassen und mit dem Berufer in die Versammlung (= synagoga) gehen.
- Hier wird der Verführte dem Teufel überantwortet, der in der Gestalt einer schwarzen Katze, eines Bocks oder Menschen erscheint.
- Er hat zu schwören, daß er dem Ketzermeister und seiner Gesellschaft treu ist, Fleiß anwendet und soviel Mitglieder wie möglich wirbt.
- Verschwiegen zu sein, alle Kinder unter drei Jahren zu töten und sie dann in die Gesellschaft mitzubringen.
- Die Eheleute verwirrt und impotent (zu) machen.
- Den Ketzermeister anzubeten und sich ihm hinzugeben.

Kemnat geht ausführlich auf die Praktiken der angeblichen Hexen ein: » . . . das neue Mitglied wird gelehrt, den Stab mit einer aus dem Fett gebratener Kinder und vergifteter Schlangen, Kröten und Spinnen bereiteten Salbe zu schmieren. Durch das Bestreichen mit ihr können sie Menschen töten, durch Pulver aus den Eingeweiden Luft vergiften und

ein großes Sterben verursachen . . . das ist die Ursache, daß in etlichen Dörfern die Pestilenz regiert und zu allernächst dabei ist man frisch und gesund«[30]. Er empfiehlt, die in der Kirche bewährten Gegenmittel, wie Quecksilber, in einem Rohr oder Federkiel bei sich zu tragen. Hier sehen wir das Spiegelfechten; Aberglaube kämpft gegen Aberglaube; zwischen den Mühlsteinen klemmen die Menschen.

Eine Münchener Handschrift aus dem Kloster Schleiern (1468) und den folgenden, gibt eine lehrreiche Übersicht des volkstümlichen Aberglaubens, die vermutlich als Merkzettel für die Beichte anzusehen ist. Darin werden Abergläubische erwähnt, die meinen, Liebe oder Haß unter den Menschen stiften zu können . . . oder daß den Kühen die Milch geraubt werden kann.

Der hl. Antonius, Erzbischof von Florenz (gest. 1459), erteilt den Beichtvätern die Anweisung, Büßlinge zu fragen, ob sie glauben, daß Frauen in Katzen und andere Tiere verwandelt werden können, bei Nacht fliegen und das Blut kleiner Kinder (aus)saugen . . . diese Dinge seien unmöglich und eine Torheit. Wie fortschrittlich denkt er doch gegenüber den späteren Verfassern des Hexenhammers?

Johannes Nider und sein »formicarius«[31]

Der schwäbische Dominikaner vollendet seine Schrift um 1437 – 41. Er gilt als Eiferer des katholischen Glaubens und bietet eine Sammlung von wüsten Hexen- und Gespenstergeschichten. » . . . will man sich die Verschrobenheit in den Köpfen der Mönche begreiflich machen, darf man nicht übersehen, daß die von den albernen Wunder- und Teufelsgeschichten strotzende Literatur der Heiligenlegenden das tägliche Brot ihres Geistes waren«.

Nider weist auf Peter von Bern, einen Richter von Simmenthal am Thuner See. Er sagt, » . . . von ihm habe er wesentliche Erkenntnisse gewonnen«. Nach ihm » . . . seien in seinem Bezirk in kurzer Zeit 13 Kinder verschwunden und eine gefangene Hexe habe mitgeteilt, sie seien in den Wiegen unter dem Hersagen von Zaubersprüchen getötet worden. Nach dem Begräbnis habe man sie hervorgeholt und in einem Kessel gekocht. Aus ihrem Fleisch werde Zaubersalbe bereitet, während die daraus gemachte Suppe die Kraft ver-

Beispiele früher Hexenbrände im deutschsprachigen Raum

Wann	Begebenheit
1390	In Berlin wird die Hexe Wolberg verbrannt.
1409	In Augsburg werden vier Geistliche gebunden, in Käfige gesteckt und bis zum Verhungern vor den Stadttoren aufgehängt.[34]
1419	In der Urphede eines Angeklagten und Gefolterten aus Luzern vom 20 Juli erscheint erstmals die Bezeichnung »Hexe« für schädigenden Zauber.
1423	In Basel wird eine Unholdin zum Tod verurteilt. Sie bestätigt eidesstattlich, daß sie eine Hexe ist und auf einem Wolf herumreitet.
1438	In Heidelberg wird eine Zauberin mit einer Schandmütze auf den Pranger gestellt, ihr die Zunge abgezwickt und ein Brandmahl aufgedrückt.
?	In Freiburg (Breisgau) wird wegen eines unerklärbaren Hagelwetters ein Hexenprozeß inszeniert.
1444	In Hamburg werden zwei Frauen verbrannt.
1446	In Heidelberg werden einige Frauen unter Beihilfe eines Ketzermeisters verbrannt.
1447	In Heidelberg wird eine Frau verbrannt, die als Lehrmeisterin der Vorgenannten angesehen wird.
1447	In Braunberg (?) wird eine Frau der Zauberei überführt, aber lediglich zur Verbannung auf eine Entfernung von zwei deutschen Meilen verurteilt, nachdem eine dreifache Bürgschaft in Höhe von 10 Mark gestellt wird.
1456	(29. Oktober). In Breslau werden zwei Frauen ertränkt, weil sie mit sogenannten »Liebesbissen«, durch die sie eine Heirat beeinflussen wollen, ihre Männer umgebracht haben.
1456	Köln werden zwei Menschen wegen Fruchtzauber (? Ernteschaden) verbrannt. ». . . Zieglers Jutte soll ein Beichtbüchlein besessen haben, das Zaubersprüche beinhaltet.«[35]
1458	In Hamburg wird eine Frau verbrannt.
1471	In Frankfurt am Main wird eine Zauberin ausgepeitscht, weil sie vorgibt, Diebstähle entdecken zu können.
1481	(1. Oktober). In Breslau wird Anna Brommelshausin als Zauberin und Hexe ertränkt. Sie bekennt, ». . . sie habe Georg Kramer und Georg Beckern ihr eigenes Wasser (= Urin) zum Trinken gegeben. Für Georg Kramer habe sie Kröten gesotten. Ihrem Mann habe sie Schweiß zum Trinken gegeben.« Sie wird am Montag vor Michaelis hingerichtet.[36]
1481	In Eggersdorf wird eine Frau verbrannt, die mit einer Hostie Unfug getrieben hat.
1483	Unter Friedrich I. wird in Berlin eine alte Frau der Hexerei überwiesen und verbrannt.
1486	In Frankfurt wird ein Messegaukler der Zauberei beschuldigt und daraufhin ertränkt.
1491	Am Pforzheimer Gericht sind Hexenprozesse anhängig (auch in den Jahren 1512, 1517, 1524 und 1531/1532).
1508	Eine Bürgerin aus der Nähe von Ulm klagt auf Schadenersatz wegen unmenschlicher Folterung infolge des Verdachts auf Zauberei.
1521	In Hamburg wird Dr. Viet als Zauberkünstler verbrannt, weil er eine Frau entbunden hat, die bereits von der Hebamme aufgegeben worden ist.
1545	»Eine Frau kocht Zaubersuppe und gießt sie in einen Torweg, den ein Anderer passieren muß«[37]
1553	In Berlin werden zwei Wettermacherinnen eingezogen, ». . . die einer Nachbarin ein Kindlein gestohlen, es in Stücke gehackt und es daraufhin gekocht haben.«

leiht, der Sekte der Teufelsbeschwörer beizutreten«. Nider bezweckt Theologie, Scholastik und Aberglaube zusammenzumixen, (um es) dem einfachen Volk plausibel zu machen. Diese Aktivitäten mußten nach hinten losgehen, denn der kleine Mann auf der Straße denkt realistisch.

Nider will Erkenntnisse der Theologie unter das Volk tragen, ohne deren Widersprüche zu erkennen. Seine Arbeit beweist, wie fertig die Idee der Inquisition ist, als die Hexenprozesse ihren Anfang nehmen. Und doch weicht seine Schrift tendenziell von der des etwas späteren Hexenhammers ab. Er sagt: » . . . zu allen Zeiten wurde den Weibern gegen ihren Willen vom ›incubus‹ nachgestellt . . . dagegen unterscheiden sich die ›modernen‹ Hexen dadurch, daß sie sich freiwillig der Unzucht mit einem Teufel hingeben«[32].

Bei ihm scheint die Hexerei nicht scharf von der Zauberei getrennt. Nach ihm können Zauberer *und* Hexen auf siebenfache Weise schaden: sie können Liebe und Haß einflößen, Zeugung und Empfängnis verhüten, Siechtum an allen Gliedern erzeugen, dem Mensch das Leben rauben und den Tieren schaden. Er betont: » . . . Zauberer *und* Hexen verleugnen Christus, können sich in Mäuse verwandeln, Getreide oder Heu auf den eigenen Grund übertragen, Wetter machen, durch Blitze Kinder töten, sie vor den Augen ihrer Eltern ins Wasser werfen, Unfruchtbarkeit erzeugen, Pferde mitsamt dem Reiter durch die Luft entführen, Verbotenes offenbaren und die Zukunft weissagen. Sie können Abwesendes sehen«.

Das erste Werk, das die Hexerei im noch heute bekannten Sinn beschreibt, ist das »flaggelorum haereticorum«, das 1458 von Jaquier verfaßt wird. Darin betont er, daß die neuentstandene Sekte der Ketzer *und* Zauberer erst »modernis temperibus«, also in jüngster Zeit hervorgerufen sei[33].

Beispiele früher Prozesse und Hinrichtungen

Aus der Tabelle wird deutlich, wie langsam sich der Hexenwahn in unserem Sprachraum formiert. Er festigt sich mit dem Pflicht-Glauben an den nichtexistenten Teufel. Dem frühen *und* hohen Mittelalter ist der Hexenprozeß fremd. Es sind Nachbeben der Inquisition und/oder Zaubereiprozesse.

Magdalena Walpotin, Agnes Bernauer

1434 schreiten die Behörden von Regensburg gegen eine Magdalena Walpotin ein. Sie wähnt sich als Jungfrau von Orleans, » . . . begnadet durch göttliche Enthüllungen und als von Gott gesandte Mutter der Christenheit«. Daraufhin wird sie als Ketzerin eingezogen und in ein Gefängnis gesteckt. Im grotesken Aufzug der verurteilten Ketzer, im feuerfarbenen Kleid mit einem aufgenähten roten Kreuz und auf dem Kopf eine Papiermütze mit der Aufschrift: » . . . dies Weib ward als Ketzerin befunden, aber durch Gottes Hilfe begnadigt« wird sie im Regensburger Münster zum Abschwören gezwungen. Über ihren weiteren Lebensweg ist nichts bekannt.

Agnes Bernauer[38], Tochter eines Baders, wird 1440 geboren und steht in »jungfräulicher« Blüte, als die Stadt Augsburg zu Ehren von Herzog Albrecht v. Bayern ein Turnier veranstaltet; er ist 28 Jahre alt. Seine Mutter, die Herzogin Elisabeth, will ihn standesgemäß verheiraten. Ihre Wahl fällt auf die Prinzessin Elisabeth v. Württemberg. Am 15. Januar kommt durch beiderseitige Abgeordnete das Ehegelöbnis am Hof des Kurfürsten von der Pfalz (Heidelberg) zustande[39]. Nun flieht die Auserkorene mit einem anderen Liebhaber, dem Grafen Johann von Werdenberg. Sie begründet es so: » . . . der Grund ihrer Weigerung liege darin, daß der Herzog ein großer Liebhaber der Frauen sei«. Er hat sich inzwischen in die schöne Agnes verliebt und »heimlich« geheiratet. Der Vater weiß um die Episode und versucht, ihn nun mit der Prinzessin Anna, einer Tochter des Herzogs Erich von Braunschweig, zu verheiraten. Sein Sohn Albrecht stemmt sich dagegen und schwört, daß Agnes seine rechtmäßige Frau sei. Daraufhin entspinnt sich eine Bilderbuchintrige, just wie sie heute in einer Illustrierten stehen könnte.

▶

Martin Luther, ehem. Augustinerchorherr und Begründer der protestantischen Lehre. Luther gehört eindeutig zu den Verfechtern des Glaubens an Teufel und Hexen, deren strenge Bestrafung – ja Folter – er befürwortet. Gemälde von Lucas Cranach, einige Jahre vor Antritt seiner Professur in Wittenberg.

Der junge Herzog wird während eines Turniers geschmäht[40]. Daraufhin zieht er zu Agnes auf die Vohnburg. Er schenkt ihr das Schloß Straubing als Witwensitz, gibt ihr einen Hofstaat und bezeichnet sie als rechtmäßige Herzogin.

Jetzt greift der Vater zum probaten Mittel, um seinen Sohn »mit List und Gewalt von der schwäbischen Dirne zu trennen«. Er nimmt an, daß ihn Agnes durch Zaubertränke für sich gewonnen hat. Daraufhin wird sie verhaftet, in ein Gefängnis geworfen und zum Tod durch Ertränken verurteilt, » . . . weil sie den Herzog durch böse Künste zu sündiger Liebe betört und (damit) ein Staatsverbrechen begangen hat«. Am 12. Oktober des gleichen Jahres schleppt man sie zur Donau und stößt sie von der Straubinger Brücke ins Wasser. Ein Chronist berichtet: » . . . der Strom trägt sie, sie kommt ans Ufer zurück und fleht um Erbarmen. Ein Henker wickelt ihre Locken um eine Stange und tauchte sie solang unter, bis sie ertrunken ist«. Die Leiche wird auf dem öffentlichen Friedhof St. Peter vergraben.

Als Herzog Albrecht zurückkommt und vom Tod seiner Frau erfährt, schwört er bittere Rache. Doch später läßt er sich auf eine Versöhnung ein, stiftet bei den Karmelitern eine tägliche Messe und einen feierlichen Jahrestag.

Daraufhin heiratet er Anna v. Braunschweig. Herzog Albrecht erwirbt sich den namen »der Fromme«, denn er gibt sich den Beichtvätern hin; selbst während des Essens läßt er sich geistliche Bücher vorlesen. Er stirbt 1460 und wird in der Benediktinerkirche auf dem Berg Andechs beigesetzt[41]. Dieses Beispiel dokumentiert zwar keinen Hexenprozeß, verdeutlicht aber das Klima, in dem der gefährliche Samen aufgeht.

Inquisitorisches Nachbeben

Nachdem es im deutschsprachigen Raum schwierig ist, eine schlagkräftige Inquisition zu tallieren, geht man in den letzten Jahrzehnten des 15. Jh. nochmals einen Kraftakt ein. Diese Aufgabe fällt den Dominikanern zu. Es tauchen die Namen Krämer, Sprenger, Cumanus[42], Heimstöckel, Johann Gremper und ein noch wenig erforschter Magister Ramwein(?), Pfarrer in Abensberg, auf. Jacob v. Hochstraten, bis 1508 Inquisitor der rheinischen Gebiete, beschränkt seine Aktivitäten auf das Verfassen wenig angesehener Bücher. 1510 veröf-

fentlicht er ein Werk gegen den Aberglaube. Bezüglich seiner Gelehrsamkeit zieht er gegenüber den Humanisten den Kürzeren. Sie sind es, die das Volksdenken und damit das Bewußtsein der Kirchentreuen aufbrechen.

Als krönender Abschluß des inquisitorischen Bemühens im deutschsprachigen Raum muß die Herausgabe des Hexenhammers angesehen werden, auf die ich zurückkomme.

Innocenz VIII., »Vater des Vaterlandes«

Dieser Papst (1484 – 92) gibt sich weltlich und ist wegen seiner Ausschweifungen berüchtigt. Fleury sagt über ihn: » . . . kein Mensch habe eine gute Meinung von ihm, denn er führe ein unordentliches Leben, indem er mit verschiedenen Weibern sieben Kinder erzeugt«. Tatsache ist, daß nach dem Stand der Forschung umstritten ist, wieviele es waren; es spielt (auch) keine Rolle!

Mit solchen Eigenschaften versehen, steht er keinesfalls isoliert im Raum. Sein Vorgänger, Sixtus IV. führt am päpstlichen Hof ein schwelgerisch-wollüstiges Leben und befördert seine Söhne Peter und Hieronymus unter dem Namen von Verwandten zu Kardinälen. Peter bringt es innerhalb von 2 Jahren fertig, 200 000 Dukaten zu verprassen, bevor er – wie sein Bruder – an übermäßigen Ausschreitungen stirbt. Um die gleiche Zeit errichtet ihr Vater in Rom Hurenhäuser, die ihm jährlich 80 000 Dukaten einbringen. Auf Innocenz folgt der lasterhafte Alexander VI. Von seinem Nachfolger Julius II. ist bekannt, daß er mehrere Kinder gezeugt hat. Die Päpste der Renaissance stehen darum noch heute besonders im Kreuzfeuer der Kritik, wobei gerade ihr moralisches Unterfangen problematisch bleibt.

Die sittliche Verderbnis ist allgemein und alle oppositionellen Gruppen legen ihre Hand in diese Wunde; selbst Geistliche wettern gegen die Unzucht in den eigenen Reihen. So klagt als einer von vielen der Kathäusermönch Dionysius von Leewis[45] über den Verfall der Kirchenzucht und der lasterhaften Geistlichen. Er rügt die häufigen Unzuchtsverbrechen, das Konkubinat, die Ausschreitungen mit Nonnen und verheirateten Frauen, wie die Erhebung eines »Hurenzinses«. Was die Verhältnisse in Deutschland angeht, schreibt Johannes von Trithemius (1492 – 1516) in einer an Nicolaus geschriebenen Anleitung zum priesterlichen

Leben: »... die Geistlichen verzichten lieber auf ihre Pfründe, denn auf die Konkubinen«[46].

Das späte 15. und vor allem das frühe 16. Jh. sind gekennzeichnet von einem Hang zur Sinnlichkeit. Das Kloster Gnadenzell auf der Schwäbischen Alb erregt öffentliches Aufsehen als Nonnenherberge. Das Frauenkloster Kirchheim u. Teck gilt als »offenes« Frauenhaus, d.h. als Bordell. 1484 wird die Liederlichkeit des Klosters Söflingen (bei Ulm) so eklatant, daß eine bischöfliche Untersuchung angeordnet wird. Ich komme bei der Behandlung der Ulmer Hexenprozesse darauf zurück.

Ein Kommissar berichtet: »... er habe in den Zellen der Gottesbräute unzüchtige Liebesbriefe gefunden, Nachschlüssel und üppigweltliche Kleider. Die meisten Nonnen seien in gesegneten Umständen«.

Nach der Cardina, der Reichpolizeiordnung von 1548/49 und einigen Landesgesetzen werden Prostitution und Kuppelei mit hohen Strafen belegt. Jede außergesetzliche Vermischung wird nach einigen Partikulargesetzen an beiden Teilen mit sog. »Unzuchtsgeldern« (= Hurenbrüchen) belegt. In den meisten deutschen Gebieten bestraft man Dirnen durch Untertauchen ins Wasser, Gefängnis, Staupenschlag, Gassenkehren bzw. Landesverweisung in schwerwiegenden Fällen. Das kanonische Recht verhängt gegen Unzucht Kirchenbußen, die man durch das Hinterlegen von Geld freikaufen kann. In diesem Zusammenhang ist auf das »tauchen« der Hexen als gängige Hexenprobe (= Schwemmen) zu verweisen. Um 1500 – oder kurz danach – taucht in Deutschland die Franzosenkrankheit (= Syphillis) auf und richtet verheerende Folgen an. Viele Geistliche infizieren sich mit diesem Kavaliersdelikt. Es wird doch nicht vom Beichten kommen?

Der Widerspruch zwischen dem Ansinnen, Andere in Ecken zu treiben, um sich besser in der Mitte aufstellen zu können, den Zeigefinger der Moral hochzuheben, und Andere an den notwendigen Lebenswandel zu erinnern, zum eigenen Verhalten innerhalb der Klostermauern oder den höheren Chargen im Vatikan, ist eklatant. Innocenz ist lediglich *ein Beispiel* für die verfallene Kirchenzucht. Auf der einen Seite lebt er sich sexuell mit Dirnen aus und auf der anderen läßt er fromme Waldesier verfolgen: ein gespaltener Geist, eine gespal-

tene Kirche. Beispielsweise wettert er gegen Johann Lailier, der an der Pariser Universität Theologie studiert, weil er an der Rechtmäßigkeit des Zölibats zweifelt[47].

Außerdem erläßt er kurz nach seinem Amtsantritt die später so heftig umstrittene Bulle »summis desiderantes« die im Volksmund als »Hexenbulle« angesehen wird. Wird sie diesem Anspruch gerecht?

Die umstrittene Hexenbulle

Ich muß dem Geschehen vorgreifen, denn dieses Dokument muß im Konsens mit der Herausgabe des »Hexenhammers« gesehen werden. Krämer und Institoris sind schon als Inquisitoren aktiv. Ihr Handeln im Zusammenhang mit der Approbation bestätigt, daß es ihnen um das Anerkennen ihrer Kompetenzen geht. Folgerichtig wenden sie sich an den obersten Dienstherr in Rom, Innocenz VIII. Im Grund genommen spiegelt sich hier der sinnlose Machtkampf zwischen übergangenen Bischöfen und den mit Sonderaufgaben betrauten Inquisitoren. Merzbacher bezeichnet die Bulle als einen der letzten großen gesetzgeberischen Akte der »alten« Kirche und trifft den Nagel auf den Kopf, denn hier setzt die Verteidigungspolitik der katholischen Autoren ein.

Sie weisen auf die referendierende Form ihres Inhalts und betonen, daß es sich nicht um einen Lehrgegenstand, sondern (nur) um die Klärung einer Rechtsfrage handelt. Zu dieser Auffassung gelangt im frühen 18. Jh. bereits Christian Thomasius[48].

Die Bulle ist bei einer realen Betrachtung, zu vielen anderen ähnlichen Inhalts, in breiterer Form publiziert als Appendix (mitgedruckter Anhang) des Hexenhammers. Erst so wird sie zum Zankapfel der Kirchengeschichte. Daß der Papst auf die Wünsche seiner Bittsteller eingeht, ist verständlich; schließlich vertreten sie *seine* Interessen.

Die Bulle ist zugleich ein Beispiel für die ausgehöhlte Kurialpolitik. Es wird deutlich, wie unendlich weit man sich von den Idealen einer einstigen Nächstenliebe entfernt hat. Sicher ist falsch, ihren Inhalt als Quelle *aller* Hexenprozesse zu bezeichnen: dennoch ist die Schrift für die weitere Entwicklung des Hexenwesens von Bedeutung. An ihrem Wortlaut haben sich über Jahrhunderte Gemüter erhitzt. Es darf nicht vergessen werden, daß lang vor ihrem Erscheinen der Glaube an christliche

Teufel gefestigt ist, daß mehr als 90 % der Bevölkerung katholisch *und* abergläubisch sind, ja daß sie gleichzeitig dem Analphabetentum verhaftet sind[49].

Schlagworte wie »mißlungener Staatsstreich«[50], »verfluchter Kriegsgesang der Hölle«[51] oder »Beginn der Tyrannei eines Heuchlers«, bringen die Forschung nicht weiter. Es ist absurd, wenn pro-katholische Schreiber betonen: ». . . waren die aus Deutschland nach Rom einlaufenden Berichte falsch, so mußte auch die darauf gebaute Darlegung des Papstes falsch sein, denn in diesem Punkt kann er getäuscht werden«[52].

Richtiger ist die Formulierung: ». . . man muß einräumen, daß der Papst von leichtfertigen und kritiklosen Inquisitoren unterrichtet war und daß er durch seine Antwort der Ungerechtigkeit Vorschub geleistet hat«[53].

In der Geschichte des Hexentreibens nimmt die Antwort des Papstes eine wichtige Position ein; schon wegen ihrer ungleichen Beantwortung; Hier prallen Pro und Kontra aufeinander. Ich habe ihren weitschweifigen Text unter die Fußnoten gesetzt[54]. Im Wesentlichen sagt er:

Der Papst bezeichnet sich als »Knecht der Knechte Gottes« und verlangt mit der höchsten Begierde, daß sich der katholische Glaube vermehrt und (daß) der ketzerischen Bosheit Einhalt geboten wird. Es sei ihm zu Ohren gekommen, daß in den Erzbistümern Köln, Trier, Mainz, Salzburg und Bremen Personen beiderlei Geschlechts ihre Seligkeit vergessen und vom katholischen Glauben abfallen, sich mit Teufeln vermischen, Zauberei und Verderben anrichten, Impotenz schaffen, daß sie leichtfertig in Sünde und Laster leben.

Gegenüber den geliebten Söhnen Institoris und Sprenger benehme man sich halsstarrig. Damit nun die Seuche des ketzerischen Unwesens nicht zunimmt und sich das Gift des Verbrechens nicht ausdehnt, gebe ich den Genannten unseren geliebten Sohn Johannes Gremper bei, um das Amt des Inquisitors vollziehen zu können und die als schuldig Erkannten nach ihrem Verbrechen zu züchtigen, an Leib und Vermögen zu strafen oder in Haft zu nehmen. Dies soll dem gläubigen Volk vorgetragen werden, so oft es nützlich erscheint.

Parallel dazu befiehlt er dem Straßburger Bischof[55], daß er alle Widerspenstigen und Rebellierenden zu bezäumen habe und daß er ggf. den weltlichen Arm zur Unterstützung anrufe. Die merkwürdige Bulle schließt mit der Anmaßung: ». . . keinem soll es erlaubt sein, die Verordnung zu übertreten oder gegen sie zu handeln. Würde sich jemand dazu erkühnen, soll er wissen, daß er den Zorn des allmächtigen Gottes (der auch hier wie ein Schutzschild vorangetragen wird) auf sich zieht«. In Rom hat sich die Angst breitgemacht!

Eine »Hexenprozession« trägt eine Katze auf einer Leiter voran. Nach einem Holzschnitt von Ulrich Molitor. 1544. Schon im 12. Jh. wurden Ketzer von der römisch-katholischen Kirche beschuldigt, Luzifer in der Gestalt einer Katze zu verehren.

Der Hexenhammer

Heinrich Krämer[(1)]

Krämer wird 1472 von den Ordensoberen mit Haft belegt, weil er eine unerbietige Predigt gegen Kaiser Friedrich III. gehalten hat. Zwei Jahre danach wird er zum Oberinquisitor für Deutschland bestellt. Zugleich wirkt er als Prior des Dominikanerklosters von Schlettstadt, das später wegen seines »göttlichen Eifers« gelobt wird. 1482 erwirkt Sixtus IV. einen Haftbefehl gegen Krämer, weil er Ablaßgelder unterschlagen hat. Über seine Tätigkeit als Inquisitor sind wir teilweise unterrichtet. Was seine Aktivität im Innsbrucker Raum anbelangt, kann nur von einem Mißerfolg gesprochen werden[(2)]. Die Akten der Innsbrucker Inquisition tauchen 1890 auf und werden kurz danach veröffentlicht[(3)]. Man findet darin Anweisungen zur Prozeßführung und Zeugenaussagen, jedoch keine Bekenntnisse!

Georg Golser, der Bischof von Brixen, veröffentlicht am 23. Juli 1485 die vorerwähnte Bulle und erteilt kurz danach dem Dominikaner Krämer ein Mandat. Mit Hilfe von Sigismund Samer, Pfarrer aus Axams (Nähe Innsbruck), beginnt man am 14. Oktober mit Untersuchungen. Aus der Korrespondenz des Bischofs ist bekannt, daß er mit dem Vorgehen Krämers nicht einverstanden ist. In einem Prozeß gegen sieben Frauen wird ein Freispruch erwirkt. Als Verteidiger fungiert Johann Merwais aus Wendingen, Licentiat der Kirchenrechte und Doktor der Medizin. Der bischöfliche Generalkommisär weist eine von Krämer an eine Angeklagte gestellte Zwischenfrage über sexuelle Geheimnisse als nicht zur Sache gehörend zurück und gibt einen Protest gegen seine Leichtfertigkeit zu Protokoll. Die Angeklagte Scheuberin sagt aus: » . . . sie wünsche dem Inquisitor das fallende Übel an den grauen Scheitel, weil er immer nur gegen die Hexen predige«.

In einem Brief Golsers an den Pfarrer von Innsbruck äußert er sich besorgt über Krämer und sagt: » . . . er scheint aus Altersschwäche kindisch geworden zu sein. Was er getan (hat), ist unanständig«. Ein weiteres Schreiben trägt das Datum vom 8. Februar 1486. In ihm wird betont: » . . . eure Väterlichkeit sollte, wie ich ihr schon zugeredet habe, in sein Kloster zu-

rückkehren und anderen nicht zur Last fallen. Ich glaubte, daß er die Diözese schon lange verlassen hat«[(4)].

1491 berichtet der Regensburger Bischof Heinrich von Abensberg: » . . . er habe an mehreren Orten des Sprengels bemerkt, daß die Verwirrung Raum gewonnen habe, daß sich Menschen beiderlei Geschlechts die göttliche Ehre anmaßen, sich als Wahrsager gegen das Verbot der Kirche ausgeben, Einfältige täuschen und mit solchen Dingen Zauberei treiben«. Kurz danach beauftragt er den Augustinerchorherr Wolfgang Heimstöckel, der als Granator (= Kastner) des Klosters Rohr (bei Augsburg) tätig ist, diesen Aberglauben mit Hilfe der Seelsorger durch den christlichen niederzuwalzen. Widerspenstige sollen nicht nur exkommuniziert, sondern ggf. unter Anrufung des »weltlichen« Armes vor den Bischof geladen werden.

1495 läßt Krämer in Nürnberg eine Sammlung von Traktaten gegen »jüngst aufgetauchte Irrtümer bezüglich des Sakraments der Eucharistie« drucken. Im gleichen Jahr folgt er dem Ruf seiner Oberen, um in Venedig über eine Streitfrage zu disputieren. Daraufhin kehrt er nach Deutschland zurück. 1497 erscheint der »fromme und ehrwürdige« Vater Heinrich Krämer im Kloster Rohr und weist sich als Inquisitor aus. Daraufhin bestellt er Heimstöckl zum Vikar (= Kommisär) und erteilt ihm am 4. Juli 1497 für den Regensburger Sprengel die Vollmacht, gegen Übeltäter vorzugehen und sie nach der »lex multorum« zu strafen[(5)]. In diesem Zusammenhang ergibt sich ein bezeichnendes Taktieren des Bestallten, denn am 2. Juli 1499 schreibt er dem Magister Ramwein:

» . . . von glaubwürdiger Seite sei ihm das Gerücht zugekommen, daß die Stadt voll Schändlichkeiten der Idolatrie[(6)] sei. Dort sollen viele sein, die zum Schaden ihrer Mitbrüder Hexereien verüben. Darum wundere ich mich, daß ihr, ein gelehrter und berühmter Prediger, ein beherzter Mann, solchen Verbrechen nicht bis auf's Blut Widerstand leistet? Warum schweigt ihr über das Übel des Götzendienstes, warum seid ihr wie ein stummer Hund[(7)] der nicht bellen kann? . . . mir scheint, daß ihr für eure Haut fürchtet, daß ihr Angst habt, die Hexen könnten euch verzaubern, daß ihr den alten Vetteln mehr glaubt als Gott, während es eine ausgemachte Sache ist, daß Hexen Predigern und anderen Werkzeugen der Justiz nichts anzutun vermögen«.

Papst Alexander VI. ernennt am 31. Januar 1499 den greisen Krämer zusammen mit dem Abt von Neuburg zu Nuntien und beauftragt sie, gegen die »böhmischen« Brüder, Waldesier oder Pickarden in Böhmen und Mähren vorzugehen. Ein Breve vom 5. Februar 1500 weist Krämer an, das die römische Kirche angreifende Buch »Bild des Antichrist« von Peter von Chelcis zu konfiszieren und verbrennen zu lassen. Krämer schlägt ein Religionsgespräch vor, das im Kloster Olmütz stattfindet, jedoch zu keiner Verständigung führt.

Krämer schreibt ein umfassendes Werk über die Sekte der Waldesier. Sein Blick ist geschärft, denn er meint zu wissen: » . . . die Brüder halten bei ihren Versammlungen den Mund offen, um den hl. Geist in der Gestalt einer Fliege aufzunehmen. Durch eidliche Aussagen sei ihm bezeugt worden, daß sie bis auf wenige Ausnahmen vom Teufel besessen sind«[8]. Später kehrt er nochmals in das Kloster Rohr zurück. Die Quellen verlieren sich um 1503 und 1506 ist er im Alter von 75 Jahren gestorben. Nach neueren Erkenntnissen muß angenommen werden, daß Krämer in seiner Eigenschaft als Inquisitor *und* Schriftsteller den maßgeblichen Teil des Hexenhammers verfaßte, » . . . er hat dazu beigetragen, den ›neuen‹ Hexenwahn zu formulieren, zu systematisieren und ihn dadurch in eine neue Richtung zu lenken«.

Jacob Sprenger[9]

Sprenger ist seit 1475 Professor der Theologie und zeitweilig Dekan an der Kölner Universität. 1487 wird er Provinzial der deutschen Ordensprovinz. Er setzt sich für die Verbreitung des Rosenkranzes ein und gründet eine Bruderschaft, an der maßgebliche Personen beteiligt sind[10]. In gewisser Weise ist er ein Kollege von Krämer, der das Kloster Schlettstadt leitet. 1489 wendet sich der Offizial der Kölner Kurie an einen hier lebenden Astrologe und an die Bewohner der Diözese, die mit Zauberern und Hexen in Verbindung stehen. Sie werden aufgefordert, vor einer inquisitorischen Kommission zu erscheinen, an deren Spitze der Prior des Kölner Dominikanerklosters, Sprenger, steht. Über den weiteren Verlauf der Auseinandersetzung ist nichts bekannt.

Der älteren Forschung zufolge[11] gilt Sprenger als der Hauptverfasser des Hexenhammers. Dem ist nicht so. Die Sache stellt sich so dar, daß er aufgrund seiner Nähe zur Universität eher mit der Beschaffung der Approbation befaßt ist und als Autor sekundäre Bedeutung hat. Aus vielen Bezugspunkten ergibt sich, daß der geistige Fundus des Hexenhammers mehr im oberdeutschen Raum angesiedelt ist, für den Krämer zuständig ist.

Sprenger kommt eher das Verdienst zu, zur Fälschung der Approbation beigetragen – wenn nicht erwirkt – zu haben. Siebel führt den Nachweis, daß die Billigung *nicht* die Geisteshaltung des Lehrkörpers vertritt, die im Zeichen der Zeit als kirchliche Zensurbehörde verstanden wird[12]. Sixtus IV. lobt sie 1479 wegen ihres Eifers in der Unterdrückung ketzerischer Schriften[13].

Wegen der im Zusammenhang mit der Approbation auftretenden Überlegungen läßt sich die vorsichtige Haltung der Universität in der Hexenfrage erkennen. Die Tatsache, daß es den Verfassern nicht gelingt, Zustimmung zu erlangen, zeigt, daß die Mehrheit der Professoren nicht geneigt ist, ihren Vorstellungen zu entsprechen. Wie kommt die Approbation (= Billigung) zustande?

War sie eine Fälschung?

Am 19. Mai 1487 versammeln sich die Professoren in der Amtsstube des Dekans Lambertus de Monte[14]. Mit ihnen die beiden Dominikaner, der Universitätspredell und ein Kleriker als Zeuge, der vereidigte Notor der Kölner Kurie und der Priester Kolich aus Euskirchen als Schriftführer. Der Dekan bemerkt: » . . . daß er die dreiteilige Abhandlung eifrig durchgesehen habe und daß sie verglichen worden ist . . . aber betreffs ihres ersten Teiles, wenigstens nach meinem bescheidenen Urteil, nichts enthalte, was mit der Wahrheit des katholischen Glaubens in Widerspruch steht. Dennoch scheine es ratsam, daß der Traktat nur gottesfürchtigen und gewissenhaften Personen mitgeteilt werde«.

Es ist anzunehmen, daß die Inquisitoren mit diesem Wortlaut und/oder dieser Formulierung nicht einverstanden sind, denn sie legen dem Dekan vier redigierte Sätze vor. Aus ihnen wird erkennbar, daß sie die Absicherung ihrer Kompetenz im Auge haben. Das ist ein legitimes Anliegen, zumal sie über eine päpstliche Bulle verfügen, die ihr Walten unterstützt. Ihr Ziel ist:

1. Die Inquisitoren verdienen als Abgesandte des Papstes Unterstützung bei ihrem Amt.
2. Daß es Hexen gibt, steht nicht im Widerspruch zur katholischen Lehre, sondern stimme mit der hl. Schrift überein.
3. Es ist ein Irrtum anzunehmen, daß es keine Zauberer gibt. Andersdenkende hindern das Werk der Inquisition.
4. Alle Fürsten und katholische Priester seien zu ermahnen, das fromme Werk der Inquisition zu stützen.

Außerdem weist Krämer auf ein Pergament, das am 6. November in Brüssel von der kaiserlichen Kanzlei unter der Regierung von Maximilian I. gesiegelt ist. Es befiehlt, die päpstliche Bulle anzuerkennen und stellt die Inquisitoren unter kaiserlichen Schutz. Nun nimmt sie (auch) die Fakultät unter moralischen Schutz. Demzufolge erklärt sie als schriftgemäß: »... daß aus göttlicher Zulassung, durch die Hilfe des Teufels, Menschen zu Zauberern werden können. Gegner dieser Ansicht wären für das Verderbnis der Seelen verantwortlich«. Daraus kann geschlossen werden, daß die Intelligenz einer Universität nicht in der Lage ist, dem Zeitgeist zu entweichen. Sie huldigt dem gleichen Aberwitz wie der Einfältigste unter den Bürgern.

Die Billigung, die dem Hexenhammer zustimmt und von acht der Universität angehörenden Theologen unterschrieben ist, muß, wie Hansen nachweist, als eine von Krämer und Sprenger in enger Zusammenarbeit mit einem Notar angefertigte Fälschung angesehen werden. Johann Gremper, der den beiden beigestellt wird, ist als Inquisitor im Konstanzer Sprengel tätig. Er wird im laufenden Text des Hexenhammers erwähnt, in dem gesagt wird: »... eine berühmte, von allen Einwohnern beschuldigte Hexe in der Grafschaft Fürstenberg im Schwarzwald verlangte auf der Folter, die Feuerprobe abzulegen. Der junge (und) unerfahrene Fürst erlaubte es, und so trug sie das glühende Eisen singend nicht nur drei Schritte, zu dem sie verurteilt war, sondern sechs ... sie erbot sich, es noch weiter zu tragen«[15].

Nach dem damaligen Stand der Rechtsprechung muß sie freigesprochen werden. Schon in der Antike werden Mittel bekannt, um sich gegen glühende Eisen unempfindlich zu machen.

Thematisches Umfeld

Der Inhalt des Hexenhammers setzt eine mehrjährige intensive Beschäftigung mit der Materie voraus[16]. Wir haben eine umfassende Zusammenstellung von Bezugspunkten aus der Bibel und etwa 50 vorausgehenden Autoren vor uns, die überwiegend im kirchlichen Bereich angesiedelt sind. Eine Vorrangstellung nimmt Niders »formicarius« ein. Dies bedeutet, daß es ungerecht ist, lediglich auf den Dominikanern als Verfasser »herumzuhakken«, denn sie verarbeiten – wie nahezu jeder Autor – das Wissen *ihrer* Epoche.

Der Hexenhammer entsteht, als sich die »alten« Machtstrukturen der römisch-katholischen Kirche dem Ende zuneigen. Er ist approbiert und trägt die kirchliche Auszeichnung »sanctissimus liber«. Nach der Methode der Zeit ist er so logisch in der Form und so fest auf die scholastische Theologie, bzw. das kanonische Recht begründet, daß sein Ansehen in Fachkreisen (der Theologie) verständlich wird. Trotzdem ist unbekannt, ob wir ein Belehrungsbuch für unschlüssige Richter oder ein Handbuch für gezielte (Hexen)verfolgungen vor uns haben. »... es ist zu berücksichtigen, daß man das dickleibige im schlechten Latein gefaßte Buch (erst) spät in die deutsche Sprache übertragen hat. Im Grunde genommen konnte es über Jahre nur von Theologen, Juristen, Ärzten und/oder Akademikern gelesen werden«.

Der Hexenhammer wird um 1486 vollendet und erscheint 1487 in Straßburg. Der Speyrer Frühdrucker Peter Drach d. Mittlere besorgt zwei Ausgaben. Die noch junge Buchdruckerkunst steht *allen* zu Gebote; nur so ist es möglich, die Gedanken des Hexenhammers »der christlichen Bibel, bzw. der lutherischen« in die Welt hinauszutragen. Die Autoren verraten eine enorme Belesenheit, aber ihr Weltbild steckt voll Teufel und Dämonen. Es geht ihnen wie nahezu allen Theologen: sie gehen von der Richtigkeit ihres Handelns aus, wobei die Realität der historischen Bezüge sekundär ist. Es ist durchaus möglich, etwas Unwahres, Unmögliches, jedweder historischen Beweisführung Absurdes im Brustton der Überzeugung zu behaupten.

Bis 1520 werden neun Ausgaben des Hexenhammers herausgegeben. Nicht nur dieses Buch steckt voller Aberglaube und Unsinn (aus heutiger Sicht), sondern die gesamte Epoche ist (un)glaubensschwanger. Die negative Beurteilung der Frauen nimmt im Buch eine bevorzugte Stellung ein. Es ist naheliegend, an die sexuellen Nöte zu denken, die den Autoren *und* ihren Glaubensbrüdern auferlegt war.

Die Absicht der Autoren geht aus ihrem Bemühen um die Approbation hervor: » . . . unsere vornehmste Absicht ist, uns Inquisitoren soweit wie möglich von der Hexenverfolgung zu entlasten. Deshalb wollen wir die kirchlichen und weltlichen Richter über den Hexenprozeß belehren. Da die Hexerei ein gemischtes Verbrechen ist, gehört sie vor das weltliche *und* geistliche Gericht. Wo die Strafe an Leib und Leben geht, können die Inquisitoren ohne die weltlichen Gerichte nicht prozessieren«.

Die Hinrichtung und der Einzug des Vermögens zur Bestreitung der Kosten bilden den förmlichen Abschluß des Verfahrens.

Das ist der Ansatz, doch bald wird deutlich, daß ihnen ein gewisser Fanatismus nicht abgesprochen werden kann. Vielleicht erinnern sie sich an den Benediktiner de Lure, Mönch aus Poitiers, der 1453 predigt, daß die satanischen Versammlungen Hirngespinste sind. Deretwegen wird er zu »ewigen Kerker« begnadigt, » . . . indem sich ergeben, daß er selbst mit den Teufeln ein Bündnis geschlossen, wodurch Richter zur Milde bewogen (wurden) . . . und darum das Unwesen überhand genommen (hat)«[18].

Der Hexenhammer gliedert sich in drei Teile. Zuerst werden in 18 Fragen die Dinge untersucht, die bei der Zauberei zusammentreffen. Dann wird gesagt, wie man sich davor schützen kann, bzw. dämonischen Krankheiten vorzubeugen hat. Der dritte Teil widmet sich dem Hexenprozeß. Hier wird die Anlehnung an vorausgegangene Ketzer- und Inquisitionsprozesse deutlich. Die Autoren bringen einige interessante Veränderungen ein; vor allem bemühen sie sich um den Nachweis, daß es de facto Hexen gibt[19]. Hier sitzen sie dem Irrtum ihrer Zeit und dem des Glaubens auf. Sie stellen die Hexen außerhalb des gewöhnlichen Rechts. Im Rückkehrschluß bedeutet es: Sanktionieren der Folter, um ein Geständnis zu »erpressen«. Krämer und Institoris ignorieren die 400 Jahre alte, fortschrittliche Meinung

des »canon episcopi«, die ihnen bekannt gewesen sein wird (doch läßt sich der Nachweis nicht erbringen, daß sie ihn gekannt haben). Sie stellen das Laster der Hexerei über alle anderen und deklarieren das Hexen als Ausnahmeverbrechen.

Unsachliche Kritiker

Man darf sich nicht wundern, wenn Kritiker wie Geier über diese Schrift herfallen. Sie bewerten sie falsch, schlagen über die Stränge und stellen sich ein Elendszeugnis aus; was sie sonst ihren literarischen Gegnern unterstellen. Auch über uns wird man später zu Gericht sitzen, um abzuwägen, was wir falsch gemacht haben: auch der Beste ist nur ein Kind seiner Zeit.

Wir hören Argumente wie: » . . . des Papstes Tyrannen wüteten grausam wider die Weiber[20]. Finsterlinge behaupteten Dummheiten[21] . . . proklamierten Bosheit, Geschwätz, Unbarmherzigkeit, Arglist, ekelhafte Sophistik, pfäffische Entmenschtheit, Folterlust und tigerhaften Blutdurst«[22]. Es waren »mörderische Buben«[23], »pathologisch beschränkt, geistlich aufgeblasen und von einem schamlosen Zynismus getragen«[24]. »Sie verraten Kenntnisse des geschlechtlichen Lebens, die eine erfahrene Engelmacherin schamrot machen würden«[25]. Im Hexenhammer vereinigen sich Buchstabenklauberei und kleinstädtische Borniertheit. Worte wie »berüchtigt«, »spitzfindig«, »unverständlich«, »verrucht«, »unheilvoll«, »barbarisch in der Ausdrucksweise«, »scheußlich« und »fluchwürdig« sind an der Tagesordnung[26].

Die Argumente sprechen gegen die Kritiker, denn sie führen ins Nichts. Es ist übertrieben zu behaupten: » . . . Hunderttausende wehrloser Unschuldiger sind durch ein wissenschaftliches Buch, durch dieses entsetzliche Machwerk des verirrten Geistes in gräßlichen Qualen einem grauenhaften Tod ausgesetzt worden. Damit hat sich die Menschheit besudelt«.

Fest steht, daß die Argumentation des Hexenhammers voll Widersprüche ist: es ist die Epoche. Der malleus spiegelt den Zeitgeist wieder. Damit will ich das Buch nicht verniedlichen, doch zu einer realen Betrachtung kommen. Prokatholische Schreiber wenden selbst hier das Blatt in ihrem kurzsichtigen Sinn und tragen vor: » . . . der Hexenhammer ist ein in den Intentionen reines und untadelhaftes Werk, jedoch oft unvorsichtig auf die scharfe Seite neigend«[(27)].

Einfluß der Himmelskörper

Hier kann man den geistigen Standort der Autoren orten. Sie betonen: »... der Einfluß der Himmelskörper kann nicht verworfen werden, denn sie werden von geistigen Substanzen bewegt und regiert, wie dies von *allen* Theologen und Philosophen angenommen wird. Die Seelen der Himmelskörper sind größer als die unsrigen; folglich können sie in uns wirken. Der Mensch ist Gott, den Engeln und Himmelskörpern untergeordnet. Die Macht der Sterne kann keine Zauberei verursachen. Die Wirkungen bestehen darin, daß die Zauberer ihren Glauben verleugnen, Unzucht treiben, Kinder umbringen und boshaft sind. Sie gehen ein Bündnis mit dem Satan ein. ... Gott konnte die Kreatur nicht so vollkommen schaffen, daß sie nicht hätte sündigen können. Das Laster der Zauberei ist so groß, daß es selbst die Sünde und den Fall der Engel übersteigt. Die Sünden des Teufels können nicht vergeben werden. Aber die Hexen verleugnen den Glauben. Deshalb sündigen sie schneller und schwerer. Weil sie nirgends Frieden finden, gehen sie schneller als andere zur Kirche hinein und langsamer hinaus«[(28)]. Daraufhin bringen sie einige Beispiele, um zu verdeutlichen, inwieweit die Himmelskörper Einfluß auf die Menschen nehmen:

»... drei Gesellen gingen miteinander über das Feld ... zwei wurden vom Donner erschlagen und der dritte hörte eine Stimme aus der Luft: ›... laßt uns auch den erschlagen‹. Doch da kam die Antwort: ›... das geht nicht, denn heute ist das Wort Fleisch geworden‹ (d.h. er hatte die Messe gehört, so daß ihm der Teufel nichts anhaben konnte)«.

»... der Abt Serenus hatte mit seinem Fleisch ewig Krieg und bat Gott, ihn keusch zu machen. Nachts kam ihm ein Gesicht vor, so als komme ein Engel zu ihm. Er öffnete ihm den Bauch und nahm ein Ding weg, wie ein feuriger Kopf. Siehe sprach da der Engel, ich habe dir den Kitzel genommen und von heute an wirst du weniger Anfechtungen haben, als ein Junge an der Mutterbrust«.

»... ein Priester versicherte uns, daß er in der Nähe von Landsberg eine Luftfahrt gesehen hat. Bei einer studentischen Versammlung

sollte einer weggeschickt werden, um Bier zu holen. Doch er kehrte um, als er vor dem Haus dichten Nebel sah. Sogleich rief ein anderer: ›... und ich werde gehen, selbst wenn der Teufel zugegen wäre‹. Und siehe da, kaum war er aus der Tür getreten, wurde er vor aller Augen in die Luft entführt«[(29)].

Dazu paßt ein ähnlich gelagerter Fall aus dem Jahr 1717. Er dokumentiert, daß die abergläubischen Menschen ihre Vorstellungen weder verleugnen noch ablegen können.

»... als vor sieben Jahren, da ich noch Physikus in Gingen gewesen, etliche katholische Bauernknechte von Memmingen an einem Sonntagmorgen nach Bachagel gehen wollten und wir auf dem Feld waren, (da) kam unversehens ein zottiger Bock, schoß einem jungen Kerl zwischen die Füße und fuhr mit ihm hoch durch die Luft ... er riß ihn vor aller Augen hinweg ... er wurde in zwei Stunden bis nach Mönchen(?), wenigstens 14 Meilen vor der Stadt, niedergesetzt. Später ist er zu den Kapuzinern gegangen und erzählte ihnen den Handel. Sie gaben ihm zur Antwort: ... weil der Teufel die Macht durch das Verhängnis Gottes über ihn bekommen, müsse er nicht gottselig gelebt und außerdem nicht fleißig gebetet haben ... er solle künftig frommer sein, so werde ihm nichts passieren«.

Jetzt trumpfen die Autoren auf; sie kommen zum Kern der Sache: »... *die Hexerei geschieht mit der Hilfe des Teufels. Es ist ketzerisch zu behaupten, daß er mehr Macht als Gott hat.* Lediglich mit seiner Zustimmung können die Dämonen auf die Leute wirken. *Leute, die behaupten, es gebe keine Hexen, sind als Ketzer zu bestrafen.* Um die Unwissenheit zu besiegen, muß man sich die Mühe geben, das Hexenwesen zu studieren. *Es schmeckt nach Ketzerei zu behaupten, das Zaubern wäre eine Einbildung. Das Gegenteil läßt sich durch kirchliche und bürgerliche Gesetze beweisen. Das göttliche Gesetz befiehlt, die Zauberer zu töten*[(30)]. *Wer die Schrift anders erklärt, ist ein Ketzer.* Hier sehen wir den blinden Autoritätsglaube, der zu allen Zeiten unserer Geschichte in die Irre führt, weil er irreal ist«.

»... die Hexen verdienen die schwersten Strafen, die der Ketzer *und* der Abgefallenen. Ist der Ketzer ein Laie und weigert sich, dem Irrtum abzuschwören und zu widerrufen, wird er verbrannt. Ist er ein Geistlicher, wird er seiner Würde enthoben und der weltlichen Obrigkeit zur Todesstrafe übergeben. Kehrt er von der Ketzerei zurück, wirft man ihn lebenslänglich in einen Kerker. So *gelinde darf man mit den Hexen nicht verfahren,* man kann sie nicht mit ewiger Gefängnisstrafe begnadigen; *sie müssen verbrannt werden«.*

» . . . es gibt dreierlei Arten von Hexen. Einige bezaubern, lösen aber diesen Zauber wieder auf, andere beschädigen ohne wieder zu entzaubern und einige können nur entzaubern. Das beste Mittel gegen sie ist das Sakrament der Buße . . . die Zauberer peitschen durch die Hilfe des Teufels die Elemente tüchtig zusammen, um Hagel und Ungewitter hervorzubringen. Sie verwirren das Gemüt der Menschen, verursachen Raserei, Haß und wütende Geilheit. Durch die Kraft ihrer Zaubergesänge töten sie Andere«[31].

Institoris und Sprenger beziehen sich auf die Stelle des Exodus: » . . . Zauberinnen sollst du nicht leben lassen«. Blind fordern sie zu tun, was unchristlich und falsch interpretiert ist. Dies ist das Problem aller großen Gesetzeswerke und der religiösen Literatur: wo an vorderer Stelle die Bibeln stehen. Auch die gründlichste ist nicht mehr als ein Werk ihrer Epoche. Sie ist ohne göttliche Inspiration entstanden und was definiert ist, kann, *muß* aber nicht so (gewesen) sein!

Kontrahexen

Im folgenden Kapitel kreieren die Dominikaner eine Reihe abergläubischer Vorstellungen[32] und interpretieren dabei ihren theologischen Scharfsinn, der für die übrigen Menschen wertlos ist. Hier wird deutlich, daß sie Kinder ihrer Zeit sind und wie intensiv das Problem »Krankheit« damalige Menschen beschäftigt. Wie stets illustrieren sie ihr Wissen durch verfängliche Beweise:

» . . . einer unserer Inquisitoren entdeckte eine fast ausgestorbene Stadt, in der das Gerücht ging, daß ein gewisses Weib nach und nach ihr ledernes Sterbekleid, in dem sie begraben worden, in sich fresse, bis daß sie es vollends verzehrt hätte. Nach einer Beratschlagung ließen der Stadtschulze und der Bürgermeister das Grab öffnen und fanden, daß es die Alte bereits zur Hälfte durch das Maul und den Hals in den Bauch geschluckt und verzehrt hatte. Der Schulze ergrimmte darüber, zog vom Leder (= d.h. er zog die ihm zum Tragen erlaubte Waffe aus der Scheide), hieb ihr den Kopf ab und warf ihn in die Gruft, worauf die Pest (sogleich) nachließ. Nach geschehener Untersuchung fand sich, daß das Weib eine Erzhexe gewesen«.

» . . . die Ärzte schließen aus den Umständen, forschen nach der Ursache der Krankheit. Ist sie nicht zu entdecken, ist sie durch Dämonen verursacht. Die Kontrahexen gießen Blei in eine Schüssel mit Wasser. Findet sich dann die verlangte menschenähnliche Gestalt, so nimmt die kluge Frau (oder: der kluge Mann), ein Messer und schneidet (sticht) das Bild in derjenigen Gegend, wo es die antuende Hexe haben will. Sie hat sogleich darauf an demjenigen Glied, worauf es gezielt war, so heftige Schmerzen, daß es nicht länger verborgen bleiben kann«.

Einige Ärzte halten flüssiges Blei über den Kranken und gießen es in eine mit Wasser gefüllte Schale. Erscheint dann ein einigermaßen deutliches Bild, so urteilen sie, daß die Krankheit »ex maleficio« zustandegekommen ist. Die Theologen halten dies für unerlaubt, da man nichts Böses tun dürfe, damit Gutes herauskommt. Diese Formulierung schlägt der Kirchengeschichte ins Gesicht.

Als zu Innsbruck eine Hexe inquiriert war, erzählte ein gewisses Frauenzimmer: » . . . ich besuchte meine Freundin, die unerträgliche Kopfschmerzen und darum eine alte Frau bei sich hatte, die sie durch ihren Hokuspokus heilen wollte«. ›Abergläubische Possen, sprach ich zu ihr, euch ist es doch nur ums Geld zu tun‹. Drei Tage später war kein Fleckchen mehr an ihr, wo es nicht geschmerzt hätte, wo nicht eine Beule voll weißen Eiters war. Eines Tages entdeckte ich über der Stalltür ein Päckchen in einem Tuch. Auf den Rat des Hausherrn nahm ich es herunter, öffnete es und warf alle Siebensachen, Schlangenknochen, Kräuter usw. in das Feuer. Darauf ward mir stehenden Fußes besser.«

» . . . viele Weiber kennen die Mittel, um eine Hexe zu entdecken. Wenn beispielsweise jemand ein Zauberinstrument unter der Türschwelle verbirgt, so ist das Zauberei«. Hier dokumentieren die Autoren ihre Belesenheit, denn sie wärmen römisches Volksbrauchtum (wieder) auf: wie es noch heute in abgelegenen Gebieten im deutschsprachigen Raum getan wird.

» . . . wenn sie beispielsweise eine Kuh auf die Weide lassen und auskundschaften wollen, wer eine Hexe ist, so hängen sie des Mannes Beinkleider oder sonst etwas Schmutziges an deren Hörner oder binden es auf ihren Rükken . . . dann treiben sie die Kuh mit dem Stock weg. Sie geht geradewegs nach dem Haus der Zauberin, stößt mit den Hörnern unaufhörlich gegen die Tür, blökt beständig und zeigt (dadurch) die Hexe an«. Kann man theologischer argumentieren?

» . . . wenn ein Stück Vieh krepiert und die Hexen zu wissen wünschen, ob es an einer natürlichen Krankheit oder durch Zauberei geschehen ist, und wenn sie den Täter heraushaben wollen, so gehen sie auf den Schindanger, schleppen die Eingeweide des abgedeckten Tieres bis in das Haus hinter sich, jedoch nicht über die Türschwelle, sondern unter derselben, legen es dann auf einen Rost und braten es. Wo nun diese Caldaunen anfangen zu braten, so fangen im Leib der Hexe die Gedärme zu schmerzen an«.

» . . . unerlaubt ist auch das Mittel, dessen sich einige Weiber hin und wieder in Schwaben bedienen. Sie gehen am 1. Mai vor Sonnenaufgang in den Wald, schneiden sich von Weiden oder anderen Bäumen Zweige, beugen sie in der Gestalt eines Zirkels zusammen, hängen sie beim Eingang im Kuhstall auf und versichern, daß nun das Vieh über das ganze Jahr nicht bezaubert werden kann«.

Ehestandsgeschäft und »männliche« Rute

Fromme Kirchenlehrer meinen zu wissen, daß die Weiber: » . . . eine schlüpfrige Zunge haben und die eigene Schande nicht verschweigen können, wenn sie es mit ihresgleichen zu tun haben, und wenn es ihnen an Kräften gebricht, sich heimlich zu rächen, so nehmen sie Zuflucht in der Zauberei«. Deshalb sagt Salomo: » . . . es ist besser bei Löwen und Drachen zu wohnen, als bei einem bösen Weib. Eva spielte den ersten Betrug, deshalb kann man von ihren Töchtern alles erwarten. Sie wurde aus einer krummen Rippe erschaffen. Als ein unvollkommenes Tier betrügt sie immer. Das Weib taugt von Natur aus nichts, es zweifelt geschwinder und verleugnet den Glauben leichter«.

Daß die Ehebrecherinnen und Huren vorzüglich Hexen sind, ergibt sich aus dem Behexen, wodurch das Ehestandsgeschäft – ein Werk Gottes – bei gewissen Personen verhindert wird. Es ist eine orthodoxe Meinung der

Kirche, daß durch den Beischlaf der Menschen mit den Teufeln Kinder erzeugt werden. » . . . ob die geilen Purschen von Engeln nicht wirklich bei den Töchtern der Menschen gelegen und eine mächtige Riesenrasse mit ihnen gezeugt haben?«[33]. Nun kann der Teufel »semen virili« von irgendwoher bekommen und »ad ovarium« gebracht haben, wodurch das Weib wirklich empfing. Der Teufel ist nicht der Vater, sondern derjenige, dem der Samen entwendet ist. Es kann geschehen, daß sich ein Incubus unsichtbar zwischen zwei sich Umarmende schleicht und unbemerkt: » . . . semen sum loco feminisiri« injiziert, denn was können nen Geister und Engel nicht alles tun. Antwort: nichts, denn es gibt keine!

»Aus dieser Betrachtung folgt, daß sich Teufel nicht aus Wollust mit solchen Dingen abgeben, sondern um des Menschen Leib und Seele zu verderben. Es sind Teufel der niedrigsten Klasse, die zum Frondienst der Hurerei verdammt sind. Viele Ehebrecher verlassen die schönsten Weiber und hängen sich an einen säuischen und widerlichen Nickel«.

» . . . uns ist eine alte Vettel bekannt, die nach und nach drei Äbte eines Klosters in sich verliebt machte, so daß sie nicht mehr von ihr ablassen konnten. Sie gestand, daß sie es getan habe . . . und zwar durch die Hilfe der eigenen Exkremente, von denen die heiligen Väter ein armlanges Stück gespeiset«.

» . . . die Weiber sind untereinander selten gut. Und da ein beraubter Mann wohl mit anderen Weibern, aber nicht mit seiner eigenen halten kann, läßt sich die Sache leicht begreifen: das Weib sucht sich zu entschädigen und so bekommt der Teufel zwei Braten für einen«.

» . . . wenn die männliche Rute sichtbar ist oder wenn sie sich keiner Erektion erfreuen kann, ist die Sache natürlich. Ist aber Bewegung und Erektion da, ohne daß das Werk vollbracht werden kann, ist der Mann bezaubert. Dies betrifft auch die Weiber: dann können sie entweder nicht empfangen oder sie abortieren.

Eine Hexe, die das Empfangen verhindert oder einen Abortus fördert, ist eine Todschlägerin und muß wie eine Mörderin bekämpft werden. Wenn es nicht innerhalb von drei Jahren gelingt, erklären einige Kirchenlehrer die Ehe für ungültig«. Daraufhin nennen die Autoren sie »sieben Künste« der Weiber:

- Umstimmen des menschlichen Gemüts in ausschweifende Liebe oder in alles übertreibenden Haß.
- Verhinderung der Zeugungskraft.
- Weghexen der Zeugungsglieder.
- Menschen in Tiere verwandeln.
- Den Frauen eine unzeitige Geburt verschaffen, deren Kinder dem Teufel darbringen.
- Wallfahrten mit unbußfertiger Beichte.
- Unerlaubtes Beten und (unerlaubte) Bannsprüche.

Dies suchen sie detailliert zu belegen:

Hebammen und Kinderfresserinnen

Die Hebammen schädigen die Frucht im Mutterleib, befördern eine unzeitige Geburt und loben die Kinder dem Teufel an, indem sie dieselben unter verschiedenen Vorwänden in die freie Luft oder aber unter den Schornstein tragen und sie dann in die Höhe heben. » . . . so geschah es in der Diözese Straßburg in dem Städtchen Zabern (= Oppido Tabernio), wo eine Hebamme, weil sie nicht wieder genommen wurde, das Kind behexte, so daß es nach einiger Zeit Nägel, Dornen und Knochen spie. Hier fand man in den Köpfen der Kinder Nägel«[34].

In der Hexenliteratur gibt es darüber Varianten, die wohl alle auf die gleiche Quelle zurückzuführen sind: unsere Einfalt[35], gepaart mit der Abschreibungssucht vieler Autoren, nur um sich veröffentlicht zu sehen. Es ist gekränkte Eitelkeit, die so unterschwellig wie das Denunziantentum das Wüten gegen die Hexen fördert.

» . . . Hexen haben uns bekannt, daß dem katholischen Glaube niemand schädlicher und gefährlicher sei, als die Hebammen, wenn sie die Kinder auch nicht umbringen, so opfern sie sie doch dem Teufel«. Wie sich die Kinderfresser verhalten, hat der Richter Peter im Berner Gebiet aus einer Hexe herausbekommen:

» . . . wir stellen, so sprach sie, vorzüglich ungetauften Kindern nach, auch Getauften, besonders, wenn sie durch Gebete und das Zeichen des Kreuzes in Sicherheit gesetzt worden sind. Wenn Kinder in den Wiegen oder bei den Eltern im Bett liegen und tot gefunden werden, so glauben diese, sie hätten sie im Schlaf erdrückt oder sie wären auf eine andere Art ums Leben gekommen. Aber (die Hebammen) haben sie durch Zeremonien umgebracht. Sodann stehlen wir sie heimlich aus dem Grab, kochen sie mit Kalk, bis sich das Fleisch von den Knochen löst und gar geworden ist. Aus den festen Teilen machen wir eine Art Salbe und die flüssigen füllen wir in eine Flasche. Wer davon trinkt, wird einer von unserer Sekte«.

» . . . viele behaupten, die Hexensalben und -fahrten seien eitel Phantasey und Einbildung. Diese Meinung ist wider Gottes Wort und gegen die Wohlfahrt der Kirche. Selbst schlafend können die Leute durch die Luft (hinweg)geführt werden. Das sieht man an denen, die nachts auf Dächer steigen, ohne Schaden zu nehmen, herumgehen und hinabsteigen, wenn sie von den Zuschauern nicht bei ihrem Namen genannt werden. Man glaubt, daß hierbei der Teufel seine Finger im Spiel hat«.

Die eigentliche Art der Hexenfahrten ist diese: » . . . sie bereiten nach der Anweisung des Teufels aus den Gliedern kleiner Kinder und der ohne Taufe Verstorbener eine Salbe. Damit beschmieren sie das Gefäß oder etwas Leinwand und werden gleich darauf in die Luft gehoben, und (hin)weggeführt. Dies kann bei Tag genausogut geschehen wie bei der Nacht oder auf eine unsichtbare Weise . . . wie sie es verlangen. Was die Zeit betrifft, wählt der Zauberer vorzüglich hohe Festtage, Weihnachten, Ostern, Pfingsten, damit die Sünde und die Verdammung der Zauberer größer wird.

An Festtagen ergeben sich die Mädchen dem Müßiggang und erleichtern es den Hexen, sie zu verführen«. . . . ein Mädchen aus Breisach setzte hinzu: » . . . wenn die Hexe in irgendeinem Fall nicht wirklich die Fahrten mitmache, doch wissen wolle, was in jenen Versammlungen von sich geht . . . stütze sie sich in aller Teufels Namen auf den linken Ellenbogen, worauf ein gelblicher Rauch aus ihrem Mund geht . . . und sie darin alles sehen kann, was dort vor sich geht«[36].

Butter- und Wettermachen

» . . . die Hexen stoßen ein Messer in die Wand, nehmen einen Milcheimer zwischen die Beine und rufen den Teufel an, er möchte ihnen doch von einer bestimmten Kuh Milch verschaffen. Mit der größten Geschwindigkeit melkt der Teufel, bringt der Hexe die Milch und weiß es so einzurichten, als wenn sie aus dem Messerstiel gezogen wäre«.

Die Autoren merken nicht, daß sie sich zum Narren halten und Unsinn kauen. Es ist ein Phänomen im (späteren) Hexentreiben, daß kein Richter auf die Idee kommt, Aussagen nachzuprüfen. Was damals zählte, waren Zeugen und der religiöse Status.

Jetzt erwähnen sie einen Fall, bei dem ein Passant durch das Stoßen seiner Hände im Wasser gutschmeckende Maibutter hervorgebracht haben soll[37]. Das Wettermachen geschah ihrer Version nach wie folgt:

». . . zuerst rufen wir auf einem öffentlichen Feld den Obersten der Teufel an, daß er jemand sende, der ausrichte, was wir wünschen. Denn opfern wir ihm auf einem Kreuzweg ein schwarzes Füllen, werfen es in die Höhe, und, nimmt er es an, setzt sich gleich darauf die Luft in Bewegung. Doch nicht jedesmal treffen die Blitze und Schlossen (= Sturzbäche) die Gegenden, die wir verlangen, weil Gott es nicht immer erlaubt«. Wer denkt nicht an Plinius, der das gleiche erzählt. Dazwischen liegen 1 500 Jahre »gelebte« Geschichte, in die die Menschen so gut wie nichts dazugelernt haben.

». . . von Rabensburg(?) bis Salzburg wütete ein schreckliches Gewitter, einen Strich von 28 deutschen Meilen dergestalt, daß sich der Weinstock im 3. Jahr kaum wieder erholen konnte. Das Volk schrie mächtig über die Hexen, denn jeder hielt es für Zauberei. Da nahm man ein paar berüchtigte Weiber bei den Ohren, folterte sie und da fand es sich, daß man die rechten getroffen hatte. Auf des Teufels Geheiß hatten sie das Grübchen gegraben, Wasser hineingegossen und unter Hersagung gewöhnlicher Formeln die Jauche mit dem Finger umgerührt . . . das übrige hatte der Teufel besorgt«.

Hostienschändung, Teufelsbündnis

». . . wir haben vor kurzem eine Hexe in Arbeit gehabt, die eine gesegnete Hostie aus dem Mund genommen und (diese) in einen Topf geworfen hat . . . und in dem eine Kröte war und die sie am deren Tag in einem Stall unweit ihrer Scheune nebst anderen Zaubersachen vergraben hat. Am anderen Tag kam ein Arbeiter des Wegs und hörte eine Winseln: › . . . als wäre es ein kleines Kind‹. Er glaubte, daß in der Nähe eine Mörderin versucht hat, ihr Kind umzubringen und zeigte es der Obrig

keit an. Man ließ nachgraben, wies Zuschauer zurück und wartete, ob die Hexe nicht selbst kommen würde . . . um sich zu verraten. Sie kam, nahm heimlich einen Topf unter dem Mantel und wollte fortschleichen; allein man nahm sie bei den Ohren, brachte sie auf die Folter und sie bekanntte«.

». . . jene Wölfe, die bisweilen Menschen anfallen und Kinder aus der Wiege rauben, . . . das sind durch Hexen bewirkte magische Künste . . . es sind wirkliche Tiere, jedoch vom Teufel besessen«[38]. Besonders gern stellt der Teufel Heiligen und Frommen nach. Eine Baderin wollte nachts ihren Geliebten besuchen, um bei ihm zu liegen. Sie kam an einen Teufel in menschlicher Gestalt. Nachdem er sie beschlafen hatte, fragte er sie, ob sie ihn wohl nicht kenne. »Nein, gab sie zur Antwort«. »Ich bin der Teufel . . . und wenn du willst, werde ich dir immer zu Gefallen leben und dich in keiner Not verlassen. Sie ging mit ihm einen Vertrag auf 18 Jahre ein und lebte fortan mit ihm in teuflischer Unzucht«.

». . . die Hexen versammeln sich an einem bestimmten Tag, wo sie den Teufel in angenommener Menschengestalt sehen, der sie zur Treue gegen ihn ermahnt, ihnen Glück und ein langes Leben verspricht, worauf ihm die Hexen den Kandidat empfehlen. Findet ihn der Teufel willig und bereit, den hl. Sakramenten zu entsagen, geben sie sich die Hand und geloben Treue. Dann verlangt (der Teufel) eine Huldigung, die darin besteht, daß der Aufgenommene verspricht, ihm in Ewigkeit mit Leib und Leben zu gehören und daß er sich bemühen wolle, ihm soviel Rekruten wie möglich zu beschaffen. Zuletzt erinnert der Teufel daran, gewisse Salben aus den Knochen und Gliedern der getauften Kinder zu bereiten, durch die er alles ausrichten könne, was man verlange«.

Dieser Blick in die ersten Teile des Hexenhammers zeigt den Tenor des Werkes. Eigene Geistesblitze beinhaltet es in nur geringem Umfang. Die Autoren wiederholen Altes, tragen Bekanntes zusammen und wärmen Volksmärchen auf. Problematisch ist ihr Fixieren auf den Teufel, von dessen Existenz sie ausgehen *müssen*. Der Hexenhammer wird erst im dritten Teil gefährlich, denn hier geht er auf juristische Dinge ein. Hier spannen sie den weltlichen Arm vor ihren Karren.

Vom Hexenbrennen.
3. Teil des Hexenhammers

Hier wird deutlich, daß den Autoren verschiedene inquisitorische Handbücher bekannt sind, denn sie schöpfen Wissen aus diesen Quellen. Im Vordergrund ihres Denkens steht das Denunzieren, » . . . man könne den Leuten Mut machen, andere anzuzeigen, indem man die Mitteilung einfließen läßt, daß derjenige Denunziant, der seine Anklage nicht beweisen kann, nichts zu befürchten habe«. Dies steht im Widerspruch zur gängigen Rechtsauffassung, die (auch) den Verleumder bestraft. Die Vorgeforderten haben sich folgendem (Denunziations)protokoll zu unterziehen:

» . . . im Jahre des Herrn nach der Geburt Christi . . . am Tag . . . des Monats . . . erscheint vor mir, dem Notar und den unterschriebenen Zeugen . . . vor einem hochlöblichen Gericht . . . persönlich . . . und übergab folgende schriftliche (mündliche) Anzeige: . . . er zeige an, er sei da und da gebürtig und bezeuge, daß er dieses und jenes wisse. Daraufhin lasse man schwören, entweder auf die vier Evangelien oder auf das Kreuz . . . mit drei ausgestreckten Fingern zur Erinnerung an die hl. Dreifaltigkeit und mit zwei eingezogenen in Rücksicht auf Seele und Leib«.

» . . . Exkommunizierte, Mitschuldige, Infame und Lasterhafte wider ihren Herrn werden in Glaubenssachen jeder Art als Kläger zugelassen, in Ermangelung besserer Zeugen wird der eine Ketzer wider den anderen angenommen und in jedem Fall könne die Frau wider den Mann, die Kinder wider die Eltern und vertraute Freunde wider (ihre) Feinde zeugen.

Meineidige sind nicht verwerflich, wenn sie die Vermutung für sich haben, daß sie aus Glaubensdrang die Wahrheit sagen (möchten)«. Dann werden ihnen folgende Fragen gestellt:

- Woher er gebürtig sei?
- Wer die Eltern (gewesen) sind?
- Ob sie noch leben oder ob sie (schon) verstorben?
- Ob sie eines natürlichen Todes gestorben oder ob man sie verbrannt (habe)?
- Wo Comparent erzogen und sich die meißte Zeit aufgehalten (hat)?
- Ob und warum er seinen Geburtsort verlassen (hat)?

- Ob er an besagten Orten von Zaubersachen gehört . . . daß nämlich Zauberer und Hexen Gewitter machen, das Vieh bezaubern und den Kühen die Milch rauben?
- Warum das allgemeine Volk so bange vor ihm (ihr) sei?
- Ob sie zugibt, daß sie einen bösen Namen habe und (daß sie) gehaßt werde?
- Warum sie ihrer Feindin (ihrem Feind) gedroht (habe) » . . . Du sollst nie wieder einen gesunden Tag erleben«?
- Aus welcher Absicht sie das Vieh berührt (habe)?
- Warum sie das Kind angerührt (habe) und wie es gekommen, daß es sogleich darauf krank geworden (ist)?

Die Fragestellung verdeutlicht, daß eine Vorverurteilung eingeleitet wird. Es sind Suggestivfragen, wie sie später (auch) von den Juristen praktiziert werden. Beim Stand der Bildung, die vom allgemeinen Niveau her nicht viel unter der unsrigen liegt, was Hörigkeitswahn und Religiosität anbelangt, kann man sich vorstellen, wie der Einzelne eingeschüchtert wird; er hat kaum eine Chance und in nur wenigen Fällen die Möglichkeit der Verteidigung. Einmal im Kreuzfeuer des christlichen Kreuzes, gibt es kein Entrinnen aus den verfänglichen Armen.

» . . . können die Angeklagten keine hinlängliche Bürgschaft stellen oder steht die Besorgnis an, daß sie die Flucht ergreifen, muß man sie gefänglich verwahren. Wird die Hexe in ihrem Haus gefangen, erlaube man ihr nicht, zuvor irgendeine Kammer aufzusuchen, damit sie keine Zaubersachen zu sich stecke, um sich verschwiegen zu machen. Das hartnäckige Schweigen während der Tortur verursacht entweder der Teufel unmittelbar, oder die Hexen haben andere Mittel. Beispielsweise braten sie zu diesem Zweck ein erstgeborenes Kind männlichen Geschlechts in einem Ofen«.

» . . . nachdem man die Zauberer zur Haft gebracht hat, erfordert es die Ordnung, erst den Entschluß des Richters zu hören, ob ihnen die Verteidigung gestattet wird oder nicht. Die Zeugen sind geheimzuhalten«. » . . . es hat aber nicht jeder Inquisit die Freiheit, sich nach eigenem Belieben einen Anwalt zu wählen, sondern der Richter muß einen beiordnen, der weder zänkisch noch frevelhaft ist oder der sich durch Geld bestechen läßt. Verteidigt man wider Gebühr einen der Ketzerei Verdächtigen, wird man für noch schuldiger gehalten . . . noch schlimmer als ein ketzerischer Hexenmeister«.

Verhör in der Peinkammer

» . . . dann wird der Angeklagte in die Folterkammer gebracht und befragt, jedoch (noch) nicht gefoltert, weil kein Bluturteil ohne Geständnis gesprochen werden darf . . . *man muß den Angeklagten durch die Tortur zum Bekenntnis bringen*«. Dann spricht der Richter nach folgender Formel das Urteil: » . . . nachdem wir . . . und Beisitzende den Prozeß wider dich . . . eingeleitet und deine Sache wohl erwogen haben . . . finden wir, daß du in deinen Aussagen nicht gleich geblieben bist, denn du gestehst zwar, daß du die oder die Drohungen ausgestoßen hast, nicht aber, daß du es in der Absicht zu schaden getan hast. Und doch sind verschiedene Indizien wider dich vorhanden, um dich auf die Folter zu bringen. Damit wir die Wahrheit aus deinem Mund hören, und du durch Einreden die Ohren der Richter nicht beleidigst . . . erklären, verurteilen und verdammen wir Dich hiermit zur Tortur am heutigen Tag«.

Daraufhin wird der Inquisit mit dem Bemerken in das Gefängnis gebracht, daß ihm dies als Strafe angerechnet wird und nicht als Verwahrungskerker. Mit der peinlichen Frage wird folgendermaßen verfahren: » . . . zuerst machen die Büttel alle Anstalten zur Tortur, dann entkleiden sie den Inquisit. Ist es ein Frauenzimmer, verrichten es ehrbare Weiber. Die Kleider sind nach eingenähten Zaubersachen oder nach Gliedern ungetaufter Kinder zu untersuchen. Dann werden die Folterinstrumente zurechtgemacht und nun wird den Bütteln befohlen, ihn auf die Leiter zu schnüren oder die und die Folterinstrumente anzuwenden«.

Wenn der Richter wissen will, ob sich eine Hexe durch Zauberkünste die Gabe des Stillschweigens erworben hat, lege er oder der Priester der Hexe die Hand auf den Kopf und beschwöre sie wie folgt: » . . . ich beschwöre dich durch die bitteren Tränen Christi, die er am Kreuz für unser Heil vergoß, durch die heißen Tränen der glorreichen Jungfrau, seiner Mutter, die sie zur Abendzeit so reichlich über die Wunden ihres Sohnes fließen ließ und durch all die Tränen, die jemals alle Heiligen

und Erwählten Gottes auf dieser Welt vergossen haben . . . und die der Herr jetzt von ihrem Angesicht gewischt hat, daß du, im Fall du unschuldig bist (jetzt) Tränen weinst, wenn du aber schuldig bist, keine. Im Namen des Vaters, des Sohnes . . . usw.«

Damit der Richter nicht Schaden leide, ist es gut, beständig geweihte Kräuter bei sich zu tragen, dies gilt auch für geweihtes Wachs am Hals; man soll am Palmsonntag beschworenes Salz dabei haben. Man darf die Hexe nicht berühren. Man lasse sie rücklings in die Stube führen, damit sie den Richter und seine Gehilfen nicht eher ansehen kann, als diese den Angeklagten. Weiter muß man ihr alle Haare vom Kopf scheren, damit sie keine Zaubersachen bei sich behalten kan . . . diese Vorsicht muß sich auch auf die geheimsten Örter erstrecken, wie denn unser Bruder Cusanus(?) berichtet, der 1435(?) in der Gegend von Wormserbad 41 Hexen über und über rasieren und sie daraufhin verbrennen ließ. Beim Laster *der Zauberei kann man die (Rechts)ordnung beiseite lassen, und summarisch verfahren. Es ist nicht erforderlich, dem Richter eine ordentliche Klageschrift vorzulegen.* Nun kann er das Urteil sprechen. In Kriminalsachen soll es gleich vollzogen werden, bei Schwangeren soll man die Exekution aufschieben, bis das Kind geboren ist. Einige Urteilsformeln lauten:

» . . . zuerst verurteilen wir dich, daß du zur Strafe über deine übrigen Kleider einen grauen Anzug tragen sollst, gleich einem Mönchsskapulier, doch ohne Kappe, mit safranfarbigen ledernen Kreuzen, drei Handbreit lang und zwei breit. In ihm sollst du an Festtagen vor der Kirchentür stehen. Überdies sollst du zum Kerker verdammt sein. Indessen behalten wir uns nach dem kanonischen Recht vor, diese Pönetenz zu lindern oder zu erhöhen, sie in eine Geldbuße zu verwandeln oder aufzuheben, wie es uns deucht«.

Ist der Beklagte ein Geistlicher, wird er nicht degradiert, sondern der Barmherzigkeit des Bischofs überlassen. Er wird zu ewigem Gefängnis verdammt, wenn er seinen Irrtum abgeschworen hat. Dies muß an einem Festtag vor dem Volk in der Kirche geschehen. Er muß seine Verbrechen auf die Fragen des Offizials hin bekennen. Darauf wird ihm folgendes Absolutionsdekret vorgelesen:

»... damit aber dein Vergehen nicht ungestraft bleibt und du dich für's Künftige vorsichtiger zu verhalten lernst: condemnieren wir dich auf ewig zum Kerker. Damit du bei Brot und Wasser des Trübsals gespeiset werdest; du sollst beständig Kreuze tragen und dich auf die Treppe der Kirchentür stellen. Indessen verzweifle nicht mein Sohn, wenn du dich gnädig in dem Schicksal ergibst, wirst du bei uns Barmherzigkeit finden«.

Wird einer für unschuldig befunden, lautet das Urteil: »... da du bei uns der Zauberei verdächtig und angeklagt worden bist, und wir wider dich gerichtlich prozediert, aber nichts gefunden haben, entschlagen wir dich von diesem Augenblick an aller weiteren Untersuchungen«.

Dies mutet wie ein Wunder an. Übersehen wird, daß Theologen diese Ansichten vertreten. Sie mischen sich vehement und offensichtlich mit der größten Selbstverständlichkeit auf die juristische Ebene, während der Klerus gleichzeitig der Juristerei und Wissenschaft untersagt, in ihre Karten zu sehen: sie weiß warum!

Die Ausarbeitung des Hexenhammers ist als ein Werk von vielen im Geist der damaligen Epoche zu interpretieren. Er hat bei weitem nicht die Auswirkungen, die ihm Kritiker unterstellen. Noch heute meint man, der Hexenhammer wäre ein Auslöser für die späteren Hexenverfolgungen gewesen. Dem ist nicht so, denn er ist lediglich ein Baustein.

Kurz nach seinem Erscheinen gerät die römisch-katholische Kirche in die seit Generationen innerkirchlich vorbereitete und selbst verschuldete Krise. Über Nacht werden einige ihrer Glaubensweisheiten vom Tisch gefegt oder in Frage gestellt. Ein Mann aus den eigenen Reihen, Martin Luther, wartet mit einer »neuen« religiösen Variante, dem Protestantismus auf. Dies beschäftigt die Gemüter mehr als die frühen Auswirkungen des Hexenhammers. Die Protestanten eignen sich den Teufelsglauben an und es ist nicht mehr als eine logische Folgerung, daß sie sich der harmlosen Menschen annehmen, sie als Hexen denunzieren, sie verfolgen, martern und verbrennen lassen, um *ihren* Glaubenseifer zu kühlen. Luther war ein Teufelsanbeter: ich komme darauf zurück.

Erste Reaktionen seitens der Schriftsteller

Agrippa von Nettesheym[39]

ist im Zeichen der Zeit ein bekannter und umstrittener Mann. Er spricht acht Sprachen, gründet mit 20 Jahren eine Gesellschaft zum Studium der Geheimwissenschaften, kommt mehrfach mit der Geistlichkeit in Konflikt, widmet sich der Magie, schreibt Bücher, bereist Europa, wird Syndikus und befreit in dieser Eigenschaft eine der Hexerei angeklagte Frau vor den Häschern, verfaßt ein Buch über die Eitelkeit der Wissenschaft, wird während des Krieges gegen die Venetianer zum Ritter geschlagen, ist Historiograph bei Margaretha v. Österreich, der Statthalterin der Niederlande, und wird daraufhin Leibarzt. Er stirbt 1535 im Haus eines Freundes. Viele Legenden um ihn belegen, daß das einfache Volk einen Zauberer in ihm sieht.

»... gehaßt und verfolgt von den Theologen und bewundert von weltlichen Gelehrten; ein Anhänger des katholischen Glaubens, aber später als ›auctor primae classis‹ auf dem Index stehend. Wie sein Freund Trithemius huldigt er kabbalistischen Spekulationen. Sein wissenschaftliches Verdienst besteht darin, daß er in einer Arbeit über okkulte Philosophie[40] die magischen Wissenschaften in eine abgerundete Form bringt. Im Zeichen der Zeit beinhaltet sie ein Gemisch von frommen Gedanken«.

In seinem Werk über die Eitelkeit der Wissenschaften läßt er erkennen:

»... gegen alle Vorschriften drängen sich die blutgierigen Geier (= Geistliche) in die Rechtssphäre der Ordinarien und wüten gegen Bauernweiber, die wegen Zauberei angeklagt sind. Sie setzen sie Martern aus, bis sie durch das herausgepreßte Geständnis Grund zur Verurteilung haben. Erst wenn sie die Unglückliche verbrannt haben, bzw. wenn die Hand des

▶

Johannes Brenz (1499 – 1570). Schwäbischer Reformator, der viele Jahre in Schwäbisch Hall wirkte. Er nimmt zum Hexentreiben eine wenngleich vorsichtige, doch letztlich positive Haltung ein. Im Zeichen der Zeit befürwortet er den Hexenwahn gleich Luther.
Epitaph in der Stiftskirche in Stuttgart. Ölportrait von Jonathan Sauter.

Inquisitors mit Gold gefüllt ist, lassen sie von ihr ab«.

Er kann für sich verbuchen, wenigstens eine angebliche Hexe vor dem todsicheren Glaubenstod gerettet zu haben. 1519 klagen betrunkene Bauern eine Frau aus dem Dorf Vapey(?) der Hexerei an und der dortige Dominikaner Nikolaus Savini wittert bereits den Teufelsbraten. Agrippa schaltet sich ein und verlangt in zwei Briefen an den bischöflichen Vikar Einsprache gegen das fortgesetzte Betreiben des Mönches, die Unschuldige auf einem Scheiterhaufen verbrennen zu lassen. Durch seine Beredsamkeit bewirkt er den Freispruch, die Verachtung des Mönches und die Bestrafung der Denunzianten. Er verwirft die Geistlichen:

». . . mit solchen Hirngespinsten schleppst du unschuldige Frauen zur Folter. Mit Geschwätz richtest du andere als Ketzer. Du, selbst ein Zauberer und so schlimm wie Faust und Donatus. Ich sage dir, unserem Glauben gemäß sind wir alle sündhaft und auf Ewigkeit verflucht, Kinder der Verderbnis, Söhne des Teufels und Erben der Hölle. Nur durch das Heil der Taufe wurde Satan aus uns getrieben. Siehst du nun, wie haltlos, leer und ketzerisch dein Urteil ist«.

Savini gibt keine Ruhe und versucht später, die seinerzeit als Hexe Beschuldigte zu fangen. Er hat wenig Glück. Ein Freund berichtet Agrippa: ». . . Savini sitzt in der Zelle, kaut die Nägel vor Ärger und wagt nicht auszugehen«[41].

Clemens Donatus, sein Pariser Freund, schreibt ihm: ». . . ein Grund, weshalb dir viele böse und unwissende Menschen feind sind, ist, weil du neulich das der Zauberei angeklagte Weib so nachhaltig verteidigt hast. *Harre aus in der Verteidigung der Wahrheit, bleibe tapferen Herzens gegenüber dem wahnsinnigen Haß der Unwissenden, damit die Wahrheit aufleuchtet«.*

Johannes Trithermius[42]

ist Geistlicher und u.a. Verfasser einer »Steganographie«, in der mehr als 100 Geheimschriften zusammengetragen und beschrieben sind. Er will herausstellen, daß er der Gedankenübertragung auf große Strecken fähig ist, bzw. einem Mensch innerhalb kürzester Zeit eine Fremdsprache beibringen kann[43]. Dies bringt ihn in Verruf. Nach einem mehrjährigen Streit muß er das Kloster Sponheim

verlassen, geht nach Würzburg und lebt elf Jahre in Ruhe und Frieden. Seine Steganographie bleibt unvollendet: das Manuskript wird erst nach seinem Tod gedruckt. 1676 gelingt dem Jurist Heidel aus Worms die Entzifferung der Geheimschriften[44]. Es stellt sich heraus, daß es sich um Scharlatanerie handelt.

Es ist festzuhalten, daß diese Idee keinesfalls von Trithemius stammt, er schöpft aus der ohnehin umstrittenen Kabbala. Graf Pico de Mirandola (geb. 1461) verfaßt 1486 seine »conclusiones cabbalistica«. Einer seiner Brüder weist Trithemius in die Gedankengänge ein. Außerdem steht er in freundschaftlicher Verbindung mit dem Mann, der mehr als irgendein anderer zur Verbreitung und Kenntnis der Kabbala in unserem Sprachraum und ihrer Methodik beigetragen hat: Johann Reuchlin[45]. Als Führer der deutschen Humanisten gerät er 1510 in eine heftige Kontroverse mit den Dominikanern. Er gilt als der geistige Vater der später so benannten »christlichen Kabbala«[46]. Zudem gibt es eine Querverbindung zwischen Trithemius und Agrippa von Nettesheim.

Im Zeichen der Zeit, und als Geistlicher ohnehin, vertritt Trithemius die Linie der Kirche. Als geistiger Ausfluß seines Denkens erscheint 1508 der »anti palus maleficarum« (= Gegner der Hexerei). Darin sagt er: ». . . ein verabscheuungswürdiges Geschlecht ist das der Zauberer, besonders der weiblichen, die durch die Hilfe der bösen Geister oder Zaubertränke dem menschlichen Geschlecht Schaden zufügen. Leider ist die Zahl solcher Hexen in jeder Provinz groß, (und) es ist kein Ort zu klein, wo man nicht eine Hexe findet. Durch ihre Schlechtigkeit sterben Vieh und Menschen. Niemand denkt daran, daß es von den Hexen kommt. Viele leiden fortwährend schwere Krankheiten und wissen nicht, daß sie verhext sind«.

Der »antipalus« wird auf Befehl des Markgrafen v. Brandenburg ausgearbeitet und am 16. Oktober 1508 vollendet, doch erst 1585 in Ingolstadt gedruckt. In ihm will Trithemius *nicht* den Hexenglauben bekämpfen, wie es vereinzelt herausgestellt wird. Er ist von der diabolischen Zauberei überzeugt und will zeigen, wie sich Leichtgläubige davor schützen können:

». . . willst du, o Christ, vor Dämonen und Hexen sicher sein, so stehe fest im Glauben und halte dein Gewissen von Todsünden rein. Besuche an Sonn- und Feiertagen die hl. Messe und lasse dich vom Priester mit Weihwasser besprengen. Nimm geweihtes Salz in den Mund, besprenge dein Bett und deinen Viehstall damit. Frühmorgens, wenn du dich vom Lager erhebst, bezeichne dein Haus mit dem Zeichen des Kreuzes und bete den Glauben ... wenn du so lebst, wird keine Hexe Gewalt über dich haben«[47]. Außerdem hat er ein Rezept für Behexte hinterlassen:

» ... Er warnt, der Zauberei anrüchige Frauen als Hebammen anzunehmen«: ... sie brächten nicht selten Kinder um und opfern sie dem Teufel. Sie vermählen neugeborene Mädchen mit Dämonen, machen Gebärende unfruchtbar und erfüllen das Haus mit Teufelsspuk. Er fordert für die Zauberer, die mit den Teufeln fleischliche Verbindungen eingehen, wegen der damit verbundenen Gottlosigkeit und Schändlichkeiten den Feuertod: » ... selten findet sich ein Richter, der den offenbaren Frevel gegen Gott und die Natur rächt«[48].

Aus diesen Anmerkungen muß geschlossen werden, daß die Advokaten nicht von religiösen Ambitionen befreit sind. Trithemius wird von Kaiser Maximilian beauftragt, acht Fragen über die Hexerei zu beantworten. Er unterscheidet sechs teuflische Geschlechter und erwähnt, daß ihm der Teufel erschienen ist: » ... Priester, die ihm durch die Anwendung geistlicher Mittel zu Hilfe eilen wollten, habe er mit Steinen beworfen und verwundet. Hier sehen wir erste Auswüchse des klerikalen Hexenhammers und des sich nun fester einprägenden Hexenwahns bei Obrigkeit und Hörigkeit.

Johann Geiler v. Keisersberg

ist Domprediger in Straßburg. Zwei Jahre vor seinem Tod hält er in der Fastenzeit eine Reihe von Predigten, die seine Ansichten zum Hexenwesen offenlegen, sofern es dieselben sind, denn er schöpft im wesentlichen aus der Dekalogserklärung von Nider, die um 1500 die 20. Auflage erreicht[49], wie aus den Predigten des Tübinger Pfarrers und Universitätsprofessors Martin Plantsch[50], der 1505 anläßlich einer Hexenverbrennung über dieses Thema referiert. Ob er den Hexenhammer kennt, ist fraglich. Geiler ist gedanklich mit dem »canon episcopi« verbunden. Am Donnerstag nach Okuli des Jahres 1508 vertritt er in einer Predigt die Ansicht: » ... Du sollst lieber kranck seyn, denn mit der Zauberey gesund werden ... denn der Teufel müßte dich selber gesund machen. So sollst Du des Teufels müßig gehen, das ist, wider die Menschen, die zu den Teufelsbeschwerern (= Beschwörern), einem Kälber-Arzt oder dem Schinder laufen, wenn sie die Krankheyt haben oder etwas verlieren. Gott gebe, sprechen sie, wer mir hilft. Das soll nicht seyn«[51].

Geiler postuliert in seiner 17. Predigt, daß die Luftfahrten der Weiber ein Blendwerk des Teufels sind[52]. Hier orientiert er sich an Niders Formicarius[53]. In der 19. Predigt kommt er auf den Gedanken zurück, daß die nächtlichen Fahrten auf den »Venusberg« nicht stattfinden. In der 33. Predigt nimmt er die Wirklichkeit des Hexenfluges an: » ... daher kommt es, wenn eine Hexe auf der Gabel sitzt und spricht die Worte, die sie sprechen soll, so fährt sie dahin. Das tut die Gabel nicht von selbst, (und) die Salbe tut es auch nicht. Darum tut es der Teufel«[54].

Geiler sucht nachzuweisen, daß die Hexen von den Folterqualen nichts spüren, denn er geht davon aus, daß sie der Teufel unempfindlich macht. Dies hat er von Nider abgekupfert[55]. Er ist davon überzeugt, daß die Hexen mit teuflischer Hilfe aktiv werden können. Dies reiht ihn unter die Befürworter der Hexenverfolgung ein.

In einer Predigt aus dem Jahr 1495 erklärt er: » ... es spricht kein Gelehrter, daß das Hexenwerk nicht wahr sei oder nicht geschehe. Es geschieht recht und redlich. Sie machen einen lahm. Sie selbst tun es nicht, aber der Teufel (tut es). Ich antworte und spreche, daß die Wirkung der Hexen oder Zauberer nicht die wirkliche Ursache des Werkes ist, daß da geschieht. Was die Hexen tun, ist nur ein Zeichen. Doch dahinter steckt der Teufel«[56].

Wie Christus seine Sakramente hat, so hat sie der Teufel. Hexen können fliegen, in den Stuben Hagel machen und den Kühen die Milch entziehen (= versiegen). Aber es ist ihnen unmöglich, Menschen in Tiere zu verwandeln. Er glaubt an die Teufel in Wolfsgestalt, an Wechselkinder und den geschlechtlichen Umgang mit dem Satan. Zusammenfassend kann man sagen, daß er abergläubisch ist[57].

Doch es gibt auch andere Tendenzen. Der Hexenhammer bleibt weder unkritisiert noch unbeantwortet. 1486 schreibt Johann Rintler in seinem Buch der Tugend: »... wie sollte ein altes Weib, das sich der Zauberei rühmt, Gott gebieten können?« Wie sollte er sich zum Knecht eines alten Weibes machen? Das ist der Punkt. Gleichzeitig nennt der Wiener Probst Stephan v. Lanzkrana in seiner »Himmelstraß« unter den Abergläubischen diejenigen, »... die an Nachtfahrten, Druten, Schrätel (= Schrattel), Werwölfe, den Alp und manche Läpperei und Gedichtung glauben«.

Unmittelbar nach dem Erscheinen des Hexenhammers folgt die Synode von Salzburg. Hier findet man es nicht der Rede wert, sich mit dem Zauberwesen zu beschäftigen[58]. Lediglich die Liste derer, die von der Kommunion zurückzuweisen sind, werden (1490) Wahrsager (= incantrices) und vom Teufel Besessene genannt. Der Franziskaner Murner, dessen Buch »des Bruder Thomas Murner, der freien Künste sehr nützlicher Traktat über den Hexenkontract« 1507 in Pforzheim erscheint, ist der Auffassung, daß er in seiner Jugend durch die Berührung eines Weibes gelähmt worden ist[59].

Ein Minorit aus Mailand, Samuel de Cassinis, veröffentlicht 1505 den Traktat »Quaestion la Strie«, in dem er den grundsätzlichen Kampf gegen die angenommene Realität des Hexenfluges aufnimmt und in diesem Part der Kirche die Stirn bietet. Seine Arbeit nimmt einen bevorzugten Platz als früher systematischer und kluger Angreifer gegen die verhängnisvolle Lehre vom Hexenflug ein[60].

Mit dem 14. und 15. Jh. geht allmählich der Traum der weltbeherrschenden römisch-katholischen Kirche dem Ende entgegen, wenngleich sie ihn heute noch träumt. Mit dem frühen 16. Jh. schwappt das Faß der Mißerfolge und des Übermutes um. Quasi über Nacht *muß* sie kleinlaut teilen, was sie unrecht erworben hat. Die Reformation bestimmt für einige Jahrzehnte das religiös-politische Geschehen. In der Phase der allgemeinen Verunsicherung kommt es wie es kommen muß; auch diesmal werden Schuldige gesucht und gefunden. Es sind die Erbarmungswürdigen und Unschuldigen, es sind die, die sich nicht zu wehren vermögen ... es sind diejenigen, die im Wetteifer der Konfessionen verstärkt auf christliche Scheiterhaufen gezerrt und dort dem Flammentod ausgeliefert werden: die angeblichen Hexen.

Die Aussage ist wohl, daß (auch) hier ein Kampf zwischen Gut und Böse demonstriert wird. Der Bezug des Motives zum Hexenwesen ist ungesichert. Möglicherweise »nur« der Überfall auf einen Bauernhof, bei dem das Anwesen abgebrannt werden soll.

Die Protestanten stimmen in die Zaubermelodie der Kirche ein

Der Protestantismus bildet eine »neue« Epoche in der Geschichte des uneinigen Christentums[1]: er ist als rechtmäßiges Kind der römisch-katholischen Glaubensmutter gleichen Irrtümern unterworfen. »Es gehört zu den bemerkenswerten Zügen unserer kulturellen Entwicklung, daß die christlichen Konfessionen, die sich sonst als feindliche Brüder gegenüberstehen (obwohl es dafür eigentlich keinerlei Grund gibt) auf dem Sektor des Teufelswahns mit der daran geknüpften Hexenverfolgung in schauerlicher Eintracht verharren: ja in der Verfolgung wetteifern«.

Martin Luther, ehemaliger Augustinermönch, löst in gewisser Weise den gordischen Knoten . . . sein Walten löst einen (Volks)sturm der Empörung gegen die Unbeweglichkeit des Klerus mitsamt seiner Mißstände aus. Er *will* keinen Streit vom Zaun brechen, sondern gemäß der Sitte der Zeit *gegen* den widersinnigen Ablaßhandel disputieren, der damals die Kassen vieler Kirchen und mancher Fürsten füllte: und dennoch eine Illusion im Gegenzug bietet. Die Kirchenspaltung liegt intelektuell weit zurück: sie entsteht aus der sich zuspitzenden Kontroverse. Entwicklungen von einer solchen Tragweite liegen nie in einem Einzelnen begründet. Darum ist es nicht damit getan, Luther als »rassische« Persönlichkeit zu bezeichnen[2] und ihn nachträglich zum Vorkämpfer einer neuen ideologischen Variante zu küren.

Das hat man schon mit seinen religiös orientierten Vorgängern getan. Er ist wie Institoris und Sprenger, wie die Päpste und wie der gemeine Mann auf der Straße im Denken seiner Epoche verwoben: Luther steht innerhalb der Bannmeile der nachmittelalterlichen Theologie. Er ist weder ein Held noch ein Heiliger.

Der Protestantismus gibt sich modern, zweifelt, rückt den Einzelnen näher an den ebenfalls als real gedachten Gott (im Himmel) und gewinnt in zu rascher Zeit zu viele Mitläufer, Aktivatoren und Anhänger. Er öffnet vielen Bürgern die Augen und vermittelt ihnen die Erkenntnis, daß das Papsttum mit seinem Ablaßhandel, dem Zölibat, den Päpsten und den Konzilien weltliche Einrichtungen sind mit dem Ziel, Gläubige in ein Joch zu zwängen. Plötzlich erscheint der angenommene Statthalter Gottes auf der sündigen Erde als das was er sein soll: als gewöhnlicher und mit »menschlichen« Fehlern behafteter Mensch – wie jeder andere auch!

Das Volk erkennt im frühen 16. Jh. die partielle Glaubwürdigkeit des »alten« Katholizismus mit all seinen Zwängen, Intrigen, Machenschaften und dubiosen Ränken. So gesehen ist das Volk der eigentliche Träger der Reformation. Wie eine unüberwindbare Mauer stehen die Protestanten vor dem Katholizismus. Während er vordem Widerständler zum Abschwören zwingt, bzw. mundtot macht, sie verbrennt, auf ewige Zeiten einmauert oder sonstwie zum Schweigen bringt, zieht dieses probate Mittel »plötzlich« nicht mehr. Als ehemalige geistige und geistliche Macht *muß* das Papsttum klein beigeben und teilen: welch schwerer Schlag. Luther entgeht dem inquisitorischen Schicksal nur darum, weil der Glaubensriese im Moment zu angeschlagen ist . . . seine Macht wird lange vor dem Zeitpunkt gebrochen, bevor die Reformation zum Ausbruch kommt. Hier spielen nicht nur religiöse, sondern vor allem politische, soziale und wirtschaftliche Gründe hinein.

Der Luther'sche Teufelswahn

Als der »Malleus Maleficarum« seiner Vollendung entgegengeht, ist Martin Luther ein kleiner Junge. Er ist der Sohn eines Bergmannes und erhält seine schulische Ausbildung in Mansfeld, Magdeburg und Eisenach. 1501 bezieht er die Erfurter Universität. Auf väterlichen Wunsch beginnt er ein juristisches Studium, beendet es jedoch nach zwei Monaten. Auf seinem Weg von Mansfeld nach Erfurt donnert ein schweres Gewitter auf ihn nieder. Von der tödlichen Angst gepackt (so die Chroniken!) legt er das Gelübde: ». . . hilf, hl. Anna, ich will ein Mönch werden« ab. Folgerichtig tritt er im Juli 1505 in das Kloster der Augustiner-Eremiten (Erfurt) ein. 1507 empfängt er die Priesterweihe. 1510/11 wird er in Ordensangelegenheiten nach Rom geschickt. Von dort zurückgekommen, versetzt man ihn zum Wittenberger Konvent: wir haben einen durchdrungenen Katholik vor uns!

1512 promoviert er zum Dr. der Theologie und übernimmt als Nachfolger des Generalvi-

kars Johann v. Staupitz die Professur für Bibelauslegung. Schon darin sehen wir den Wahnwitz: aus der Bibel wurde ein »wissenschaftliches« Buch, das der steten Auslegung bedarf.
Sein noch heute diskutiertes »Turmerlebnis«
bezieht sich auf das eifrige Studieren der katholischen Bibel. Luther vermeint, in Röm.
1.17 zu erkennen, daß die göttliche Gerechtigkeit keine menschliche Leistung sei, sondern
als »göttliches« Geschehen anzusehen ist. Daraus folgert er – und nach ihm Millionen – daß
der Mensch nichts anderes zu tun braucht, als
dies in Dankbarkeit und Demut hinzunehmen.
Ob sein Denken auf einer vernünftigen Basis
ruht, ist uninteressant. Es interessiert in diesem Moment nur den Gegner in Rom.

Sein Vorgehen wird vom päpstlichen Legat
in Deutschland, dem Heiligen Reich, Kardinal
Cajetan, beobachtet. Der Generalauditor der
apostolischen Kammer bezichtigt Luther kurz
danach der Ketzerei. Cajetan schätzt die Situation falsch ein und meint, er wolle die Sache
selbst in die Hand nehmen: sie wäre nicht wert,
um den Papst damit zu behelligen. Dazu sollte
man wissen, daß man den göttlichen Statthalter in Rom wegen noch viel Geringerem konsultiert. Beispielsweise wird ihm vorgetragen,
daß Karlstadt Mietschulden hat. Cajetan
kommt dem päpstlichen Ansuchen (man beachte: nicht mehr Befehl), Luther als Ketzer
zu verhaften, nicht nach. Deshalb sucht ihn
Papst Leo X. als »notorischen Ketzer vor den
apostolischen Richterstuhl zu zerren . . . ihn
gewissenhaft zu verhören und, je nachdem es
die Lage erfordere, zu verurteilen oder zu absolvieren«. Wieviel Vermessenheit verbirgt
sich hinter diesem Denken?

Luther's Landesherr, Kurfürst Friedrich v.
Sachsen, setzt durch, daß sein Schützling in
Augsburg von Cajetan – statt in Rom – vernommen wird. Luther stellt sich 1518 dieser
Verantwortung und lehnt den geforderten Widerruf ab. Der Fürst verhindert daraufhin seine Auslieferung. Auf der »Leipziger Disputation« wird Luther klar, daß das Papsttum auf tö-
nernen Füßen steht. Die Kurie antwortet am
15. Juni 1520 mit der Bulle »exurge Domini«,
die Luther, inzwischen religiös abtrünnig, zusammen mit anderen Schriften am 10. Dezember des gleichen Jahres vor dem Wittenberger
Elstertor verbrennt. Unter den Papieren befinden sich Teile des »kanonischen« Rechts. Dadurch dokumentiert er den Bruch mit der offi-

ziellen Lehre der römisch-katholischen Kirche! Der kanonische Prozeß gegen Luther
wird 1518 angestrengt.

Am 23. Oktober 1520 wird in Aachen Karl V.
zum Kaiser erhoben. Mit Rücksicht auf die
Reichsstände gibt er Martin Luther unter Zusicherung freien Geleits Gelegenheit, sich vor
dem Wormser Reichstag zu verantworten.
Auch hier lehnt er während zweier Verhandlungen jeden Widerruf ab. Seine Rede endet
mit den Worten: »Gott helfe mir, Amen«. Ein
Satz, vor dem selbst die Geistlichkeit kapituliert. Daraufhin wird über Luther und seine
frühen Anhänger die Reichsacht verhängt.

Um ihn der damit verbundenen Gefahr zu
entziehen, läßt ihn Friedrich v. Sachsen (heimlich) unter Vorwänden festsetzen und auf die
Wartburg bringen. Hier verharrt der abtrünnige Christ 10 Monate und beginnt mit der Übersetzung des Neuen Testaments. Es ist zu betonen, daß zu dieser Zeit bereits anderweitige
Übersetzungen vorliegen. Nicht aus seiner Feder, nicht so umfassend und (auch) nicht so
gründlich. Wir wollen hier nur das Faktum festhalten, denn es kennzeichnet den sich auflö-
senden Katholizismus.

Luther ist über die weitere Entwicklung im
Wittenberger Raum während seiner Zwangs-
Einquartierung und über die dortigen Unruhen informiert und verunsichert. Weil ihn das
Agieren Karlstadts stört, der im Umfeld der
»Zwickauer Propheten« Unruhe stiftet, verkleidet er sich als Junker Jörg und geht gegen
den Willen des Landesvaters – denn er ist geächtet und kann von Jedermann straffrei angegriffen werden – nach Wittenberg (zurück). Er
will dort die Verhältnisse ordnen!

Noch während der Wirren des Bauernkrieges heiratet er die aus dem Kloster entsprungene Nonne Katharina v. Bora. Er zeugt mit ihr
drei Söhne und Töchter. Die Hochzeit eines
(ehemaligen) katholischen Mönches mit einer
(ehemaligen) katholischen Nonne schlägt wie
eine Bombe ein. Rasch folgen ihm weitere
Geistliche. Dann beginnt Luther mit dem organisatorischen Aufbau »seiner« Landeskirche in Kursachsen und den evangelischen Gebieten, für die der Reichstag zu Speyer die
Rechtsgrundlage schafft. Luther verfängt sich
mit Zwingli in einem heftigen Streit über die
Wirkung des Abendmahles: eines Punktes,

über den sich gebildete Menschen nicht streiten *können!*

Um 1530 sehen wir Luther als Geächteten auf der Feste Coburg. Sein weiteres Leben ist angefüllt mit einer aufreibenden Tätigkeit als Prediger, Organisator, Professor und Autor: sein Denken ist von einem starken religiösen Ernst getragen. Er beschäftigt sich mit der Übersetzung der Testamente und veröffentlicht ein Gesangbuch. Im hohen Alter neigt er zu Schärfe, Kritik und bissiger Agression. Im Juli 1543 verfaßt er die Schrift: »Von den Juden und ihren Lügen« und zwei Jahre später droht er, Wittenberg für immer zu verlassen. Es geschieht insofern, als er hier am 18. Februar 1546 an einem Leberleiden stirbt.

Luther wird am 22. Februar in der Schloßkirche beigesetzt. Mit ihm stirbt ein verfänglicher Teufelsanbeter. Zudem kommt er selbst in den Geruch des Satans. Carpzow erwähnt in seinen Schriften das Gerücht, das die »Papisten« über ihn verbreitet haben (sollen). Demzufolge habe sich der Teufel in der Gestalt eines Kaufmannes nach Wittenberg begeben und dort die Tochter eines Wirts geschwängert: aus dieser »fluchwürdigen« Verbindung sei Luther hervorgegangen[3].

Da sich die religiösen Parteien gegenseitig solche Vorwürfe machen, dürfen wir uns nicht wundern, wenn Luthers Mutter zu einer Hexe deklariert wird, die einen Bund mit dem Teufel geschlossen haben soll. Der niederrheinische Arzt Weyer (oder Wier) verteidigt seinen Glaubensgenosse gegen diesen Vorwurf[4].

Vom Unterschied der Religionen

Es ist eine unwichtige Sache, wie jeder weiß, der sich mit der religiösen Problematik beschäftigt hat. Angehimmelt werden Phantome und bei allen Weltreligionen der gleiche Gott, jeweils in anderer Aufmachung und Verpackung. Man ereifert sich nicht etwa an Grundsätzlichem, sondern an theologischen Haarspaltereien und Rechthabereien, was sich haushoch über den Köpfen der sog. Gläubigen abspielt. Es sind diejenigen, die die Glaubenssysteme finanzieren. Der kleine Mann auf der Straße ist in schöner Regelmäßigkeit das Opfer des verkrampften Priestertums: auch die Glaubenslehre der römisch- katholischen Kirche ist mit Unstimmigkeiten gespickt. Man hat Dogmen ersonnen, um sie glaubhaft zu machen. Dazu einige Beispiele:

Nach der Lehre der römisch-katholischen Kirche ist das sittlich Böse im Mensch ein Defekt des Guten (was sonst, wenn es so wäre?). Nach der lutherischen Auffassung, der aus dem katholischen Glaubenslager kommt, bewirkt die Ursünde die Inkarnation[5] des Bösen, demzufolge ist sie untrennbar mit der menschlichen Natur verbunden. Welche Sophisterei! Nach der Auffassung beider ist Satan (der eine Fiktion ist) das Prinzip des Bösen und schadet den Menschen. *Deshalb plädiere ich dafür, die Christen vom Teufelsglaube zu befreien. Dieser irren Idee hat man buchstäblich Tausende von Menschen geopfert!*

Luther unterschlägt den freien Willen des Individuums und ist sich offensichtlich über die Tragweite dieser Proklamation im unklaren. In seiner derben Sprache postuliert er: ». . . nun hat sogar die erdichtete Fabel vom freien Willen eingerissen. Gott hat ihn niemand gegeben, denn er kommt vom Teufel. Ich verwerfe alle Lehre als eitel Irrtum, so unseren freien Willen preiset . . . wir sind mit Leib und Leben dem Teufel unterworfen und ein Fremdling in der Welt, dessen Fürst und Gott er ist. Alles, von dem wir leben, steht unter seiner Herrschaft«.

So etwas kann man leicht in den Raum stellen, doch schwer beweisen. War es nicht Luthers »freier« Wille, sich von der allmächtigen Glaubensmutter loszusagen? Auch der protestantische Glaube ist beweislastig. Nach Luther gibt es vor dem angenommenen Jüngsten Tag der römisch-katholischen Christen keine Hölle und keine gefallenen Engel, ». . . wie die Wolken und Hummeln«[6]. Solche Thesen entstehen aus einem überzogenem Glaubenseifer und entsprechen weitgehend dem Denken der Epoche: dies darf man Luther nicht anlasten, denn er ist (nur) ein Kind seiner Zeit.

Aus dem lutherischen Briefwechsel wird deutlich, wie verbissen er am Teufelsglaube festhält. So in einem Schreiben an Spalatin[7], an den Kurfürst Johannes[8] oder beim Tod des Predigers Oecolampadius. In diesem Zusammenhang sagt er: ». . . am Teufel ist er gestorben. *Er* hat ihm den Hals umgedreht und singt (jetzt) ein Lob- und Dankeslied«. Während der Erklärung einer Epistel läßt Luther wissen: ». . . wir sind dem Teufel unterworfen. Er ficht mich oft so gewaltig an und überläßt mich schweren und traurigen Gedanken . . . daß ich meinen lieben Herrn Christus vergesse oder daß ich ihn anders sehe, als er anzusehen ist«[9]. Auch das ist leicht gesagt!

Seiner Auffassung nach kann der Teufel mit einem Baumblättlein mehr Menschen töten, als alle Apotheker der Welt zusammen. Trotzdem scheint es kühn zu behaupten: ».. . niemand hat die Rolle des Teufels mehr als Luther gefördert, der sich förmlich in sie verrannte«[10].

Das Problem ist, daß er Öl ins Feuer gießt. Da mit zunehmender Vehemenz von den protestantischen Kanzeln der Teufelswahn im Volk verankert wird – und das *mußte* sie tun, werden die Vorurteile der Geistlichen, Richter und Bürger gestärkt, gegen das »teuflische Hexengeschmeiß« etwas zu unternehmen. Wie immer steht das unwissend-gaffende Volk parat, um auf den Wink eines Höhergestellten hin Andere zu denunzieren, bzw. zu erniedrigen!

Es ist zweifelhaft, ob Luther den »Malleus Maleficarum« gekannt hat. Nie beruft er sich auf ihn. Sein geistiger Fundus stammt überwiegend aus der Vorstellungswelt des AT und aus eigenen Erfahrungen, bzw. aus dem Nacherzählen umlaufender Märlein. Darum haben wir die Frage zu stellen, wie er – falls noch nachweisbar – persönlich der Hexerei gegenübersteht.

Johannes Lapäus veröffentlicht 30 Jahre nach Luther's Tod dessen Weissagungen. Sie sind bis heute ebensowenig eingetroffen wie andere christliche Deutungen, verdeutlichen jedoch, daß Luther dem Teufelsglaube huldigt. Er soll gesagt haben: ».. . wenn ich hundert Jahre leben sollte, so sehe ich wohl, daß unsere Nachkommen keine Ruhe haben werden, weil der Teufel lebet und regieret . . . darum bitte ich um ein gnädiges Stündlein. Ihr meine Nachkommen, betet ernsthaft und treibet fleißig Gottes Wort. Seid gewarnt und gerüstet, als die da alle Stunden warten müssen, wo euch der Teufel etwa eine Scheibe oder Fenster ausstoße, Tür und Dach einreiße . . . um . . . das Licht zu löschen«[11].

Der lutherische Hexenhaß

ist aus seinem teuflischen Denken abgeleitet. Ende Juni 1516 beginnt er, seinen Hörern die 10 Gebote (Gottes) zu erläutern, die vor ihm »nur« neun gewesen sind. Daraus entwickelt er eine Dekalogerklärung, die 1518 im Druck erscheint und zwei Jahre später von einer fremden Hand ins Deutsche übertragen wird. Hier finden wir einen frühen Ansatzpunkt zum lutherischen Hexendenken:

».. . die mit dem Teufel ein Bündnis eingehen, können durch Zauberei die Leute blind, lahm und krank machen und (sie) töten, wie ich es öfters mit eigenen Augen gesehen habe. Zudem können sie Ungewitter hervorbringen, Früchte auf dem Feld verderben und das Vieh umbringen. Sie können den Leuten Butter, Milch und Käse stehlen, indem sie an Türpfosten zu melken scheinen«.

Im logischen Umkehrschluß behauptet er: ».. . wer in seiner Widerwärtigkeit mit Zauberei, Schwarzkunst, Teufels- und Bundesgenossen umzugehen sucht, wer Wunschruten (= Wünschelruten), Schatzbeschwörer, Kristallseher, Mantelfahren und Milchstehlen übet . . . sündigt wider das erste Gebot«[12].

Luther stimmt in den Affront gegen das weibliche Geschlecht ein und sagt: ».. . (das Hexen) ist ihnen von ihrer Mutter Eva angeboren, daß sie äffen und betrügen«[13]. Bei der Durchforstung der Kirchengeschichte ist mir noch nie der Satz begegnet: ».. . es ist albern, das menschliche Geschlecht auf paradiesische Zustände zurückzuführen. Die Phantasiegestalten Adam und Eva können nicht für unser Naturell verantwortlich gemacht werden«. Die Rückführung der Religion auf ein erstes Menschenpaar macht die Wurzeln deutlich. Die christlich-biblische Schöpfungsgeschichte ist einem sich widersprechenden babylonischen Epos entnommen und fast wörtlich (in zwei Versionen) abgeschrieben. Er ist unchristlich, die Männer besser, bzw. die Frauen schlechter zu machen. Das ist keine Religion, sondern Politik!

1519 gibt Luther einen lateinischen Kommentar zum Galaterbrief heraus. Darin setzt er auseinander, wie es Hexen durch böse Blicke verstehen, Kinder zu bezaubern und krank zu machen. 1522 erklärt er in einer Kirchenpostille bezüglich der Hexen: ».. . die Zauberer oder Hexen, das sind die bösen Teufelshuren, die Milch stehlen, Wetter machen, auf Böcken und Besen reiten, auf Mänteln fahren, die Leute schießen (= Hexenschuß), lähmen, verdorren, Kinder in der Wiege martern und Gliedmaßen bezaubern. Sie können den Dingen eine andere Gestalt geben, so daß eine Kuh als Ochse erscheint, was (aber) in Wahrheit ein Mensch ist. Sie können die Leute zu

Liebe und Buhlschaft zwingen . . . und des Teufels Dinge viel«[14] Die es nicht glauben, sind Klüglinge[15].

Im Frühjahr 1526 predigt er über Exodus 22.18: »Die Zauberinnen sollst du nicht leben lassen« und sagt in diesem Zusammenhang: ». . . es ist ein gerechtes Gesetz, daß sie getötet werden. Sie richten viel Schaden an . . . sie können auch ein Kind bezaubern, daß es fortwährend schreie und nicht mehr esse noch schlafe. Schaust du solche Weiber an, wirst du sehen, daß sie ein teuflisches Gesicht haben. Ich habe deren etliche gesehen . . . man töte sie nur«[16].

In einer zweiten Predigt über Moses untermauert er den Schaden, den die Hexen anrichten: ». . . durch Zaubertränke reizen sie die Menschen zur Liebe oder zum Haß. Sie richten Gewitter an, die in einem großen Umkreis Häuser und Felder verwüsten. Mit ihren Zauberpfeilen machen Sie Menschen hinkend, so daß ihnen niemand helfen kann. Auch findet man nachher Beine (= Knochen), Haare, Kohlen und dergleichen . . . so daß man zu Recht sagt: . . . wo der Teufel nicht hinkommt, so schafft es sein Weib, die Hexe. Die Hexen soll man töten, denn sie verüben Diebstahl, Ehebruch, Raub und Mord. Etliche meinen wohl verächtlich, sie könnten solches nicht tun. Allein sie können es gewiß. Mit teuflischer Hilfe richten sie vielfachen Schaden an«.

Am 13. Juni 1529 warnt Luther seine Hörer und sagt: ». . . deshalb seid vorsichtig und enthaltet euch in der Sommerzeit der kalten Bäder; denn der Teufel bewohnt die Wälder und Flüsse . . . er stellt uns überall nach, um uns zu verderben . . . er schläft nicht«[17].

In seinem großen Katechismus (1529) sagt er: ». . . unser höchster Feind der Teufel, trachtet ohne Unterlaß nach unserem Leben und kühlet sein Mütchen, indem er manchen den Hals bricht oder ihn von Sinnen bringt, etliche im Wasser ersäuft und viele dahin treibt, daß sie sich selbst umbringen«.[18]

1531 sagt er in einem Kommentar zum Galaterbrief: ». . . Zauberei und Hexerei sind des Teufels eigene Werke. Wir sind ihm alle unterworfen«[19].

1535 beginnt er in seinen akademischen Vorlesungen die Genesis zu erläutern. Das 6. Kapitel, das er vermutlich im Frühjahr 1536 erklärt, gibt ihm Anlaß, den Verkehr der Hexen mit den Buhlteufeln näher zu beschreiben:

». . . was die Buhlschaft anbetrifft, bin ich nicht dagegen, sondern glaube, daß es geschehen könnte, daß der Teufel entweder Incubus oder Sucubus sei: denn ich habe ihrer vieler gehört, die ihre eigenen Erlebnisse erzählt haben, daß aber aus dem Teufel und den Menschen könnte etwas geboren werden, ist falsch. Wenn man von den teufelsähnlichen Kindern erzählt, von denen ich einige gesehen habe, so halte ich dafür, daß sie entweder vom Teufel entstellt, aber nicht von ihm gezeugt sind, oder daß es wahre Teufel sind«[20]. Und an anderer Stelle:

». . . darum seine Huren und Zauberinnen viel Schaden tun, als mit Hezdrücken und Blindheit. Ja, er kann wohl ein Kindlein stehlen und sich selbst an seiner Statt in die Wiege legen, wie ich gehört, daß so ein Kind in Sachsen gewesen sein soll, dem fünf Weiber nicht genug zum Saugen gaben«. Doch nicht nur in seinen Predigten kommt er auf das »Hexengeschmeiß« zu sprechen, auch in den sog. Tischreden. ». . . außerdem habe ich die Historia gehört, daß der sächsische Kurfürst berichtet habe, daß es in Sachsen ein Adelsgeschlecht gäbe, das aus einer teuflischen Verbindung stamme«.

Am 25. August kommt seine Rede wieder auf die Hexen, wobei er von einer besonders delikaten Teufelsaustreibung erzählt, die der Wittenberger Stadtpfarrer Johannes Bugenhagen (= Pomeranus) vorgenommen haben soll. Um diese Zeit ist Sebastian Fröschel als Prediger aktiv[22]. In der großen deutschen Tischredensammlung, die Aurifaber 1566 herausgibt, wird dieser Vorgang plastisch geschildert. Er dokumentiert den Teufelswahn besser als jedes theologische Lehrbuch:

». . . anno 1538, den 25. August, ward viel geredet von Hexen und Zauberinnen, die Eier aus den Hühnernestern, Milch und Butter stehlen.« Dr. Martinus Luther sprach: ». . . mit denselben soll man keine Barmherzigkeit haben. Ich wollte sie lieber verbrennen, wie man im Gesetz liest . . . man sagt aber, daß gestohlene Butter stinkt und solche Weiber vom Teufel fixiert werden. Aber Dr. Pomers Kunst ist die beste. Denn als seinen Kühen die Milch gestohlen wurde, streifte er flugs die Hosen ab und setzte einen Wächter in eine Asch voll Milch. Er rührte es um und sprach: ›nu frett Tüfel (= nun friß, Teufel)‹. Daraufhin ward ihm die Milch nicht mehr entzogen«. Zu dieser viel erzählten Geschichte gibt es eine Variante[23]. Außerdem bestätigt sie Sebastian Fröschel in seiner Predigtsammlung von 1563[24].

Er sagt: ». . . daß man den Teufel durch Spott und mit Verachtung verjagen sollte, wie unser lieber Herr Dr. Johann Bugenhagen sel. dies getan habe«.

Der lutherische Hexenglaube nimmt umfangreiche Formen an, denn er mündet in die Auffassung, daß man arme, blödsinnige und geistesgestörte Kinder, in denen man Teufelskinder, bzw. Wechselbälge zu erkennen vermeint, ertränken soll. Hinzu kommt die Tatsache, daß der protestantische Teufelswahn eine Abkupferung des römisch-katholischen ist. Inzwischen sind 1500 Jahre vergangen und noch immer haben es die Verantwortlichen nicht begriffen, sich von Absurditäten zu trennen!

1539 erscheint die lutherische Schrift von den Konzilien und der Kirche. Darin betont er: ». . . daß die Hexen wegen ihres Bundes mit dem Teufel zu Recht verbrannt werden. Wo man die Teufelshuren kriegt (= einfangen kann) und mit dem Feuer verbrennt. Es ist nicht wegen des Milchdiebstahls, sondern um der Lästerung willen, die sie wider Christus tun«[25].

Luther begünstigt die Folter

Luther gilt als Gegner des kanonischen Rechts, das ihn während seiner Zeit als Katholik geknechtet hat. Er hat es in Wittenberg mitsamt der ihn und Karlstadt treffenden Bulle öffentlich verbrannt. Später schreibt er dazu: ». . . das römische Recht ist besser und ehrlicher, denn jenes der vermeinten Christen. Es wäre gut, das geistliche Recht vom ersten bis zum letzten Buchstaben auszutilgen«[26].

Im Zeichen der Zeit kann er sich nicht gegen das Foltern stellen, denn es ist fest im Rechtsdenken verankert. Er hätte jedoch als Geistlicher auf die schwerwiegenden Folgen aufmerksam machen können, die daran geknüpft sind. Sein vager Ausspruch (wenn er stimmt!), den er an Albrecht von Brandenburg, den Kurfürsten von Mainz schreibt: ». . . wo man die Wahrheit anderweitig ausforschen kann, darf man die Folter nicht anwenden, um Gott nicht zu versuchen« ist nicht geeignet, seine Mild-

herzigkeit zu untermauern. Die Hexerei gilt als so schweres Verbrechen, daß man selbst die härteste Bestrafung als unzureichend ansieht. Die Folter ist nicht Strafe an sich, sondern dient(!) dazu, ein Geständnis herbeizuführen: ohne dieses war eine rechtmäßige Verurteilung nicht möglich. Luther verfügt über genügend juristische Kenntnisse um diese Zusammenhänge zu erkennen.

». . . Magister Spalatino zeigte Dr. Martino anno 1538 an, wie ein Mägdlein aus Altenburg bezaubert wäre, daß sie Blut weinete, und, wenn die Zauberin an einem Ort wäre, und sie doch gleich nicht sehe, noch von ihr wüßte, wo sie doch deren Gegenwart fühlte«. Darauf sprach Dr. Martinus: ». . . mit solchen soll man zur Strafe eilen. Die Juristen wollen zuviele Zeugnisse und Beweise haben, sie verachten die göttlichen Gesetze. Ich habe dieser Tage einen Ehehandel gehabt, da das Weib den Mann mit Gift umbringen wollte und das Eidechsen gebrochen hat. Und da man sie peinlich befragte, wollte sie (dennoch) nicht bekennen. Denn solche Zauberinnen sind stumm und verachten die Pein. Der Teufel läßt sie nicht reden. Solche Taten geben Zeugnis genug, daß man sie hart bestrafe, um andere zum Exempel davon abzuschrecken«[27].

». . . wie die Juristen fein künstlich disputieren und von mancherlei Art der Rebellion und Mißhandlung wider die hohe Majestät reden und unter anderem erzählen, daß derjenige, wenn er von seinem Herrn feldflüchtig und treulos wird und wenn er sich zu den Feinden begibt, all diejenigen erkennen sie zur peinlichen Frage an Leib und Leben. Also auch, weil die Zauberei ein schändlicher (und) gräulicher Abfall ist, da solch einer sich von Gott, dem er gelobt und geschworen ist, zum Teufel, der Gottes Feind ist . . . so wird er sie billig an Leib und Leben strafen«[28].

1529 machen Luther die Teufelshuren zu schaffen: ». . . ich habe etliche zu vermahnen, daß viele Wettermacherinnen sind, die nicht allein die Milch stehlen, sondern auch die Leute schießen (= Hexenschuß). Wir kennen einige von ihnen. Wenn sie sich nicht bekehren, werden wir sie den Folterknechten befehlen«.

Es ist wenig bekannt, daß Luther zum Exorzismus gegriffen hat, denn am Sonntag, den 22. August, bannt er nach der Nachmittagspredigt einige Hexen. Der Wittenberger Diakon G. Röhrer, der das Ereignis der Nachwelt erhalten hat, betont, daß dies die erste von ihm selbst ausgesprochene Ex-Kommunikation gewesen sei. Am 12. September, drei Wochen später, wiederholt er die Mahnung, daß man gegen die Hexen beten soll, damit sie entdeckt werden und daß die Henkersknechte ihren Lohn erhalten . . . sie würden nicht nachlassen, in Wittenberg ihr Unwesen zu treiben«[29]. Vielleicht erinnert er sich an eine Passage aus dem Hexenhammer (falls er ihn kannte) wo gesagt wird, daß die Hexen langsamer in die Kirche hinein – und schneller aus ihr herausgehen.

Freilich nehmen die Protestanten ihren Säulenheiligen in Schutz und tragen vor: ». . . er war ein verehrungswürdiger Mann, der einen großen Teil des menschlichen Geschlechts, das in Aberglaube und Unwissenheit versunken war, aus diesem Schlummer riß und sich mit Macht und einem unbeschreiblichen Mut entgegenstellte«[30]. Das kann man so nicht stehen lassen: bei einer nüchtern-realistischen Betrachtung hat er dies nicht getan!

Als Kind seiner Zeit, befangen vom christlichen Dämonismus, bereinigt er lediglich einige Randgebiete des römisch-katholischen Glaubens; doch an den krassen Auswüchsen wie z.B. dem Teufelswahn, hält er fest. Aus nachträglicher Sicht hat Luther wenig verändert. Die Glaubensgemeinschaft hat die Spaltung verkraftet, der Unterschied zwischen den Parteien ist gering und die Christen sind heute in der Gesamtheit genauso abergläubisch wie früher. Mit alledem soll die lutherische Aktivität nicht geschmälert werden. Er war durchaus ein Mann der Tat.

Auf der Wartburg spukt der Teufel

Luther sagt: ». . . ich trage keinen Zweifel, daß der Tanz der Ziegen, der Flug der Drachen und ähnliches die Spiegelfechterei von bösen Geistern ist . . . um die Leute zu betrügen. Das Schiffsvolk meint, an den Masten würden sie das Feuer von Castor und Pollux sehen. Bisweilen erscheint Licht über den Ohren der Pferde. Es ist gewiß, daß es ein Zauberwerk der Dämonen ist«[31].

In den Tischreden läßt er wissen: ». . . ein Torgauer Pfarrer wäre zu ihm gekommen und klagte heftig, daß er nachts ein Polterstürmen, Schlagen und Werfen in seinem Hause hatte, daß ihm der Teufel Töpfe und Schüsseln an den Kopf werfe und er ihn lachen höre, doch (ihn) nicht erkenne«[32]. Offensichtlich sind die Theologen besonders teufelsanfällig, denn sie *müssen* an ihn glauben und sich ihr Leben lang mit diesem Phantom auseinandersetzen. Luther, Melanchton und andere Geistliche kommen in diesen »teuflischen« Genuß. Luther postuliert:

». . . auf der Wartburg habe er einen Sack mit Haselnüssen verschlossen . . . als er nachts zu Bette ging, kam ihm ein Poltergeist über die Nüsse und hob an und quietzt eine nach der anderen an die Betten mächtig hart, doch er fragte nichts danach. Wie er ein wenig eingeschlafen war, da hob an der Treppe ein fürchterliches Poltern an, als würfe man einen Schock Fässer hinunter . . . so ich doch wußte, daß ich die Treppe mit Ketten wohl verwahrt (hatte) . . . so daß Niemand heraufkommen konnte. Da stand ich auf und ging, um zu sehen was es sei: da war die Treppe zu«[33].

Vielleicht hat er seinerzeit ein Glas zuviel von dem sauren thüringischen Wein getrunken. So ist es eben bei Säulenheiligen. Jede noch so unglaubwürdige Nichtigkeit wird festgehalten und ausgeschlachtet. So entstehen in schöner Regelmäßigkeit die Zerrbilder der Führer von Kultur, Religion und Geschichte! Solche Geschichten kommen zu allen Zeiten bei den angeschlagenen Menschenkindern vor: man glaubt in der Antike an Poltergeister und man glaubt 1988 daran. Ich erinnere an Professor Schuppart aus Gießen, der 1723 unter Teufeln zu leiden hatte: ». . . er rumort im Haus, wirft Möbel durcheinander, zerbricht Fenster, öffnet Türen und wirft sie wieder zu. Er bewirft den Professor mit Steinen, Messern und Gabeln, schlingt ihm Stricke um den Hals und sucht ihn zu erwürgen. Außerdem will er ihn gebissen und so hart geschlagen haben, daß es die Leute klatschen hörten. Die Spuren der Mißhandlung waren an ihm sichtbar . . . der Teufel soll ihm sogar Blätter aus der heiligen(!) Schrift gerissen haben«[34].

Melanchton sagt 1540 in der Schrift »von den teuflischen Träumen«[35]: ». . . als ich in Tübingen war, sah ich in jeder Nacht Flammen, bis sie in einem gewaltigen Rauch aufgingen. Gleichfalls erschienen mir in Heidelberg Gestalten wie fallende Sterne. Sie kamen jede Nacht. Es sind ohne Zweifel Teufel, die unter den Menschen herumschweifen«[36].

Sein gelehrter Freund Joachim Camerarius teilt diese Auffassung und sieht die nächtlichen Hexenfahrten als Realität an[37]. Sensationslüsternen Touristen zeigt man noch heute den mehrfach nachgearbeiteten Tintenfleck, der daher rühren *soll*, indem der leidige Satan Luther ein Tintenfaß nachgeworfen haben *soll*. Wer's glaubt, wird (vielleicht) selig!

Wer wundert sich, wenn der Teufelswahn – auch von protestantischer Seite aus – im 16. Jh. auf das einfache Volk überspringt. Die damalige Volksschule ist ein Kind in den Windeln. In Württemberg wird berichtet: ». . . neben dem lutherischen Katechismus und Kirchengesängen bleibt in der Schule kaum noch ein Plätzchen für Lesen und Schreiben«. Kurz danach sagt ein Prediger aus Meißen: ». . . allhier glaubt Jung und Alt schon mehr an den Teufel als an Gott und an das heilige Evangelium«[38]. Im Herzogtum Preußen wird folgender Bericht veröffentlicht: ». . . weil das Volk in den Predigten fast nur noch vom Teufel und seinen Anhängern reden hört, glaubt man allgemein, daß nicht mehr Gott, sondern er die Welt regieret«.

». . . in Melchendorf, einem erfurtisch-katholischen Pfarrdorf, eine Stunde vor der Stadt, kam eine Frau ins Kindbett. Einige Tage nach der Niederkunft hörte man des abends in der Mitternachtsstunde eine Kuh im Stall blöken. Der Mann stand auf, um nachzusehen, ob sich vielleicht ein Ochse losgerissen hatte«. »Was, sagte da seine Frau, willst du nachts zwischen 11 und 12 Uhr in den Stall gehen? . . . können wir da nicht das größte Unglück haben? . . . wer weiß, ob nicht der böse Feind die Kühe blöken macht, um dich zu überfallen, wenn du hinauskommst . . . und mich könnte der Kobold bedüstern und mir einen Krüppel für mein gesundes Kind hinlegen . . . wie es viele solche Exempel gibt«. Der Mann hört auf seine (kluge) Frau und geht erst am nächsten Morgen in den Stall. Ein Christ hat ihm den Ochse gestohlen. Kämpft hier nicht Einfalt gegen Einfalt?

Teufelsberichte in der Zeitung

Nicht nur die Bibeln verbreiten den Teufelsglaube: es sind verstärkt die aufkommenden Zeitungen und Zeitschriften der Epoche. Schauen wir kurz hinein:

»Köln, den 27. August . . . zu Itzehoe läßt sich der Teufel leibhaftig sehen, er hat über 20 Ochsen die Hälse umgedreht und viele von ihnen bis an die Hörner in die Erde gedrückt. Es wurden alle tot gefunden . . . er hat an etlichen Marketenderwägen die Deichseln zusammengeflochten, (so) daß man sie auseinanderhauen mußte . . . er hat das Stadttor aufgehoben und ist etliche hundert Schritte in die Stadt gekommen . . . den Wachen hat er stark zugesetzt . . . weitere Erfahrung gibt die Zeit«[39].

»Augsburg, 30. Mai . . . diesen Tag ist auch allhier ein Bayrisches-Bauern-Mensch verbrennt worden, so eine Hexe gewesen, und ihr Kind umgebracht, nachgehends (hat sie) solches dem Teufel zum Lohn gegeben, weil er ihr als Hebamme gedient hat«[40].

»Köln, vom 27. November . . . zu Etzdorf, unweit Arweiler hat der leidige Teufel dieser Tage einen Sohn von 18 Jahren, der seine Mutter geschlagen, in solcher Tat hoch durch die Luft hinweggeholet . . . und ist nimmermehr gesehen worden«[41].

»London, 30. April . . . dieser Tage duellierten sich zwei Priester im Hydepark. Jeder feuerte seine zwey Pistolen richtig ab, doch ohne seinen Gegner zu treffen . . . bei der Aufklärung des Streites zeigte es sich, daß ein bloser Mißverstand zu dem Zanck Anlaß gegeben hat. Einer hatte sich nämlich unter dem Teufel ein Ding vorgestellt, das Hörner, Klauen und einen langen Schwanz habe, der andere aber eine andere Figur«[42].

Von solchen Wahnvorstellungen ist es nicht weit, sich die Hölle plastisch vorzustellen. Über den Ort der Hölle liegt keine domatische Entscheidung vor, doch es muß als Annahme der Kirchenväter und späterer Theologen gelten, daß sie ein abgeschlossener Raum innerhalb der Erde ist[43] und hier unaussprechliche Qualen zu leiden sind. Freilich ist diese Auffassung älter als das Christentum: wir haben es mit der Übernahme antiker Gedanken zu tun!

»Die Griechen glauben an einen Hades im Mittelpunkt der Erde . . . in dieser Hinsicht ist durch das Christentum nichts geändert worden und trotz der Entdeckungen eines Kopernikus und Galilei suchen unzählige Christen den Aufenthaltsort der Verstorbenen, soweit sie nicht zum Himmel emporgestiegen sind, an dem Ort, wo die alten Germanen Skandinaviens ihr Niflsheim, die Ägypter ihr Amenta, die Juden ihren Scheol und die Griechen ihren Hades dachten«[44].

Nach der später ausgebildeten Lehre der römisch-katholischen Kirche ist die Hölle das Gefängnis, in dem die gefallenen Engel und die verdammten Menschen eingeschlossen sind und leiden *müssen*. Klipp und klar heißt es im Katechismus: ». . . die Seelen der Verdammten werden in einem furchtbar grauenhaften und überaus finstern Kerker im ewigen und an unauslöschlichen Feuer zugleich mit den unreinen Geistern gequält«[45].

Ein Lieblingsthema der Theologen wird der differenzierte Ausbau der Strafen für das menschliche (Fehl)verhalten – wenigstens im Sinn der Priester, die es deklariert haben. Hier kommt es zur Ausschmückung der gräßlichsten Höllenschilderungen, was durch zahllose Druckwerke, Flugblätter, Bilder, Predigten, Umgänge, Prozessionen und durch das (angebliche) Hexentreiben ins Bewußtsein des Volkes gehämmert wird. Dazu einige Kostproben:

Nach dem Papst Gregor d.G. ist die Hölle so tief unter der Erde, wie diese unter dem Himmel. Sie besteht aus zwei Abteilungen. Die Scholastiker behaupten, daß sich die Hölle – wenn auch nicht ganz sicher – so höchst wahrscheinlich im Innern der Erde befindet«[46].

Drexel[47] berichtet: ». . . die Hölle hat sieben Gemächer und drei Pforten. In jeder Wohnung sind sieben Flüsse und Hagel. In jeder Wohnung befinden sich 7 000 Löcher, in jedem Loch 7 000 Risse, in jedem Riss 7 000 Skorpione, deren jeder sieben Gelenke hat und in jedem Gelenk sind 1 000 Tonnen Gift . . . die Hölle hat Raum für 100 Millionen Seelen«.

Zodiakus klagt Pluto: ». . . daß es bei ihm schon übervoll sei und doch Türken, Juden und die Mehrzahl der Christen, Priester, Mönche und andere Kirchendiener in Mengen tagtäglich hinzukommen, während die wenigen Seelen den unermeßlichen Himmel zum Wohnsitz haben«[48].

»Der hochwürdige und gelehrte Hieronymus Vitalis erklärt 1669 für unbezweifelbar, daß die feuerspeienden Berge nichts anderes sind als die Eingänge, gleichsam den Schornsteinen der Hölle«. Neu ist dies nicht, denn fast das gleiche geht aus der Lebensbeschreibung Odilos (gest. 1049) hervor.

Allen diesen Zeugnissen theologischer Intelligenz gegenüber behauptet der Mathematiker *und* Theologe William Whiston (1667 – 1752): ». . . die Hölle befindet sich in einem Komet und dessen größere oder geringere Entfernung von der Sonne verursache die in manchen Höllenschilderungen erwähnte Abwechslung von schrecklicher Kälte und Hitze«[49].

Dagegen nimmt der englische Theologe Swinden, Pfarrer von Cuxton, an: ». . . die Hölle befindet sich in der Sonne, weil es keinen anderen Ort gibt, der genügend Raum für die unendliche Zahl von Teufeln und sonstigen Verdammten bietet, und weil die Sonne das Zentrum des Universums ist«.

Mit vollem Glauben und der gründlichsten Ausführlichkeit (als Quellen dienen ihm ca. 300 heidnische, jüdische und christliche Autoren) hat der Doktor des ambrosianischen theologischen Institutes in Mailand, Anton Ruska, die Hölle geschildert. Sein Buch erscheint 1621. Es ist mit Plänen und Grundrissen ausgestattet, so, als ob er sie persönlich vermessen hätte. Er betont ausdrücklich: ». . . daß es die kirchliche Zensurbehörde als gelehrtes und gründliches Werk . . . in dem sich nichts gegen den rechten Glauben und die guten Sitten befindet, bezeichnet«[50]. Das Buch ist dem »Erlöser der Menschheit« gewidmet und heißt »Fünf Bücher von der Hölle und dem Zustand der Dämonen vor dem Ende der Welt«.

Bautz, ein Theologe des 20. Jh. ist dagegen der Meinung, daß die Hölle nur von Geistern bewohnt wird: ». . . sollten ihre Dimensionen nach der Auferstehung der Leiber unzulänglich sein, so wird der Schöpfer der neuen Erde Sorge tragen«[51]. Andere erklären das Höllenreich als eine in ihren Ordnungen, Würdenträgern und Beamten dem himmlischen nachgeahmten feindliche Monarchie des Teufels. Diese Auffassung prägt das Bewußtsein der meisten Menschen ab dem 16. Jh. Tatsache dürfte sein, daß es eine solche Hierarchie, sei es im Positiven oder Negativen, nicht gibt!

Es ist kein Wunder, denn in den Kirchen wettern Priester und Pfarrer gegen die satanische Macht (Luther ist nur ein Beispiel von vielen): hinzu kommen die Volksschauspiele um den Teufel. ». . . Beim Himmelfahrtstag ziehen mehrere vermummte Teufel in die Kirchen ein und bilden eine Hölle . . . in ihren wunderbaren Aufzügen und sonderbaren Gestalten mit Schwänzen, Hörnern, Krallen, Pferdefüßen usw. versehen, belustigen sie die Zuschauer. In Schernberks Mysterie ›das Spiel von Frau Jutten‹ (1480) – unmittelbar vor dem Erscheinen des Hexenhammers, erscheinen neben acht Teufeln auch seine Großmutter, Frau Lillis«.

»Täglich höret man von den greulichen Taten, die alle der Teufel hat zugerichtet: da werden etliche Tausend erschlagen, da geht ein Schiff mit Leuten unter auf dem Meer, da versinkt ein Land, ein Dorf, da ersticht sich einer selbst, da erhängt sich einer, da ertränkt sich einer, da fällt einem der Hals ab, da tut sich einer selbst den Tod an: diese Morde richtet alle der leidige Satan an. Er ist uns Feind, darum stellt er uns nach Leib und Leben. Nicht ermordet er allein die Menschen, sondern auch das Vieh, verderbt alles, was zu der Menschen Notdurft dient, mit Hagel, Pestilenz, Krieg, Verräterei, Aufruhr und so weiter«[52].

In diesem gefährlichen Humus entwickeln sich damalige und spätere Hexenprozesse. »So gehört es zu den eindeutig definierten Lehren der Kirche, daß es den Teufel als personales Wesen gibt. Die Heilige Schrift ist voll Aussagen gegen ihn. Immer wieder hat die Kirche von der Wirklichkeit und Wirksamkeit der bösen Geister gelehrt. Diese lassen sich so wenig aus dem Block der substanzierten Offenbarung und Gottesbotschaft an die Menschen eliminieren wie die Engel« (Winklhofer).

Meiner Auffassung nach irrt sich der christliche Autor. Es gibt weder Dämonen noch Teufel: es sind Überbleibsel der griechischen Philosophie, die von der frühchristlichen und später christlichen Dogmatik angenommen, modifiziert und zur Erhebung ihrer Lehre nutzbar gemacht worden sind.

Die Zeit nach Luther: eine große Verwirrung

Hier soll festgehalten werden, daß Luther dem Teufelswahn verpflichtet ist, daß er an die Wirksamkeit der Hexerei glaubt und nichts Substantielles gegen das Foltern unternimmt. Die großen glaubenspolitischen Strömungen des 16 Jh. bestimmen das Denken und Fühlen der damaligen Menschen. Dieses Gefühl muß intensiver gewesen sein als es heute ist. Am Ende steht das Gerangel um die Seelen bzw. um politische Machtgelüste der kurialen und kirchlichen Organisationen. Das Volk ist des Papsttums müde und verlangt nach Predigern der »neuen« Religion. Dadurch wird der seither hermetisch abgekapselte Charakter der Priesterkaste um eine Variante reicher, doch auch gebrochen! Ihre antiquierten Lehrsysteme und Denkmodelle liegen offen zutage: das Papsttum wird als alles überspannende Organisation erkannt; viele sehen ihn ihm plumpes Machwerk.

Die Spaltung der Kirche in getrennte Lager verwirrt die Gemüter und trägt dazu bei, die sittliche Verwilderung zu aktivieren, zumal parallel in dieser Phase Humanisten das theologische Wissen der Lächerlichkeit preisgeben und damit den Stand des (allgemeinen) Wissenspegels zunächst nach unten drücken. 1530 schreibt Franz Lambert an Butzer: ». . . mir schaudert vor den Sitten des Volkes, es sind Zeiten wie Sodom und Gomorrha. Überall herrscht Verderben; Religionsfreiheit und Unsittlichkeit suchen sich zu überbieten«.

Durch die Lossagung von der Stammutter Katholizismus wird die Polemik gegen traditionelle Bräuche (wieder) wach. Der Zölibat, der Ablaß und bestimmte Formen des Gottesdienstes werden angeprangert. Karlstadt verwirft die Pracht und die Üppigkeit des römischen Hofes[53]. Luther bezeichnet die Verwendung des Weihwassers als Götzendienst. Die priesterliche Messe wird nicht mehr als Ausfluß kirchlicher Machtvollkommenheit betrachtet, sondern als *gemeinsame* Handlung. Das ist ein harter Schlag für die katholische Geistlichkeit, denn die von ihnen errichtete Tabu-Position wird angekratzt. Damit fällt die Einsicht der Notwendigkeit der Beichte weg und die Anbetung der unrealen Bilder rückt in ein anderes Licht[54]. Karlstadt führt 1521 eine »neue« Form der Abendmahlsfeier ein und findet in dem Mönch Gabriel Didymus einen Mitstreiter.

Bartholomäus Feldkirch verlobt sich und heiratet kurz danach öffentlich. Karlstadt folgt ihm am 20. Januar 1522. Mit der Lossagung von der erzwungenen Ehelosigkeit für Geistliche ist eine zwangsweise Reform des Gottesdienstes verbunden. Nun erscheint der Priester nicht mehr von den Laien (was an sich schon eine Abwertung ist) abgesondert. Dies löst bei der Glaubensmutter Ratlosigkeit und Verwirrung aus. Priester fühlen sich nicht mehr grundsätzlich ans Kirchenjoch gefesselt, erscheinen freier, werden kritischer und wagen es, Meinungen zu äußern. Sie ignorieren das festgefressene Kirchenerbe: ein Schlag in das fossile Kontor des Katholizismus!

Hinzu kommen unübersehbare Auflösungstendenzen. Die Wittenberger Augustiner und andere Mönche der übrigen Klöster der Provinz Sachsen begeistern sich an den »neuen« reformatorischen Ideen und treffen Beschlüsse, die auf die Auflösung der Orden abzielen. Hinzu kommen diverse Sekten, beispielsweise die sog. »Zwickauer Propheten«.

Schon während der zu schnellen Verbreitung der reformatorischen Lehren zeigen sich Spannungen, Kontroversen und Unsicherheiten, deren logische Folge unüberlegte Schritte und schwerwiegende Probleme sind. Dies spürt der kleine Mann auf der Straße, der jetzt nicht mehr weiß, ob er am Sonntag einem römisch-katholischen oder einem protestantischen Gottesdienst beiwohnen soll.

Die Unsicherheit zeigt sich (auch) auf der Seite der Geistlichen, der um die Gunst jeder einzelnen Seele zu ringen hat. Mit der »neuen« Religion zeigt sich eine »neue« Geisteshaltung an. Treffend erkennt dies Luther in der Formulierung: ». . . da viele Pfarrherren zu ungeschickt und (zu) untüchtig sind, um zu lehren . . . es sollen doch alle Christen heißen, getauft sein und das Sakrament genießen. Sie kennen aber weder das Vater Unser, noch den Glauben, noch die Zehn Gebote. Sie leben dahin wie das liebe Vieh und die unvernünftigen Säue«[55].

Die Reformatoren können dem instabilen, aber noch umspannenden Lehrgebäude des Katholizismus nichts Gleichwertiges entgegensetzen. Wir dürfen nicht vergessen, daß damals im deutschsprachigen Raum extrem viele Analphabeten leben, denen man die Texte erklären *muß*. Heute haben wir extrem wenig Analphabeten, aber die Theologen müssen *ihre* Texte noch immer erklären!

Fest steht, daß sich im frühen 16 Jh. einige Fürsten zur Liberalität und damit zum Protestantismus bekennen: so wird eine Lücke in den Katholizismus geschlagen. Kaiser Karl V. ist von der Vorstellung beherrscht, im Kaiser- *und* Papsttum gleichberechtigt übergeordnete Mächte zu sehen, deren Ziel es ist, die Einheit von Frieden und Glauben zu sichern. Daß eine solche Formel nicht aufgehen kann, beweist die Geschichte im Kleinen wie im Großen. Nach dem Erlaß des Wormser Edikts schleicht er sich aus der Verantwortung und kommt erst wieder 1530 in sein Reich zurück. Im Schmalkaldischen Krieg schlägt er die Protestanten und nimmt deren fürstlichen Anführer gefangen. Nach dem Augsburger Religionsfrieden (1555) legt er die Krone nieder und zieht sich

auf seine spanischen Besitztümer zurück. Karl V. war durch und durch katholisch: er hat maßgeblichen Anteil daran, daß der Katholizismus im deutschsprachigen Raum erhalten bleibt. Hier sehen wir die notwendig enge Bindung der Kirchenführung zu der weltlichen Macht. Wäre seinerzeit dieser Machthaber protestantisch gewesen, wäre die kirchliche Entwicklung vermutlich anders verlaufen.

In der Tat ist es so, daß von 1550 – 1600 weite Landesteile protestantisch werden. Papst Pius IV. spricht 1547 von einem geringen Rest der Kirche in Deutschland[56]. 1545 fällt der bayerische Adel dem Protestantismus zu. Auf dem Landtag von 1563 werden 50 – 60 lutherische Adelsfamilien gezählt[57] und bei einem Münchener Buchhändler werden lutherische Schriften gefunden[58]. In Köln, einer ehemaligen Hochburg des Katholizismus und zugleich der literarischen Brutstätte des »Malleus Maleficarum«, schlägt die »neue« Religion Wurzeln. In Andernach bilden Protestanten die Glaubensmehrheit. Als 1582 der Kurfürst Gebhard zur »neuen« Religion wechseln will, wird er vom Papst gebannt. Spanische Truppen rücken in sein Erzbistum. Er wird durch Intrigen aus dem Amt gedrängt; an seine Stelle rückt ein katholisch gesinnter Prinz.

Am Rhein sieht es ähnlich aus. Im Herzogtum Jülich-Cleve-Berg ist der größte Teil des Hofes zum Portestantismus übergewechselt; Bruder Göbel schreibt 1531 in einer Chronik: ». . . wohin ich mich wende und kehre, findet man nichts anderes, als lutherische Ketzer in der gesamten deutschen Nation«[59]. In Trier ist fast der gesamte Adel protestantisch. In Würzburg haben die Reformatoren ihre Zelte aufgeschlagen und im Fürstentum Bamberg erreicht die protestantische Lehre (fast) alle Gemeinden. Die gesamte Ritterschaft huldigt Luther und nicht (mehr) den Papst. In Paderborn sieht es ähnlich aus. In der gefürsteten Abtei Fulda wird der Abt Balthasar v. Dernbach von protestantischen Agitatoren vertrieben. Das gemischte Domkapitel von Straßburg wählt einen katholischen *und* protestantischen Bischof!

Das Volk wird nicht gefragt. Wird ein Herrscher andersgläubig, trifft dies – als Schicksalsfrage zu verstehen – unweigerlich seine Landeskinder. Da manche Herrscher die Religion wie die Socken wechseln, kann nichts Vernünftiges entstehen, denn eine solche Religion ist unglaubwürdig. Alles in allem kämpft der Katholizismus in der ersten Hälfte des 16. Jh. ums Überleben.

Auf der anderen Seite tut dies der Protestantismus ebenso: an allen Ecken und Enden des Landes fehlen protestantisch geschulte Prediger. Schmiede, Müller, Weißgerber, Maurer, Böttcher, Schneider und andere Gesellen, die auf der Wanderschaft etwas von Luther gehört haben, selbst die Bibel gelesen (und: auch noch meinen, sie verstanden zu haben), werden in rascher Folge – vor allem in kleinen Städten und ländlichen Gemeinden – Seelsorger *und* Lehrer. Luther ordiniert Buchdruckergesellen und weist sie an, an denjenigen Orten, wo er sie als Pfarrer hinschickt, die Bibel vorzulesen: freilich die protestantische!

In Nordhausen wird Anton Otto, ein Böttcher, Pastor Primarius und Johann Nürnberger, ein Weißgerber, zweiter Prediger. In Trebnitz verdingt sich der Maurer Clemens Fornfeist als lutherischer Prediger. In Freienwalde wirkt der Schmied Heinrich Duberke als Geistlicher.

Der sächsische Kurfürst J. Georg befiehlt 1573 in der »Visitations- und Konsistorialordnung« (Artikel 11): ». . . daß zum Predigeramt ferner, wie bis dahin geschehen, keine Schneider, Schuster oder andere verdorbene Handwerker, die ihre Grammatikam nicht studiert, viel weniger recht lesen können und allein, weil sie ihren Beruf nicht gewartet, verdorben und nirgends hinausgewußt, Noth halber Pfaffen geworden wären . . . sollten weder gestattet noch aufgenommen werden«.

Ungeachtet dessen stirbt 1623 in Stendal ein Prediger, der viele Jahre Bierbrauer gewesen ist, bevor man ihn zum Kirchenmann berufen hat. Es gibt zu diesem Zeitpunkt keine »studierten« protestantischen Theologen. Es versteht sich von selbst, daß Laien in dogmatischen Auseinandersetzugen der Epoche unerfahren sind. Daraus ergeben sich zwei Ansatzpunkte:

1. Die Qualifikation der Geistlichen hat mit dem wirklichen Glaube nichts gemein: es wird **nur** theoretisch-theologisches Wissen übermittelt, wobei hinter den Begriff Wissen ein ? zu machen ist.
2. Über den »rechten« Glaube wird haushoch über den Köpfen der unmündigen Bürger entschieden. Es gilt das Motto: ». . . weß Brot ich eß, deß Lied ich sing«. Wo es um

Macht geht, ist kein Platz für den »rechten« Glauben.

Die Kurie erkennt ihre Fehler, kann nicht zurück und bläst zum Sammeln. Zwei Dinge tragen zu ihrer Stabilisierung bei, wobei man sagen kann, daß der »alte« Katholizismus ohne diese Fakten vermutlich in der Versenkung verschwunden wäre. Dies sind:

1. Das Konzil von Trient und
2. Die Gründung des jesuitischen Ordens.

Es gilt, wenigstens einen Teil der verlorengegangenen Gebiete – Zug um Zug – zurückzuerobern. Dazu wird eine »Gegenreformation« installiert, was ohne jesuitisches Zutun undenkbar bleibt. Die Jesuiten setzen an der Schwachstelle der traditionellen Christen *und* der noch organisationsunsicheren Protestanten an, denn sie sind politisch geschult, oft überdurchschnittlich intelligent und in der Regel gewandte Redner. Treffsicher versuchen sie erst einmal, die Fürsten im Bayerischen, wie deren Kinder »religiös umzupolen«. Ich komme weiter unten darauf zurück: es gelingt ihnen vortrefflich.

Inmitten des Glaubenskampfes wird der Siedepunkt zum Ausbruch des Hexenwahns in vielen deutschen Gebieten erreicht. Katholiken, Protestanten und Calvinisten wetteifern im Bemühen, ». . . das teuflische Hexengeschmeiß auszurotten«. Die zahllosen Predigten gegen die bösartigen Hexen multiplizieren sich im Volk: wieder und wieder wird die gleiche Wahnvorstellung unter die Bürger gestreut. Träge, denkfaul und sensationslüstern – wie es zu allen Zeiten ist, saugt es jedwede Absurdität begierig auf und gibt sie verzerrt (oft dramatisiert) weiter. So wird der Bürger zum Denunziationsfaktor in den Epochen der Hexenbrände. Geschickt werfen Ideologen ihre Schlingen aus.

▶

Friedrich Spee v. Kaiserswerth. Jesuitenpater (geb. 25.2.1591 – stirbt am 7. August 1635 in Paderborn an den Folgen eines Pestausbruchs. Spee ist der Verfasser der 1631 anonym erschienenen »Cautio Criminalis«. Thomasius sagt dazu: ». . . dieser Spee hat die Ungerechtigkeit der Hexenprozesse so klar vor Augen gestellt, daß mit Recht den Verteidigern dieser Prozesse unter den Evangelischen die Schamröte ins Angesicht treiben muß«.

Protestantische Hexenprediger

Es fällt auf, daß sich die Protestanten nicht auf den Hexenhammer berufen; es scheint, als wollten sie ihn ignorieren. Stets verweisen sie auf das Alte Testament, d.h. auf das sog. mosaische Gesetz, das einer erneuten historischen Prüfung bedarf, um seine Lauterkeit abzusichern. So kommt eine unnötige Schärfe in das Hexentreiben, das die möglichen Folgen der Auswirkung des »malleus maleficarum« bei weitem übersteigt. Das Alte Testament wird über Gebühr glorifiziert: über die wirklichen Zusammenhänge dieser Epochen ist so gut wie nichts bekannt. Die Theologen deuten Fakten, von denen sie annehmen, daß es welche sind. Die Lehre von der satanischen (All)macht ist eine lutherische Fundamentalansicht, ». . . sie sollte in der Schule gelehrt und von allen Kanzeln verkündet werden«[60]. ». . . der Glaube an den beinahe allmächtig (gedachten) Teufel spukt in den Hirnen der Christen . . . Geistliche sind es, die ihn unterhalten und fördern«[61]. Alle religiösen Gemeinschaften wetteifern im Verfolgen und Morden der angeblichen Hexen. Sie reichen sich brüderlich die Hand zum Brande. Dazu einige Beispiele aus dem protestantischen Lager.

1563 erklärt der Hamburger Pfarrer Ludwig Milichius . . . daß die Obrigkeit schuldig ist, (wenn sie zu milde ist) denn . . . die Zauberer zu strafen, lehrt uns der Befehl Gottes an vielen Orten der hl. Schrift. Alle Männer und Weiber, die mit dem Teufel ein Bündnis haben, sind am Leben zu strafen«[62].

1587 verlangt Meigerius: ». . . die Christenheit solle die Hexenberge fleißig durchsuchen und abstreifen, ob sich nicht etwa verdächtige Spuren zeigen«. In Thüringen lehrt 1593 der noch wenig bekannte Hexenschriftsteller Thomas Siegfried: ». . . Zauberer und Zauberinnen sind zu verbrennen, weil sie sich dem Teufel ergeben, ihn ehren und anbeten«[63].

Johann Ellinger, Diakon von Allerheiligen (bei Darmstadt), fordert die Behörden zur Vernichtung der Hexen auf und sagt im Vorwort seiner Ausführungen: ». . . wir haben das unfehlbare Wort Gottes auf unserer Seite, welches uns fürleuchtet und berichtet, daß er selbst wider die Zauberer ein schneller Zeuge ist. Wer Gott fürchtet (Anm. da haben wir es wieder!) und (ihn) lieb hat, der folgt ihm (auch). Man soll sich nicht äffen und betören

lassen, daß das Hexenwerk nur eine Verblendung sei. Die Behörden brauchen bei der Verbrennung der Hexen keine Bedenken haben«[64].

Der calvinistische Wilhelm Zeppe aus Herborn (Grafschaft Nassau) fordert unter Berufung auf das mosaische Gesetz die Todesstrafe für Zauberer[65]. Als positiv ist herauszustellen, daß er sich gegen die Anwendung der Folter ausspricht. Joachim Zehner, Superintendent in der Grafschaft Henneberg (Schleusingen) fordert zur unnachgiebigen Hexenverfolgung auf. In seinen 1613 veröffentlichten Hexenpredigten mahnt er die Richter, Weitläufigkeiten im (Hexen)prozeß zu vermeiden, ». . . weil Gott selbst über sie das Urteil gesprochen hat, brauche man nicht den Ausspruch der Universitäten und Schöffenstühle abzuwarten«. Eine Fiktion mit grausigen Folgen!

David Meder, ein unbarmherziger Hexenprediger[66]

Pastor Meder ist Pfarrer in Nebra (Thüringen) und veröffentlicht 1605 acht Hexenpredigten, die er vordem in der Grafschaft Hohenlohe gehalten hat. Schon in der ersten bringt er den Beweis von Hexereien ein. In der zweiten fordert er die Obrigkeit auf, sie aufzusuchen und hinzurichten. Er feuert die Richter an, sich von ihnen nicht bestechen zu lassen. Vor allem in seiner 3. Predigt »wider die Hexen« zieht er vom Leder und hebt hervor: ». . . es bekennen alle verblendeten Menschen, daß sie der hl. Dreifaltigkeit, dem christlichen Glaube und der heiligen Taufe absagen . . . sie verleugnen . . . und . . . sonderlich in den Kirchen, wenn der Pfarrherr den Text ließet, alle seine Worte bei sich selbst Lügen strafen und sich dadurch zu Feinden Gottes erklären. So lange sie beim christlichen Glaube verharren, kann sie der Teufel nicht als seine Werkzeuge gebrauchen«.

Er erlaubt sich die Anmerkung, daß päpstliche Mönche als geheime Schwarzkünstler im Beichtstuhl alten Weibern Unterricht im Zaubern erteilen: ». . . die Hexenwerke seien des Teufels Verrichtungen, als da sind: Luftfahrten, Ausfahrten, fleischliche Vermischung mit dem Satan ohne Nachkommenschaft, Wettermachen, Bezauberung der Menschen durch Pulver, das sie auf den Weg streuen, durch Schüsse (= Hexenschuß), damit sie abwesende Menschen (be)schädigen, zauberische Wachsbilder, womit sie Abwesende blind oder lahm machen, durch Nestelknüpfen und Schloßwerfen, wodurch sie Eheleute verderben oder durch anderweitiges, womit den Menschen an Leib und Leben, Eisen, Holz, Bein (= Knochen), Haare usw. in sie hineingezaubert werden. Die Tierverwandlungen seien eitle Betrügereien des Satans, indessen sei das Herbeischaffen von fremdem Eigentum eine feststehende Tatsache«. Meder vertritt folgende Ansichten

- Der Teufel tut dem christlichen Glauben Herzeleid an.
- Die Hexen *müssen* zugeben, daß sie Gott und allen Kreaturen feind sind.
- Die Hexen *müssen* zugeben, allein den Teufel als ihren Gott anzuerkennen und ihm in allen Dingen gehorsam zu sein.
- Daraufhin werden sie in des Teufels Namen getauft, wobei andere Weiber siedendes Wasser auftragen.
- Die Taufe verrichtet entweder der Satan oder eine ihn vertretende Hexe: ». . . dies geschieht auch nicht allezeit mit besonderem Gespräng, sondern oft nur in einem Fahrgleis oder in einer Mistpfütze, da den neugetauften Hexen ein anderer Name (gegeben) wird.
- Dann wird ihr ein Buhlteufel beigegeben. Er hält mit ihr Hochzeit und (das) Beilager . . . die anderen Hexen sind dabei fröhlich.
- Der Huren- oder Buhlteufel kommt oft zu ihr und treibt mit ihr Unzucht . . . und befiehlt ihr, dieses oder jenes Übel zu tun.
- Dann verheißt er ihnen seine Hilfe . . . wenn sie gefänglich eingezogen werden, würde er sie befreien«.

Meder schürt den Hexenhaß im Volk und entlarvt dabei zugleich sein einseitig-theologisches Denken: . . . frei von den Anfechtungen sind Fromme und Gottesfürchtige, Prediger und geistliche Personen, Obrigkeiten und Scharfrichter, Henker, Stock- und Kerkermeister, Büttel, Häscher und alle, die Hexen und Zauberer gefänglich halten, bzw. (sie) verwahren, sie verurteilen und die gerichtliche Exekution an ihnen verüben«[67].

Welch kühne Behauptung: ein Pfarrer macht einen Schnitt durch die Wertigkeit der Menschen. Steht ihm dies, ja steht dies überhaupt jemand zu? Wo sind Toleranz und Nächstenliebe geblieben? Der einst liberale Protestantismus verfällt wie der Katholizismus in die Gruben der Tradition und Verknöcherung. Schon hier übertüncht der protestantische Hexenwahn die Ansichten einiger katholischer Kollegen!

Johannes Brenz (1499 – 1570)

stammt aus der Oberschicht von Weil der Stadt (ich verweise auf den Hexenprozeß gegen Keplers Mutter). Sein Großvater und Vater sind dort Schultheiß und Richter gewesen. Johannes Brenz besucht dort die Schule und bildet sich in Vaihingen und Heidelberg weiter. 1513 wird er an der Universität Heidelberg immatrikuliert. Sein Lehrer ist Johannes Oekolampad (aus Weinsberg), der spätere Basler Reformator. Zudem war er maßgeblich an der Reformation in Ulm, Memmingen und Biberach beteiligt. 1522 erreicht Brenz durch die Vermittlung seines Studiengenossen Isemann die Berufung an die Predigerstelle in Schwäbisch Hall. Dieser Stadt diente er mehr als 25 Jahre.

Brenz macht sich ab 1525 an den inneren Aufbau des Haller Kirchenwesens. Ein Jahr danach bekommt Hall eine »evangelische« Kirchenordnung. Brenz sucht eigene Wege in der Kirchenzucht und nimmt eine »neue« Eheordnung in Angriff. Er wirkt mit bei der Schaffung des städtischen Schulwesens in Hall und sorgt mit seinem Katechismus, der später von Württemberg übernommen wird, für die religiöse Unterweisung des Volkes. Brenz ist einer der bedeutenden württembergischen Reformatoren und gilt als einer der Schöpfer der lutherischen Territorialkirche. Brenz bringt Hall durch die Wirren des Bauernkrieges und greift mäßigend auf die Rechtsprechung der Freien Reichsstadt ein: er wendet sich gegen die bedenkenlose Verfolgung Denunzierter. Die Folter betrachtet er argwöhnisch, kann sich jedoch nicht vom Teufelswahn trennen.

Brenz war vom April 1537 bis April 1538 als herzoglicher Kommisar mit dem Auftrag in Tübingen, um die dortige Universität zu reformieren. Später wurde versucht, ihn als Professor dorthin zu gewinnen. Brenz hält zu Philipp Melachanchton (1497 – 1560) ein freundschaftliches Verhältnis. Der Heilbronner Rat beruft Brenz mehrfach zu »theologischen« Gesprächen. Man wählt ihn zum Sachverständigen im Religionsgespräch zwischen Luther und Zwingli (1529). Vor, auf und nach dem Augsburger Reichstag war Brenz einer der wichtigsten Repräsentanten des Luthertums. Der Markgraf Georg zog ihn vielfach bei der Reformierung seines Landes hinzu und nahm ihn als Berater mit nach Augsburg (1530).

Brenz anerkennt Gott als Schöpfer und Lenker aller natürlichen Ordnung. Er fühlt sich an die Autorität der Gesetze gebunden. Konsequenter als Luther hat er die Zwei-Reiche-Lehre vertreten: die weltliche Ordnung war für ihn eine die Kirche schützende und in ihrem Sinn gesetzgebende und rechtsprechende Ordnung. Er vertritt die Lehre der Prädestination (= Vorbestimmung). Zweifel an der göttlichen Vorsehung brandmarkt er als Abgötterei von Leuten, ». . . die das Vermögen Satans oder der Unholden höher einschätzen als die (angenommene) göttliche Macht.«

1539 hält Brenz eine Predigt »von dem Hagel und Ungewitter«, die in der Argumentationskette des Tübinger Universitätstheologen Martin Plantsch steht: er hatte dort – damals war Tübingen freilich (noch) katholisch, 1505 anläßlich eines Ungewitters, eine Hexenpredigt gehalten. Brenz beruft sich auf die viel strapazierte Stelle Exodus 22.18: ». . . die Zauberinnen sollst Du nicht leben lassen«. Nach ihm ist der Teufelspakt ein todeswürdiges Verbrechen: dabei seien die Unholde(n) selbst die Betrogenen, denn der Teufel gaukle ihnen (nur) vor, daß sie Schaden herbeizaubern könnten. Und er sagt: ». . . alles Verbrennen von Hexen nutze nichts, denn dadurch verurteilen wir uns selbst zum Feuer«.

Über seine persönlichen Lebensverhältnisse ist wenig bekannt. Er hatte um 1545 mit seiner ersten Frau Margarete (geb. Gräter, gest. 1548) sechs Kinder im Alter zwischen 3 und 16 Jahren. Sie litt an einer Lungenkrankheit und verstarb früh. Seine Töchter heirateten z.T. angesehene Theologen wie Dietrich Schnepf und Eberhard Bidembach.

Brenz' Lebensaufgabe erweiterte sich in dem Moment, da Württemberg (1544) evangelisch wurde. Nach dem Sieg der Schmalkaldischen Bundes (1546) verfügt Karl V. im Augsburger Interim, daß die katholische Lehre in den abgefallenen (= protestantischen) Gebieten wieder durchzusetzen sei. Brenz, dessen Ablehnung des Interims offenkundig war, sollte verhaftet werden. Nur durch glückliche Umstände entging er dem Zugriff der kaiserlichen Truppen. Herzog Ulrich, und nach dessen Tod Herzog Christoph, verbergen ihn und gewähren Schutz. Der Verfolgte verbarg sich zunächst in der Nähe von Schwäbisch Hall und hielt sich von 1549 – 1551 nacheinander auf der Burg Hohenwittlingen, in Basel, Stuttgart, Hornberg (Kreis Calw), Urach, Mägerkingen, Ehningen und Sindelfingen auf. Auf der Burg Hornberg residierte Brenz als württembergischer Vogt unter dem Decknamen Huldreich Engster ähnlich wie früher Luther auf der Wartburg. Hier schrieb er wohl die Erläuterungen zum Katechismus und andere Werke.

Als die »freie« Religionsausübung »wieder« gewährt wurde, berief ihn der Herzog Christoph zum Oberkirchenrat und Stiftsprobst von Stuttgart. Seit 1553 ist er quasi der erste Theologe des Landes. In dem Jahrzehnt zwischen 1550 – 1560 vollzog sich der innere Aufbau der württembergischen Landeskirche, der zusammengefaßt wurde durch die große Württembergische Kirchenordnung (1559).

1561 rät er schriftlich dem Waldenburger Pfarrer wegen einer der Hexerei Bezichtigten: ». . . dies sei eine verabscheuungswürdige Sünde, die sie erkennen und bereuen soll . . . der Pfarrer soll ihr Gottes Barmherzigkeit vor Augen führen, sie zum Guten bekennen und nicht allein lassen, um sie vor neuen Anfechtungen zu hüten. Beim ersten Anzeichen von Reue sei ihr das Abendmahl zu reichen. Beharre sie in ihrer Sünde, dürfe man die Obrigkeit nicht in ihrem Amt hindern. Dem Pfarrer bleibe (dann) nur noch, wenigstens die Seele aus dem Rachen des Teufels zu retten, wenn auch ihr Leib nicht vor weltlicher Strafe (= Feuertod) bewahrt werden kann«. So gesehen, gehört Brenz – im Zug der Zeit – zu den Befürwortern des »harten« Kurses gegen die vermeintlichen Hexen.

Anläßlich der Reisen des Herzogs von Jülich-Cleve-Berg zu den Reichstagen nach Worms und Augsburg lernt der rheinische Arzt Weyer offenbar den schwäbischen Reformator kennen, zu dem er später einen Schriftwechsel unterhält. Als die Brenz'sche Hagelpredigt 1564 neu aufgelegt wird, gelangt sie (auch) in Weyer's Hände. Er schreibt an Brenz und versucht ihn zu überzeugen, daß man die armen Weiber nicht so unchristlich hart bestrafen darf. »Sünden im Geist soll man dem Gericht

Gottes überlassen«. In der Antwort von Brenz heißt es:

». . . Wöllet derowegen lieber Herr, in euwerem angefangenem Beruff und Ampt, da ihr begeret, daß die armen bekümmerten Weibs Personen, entweder under euwre Cur der Artzeney, oder under meine der Theologische möchten gethan, unnd auf solche weise dem Hencker auß den Händen entwendet unnd von der straffe deß Fewers erlöset werden, mit fleiß fortfahren«.

Wie wir wissen, gilt für Brenz schon der Versuch zu Schaden als strafbar. Wenn sich Zauberer einbilden, Schaden zuzufügen, seien sie allein für diesen bösen Vorsatz nach dem weltlichen und mosaischen Recht zu strafen. Weyer sieht dies realistischer und theologen-neutraler. In einem zweiten Brief versucht er, Brenz seine Ablehnung der bestehenden Rechtsauffassung und -praxis zu erläutern. Er trägt vor:

». . . die Unholden können nicht ein einziges Ungewitter machen, ein tröpflein wasser heraußführen, ein Flieg ertödten oder einen Furtz, mit gunsten zu melden, lassen«. Damit endet der Briefwechsel, den Weyer später im Anhang seiner »De Praestigiis« veröffentlicht. Johannes Brenz ist 1570 verstorben. Sein Grab bekam er unter der Kanzel der Stuttgarter Stiftskirche.

Jacob Gräter (1547 – 1611)

Er wird 1547 in Hall geboren. Er studiert in Tübingen Theologie und legt dort 1565 die Magisterprüfung ab. Danach wirkt er als Präzeptor an der Klosterschule in Hirsau. 1582 kommt er in seine Vaterstadt zurück. Hier sehen wir ihn als Stadtpfarrer von St. Michael, bis ihm 1588 das höchste Kirchenamt als Prediger und Dekan von Schwäbisch Hall übertragen wird. 1594 wird er nach Geislingen (am Kocher) strafversetzt und tritt 1595 in den badischen Pfarrdienst (Gernsbach) ein, wo er am 24.1.1611 als Superintendent stirbt. Er veröffentlicht in seiner Haller Zeit 1589 zwei Hexenpredigten, vorauf ihm der Rat beschied: ». . . künftig kein Druckwerk mehr ohne Erlaubnis des Rates herauszugeben«. In gewisser Weise haben wir eine Parallele zu dem Esslinger Geistlichen Naogeorgus.

Gräter leugnet nicht die teuflische, bzw. hexische Existenz, predigt aber in seiner 1. Hexen- und Unholdenpredigt über Lucas 6.37:

». . . Richtet nicht, so werdet ihr auch nicht gerichtet«.

». . . es ist jetziger weiler allenthalben, wo man hinsteht unnd geht, ein gmeine sag und klag von hexen oder unholden . . . Man stöckt und plöckt, man sengt unnd brent sie auch an vilen ohrten . . . und wo sie nicht getötet werden, richtet man sie mit Worten und behauptet, daß Hagel, Unwetter und aller Unfall von ihnen angerichtet werde. So werden auch viele fromme und unschuldige Leute greulicher und teuflischer Sachen beschuldigt«.

Nach ihm kommt es durch Mißtrauen und Unglauben zu Gott, durch Fürwitz, Neid und Haß dazu, daß manche Leute Gott verleugnen und dem Teufel Gehorsam versprechen. Er weiß, welche er angreifen soll, nämlich diejenigen, die seine List und Tücke nicht so leicht merken, ». . . so greifft er die weibsbilder am meisten mit solcher Teuffeley an, und werden viel mehr unholden weiber, als unholden menner gefunden«. Jeder soll sich fleißig vor dem Hexenwerk hüten, denn es ist eine greuliche Sünde und Gott selbst spricht im Exodus 22.: »man soll sie nicht leben lassen«.

». . . viele Vorkommnisse begeben sich aber auf natürliche Art und Weise; ohne Zauberei und Hexenwerk. Auch in Krankheiten und Träumen kommt es vor, daß einem wunderbare und seltsame Sachen erscheinen, denn die Sinne lassen sich gar leicht betrügen«.

In seiner zweiten Predigt spricht Gräter über Lucas 1. Maria Heimsuchung. Dabei stellt er klar, daß die Unholden und bösen Leute ihre Kraft und Wunderzeichen auf dem teuflischen Beistand haben, der nur mit göttlicher Erlaubnis möglich ist. »Er könne aber niemand auch nur ein Haar krümmen, wenn es von Gott nicht zugelassen werde, und ebenso können es die Hexen und Unholde nicht . . . Gott straft aber mit ihnen den Un- und Aberglauben mancher Christen, die so tun, als ob es keinen Teufel gäbe. Diese Feinde des Menschengeschlechts sind zu strafen, aber dies zu tun, gebührt nicht den Kirchendienern, sondern dem Kaiser, den Fürsten und Reichsstädten. Nicht zu gebrauchen sind Nachrichter, die die Teufel mit Teufeln vertreiben, dadurch Richter betrügen und unschuldige Leute peinigen«.

Gräter erkennt die schwierige Abgrenzung zwischen Schuldigen und/oder Unschuldigen. Er rät den Frauen gut daran zu tun, sich mit ihrer Rolle als Hausfrau, Mutter und gläubige Christin zu begnügen, ». . . dann wären sie vor Verfolgungen sicher«.

Protestantische Hexenfibeln

1569 lassen 21 Pastoren und lutherische Theologen in Frankfurt (Main) bei Sigismund Feierabend eine Enzyklopädie des Satanismus unter dem Titel: Theatrum diabolicum, das ist: »ein sehr nützliches und verständiges Buch, daraus ein jeder Christ sonderlich und fleißig zu lernen, daß wir in dieser Welt nicht mit Kaysern oder anderen Potentaten, sondern mit dem allermächtigsten Fürst, dem Teufel, zu kämpfen und zu streiten haben«.

Dieses Elaborat umfaßt eine Reihe von Vorträgen, Schriftstücken, gesammelten Predigten und Äußerungen zum Thema Hexerei. Albrecht[68] betont: ». . . wer sieht nicht stündlich vor Augen, was der großse Hauff unter denen, die sich Christen nennen, für ein leichtfertiges, bübisches und unbußfertiges Leben führen und dadurch dem hl. Evangeli einen Schandfleck anhängen; wieviele sind derer, die Gott im Himmel verleugnen und sich dem Teufel in der Hölle ergeben? Mit Weinen und Klagen ist da nicht geholfen«.

Auf ihn folgt Waldschmidt[69] mit seinen »28 Hexen- und Gespensterpredigten«. Er ist offensichtlich kein Freund Andersdenkender und sagt: ». . . die Juden sind des Teufels Werkzeuge und haben Gott nicht«. Hier schaut zwischen den Zeilen Martin Luther hervor. Auch Meder profiliert sich in dieser Sammlung theologischer Gelehrsamkeit. Dann folgt Ellingers Hexen-Coppel[70]. Daraufhin äußert sich der Fanatiker Hermann Samsonium mit seinen »700 Gewissensskrupeln«. Dann bringt der Magister Scriverius, ein Prediger aus Magdeburg, drei Predigten über die Zauberei mit dem sinnigen Titel: ». . . das verlorene und wiedergefundene, aber den Klauen des bösen Feindes entrissene Schäflein« ein. Dann folgen die Predigten des Jacob Gräter: ». . . was all in diesen gemeinen Landplagen über Hexen und Unholden von selbigen wahrhaft und gottselig zu halten« (sei).

In der ersten Predigt verbreitet er sich über die Entstehung der Unhold(en) und über deren schwere Sünden: ». . . die (Hexen) wollen sich selbst Freude bereiten, aber anderen Menschen Schmerz und Schaden. Sie machen Wetter, Hagel und Krankheiten«. In der zweiten Predigt gratuliert er sich, daß ihm die Teufelsbräute die Kirche gefüllt haben und sagt: ». . . die Obrigkeit habe die Pflicht, gegen sie (die Hexen) einzuschreiten«. Dann folgen Ausführungen von Nicolaus Remigius, Joh. Jac. Faber und Joh. Knopf, bzw. seinem »höllischen Schauplatz der Blutpredigten«.

Unstreitig üben diese geistigen Kunstwerke eine Ausstrahlung auf die Geistlichen und von hier über die Kanzeln geleitet, zum einfachen Mann auf der Straße eine gewisse Faszination aus.

In ähnlicher Weise wie das kurz umrissene Werk entsteht parallel eine juristische Sammlung seitens der protestantischen Prediger. Es ist das von Saur zusammengestellte »Theatrum de veneficiis«. In der Vorrede erklärt der Herausgeber: ». . . es gäbe kein Laster von solcher Größe und Ausdehnung, wie das der Zauberei. Es tut vonnöten, daß die Obrigkeit nicht schlafe, sondern fleißig nachforsche und daß sie an den so von Gott Abgefallenen weder Holz, Kohlen, Stroh und Feuer spare, damit den Grausamen kein Glück gewährt, Gottes Ehre gerettet und ihr Leib nicht geschonet werde«.

Der Zweck dieser Publikation ist, Richter und Amtsleute im Aufspüren der Hexen zu aktivieren. Hierin unterscheidet sich die Arbeit nur wenig vom Hexenhammer, der in seinem 3. Teil bemerkenswerte Parallelen zeigt.

Beide Sammelwerke befruchten andere und so verbreitet sich das Unglück. Als Beispiel seien die Moralisten Christian Eichsfeld und Friedrich Balduin aus dem Jahr 1628 genannt. Balduin schreibt vier Bücher, die auf 1281 Seiten ausschließlich Gewissensfragen über Religion, Glaube, Kult, Sakramente, Gelübde, Eide, gute und böse Engel, Wahrsagerei usw. umfassen. Am Schluß mahnt er die Richter: ». . . daß es ihre heiligste Pflicht ist, Hexen aufzusuchen und zu verbrennen . . . weil sie die Menschen verderben, selbst eigene Kinder dem Teufel opfern, Kinder im Mutterleib töten und durch ihr verruchtes Treiben den Staat schädigen«. Nach seiner Vorstellung sind die Geister teuflische Gebilde. Als Kuriosum sei mir die Anmerkung gestattet, daß er Luther unter die Heiligen versetzt, denn er betont: ». . . bedenken wir, daß auch heilige Männer von Gespenstern heimgesucht werden, wie besonders Gregorius (der Papst), Antonius (ein Kirchenlehrer) und Luther«[71].

Adam Francis, der zweite Titularabt des ehemaligen Zistersienserklosters Heil(s)-bronn bei Ansbach gibt eine »Generalinstruktion von den Trutten« heraus und untermauert darin die Notwendigkeit der Hexenverfolgung. Für die Realität des Hexentreibens beruft er sich auf die Offenbarungen des Johannes[72], die es vielleicht nie gegeben hat und der gesagt haben soll: ». . . wehe der Erde und dem Meer, denn der Teufel ist zu euch hinabgestiegen mit großem Grimm, da er weiß, daß er (nur) eine kurze Zeit hat«. Hier haben wir nicht nur eine originelle, sondern vor allem eine seltene Glaubensquelle vor uns, deren Basis noch unerforscht ist.

Der Prediger rät seinem Markgraf: ». . . das Hexengeschmeiß in seinem Fürstentum mit Ernst und Eifer auszurotten, da der Teufel mit Abgötterei, Krieg, Aufruhr und Drudnerei in seinen Landen wüten werde . . . während die Zauberer von den Juden gesteinigt worden sind, sehe das kaiserliche Recht den lebenden Brand, vorausgehende Strangulierung und die anschließende Verbrennung der Leiche, bzw. Enthauptung, Staupenschlag, ewiges Gefängnis und Landesverweisung vor. Weil Gott in der heiligen Schrift vor Zauberern und Hexen warnt, kann es sich bei dieser Erscheinung nicht um eine Täuschung handeln . . . demzufolge müssen leibhaftige Dämonen vorhanden sein«.

Protestantische Gutachten zur Hexenfrage

Schon der Hexenhammer stellt das »Hexen« als Ausnahmeverbrechen hin, ohne es sachlich zu begründen. Die Autoren weisen in diesem Zusammenhang auf die Notwendigkeit des Zusammengehens zwischen dem geistlichen *und* weltlichen Recht, denn der Klerus kann ohne weltliche Schergen keinen lebend verbrennen, wenngleich dies ein Vorwand für sein Verhalten ist. In logischer Folge aktivieren sich in dem gespaltenen Glaubenslager die rivalisierenden Parteien: sie beeinflussen die Jurisprudenz, die sich im Umkehrschluß durch das theologische Halbwissen gedeckt fühlt. Dies sophistische Geplänkel hat für unschuldig Verurteilte verheerende Folgen.

Im Herzogtum Pfalz-Zweibrücken werden in den 30-er Jahren des 16. Jh. der Prediger Johann Schwebel und seine Kollegen von der Regierung aufgefordert, ein Gutachten abzugeben, aus dem hervorgeht, wie man gegen Hexen vorgehen soll. Dem Geist der Zeit entsprechend berufen sie sich auf die Bibel und tragen vor: ». . . wohl würden die Hexen vom Teufel getäuscht, indem sie meinten, sie selbst würden das Unheil anrichten, obwohl es (doch) der Teufel ist. Doch allein ihr böser Wille und deren Verkehr mit ihm sind (bereits) strafwürdig. Die Richter sollen gegen die Hexen Vorsicht gebrauchen und nicht allein Gerüchten Glauben schenken«. Wieder einmal – wie so selten – schimmert ein Funke menschlicher Vernunft im Kopf eines Geistlichen!

1598 erklärt Jacob Gräter, Dekan von Schwäbisch Hall: ». . . die Hexen sind zu strafen, wie Dr. Luther schreibt, weil sie den Teufel wider die Christen bestärken«. 1602 werden einige Nürnberger Prediger[73] aufgefordert, ein Gutachten zur Hexenfrage abzugeben. Sie beziehen sich auf Exodus 22.18 und sagen: ». . . die göttlichen Bedrohungen und Strafen wider solche Leute sind von Gott promulgiert . . . er hat über sie das Urteil gesprochen . . . seine Gesetze wider die Zauberer und das ganze Ungeziefer müssen erhalten bleiben, doch soll man mit den vom Teufel verführten Leuten Mitleid haben«.

Heidelberger Geistliche sprechen sich unter Berufung auf die verfängliche Stelle im Exodus für das Verbrennen der Hexen aus. In der gleichen Angelegenheit begründet die juristische Fakultät das Bestrafen der Hexen. Als 1574 Kaspar Corylicius (?), ein Prediger von Arfeld in der Grafschaft Wittgenstein, bei Hieronymus Zannchi, einem Professor für Theologie, in Heidelberg anfragt, ob die Hexen mit dem Tod zu bestrafen seien, wird dies entschieden bejaht[74].

1567 äußern sich zwei Prediger aus der Grafschaft Hanau zu diesem Thema[75]. Sie berufen sich auf das Alte Testament und schleichen sich dadurch aus der selbst auferlegten Verantwortung, ». . . daß die Hexen zum Tod zu verurteilen sind, ergibt sich aus dem Alten Testament. Solche Gebote sind nicht nur levitische oder mosaische, sondern zu allen Zeiten Gebotene. Daraus folgt, daß die weltliche Obrigkeit die Hexen am Leben strafen soll, wenn sie wider Gott und das erste Gebot mit dem Satan einen Bund machen, sich ihm ergeben, ihn lieben, ehren und wenn sie ihm mit Herz und Seele dienen, wider Gott und seine Gebote fluchen, hassen und lästern wie der Teufel selbst«[76]. Luther bezeuge aus Erfahrung, daß die Hexen mit der Hilfe des Teufels Schaden anrichten; sie sind auszurotten und auf Gottes Befehl zu vertilgen. Wir sehen daraus, wie wenige Jahre es nach Luthers Tod dauert, um ihn über Gebühr zu verherrlichen. Sein Denken wird von protestantischer Seite nicht in Frage gestellt!

1602 werden in Basel Theologen *und* Juristen anläßlich eines aktuellen Hexenprozesses zu einem Gutachten aufgefordert. Beide anerkennen die Strafbarkeit *und* Verurteilung (= Verbrennung), indem sie sich auf Exodus 22.18 berufen.

Im frühen 16. Jh. spalten sich nicht nur die Protestanten von der Mutterkirche, sondern auch Zwinglianer und Calvinisten. Sie stimmen in das Loblied des Hexenbrandes ein!

Hexenwahn unter Zwinglianern[77]

In den Schriften von Zwingli ist zwar nie direkt von der Hexerei die Rede, aber aus zahlreichen Stellen seines Werkes geht hervor, wie stark *sein* Glaube an einen gedachten Teufel ist. Durch *seine* Vorstellung, daß Gott das Böse bewirkt, wird die Annahme eines bösen Geistes nicht ausgeschlossen. Ausdrücklich lehrt er: ». . . Gott habe sich beim Sündenfall der ersten Menschen eines bösen Geistes als Werkzeug bedient«[78]. Anstatt über solche Ammenmärchen nachzudenken, bevor man sie ausspricht und anderen aufschwatzt, werden sie in ihrer Falschheit begierlich aufgesogen und als bare Münze hingenommen!

Nachdem 1493 in Zürich eine Hexe lebend verbrannt wird, ruhen dort die Prozesse bis etwa 1525. Gleichzeitig steht Zwingli im Zenit *seiner* Glaubens(ohn)macht. Die Brände nehmen nun ein erschreckendes Ausmaß an. Zwinglis Nachfolger, Heinrich Bullinger, steht von 1531 bis 1575 an der Spitze der Züricher Kirche. Er fühlt sich dem Teufelswahn verpflichtet und proklamiert:

». . . Zauberer sind die, die ein Bündnis mit dem Teufel machen, sich ihm verschreiben, sich des wahren Glaubens entziehen und durch seine Hilfe Wunder wirken. Weiber ergeben sich dem Teufel, empfangen nach der Verleugnung Gottes einen Biß oder ein Zeichen an ihrem Leib«. Er hält mit ihnen Wunderspiele, tanzt und schläft mit ihnen . . . es ist kein Wahn, sondern wirkliches Geschehen«[79].

Merkwürdigerweise zitiert Bullinger eine weitere Quelle des Alten Testaments und sagt:

». . . Zauberer und Hexen sind gottlose und verfluchte Menschen. Das alles magst Du als einen Spiegel in der Historie (des) Job sehen«.

In einer 1560 veröffentlichten Schrift gegen die Wiedertäufer setzt er sich für die harte Bestrafung der Hexen ein. Johann Haller veröffentlicht kurz danach ein Handbuch: ». . . darinnen begriffen werden 50 Predigten Heinrich Bullingers«. In der 30. läßt er wissen: ». . . die Teufel sind Instrumente des göttlichen Zorns, die seine Rache und Strafe vollführen«[80]. So setzen im Großraum Zürich um 1570 massive Hexenbrände ein, an deren geistigen Schalthebel Christen sitzen. Von 1571 bis 1598 werden von 79 angeklagten Hexen 37 verbrannt[81].

Petrus Martyr Vermigli hält an der Akademie von Zürich Vorlesungen über das Alte Testament und sagt: ». . . daß die Zauberer mit der Hilfe des Teufels außerordentliche Wirkungen hervorbringen können, ergibt sich aus der hl. Schrift. Gott hätte eine so schwere Strafe nicht verhängt, wenn die Zauberer und Hexen nichts ausrichten könnten . . . namentlich alte Weiber seien die besten Werkzeuge . . . Männer und Frauen ergeben sich dem Satan mit schändlichen Laster; daher auch die Sucuben und Incuben, von denen schon Augustinus berichtet. Doch die Hexen frönen nicht nur der Unzucht. Sie sind grausam, denn unter der Gestalt von Katzen und Hunden dringen sie in Häuser und entführen oder töten Kinder«.

Nach dem Tod Bullingers leitet Rudolf Walter (= Gualterus) zehn Jahre als Antistes die Züricher Kirche[82]. Er ist vom Hexenwahn befangen. Zu den bekannten Theologen der Epoche zählt Josias Simler. Er ist längere Zeit an der Züricher Akademie Professor für Exegese (= Bibelauslegung). In dieser Eigenschaft verfaßt er einen Kommentar über das 2. Buch Moses. Unter Berufung auf Ex. 22.18 sagt er: ». . . dieses Gesetz bezieht sich auf die Frauen, die sich mit verborgenen Künsten abgeben und (die) mit dem Teufel verkehren. Wohl gäbe es einige angesehene Männer (Anm. vermutlich bezieht er sich auf den rheinischen Arzt Weyer), die behaupten, an dieser Stelle wäre nicht von den Hexen, sondern von den Giftmischern die Rede; doch ihre Ansicht ist falsch. Moses spricht tatsächlich von Zauberinnen, die mit dem Teufel einen Bund eingehen. Die Urheber sind (aber) nicht die Hexen, sondern deren Teufel«.

Simlers Kollege, der Prediger und Theologieprofessor Johann Wolf, gibt später die Kommentare Vermiglis heraus. Wolf betont in einem Abschnitt, wie unheilvoll das Treiben der Hexen ist und wie streng die Zauberei von den göttlichen (d.h. menschlichen), vor allem aber von den weltlichen (d.h. menschlichen, doch von Geistlichen beeinflußten) Gerichten geahndet wird[83].

Ludwig Lavater ist ab 1551 als Prediger in Zürich tätig. Er verfaßt mehrere Schriften von denen »der Bericht von den Gespenstern« weitere Verbreitung findet. Darin führt er aus: ». . . es wäre dem bösen Feind nicht schwer, in mancherlei Gestalten zu erscheinen und große, wunderbare und unglaubliche Dinge anzurichten«. Noch ausführlicher behandelt er das Hexenwesen in seinen Predigten über die Teuerung und Hungersnot von 1570. Von der Kanzel herab billigt er das Verbrennen der Hexen.

Ähnlich wie die Zwinglianer denken die Calvinisten, denn sie schöpfen aus der gleichen Glaubensquelle. Der Prediger Theodor Beza meint auf der Kanzel französische Richter des Unglaubens bezichtigen zu können, weil sie (es) nicht wagen, Hexen zum Tod zu verurteilen[84]. Beza und Lambert Daneau gehören zu den führenden Calvinisten der Epoche.

Lambert Daneau[85]

Daneau verfaßt auf Anregung eines befreundeten Juristen, des Amtsrichters Daniel in St. Benoit an der Loire, eine Hexenschrift. Sie erscheint 1574 in Französisch und Latein. Zwei Jahre später erscheint sein Werk bei dem Frankfurter Buchhändler Nikolaus Basse[86]. Es ist dem schon erwähnten »Theatrum de veneficiis« beigebunden. Im Vorwort wird behauptet: ». . . man findet bei ihm kein Fabelwerk oder Weibermärlein. Man finde nur, was durch die Historienbücher und durch das Urteil frommer Leute bezeugt ist . . . vor allem was nach dem göttlichen Wort von dieser Streitfrage zu halten sei . . . er wisse vom Teufel und seinen Werkzeugen nicht mehr, als was darüber in der hl. Schrift gelehrt wird«. Schauen wir kurz in sein Hexenbuch hinein:

». . . Zauberer sind Leute, die mit der Hilfe des Teufels den Menschen Schaden zufügen. Die Erfahrung hat gelehrt, daß es Leute gibt, die durch teuflische Kunst zaubern können.

Die glauben, daß die Zauberei erdichtet und erlogen sei, stecken in einem großen Irrtum[87]. Die Zauberer sind leibeigene Knechte des Teufels und werden von ihm regiert. Sie brennen zu seinen Ehren wächserne Kerzen und küssen ihn, was eine Schande zu sagen ist, auf den Hintern . . . diese teuflische und listige Schelmenzunft kann alles auf der Erde, was der Eitelkeit unterworfen, sterblich und vergänglich ist, wo es von Gott nicht erhalten wird, vergiften und verzaubern . . . insbesondere richten sie ihre Angriffe auf die Menschen. Ich habe gesehen, daß die Zauberer den Säugemüttern die Brüste vertrocknen. Sie töten das Vieh auf mancherlei Weise. Ihre Bosheit hat nicht ihresgleichen. Sie vergiften die Luft und das Wasser, binden die Leute und hindern sie an den ehelichen Werken. Zudem können sie Menschen in Wölfe, Bären, Esel und dergleichen verwandeln«.

». . . sie haben an ihrem Leib Wahr- oder Mahlzeichen, etliche unter den Augen, an geheimen Orten, im Mund oben im Gaumen, damit sie verborgen seien und von niemand erkannt werden. Darum pflegen die Richter, wenn sie die Leute gefänglich halten, sie über den ganzen Leib zu besichtigen und ihnen mit einem Schermesser alle Haare vom Leib schneiden zu lassen, damit die Wahrzeichen nicht verborgen bleiben«. . . ». . . wenn die Hexen zusammenkommen, läßt sich der Satan als Prälat und Vorsteher, bisweilen als Mensch, bisweilen als stinkender Bock, sehen, so wie es ihm gerade einfällt. Dann müssen die anwesenden Zauberer ihr Bündnis mit ihm erneuern und sagen, daß sie ihn als Gott ansehen«.

Auf die Einrede gegen die Ausfahrten der Hexen betont unser »kritischer« Gewährsmann: ». . . man habe oft ihre Leiber die Stund wahrhaftig im Bett gefunden, wenn sie gesagt haben, daß sie anderswo gewesen sind . . . doch es sind falsche Leiber, die unterdeß vom Satan dorthin gelegt worden sind . . . es sind gemachte Larven«.

Die Zauberer sind mit großer Strenge zu bestrafen, denn es sind öffentliche Feinde des menschlichen Geschlechts. Sie sind Abtrünnige und Verwegene, vom rechten Glauben abgewichen, Verleugner des allmächtigen Gottes, verfluchte Gotteslästerer, meineidige Verräter Gottes, schändliche Teufelsdiener und Betrüger: in Summa: es ist nie ein verständiger Mensch gewesen, der sie nicht für die ärgsten

Leute und der greulichsten Strafe würdig erachtet hat. Man muß sich wundern, daß etliche Richter so weichlich sind und die schrecklichen Bestien nicht ausrotten. Die Richter sind zu mahnen, daß sie die Zauberer fleißig aufsuchen und sie, wenn sie ihrer habhaft werden, mit aller Strenge bestrafen. Es gibt keine schlimmere Pestilenz als die der teuflischen Zauberer«.

Ebenso streng wie Daneau zeigt sich der französische Rechtsgelehrte Franz Hotoman[88].

Rechtfertigungskampagne

Die Verbreitung fadenscheiniger Gerüchte dient seit eh und je dazu, von einer sachlich-objektiven Berichterstattung abzulenken. Nicht umsonst sagen die Theologen, daß die Geschichtswissenschaft eine Magd der Theologie sei, denn sie haben Angst, daß die wirklichen Zusammenhänge offengelegt werden. Was das Hexentreiben anbelangt, bzw. zur Klärung der Frage, wer denn mehr Schuld an der verhängnisvollen Entwicklung trägt, gehen die Religionsparteien gegenseitig auf sich los: nur beim Brennen der Hexen reichen sie sich freundschaftlich die Hand!

Ohle wagt zu behaupten: ». . . doch das möchten wir betonen, Luther hatte keine Veranlassung, sich pflichtgemäß mit der Hexenfrage auseinanderzusetzen, da sich zu dieser Zeit der Spuk nicht an die Oberfläche wagte«[89] . . . zwar fehlt bislang eine exakte Statistik der verurteilten Hexen, aber schätzungsweise läßt sich sagen, daß auf eine verbrannte protestantische Hexe gut 30 – 50 katholische kommen. Die protestantischen Prozesse wurden aus ehrlicher Überzeugung geführt und betrafen anrüchige Personen. Die anderen (= katholischen) wurden zur ergiebigen Einnahmequelle des Fiskus: der nicht unbedeutende Rest floß in die Kasse der gerichtlichen Landesherrn[90] . . . nein, hier konnte nur ein Mann helfen, der weder Tod noch Teufel fürchtete, (der aber) mit seinem Herzen tief im Christentum verwurzelt war«[91].

Das ist in mehrfacher Weise falsch, ». . . auch Luther glaubte an Hexen . . . aber seine Äußerungen zu diesem Thema waren nicht ernst gemeint . . . im Großen und Ganzen kümmerte ihn der Aberglaube wenig. Er war ein Dorfkind, geringer Leute Sohn und unter der strengen Zucht, wie in der geistigen Atmosphäre seines Elternhauses aufgewachsen[92]. Seine jugendliche Phantasie wird mit den Hexen- und Gespenstergeschichten genährt, die unter den Dorfbewohnern im Schwang gehen. Deshalb darf man sich nicht wundern, wenn er später an verschiedenen Stellen über Zauberei und Teufelswerk berichtet. Die wichtigsten finden sich in den Erklärungen des Galaterbriefes und des ersten Buches Moses. Luther ist so abergläubisch wie fast alle damaligen Menschen. Es ist abwegig, ihn heute davon befreien zu wollen. Dem Zeitgeist entsprechend ist er nicht in der Lage, den Teufel zu verneinen: denn er ist das Rückgrat des Christentums. Ohne ihn funktioniert es nicht! Seiner nehmen sich nun in besonderer Weise die Jesuiten an.

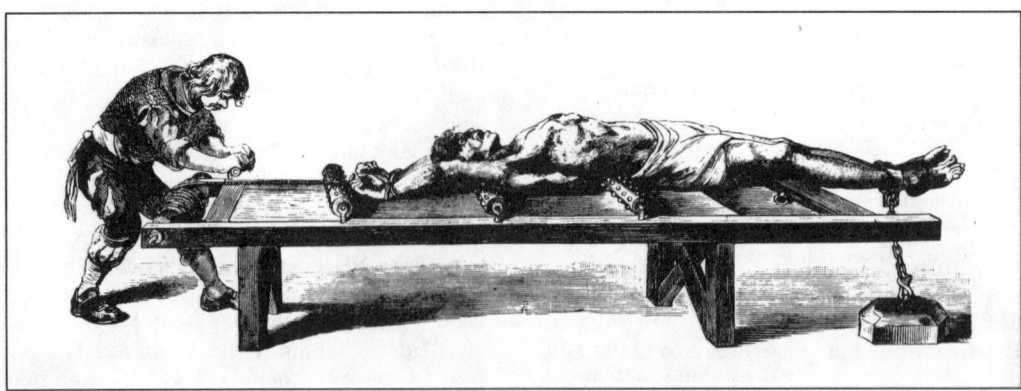

Die Jesuiten blasen zum Angriff

Die Position der Jesuiten in den bekanntgewordenen Hexenprozessen im deutschsprachigen Raum wird bald einseitig glänzend und bald zu schwarz gezeichnet. Es wäre unbegreiflich, wenn eine religiöse Gemeinschaft, die inmitten des Hexentreibens groß wird, nicht von solchen Ideen beeinflußt wäre. Die Tatsache einer Ordensgründung aktiviert unterschwellig das religiöse Leben im Guten wie im Schlechten. Sie sind Kinder ihrer Zeit und werden in die Sache hineingezogen. Auch hier bilden sich zwei Lager. Die einen, weniger kritisch veranlagt und leichtgläubig, streiten für die Notwendigkeit der Verfolgung. Die anderen zeigen sich besonnen. Unter ihnen gibt es – auf beiden Seiten – Fanatiker, Zweifler und Verteidiger. Als Beispiel für die Gesinnungsspaltung seien die Jesuiten DelRio und Friedrich Spee genannt. Problematisch ist, daß *alle* Jesuiten pflichterfüllt einem Teufelsglauben huldigen. Die Stärke des Jesuitismus liegt in der geistigen Spannbreite. Darin läßt er alle anderen religiösen Vereinigungen hinter sich.

Die Auseinandersetzungen mit der Hexerei tangiert den Jesuitismus nur am Rand. Offiziell hat der Orden zu den Hexenprozessen keine Stellung bezogen. Der Terminus »Hexe« oder »Zauberer« kommt (soweit bekannt) weder in ihren Konstitutionen, Dekreten oder in der General-Kongregation vor[1]. So jedenfalls nach Duhr, der eine Geschichte der Jesuiten geschrieben hat und selbst einer gewesen ist. Die Jesuiten greifen in keinem bekannten Fall direkt, sondern stets indirekt in das Hexentreiben ein.

Ihr Kolleg in Trier wird des öfteren in Sachen Hexerei befragt. Dabei wird hervorgehoben, daß die Hexenverfolgung nicht ihre Sache sei: man solle sich nicht einmischen. »Ferner soll man nicht danach dringen, daß irgendwelche bestraft werden. Endlich sollen die Hexen nicht zu dem Zweck exorzisiert werden, damit sie ihr bereits abgelegtes Geständnis widerrufen . . . denn all dies ist nicht unsere Sache«[2].

Von Rom aus geht die Warnung an den Jesuit Canisius: » . . . er soll sich keine Stunde mit Besessenen aufhalten, da eine solche Beschäftigung nicht dem Institut entspreche und dadurch andere nützliche Arbeiten verhindert werden«.

Das jesuitische Engagement

Im Grund genommen taucht im 1. Drittel des 16. Jh. im deutschsprachigen Raum nochmals die Problematik des religiösen Denkens auf: eine Entwicklung, die über Jahrtausende von festgefügten theokratischen Systemen bestimmt worden ist. Bereits die griechischen Philosophen beschäftigen sich damit, ohne eine schlüssige Antwort zu finden[3]. Es besteht ein religiöses Vakuum. Die Frömmigkeit unter den Gläubigen hat (wieder) einen Tiefpunkt erreicht. Der Kardinal Contarini bezeichnet die Nonnenklöster als Bordell[4]. Viele Kanzeln sind verwaist. Kardinal Caraffa, der spätere Papst Paul IV., erscheint persönlich in den Kirchen, um das Volk vor dem göttlichen Strafgericht zu warnen. Bischöfe lassen sich durch Mietlinge vertreten. Viele Geistliche betrachten ihr Amt als bequemen Job und beschränken sich darauf, gegen Bezahlung Brautpaare zu trauen und Tote einzusegnen. Ansonsten leben sie mit ihren Konkubinen und Kindern, ohne sich um religiöse Zusammenhänge im Sprengel zu kümmern[5].

Der Protestantismus reißt erhebliche Teile aus der Glaubensbeute: die Verluste auf der katholischen Seite sind immens. In wenigen Epochen werden die Bürger so von religiösen Verzerrungen beeinflußt. Wem sollen sie glauben? Luther, Zwingli oder Calvin? Oder haben die »römischen« doch recht, zumal alle von der gleichen göttlichen Existenz ausgehen? Nicht das ist es, sondern der notwendige Gehorsam, die Mutter aller großen Organisationen[6]. Generell bedarf es einer Führerrolle. Fällt sie weg, bricht das System zusammen. Das einfache Volk, in jahrhunderte-währenden Prozessen erzogen, akzeptiert (auch) den religiösen Gehorsam. An ihm spiegelt sich die Überlebensfähigkeit des Glaubens. Wären nicht die Jesuiten auf den Plan geraten, wäre wohl der »alte« Christenglaube wieder aus dem Zauberhut verschwunden, aus dem man ihn einst geholt hat.

Mit dem Jesuitismus entbrennt der Kampf um die Seelen in voller Schärfe. Mit dem Konzil von Trient (1545 – 1563) sammelt sich der niedergeschlagene Glaubensriese und holt zum Gegenschlag aus.

Doch es sind nicht nur die Jesuiten. Werfen wir einen Blick auf deren Vorboten. 1528 wird der Orden der Kapuziner gegründet. Er zählt zu den teufelsaustreibenden Organisationen. 1629 genehmigt ihnen Erzherzog Leopold v. Vorderösterreich, in Offenburg ein Haus aus dem Vermögen hingerichteter Hexen zu bauen[7].

Gleichzeitig besteht der Orden der Theatiner, der Ignatius zum Vorbild dient. Hier tritt erstmals der »neue« Geist der katholischen Reformation ins Rampenlicht: Streng in den Grundsätzen, den Gläubigen ein Beispiel von Tatkraft und Aufopferung, leisten die Theatiner in den Spitälern mit Hingabe Krankenpflege. Kurz danach gründet Ignatius v. Lojola den Orden der Jesuiten: der Boden ist geebnet. Gegenüber der vorherrschenden konservativen Anschauung entwickeln die Jesuiten schlagkräftige Argumente, gewinnen Einfluß und retten den alten Katholizismus vor dem Untergang.

Die Quellen bezeichnen den Ordensgründer als eitlen Höfling, der sich allmählich zur Innerlichkeit vorgedrungen hat. Er wohnt in feuchten Höhlen, glaubt an die Rangordnung der Engel, geißelt sich und geht barfuß nach Paris. Mit Exerzitien feuert er seine Genossen an und gelangt so in den Ruf eines Heiligen. Zunächst wendet er sich den sozial schwachen Schichten des Volkes zu und gründet ein Asyl für gefallene Frauen. Von ihm stammt die fundamentale Erkenntnis: » . . . in der Kirche gilt wie im Heer, so verschieden sie auch sein mögen, die Vorspiegelung (= Illusion), daß ein Oberhaupt da ist. *In der Täuschung liegt alles.* Läßt man sie fallen, dann zerbrechen sofort, soweit es der äußere Zwang gestattet, Kirche *und* Heer«.

Hier spricht ein großer Kirchenmann ein wahres Wort gelassen aus: nicht umsonst war er Offizier beim spanischen Heer. Er fordert bedingungslosen Gehorsam, selbst bei Aufgabe des freien Willens und sagt: » . . . der Jesuit soll, von äußerem Widerstand zu schweigen, nicht einmal innerlich Bedenken aufkommen lassen, ob der ihm Vorgesetzte recht hat . . . nur offenbare Sünden sind von dieser Verpflichtung ausgenommen«. Eines hat er verstanden: er bringt den »freien« Willen des Menschen, den er als Potential zur Verwirklichung *seiner* Interessen gewinnen muß, in das ausgetrocknete Christentum. Dies ist ein revolutionäres Element. Die Kirche des 16. Jh. hat es mit veränderten Menschen zu tun: viele sind aus der Lethargie erwacht, denn das Rädchen der Kulturgeschichte hat sich ein wenig gedreht.

Nicht mehr nur er, sondern sie (= die Organisation Kirche) hat sich der Situation anzupassen. So gesehen kehren die Jesuiten die traditionelle Denkweise der Katholiken um. Danach ist Jesus von Nazareth nicht (mehr) der in einer unerreichbaren Glorie thronende Herr des Himmels, sondern gilt als »streitender« König.

Um die Mitte des 16. Jh. gilt religiöse Schlagkraft als angezeigt: es geht ums Überleben. Hier finden wir das jesuitische Erfolgsgeheimnis. Sie lehren, daß der Mensch durch Strebsamkeit und Mühe der Vollkommenheit entgegenschreitet[8]. Die Ehre Gottes soll durch sein Mittun erhöht werden. Die Jesuiten ziehen aus: » . . . um die sündige Menschheit mit dem (neuen) Geist zu erfüllen«. Nach ihrer Lehre wird der unabdingbare Glaube an Dämonen zur Verherrlichung des Katholizismus herangezogen: er ist der jesuitischen Denkweise zufolge stärker als das satanische Reich[9].

Auffallend ist das zielbewußte Handeln der Jesuiten. Ihre innere Disziplin und ihr Gehorsam bilden eine Mauer gegen Protestanten, Zwinglianer, Calvinisten und andere Ungläubige(!). Nach der jesuitischen Lehre unterscheidet das Individuum zwischen Gut und Böse, also zwischen Christus und/oder Luzifer. Eine andere Alternative scheinen die Christen nicht zu kennen. Nach ihrer Auffassung entscheidet der Einzelne, ob er zur Hölle oder in den Himmel gerufen wird: und ? wer möchte nicht in den (gedachten) Himmel kommen, der ebenfalls eine Illusion ist?

Rasch zeigen sich die Verluste im überstürzt aufgebauten Lager der Protestanten. Strategisch geschickt wird eine »Gegenreformation« aufgezogen. Die geistigen Bannerträger sind die Jesuiten. 1540 lassen sie sich in Österreich nieder, gewinnen Einfluß an den Universitäten von Wien und Prag. Damit schaffen sie die erste Hürde. In rascher Folge werden sie Erzieher von Prinzen, Lehrer an Schulen, Hofbeichtväter und -prediger. Sie führen einen geistigen Umwälzprozeß herbei und gelten als aktive Schriftsteller. Hier zeigt sich das lutherische Verhängnis. Während dem Volk (nur) auf's Maul schaut und daraus Schlüsse zieht, schlagen sich die Jesuiten von Anfang an auf die Seite der Intelligenz und der Mächtigen.

Sie gehen den Weg des Einflusses. Bald sitzen sie an vielen Schalthebeln der Macht und werden selbst Katholiken gefährlich. Die Protestanten entwickeln sich zur – man gestatte mit den Vergleich – »nur« zu einer großen Volkspartei.

Die bayerischen Herzöge Wilhelm und Albrecht errichten jesuitische Kollegien. 1570 tritt der Markgraf Philipp II. zum Katholizismus über. Kurz danach arbeitet man intensiv an der Rückführung der Markgrafschaft Baden zum katholischen Glauben. Der Markgraf selbst ist ein Zögling der Jesuiten. Außerdem unterstützt der Jesuit Vermat dieses Bemühen durch die Herbeiführung eines Wunders, indem er in der Stiftskirche zu Baden, in Gegenwart hoher und niederer Zuschauer, aus einer Lübecker Predigerstochter sieben Teufel vertreibt. Sie hinterlassen beim Ausfahren einen Schaum, der an den Kirchenfenstern hängenbleibt und (der) von den Anwesenden gesehen wird[10].

Polemik macht sich breit

Den anderen Glaubensgemeinschaften kommt das jesuitische Treiben merkwürdig vor. Die Protestanten schalten sich in den Dialog und bezeichnen die Exerzitien der Jesuiten als Teufelswerk. Sie sprechen von: » . . . heimlich zauberischen Künsten, durch welche die Jesuiten zu gewissen Tagen seltsame Sachen zuwege bringen, daraus sie nach verrichteter Zauberei gar bleich und gleichsam von einem Geist zerstört (wieder) hervorkommen«.

Oder: . . . die Jesuiter verführen viele zu sonderlichen Übungen, die sie Exerzitien nennen. Da werden die Opfer, wie glaubhaft berichtet wird, mit Dampf und anderen Mitteln berauscht, so daß sie den Teufel leibhaftig zu sehen vermeinen, (sie) brüllen wie Ochsen, müssen Christo abschwören und dem Teufel dienen«[11].

Von hier aus ist es ein Leichtes, den Jesuiten Zauberei zu unterstellen. Der Superintendent von Riga sagt 1626 in der ersten seiner neun »auserlesenen« Hexenpredigten: » . . . die Jesuiten sind gleichfalls in der Zauberei erfahren, wie Daneau bemerkt, daß ein vornehmer Jesuit mit Namen Maldonatus auf der Reise von Paris so ausführlich von der Zauberei gesprochen, daß sein Glaubensgenosse, der ihm zugehört gesagt (habe)«: » . . . ich habe nicht einmal, sondern oft erzählen hören, daß die Bayern den Jesuitenpater Jan für einen Zauberer gehalten, denn wenn er die Bauern zur Bäpstlerei nicht habe bewegen können, habe er ihnen gedroht, das und das solle ihnen und ihrem Vieh widerfahren . . . und von Stund an ist's geschehen«[12].

Der protestantische Prediger Melchior Leonhard sagt 1599: » . . . die Jesuiter wissen sich oftmals der Hexen und Zauberer öffentlich anzunehmen und wollen Barmherzigkeit für das Teufelsgesindel . . . aus keiner anderen Ursache, daß man ihnen selbst den Prozeß mache und sie nicht dem Meister Hämmerlein oder Auweh unter die Finger kommen«[13].

Die Jesuiten zeichnen sich nicht durch übertriebene Höflichkeit aus. DelRio bemerkt in seinen Untersuchungen: » . . . nur die Unverschämtheit könne leugnen, daß die Zaubergreuel den Ketzereien auf den Fuß folgen, wie der Schatten dem Körper. Wie die verblühende Hure zur Kupplerin werde, werde die abnehmende Häresie zur Magie«[14]. Dies ist gegen *alle* katholischen Glaubensvarianten gemünzt.

Pater Andreas verkündet in Wien von der Kanzel: » . . . es sei besser, mit dem Teufel eine Ehe einzugehen, als mit einem lutherischen Weib . . . weil jenes durch Exorzismus zu vertreiben sei, an diesem aber Kreuz, Salböl und Taufe verloren gehe . . . ebenso wie Luther ein Sohn Satans und sein Spießgeselle sei«. DelRio bezeichnet Philipp Melanchton und Luther als Scharlatane.

Beispiele jesuitischen Teufelsglaubens

Der Ingolstädter Georg Everhard hat in seiner »Consilia« aus dem Jahr 1618 ein treffendes Beispiel jesuitischer Schläue hinterlassen, denn er proklamiert: » . . . wer der schwarze Hahn gewesen, der um das Gefängnis geflattert (ist), ist so klar, daß man es nicht zu erläutern braucht: der teuflische Buhle der Verhafteten. Wenn sie auf der Folter leugnet, ist sie lebend wilden Tieren vorzuwerfen. Nur, wenn diese Strafe dort nicht üblich, sei sie dem Scheiterhaufen zu übergeben, sofern sie der Herzog nicht zu ewigem Gefängnis begnadige«[15].

Peter Canius, nach Faber der zweite auf deutschem Boden aktive Jesuit, schreibt am 20. November aus Augsburg: » . . . man bestraft die Hexen, die sich merkwürdig vermehren. Ihre Freveltaten sind entsetzlich. Man sah früher nie so viele Leute sich dem Teufel ergeben. Unglaublich sind Gottlosigkeit, Unkeuschheit und Grausamkeit, die diese Weiber unter der Anleitung Satans offenbar getrieben haben.

An vielen Orten verbrennt man die verderblichen Unholdinnen des menschlichen Geschlechts. Der gerechte Gott läßt es wegen ihrer schweren Vergehen zu«. Hier sehen wir Canius in den Fußstapfen des Hexenhammers. Außerdem betätigt er sich als Exorzist. Er treibt Anna Bernauerin, einer Dienerin im Fugerschen Haus, 10 Teufel aus. Den letzten freilich erst nach hartem Kampf in der Liebfrauenkapelle von Altötting[16].

Paul Laymann erklärt unter Berufung auf Binsfeld, Jacob von Simanca und Grillandus: » . . . die Weiber treiben mehr Hexerei als die Männer, weil sie wegen dem Mangel an Urteil und Erfahrung leichtgläubiger und mehr der Täuschung unterworfen sind. Sie sind neugieriger und mehr zur Begierde und Üppigkeit geneigt, weil sie kleinmütiger und schwächer sind«.

Entscheidend sind nicht die vereinzelten Ansichten zur Hexenfrage, sondern der von ihnen im Volk verbreitete Glaube an Teufel und bösartige Dämonen. Sie sitzen in ihrer Gesamtheit einem antiken Volksmärchen auf.

Die Jahresberichte des Aschaffenburger Jesuitenkollegs vermerken 1612: . . . die schrecklichen Scharen der Hexen erfüllen alles mit Furcht. Sie drohen nicht allein, sondern (sie) verursachen in der Tat Unfruchtbarkeit für die Äcker. Um ihre verderblichen Zaubereien abzuwenden, hat der Mainzer Erzbischof ein dreitägiges Fasten und eine feierliche Prozession verordnet, wobei er selbst das Allerheiligste getragen hat«[17].

Auch das Wiederaufleben der »marianischen« Kongregationen[18] nährt den spekulativen Teufelsglaube. 1613 werden in Mainz zwei öffentliche Prozessionen abgehalten. Die bischöfliche Behörde bezeichnet als Zweck die Abwendung der Pest, den glücklichen Ausgang des Reichstages und die Ausrottung der grassierenden Zauberei. Im Programm der zweiten Prozession werden aufgeführt: der König David im Bußgewand, dem drei Engel eine Geißel, ein gezücktes Schwert und einen hohlen Menschenkopf vorantragen, während drei Knaben mit den königlichen Insignien folgen. Daraufhin erscheint der hl. Bonifazius. Mädchen stellen verschiedene Heilige dar. Die Kongregationen tragen die Statuten ihrer Patrone. Dem Allerheiligsten folgen die Geistlichkeit und die Bürgerschaft[19].

Die Annalen der Innsbrucker Kongregation berichten 1596: » . . . daß die Soldaten Christi (= Jesuiten) am Karfreitag und Samstag in schwarzen Bußsäcken mit Geißeln und Ruten bewaffnet, zu den verschiedenen Kirchen zogen und sich dabei geißelten«. 1610 treffen sich am Karfreitag 28 vornehme Männer in Kolleg der Jesuiten, hüllen sich in Säcke und ziehen mit Geißeln in der Hand »abends im tiefen Schweigen« zu den drei Kirchen der Stadt.

Es läßt sich ermessen, welchen Einfluß das Gehabe auf den einfachen Bürger hat. Im bayerischen Wald nimmt der Aberglaube dermaßen zu, daß die Regierung 1642 Kommissionen von Jesuiten und Kapuzinern zur Aufklärung des Volkes verschickt. Sie macht es falsch, denn dies hieße Eulen nach Athen zu tragen. Sind es nicht die Theologen selbst, die an den Formen des christlichen Aberglaubens festhalten?

Die Idee des Jesuitismus gestaltet den katholischen Glauben um und macht ihn (wieder) lebensfähig. Die kraftvolle Stimme der Jesuiten geschieht unter dem Aspekt der Gegenreformation und übertüncht das Unrecht *und* die Wahrheit. Die Auseinandersetzung mit den Hexenprozessen bildet nur einen kleinen Teil ihrer Aktivitäten. Ich führe kurz die jesuitischen Befürworter und Gegner des Hexentreibens auf.

Martin DelRio[20]

gilt neben Gregor v. Valenzia als der gelehrteste Jesuit auf spanischem Boden des 16. Jh. U.a. ist er der Verfasser der »dispositiones magicare«[21]. Dieses Werk übt einen erheblichen Einfluß auf die Hexenprozesse aus und läßt sich, vor allem in katholischen Gebieten, am Rhein und in Süddeutschland bis weit in das 17. Jh. hinein verfolgen. Es liegt gedanklich nah beim Hexenhammer und deutet auf eine erstaunliche Belesenheit des Autors. Er zitiert die Hexenliteratur der Vergangenheit[22] und trägt alles Erdenkliche über Aberglaube, Zauberei und Teufelsdienste zusammen[23]. Er bringt religiöse und philosophische Grundlagen zur Beurteilung des Hexenwesens bei. DelRio ist in der Berichterstattung unpräzise. Hinweise wie: »... man hat es erzählt oder einmal geschrieben, also ist es wahr«, bringen uns nicht weiter.

Er sitzt auf seinen abergläubischen Thesen und verliert sich in Spekulationen. Den Arzt Weyer nennt er einen »Hexenpatron« und sagt: »... wer ihm folge, mache andere zum Genossen der Schandtaten und vermehre das satanische Reich auf Erden«. Luther und Melanchton sind für ein Sektierer. Er bringt den Hinweis, daß Konrad von Marburg die Feuerprobe gegen Ketzer angewendet hat. Sein Buch wird kurz nach Erscheinen von dem Dominikaner Thomas Malvenda kritisiert: ... sein Werk kann auf Kinder gefährlich wirken und die Leser möchten, während es nach dem Schein das Schändliche verbanne, eher das Gift als das Gegengift genießen«.

DelRio anerkennt die verschiedenen Arten der Magie. Wirkliche Wunder geschehen (seiner Ansicht nach) durch Gott und dienen der Festigung des katholischen Glaubens. Die dämonische Magie geht von bösen Engeln aus, die einen Bund mit dem Teufel geschlossen haben[24]. Er zitiert die Bibel und sagt unter Bezug auf Matth. 4: »... ich will dir dies alles geben, so du niederfällst und mich anbetest«, bzw. Jes. 28.15: »... sie haben einen Bund mit dem Tod und der Unterwelt gemacht«[25].

DelRio ist der Auffassung, daß man mit Hilfe des Hauches Wunden und Krankheiten heilen kann. Er glaubt an die Möglichkeit des Goldmachens.

Stramm verteidigt er das eigene Nest und ärgert sich darüber, daß andere die Jungfrau Maria und die Religion beschimpfen, daß die »an gewissen Tagen« Kinder rauben und töten, den Priestern keine vollständigen Beichten ablegen und ihren teuflischen Verkehr verheimlichen. Sie versündigen sich gegen die Mutter Kirche, denn die katholische Kirche bestraft nur sichere und offenbare Verbrechen. Seit vielen Jahren behandelt sie die Hexen als Häretiker und befiehlt, sie dem weltlichen Arm zur Bestrafung zu überstellen ... also irrt entweder die Kirche oder es irren sich die Zweifler. Wer sagt, daß die Kirche in Sachen des Glaubens irrt, der sei verflucht[26]. Wieviel Überheblichkeit verbirgt sich hinter solchen Äußerungen?

DelRio beschäftigt sich näher mit der Zaubersalbe, den Hexen, ihren Versammlungstagen und mit Fragen der geschlechtlichen Vereinigung zwischen irdischen Frauen und Dämonen. Es wird erörtert, ob die Jungfernschaft unverletzt bleibt, wenn ein Dämon einer Jungfrau im Schlaf beiwohnt. Unser Gewährsmann sagt Ja: »... während die Weiber auf den Versammlungen sein sollen, fänden sie sich zuhause. Aber warum sollte nicht ein Dämon zur gleichen Zeit an der Seite des Mannes gelegen haben?

Es erhellt aus verschiedenen Geständnissen und aus den Worten des Theologen Edelin[27], daß die Hexen ihre Männer in einen tiefen Schlaf verzaubern. In der Zaubersalbe mischen sie vornehmlich Nägel verstorbener Kinder. Sie salben nicht den Stock, sondern einen Teil ihres Körpers, denn ohne das Salben können die Hexen nicht zu ihren Versammlungen gelangen. Ihr Tischgebet besteht aus lästerlichen Worten. Sie führen Tänze auf und singen obszöne Lieder: gewöhnlich finden ihre Konvente zur Nachtzeit statt. Nach Cumanus ist es in Italien die Nacht vor der »feria sexta«, in Lothringen nach Remigius vor der »feria quinta« und am Sonntag. Diejenigen, die behaupten, die Luftfahrten der Hexen wären Träume, versündigen sich gegen die Kirche!«

Er setzt voraus, daß es Hexen gibt und sagt weiter: »... zu ihren verbrecherischen Werken verwenden sie ein Pulver, das sie in Speisen mischen oder in Kleidern verstekken ... besonders haben sie es auf das Ermorden von Kindern abgesehen. Sie geben sich als Ammen aus und saugen ihnen wie Lilith, das Nachtgespenst der Hebräer, das Blut aus«[28]. »... wenn einer die Hexen schützt und behauptet, die erzählten Geschichten seien Täuschungen, wie es Weyer und Loos getan haben, macht sich zum Mitschuldigen an den Verbrechen[29] ... deshalb sind die Richter unter Sünde gehalten, Hexen zu verurteilen. Wer versucht, sie von der Verfolgung abzuhalten, ist zu ermahnen, damit er nicht zum Begünstiger der Verbrechen wird ... wer sich gegen ihre Todesstrafe ausspricht, gibt berechtigten Verdacht eines geheimen Einverständnisses«.

DelRio ist immens belesen. Er untermauert sein spekulatives Wissen mit phantastischen Anmerkungen. So bezieht er sich auf eine Hexe, die 1523 in Schiltach (Schwaben) ein Haus

173

angezündet haben soll. Und er bezieht sich auf Friedrich v. Österreich, der von Ludwig d. Bayer in einen Kerker gesteckt worden ist. Daraufhin soll ein Dämon zu ihm geflogen sein. Er habe ihn beauftragt, ihm auf einem schwarzen Pferd zu folgen . . . doch Friedrich erschreckte, bedeckte sich mit dem Kreuz und daraufhin sei der Dämon verschwunden. DelRio proklamiert: » . . . er kann seine Produkte in den Uterus der Frauen schließen. Dahin gehöre auch die Kröte, die mit einem goldenen Kettchen zur Welt gekommen sei.«

Außerdem können die Dämonen Ungeheuer hervorbringen. »So gebar 1387 in Helvetien eine Frau einen Löwen und 1471 eine andere in Brixen einen Hund. Ein Weib aus Basel gebar 1571 in der gleichen Geburt erst ein in Häute gehülltes menschliches Haupt, dann eine zweifüßige Schlange und daraufhin ein vollkommenes Schwein«.

Dann geht er auf das sog. »lusitianische« Weib ein, das einen Affen geboren haben will. Außerdem berichtet er, daß die gotischen Könige aus der Verbindung zwischen einem Bären und einer vornehmen Jungfrau entstanden sind. Gleichfalls stammten die Riesen aus der Verbindung von Dämonen und irdischen Frauen. Als Beweis zitiert er ausgegrabene Ungeheuer; auch Zwerge werden so hervorgebracht. Schließlich berichtet er über sprechende Tiere und Leichname.

DelRio beschäftigt sich eingehend mit der Frage nach dem geschlechtlichen Verkehr mit Teufeln, bzw. ob hieraus Nachkommen entstehen. Er zweifelt nicht daran und meint, daß die Teufel die Körper von Verstorbenen annehmen und daß sie aus den Elementen Körper bilden, bzw. sich je nach dem Geschlecht in Männer oder Frauen spalten. Den Samen stehlen sie von schlafenden Männern. Nach dem Eingeständnis der Hexen ist er kalt: » . . . bei der Vermischung entstehe mehr Schmerz denn Vergnügen«. Ich komme auf diesen Punkt zurück!

Eines muß man ihm lassen: er plädiert für eine milde Form der Prozeßführung. Wie seine Kollegen Tanner und Spee spricht er sich für die Integration eines Verteidigers aus und sagt: » . . . es hat eher Barmherzigkeit als Strenge zu walten . . . in keinem Fall darf der Körper des Gefolterten, was Muskeln, Knochen und Nerven anbelangt, zerrissen werden. Die Folter darf nicht länger als eine Stunde dauern«.

So human, wie das dahingeschrieben ist, geht es in der Praxis nicht zu, denn auf die Folter gespannt ist eine Sekunde gleich einer Ewigkeit.

Nach DelRio dürfen keine ungewöhnlichen Praktiken zur Anwendung kommen. Wie z.B.: »Anwendung von dünnen Saiten, Begießen mit (eis)kaltem Wasser auf den Rücken, Anhängen von Gewichten, Sperren der Beine mit Hölzern usw. Doch kann man bei einem widerrufenen Geständnis noch einmal zur Folter schreiten. Bleibt der Beschuldigte standhaft, ist er zu entlassen«[30].

Mit heutigen Augen scheint es unglaublich, welch geistige Blitze professale Vorgänger zu Ehren gebracht haben. Und doch ist die Leichtgläubigkeit (noch) heute die gleiche. Es ändern sich die Zeiten, nicht die Menschen.

Friedrich Spee[31]

Neue Erkenntnisse und Forschungsarbeiten[32] erlauben, den Jesuit Friedrich von Spee korrekter als seither im Zusammenhang dem Hexentreiben zu würdigen. Die früher gehegte Annahme, daß er im Raum Würzburg als Beichtvater tätig war und dort als Hexen Verurteilte zum Scheiterhaufen begleitet hat, ist unhaltbar. Tatsache ist, daß er nach 1614 in Würzburg für drei Jahre Philosophie an der Universität studiert und den Grad eines Magister Artium erlangt.

Die Abfassung seiner »Cautio Criminalis« verlangt eine detaillierte Kenntnis der Situation. Es ist unbekannt, woher Spee die Kenntnis zu den Hexenbränden, zur Praxis der Hexenprozesse und die umfangreiche Literatur hat. Von allein fällt der Blick auf den Innsbrucker Jesuit und gleichzeitigen Professor für Theologie, Adam Tanner. Er hat in seiner vierbändigen »Universalis Theologia scholastica, speculativa, practica« (1626/27) eingeräumt, daß Schadenszauber vorkomme und daß es Hexen-

▶

Ansicht des Sulferturmes in Schwäbisch Hall. Er wurde als Teil des Mauerrings der Wohnstadt nach 1250 erbaut. Im ersten Geschoß befindet sich ein tonnengewölbtes Gefängnis. Im Innern sind Inschriften im Putz erhalten. Katharina Schloßstein war hier eingesperrt. Der Turm diente zudem als Gefängnis für die Gefangenen des Bauernkrieges. Foto: Marion Reuter. Mit freundl. Genehmigung.

sabbate gebe, er geht aber (auch) ausführlich auf die Mängel des üblichen Prozeßverfahrens ein, weist auf die Voreingenommenheit der Richter und auf die Wertlosigkeit der unter der Folter erpreßten Geständnisse. Deutlich zeigt er auf die Nichtigkeit der steten Denunziationen. Unbestritten ist, daß Spee auf den geistigen Schultern seines Ordenskollegen steht. Er *muß* dessen Bücher gekannt haben.

»... die tiefe und umfassende Sachkenntnis des Autors resultiert aus eigener deprimierender Erfahrung: als Professor für Moraltheologie in Paderborn und Köln hatte er als Beichtvater vieler Verurteilter eine wahre Hexenjagd miterlebt, die jedem Recht und jedweder Menschlichkeit Hohn sprach«.

Ritter überzeichnet vermutlich in seiner verdienstvollen Arbeit über Spee, denn von einem Massenwahn – gerade in Köln – kann m.E. nicht gesprochen werden. Wenn die erhaltenen Aufzeichnungen vollständig sind, ist es hier nur zu wenigen Ausschreitungen gegen Hexen gekommen. Um 1630 zeichnet sich eine Aktivierung des Hexentreibens in Westfalen ab: dies berührt das Hexentreiben in Paderborn. Es dürfte jedoch übertrieben sein, wenn Ritter konstatiert: »... von einem einzigen Hexenrichter des Herzogtums Westfalens wird berichtet, daß er nahezu 500 Zauberer zum Tod verurteilt haben soll«. Während meiner Untersuchung ist mir noch nie ein ausschließlicher Hexenrichter begegnet!

Die »Cautio Criminalis« erscheint erstmals anonym im April 1631 – unmittelbar vor Ausbruch des 30-jährigen Krieges mit all seinen Ängsten und Nöten – *ohne* vorherige Druckerlaubnis der Ordensoberen. Gedruckt wird sie von dem Universitätsbuchdrucker Peter Lucius in Rinteln (Weser). Während der Öffentlichkeit der Name des Autors zunächst verborgen bleibt, wissen die Vorgesetzten rasch um die Zusammenhänge. Im Juni 1631 bestätigt der Ordensgeneral dem Provinzial der niederrheinischen Provinz den Empfang eines aus dem Mai datierten Briefes über einen von Pater Spee verfaßten, aber ohne sein Wissen veröffentlichten Traktat. Der General wünscht zu wissen, welche Schuld Spee treffe und wie der Buchdrucker in den Besitz des Manuskriptes gekommen sei. Von einer Bestrafung Spee's wird abgesehen, weil man ihm nicht nachweisen kann, daß er die Drucklegung veranlaßt hat. »... er möge jedoch ernstlich ermahnt

werden, in Zukunft seine Schriften besser zu verwahren«. Gleichwohl erhoben sich inner- und außerhalb des Ordens erbitterte Vorwürfe gegen die Publikation. Tatsache ist, daß sie nicht auf den Index gekommen ist und daß der General die Weisung erteilt, von der Zensur des Buches abzusehen und Spee nicht weiter zu behelligen.

Als im Juni/Juli des kommenden Jahres nochmals in Frankfurt am Main eine weitere anonyme Ausgabe, eine »Editio Secunda« der »Cautio Criminalis« erscheint, beginnt man im Orden, an der Aufrichtigkeit Spee's zu zweifeln.

Hinzu kommen Streitigkeiten mit dem Rektor des Kölner Jesuitenkollegs, so daß erwogen wird, Spee aus dem Orden auszuschließen. Man legt ihm nahe, selbst die Konsequenz zu ziehen. Daraufhin bittet Spee um seine Versetzung in eine andere Ordensprovinz, erklärt sich bereit, auf ein Lehramt zu verzichten und in das (bereits) von den Schweden besetzte Mainz zu ziehen. Dort war die Pest ausgebrochen und Spee wollte bei der Pflege und Seelsorge mithelfen. Statt dessen versetzt ihn der Provinzial mit einem neuen Lehrauftrag für Moraltheologie nach Trier. Ende März 1635 steht er Verwundeten und Sterbenden bei. Bei der Pflege von Soldaten in den Hospitälern der Stadt wird er von einer im Hochsommer ausbrechenden pestartigen Seuche angesteckt. Nach einer kurzen Krankheit stirbt er 44-jährig an deren Folgen. Noch am gleichen Tag wird er in der Krypta der Jesuitenkirche (heutige Dreifaltigkeitskirche) beigesetzt.

Vermutlich ist der tiefere Grund für die Abfassung der »Cautio Criminalis« seine tiefe Religiosität und das Verständnis der Nächstenliebe, die »Charitas christiana«. Für ihn entscheidet nicht der tote Buchstabe der Gesetze und/ oder der Bibel, sondern der Geist des Christentums. Friedrich Spee gehört zu den wenigen Einzelkämpfern, die den Mut hatten, ihre Hand in die offene Wunde zu legen. Solche »Widersacher« der landläufig festgefügten Meinung stießen auf den erbitterten Widerstand von Theologie und Jurisprudenz. Sie wurden mit wortreicher (doch wenig qualifizierter) Gelehrsamkeit bekämpft, angefeindet, zum Schweigen gebracht und unterdrückt.

Da ihm als offizieller Verfasser einer Schrift *gegen* den Hexenwahn Schwierigkeiten drohten, bleibt seine Anonymität verständlich. *Die*

»Cautio Criminalis« leistet einen unentbehrlichen Beitrag zur Menschenwürde und Toleranz. Spee setzt sich kritisch mit den gängigen Formen des Aberglaubens und dem Autoritätswahn auseinander: er ist ein Wegbereiter der Aufklärung und stemmt sich in diesem Punkt (auch) gegen das kuriale Wollen!

Spee sagt, er trage nichts Anstößiges vor und wolle die Aufmerksamkeit der Gelehrten auf das im Hexenprozeß übliche Verfahren lenken und zeigen, wie wertlos die dabei verwendeten Indizien und Beweismittel sind: er wolle kein Verbrechen straflos ausgehen lassen, aber er wolle zur Vorsicht mahnen, um zahllose Unschuldige vor einem schrecklichen Schicksal zu bewahren. Noch immer steht die Frage im Raum, ob er zu den Aktivatoren oder den Gegnern des Hexenbrennens zu zählen ist: sie ist klar zu beantworten. Im Zeichen der Zeit bekennt sich Spee zur Hexerei und bezeichnet sie als abscheuliches Verbrechen. Als Theologe kann er nicht anders. Doch dies ist ihm ein Vorwand, denn er sagt: » . . . die Sache bedürfe einer neueren und genaueren Prüfung . . . er wisse schon längst nicht mehr, wieviel er einem Binsfeld, Remigius, DelRio und anderen glauben soll, da ihre ganze Lehre sich auf Ammenmärchen und mit der Folter herausgepreßten Geständnissen stütze. Während es ihm früher nicht eingefallen sei, zu bezweifeln, daß es viele Hexen auf der Welt gebe, sei er nun, da er einen tieferen Einblick habe, dahin gekommen, daran zu zweifeln, ob es überhaupt Hexen gebe«[33]. Es ist ein Vorwand, wenn Spee »nur« von rechtlichen Bedenken spricht: er ist von den Gedanken der Humanität getragen und ein eindeutiger Gegner des unsinnigen Wütens.

Spee dokumentiert, daß der unwürdige Hexenprozeß eine Folge von Zirkelschlüssen ist . . . » . . . ein unheimliches Netz, aus dem es kein Entrinnen gibt« (Ritter). Spee beklagt die Beschränktheit seiner Epoche und ist auf der Suche nach der Mündigkeit. Anstelle des »alten« (jedoch auch noch heute gültigen Autoritätsglaubens) will er mit »vernünftiger Überlegung« die Dinge prüfen und sie nicht einfach hinnehmen. Mit Sicherheit hat er Hexenakten eingesehen und nach Indizien geforscht, Verhören beigewohnt, ist in Kerker- und Gerichtsstuben gewesen, hat Gefangene befragt und mit Richtern gesprochen: so überschaut er immer deutlicher den gewaltsamen

Mechanismus der Hexenprozesse[34]. Spee prangert die Sorglosigkeit an, mit der man gegen Unschuldige wütet. Er weist nach, daß die Angeschuldigten rechtlos sind und keine Chance haben. Er weist das willkürliche Ermessen der Henker und Richter nach und sagt, daß man mit der Folter zu jedem gewünschten Geständnis gelangen kann. Spee bekennt, daß er noch keine Hexe zum Scheiterhaufen geleitet hat, von der er nach Würdigung der Umstände habe sagen können, daß es wirklich eine sei.

Obwohl die Hintergründe für die Herausgabe der Frankfurter Ausgabe nicht geklärt sind, übertreibt Johannes Gronaeus Austrius, wenn er behauptet: » . . . es hätten bereits etliche Nationen und Fürsten nach der Lektüre und sorgfältigen Prüfung des Buches ihre Hexenprozesse abgebrochen. Tatsächlich kann es nur in zwei Fällen angenommen werden. Es gilt für Johann Philipp von Schönborn, der Leibnitz seinerzeit erzählte, daß er in seiner Jugend den Verfasser der »Cautio Criminalis« kennengelernt habe. Zudem darf angenommen werden, daß die »Cautio Criminalis« die Königin Christine von Schweden beeinflußt hat. Sie hat in einem Rescript von 1649 die sofortige Einstellung aller laufenden Prozesse, das Ende jeder Inquisition und die Freilassung aller in Haft befindlichen Hexen angeordnet. Friedrich II. von Preußen, der 1740 – kurz nach seiner Thronbesteigung, die Tortur in seinem Land abschafft, schreibt das Verdienst daran, » . . . daß nun das weibliche Geschlecht in Frieden alt werden und sterben könne«, Christian Thomasius zu. Aber dessen im Zeichen der Vernunft geführter Kampf gegen den Hexenwahn ist ohne Existenz der »Cautio Criminalis« undenkbar. Christian Thomasius äußert sich mehrfach positiv über die »Cautio Criminalis« und bekennt 1712: » . . . dieser (Spee) hat die Ungerechtigkeit der Hexenprozesse so klar vor Augen gestellt, daß mit Recht den Verteidigern dieser Prozesse unter den Evangelischen die Schamröte in die Augen treiben muß«[35]. Der protestantische Rechtsgelehrte Brunnemann gesteht, daß vor Spee keiner so verständig über die Sache berichtet hat » . . . wie der Päpstler aus dem Jesuitenorden namens Henricus Spee«[36].

Wir haben ein Beispiel vor uns, um zu dokumentieren, wie ein kleines Buch die Welt zu verändern beginnt. Es sind niemals die Kugeln der Soldaten, sondern es ist stets das Blei in den Setzkästen gewesen, das wirkliche Veränderungen hervorgerufen hat. Freilich stößt das Buch auf Widerstand. U.a. wird dem Autor vorgeworfen, daß er es ohne Approbation ausgegeben habe, was nach den Statuten des Ordens einer Todsünde gleichkommt[37]. Der Paderborner Weihbischof Pelking bezeichnet es als verruchtes Buch, das voll Verleumdungen gegen Fürsten und Richter gemünzt ist[38].

Neben der Cautio verfaßt Spee ein »güldenes Tugendbuch«, die »Trutznachtigall« und vertont Lieder[39].

Die »Cautio Criminalis« hat weit bis in das 18. Jh. hinein Verbreitung gefunden. In Bremen erscheint 1647 eine der schwedischen Königin und allen Offizieren des Heeres gewidmete Übersetzung. Gleichzeitig erscheint eine Ausgabe in Posen. 1649 erscheint eine Ausgabe in Frankfurt am Main. Sie ist dem Grafen Moritz von Katzenellenbogen »Generalleutnant in Diensten der Vereinigten Niederlande, Gouverneur von Wesel, kurfürstlich-brandenburgischer Statthalter über Cleve, Mark und Ravensburg«, gewidmet. Weitere Übersetzungen entstehen 1657 (Amsterdam), 1660 (Lyon) und 1680 (Posen = polnisch), die 1714 nochmals aufgelegt wird. Die letzte lateinische Ausgabe erscheint nicht mehr anonym, sondern 1731 mit einer Lizenz der Ordensoberen in Augsburg. *Schauen wir kurz in dieses bemerkenswerte Buch hinein:*

Cautio criminalis

Spee legt ohne Umschweife die Hand in die offene Wunde: »... das Denunziantentum und den Hörigkeitswahn«, ... ist ihre Blindheit nicht zum Erbarmen?[40] ... ich schäme mich, weil man in einer so wichtigen Sache nicht besser zu argumentieren weiß. Pfui der Schande, ist das ein Eifer, der an uns zu loben ist[41] ... laßt uns staunen über die Torheit der Deutschen und die Unwissenheit derer, die den Namen Gelehrte tragen[42].

Er gliedert sein Buch in 51 Zweifelsfragen: einige sind hier zu nennen:

- Es gibt einige Zauberer und Hexen, doch nicht alle, die dafür angesehen werden, sind es. Es ist zweifelhaft, ob es Hexen gibt.
- Die hauptsächliche Ursache des Hexenbrennens sind Unverstand, Aberglaube, Mißgunst und Bosheit.

- Die von der Obrigkeit angewendeten Mittel sind falsch und verwüsten das Land mehr als jeder Krieg. Ein solches Übel kann nicht ausgebrannt werden. Selbst wenn die Zauberei als Ausnahmeverbrechen verstanden wird, darf man nicht willkürlich verfahren.
- Bei der Anklage ist mit Vorsicht vorzugehen, denn einer schiebt die Verantwortung auf den anderen. Die Hexenprozesse werden grausam und leichtsinnig geführt.
- Die Richter müssen streng gegen Lästerer und Verleumder vorgehen, damit Unschuldige geschützt bleiben. Betrug und Leichtfertigkeit haben dazu geführt, Teufelsmale als Indiz für die Hexerei anzusehen.
- Viele Richter sind frech, stolz, habgierig, unwissend und blutgierig. Zur Führung solcher Prozesse dürfen keine unverständigen Menschen und nicht mit gelehrten Titeln prunkende Männer zugelassen werden. Sie müssen klug, gerecht und wohlwollend sein.
- Das Konfiszieren der Hexengüter muß aufhören und damit die Straflosigkeit der ungerechten Richter. Es ist ein neuer Kriminalprozeß zu bestimmen, der allen Ungerechtigkeiten vorbeugt.
- Jedem Angeklagten steht ein Verteidiger zu; das Recht der Appelation muß gesichert sein. Das Geständnis darf nicht erpreßt werden, denn die grausame Anwendung der Folter stürzt Unschuldige in das Verderben.
- Die Folter ist eine Schande vor Gott und gegen alle Gerechtigkeit. Richter und Henker quälen die Unglücklichen so lang, bis sie sich für schuldig bekennen, obwohl sie nichts getan haben.
- Die Tortur ist eine unmenschliche Grausamkeit. Sie wurde erst durch die große Menge der Verurteilten hervorgerufen. Nie kann man mit der Folter die Wahrheit erforschen.
- Die Folter ist abzuschaffen. Mit dem Blut von Menschen darf man nicht spielen. Auch die Herrschenden müssen Rechenschaft über ihr Handeln ablegen.
- Die Beichtväter dürfen den Richtern nicht die Hand zum Bund reichen.
- Es ist ein schändliches Verbrechen, Gefangenen vor der Tortur die Haare zu schnei-

den, denn dies führt zu groben Mißbräuchen.

- Um zur Folter zu schreiten, ist das Gutachten einer juristischen Fakultät notwendig. Ihre Anwendung darf nicht der richterlichen Willkür überlassen bleiben.

Das sind Keulenschläge für die Obrigkeit. Daraus wird verständlich, warum Spee anonym bleiben möchte. Die frühe Offenlegung seines Namens hätte ihn mit »tödlicher« Sicherheit Kopf und Kragen gekostet. Spee greift den Hexenwahn nicht bei der Wurzel an, leistet jedoch dem späteren Besieger der Folter, Christian Thomasius, Vorarbeit.

Wir haben uns zu fragen, warum nicht die Kirchenoberen wie ihr Glaubensbruder so argumentieren? Wieso bleibt es einem ihrer Einzelkämpfer überlassen, die Hand in die Wunde zu legen. Wieso wird er noch aus den eigenen Reihen angefeindet? Hat nicht die Kirche selbst den Teufelswahn injiziert!

Beschuldigung der Richter

Spee geht auf das Denunziantentum ein und verschont nicht die Jurisprudenz mit herber Kritik. Er stellt heraus, daß viele wegen Trunkenheit oder aus Böswilligkeit als Hexe gescholten werden und darum in das Mühlwerk der Inquisition gelangen, aus dem es kein Entrinnen gibt[43] » . . . ich sah die Gewalttaten, die unter der Sonne geschehen und die Tränen der Schuldlosen, die nicht Widerstand zu leisten vermögen, die aller Hilfe Beraubten . . . ich preise mehr die Toten als die Lebenden und ich preise den als glücklich, der noch nicht geboren ist und dieses Tun nicht gesehen hat«[44].

» . . . die Richter haben jedes Gefühl für die Folter verloren, da sie in das Protokoll schreiben lassen, die Angeklagten haben ohne Folter bekannt: und doch sind sie alle gefoltert worden, aber nur mit einer eisernen, mit spitzen Furchen versehenen Presse, die scharf um die Schienbeine gezogen wird, so daß das Blut von beiden Seiten herausspritzt und das Fleisch wie ein Kuchen zerdrückt wird . . . ferner lassen die Richter den Henkern völlige Freiheit, einfach darauf los zu foltern . . . diejenigen werden am meisten gelobt, die es am schlimmsten treiben«.

» . . . wenn man das hitzige Vorgehen der Richter beklagt und die große Zahl der Hexen in Zweifel zieht, wird man abgewiesen und verdächtigt: man scheint selbst reif zu sein für die Folter. Mein Blut kommt in Wallung, wenn ich höre, daß man selbst den frommen *Tanner* als reif für die Folter erklärt, weil er vernünftig über den Hexenprozeß geschrieben hat. Man möge mich zum Inquisitor machen. Sogleich werde ich gegen alle deutschen Obrigkeiten, Prälaten, Domherren und Ordensleute vorgehen: Verleumdung ist leicht bei der Hand. Wenn sie sich verteidigen wollen, werde ich nicht auf sie hören, sondern zur Folter schreiten. Sie werden nachgeben und ich rufe: . . . wo sich die Hexen doch verbergen . . . wie schleicht dieses Verbrechen im Geheimen?«

Spee sieht in den folgenden Gruppen die Hauptverursacher des Hexentreibens:

- Theologen, die sich in ihrer Studierstube der tiefsten Ruhe erfreuen und von dem, was in den Kerkern und Folterkammern vor sich geht, dem Jammern und Schreien der Armen, keine Vorstellung haben. Sie halten die Histörchen von den erpreßten Geständnissen für das Evangelium und lassen sich mehr von ihrem Eifer als von der Einsicht hinreißen.
- Juristen, die aus dem Mord an den Hexen ein Geschäft machen.
- Der Pöbel, der Feindschaft, Neid und Rachsucht durch Angeberei befriedigen will.
- Denunzianten, die die Obrigkeit aufhetzen, um den Verdacht von sich abzulenken.

Adam Tanner[45]

gilt als einer der anerkannten deutschen Jesuiten des 16. Jh. Er ist als Professor tätig und verfaßt die vierbändige »universa theologica[46]. U.a. übt er nachhaltigen Einfluß auf seinen Ordensbruder Spee aus. Neben ihm gilt er als der erste Jesuit, der den Unsinn des Hexentreibens erkennt und auf die damit verbundenen Ungerechtigkeiten aufmerksam macht. Er fordert von den christlichen Fürsten die Übereinkunft zur einheitlichen Führung der Hexenprozesse: diesen Faden greift Spee etwas später auf. Außerdem beschäftigt er sich mit der Frage, wie sich ein Beichtvater ihnen gegenüber zu verhalten hat. Tanner kämpft mit dem Moralist Diana gegen die Ansichten von DelRio. Am Rand ist anzumerken, daß man Tanner der Hexerei verdächtigt, weil man nach seinem Tod unter den Habseligkeiten ein Mikroskop gefunden hat[47].

Trotzdem läßt sich seine Person schwer fassen. Auf der einen Seite ist er vom Zeitgeist befangen und auf der anderen fordert er Milde, Sachverstand und Gerechtigkeit: es wird sich nie miteinander verbinden lassen. Tanners Ansichten zur Hexerei gehen vor allem aus seinen Büchern hervor.

Den ersten Band der »theologica scholastica« widmet er dem Ingolstädter Jesuitenzögling Kaiser Ferdinand II. Der dritte Band erscheint 1627 vier Jahre vor der »Cautio Criminalis«.

Im Zusammenhang eines Traktates über die Engel beschäftigt er sich mit dem Flug der Hexen und im dritten Band brandmarkt er die Ungeheuerlichkeit der Hexenprozesse in kraftvoller Weise. Er wirkt zwiespältig und zeigt nicht die klare Linie des Ordensbruders Spee. Tanner stellt Meinungen gegenüber und gelangt zu der Auffassung, daß die Hexen nicht ausfahren[48], wie das schon der »canon episcopi« zum Ausdruck bringt. Auf der anderen Seite werde die Realität der Fahrten durch die übereinstimmenden Geständnisse der Hexen und wirkliche Vorkommnisse dokumentiert: » . . . denen man ohne Verwegenheit die Glaubwürdigkeit nicht absprechen kann«. Der »Canon episcopi« bestreitet nicht das Ausfahren, sondern nur die Art derselben . . . trotz allem ist moralisch gewiß, daß die Hexen zuweilen in Zusammenkünften (vom Teufel) getragen werden.

Hier sehen wir die jesuitische Kasuistik, die daraus im 17. und 18. Jh. eigene Denkmodelle zimmert (Prohabilität). Dem normal denkenden und empfindenden Bürger bleibt dies unverständlich. Es hört sich zwar intelligent an, doch dahinter verbirgt sich ein geistiger Scherbenhaufen.

Tanner ist der Meinung, daß der Teufel lediglich mit göttlicher Zustimmung wirksam werden kann. Er folgert daraus: » . . . wenn die Hexen vom Teufel eine schädliche Salbe erhalten, können sie Anderen schaden: sofern Gott nicht ihrem Vorhaben widersteht . . . so lehrte es schon Trithemius in der Beantwortung der kanonischen Fragen«.

In logischer Folge plädiert er für die Todesstrafe der Zauberer und Hexen: » . . . die Hexen müssen nach Möglichkeit ausgerottet werden . . . nur wenn eine ernsthafte Gefahr für Unschuldige besteht, habe die Verfolgung zu unterbleiben«[49]. Wenn dieser Grundsatz für alle Verbrechen gilt, so besonders für die Hexenprozesse wegen der furchtbaren Folgen.

Hier ist unausbleiblich, daß mit Schuldigen (auch) Unschuldige zugrunde gerichtet werden. Tanner macht auf die Infamie, die Folterqualen und die Schande aufmerksam, die den christlichen Kirchen in diesem Zusammenhang zur Last gelegt werden muß[50]. Er weiß, daß man solche Verbrechen nicht durch übertriebene Strenge ausrotten kann.

Er fordert kluge und gerechte Richter, denen ein Theologe beizuordnen ist: » . . . es wäre besser, die verurteilten Hexen nicht immer nach der Strenge des Gesetzes zu bestrafen. Besser wäre es, sie zu Kirchenbußen zu begnadigen . . . weil diese Demütigung den Teufel mehr als tausend Hinrichtungen ärgert«:

Oft vernachlässige man zu prüfen, ob der behauptete Schaden wirklich eingetreten sei . . . neulich wurde aus einer Stadt am Rhein an die juristische Fakultät Ingolstadt berichtet, daß bei einem öffentlichen Verlesen eines Hexengeständnisses, das sich auf das Ermorden einer bestimmten Person bezogen hat, diese anwesend war . . . woraus die Unwahrheit der Aussagen hervortrat . . . das Denunzieren genügt weder zur Verurteilung noch zur Anwendung der Folter.

Tanner stellt einige Mittel zusammen, von denen er meint, das Hexen verhüten zu können. An erster Stelle nennt er geistliche Zeremonien, die Anwendung des Exorzismus, den Gebrauch des Kreuzes, die Anbetung von Orts- und Schutzheiligen usw. Fluchen und schlechte Redensarten soll man unterlassen. In der sittlichen Erziehung der Kinder erkennt er einen wesentlichen Ansatzpunkt[51]. Nach der Predigt soll die Gemeinde feierlich dem Teufel entsagen; dies soll (auch) im Beichtstuhl geschehen. Das Glaubensbekenntnis soll man öffentlich ablegen und häufig beten.

Vor allem sei gegen die Unzucht einzuschreiten. Tänze, die Anlaß zum Schlimmsten sind – sind zu vermeiden. Er bezeichnet sie als unsittliche Belustigungen und trägt die Geschichte vor, derzufolge ein Jesuit Prügel einstecken mußte, weil er versucht hat, Bauern vom Tanzen abzuhalten[52].

Tanner macht den verfänglichen Vorschlag: »Aufpasser sollen in jeder Stadt und in jedem

Dorf auf Anzeichen der Hexerei achten und sie dem Richter in angemessener Weise anzeigen«. Das ist nicht neu, denn schon das Buch des Calvinisten Bodin sagt auf Seite 552: »... es sind Hexenkommisäre auszuschikken ... auch sollte man einen Stock (= Kasten) in den Kirchen haben, darein einem jeden freistände, ein gerollt Papierlein zu werfen, darinnen der Unholdinnen Name geschrieben steht«. So wird die Kirche zum offiziellen Träger eines breit angelegten Denunziantentums.

Der Moraltheologe Paul Laymann[53]

Laymann zählt zu den bedeutenden Moraltheologen des 17. Jh. Er ist der Verfasser der »theologica moralis«, bzw. des »processus juridicus contra sagas«[54]. Laymann nimmt einen abwägenden, zur Milde neigenden Standpunkt zum Hexenwesen ein und ist insoweit ein literarischer Gegner seines Ordensbruders DelRio. Laymann bringt interessante Details und bezieht sich des öfteren auf Peter Binsfeld. Zu seiner Zeit stehen wir inmitten des 30-jährigen Krieges. Der wirtschaftliche Niedergang ist so extrem, wie die damit verbundenen Faktoren Armut und Ausschweifung: »... Hunger, Krieg und Pestilenz grassieren allenthalben ... alles ist überteuer und der Übermut wird immer größer«[55]. Zu dieser Zeit werden im deutschsprachigen Raum scharfe Luxusgesetze erlassen[56], während man auf der anderen Seite Hexen foltert und verbrennt. Laymann zählt zu den Befürwortern des Hexenmordens. Er schlägt vor, den Verurteilten einen Pulversack auf die Brust zu binden, damit ihre Qualen verkürzt werden. Die daran anschließende Explosion zerreiße den Körper des Delinquenten und führe seinen Tod rasch herbei[57]. Welche Worte aus dem Mund eines Christen?

Laymann postuliert: »... doch bei Unbußfertigen brauche man diese Milderung nicht anzuwenden«. Unter Berufung auf seinen Kollegen Tanner fordert er, die Angeklagten nicht unmittelbar nach der Gefangensetzung zu foltern, »... man müsse ihnen 1 – 2 Tage Zeit lassen, damit sie sich fassen und überlegen können«. In seinem »processus juridicus« steht der Satz: »... etliche wollen mit den Atheisten, Heiden und Türken behaupten, daß es keine Teufel und Zauberer gibt. Oder, wie Weyer, behaupten, es sei nur etlicher Leute Phantasie oder ein Traum ... dadurch machen sich diese bösen Christen verdächtig«[58]. Allerdings ist (noch) umstritten, ob die Schrift wirklich aus seiner Feder stammt. Im Wesentlichen wird vorgetragen:

● Der Beichtvater soll die Klagen der lügenhaften Weiber über die Ungerechtigkeit des Gerichtsverfahrens nicht annehmen, weil es nicht seine Sache ist.

● Eine Hexe ist verpflichtet, Mitschuldige anzugeben, damit das Unwesen von der Obrigkeit ausgerottet werden kann.

● Die Anzeige von infamen Personen genügt nicht, um zum Gefängnis oder zur Anwendung der Folter zu schreiten.

● Zur Vornahme der Tortur müssen bis auf das Geständnis alle Indizien vorhanden sein.

● Die Folter darf nicht so hart sein, daß sie den Beschuldigten zu einem Geständnis zwingt.

● Wenn das Gesetz befiehlt, die Hexen lebend zu verbrennen, haben sich die weltlichen Richter daran zu halten.

Tendenzen im 17. Jahrhundert

Der Jesuit Stengel, seines Zeichens Professor der Theologie und Verfasser eines dickleibigen Buches über die göttlichen Strafgerichte steht unter dem Einfluß des Hexenhammers, den Ansichten Binsfeld's und DelRios[59]. Er mag nicht verstehen, weshalb die Magistrate bei den Greueln der Hexen ruhig bleiben. Das Verbrechen der Hexen ist seiner Überzeugung nach so grauenhaft, daß die Obrigkeiten selbst die ewige Verdammnis fürchten müssen, falls solche Taten ungestraft bleiben. Darum referiert er: »... die Obrigkeit, die die Hexen leben läßt, macht sich an allen Mordtaten schuldig, die von diesem Gesindel verübt werden. Man soll sich am Würzburger Fürstbischof ein Beispiel nehmen, der seinen eigenen Neffen nicht geschont hat[60]. Hier hat ihn inzwischen die Forschung überholt, denn er sitzt einem Mißverständnis auf.

In einem weiteren Buch über die Segnungen trägt er vor: »... man muß nicht auf die hören, die leugnen, daß der Teufel und seine Diener, die Zauberer und Hexen, Stürme erregen können ... das Gegenteil sei durch sichere Dokumente festgestellt«[61]. ... Ein weiteres schriftstellerisches Elaborat haben wir in seinem Buch »über die christlichen Feste«, das er dem Hexenfänger und gleichzeitigem Ellwanger Domprobst Christoph von Westerstetten widmet. Im Vorwort läßt er die Katze aus dem Sack: » . . . die hartnäckige Pest der Zauberer und Hexen möchte unüberwindliche Kraft erlangen. Je verborgener, desto verderblicher und gefährlicher schleicht dieses Übel voran. Gegen diese Pest der Zauberei wendet Ew. Hoheit, von göttlichem Eifer und der Liebe zum Wohl der Untertanen entflammt, kein dienlicheres Mittel an, als die Standhaftigkeit in der Ausübung der Gerechtigkeit«[62].

Am Schluß ein Beispiel seiner professionellen Schläue: » . . . ich war an dem Ort, wo ein Student, weil er nicht ausreiten wollte, seine steifgewordenen Gamaschen in die Küche trug, um sie durch Einfetten geschmeidig zu machen. Da fand er in einem Winkel ein kleines Gefäß mit Salbe, die ihm (dazu) geeignet schien.

Nun rieb er das Leder tüchtig ein und stellte die eine Gamasche an den Herd. Während er sich die nächste zu eigen machte, begann die im Feuer stehende, wie belebt, sich zu bewegen, richtete sich auf und flog plötzlich durch den Kamin davon«[63].

Der Jesuit Georg Witweiler beruft sich auf DelRio und die Aufführungen des Hexenhammers. Er ist der Verfasser eines katholischen Hausbuches, das 1631 erscheint. Er hält es für problematisch, das Hexenwesen lediglich als Illusion anzusehen[64]. Der Würzburger Professor der Theologie – er lehrt in Trier und Mainz – schreibt drei Bücher über Geistererscheinungen. Seiner Ansicht nach haben sie eine besondere Gewalt über Nichtgetaufte und Ketzer. Witweiler gilt als leichtgläubig und räumt den Gespenstern mehr Raum als ihnen zusteht ein, denn es gibt keine. Wer an den Teufel glaubt, dem fällt es leicht, (auch) an Gespenster zu glauben. Zudem lockt er mit christlichen Trostmitteln: den Reliquien. Zumindest ist fragwürdig, mit ihrer Glaubwürdigkeit hausieren zu gehen.

Nikolaus Cusanus, Verfasser der »Christlichen Zuchtschul« aus dem Jahr 1627 teilt den Hexenwahn der Epoche, sucht aber nachdrücklich die Quelle des Übels zu stopfen und sagt: » . . . eine erkannte Hexe dürfe eine andere auch dann nicht verschreien, wenn es aus Eifer für die Gerechtigkeit geschieht. Schuld

sind vor allem die Denunzianten, die mit ihren giftigen Zungen Arme um Gut, Geld und Leben bringen: auch sie müssen einmal Gott Rede und Antwort stehen«. Von Cusanus hat sich eine interessante Übersicht des damals gängigen Aberglaubens erhalten[65]. Er zählt zu den literarischen Gegnern von DelRio.

Der Jesuit Kaspar Hell ist am Kolleg in Eichstätt tätig, wo unter Christoph von Westerstetten (1611 – 37) Hexenbrände lodern. Hell muckt auf, zieht sich die bischöfliche Mißgunst zu und wird vermutlich darum versetzt. 1630 finden wir ihn als Rektor des Kollegs in Amberg. In dieser Eigenschaft stirbt er am 20. Oktober 1634 im Alter von 45 Jahren.

Der Teufelsaustreiber Scherer

Der 1558 in Tirol geborene Jesuit Georg Scherer, ein bekannter Prediger in Wien und Linz, hat sich im Zusammenhang mit einer 1583 erfolgten Teufelsaustreibung in die Geschichte eingeschrieben[66]. Er geht davon aus, daß die christliche Kirche zu allen Zeiten die Gewalt gehabt hat, höllische Geister zu vertreiben. Er beruft sich auf den hochwürdigen Bischof von Wien. Johann Kaspar: » . . . der neben anderen Priestern eine Jungfrau Anna Schluttbäurin, burtig von Manck in Österreich unter der Enns, von allen bösen Feinden erlöst . . . das Mägdlein hatte in ihrem Leib 12 625 böse Geister: es war eine starke und gut besetzte Legion . . . das Unheil ham durch eine alte Zauberin über sie, die sie, ihr Kindeskind, mit Leib und Seele an den Teufel verkuppelt hat . . . sie stellte sich mit ihm in einen Kreis und habe daraufhin eine Fliege aus dem Glas gelassen . . . wie wurde zu einem zottigen Mann und alsdann sagte sie zum Dirnlein: siehe, das ist dein Bräutigam«.

Scherer knüpft an seine Spekulationen die rhetorische Meinung: » . . . seid nicht arglos, als ob kein Feind vorhanden, sondern wacht und betet, denn wir haben es mit Gewaltigen zu tun. Ergreift den Harnisch Gottes, umgürtet eure Lenden mit der Wahrheit, angezogen mit dem Panzer der Gerechtigkeit. Ergreift in allen Dingen den Schild des Glaubens. Mit ihm kann man alle feurigen Pfeile des Bösewichts vernichten. Setze auf den Helm des Heils und nimm das Schwert des Gewissens: welches ist das göttliche Wort«.

Mehrfach fordert Scherer die Obrigkeit zur Bestrafung der Zauberer auf[67]. In seiner »christlichen Vermahnung wider die Zauberer, Teufelskünstler, Wahrsager und Wahrsagerinnen, die jetzt einreißen und mit Gewalt überhandnehmen wollen, sagt er: » . . . siehe, Gott hält die Zauberer für nicht wert, daß sie der Erdboden tragen soll. Darum befehlt, seien es Manns- oder Weibspersonen, daß man sie einfangen, steinigen und hinrichten soll«.

»Die Obrigkeit kann es weder vor Gott noch vor der Welt verantworten, wenn sie gegen solche Leute keinen Ernst gebraucht. Der Allmächtige zerstöre die Werke des Teufels und errette uns vor seinen Anfechtungen«.

Jesuitische Gutachten zur Hexenfrage

Es sind immer wieder Jesuiten, die auf die Schwierigkeiten der Prozeßführung in Hexensachen aufmerksam machen. Von der Ausbildung her haben sie den Überblick und den notwendigen Einfluß, den sie jedoch in erster Linie zur Absicherung *ihrer* Organisation nutzen.

Der Spanier Gregor von Valenzia[68]

der jahrelang als Professor für Theologie in Ingolstadt tätig ist, beschäftigt sich ebenfalls mit dem Hexenwesen. Im dritten Band seines vierbändigen »Commentatorium Theologiaricum« behandelt er den Hexenprozeß und beruft sich im wesentlichen auf Peter Binsfeld.

Sein Werk über die scholastische Theologie verschafft ihm den Ruhm eines bedeutenden Theologen. Gregor von Valenzia weist darauf, sich die Prozesse aus der Nähe zu betrachten, d.h. nicht summarisch zu verfahren. Und doch geht er streng mit den Hexen ins Gericht.

» . . . da die Hexereien im Verborgenen geschehen, läßt sich die Schuld der Angeklagten durch das Geständnis auf der Tortur erkennen . . . die Strafe hat auf den Tod zu lauten, und zwar in der Weise, wie es in der Nachbarschaft gebräuchlich ist. Einem Widerruf nach der Verurteilung brauche man nicht stattzugeben«. Auf der anderen Seite fordert er kompetente Richter, einen Verteidiger und zwei zuverlässige Zeugen. Wegen einer Denunzierung dürfe man nicht zur Folter schreiten: außerdem wäre die Wasserprobe unzulässig«.

Der bayerische Herzog Wilhelm V. fordert in einer Hexensache sowohl von seinem Hofrat, von der theologischen *und* juristischen Fakul-

tätder Universität Ingolstadt ein Gutachten[69], an deren Abfassung Gregor von Valenzia beteiligt ist. Es fällt so aus, wie es sich ein Hexenmeister wünschen kann:

- Die Richter sollen die Hexenprozesse in den Bistümern Augsburg und Eichstätt, den Hexenhammer und das Buch von Binsfeld studieren.

- Jeder Verdacht auf Hexerei ist anzuzeigen.

- Hexenmale gelten als sicheres Erkennungszeichen.

- Mit der Folter darf man rascher bei der Hand sein, als bei anderen Prozessen.

Wir sehen die Einstellung des späten 16. Jh. Erst danach zeigt sich eine gewisse Liberalisierung. Einmal geht es um die Erlaubnis zum Foltern von drei in München eingezogenen Frauen, die der Hexerei bezichtigt sind. Die Dillinger Jesuiten tragen vor: » . . . die Folter darf bei der Schwäche der Indizien weder schwer sein noch wiederholt werden . . . nach reiflicher Überlegung der Umstände scheint es besser zu sein, wenn man sich für ihre Unerlaubtheit entscheidet«[70].

1602 sagt ein jesuitisches Gutachten aus Bologna, daß die Aussagen der Hexen über andere Personen auf den Hexentänzen wertlos sind. Das Denunzieren gebe keine Ansatzpunkte. Auch die Mainzer Jesuiten nähern sich dieser Auffassung, indem sie schon 1603 vorschlagen, auf Denunziationen hin nicht einzuschreiten, sondern von den Klagenden Beweise zu verlangen. Die kölnische Ordnung vom 24. Juli 1607 sucht im allgemeinen den Prozeß zugunsten der Angeklagten zu mildern, enthält jedoch für die Wiederholung der Folter harte Vorschriften[71]. In einem jesuitisch gefärbten Gutachten aus dem Jahr 1625, dessen Anlaß ein Eichstätter Hexenprozeß ist, machen sie darauf aufmerksam:

- Daß manche Weiber wankelmütig und leichtsinnig sind, so daß man ihren Angaben keinen Glauben schenken kann.

- Der Prozeß gegen die Hexen ist in vielen Punkten unbestimmt. Daher kommen die unterschiedlichen Verfahrensweisen der Gerichte und die Meinungsverschiedenheiten.

- Ein mildes Vorgehen sei besser, denn es entspricht nicht allein mehr der Carolina, sondern beuge größeren Übeln vor.

- Das Verbrechen der Zauberei ist verborgen und in der Beurteilung schwierig: vor allem, wenn es vor weltlichen Richtern geführt wird, die die Täuschungen des Teufels nicht erkennen[72].

Der Jesuit Petrus Kirchner soll in den Jahren 1626 – 1629 im Bamberger Gebiet etwa 400 Personen auf den Tod vorbereitet haben. Sein Standpunkt zum Hexentreiben läßt sich nicht fixieren, zumal die Beichtväter erst nach der Verurteilung der Hexen zugelassen werden. Der in Fulda tätige Pater Lucas Ellentz wird im Alter von 55 Jahren auf der Kanzel vom Schlag gerührt: »... kein Weg war ihm zu weit, keine Entbehrung zu groß, nichts konnte ihn abhalten, um den Armen Trost und Hilfe zu bringen: er begleitet gegen 200 Verurteilte zum Scheiterhaufen. In Trier retten Jesuiten einem fast 95-jährigen Mann das Leben, den man wegen Verdachts auf Ketzerei angekettet hat.

Hier spiegeln sich die extremen Positionen im jesuitischen Lager. Die Bandbreite reicht von der hingebungsvollen Aufopferung bis zur Verdammnis. 1574 verteidigt der Ingolstädter Pfarrer Hektor Wegmann aus Augsburg, Baccalaureus der Theologie an der hiesigen Universität, 95 theologische Thesen über Zauberei.

Hexenprozesse unter Mitwirkung der Jesuiten

Am Schluß sei auf zwei Prozesse aufmerksam gemacht, an denen Jesuiten beteiligt sind. Es gilt nochmals herauszustellen, daß die Geistlichen in der Regel erst nach der Verurteilung, also Richterspruch, bzw. dem Brechen des Stabes, Zugang zu den Verurteilten haben und damit nichts ändern können. Das Problem liegt im Vorfeld, im Aufbau der Ideologie und dem Festbeißen der Christen am Teufelswahn.

Prozeß gegen Catharina Henot[73]

Bis zum 16. Jh. begnügt man sich im Kölner Gebiet, Hexen mit Ruten auszustreichen. Doch zu Beginn des 17. Jh. greift man schärfer durch. 1610 übt der Pöbel Lynchjustiz und schlägt auf der Straße eine der Hexerei Bezichtigte mit Knüppeln tot. 1617 werden einige als Hexen Denunzierte auf Melaten (= heutiger Melatengürtel) verbrannt.

Der Prozeß gegen Catharina Henot ist wohl der interessanteste dieser Art in Köln[74]. Es ist denkbar, daß er aus Neid um eine Postmeisterstelle angezettelt wird; die Akten geben keine schlüssige Antwort: Familie Henot steht im besten Ruf und gehört zu den Wohlhabenden der Stadt. Die Familie ist katholisch[75]. Der Vater von Catharina ist kaiserlicher Postmeister, ihr Bruder Hartger, Doktor der Rechte, Kapitular am Domstift, Dechant von St. Andreas, Probst an St. Severin, kaiserlicher und kurfürstlicher Hofrat sowie apostolischer Protonotar. Catharina ist verwitwet und bewohnt mit ihrem Bruder ein zum Kloster St. Andreas gehörendes Haus. Eine Tochter von ihr ist im St. Klara-Kloster als Nonne untergebracht. Von dieser Zelle nimmt das Übel seinen Lauf.

1626 geben einige vom Teufel besessene Schwestern während der Exorzismen an, daß die Catharina (Henot) der Ursprung ihres Leidens sei und bezichtigen sie der Hexerei, bzw. sagen, sie habe einen Pakt mit dem Teufel geschlossen . . . ihre Quälereien würden nicht eher aufhören, bis man sie »wie eine Hexe« behandle[76].

Rasch verbreitet sich das Gerücht in Köln, » . . . die Henot wäre eine Hexe«. Die begüterte Familie hat sowohl die Möglichkeit wie das Wissen, gegen eine Denunziation vorzugehen, doch hilft es wenig. Am 29. August bestreitet sie mit einer aus kurfürstlichen Räten gebildeten Kommission alle Anschuldigungen und droht jedem, der das Gerücht weitertrage, mit einer gerichtlichen Verfolgung. Der Kölner Erzbischof wird aktiviert und bemüht sich, den Gerüchten nachzugehen. Dann beantragt Catharina mit ihrem Anwalt beim Hohen Gericht einen Purgations(= Reinigungs)prozeß, um sich vor weiteren Anfechtungen zu schützen. Dem wird nicht stattgegeben. Parallel beschließt der Rat, im Einvernehmen mit dem Kurfürst, die Henot zu verhaften.

Jetzt legen die Stimmeister eine Supplikation vor und bringen ein, daß eine der besessenen Schwestern, Maria Haurath, die Henot ausdrücklich der Hexerei bezichtigt hat. Sie habe sich dazu bereit erklärt, im anstehenden Prozeß als Klägerin aufzutreten. Erschwerend kommt hinzu, daß die in Lechenich inhaftierte Langenbergerin sagt: » . . . die Henot habe im St. Clara-Kloster maleficiis und Zauberwerk geübt und mit ihr Collusiones, Conspirationes und Tottschläg gehabt«. Schließlich besinnt man sich auf das in der Stadt umlaufende Geschrei. Ein Jesuit erwähnt als zusätzliches Indiz ein an ihr gefundenes Hexenmal.

Die Verhaftung der Henot stößt auf Schwierigkeiten. Da die Obrigkeit in kirchlichen Gebäuden keine Verhaftung vornehmen kann, stellt der Offizial einen erzbischöflichen »Rodenträger«. Er soll die Verhaftung übernehmen und die Gefangene den städtischen Gewaltrichtern übergeben. Man stellt ihm ein Trupp Soldaten bei, die notfalls gewaltsam in das Haus dringen sollen. So wird Catharina zum Turm und dann unter dem Geschrei des Volkes in das Gefängnis gebracht.

Alle ihre Anträge, die ihrer Verwandten und vor allem die ihres Anwaltes, Laurentius Mey, auf Mitteilung der Indizien, bleiben erfolglos. Jeder Verkehr mit ihr, mit ihm und dem Beichtvater werden unterbunden. Man macht den Vorschlag, das Gericht solle das Gutachten einer unparteiischen Universität einholen. Alle Eingaben bleiben unbeachtet. Nachdem man die Denunzierte das erstemal foltert, richten ihre Freunde und Verwandten am 9. Februar eine weitere Anfrage um Erfahrung der Indizien an den Kölner Rat; damit wollen sie das Foltern vermeiden.

Schließlich übersteht sie drei Torturen, ohne ein Geständnis im Sinn ihrer Häscher abzulegen. So wird sie – ohne Bekenntnis der Schuld – (also einem eindeutigen Rechtsbruch) – vom Hohen Gericht zum Tod verurteilt. Unter den sie verurteilenden Schöffen befinden sich 5 städtische Juristen.

Drei Tage vor der Vollstreckung des Urteils verfaßt sie einen Brief an ihre Angehörigen. Er zählt zu den erschütterndsten Dokumenten des Hexentreibens im 17. Jh.[77]. Darin schildert sie den Verlauf des Prozesses und weist empört alle ihr vorgehaltenen Verbrechen zurück.

Auf Bitten der Verwandten stellen sich der Notar und zwei Zeugen am Tag der Hinrichtung am Hospital an der Breite Straße auf, wo den zum Tod Verurteilten geistlicher Trost geleistet wird. Nun wird die Witwe auf einem Karren einhergefahren. Sie sitzt zwischen den Jesuiten Adrian Horny und Hermann Mohr, wird nach Melaten zum Galgenberg geführt, hier vom Scharfrichter erdrosselt und daraufhin in einer Strohhütte verbrannt » . . . wieder triumphieren Christen, denn sie haben es

geschafft, eine Unschuldige unter Außerachtlassung aller Rechtsgrundsätze aus dem Leben zu schaffen.

Sie leiten damit für Köln eine fünfjährige Phase der Hexenbrände ein«. Nach der Hinrichtung legt ihr Bruder aus Protest sämtliche Ämter und Würden ab. Schließlich gerät er mit einer Franziska Henot selbst in den Verdacht der Zauberei. Vermutlich ist der Jesuit Spee Augenzeuge dieses Treibens und wird (auch dadurch) zum Abfassen einer »Cautio Criminalis« angeregt.

Der Prozeß gegen die Nonne Renata Sänger[78]

Der Prozeß spielt um die Mitte des 18. Jh. und gilt als einer der letzten Hexenprozesse auf deutschem Boden unter der konventionellen Anschauung eines Bündnisses mit dem Teufel, unter Mitwirkung von Jesuiten und der Denunzierung einer angeblich von einem angeblichen Teufel Besessenen. Es ist einer der letzten Zaubereiprozesse mit tödlichem Ausgang. Im Mittelpunkt der Hetze steht die siebzigjährige Subpriorin des Klosters Unterzell bei Würzburg.

Wir haben ein exemplarisches Beispiel menschlicher Verschrobenheit vor uns. Und dies in einer Epoche, wo den Hexenprozessen längst der Todesstoß versetzt ist. Zweifelsfrei war die alte Dame geistesgestört. Dieses Attribut kann auch den sie Verurteilenden nicht abgesprochen werden. Wie ist es dazu gekommen?

Renata soll als »unverständiges« Kind im Alter von 6 Jahren durch einen Offizier zur Zauberei verführt worden sein. Mit 12 Jahren wird sie während eines Hexenkonvents zur Ehrendame erhoben und bekommt einen Platz beim Thron des »Fürsten der Finsternis«. Mit 19 Jahren bringen sie die Eltern in das Kloster der Prämonstratenser nach Unterzell bei Würzburg, das wegen »gräulicher Disziplin und recht außergebräuchlich-unschuldiger Tugend« (was man auch immer darunter verstehen will) bekannt ist. Sie gilt viele Jahre als fromm, ist die letzte im Chor und die erste beim Gottesdienst. Im Lauf der Jahre erheischt sie sich den Posten der Subpriorin. Innerhalb ihres 50-jährigen Klosteraufenthalts behält sie (angeblich) die ihr unterstellte Zauberei für sich. Dann führen äußere und innere Zwänge eine Spaltung ihres Wesens herbei. Allmählich erhebt sich ein Tumult im Kloster. Kutschen scheinen durch den Schlafsaal zu fahren, im Garten hört man Geschrei, Nonnen werden geschlagen, gezwickt und gewürgt. Andere werden hellsehend und fühlen sich von Dämonen besessen. Dämonen deuten wiederholt auf die Subpriorin. Die nächtlichen Plagen werden so schlimm, daß man sie in der Umgebung wahrnimmt.

» . . . derohalben verursachte der Teufel vier Closter-Frauen, theils durch zauberisches Anhauchen, theils durch Wurzeln und Kräuter. Nebst einer Layen-Schwester, so noch eine Novizin, zauberte sie durch erwehnte Mittel mehrere höllische Geister in den Leib. Zudem habe sie berauschende Tränke bereitet, Wein aus dem verschlossenen Festungskeller in das Kloster geholt, als Schwein auf den Klostermauern nächtliche Umzüge gehalten . . . auf der Brücke habe sie vorübergehend Kühe gemolken und manchmal habe sie in London beim Theater (mit)gespielt. Sie habe sich in eine Katze verwandelt, die anderen Nonnen gequält, bis man es durch blutige Spuren entdeckt . . . «.

» . . . doch Gott ließ es nicht länger zu und veranlaßte eine der Kranken, die Subpriorin beim Probst anzuzeigen«. Er ermahnt sie, sich auf den seligen Tod vorzubereiten und läßt die Sache gehen. Schließlich nimmt eine der Chorjungfern ihre »mit scharfen Sporen bewaffnete Disziplin« (= ein Gerät zur Kasteiung und gleichzeitig (ein) sexuelles Stimulativ) und treibt die (Hexe) Maria Renata aus dem Zimmer. Wieder wird der Probst zum Handeln aufgefordert. Er nimmt die alternde Frau in Verwahrung, » . . . als man hernach ihr Zimmer durchsucht, findet man einen Schmierhaufen, Zauberkräuter, sodann einen goldgelben Rock, in welchem sie zum gewöhnlichen Hexentanz gefahren«. Angesichts dieser Beweisstücke legt sie ohne Zwang ein Bekenntnis ihrer Untaten ab und verspricht, dem Teufel abzusagen. Auf Befehl des Fürstbischofs wird sie der geistlichen Ämter degradiert und auf die Feste Marienberg gebracht. Hier legt sie vor zwei geistlichen Räten und Jesuiten eine Beichte ab. Daraufhin wird sie zum »gerechten« Tod verurteilt.

Es gibt eine Verzögerung, denn der Fürstbischof stirbt am 9. Februar 1749. Unter der Herrschaft seines Nachfolgers, Karl Philipp von Greifenklau (1749 – 1754) wird das Verfahren (wieder) aufgerollt und abgeschlossen. Am 21. Juni 1747, morgens zwischen 8 und 9 Uhr, enthauptet der Kinziger Scharfrichter die 71-jährige. Ihren Körper wirft man an einer Stelle vor dem Hochburger Wald, dem sog. »Hexenbruch«, dem üblichen Brandplatz, auf einen Scheiterhaufen, während ihr Kopf auf eine Stange gesteckt und mit dem Blick nach dem Kloster Unterzell gehalten wird.

Der Jesuit Gaar hält vor dem Holzstoß eine Rede: darauf wird die Leiche eingeäschert. Der Gotteskundler referiert: » . . . Zauberer buhlen mit dem Teufel . . . weilen Maria durch 50. Jahr, welche sie im Kloster zugebracht, nach ihrer eigenen Aussag(e) keiner einzigen Closter-Seel habe schaden können, wollte der Satan durch diese seine Sklavo die Wuth an denen Leibern ausgießen«.

Einmal mehr kann die Kirche frohlocken: es ist ihr gelungen, einen Menschen beiseite zu schaffen und sich dabei (noch) ins rechte Licht zu rücken. Wie oft beweist unsere Geschichte, daß die Christen nicht die Verfolgten, sondern die Verfolger – von Glaubens wegen – sind? Nach der Untat gehen die Spukereien im Kloster weiter.

Neben einer Cäcilia Pistorini sind neun weitere Klosterjungfern besessen, klagen über heftige Schmerzen im Unterleib, spüren das Aufsteigen eines Körpers gegen das Herz und fühlen Beängstigungen. Bei allen stellt sich ein Widerwille gegen gottesdienstliche Handlungen ein, der sich bis zur wütenden Abscheu steigert. Für Theologen ist es ein schlüssiger Beweis echter Besessenheit(!).

Der Pater Siard, der Cäcilia exorzisiert, berichtet: » . . . bald begann der Dämon mit veränderter Stimme aus ihr zu sprechen und nannte sich Nawadneshah. Er redete mich als Ochsen- und Eselskopf an. Die Qualen während der Beschwörung waren unaussprechlich. Der Dämon durchzuckte ihren Körper und zerschlug das Gesicht der Jungfrau: er machte sie blind und stumm. Oft log er und gab die Zeit der Ausfahrt falsch an. In diesem Zusammenhang erhebt sich die schwierige theologische Frage, ob ein Dämon einen zu Boden gefallenen Rosenkranz aufheben kann«. Offenbar führt dies die entscheidende Krise herbei, denn der Pater läßt wissen: » . . . bald darauf bekam sie einen heftigen Durchfall, wodurch unstreitig die Maleficia und Zaubermittel ohne Schmerz von ihr gegangen«.

Das Stadtarchiv Würzburg machte mich freundlicherweise auf die Publikation »Geschichte, Namen, Geschlecht, Leben und Thaten und Absterben der Bischöfe von Würzburg und Herzoge zu Franken . . . aufmerksam, das 1924 in Würzburg erschienen ist. Darin ist eine bemerkenswerte Passage über das Leben und die Hinrichtung der Nonne Maria Renata Sänger, den ich hier einfüge:

Während dessen hatte aber auch die traurige Begebenheit den Anfang von Karl Philipps Regierung betroffen. Das letzte unglückliche Opfer des heillosen Hexenglaubens, Maria Renata Singer von Mossau, Nonne des Klosters Unterzell, war am 21. Juni 1749 in Franken (nicht in Deutschland) gefallen. Schon unter der vorigen Regierung war die Unglückliche, als der Hexerei verdächtig, angegeben worden und schon war die Kommission niedergesetzt, die ihr aufgebürdeten Verbrechen zu untersuchen, als der plötzliche Tod des Fürstbischofs Anselm Franz den Anfang ihrer Thätigkeit hemmte. Doch nur auf wenige Tage. Schon am 19. Febr. verfügte sich die Kommission, bestehend aus dem geheimen und geistlichen Rathe Dr. Barthel, dem geistlichen Rathe Dr. Wenzel und den beiden Jesuiten Staudinger und Munier, abermals nach Unterzell und begann die Vernehmungen der Angeschuldigten. Nachdem der Weg vom Kerker an bis zum Sprachzimmer, wo die Unglückliche vernommen werden sollte, mit Weihwasser besprengt war, wurde sie selbst, weil sie vor Alter und Schwachheit (sie war fast 70 Jahre alt) nicht gehen konnte, von einigen Schwestern herbeigetragen. Merkwürdig sind ihre Antworten in Bezug auf ihr Klosterleben, indem sie freimütig bekannte, daß sie nie Sinn für das Kloster gehabt, auch Gott nicht gedankt, als sie in dasselbe gekommen, im Gegentheile vorher gebetet habe, sie möge nicht aufgenommen werden. Der einzige Zweck ihrer Eltern sei dabei gewesen, sie versorgt zu sehen, sie habe aber Tag und Nacht darüber geweint. Sie habe auch später nicht zufrieden im Kloster gelebt, weil sie immer wieder in die Welt hinaus gedacht habe. Auf die Frage nach ihren Gesundheitsumständen erwiderte sie abermals, daß oft Melancholie sie überfallen habe, weil sie an nichts als an weltlichen Dingen Freude habe, die ihr aber natürlich im Kloster versagt gewesen seien. Sie habe solche Gedanken, trotz ihrem Vorsatze, nicht unterdrücken können.

Deshalb habe sie in der Nacht auch häufige Träume, lustigen und traurigen Inhalts, so daß sie oft laut schreie und heule. Merkwürdig ist die Antwort auf die Frage: Ob sie nicht glaube, daß die Hexerei viel in der Einbildung bestehe? »Vieles wäre in der Einbildung, vieles aber auch in der That«. Die Erzählung ihrer Verschreibung an den bösen Reind, der die Gestalt eines Offiziers angenommen hatte, ist höchst naiv. Sie habe, sagte sie uns, bloß ihren Namen auf ein Bild, worauf ein Vogel und ein Herz gemalt gewesen, mit den Worten »ich bleibe Dir getreu« unterschrieben. Dieß alles war aber schon im 7. oder 8. Jahre ihres Alters geschehen, wo sie mit ihrem Vater, der gleichfalls Offizier war, in den Feldlagern umherzog. Auf eine weitere Frage, ob sie denn nicht glaube, daß der böse Feind durch ihre Verschreibung Gewalt über sie habe? entgegnete sie, gewiß wisse sie es nicht, es könne aber wohl sein.

Derlei Fragen und Antworten folgten sich in Menge, aus allen geht des unglücklichen Weibes Widerwille gegen das Klosterleben und der hiedurch in ihr entstandene Wahnsinn hervor, durch übernatürliche Kräfte sich das verschaffen zu können, was die unbarmherzigen Klostermauern ihr versagt hatten. Im Wachen und Träumen schwebte ihr nur der eine Gedanke vor, sie war daher zu der eigenen festen Überzeugung gelangt, daß sie wirklich eine Hexe sei. Was Wunder, daß ihre Richter sich nicht über ihre eigenen, ihr freilich durch die Fragen in den Mund gelegten Aussagen erheben konnten. Die Hauptbeschuldigungen, außer der allgemeinen, daß sie eine Hexe sei, waren, daß sie sechs ihrer Mitschwestern im Kloster mit dem Teufel besessen, den P. Georg zu Ebrach und den P. Nikolaus zu Ilmstadt in ihrer Vernunft verwirrt gemacht und die in der Kommunion empfangenen h. Hostien wieder aus dem Munde genommen und weggeworfen habe.

Sie hatte sie alle zugegeben und einbekannt. Die geistlichen Richter übergaben sie daher vermittelst Urtheil vom 23. Mai 1749 dem weltlichen Gerichte, mit dem Ersuchen, »daß gegen sie, die da seyende arme Sünderin weder zu einiger Tods noch anderer Gliederstümmlungsstraf fürgeschritten werden möge«. Renata war indessen zu größerer Sicherheit aus dem Kloster Unterzell hinweg und auf den Marienberg gebracht worden, wo sie schwer erkrankte, aber wieder genaß. Hier begann am

4. Juni die weltliche Gerichtskommission, bestehend aus den Hofräthen Ebenhöch und Unger und dem Regierungs-Sekretär Sartorius, die Untersuchung, in der sich fast Wort für Wort Frage und Antwort der von der geistlichen Kommission geführten Protokolle wiederholten. Sie wurde auch von dem weltlichen Gericht der Zauberei für schuldig erkannt und am 18. Juni zum Tode verurtheilt. Dieß Urtheil wurde am 21. Juni auf folgende Weise vollzogen:

Schon vom Tage ihrer Verurtheilung an blieben Tag und Nacht Geistliche bei ihr, sie zum Tode vorzubereiten. Am Tage der Hinrichtung wurde sie früh zwischen 8 und 9 Uhr in den großen Saal des Schlosses geführt, wo ihr von dem fürstl. Malefiz-Sekretär in Gegenwart des Hofschultheißen und zweier Stadtgerichtsassessoren das Urtheil noch einmal vorgelesen wurde. Sie wurde hierauf, wegen ihres Alters und ihrer Schwäche, von zwei Nachtarbeitern in einem eigens hiezu verfertigten Sessel zum Richtplatze, welcher innerhalb des Hölzberger Thores in einer Bastei war, getragen und hiebei von einem Unteroffizier, mit sechs vollständig bewaffneten Soldaten, bewacht. Ihre geistliche Begleitung bestand in vier Jesuiten, zwei Kapuzinern und ihrem Beichtvater, dem P. Maurus von den Schotten. Schon auf dem Wege zeigte sie sich so bußfertig und ergeben, daß der gleichzeitige Berichterstatter über diese Hinrichtung sagt: »woferne man wegen ihrer selbstigen Eingeständnus und des alltäglichen Augenschein deren Besessenen, ihrer getriebenen Hexerei nicht überzeugt gewesen war, wohl hette geglaubt werden können, daß sie solche vorgekommene Boßheit und Mißethat

nicht ausgeübet habe«. Auf dem Richtplatze angelangt, sagte sie nochmals öffentlich dem Teufel ab und versprach Christus getreu zu bleiben. Hierauf schlug ihr der Scharfrichter von Kitzingen mit einem Hiebe das Haupt ab. Als eine besondere Bedeutung wollte man geltend machen, daß während der Dauer der Exekution ein Geier über der Richtstätte schwebte. Die Leiche wurde dann, mit dem Kopfe, in einem Sarge an einem Ort vor dem Walde gegen Waldbüttelbrunn zu, wo schon ehemals Hexen waren verbrannt worden, geführt, dort auf einen Scheiterhaufen gelegt, der Kopf aber auf eine Stange gesteckt, das Gesicht gegen das Kloster Unterzell gewendet. Nachdem der Jesuit P. Gaar an das zahlreich versammelte Volk eine, auch durch den Druck verbreitete Rede, gehalten hatte, wurde der Scheiterhaufen an vier Ecken angezündet, das Feuer aber bis 6 Uhr Abends unterhalten.

Im Widerspruche mit dem Berichterstatter, dem wir bis hieher in Erzählung der Hinrichtung gefolgt, und welcher sagt, das nun Ruhe im Kloster Unterzell eingetreten sei, meldet ein anderer, doch ebenfalls gleichzeitig: »Wunderlich ist, daß am letzthin abgewichenen 21. Juni, da Renata wohlbekehrt gestorben, mithin dem Teufel aus den Zähnen gerissen worden, die besessenen 5 Nonnen zu Unterzell aus ihren Zellen in den Garten zum Tanzen geplagt mit Singen und Schreien veranlaßt worden vom Sathan: ›Der Kaiser hat brave Soldaten, wenn sie bezahlet seind‹. Sie sprungen mit diesem Gesang an zusammengehängten Händen untereinander in Garthen, als wenn sie thorrecht wären«. So endete dieß Trauerspiel, endlich das letzte der Art in Franken.

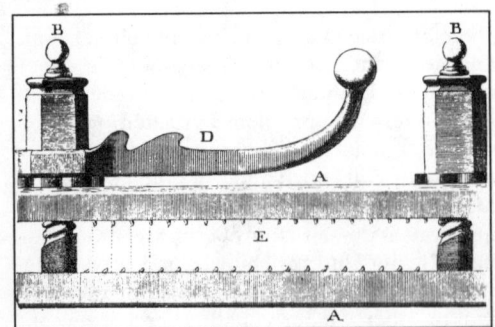

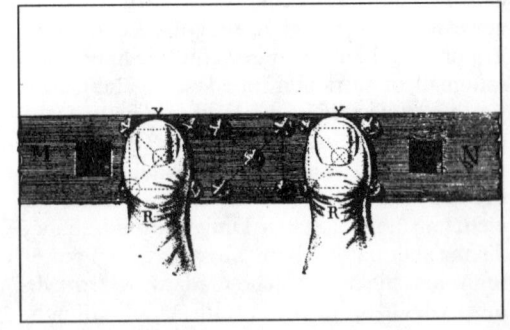

Folter, Strafrecht und Hexenwahn

Vom Gottesurteil zur Christenfolter

Einführung

»so bekannt die Folter im Leben der Völker ist, so wenig weiß man über ihren Ursprung[1]: ihr Alter ist unbestimmbar und reicht in die Anfänge des menschlichen Zusammenlebens zurück. Sie bildet ein grauenhaftes Kapitel im Buch der Geschichte der Menschheit[2]. Denkbar ist, daß sie als sexuelles Stimulativ gegen Schwächere eingesetzt wird. Nicht nur in der Antike, sondern auch während des Mittelalters, zur Zeit des Hexentreibens und in unseren Tagen wird von der Folter Gebrauch gemacht«.

Innerhalb der historischen Entwicklung der Folter und ihrer Methoden spielen die Sklaven – bzw. deren Behandlung – eine besondere Rolle. Für diese Ansicht sprechen u.a. der halbnackte Dienst der Sklavinnen, bestimmte Strafen beim Ehebruch unter den Griechen und Römern, sowie das Ausgeliefertsein gegen den »Herrn« im ursprünglichen Sinn nach den germanischen Volksrechten.

Die Folter hat ihren Platz innerhalb der Beweisverfahren und verdankt ihre Entstehung der Erkenntnis, daß ein Geständnis der beste Beweis sei: damit verbundene Schwächen werden früh erkannt. Philostratus ruft auf der Folterbank: » . . . sprich, was ich sagen soll«[3]. Im 5. Jh. sagt der nordafrikanische Bischof St. Augustin: » . . . die Tortur ist notwendig, wenngleich dadurch mancher Schuldlose unverdiente Pein erleidet«[4].

Der Begriff »tormenta« leitet sich von einer nach dem Torsionsprinzip arbeitenden antiken Maschine ab[5]. Den römischen Folterwerkzeugen liegt teilweise das Torsionsprinzip zugrunde. Der Begriff »Tortur« leitet sich vom lateinischen »Tortura« ab, was Folter bedeutet. Ursprünglich handelt es sich um einen Begriff aus dem medizinischen Bereich, ein Ausdruck für Schmerzen *und* Qualen. Er findet sich bereits in der »Vetus Latina«[6], der ersten lateinischen Bibelübersetzung. Die Bezeichnung »tortura ventris« (= Bauchschmerzen) wird in einem Buch über die Tierheilkunde aus dem Jahr 400 v.u.Z. erwähnt. Doch man versteht darunter (auch) ein Züchtigungsmittel, mit dem Sklaven zur Arbeit gezwungen werden[7].

In den Schriften des Gregor v. Tour kommt der Ausdruck (bereits) in dem Sinn einer Geständniserzwingung vor. Die Termini »tortura« und »tormenta« als Ausdruck einer prozessualen Folter(anwendung) sind vor dem 6. Jh. gesichert. Das deutsche Wort Folter leitet sich vom lateinischen »poledrus« (= Fohlen) ab. So wird im 5. Jh. ein Gerät bezeichnet, das dem klassischen »equelus« entspricht und von älteren Autoren, bis auf Cicero, als einziges Foltergerät erwähnt wird. Vermutlich steht es dem griechischen Folterrad nahe. Der Begriff »marter« ist im kirchlichen Sinn eher als »Blutzeugnis« zu verstehen. Von hier bis zur Bezeichnung »Märtyrer«[8] ist es ein kleiner Schritt.

Hunderttausende von Jahren vergehen, bis man erkennt, daß das Individuum Mensch im Konsens der Mitmenschen Bedeutung hat, bzw. gleichwertig ist. Darum werden viele Kriege inszeniert und es ist in schöner Regelmäßigkeit ein Ansatzpunkt der unterschiedlichsten Religionssysteme. Nach wie vor spielen Macht, Geld und Ansehen wichtige Faktoren bei der Betrachtung der Menschlichkeit. Doch wie lächerlich ist der Blick auf den eigenen Status? Ein bescheidener Blick in die Annalen der Geschichte bestätigt, daß dies *nicht* das Wesentliche ist und sein kann. Noch immer sind die Menschenrechte ein weißer Fleck auf unserer Landkarte: und wie grausam geht man (auch heute) gegen Schwächere und Andersdenkende vor.

Wieviel Möglichkeiten hätten die Kirchen gehabt, Unrecht auszumerzen und Nächstenliebe zu demonstrieren. Und: wie selten haben sie davon Gebrauch gemacht?

Die Folter spielt auch im Hexentreiben eine Rolle. Der Grund ist einfach. Man unterstellt, daß die der Hexerei Bezichtigten ein Bündnis mit dem Teufel geschlossen haben. Weil dies ein normal denkender Mensch nicht verstehen kann – und es trotzdem so sein muß, eben weil es die in Glaubensdingen unfehlbare Kirche so will – zwingt man die Denunzierten per Folter zum (Ein)geständnis. Dadurch wird Öl in die Glaubensflammen gegossen. Es läßt sich mühelos dokumentieren, daß die Kirchen während der Zeit der Hexenbrände in diesem Punkt nicht kleinlich gewesen sind.

Sklavenfolter

Bereits in Mesopotamien findet man Haus- und Palastsklaven. Mykenische Inschriften erwähnen sie im griechischen Raum. Ab dem 16. Jh. v.u.Z. ist die Kaufsklaverei bekannt. Im islamischen Bereich entwickelt sich ein ausgedehnter Sklavenhandel und in China anerkennt man die Staatssklaverei. In Ägypten werden Sklaven als Künstler beschäftigt. Plastiken und Reliefs zeigen Aufseher mit Zuchtruten und Peitschen. Die Kaufsklaverei springt im 4. Jh. auf den römischen Rechtsbereich über. Das Christentum duldet die Beibehaltung von Sklaven bis weit in das 18. Jh. hinein. Es hängt u.a. mit Schenkungsvorgängen zusammen.

Der Recht- und Wehrlose, der in jeder Weise Abhängige, wird Willkürakten, Brutalitäten und Mißhandlungen unterworfen. Schon durch seine Kleidung, die Tracht der Haare und den Namen ist er unterscheidbar (gehalten). Bei vielen Völkern gilt das Durchstechen der Ohren als Zeichen der Sklaverei[9], als Kennzeichen einer Kaste oder der Weihe eines bestimmten Gottes[10]. Wenn man die heutigen, sich modern gebenden Frauen und Männer mit ihren tausendfältigen Ohrringen und Kettchen sieht, so rührt dieser Brauch – historisch gesehen – aus einer trüben Quelle. Eitelkeit hält sie davon ab, über solche Dinge nachzudenken.

Die Griechen kennen an Marterinstrumenten: Peitsche, Leiter, Essig in die Nase träufeln, Aufdrücken eines heißen Dachziegels, Anhängen an eine Säule und das Strecken (= Aufziehen). Ehebrechern wird ein schwarzer Rettich in den Hintern gekeilt[11]. Ehebrecherinnen schneidet man die Brüste ab[12].

Die Römer übernehmen wesentliche Teile der griechischen Foltervorstellungen. Doch feilen sie sie aus. Sie setzen die Sklaven mit den Vierfüßlern auf eine Stufe und können sie straflos töten: sie werden zu harten Arbeiten eingesetzt. Sklavinnen verrichten den Dienst mit nacktem Oberkörper und werden mit den zur Kräuselung der Haare glühend gemachten Zangen mißhandelt[13]. Die Verehrung der Götter ist Sklaven untersagt. Vereinzelt werden sie in unterirdischen Löchern verwahrt[14].

Auf Anweisung von Kaiser Augustus wird ein Sklave in Stücke gehauen und Muränen in seinem Teich zum Fraß vorgeworfen. Nach der Ermordung des Pedanius Secundus metzelt man 400 von ihnen nieder. Altersschwache, langwierig und unheilbar Kranke werden auf Tiberinseln ausgesetzt. Erst im Jahr 313 verbietet Konstantin das mutwillige Töten der Sklaven.

Allmählich entwickelt sich ein verändertes Rechtsbewußtsein und der Sklave wird zur – wenn auch niedrig angesehenen – Standesperson. Seine Aussagen werden unter dem Druck der Folter anerkannt.

Die Römer kennen das Binden mit Stricken und/oder Ketten, die Geißelung, das Peitschen, die Verbannung und selbstverständlich – wie alle antiken Völker – die Todesstrafe. Bei den Sklaven bedeutet sie in der Regel die Kreuzigung. Sie gilt als die härteste Strafe, denn sie führt einen allmählichen Tod durch Verdursten und (später) Verhungern herbei. Auch der Begründer der christlichen Religion soll gekreuzigt worden sein: der historisch sichere Beweis steht aus. Das Wissen um ihn und seine Jünger ist zweifelhaft[15].

Mit dem »flagellum« treibt man Menschen und Tiere an. Es handelt sich um eine Peitsche in unterschiedlichen Ausführungen. Sie ist ein- oder mehrfach geflochten und teilweise mit Schweineborsten, Kugeln und/oder Stacheln besetzt. Daraus leitet sich die Bezeichnung »skorpiones« ab. Die Römer kennen das Schmäuchen, wobei der Betroffene mit dem Kopf nach unten über einem schwach entwickelten Feuer geschwenkt wird. Eine andere Foltermethode besonderer Grausamkeit ist die sog. »Ziegenfolter«[16]. Dabei wird der Betroffene auf eine Bank gebunden. Dann reibt man ihm die Fußsohlen mit Salz ein, das von einer Ziege geleckt wird. Aus einem anfänglichen Kitzeln entwickelt sich ein stechender Schmerz, weil das Tier mit seiner rauhen Zunge das Fleisch bis auf die Knochen wetzt. Außerdem kennen die Römer die Hunger-[17] Schlaf- und Feuerfolter. Dabei wird unter die

▶

Rathaus zu Würzburg zur Zeit der Hexenbrände. Stich von Joh. Poppel. München. Mit freundl. Genehmigung.

Füße des Beschuldigten ein heißes Metallbecken gerückt, bzw. ein Becken mit glühenden Kohlen auf seinen Leib gestellt. Spanische Inquisitoren bemächtigen sich dieser geistigen Errungenschaft unter dem Deckmantel der Nächstenliebe. Die Peitsche der Römer feiert im Christentum Urständ, denn in zahllosen Folterkammern des 16. – 18. Jh. werden die Ruten zum Schlagen der Opfer vorab mit Weihwasser getränkt: die Schläger, Henkersknechte, Opfer und Richter sind katholisch oder evangelisch!

An römischen Marterinstrumenten sind zu nennen: ein der Streckfolter vergleichbares Instrument[18], Schnüre zum Aufziehen, Quetschen, Kämme(?), Winden zum Strecken und Auseinanderziehen des Körpers, Peitschenarten, glühend gemachte dreizackige Haken, die dem Deliquenten in Brust und Waden geschlagen werden[19], Pfannen und andere Gerätschaften zum Brennen, eine Art Joch(?) und die sog. »catapulta«. Es handelt sich um eine Torturmaschine, über deren Details wenig bekannt ist.

» . . . das Studium der christlichen Bibeln bietet nicht nur besonderes Interesse wegen der vorgetragenen religiösen Theorien und Denkansätze, sondern hat für den Juristen als historische Rechtsquelle eine eminente Bedeutung«[20]. Nach dem jüdischen Gesetz wird als Mörder angesehen, wer einen anderen mit einem gefährlichen Instrument, einem eisernen Gerät, Stein oder Holzstock, sei es aus Haß, Feindschaft oder Überlegung tötet[21]. Moses soll gesagt haben: » . . . wer einen Sklaven ermordet, stirbt des Todes«[22]. Er proklamiert, daß ein Bluträcher nicht eher sterben darf, bevor er vor einem ordentlichen Gericht gestanden hat[23].

Moses soll gesagt haben: » . . . wenn Jemand eine Todsünde getan hat, wird er also getötet, daß man ihn ans Holz schlägt: so soll der Leichnam über Nacht an diesem bleiben, denn ein Gehängter sei verflucht vor Gott«[24]. In erster Linie ist das Alte Testament, das im Jahr 192 u.Z. diese Bezeichnung erhält, ein legendäres Rechtsbuch. Mit religiösen Ambitionen hat es vermutlich weniger zu tun.

Das Alte Testament erhält im Exodus die Formulierung »maleficos non perieris viuere«, die leichtfertig von mittelalterlichen Autoren – nach einem Sprachentwicklungsprozeß von über 1 000 Jahren – wie folgt übersetzt worden ist: » . . . die Zauberinnen sollst du nicht leben lassen«. Noch um 1650 fordert der katholische Pfarrer Agricola die Ausrottung des »Hexengesindels« aufgrund dieser kühnen Behauptung. Es ist aus der Luft *und* aus dem Zusammenhang gerissen.

Schon der rheinische Arzt Weyer macht 1580 darauf aufmerksam, daß ein Übertragungsfehler vorliegt, . . . es müsse Giftmischer und nicht Zauberer heißen. Darum wird er von Jesuiten scharf angegriffen und als leichtfertiges Schwindelhirn bezeichnet. Heute steht fest, daß dieser legendäre, doch falsch aufgefaßte und interpretierte Satz die Keimzelle des christlichen Hexenmordens ist, wobei sich vor allem die Protestanten darauf berufen.

Im Neuen Testament läuft die Entwicklung ein wenig anders. Nach den sich widersprechenden evangelischen Grundtexten hat sich Jesus von Nazareth nicht zur Sklavenfrage geäußert. Es ist sekundär: primär ist, daß von ihm selbst keine Silbe dokumentierbar überliefert ist. Er hat weder Aufzeichnungen hinterlassen noch in Gleichnissen gesprochen: die Bibel war ihm unbekannt. Der »Macher« des Frühchristentums dürfte nicht er, sondern ein Paulus genannter Mann gewesen sein. Er lehrt die Gleichheit aller Menschen vor Gott, meint jedoch nur die Christen und er proklamiert den diffamierenden Frauenhaß, der im Hexenwesen nochmals aufflackert.

Und doch bricht die junge Sekte der Christen mit einer sozialen Revolution hervor: Männer, Frauen, Freie, Unfreie, Sklaven und Sklavinnen werden gleichwertig angesehen. Dies wird schon in der ältesten Sammlung der kirchlichen Rechte, den »canones apostolorum« hervorgehoben[25].

Der kurzfristige Zug eines grandiosen Freiheitsdenkens ist ein Kennzeichen der »neuen« Religion. Folgerichtig treten freigelassene Sklaven zum Christentum über. Sie kommen vom Regen in die Traufe, denn auch dies fordert Tribute. Rasch ändert sich die liberale Haltung der Christen. Rasch kommen Rangunterschiede in das System und rasch entfernt man sich von einstigen Idealen.

Es ist darauf hinzuweisen, daß hochbestallte Christen über Jahrhunderte Sklaven beschäftigt haben[26]. Im Jahr 975 u.Z. schließt der Bischof Andalogus mit einem Priester namens Arsualdus ein Sklaven-Tauschgeschäft (ab), wobei sie sich schriftlich den Empfang der

Menschen bestätigen[27]. Der griechische Mönch Studita macht darauf aufmerksam, daß Gott (auch) die Sklaven nach seinem Ebenbild geschaffen hat. Er untersagt in seinem Testament dem Abt und den Mönchen seines Klosters das Halten von Leibeigenen[28]. Ist es ein Schachzug, wenn Papst Alexander III. während des dritten lateranischen Konzils die Sklaverei untersagt und kurz danach den Gebrauch der Folter sanktioniert?

Es bleibt gleichgültig, ob der Gepeinigte ein Sklave, ein Ketzer oder eine Hexe ist. Es ist aber nicht gleichgültig, wer sich zu diesem Barbarentum herabläßt. Kritisch wird es, wenn es sich um eine Institution handelt, die den Gedanken der Nächstenliebe auf die Fahnen heftet!

Weiterentwicklung des Foltergedankens

Die Kenntnis der Rechtszustände der Völker erlaubt einen dezidierten Einblick in deren kulturelle Entwicklung. Gerade für das deutsche Mittelalter trifft dies zu. Harte Gesetze schmieden die Menschen zusammen. Dazu kommen bedeutende Machtkämpfe in- und außerhalb der sozialen Schichtungen: immer bleiben die Schwächeren zugleich die Knechte ihrer Herren. Später kommen Auseinandersetzungen zwischen Zünftigen, Patriziern, Kaisern und Päpsten, zwischen Kirche und Reich dazu. Es führt zu einer langfristigen Zerrüttung der Verhältnisse und das Gerangel spielt sich mehr in den politischen Hinterstuben christlicher Dunkelmänner als im Sichtbereich der Bürger ab. Gleich wie beim organisierten Glauben, ist auch die Meinung des Einzelnen ohne Bedeutung und gleichsam uninteressant. Er ist Kanonenfutter und Finanzier großartiger Schauspieler. In diesem Schattenkabinett wird später das Hexentreiben vorbereitet.

Von hier zu dogmatischen Irrtümern ist es nicht weit. Die Situation verdeutlicht, wie machtlos der Einzelne ist und wie unerbittlich Kirche *und* Staat auf selbsternannten Rechten pochen. Doch während sich der Staat (die Staaten) im Lauf der Jahrhunderte liberalisieren, beginnt sich die Kirche abzukapseln. Schon lange hat sie mit dieser weltfremden Igelstellung Probleme. Schon früh vergiftet der Glaube den Verstand. Schauen wir uns diese Entwicklung einmal näher im Zusammenhang mit der Folter an: die Christianisierung bringt »christliche« Rechtsvorstellungen mit sich.

Tacitus bezeugt, daß Sklaven bei den Germanen der Zuchtgewalt ihrer Herrn unterliegen und daß er sie (bedingt straflos) töten kann. Die unter Alarich II. realisierte »Lex Romana Visighorum« erlangt als erstes römisches Gesetzbuch des westlichen Abendlandes – bis in das 12. Jahrh. hinein – erhebliche Bedeutung. Es beinhaltet einige Folterbestimmungen. Das Foltern von Adeligen, Gemeinfreien und Knechten ist bei Kapitalverbrechen dezidiert vorgeschrieben und entspricht weitgehend altrömischen Anschauungen. Das Recht kennt u.a. den »Kesselfang«. Der Ostgote Theodorich setzt die Strafe von 200 Peitschenhieben, Abscheren der Haare, Verbannung und/oder Gefängnis für Wettermacher und die Verursacher zauberischer Krankheiten fest.

Die »Lex Burgundonium« kennt in ihrer amtlichen Fassung von 517/518 das Foltern der Knechte. Es wird deutlich, daß die Linie vom antiken Sklaven zum mittelalterlichen Knecht gerade ist. Auch das langobardische Recht enthält Passagen über die Anwendung der Folter.

Die älteste fränkische Rechtsaufzeichnung, der »pactus legia salicae«, der zwischen 507 und 511 niedergeschrieben wird, belegt das Foltern von Knechten. Normalerweise werden ihm 120 Peitschenhiebe angedroht. Sie sollen das Geständnis eines Unfreien herbeiführen.

Die »Lex salica« bedroht denjenigen mit einer empfindlichen Geldstrafe, der ein freies Weib als Hexe bezeichnet, bzw. eine Hexe, wenn sie einen Menschen aufgefressen haben soll. Eine weitere Stelle wird als das gemeinsame Kochen der Hexen gedeutet. Es scheint als Beschimpfung hervorgehoben zu werden, wenn ein Mann, der sich hergibt, einer Hexe den Kessel zu tragen, und darum als »Hexenkesselträger« bezeichnet wird[29]. Auch bei den heidnischen Sachsen ist die tödliche Bestrafung von Hexen vorgeschrieben, wenngleich der Begriff selbst verschwommen ist[30].

Was ist ein Menschlein wert? Ist er mehr als ein Spielball einiger Intrigen und einer kurzen Geschichte? Unabhängig davon, auf welcher Sprosse der Himmelsleiter er sich wähnt. Was sind die sog. Kardinalstugenden? Das alemannische Volksrecht bestraft den Tod eines Priesters mit 600 Gulden und den Mord an einer Frau mit 18. Wer wird da nicht stutzig?

Im »pactus Alamanorum« der vermutlich im 7. Jh. entsteht, taucht der Begriff »clinata«[31] auf. Einzelne Forscher setzen ihn mit der Folterbank gleich. Das bayerische Volksrecht, die »Lex Baiuvariorum« aus dem 8. Jh. erwähnt ausdrücklich das Foltern der Knechte[32]. Hier findet der Ernteschaden Erwähnung, der mit 12 Schillingen geahndet wird[33]. Außerdem bestraft das altbayerische Recht die Zauberweihe der Waffen vor dem Zweikampf.

Karl d. Große untersagt in einem Kapitular (Paderborn) aus dem Jahr 785 den Sachsen unter Androhung der Todesstrafe, als Zauberer und Hexen denunzierte zu verbrennen. In logischer Folge nennt er den Glauben an Strigen und Hexen heidnisch » . . . er stellt die Opfer des religiösen Fanatismus unter den Schutz der Staatsgesetze«[34].

Aus der karolingischen Gesetzgebung ist kein sicherer Beweis für die Anwendung der Folter zu erbringen. Es gibt lediglich eine »formula« aus der Zeit der Merowinger, die ausdrücklich auf die Folter Bezug nimmt. Als ein Rückfall in überkommene Ansichten muß eine Vorschrift von Karl II.[35] gewertet werden, die anordnet, daß nicht nur die Hexen, sondern auch deren Mitwisser und Teilnehmer zu verfolgen sind. Allmählich macht sich der kuriale Zentralismus bemerkbar.

Ich möchte den Nachweis führen, daß die aus der Antike stammenden und im griechischen, vor allem im römischen Rechtsdenken verfeinerten Foltermethoden in unserem Sprach- und Kulturraum einen günstigen Nährboden finden. Die Keime gehen unter dem Einfluß einer Kirche auf, die religiöse Vorformen wie partielle Volksrechte unterläuft. Das fränkische Königstum führt zu einer Schwächung der Volksrechte: allmählich schält sich der Begriff der »öffentlichen Gewalt« anstelle der alten Individualrechte heraus[36]. Sie gilt nicht in Kirchenkreisen. Die Kirche schafft sich *ihr* Recht, das kanonische! Darin behauptet sie, es wäre göttlich und (darum) allen anderen überlegen. Vielleicht ist dies der genialste Schachzug ihrer politischen Geschichte!

Von den Gottesurteilen

Die ersten Jahrhunderte unserer Zeitrechnung kennen eine zweite Strömung, die sog. Gottesurteile. Sie zeigen die Rechts- und Glaubensunsicherheit der Menschen und ihr aufrichtiges Bemühen, doch noch irgendwo »Recht« zu bekommen. Es ist insofern makaber, weil alle Gottesurteile menschliche Erfindungen sind. Der Inquisitor Konrad v. Marburg setzt die Feuerprobe trotz vorausgehendem Verbot des Papstes noch in der ersten Hälfte des 13. Jh. ein.

Als die Rechtsinstitutionen verschwommen sind, als sich der Götter- und Götzenkult in Umrissen abzeichnen, verläßt man sich in einzelnen Fällen auf das Zeichen eines gedachten Gottes, um »gerecht« zu sein! Hier beißt sich die Katze in den Schwanz. So heißt das Gottesurteil auch »Ordal«, bzw. ursprünglich »ordeal« (= Ursprung). Die Gottesurteile entstehen nicht aus dem Wissen um die Gesetzmäßigkeit der Natur, sondern ruhen auf alten Erfahrungen der naturverbundenen und in kleine Sozialverbände integrierten Menschen[37]. Die Angst vor der eventuellen Entdeckung einer Untat und die damit verbundene Erregung beeinflussen die Körperfunktionen. So gesehen, ist das Gottesurteil der Stammvater moderner Lügendedektoren.

Im Lauf der Zeit schälen sich bestimmte Anwendungsformen heraus. Den Schwerpunkt bilden Wasser- und Feuerproben, woraus die Rückkoppelung auf die den Menschen schädlichen Natur(gewalten) deutlich wird. Außerdem haben wir hier eine Vorstufe des Hexenbrennens und -schwemmens, als abergläubische Variante im Konsens des späteren Hexenwahns. Gottesurteile haben den Vorteil, daß sie nicht widerlegbar sind. So können sich die damaligen Richter geschickt unter dem Deckmantel der Religion aus der Verantwortung ziehen. Doch es zeigt auch ihr Unvermögen, religionsunabhängig »Recht« zu sprechen. Es gilt damals wie heute. Sie sind – wie wir alle – Kinder der Zeit und abergläubischen Strömungen unterworfen.

Feuerprobe und Kesselfang

Die Feuerprobe wird bereits von Sophokles erwähnt. Israelitische[38], persische, griechische und römische Chronisten erwähnen sie als Gottesurteil, die neben dem »Loosen« gehandhabt wird. Nach der mongolischen

Rechtsauffassung wird die Probe des Feuers bei bekanntgewordenen Verbrechen angewendet. Dazu wird ein Beil vom Stiel gezogen und glühend gemacht. Mit einer Zange wird es aus den Flammen genommen und auf zwei mit den Oberteil in die Erde gesteckten Steigbügel gelegt. Der Beklagte muß es aufnehmen, eine bestimmte Strecke tragen und es dann in eine Grube werfen. Dann werden ihm Unterarme und Hände mit einem Tuch umnäht, so daß er keine Heilmittel anwenden kann. Nach einigen Tagen wird geprüft, ob ein Heilprozeß zu erkennen ist. Ist es der Fall, wird er freigelassen. Ist es nicht der Fall, wird er getötet.

Es gibt verschiedene Varianten. Vereinzelt hat der Beklagte über glühende Kohlen zu gehen, bzw. diese ein Stück zu tragen. Es können auch glühende Pflugscharen sein. Ritter halten die Hand in einen glühend gemachten Handschuh. In seltenen Fällen hat der Beklagte ein mit Wachs getränktes Hemd anzulegen, bevor er durch das Feuer gehen muß.

Als der Kaiser Karl der Dicke seine Frau Richarda verdächtigt, mit einem Bischof in verbotenem Umgang zu stehen, soll sie ihre Unschuld durch die Probe des Feuers beweisen. Auch die Frau von Kaiser Heinrich II. soll wegen eine ähnlichen Kavaliersdeliktes über glühende Pflugscharen gegangen sein. Ein Kapitular aus dem Jahr 803 schreibt die Probe des glühenden Eisens vor, wobei die glühend gemachten Stangen 3 – 5 Pfund schwer gewesen sein sollen. Der Schwabenspiegel sagt: » . . . man kann ihn auf dreierlei Weise verurteilen: das Wasserurteil oder das heiße Eisen auf der Hand zu tragen oder in einen wallenden Kessel zu greifen«[39]. Der 1260 – 75 entstandene »Deutsch-Spiegel« anerkennt als Gottesurteil die Feuer- und Wasserprobe.

Eine Variante der Feuerprobe ist der sog. »Kesselfang«. Er besteht im Prinzip darin, daß der Beschuldigte einen glühenden Eisenring oder einen glühend gemachten Stein aus einem wallenden (= mit kochendem Wasser gefüllten) Kessel greifen muß. So besagen es salische Gesetze. Im Schwäbischen Landrecht wird der Kesselfang für Diebe, Räuber und Falschmünzer vorgeschrieben.

Nach der partiellen Christianisierung gehen den Feuerproben priesterliche Handlungen voraus: sie wissen sich ins rechte Licht zu setzen. So singen sie das Lied der drei Männer im Feuerofen und lamentieren: » . . . gerechter Gott, der du ein Anhänger des Friedens bist . . . wir bitten dich untertäniglich, daß du dieses Eisen heiligen wollest. Wenn es ein Unschuldiger in die Hand nimmt, soll er unverletzt bleiben«[40]. Daraufhin *mußte* der Betroffene in der Kirche niederknieen und verschiedene Gebetsformeln (nach)sprechen. Er *muß* ein Kreuz küssen und man reicht ihm geweihtes Wasser. Erst danach greift er in den Kessel und sucht den glühenden Ring heraufzuholen. Gelingt es ihm nicht oder kommt er den priesterlichen Vorstellungen nicht nach, gilt es als Eingeständnis der Schuld.

Die Feuerprobe wird auch anderweitig eingesetzt. Im Jahr 1010 wollen einige aus Jerusalem kommende Mönche beweisen, daß sich Christus mit einem von ihnen ergatterten Tuch die Füße gewaschen hat. Es versteht sich von selbst, daß die daraufhin veranstaltete Feuerprobe zu ihren Gunsten ausfällt[41]. Der Mönch Peter beschimpft 1070 seinen Bischof und wird darum als Schismatiker angesehen. Er muß sich der Feuerprobe unterziehen und bleibt merkwürdigerweise unverletzt, ja er versengt sich nicht einmal die Haare.

Im Fürstlich-Fürstenbergischen Archiv von Donaueschingen befindet sich eine Urkunde, wonach sich eine gewisse Anna Henne von Köthenbach durch das Tragen des heißen Eisens von der Beschuldigung der Hexerei gereinigt hat. Der Hexenhammer berichtet von einer um 1486 stattgefundenen Probe, die die Delinquentin zum Leidwesen ihrer Häscher problemlos überstanden hat.

Die Tatsache, daß in einzelnen Fällen die Beschuldigte die Probe des Feuers unverletzt übersteht, führt zu der Überlegung, ob nicht lindernde Gegenmittel bekannt gewesen sind, die Verbrennungen unterbunden haben. Noch zu Beginn des 18. Jh. vertritt Elias Camerarius die Auffassung: » . . . glühende Eisen in Händen und Mund zu halten ist kein Wunder, in dem sich die Marktschreier mit einer Salbe bestreichen, die aus einer dem Feuer widerstehenden Materia bereitet ist«[42].

Nach Helmstädt gibt es Gegenmittel, die aus einer Mischung aus Alraun, Schwefelsäure und Seife bestehen[43]. Eines wird so beschrieben: » . . . um sich vor einer Verletzung zu schützen, reibt man sich die Hände mit Schwefelgeist oder vermischt ihn mit Salmiak und Zwiebelsäften zu einer Salbe . . . oder man macht von Federweiß, ungelöschtem Kalk, Ei(er)weiß, Eibischsaft, Bilsenkraut und dem Samen des Flöhkrautes eine entsprechende Seife«.

Kreuzordale und »geweihte« Bissen

Die Kreuzprobe war bei den Franken, Sachsen, Friesen und Langobarden im Gebrauch. Im »capitulare Ribuiare additum« wird vorgeschrieben, daß sich derjenige, dem es nicht gelingt, Schwurmänner zu stellen, einem Kreuz- oder Kampfordal mit Schild und Keule zu stellen hat.

Bei der Kreuzprobe unterscheidet man zwei Varianten. Einmal müssen die Kontrahenten mit ausgebreiteten Händen an einem Kreuz stehen, bis eine bestimmte Anzahl von Messen zu Ende gelesen sind. Wer die Hände zuerst sinken läßt, hat verloren und gilt als schuldig. Zum andern wird der Beschuldigte(!) zu einer Kirche geführt und muß einen von zwei verdeckten Würfeln unter einer Decke hervorziehen. Zieht er den falschen, wird er verurteilt.

Der »geweihte« Bissen besteht aus einem Stück Käse oder Brot, das dem Beklagten unter Hersagung von Verwünschungen und Gebetsformeln in den Mund gesteckt wird. Kann er es nicht schlucken, gilt er als schuldig. Daher kommt die Redewendung: » . . . dir soll der Bissen im Hals steckenbleiben«. Wir haben eine Variante des im Alten Testament erwähnten »bitteren« Getränkes vor uns, das den des Ehebruchs bezichtigten Frauen gereicht wird.

Im kirchlichen Bereich kennt man die Probe des Abendmahls. Sie kommt in Anwendung, wenn etwas gestohlen wird und man den Täter nicht ermitteln kann. Man erwartet, daß sich beim gemeinsamen Abendmahl der Schuldige von selbst zu erkennen gibt. Noch heute erinnert der Ausspruch: » . . . darauf will ich das Abendmahl nehmen« (Im Verlauf der Hexenprozesse hören wir es öfters) an diesen Mißbrauch. Im Lauf der Jahre wird innerhalb des Kirchenregiments erkannt, wie wertlos göttliche Urteile sind.

Eine späte Variante ist die sog. »Tränenprobe« der Hexen, auf die ich zurückkomme.

Zweikampf, Bahrprobe, Scheingehen

Der König der Langobarden sagt: » . . . wir sind wegen der Gottesurteile unsicher geworden . . . wie wir hören, haben viele durch den Zweikampf ohne Gerechtigkeit ihre Sache verloren, aber wegen des Herkommens können wir dieses Recht nicht verbieten«[45]. So fließen die Gottesurteile in den germanischen Rechtsgang und werden weit bis in das Mittelalter vorangetrieben. Unter bestimmten Voraussetzungen kann der Ankläger den Angeklagten zu einem gerichtlichen Zweikampf fordern. So beim »Friedbruch«.

Lediglich wenn der Fordernde von einem niedrigeren Stand ist, kann der Angeklagte den Kampf verweigern. In der Ritterzeit wird der Zweikampf zum beherrschenden Ordal. Am Kampftag schwören die Kontrahenten, daß *ihre* Sache gerecht (bzw. die des anderen ungerecht sei), vollständig bewaffnet vor dem Richter. Sie versichern, keine Zaubermittel bei sich zu tragen. Der Kampfplatz wird von Schranken umgeben. Die Richter sitzen auf Bühnen: Wächter halten die Parteien in Schranken. Der Sieger darf den Gegner töten.

Eine Variante davon ist der gerichtliche Zweikampf zwischen Frauen und Männern. Er kommt zur Anwendung, wenn es um Sittlichkeitsverbrechen geht. Das Rechtsbuch Ruprechts von Freising aus dem Jahr 1328 beschreibt im Artikel 127 einen solchen Zweikampf[46].

Mit dem Ausklingen des Mittelalters, als sich zentrale Gewalten herausschälen und Volksrechte eingedämmt werden, als die Ungleichheit der Waffen deutlich wird, kommt der Zweikampf als Rechtsmittel außer Gebrauch. Und doch hat er ein Nachspiel, denn er existiert bis heute beim Duellieren zweier sich in ihrer Ehre oder Eitelkeit verletzt fühlenden Männer. Sei es wegen eines albernen Spieles oder sei es, um die ebenso alberne Gunst einer Schönen zu gewinnen. Hier verdrängen Triebe den Verstand.

Wie zäh sich der Aberglaube im Volk hält, will ich an einigen historischen Beispielen verdeutlichen.

Um sich bei einem Mord des noch unbekannten Täters zu versichern, wird der entblößte Körper der Leiche auf eine Bahre gelegt. Der oder die im Verdacht stehende(n) müssen sie daraufhin berühren. Zeigen sich auffallende Veränderungen an der Leiche (Röten/Anlaufen des Gesichts, Zittern und/oder Bluten) so glaubt man, den Mörder erkannt zu haben. Dieses »Bahrrecht« wird im deutschsprachigen Raum bis in das 17. Jh. in Ansatz gebracht[47]. Es ist in einigen Partikularrechten vorgeschrieben. In der hessisch-darmstädtischen Landesordnung von 1639 heißt es: » . . . da ein Täter ungewiß, doch gewisse Personen des Totschlags berüchtigt und verdächtigt wären, soll man sich derselben bemächtigen, sie zum Entleibten führen und denselben gewöhnlichermaßen berühren lassen«. Dabei kommt es zu gravierenden Unstimmigkeiten.

» . . . die Frau des Julius Mallavaca wird während ihrer Schwangerschaft umgebracht. Nach drei Tagen wird die Tat ruchbar und ihr Körper wird geöffnet. Zufällig kehrt ihr Mann von einer Reise zurück und erfährt von dem Unglück. Er rennt aufgeregt in die Stube und geht zu ihr. Daraufhin beginnt ihre Nase zu bluten. Sofort erkennen die Anwesenden den Mörder. Unter den Qualen der Folter gesteht er den nicht begangenen Mord. Daraufhin wird er auf Befehl der Obrigkeit gehängt«.

» . . . Hans Spieß, Hurer und Prasser aus dem Gebiet von Luzern, erstickt 1503 seine Frau im Bett. Als die Tat ruchbar wird, wird er gefänglich eingezogen. Die Chronik berichtet, daß in dem Moment, als er seine tote Frau berührte, deren Wunden ›sogleich‹ zu bluten anfingen, wenngleich sie bereits 20 Tage tot war[48]. Daraufhin wird er gefoltert und ans Rad geflochten«.

Eine Variante des Bahrrechts ist das sog. »Scheingehen«, wobei der Beschuldigte mit der erhobenen Hand zum Toten geführt wird. Wenn dieser zu bluten beginnt, erkennt man in ihm den Schuldigen. Samuel Stryck führt einen Fall aus Pommern aus dem Jahr 1669 an. Hier werden die einen Kindermord betreffenden Akten an die juristische Fakultät der Universität von Frankfurt/Oder geschickt. Noch zweifelt man, ob die Mutter oder die Großmutter des Kindes die Mörderin ist. Deshalb führt man sie beide zum toten Kind, das einige Tage im Sarg liegt. Als sie die Mutter unter den Worten »habe ich Schuld an deinem Tod, so gebe Gott ein Zeichen an dir« ihr Kind berührt, geschieht nichts. Als die Großmutter unter dem Hersagen der gleichen Formel ihren Enkel berührt, wird dessen Gesicht » . . . sogleich überzogen und aus seinen Augenwinkeln fließt Blut . . . woraufhin die Großmutter die Schuld bekannte«[49].

Früh erkennt man den Unsinn der Gottesurteile und sucht sie einzugrenzen. Der Erzbischof von Lyon (816 – 41) verfaßt eine Ab-handlung darüber[50], in der er sie vom christlichen Standpunkt aus verwirft. Die Gottesurteile finden auch beim Abt Regino von Prüm Erwähnung[51]. Innocenz III. verbietet sie 1215 während eines lateranischen Konzils. Doch er wirft mit dem Schinken nach der Schwarzwurst, denn er sanktioniert gleichzeitig den pünktlichen Gebrauch der Folter.

Das Verdrängen der Gottesurteile hat vor allem rechtliche Gründe, die außerhalb des kurialen Denkens angesiedelt sind. Gottesurteile sind im Kampf gegen Hexen ungeeignet, denn sie haben nach der christlichen Auffassung ein Schutzbündnis mit dem Satan geschlossen, wozu allerdings – so meinte man – die göttliche Zustimmung notwendig sei. Die Frage ist, inwieweit die Anwendung der Folter in deutsche Partikularrechte fließt und wie dies vom römischen (= kirchlichen) Rechtsdenken beeinflußt wird.

Deutsche Gewohnheitsrechte

Eine Schwäche des mittelalterlichen Lebens ist die Rechtsunsicherheit. Fehde, Feme, herumziehende Räuber und Vagabunden verunsichern die Masse des Volkes und deren Obrigkeit. Die schützenden Mauern der Städte bedeuten geringe Sicherheit. Im Gegenteil, das noch ungewohnte Zusammenleben in größeren Sozialverbänden gestaltet die Position des Einzelnen schwierig. Dazu kommen Raufhändel und Schlägereien, das Werfen und Stechen mit Messern, sog. »Camperwunden«, wie abgehauene Finger, Nasen, Ohren und Hände, durchstochene Arme und Wangen«[52].

Im germanischen Recht wird der Totschlag nicht von Staatswegen bestraft. Die Verbrechen gegen Einzelpersonen (Tötung, Raub und Diebstahl) liegen im Bereich der Privatrache. Das Gericht versteht sich noch als Erfüllungsgehilfe des Klägers, sorgt für die notwendigen Vorkehrungen und legt die Instrumente zur Hinrichtung bereit[53].

Das damalige Recht kennt die Klage auf »handhafte Tat«[54], die »Klage mit der toten Hand«[55], die »Mordklage«[56], die »schlichte Klage«[57] und die Mund- bzw. Totschlagsühne[58]. Zudem beherrschen Femegerichte, im Volksmund das »heimliche« Gericht, das 14. und 15. Jh. Es sind kaiserliche Landgerichte mit Sitz in Westfalen und einem Teil von Engern, » . . . sie betrachten sich als Rächer der verletzten Ehre, des verletzten Rechts und der verletzten Religion«[59]. Hier sei angemerkt, daß man Religion nicht verletzen kann, denn sie liegt im Toleranzbereich zu Individuums. Man kann lediglich eine religiöse Organisation gutheißen oder nicht, was mit dem Glauben nichts zu tun hat.

Die Kirche ist währenddem nicht untätig, denn es ist die Blütezeit der von ihr inszenierten Ketzer- und Inquisitionsprozesse, die später das Treiben gegen die Hexen beeinflussen. Gegenüber den inquisitorischen Verfahren der Kirche erscheint die Fehme gerecht. Sie handelt *nur* auf Anklage und nicht auf Denunziation, sie kennt weder das Foltern noch lange Gefängnisqualen: sie kennt *nicht* das geistige Bevormunden. Bei der Fehme werden die Verurteilten unmittelbar nach dem Spruch hingerichtet, wozu in der Regel der nächst erreichbare Baum dient. Das von einem Fehmegericht gesprochene Urteil bedeutet Tod oder Freispruch.

Die »handhafte« Tat bedeutet, den Täter auf frischer Tat zu ertappen oder ihn eindeutig zu identifizieren. Kann man ihn »übersiebnen«, wird er unmittelbar darauf hingerichtet. Bei der Erhebung einer Mordklage erscheint der Kläger mit gezogenem Schwert und der beigebrachten Leiche vor dem Richter. In diesem Zusammenhang kommen die sog. »Leich(en)zeichen« auf, die bis zur erfolgten Sühne aufbewahrt werden. Sie sind nicht mit den »Leibzeichen« zu verwechseln. Wenn eine handhafte Tat nicht nachweisbar ist, tritt als Beweisverfahren die »schlichte« Klage ein. Hier steht den Beklagten der Reinigungseid zur Verfügung: eine Variante des Gottesurteils.

Sachsen-, Schwab- und Deutschspiegel

Schon der Landfriede von Kaiser Friedrich II. verbietet die Selbsthilfe und verordnet: » . . . die Obrigkeit und das Recht seien dazu eingesetzt, damit sich keiner unterfange, Selbsträcher des ihm angetanen Unrechts zu sein, weil die durch den Verletzten zugefügte Strafe gewöhnlich das Maß der Gerechtigkeit überschreite. Niemand soll, um welchen Schaden und welches Unrecht auch immer, sich selber rächen, bevor die Sache nicht vor den Richter gebracht und durch ihn entschieden worden sei«.

Ab dem 13. Jh. werden die deutschen Gewohnheitsrechte systematischer aufgezeichnet. Auf diese Weise entsteht zwischen 1215 und 1235 der Sachsenspiegel. Er beinhaltet Elemente der kirchlichen Anschauung: » . . . hier wird im ersten der weltlichen Rechtsbücher und Postulat der Kirche Rechnung getragen und die Zauberei als Ketzerei und Teufelswerk betrachtet«. Für den Fall der Überführung wird der Tod auf dem Scheiterhaufen als Strafe festgesetzt[60]. Diese Bestimmungen finden wir (auch) in der Landesverordnung von Ermland aus dem Jahr 1310. Sie besagt: » . . . daß alle Zauberer, Schwarzkünstler usw. die mit der Hilfe des Teufels, zu dessen Ehre und zum Schaden des christlichen Glaubens handeln, aus dem Land zu treiben sind«. Außerdem ist der Deutschenspiegel mit diesem Rechtsgrundsatz behaftet.

Der sog. »Schwabenspiegel« ist vor allem in den süddeutschen Landesteilen verbreitet. Er nimmt Artikel 13 des Sachsenspiegels auf, der das Verbrennen der Giftmischer und Zauberer befiehlt[61]. Er beinhaltet einen bemerkenswerten, doch unter Experten umstrittenen Folterparagraph[62]. Er macht auf die rechtswidrige Behandlung der Gefangenen aufmerksam und erkennt in Haft, Frost und Hunger Folgen, die im Zusammenhang mit der Folter zu bewerten sind.

Mit dem 13. Jh. setzte eine breitere Entwicklung des Städtewesens ein. Die aufkommenden Stadtrechte zeigen das Bemühen, Frieden unter den streitsüchtigen Menschen zu schaffen. Es ergeben sich scharfe Komplikationen. Erst als das städtische Leben in geordnete Bahnen kommt, als Waffenverbote durchgesetzt werden, als Vermittlungsverfahren aufkommen und man beginnt, »Friedbrecher« zu bannen, gehen die Todschlagsühnen zurück.

Allmählich fällt die Sühne außer Übung, Totschläge werden seltener, Bann und Privatfehde geraten außer Gebrauch. Allmählich schält sich das »öffentliche« Rechtsbewußtsein heraus, und die Bürger gewöhnen sich daran in größerer Zahl zusammenzuleben. Freilich spalten sie sich in intelektuelle Kasten, was später zu Geschlechterkämpfen und zünftigen Auseinandersetzungen führt.

Hier machen sich die Einflüsse der römischen (Rechts)auffassung bemerkbar. Immer mehr rückt die Frage eines Geständnisses »von Amts wegen« in den Vordergrund. Kaum einer bemerkt die damit aufkeimenden Willkürakte, vermag sich vorzustellen, daß sich die Obrigkeit irren kann und daß sich die Kirche in vielen Passagen ihrer Geschichte geirrt hat; kaum einer vermag sich vorzustellen, daß ein auf die Folter Gespannter unschuldig ist. An dieser Nahtstelle entwickelt sich der Obrigkeitssinn der Bürger.

Während man in den Städten allmählich die Oberhand über das individuelle Rechtsgeschehen bekommt, entstehen einige Verfahren gegen »landschädliche Leute«. Die Grafen von Württemberg erhalten im Lauf des 15. Jh. vom Kaiser folgendes Privileg: » . . . wenn schädliche oder übel beleumundete Leute gefangen werden . . . (und) . . . mehrere erkennen, daß sie schädliche Leute seyen und (darum) besser todt als lebendig, soll man sie nach der Erkenntnis des Rates um ihre Schuld und Missetat richten lassen und ihrem Bedünken nach töten«[63].

Doch das Volksbewußtsein ist zäh und schwerfällig. Vereinzelt kommen Fälle von Lynchjustiz vor. Bereits 1090 werden von der aufgebrachten Bevölkerung drei Frauen gepeitscht, bei Freising zur Isar gezerrt und daraufhin verbrannt[64]. 1470 ersticht in Buttstedt (Sachsen-Weimar) ein betrunkener Bürger einen Zeitgenosse. Der Täter wird verhaftet und am gleichen Abend durch den ältesten Schwertmagen[65] enthauptet. Will der Angeklagte die Strafe nicht selbst vollziehen, muß er nach dem Augsburger Stadtrecht den Henker aus der eigenen Tasche bezahlen.

Und doch sind die Strafzumessungen vergleichsweise hoch. 1488 läßt ein Breslauer einen Schuldner eigenmächtig zu einen Fischtrog legen, ihm die Daumen quetschen und mit Wasser begießen. Zwei Tage und Nächte bleibt er in dieser mißlichen Lage. In der zweiten Nacht setzt starker Regen ein, und er wäre fast ertrunken, hätte man ihn nicht herausgefischt. Der Täter erhält eine Strafe von 50 Gulden. Nach den Unterlagen des Breslauer Stadtgerichts wird 1478 ein junger Übeltäter verurteilt, der während eines Raufhandels seinem Gegner das Messer so tief in den Leib gestoßen hat, daß dessen Eingeweide heraushingen. Die Strafe lautet auf eine zweijährige Verbannung.

1455 wird ein Bürger auf der Straße lebensgefährlich verletzt und gelähmt. Der Täter hat die Arztkosten zu begleichen. Ein Braugeselle setzt einen anderen vorsätzlich in ein Feuer unter der Braupfanne. Er kommt 1478 mit einer Geldbuße von 60 Groschen davon.

Bei aller Härte kennt man die Möglichkeit der Sühne. Sie entzieht den Verfolgten und seiner Familie dem Bannkreis der strafrechtlichen Folgen. Dazu werden Sühneverträge geschlossen. Im wesentlichen handelt es sich um Wergeldtaxen[66], der Gestellung der »Seelgeräte«[67], was mit dem Erstarken der Kirche zusammenhängt und der sog. »Bedefahrten«[68].

Fast alle bekanntgewordenen Verträge verpflichten den Täter »selbstleib« (= persönlich) die Buße zu vollbringen. Oft wird es mit erschwerenden Auflagen verbunden (Fasten, barfuß gehen, Bußhandlungen, ausgiebige Almosen usw.). Die Wahl der Bußorte bestimmt die klagende Partei. An erster Stelle steht Rom. Dann folgen die Kirchen »Unserer lieben Frau« in Aachen und die »zum heiligen Blut von Wilsnack«[69] in der Westpregnitz. Als Beweis dienen die von Pönentiar oder dortigen Priester unterschriebenen Reverse, die nach dem Ablegen einer Beichte käuflich sind.

An die Seelgeräte sind üblicherweise Verpflichtungen seitens des Täters gebunden, die ihn an seine Tat erinnern sollen. Beispielsweise in der Form eines Kreuzes oder dem Setzen eines Denksteines. Hinzu kommen sog. »freiwillige« Leistungen zur Wiedergutmachung. So stiftet der Gelnhäuser Bürgermeister Johannes Koch, der durch das Verfolgen von Hexen bekannt wird und dies später bereut, der Stadtkirche eine wertvolle, noch heute erhaltene Kanzel. Es ist jedoch denkbar, daß dies *nicht* im Zusammenhang mit seinem Wüten gegen sog. Hexen in Einklang steht. (Frdl. Hinweis von H. Kalbfleisch, dem Stadtarchivar von Gelnhausen).

Hinzu kommen umfassende Bußprozessionen zu Lasten des Täters. Noch im 16. Jh. müssen sie in Süddeutschland auf ihre Kosten und zur Ehre des Getöteten ein Requiem mit 40 Priestern während dreier Hochämter inszenieren und während der gottesdienstlichen Feier eine abgebrochene Kerze in der Hand halten. Sie haben mit vorgezogener Kapuze an der Kirchentür zu stehen und für die Seele des Verstorbenen zu beten.

In den Niederlanden kennt man die Variante der sog. »Mundsühne«[70]. Es ist eine Abweichung des alten flandrischen und brabantischen Rechts. Ihre Zeremonie hat sich bis in das 16. Jh. hinein erhalten.

Betrachtet man alle im Zusammenhang mit einer Sühne zu erbringenden Leistungen und würdigt die Geldknappheit der Epochen, ist die Möglichkeit eines finanziellen Ausgleichs nur reichen und einflußreichen Bürgern möglich. Bei ärmeren Bevölkerungsschichten ziehen sich solche Verpflichtungen oft über Generationen hin.

Weitere Rechtsquellen

Ruprecht von Freising spricht im § 72 seines Stadtrechtsbuches[71] über das Erzwingen eines Geständnisses und leistet dadurch dem Foltergedanke Vorschub[72]. Das Soester Nequambuch, verfaßt um die Mitte des 14. Jh., unterstellt den teuflischen Einfluß bei der Ausübung von Verbrechen.

Es wird immer deutlicher: in das juristisch-neutrale Denken dringen theologisch-sophistische Spekulationen, längst bevor die Dominikaner Sprenger und Krämer an die Abfassung des Hexenhammers gehen. Wir haben zwei aufeinanderzulaufende Entwicklungen vor uns. Zwischen den Jahren 1386 und 1401 stellen Magdeburger Schöffen eine Spruchsammlung zusammen, die einen Beleg *gegen* die Anwendung der Folter beinhaltet[73]. Dort wird festgehalten: »... man soll niemand strafen, der nicht von einem ordentlichen Gericht verurteilt worden ist«. Kurz danach, spätestens ab 1515, ist die Anwendung der Folter an diesem Schöffenstuhl geläufig.

Zur gleichen Zeit verfaßt Nikolaus Wurm die »Blume des Sachsenspiegels«[74]. Sie ist um eine Verquickung des römischen und heranreifenden deutschen Rechts bemüht. Wurm räumt den Folterqualen und dem erpreßten Geständnis Raum ein. Zudem beinhaltet die Glosse zum »sächsischen Weichbild«, einen Beleg über die Herkunft der Tortur.

In der ersten Hälfte des 15. Jh. entsteht der »Klagspiegel«. Er ist von einem Unbekannten verfaßt und vermutlich in der Region von Schwäbisch Hall angesiedelt. Hier beschäftigt sich der 2. Traktat mit dem Strafrecht und -prozeß. Entscheidend ist die aufgestellte Regel: »... ein Todesurteil darf nur ergehen, wenn der Beschuldigte in der verklagten Sünde so begriffen ist, daß er nicht leugnen kann«. Zwischen den Zeilen gelesen, gestaltet eine solche Formulierung die Anwendung der Folter, zumal bereits Gerüchte als Indizien angesehen werden. Einzelne Rechtsvorstellungen des Klagspiegels werden bei der »Wormser Reformation« von 1498 und bei der Abfassung der »Bambergischen Halsgerichtsordnung« von 1507 berücksichtigt.

Dann verfaßt Ulrich Tengler den Layenspiegel[75]. In der ersten Auflage von 1509 berührt er die Zauberei in dem Kapitel: »... von Todtschlägen und anderen Entleibungen«.

Er begründet die Todesstrafe nach römischen Rechtsgrundsätzen und trägt vor: »... Item nach bemeltem Gesetz mögen auch (die) gestraft werden, die mit vergifft, zauberey oder anderen verpoten sachen die Menschen zu ertödten[76] ... doch werden solche weibspersonen gewonlichen im feur oder wasser vom leben zum tod gerichtet oder zu Äschen (= Asche) verbrannt«.

Der Layenspiegel wird mehrfach aufgelegt und gilt als weitverbreitet. Auffallend ist bei der zweiten Auflage von 1511, daß der Verfasser Vorstellungen aus dem Hexenhammer integriert[77]. Unter diesem Aspekt ist Tengler der erste weltliche Jurist des 16. Jh., der sich an dieser Form am theologischen Halbwissen orientiert.

Das Brünner Schöffenbuch wird 1533 von Johann von Gelnhausen verfaßt[78]. Er anerkennt Grundsätze des römisch-kanonischen Verfahrens und erwähnt die Folter eines Juden, der wegen Diebstahl angezeigt ist[79]. Außerdem verweist er auf den gefolterten Gastwirt Stephel, der einen Raubüberfall inszeniert[80].

Im Zusammenhang mit der Entwicklung der Folter wird häufig auf das Recht von »Wiener Neustadt« verwiesen. Neuere Forschungen stellen in Zweifel, ob es einen realen Folterhinweis beinhaltet. Zudem ist das Alter dieser Quelle umstritten[81].

Römisches kontra deutsches Recht

Eine grundsätzliche Frage ist, ob das Anwenden der Folter in unserem Sprachraum eigenständig ist oder ob südländische Einflüsse erkennbar sind. Für beide Thesen sprechen wichtige Gründe; in beiden Kulturbereichen herrscht jedoch der gleiche Aberglaube.

Die Bischöfe wissen mit dem kanonischen Recht umzugehen, denn sie sind seit Jahrhunderten daran gebunden. Es gewährt ihnen optimale Anonymität und den besten Rechtsschutz. Daran hat sich bis heute nichts geändert.

Allgemeine Folterbelege für den deutschsprachigen Raum

Wann	Wo/Wer
1338	In Regensburg wird gefoltert.
1348	In Cham wird gefoltert.
1349	In Speyer scheint die Folter bekannt zu sein. [82]
1350 – 71	In Nürnberg kommt die Anwendung der Folter auf. [83] In den ab 1371 beginnenden Stadtrechnungen nimmt sie eine bedeutende Stellung ein.
1353 (um)	Das Brünner Schöffenbuch erwähnt die Anwendung der Folter.
1354	Köln verfügt über eine Folterpraxis.
1356	Die »goldene Bulle« bestimmt im 24. Kapitel, daß man vor allem bei Majestätsverbrechen, ». . . zur Erforschung der Wahrheit nunmehr die Folter heranziehen soll.« [84]
1361	Freiburg i. Br. bekommt ein Privileg für den Gebrauch der Folter.
1378 – 79	Folternachweis für Frankfurt am Main. [85]
1381	Anwendung der Folter in Bamberg. Hier entwickelt sie sich aus dem Leumundsverfahren und hängt eng mit dem sog. »Blutbann« zusammen. Der Schultheiß leitet die Folter »nach Rat und Weisung« der Ratsabgeordneten und Schöffen. [86]
1391	Für Büdingen ist die Anwendung der Folter nachweisbar.
1395	In Friedberg wird die Folter angewendet.
1396	Folternachweis für Köln. [87]
14. Jh.	In Hamburg ist das Foltern geläufig.
14. Jh.	(2. Hälfte). Vermutlich kommt der Gebrauch der Folter in der freien Reichsstadt Frankfurt am Main auf.
1403	Nach dem Memminger Stadtrecht ist das Foltern zulässig.
1406	Folternachweis für Isny. [88]
1416	Folternachweis für Schlettstadt. [89]
1416	Die Mergentheimer Ratssitzung erwähnt den Gebrauch der Folter.
1427	In Hamburg wird der Ratsherr Kletze gefoltert.
1428 (seit)	In München ist die Anwendung der Folter belegt.
15. Jh.	(1. Hälfte). Die Folter wird in Radolfszell eingeführt.
15. Jh.	(1. Hälfte). In Görlitz mehren sich die Zeugnisse für den Einsatz der Folter. [90]
1450	Konstanz erwähnt die Anwendung der Folter in einem Spruchbrief.
1466	Die Halsgerichtsordnung von Ellwangen zeigt eine eingefahrene Folterpraxis.
1469	In Nürnberg wird der oberste Losunger, Nikolaus Muffel, festgenommen und gefoltert. Es werden vier Foltergrade unterschieden. [91]
1480	Folterpraxis in Basel. Geständnis des Hans Kiffer.
1486	Folter des Ratsherren Riese in Würzburg.
1583	Folternachweis in Kronstadt. [92]
16. Jh.	Mehrfacher Folternachweis für Frankfurt am Main. [93]

Im Zusammenhang mit der Bestrafung der Hexen wird das Foltern zum allgemeinen Rechtsgut.

Versetzen wir uns in die Zeit. Die Handeltätigkeit nimmt wechselseitig zu. Dabei werden im Zusammenhang mit Kaufverträgen, dem Handelsrecht und Abschlüssen Rechtsprobleme erörtert. Die juristischen Fakultäten von Parma und Bologna wirken auf deutsche Studenten. Nikolaus von Cusa, Johann und Willibald Pirkheimer, Agricola, Ulrich Molitoris und Konrad Peutinger haben in Italien studiert. Das gleiche gilt für den Bamberger Bischof Leopold von Bubenberg, der in Bologna promoviert.

Die Kontakte zwischen den Ländern werden enger. Deutsche Stadtväter beabsichtigen die Anstellung fremder (weil besserer) Juristen. Lübeck stellt 1254 einen italienischen Rechtsgelehrten ein. In Hamburg werden früh die Brücken zum römischen Recht geschlagen, zumal ihnen Alexander IV. 1257 das Anwenden der Gottesurteile untersagt[94]. 1322 wird der italienische Rechtskundler Heinrich von Fulda in Speyer angestellt. Italienische Juristen arbeiten an deutschen Höfen, werden in deren Kanzleien beschäftigt und lehren an deutschen Schulen.

Hinzu kommen einige oberitalienische Rechtsquellen des 13. – 16. Jh. Ein Status des Dogen Jacob Tiepolo aus dem Jahr 1232 bestimmt für Malefizien, die Tod oder Wahnsinn herbeiführen, die Hinrichtung am Galgen, bzw. das Verbrennen auf einem Scheiterhaufen; auf Tränke, die Liebe oder Haß bewirken, stehen Peitschung und Brandmarkung. Ist das Überführen des Beklagten durch Zeugen oder Geständnisse augenscheinlich, wird er geblendet oder man schlägt ihm eine Hand ab. Ein Status von Siena bestimmt, daß der, der selbst oder durch die Vermittlung eines anderen, Liebes-, Abortiv- oder Sterilitätstränke verabreicht oder der eine schädigende Zauberei ausübt, 200 Denar Strafe zu bezahlen hat, bzw. mit dem Tod bestraft wird.

Nach der landläufigen Meinung erhebt die römische Kultur Anspruch auf die geistige Entwicklung der nördlich gelegenen Länder. Ohne Zweifel stimmt dies: allerdings im Positiven wie im Negativen. Die Vermutung liegt nahe, daß unser Rechtsbewußtsein von römischen Anschauungen mitgestaltet wird.

Der Trend wird bereits am »Rheinfränkischen Landfriede« von 1179, an der »constitutio contra incendiarios« von 1186 und an dem »bayrischen Landfriede« des 13. Jh. erkennbar. Hinzu kommt der um 1235 geschlossene »Reichslandfriede«. Einzelne Städte bemühen sich um Justizreformen und erhalten teilweise kaiserliche Privilegien. Das alte germanische Rechtsverfahren, begründet auf Anklage, öffentliche Verhandlung und Schöffenspruch, wird mehr und mehr vernachlässigt. Die wichtigste Stütze zur Verurteilung ist auch hier das Geständnis des Beklagten. Kommt er ihm nicht nach, wird er durch die Folter dazu gezwungen. So gesehen, *kann* sie sich in unserem Sprachraum eigenständig aus der »districtio« (= Zwangsgewalt) des Herrenwesens, aus den bekanntgewordenen Verfahren gegen »landschädliche« Leute und der erweiterten Fehde gebildet haben; quasi als Aushöhlung bestehender Rechtsgänge. Das alte germanische Recht hat sich mit dem Herausschälen der Städte überlebt und muß neuen Formen wie erweitertem Wissen weichen.

Innocenz IV. erläßt 1225 die Bulle, die die pünktliche Anwendung der Folter zur Pflicht macht. Die Päpste Alexander IV. und Clemens IV. verschärfen die Anmaßung. Außerdem werden in Kirchenkreisen bis weit über das Mittelalter hinaus Sklaven beschäftigt, deren Rechte beschnitten sind. Für den Klerus ist von zentraler Bedeutung, den Glauben zu »wahren« d.h. gegen solche vorzugehen, die anderer Meinung sind, z.B. die Juden.

Man greift die Juden an

Schon im 14. Jh. haben sich die Deutschen mit dem Verängstigen und Brennen der Juden profiliert. Im 17. Jh. haben sie Unschuldige in sog. »Hexenöfen« verbrannt, die sich nur im Brennmaterial von den Krematorien der Nazi-Deutschen des 20. Jh. unterscheiden. Auch hier waren die Peiniger Christen. Der Jesuit Spee trifft den Nagel auf den Kopf und sagt: ». . . Pfui, was ist das für ein Eifer, der an den Deutschen zu loben ist . . . ich schäme mich dafür«.

Die damals ausbrechende Judenverfolgung hat zunächst keinen christlichen Tenor, sondern geschieht im Zusammenhang mit einem unerklärbaren Pestausbruch. Rasch verbreitet sich das Gerücht, Juden hätten einen Brunnen vergiftet und dadurch (das) Unheil ausgelöst. Abgesehen, daß dies keinen Sinn ergibt, denn ein Brunnen – verteilt auf das Gesamtgebiet – hat keine Bedeutung, so konzentriert man sich auf die Juden und innerhalb kurzer Zeit werden sie im süd- und mitteldeutschen Raum so gut wie ausgerottet. Lediglich in Norddeutschland läuft es anders. Lange hat sich die ungerechte Wut gestaut. Die Inquisitions- und Ketzerprozesse der Epoche sprechen eine deutliche Sprache.

Wie lächerlich ist es, an s(einem) Glauben verbissen festzuhalten. Weshalb zeigt man sich in diesem Punkt (so) intolerant? Die von den Kanzeln proklamierte Nächstenliebe ist eine Farce und große Teile der Kirchengeschichte sprechen gegen sie. Der einzelne, sich aufopfernde Pfarrer, der sich um Gutes bemüht und dem kein Weg zu weit ist, um Anderen zu helfen, ist der eigentlich Betrogene: er ist ein winziges Rädchen im Konsens kurialer Politik. Es ist offensichtlich: die Christen können *nicht* in Frieden leben, weil ihre Führer an der Ausweitung ihrer selbst zugelegten Kompetenz interessiert sind. Diesem Gedanken hat sich alles andere zu beugen. Hinzu kommt, daß Juden Jesus von Nazareth nicht umgebracht haben können, sofern die vorgetragenen Ideen glaubhaft sind.

Die Limburger Chronik berichtet: » . . . jedoch will ich der Juden Bosheit nicht verfärben, denn es sind unserer Frauen und aller Christen Feind«[95].

Es wird verschwiegen, daß schon damals Deutsche Giftmischerprozesse verursacht haben und daß man »Wuchergesetze« gegen sie erlassen hat.

Der »Schwarze Tod« erscheint zu Beginn des Jahres 1348. Nach einer Notiz in einem Pentateuchkodex der Wiener Stadtbibliothek werden die Juden in einer ungenannten Stadt der Provence in der Woche vom 11. – 17. Mai verbrannt. 1384 wird ein Jude am Genfer See per Folter zu einem Geständnis gezwungen. In Zürich wird am 21. September der feierliche Beschluß gefaßt, in Zukunft keine Juden mehr aufzunehmen. Doch schon im November erhitzen sich die Gemüter. Judenbrände finden in Solothurn, Zofingen, Stuttgart und Augsburg statt. Im Dezember des gleichen Jahres werden sie in Landsberg, Buren, Memmingen, Lindau und Esslingen verbrannt. Im Januar des folgenden Jahres in Basel, Freiburg, Speyer und Ulm.

Fritz Klotz schreibt in der Speyerer Stadtgeschichte: » . . . zu Speyr haben sich die Juden in ihren Häusern versammelt, dieselben angesteckt und sich sampt Weib, Kind, Hab und Gut verbrennt. Etliche seynd durch den gemeinen Pöbel hingerichtet worden. Solches ist geschehen am Samstag nach der Heiligen Drey Könige Tag Anno 1349. Die Todten sind hin und wieder in den Gassen gelegen«.

Im Februar werden sie in Straßburg, Schaffhausen, St. Gallen, Eisenach, Arnstadt, Würzburg, Ilmenau, Frankenhausen und Dresden umgebracht. Im März in Worms und Konstanz, wo sie bereits seit Anfang Januar in Haft sitzen, in Baden und Erfurt. Am 24. Juli 1349 werden sie in Frankfurt am Main verbrannt, am 24. August in Mainz und Köln.

Am 4. Juni findet in Nürnberg der »Auflauf« statt, eine jener revolutionären Bewegungen der Zünfte gegen die Patrizier und Stadtherren, wie sie seit dem Vorgang in Straßburg aus dem Jahr 1332 in vielen deutschen Städten üblich werden. Das erste, was man nach der Vertreibung der Geschlechter tut, ist, die Juden zu brandschatzen.

Am 16. November 1348 erteilt Karl IV. die Erlaubnis zum Abbruch der Judenhäuser, am 5. Dezember 1349 bekundet Johann v. Wedel, Vogt des Markgrafen Ludwig, auf Befehl des letzteren und mit Unterstützung des Rates, sämtliche im Königsberg (in der Mark) wohnenden Juden zu verbrennen und deren Vermögen einzuziehen. In Polen werden auf diese Weise etwa 10 000 Menschen aus dem Leben geschafft.

Im Norden des Landes zeigt man sich liberaler. Am 26. November 1349 gebietet der Markgraf Ludwig dem Rat von Spandau, die in der Stadt wohnenden Juden zu hegen und sie vor ungerechten Beleidigungen zu schützen. Am 6. April verschreibt er ihnen das Recht, fremde Juden bei sich aufzunehmen, gewährt ihnen Handlungsfreiheit und Rechtsschutz. Eine solche Haltung suchen wir in den Kirchenakten vergeblich! Weder im 14., noch während der Zeit der Hexenbrände und nicht im 20. Jh.

Vom Gärprozeß der Reichsverfassung

Im frühen 16. Jh. gilt Deutschland als die stärkste Macht der Christenheit. Am Reichstag und beim Reichshofrat der kaiserlichen Kanzlei wird deutsch *und* italienisch gesprochen. Das Land selbst ist zersplittert und wird von vielen rechthaberischen Regenten regiert.

Den Löwenanteil halten die sieben Kurfürsten[96], die aufgrund einer Fabel ihre Machtfülle erhalten. Zur Zeit der Abdankung von Karl V. beläuft sich die Zahl der regierenden Fürsten auf etwa 80[97]. Neben den Kurfürsten und Fürsten fungieren die »freien« Reichsstädte. Sie haben im Reichstag Sitz und Stimme: sie führen die Reichssteuer unmittelbar ab. Es handelt sich um 66 Städte, die vor allem im süddeutschen Raum anzutreffen sind. Auf sie folgen – in der Bedeutung – der mittlere und niedere Adel: die sog. Reichsritterschaft. Sie stehen in Bezug auf ihre Person unmittelbar unter dem kaiserlichen Schutz, bzw. dem des Reichsgerichts. Ganz unten tummelt sich das pflichteifrige, hörige und gottesfürchtige Volk. Es hat nichts zu sagen, sondern dafür zu sorgen, daß es den über ihnen Stehenden gut geht.

Ein solches Land ist unregierbar. Zum Ende des Mittelalters spitzt sich die Verwirrung zu und gipfelt in der Formulierung, wie weit das kaiserliche Recht zu gehen habe? Es wird offensichtlich, daß ein Chaos ins Haus steht, falls es in absehbarer Zeit nicht gelingt, die Regierungsfrage zu klären.

Wie der Papst sein Recht zimmert, tun es die weltlichen Herrscher. Es ist das sog. »Kaiser«- und/oder »Fürstenrecht«. Doch mit dem Ausklang des Mittelalters scheinen die Menschen aus einer Lethargie zu erwachen. » . . . über allem schwebt das Damoklesschwert eines verwirrten Glaubens, einer Sphäre der Religions- und Rechtsunsicherheit, eines theokratischen Systems voll Gewalt, Betrug, Heuchelei und Willkür. Hinter ihm verbergen sich teils willkürliche Statthalter.

Maximilian will dem Faustrecht ein Ende bereiten und den »ewigen« Landfrieden stiften, was 1495 geschieht. Hinzu kommen die maximilianischen Halsgerichtsordnungen für Tirol aus dem Jahr 1499, das älteste deutsche Gesetz dieser Art, das Recht von Radolfzell aus dem Jahr 1506 und die Bambergiana, auf die ich zurückkomme. Hier wird der Grundsatz aufgestellt, daß sich der Täter in erster Linie gegenüber dem Staat und erst dann gegenüber dem Geschädigten zu verantworten hat. Vordem handhaben die Stadt- und Zehntgerichte ein individuelles Kriminalrecht, das in Rechtsbüchern, Lokalsatzungen, Stadtrechten und Landfrieden verankert ist[98].

Stände und Kaiser finden sich zusammen, um eine brauchbare Verfassung zu begründen, die den Fortbestand des Reiches ermöglichen soll. Hart prallen die Ansichten aufeinander. Das Reichskammergericht wendet sich mit dem Bemerken an die Reichsstände: » . . . weil im Heiligen Römischen Reich Deutscher Nation an den peinlichen Gerichten grober Mißbrauch geschehe und unschuldige Leute wider Recht und Billigkeit gestraft würden und Schuldige ungestraft bleiben . . . soll nunmehr eine ewige Reichsordnung gemacht werden«[99].

Wichtige Stationen dieser Entwicklung sind der Reichstag von Freyburg, über Verhandlungen in den Jahren 1500, 1517, 1518 und 1521. In diesem Jahr wird auf dem Wormser Reichstag der Antrag auf Einführung einer Reichsrechtsordnung angenommen.

Parallel dazu entstehen das Reichsgericht und das Reichskammergericht. Bei dieser Gelegenheit wird das Militärwesen (re)organisiert. Die Konzentration auf *eine zentrale* Rechtssprechung führt zu einer Stärkung der Gerichte, ihrer Richter und der Geistlichkeit. Es führt auf der anderen Seite zu Nivellierung, Pauschalierung, Perfektion und Willkür: beim Wüten gegen angebliche Hexen wird es deutlich.

Das Ergebnis dieser 30-jährigen Bemühungen ist die »peinliche« Halsgerichtsordnung des Kaisers Karl V., die im gesamten Reichsgebiet Anwendung findet. Diesem im Grund fortschrittlichen Gesetz gelingt es nicht, Klarheit in die kriminalistische Rechtssprechung zu bringen. Inzwischen sind einige Territorialhoheiten mit Partikulargesetzen vorangeeilt.

Dies stiftet Verwirrung. Schließlich wird die peinliche Gerichtsordnung des Regensburger Reichstages von den meisten Reichsständen akzeptiert. Die Verzögerung hat vor allem drei Gründe:

1. Einzelne Stände vermögen sich nur zäh und ungern von »ihrem« althergebrachtem Recht zu lösen.

2. Die römisch-katholische Kirche befindet sich in einem Auflösungsprozeß.

3. Der kraftvolle Einbruch des Protestantismus und die wechselseitigen Strömungen des Humanismus erschweren die gerade Linie. Hinzu kommt das jesuitische Agieren!

Bambergische Halsgerichtsordnung[100]

Die »Bambergiana« geht aus dem alten Bamberger Stadtrecht und Einflüssen des Nürnberger Stadtrechts hervor. Das »alte« Bamberger Stadtrecht kennt die Bestrafung für Gotteslästerung und die Schmähung der Jungfrau Maria. Es zeigt die Einflüsse eines Bischofs. Beschuldigte und Verurteilte werden mit glühenden Zangen gezwickt und verbrannt. Das Nürnberger Stadtrecht kennt die Bestimmung: » . . . Zauberei und Segensprecherei wird durch öffentliches Ausstellen an einen Pfahl, zuweilen mit einer Kappe, auf der der Teufel gemalt ist, nebst der Abschneidung eines Teils der Zunge bestraft«[101].

Der Landesherr von Bamberg, Fürstbischof Georg II., gibt als Motiv für die Drucklegung an: » . . . die Unwissenheit der im Recht nicht erfahrenen Richter zu steuern, denn es habe sich gezeigt, daß durch Übersehen und Unwissenheit Mißbrauch erwachsen«. Die Bambergiana besteht aus 278 Artikeln und wird in erster Auflage von Johann Schöffer gedruckt.

Verfasser des Rechtsbuches ist der Freiherr Johann von Schwarzenberg[102], der vereinzelt als der größte deutsche Gesetzgeber der Reformationszeit angesehen wird[103]. Er schließt sich den reformatorischen Ideen an und stirbt als Landeshofmeister des Markgrafen Casimir von Brandenburg. Zudem ist er der Verfasser des Büchleins » . . . Beschwörung der teuflischen Schlangen mit dem göttlichen Wort« und eines weiteren Elaborates[104]. Schwarzenberg bleibt im Teufelsdogma verhaftet. Das ist der zentrale Punkt für die Auseinandersetzung mit den als Hexe und/oder Hexer Bezeichneten.

Folgerichtig geht die 1507 entstandene Bambergiana vor allem bei Vergehen gegen Religion, Blasphemie, Ketzerei und dem Glauben streng ins Gericht. Schwarzenberg geht vom schädlichen Verbrechen der Zauberei aus, ohne dies im Einzelnen zu belegen. Er verknüpft das Verbrechen(!) der Ketzerei mit dem der Zauberei und läutet dadurch eine folgenschwere Entwicklung ein. Die Bambergiana ist die geistige Amme der »Brandenburger Halsgerichtsordnung« und der »Carolina«, der peinlichen Halsgerichtsordnung von Karl V.[105].

Entscheidend ist der § 131, weil er später in der Carolina, wie in die hessische und brandenburg-fränkische Halsgerichtsordnung

mündet[106]. Es besagt, daß Jemand, der Zauberei anwendet und dadurch einem Anderen schadet, nach dem Beschluß des Rates zu bestrafen ist[107], bzw. » . . . wenn Jemand den Leuten durch Zauberei Schaden tut, soll er vom Leben zum Tod gestraft werde . . . man soll ihn verbrennen«[108]. Folgerichtig verbietet Maximilian I. in der 1514 erlassenen »Ordnung für die Landgerichte unter der Enns«, die Zauberei von höchster Stelle aus.

Der Staat wettert gegen die Kirche

Wegen der schwierigen Abgrenzung zwischen der weltlichen und geistlichen Gerichtsbarkeit entsteht eine folgenschwere Opposition im katholischen Lager. Laien erheben Anspruch auf die Einschränkung kirchlicher Vorrechte, mit deren Inhalten sich deren Inhaber schützen.

Das Volk erkennt, wie intensiv das kuriale Rechtsdenken ihre Interessen tangiert (hat) und besinnt sich der schier unendlichen Tributzahlungen. Sie reichen von der Türkensteuer über den Peterspfennig, zu Reservatien, Gratien, Dispensionen, Pallien, Kumulationen, Pfründen, Sporteln, Taxen usw.[109].

Das Land ist des Papsttums müde. Die Spaltung der Kirche führt zu Schwierigkeiten und trägt zur Verunsicherung der Bürger bei. Auch heute besinnt sich die Kirche auf ihre »althergebrachten« (Vor)rechte. 1982 wird ein fränkischer Bauer von der Kirche gerichtlich verfolgt, weil er nicht bereit war, drei Laib frisches Brot an den zuständigen Pfarrer abzuliefern. Neben der eigentlichen Reformation ist wohl der härteste Schlag für den (ausgehöhlten) Katholizismus, daß man seine finanziellen Rechte beschneidet.

1510 beauftragt Maximilian den Gelehrten Wimpheling, die Klag(e)punkte der Deutschen Nation gegen Rom zusammenzustellen. Sie werden zehn Jahre später gedruckt und zeigen in schauerlicher Eintracht, mit welchem Übermut die Kirche pokert. Es ist so extrem, daß der Klerus als unterwandert und gespalten gilt. Aus den Anfängen einer denkbaren Nächstenliebe hat sich die Kirche zu einem unbeweglichen Koloß entwickelt, der nur noch mit fremden Millionen zusammengehalten werden kann.

Wo ist das Attribut der Einfachheit und Armut geblieben! Die Bischöfe brausen in von Pferden gezogenen Karossen daher und die

Bürger nagen am Hungertuch. Die papstfeindliche Haltung geht so weit, daß 1525 deutsche Soldaten in Rom einfallen und Clemens VIII. in der Engelsburg belagern, ihn beschimpfen und verspotten[110].

Deutsche Gelehrte machen auf das »Mönchs- und Küchenlatein« der Geistlichen aufmerksam. In der weiteren Folge bedeutet dies: » . . . nicht Hörigkeit zugunsten einer stumpf gewordenen Dogmatik, sondern Herausschälung der Kritik zum Leidwesen einer in Traditionen verwachsenen Kirche«. Reuchlin streitet aktiv gegen die Kölner Theologen[111]. Sebastian Brant veröffentlicht sein »Narrenschiff« und Erasmus von Rotterdam das »Lob der Narrheit«, das in rascher Folge sieben Auflagen erreicht. Ulrich von Hutten verfaßt die »Trias Romana«. Römlinge, die Verteidiger Roms, wie Eck, Hochstraten, Emser, Tezel und andere, werden dem Spott preisgegeben[112].

Inmitten dieser Wirren spuken christliche Dämonen. 1524 wird im Kloster Heggbach (bei Biberach) ein Treiben inszeniert, das den Aberglauben hinter Klostermauern verdeutlicht. Es geht um die »schwarze Magdalena«, eine Novizin, die gewöhnlich »Glaserin« genannt wird. Dazu werden ein Chorherr Hans Tüffel aus Buchau und der Ulmer Dominikanerprior als Experten zitiert. Ihrem Gutachten zufolge spuken im Kloster Unholde. Sie müssen sich getäuscht haben, denn nach der Entlassung der Nonne bekommt die schwarze Magdalena ein Kind[113]. Es wird doch nicht vom Teufel sein?

Der Abschluß:
Reichs-Kriminalordnung von 1532

Die Carolina ruht in ihren geistigen Grundlagen teilweise auf den Grundsätzen der römischen Strafrechtspflege. Sie wird erstmals bei Ivo Schöffer in Mainz gedruckt. Entscheidend ist, daß die Wahrheitsfindung von Amtswegen erfolgt, d.h. Verhandlung reiht sich an Verhandlung, bis die Sache spruchreif ist. Die Carolina bringt richtungsweisende Anweisungen für Laienrichter und rechtsunsichere Schöffen.

Sie schließt die Ergänzung durch andere Rechtsquellen nicht aus, was durch die »salvatorische« Klausel deutlich wird[114]. Es wird betont, daß die Gerichte mit frommen, ehrbaren und erfahrenen Personen zu besetzen sind, daß zur Anwendung der Folter mehrere Indizien zusammentreffen müssen und daß der gewöhnliche Argwohn nicht gleich in einen bösartigen Verdacht umzuschlagen brauche. Der Notar soll eine Sanduhr bei sich haben und neben den Wehklagen des Gemarterten die Zeit aufschreiben. Wenn jemand die Folter länger als eine Stunde aushält, ist er freizulassen«[115].

Man darf die Carolina nicht zu sehr im Umfeld der Hexenbrände strapazieren. Grundlage der Hexenverfolgungen ist der stehende Hexenbegriff im Volk, so wie ihn die Theologie ausgefeilt hat. Am permanenten Justizmord Unschuldiger ist zunächst nicht die Reichs-Gesetzgebung schuld, sondern das verbissene Festhalten am Teufelsglauben. Deutlich wird es an schärferen Bestimmungen des Landrechts von Baden-Baden und vor allem an den »sächsischen« Constitutionen. Sie gehen einen Schritt weiter und sagen, daß man Zauberer auch dann verbrennen soll, wenn sie *keinen* Schaden angerichtet haben. Unter diesem Aspekt ist die Carolina humaner, und doch beinhaltet sie erheblichen Zündstoff. Sie fällt in den gleichen Fehler wie ihre Vorläuferinnen.

Sie trennt zwar zwischen Schaden und Nichtschaden, läßt aber den Begriff der Zauberei undefiniert. So wird eine Rechtsunsicherheit von weitem Ausmaß manifestiert und zum Zankapfel der Geschichte. Sie macht es späteren Juristen und Theologen leicht, weltliche Gesetze unter Bezug auf den schon mehrfach genannten Exodus 22.18 zu unterlaufen. Die Reichs-Gesetzgebung sitzt in diesem Punkt einem lang definierten theologischen Irrtum auf. Wegen dieser unklaren Begriffsfindung nimmt das umfassende Werk eine dubiose Haltung ein. Folgerichtig werden Unklarheiten als Deckmantel für daraus abgeleitete Ungerechtigkeiten genutzt. In gewohnter Weise stempelt man die Hexerei – in Anlehnung an den Hexenhammer – als Ausnahmeverbrechen ab und reflektiert mit den härtesten Stra-

▶

Die vier Würzburger Fürstbischöfe zur Zeit des Hexenwütens:
Julius Echter von Mespelbrunn (1573 – 1617).
Johann Gottfried I. v. Aschhausen (1617 – 1622).
Philipp Adolf von Ehrenberg (1623 – 1631).
Franz von Hatzfeld (1631 – 1642).
Stiche aus: Ludewig, Johann Peter. Lorentz Friese und andere Geschichtsschreiber von dem Bischoffthum Wirtzburg, Franckfurt (Thomas Fritschen) 1713, Stadtarchiv Würzburg. Mit freundl. Genehmigung.

fen: Folter und Scheiterhaufen zum Lob eines ungerechten – weil von Menschen ersonnenen – Gottes. Die Meinungen Für und Wider die Carolina prallen hart aufeinander. Dazu einige Beispiele:

» . . . die Verfasser haben sich über die allgemeine Meinung der Zeit hinweggesetzt. Sie schweigen sich über die Hirngespinste von Teufelspakten, dämonischen Vermischungen und dergleichen aus. Sie beschränkten die Todesstrafe darauf, wenn einem Dritten Schaden zugefügt wird«[116].

» . . . die peinliche Halsgerichtsordnung ist trotz allem das größte und einzigartigste Werk der alten Reichsgesetzgebung«.

So ist es: wir dürfen die Zeit seiner Entstehung nicht mit der heutigen vergleichen. Der oberste Landesherr ist Katholik: dieser Ansatz wird zwischen den Paragraphen erkennbar. Folgegesetze, wie die kurfürstlichen Hexenordnungen aus den Jahren 1607 und 1608 enthalten analoge Vorstellungen. Der damalige Kölner Kurfürst bezieht sich mehrfach auf den umstrittenen § 109 der Carolina.

Und doch sind nicht alle Juristen vom Wahn der Zeit befangen. 1526 gibt Ferdinand I. eine »Landesordnung der Fürstlichen Grafschaft Tirol« heraus. In ihr wie in Folgegesetzen aus dem Jahr 1532 ist von zauberischen Vergehen keine Spur enthalten. Der gleiche Fürst erklärt in seinen Polizeiordnungen von 1552 die Zauberei und Wahrsagerei als Betrug und Aberglaube. Wenngleich er den Nagel auf den Kopf trifft, gehen seine Vorstellungen im Zeitgeist unter.

Weitere Entwicklung des Rechtsdenkens im Zusammenhang mit der Hexerei

Nachdem die Reichs-Gesetzgebung realisiert ist, gilt zu untersuchen, wie sich deren Gedanken weitertragen, wie Richter darauf reagieren und wie schließlich deren Schergen, die Henker und Folterknechte zur Sache stehen. Inzwischen hat sich der von der Kirche aufgebaute Teufelsglaube unauslöschbar in den Köpfen nahezu aller Menschen vergraben. Die Geistlichen als Urheber dieses Irrtums und Aktivatoren der Schande üben vornehme Zurückhaltung: sie stehen schamlos beiseite, wenn vor ihren Augen Unschuldige verbrannt werden. Ideologie bedeutet mehr als ein Menschenleben.

Weltliche Mühlen mahlen das Blut der Verurteilten und an den Kassen stehen sie zusammen mit den Geistlichen. So sollte es sein und so ist es gekommen. Im Zeichen der Zeit neigt man zu harten Strafen, deren oberste Prämisse die Abschreckung ist. Dies ist mit ein Grund, weshalb die Hinrichtungen öffentlich stattfinden.

Mit dem 16. Jh. kommt eine zusätzliche Situation zum Tragen. Die Juristen sind von der Theologie und einem selbst errichteten (göttlichen) (Un)recht befangen. Der Landesherr, sich nach allen Seiten aufgeschlossen zeigend, berät sich mit Vetretern der Stände und der von ihnen ins Leben gerufenen Universitäten, bzw. holt deren Gutachten ein. Die meisten Gutachter sind hörig und neigen in ihrer Urteilsfindung auf die Seite des Auftraggebers, deren Gunst es sich zu erhalten gilt. Er wiederum ist von solchen Streicheleinheiten angetan. Freilich behält er sich die letzte Entscheidung vor. So ist schließlich keiner mehr der eigentliche Verantwortliche, denn die Teufelskugel rollt im Kreis herum: einer schiebt die Schuld auf den Anderen und schließlich will es keiner mehr gewesen sein. Die Menschen, die es trifft, haben nichts zu sagen![117]

Immer wieder schaut zwischen den Zeilen der Protestant Luther mit seiner Teufelsmanie hervor, die der seines (möglichen) Glaubensbruders Jesus von Nazareth überlegen ist. Doch auch der jesuitische Einfluß ist unverkennbar. Letztendlich ist es eine allgemeine Rechts- *und* Religionsunsicherheit, die aus der Bindung zwischen Kirche und Staat erwächst.

Kein Gesetz, sei es liberal oder grausam, hat es geschafft, das Individuum Mensch in seiner Grundhaltung zu ändern. Triebe, Sorgen und Aufregungen bestimmen unser kurzes Leben und ein winziger Vorteil genügt, um Andere zu treten. Kirche und Staat vermögen es lediglich im Zaum zu halten, wobei deren eigene Interessen im Vordergrund stehen. Schon in der Antike wurde gewahrsagt, denunziert, vergewaltigt, gefoltert, betrogen und gelogen. Wer möchte bezweifeln, daß sich bis heute etwas geändert hat?

Zwangsweise nehmen die Geistlichen seit der Antike einen besonderen Status ein. Dahinter verbirgt sich die latente Zukunftshoffnung des »kleinen« Mannes auf der Straße. Im Christentum tritt (auch) die Frage auf, was nach dem Tod geschieht und ob die vorgegebene Auferstehungsidee realistisch sei. Dieses Denken finden wir bereits in den Urreligionen. Der katholische Glaube hat es abgekupfert wie vieles andere auch. Es ist zweifelhaft, ob Jesus v. Nazareth »von den Toten« auferstanden ist. Es ist eher unwahrscheinlich: man kann es glauben, aber man kann es nicht glauben *müssen.*

Befassen wir uns jetzt mit einigen Folgegesetzen und Verordnungen *nach* der Verabschiedung der Reichskriminalordnung. Es fällt auf, daß man sich des öfteren auf die Carolina beruft, vor allem bei komplizierten Rechtsfragen, aber ansonsten eigenen Partikularrechten frönt.

Landrecht für die Markgrafschaft Baden-Baden[118]

Es steht auf den Schultern eines Jesuitenzöglings und wird von einem Kritiker des 19. Jh. als »Unsumme des Wahnsinns«[119] bezeichnet. Von allein drängt sich die Frage auf, wer der physisch Angeschlagene ist: der Gesetzgeber oder der damit zu knechtende Bürger? Das Gesetz geht ausführlich auf die peinliche Befragung ein. Im 5. Buch, genannt »Strafe der Zauberei« wird verordnet: » . . . wer mit dem Teufel ein Bündnis macht, Zauberei verübt, Vieh und Menschen mit Gift beschädigt . . . soll mit dem Feuer vom Leben zum Tod gerichtet werden«. Das Landrecht zeichnet sich durch 100 Generalfragen aus, die einen Blick in die Rumpelkammer des Aberglaubens gestatten und dokumentieren, daß sich solche Frage- und Antwortspiele mehr und mehr im Konsens des Hexentreibens standardisieren, z.B.:

- Wie die Verschreibung mit dem Teufel geschehen? Ob mit Blut oder Tinte?
- Was der böse Feind angehabt und wie sein Fuß ausgesehen?
- Wieviel Männer, Weiber und Kinder sie getötet?
- Ob der Spielmann ein Mensch oder ein böser Geist gewesen? Ob er auf dem Boden oder auf den Bäumen gesessen?
- Ob sie auch etliche Stücklein, sie seien so gering wie sie wollen, gelernt, als den Kühen die Milch zu nehmen oder Raupen zu machen, auch Nebel und dergleichen?
- Wieviel Junge sie geholfen essen, »Item«, woher sie selbige genommen, oder aus den

Kirchhöfen ausgegraben, wie sie solche zugerichtet? Gebraten oder gesotten? Item, wozu sie das Häuptlein, die Füß und die Händlein gebraucht?

- Ob sie zur Machung der Wetter nicht Kindsschmalz verwendet?
- Ob sie unzeitige Kindlein ausgegraben, ob es Mägdlein oder Büblein gewesen und was sie damit angerichtet?
- Was sie mit dem gekochten und gebratenem Menschenfleisch getan . . . wie sie ja gemeiniglich das Schmalz ansieden und (es) im Braten schmelzen, usw. usw.

Niemand darf sich wundern, wenn solche Suggestivfragen bald danach im Volk schwanger gehen.

Konstitution des Kurfürsten August von Sachsen[120]

Sachsen entscheidet sich früh zum Protestantismus und schwenkt auf die lutherische Linie ein. 1570 verfaßt Matthäus Wesenbeck eine Denkschrift, die Professoren der juristischen Fakultät von Wittenberg und Mitglieder des dortigen Hofgerichts an die kurfürstliche Regierung senden. U.a. haben die Wittenberger Rechtsgelehrten zu beantworten, »ob nicht Zauberei halber (etwa(s)) Gewisses und Unterschiedliches zu verordnen sei«. Sie bringen folgendes Ergebnis zustande:

» . . . es sind jüngst viele Bücher ausgegangen, darin die Zauberei mehr für eine Superstution und Melancholie, denn für eine Übeltat gehalten wird, und (es) wird hart darauf gedrungen, daß dieselbe am Leben zu strafen sei. Des Wieri Relationes sind nicht wichtig, als er ein Medicus und kein Jurist gewesen. Es sei aber darum gewandt, wie es wolle: so ist darauf fürnehmlich nicht zu sehen, sondern auf das, daß sie sich mit dem Teufel verbinden (= verschreiben) und auf daß nichts Gutes, sondern ihnen und anderen Leuten zum Schaden, wie die Erfahrung und ihr eigenes Bekenntnis (er)geben, auch unsere Leute bezeugen. Denn wie der Meister ist, also ist der Knecht, und wie der Bräutigam, der da ist ein Lügner und Mörder, also ist es auch seine Braut«[121]. Sehen wir nicht die Bindung zwischem dem juristischen *und* theologischen Gerangel; sehen wir nicht, was sich haushoch über den Köpfen der Leichtgläubigen abzuzeichnen beginnt?

1571 versammeln sich Abgeordnete der Wittenberger und Leipziger Fakultät, um die Beratung über das zur Veröffentlichung anstehende Gesetz voranzutreiben. Nach dem Vorschlag der Juristen soll man die, die mit dem Teufel ein Bündnis eingehen, selbst wenn sie damit Anderen *keinen* Schaden zufügen, mit dem Feuertod bestrafen[122].

Diese Auffassung setzt sich durch. Darum übertrifft die sächsische Kriminalordnung die Carolina an Härte. Von Gesetz wegen wird verankert: » . . . alldieweil die Zauberei hin und wieder heftig einreißt, und nicht allein in (den) gemeinen (= üblichen) kaiserlichen Rechten (= der Carolina), sondern auch mit göttlicher Schrift zum Höchsten verboten ist (= Hinweis auf AT, Exodus 22.18) . . . demnach verordnen wir, so Jemand in (der) Vergessung des christlichen Glaubens mit dem Teufel ein (Ver)bündnis hat, daß dieselbige Person, ob sie gleich mit der Zauberei niemand Schaden zugefügt, mit dem Feuer vom Leben zum Tod gerichtet und gestraft werden soll«.

Auch hier spricht Luther zwischen den Zeilen, der wiederholt erklärt, daß man die Hexen aufgrund des Abfalls von Gott und wegen des teuflischen Bundes verbrennen soll. Der Einfluß der Reformation auf protestantische Rechtsgelehrte wird deutlich und ist unbestritten.

Auch sonst zeigt man sich in Sachsen nicht zimperlich. Kurz vor der Freigabe der Konstitution findet in Gotha ein Prozeß statt. Herzog Johann Friedrich von Weimar und sein Kanzler Brück, der Sohn des bekannten Gregor Brück, sind in die sog. »Grumbach'schen Händel« verwickelt[123]. In logischer Folge wird die Reichsacht über sie gesprochen und vom Kurfürst August mit Hilfe des Reichsheeres vollzogen.

Christian Brück wird 1567 auf dem Marktplatz von Gotha hingerichtet[124]. Genauso verfährt man mit dem Kanzler Carpzow: » . . . wegen abweichender theologischer Ansichten« gegen die Leibärzte Peutzer, Hermann und den Kirchenrat Stöffel. Auch der Hofprediger Schütz gelangt in den Strudel der Ereignisse. Ich flechte dieses Beispiel ein, um zu verdeutlichen, daß man nicht immer *nur* an die Hexen denken soll: auch die anderen Geschäfte gehen weiter.

Erschwerend kommt hinzu, daß die strengen Bestimmungen der sächsischen Konstitution nicht isoliert im Raum stehen bleiben, sondern in das kurpfälzische Landrecht des lutherisch gesinnten Kurfürsten Ludwig im Jahr 1582 eingereiht werden. Das gleiche trifft auf das (spätere) preußische Landrecht zu. Das in Westpreußen geltende »alte« kulmische Recht[125] droht für Zauberei den Feuertod an und sagt:

» . . . es richtet sich gegen die, die Gott verlassen und sich dem Teufel ergeben haben«. Darüberhinaus wird denen die Enthauptung angedroht, die einem Zauberer Hilfe angeboten oder die einen ihnen bekannten Zauberer nicht zur Anzeige gebracht haben. Wie stark der religiöse Umschwung in Sachsen einen politischen Ruck herbeiführt, wird aus dem Verfahren gegen den sächsischen Fürst Johann Friedrich aus dem Jahr 1628 deutlich. Ich komme darauf zurück.

Danziger Willküren

Die älteste Willkür stammt aus der Zeit von 1385 – 1455 und kennt, wie die folgende von 1458, keine Vorschrift über das Strafmaß der Zauberei. Erst in einer Verordnung um das Jahr 1500 findet ein solcher Passus Niederschlag. Es wird festgehalten: » . . . wenn sich Jemand untersteht, Zauberei zum Schaden seines Nächsten zu gebrauchen, soll er mit dem Feuer verurteilt werden«[126]. Die Willküren werden 1580 – 90 einer Reform unterzogen und verschärft, denn das Bündnis mit dem Teufel kommt als neuer Tatbestand hinzu. Damit findet dieser Kulturraum Anschluß an die allgemeine Entwicklung. Im Zusammenhang mit dem Todesurteil gegen Anna Milcken vom 2. Dezember 1615 hat sich ein Beispiel erhalten[127]. Die Bestimmung aus dem Jahr 1597 sagt: » . . . wer wider Gottes Gebot ein Verbündnis mit dem Teufel macht oder mit dessen Hilfe seinem Nächsten Schaden zufügt, soll mit dem Feuer am Leib und Leben gestraft werden«[128]. Aus den Danziger Willküren wird deutlich, wie bestehende Rechte systematisch auf abgelegene Gebiete übertragen werden.

Es ist ähnlich wie mit der Verbreitung der christlichen Botschaft. Was man einmal festschreibt, wird bald überall zum Besten gegeben und schließlich als richtig deklariert. Trotzdem kann es auf Irrtümern ruhen!

Landgebot wider Hexerei und Aberglaube

Der bayerische Herzog Maximilian erläßt am 12. Februar 1611 das Gebot wider Aberglaube, Zauberei, Hexerei und andere Teufelskünste. Maximilian beleuchtet den landläufigen Aberglauben und läßt das umfangreiche Phamplet jährlich zu Pfingsten und Weihnachten von den Kanzeln verlesen[129]. Hören wir kurz in die Verbotslitanei:

- Das Bestreichen des am Karfreitag in den Kirchen niedergelegten Kruzifix mit Eiern, Fett usw.
- Das geheime und öffentliche Einschieben gewisser Sachen unter das Altartuch zu Zauberzwecken.
- Das Herumtragen von Heiligenbildern mit Trommeln und Pfeifen.
- Alle Segen, die dem Gebrauch der katholischen Kirche widerlaufen.
- Bannung der bösen Geister ohne christliche Mittel.
- Das Herabwerfen eines gekleideten und angezündeten Bildes, des bösen Geistes von der Kirche an Christi Himmelfahrt.
- Wahrsagerei, das Versprechen oder die Kunst, den Leuten gestohlenes oder verlorenes Gut wiederzubringen.
- Abergläubische Worte oder Werke in der Andreas- oder Christnacht.
- Beschwörung von Schlangen, Nattern und Mäusen.
- Ansegnen und Vertreiben des Gewitters ohne zugelassene geistliche Mittel.
- Das Anfertigen von Wachsbildern zum Bezaubern der Leute.
- Alle Amulette, wie der an Türen und Betten eingeschnittene Drudenfuß.
- Das Anhängen eines leinenen Kleides an den Hals der Frauen, die sich beim Abnehmen der säugenden Kinder vor Brustschmerzen bewahren wollen.
- Der Gebrauch von Richtschwertern zu abergläubischen Zwecken.
- Das Graben nach Schätzen.
- Das Kaufen oder Abkaufen des Fiebers.
- Das »maleficium ligaminis«, wodurch Männer oder Frauen unfruchtbar gemacht werden.
- Aderlässe der Pferde am Stephanstag.
- Das Ausgraben von gewissen Kräutern mit gewissen Zeremonien.

Wer denkt nicht an die abergläubischen Zeremonien der Römer? Die christliche Religion kann und sollte diesen Einfluß nicht verleugnen. Zwischen unchristlichen und christlichen Segen besteht kein Unterschied, denn alle ruhen auf dem Aberglauben und sind wertlos.

Der bayerische Fürst kann nicht drumherum, dies zu vertreten, denn er steht unter dem Einfluß eines jesuitischen Beichtvaters. Seine Verordnung hebt hervor: » . . . etliche alte Weiber, bei denen in solchen Sachen gemeiniglich um Rat gesucht wird . . . sind vornehmlich im Auge zu behalten, denn das Wahrsagen und der unchristliche Segen gehen stark im Schwang«[130]. Der 2. Teil des Landgebotes enthält verschiedene Strafsatzungen gegen die Hexerei:

- »wer Teufel anruft oder anbetet, wird lebend verbrannt, wer es indirekt tut, wird erst enthauptet und danach verbrannt«.
- » . . . wer mit dem bösen Feind einen Pakt schließt, wird mit der peinlichen Frage angegriffen, mit dem Scheiterhaufen und dem Einzug seiner Habe bestraft . . . wenn er Menschen, Vieh und Früchten Schaden zufügt, wird er mit glühenden Zangen gezwickt, ehe man ihn an das Feuer setzt«[131].

Gerichts- und Malefizordnung (München 1616)[132]

Hier zeigt sich der Einfluß der »salvatorischen Klausel«, die es gestattet, auf althergebrachten Rechten zu beharren. Deutlich wird sie (ebenfalls) an der Münchener Malefizordnung aus dem Beginn des 17. Jh. Sie trägt Züge einer humanen Gesinnung und eilt der Zeit voraus.

Man gibt sich gegenüber Denunzianten vorsichtig und hebt hervor: » . . . man soll nicht allgemein auf einzelne Personen fragen, denn das wäre dem Recht zuwider«. Außerdem kommen Milderungen in der Strafbemessung zum Ausdruck: » . . . die Tortur ist nur morgens erlaubt, nie an Kindern unter 14 Jahren, nicht gegen alte Leute von 60 bis 70 Jahren, noch überhaupt gegen Schwache und Kränkliche . . . auch nicht gegen gesegnete (= Schwangere) oder stillende Frauen, noch gegen Taube und Stumme«. So konsequent sich dies anhören mag, die Praxis ignoriert diesen Ruf nach Humanität.

1618 arbeitet Thomas Metzger, Professor für Kriminalrecht in Freiburg/Breisgau, ein Gutachten zur Hexenfrage aus. Es geht um ein 18-jähriges, der Hexerei angeklagtes Mädchen. Weil sie geständig ist, rät der Jurist: » . . . man soll weder die peinliche Frage noch die Todesstrafe über sie verhängen . . . man soll sie in eine Anstalt bringen, damit sie sich bessere«[133].

Generalinstruktion über den Hexenprozeß[134]

Im Zusammenhang mit der Ausweitung der Hexenprozesse wird die Frage laut, woher die gleichförmigen Aussagen der Beschuldigten, Gefolterten und Verurteilten rühren. Es hat vor allem folgende Gründe:

1. Mit dem Wirksamwerden der Carolina setzt ein aktiver Versand von Gerichtsakten und das verstärkte Einholen von Gutachten ein: dies schließt die Brücke unter den sonst weit entfernten Gerichten: es bringt eine Nivellierung mit sich.

2. Während der peinlichen Befragung wird zunehmend schematisiert und egalisiert. Daraus resultieren sog. »Frage(n)kataloge als Arbeitshilfe für Juristen. Es verdeutlicht, daß die Hexenprozesse (nur) nebenbei gelaufen sind.

3. Die den Denunzierten und Verurteilten angetanen Qualen führen fast immer das gewünschte und zur Verurteilung notwendige Geständnis herbei. Wir dürfen nicht den hohen Prozentsatz der Analphabeten vergessen. Zudem ist festzuhalten, daß ein Dialog mit Verteidigern, Richtern und Geistlichen nahezu unmöglich gewesen ist.

4. Die Urteile werden öffentlich verlesen und vollstreckt. Dies nährt den Wahnglauben an Teufel und/oder Hexen, schürt aber auch die »höllische« Angst, als Nächster in diesen Sog zu kommen. Dadurch wird die Hexenideologie in breite Volksschichten getragen.

5. Ein anonymes Leben – wie heute möglich – ist undenkbar.

6. Hinzu kommen theologische Schriften und Strafpredigten »wider böse Laster der Zauberei«. Dazu dienen Tausende von christlichen Kanzeln. Sie blasen in diesem Punkt alle in das gleiche Horn.

Schauen wir in einen solchen Fragekatalog:

- Wie ihr Name, ihr Alter und wo ihr Geburtsort sei?
- Wer die Mutter und wer der Vater gewesen?
- Weshalb sie ins Geschrei gekommen?
- Ob sie sich dem leidigen Satan ergeben und Gott, die Heiligen und die sel. Sakramente verleugnet habe?
- Wer sie gelehrt, das Laster zu begehen und wie lange sie es getrieben?
- Welche Gotteslästerung sie sonst noch getrieben?
- Ob sie nicht gezaubert?[135]
- Ob sie sich unterstanden, mit besonderen Worten oder teuflischen Künsten Krankheiten zu vertreiben?
- Wo sie ihre Salben und hexischen Sachen hinbehalten, wer ihr dieselben gegeben und was sie aus ihnen gemacht habe?
- Wie oft sie gefahren, mit welchen Personen und wer ihre Mitgesellschafter gewesen?
- Ob sie auch in Keller gefahren sei, den Wein ausgeschossen, und wer mit ihr gefahren?
- Ob sie ihrem Mann dieses Laster habe verschweigen können?
- Ob sie nie Ungewitter, Regen, Reif, Donner, Blitz und Hagel zu machen sich unterstanden . . . und was sie dazu gebraucht?
- Wie ihr teuflischer Buhle geheißen, welche Gemeinschaft sie mit ihm gehabt und was sie miteinander getrieben!
- Ob sie nie in der Gestalt wunderbarlicher Tiere zur Erschreckung und Verblendung der Leute erschienen? In welcher Gestalt, wann und wo?
- Ob sie nicht mit Gift umgegangen und Zwiespalt zwischen den Eheleuten verursacht habe?
- Ob sie nicht unzüchtige (= teuflische) Liebe verursacht habe, warum und wie?
- Ob sie nicht auch Jungfrauen gelehrt mit dergleichen teuflischen Sachen ihren Mutwillen zu verbringen?
- Ob sie nicht mit teuflischen Worten und dergleichen zauberischen Segen Leute betrogen?
- Wann sie ausgefahren, an welchen Orten sie gemeinhin zusammengekommen seien, wie viele es gewesen und welche sie gekannt . . . wer die vornehmste gewesen und was sie beschlossen?

Jetzt kommt die entscheidende Passage:

● » . . . die übrigen Fragestücke wird ein jeder Inquisitor, dieweil die Fälle unterschiedlich, selbst in seiner Diskretion mit allen Umständen zu tun wissen«.

Polizeiordnung der Herren von Rosenbach[(136)]

Hessen entscheidet sich früh zur »neuen« Religion. Zu Beginn der 50er Jahre des 17. Jh. erlassen die Herren v. Rosenbach eine Polizeiordnung, deren Initiative letztendlich von der Bevölkerung ausgeht. In meiner Untersuchung hat sich bestätigt, daß es vor allem die Menschen sind, die durch dummes Geschwätz und Intrigen Unglück herbeiführen. Das war damals und es ist heute so. Wer sich auf Kosten Anderer profilieren kann, tut es in der Regel (auch). Wie wesensfremd uns doch die Toleranz ist!

In Lindheim kommen 1598 Klagen wegen verübter Hexerei vor das Gericht. Folgerichtig finden wir kurz danach im Artikel 2 der polizeilichen Verordnung den Passus »Von Zaubereien, Teufelsbeschwörern und Wahrsagern«.

Die Obrigkeit läßt wissen: » . . . wiewohl wir unseren Bürgern und Untersassen zu Lindheim nicht zutrauen, daß sie mit Teufelswerken umgehen und dadurch Gott und seine himmlischen Heere verleugnen, hingegen sich dem Teufel ergeben und durch sein Anreizen ihren Nächsten oder sich selbst schaden, viel weniger bei Teufelsbannern Rat und Hilfe suchen, wird uns doch glaubhaft vorgebracht, daß sie sich selbst untereinander öffentlich anschreien, mit strafbaren Verleumdungen und ehrenrührigen Machinationen zwacken und daß sie sich für Werwölfe, Hexenmeister und zauberische Leute halten[(137)] . . . auch sonst mit abergläubischen Sprüchen und Segen sich und die ihren vor Unglück zu bewahren trachten. Dabei vergessen sie Gottes Allmacht, den sie in allen Nöten anrufen sollten und der ihnen helfen kann . . . denn wie Gott Moses geboten, die Zauberer und Zauberinnen nicht leben zu lassen, so sollen ein Mann und ein Weib, so sie Wahrsager oder Zeichendeuter sind, des Todes sterben. Mann soll sie steinigen . . . und ihr Blut sei auf ihnen«[(138)].

1634 findet in Lindheim ein Hexenprozeß statt. Über sein Ende berichtet das Protokoll: » . . . daß man unter das Rathaus gegangen, das Gericht wie gewöhnlich geheget und die Malefikantinnen Anne Kraft, Pompanna genannt, Johann Reunicks Witwe Elsa, die Bierbrauerin und Johann Schmieds Witwe, Anna, vorgeführt, von denen ermeldete Schöffen nach der Halsgerichtsordnung Karls V. abgefaßt, vorgelesen und die Malefikantinnen nach gebrochenem Stab und vorheriger sonderarer Begnadigung und zur Milderung des Urteils dem Henker überantwortet, hinaus zur Richtstätte geführt, mit dem Schwert vom Leben zum Tod gerichtet und dann mit dem Feuer verbrannt worden«[(139)].

Der Bischof von Leslau erläßt 1669 eine Verfügung. Sie ist von scheinheiliger Milde getragen und sichert der Kirche den Löwenanteil der Beute. Er läßt wissen: » . . . vor der Folter soll der Richter den Offizial befragen, der seinerseits dem Bischof Bericht zu erstatten hat(!). Den weltlichen Gerichten wird aufgegeben(!), sich Rat(!), bei dazu bestimmten Theologen zu holen. Den Richtern wird der Rat erteilt(!), lieber gegen offene Verbrechen, als gegen verborgene und schwer zu beweisende vorzugehen. Wer diese Richtlinien nicht beachtet, wird aus der Kirche ausgeschlossen. Dieser Erlaß ist der Bevölkerung an den Kirchentüren zur Kenntnis zu bringen«[(140)].

Selbst wenn der geistliche Würdenträger als Gegner der Wasserprobe auftritt und meint, allein die Denunziation genüge nicht, um zur Folter zu schreiten, übersieht er, daß *sein* Teufelswahn der Grund des Wütens gegen Unschuldige und/oder Andersdenkende ist.

In der zweiten Hälfte des 17. Jh. mehren sich die Stimmen, die zur Liberalisierung der Strafen führen. In vorbildlicher Weise ist das Rescript des Herzogs von Mecklenburg aus dem Jahr 1683 zu nennen. Er bereitet als aufgeklärter Fürst Bekker und Thomasius das Feld: er erkennt, daß eine Denunziation nie ein rechtschaffener Beweis sein kann[(141)].

Josephinische Halsgerichtsordnung[(142)]

Die josephinische Halsgerichtsordnung für Böhmen, Mähren und Schlesien macht deutlich, wie einfältig die Menschen sind. »Es ist ein Verzeichnis aller Anzeichen der Zauberei und zugleich die Niederlage allen Irrwahns vorausgegangener Epochen«[(143)].

In der verklausulierter Sprache der Juristen wird gesagt: » . . . abergläubische Mittel schaden, so allezeit in (der) Gegenwart des Inquisiten geschehen und in Abwesenheit bei ihm gefunden, verdächtige und verbotene Bücher,

Spiegel, (das) Verbündnis mit dem bösen Feind, mit ungewöhnlichen Ziffern oder Zeichen, mit Blut geschriebenen Zetteln, Totenbeine, an des Inquisiten Leib unschmerzhaft befundene Merkmale (= stigma diabolicum) und sonst zur Zauberei angemaßte Wahrsagerei, übernatürliche Wissenschaft, von schlechten Leuten angemaßte Wahrsagerei, etwas besonderes vor Anderen zum Gleichnis; wann ihre Felder grünen, ihr Vieh nutzbar (und das) anderer vergeht . . . Wann die in Verdacht gekommenen Personen anderen Leuten die Zauberei zum Lehren sich anerbieten, menschlich unbegreifliche Taten würken oder (wenn sie) in der Luft herumfahren . . . «[144].

Im Klartext wird gesagt, wie undefinierbar das Hexenwesen ist. Dieses Gesetz, das Friedrich der Große in Schlesien als Provinzialgesetz vorfindet, sanktioniert die Anwendung der Folter in vier Graden. Es kennt den Bund (= Schnürung), Anlegen der Daumenstöcke, Schraubstiefel (= spanische Stiefel) und die Anwendung des Feuers. Entscheidend ist die Passage:

» . . . wenn Jemand mit dem bösen Feind umgegangen oder sich unzüchtig mit ihm vermischt . . . erleidet er die Feuerstrafe selbst dann, wenn er niemand durch seine Zauberei Schaden zugefügt hat«[145].

» . . . lose Bocksreiter sollen, wenn sie solches zwar durch des bösen Feindes Hilfe, doch ohne ausdrückliches Bündnis mit ihm, mit dem Schwert hingerichtet werden oder man soll sie nach den Umständen bestrafen«.

» . . . mit der Tortur soll innegehalten werden, wenn die anwesenden Gerichtspersonen sehen, daß (der) Inquisit solche ohne Lebensgefahr nicht überstehen könne . . . oder (dadurch) etwa einen gefährlichen Schaden erleide«[146].

Schon zeigt sich in Ansätzen die Liberalisierung: die Ideen der Aufklärung beginnen wie Pflänzlein zu keimen: zum Leidwesen der abgekapselten theologischen Geschichtsschreibung. Ähnlich wie die josephinische Halsgerichtsordnung argumentiert der

Codex Iuris Bavaricae Criminalis von 1751

Im Zusammenhang mit dieser Verordnung ist Wiguläus Xaver Freiherr von Kreittmayr zu erwähnen, einer der bedeutenden bayerischen Gesetzmacher des 18. Jh. Er glaubt an das Bündnis mit dem Teufel, schwächt jedoch ab:

» . . . ein Bündnis mit dem Teufel, kraft dessen man sich gegen von ihm versprochene Vorteile ergibt, ist zu allen Zeiten ein großer Disput unter den Gelehrten gewesen«. Nicht nur unter ihnen! Zumindest wäre dies damals die beste Adresse gewesen, um den Teufelswahn in Frage zu stellen!

» . . . das öffentliche oder heimliche Bündnis, wie die fleischliche Vermischung mit dem Teufel, seine Anbetung und die Verunehrung der Hostien werden mit lebendiger Verbrennung bestraft«.

» . . . die böse Gemeinschaft mit dem Teufel und die Schädigung anderer durch den Gebrauch zauberischer Mittel, werden mit der Hinrichtung durch das Schwert bestraft«.

» . . . andere, unschädliche, abergläubische Künste mit Gefängnis, öffentlicher Buße, Relegation und Stäupung . . . je nach der Gestalt des Ärgernisses«.

» . . . bei den Kindern soll man mehr auf gute Zucht und Unterweisung als auf malefizische Strafen sehen«.

Man neigt zur Milde. Doch nun macht sich eines bemerkbar: der im Volk verwurzelte Aberglaube an Unmögliches hält sich verbissen in den Köpfen aller Schichten. Es ist das eigentliche Problem und zugleich ein Phänomen im Konsens des Hexentreibens. Schuld war keiner allein: es war die Komposition der Zeitläufe.

Der Professor an der Universität ist nicht weniger abergläubisch wie ein Bauer auf seiner Scholle. Unverdrossen behauptet die Kirchenführung die teuflische Existenz. Da sie vielen mächtig erscheint, sich in Glaubenssachen nicht zu irren vorgibt, *muß* sie wohl recht haben!

Die Katholikin Maria Theresia mildert den Gebrauch der Folter

Ein Jahr *vor* ihrem Regierungsantritt erscheint der Artikel: » . . . das höllische Laster der Hexerei wird mit dem Feuertod bestraft sowie all diejenigen, die nachts unter dem Galgen vom Teufel verbotene Mahlzeiten halten oder Ungewitter, Donner, Hagel, Würmer und Ungeziefer machen«[147].

Maria Theresia hebt nun die »alte« josephinische Halsgerichtsordnung von 1707 auf und verlangt die persönliche Einsicht in alle Hexensachen. Daran ist zu erkennen, daß es ein relativ seltener Vorgang gewesen sein muß.

Auf Rat ihres Leibarztes ist sie bemüht, daß »fortan« in ihren Staaten kein Zauberer und keine Hexe mehr zu verbrennen ist. 1775 erteilt sie folgenden Befehl:

» . . . daß künftig in derlei Sachen von der Geistlichkeit ohne Concurrenz der Politici nichts vorgenommen, sondern allemal, wenn ein solcher casus eines Gespenstes, Hexerey, Schatzgraberey oder eines angeblich vom Teufel Besessenen vorkommen sollte, dieser unter Beiziehung eines vernünftigen Physici (= Arztes) untersucht werden soll«.

Kurz danach gibt sie eine grundsätzliche Verordnung heraus[148], in der hervorgehoben wird, daß sich bei den Verfahren gegen die Zauberer viel Unordentliches eingemengt und daß man bis dato keinen wirklichen Zauberer, Hexenmeister oder eine Hexe entdeckt habe, sondern daß derlei Prozesse allemal auf eine Dummheit, Wahnwitzigkeit oder auf ein anderes Laster hinausgeloffen seien . . . wer wegen einer falschen Vorstellung oder durch Betrug der Hexerei verdächtigt wird, erhält entsprechende Leibesstrafen. Bei der Verwirrung der Sinne, bzw. falls er eine besondere Krankheit hat, kommt er in das Irrenhaus«.

»Wer ein Bündnis mit dem Teufel eingeht – hier macht sich ihre Erziehung bemerkbar – erhält eine strenge Leibesstrafe, wenn nicht die des Todes«. Wenn »untrügliche« Kennzeichen einer teuflischen Zutuung erkennbar sind, behält sich die Kaiserin das letzte Wort vor, » . . . was mit dem Inquisit zu geschehen habe«.

Maria Theresia wird in eine unruhige Zeit geboren und hat ein schweres Amt zu tragen. Sie hält sich mutig an der Trutzburg des katholischen Glaubens fest und erzieht in diesem Sinn ihre 16 Kinder. Aktiv widmet sie sich Staatsgeschäften, gibt sich fortschrittlich, schiebt der Hexenriecherei in Österreich einen Riegel vor und will den gängigen Strafrechtsprozeß einer gründlichen Revision unterziehen. Der Machthaberin geht es um eine Eindämmung des grassierenden Aberglaubens, was bis heute nicht gelungen ist. So wird strikt untersagt, bei der Peinigung abergläubische Dinge zu verwenden oder durch übermäßige Grausamkeit ein Bekenntnis zu erzwingen. Der Freimann (= der die Folter Ausführende), darf lediglich auf richterliche Anweisung hin tätig werden.

Die Wasserprobe wird verworfen. So kommt es zu einem Entwurf, in dem das bisherige Gerichtsverfahren gegen die Hexen über Bord geworfen (er)scheint.

In diesem Zusammenhang ist der Wiener Professor der Staatswissenschaften und gleichzeitiger Hofrat, Josef von Sonnenfels (1732 – 1817) mit seiner Schrift »Über die Abschaffung der Tortur« zu nennen. Der Triumph der Amtszeit von Maria Theresia liegt darin, daß in Österreich 1776, noch zu ihrer Lebzeit, die Anwendung der Folter gesetzlich untersagt wird.

Peinliche Gerichtsordnung in Österreich[149]

Die »Theresiana« ist trotz allem ein strenges Gesetz. Die 1769 für Österreich eingeführte peinliche Gerichtsordnung setzt sog. »Blutgerichte« ein[150]. Die Leibesstrafen werden in härtere und gelindere gesplittet. Die härteren bestehen in der Verbrennung, Vierteilung, Tod durch das Rad von unten nach oben, wobei zur Verschärfung des Strafmaßes das Schleifen zur Richtstätte erwähnt wird. Reißen mit glühenden Zangen, Riemenschneiden, Abschneiden der Zunge und Ausreißen des Nackens.

Eine Milderung ist die Hinrichtung mit dem Schwert, die vor allem beim weiblichen Geschlecht zur Anwendung kommen soll, bzw. das Hängen an einem Galgen. Hier zeigt sie sich als unerbittliche Regentin, denn sie weiß, daß man das Volk im Zaume halten *muß*. Man darf es jedoch nicht überbewerten, denn ihre männlichen Kollegen – weitaus in der Überzahl, Machthaber in anderen Ländern, sind nicht liberaler. Von der Folter werden ausgeschlossen (man beachte die Reihenfolge):

- Minister, Personen des Hofstaates, Hofbefreite, Künstler und die Gewerbeführer des Hoflagers,
- wirkliche Landleute, Herren im Ritterstand,
- unsere Räte und Beamte, wie ausländische Standespersonen,
- Geistliche und Kriegsleute,
- Studenten und akademische Mitglieder, die der Universitätsgerichtsbarkeit unterstehen.

Demzufolge bleibt das Volk übrig, das keine Titel hat und in der Sache nicht befragt wird. Die theresianische Halsgerichtsordnung zählt zu den Zauberern und Hexenmeistern,

» . . . die Geisterbeschwörer, abergläubische Segensprecher, Bockreiter, Wahrsager, Unholde, Trute und alle, die wissentlich mit Hilfe und Bewirkung des Teufels zusammenarbeiten . . . oder mit gesuchtem Beistand etwas zu unternehmen sich erfrechen«.

Instruktion von 1769

Sieben Jahre nach der offiziellen Aufhebung der Folter erscheint in Österreich eine Malefiz-(ver)ordnung, » . . . wie man an den kurbayerischen Gerichten und auf dem Land verfahren soll«. Riezler ist der Auffassung, daß es sich hierbei um die Privatarbeit eines vereinsamten Reaktionärs handelt[151].

Es sagt: » . . . die Schwarzkünstler, Hexen und Zauberer machen mit dem Teufel einen ordentlichen Pakt, verleugnen die allerheiligste Dreifaltigkeit, den christlichen Glauben, die seligste Mutter Gottes, die lieben Heiligen, alle Sakramente, treten das heilige Kreuz mit den Füßen, lassen sich auf des obersten Teufels und in aller Teufel Namen (um)taufen, schwören demselben Treue, beten sie mit gebogenen Knien an, unterschreiben sich ihm mit Blut, geloben sich ihm und gebrauchen seinen Beistand ohne Unterlaß, werden auch von ihm an unterschiedlichen Orten des Leibes mit verschiedenen Figuren gezeichnet, allwo sie hernach keine Empfindlichkeit haben, küssen den Teufel von hinten und vorn, treiben mit demselben ihrer Einbildung nach Unzucht und fleischliche Vermischung, tragen in versteckter Weise die heiligsten Hostien mit sich auf die Hexenkonvente und -tänze, haben viele Jahre hindurch einen teuflischen Buhle und legen dergleichen, wenn sie von ihren Ehemännern hinwegfahren, statt ihrer unter menschlicher Gestalt etwas anderes in das Bett auf die Seite«.

Der Autor fordert, den Hexen die Haare abzuschneiden und sie am Körper zu visitieren. Er teilt diejenigen, die teuflische Hilfe beanspruchen, in sieben Klassen. Zwischen seinem geistigen Erguß und dem Hexenhammer liegen 300 Jahre gelebte Geschichte. Was haben wir dazugelernt? Immerhin gesteht unser Anonymus, daß die Unzucht mit dem Teufel auf Einbildungen ruht. Dies ist deutlich: doch Einbildungen sind nicht strafbar: es sei denn, eine umfassende religiöse Organisation verbirgt sich dahinter!

Die Juristen: Konflikt zwischen Verstand und Glaube

Man darf nicht nur die Gesetze und Verordnungen sehen, sondern muß auch die Männer betrachten, die sie ausarbeiten und deren Geist sie atmen, die sie als rechtmäßig ansehen und danach handeln. Die Jurisprudenz steht bis über die Aufklärung hinaus in der Bannmeile der Theologen. Ihre geistige Herkunft dokumentieren sie nicht nur im Wüten gegen Hexen, sondern selbst gegen Tiere. Ich will der Kuriosität halber auf einige juristische Ausrutscher aufmerksam machen. Die Glaubensbrüder mit der Richterrobe schleudern nichtige Gebete, daraus abgeleitete Spruchsammlungen und Bannflüche gegen Mäuse, Schweine, Pferde und Esel: sie fordern sie offiziell zu Prozessen heraus. Wer wird da nicht stutzig?

Der Grund ist nicht etwa menschliche Einfalt, sondern die scholastische Frage, ob Tiere gleich den Menschen eine »Seele« haben. Und wenn sie »beseelt« sind, können sie der theologischen Spitzfindigkeit zu Folge auch von bösen Dämonen besessen sein. Das ist der Punkt!

1266 wird in Fontenay aux Roses auf richterlichen Befehl lebend ein Schwein verbrannt, dem man vorwirft, ein kleines Kind aufgefressen zu haben. 1386 werden einem Schwein vor dem Rathaus Kleider angelegt und daraufhin schlägt man ihm Kopf und Füße ab.

Der hohe französische Jurist Chasseneux, Präsident des Parlaments in der Provence, führt mehr oder weniger erfolgreich einen Prozeß gegen die Maikäfer von Beaune und 1487 – im Jahr des Erscheinens des Hexenhammers – eine gerichtliche Untersuchung gegen die Schnecken von Autun. 1488 wird den bösartigen Ratten auf den Feldern ein Prozeß gemacht, wobei der Präsident persönlich die Verteidigung übernimmt.

Das Pariser Parlament verurteilt 1604 einen zauberischen Esel zum Tod durch den Strang. 1699 wird ein Prozeß zur Züchtigung der Raupen in der Auvergne angestrebt, wobei an die Bäume im Feld Vorladungen geschlagen werden. Weil dies einigen Zeitgenossen lächerlich erscheint, werden sie mit empfindlichen Strafen belegt[152].

So machen sich viele Juristen zum Mitschuldigen einer falsch interpretierten Religion. Ich will untersuchen, welche Position *einzelne* Juristen im Konsens des Hexentreibens einnehmen!

Von Ulrich Molitoris bis Ponzinibus

Ulrich Molitoris[153] wird gemeinsam mit dem Jurist Konrad Schatz aufgefordert, dem Tiroler Landesherr, Herzog Sigismund, ein Gutachten wegen vorausgegangener Hexengräuel vorzulegen[154]. Diese Schrift erscheint unmittelbar nach dem Hexenhammer und steht vermutlich im Zusammenhang mit der Aktivität des Dominikaners Krämer. So ist der katholische Einfluß auf das Urteil der Juristen unverkennbar. Sie bringen folgenden Standpunkt ein:

- »... Gott allein sieht die Zukunft voraus(?) Er erlaubt bisweilen dem Satan Anderen Schaden zuzufügen«.
- Incubi und Sucubi sind nicht zeugungsfähig.
- Das nächtliche Ausreiten beruht auf Sinnestäuschungen.
- Trotzdem: »... müssen böse Weiber, weil sie von Gott abgefallen sind und mit dem Teufel ein Bündnis eingehen, wegen dieser ketzerischen Bosheit mit dem Tod gestraft werden«.

Molitoris zeigt bedächtig auf den Pfad der Vernunft, denn er macht sich über die Hexen lustig: »... wenn ihre Macht so groß wäre, (wie angenommen wird), dann brauchten die Fürsten keine Soldaten mehr, denn eine einzige Hexe würde genügen, um Land und Leute zu verderben«.

Kaiser Maximilian erläßt 1499 eine peinliche Gerichtsordnung für Tirol. Er zweifelt an der Realität des Hexenwesens und fragt in dieser Angelegenheit bei Trithemius nach, »... wie es kommt, daß gottlose Menschen, wie z.B. Weiber, die wir Hexen nennen, bösen Geistern befehlen können, da im Gegenteil fromme Christen weder über die Guten noch die Schlechten verfügen können?«. Der Abt bläst in das Kirchenhorn und trägt das Märchen auf: »... es wäre wegen der göttlichen Zulassung, daß ihnen (darum) Teufel zu Hilfe eilen«.

1518 wird der italienische Jurist Andreas Alciatus[155] von einem Bischof gebeten, ein Gutachten über das Verbrechen der Zauberei abzugeben. Er gelangt zu der Auffassung, daß das Hexenwesen auf Phantastereien ruht.

Der herzogliche Rat und gleichzeitige Sekretär Andreas Perneder aus München (gest. 1543) verfaßt den Traktat: »... von Straf und Pein aller und jeder Malefizhandlung ... ein kurzer Bericht«. Er wird 1544 aus seinem Nachlaß durch den Ingolstädter Professor Wolfgang Hunger herausgegeben. Perneder ignoriert viele Ansichten des Hexenhammers und der Carolina, doch proklamiert: ... wer mittels der schwarzen Kunst, der Anrufung böser Geister oder anderer Zauberei den Leuten Schaden zufügt, soll verbrannt werden«[156].

Der Frankfurter Jurist Johann Fichard[157], wird 1564 um Rat gefragt, weil man in der gräflichen Herrschaft einige Hexen gefänglich eingezogen hat. Er verwirft die Ansichten des Hexenhammers als »wider alle Vernunft« und »natürlichen Verstandes« und sagt: »... man könne wegen solcher Illusionen nicht auf die Feuerstrafe erkennen«. Er beruft sich auf die protestantische Bibel und gelangt zu der Erkenntnis: »... die Eingezogenen sind hinzurichten, weil sie durch das Erregen von Gewittern und (auf) andere Weise Schaden zugefügt haben«[158]. Bezeichnend für seine Haltung ist ein zweites Gutachten, das er in Gemeinschaft mit seinem Kollege Schwarzkopf am 7. August 1567 abzugeben hat. Schon bezieht er sich auf göttliche *und* althergebrachte Rechte. Man neigt zur Milde und sagt: »... man soll die Eingezogenen nicht verbrennen, deren Pein mildern und sie lediglich ertränken«[159], was pflichterfüllt am 22. August geschieht.

Der Florentiner Jurist Franz Ponzibinus[160] leugnet die nächtlichen Ausfahrten der Hexen und belegt die Nichtigkeit der sich in der Gesamtheit widersprechenden Angaben zur Hexerei.

Der französische Staatstheoretiker Jean Bodin[161]

Bodin habe ich bei der Darstellung des jesuitischen Treibens erwähnt. Einige Experten bezeichnen ihn als den bedeutendsten Jurist des 16. Jh. und als Schöpfer des Souveränitätsbegriffs. Er greift wegen eines umstrittenen Hexenprozesses zur Feder. Es geht um die in zahlreichen Hexenbüchern aufgeführte Johanna Harwilerin aus Berberich bei Compiégne. Sie wird angeklagt, Leute und Vieh getötet zu haben. Unter den Qualen der Folter gesteht sie:

- »Ihre Mutter habe sie, als sie 12 Jahre alt gewesen, dem leidigen Satan präsentiert und sich ihm hingegeben«.
- »Seitdem habe sie Gott verleugnet und dem Teufel zu dienen versprochen«.
- »Sie habe mit ihm die fleischliche Liebe gepflogen . . . doch er habe es nicht bemerkt«.

Aufgrund der Indizien sind sich die Richter über das »gerechte« Strafmaß uneinig: keiner kommt auf die naheliegende Idee, das Ganze als absurd zu bezeichnen[162]. Bodin sagt dazu: » . . . dies hat mir den Anlaß gegeben, die Feder in die Hand zu nehmen und die Materia der Hexen ausführlich zu erklären«. So entsteht 1580 in Paris das vierbändige »traite de la demonomanie des sorciers«, das (auch) im deutschen Sprachraum Beachtung findet. Bodin gestaltet das Hexenstrafrecht und die Folter mit Leidenschaft. Er weist auf die Verderblichkeit der Hexen und verurteilt die milden Richter, die durch ihr »allzu gnädiges« Urteil das Heil der Menschheit gefährden.

Bodin behandelt im 1. Buch die Natur der Geister, wie sie sich mit den Menschen vereinigen und wie sie sich zu ihnen gesellen. Im 2. behandelt er die Künste und die unziemlichen Mittel der Zauberer und Hexen: » . . . zur Hilfe der Richter, um ein ‚gerechtes‘ Urteil zu fällen«.

Im 3. Buch behandelt er die Mittel, wie man Zauberern zuvorkommen und wie man sie vertreiben kann. Im 4. Buch widerlegt er Weyer, auf den ich zurückkomme.

Bodin ist als Verfasser kosmopolitischer Spekulationen in die literarische Nachwelt eingegangen. Er zählt zu den unerschütterlichen Vertretern der Teufel und als Verfechter der »schädigenden« Zauberei. Dies bleibt nicht verborgen, denn Gebriel Naudé[163] sagt über ihn: » . . . daß man diesen Schandfleck besser in Bodins Andenken verschweigen soll«.

Er ist mit dem Jesuit DelRio vergleichbar. Beide gelten als anerkannte Persönlichkeiten. Beide verrennen sich in unbeweisbaren Spekulationen. Beide tun so, als wären sie »wirklich« belesen und legen Kompendien vor. Und doch haben beide der Nachwelt mehr geschadet als

genutzt. Die Größe des menschlichen Geistes zeigt sich anders. Nicht die Fülle der Aussagen des Materials, sondern die Kombinierfähigkeit, das Ziehen »richtiger« Schlüsse und die Qualität entscheiden. Hier haben viele Kirchenvertreter versagt, weil sie das ihnen vorgekaute unbesonnen wiedergeben. Die Theologie ist ein spekulatives Fach: ein Feld sich zwangsweise widersprechender Halb- und/oder Unwahrheiten, Phantastereien und kühnster Rückschlüsse auf Unbeweisbares.

Im Lager der Juristen ist der Widerstand gegen das kuriale Ansinnen nicht erloschen. Bodins Zeitgenosse, der Philosoph Michel de Montaigne (1533 – 1592) und der Geistliche Pierre Charran (1541 – 1603), der Hofprediger der Königin Margarethe, treten entschieden *gegen* den Hexenwahn zu Felde.

Bramer und Godelmann

1577 berichtet der Braunschweiger Prediger David Bramer: » . . . er sei vor etlichen Jahren im Land Mecklenburg angestellt gewesen, wo man viele Zauber- und Wettermacherinnen verbrannt habe«. Dazu verfaßt er einen tiefsinnigen Traktat[164] und vertritt die Meinung: » . . . es mag wahr sein, daß die Zauberinnen etliche Gewitter durch Nachlassung Gottes und des Teufels Beistand und Hilfe zuwege bringen . . . und oft großen Schaden tun, denn der Teufel ist kein Fürst der Luft, der darinnen herrscht und regiert mit aller Macht: er kann mit der Zustimmung Gottes *und* auf der Zauberinnen Begehren ein greulich Wetter zuwege bringen . . . so ist gewiß, daß die Zauberinnen Worte und Beschwörungen gebrauchen, die nicht ohne Kraft und Wirkung sind«.

Johann Georg Godelmann, Professor der Rechte in Rostock, hält seit 1584 Vorlesungen über die Carolina und behandelt in diesem Zusammenhang (auch) die Hexenfrage. Später gibt er seine Aufzeichnungen in erweiterter Form heraus[165]. Vorausgegangene und parallele Prozesse sind ihm nicht fremd. Alles in allem vertritt er vernünftige Ansichten. Er verwirft die Wasserprobe als einen widerrechtlichen teuflischen Gebrauch und schärft den Richtern Vorsicht bei der Durchführung von Hexenprozessen ein. Godelmann tritt für eine milde Behandlung solcher Hexen ein, die Anderen keinen Schaden zufügen. Und doch glaubt er an Zauberkünste wie an den Bund mit dem Teufel. Wenn Hexen durch magische

Künste Vieh und Menschen schaden, sind sie nach Artikel 109 der Carolina zu verbrennen; wenn sie Unmögliches gestehen, beispielsweise daß sie durch einen engen Schornstein durch die Luft geflogen wären, sich in Tiere verwandelt oder mit dem Teufel vermischt haben, dann sind sie besser im göttlichen Wort zu unterrichten: wenn sie gestehen, mit ihm einen Vertrag gemacht zu haben, soll man sie mit einer außerordentlichen Strafe belegen. Sie soll ihrem Leichtsinn gelten, weil sie teuflischen Einflüsterungen zugestimmt haben[166].

»... was das Reiten und Fahren der Hexen auf Böcken, Besen, Gabeln, nach dem Blocks- und/oder Heuberg zum Wohlleben und zum Tanz, desgleichen auch zu den leiblichen Vermischungen, so die bösen Geister mit solchen Weibern vollbringen sollen, anbelangt, achte ich in meiner Einfalt dafür, daß diese Teufelsgespinste, Trügerei und Phantastereien sind ... daß etliche glauben, daß die Hexen und Zauberer in Katzen, Hunde und Wölfe verwandelt werden können; denn daß eine solche Veränderung unmöglich sei, ist bereits in einem alten Concilio, so zu Ancyra gehalten, beschlossen worden«[167].

»... endlich wird den Hexen zugeschrieben, daß sie böse Wetter machen können, so doch Wettermachen Gottes und keines Menschen Werk ist. Deretwegen kann kein Richter jemand auf solche Punkte hin peinigen, viel weniger töten, weil demselbigen mit keinem Wort in der peinlichen Halsgerichtsordnung gedacht ist«[168].

Saur und der Calvinist Georg Spohn

Abraham Saur ist Hofgerichtsprokurator in Hessen und hat Schrifttum zur Strafrechtspflege hinterlassen[169]. Die Quellen bezeichnen ihn als ehrenhaften, wohlgelehrten und rechtserfahrenen Advokat. Er glaubt nicht an die Realität der Hexenfahrten und an die fleischlichen Vermischungen mit dem Teufel, »... dies wären Gaukeleien und Teufelsträume«. Dennoch bleibt er seinem Religionsvater Luther verpflichtet und strapaziert Exodus 22.18: »... da die Hexen und Zauberer schändlich und mutwillig von ihrem Schöpfer und Erlöser abgefallen sind ... und sich dem bösen Feind ergeben haben, sind sie mit dem Feuer zu bestrafen«. Die peinliche Frage soll nach Gelegenheit des Argwohns der Person viel, oft oder weniger hart, nach dem Ermessen eines vernünftigen Richters, gebraucht werden. Sie hat nicht allein in peinlichen Sachen Berechtigung, sondern immer dann, wenn man die Wahrheit sonst nicht ergründen kann. Doch sollen folgende Personen nicht torquiert werden:

- Minderjährige unter 14 Jahren; doch man kann sie bedrohen und mit Ruten streichen.
- Solche, die in hohen Ämtern sitzen, als Landrichter, Ritter, Ratsherren und dergleichen, wie ihre Kinder und Kindeskinder.
- Schwangere Frauen soll man mit der peinlichen Frage verschonen, bis sie ihrer Frucht entledigt sind.

Auf der Seite des Lutheraners Saur steht der Calvinist Georg Spohn, Professor der Theologie aus Marburg, der 1584 nach Heidelberg berufen wird. In einer Marburger Disputation lehrt er, daß die Hexen nach dem göttlichen Gebot zu Recht verurteilt werden. In das gleiche Horn bläst der lutherische Jurist Theodor Reinkingk, damals marburgischer Kanzler. Er meint: »... der größere und weisere Teil der Theologen, Juristen, Staatsmänner und Ärzte nehme an, daß die Hexenzusammenkünfte Illusionen und Vorspiegelung der Dämonen sind und daß bei den Spielen und Tänzen Trugbilder von Frauen gesehen werden ... doch spreche die Realität dagegen«[170].

Goldast und Ludwig v. Senckendorff

Der calvinistisch gestimmte Rechtskundler Melchior Goldast (gest. 1635) verfaßt für den Kurfürst von Trier ein Gutachten zur Hexenfrage[171]. Er vertritt die Auffassung, daß man die Zauberer und Hexen auch (dann) verbrennen soll, wenn sie keinerlei Schaden angefügt haben. Er konstatiert den wohl neu aufgekommenen, mild erscheinenden Brauch, daß man die Hexen nicht mehr so rigoros nach den Buchstaben des Gesetzes schlachtet und verbrennt, sondern daß man sie den regionalen Gewohnheiten gemäß stranguliert, bzw. mit einem Schwert enthauptet und erst dann ihren toten Körper »... allen anderen zum Schrecken und zu guter Justifizierung ins Feuer legt und ihn dort zu Asche verbrennt«.

Auch der kursächsische Staatsmann Ludwig v. Senckendorff beschäftigt sich mit der Zauberkunst und dem Hexen(un)wesen[172]. Er scheint vom Wahn der Zeit befangen, denn seiner Auffassung nach können Zauberer Glas,

Haare, Eierschalen, giftige Tiere, Eidechsen, Kröten, Molche und dergleichen in Menschen zaubern » . . . unverwerfliche Zeugen haben mit eigenen Augen gesehen, daß sich am hellen Tag Getreide und Garben auf den Feldern aufgerichtet, daß ganze Schober voll Heu in die Höhe gestiegen und daraufhin über Berg und Tal gefahren . . . so also dem Eigentümer entwendet und zauberischen Leuten zugebracht . . . Man kann Zeit, Ort und Personen nennen«. Es genügt der Hinweis, daß bereits Plinius d. Ä. solche Argumente in das Reich der Fabel verwiesen hat. Senckendorff schreibt uns einen besonderen Teufel zu.

» . . . unser deutscher Teufel wird ein guter Weinschlauch sein und muß Sauf heißen, daß er so durstig und hollig (= lechzend) ist, daß er mit dem übermäßigen Saufen von Wein und Bier gekühlet werden kann . . . und wird als solch ewiger Durst Deutschlands Plage bleiben bis zum Jüngsten Tag«.

Carpzov, »Vater des sächsischen Rechts« oder Zungendrescher?

Benedict Carpzov[173], Rechtsgelehrter und im protestantischen Lager stehend, ist der Verfasser einiger Schriften und wird dadurch zum Begründer einer selbständigen Strafrechtswissenschaft in Deutschland. Zeitgenossen betrachten ihn als »Vater des sächsischen Rechts«, »Fürst der Rechtsgelehrten«, »Autorität« und als den »ersten« Kriminalisten. Christian Thomasius ist anderer Ansicht. Für ihn ist er ein »leichtfertiger« Zungendrescher.

Carpzov behandelt in umfassender Weise die Kapitalverbrechen[174]. Seine »practica nova« erlebt 1723 die neunte Auflage: ein Beweis für die Wertschätzung des Juristen. Des öfteren beruft er sich auf die sächsische Kriminalordnung, auf Entscheidungen der Jenaer Gerichte (1608) und auf Urteile des Leipziger Schöffenstuhles aus den Jahren 1594 und 1615[175].

Um einen solchen Gelehrten ranken sich bald Gerüchte im Guten wie im Bösen. So soll er beispielsweise 20 000 Todesurteile gefällt haben[176]. Er soll sich gerühmt haben, 53 mal die Bibel durchgearbeitet zu haben: freilich die protestantische. Beide Argumente gehören in die Rumpelkammer der Märchen. In der Literatur zum Thema Hexen wird er emporstilisiert und dramatisiert: u. a. wirft man ihm übermäßige Strenge vor. Es ist zu bedenken, daß er

nach der sächsischen Kriminalordnung Recht zu sprechen hat und daß sein Alibi in letzter Konsequenz eine verfängliche Stelle im AT ist.

Mit diesen Gedanken steht er inmitten seiner Zeit. Demzufolge kann man ihn nicht als fortschrittlich *und* über das Tagesgeschehen hinausblickend bezeichnen. Bei einer Würdigung seiner Verdienste erscheint er bigott, rückständig und verklemmt.

Die »practica nova« besteht aus drei Teilen. Im Vorwort sagt er: » . . . in diesem verdorbenen Zeitalter, bei der immer und überall wachsenden Bosheit der Menschen, bei der großen Verschiedenheit und Art der Verhältnisse, unter denen Verbrechen begangen werden, möchte er, daß den unerfahrenen Richtern Anweisung gegeben wird, damit sie sich nicht täuschen lassen und die Strafe unter das gerechte Maß setzen«.

Auffallenderweise finden wir seine Gewährsmänner im katholischen Lager. Es sind Grillandus, Binsfeld, DelRio, der Hexenhammer und die Ansichten des englischen Königs Jacob zur Hexenfrage. Carpzov lobt die strengen Maßstäbe seines Landesherrn und sagt:

» . . . die Carolina habe den Tod nur für den Fall vorgesehen, wenn Jemand durch Zauberei Schaden oder Nachteil zufügt«. Aber der Augustus elector Saxoniae, »der erlauchte Kurfürst von Sachsen«, faßte die Sache mit größerer Sorgfalt und ordnete an, » . . . welcher Christ(en)mann oder Christ(en)frau ungläubig ist, oder mit Zauberei und Vergiftung umgeht . . . und dessen überwunden wird, soll man auf einer Horden (= Hürde = Scheiterhaufen) brennen«.

Carpzov's Gotteswahn

Bei der Aufzählung der Hexenwerke orientiert sich der Jurist vorwiegend an der Ansicht des Hexenhammers. Er ist der Meinung, daß die Hexen mit göttlicher Zulassung Wetter machen, Früchte verderben, Menschen und Vieh (be)schädigen, wie mit dem Satan Verträge (ab)schließen. Er stellt das Reiten auf Böcken als Tatsache hin, gibt aber die Anmerkung: » . . . daß dies der größte Teil der Juristen und ein Teil der Theologen als Einbildung betrachte«. Er verneint die Erzeugung von Kindern infolge des Umgangs mit dem Teufel, gibt aber die Entstehung von Elben zu und sagt, es wäre gottlos, die Zauberinnen, in seinen Augen die verruchtesten Verbrecherinnen[177] von der

Bestrafung befreien zu wollen. Er will sie mit dem Tod bestraft wissen, selbst wenn sie niemand geschadet haben. Das stammt nicht von ihm, sondern ist sächsisches Recht! Die Weyer'sche Auffassung ist ihm frivol. In der Praxis sieht das etwa so aus:

Carpzov hat 36 Urteile der Leipziger Schöffen aus der Zeit von 1582 – 1632 veröffentlicht. Sie enthalten mit Ausnahme von ein paar Fällen, wo Brand und Mord unterlaufen sein sollen, abgeschmackte Märchen. Schauen wir kurz hinein:

» . . . weil aus den Acten so viel zu befinden, daß der Teufel auf der Tortur der Margarete Sparrwitz so hart zugesetzt, daß sie kaum eine halbe Stunde auf die Leiter gespannt, mit großem Geschrei Todes verfahren und das Haupt gesenkt, (so) daß man gesehen daß sie der Teufel inwendig im Leibe umgebracht, inmassen denn daraus anzunehmen ist, daß es mit ihr nicht richtig gewesen, weil sie bei der Tortur nichts geantwortet: so wird ihr todter Körper unter dem Galgen durch den Abdecker billig vergraben«.

So spricht nicht etwa ein daherglaufener Advokat, sondern die »Leuchte am Juristenhimmel«.

In Quendlinburg dauern die Hexenprozesse im wesentlichen von 1550 – 1663. Ein später (den Quellen zufolge der 39.ste.) betrifft die 77 Jahre alte Amelungs Witwe. Trotz ihrer Aussagen und den steten Beteuerungen ihrer Unschuld hält es der Leipziger Stuhl für angebracht, sie peinlich zu befragen. Man sperrt sie über Nacht in einen Pferdestall, in dem Kobolde spuken sollen. Mit ihrer »gedachten« Anwesenheit will man offensichtlich die bösen Geister im Leib der alten Dame vertreiben. Am anderen Morgen liegt sie tot im Stall. Es liegt die Vermutung nahe, daß sie sich aus Furcht erdrosselt hat.

Wieder bescheinigt das Gericht: » . . . der Teufel habe sie erwürgt«. Ein weiteres Urteil aus dem frühen 17. Jh. soll noch Erwähnung finden: » . . . hat bekannt, daß er aus den Sterbehäusern Kleider und Betten gestohlen und einen Todtenkopf im Haus gehabt, auch Blut und Frauenmilch: er habe den Schädel in des Teufels Namen an die Wand gehängt, und wenn er ein heißes Feuer mache, schwitze der Schädel . . . und soviel Tropfen flossen, soviel Leichen habe er des Tages gehabt. Der Teufel sehe wie ein Mensch aus, aber mit schwarzen Fingern und einem Pferdefuß. Auch habe der Delinquent Totensärge verkauft; durch Pulver die Pest gemacht und den Todten die Kittel ausgezogen . . . er werde rechtmäßig zur Freistatt geschleift und daraufhin mit dem Feuer verbrannt«. Wirft auch nicht dieses Urteil einen Schatten auf den Rechtsgelehrten?

Von der Gotteslästerung und den Kindermörderinnen

In diesem Zusammenhang sind einige Todesurteile wegen Gotteslästerung von Interesse: sie scheinen damals häufiger gewesen zu sein.

Das Stören einer religiösen Handlung und die Verletzung einer religiösen Person werden streng bestraft. So wird ein Adeliger vom Leipziger Gerichtshof des Landes verwiesen, weil er sich erlaubt hat, den Gottesdienst zu stören. 1551 wird in Leipzig ein Mann, der sich an einem Pfarrer vergriffen hat, zum Tod verurteilt.

Besonders scharf geht man gegen Kindermörderinnen vor. Um die Mitte des 17. Jh. scheint im Geltungsbereich des sächsischen Rechts die Sitte des Ertränkens vorherrschend[178]. Nur wenn kein Wasser in der Nähe ist, werden die Täter gerädert, bzw. zum Richtplatz geschleift und enthauptet. Beim Ertränken werden die Mörderinnen in einen Sack gesteckt (= säcken) und mit einem Huhn, einem Hahn, einer Natter, einem Affen oder mit einer Katze ins Wasser geworfen. Die Requisiten resultieren aus der abergläubischen Rumpelkammer primitiver Volksstämme, die der Tierwelt symbolische Bedeutung beimessen[179].

Um die gleiche Zeit wie Carpzov wirkt der Jurist Christoph Fröhlich von Fröhlichsburg, ein Innsbrucker Professor (1657 – 1729). Er ist der Meinung, daß bei der Zauberei geringe Anzeichen, vor allem Gerüchte, genügen, um den Prozeß einzuleiten, bzw. um zur Folter zu schreiten.

Der Gesinnungswechsel macht sich bemerkbar

Um die Mitte des 17. Jh. mehren sich die Stimmen, die auf die Abschaffung der Folter drängen. Mit der nun einsetzenden Aufklärung entsteht die große Kontroverse: Glauben kontra Ratio. Die Juristen können sich dieser Verantwortung nicht entziehen. Der entscheidende Kampf bleibt Thomasius vorbehalten, und zwar in Bezug auf die Abschaffung der Folter *und* einer direkt damit im Zusammenhang stehenden Zurücknahme des Hexen-(un)wesens, den siamesischen Zwillingen menschlicher Grausamkeit.

Christian Thomasius[180]

Thomasius gilt als einer der bedeutenden Rechtsgelehrten aus der Zeit des frühen 18. Jh.: einer Epoche der literarischen Auseinandersetzung und des Streites zwischen Theologie und Aufklärung. Es zirkulieren zahlreiche Hexenschriften. So z.B. 1681 (London) »Sadducismus triumphans« oder in der deutschen Übersetzung: »Vollkommener und klarer Beweis von Hexen und Gespenstern oder Geister-Erscheinungen« (Hamburg 1701). Kurz danach erscheint John Wagstaff's »Gründlich ausgeführte Materie von Hexerei oder die Meynung derjenigen, so da glauben, daß es Hexen gebe, deutlich widerlegt«.

Thomasius steht in der Reihe der Persönlichkeiten, die oft unter großen Schwierigkeiten, ja manchmal unter dem Einsatz ihres Lebens den Mut aufgebracht haben, gegen die Hexenverbrennungen aufzutreten und damit Obrigkeit, Rechtssprechung und Theologie in Frage zu stellen.

An erster Stelle ist Cornelius Loos zu nennen, den man wegen seiner realen Ansichten 3 x verhaftet hat. Thomasius kennt das Buch »De betooverde Wereld« von Balthasar Bekker, das 1691/92 in Amsterdam erschienen ist. Es erregt »ungeheures« Aufsehen und wird konfisziert.

Bekker wird seines Amtes enthoben und ergreift die Flucht. Er zieht die teuflische Macht in Zweifel. Für ihn ist er »lediglich« ein unsichtbares Wesen, das weder einen menschlichen Leib annehmen kann noch ein Hagelwetter anzurichten in der Lage ist. Die Vorstellung des Teufelsbundes und der -buhlschaft (dem Herzstück vieler Hexenprozesse) bezeichnet er als das was es ist, als Ausgeburt einer krankhaften Phantasie. Heute kann man weiter gehen und sagen, daß die Bekker'sche Version vom Teufel falsch interpretiert ist, denn er ist nur ein von den Menschen geschaffenes Phantasieprodukt: es gibt weder Engel noch Teufel, denn es sind Relikte der griechisch-philosophischen Vorstellungen, die das Christentum in sich aufgesogen hat.

Die Schriften Heinrich Bodes erscheinen kurz vor der »dissertatio de crimine magiae«. Thomasius kannte die anonym erschienene Arbeit des Jesuiten Spee. Er wendet sich zwar nicht gegen den Teufels- und Hexenwahn, aber gegen die Ungerechtigkeit der damit verbundenen Prozesse: gerade er geht mit den Juristen scharf ins Gericht. In diesem Zusammenhang ist der rheinische Arzt Weyer (= Wier) zu nennen, der auf der einen Seite an den Teufel glaubt, aber das Teufelsbündnis leugnet.

Als Jurist steht Thomasius in der vorderen Reihe der Prozeßgegner. Nach ihm ist die Zauberei kein strafbares Verbrechen. Er trägt seine Argumente mit Überzeugung und Logik vor. Durch seine Tätigkeit hat er den Vorteil, daß er Gedanken in seine Schüler »hineintragen« konnte und allmählich einen Flächenbrand, und mit ihm eine Änderung der gängigen Einstellung bewirkte. Von obrigkeitlicher Seite aus geschah nichts, was seine Sicherheit gefährden konnte. Thomasius wird von einer Reihe von Freunden und Gesinnungsgenossen an der Universität bis hinauf zum Berliner Hof verstanden und unterstützt; die selbst literarisch für ihn eintreten. Für seinen Erfolg spricht der Umstand, daß er seinen Kampf unter Friedrich I. (1688 – 1713) führt, der daran interessiert ist, daß die von ihm begründete »neue« Universität Halle an Geltung gewinnt. Dies verpflichtet ihn zu einer liberalen Haltung gegenüber dem Lehrkörper. Ohne Zweifel stärkt diese Position Thomasius den Rükken und es bleibt fraglich, ob er als gewöhnlicher Jurist so erfolgreich gewesen wäre.

Thomasius übernimmt für seine Beweisführung die geistigen Ansätze des Geistlichen Bekkers und erschüttert damit das gängige Fundament der Hexenprozesse. Mit seinen Schriften versetzt er dem Hexentreiben einen tödlichen Hieb und trifft (auch) ins Herz der Theologen. Ungerechtigkeiten beim Verfah-

▶

Abt Oswald Lorschert (geb. 21. Dezember 1704 in Rothenfels). Am 3. Oktober 1747 wird er zum 43. und damit vorletzten Abt des Klosters Oberzell bei Würzburg gewählt. Während seiner Amtszeit spielt die Affäre Renata Sänger (von Mossau), die als Nonne der Hexerei bezichtigt und 1749 in Würzburg hingerichtet wird. Der Abt verfaßt dazu die Abhandlung:
»Vorgängiger Versuch zur Erwirkung eines Vertrages zwischen den in den bisherigen Hexenkriege verwickelten Gelehrten, wie auch zu nutzbarem Unterrichte, wie man von der Zauber- und Hexerei weder zu wenig noch zu viel glauben soll. 1767«.

ren gegen eines der als am schlimmsten, doch fiktiven (Schein)verbrechen konnte man zur Not als Justizirrtum (noch) in Kauf nehmen, erhebliche Zweifel an der Grundlage dieses Verbrechens jedoch nicht. In diesem Punkt unterscheidet sich Thomasius von seinen Vorgängern und Mitstreitern: er bringt den seither angenommenen Teufelspakt ins Wanken, indem er ihm jeden Einfluß in materiellen Dingen abspricht.

Er trägt vor: » . . . ich leugne, daß Hexen und Zauberer Verträge mit dem Teufel aufrichten . . . was nützt ein Bündnis mit ihm! Es ist nicht der geringste Effekt dabei, weder auf der Seite des Menschen noch auf der des Teufels . . . nie hat er einen Leib angenommen. Es scheint, daß der Irrtum in Evangelienbüchern seinen Ursprung hat«.

» . . . ich leugne und kann nicht glauben, daß der Teufel Hörner, Klauen und Krallen habe, daß er wie ein Pharisäer oder ein Mönch, oder wie ein Monstrum, oder wie man ihn sonst abmahlt, aussehe . . . ich kann es nicht glauben?«.

Für Thomasius war die Konfrontation mit der Geistlichkeit unvermeidlich, wenn er einen seiner fundamentalen Gedanken, die juristisch exakte Trennung von Kirche und Staat, verwirklichen wollte. Rasch erkennen sie seine Gefährlichkeit und versuchen zu kontern. Am 16. Oktober 1694 beschwert sich die theologische Fakultät über ihn wegen seiner »Eingriffe in theologische Angelegenheiten bei der Verteidigung mystischer Schriftsteller«. Der Konflikt dringt bis zum Kurfürst und endet mit dessen Mahnung: » . . . künftig miteinander in Eintracht zu leben«. Die Gotteskundler stempeln den Jurist zum Atheist und Ketzer ab, weil er sie widerlegt und ihre intelektuelle Schwäche offengelegt hat. Später wird ihm »bei Strafe der Absetzung« verboten, in seinen Vorlesungen theologische Angelegenheiten zu behandeln. 1702 greift ihn der Geistliche Joachim Lange mit einer »nothwendigen Gewissensrüge« an. Sie wird ein Jahr darauf anonym beantwortet und mit widerlegenden Antworten versehen.

Die Polemik gegen Thomasius wird in die Liturgie getragen, denn am dritten Ostersonntag 1703 wird in der Leipziger Nicolai-Kirche gesungen:

» . . . die Jünger sind nicht Thomas Art
Zu zweifeln: Obs Gespenster gäbe!
Wenn andre mehr der Jünger Geist bekämen,
 . . . ich zweifle,
daß so viel Theil am neuen Irrtum nähmen«.

Sein Angriff auf Carpzov

Carpzov hat das dubiose Verdienst, seinerzeit die Amtsenthebung von Thomasius bewirkt zu haben. Er hat ihn quasi aus Leipzig vertrieben. Demzufolge ist er nicht sonderlich gut auf ihn zu sprechen. Thomasius hat schon früher, wie sich Prufendorf in einem Brief ausdrückt, » . . . das harthäutige Tier Carpzov mit der Mistgabel gekitzelt«. Doch jetzt schlägt er mit Keulen auf ihn ein, nennt ihn einen schimpflichen Abschreiber, bösartigen Märchenerzähler und liederlichen Betrüger. *Er solle sich schämen, in einer so wichtigen Sache nichts anderes vorgebracht zu haben, als die Zeugnisse der päpstlichen Scribenten, die ihre Bücher teilweise mit alten Weiber- und Mönchsfragen, teils mit den ausgefolterten Aussagen Verurteilter auszufüllen pflegen* . . . man müsse sich schämen, Carpzovius gelesen zu haben[181]. Er bescheinigt seinem Kollegen »unverständliche« Frömmigkeit[182] und führt aus: » . . . *man habe sich lediglich auf die Zeugnisse der päpstlichen Scribenten verlassen,* da aber seither noch immer einer den anderen ohne Nachdenken abschreibt und sich dabei einbildet, neue Wunder gefunden zu haben, darf man es den Gelehrten nicht versagen, wenn sie bei der Meinung eines Juristen sich solches unter keinem anderen Concepte, als eines ‚Zungen-Dreschers‘ oder ‚Legulegi‘, der nur die Gesetze kennengelernt, einbilden wollen oder können«[183].

Außerdem habe Carpzov Remigius falsch interpretiert: » . . . warum glaubt er denn unseren Theologen nicht mehr, die gestehen, daß viele Hexen und Zauberer ohne ordentliche Todesstrafe wieder auf den rechten Weg gebracht worden sind?« Hier spielt Thomasius auf das preußische Edikt vom 13. Dezember 1714 an, das bestimmt: » . . . daß dem König jedes diesbezügliche Urteil zur Bestätigung vorzulegen ist«. Außerdem mahnt die »Criminalordnung für die Chur- und Neumark« vom 8. Juli 1717 zu größerer Sorgfalt bei der Anwendung der Folter.

Carpzov sei ein Verfechter des göttlichen Rechts, » . . . doch erstens sei noch nicht ausgemacht, was für ein Unterschied zwischen den Wundern und den ordentlichen Werken der Natur ist . . . *bislang ist alles unnützes Geschätz und muß noch bewiesen werden«.*

»Das göttliche Gesetz befahl, es sollen des Hohepriesters Töchter, sofern sie Hurerei treiben, mit dem Feuer verbrannt werden. Warum verbrennt man nicht in unserer Zeit der Herren Superintendenten Töchter, wenn sie die gleiche Sünde begehen? Das lat. Wort ‚veneficos‘ kann auf deutsch nicht ‚Hexe‘, sondern *nur* Giftmischerei heißen. Zu dieser Kunst gehört nicht die Hilfe des Teufels oder ein Bündnis mit ihm, weil es auch so geschehen kann«. Damit fällt Carpzov's erster Beweisgrund, ohne daß er etwas bewiesen hat. *»Dahin geht nämlich die Kernfrage, ob die Zauberer, die mit dem Satan einen Vertrag machen, eine natürliche oder künstliche Magie zuwege bringen. Das ist unmöglich . . .* wohlan, es soll Carpzovio itzo auftreten und wider dem bekannten Wierum und anderen dartun, daß es wirklich das Laster der Zauberei gebe«.

Nicht viel freundlicher geht er mit Spizelius um. Es ist der 1691 verstorbene Senior des geistlichen Ministeriums von Augsburg. Er sagt: » . . . nun will ich zwar nicht die anderen Gebrechlichkeiten dieses frommen Herrn offenbaren, noch alle Fehler seines mehrmals genannten Buches von der ‚gebrochenen Macht der Finsternis‘ aufzeigen. Spizelius hat das Leugnen der Hexen unter Berufung auf Thomas v. Aquien, Bonaventura und Torquemada für Atheismus erklärt, . . . *doch ich halte vielmehr dafür, daß die Geistlichen und Prediger,* die anstatt der seligmachenden Lehre auf der Kanzel und *in ihren Schriften lauter alte Weiber-Lehren und abergläubische Märchen erzählen, schuldig sind,* daß viele Leute, die noch wenig Verstand und etwas von ihren fünf Sinnen übrig haben . . . sich gern von dem Schandfleck ihres Aberglaubens reinigen wollen«.

Vom Laster der Zauberei

Thomasius ist 1694 Referent der juristischen Fakultät von Halle. Im September diesen Jahres kommt er mit Hexenfragen in unmittelbare Berührung; dabei verfällt er in »blinde Autoritätsgläubigkeit« und zieht einen übereilten Schluß. 26 Jahre danach gesteht er: » . . . dieser gegenwärtige casus (= Fall) wurde anno 1694 in unsere Facultät geschickt . . . wo ich damals noch mit der gemeinen Meinung von

dem Hexen-Wesen so eingenommen, daß ich selbst dafür geschworen hätte, die in des Carpzovii ‚praxis criminali‘ befindlichen Aussage der armen gemarterten oder mit der Marter gedrohten Hexen bewiesen . . . den mit den armen Leuten pacta machenden, und mit denen Menschen buhlenden, auch mit den Hexen Elben zeugenden, und Sie durch die Lufft auff den Blockersberg führenden Teuffel überflüssig, und könnte kein vernünftiger Mensch an der Wahrheit dieses Vorgehens zweiffeln: Warum? Ich hatte es so gehört und gelesen, und der Sache nicht ferner nachgedacht; auch keine größere Gelegenheit gehabt, der Sache weiter nachzudenken. Dieses waren die ersten Hexen-Acten, die mir Zeit lebens unter die Hände gekommen, und also excerpirte ich dieselbe mit desto größerem Fleiß und attention«.

Daraufhin beschreibt er diesen Vorgang und erstellt darüber ein Gutachten. Es gipfelt in der Formulierung: » . . . wo nicht mit der Schärfe, doch zum wenigsten mit mäßiger Pein wegen der beschuldigten Hexerei die Delinquenten anzugreifen«[184]. Die Fakultätskollegen schließen sich seiner Auffassung nicht an. Dies macht ihn stutzig und die Sache läßt ihn nicht mehr los. Er sagt dann:

» . . . nachdem also die Vortrefflichkeit und Nutzbarkeit des in Sachsen und an anderen Orten des Römischen Reichs üblichen Hexen-Prozesse einmal wankend gemacht worden, fieng ich nach und nach mehr an, in das Elend unserer Universitäten und Juristen-Facultäten oder Schöppenstühle, was den Hexen-Process betrifft, einzusehen . . . so fügte es die göttliche Vorsehung, daß immer nach und nach auch andere Hexen-Acten in unsere Facultät geschickt und meiner relation anvertraut wurden, die mich gleichsam forcierten, die Augen immer weiter auffzuthun, und die miserable prostitution der Hexen-Richter und Advocaten zu erkennen« (Juristische Händel).

Der Gedanke, dem Ursprung des zu seiner Zeit herrschenden Glaubens an den Teufelspakt und -buhlschaft nachzugehen, kam Thomasius schon wenige Jahre nach der Veröffentlichung seiner Dissertation »de crimine magiae«, beim Studium von Textstellen des kanonischen Rechts, und zwar beim Lesen einiger Papstbriefe »ex septimo Decretalium«. Gemeint ist der »Liber septimus« des Petrus Matthäus, der der Corpus-iuris-canonici-Ausgabe des Paul Lancelott angehängt ist, und zwar Lib. V. tit. XII. »de maleficis et incanta-tionibus«, der diesbezügliche Äußerungen der Päpste Alexander VI., Sixtus IV., Hadrian VI., Innocenz VIII. und Leo's X. enthält.

» . . . so giengen mir doch bey . . . Durch-lesung der . . . Päpstlichen Briefe ex septimo Decretalium, so zu sagen die Augen deutlicher auf, daß ich erkandte, wie ich bey Abhandlung der Materie de origine et progressu noch hin und wieder in der Disputation gleichsam im Finstern getappt, nunmehr aber deutlich sahe, daß der Teufel, der mit den Hexen Pacta mach-te, und bei ihnen schlieffe, oder sie auf den Blockers-Berg hohlete, nicht älter seyn könne, als die Päbstischen Constitutiones in besagtem Titel; ich fand auch, daß ie mehr ich deßwegen nachschlug, ie mehr ich in dieser meiner Mey-nung bekräfftiget wurde. Nichts desto weniger war die Sache nicht so leicht, diese Erkänntniß auch andern, sonderlich denen, welchen man von Jugend auf viel Mährgen von denen He-xen erzehlet, und ihre erste Gedancken damit eingenommen, beyzubringen, sondern es wäre für diese nöthig, daß ich so viel möglich von Seculo zu Seculo untersuchte, bey was für Ge-legenheit, und aus was für Intention diese Fa-beln erst von eintzeln Personen erfunden, wie selbige fortgepflanzt, und wie sie endlich durch die Päpstlichen Constitutiones canonisiret und gleichsam zu Glaubens-Artickeln gemachet worden, auch wie es geschehen, daß nach der Reformation, sonderlich bey den Luthera-nern, und unter den Juristen, sonderlich bey denen Sächsischen ICtis, diese einmahl einge-wurtzelte Meynung sich so veste gesetzt, daß man sich nicht verwundern muß, wenn diesel-ben auch bißhere der Wahrheit am längsten wi-dersprochen«.

Thomasius sagt weiter: » . . . wie er damals mit dem juristischen Schlendrian nach den Au-toritäten des ›malleus maleficarum‹, eines DelRio und Carpzov . . . zu handeln im Be-griffe, durch ein Votum seiner Facultät auf den rechten Weg kam und auf das eindringlichste den herrschenden Wahn und das ungerechte Verfahren in zwei Dissertationen angriff«[185].

Nun beschäftigt sich Thomasius intensiver mit dem Phänomen der Hexerei. 1699 ordnet er seinen Ausbildungsplan für die Juristen und rückt darin den Hexenprozeß in der damals üblichen Weise als Sonderform des Inquisiti-onsprozesses ein: er macht die Richter darauf aufmerksam, in Hexensachen vorsichtig zu verfahren.

Am 12. November 1701 legt er seine be-rühmt gewordene Dissertation »De Crimine Magiae« vor und läßt sie von dem Respondent Johannes Reiche verteidigen. Sie gipfelt in der Formulierung, alle Hexenprozesse einzustel-len, weil die Hexerei nur ein fiktives (= ange-nommenes) Verbrechen sei. Die Existenz des Teufels wird von ihm nicht bestritten . . . da jedoch die bösen Geister in materiellen Din-gen keinen Einfluß haben, kann der Teufel we-der körperliche Gestalt annehmen noch Bünd-nisse mit Hexen eingehen. Geständnisse sol-cher Art sind entweder das Ergebnis eines Wahns oder der unmenschlichen Folter.

Thomasius zitiert die bekannten Passagen aus dem AT, die als hinreichende Begründung zum Verbrennen Andersdenkender dien-ten[186]. Er wundert sich über die Flut der Zau-ber- und Hexenliteratur und sagt: » . . . *ich muß mich nicht wenig wundern, daß ich hin und wieder fast nichts als unnützes Geschwätz und Fabeln, nirgends aber ein gründliches Werk ange-troffen habe. Der törichte Aberglaube muß dem einfältigen Pöbel vor Augen geführt werden. Die papistischen Irrtümer, die seither aller Leute Ge-danken eingenommen, müssen ausgerottet wer-den. Heute wird niemand mehr daran zweifeln, daß das Papsttum nichts anderes als eine aus dem Heiden- und Judentum zusammengesetzte Fabel ist*[187]. *Papisten haben den Unsinn zusammenge-tragen, um die breite Masse auszunutzen . . . die vergangenen Autoren*[188] *haben ohne Unter-schied die wahren und falschen Begebenheiten wie Kraut und Rüben hingeschmiert . . . auch die protestantischen Kriminalisten heutzuta-ge*[189]. *Ich bin sicher, daß alles, was diesfalls ge-glaubt wird, nichts als eine Fabel ist, die man aus dem Juden- und Papsttum zusammengelesen hat: die Päpstler haben ohne Verstand geschrieben«.*

Ein Jahr später erscheint die erste Überset-zung ins Deutsche unter dem Titel: » . . . Kur-ze Lehrsätze vom Laster der Zauberey . . . übersetzt von einem Liebhaber seiner Mut-tersprache«. 1704 erscheint eine zweite Über-setzung, deren Verfasser vermutlich Johannes Reiche ist. Eine weitere Übersetzung er-scheint 1775 in Augsburg. Die Wirkung auf die-se Schrift ist beachtlich: selbst außerhalb des brandenburgischen Territoriums erfährt sie scharfe Kritik. 1703 erscheinen zwei anonyme Gegenschriften. Hinter ihnen verbergen sich Elias Camerarius und Carolus Fridericus Romanus.

Thomasius focht nicht allein. So antwortete sein Schüler und späterer Fakultätskollege Nikolaus Hieronymus Grundling unter dem Pseudonym »Hieronymus a sancta Fide« auf eine Gegenschrift. Auch Jacob Brunnemann, der Neffe des berühmten Rechtsgelehrten, tritt für ihn in die Schranken. Und zwar unter dem Pseudonym Aloysius Charitini. Die Position von Meinders ist umstritten. Er war weder ein Schüler von Thomasius noch am preußischen Hof tätig. Er studierte im wesentlichen in Marburg, Straßburg und Leyden, so daß er vermutlich Thomasius nicht einmal kannte. Meinders war Richter im Amt Ravensburg und nimmt in dieser Eigenschaft zu den Hexenprozessen Stellung. Dazu verfaßt er 1716 in Lemgo ein Buch, in dem er sich als konsequenter Verfechter der Thesen von Thomasius versteht: insofern kann er als sein Mitkämpfer bezeichnet werden[190].

1719 erscheint nochmals eine Gegenschrift in Rotterdam mit dem Kurztitel: » . . . Kurtze Untersuchung vom Kobold, in so ferne gewisse Phaenomena unter diesem Nahmen . . . von einem nach England reisenden Passagier« (Rotterdam, 1719). Eine zweite Verteidigungsschrift für Thomasius erscheint unter dem Pseudonym Gottfried Wahrlieb (Amsterdam, 1720). Verfasser ist Johann Christoph Franck. 1718 tritt in England Francis Hutchinson mit seinem »an historical essay concerning Witchcraft« gegen das Hexentreiben auf.

Thomasius konstatiert: Was *die körperliche Gewalt des Teufels* anbelangt, so komme diese von den Kirchenvätern, die meist dem platonischen und stoischen System zugetan gewesen.

Dies *ist eine alte Geisterphilosophie*[191]. Sie hätten die materialistischen Vorstellungen aus den dämonischen Vorstellungen des Pharizäismus gezogen und in die Bibel hineingetragen. Die Scholastiker haben dies weiter ausgebildet: so sei der Wahn von den Teufelspakten, In- und Sucuben verbreitet worden und habe, begünstigt vom Klerus, am Ende den Schein gehabt, als sei sie direkt aus der biblischen Lehre hervorgegangen. Die Juristen, unter theologischen Einflüssen aufgewachsen, hätten die Zaubervorstellungen ihrer Zeit auch im justi-

nianischen Recht, wenngleich dasselbe vom Zauberbündnis nichts weiß, wiederzufinden geglaubt; die Wiederherstellung des Scholastizismus unter den Protestanten, das Beispiel des Kurfürsten von Sachsen, der eine geschärfte Bestimmung in seinen Strafkodex aufgenommen hat, hätten dieses Übel unter den Protestanten verbreitet.

Kann man Geschichte konzentrierter zusammenfassen? Er trifft den Nagel auf den Kopf. Diese Schrift ist zugleich der Todesstoß gegen den »alten Hexenwahn«. Es kann nicht ausbleiben, daß sich ein Sturm der Entrüstung gegen ihn erhebt. In rascher Folge entstehen, teilweise bissige, Streitschriften. *Letztendlich bleibt unbestritten, daß die Wahrheit auf der Seite von Thomasius steht.* Es darf nicht vergessen werden, daß eine weitere Publikation von ihm grundsätzliche Bedeutung erlangt.

Dissertatio de Tortura

Bereits in seiner Arbeit über das »Laster der Zauberei« sagt Thomasius: » . . . wer aber sollte glauben, daß ein Scharfrichter ein ordentliches Bekenntnis zur Bekehrung sei?« So führt er einen parallelen Schlag gegen die mißbräuchliche Anwendung der Folter. Es wird nicht einfach hingenommen. Im Lager der Juristen und Theologen erhebt sich eine Welle der Empörung, » . . . doch Thomasius focht mit rücksichtsloser Schärfe und (mit) einer höhnischen Verachtung gegen die geistige Rückständigkeit und Blindheit, Unvernunft und den verschimmelten Autoritätsglaube«.

Er legt mutig die Hand in die offene Wunde und sagt: » . . . denn kaum lassen sich die Martern, die bei der Folter dem menschlichen Körper angetan werden, mit Todesängsten vergleichen. Oh, allzu gottlose Schlechtigkeit beim Strafen, gibt es etwas Ungerechteres? . . . *unerschrocken spreche ich aus, daß die Folter ungerecht, unbillig, trügerisch, durch Förderung der Übel gekennzeichnet* und schließlich jeden Anscheines eines göttlichen Zeugnisses entblößt und *daher aus den christlichen Gerichten zu verbannen ist . . . die Folter ist das unchristlichste Mittel, um die Wahrheit zu erpressen«.

«Ihr Zweck ist, eine zweifelhafte Sache zu bestätigen. Nicht umsonst hat Gott, der dreimal Größte und Beste, wie man glauben muß, gesagt, daß sich die Wahrheit nicht auf den Mund des Einzelnen, sondern zumindest auf den zweien und mehreren begründe . . . [192] . . . in der heiligen Schrift ist die Folter nicht erwähnt«[193].

Das erste Argument gegen sie ist ihre Ungerechtigkeit. Jede Strafe setzt ein tatsächliches Verbrechen voraus. Solang jemand zur Folter geführt wird, liegt kein unzweifelhaftes Verbrechen vor und es kann deshalb nicht als solches bezeichnet werden.

Daher verstehe ich nicht, mit welcher Billigkeit und Vernunft diese grausame Lehre verteidigt werden muß. » . . . die Folter muß so eingerichtet sein, daß die Gefolterten unverletzt daraus hervorgehen. Außerdem muß ein »corpus delicti« vorhanden sein. Dem Geständnis des Angeklagten allein darf nicht geglaubt werden. Bei der peinlichen Befragung scheint man davon auszugehen, Jemand zu falschen Aussagen zu zwingen. *Oft ist die Unkenntnis des Richters das Unglück des Unschuldigen. Ein Richter, der einen Unschuldigen arglistig foltert und ihn zu Tode quält, muß zum Tod verurteilt werden«.* . . . daher muß ein Richter bei der Ahndung dieses Verbrechens von der Vernunft Gebrauch machen und nicht gleich eilends zur Folter schreiten . . . [194] . . . *die peinliche Frage gibt allen Tyrannen Gelegenheit, gegen Untertanen zu wüten. Bei den Papisten (= wohl pauschal für die Katholiken) ist die Folter das beste Hilfsmittel, um fromme und den Patres verhaßte Männer unter dem Vorwand der Häresie und Zauberei aus dem Staat zu beseitigen«*[195].

Wie steht die römisch-katholische Kirche mitsamt ihren Ablegern vor dem Urteil eines Gerechten da? Haben nicht schon die Päpste im 13. Jh. die Anwendung der Folter gutgeheißen?

» . . . ich möchte die in Vorurteilen befangenen Richter ermahnen, die Worte Brunnemanns[196] zu lesen, denn auch ich vermute, daß wegen des gedachten Verbrechens auf Zauberei und Hexerei viele Unschuldige verbrannt werden. Der Henker kann den Richtern bei der Folter etwas vormachen[197].

Schon Justus Oldekopp bringt in seinen kriminalistischen Betrachtungen 42 Beispiele von ungerechten Folterungen und sagt: . . . selbst die hl. Schrift verflucht und verabscheut ein derart blutiges Verfahren: unschuldig geflossenes Blut schreit vor Gott nach Rache«[198].

Polemik gegen Thomasius

Von den Schriften gegen Thomasius ist vor allem der Traktat: » . . . der verworfene Hexen- und Zauberadvokat« des Petrus Goldschmidt aus Sterup von Interesse[199]. Er bezeichnet Thomasius Vorgehen als »superkluge Phantasiegrillen« und meint, daß er sich einem törichten Vorhaben gewidmet habe. Schon einige Jahre vorher hat Goldschmidt einen zweifelhaften Ruf als Schriftsteller erhoben, denn er verfaßt den » . . . höllischen Morpheus, welcher kund wird, durch die geschehenen Erscheinungen der Gespenster und Poltergeister aus dem Jahre 1698«. Hier wettert er gegen die Ansichten des niederländischen Theologen Balthasar Bekker und dessen »bezauberte Welt«.

Jacob Brunnemann steht bei Thomasius und veröffentlicht 1706 unter einem Pseudonym den »Diskurs von den betrüglichen Kennzeichen der Zauberei«. Der Rostocker Professor der Theologie und gleichzeitige Pfarrer Weidner widerlegt 1722 Brunnemann mit einer umfänglichen Ausarbeitung. Er vertritt die Auffassung, daß der Teufel die Hexen durch die Luft führen und sich fleischlich mit ihnen vermischen kann. Erst 1727 weist Brunnemann die gegen ihn erhobenen Vorwürfe zurück.

1711 verwirft Petrus Tornovius die Luftfahrten und Zusammenkünfte der Hexen auf dem Blocksberg, die Buhlschaften mit dem Teufel und das Wettermachen. Ihm steht Nikolaus Putter entgegen, der 1698 mit der Schrift: » . . . seiner Bekänntnuß zu halten, daß sie aus schantlichem Beischlaft mit dem Teufel Kinder gezeuget« aufwartet. Er gibt sich rückständig. Interessant ist die Schrift, weil sich hinter dem Pseudonym Putter Johann Klein versteckt hat. Er ist Professor des Rechts an der Universität von Rostock und gleichzeitig Präsident des Mecklenburger Landgerichts. Er gibt seine Hexendissertation 1706 in erweiterter Form heraus. Klein sucht nachzuweisen, daß der Teufel tatsächlich eine fleischliche Verbindung zustande bringen kann. Er plädiert für das Verbrennen der Hexen. Johann Weidner läßt es sich als Dekan der theologischen Fakultät nicht nehmen, noch 1722 das rühmliche Verhalten Kleins vorzukehren. J. H. Pott, Dr. der Philosophie und beider Rechte, Advokat aus Jena, verfaßte 1687 die Schrift »von Hexen schändlichem Beischlaf mit dem bösen Feind«.

Elias Camerarius sagt in der Vorrede seines Buches: . . . ein vornehmer Freund habe ihn aufgefordert, um Herrn Thomasius »amice« zu weisen. Als er nämlich die lateinische Fassung der Disputation »de criminae magicae« zu Gesicht bekam, fürchtete er, sie würde Thomasius zum Nachteil gereichen, weil ihm die Gelehrten das bald übel nehmen und weil sich die Ungelehrten aus Unverstand darüber äußern würden.

Im Grund genommen muß Camararius zu den literarischen Gegnern von Thomasius gezählt werden, denn er argumentiert rückständig: » . . . es ist möglich, daß der Teufel als geschwinder Geist den Samen des Menschen abstehlen oder den ausgegossenen colligieren (kann) . . . um sich dessen zur Generation zu bedienen«. Er betrachtet Thomasius als Versucher Christi.

Johann Gottlieb Heiniccius, Professor der Rechte aus Halle (gest. 1741) vertritt die Auffassung: » . . . Zauberer, die durch Gemurmel und Zauberformeln Schaden angerichtet haben, werden mit dem Schwert hingerichtet . . . aber die, die ausdrücklich ein Bündnis mit dem Teufel eingegangen sind, werden lebend verbrannt. Der Richter muß, wenn in irgendeiner, so gewiß in dieser von vielen Irrtümern verflochtenen Sache nicht so leichtfertig sein«[200].

Sein Kollege, Fr. Mantzel, ist der Verfasser der Schrift: » . . . ob wohl noch Hexenprozesse entstehen können« (Rostock 1738). Darin führt er aus: » . . . die Hexen, die Gott verleugnen und mit dem Teufel einen Bund schließen, sollen nach dem göttlichen Ausspruch mit dem Tod bestraft werden«. Hier schließt sich die verhängnisvolle Lücke zwischen Jurisprudenz und Theologie(!).

Aufhebung der Folter

Der Italiener Cesare Bonesano aus Beccaria verfaßt 1764 ein Gesetzbuch der Menschlichkeit[201] und sagt darin: » . . . die Folter ist eine bei den meisten Nationen geheiligte Grausamkeit, um einen Angeklagten zum Geständnis eines Verbrechens zu zwingen. Sie ist willkürlich . . . es ist ein sicheres Mittel, um kräftige Schuldige freizusprechen und schwache Unschuldige zu verurteilen. Die Folter ist ein aus der alten und wilden Gesetzgebung übernommenes Denkmal, als Gottesurteile,

die Proben mit dem Feuer und mit dem kochenden Wasser, als das Ungefähr der Waffen galten«.

Die Folter begleitet die Menschen durch ihre kulturelle Entwicklung. Im Gegensatz zu den Tieren tötet der Mensch aus Lust, Aggression und Verzweiflung; auch, wenn er sich hinter Anweisungen von Obrigkeiten und Befehlen verstecken kann. Die Toleranz ist ein uns wesensfremder Zug.

Das Foltern einer sozialen Randgruppe, beispielsweise der Hexen und Zauberer, erreicht im deutschsprachigen Raum während des 16. und 17. Jh. grausame Höhepunkte. *Es fällt schwer, die Frage zu beantworten, welches christliche Übel das Schlimmere ist 1) die pünktliche Abwendung der Folter gutgeheißen zu haben oder 2) den Teufelswahn in die Hirne der Leichtgläubigen gehämmert zu haben,* dessen Saat noch wuchert.

Mit dem Zurückdrängen der Folter im 18. Jh. hören (auch) die systematisch angelegten Verfolgungen der Zauberer und Hexen – nicht die der Andersgläubigen – auf. Damit zeigt sich der Aberwitz: *alle Teufelsbuhlschaften* sind *Phantasieprodukte.* Darum gehen die Gemordeten (auch) auf das Konto der christlichen Kirchen, die die Weltlichkeit dazu auserkoren hat, ihrem Hokuspokus zu gehorchen. Es nützt wenig, die Blutschuld mit der Anmerkung abzuwälzen: » . . . man habe ja die Ruten und Folterwerkzeuge mit Weihwasser besprengt, oder man habe den Opfern im Kerker den Beistand von Geistlichen ermöglicht«. *Tatsache ist, daß die christlichen Kirchen das Teufelsdogma einbringen und sorgsam hegen. Tatsache ist, daß nahezu alle Folterknechte einen christlichen Glauben hatten und von Geistlichen nicht von ihrem Unwesen abgehalten worden sind.*

Was ist der Unterschied zwischen Thomasius und anderen Gegnern des Wütens gegen angebliche Hexen, das unrechte Foltern und stete Denunzieren? Thomasius gehört zu den Wenigen, die ihrem Leben einen wirklichen Sinn geben, sich aktiv für ein Ziel einsetzen und sich danach ausrichten: Thomasius lebt nicht in den Tag hinein. Und: er lebt in einem veränderten geistigen Klima!

Das Rad unserer Geschichte hat sich ein Stückchen weiter gedreht und dabei unendlich viel erreicht: Am Horizont zeigen sich die Vorboten der Aufklärung. Allmählich erwachen Einzelne aus der Lethargie und dem stumpfen

Bürgersinn, machen sich Gedanken über Staat *und* Religion: sie sprechen es offen aus. Letztendlich führt es zu einer Bereinigung der falsch verstandenen Religion, denn Glaube und Verstand sind (und bleiben) unvereinbar.

Hier steht Thomasius. Seine Zeit ist reif für *diese* Entscheidung, wie die des damals seit 250 Jahren toten Luthers reif gewesen ist. Beide schieben den klerikalen Machtgelüsten einen Riegel vor. Letztendlich hat die Organisation Kirche durch das Denken von Einzelkämpfern an Macht und Einfluß verloren.

Im 18. Jh. werden in rascher Folge und in verschiedenen Ländern die Folterungen eingeschränkt. Damit wird das Wüten gegen die Hexen allmählich zu Grabe getragen. Thomasius hat die Fackel der menschlichen Vernunft aufgegriffen und ein Stückchen vorangetragen. So verkündet 1758 Samuel Friedrich Bühmer, der Direktor der Universität Frankfurt an der Oder: » . . . das Licht der Vernunft habe gesiegt, nun sei der Hexenglaube der Verachtung preisgegeben«.

Die schwedische Königin befiehlt schon durch ein Rescript vom 16. Februar 1649 von Stockholm aus: » . . . daß alle fernere Inquisition und Prozeß im Hexenwesen aufzuhören habe«. Dies bezieht sich auf die im 30-jährigen Krieg erworbenen Länder. Der Soldatenkönig Friedrich beauftragt seinen Minister Plotho, ein Mandat auszuarbeiten. Es erscheint am 13. Dezember 1714 und sagt: » . . . daß unter dem im Kriminalprozeß wahrnehmbaren, der gefährlichste in den Hexenprozessen hervortrete, indem man hier nicht immer mit der nötigen Vorsicht verfahre, manchen Unschuldigen auf die Folter spanne und dadurch Blutschuld auf das Land geladen habe . . . man wolle die Prozesse in Hexensachen verbessern und bis es soweit sei, wolle der König alle diesbezüglichen Akten einsehen«.

Die beiden letzten bekanntgewordenen Hexenbrände in Preußen finden 1721 und 1728 statt. Am 3. Juni 1740 verbietet Friedrich II. durch eine Kabinettsorder – unmittelbar nach seinem Regierungsantritt – die Anwendung der Folter, soweit es sich nicht um Majestätsverbrechen, Landesverrat und Mord handelt.

In Baden wird die Tortur 1767, in Sachsen 1770 und in Österreich 1776 abgeschafft. Unter bayerischer Flagge wird noch 1775 Anna Maria Schwägelin als Hexe hingerichtet. Am 5. Oktober 1772 wird in Bayern verordnet, die Tortur künftig den Abdeckern zu übertragen: am 16. Oktober 1779 wird die Abschaffung der bei einigen Pflegegerichten (noch) anhängigen Folterinstrumente erwogen.

Bei geistlichen Gerichten, wie in jesuitischen und bischöflichen Palais, werden noch zu Beginn des 19. Jh. funktionsfähige Folterkammern aufgedeckt, mit denen man Andersdenkende »gefügig« machen will, bzw. sie aus der Öffentlichkeit zieht. Die gütige Mutter Kirche steht beiseite und lenkt mit frommen Gebeten von ihrem Regiment ab.

Haben wir Scharlatane vor uns, denen es am historischen Bewußtsein mangelt? . . . denen Glauben lieber als Denken und Begreifen ist: sie haben ein bigottes Selbstverständnis. Sie beten ein Wesen an, das ihre Urahnen geschaffen haben und zwingen andere, dies ebenfalls zu tun. Es ist ein Zug der Intoleranz, der das Christentum durchzieht. Im Grunde genommen haben wir Knechte der eigenen Geschichte vor uns. Sie haben die widersprüchliche Bibel entweder nicht richtig gelesen oder sie falsch verstanden. Wie muß sich die Kirche schämen, in viele Glaubenskriege verwickelt zu sein und den Moloch »Folter« über Jahrhunderte sanktioniert zu haben!

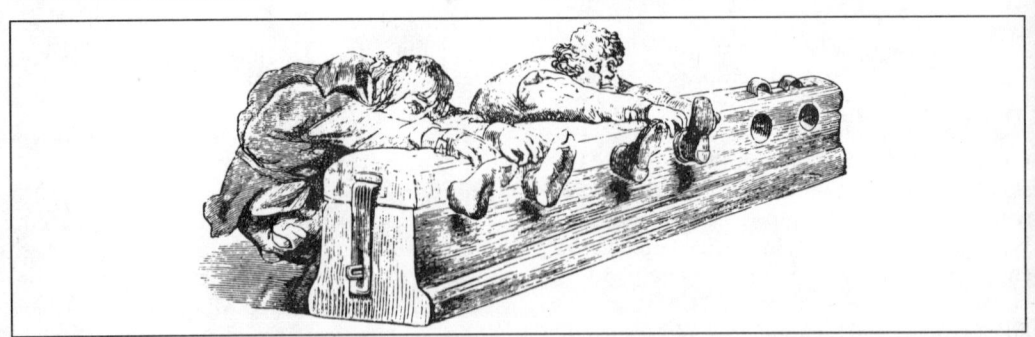

Der Henker,
professionelle Grausamkeit

Wenn nachweisbar ist, mit welch grausamen Gedanken, eingebunden in theologische Spekulationen und juristische Winkelzüge, Schuldige und Unschuldige aus dem Leben geschafft worden sind, muß es Menschen geben, die bereit sind, dieses Handwerk zu übernehmen. Es ist denkbar, daß die tabuierte Stellung des Henkers auf altrömischen Anschauungen ruht; schon hier nimmt er einen besonderen Status ein. Der Scharfrichter (= carnifex) gilt als unehrlich, seine Nähe bedeutet ein schlechtes Omen. In Rom darf er nicht innerhalb der Stadt wohnen; gleich den Selbstmördern versagt man ihm das Grabrecht.

Der Strafvollstrecker vergangener Zeiten nimmt eine eigenartige Position ein: das gesellschaftliche Beiseitestehen, das Grauen vor seiner Blutarbeit, der Ekel vor ihm, der Respekt vor seinem handwerklichen Können und die ihm zugeschriebenen »geheimen« Künste, wie das Bewußtsein, daß er als Diener der Gerechtigkeit den Rechtsgang beendet, wirken zusammen. Vermutlich sind es in letzter Konsequenz Tabuvorstellungen aus antiken Bereichen. Die Strafrechtsverhältnisse der altheidnischen Zeit haben teilweise sakralen Charakter. So gilt die öffentliche Todesstrafe als Sühneopfer für eine beleidigte Gottheit, was von Menschen entschieden wird: ihr Vollzug ist von bestimmten Riten begleitet.

Folter und Todesurteil werden nach dem damaligen Recht von einem Nachrichter wahrgenommen. Im Augsburger Stadtbuch von 1276 findet sich der ausdrückliche Hinweis auf die »Unehrlichkeit« des Henkers, dessen Begriff damals eine etwas andere Bedeutung hat. Früh wird das Amt des Abdeckers vom Scharfrichter übernommen. Seit dem frühen 14. Jahrh. zeigen sich in verschiedenen deutschen Territorien Ansätze eines »öffentlichen« Nachrichterstandes. Die Entscheidung über Leben und Tod wird oft dem jüngsten Schöffe übertragen, um seine Verantwortung zu stählen.

Manchmal werden Straffällige zum Henkeramt begnadigt. Doch die Nachrichter und auch ihre Schergen sind vom Wahn der Zeit angefressen: besonders trifft dies ihr Verhältnis zu denen als Hexen Deklarierten. Oft entwickeln solche Bestien eine überzogene Berufsehre. So sieht es ein Henker als Schande an: » . . . wenn er den Angeklagten ohne Geständnis gehen lassen muß . . . als ob er seine Kunst und sein Handwerk nicht recht verstehen würde . . . als daß er einer so schwachen wie armseligen Weibsperson nicht einmal das Maul habe öffnen können«. Es haben sich einige Scharfrichterzeugnisse erhalten[202], die seine Tätigkeit lobend erwähnen.

Die Position des Henkers wird verständlich, wenn man seine Aufgaben in die des Strafvollzugs integriert: ähnlich ist es bei dem jesuitischen Engagement. Dem juristischen Denken liegt die Theorie der Abschreckung zugrunde. Sie will Furcht einjagen und zwingt zum unbedingten Gehorsam der Gesetze.

Allgemeine Strafen und Richtstätten

» . . . man erstaunt beim Blättern in alten Chroniken über die Menge der Gewalttaten, Greuel, Diebstähle, Betrügereien und Mordtaten . . . aber auch über die unmenschliche Härte, mit der man gegen Delinquenten vorgegangen ist[203].

Eine wesentliche Komponente spielt der Aberglaube. Den als Müttern verurteilten Hexen werden Säuglinge auf den Scheiterhaufen geworfen. Die Einschränkung, schwangere Frauen nicht zu foltern, umgeht man durch juristische Spitzfindigkeiten. Menschen werden lebend vergraben und neben Tiere an Galgen geknüpft. Im kurialen Bereich werden Nonnen lebend eingemauert. Menschen werden in Fässer geschlagen und in fließende Gewässer geworfen.

An Strafen fallen an: Erschießen, Enthaupten, Erdrosseln, Pfählen, Kreuzigen, Verbrennen, Rädern – von oben nach unten/oder andersherum – Zerreißen mit Pferden, Vierteilen und Riemen schneiden. Dazu gesellen sich: Auspeitschen, Stock(prügel), Spießruten(laufen), Aufschlitzen der Nase, Abschneiden der Ohren, Blenden, Abschlagen der Hände, Ausreißen der Zunge, Zwicken mit glühend gemachten Zangen, Schleifen zur Richtstätte, an Haken hängen usw. Hinzu kommen besondere Strafen für Wild- und Mühlendiebe sowie für Kindermörder(innen). Zu allem gesellt sich die Folter in verschiedenen Ausprägungen. Dazu kommen Kirchen- und Ehrenstrafen.

Der Pranger bleibt weitgehend den Ehrenstrafen vorbehalten. Es gibt verschiedene Formen. Zunächst der eigentliche Pranger zum (öffentlichen) Ausstellen des Rechtsbrechers, bzw. zu dessen Schmähung und Züchtigung. Dazu zählen die Halseisen, die an Rathäusern, Schenken, Bäumen, Friedhofseingängen und Kirchenmauern angebracht sind. Es sind oft Plätze der allgemeinen Kommunikation, um die Schande des »Angeprangerten« zu erhöhen.

Sie stellen sicher, daß er dem »allgemeinen« Spott preisgegeben ist. Noch heute gibt es stumme Zeugen dieser Vergangenheit. Sonderformen sind die Käfigpranger und »Narrenhäusle«. Hier handelt es sich um vergitterte Gelasse und/oder »Betzekämmerchen«. Unter der Rathaustreppe von Ochsenfurt im Fränkischen kann man noch heute ein solches sehen.

Oft tragen die Räume, Wind und Wetter ausgesetzt, Spottfiguren und bissige Inschriften. Sie dienen (auch) der Verherrlichung der Rechtssprechung. Die Betreuung der Gefangenen dürfte eher miserabel denn menschenwürdig gewesen sein. Viele von Ihnen sind – einmal durch das »Angstloch« gelangt – elend verschmachtet.

Eine weitere Gruppe bilden die Schandsäulen-, bühnen- und stühle. Der Kirchenpranger dient zur Sühne bei Verstößen gegen die Kirchenzucht. Über Jahrhunderte spricht man vor den Kirchentüren Recht, weil man davon ausgeht, eine humane und ebenso gerechte Institution vor sich zu haben: beispielsweise im Umfeld der christlichen Inquisition.

Eine Variante sind die sog. Mühlenpranger. Sie kommen bei Personen in Anwendung, die Mahlgut entwendet und/oder Mühlen beschädigt haben.

Dazu werden sie in das Innere geführt und mit den Haaren unter einen Querbalken geklemmt, so daß sie mit den Fußspitzen gerade noch stehen können. Nach der Leidenszeit dürfen(!) sie sich mit einer stumpfen Sichel die Haare abschneiden und sich aus der mißlichen Lage befreien[204].

Schand- und Lastersteine müssen unter dem Hohn der gaffenden Masse und dem gebieterischen Führen eines Henkers ein Stück weit getragen werden. Daneben gibt es Schandmäntel und -hüte. Eine besondere Straftat ist das Stellen in die Fiedel oder »Halsgeige«, bzw. das Spannen in einen Bock.

Hinzu kommen vielfältige Gefängnis- und Kerkerstrafen. Oft werden weibliche Insassen mißhandelt und vergewaltigt. Die Ernährung ist schlecht, die Haftbedingungen sind oft menschenunwürdig.

Der Triller ist ein drehbares Gehäuse, in dem der Angeschnallte herumgewirbelt wird. Solche Maschinen werden noch im 19. Jh. innerhalb der Irrenpflege eingesetzt. Bäckerwippen dienen dazu, den Übeltäter in einem hochgezogenen Korb ins Wasser zu tauchen. Vermutlich kommt das gleiche Strafmaß bei Obstdieben zur Anwendung. Parallel dazu ist das Schwemmen der Hexen zu sehen. Es ist keine Strafe, sondern eine Hexenprobe, ein Mittel zur Identifikation. Außerdem gibt es Hungerstrafen. 1405 wurden drei Geistliche so lang in einem Käfig oben am Stadtturm gefangen, bis sie verhungert waren!

Verschiedentlich werden mit der Diehle, Planke oder Köpfmaschine Todesurteile vollzogen, als es noch nicht üblich ist, allgemein Richtschwerter einzusetzen. Das Stadtbuch von Saalfeldt (a.d.S.) erwähnt in den Statuten des 13. Jh.: » . . . man soll yme den Hals abestoze mit einer winbrechen Diehle«[205]. In der Fachsprache der Henker wird die Diehle auch »Köpfmaschine« genannt. Darum nennt man den Henker ab und zu »Diehler«.

Was die Erfindung der Guillotine anbelangt, unterliegt es keinem Zweifel, daß ein ähnliches Verfahren schon im 13. und 14. Jh. im deutschsprachigen Raum angewendet wird. Sie ist im besten Fall eine Nacherfindung der mit deutscher Gründlichkeit ersonnen »Köpfmaschine«. Im benachbarten Böhmen stößt man dem Edelmann Staiber 1248 den Kopf mit einer Diehle ab. Zur Zeit des 30-jährigen Krieges soll sich eine Diehle in den Kasematten der Dresdner und Prager Festungswerke befunden haben[206]. Die Scharfrichtersprache des 16. Jh. nennt das Enthaupten »dillen«.

Der Henker oder Nachrichter rühmt sich vieler ehrenhafter und unehrenhafter Bezeichnungen[207]. Bezogen auf die Hexerei nennt man ihn »Drudenhenker«. Bei der Folter übt er übergeordnete Funktionen aus: er hat das Weisungsrecht an die Gesellen (= Henkersknechte)« . . . sie sind es, denen, so in der Folter hängen, keine Ruhe lassen, sie unaufhörlich mahnen, bedrohen, mit schrecklichen

Gebärden zu einem Geständnis treiben und die Folter so hart anspannen, daß es unmöglich ist, die damit verbundenen Qualen zu ertragen«.

Der Henker Hartmann von Miltenberg

1545 meldet der Kerkermeister von Genf seinem Rat, »... daß alle Gefängnisse überfüllt seien ... daß man fernerhin Verhaftete nicht mehr unterzubringen weiß«. Hier werden vom 17. Februar bis zum 15. Mai 31 Personen per Schwert, Scheiterhaufen oder Galgen aus dem Leben geschafft[208]. Der Henker merkt an, daß es die Arbeitskraft eines Mannes übersteigt. Unter den Gemordeten findet sich die Mutter eines Scharfrichters. Ähnlich ist die Situation in Esslingen. Hier richtet man das leerstehende Augustinerkloster in Haftzellen um und nimmt außer der Reihe 20 Turmhüter in Beschlag.

Soldan dramatisiert, wenn er das Moment der Habgier in den Vordergrund rückt. Nach seiner Version wird das Nachrichten ein einträgliches Gewerbe. Lediglich in größeren Städten wird es stationär gehandhabt. Der Regelfall ist der im Land herumziehende Henker. Der Hexenriecher Bobling erhält von der Gerichtsherrschaft Kost und eine besondere Wohnung für sich und seine Diener. Außerdem täglich einen Reichstaler für Reisen und übliche Zehrgelder. In einzelnen Fällen klagt man über den Aufwand der Henker. Ihre Frauen wetteifern (des öfteren) in der Kleiderpracht mit den vornehmsten Damen der Stadt und merken nicht, wie lächerlich sie sich machen. Mancher Henker reitet in Gold und Silber gekleidet einher; beispielsweise der von Trier. Meister Jörg Abriel, der Schongauer Scharfrichter, reist »wie ein großer Herr« mit seiner Frau und zwei Geleitpferden durch das Land[209]. Es ist stets das gleiche: bestallte Menschen vermögen selten zu erkennen, was sie tun. Humane Regungen sind ihnen fremd, denn sie leben in einer geistigen Abhängigkeit: sie brüsten sich damit, sich zu einem Mörder abgestempelt zu wissen und tragen den Makel prunkvoll zur Schau.

1494 steht der Henker Hartmann von Miltenberg im Dienst des Grafen von Virneburg und des Trierer Erzbischofs. Er wird vom Frankfurter Gericht gescholten, seinen Kollegen, den Meister Wendel (Worms) einen Mör-

der genannt zu haben. Es kommt zu einem Verhör und dabei ergibt sich eine intime Schilderung seiner Tätigkeit. Dieses Dokument ist wichtig, denn es entsteht unmittelbar nach der Abfassung des Hexenhammers und inmitten einer religiös aufgewühlten Zeit.

Frei übersetzt trägt der Henker vor: »... wenn man eine Zauberin ergriffen hat, soll man sie im Namen des Vaters, des Sohnes und des hl. Geistes an Kopf und Füßen halten. Dann soll man sie von der Erde auf einen Karren heben, ihr die Augen verbinden und ihren Mund stopfen. Dann soll man sie in ein Gefängnis bringen. Nun soll man ihre Augen (wieder) öffnen und ihr den Klotz aus dem Mund nehmen. Sodann soll man ihr alle Haare abscheren, es sei an der Scham, an den Ohren und an den Brauen. Dann soll man ihr die Kleider und die Haube abnehmen. Dann soll man ihr alle Nägel an den Füßen und Händen bis auf das Fleisch abschneiden. Dann soll man ihr ein getauftes Hemd anziehen[210] ... dann soll sie einer während des Aufziehens verhören. Man soll sie mild befragen. Man soll ihr kein Wasser zum Trinken geben, es wäre denn mit Weihwasser oder geweihtem Salz gemischt. Wenn sie eine richtige Zauberin ist, wird sie es nicht nehmen, oder sie ist eine Meisterin«.

»Ihre Speise soll man mit Weihwasser kochen. Wenn man mit solchen Dingen Umgang hat, hält man es gleich wie bei den anderen Frauen: sie bekennen aber bald. Den meisten schwillt der Hals, wenn sie etwas sagen wollen. Wenn sie das Kreuz von den Wegen nehmen und es zu Pulver verbrennen ... und der unschuldigen Kindlein Knochen auch zu Pulvermehl am Gründonnerstag. Daraus machen sie einen dicken Teig und lassen eine Messe darüber lesen. Damit bezaubern sie die Menschen ... außerdem machen sie eine Salbe, auf der sie fahren. Wenn ein Mensch oder ein Kind ungesegnet mit dem hl. Kreuz niederliegt oder (wenn) ein Vieh in des Teufels Namen eingeht, so möchte sie ihre Zauberei treiben, und ist allweg die erste, die solches Leid klagt. Er habe von etlichen Weibern gehört (daß), wenn sie ihre Krankheit haben (= Menstruation) und diese ihren Männern zum Essen geben, so müssen diese daran sterben«.

»... der junge Hans von Moel, wohnhaft in Dürkheim, ist Experte in diesen Künsten. Meister Wendel, der Henker von Worms und

Hans Nustens Sohn haben ihn bei Hochheim angegangen, und wo (besser = wenn) der Sand(?) nicht gekommen wäre, so hätten sie ihn vielleicht verletzt, darum habe er ihn allhier einen Mörder gescholten. Damals habe er dies dem Bürgermeister geklagt, denn er sei um des Rates willen zu Diensten gekommen«.

Weil sich Raben nie gegenseitig die Augen auskratzen, wird der Henker von Miltenberg zu einer milden Strafe verurteilt[211].

1637 wird ein Hexenprozeß gegen Eva, die Frau des Scharfrichters von Berleburg, inszeniert. Sie gibt vor, von ihrem Mann das Kristallsehen erlernt zu haben. Daraufhin beantragt der Fiskal die Todesstrafe. Der Verteidiger stellt die Beschuldigungen als Gewäsch hin und verhindert (so) die Anwendung der Folter. Sie wird lediglich an den Pranger gestellt.

Das Geschäft mit den Toten

Jede Arbeit hat ihren Preis. Auch das Umbringen von Menschen »von Amts wegen«. Die mit den peinlichen Verfahren verbundenen Kosten sind erheblich. Üblicherweise werden die Prozeßkosten aus dem eingezogenen Vermögen der Hingerichteten bestritten. Überschüsse werden an die weltliche *und* geistliche Gerichtsbarkeit weitergeleitet. Das Einäschern von 11 Hexen bringt nach der Originalrechnung des Rates von Zuckmantel am 22. Oktober 1639 425 Reichstaler ein.

Vergleiche dazu die beigefügte Tabelle. Das Berliner Stadtbuch aus der Zeit von 1399 bis 1448 bringt Details über die Einnahmen der Henker. Das Tagebuch des Reutlinger Scharfrichters sagt zum 27. August 1564: ». . . daß er zwei köpfte und am 25. August drei gerichtet habe; seyn also vier burger in dry tägen«. Aus dem Ordrebuch des Ansbacher Richters, in das von 1575 bis 1603 die Aufträge an den Scharfrichter eingetragen werden, ergibt sich folgendes Bild: im Durchschnitt jährlich 16 Hinrichtungen und 50 Folterungen; bezogen auf eine Einwohnerzahl von ca. 100 000. Es macht deutlich, daß das Henken und Foltern ein so einträgliches Geschäft *nicht* gewesen sein kann, und daß alle seitherigen Schätzungen über die Zahl der Hexenopfer (z.T. maßlos) übertrieben sind.

Nach der Weimar'schen Taxordnung von 1582 erhält der Scharfrichter für die Vornahme der Tortur 12 Groschen Tag- und Nachtzehrung für sich und seinen Knecht.

Am 22. Juni 1595 werden in Appenweier drei Frauen lebend verbrannt. Die Kosten setzen sich wie folgt zusammmen: Gefangennehmen, Verzehr, ins Schloß Ortenberg bringen, Zehrung für den Nachrichter, Morgensuppe, Imbiß des Gerichts, der Priester und des Fürsprechers mit dem Nachttrunk, wie die Unterhaltungskosten der Malefikanten und der Wächter. Dazu kommt das Turmgeld. Insgesamt kommen 93 fl. zusammen.

Bei der Liquidation eines Hexenprozesses von 1617 ist ausgeführt: ». . . für 14 x leer aufziehen, 2 x mit dem Stiefel, 4 x mit Ruten gestrichen, 4 x auf die Rollbank (= gespickter Hase), 2 x mit Schwefel, Pech und Branntwein gebrannt, thut 26 Fragen, auf jede Frage 20 kr. thut 8 fl. 40 kr. Ferner für Schwefel und Pech auf den Schmerz tropfen lassen, gibt wieder 2 Fragen«. Für die Mahlzeiten des Henkers und seiner Knechte werden 20 fl. in Ansatz gebracht. Der Scharfrichter von Dieburg verrechnet für die Jahre 1628 und 1629 253 Gulden und 13 1/2 Batzen. Der Scharfrichter von Coesfeld reicht am Ende des Jahres 1631 eine Rechnung von 169 Talern für neun Hinrichtungen und 27 Folterungen ein, die er in der 2. Jahreshälfte auf Befehl des geistlichen Rates an Hexen und Hexenmeistern vollzogen hat.

Nach dem Beschluß des Rates bekommt er am 20.9.1644 drei Tonnen Ehrenwein. Der Untersuchungsrichter erhält vom Spital für jedes Verhör eine Kanne Wein und einen Laib Brot. Knechte, Burgwächter, Weinzieher und Kornmeister werden ebenfalls aus solchen Beträgen finanziert.

Aus dem Raum Offenburg haben sich einige Unterlagen erhalten. Hier bekommen die Wächter neben der Kost in der Woche 7 Maß Wein. Der Scharfrichter für das Verbringen einer Hexe von einem Turm zum anderen 10 Maß. Jeder Träger hat dabei 2 Maß. Nach jedem Verhör halten die Richter einen Schmauß auf der Pfalz, wobei der trockene Tisch für die Herren am 3. September 1629 mit 4 Maß und für die Boten mit 2 Maß gerechnet wird. Das Bett der Hexe wird mit den dazugehörigen Federn am 22. August ». . . nach allgemeinem Gebrauch« dem Scharfrichter und Foltermeister zugesprochen. Wächter schleppen die Kleider der Betroffenen weg. Wo ist die Menschlichkeit geblieben?

Die Scharfrichterordnung von Bessungen-Darmstadt besagt:

Einen Malefikanten in Öl gießen, thut dessen Lohn	24 kr.	
Einen Lebenden zu vierteilen	15 kr.	30 Hlr.
Eine Person mit dem Schwert vom Leben zum Tod richten	10 kr.	
. . . sodann den Körper auf das Rad zu legen	5 kr.	
. . . desgleichen den Kopf auf Spitzen stecken	5 kr.	
Einen Mensch in vier Theile reißen	18 kr.	
Einen Mensch zu henken	10 kr.	
Einen Körper zu vergraben	1 kr.	
Einen Mensch lebend zu spießen	12 kr.	
Eine Hexe lebend zu verbrennen	14 kr.	
Bei der Tortur, so berufen wird	2 kr.	30 Hlr.
Einem die spanischen Stiefel anlegen	2 kr.	30 Hlr.
Einen Delinquenten, so in der Folter gezogen wird	5 kr.	
Von einer Person in das Halseisen zu stellen	1 kr.	30 Hlr.
Einen mit Ruten ausstreichen	3 kr.	30 Hlr.
Den Galgen auf den Rücken brennen, auf die Stirn, oder auf die Backen	5 kr.	
Einer Person Ohren und Nase abschneiden	5 kr.	
Eine Person Land und Ort zu verweisen	1 kr.	30 Hlr.

Eine Scharfrichterordnung aus dem 18. Jh. sagt:

Die Leiter an den Galgen zu lehnen	1 fl.	
Stricke und Bänder		30 Kr.
Den Scheiterhaufen aufrichten	1 fl.	
Die Asche des Verbrannten in fließendes Wasser zu werfen	1 fl.	
In den Bock spannen (ohne Rutenstreiche)	1 fl.	
Jeder Streich mit der Spitzrute		8 Kr.
Jeder Knecht Gebühren		30 Kr.
Für Schnüre zum Bockspannen, leer aufziehen und die Gewichte anhängen, die Stricke anziehen und die Beinschrauben anzulegen und an den Pranger zu führen . . . je		30 Kr.
Vor die Kirche mit brennender Kerze zu stellen		12 Kr.
Ausrufen des Friedboten		15 Kr.
Salben zum Einschmieren bei der Tortur		30 Kr.
Einen Hexenbrand zu thun		4 Kr.

Bürgermeister	9 Taler	6 Groschen
Rat	9 Taler	6 Groschen
Vogt	18 Taler	12 Groschen
Gerichtsschöffen	18 Taler	6 Groschen
Stadtschreiber	9 Taler	6 Groschen
Stadtdiener	9 Taler	6 Groschen

Der Rest von 351 Talern wird dem Fürstbischof von Breslau als Landesherr zugesprochen.

Aus dem Jahr 1688 liegt ein Gebührentarif der kurkölnischen Regierung für den hiesigen Scharfrichter vor. Hier werden das Rädern, Pfählen, Verbrennen, Enthaupten, Aufhängen, Vierteilen, Ohrenabschneiden, Handabhauen, Foltern durch alle Grade und die Vornahme der »einfachen« Tortur erwähnt. Das Vierteilen eines Menschen wird nach dieser Taxe mit 8 kölln. Talern beglichen.

Das Berliner Stadtbuch aus der Zeit von 1399 bis 1448 bringt Details über die Einnahmen der Henker und besagt:

Aufs Rad geflochten wegen Mord und Brand	2 Personen
Wegen Kirchenraub	2 Personen
Enthauptet, wegen des Verkaufs von Kindern an Juden	2 Personen
Wegen Kuppelei verbrannt	1 Person
Wegen Zauberei und Giftmischerei	5 Personen
Wegen Spielens mit falschen Würfeln	2 Personen
Gehängt wegen Pferdediebstahls	35 Personen
Wegen Diebstahl lebend begraben	9 Personen
Wegen Unfug gestäupt	4 Personen

Anderen werden die Ohren abgeschnitten, bzw. sie werden aus der Stadt gewiesen.

Die Folter in der praktischen Anwendung

Im Lauf der Zeit haben sich bestimmte Vorstellungen von der wirksamen Durchführung der Folter herausgebildet. *Der zum Quälen veranlagte Mensch hat perfekte Methoden ersonnen, um schwächere zu demütigen.* Hier schieben die Geistlichen eine antike Redewendung vor und sagen: » . . . einmal müsse man sich vor einem höheren Wesen verantworten, darum soll man gerecht und anständig sein«. Wohl keine andere Institution auf unserer Erde hat so oft wie sie in diesem Punkt über die Stränge geschlagen. Und? Wer ist dieses höhere Wesen? Ein gütiger Gott oder ein von Menschen geschaffenes Wesen?

Auf die Unzulänglichkeit der erpreßten Geständnisse wird zu allen Zeiten hingewiesen. Johannes Capistranus, Richter zu Perugia zur Zeit des Königs Ladislaus v. Neapel und einer der angesehenen Männer der Epoche, weist es bereits im 14. Jh. nach. 1501 klagt der Straßburger Domprediger Geiler v. Kaisersberg, » . . . daß die Inhaftierten oft ohne genügende Indizien aufgezogen und gezwungen werden, nicht auszusagen, daß man ungerecht gegen sie vorgegangen ist«. Er stellt die Mängel derartiger Prozesse heraus, wird jedoch vom Zeitgeist übersprungen.

Die Autoren des Hexenhammers klammern bestimmte Personen von der Vornahme der Tortur aus[212]. Vor allem: Geistliche und die, die direkten Kontakt zu den Hexen haben » . . . Christian Thomasius stellt heraus, daß die Anwendung der Folter nicht bei allen Vergehen Platz greifen kann, sondern nur bei solchen, für die die Todesstrafe oder zumindest eine harte Leibesstrafe angedroht ist«.

Vom Johanneswein und geweihten Folterruten

Es ist nachgewiesen, daß in den geistlichen Fürstbistümern Bamberg und Würzburg jede Einschränkung der Folter umgangen wird. Selbst die, schwangere Frauen so lang nicht auf die Folterbank zu spannen, bis sie der Leibesfrucht entledigt sind. Auch nicht gegen Schwermütige, Taube und Stumme, von denen man kein sicheres Geständnis erwarten kann. Willkür macht sich breit und bald umfaßt das

Foltern der angeblichen Hexen alle Teile der Bevölkerung, Bildungs- und Altersstufen. In dem Verzeichnis der von 1627 bis 1629 in Würzburg verbrannten Personen wird deutlich, daß man keine Schonung kennt. Kleine Kinder, Hebammen, Vikare, Domherren, ein blindes Mädchen und die Göbel Babelin, angeblich die schönste Jungfrau, werden zum Opfer des Hexenhasses[213].

Es ist davon auszugehen, daß man in der Gesamtheit mehr Frauen als Männer gefoltert und gerichtet hat. Es liegt (auch) an der längst überholten Vorstellung vom »sündigen« Geschlecht, das Männer proklamiert haben: Daran ist das vom Katholizismus geprägte Weltbild mitverantwortlich. Die dort geprägten Ansichten über die Sexualität – im negativen Sinn – kommen hinzu. Dazu gesellt sich die rechtliche Seite: damalige Frauen sind weitgehend schutz- und rechtlos. Hier ist der geringste Widerstand zu erwarten, denn sie können (dürfen) sich nicht wehren. Es gibt nur wenig Beispiele, die den Heldenmut einiger dokumentieren. Und: es sind wenig Fälle bekannt, in denen man sie erfolgreich verteidigt; noch weniger haben die Tortur mitsamt den verbundenen Folgen überstanden. Werden sie freigesprochen und entlassen, will sie keiner mehr bei sich haben. Sie sind für den Rest ihres Lebens gezeichnet, bleiben krank, verkrüppelt und geächtet. So beginnt die zweite Folter, die seelische Tortur.

Selbst in der Folterkammer macht sich der Einfluß der Religion bemerkbar. In erster Linie bemüht man sich, »zauberische« Dinge abzuwenden, d.h. Dinge, von denen man meint, sie haben eine zauberische Wirkung.

Die Inquirierten werden sowohl nach verborgenen Zaubermitteln, wie nach dem »stigma diabolicum«, dem »Hexenmahl« untersucht. Lange geht man von der Realität einer teuflischen Buhlschaft aus und meint, der Satan habe die Hexen an intimen Körperstellen gekennzeichnet. Bei der Behandlung der Hexenproben komme ich auf diesen Sachverhalt zurück.

Man schneidet ihnen mit brennenden Kerzen (oder brennt ihnen mit Stroh) die Haare vom Leib. Bei der Tortur haben sie ein »Folterhemd« anzuziehen. Die bayerische General- und Spezialinstruktion für den Hexenprozeß aus dem Jahr 1622 verordnet: » . . . so lange zauberische Personen verhaftet sind, sind geistliche Sachen als Weihwasser, Kruzifix, geistliche Bänder, Agnus Dei und dergleichen bereitzuhalten, damit des Teufels Gewalt behindert wird«[214]. Bei den Hexenprozessen, die 1721 und 1722 in Moosburg bzw. Freising stattfinden, wird die Folterkammer mit Weihrauch (aus)geräuchert; die zur Peinigung der Angeklagten bereitgelegten Spitzruten werden geweiht. Bei jedem Examen werden geweihte Lichter gebrannt. Die Delinquenten werden mit »Johanniswein« versorgt, und man gibt ihnen Reliquien ein. Welch krasse Heuchelei verbirgt sich hinter einem solchen Glauben? Die Realität ist (wohl) so: » . . . die Orte, wo die Tortur vorgenommen wird, sollen abgelegen sein, daß keine Leute hinlaufen, damit der Richter die Unzichten des Hexenvolkes geheimhalten kann. Die Gewölbe sollen dick sein, damit der Inquisiten Geschrei und Winseln den Umherwohnenden nicht beschwerlich falle«[215].

Wo ist die Nächstenliebe geblieben? Das Einnehmen von geweihten Flüssigkeiten, die Vornahme der Tränenprobe und das Löffeln einer Hexensuppe gehen an der Problematik vorbei.

Von den Foltergraden

Die Territion zählt nicht zu den Foltergraden, sondern hat den Zweck, das Geständnis herbeizuführen. Darum geht der Folter in der praktischen Anwendung die »territio verbalis« voraus. Hier werden dem Beklagten die Folterinstrumente (nur) gezeigt. Bei der »territio realis« geht man ein Stück weiter. Man legt die Marterinstrumente bereit und deutet dem Delinquent die Anwendung an, » . . . wenn er jetzt nicht gestehe, werde man ernst mit ihm machen«.

Die Entwicklung bringt eine Schematisierung der Prozeßfolge mit sich. Dies trifft auch die »allgemeinen« Durchführungsbestimmungen bei der Anwendung der Tortur. Im Lauf der Zeit ergeben sich 3 – 7 steigernde Grade. Sie werden wahlweise (besser: wahllos) untereinander kombiniert. Im Einzelfall besteht die Möglichkeit der Verschärfung und/oder Milderung. Deutlich wird es u.a. durch die Wucht der Schläge mit dem Hammer auf die Schrauben, » . . . die Schergen scheuen sich keinesfalls, so lang dreinzuschlagen, bis die Knochen splittern oder Blut spritzt«. Hier sehen wir den Spielraum der Peiniger.

Der 1. Grad besteht üblicherweise im Anlegen der Daumenschraube(n) oder der -stöcke. Man unterscheidet einfache und doppelte Schrauben. Die vorderen Glieder werden unter metallische Spitzen geklemmt und so lang zugeschraubt, bis der Delinquent bereit ist, das gewünschte Geständnis abzulegen. Allein die Vorstellung dieses ersten Foltergrades verursacht Grauen. Auf anschaulichen Bildern werden richterliche Instruktionen verdeutlicht.

Der 2. Grad besteht oft im Anlegen der »spanischen« Stiefel (= Beinschrauben). Dadurch werden Waden und Knochen bis zum Splittern gequetscht. Dieser Grad der Folter ist schmerzhafter als die erste Variante und führt zur lebenslangen Krüppelhaftigkeit. Eine Variante davon ist die sog. »gezahnte« Schraube, von der ein Chronist berichtet: » . . . die Empfindlichkeit und die Schmerzen sind am größten, indem man am armen Mensch das Fleisch und die Schienbeine zusammenschraubt, so daß das Blut herausfließt und viele halten dafür, daß eine solche Folter auch der allerstärkste Mensch nicht auszuhalten vermag«.

Der 3. Grad ist das »Schnüren mit den Banden« (= Elevation). Hierbei schnürt der Henker die Arme des Delinquenten eng zusammen. Dann wird er – vor- oder rückwärts – aufgezogen. Beim rückwärtigen Aufziehen hängen sich die Schulterknochen aus, wie es auf zahlreichen Abbildungen erkennbar wird. Eine Verschärfung dieses Grades besteht darin, daß man am Seil rüttelt, es hochzieht und es dann »sausen« läßt. Außerdem werden wahlweise dem Opfer ein oder zwei Steine an die Beine gebunden, bevor er hochgezogen wird.

Der 4. Grad bedeutet, daß man den Inquisit auf eine Leiter legt und seinen Körper so lang auseinanderzieht, bis dessen Gelenke ausgekugelt sind. Man legt den Geschundenen auf

▶

Dr. Adam von Lebenswaldt (geb. 1624 – gest. 1696). Ein steirischer Arzt als Befürworter des Hexenwahns. Als Gelehrter und überzeugter Katholik fühlte er sich dazu berufen, zum Aberglauben und Hexenwahn seiner Zeit Stellung zu nehmen. Von ihm stammt das »Achtes Tractätl von deß Teufels List und Betrug, in Verführung der Menschen zur Zauberey . . . « Salzburg. 1682.

FVLMEN
OBEST NVLLVM
CAPTI QVOD
LAVRVS OB-
VMBRAT

...I ACAD: NAT: CVR: COLLEGA

ADAMVS A LEBENWALDT.

...fibus

Naturam indag...

...NOT: AP: P: INC: DVC: ST: PHIS: & R...

...S: MED: D: COM PAL: & COLL: MR: C&...

Studia Colenfibus.

Effigiem fculptor Liber atq; Scientia Mentem
Monftrat, Papa Virum, Cæfar, et Imperium.
Rumpatur ...

den Boden oder an eine an die Wand gelehnte Leiter, in deren Mitte ein »gespickter« Hase – eine hölzerne Rolle mit Spitzen – ausgebildet ist. Nun zieht man dem Opfer den Hase unter dem bis zum äußersten gespannten Körper durch. Was das Auseinanderziehen des Körpers anbelangt, wird in der Reichskriminalordnung (= Carolina) gesagt: ». . . der hartnäckige Inquisit soll so auseinandergezogen werden, daß man durch seinen Bauch ein Licht scheinen sieht, das hinter ihm gehalten wird«.

Der 5. Grad ist der Feuerfolter vorbehalten. Sechs zu einem Bündel geschnürte Lichter werden angezündet, deren Flamme wird unter die Achselhöhlen oder an andere Körperteile gehalten.

Damit nicht genug: Ruten liegen bereit, an deren Ende sich kleine Bleistücke und/oder Widerhaken befinden. Besonders eifrige Schergen gießen siedendes Öl oder Branntwein auf die geschundenen Knochen oder die offenen Wunden der schreienden Opfer: sie gießen siedendes Pech auf die nackten Körper. Menschlicher Sadismus kennt keine Grenzen. Geistliche, Richter, Advokaten und Henker erregen sich am Zucken und Brüllen der Gequälten. Das gaffende Volk staunt ob dieser »gerechten« Obrigkeit!

Bis dahin reicht in gewisser Weise die Standardfolter. Aber die menschliche Rohheit gibt sich damit nicht zufrieden. Wenngleich die Anwendung der fünf Grade mit nahezu »tödlicher« Sicherheit zu einem Geständnis führt, haben die sonderbaren Menschenkinder mehr Varianten ersonnen . . . sie haben den Mut, sie als besonders erfolgreich zu rühmen.

Besondere Folterinstrumente

Dazu zählt das »Mecklenburger Instrument«, das seinerzeit auch »spanischer Bock« oder »spanischer Sessel« genannt wird. Es handelt sich um ein aufrechtstehendes, oben stark eliptisch und gezacktes Brett, auf dem der ausgekleidete Delinquent rücklings zu sitzen hat. Seine Beine werden wahlweise mit Gewichten beschwert. Dazu kommen der »Jungfernsessel«, der »Jungfernschoß«, und »Zangen«, der »Hexenkasten«, die »Wippe«, »Drehscheibe« und der sog. »Hacker'sche Stuhl«. Dabei handelt es sich um einen hölzernen Armsessel, der an den Sitz- und Auflageflächen mit Stacheln besetzt ist. Ein Grad der Verschärfung wird erreicht, wenn man entwe-

der auf den Schoß des Opfers einen schweren Stein legt oder unter ihm ein Feuer entfacht. Der Hacker'sche Stuhl gilt als Erfindung des Ortenberger Scharfrichters. Vereinzelt wird er aus Eisen hergestellt.

Die »spanischen« Hosenträger bestehen aus zwei eisernen Reifen, von denen der eine um die Brust und der andere um die Mitte des Leibes geschlossen werden. Sie sind durch vertikal laufende Eisenbänder verbunden; daher rührt wohl die Bezeichnung »Hosenträger«. Das Verschließen erfolgt mit Scharnieren und Vorhängeschlössern. Über die Funktion dieses Marterinstrumentes besteht keine Klarheit. Vermutlich handelt es sich um eine Vorrichtung zum Anketten im Kerker oder in Haftzellen, bei der das Opfer weitgehend zur Regungslosigkeit verdammt ist.

In Gebrauch sind außerdem das Einreiben von in Schwefel getränkten Spänen unter die Finger- bzw. Fußnägel. Der Prediger Johannes de Greve nennt in seinem Buch an weiteren Foltermethoden: das Einschließen in den »glühenden Stier«, das Eingießen von Urin in den Mund des Delinquenten, Quälen durch Bienen und/oder Wespenstiche, Auflegen von Essiglappen auf frische Wunden, Schwefeleinguß in die Nase oder das Ablecken der mit Salz bestrichenen Wunden durch eine Ziege. Hier haben wir eine Querverbindung zu der von den Römern angewandten Ziegenfolter. Geändert haben sich die Zeiten. Der Mensch in seiner Grausamkeit bleibt stets der gleiche!

Dessauer Trog[216] und »eiserne« Jungfrau

Der Dessauer Trog wird nach seinem Erfinder, dem »alten« Dessauer Herzog Leopold, genannt und ist einem Zwangssarg vergleichbar, wie er im deutschsprachigen Raum noch im 19. Jh. bei der Irrenpflege eingesetzt wird. Mit einem oberen Brett bedeckt, liegt der Verurteilte, jeder Bewegungsfreiheit beraubt, in einem solchen Mordkasten, bis es ihm bliebt, ein Geständnis abzulegen.

In England kennt man das »Pressen« der Opfer. Es ist prinzipiell eine Presse wie eine Truhe, ». . . darein legt man den Übeltäter, welcher sich mit Speise und Trank anfüllen muß, und schraubt sie dann allmählich zu. Wer in einer solchen Qual stirbt, erhält seinen Kindern das Vermögen, das sonst dem König zusteht. Man schraubt bisweilen solche Pressen nicht nur zu, sondern bindet die Zehen des Übertäters an eine Schnur, zieht solche durch ein Löchlein und windet es um eine Säule, oder man dreht sie an einem Kerbel (= Kurbel), so wie die Fuhrleute die Ketten rütteln«.

Wer küßt die »eiserne« Jungfrau?

Im Tower (London) befand sich ein besonderes Torturwerkzeug. Man nannte es des Gassenkehrers Tochter[217]. Es erinnerte ein wenig an die im spanischen und deutschen Sprachbereich bekannte »eiserne« Jungfrau. Sie scheint als Hinrichtungsmaschine für bevorzugte Stände (Edelleute, Adelige, Geistliche) eingesetzt worden zu sein. Sie entwickelt sich im Lauf der Zeit zu einem speziellen Marterinstrument. Damit getötet zu werden, führt im Volksmund zu der Bezeichnung »die Jungfrau küssen«.

» . . . vormals bestand die Todesstrafe darin, daß der Verurteilte einem weiblichen Automat entgegenschreiten mußte, der ihn umarmte und in eine von Messern und Spießen starrende Tiefe warf. Nach den meisten Überlieferungen ist die Jungfrau ein künstlich zusammengesetztes Werk aus Eisen in der Gestalt einer stehenden Figur mit beweglichen Armen und Schwertern in den ausgebreiteten Händen gewesen, die in einem Gewölbe mit einer Falltür verdeckten Öffnung auf dem Boden stehend, worunter ein Schacht in die Tiefe mit möglichst fließendem Wasser hinabging. Wird der zum Tod Verurteilte gezwungen, sich ihr zu nähern, so breitet die Jungfrau ihre Arme aus, umschlingt den Delinquent, den sie dabei gleichzeitig mit den Schwertern durchbohrt. Die zerstückelte Leiche fällt durch die (Fall)-tür in den Schacht, an dessen Wänden scharfe Messer starren. So gelangt die Leiche in den Fluß, der die Teile fortschwemmt[218].

Der Nürnberger Jurist Siebenkäs erwähnt eine auf Schloß Heistritz in der Steiermark installierte eiserne Jungfrau. Sie war sieben Schuh hoch, aus Eisenblech gearbeitet und erschien in der Nürnberger Zopftracht des 16. Jh., bzw. als im Mantel der Bürgerfrauen verhüllte Gestalt. Durch Gewichtsteile in Bewegung gesetzte Federn lassen sie aufspringen. In ihrem hohlen Rumpf starren Messer. Spitze Dolche, die in Brust und Arme dringen, töten das Opfer. Der Boden der Maschine verfügt über Rinnen und in der Mitte über ein Loch

zum Abfließen des gestauten Blutes. Sie soll unweit von der Burg im Fröschturm als »heimliches« Gemach gestanden haben[219].

Weitere Exemplare befanden sich in den Gefängnissen des Salzburger Schlosses, auf dem Hradschin, im Roten Turm von Wien, in Wittenberg, Schwerin und Köln. Die Kölner Jungfrau hieß im Volksmund »Wegschnapp« und befand sich in einem alten Wachturm.

In Mainz soll die eiserne Jungfrau aus einem hölzernen Zylinder mit scharfen Messern an den Innenseiten bestanden haben, die beim raschen Drehen die darin befindliche Person zerstückelte. Eine weitere Jungfrau soll sich im Dresdner Zwinger befunden haben. Noch 1808 wird eine solche Martermaschine im Inquisitionsgefängnis von Toledo entdeckt. Sie trägt die sinnige Bezeichnung »madre dolorosa«.

Torturprotokolle

Ich verdeutliche an Beispielen, wie weit die Kluft zwischen Religion und geltendem Recht ist. An die Stelle der Nächstenliebe tritt Rechthaberei und an die Stelle gerechter Gesetze Willkür. Alle Bande der Vernunft scheinen gerissen, wenn man einen Blick in die Folterkammern wirft. Dies betrifft alle Folterarten und -zeiten: mit geradezu bestialischen Methoden werden Schwächere gequält, nur weil der scheinbar Stärkere recht haben will oder muß!

Man unterstellt den Wehrlosen, daß sie mit einem »bösen« Dämon in Verbindung stehen, was von der Kirche (nach wie vor) nicht geduldet wird (sonst ließe sich der Exorzismus nicht erklären!). Die Ausrede, daß die Beichtväter erst nach der Folter zu den Opfern gelassen werden, um Trost zu spenden, geht an der Sache vorbei. Es ist tatsächlich so: » . . . durch Indoktrination wurde der Hexenglaube zur alles beherrschenden Vorstellung . . . es geschah nichts ohne Kirche und nichts gegen sie . . . sie lieferte die Begründung und die weltliche Obrigkeit gehorchte«.

Folter der Familie Triermont

Ein Beispiel aus dem 17. Jh. Das Wüten geschieht inmitten der Wirren des 30-jährigen Krieges. Der Statthalter im nördlichen Holland, Theodor von Sonney, will verhindern, daß Katholiken aus dem Süden in sein Gebiet dringen und erläßt ein Verbot gegen das Landstreichen und Betteln. In diesem Zusammenhang berichtet ein Chronist über die Folter der Familie Triermont: » . . . Johann hängt 3 1/2 Stunden mit nach rückwärts gebundenen Händen, die Füße mit einem Gewicht von 2 Zentnern beschwert . . . dann wird er dem Holzstoß überliefert und verbrannt . . . Jacob Cornil wird mehrere Tage ununterbrochen gefoltert. In den Zwischenzeiten werden 8 bis 9 Schoppen Spiritus an ihm verbrannt, so daß sein Körper verkohlt und dessen Fußsohlen schwarz sind. In einem weiteren Verhör fällt er tot vor die Kommissarien. Sie lassen sich zu der Argumentation herab: , . . . seht ihr, wie ihn der Teufel umgedreht und wie er den Schurken zur Hölle geführt hat'. Danach wird die Leiche geviertteilt, damit sie nichts Böses auf der sündigen Welt anrichte«.

Mit der gleichen Stupidität torquiert man seinen Sohn, der 23 x der Folter unterzogen wird. » . . . Wespen, Hornissen und stechende Tiere werden herangezogen. Sein Körper wird mit Spiritus gebrannt und unter seine Fußsohlen legt man Feuer, die Haut wird mit brennenden Kerzen gesengt. Sechs Tage läßt man ihn hungern und reicht ihm danach gesalzene Heringe. In einem Käfig werden Mäuse auf seine Brust gesetzt. Dann wird das Gefäß erhitzt, so daß sie wütend auf ihn einbeißen. Als der Unglückselige zum Richtplatz gezerrt wird, widerruft er unter Schmerzen alle Geständnisse. Daraufhin läßt ihn der Magistrat in das Gefängnis zurückbringen.

Bei einem dritten Opfer, Petrus Nanius, wird die Folter 25 x angewendet, wobei man zusätzlich brennendes Pech verwendet. Mit sieben Seilen wird ihm das Fleisch bis auf die Knochen durchschnitten[220].

Die Folter an Enneke Fürsteners

Im Fürstentum Münster unterscheidet man 5 Grade der Tortur. Unter dem Neffen des Herzogs Ernst v. Bayern, der 1611 sein Amt niederlegt, Ferdinand v. Bayern (1612 – 1650), wird unter anderem gegen eine Enneke Fürsteners prozessiert. Hier sehen wir die Eskalation des Unrechts!

Zunächst fragt man sie gütlich: » . . . sie soll lieber die Wahrheit sagen, weil sie die peinliche Frage ohnehin zum Geständnis bringe und weil sie durch das hartnäckige Leugnen die Strafe verdopple . . . sie soll lieber sagen, daß sie es getan habe und unschuldig sterben . . . wenn sie nur keine Sünde täte«. Doch

sie fühlt sich keiner Schuld bewußt. Daraufhin wird der Scharfrichter Matthias Schneider geholt. Er zeigt ihr die Instrumente (= Verbalterrition) und redet auf sie ein . . . um dadurch ohne Folteranwendung ein Geständnis zu erwirken.

Daraufhin wird sie in die Folterkammer geführt und nach den Punkten der Anklage befragt. Weil sie beständig leugnet(!) legt man ihr die Daumenschrauben und die spanischen Stiefel an. Beides hält sie über eine halbe Stunde aus. Schon zeigt sich der Notar, Dr. Grogavius, besorgt: » . . . es möchte die peinlich Befragte sich vielleicht per ,maleficiam' (= durch Hexenkunst) unempfindlich gemacht haben«. Darum befiehlt er dem Nachrichter »sie gründlich zu untersuchen, ob sich vielleicht an den verborgenen Stellen ihres Körpers etwas Verdächtiges befindet«. Die Sache bleibt erfolglos. Jetzt legt man ihr wieder die spanischen Stiefel an: daraufhin wird der nächste Foltergrad befohlen.

Die Angeklagte wird aufgezogen und mit 30 Streichen gehauen. Dann wird sie rückwärts aufgezogen, » . . . mit der Aufziehung wird dergestalt verfahren, daß ihre Arme rückwärts über dem Kopf gestanden, beide Schulterknochen aus der Verbindung gedreht und deren Füße eine Spanne von der Erde entfernt gewesen«. Nachdem sie einige Minuten in dieser Lage hängt, befiehlt der Notar, sie nochmals mit 30 Streichen zu schlagen.

» . . . doch die peinlich Befragte beharrt beim Leugnen(!). Deshalb legt man ihr wieder die Daumenschrauben an und probiert nochmals die spanischen Stiefel an ihr aus, . . . dergestalt, daß sie fast unerträglich geschrieen doch diesen fünften Grad über 30 Minuten ebenso unbeweglich wie die vier vorausgehenden überstanden, ohne zu bekennen«.

Dann nimmt man sie ab und löst deren Fesseln. Der Scharfrichter renkt ihr die Knochen ein und pflegt sie gesund. Er bringt sie in die Zelle und sucht ihr klarzumachen, daß sie diese Tortur ohne teuflisches Zutun nie habe überstehen können. Erst am kommenden Tag gesteht sie durch das »gütliche« Zureden des Scharfrichters. Wer wird da nicht stutzig?

Am 2. Oktober 1627 wird in einem Torturprotokoll in Seligenstadt vermerkt: » . . . weil dieselbe nicht gestehen wollte, ist sie auf dem einen Schenkel mit dem Krebs geschraubet worden. Als man ihr Weihwasser in den Mund geschüttet, hat dieselbe jedesmal ausgespieen und abscheuliche Gebärden von sich gegeben. Dieselbige ausgezogen, geschoren, ihr das Folterhemd angelegt und (sie) auf dem anderen Schenkel geschraubt. Dann ungefähr zwei Vater Unser lang aufgezogen und ihr daraufhin einen großen Stein an beide Zehen gehängt«[221].

Tortur gegen Katharina Lips

Hier muß ich ausholen, weil das Verfahren gegen die heldenmütige Lips *alle* negativen Erscheinungen des Hexenwesens in sich birgt.

1671 wird eine Frau aus Schönbach bei Großseelheim im Amt Kirchheim gefoltert. Sie denunziert neben anderen Katharina Lips, die Frau des Schulmeisters. Sie wird gefänglich eingezogen und nach Marburg gebracht. In der Vernehmung sagt der Schultheiß Johann Schmitt aus Bürgel: » . . . er wisse lediglich vom Hörensagen, daß die Lips eine Hexe sei«.

Eine weitere Zeugin bekundet: » . . . Katharina habe ihrem Kind an das Bein gegriffen . . . das daraufhin dick geworden«. Eine weitere bezichtigt sie am Tod ihres vor zehn Jahren gestorbenen Kindes, » . . . weil sie ihm Wurst gegeben, nach deren Genuß es plötzlich krank geworden«. Ihr Schwiegersohn meint: » . . . man könne ihr zwar nichts Böses nachsagen, doch sie würde allgemein für eine Hexe gehalten«. So klettern die Anschuldigungen und Anklagepunkte schließlich auf 74 Positionen und Katharina sieht sich der unnachsichtlichen Obrigkeit gegenüber. Schon plädieren die Ankläger dafür, sie zu verbrennen.

Der Verteidiger bemerkt: » . . . daß die Angeklagte durch gehässige Leute angeschwärzt worden sei . . . nichts von deren Aussagen wäre erwiesen . . . und alles leeres Geschwätz. Katharina wäre immer fleissig zur Kirche gegangen und könne gut beten . . . alles gegen sie Vorgebrachte beruhe auf üblen Nachreden«. Der Fiskal macht in einer Gegenschrift vom 3. Februar geltend: » . . . daß das böse Gerücht genüge . . . man halte das strenge Vorgehen für angebracht, zumal noch weitere Zauberer im Dorf bestraft werden müssen . . . ihr halsstarriges Leugnen sei mit der Folter zu brechen«.

Weil die Marburger Juristen zu der gleichen Auffassung gelangen, wird die Anwendung der Folter am 6. April eingeleitet. Das Protokoll berichtet: » . . . hierauf ist ihr nochmals das Urteil vorgelesen und sie (daran) erinnert worden . . . sie hat sich selber willig ausgezogen, worauf sie der Scharfrichter angeseilet . . . die spanischen Stiefel sind ihr angesetzt worden, die Schraube ist am rechten Bein zugeschraubt worden, dann hat man sie am linken Bein zugeschraubt und sie hat laut gerufen: ‚ . . . ich weiß nichts . . . sie wüßte auch dann nichts, wenn man sie tot mache'. Daraufhin hat man die linke Schraube gewendet und die Beklagte aufgezogen. Die rechte Schraube zugeschraubet . . . doch sie bleibt beim Leugnen. Die Schraube höher gesetzt und daran geklopfet . . . dann ist sie ganz still geworden . . . hierauf hat man sie hinausgeführt, um ihr die Haare vom Kopf zu scheren. Der Meister hat das Stigma gefunden, in welches es eine Nadel übers Glied tief eingestochen . . . auch kein Blut herausgegangen. Die Schraube am rechten Bein wieder zugeschraubet . . . auf beide Schrauben geklopft . . . sie abermals härter zugeschraubt, nochmals aufgezogen und wieder losgelassen«.

Am 30. Mai 1672 *muß* man sie freilassen, denn sie hat kein Geständnis abgelegt. Doch die Stimme des Volkes ist zäh und einfältig. Die Hetze gegen die Gepeinigte geht weiter und in Stille wird eine weitere Untersuchung eingeleitet. Katharina erfährt davon und beschwert sich bei der Landgräfin Sophia. Darum fühlt sich der Oberschultheiß in seiner Autorität und Ehre übergangen und meint: » . . . es sei von dem undankbaren Geschöpf eine Frechheit, sich so zu verhalten«. Nun bittet die Landgräfin um Überlassung der Akten. Der Schulmeister möchte von seiner Frau nichts mehr wissen und weist sie aus dem Haus. Er *muß* sie »alimentieren«, d.h. versorgen.

Wieder wird sie eingezogen und nach Marburg gebracht. Zum zweitenmal wird sie gefoltert. Sie wird aufgezogen, 16 x werden ihr die Schrauben angelegt. Daraufhin verfällt sie in einen Starrkrampf. Um sie zum Sprechen zu bringen, öffnet man ihr den Mund mit Brechwerkzeugen. Doch alles scheint vergebens. Selbst die Richter staunen über ihren Mut und gehen in der Vorstellung auf: » . . . die Lips habe sich durch Zaubermittel unempfindlich gemacht«. Daraufhin wird sie aus dem Land gewiesen[222]. Keiner der Richter – ohne Zweifel zählt diese Schicht nicht zu den Einfältigsten – kann sich vorstellen, selbst einem Irrtum aufzusitzen!

Folter gegen Adam Hellfeldner

Am 5. Januar 1715 erläßt der Münchener Hofrat an die Regierung von Landshut einen Bericht »den weiteren Prozeß und Kommunizierung der Grade und allhier gebrauchten Torturen betreffend«. Es geht (auch) um die Behandlung eines Adam Hellfeldner. In der Praxis sieht es folgendermaßen aus: »... nach dem Einnehmen von geweihtem Wasser ... wenn nun dieses geschehen, lassen wir dergleichen Bösewichter entweder auf dem Bock (= stacheliger Marterstuhl) spannen und sie unter Auslassung des Bocks drei Tage hintereinander je 20, 25, 30 und zuweilen mehr Streiche mit ungeschmierten und zuvor in Weihwasser eingeweichten Ruten ...

... hingegen, was das Brennen betrifft, so werden dazu die Leibgürtel, Mutation der Kleider, Keuchen(!), auch mit geweihtem Wasser gebraucht, die Rasierung aber ausgelassen, und es wird zu dieser Tortur eine Stange genommen, um diese in der Mitte ein eiserner Ring, an welchem der Malefikant mit den Armen kreuzweise gebunden, hiernach der Haken am Seil in den eisernen Ringen an der Stange hineingetan und auf solche Manier mit zusammengebundenen Füßen von der Erde kniehoch aufgezogen und daraufhin mit einer Fackel unter den Achseln gebrannt ... dieses ist unserer Meinung nach die schärfste Folter«.

Folter gegen die Sachsenliesel u.a.

Im Fall der 80-jährigen Sachsenliesel sagt das Protokoll: »... dieselbe wird mit Daumenstücken, den spanischen Stiefeln und durch das Aufziehen an der Leiter ein ‚paar Stunden lang' gefoltert«. In einem weiteren Fall verfährt man so: »... die Angeklagte wird in die Folterkammer geführt. Der Scharfrichter zeigt ihr die Instrumente und redet auf sie ein. Dann werden ihr die Daumenschrauben angelegt und nach einer weiteren Stunde die spanischen Stiefel. Von Zeit zu Zeit ‚schrob' man sie schärfer zu, so daß die auf das äußerste zusammengepreßten Füße und Schienbeine splitterten.

Das Geschrei der Gefolterten ist so schlimm, daß es selbst der Scharfrichter nicht mehr ertragen kann und ihr ein Capistrum (= Mundbirne) in den Rachen schiebt, was das Schreien verhindert und die Qualen erhöht. Daraufhin bindet er der Angeklagten die Hände zusammen und zieht sie auf. Zuweilen beschwert er deren Füße mit Gewichten, oder er läßt sie von den Dienern schlagen. Erst jetzt folgt der nächste Foltergrad«.

»... der Scharfrichter bricht der Angeklagten die Arme aus den Schulterknochen, schnürt sie rückwärts am Hinterkopf zusammen und läßt sie aufziehen ... so daß deren Füße 5 Spannen weit über dem Boden gestanden«.

»... Zur Verstärkung der Qual setzt man in den Folterpausen an Händen und Füßen Schrauben an, während sie von den Gerichtsdienern mit ledernen Riemen so lang geschlagen wird, bis der Scharfrichter zu der Erkenntnis kommt, ... man soll doch einhalten, wenn nicht der Tod erfolgen solle«.

An einem 9. September 1725 wird Friedrich Jacobs gefoltert. Während des 4. Grades bricht er sich einen Arm. Der Scharfrichter erklärt: »... da er nunmehr den nächsten Grad nicht vorzunehmen wisse und er frage darum den Richter, was er an dessen Stelle tun solle?«. Er bekommt die Antwort: »... man solle dem Inquisit von hinten mit Füßen und Armen aufgezogen, sodann mit Ruten schlagen, ihn mit brennendem Schwefel bewerfen und sich bei ergebender obstination er annoch zwischen den beyder fordersten fingern jeder handt mit einer lunten durchgebrannt werden solle«.

Druden-, Hexen- und Stockhäuser, Hexenöfen

Im Zusammenhang mit der Betrachtung der Hexenprozesse hat man des öfteren auf die Verliese aufmerksam gemacht und die harte Kerkerhaft in den Vordergrund gerückt. Hier ist Vorsicht geboten! »... es gibt manchen Turm, der im Volksmund als ‚Hexenturm' bezeichnet wird und der nie etwas anderes als das Stück einer alten Stadtmauer gewesen ist«.

Es trifft nicht zu, daß der Agnes-Bernauer-Turm in Straubing je ein Hexengefängnis gewesen ist. Auch der 1420 in Kaufbeuren erbaute Hexenturm war ursprünglich ein Wachturm. Er heißt zuweilen darum »Schießturm«, weil man hier Scheiben gelagert hat. In Schweinfurt dient das Stadtknechthaus als Hexengefängnis. In Nürnberg das Lochgefängnis und der Turm »Luginsland«. In Würzburg ist es der Feichel – (oder) Hexenturm und der Schneidtturm am Main. Er verfügt über 12 Kammern für Zauberer und Drudner. Dazu kommen die Verliese der ländlichen Grundherren. An einigen Orten werden leerstehende Gebäude zu Gefängnissen umgebaut. Beispielsweise richtet man auf diese Weise 1620 in Esslingen das Augustinerkloster ein. Dazu kommen Turmgefängnisse, die oft durch das Ausweiten von Stadtmauern entstehen.

So wird der Hexenturm von Gelnhausen 1447 begonnen und 1479 fertiggestellt. Der Lindheimer Hexenturm ist dem Marburger vergleichbar. Prof. Osenbrüggen beschreibt 1867 den »Kaibenturm« von Zug in der Schweiz. Daraus leitet sich vielleicht das noch heute gebräuchliche Schimpfwort für Außenstehende ab.

Neben Kellergewölben und Verwahrungstürmen werden Stockhäuser als Gefängnisse erwähnt. Man versteht unter einem Stock eine hölzerne Stafmaschine, in die der Gefangene »geschlossen« wird. Im allgemeinen ist der Stocker mit dem Wächter identisch und wohnt im sog. Stockhaus. Hier liegen die Gefangenen an einer langen Kette angeschmiedet oder an Eisenringe geschlossen.

Die Langgans'sche Chronik überliefert uns ein Notabene des Bamberger Bischofs Johann Georg II. Fuchs v. Dornheim, derzufolge auf fürstlichen Befehl in Zeil ein Steinofen zum Verbrennen der Unholde verwendet werden soll. In Geroldshofen stehen sog. »Hexenöfen«. Sie haben die Gestalt eines dörflichen Backofens mit einer Höhe von sieben oder acht Fuß und sind mit Stroh und Holz bedeckt. Eine kleine Tür führt zum engen Innenraum. Die Brennzeit beläuft sich etwa auf drei Stunden.

An dieser Stelle ist das »Einmauern« zu erwähnen. Hier wird der Verurteilte in ein enges Gehäuse gezwängt, ein vorstehender Balken (= Tram) dient als Sitz. Der Einlaß ist weitgehend vermauert. Durch eine fensterartige Lücke bekommt er Luft und Nahrung. Die tägliche Brotration ist bescheiden, was einem langsamen Verhungern gleichkommt. Die erzwungene Unbeweglichkeit ist einer seelischen und körperlichen Folter gleichzusetzen. »Nach dem Ableben werden die Mauerstücke ausgebrochen, die ihn zeitlich tötend von der Mitwelt schieden, um den Entseelten in ein noch engeres Loch zu zwängen«. Diese Art der Behandlung ist (auch) im kirchlichen Bereich üblich und kommt bis – nachweisbar zum 16. Jh. in Klöstern vor, wo Unbußfertige oder nicht gefügige Nonnen eingemauert werden. Ich spreche hier *nur* von den »weltlichen« Gefängnisformen: die Kirchlichen wären eine eigene Studie wert!

Das Bamberger Malefizhaus

Es ist bislang der einzig belegbare Fall, wo eigens für Hexen und Zauberer ein Neubau errichtet wird. Erbauer ist der Bischof Georg II. Den Quellen zufolge soll das Marterhaus bis zum Einzug der Schweden voll belegt gewesen sein. Als Erbauungsjahr wird 1627 angenommen, obwohl keine Kammerrechnungen (mehr) vorliegen. Man schließt daraus, daß das Gebäude nach dem Tod seines Erbauers dem Erdboden gleichgemacht wird. Vielleicht hat man damit die Akten vernichtet, um alle Erinnerungen auszulöschen. Am 18. September 1631 übersenden die Bamberger Räte dem Kaiser einen Druck mit der Ansicht des Gebäudes, der in der Folgezeit in vielen Kupferstichen Verwendung findet. Er zeigt ein geräumiges Haus und – im Zusammenhang stehend – einen Seitenbau und das Nebengebäude, das nahezu fensterlos ist. Am Rand des Kupfers stehen die Worte: » . . . Wahre und eigentliche Contrafractur des neugebauten Malefizhauses in Bamberg, welches zur Bestrafung derer von Gott entwichenen und verleugneten, boshaftesten Menschen der verdammten Zauberei und Übeltätern in diesem laufenden 1627 Jahr, so im Monat Juni angefangen und nächstfolgenden August ist aufgebaut worden«, mit folgender Beschreibung:

C. Justicia, so über dem Portal stehend, welches den Vers »diligata justician moniti et non temnere deos« trägt.

D. Anzeigung der Kapellen.

E. Die peinliche Frage (das oben bezeichnete Gebäude)

F. Der Bach, so unter der Frag durchfließt.

G. Die Einfahrt im Hof.

Im Bamberger Malefizhaus sollen sich besondere Vorrichtungen zur Vornahme der Tortur befunden haben. Inquisitoren rühmen sie als wirksames Mittel, um Hexen zahm zu machen.

Sie meinen vermutlich das »gefaltet Stüblein«, eine Art Lattenkammer, über die nichts Näheres bekannt ist. Möglicherweise war ihr Boden mit scharfkantigen Latten ausgelegt. Es ist bezeichnend, daß ein solches Folterhaus die bischöfliche Handschrift trägt, denn seine erste Pflicht ist, den »rechten« Glauben zu verbreiten. Was dies ist, bestimmt er selbst. Wo sind Toleranz, Güte, Menschlichkeit und Nächstenliebe geblieben?

Prätorius beschreibt die Gefängnisse

In vielen zeitgenössischen Büchern wird auf die Unbill der Verhafteten aufmerksam gemacht. Das ist kein Wunder, denn die Rechtssprechung verfolgt das Prinzip der Abschreckung. Manchmal mag die Haft in einem Kerker schlimmer als der rasche Tod gewesen sein, » . . . denn es ist genugsam bekannt und darüber geklagt worden, daß zumal in Deutschland das Gefängnis ein unterirdischer, schrecklicher und schmutziger Ort ist . . . in dicken, starken Türmen, Pforten, Blockhäusern, Kellern und sonstigen tiefen Gräben sind gemeiniglich die Gefängnisse. In denselbigen sind entweder große dicke Hölzer, zwei oder drei übereinander, so daß sie auf- und niedergehen, mit einem dicken Pfahl oder mit Schrauben; durch dieselben sind Löcher gemacht, so daß Arme und Beine darin liegen können.

Wenn nun Gefangene vorhanden sind, schraubt man die Hölzer auf, die Gefangenen müssen sich auf einen Klotz, Stein oder auf die Erde niedersetzen, die Beine in die unteren und die Arme in die oberen Löcher legen. Dann läßt man die Hölzer aufeinandergehen, verschraubt, verkeilt und verschließt sie auf das härteste, so daß sie weder Arme noch Beine notdürftig bewegen können. Dies heißt im Stock sitzen oder liegen«.

» . . . etliche haben große eiserne oder hölzerne Kreuze, daran haben sie die Gefangenen, mit dem Hals, Rücken und Armen und Beinen gefesselt, so daß sie immerhin stehen, liegen oder hängen müssen . . . nach Gelegenheit der Kreuze, daran sie geheftet sind. Etliche haben starke eiserne Stäbe, fünf, sechs oder sieben Viertheil an der Ellen lang, daran an beiden Enden Eisenbänder sind. Daran verschließen sie die Gefangenen an den Armen hinter den Händen. Dann haben die Stäbe in der Mitte große Ketten in den Mauern ange-

gossen, so daß die Leute stets in einer Lage bleiben müssen . . . etliche haben enge Löcher in den Mauern, darin ein Mensch kaum sitzen kann.

Darin verschließen sie die Leute ohngebunden mit eisernen Türen, so daß sie sich nicht wenden oder umkehren können. Etliche haben 15 – 20 Klafter tiefe Gruben, wie Brunnen oder Keller, aufs stärkste gemauert, oben im Gewölbe, mit engen Löchern und starke Türen (= Gerembsten), dadurch lassen sie die Gefangenen, welche an ihren Leibern sonst nicht weiter gebunden sind und ziehen sie, wenn es ihnen beliebt, wieder in die Höhe . . . nachdem ist nun der Ort, (da) sitzen etliche Gefangene in großer Kälte, da ihnen die Füße hernach einfrieren, und sie hernach, wenn sie loskämen, ein Lebtag Krüppel sein müssen . . . etliche liegen in steter Finsternis, so daß sie den Sonnenglanz nimmer sehen . . . sie wissen nicht, ob es Nacht oder Tag ist . . . alle sind ihrer Gliedmaßen wenig oder gar nicht (mehr) mächtig, haben immerwährend Unruhe, liegen in dem eigenen Mist und Gestank, weit unflätiger und elender als das Vieh, werden übel gespeist, können nimmer ruhig schlafen, haben viel Bekümmernis, schwere Gedanken und böse Träume. Und weil sie die Hände und Füße nicht zusammenbringen und, wo nötig hinlenken können, werden sie von Mäusen und Läusen, Steinhunden und Mardern geplagt, gebissen und gefressen . . . überdies noch täglich mit Schimpf, Spott und Dräuung vom Stöcker und Henker geplagt . . . und dadurch schwermütig gemacht. Und weil solches bisweilen über die Maßen währt, werden solche Leute, obwohl sie anfänglich guten Mutes, geduldig und stark gewesen, in der Länge schwach, kleinmütig, verdrossen, ungeduldig, und, wo nicht ganz, so halb töricht, mißtröstig und verzagt«.

1516 wird Ulant Dammarzt in das Gefängnis von Dinslaken gebracht. Sie wird nicht gefoltert, aber zweimal vom Wärter geschwängert.

Fanatische Hexenriecher

Aus der etwa 200 Jahre anhaltenden Phase der aktiven Hexenverfolgung haben sich Beispiele besonderer Hartherzigkeit und Willkür erhalten. Sie treffen bei weitem nicht nur die Kleinen und ihre Helfershelfer, die Schergen, Häscher und Hexenfänger, sondern vor allem die mittleren Chargen, die Zentgrafen, Schultheiße, Räte und Richter. Die wirklich Schuldigen halten sich im Hintergrund.

Galeazzo II.

Dieser Fanatiker lebt vermutlich in der Lombardei. Für Verbrechen gegen den Staat hat er eine Marter ersonnen, die ihn in das Reich der Psychopathen verweist. Seine Foltermethode dauert 41 Tage und ist »todsicher«, wenngleich an jedem zweiten Tag eine Pause eingelegt wird. Sein probates Mittel ist: » . . . am ersten, dritten, fünften und siebenten Tag je fünf Torturen am Schwunggalgen[223]; am neunten und elften bekommt der Delinquent mit Essig gemischtes Kalkwasser zum Trinken. Am dreizehnten werden ihm zwei Riemen aus dem Rücken geschnitten und die Wunden mit Salz und Pfeffer eingerieben. Am fünfzehnten wird die Haut von den Fußsohlen geschnitten; er muß einen Gang auf Erbsen machen. Am neunzehnten und einundzwanzigsten wird er auf dem Folterrad gemartert. Vom 23. bis zum 39. Tag werden ihm Augen, Nase, die Hände und Füße, wie alle anderen Extremitäten abgeschnitten . . . am 41. Tag wird er mit glühenden Zangen gezwickt und auf das Rad gespannt«.

Der Malefizmeister Balthasar Nuß[224]

Die Blütezeit der Hexenverfolgungen in Fulda fällt in die Regierungszeit des Fürstabtes Balthasar von Dernbach. Er sucht sich als Zentgraf und Malefizmeister einen Balthasar Nuß (Noß oder Voß?) aus. Die von ihm geführten Prozesse zeichnen sich durch Unmenschlichkeit *und* Geldgier aus. Schon im ersten Jahr seiner Tätigkeit klagen die Bürger beim Reichskammergericht in Speyer gegen ihn. In der Zeit von 1603 bis 1606 läßt er mehr als 205 Hexen richten. Per 27. Juli 1603 erläßt das Gericht gegen ihn folgendes Mandat:

» . . . die klagende Hausfrau habe sich stets als fromme und tugendhafte Person betragen und sich des besten Rufes erfreut . . . aber trotzdem habt ihr, Zehntgraf, Schöffen und Richter, sie ohne eigenen Grund für eine Hexe traduziert . . . weil drei wegen der selben Untat hingerichtet, verruchte und schnöde Weiber sie wider besserem Wissen angegeben haben. Ihr habt ohne fernere Erkundigung die Sublikantin ergreifen lassen, sie in schrecklich enge und stinkende Gefängnisse . . . und sie

,notorium‘, in einen Hundestall im Schloß zu Fulda sperren lassen. Hier habt ihr sie mit eisernen Fesseln erbärmlich geschlagen. So mußte sie anfangs wie ein Hund auf allen Vieren durch ein enges Loch kriechen, wo sie gebückt und gekröpft, elendig hocken und sich dabei weder regen, bewegen, stehen, noch des leidigen Ungeziefers erwehren, viel weniger der notdürftigen Unterhaltung, noch einiges Trostes der Ihrigen genießen kann, so daß sich gleichsam ein harter Stein erbarmen mußte . . . es ist nicht zu verwundern, wenn das arme und betrübte Frauenzimmer in so vielem Elend sich selbst in den kalten Tod und etliche Verzweiflung gestürzt hätte«.

Daraufhin befiehlt das Kammergericht: » . . . sie bei einer Strafe von zehn Mark lötigen Geldes sofort in ein anständiges Gefängnis zu bringen, ihr Besuch zu gestatten und einen Verteidiger zu geben«. Ausdrücklich wird darauf hingewiesen, daß sie *nicht* ohne Indizien gefoltert werden darf. Der Ausgang des Verfahrens ist unbekannt.

Fest steht, daß sich immer mehr Bürger gegen die Methoden dieses Malefizmeisters wehren. Bald wird er von der Bevölkerung wegen Unterschlagung angefeindet und verdächtigt. Der Fürstabt Friedrich v. Schalbrach(?) ordnet eine Untersuchung an, » . . . 40 Bürger des Amts Neuhof hätten sich beklagt, daß er ihre Weiber, Mütter und Schwestern nach einer nur viertägigen Gefängnishaft habe verbrennen lassen . . . ihnen dagegen habe man 1 200 Gulden an Kosten auferlegt . . . sie verlangen über diese Summe eine genaue Rechnungslegung«. Dann wird ein Sondergericht berufen, an dessen Spitze Melchior v. Jossa steht, der als Gegner des Malefizmeisters angesehen wird.

Er stellt die grundsätzlichen Klagepunkte zusammen und wird ihm zum Verhängnis!

- daß derselbe die peinliche Halsgerichtsordnung in jeder Hinsicht übertreffe.
- »daß er die Leute mit Umgehung aller Förmlichkeiten und ohne sie zu verhören, torquieren lasse«.
- »Er lasse die Folter so lang wiederholen, bis die Leute gestehen oder ohnmächtig werden . . . dadurch wurden mehrere gelähmt oder um ihr Leben gebracht«.
- »Daß er die Leute nach wiederholter Folter in abscheuliche Gefängnisse werfen lasse«.
- »Daß er nicht einmal schwangere Weiber schone und die Leute mit selbst erfundenen

Instrumenten peinigen lasse, wie beispielsweise mit einem, wie einem Messer zugespitzten Holz; dann auch mit brennenden Fackeln über den Rücken zu streifen oder mit anderen Methoden«.

- »Daß er die Valentine Wächter dergestalt peinigen ließ, daß sie noch in der gleichen Nacht mit dem Tod abging und daß er ihren Leichnam des anderen Tages durch den Henker von dem Taubenschlag aus herunterstürzen und ins Wasser fallen ließ«.
- »Daß er auf Geheiß seines früheren Dienstherrn wegen Verheißung und Empfang einer Belohnung einen Praedicanten bei Duderstatt ohne geringste Veranlassung erschossen habe«.
- »Daß er Klaus Lauterbach's Hausfrau so lang torquieren ließ, bis sie endlich seinem Willen habe nachreden müssen, worauf er sodann die Mutter samt der unschuldigen Leibesfrucht habe hinrichten und verbrennen lassen«.
- »Daß er auf eine solche Weise mehrere Frauen und Kinder mißhandelt habe«.
- » . . . aus einem einzigen Ort werden zehn Personen benannt, die nach der ausgehaltenen Folter krüppelhaft geworden und vier andere, welche während der Tortur den Geist aufgegeben«.
- »er habe den Zeugen Geld versprochen, wenn sie zum Nachteil eines Unschuldigen aussagen«.
- »er beeidige keine Zeugen, lege kein Protokoll nach dem Verhör vor und hat die Schöffen, die die Gröllers zum Tod verurteilten, angeredet, daß sie nicht auf das Zwicken mit glühenden Zangen erkannten und er habe zu ihnen gesagt: . . . ich lasse sie dennoch zwicken«.
- »viele von ihm zum Tod Verurteilte haben dem Herrn Pfarrer ihre Unschuld gebeichtet und gesagt: . . . er möge es ja nicht anzeigen, damit sie nicht gefoltert werden . . . lieber wollten sie sterben, als die Qual nochmals mitzumachen«.

Es kommt wie es kommen muß: unser Malefizmeister erkennt nicht die eigene Einfalt und fühlt sich zu Unrecht angegriffen, sucht sich zu verteidigen und verdächtigt die Ritterschaft der niedrigsten Rachsucht gegenüber ihm. Er verschweigt, daß er 2 400 Gulden (Wert 1932 ca. 144 000 Mark) erschlichen hat.

1615 entscheidet die juristische Fakultät von Würzburg: » . . . daß der Zentgraf für schuldig wegen seines ungebührlichen Procedirens und angelegter scharfer übermäßig peinlicher Frage, welche er verübt und danach die Erben mit übermäßigen Kosten belegt«. Die Fuldaer Chronik berichtet[225]: Er wird in einem »Armsünderhemd« auf einer Karre zur Richtstätte geführt und am 18. Dezember 1618, nach einer 13-jährigen Haft, enthauptet. Wir haben ein Beispiel vor uns, wo Recht letztendlich Recht geblieben ist!

Georg Ludwig Geis und Andreas Krieger

Im hessischen Lind(en)heim bewirbt sich ein den Herren v. Rosenbach unbekannter Georg Ludwig Geis um die Position des Oberschultheißen, nachdem sein Vorgänger, Augustin Huber, an dieser Aufgabe gescheitert ist. Geis bringt eine Empfehlung des Hanauer Präsidenten, Johann Wilhelm Schelm von Bergen mit. Ein Attest weist ihn als ehrlich und zu den angetragenen Diensten (als) qualifiziert aus. Er gibt an, daß er hanauischer Amtmann von Ortenberg gewesen sei. Dort habe er ein Haus und wäre unweit von Lindheim begütert. Die Herren von Rosenbach vergeben im April 1622 den Posten an ihn. Interessant ist, wie Geis seinen Vorgänger beschreibt: » . . . der bisherige Oberschultheiß habe versagt. Auf einem Saufgelage sei er von einem Schöffen geschlagen und dabei (sei) ihm fast ein Finger abgebissen worden. Dazu habe er sich in eine Schlägerei mit dem Pfarrer Höker eingelassen und einen weitberüchtigten Skandal verursacht«[226].

Höker hält sich nicht zurück und beschuldigt am 29. September Geis:

- Er habe im 30-jährigen Krieg einen katholischen Priester gehängt.
- Er habe an einem Lindheimer Weib ein Notzuchtsverbrechen begangen und dann habe er sie mit Geld zu beschwichtigen gesucht . . . außerdem habe er die Ehe gebrochen.
- Die Frau des Pfarrers habe er in das Lindheimer Hexenprotokoll geschrieben . . . dieses habe er Jedermann zum Lesen gegeben . . . auch in den Wirtshäusern habe er darüber gesprochen und dadurch viele Leute in schweren Verdacht gebracht.

- Er wäre Tag und Nacht vollgewesen. Während, vor und nach den Hexenverfolgungen und den Folterungen sei er toll und voll gewesen. Dabei habe er wie ein Bürstenbinder gesoffen[227].

Jetzt wird die Obrigkeit stutzig und erläßt zu Beginn der 50er Jahre eine Polizeiordnung, die einige interessante Ansatzpunkte enthält. Darin wird angeordnet: » . . . wenn gottlose, unter den Untertanen betroffen oder ausgekundschaftet werden oder falls sich hinreichende Indizien dafür fänden, sollen sie durch den Oberschultheiß von Lindheim zur Strafe an Leib und Leben eingezogen werden«. Außerdem ordnen die Ganerben an[228] . . . daß er, der wegen Beleidigungen überführt wird, mit 20 Talern bestraft und dem Bescholtenen ein Leumundszeugnis ausstellen soll«. Doch ist die Verordnung inkonsequent, denn erfolgreiche Denunzianten erhalten als Belohnung 12 Schillinge von jedem Gulden der erwirkten Strafe, » . . . wenn aber einer den Lastern der Teufelskünste oder der wirklichen Hexerei betroffen und hinreichend überführt ist, soll ihn der Schultheiß verhaften, peinlich anklagen und nach der Halsgerichtsordnung Karl V. (= Carolina), am Leben strafen[229]. Als Henker fungiert Conrad der Nachrichter von Ortenberg.

Der Tyrann braucht einen Komplizen, den er sich zum willigen Werkzeug macht. Geis findet ihn in dem Schöffen und Kirchdiener Krieger, der 1685 als Anstifter allen Unheils und Jammers bezeichnet wird. Man sagt ihm nach: » . . . er habe beim Prozeß gottlos und unverantwortlich verfahren, er wäre ein meineidiger Unhold, er habe ohne Richter und Schöffen die Gefangenen zum Spaß für sich allein verhört . . . ja er habe schwangere Frauen nicht geschont und dem Weib des Johannes Schneider habe er zusammen mit Geis in der Stufe des Herrn v. Oynhausen gewaltsam einen so schrecklichen Martertrunk eingegossen, daß sie kurz darauf bei ihrer Flucht eine erstickte Geburt zur Welt gebracht habe«.

Der Historiker und Heimatforscher Demant, dem ich diese Informationen verdanke, sagt treffend: » . . . Geis und Krieger wußten die Stunde zu nutzen, denen in ihrem Machtrausch und in ihrer Habgier alles entgegenkam. Es kann nicht zweifelhaft sein, daß bei beiden sadistische Gründe die Wahl ihrer Opfer bestimmten; dazu kamen Enteignung und Unterschlagung des Gutes der Verurteilten. Ganze Wagenladungen voll Hausrat ließ sich Geis in seine Wohnung nach Selters schaffen.

Augustin Huber stellt 1655 die Liste der »Exekutionskosten« zusammen, die sich Geis von den Verurteilten und/oder Geflohenen erpreßt hat. Sie ist nicht vollständig, zumal die alten Amtsrechnungen verlorengegangen sind und das Lindheimer Hexenbuch nicht zur Verfügung steht. Wenn man berücksichtigt, wie arm damals ein Großteil der Bürger ist, kann man nicht umhin, den Oberschultheiß als einfältig zu bezeichnen; ungeachtet der wenig sinnvollen Aufgabe, der er sein Leben widmet. Schauen wir kurz in diese Schreckensliste.

- Peter Mauer muß für seine Frau 30 Taler geben.
- Konrad Euler muß für seine hingerichtete Frau 30 Taler geben.
- Johann Adolf Schmidt muß für seine Mutter 40 Taler geben.
- Heinrich Kuhn muß für seine Frau 25 Taler geben.
- Johannes Reuneck muß für seine Mutter und seine Frau 89 Taler einschließlich des gesamten Hausrates abliefern.
- Peter Weber muß für seine Frau 18 Taler geben.
- Frau Marie muß für ihren geflüchteten Mann 20 Taler zahlen.
- Valentin Lochmann muß für seinen flüchtigen Schwiegersohn 20 Taler geben.
- Heinrich Kneller muß für seine flüchtige Frau 10 Taler geben.
- Andreas Esch muß für seinen Vater und seine flüchtige Mutter 100 Taler geben.
- Heinrich Leschier's Tochter und Schwiegersohn müssen für die geflohenen Eltern 150 Taler geben.
- Philipp Reuneck muß für seine flüchtige Frau, seinen Sohn und seine Tochter 7 Taler, ein paar Ochsen, ein paar Kälber, 8 Schweine, sein Schiff mitsamt dem Geschirr, alle bestellten Äcker und alle Hausvorräte abgeben.
- Klaus Adam muß für seine mit den 6 Kindern geflohene Frau das gesamte Mobilar abliefern.

Die Vorwürfe gegen Geis werden so massiv, daß man ihn im März 1664 unter der Bedingung absetzt, » . . . daß er sich stelle, falls er von jemand angeklagt werde«. In einem Schreiben vom 3. Oktober, das an seinen Nachfolger, Hieronymus Tacke, gerichtet ist, bezeichnet er die Lindheimer pauschal als »Hexengeschmeis«. Ende des Jahres 1664 haben die Familien Schüler und Esch gegen ihn und seinen Blutschöffe Klage beim Reichskammergericht erhoben. Die weitere Entwicklung ist nicht bekannt.

Johannes Koch von Gelnhausen

ist Richter und Stadtschultheiß und dadurch in gewisser Weise mit Balthasar Noß und Ludwig Geis zu vergleichen. In Gelnhausen bildet sich innerhalb der Bürgerschaft eine Opposition gegen die städtischen Machthaber, was durch die Religionswirren des frühen 17. Jh. begründet ist. Der erste protestantische Geistliche ist der Pfarrer Strupp. Er ist lange tot, da mischt sich seine Witwe unter die Opponenten. Nun kommt es zu einem Kirchenraub. Obwohl der Küster und ein Handwerker die Tat gestehen, wird die alte Frau belastet. Die Chronik berichtet: » . . . die Täter nutzen geschickt die Abneigung des Bürgermeisters Koch gegen die alte Frau«. Daraufhin wird sie eingezogen und gefoltert. Unter den Qualen gesteht sie das Gewünschte. Man gewährt ihr die Gnade(?), mit einem Schwert enthauptet zu werden. Später werden die wirklichen Täter verbrannt.

Daraufhin werden sowohl der Hexenriecher und der Bürgermeister wegen der von ihnen veranlaßten Ungerechtigkeiten entmachtet.

Unter der Regie des Gelnhäuser Bürgermeisters sollen 28 Urteile wegen Hexerei vollstreckt worden sein[230]. Er wird krank und stirbt in geistiger Umnachtung. Er bittet um Gnade für seine Untaten und stiftet aus noch unbekannter Motivation die noch heute erhaltene Kanzel in der Stadtkirche.

Zu guter Letzt: Willkürakte

Zu allen Zeiten wird auf die Schwierigkeit hingewiesen, »gerecht« zu sein. Es wird eines der größten Probleme im menschlichen Zusammenwirken bleiben: wir haben einen Baustein der Geschichte vor uns. Bei den Hexenprozessen kommt es (auch) wegen standardisierten Floskeln – die immer eine Unsicherheit

ausdrücken – zu besonders eklatanten Ausbrüchen. Ein Kritiker, Höhn, merkt dazu in seinem Betrugslexikon an: » . . . Richter betrügen, wenn sie von diesem und jenem Geld nehmen und wenn sie die Tortur schärfer oder gelinder als dem Urteil entsprechend am Malefikant vollziehen lassen, da der Inquisit in der Folter hängt, den Gerichtsdiener mitsamt den Schöffen und dem Henker entweichen lassen und allein bei dem Inquisiten bleiben, hernach aber dem Gerichtsschreiber in die Feder diktieren . . . was ihnen beliebt«.

»Scharfrichter betrügen, wenn sie nicht sowohl nach dem Befehl des Richters, als vielmehr nach ihren eigenen Affekten richten und wenn sie die armen Sünder zuviel leiden lassen«.

Die Formalitäten im Untersuchungsprozeß sind zum Teil willkürlich, was u.a. aus den Prozeßakten aus dem Bamberger Raum deutlich wird. Dabei werden Verurteilte im Protokoll unkorrekt bezeichnet, das Datum des Verhörs wird weggelassen und einzelne Protokolle werden laufend fortgeschrieben, so liegt das Schicksal der Delinquenten in der Hand der Schreiber und der sie beaufsichtigenden Personen. So werden für Handlungen, deren Ursprung ein religiös infiltrierter Aberglaube ist, Hunderte ermordet oder zu Krüppeln geschlagen.

Außerdem werden vereinzelt Personen verwechselt. » . . . empörend bei solchen Todesurteilen ist, daß da, wo mehrere nach einem Urteil bestraft werden, nicht einmal deren Namen vermerkt werden. Man hat sie Nummern herabgewürdigt und erkennt: . . . daß von den hier inhaftierten Personen, die im Protokoll sub. No. 2 oder sub. No. 3 bemerkten zum Tode verurteilt werden . . . wie leicht ist da eine Verwechslung möglich«?[231]

Nicht immer hält man es der Mühe wert, eine ordentliche Urkunde aufzusetzen und das gesetzliche Verfahren einzuhalten. So hat sich die westfälische Stadt Coesfeld 1613 einem Brandmeister aus Leipzig verschrieben, der eine Anzahl von Zauberinnen hinzurichten hat. Da dem Rat durch die Berufung hohe Kosten entstehen, läßt er durch den Scharfrichter einige weitere Unglückliche, die (noch) auf freiem Fuß leben, ergreifen und mit den übrigen verbrennen: » . . . weil diese noch nächstens hätten in die Untersuchung kommen können und in diesem Fall noch mehr Unkosten verursacht hätten«. Ein Pendant dazu gibt es auf der kirchlichen Seite, wie Bischöfe in der Eigenschaft als Landesherr den Befehl geben: » . . . wöchentlich doch wenigstens einen Hexenbrand mit 15 oder 20 Personen zu tun«.

Doch wie erfolgt die Hinrichtung? Die Carolina schreibt in § 96 das Brechen des Stabes vor und setzt damit eine antike Tradition fort. Der Stab gilt seit langem als Symbol der richterlichen Gewalt. Wird er gebrochen, bedeutet es, daß der Richter seine Pflicht gegenüber dem Verurteilten erfüllt hat. Von diesem Moment ab ist der Angeklagte recht- und schutzlos, » . . . dann nimmt der Schulzen Diener sein weiß Stöckgen und schlägt damit für sich auf die Lehne des Schöffenstuhles zum Zeichen, daß das Urteil gefällt und gleichsam das Stöckgen darüber gebrochen ist. Der Richter spricht daraufhin zum Scharfrichter gewandt: . . . du wirst diesen Übeltäter nun in deine Bande nehmen und ihn an Ort und Stelle bringen, und daselbsten an ihm vollziehen, was Recht und Urteil mitgebracht . . . von Gottes Rechts wegen«.

Nun führt der Scharfrichter den Missetäter zum Gefängnis bzw. zum Richtplatz.

In der Regel werden die Urteile öffentlich vollstreckt. In Offenburg werden die Malefikantinnen mit Burghofpferden auf einem Wagen vor das Rathaus geführt. Dort liest ihnen der Schatzmeister die Urgicht vor. Dann geht der Zug unter der Begleitung des Volkes, das johlend »Schellen, Schellen Sechser . . . alte, alte Hexe« ruft, zum Neutor hinaus, am Gutleutfeld vorbei und zieht weiter zum Galgenfeld.

Die Hinrichtung geschieht in der ersten Zeit durch lebendes Verbrennen: als Gnade wird verstanden, dem Verurteilten ein Säckchen mit Pulver umzuhängen, damit seine Todesqualen verkürzt erscheinen.

Mit dem Tod des Betroffenen ist der Vorgang nicht abgeschlossen. Jetzt kommt die Regelung des Nachlasses, die Bezahlung des Gerichts und die Abdeckung der Kosten an die Reihe. Hier schließt sich der Kreis der menschlichen Niedrigkeit. Gewiß war es nur in einzelnen Fällen so, daß man von »Bereicherung« der Justiz sprechen kann. Die These, daß die Richter generell habgierig waren, ist bar jeder Grundlage. Schlimmer als die materielle Seite ist die ideologische: man fängt Menschen, stempelt sie zu Verbrechern ab und übergibt sie – unter Bezug auf verfängliche Stellen im Alten Testament – lodernden Flammen. Die Häscher nennen sich Christen!

Die öffentlichen Hinrichtungen tragen dazu bei, den Hexenwahn im Volk zu verbreiten. Juristischerweise wird der Gedanke der Abschreckung in den Vordergrund gestellt. Kirchlicherseits der Teufelswahn. Aus dem Zusammenwirken dieser Komponenten wird das Treiben gegen die Hexen verständlich.

Diese Vorbemerkungen waren erforderlich, um jetzt das schaurige Kapitel der Hexenbrände aufzuschlagen.

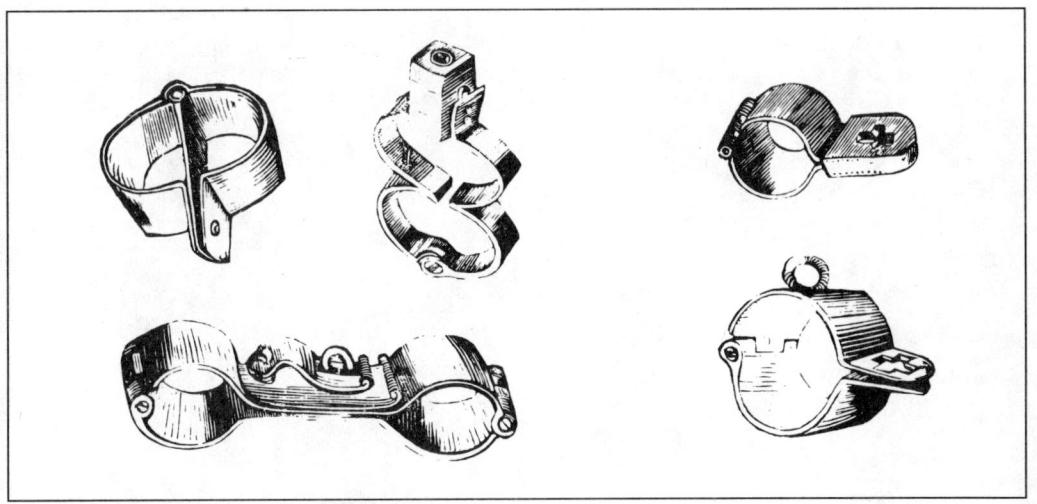

Die Hexen brennen

Wir wollen fragen, wie man im Einzelnen gegen die als Hexen und Zauberer Verschrieenen vorgegangen ist. Ob man in katholischen oder evangelischen Landesteilen mehr gegen sie wütet ist sekundär, denn beide nennen sich christlich und sind dem Teufelsglauben verpflichtet. Die Hexenbrände sind *nur* im Konsens der allgemeinen Geschichte verständlich[1], in die die Kirchengeschichte integriert ist. Wir wissen, daß die Verfolgungen *nicht* dem Mittelalter angehören, sondern zwischen dem 16. und 18. Jh. angesiedelt sind. Das Hexenbrennen umfaßt den gesamten deutschsprachigen Raum, alle Bevölkerungsschichten, Bildungsgrade und Altersklassen. In wenigen Fällen hat man vom Brand abgesehen und sich zur Landesverweisung entschieden.

Hexenverfolgungen brechen in den katholischen Fürstentümern Tier, Straßburg, Fulda, Würzburg, Mainz, Köln und Bamberg, den bayerischen Bistümern Eichstätt und Freising, wie im schlesischen Neiße aus, das dem Breslauer Bischof untersteht[2]. Hinzu kommen Hexenbrände im bayerischen Raum, im Ostalpenraum, in Werdenfels und in der Steiermark zum Ausbruch. Die Verfolgungen wüten genauso intensiv in den protestantischen Territorien Brandenburg, Braunschweig, Nassau, Hessen-Kassel, Kursachsen und Württemberg. Hier ziehen sie sich vom Großraum Stuttgart über die Freien Reichsstädte, nach Ulm, Saulgau, Schwäbisch Hall (mit Hohenlohe), Dinkelsbühl und Erlangen nach Oberschwaben (Saulgau). Für den Raum Esslingen sind sie gut erforscht.

Um die Intensität der Hexenverfolgungen zu dokumentieren, nachfolgend Beispiele aus *allen* Glaubenslagern. Daß der römisch-katholische Part vorangestellt wird, bedeutet keine Wertung. Das Motto lautet: wo es Christen gibt, da gibt es Teufel. Wo es Teufel gibt, da *muß* es Hexen geben. Sie sind auszurotten, um das winzige Häuflein der wirklich engagierten Christen nicht in ihrer Ideologie (= Glaubensruhe) zu stören. Es dürfte die bittere Wahrheit sein!

Wie sonst ist der katholische Geistliche des 17. Jh. zu verstehen, der proklamiert: »... wer den katholischen Glauben wissentlich verleugnet, *muß* verloren sein. Wie können (die)jenigen unschuldig sein, die Gott nicht leben lassen will. Es ist besser, eine kleine Zeit auf dem Scheiterhaufen zu brennen und an der Seele Glauben zu finden, als allezeit an Leib und Seele verdammt zu sein. Den Verurteilten stehe (ja) die Gnade zu, erst erwürgt und dann verbrannt zu werden: bei Unbußfertigen brauche man es nicht beachten«. Welch frommer Trost, welche Ergebenheit vor der christlichen Obrigkeit, welche Fehlinterpretation der historischen Fakten, welche Maß- und Rücksichtslosigkeit in der Argumentation? Noch 1884 erhebt der schwäbische Pfarrer Dr. Johann Georg Sauter seine Stimme »... um die schwersten Anklagen, welche in diesem Zusammenhang gegen die katholische Kirche geschleudert wurden, mit Energie zurückzuweisen«. Er übersieht, daß das schaurige Hexenbrennen allein *nur* durch die theologische Brille *nicht* bewertet werden kann, will man zu einem realen Ergebnis kommen.

Der 30-jährige Glaubenskrieg reduziert die europäische Bevölkerung auf ca. 1/4 des ursprünglichen Bestandes; d.h. sie schrumpft von ca. 16 auf 4 Millionen Menschen. Die mit diesem Unrecht (und: es war ein Glaubenskrieg) verbundenen politischen Unruhen mit seinem Morden, Wüten, Hungersnöten und Pesten lenken vom Hexenbrennen ab, bzw. verlagern das Übel für etwa zwei Generationen. Mit dem Kriegsende flammen die Hexenbrände (wieder) auf. Das Wüten erreicht mehrere Höhepunkte und flacht mit der zweiten Hälfte des 18. Jh. ab. Aufklärung, z.T. beißende Kritik an der Realität des Teufels und eine Zurücknahme der Folter spielen wesentliche Rollen.

Situation im katholischen Lager

Immer wieder gelingt es der Kurie, sich der Gunst des einfachen Volkes zu versichern und die weltlichen Herrscher in ihrer Abhängigkeit zu halten. Ihr Beitrag sind Illusionen. So ist es vor allem um die Mitte des 16. Jh. mit dem nachhaltigen Einfluß jesuitischer Hilfe. Damals gilt Deutschland als das festeste Bollwerk der Christenheit und zugleich als Zünglein an der Waage: das Analphabetentum ist krass; hier konnte das Faß des religiösen Übermutes überlaufen. Kaiser Karl V. versteht sich als Ordner der christlichen Staaten: er möchte sie mit päpstlicher Hilfe ausweiten und einigen.

Gegenüber den Protestanten nimmt er eine ablehnende Haltung ein und dokumentiert dadurch – hochgeehrt von katholischen Schreiber-Poeten – seine staatsmännische Kurzsichtigkeit.

Nach dem Sieg der Fürstenverschwörung unter Moritz v. Sachsen (1552) und dem Augsburger Religionsfrieden (1555) legt er die Krone nieder und zieht sich auf seine spanischen Besitztümer zurück. Er hinterläßt ein politisch, sozial und religiös aufgewühltes Land. Es gelingt ihm nicht, die Entwicklung von National- und Territorialstaaten zu unterbinden. Seine Epoche verdeutlicht, wie wenig der Glauben bedeutet: im Vordergrund stehen politische Gelüste, zu denen (auch) klerikale gehören. Die Spaltung der Kirche verwirrt die Gemüter der Herrschenden und die der Beherrschten. Ein Chronist bemerkt: » . . . mir schaudert vor den Sitten der Volkes, denn es sind Zeiten wie Sodom und Gomorrha. Überall herrschen Verbrechen, Religionsunsicherheit und Unsittlichkeit«[3].

Unablässige Angriffe der Humanisten und einiger Gelehrter auf das verlotterte Klosterleben sind angebracht. Das Frauenkloster Kirchheim u. Teck gilt als verrufenes Bordell. Ebenso die Klöster Gnadenzell und das Frauenkloster von Söflingen bei Ulm. Im Kloster Heggbach bekommt die Novizin Magdalena nach ihrer Vertreibung aus den heiligen Hallen ein Baby. Es wird doch nicht vom Teufel sein? Sexuell geknechtete Nonnen, Mönche und Geistliche sind in dieser Weise besonders anfällig. Sind sie doch »gewöhnliche« Menschen wie alle. Die sexuelle Knechtschaft führt unbeschreibliche Laster mit sich: die Folgen des Zölibats sind unübersehbar.

Bei näherem Hinsehen erkennen wir, daß es den Christen darum geht, dafür zu sorgen, die Macht des von ihnen in die Welt gesetzten Teufels nicht auszuweiten. Daß er ein Fabelwesen ist, wird über Jahrhunderte bestritten. Erst im 18. Jh. melden sich Theologen wie Balthasar Bekker zu Wort: sie werden mit äußerster Schärfe . zurückgepfiffen. Die Problematik meiner Untersuchung liegt in der Nahtstelle zwischen den angenommenen Teufeln und den ebenso angenommenen Hexen. Darum deklariert man das »Hexen« zunehmend als Ausnahmeverbrechen und besinnt sich darauf, daß man bereits zu Beginn des 2. christlichen Jahrtausends den Feuertod bei Ketzern angewendet hat; dies rechtfertigt (auch) die kontinuierliche Anwendung der Folter.

Auf diese Weise gelangt man zu den notwendigen Geständnissen und erst dies erlaubt die Verurteilung unter Anlehnung angeblich »göttlicher« Gesetze. Es führt in logischer Folge zum Hexenbrand auf einem Scheiterhaufen. In der Regel werden die Geistlichen erst nach der Verurteilung zu den Hexen gelassen. Nahezu alle Brände finden öffentlich statt: herbei sind Richter, Henker und das sensationslüsterne Volk.

Gleichfalls unterstellt man den Hexen – von einem allgemeinen Bildungsniveau kann kaum eine Rede sein – die Buhlschaft mit dem listigen Satan; in einigen Fällen geben es die Bezichtigten unumwunden zu. Man unterstellt die Verschreibung mit dem eigenen Blut, woraus die sog. »Teufelspakte« resultieren. Geflissentlich wird im katholischen Lager übersehen, daß es hier Fürsten und/oder Würdenträger sind, die die Lampe des Aberglaubens dem Volk vorantragen. Der Klerus gibt ein Beispiel seiner wirklichen Tugend. Was sie auf der einen Seite als Verehrung gutheißt, in Tabernakel schließt und zu Gottes Lob der Nachwelt überläßt, verdammt sie auf der anderen. Es kommt lediglich darauf an, wen man verherrlicht: einen gedachten Gott oder einen gedachten Teufel!

Neben anderen[4] weiht sich der Herzog Maximilian I. v. Bayern (1597 – 1651), seit 1623 Kurfürst in Altötting, der Jungfrau Maria, indem er sich ihr mit königlichem Blut verschreibt[5]. Die Originalurkunde wird 1649 im Tabernakel der Altöttinger Gnadenkapelle eingeschlossen und kann noch heute als Paradebeispiel menschlicher Einfalt bewundert werden.

Einen besonderen Status im christlichen Denken nehmen die Juden ein, denen man unterstellt, daß sie Jesus – einen Landsmann – ge-

▶

Die Herrin auf der Riegersburg. Portrait der Katharina Elisabeth von Galler. (geb. um 1608 – gest. 1672). In der Volkssage lebt sie als zänkische und gewalttätige Frau (= zänkische Liesl). Sie führt einen Prozeß gegen den Hauptpfarrer v. Riegersburg und wird daraufhin von ihm wegen ihres angeblich skandalösen Lebenswandels in Verruf gebracht.

tötet haben sollen. Entscheidende Gründe sprechen gegen diese Ansicht. So ist das Kreuzigen seinerzeit eine typisch »römische« Strafe für Verbrecher, während die Juden zur ebenso grausamen Steinigung gegriffen haben. Niemand weiß, wer Jesus Christus wirklich gewesen ist, wie er ausgesehen, gelebt, gehandelt, ob er etwas schriftliches hinterlassen und wie er sein Leben beendet hat. So wie es der Klerus darstellt kann, muß es jedoch nicht gewesen sein. Über den »rechten« Glauben kann man nicht streiten, denn es gibt ihn nicht. Ein Wesensmerkmal der Religion ist die Toleranz. Wo ist sie damals geblieben? Gewaltsam wird verteidigt, was als glaubenswahr anzusehen ist. Die überspannende Organisation bestimmt Glaube *und* Handeln. Es kommt zu merkwürdigen Stilblüten. Ein Beispiel geben uns die Stadtväter von Kintzdorf.

In Kintzdorf wütet der Teufel

In der Freien Reichsstadt Kintzdorf wacht man streng über das katholische Glaubensbekenntnis. Am 19. April 1599 beschließt der versammelte Rat: » . . . daß fernerhin keiner ohne Rücksicht auf seinen Stand als Bürger aufgenommen werden darf, der nicht der römisch-katholischen Kirche angehört«. Um Aufnahme in die Stadt Bittende müssen schwören, dem katholischen Glauben »anzuhangen«[6]. Der Chronist bemerkt: » . . . sogar unter den städtischen Bediensteten und Wächtern gebe es solche, die wie das unvernünftige Vieh etliche Jahre ohne den Gebrauch der hochheiligen Sakramente bleiben«. Daraufhin entzieht der Stadtrat allen, die sich von der Kirche entfremden, die Unterstützung und fordert ihren sofortigen Gang zum Abendmahl, » . . . falls sie ihre Entlassung umgehen wollen«.

Ein Opfer dieser Glaubenspolitik ist der Zoller Georg Fiedler: » . . . welcher seiner widerwärtigen Religion willen« des Amts enthoben wird. Selbst im Tod soll kein Irrgläubiger die katholische Einheit stören. Soldaten, die ihre Religion nicht unter Beweis stellen, werden nicht im Kirchhof beerdigt, sondern (nur) im Klostergarten verscharrt.

Den gleichen Eifer zeigen die Stadträte, um die Bürger zur Erfüllung der katholischen Pflichten anzuspornen. Nach der Osterzeit sendet der Kirchherr die Beichtzettel dem ehrbaren Rat mit der Aufforderung, sie fleißig durchzuschauen. Die Zünfte werden beauftragt, diejenigen anzuzeigen, die nicht gebeichtet haben[7]. Säumige werden in das Rathaus zitiert. Nachlässige Beichtkinder kommen »auf drei Tag(e)« in den Turm. Wenn sie nicht innerhalb von 14 Tagen zur Beichte schreiten, werden die Haftbedingungen verschärft, bzw. droht ihnen die Ausweisung. Zudem überwacht die Obrigkeit die Fastenvorschriften.

Es sind vor allem die Bürger selbst, die über die Glaubensfestigkeit der Anderen mit Argusaugen wachen. Es ist die Schicht, die mehr als 200 Jahre durch permanentes Denunzieren dem Hexentreiben Auftrieb gibt und es gleichzeitig Geistlichen ermöglicht, sich hinter dem Unrecht zu verstecken. Hinzu kommt der menschliche Rangstolz, die Neigung zu »Schmachreden«, andere zu erniedrigen um sich selbst ins »rechte« Licht zu rücken. Rasch fallen Schimpfworte wie »Hexe«, »Mannsverderberin«, »Mönchshure« und/oder »Pfaffenroß«. Hier zeigt sich die Frauenzunge spitz und kampfeslustig.

Am 29. Dezember 1600 erlassen der Schultheiß, Meister und Rat ein Manifest, in dem sie bittere Klagen über die Vernachlässigung des Gottesdienstes, des Nachlassen der Gottesfurcht bei Jung und Alt, das »hochsträfliche« Fluchen und über Mißbräuche beim Heiraten führen. Im Einzelnen tragen sie vor:

- » . . . beim Freien und Heiraten haben sich Mißbräuche gebildet, so daß nicht allein diejenigen, die sich im Witwenstand befinden, sondern auch die, die sich als Jungfrauen versprechen, sich jedoch schon vorher unzüchtig eingelassen haben und erst dann den göttlichen Segen erbitten. Dies wird mit höchstem Ernst untersagt. Wer sich nach solchem Übersehen zum Altar begibt, soll unnachsichtlich an Geld und Leib gestraft werden«.

- » . . . wer sich aus vorigem Grund in den katholischen Kirchen einsegnen lassen will, verliert das Bürgerrecht«.

- » . . . weil sich an Sonn- und Feiertagen manche gelüsten, während der Kirchzeit in den Pasteten zu schwelgen, in Wirtshäusern zu zechen oder unter den Toren unnützes Zeug schwatzen, zu fischen, jagen oder Früchte zu pflücken . . . wird dies während der Zeit des Gottesdienstes untersagt«.

» . . . da nun bei den Weibs- und Mannspersonen die abscheuliche Gewohnheit, Gott und die Heiligen mit Fluchen und Schwören zu lästern, sehr in Schwung gekommen, soll das Dekret vom 4. Juli 1599 (wieder) verkündet werden, wonach alle Hausväter oder -mütter, Kinder, Gesinde und Hausbewohner von diesem üppigen Gotteslästern abzuhalten haben. Jeder, der solche Flüche hört, soll beim regierenden Stettmeister Anzeige erstatten«.

Die Reglementierungen bringen nicht den gewünschten Erfolg. Im März 1626 hören wir von einer Klage des Stettmeisters: » . . . daß die Jugend täglich mit Schwören, Johlen, Schreien und anderen Vergehen bis in die Nacht hinein ein üppiges Leben auf den Gassen führe«. Man beabsichtigt, sie in das »Narrenhäuschen« zu stecken, falls die Mahnungen der Eltern nichts nutzen.

Der Sohn des Schulmeisters pißt auf den Kirchhof und in den Weihwasserkessel. Andere balgen sich in der Kirche und schlagen im Kloster einen Beichtstuhl zusammen. Die Witwe Bätz hat im Juli 1609, als man von der Kanzel das Fest der Maria Magdalena verkündete, geäußert: » . . . ob man diesem losen Weib noch einen besonderen Feiertag halten müsse und dadurch die Leute bei so gutem Wetter der Erntearbeit entzieht«. Sie wird eingetürmt und später aus der Stadt gewiesen. Die Ernährungsgrundlage war seinerzeit die Landwirtschaft. Der Pfarrer Teufel von Ekersweiler flucht »gotteslästerlich« auf offenem Markt, schlägt einen Geistlichen, kränkt eine hübsche Frau mit einem weinduftenden Kuß und wünscht zuletzt Donner und Hagel über die Stadt. Daraufhin wird er in »den Turm« gesteckt.

Wer wundert sich, wenn es zu Verleumdungen kommt. Es ist die falsch verstandene Religion, das pflichtgemäße Glauben ohne wirklich zu glauben; diesem steht die ebenso unnatürliche Religiosität gegenüber, die gleichfalls für das Hexentreiben verantwortlich wird. Ob es in Kintzdorf Hexenbrände gegeben hat, weiß ich nicht. Ich stelle dies Beispiel voran, um die Situation zu verdeutlichen, in der das Hexenwesen und -treiben zu wuchern beginnt.

Das Trierer Hexennest

Der Großraum Trier nimmt im deutschen Hexentreiben einen wichtigen Platz ein.

Wenngleich die detaillierten Vogänge nicht ausreichend geklärt sind, bleibt feszustellen, daß die Hexenbrände von hier aus in das mittlere und südliche Deutschland fließen[8].

Dies ist einerseits auf den Kurfürst Johann v. Schönborn zurückzuführen, der seine Erkrankung dem Einfluß von Hexen zuschreibt und andererseits untrennbar mit der Person von Peter Binsfeld verbunden, der 1580 dort zum Weihbischof ernannt wird und acht Jahre später während eines Krankenbesuches an den Folgen der Pest stirbt[9]. Binsfeld gilt als religiöser Fanatiker[10] und erhebt Trier zum Schauplatz gräßlicher Hexenbrände. Rücksichtslos geht er gegen diejenigen vor, die seinem Wüten Einhalt zu gebieten suchen: Binsfeld gilt als Anstifter und Drahtzieher der Trierer Hexenprozesse. Von ihm hat sich der Ausspruch erhalten: » . . . es ist eine Grausamkeit, Hexen zu schonen«[11].

Als Suffraganbischof veröffentlicht er 1558 eine Schrift über die Glaubwürdigkeit der Hexenbekenntnisse. Der Traktat erscheint kurz danach in einer 2. und vermehrten Auflage. Der Einfluß dieses Buches läßt sich weit bis in das 18. Jh. hinein verfolgen, zumal es durch Bernhard Vogel, den Assessor des Münchener Stadtgerichts unter dem Titel »Von (den) Bekenntnissen der Zauberer und Hexen« ins Deutsche übertragen wird. Ich bewerte den Einfluß dieses Buches höher als den Hexenhammer. Schon in der Widmung läßt er die Katze aus dem Sack: » . . . es gilt für die göttliche Ehre zu kämpfen, die durch solche Verbrechen beleidigt wird. Die Zauberer sind gänzlich auszurotten: so will es Gott . . . wer die Schlechten walten läßt, (der) fördert sie«. Am Schluß seines Buches nennt er 20 Indizien, mit denen es möglich ist, jeden x-beliebigen in das Netz des Hexenwahns zu treiben.

Zu den Ruhmestaten von Binsfeld gehört der von ihm erzwungene Widerruf des Kanonikers Cornelius Loos, der sagt, daß das Wüten gegen die der Hexerei beschuldigten durch den Bischof entfacht worden sei: dazu gehört der Prozeß am kurfürstlichen Rat Dr. Flade, der mit zwei Bürgermeistern, Stadtherren und Priestern in Trier hingerichtet wird[12].

Zurück zur Krankheit des Kurfürsten. Er geht in der Vorstellung auf, daß ihm diese durch einen Jungen, der während der Hexenversammlung als Paukenschläger dient, verursacht ist. Er soll ihm Gift gereicht haben. Daraufhin wird er eingezogen und Jesuiten über-stellt. Sie hängen ihm ein »Agnus Dei« um den Hals und vermitteln ihm Glaubens(un)wahr-heiten. Bemerkenswert sind die Aussagen des Denunzierten: » . . . einige Hexen hätten ver-sucht, die Jesuiten durch Gift umzubringen, doch es wäre ihnen nicht gelungen. Dann hät-ten sie versucht, ihren Weinkeller zu leeren, doch der Name ‚JESU' auf den Fässern habe sie an ihrem Vorhaben gehindert. Er kenne die Künste der Zauberinnen, wisse wie sie Unwet-ter erregen, wie man Menschen und Vieh schä-digt und (wie man) Saaten vernichtet«[13].

Loos und Dr. Flade

Der Niederländer Cornelius Loos[14] stu-diert und promoviert in Mainz und geht dar-aufhin in seine Vaterstadt Gouda zurück. We-gen der Einführung des Protestantismus wan-dert er nach Köln (aus) und verfaßt das Buch »die falsche und wahre Magie«[15], ein Thema, das die Gemüter erregt und ein Werk das un-mittelbar darauf von der Obrigkeit konfisziert wird. Darin widerspricht er an grundsätzlichen Punkten der Auffassung der Geistlichkeit. Er proklamiert, daß die Hexenfahrten auf Einbil-dungen ruhen. Es gebe keine Zauberer, die den Teufel verehren: es seien leere Träume[16]. Man zwinge die Hexen mit der Folter zu absur-den Geständnissen.

Wie recht er hat und wie unrecht er behan-delt wird. Loos ist ein Vorkämpfer des Jesuiten Spee, der diesen Faden aufgreift und dadurch die Fackel der Wahrheit ein winziges Stück-chen voranträgt.

Binsfeld läßt es sich angelegen sein, seine Machtfülle auszuspielen und die Verbreitung des Loos'schen Buches zu unterdrücken, denn es stellt seine Ansichten – und damit die der führenden Geistlichkeit – bloß. Wo die Macht ist, da sind in der Regel (auch) das Unrecht und die Willkür. So wird der Kanoniker auf Be-fehl des päpstlichen Nuntius, des Bischofs von Tricarcio, verhaftet und im Benediktinerklo-ster St. Maximilian (Trier) eingeschlossen. Im Beisein des Weihbischofs, des erzbischöflichen Offizials und eines Abtes wird er am 15. März 1592 gefoltert[17] und gezwungen, sich zu ei-nem 16-Punkte umfassenden Widerspruch zu bekennen, der das kuriale Denken verdeut-licht. Binsfeld sonnt sich im Triumph seiner al-bernen Würde, versteht jedoch nicht, daß ver-bale Äußerungen – unter Zwang getan – nicht

den dahinter liegenden Geist löschen. Ein ähnliches Spiel trieb man mit Galilei. Und: wie weit ging doch dessen geistiger Horizont über den theologischen hinaus!

Binsfeld meint zu frohlocken, als Loos unter den Qualen der Folter bekennt: » . . . all diese Sätze, zusammen und einzeln, die vielen Ver-leumdungen und Lästerungen, die ich leicht-fertig, unverschämt und fälschlich ausgesto-ßen habe, und wovon meine Schriften über das Zauberwesen wimmeln, widerrufe und ver-damme ich. Ich bitte für meine Missetaten um Verzeihung. Ich verspreche heilig, daß ich in Zukunft, wo es auch sein mag, nichts derarti-ges lehren, ausbreiten, verteidigen und be-haupten werde. Sollte ich dagegen handeln, unterwerfe ich mich allen Strafen der rückfälli-gen Ketzer, Widerspenstigen, Rebellen, Eh-renschänder und Majestätsbeleidiger.

. . . ich unterwerfe mich jeder willkürli-chen Strafe, sowohl des Erzbischofs von Trier als auch jeder anderen Obrigkeit, unter der ich mich aufhalte und die von meinem Rückfall und Eidbruch Kunde bekommt; damit sie mich an meinem Vergehen züchtige. Zur Bekräfti-gung habe ich meinen Widerruf eigenhändig unterschrieben«.

Daraufhin wird er freigelassen und findet als Vikar in Brüssel eine Anstellung. Bald danach steckt man ihn erneut in einen Kerker. Dann entlassen, sieht er sich zum drittenmal an-angeklagt. Sein Tod (3. März 1593) entzieht ihn weiteren Verfolgungen. Loos legt durch sein Handeln – die Inkonsequenz seines Widerrufs, denn die Verweigerung hätte den Tod bedeutet – den Samen *gegen* das widersinnige Wüten ge-gen die als Hexen Bezeichneten. Obwohl in der jesuitischen Literatur zum Ausdruck kommt, daß man ihn als Ketzer betrachtet[18], wächst allmählich der Widerstand gegen diese Variante des kurialen Wahnsinns.

Dr. Dietrich Flade bekleidet seit 1585 das Amt des »rector magnificis« an der Universität von Trier und wird dann kurfürstlicher Schult-heiß[19]. Binsfeld inszeniert gegen ihn einen Komplott, gegen den er machtlos ist. Geistli-che und weltliche Würdenträger erwarten Re-ferenz!

Flade führt 1582 als Oberrichter einen Pro-zeß gegen die der Hexerei angeklagte »brau-n(e) Gret« aus Trier, die sechsmal die Folter übersteht, ohne ein Geständnis abzulegen. Vermutlich wird sie freigesprochen, denn Flade hält man vor: »...von ihm wisse man ohnehin, daß er die Hexen in Schutz genommen habe«. Schließlich gibt der damalige Kurfürst, Erzbischof Johann v. Schönborn am 3. Juli 1588 von Koblenz aus den Befehl, eine Untersuchung gegen den Richter einzuleiten. Widerwillig wird sie von Christian Fath geführt. So findet man in den Akten der Hingerichteten 23 x den Namen von Dr. Flade in unterschiedlichen Zusammenhängen.

So kommt er in Folterberichten vor. Sie sagen: »...er (Dr. Flade) sei während der Hexentänze auf der Hetzerader Heide und sonstwo zugegen gewesen, er sei auf einem feuerroten Pferd oder in einem prächtigen Wagen erschienen, mit einer goldenen Kette um den Hals... er habe den Vortanz gehabt und zudem habe er sich daran beteiligt, Ernten und Vieh zu verderben«.

Bald wird er als Hexenmeister angesehen und verhaftet. Der Statthalter legt seinem Opfer 40 Fragen vor. Nach der Beantwortung schwört Flade vor dem Kreuz und den Evangelisten den Eid der Reinigung (= Purgation). Die Hände werden ihm auf den Rücken gebunden und er wird so fest aufgezogen, daß sein Lebenswille bricht und er die ihm unterstellten Verbrechen gesteht. Er weiß, daß es seinen Tod bedeutet. Man gewährt ihm, erst »gnädiglich« erwürgt und daraufhin verbrannt zu werden. Das Urteil wird am 16. September 1589 verlesen. Am Scheiterhaufen hält er eine kurze Rede, wird dann erwürgt und den Flammen übergeben.

Kölner Hexentreiben

Man kann Köln bis auf wenige kurzfristige Zeitläufe als lupenrein katholisch bezeichnen. An der Universität treibt die Scholastik Blüten. Als der berühmteste Lehrer wird Albertus Magnus (1193 – 1280) angesehen, der in der Zauberfrage eine vorsichtige Haltung einnimmt und sagt: »...sie ruhe oft auf Täuschungen. Lediglich das einfache Volk sehe aufgrund seiner mangelhaften Bildung einen Zusammenhang mit zauberischen Handlungen«. Er hat zwar recht, doch macht er den Fehler, daß dieses Denken nicht aus dem Volk stammt, sondern ihm von der Obrigkeit injiziert ist. Magnus glaubt wie nahezu alle seine Zeitgenossen an die Existenz von Teufeln. Sein Schüler, Thomas v. Aquien, baut die Teufelslehre aus und läßt sich von In- und Sucuben, der teuflischen Buhlschaft, dem Wettermachen und den nächtlichen Ausfahrten inspirieren. In sinnlosen Erörterungen über die Fähigkeit, zwar nicht der eigenen Frau, doch einer anderen geschlechtlich beiwohnen zu können[20], hat er der Nachwelt einen Schatten überlassen.

Gegen Ende des 13. Jh. beschäftigt sich eine Kölner Synode ausführlich mit der damals viel diskutierten Frage der »impotentia ex maleficio« und exkommuniziert diejenigen, die unter zauberischem Einfluß der Ehe schaden.

1357 verfügt der Erzbischof die Exkommunikation über Beschwörer, Looswerfer und Wahrsager. Eine Synode von 1450 setzt sich mit dem Thema auseinander, ob sich Wahrsager und Beschwörer, die mit Teufeln in Verbindung stehen, in den Pfarreien aufhalten können. So einfach war es nicht: ein päpstlicher Bannstrahl, eine Exkommunikation, der Seitenhieb eines hörigen Geistlichen von der Kanzel... und der Betroffene hat kaum eine Chance, der einsetzenden Denunziation und anschließenden Verfolgung zu entgehen.

Köln bleibt von großen Verfolgungswellen verschont. Erst zu Beginn des 17. Jh. lodern hier die (Hexen)scheiterhaufen. Lediglich was die Approbation des Hexenhammers anbelangt, gibt die dortige Universität ein unrühmliches Beispiel am Vorabend der Reformation. Die beiden wichtigsten und am besten erforschten Prozesse sind die gegen Katharina Henot und Christina Plum, auf die ich detailliert eingehe.

Und doch lassen sich die Verfolgungen im Kölner Raum weit zurückdatieren. 1074 wird eine Frau von der Stadtmauer gestürzt, weil sie im Verdacht steht, durch magische Künste (die) Menschen zu betören. Aus dem 12. und 13. Jh. liegen fragmentarische Überlieferungen vor. 1163 wird vom Verbrennen eines Mannes berichtet, der kurz vor seinem Tod Brot und Wasser verlangt. Aus Furcht vor dämonischen Einflüssen wird es ihm verweigert. 1453 schlüpft ein junges Mädchen in die Rolle der kurz davor verbrannten Jungfrau von Orleans. Sie setzt sich bewaffnet und in Männerkleidern anläßlich des Trierer Bischofsstreites in Szene. Der deutsche Inquisitor Kalteisen versucht, die Emanzipatorische vor ein Tribunal zu zerren.

Für den 26. Februar 1446 ist der erste Kölner Hexenprozeß urkundlich erwähnt. Er endet mit einem Freispruch des Bezichtigten, nachdem er eine Urphede geschworen hat. Jahre später fällt das Hohe Gericht zwei Todesurteile wegen ausgeübter Zauberei. Die Betreffenden stehen im Gerücht, ein »Unwetter« gemacht zu haben. 1487 – im Jahr des Malleus – verurteilt ein Gericht eine Frau mit deren Tochter wegen eines gemeinsam ausgeübten Mordes, nachdem die Tochter unter der Folter die Mutter denunziert und hervorhebt: » . . . daß sie anderen Frauen das Zaubern gelernt habe«. Beide werden lebend vergraben[21].

Mit der Spaltung des »rechten« Glaubens schlägt der Protestantismus Wurzeln im Großraum Köln. In Bonn, Linz und Andernach bilden die Protestanten die Mehrheit. Als 1582 der Kurfürst Gebhard zur »neuen« Religion wechseln möchte, trifft ihn der Bannstrahl des Papstes: schon immer verfügt das Kurialsystem über ein funktionables Informationsnetz. Spanische Truppen rücken kurz danach in das Bistum. An die Stelle des Abtrünnigen rückt ein Katholik. Folgerichtig ist es kein Wunder, wenn seit 1589 ein päpstlicher Nuntius in Köln residiert[22].

1509 ist ein erstes vor einem Gericht abgelegtes Geständnis einer Hexe überliefert. Eine Tringin von Breising bekennt: » . . . der Teufel wäre in ihr Haus auf dem Heumarkt gekommen und dort habe sie Gott, der hl. Mutter Maria und den Heiligen abgeschworen. Daraufhin habe sie der Teufel an der Stirn geritzt (= stigma diabolicum); daraufhin habe er Unzucht mit ihr getrieben. Einmal wäre sie auf dem Hexentanz gewesen, wo man gegessen habe und gesprungen sei (= getanzt hat). Hernach habe sie ein Gewitter gemacht«.

1536 verbietet eine Kölner Synode die abergläubische Anwendung des geweihten Wassers, Salzes, Wachses und der Kräuter zur Behandlung kranker Tiere.

In Köln sind es vor allem Geistliche, die den Hexenwahn schüren. Eine Paradefigur ist der Generalvikar Johann Galenius, der mehrere Gutachten zu unserem Thema verfaßt. Der Dechant von St. Severin, Glimbach, trägt zur Aktivierung des Hexentreibens bei. Während im Sommer 1629 die der Zauberei angeklagte Christina Plum aus der Haft entlassen wird, erfragt er die Namen der zuvor Denunzierten und gibt sie an Dritte weiter.

Auf der anderen Seite stehen ihnen vernünftige Leute gegenüber, die das Wüten gegen die Hexen einzudämmen suchen und auf deren Schwachstellen, wie Folter, Leichtsinn und Denunziantentum aufmerksam machen. Zu ihnen gehört der Jesuit Spee, der sich während der Zeit von 1627 bis 1628 am Dreikönigsgymnasium aufhält. Zu den Aufrichtigen gehört der Dechant Hartger Henot.

Der Kölner Erzbischof Hermann von Wied entzieht den Hexenverfolgungen eine Stütze, indem er 1583 auf den vergessenen »canon episcopi« aufmerksam macht[23] und den Glauben an die Luftfahrten der Hexen wie deren Verwandlung in Tiere verwirft. Der Ratsherr Hermann Weinsberg[24] steht dem Hexentreiben kritisch gegenüber und sagt um 1589: » . . . den 30. Juni wollten etliche für gewiß halten, daß die Hexen und Zauberinnen das Unwetter verlittener (= vergangener) Nacht gemacht hätten. Denn das Gerücht ging jetzt stark, wie der Kurfürst in und außerhalb von Trier viele Zauberer und Zauberinnen gefangen, verbrannt und ertränkt habe. Einige geben vor, es wäre eine freie und natürliche Kunst. Aber über die Zauberei kann ich nach meinem Verstand nicht urteilen. Ich höre auch, daß sich die Leute darüber nicht einig sind. Etliche glauben nicht daran und halten es für Phantasie, Dichtung und Nutzlosigkeit. Andere, Gelehrte und Ungelehrte, halten viel darauf. Doch wird es Gott am besten wissen«.

» . . . mich wundert, daß es im katholischen Stift Trier so viel böse Weiber geben soll und nicht auch in Köln. Sollte es bei uns nicht ebenso soviel Mittel geben, um die Wahrheit zu erforschen? Noch heute sitzt ein armes Weib auf dem Alten Markt am Brunnen. Man sagt, es sei eine Zauberin und verlangt sie zu verbrennen. Die Zauberei ist ein ungewisser Handel und man hat viele Gründe, daran zu zweifeln. Es gibt böse Leute, die irgend ein altes Weib als Zauberin schelten und sie dadurch in Verruf bringen«.

» . . . wenn man aus Haß oder Leichtfertigkeit die Mitmenschen in böse Gerüchte bringt, wird man es schwerlich vor Gott verantworten können. Ich weiß wohl, daß es böse, argwöhnische, niedrige, aufsässige, unzüchtige und schädliche Weiber gibt. Daraus folgt nicht, daß es Zauberinnen sind. Ich habe nie ein Weib gesehen, daß imstande wäre, Hunde, Katzen,

Mäuse, Schlangen oder Kröten zu machen, in Weinkeller zu schlüpfen oder mit dem Teufel zu tanzen«[25].

Am 31. Oktober 1589(?) wird in Köln Peter Stube geviertelt und verbrannt, weil er 25 Jahre(?) mit einer Teufelin gebuhlt und sich mit Hilfe eines Gürtels in einen Wolf verwandelt haben soll. Am 8. Mai 1593 wird Johann v. Pulheim geviertelt. Er soll 200 Pferde und anderes Vieh geraubt und dabei Leute umgebracht haben. Man sagt ihm nach, er habe schwangeren Frauen den Bauch aufgeschlitzt und die Herzen ihrer Kinder gefressen, um sich schußfest zu machen[26].

1631 geht eine verdächtige Frau zum Markt und wird als »scharze« Hexe angerufen. 1647 und 1650 kommt es in Köln zu weiteren Prozessen. Eine Frau und ihr elfjähriger Sohn werden zum Tod verurteilt[27].

An dieser Stelle kann ein Mißverständnis beseitigt werden, dem Soldan aufgesessen ist. Es geht um den Schriftwechsel zwischen dem Pfarrer Duren v. Alfter an den Graf Werner v. Salm, der besagt: » . . . daß wegen der vielen Hexenmeister die halbe Stadt draufgehe . . . selbst Kinder von drei bis vier Jahren haben ihren Buhle. Summa, es ist ein solcher Jammer, daß man nicht weiß, wie man mit diesen Leuten umgehen soll«. Inzwischen steht fest, daß sich dieser Hinweis auf den Würzburger und nicht auf den Kölner Raum bezieht[28].

Der Prozeß gegen Christina Plum[29]

steht in einer Querverbindung zur Aburteilung von Katharina Henot. Zudem beinhaltet er Besonderheiten. Einmal entschließt sich der Rat, indem ein Bote offiziell Denunzierte informiert. Zum anderen versteht sich Christina als Hexe. Am 15. Mai 1632 werden die den Prozeß betreffenden Akten in einer eisernen Kiste deponiert. Sie wird mit einer Kette an der Wand befestigt und im Beisein zweier Schöffen und Deputierter im Schöffenschrein hinterlegt. Meines Wissens ist dies der einzig bekannte Fall, wo man derartige Dokumente so verwahrt: vielleicht, um der Nachwelt zu dokumentieren, daß man sich bemüht hat, »gerecht« zu sein!

Die 24-jährige Christina Plum ist die Tochter eines Kölner Gürtelmachergafferboten. Sie leidet unter Wahnvorstellungen und lebt in einem zwielichtigen Ruf. Vor Geistlichen bekennt sie sich zur Hexerei und sagt, »Catharina

(Henot) habe sie dazu verführt«. Ihre Nervosität führt sie auf teuflische Einflüsse zurück. Offensichtlich ist sie geistesschwach, denn sie bittet um die Todesstrafe, die sie als Erlösung ansieht.

Am 27. und 29. April 1629 wird sie von den Stimmeistern und Syndici verhört. Sie sagt: » . . . die Henot wäre ihr ein halbes Jahr nach ihrem Tod erschienen und habe sie auf den Hexentanz mitgenommen«. Bereitwillig denunziert sie während der Befragung zehn Personen, z.T. stadtbekannte Bürger. Weil zwei Priester ihre Aussage als unbedenklich anerkennen, denunziert sie weiter. Jetzt ordnet der verunsicherte Rat ihre Inhaftierung im St. Gereonsturm an. Am 26. Mai wird sie dem Hohen Gericht zur Aburteilung überstellt, doch gegen Auflagen entlassen.

Es wird ihr untersagt, Namen von Beschuldigten bekannt zu machen. Für sie gilt es wenig und sie berichtet dem erzbischöflichen Vikar und Spiritialibus, dem Domdechant Glimbach und einem Schöffe des Hohen Gerichts die Namen der Denunzierten. Weil sie sagt: » . . . sie habe auf dem Hexentanz einen Jesuit getroffen . . . so gelb von bardt und völlig von angesicht gewesen, der sie gequält (habe) und mit ihr habe Unzucht treiben wollen«, bemüht sich Glimbach, an den Beichtstühlen vorbeizugehen, um den Betreffenden ausfindig zu machen[30].

Am 10. Februar entschließt sich der Rat zu einem im Rahmen der Hexenverfolgung einmaligen Schritt und bestimmt: » . . . weil die Christina so viele ehrliche Leute angesagt und diffamiert (habe), deren guter Leumund dadurch geschmälert werde . . . soll den Betroffenen die Denunziation mitgeteilt werden«.

Der Turmschreiber bekommt den Auftrag, Abschriften der Vernehmungsprotokolle zu überbringen. Unter den Beschuldigten befinden sich der Domherr Hartger Henot, zwei seiner Schwestern, der städtische Syndikus Dr. Wissius, ein Dr. Spiegel und die Frau von Bürgermeister Hardenrath. Eine Ennen nennt den Domherrn, Fürst Franz von Lothringen, die Frau des Bürgermeisters Lyskirchen und den Erzbischof Ferdinand v. Bayern, macht jedoch keine näheren Angaben. Das Beschuldigen von hochgestellten Personen zeigt sich immer wieder im Hexentreiben, so als wollten die überwiegend aus den unteren Volksschichten Bezichtigten stammenden sagen: »... nehmt euch (auch) die Reichen und Begüterten vor«.

Wieder wird die Plum in den Cunibert-(s)turm gesperrt und von Soldaten bewacht. Man will verhindern, daß sie weitere in die Todesschlinge des Hexenwahns verstrickt; nicht einmal der Beichtvater wird zu ihr gelassen. Zur Jahreswende 1629/30 erreicht die Erregung einen weiteren Höhepunkt. Am 11. Januar wird dem Rat vorgetragen: »... daß sich nach der Aussage der Plum mehrere Hexen zu einem Bündnis verschlossen (= zusammengetan) haben, um Unschuldige zu denunzieren... um auf diese Weise der Justiz hinderlich zu sein«.

Daraufhin werden zwei Frauen verhaftet. Neue Nahrung erhält das Gerücht durch ein von Glimbach verfaßtes Flugblatt, das anonym erscheint und Verwirrung stiftet. Es vermittelt den Eindruck, daß Köln voll Hexen sei und daß man den Eindruck habe, daß es der Stadt den heiligen Charakter nehme. Der Rat würde nicht die geringsten Anstrengungen unternehmen, um das Laster auszurotten, so daß die Teufel (ungehindert) ihr Unwesen treiben könnten.

Unmittelbar darauf läßt der Rat die Druckpressen zerstören, die verfügbaren Exemplare beschlagnahmen und öffentlich verbrennen. Der Verkauf des Flugblattes wird mit Strafen belegt. Glimbach wird gezwungen, sein Pamphlet zurückzuziehen. Währenddem verweigert die Plum die Nahrung: »... wodurch sie in Lebensgefahr geraten und sich zur Vornahme der Tortur desto unbequemer mache«.

Geistliche werden zur Folter hinzugezogen. Sie haben die Aufgabe, die vom Teufel bereiteten Hindernisse aus dem Weg zu schaffen. Wegen aufgetretener Schwierigkeiten, vor allem der Uneinigkeit innerhalb des Gerichts, gibt der Kurfürst am 28. Dezember die Anweisung, das Verfahren ruhen zu lassen, bis man weitere Vorkehrungen treffen kann. Schließlich wird der Urteilsspruch erstellt. Die Sentenz wird am Mittwoch, den 16. Januar 1630 verfaßt. Die Angeklagte befindet sich im Turmhof, inmitten eines von Soldaten gemachten Kreises. Das Urteil wird öffentlich verlesen und lautet sinngemäß:

»... in Sachen (der) Christina Plum bekannten Missetaten wird zu Recht erkannt, daß Gedachte wegen der (ein)gestandenen Absagung Gottes, der Allmächtigen und seiner lieben Heiligen, der Verunehrung der hochwürdigsten heiligen Sakramente ... wegen (ihrer) Vermischung mit dem leidigen Satan ... wegen (ihrer) katholischen Religion schädlichen Verbindung ... sie betreibe teuflische Konspirationen ... er habe ihr bei der Scheinbeichte beigewohnt ... und zugleich habe sie andere der Hexerei beschuldigt. Sie habe an Menschen und Früchten verbotene Zauberei geübt. Deshalb soll man sie auf den Scheit setzen und öffentlich durch die vornehmen Straßen der Stadt schleifen. Sie soll an sicheren Orten mit glühenden Zangen gespitzt (= gezwickt) werden ... zum Galgenberg geführt und daraufhin mit dem Feuer vom Leben zum Tod gerichtet werden. Weil uns aber die Geistlichen berichten, daß Christina ihre begangenen Sünden herzlich beweine, wird in Erwägung ihrer Constitution, Jugend und der hochbeklagten Verführung die gerechte Strafe dahingehend gemäßigt, daß sie mit dem Strang vom Leben zum Tod zu richten ist ... und daß (dann) ihr toter Leib mit dem Feuer zu Asche zu verbrennen ist«.

Damit endet der spektakuläre Prozeß!

Christina denunziert u.a. die Hebamme und Witwe Sybille Wilhelmstein, die trotz ihres »untadeligen« Rufes ins Geschrei kommt. Am 12. Januar 1629 bezeugen 25 Bürger ihre treuen Dienste. Nun beschuldigt sie die wahrscheinlich besessene Mechthild von Bremerbroch in einem Verhör vom 9. März der Hexerei. An der Verbreitung des Gerüchts beteiligt sich der Jesuit P. Belte (= Bolden?), indem er meint: »... und sie wäre *doch* eine Zauberin«. Am 12. Mai wird sie den Schöffen überstellt und am 31. zur Strangulation und anschließenden Verbrennung verurteilt.

Bamberger Hexenprozeß

Das Bamberger Echtbuch (= Achtbuch) erwähnt unter dem 24. August 1421, daß Jacob Vogler von Pleydenstein den Eid geleistet habe, die Stadt Bamberg für zehn Jahre im Umkreis von zehn Meilen zu verlassen, da er versucht (habe), den Leuten wahrzusagen, wer ihnen die Pferde gestohlen (hat)[31]. Dann schweigen die Quellen für etwa 1 1/2 Jahrhunderte. 1591 versammelt der Markgraf von Ansbach-Bayreuth geistliche und weltliche Räte, um sich mit ihnen über die Bekämpfung der

Hexen zu beraten. Im gleichen Jahr verfaßt Adam Francisi seine »Generalinstruktion von den Trutten«[32].

Allmählich häufen sich die Todesurteile wegen Zauberei in dieser Region. Am 31. Juli 1595 verkündet das Zentgericht: » . . . daß Margaretha Behemerin wegen Teufelsbündnis zu lebendem Brand verdammt (= verurteilt) wird. Am 30. März 1610 erläßt Gottfried v. Aschhausen für Bamberg ein Mandat gegen das »hochsträfliche und gräuliche Laster der Zauberei . . . wie gegen unnatürliche und verbotene Künste«. Zuwiderhandlungen unterliegen dem kaiserlichen Recht und der sog. Bamberger Gerichtsreformation (= Bambergiana aus dem Jahr 1510, die der »Carolina« vorausgeht).

Vom Juni 1612 bis zum Herbst 1613 werden in Kronach, Hallstadt, Steinwiesen und Staffelstein Prozesse wegen Hexerei eingeleitet und durchgeführt. Aus Bamberg ist innerhalb der Regierungszeit des Gottfried v. Aschhausen bis zum März 1616 nur *ein* Prozeß bekannt, der das Hexen betrifft. Ab 1617 häufen sich die Verfahren. In Bamberg wird durch das Heranrücken der Schweden die Verfolgung der Hexen und Zauberer unterbrochen. 1632 belagern die Schweden die Stadt: an die Stelle des alten Jammers tritt ein neuer. Die im Drudenhaus befindlichen Zauberer werden entlassen, müssen jedoch schwören, nichts über Haftbedingungen zu erzählen«[33].

Der Höhepunkt der Bamberger Hexenverfolgungen wird unter Johann Georg II., dem »Fuchs v. Dornheim« (1623 – 1633) erreicht. Fuchs v. Dornheim flieht nach gescheiterten Verhandlungen aus dem Hochstift. Im Februar 1633 ergibt sich Bamberg: der Geistliche kann nicht zurückkehren. Er stirbt am 29. März 1633, verzehrt von seinen Sorgen um das Haschen der katholischen Seelen im Kollegiatstift Phyrn an der österreichisch-steiermärkischen Grenze[34]. Das neugeschaffene Herzogtum Franken wird Bernhard v. Weimar übertragen.

Lambreg weist für diesen Zeitraum mehr als 900 Untersuchungen nach, die das benachbarte Zell einschließen. Es ist nicht auszumachen, wieviel von den Verfahren reine Hexenverfolgungen betreffen. Im Aktenberg befindet sich das Verfahren gegen den Bamberger Bürgermeister Junius.

Nach Lage der Dinge werden nach der Rückkehr des Bischofs Melchior Veit v. Salzburg die Hexenbrände (ab 1648) nicht mehr aufgenommen. Bis dahin wütet die Geisel: selbst in der Ratsherrenstube sollen sich Hexen versammelt haben. Bestätigt wird es u.a. von Hans Fichtenberger[35], dem hingerichteten Bürgermeister Junius[36] und einem Bartholomäus Graf[37].

Friedrich Forner

In Bamberg setzen die Hexenbrände um 1625 ein. In diesem Zusammenhang ist der Suffragan Friedrich Forner zu nennen. Er ist ein Anhänger des Jesuitismus und demzufolge ein Hexenfeind: er *muß* an den Teufel glauben. Er tritt gegen die Hexen als Schriftsteller in Erscheinung[38]. Vermutlich geht der Bau des Bamberger Hexenhauses auf seine Initiative zurück. Ein Dokument aus dem Jahr 1631 sagt: » . . . daß in diesem abscheulichen Haus die der Drudnerei bezichtigten jämmerlich gequält werden[39] . . . es handle sich um 33 Personen . . . die unerhörte Speisen, Heringe mit Salz und Pfeffer zu einem Brei gesotten, zu sich nehmen müssen. Item sie mit einem Wannebad mit siedend Wasser, Salz, Pfeffer und anderen scharfen Mitteln zugerichtet werden, neben den anderen Torturen des Hungers und der Not. Dort kommen sie ohne christlichen Trost ums Leben«[40].

Forner will gegen lässige Magistrate vorgehen und die beschämen, die behaupten, daß es keine Hexen gibt. Was er glaubt, drückt sich in verschiedenen Passagen seines geistigen Elaborates aus: » . . . die Bäcker müssen das Brot mit teuflischer Salbe geschmiert haben«. Oder: » . . . der Bürgermeister Neydecker hat, um die Pestilenz anzustiften, den Brunnen der Stadt vergiftet«. Eine Frau wird von ihm beschuldigt, eine Kuh in einen Fiedelbogen verzaubert zu haben[41]. Es verdeutlicht die geistige Finsternis der Zeit, daß studierte Leute solchen Unsinn von sich geben können und zu allem Übel, noch von der Obrigkeit recht bekommen.

Daß es unter den Geistlichen schwarze Schafe gibt, zeigt sich an der folgenden Begebenheit. In Bamberg gibt eine Else Geiger an, daß sie von einer Margaretha Münchin zur Zauberei verführt worden ist. Daraufhin wird sie peinlich befragt und aus dem Weg geräumt. Jetzt öffnet der Beichtvater sein Geheimnis und trägt vor: » . . . daß es nicht die Münchin gewesen sei, die die Else zur Zauberei verführt habe, sondern eine mit Namen Rüghammer«. Die Angabe des zum Schweigen Verpflichteten wird im Protokoll festgehalten[42].

1659 erscheint in Bamberg eine Broschur mit bischöflicher Genehmigung. Wir lesen darin: » . . . es sind etliche katholische Pfarrer darunter gewesen, die so große Zauberei und Kunst getrieben, daß nicht alles zu beschreiben ist. Sie haben Kinder in des Teufels Namen getauft. Die Bürgermeisterin Lambrech und die dicke Metzgerin haben bekannt, daß sie den Zauberern eine Salbe gemacht (haben) . . . dies macht im Jahr 600 Gulden. Die Zauberinnen haben bekannt, wie ihrer 3 000 in der Walpurgisnacht auf dem Kreydenberg auf dem Tanz gewesen sind. Es sind etliche Mägdlein von 7, 8, 9 und 20 Jahren unter ihnen gewesen, deren man 22 hingerichtet und verbrannt hat . . . im Stift Bamberg sind über 600 Zauberinnen verbrannt worden . . . es werden täglich mehr«.

Prozeß gegen Anna Keurin

Die 62-jährige Anna Keurin wird erst in Güte examiniert (= Verbalterrition), will aber trotz vielfältigem Zureden nicht gestehen, daß sie eine Hexe ist. Daraufhin werden ihr Daumenschrauben angelegt, dann wird sie mit den Beinschrauben (= spanische Stiefel) gefoltert. Man zieht sie mehrfach auf und forscht nach »untrüglichen« Hexenzeichen. Zwei kleine schwarze Steine fallen von ihrer rechten Achsel. Das Protokoll vermerkt: » . . . will nicht wissen, was das seye, hat auch nicht gebluthet«. Am 21. Juni kommt sie erneut für eine Stunde auf den Bock: » . . . will (aber) nichts fruchten, sie wisse und könne nichts«. Dann wird sie noch zweimal gefoltert. Als man ihr erneut die Daumenschrauben anlegt, bricht sie zum Triumph der Häscher mit folgendem Geständnis hervor:

● » . . . etwa vor 22 Jahren, als sie im Kindbett gelegen, sei des nachts ein fremder Mann zu ihr gekommen. Er habe sie so freundlich angesprochen, daß sie ihn in sein Bett gelassen habe, dann habe sie mit ihm Unzucht getrieben. Es war aber nicht so natürlich wie mit ihrem Hans (= dem Ehemann), sondern sein Glied wäre anfangs groß und kalt gewesen«.

● » . . . etliche Zeit danach, etwa 6 Tage, sei der böse Feind wieder zu ihr gekommen und habe Unzucht mit ihr getrieben. Sie habe ihn Großfickhel nennen müssen«.

● » . . . bei einer teuflischen Zusammenkunft habe er ihr gleich nach der Taufe ›in die Scham‹ gegeben«.

● » . . . jedesmal war ein Überteufel zugegen, der befohlen habe, ihm die Referenz zu erweisen: den habe man auf den Hintern küssen müssen«.

● » . . . ungefähr 3 – 4 mal habe sie ›modo mirabili‹ dergestalt leuchten müssen, indem ihr der böse Feind das Licht (= eine Kerze) sowohl in die Pritschen als auch in den Hintern gesteckt habe«.

Nach diesem Geständnis(!) wird sie als Hexe verbrannt.

Wegzaubern der Mannschaft/Milchzauber

Im Konsens des Hexentreibens zeigt sich, welche Impulse von den Dorf- und Stadtbewohnern ausgehen, bzw. wie hartherzig Landesherren bzw. geistliche Würdenträger sind, darauf zu reagieren. Es ist für alle ein Konflikt: keiner kann aus der Zeit ausbrechen; nur wenige sehen über die Tagesabläufe hinaus. Die Bürger werden dazu angehalten, Verdächtige als Hexen anzuzeigen; gleichzeitig haben sie selbst eine »höllische« Angst davor, angezeigt zu werden. Die Obrigkeit entzieht sich nicht den Zwängen, weil sie sonst die davorliegende Zeit und die über ihr Stehenden in Zweifel zieht. Sie kann nicht zugeben, daß es sich um Hokuspokus handelt, denn dann würden sie der Kirche in die Seite treten. Dazu einige Beispiele:

» . . . obwohl der hochwürdige gnädige Fürst und Herr von Bamberg verursacht gewesen wäre, mit dem gegenwärtigen Hans Lamprecht etwas anderes vornehmen zu lassen, so haben es seine fürstlichen Gnaden dahin gemittelt, daß man ihn den anderen zum Abscheu wegen der angegebenen lasterhaften und verlogenen Reden, ihm seine lügenhafte Zunge auf dem offenen Pranger mit einem Pfriemen durchstoße, dann seinen Körper mit einem Schwert vom Leben zum Tod richte und ihn zu Pulverasche verbrenne«[43].

Das Ausreißen der Zunge als Strafverschärfung für Gotteslästerung kommt auch anderweitig vor. Z.B. geben 1567 zwei Juristen das Gutachten ab: » . . . so einer Hexe, die auf

der Folter gestanden hat, Gott nicht nur verleugnet, sondern gar verflucht zu haben, soll
man, ehe sie in das Feuer geworfen, das Glied,
damit sie so hart pecciert . . . das ist die Zunge, aus dem Nacken reißen«[44].

Christian von Benenoe wendet sich mit der
Bitte an den Fürstbischof, die wegen Milch-
zauber angeklagte Anna Eysenpeinin peinlich
zu befragen. Er trägt vor: » . . . hochwürdiger
Fürst und Herr . . . als wir heute mit der Eysenpeinin das Examen angefangen, hat gleich
danach die Kuh meines Kastners Blut gegeben, was acht Tage lang gedauert (hat). Einer
weiteren ist das Blut in die Euter geschos-
sen . . . so daß man bis zur gegenwärtigen
Stunde nichts genießen kann. Die dritte Kuh
ist dermaßen ausgemattet (= ausgetrocknet),
daß man ihr Kalb hat weggeben müssen. Man
habe auch geistliche Sachen gebraucht und
gedroht, da sie es verursacht habe und daß sie
wieder davon absehen soll, denn keine Kuh habe mehr als ein halbes Seidlein Milch gegeben . . . darum soll sie hochfürstliche Gnaden
(jetzt) mit der Folter befühlen«[45].

Hier kommen wir zu einem zentralen Punkt.
Die Landwirtschaft ist die Existenzgrundlage
des Volkes. Bei Mißernten, Krankheiten von
Mensch und Tier, Unwetter und dergleichen
werden sie vergleichsweise hart getroffen; sie
sind an dieser Stelle sensibel *und* abergläubisch. Leicht wittert die Masse hinter natürlichen Vorkommnissen »Hexenwerk«. Nahezu
alle sind Analphabeten, und somit des Schreibens und Lesens unkundig. In einem solchen
Klima wuchern seltsamste Gerüchte. Dies ist
(auch) in Esslingen und Berlin so, wo ein Gewitter Landstriche verwüstet. Die strengen
Fröste im Großraum Trier führen zu Hexenverfolgungen und -bränden. Erst mit der weiteren
Schematisierung innerhalb der prozessualen
Abläufe weiten sich die (gedachten) Verbrechen aus: jetzt eskaliert sich das Wüten, denn
der Klerus will sein teuflisches Dogma wachhalten.

Ein weiteres Lieblingsthema ist im erotisch-
sexuellen Bereich angesiedelt. Die medizinische Literatur des 16., 17 und frühen 18. Jh.
wimmelt von Rezepten, die sich mit der männlichen Potenz und der weiblichen Frigidität beschäftigen. Fast könnte man meinen, man
durchblättere eine heutige Illustrierte. Wie wenig haben die Menschen dazugelernt, um sich
von der ihnen angeborenen Triebhaftigkeit zu

entfernen? Es sind vor allem Scholastiker und
Geistliche, die dieses Thema auswalzen und
kühne Theorien ersinnen.

Ein Jacob Mitterspacher wendet sich schriftlich an die fürstlichen Räte von Bamberg um
mitzuteilen, daß eine Anna Hofmännin einem
Albrecht Bußregen die »Mannschaft«, das
Zeugungsvermögen, genommen habe.
» . . . später habe sie ihm zweimal mit der
Hand über die Beine gestrichen, wodurch es
wieder zurückgekommen«.

Bürgermeister Junius

Junius wird in Niedermaisch (Wetterau) geboren und fungiert in der Zeit von 1614 – 1628
als Bürgermeister in Bamberg. Im letztgenannten Jahr wird er aufgrund von Denunziationen als »Druttenmeister« eingezogen und
so lang unter die Folter gespannt, bis er ein
»vollständiges Geständnis seiner Verbrechen
wider die christliche Religion« ablegt. Wie seine Frau vornweg, wird er unsäglich gequält,
dann mit einem Schwert hingerichtet und verbrannt.

Kurz vor seinem Tod schreibt er aus dem Gefängnis einen Brief an seine Tochter Veronika.
Das Original hat sich erhalten und zählt neben
dem Brief der in Köln verbrannten Katharina
Henot zu den erschütterndsten Dokumenten
des Hexenwesens in unserem Sprachraum.
Der Brief des Bürgermeisters trägt das Datum
vom 24. Juli 1628 und sagt im Wesentlichen[46]:
» . . . gute Nacht, meine liebe Tochter Veronika. Ich bin in das Gefängnis gekommen und
werde unschuldig gemartert. Ich muß als Unschuldiger sterben. Denn wer in das (Hexen)-
haus kommt, muß ein Drudner (= Hexer) sein
oder er wird solang gefoltert, bis er es zugibt.
Ich möchte Dir erzählen, wie es mir ergangen
ist.

. . . als ich das erstemal gefragt wurde, da
waren Dr. Braun, Dr. Kötzendörfer und fremde Doktoren anwesend[47]. Nun fragte mich
Dr. Braun: › . . . wie kommt ihr hierher?‹ Ich
antwortete: › . . . durch die Falschheit‹. Er
sagt: › . . . ihr seid ein Hexenmeister (und)
wenn ihr nicht im Guten gestehen wollt, so
werde ich euch den Henker an die Seite stellen‹. Ich betonte, daß ich kein Hexenmeister
wäre und ein reines Gewissen habe › . . . gern
wäre ich bereit, die Zeugen anzuhören‹. Nun
wurde mir der Sohn des Kanzlers[48] gegenübergestellt und ich frage ihn: › . . . Herr

Doktor, was wißt ihr von mir? In meinem ganzen Leben habe ich nichts mit Euch zu tun gehabt?‹ Er gibt mir die Antwort: › . . . Herr Kollege, wegen des Landgerichts. Ich habe euch in der Hofhaltung gesehen‹. Er konnte es nicht näher bestimmen. Danach kam der Kanzler[49] und sagte wie sein Sohn: › . . . auch er habe mich gesehen, habe mir aber nicht auf die Füße geschaut, um zu erkennen, wer ich sei‹. Danach kam die Hoppsen Elß, die Taglöhnerin und behauptete, daß sie mich im Hauptmoor[50] habe tanzen sehen. Aber sie konnte es nicht näher beschreiben. Darum bat ich um Gottes Willen, die Zeugen nicht ernst zu nehmen. Man sagte mir: › . . . es nütze nichts, ich sollte lieber im Guten bekennen, sonst würde mich der Henker dazu zwingen‹.

Ich gab zur Antwort: › . . . ich habe Gott niemals verleugnet und werde es auch künftig nicht tun‹. Dann kam der Henker und hat mir die Hände zusammengebunden, den Daumenstock angelegt und ihn so fest geschraubt, daß das Blut unter den Nägeln hervorgekommen ist, und daß ich meine Hände vier Wochen nicht gebrauchen konnte. Deshalb habe ich mich Gott und seinen heiligen Wunden empfohlen.

› . . . danach hat man mich wieder aufgezogen. Ich dachte, Himmel und Erde gehen unter. Sie haben mich achtmal augezogen und wieder fallengelassen, so daß ich unselige Schmerzen empfunden habe . . . Dies ist alles nackt geschehen‹. Ich sagte ihnen: › . . . verzeihe euch Gott, daß ihr einen ehrlichen Mann derart hart angreift, wollt ihr mich nicht allein an Leib und Seele, sondern auch um Hab und Gut bringen?‹ Da sagte Dr. Braun: › . . . Du bist ein Schelm‹. Ich sagte: › . . . eure falschen Zeugen sind vom Teufel angefochten‹.

› . . . dieses ist am Freitag, den 30. Juni geschehen. Ich habe die ganze Zeit weder etwas anziehen noch meine Hände gebrauchen können, ohne die anderen Schmerzen (zu erwähnen), die ich als Unschuldiger leiden muß‹. Als mich der Henker in das Gefängnis (zurück) führte, sagte er zu mir: › . . . erdenkt etwas, denn ihr könnt die Marter nicht aushalten . . . und wenn es auch so wäre, so kämet ihr nicht wieder hinaus, wenn ihr gleich ein Graf wäret, so fängt eine Folter auf die andere an, bis ihr gesteht, daß ihr ein Hexenmeister seid‹. Danach kam Georg Haan und sagte:

› . . . die Komissarien haben gesagt, mein Herr[51] möchte ein Exempel an mir statuieren, daß man darüber staunen soll‹. Mehrmals sagte mir der Henker, ich solle mir irgend etwas ausdenken, um nicht wieder auf die Folter gespannt zu werden.

. . . so habe ich um einen Tag Bedenkzeit und um einen Priester gebeten! Nun, herzliche Tochter, was meinst du, in welcher Gefahr ich stehe? Ich sollte sagen, daß ich ein Hexenmeister bin und (ich) bin es nicht. Ich sollte Gott verleugnen. Ich habe keinen Priester bekommen, mit dem ich mich beraten kann (Anm. hier schlägt der ehemalige Rechtsgrundsatz durch, derzufolge Geistliche erst nach der Verurteilung zu den Delinquenten gelassen werden). Dann habe ich mir etwas ausgedacht. Ich habe es getan, um der harten Folter zu entgehen, die ich hätte unmöglich länger ausstehen können. Ich habe gesagt: › . . . ich sei auf ein Feld beim Friedhofsbrunnen gegangen und habe mich niedergesetzt. Da sei dann ein graßmedlin(?) zu mir gekommen und habe gesagt: . . . was macht ihr da, warum seid ihr so traurig? Ich habe geantwortet . . . ich weiß es nicht. Also hat sie sich mir genähert. Darauf habe sie sich in einen Geißbock verwandelt und gesagt: . . . du mußt mein sein oder ich will dich umbringen. Danach ist sie verschwunden, aber bald danach mit zwei Frauen und einem Mann zurückgekommen. Nun sollte ich Gott und das himmlische Heer verleugnen. So habe ich dieses getan. Daraufhin hat mich der Teufel getauft und die beiden Frauen fungierten als Taufpate[52]. Sie haben mir einen Dukaten eingebunden . . . es sei aber nur eine Scherbe gewesen‹.

› . . . nun dachte ich, es wäre alles vorbei. Doch da stellt man mir den Henker wieder an die Seite. Er fragte mich, auf welchen Tänzen ich gewesen sei? Da wußte ich weder ein noch aus. Ich besann mich, daß der Kanzler, sein Sohn und die Hopfen Else das Hauptmoor genannt hatten . . . und so nannte ich diesen Ort. Danach sollte ich sagen, welche Leute ich dort gesehen habe. Ich sagte: . . . ich habe keinen gesehen‹. ›Du alter Schelm, ich muß dir wohl den Henker über den Hals schicken, sage, ist nicht auch der Kanzler dort gewesen?‹ So sagte ich Ja. ›Wer noch?‹ Da habe ich endlich acht Personen nennen müssen. Dann haben sie mich dem Henker übergeben. Er sollte mich ausziehen, die Haare abschneiden und mich auf die Folter spannen . . . ich habe mich wohl ausgesonnen . . . ich hätte auch noch meine Kinder umbringen wollen[53] . . . aber an ihrer Stelle hätte ich nur ein Pferd umgebracht. Ich hätte eine Hostie genommen und (diese) vergraben. Erst als ich dieses sagte, haben sie mich zufrieden gelassen.

Nun, mein liebes Kind, kennst du alle meine Aussagen und weißt, warum ich sterben muß. Es sind lauter erdichtete Sachen: so wahr mir Gott helfe. Man kann so fromm sein wie man will, sie lassen mit dem Martern nicht nach, bis man eingesteht, ein Hexenmeister zu sein. Ich sterbe so unschuldig wie ein Märtyrer. Herzliebes Kind, ich weiß, daß du genauso fromm bist wie ich. Ich rate Dir, nehm von dem Geld und den Briefen und ziehe für ein halbes Jahr weg, bis man sieht, worauf die Sache hinaus will. Mancher ehrliche Mann und manches ehrliche Weib gehen in die Kirche und treiben doch (andere) Geschäfte. Nichts desto weniger wird er im Drudenhaus angegeben. So geht es vielen. Mich haben die Neudecker, des Kanzler's Sohn, der Kandelgießer, Wolf Hofmeisters Tochter und die Hopfen Els angegeben[54].

. . . liebes Kind, halte diesen Brief verborgen, damit er nicht unter die Leute kommt. Sonst werde ich dermaßen gemartert, daß es zum Erbarmen ist. Die Wächter würden geköpft, so streng ist es verboten. Dem Vetter Stamer kannst du den Brief rasch zum Lesen geben, denn er ist verschwiegen. Liebe Veronika, verehre diesem Mann einen Reichstaler. Ich habe etliche Tage an diesem Brief geschrieben, meine Hände scheinen lahm und ich bin übel zugerichtet. Ich bitte um des Jüngsten Gerichtes willen: halte dieses Schreiben in guter Hut und bete nach meinem Tod. Laß auch Anna Maria grüßen[55]. Gute Nacht, denn deinen Vater siehst du nimmermehr«.

Fast unleserlich ist am Rand des Briefes vermerkt: » . . . liebes Kind, sechs auf einmal haben auf mich erkannt. Es sind alles falsche Zeugen, denn sie haben es sagen müssen. (Ich) kann keinen Priester haben, darum seh dich vor, was ich dir geschrieben habe. Nimm dieses Schreiben wohl in Acht«.

Würzburger Hexenpraxis

Im Würzburger Raum wird das Wüten gegen Hexen und Zauberer vor allem durch bischöfliche Aktivitäten bestimmt. Lang war man der Auffassung, daß das Treiben unter Julius Ech-ter v. Mespelbrunn (1573 – 1617) beginnt, unter Johann Gottfried v. Aschhausen anzieht und unter Philipp Adolf v. Ehrenberg den Siedepunkt erreicht. Die neuere Forschung bringt den Nachweis, daß es schon vor Julius Echter vereinzelt zu Verfahren gegen Hexen gekommen ist[56].

In Würzburg wird 1348 gegen Juden gewütet. 1470 wird die Magd des Bürgers Sigmund Kotzler wegen eines zugegebenen Liebeszaubers ertränkt[57]. 1535 verbrennen die Häscher eine Frau in Spalt als »Trutnerin«[58] und 1545 folgt eine Unterredung gegen den Unterprobst des Klosters Wächterswinkel wegen Zauberei. 1569 wird in Bildhausen das »Dadtfräulein« der Hexerei bezichtigt[59].

Julius Echter v. Mespelbrunn

versteht sich als Gegenreformator und erst dann, wenn überhaupt, als Hexenriecher. 1585 schickt er Missionare in die Landesteile und zieht selbst, teilweise predigend, in größeren Städten herum. Durch sein Engagement und harte Maßnahmen gelingt es ihm, innerhalb zweier Jahre etwa 100 000(?) Seelen in das katholische Lager zurückzuführen[60]. Er entfernt Prediger und Beamte, die nicht bereit sind, der »neuen« Religion anzuhangen. Starrköpfige werden aus dem Land gewiesen. Wir haben eine Parallele zum Verhalten der Stadtväter v. Kintzdorf vor uns.

Fest steht, daß während seiner Regierungszeit Hexen verbrannt worden sind. Eine erste und sichere Nachricht von ihrer Verfolgung stammt aus dem Jahr 1590. Dieffenbach weist einen Prozeß gegen zwei Frauen aus Arnstein nach, der am 20. Januar 1600 eröffnet wird und am 24. März mit ihrer Hinrichtung endet[61].

1602 führen üble Nachreden zur Einleitung weiterer Prozesse. Am 30. April 1603 wird die Frau des Försters aus Lauda hingerichtet. Am 27. April des gleichen Jahres wird eine weitere aus dem Hochstift gewiesen[62]. Das Wüten gegen die Hexen trifft vor allem Landgemeinden und die Bezirke Königshofen, Lauda, Marbach, Krautheim und Freudenberg. Es sind die gleichen Gebiete, in denen man zuerst gegen den Protestantismus vorgeht. In Königswiesen werden sieben Frauen verbrannt und in Geroldshofen werden 1616 gleichfalls Hexen eingeäschert. Röwer[63] vermerkt unter dem 21. Januar 1617 die Verbrennung eines Mannes und dreier Frauen. Die Chronik erwähnt, daß man von der Domkanzel verkündet hat: » . . . daß innerhalb einer Jahresfrist im Bistum Würzburg über 300 Hexen oder Zauberer eingeäschert worden sind«. Julius Echter v. Mespelbrunn stirbt am 13. September 1617. Sein Nachfolger wird der bisherige Fürstbischof von Bamberg.

Gottfried v. Aschhausen

Bestenfalls kann man seine Regierungszeit als abgeschwächte Phase im aufbrausenden Hexenwahn bezeichnen. Kurz nach seinem Amtsantritt läßt er im neu erbauten Gefängnis »an der Münz(e)« acht Kammern und zwei Stuben für Hexen und Unholde errichten, » . . . damit man sie wegen des Verhörs nicht über die Straßen zu schleppen brauche«[64]. Ähnliches geschieht fast zeitgleich im protestantischen Lager in Esslingen am Neckar.

Gottfried v. Aschhausen schließt mit dem Mainzer Kurfürst und gleichzeitigem Erzbischof Johann Schweikardt v. Kronberg (1606 – 1626) ein Abkommen über die Verfolgung und Auslieferung der Hexen[65].

Am 30. März erläßt er ein Mandat, in dem er sich über die Ausweitung des Zauberwesens äußert. Er beauftragt seine Häscher, fleißig zu sein und Erfahrungsberichte einzureichen. Es kommt, wie es kommen muß. In kurzer Zeit wimmelt es von denunzierten Mitmenschen, die als Hexen verschrieen werden, so daß letzten Endes keiner mehr seines Lebens sicher ist. Am 13. April 1620 gibt der Dechant dem Domkapitel den Befehl, in der Kirche wegen des Überhandnehmens der Hexerei besondere Kollekten abzuhalten. Ausdrücklich wird betont, daß man zauberische Personen zur Beichte und Kommunion anhalten soll[66].

Philipp Adolf v. Ehrenberg

Seine Regierungszeit bildet die Spitze der Hexenverfolgungen im Hochstift. Er wütet so gewissenlos, daß ihn die fränkische Ritterschaft wegen »Verletzung des Religionsfriedens« beim Kaiser verklagt. Unter seiner Amtszeit sollen etwa 900 Hexen im Bistum hingerichtet worden sein. Am 12. Mai 1626 wird der Gänshirt von Heidingsfeld wegen »zauberischer« Schäden, so er im Feld angerichtet, gefänglich eingezogen. Gnädig läßt der Landesherr am 25. Mai verlauten: » . . . laßt ihn laufen, denn es ist nur Geschwätz und daraus nichts Böses gegen ihn zu

vermuten. Es genüge, ihn zu ermahnen, sich künftig solcher Reden zu enthalten«. Dieser harmlose Touch sollte nicht über sein Schreckensregiment hinwegtäuschen. Er führt in rasch aufeinander folgenden Bränden Personen jeden Alters und Geschlechts, Einheimische, Fremde, Geistliche, Ratsherren, Söhne des fränkischen Adels, Jungfrauen und Kinder in den Tod[67].

Man hat ihm unterstellt, seinen Neffen in die Flammen getrieben zu haben. Vermutlich handelt es sich um eine Verwechslung und um einen Hektor Hieronymus v. Rothenhan, der 1628 zusammen mit dem Adeligen Julius Schliderer v. Lachen und Eberhart Adolf v. Fischborn hingerichtet wird.

Der Jesuit Friedrich Spee wird 1627 von den Ordensoberen nach Bamberg und Würzburg geschickt. Hier wird er mit dieser Thematik konfrontiert. Vermutlich begleitet er hier zum Tod auf dem Scheiterhaufen Verurteilte auf ihrem letzten Weg. Es ist denkbar, daß er dadurch zur Abfassung der »Cautio criminalis« stimuliert wird, auf die ich anderweitig eingehe. Sie erscheint 1631 anonym als Bollwerk gegen die Ungerechtigkeit, geht jedoch (noch) von der realen Existenz des Teufels aus.

Der Stadtsyndikus von Ochsenfurt stellt 1628 eine Diagnose über eine durch die Anwendung der Folter ohnmächtig und tödlich verwundete Frau. Er beschränkt sich auf die Formulierung: » . . . daß dies kein natürlicher, sondern ein vom Teufel verursachter Schlaf sei«[68].

Philipp v. Ehrenberg stirbt am 16. Juli 1631. Sein Nachfolger wird Franz v. Hatzfeld. Gleichzeitig erreicht das Wüten des 30-jährigen Glaubenskrieges dieses Gebiet, das daraufhin von den Schweden besetzt wird. Neu aufkommende Unruhen verhindern, wie im nahegelegenen Bamberg, die Weiterführung der Hexenprozesse. Mit dem Einzug der Schweden wird eine »königlich-schwedische Landesregierung für das Herzogtum Franken« installiert und Georg Kraft zum Generalstatthalter berufen. Es bleibt festzustellen, daß unter Franz v. Hatzfeld die Hexenverfolgungen spürbar nachlassen[69]. In diesem Zusammenhang sind zwei Hexenzeitungen erwähnenswert. Sie werden 1616 in Tübingen gedruckt. In der ersten wird berichtet, wie der Fürstbischof zu Würzburg, Julius Echter v. Mespelbrunn, in Geroldshofen Männer und Frauen, junge und alte, arme und reiche, die in der Hexenkunst und Zauberei erfahren sind, hinrichten läßt. Durch die mit der Folter erzwungenen Denunziationen kommt es zu einem regelrechten Hexentreiben, woraus die fürstliche Anordnung resultiert: »... hinführo alle Wochen vff Dienstag einen Brandt zu thun«.

Die zweite Publikation berichtet, daß der Herzog von Württemberg in den Städten Dornstadt, Sindelfingen, Leonberg und Vaihingen damit beginnt, Hexen zu verfolgen und zu verbrennen. Er weist seine Beamten an, bei der Anklage sorgfältig vorzugehen, einen Pfarrer hinzuzuziehen und niemand zu verurteilen, der nicht auf frischer Tat ertappt wird. In Sersheim bei Vaihingen wird eine Frau verurteilt, die man im Ort »die Borgreth aller Hexen Mutter« nennt. Unter der Folter gesteht sie u.a. in den letzten 40 Jahren an die 400 Kinder umgebracht und zahlreiche Unwetter verursacht zu haben. Sie bekennt, auf welche Weise Frauen vom Teufel verführt werden und woran man die Hexen erkennen kann. Nach ihrer Verurteilung wird sie mit glühenden Zangen gerissen und lebend verbrannt (Georgine Stumm).

Der bekannteste Prozeß in Würzburg ist der gegen Maria Renata von Mossau, die viele Jahre ihres Lebens im Kloster Unterzell verbringt, ehe sie von den Novizinnen denunziert und im Alter von 71 Jahren vom Kinzinger Stadtrichter enthauptet wird. Ich habe diesen Prozeß an anderer Stelle beschrieben. Es ist eine der letzten Auseinandersetzungen zu diesem Thema mit tödlichem Ausgang.

Zu diesem Zeitpunkt ist in vielen Regionen des deutschsprachigen Raumes eine leise Aversion gegen die ungerechte Anwendung der Folter auszumachen. Ohne den Druck der grausamen Tortur gehen (automatisch) die Geständnisse in eine andere Bahn, denn sie werden glaubwürdiger und ehrlicher. Man besinnt sich im Umfeld aufklärerischer Tendenzen auf humanere Züge: zunehmend wird das kuriale System in diesem Zusammenhang kritisiert.

Hexenverfolgung in den fränkischen Reichsstädten[70]

In allen Teilen Frankens werden Hexenprozesse aktenkundig. Die meisten von ihnen liegen in den Zeiträumen 1590, 1630 und 1660. Die wesentlichen Brandplätze waren zugleich Hochburgen des Katholizis- und Jesuitismus.

Bamberg, Würzburg und Eichstätt. Unter den Reichsstädten waren es vor allem Dinkelsbühl, Windsheim, Nördlingen und Schweinfurt, ferner der Deutschordensbezirk Ellingen. Soweit faßbar, werden Nürnberg und Rothenburg o.d.T. kaum vom Hexentreiben tangiert, weil man sich dort zur Ausweisung entschieden hat. So sind bislang für Rothenburg für den Zeitraum von 100 Jahren lediglich zwei Todesurteile wegen Hexerei nachweisbar. 1459 wird in Nürnberg eine alte Frau mit der Leiterstrafe und Brandmarkung (Vorform = Leibzeichen) bestraft, weil sie auf dem Markt ein Kreuz ausgegraben hat[71].

In den Ratsprotokollen der Stadt Nürnberg wird 1531 mehrmals erwähnt, daß in Dormitz die Hirtin Kunigunde für ihre Zauberei und Wahrsagerei berühmt war. Sie wird am 10. Oktober 1531 gefaßt und in Nürnberger Lochgefängnissen einem peinlichen Verhör unterzogen. Sie wird – wohl wegen einer mangelhaften Beweislage – freigelassen. Später wird in einem theologischen *und* juristischen Gutachten erneut die schädliche Wirkung ihrer Hexerei festgehalten. Daraufhin erläßt der Rat (1536) ein gedrucktes Mandat, in dem es heißt, »... daß man sich bei der Strafe von der Leichtfertigkeit des Wahrsagens, Falsch und Betrugs auch anderer unchristlicher Zauberei enthalten soll«. Die Hirtin von Dormitz blieb ungeschoren.

Der erste Fall einer Anklage wegen Hexerei fällt in die vorreformatorische Zeit. 1478 wird die städtische Hebamme Else Schwab dieses Vergehens verdächtigt, auf die ich weiter unten zurückkomme. Ein weiterer (früher) Fall ereignet sich 1569 in Creußen, südlich von Bayreuth, wo eine Kirchenbuße als Strafe ausgesprochen wird.

1545 wird in Schwabach eine Tagwerkfrau eingeäschert[72]. 1589 wird die erste Hexe in Emskirchen verbrannt. Der 2. lutherische Titularabt zu Heilsbronn begründete die Hexenverfolgung theoretisch und empfahl das Gutachten des abergläubischen Markgraf Georg Friedrich (1556 – 1603). In Guntershausen werden 1590 zwei Hexenprozesse inszeniert und in Wallerstein werden 1591 22 Personen als Hexen denunziert und folgerichtig verbrannt. Schwabach stellte eigens einen »Drudenhenker« ein. In Langenzenn, Heilsbronn, Ansbach und Gunzenhausen starben im letzten Viertel des 16. Jh. mehrere Personen wegen

Hexerei. Der wegen »Drudenwerk, Blasphemie und Häresie« angeklagte Nürnberger Ratskonsulent Nikolaus von Gülchen wird 1605 hingerichtet[73]. Im würzburgischen Amt Rothenfels wird 1616 eine Frau namens Schulthesen eingezogen. Im peinlichen Verhör bekennt sie: ». . . daß sie ein ungetauftes Kind aus dem Grab genommen, es zuhause gereinigt, zerschnitten, das Fleisch gegessen und sein Hirn und Gebein zu Pulver und Schmier (= Salbe) verwendet habe. Sie sei an verschiedenen Orten in Keller gefahren und habe sich vollgetrunken«. Am 11. Juni wird sie mit drei anderen hingerichtet.

1627 findet in Marktheidenfeld ein Prozeß gegen 16 Hexen statt. Einige von ihnen werden unter Berufung auf § 109 der Carolina mit glühenden Zangen angegriffen. In Eichstätt tobt unter Johann Christoph von Westerstetten (1611 – 1637) der Hexenwahn. Bereits als Ellwanger Probst hat er ihre Verfolgung unter dem Aspekt der christlichen Gewissenspflicht betrachtet. Hier begleiten 1612 Jesuiten 167 Verurteilte zum Scheiterhaufen[74]. In den 50-er Jahren des 17. Jh. fanden weitere Prozesse in Creußen, um Bayreuth und Naila statt. Die meisten Beklagten stammen aus den ärmeren Volksschichten.

Den Anstoß für eine »Besagung« (= Denunziation) konnte ein Gerücht, eine körperliche oder geistige Behinderung, eine Außenseiterrolle innerhalb der sozialen Schichten und/oder Struktur, eine abgelehnte Bitte, Neid, eine unüberlegte Drohung usw. sein. Jede Tod- oder Fehlgeburt belastete die Hebammen. Sie gehören mit den Heilerinnen zu der gefährdeten Zielgruppe »Hexen«. Auf jeden Fall gehen hier und anderswo oft die Beschuldigungen vom Volk selbst aus. In Ochsenfurt vernichtet ein Ungezieferschwarm 1627/28 die Ernte. Daraufhin zogen 150 Bürger vor das Rathaus und forderten Hilfe gegen die Schädlinge *und* gegen die Hexen. Es wird oft zuwenig berücksichtigt, daß dadurch die Obrigkeit in Zug-*zwang* gekommen ist.

Auch hier haben die Angehörigen die Prozeßkosten zu tragen. Außerdem werden die Kosten der Haft, die Verpflegung und die Hinrichtung den Angehörigen in Rechnung gestellt, bzw. mit dem »eingezogenen« Vermögen der Hingerichteten »aufgerechnet«. Im Verlauf der regelmäßig nach der Verhaftung vorgenommenen Hausdurchsuchung (angeblich oder tatsächlich um sog. »Hexenmittel« zu finden), entstanden Listen über das Inventar, die Grundstücke, den Viehbestand, das Bargeld und die Schulden, aus denen das Vermögen berechnet wurde. Dazu ein Beispiel aus dem Jahr 1631:

». . . Christina Miltenbergerin Wittib hat ungefähr 9 bis 10 000 Gulden Werth, Clara Bischoffin Wittib ohne Leibs Erben uff 2 000 Gulden, Helena Lößlerin (Krämerin) uff 3 000 Gulden, Margaretha Edelwertin, welches ein Cantzlers Dochter und in ihrem ledigen Standt allzeit uff 10 000 Gulden reich geschetzt worden, Margareta Prennin Wirtin vermögent uff 3 000 Gulden, Georg Öder, Fürstb. Bamberg, Secretarius uff ungefähr 4 000 Gulden, Wolffgang Hoffmaister Fürstb. Bamberg. Zahlmeister . . . hat ein Rittergueth . . . wird insgemein uff 50 000 geschetzt«.

Eine regelrechte Verfolgungswelle erlebte die Reichsstadt Nördlingen in den Jahren 1588/89 bis 1594. Die Hauptverantwortlichen dieser Verfolgung waren der Bürgermeister von Nördlingen, Georg Pferinger, die Juristen Dr. Sebastian Röttinger und Dr. Conrad Graf, sowie der Stadtschreiber Paul Majer. Der Zahlmeister Peter Lemp, dessen Frau ein Opfer der Hexenverfolgung wurde, sagte von diesen Jahren in einer später von ihm verfaßten Schrift ». . . daß man gesehen habe, wie während ihnen der Verstand in Nördlingen spazierengegangen sei«. Insgesamt sind in dieser Phase der großen Hexenverfolgung in Nördlingen 35 Personen, darunter ein Mann, hingerichtet worden. Eine Frau wurde vorher zu Tode gefoltert.

Das erste Opfer der Verfolgungswelle in Nördlingen war die geisteskranke Ursula Haider. Unter der Folter hatte sie nach anfänglichem Schweigen und dem mehrmaligen Widerrufen alles zugegeben, was man hören wollte: Buhlschaft mit dem Teufel, Anwendung einer schadenbringenden Salbe (mit Todesfolge),

▶

Ludwig Wurm. Hofrichter des Stiftes St. Lambrecht. Um 1610. Er führte eine Anzahl von Hexenprozessen mit tödlichem Ausgang.

270

Ausfahrten auf dem Besen usw. Außerdem hatte sie unter der Folter sieben weitere Frauen der Mittäterschaft beschuldigt. Diese »erzwungenen« Denunziationen bildeten die Grundlage für weitere Massenverfolgungen (Aus: Hexen. Ausstellungskatalog Schwäbisch Hall. 1988).

Prozeß gegen Else Schwab (1478)

Am 23. Juni 1478 teilen Meister und Rat zu Schlettstadt dem Bürgermeister und Rat zu Nördlingen mit, daß die jetzt in Nördlingen wohnende Else Schwab von zwei Frauen der Hexerei bezichtigt worden sei. Damals kommt Nördlingen mit dem Hexenwesen in Berührung, denn die Schlettstadter (im Elsaß) berichten, ». . . daß kürzlich in Kestenholz bei Schlettstadt zwei Frauen wegen Zauberei verurteilt und verbrannt wurden. Diese hätten eine gewisse Hebamme, Else Schwab, die damals in Kestenholz ansässig war, heute aber in Nördlingen lebe, der Mittäterschaft bezichtigt.

Diesem Schreiben beigefügt ist eine Personenbeschreibung: ». . . Dieselbe hebamme heißt Else Swebenn und ist uff fünfzig jar alt geschaffen und ir mann heißt Six Harder und ir parsonn sige mittelmessig an kürze und lenge und dick von libe mit einem schuhbelechten bakketen antlüt und hab einen blozechten gang mit dicken beinen. Dozu, als sü zu Kestenholz wonung gegapt, do hat sü an iren beinen mosen als ob sü warzen werent«.

Diesem Steckbrief folgt eine Auflistung der ihr vorgeworfenen Vergehen. Die Hauptbeschuldigung lautete, sie habe während ihrer Kestenholzer Zeit als Hebamme der Frau des Peter Keller ein Kind verdorben, so daß es tot zur Welt kam. Den toten Leichnam habe sie wieder aus dem Grab geholt und gekocht. Außerdem soll sie Leute gelähmt haben.

Angesichts dieser Vorwürfe ließ sie der Rat der Stadt Nördlingen verhaften und verhören. Sie bestreitet alle ihr zur Last gelegten Vergehen. Die Stadt Nördlingen erbittet daraufhin von Schlettstadt einige Auskünfte. Die Nachforschungen führen zu einer Entlastung der Beschuldigten, vor allem weil die Frau des Peter Keller erklärt, daß sie vor ungefähr elf Jahren ein totes Kind geboren habe und auch, daß ihr dieses Unglück durch die Machenschaften von Hexen und Unholden zugestoßen sei, doch Else Schwab sei damals nicht dabei gewesen. Daraufhin wird sie aus dem Gefängnis entlassen und nimmt (wieder) ihre Tätigkeit als Hebamme auf.

Prozeß gegen Apollonia Ypser

Die Witwe hatte vor Jahren im Haus eines Nördlinger Schusters gewohnt. Während dieser Zeit hatte sie des öfteren Streit mit der Ehefrau des Schusters, wobei es einmal zu Tätlichkeiten gekommen war, in deren Verlauf sie von der Frau des Schusters geschlagen wurde.

Als die Frau des Schusters krank wurde und niemand wußte, woran sie litt und auch die Ärzte nicht helfen konnten, suchte der Schuster eine Wahrsagerin auf. Er wollte vor allem wissen, ob die Ursache der Krankheit eine natürliche war oder ob sie durch Zauberei krank geworden wäre. Was Letzteres betraf, hatte er bestimmte Vermutungen. Die Wahrsagerin erwies sich als gute Menschenkennerin. Für sie war es ein Leichtes, ihm ins Gedächtnis zu rufen, wie seine Frau vor Jahren mit ihrer Hausgenossin, deren Namen sie nicht zu nennen brauchte, in Streit geraten war und er selbst ihr geraten hätte: ». . . Gang ir müessig, gang hinderin, lern von ir, du würst aber freylich nit vill Gut von ir lernen«.

Nun war der Schuster sicher, die richtige Spur gefunden zu haben. Ihm fiel der Streit seiner Frau mit der Witwe wieder ein und er wußte, daß sie die Hexe sein mußte, die seine Frau krank gemacht hatte. Nachbarn trugen mit ihrem Klatsch dazu bei, so daß sich ein Netz von Intrigen um die Witwe zu spannen begann. Ihr blieb nichts anderes übrig, da sie fürchtete, es könne ihr Schlimmeres zustoßen, als sich an den Rat der Stadt zu wenden.

Dieser ließ den Fall untersuchen. Er beauftragte den Unterbürgermeister, den Nachrichter und zwei Bürger mit der Untersuchung. Die Frauen sollten befragt und »geschreckt«, aber (noch) nicht mit der Daumenschraube »geklemmt« werden. Vermutlich ist damit die sog. »Verbalterrition« gemeint, wo man den Beschuldigten die Folterinstrumente zeigt und ihnen – wenn nötig – die Wirkungsweise erklärt.

Auf diese Weise wurden zwei der Nachbarinnen ziemlich eingeschüchtert. Sie schoben alle Schuld auf den Schuster und erklärten, aus eigener Erfahrung nichts über die Witwe zu wissen. Unter Androhung der Folter widerriefen sie ihre Anschuldigungen. Die Witwe Apollonia Ypser wurde am 5. Juni freigelassen, nachdem sie immer wieder, selbst als ihr »die Finger eingesperrt« wurden, ihre Unschuld beteuert hatte. Die Denunziantinnen wurden zur Strafe aus der Stadt gewiesen (Karin Wittmann).

Prozeß gegen Rebecca Lemp und Maria Holl

Die geisteskranke Ursula Haider war als Magd bei dem Messerschmied Martin Hindenach in Nördlingen in Stellung. Dieser Familie starben nacheinander drei Kinder, die von ihr betreut worden waren, an Pocken. Ursula beschuldigte sich in ihrer Beschränktheit des Bundes mit dem Teufel und gab an, sie habe mit einer Salbe die Kinder umgebracht. Der Bürgermeister Pferinger verhaftete sie daraufhin und ließ sie peinlich verhören. Nach anfänglichem Leugnen erfand sie unheimliche Geschichten: sie sei mit dem Teufel auf dem Besen geritten, habe eine verderbenbringende Salbe verwendet, ein ebensolches Kraut verschiedenen Leuten auf die Schwelle gelegt. Dabei gab sie die Namen sieben weiterer, teilweise recht angesehener Frauen an. Zu ihnen zählte Rebecca Lemp und die Witwe des Bürgermeisters: sie sollen mit ihr zusammen Hexereien betrieben, bzw. ein totes Kind gegessen haben. Schon am 15. Mai 1590 wurden zwei von den verhafteten Frauen mit ihr selbst als Hexen verbrannt. Am 10. Juli folgten ihnen drei weitere Frauen in den Tod. Diese hatten wieder andere denunziert.

Eine der Beschuldigten war Rebecca Lemp, die angesehene Frau des Nördlinger Zahlmeisters Peter Lemp. Das Ehepaar wohnte mit sechs Kindern, die zwischen 6 und 19 Jahre alt waren, in einer Dienstwohnung auf dem Weinmarkt. Sie war etwa 40 Jahre alt und davon 20 Jahre verheiratet. Mit Rücksicht auf die Stellung ihres Mannes zögerte der Stadtrat lange, ehe er Rebecca verhaften ließ. Man wartete die Abwesenheit des Ehemannes ab, um sie, am 1. Juni 1590, mit sechs anderen Bürgerinnen »als wohlangegebene böse Hexenweiber« einzuziehen. Schon einen Tag nach der Verhaftung wurde Rebecca Lemp dem ersten Verhör unterzogen, bei dem sie mit der Anklage bekannt gemacht wurde. Sie beteuert ihre Unschuld. Am Tag darauf erhielt sie einen Brief ihrer sechs Kinder: » . . . Unsern freundlichen kindlichen Grues, herzliebe Mueter. Mir lasen Dich wissen, das mir wollauf sind. So

hast Du uns auch entbotten, daß Du wollauf seiest und mir vermeinen, der Vatter wer (= wird) heint, wils Gott, auch komen. So wöllen wir Dichs wissen lassen, wann er kommt. Der allmechtig Gott verleihe Dir sein Gnad und heiligen Gaist, das Du wider mit Freiden und gsundem Leib zu uns komest. Amen. Herzliebe Mueter, las Dir Beer kaufen und las Dir ein Salfen backen und schüttlen und laß Dir kleine Fischlen hollen und laß Dir ein Henlin hollen bei uns. Und wann Du Gelt darfst (= brauchst), so laß holen. Du hasts in Deinem Seckel wol. Gehab Dich wol, mein herzliebe Muetter. Du darfst nit sorgen umb das Haushalten bis Du zu uns kompt. Zue dausentmal ein gute Nacht geb Dir Got« (zit. nach Wulz, S. 61).

Kurz danach wird sie ihren Denunziantinnen gegenübergestellt, die sie belasten. Vergeblich versucht ihr Mann in den folgenden zwei Monaten seiner Frau zu helfen. Seine Bittschriften und Gesuche werden abgewiesen. Am 29. Juli 1590 wurde Rebecca Lemp mit dem Daumenstock und den »spanischen Stiefeln« gefoltert. Die Folterqualen werden verstärkt und man sucht sie zum Eingestehen zu bewegen. Letztlich wird ihr Wille unter der Tortur gebrochen. Sie gesteht alle möglichen Hexereien und nennt weitere »teuflische Gespielinnen«. In ihrer Verzweiflung gab sie mehrere Frauen aus ihrem Bekanntenkreis an.

Nach dem Geständnis(!) fiel sie in Verzweiflung und schrieb im Angesicht des nahen Todes einen Brief an ihren Mann: » . . . O Du mein auserwählter Schatz, soll ich mich so unschuldig von Dir scheiden müssen. Das sei Gott immer und ewig klagt. Man nöt(et) eines, es mueß eins reden, man hat mich gemartert. Ich bin so unschuldig als Gott im Himmel. Wann ich nur ein Pünktlein um solche Sache wüßt, wollt ich, daß mir Gott im Himmel versaget. O Du herzlieber Schatz, wie geschicht meinem Herz. O weh, o weh meiner armen Waisen. Vater, schick mit etwas, daß ich sterb, ich mueß sonst an der Marter verzagen. Kannst heunt nit, so tues morgen. Schreib mir von Stund an . . . Warum will mich doch Gott nit hören. Schick mir etwas, ich mueß sonst falsch reden. Ich möcht sonst erst mein Seel beschweren«.

Rebecca Lemp wurde am 9. September 1590 – zusammen mit vier anderen Frauen – als Hexe verbrannt. Die verurteilte Appolonia Rorendorfer, eine Siebzigjährige, gestand trotz sechszehn Folterverhören nicht. Sie wurde deshalb am 19. November 1590 aus der Haft entlassen.

Ein Bader und seine Frau wurden zusammen mit drei anderen am 17.8.1593 verbrannt.

Maria Holl, die Frau des Kronenwirts, wird von mehreren Frauen wegen Hexerei denunziert. Mit zwei angesehenen Bürgerinnen wurde sie am 1. November 1593 verhaftet. Amtsbürgermeister war seinerzeit Johannes Pferinger. Maria Holl wurde am 5., 8. und 9. November verhört und insgesamt bei 18 Verhören 62 x gefoltert. Trotzdem blieb sie standhaft. Für den Bürgermeister und den Ratsherrn Dr. Wolfgang Graf eine peinliche Situation, denn ohne Geständnis war eine »gerechte« Verurteilung, bzw. Verbrennung nicht durchzuführen. So setzt sich die Meinung durch, man müßte die Kronenwirtin (wieder) freilassen. Man holt drei Rechtsgutachten ein. Sie bringen zum Ausdruck: »Maria Holl habe sich durch ihre Standhaftigkeit selbst ‚purgiert‘ (= gereinigt)«. Trotzdem hielt man sie weitere 6 Monate in Haft. Ulmer Verwandte setzten sich für sie ein und wandten sich an den Rat ihrer Stadt. Selbst der Nördlinger Pfarrer Friedrich Wilhelm Lutz stellt sich gegen die dem Hexenwahn verfallene Obrigkeit.

Nach abgelegter Urphede (1. Oktober 1594) entließ man sie nachhause. Sie mußte versichern, daß sie nichts über ihre Haftbedingungen erzähle. Sie war damals 45 Jahre alt. Maria Holl überlebte nicht nur ihren Ehemann, sondern ihre Peiniger, bis sie 1634 im Alter von 85 Jahren starb (vermutlich an der Pest).

Sybille Biedermännin (1655; Dinkelsbühl)

In Dinkelsbühl entdeckte der Goldschmied Peter Biedermann 1655 in seinem Schlafzimmer ein Glas mit Gift. Er gab an, damit habe ihn seine Frau Sybille, mit der er 16 Wochen verheiratet war, umbringen wollen. Sie beteuert ihre Unschuld und drehte den Spieß herum: sie beschuldigte *ihn* der Mordabsicht und floh dann zu ihrem Schwager, dem Senator Ströhlin. Beide wurden daraufhin festgenommen. Erschwerend kam hinzu, daß auch die Magd ihre Herrin der Giftmischerei beschuldigte. Man machte eine Probe auf's Exempel. An dem Gift starben zwei Hunde, eine Katze und eine Henne. Daraufhin wurde die Biedermännin »in bewährter Weise« bis zum Ge-

ständnis(!) gefoltert. Sie gab an, die Zubereitung des Giftes von ihrer Mutter, Margarete Link, erlernt zu haben. Ihr Mann kam los, » . . . weil der Teufel sich nicht unterstanden hatte, im Amtshaus binnen vier Wochen Hand an ihn zu legen«.

Sybille gab unter der Folter Margarete Linkin (ihre Mutter), Simon Buckels Frau, die Segriner Hirtin, die Goglhopfin Burgel, Anna Straußin, Katharina Däuberlin, Eva Peterin (eine Totengräberin) und Mangolds Frau an. Sie wurden eingezogen und gefoltert. Fünf von ihnen gestanden unter der Tortur den Teufelsbund, Hexereien, Mißhandlungen und Giftmorde ein. Zwei jedoch, die Segriner Hirtin und Mangolds Weib blieben standhaft.

Die »geständigen« Frauen wurden zum Tod verurteilt. Auf Bitten der Verwandten, besonders des Schwagers der Biedermännin, wurde die Strafe dahingehend abgemildert, daß man sie nicht gleich verbrannte, sondern zum Tod durch das Schwert begnadigte(!). Sie wurden auf drei Wagen mit Stroh zur Gerichtsstätte gefahren und am 14. März 1656 hingerichtet. Margarete Link schrie bis zum Schluß und beteuerte ihre Unschuld. Die Kosten für die Hinrichtung betrugen 390 Gulden und mußten von den Verwandten bezahlt werden.

Die beiden unter der Folter standhaft Gebliebenen wurden im Juni »auf ewig« aus der Stadt gewiesen. Peter Biedermann, der den Prozeß »angezettelt« hatte, hat sich sechs Wochen nach der Hinrichtung seiner Sybille wieder verheiratet. Diese Ehe wurde nach vier Monaten geschieden. Er heiratete noch 3 x und wurde jeweils wieder geschieden.

Prozeß gegen Margaretha Was

Der Prozeß gegen Margaretha Was, einer armen Witwe aus Gschwenda, begann im Mai 1667. Im Prozeßverlauf wurden ihr immer wieder die gleichen, inzwischen nahezu standardisierten »Hexenfragen« gestellt. Die Folter brach ihren Lebenswillen und so gestand sie am 9. August 1667: » . . . ja, sie hätte sich dem bösen Geist ergeben und dieses wäre so zugegangen; vor vier Jahren, als sie sehr betrübt, indem sie keinen Bissen Brod gehabt, wäre sie in des Junkers Holz gegangen . . . hette urplötzlich ein Mann im grauen Kleide dagestanden und sie gefragt, was sie mache . . . worauf er sie weiter angeredet . . . wenn sie seine sei, sich ihm ergebe und ihm gehorchen wolle, so solle sie fürohin genug von ihm haben, worauf sie ja gesagt . . . «.

» . . . die anderen puncta hat sie bestendig verneint . . . hernachmals hat sie ungefragt dieses andere gesagt. Vor zwei Jahren were der Geist zu ihr gekommen . . . der dann in der Nacht an drei verschiedenen Orten im Dorf . . . die Ställe aufgemacht, ihr eine grüne Salbe gegeben, und hetten sie beide in einem Stall ein Pferd, im anderen einen Ochsen und in einem dritten einer Kuh solche Salbe reingeben und (sie wären) damit gestorben . . . sonst hette sie niemanden nichts getan«.

Nach diesem typischen Geständnis ergeht am 11. August 1667 das Urteil: . . . sie wird wegen ihrer mißhandlungen mit dem Feuer vom Leben zum Tod gebracht und gestraffet von rechtswegen«. Die Prozeßakten dazu befinden sich im Germanischen Nationalmuseum (Nürnberg).

Die freie Reichsstadt Schweinfurt hat sich der reformatorischen Lehre angeschlossen. Ich flechte sie an dieser Stelle ein, denn sie liegt inmitten eines katholischen Umfeldes. Ein erster Prozeß richtet sich 1637 gegen eine Anna Gröblin. Der Metzgermeister H. Schumm reicht beim Rat eine Klage ein: » . . . wie sie ihn bestialisch angegriffen, Schimpfwörter und Scheltworte gegen ihn gebraucht, sein Kind (mit)genommen und vom Friedhof heimlich einen Totenschädel geholt (habe). Sie habe gesagt, es wäre gut gegen die Schwindsucht, wenn man daraus trinke«.

Die Beklagte macht geltend, daß sie der Metzger »Hexe« gescholten und ihr »Totenkopf« zugerufen habe. Jetzt ist die Sache aktenkundig und der Rat wendet sich an die juristische Fakultät von Altdorf. Aufgrund unzureichender Indizien wird die Denunzierte freigelassen.

1629 wird die Witwe Agathe Pollmann in einen Prozeß verwickelt und wegen verdächtiger Zauberei eingezogen. Sie wird mehrfach gefoltert, ohne ein Geständnis abzulegen. Nach dem Schwören einer Urphede muß sie das Land verlassen. 1656 liegt die Frau des Archidiakons und Gymnasialprofessors Brückner angekettet im Stadtknechtshaus. Sie soll mit zwei verheirateten Männern und einem Gymnasiast die Ehe gebrochen haben. Außerdem wirft man ihr vor, sie habe sich mit dem zauberischen Maurergesellen, Eberhard Schiedloch, vergangen. Er wird gestäupt und aus der Stadt gewiesen. 1656 wird der Kirchtürmer Hannes Bätz in Haft genommen. Wegen Ehebruch und Zauberei legen ihm die Henkersknechte Daumenschrauben an. Es gelingt ihm, aus dem Gefängnis zu fliehen: dadurch entgeht er dem nahezu sicheren Tod.

Schweinfurt wartet mit einem nachzüglerischen Hexenprozeß auf, denn hier wird (noch) 1738 eine Frau als Hexe angeklagt und hingerichtet[75].

Auf die Situation in Fulda habe ich aufmerksam gemacht. Hier werden innerhalb weniger Jahre unter dem Hexenriecher Balthasar Noß(?) etwa 300 Opfer »geschlachtet«. U.a. wird die Frau des Hans Steub aus Neuhof aus dem Wochenbett ins Gefängnis geschleppt, was den Tod ihres erstgeborenen Kindes zur Folge hat. Noß bekleckert sich mit dem fragwürdigen Ruhm: » . . . er habe mehr als 700 Personen beiderlei Geschlechts verbrennen lassen . . . und er werde es auf 1 000 bringen«.

Schließlich ist er selbst an der Reihe. Wegen Grausamkeit schlägt ihm der Henker nach der Verbüßung einer langen Haftstrafe den Kopf ab.

Mainzer Hexenpraxis

Wichtig ist eine Betrachtung der Hexenbrände im Mainzer Gebiet. Dazu gehören Miltenberg, Flörsheim, Hochheim, weite Teile des Odenwaldes, Dieburg und das Amt Lohr. Der katholische Autor Merzbacher proklamiert: » . . . die Hexenverfolgung wurde im Kurstaat Mainz nicht allgemein. An manchen Orten gab es keine Verfolgung von Hexen«[76] Dieser Standpunkt bedarf der Korrektur.

1570 beginnen großangelegte Verfolgungen im Kurfürstentum Mainz. Den fürstlichen Kassen fallen etwa 1 000 Morgen an Land zu. Im mainzischen Odenwald wird förmlich auf Hexen Jagd gemacht, es werden Fanggebühren ausgeschrieben. Schwangere werden ihren Männern erst nach der Hinterlegung einer Kaution zurückgegeben, und zwar solange, » . . . bis sie sich ihrer weiblichen Bürde entledigt haben«[77].

Eine zentrale Rolle spielt der Kurfürst Johann Schweickhardt (1604 – 1626). Er läßt sich von Theologen und Juristen über das Hexentreiben belehren. Mit seinen 98 Spezial- und Gegenfragen systematisiert er die Verfol-

Übersicht über die Opfer in Franken

Gebiet/Ort	Jahr	Opfer	Urteil
Fränkische Reichsstädte			
Nördlingen	1478	1 Frau (Hebamme)	Freispruch
	1534	3 Frauen	1 Freispruch/ 2 Stadtverweisungen
	1588/90	1 Frau (Geisteskranke)	verbrannt
	1590–94	17 Frauen, 1 Mann	verbrannt/1 Freispruch/ 1x unter der Folter gestanden
	1598	2 Frauen	verbrannt
Windsheim	1596/97	23 Frauen	verbrannt/hingerichtet
	1600	1 Frau	Stadtverweisung
Dinkelsbühl	1655/56	5 Frauen	enthauptet/eingeäschert
Rothenburg	17. Jh.	2 Personen	hingerichtet
Nürnberg	1536	3 Frauen	1x Leibstrafe/2x Freispruch
	1659	2 Frauen	hingerichtet/eingeäschert
Schweinfurt	1616/1628 1656/1671	4 Frauen, 2 Männer	verbrannt/hingerichtet/ Tod im Gefängnis
	1728	1 Frau	Freispruch
Ellingen, Deutschordens- kommende bei der Reichsstadt Weißenburg	1590	71 Personen	verbrannt/hingerichtet
Ellwangen (Fürstpropstei)	1612	167 Personen	hingerichtet
Fürstbistum Würzburg			
Würzburg	1590	mehrere Frauen	hingerichtet
	1600	2 Frauen	hingerichtet
	1617	300 Personen	verbrannt
	1623–31	219 Personen Frauen, Kinder, Studenten, Ratsherren, Bürgermeister	verbrannt/hingerichtet
	1749	1 Frau (Nonne)	hingerichtet
Ochsenfurt	1627/28	mehrere Personen	verbrannt
Gerolzhofen	1615–18	261 Personen	verbrannt
	1628	weitere Personen	verbrannt
Marktheidenfeld	1627	16 Personen	hingerichtet
Stadtvolkach	1627	4 Frauen	hingerichtet/eingeäschert
Königshofen	1627	4 Personen (darunter 1 Ratsherr)	hingerichtet
Amorbach (Odenwald)	1667	mehrere Personen	verbrannt
im ganzen Bistum	1623–31	900 Personen	verbrannt/hingerichtet
Fürstbistum Eichstätt			
Spalt	1535	1 Frau	verbrannt
Eichstätt	15. Jh.	viele personen	verbrannt
	1590	mehrere Personen	hingerichtet
	1603–27	113 Frauen, 9 Männer	verbrannt
	1628	274 Personen	verbrannt

Übersicht über die Opfer in Franken

Gebiet/Ort	Jahr	Opfer	Urteil
Fürstbistum Bammberg			
Bamberg	1595	1 Frau	verbrannt
	1617/18	102 Personen	hingerichtet
	1619–22	einige Personen	hingerichtet
Bamberg und Zeil	1624–31	mehr als 900 Untersuchungen	wegen Hexerei
	1626–30	236 Personen	wegen Hexerei verbrannt
Kronach	1612/13	mehrere Personen	hingerichtet
Hallstadt	1612/13	mehrere Personen	hingerichtet
Steinwiesen	1612/13	mehrere Personen	hingerichtet
Staffelstein	1612/13	mehrere Personen	hingerichtet
Herzogenaurach	1618	1 Frau	hingerichtet
im ganzen Bistum	1624–31	600 Personen	verbrannt/hingerichtet
Markgrafschaft Brandenburg-Bayreuth-Ansbach, sogenanntes Markgrafenland			
Schwabach	1505	1 Frau	verbrannt
	1591	7 Frauen	verbrannt
	1608	1 Mann	enthauptet
Wallerstein	1591	22 Frauen	verbrannt
Emskirchen	1587	1 Frau	verbrannt
Langenzenn	1589/90	mehrere Frauen	verbrannt
Heilsbronn	um 1589/90	mehrere Frauen	verbrannt
Ansbach	um 1580/1600	mehrere Personen	verbrannt oder Pranger
Gunzenhausen	um 1590	mehrere Personen	verbrannt oder Pranger
Bayreuth	1654	1 Frau	Gebietsverweisung
Naila (Hof)	um 1656/57	1 Fall	Freispruch
Geroldsgrün	um 1656/57	1 Fall	Freispruch
Lichtenberg	um 1656/57	1 Fall	Freispruch
Creußen	1559/1654	2 Frauen	Freispruch (1x mit Kirchenbuße)
Gollhofen	Ende 15. Jh.	einige Frauen	verbrannt
Ipsheim (bei Uffenheim)	1601	2 Frauen	?
Burgbernheim	1615	2 Frauen	Freispruch
	1654	Verhaftungswelle	Freispruch
Crailsheim	1594	4 Frauen	hingerichtet

Aus vielen Orten können keine Hexenprozeßakten mehr ermittelt werden, weil sie später oft gezielt vernichtet wurden. Diese Übersicht geht aus einschlägigen Darstellungen hervor.

gungen. Der Schrecken setzt erst mit seinem Nachfolger, dem Kurfürst Friedrich von Greifenklau ein, der sich 1628 in Dieburg huldigen läßt. Er perfektioniert das Hexenbrennen. In Dieburg tritt eine Deputation der Zehntmannschaft vor und bittet ihn inständig nach dem göttlichen Willen: »... er möge wegen der Ausrottung des abscheulichen Lasters der Magie, das zu Dieburg und der umliegenden Gegend so überhandgenommen, die peinliche Untersuchung befehlen«.

Nach einer Notiz des Pfarrers Laubenheimer kommen bei den daraufhin inszenierten Hexenbränden im Jahr 1627 insgesamt 85 Personen um. Archivalisch läßt es sich nicht nachvollziehen. Den Akten zufolge werden lediglich 38 zum Tod verurteilt. 1629 beginnt in Dieburg eine zweite Kampagne gegen das »Hexengeschmeis«, der 21 Personen zum Opfer fallen[78].

Der Bischof Johann Georg ist kritisch und sieht sich genötigt, am 31. Juli streng gegen falsche Anklagen vorzugehen. Er bekennt: »... so gibt die tägliche Erfahrung, daß vor losen Mäulern kein ehrlicher Mensch gesichert ist, sondern (daß) ohne alle Scheu jetzt da, dann dort, immer einer nach dem anderen, in unschuldiger Weise für ein(en) Trutner ausgeschrieen und zum wenigsten solcher Laster verdächtigt wird, als ob durch die Verhafteten und Hingerichteten bereits gegen ihn ausgesagt worden sei«[79].

Es ist zu erwähnen, daß sein Vorgänger, Gottfried von Aschhausen, die Bevölkerung zur Denunziation der Hexen und Zauberer aufgefordert hat. In Kirchenkreisen ist man sich bisweilen uneinig.

Wie intensiv der Teufelsglaube im Volk verankert ist, ergibt sich u.a. aus den Worten des Torhüters Veit Meffert: »... er habe in der Nacht vom 4. auf den 5. Juli zwischen 11 und 12 Uhr ein Rumoren, Pfeifen, Trommeln, herumspringende Reiter und ungeschmierte Kutschen gehört, so daß er vor Schreck in sein Horn geblasen. Doch habe er niemand von der Bürgerschaft aufwecken können. Desgleichen habe er in der Vorstadt ein Springen und Getümmel vernommen, so als wenn alle Häfen zusammengeschmissen würden. Daraufhin erfolgte um den Torturm ein gräulich Unwetter samt Platzregen, wie aus Fässern, desgleichen noch niemand gesehen. Ein Bürger, der eben aus dem Wirtshaus kam, habe alles um sich

herum tanzen sehen ... eine merklich Anzahl teuflischen Zaubergesindels in Menschengestalt, schwarz angetan, habe er auf der Gasse herumtanzen und springen gesehen ... dies sei vom leiblichen Teufel wider alle Verbote der geistlichen und weltlichen Obrigkeit zu keinem anderen Ende gerichtet, als um das satanische Reich zu erweitern«[80].

Erst unter dem früheren Domherrn und Herzog von Franken gehen die Hexenprozesse zurück. Es ist hervorzuheben, daß die Mainzer Juristen früh in Bezug auf die Anwendung der Folter humane Ansichten an den Tag legen. Sonst geht man grausam gegen Rechtsbrecher (und) Hexen vor. Im Mittelpunkt steht (immer noch) die Abschreckung.

Hochheim, Flörsheim, Oberursel

Schüler berichtet in seiner Geschichte der Stadt Hochheim[81] »... am 12. Juni 1587 brachte man zwei der Zauberei verdächtige Weiber vom Stockum (im nassauischen Amt Marienberg) nach Mainz. Eine erlag den Folterqualen und die andere gestand jede Schuld, so daß man am 20. Juni zu ihrer Hinrichtung schritt. Die Lebende wurde in ein Faß geschlagen, die Tote in einen Sack genäht, daraufhin (wurden) beide nach Nackenheim gefahren und (dort) verbrannt. Später schritt man auch in Hochheim und Flörsheim zur Ausrottung der Zauberer und Hexen«. Flörsheim nimmt zu diesem Zweck 2 000 Gulden beim St. Clarenkloster in Mainz auf[82].

Das Amt Lohr berichtet 1576 von einer ersten Hexenverfolgung. Die Mainzer weltlichen Räte erlassen bei dieser Gelegenheit ein Zirkular an die Ortskellner: »... hinfüro nicht weiter Weiber als Hexen einzuziehen, bis über die Art der Bezichtigung an die Regierung ein Bericht erstattet sei«. Wegen »schädlicher« Fröste bringt der Schultheiß von Rieneck eine Person zur Anzeige. Sie wird eingezogen und 1614 als Hexe verbrannt. Bis 1616 werden 36 Personen verurteilt, gehängt, geköpft und/oder verbrannt.

In den rheinischen Teilen des Erzstiftes Mainz, wie in den Ämtern des Taunus bis ins Rheinland hinüber, scheint die Verfolgung der Hexen nur sporadisch zum Ausbruch gekommen zu sein. In Oberursel wird 1613 ein Häfner namens Illwegen eingezogen. Hier werden am 9., 16. und 17 Februar 1613 mehrere Frauen als Hexen verbrannt[83].

Im Amt Aschaffenburg sind in der Zeit von 1610 – 1630 120 Personen justifiziert. In Groß-kotzenburg und Bürgel werden auf Betreiben des Dechanten von St. Peter (Mainz) 300 Personen hingerichtet[84].

1602 findet ein Auflauf in Buchen statt, bei dem man sich gegenseitig Hexerei vorwirft. Zufällig erscheinen zwei verdächtige Weiber. Man ergreift sie, schleppt sie ins Rathaus und läßt sie wieder laufen. Der Rat läßt anstatt ihrer die Häscher bestrafen.

Miltenberg, Brief des David Mohr

Miltenberg ist seinerzeit die Hauptstadt des kurmainzischen Oberamtes gleichen Namens. Hier wird 1616/17 eine großangelegte Hexenverfolgung inszeniert. In diesem Zusammenhang erbittet sich der Obrist Johann von Gartzen die »gnädige Erlaubnis, eine neue Verfolgung einleiten zu dürfen . . . denn es seien manche übrig geblieben seit der letzten Prozedur vor elf Jahren: der Himmel fordere die Obrigkeit auf, dies aus dem letztjährigen Miß-wachs zu erkennen«. Die Genehmigung läßt nicht lange auf sich warten, und so geht der Blutknecht mit einem Alibi in der Tasche an seine schmutzige Arbeit. Eine weitere Verfolgungswelle überzieht den Landstrich und reicht bis in das Jahr 1629.

Vereinzelt kommen vernünftige Ansichten zutage, die dokumentieren, wie nüchtern Einzelne die Sache sehen. Heinrich Henk aus Eichenbüchel trägt vor: » . . . wenn das so weitergeht, bleibt kein Mensch mehr auf der Welt«. Und eine wegen Hexenwerk Eingezogene sagt: » . . . wenn man so mit dem Brennen fortfahre, werde es bald kein Holz mehr geben«.

Aus dem Miltenberger Hexentreiben hat sich ein interessantes Dokument erhalten. Es handelt sich um den Brief des David Mohr an seine wegen Hexerei eingezogene Frau. Wieder einmal wird deutlich, wie weit die Verirrung fortgeschritten ist. Er schreibt ins Drudenhaus:

» . . . liebe Hausfrau Catharina . . . dein betrübter Zustand ist mir hart zum Herz gegangen . . . dieweil glaube ich wohl, daß du eine zauberische Person bist und der Buße bedarfst. Wenn Du durch die Hilfe des leidigen Teufels die schreckliche Folter aushalten mußt, mußt du doch im Gefängnis sitzen bleiben und wirst von der Obrigkeit und den Men-schen als unbußfertige Zauberin angesehen. Es verwundert und schmerzt mich, wenn du dich vor dem Henker nackt ausziehen mußt und er dich wider die Natur scheren und schän-den läßt. Oh, Gott, erbarme (Dich) . . . der armen . . . (und) . . . verführten Seele. Ob-wohl ich dich in diesem Zustand nicht sehen kann, hoffe ich, wenn du die göttliche Heimsuchung erkennst und dein Gewissen gereinigt hast, daß wir uns im ewigen Himmel wiedersehen«.

» . . . trage dein selbst verschuldetes Kreuz willig, denn in der Hölle gibt es keine Erlösung. Das Werk des Teufels besteht aus lauter Lügen . . . ich wünsche dir eine gute Nacht und befehle dich in den Schutz Gottes und der lieben Engelein. Ich werde den Erzengel Michael bitten, weil er den Teufel aus dem Paradies vertrieben (hat), daß er zu dir komme und den bösen Geist aus deinem Herzen treibt . . . dein getreuer Hauswirt David Mohr, Miltenberg 1637«.

Daß es mit der Verschwiegenheit der Geistlichen nicht weit her ist, dokumentiert ein Vorfall, der sich 1654 in Oberhessen abspielt. Hier berichtet ein Pfarrer Gilhausen von Kirchheim, » . . . daß Elisabeth, die Frau von Heinrich Georgen, nie in die Kirche gehe . . . wie es auch schon ihre Mutter gehalten hätte«. Er wendet sich pflichteifrig an die Kanzlei, die die Anweisung erteilt: » . . . sie soll den Kirchgang schleunigst nachholen«. Weil sie diesem Verlangen nicht nachkommt, wird sie eingezogen und gefoltert. Der Scharfrichter entdeckt das »stigma diabolicum« und verschärft die Tortur.

Sie wird mindestens 20 mal aufgezogen und an den Beinen geschraubt. Das Protokoll vermerkt: » . . . gesteht nichts . . . (sie) . . . stößt nur entsetzliche Laute aus«.

Bescheiden steht der Geistliche beiseite, hat er sich doch in einen Vorgang gemischt und nicht mehr getan, als eine Unschuldige denunziert. Warum *muß* sie in die Kirche gehen? Unsere Geschichte beweist, daß man auch ohne sie anständig durch das Leben gehen kann. Der Geistliche ist sich seines Tuns bewußt: er untersteht dem kanonischen Recht und kann von einem weltlichen Gericht kaum belangt werden. Wieder einmal kann ein Priester frohlocken, denn es ist ihm gelungen, eine Unschuldige unter den Zwängen des Glaubens zu quälen.

Insgesamt beträgt die Zahl der in Miltenberg wegen Hexerei und Zauberei hingerichteten Personen 168, sofern nicht neue Quellen
dazukommen. Auch Geistliche sind Kinder ihrer Zeit. Dies betrifft ihre sexuellen Bedürfnisse ebenso wie die Tatsache, daß ihnen im
Ernstfall der Rock näher als die Hose ist. Nach
Deschner sind es bereits von den Eltern und
Großeltern vorgepolte willensschwache Jasa-
ger, die sich zu diesem Beruf bekennen und ge-
dankenlos wiederkauen, was ihnen zu glauben
und weiterzusagen befohlen ist. So *muß* es
sein, denn nur dann sind sie ein williges Werkzeug in den Händen der Kurie. Wer sich kritisch mit der Geschichte des Katholizismus
auseinandersetzt, *muß* zu dem Ergebnis kommen, daß die Religionsvariante auf einem
Trümmerfeld errichtet ist. Dies war schon zur
Zeit der Hexenbrände bekannt, konnte jedoch
(noch) unterdrückt werden.

Professor Anton Mayer, selbst Katholik, untersuchte vor kurzem die Forschungsergebnisse neutestamentlicher Wissenschaftler. Protestantische wie katholische Theologen hatten in
den letzten sechs Jahrzehnten herausgefun-
den, daß von den zahlreichen Jesus in den
Mund gelegten Aussprüchen nur etwa 70 von
ihm stammen *könnten*. Ein weiterer Vergleich
führt zu der These des Professors: » . . . bereits die neutestamentlichen Autoren, die
meist aus der Ober- und Mittelschicht stammten, versuchten sich aus dem »Unterschicht-
Jesus« einen Jesus für ihre Interessen zu zimmern . . . wozu die dicke Bibel, wenn *vielleicht* 70 Anmerkungen von ihm stammen? Ist
der Rest wahr oder unwahr?

Während der Zeit der Hexenverfolgungen
war ein solches Denken gleich einem freiwillig
unterzeichneten Todesurteil. Die damaligen
Brutstätten der Intrige schmieden die Menschen zusammen: sie haben Angst vor der Religion! Auf den Wink eines Geistlichen hin wurden Menschenleben ausgelöscht: Vorläufer haben wir in der Zeit der großen Ketzerströmun-
gen und der Inquisition.

Etwas humaner denkt man in juristischen
Kreisen, denn hier zeigt sich eine vorsichtige
Liberalisierung. Dies kommt der Zurücknahme der Folter gleich. Am 28. Juli 1628 verfügt
das Kurmainzische Obergericht: » . . . die
peinliche Frage möge mit Rutenstreichen und
Geißeln beginnen, denn dies macht den Körper nicht arbeitsunfähig . . . zudem müsse

man den Angeklagten einen Verteidiger gestatten«. Nach einem langen Gerangel einigt
man sich darauf, die Folter nicht über eine halbe Stunde auszudehnen.

Zur bayerischen Hexenszene

Der Raum Bayern ist von Interesse, weil er
zugleich die Wiege des »neuen« Katholizismus
ist. Es ist keinesfalls verwunderlich, wenn sich
hier die meisten Heiligen feierlich die Hände
geben, wenn es Hunderte von Schutzheiligen
und Patrone gibt und die kirchliche Pracht besondere Formen annimmt. Es hat einen realen
Grund. Im frühen 16. Jh. gelingt es den Jesuiten, hier Fuß zu fassen. Sie retten buchstäblich
den »alten« katholischen Glauben aus der
selbstverschuldeten Versenkung und modifizieren ihn (abermals), weil sie darin für *ihre*
Organisation Vorteile sehen.

Die Jesuiten schmeicheln sich in fürstliche
Familien ein und fungieren als Beichtväter und
Prinzessinnenerzieher. Sie betätigen sich als
erfolgreiche Heiratsvermittler. Erst daraufhin
gewinnt die Gegenreformation Konturen. Die
geistige Vorrangstellung der Jesuiten gegenüber dem übrigen Klerus hat sich bis heute erhalten.

Die Regensburger Synode von 1512 geht näher auf die Frage der »haeretici et sortilegi« ein
und verdammt alle von der katholischen Lehre
abweichenden Glaubensgemeinschaften als
Sekten, alle eitlen und abergläubischen Gebräuche, das Wahrsagen und die Teufelsbündnisse«.

Im Wunsch, dieses pestbringende Otternge-
zücht auszurotten, wird verordnet: » . . . daß
sich fortan jeder Priester und Kleriker, der in
solche Irrtümer Verstrickte finde . . . zur
Beichte schicke und daraufhin zum zuständigen Bischof, damit er ihnen die Absolution er-
teile . . . Die öffentlich mit diesem Laster befleckt sind, sind, wenn sie zum Abschwören ihrer Irrtümer nicht bereit sind, zu exkommunizieren«[(85)].

Wichtig ist der Beschluß der Salzburger Provinzialsynode von 1569: » . . . wer Kunde hat,
daß Jemand in solche Irrtümer verstrickt ist
oder anderen teuflischen Verkehr betreibt und
sich beim Bischof meldet, hat nichts zu befürchten, denn er kann nicht offenbaren . . . er soll den Angeschuldigten mit Klugheit und Liebe zu bekehren suchen. Gelingt es
nicht, soll man sich nach den kanonischen Vor-

schriften richten«. Was es bedeutet, weiß jeder, der dieses Buch aufmerksam gelesen hat!

Im Religionsmandat des Bischofs Heinrich von Augsburg aus dem Jahr 1600 wird unter Androhung von Leibesstrafen verboten: » . . . das Wahrsagen, Segensprechen, Zauberei und alle anderen Arten des Aberglaubens«.

1622 werden amtliche Erhebungen über den zu Priegelried im Amt Landshut beobachteten Geisterspuk angestellt und dabei die »Priegelriederin« nebst ihren Kindern verhaftet. Der Franziskaner Guardian aus Landshut, den der Hausbesitzer beansprucht, berichtet: » . . . daß sie von unsichtbaren Händen Steine und Krautköpfe in die Stube geschleudert, glühende Holzkohlen umhergeworfen, Milchschüsseln umgeschüttet und mehreres dergleichen geschehe«[86].

Im bayerischen Raum erlassen die Kurfürsten »Landgebote wider Aberglaube, Zauberei, Hexerei und andere sträfliche Teufelskünste«[87]. Sie gehen auf das Landgebot unter Maximilian I. zurück.

Am Vorabend der nun intensiver einsetzenden Hexenbrände verfaßt Johann Zink 1549 die Abhandlung »de potestate daemonum, maleficarum et sagarum«[88]. Darin vertritt er die Ansicht: » . . . daß es auf Träumen beruhe, wenn sich die Hexen in Tiere verwandeln und dann in solchen Gestalten vorgeben, Kinder zu verzehren. Das Hexenfahren wäre eine Illusion«. Bezüglich der Bestrafung der Hexen merkt er an: » . . . viele wackere Männer wollen die Hexen aus göttlichem Eifer verbrennen. Aber nicht geringer ist die Zahl derer, die sie aus Mitleid in Schutz nehmen, da es nicht wahr ist, daß sie den Menschen schaden«. Er kann sich nicht durchsetzen. Unter dem Damoklesschwert der Kurie neigt man zu der harten Ansicht: » . . . schon der Grund, daß sich die Hexen mit dem Teufel einlassen, rechtfertige ihre Verbrennung«.

Maximilian I.[89]

Maximilian ist der Sproß einer katholischen Familie. Er wird von dem juristisch geschulten Theologen Baptist Fickler erzogen, der vordem als erzbischöflich-salzburgischer Protonotar fungiert. Er hat 1582 als Anlaß einiger Hexenprozesse im Salzburger Land eine Hexenschrift verfaßt[90], in der er inquisitorische Grundsätze zum Besten gibt. Man läßt den 17-jährigen Prinz bei der Folter einiger Hexen zu-

sehen und darf sich nicht wundern, wenn er zu einem »Hexenriecher« wird. Aus seiner Regierungszeit haben wir Nachrichten über Hexenprozesse in München, Ingolstadt, Tölz, Weilheim, Kehlheim, Abensberg, Vohburg, Mitterfels und Wemding, ohne daß dadurch die Menge erschöpft ist[91].

Maximilian erläßt 1622 eine »General- und Spezialinstruktion über den Hexenprozeß«. Diese Verordnung atmet den Geist bürokratischer Genauigkeit, aber auch den finsteren Haß eines Sprenger, Institoris und Binsfeld. Riezler, der Erforscher der Hexenbrände in diesem Raum, beschreibt Maximilian I. als unversöhnlich und herzlos, » . . . er wetteiferte mit seinem Vater (= Wilhelm I.) in Ergebenheit und blindem Gehorsam für die Lehren der Kirche[92] . . . hat eine unermüdliche Arbeitskraft, den scharfen Verstand und das eiserne Pflichtgefühl des Herrschers, der sich in der Verfolgung der Hexen unversöhnlich zeigt«.

Maximilian gründet die Katholische Liga. Neben Kaiser Ferdinand wird er einer der Anführer der katholischen Partei während des 30-jährigen Krieges. U. a. ist er an der Entlassung Wallensteins beteiligt. Er entwickelt unter Tilly ein schlagkräftiges Heer und schafft den »Codex maximilianus«. Unter ihm wird die Residenz von München errichtet.

Belastend ist, daß man in seiner Verwandtschaft davon ausgeht, daß die Herzogin Elisabeth, seine erste Frau, durch teuflischen Einfluß unfruchtbar geworden ist. Deshalb läßt Maximilian den berühmten Barnabitengeneral Michael Marrano[93] (Muzaranus) kommen. In vornehmen Kreisen gilt er als Spezialist für das Entzaubern fürstlicher Personen. U.a. ist es ihm beim Herzog Johann Wilhelm v. Jülich gelungen. Der Papst und Kardinäle ersuchen ihn, nach Prag zu reisen, um sich zu überzeugen, ob der Kaiser Rudolph II. verzaubert ist, und » . . . sollte es so sein, (so) soll er seine Heilkunst an ihm versuchen«[94]. Heute würde er vielleicht einen Psychiater empfehlen, denn es gibt keine Zauberei.

In der Gegend von Schongau, einem Gebiet, das Wilhelm I. der Verwaltung seines Bruders Ferdinand überlassen hat, führen unscheinbare Vorgänge zu einem Massenprozeß. Der Grundhold des Klosters Steingaden holt sich beim Nachrichter von Kaufbeuren Rat: » . . . weil ihm ein Kind gestorben . . . (und) . . . ein Schwein gefallen sei«. Daraufhin bezichtigt er die Bäuerin Gaiger als Hexe. Der Fall wird niedergeschlagen, aber 12 Jahre danach wieder aufgerollt. Diesmal gibt ein Gutachten des Wasenmeisters wegen »gefallener Pferde« Anlaß zur Klage. Die Beschuldigte wird auf Anweisung des Münchener Hofrats[95] mit Daumenschrauben geklemmt. Von da an setzt sich das Gerede um die Hexerei fest und wird so stark, daß Ferdinand 1589 eine Untersuchung der Verhältnisse erzwingt. Daraus entwickelt sich ein drei Jahre anhaltender Hexenbrand in Schongau und in den Nachbarorten. U.a. fallen ihm ein Amtmann, die Frau des Richters und drei Hebammen zum Opfer: sie werden enthauptet und verbrannt.

Die Hexen von Werdenfels[96]

sind ein getreuer Spiegel der Epoche und zeigen krass den Einfluß der falschverstandenen Religiosität. Wir sehen es am Nachfüllen des Weihwassers, mit dem (auch) die Speisen der Delinquenten zubereitet werden, in der Tatsache, daß die Regierung die Weisung erteilt, das Sakrament denjenigen (Hexen) nicht zu reichen, die ihre Bekenntnisse widerrufen. Man erörtert die dubiose Frage, ob es sinnvoll sei, den Hinzurichtenden unmittelbar vor dem Tod eine Hostie zu reichen, denn sie bleibe eventuell unverdaut in ihrem Magen: dies wiederum könne eine Verunehrung des heiligen Sakramentes bedeuten. Zudem hat der Kurfürst Ernst von Köln, Bischof von Freising, Lüttich und Münster, am 8. Oktober 1590 die Anweisung erteilt: » . . . man möge weiterhin ernstlich gegen zauberische Personen vorgehen«.

Er steht unter dem geistigen Einfluß des Jesuiten Martin DelRio, bzw. seiner »Dispositiones magicae«, auf die ich anderweitig zurückkomme. Also deckt auch hier die Obrigkeit die Handlungsweise der kleinen Amtsdiener.

Werdenfels ist ein kleiner Fleck und gehört bis 1802 zu Freising. Dort finden in rascher Folge 7 Malefizrechtstage statt, bei denen 51 Personen aus dem Leben geschafft werden. 33 gehören zum Gericht Garmisch, 11 zu Partenkirchen und 7 zu Mittenwald. Man scheut sich nicht, selbst 94-jährige zu Foltern. Zwillinge werden im Kerker geboren, Gutachter werden befragt und auch hier werden die Prozeßkosten zusammengestellt: sie sind aus dem Vermögen der Hingerichteten zu bestreiten, bzw. müssen von ihren Verwandten aufge-

bracht werden. Bei den Hinrichtungen sind auffallend viele Geistliche anwesend und das stigma diabolicum (= Teufelsmal) vermeinte man bei nahezu allen Bezichtigten gefunden zu haben. Es deutet mit christlicher Sicherheit auf ein teuflisches Bündnis.

Deutlich werden Unwissenheit, Besserwisserei, Gefallsucht, Denunziantentum, Obrigkeitswahn und die leidige Hörigkeit. Die Akten der Werdenfelser Prozesse haben sich nahezu vollständig erhalten. Angst und Selbstsucht führen im Zusammenhang mit einem Hagel zum Ausbruch einer Verleumdungskampagne und im Volk verdichtet sich die Meinung, » . . . daß die Richter keinen größeren Ernst gegen verdächtige Personen gebrauchen«, also zu lasch seien. Mit dem Rechtspfleger Hans Paul Herwart von Hohenburg (1580 – 1583) werden die Schatten des Unheils vorausgeworfen: bis zum Ende seiner Amtszeit reißen die Vorwürfe nicht ab.

Der Teufelswahn sitzt wie ein Stachel tief im Fleisch des einfältigen Volkes. Die Müllerin von Garmisch geht in der Vorstellung auf: » . . . daß ihr böse Leute die Krankheit angezaubert hätten« und verdächtigt die 80-jährige Witwe Elisabeth Schlamp, » . . . ein seltsames Mensch von Ansehen«. Mang Resenberger erzählt, daß das Land voll Zauberer und Hexen sei » . . . doch er könne sie zusammenbringen, so daß sie alle aus einer Schüssel essen müssen«. Der verunsicherte Amtsdiener erkundigt sich in Freising, was er tun soll und bekommt die Antwort: » . . . aufgrund der momentan schlechten Beweislage soll er die Sache jetzt gehen lassen, doch insgeheim Nachforschungen anstellen«. Er wird also sensibilisiert.

Der Untermüller von Partenkirchen, Stoffl Jocher trägt vor: Mang Resenberger habe die Geschwüre seiner Tochter durch folgendes Rezept vertrieben » . . . man nehme Mühlstaub und Harn des kranken Georg Frelich, vermische beides, gieße die Hälfte davon in fließendes Wasser und grabe die andere unter Aufsagen kräftiger Worte aus der hl. Schrift in einen Ameisenhaufen, der auf der Wiese des Müllers steht«. Schnell gehen die Gerüchte von Mund zu Mund!

1583 wird Caspar Poißl von Atzenzell als neuer Pfleger eingesetzt. Wieder wird Resenberger zum Denunziant. Plötzlich erscheint dem Eibseefischer Hans Ostler eine Ursula

Klöck verdächtig, ». . . seitdem er krankes Vieh hatte, das nur solche Milch gab, daß sie sich nicht buttern ließ«.

Der Pfleger läßt am Abend des 28. September 1589 Ursula Klöck in das Garmischer Amtshaus führen, nachdem bereits die alte Els Schlamp und ihre ledig gebliebene Tochter Appolonia festgenommen sind. Sie werden vom Schongauer Nachrichter Jörg Abriel untersucht. Er erkennt alle drei als Unholde und findet an ihnen das sog. Teufelszeichen. »Er erkenne zauberische Personen und habe bereits 20 dergleichen Hexen hinweggerichtet«. Poißl meldet nach Freising: ». . . es gäbe viele böse Leute die den Mitbürgern Schaden angerichtet hätten. Sie hätten Hungersnöte verursacht und andere an den Bettelstab getrieben. Die Untertanen würden fürchten, daß durch die Kunst der Unholde ihre Kinder in die Hexerei verstrickt würden . . . und er habe inzwischen drei verdächtige Weibspersonen festgenommen. Der Meister (= Scharfrichter) sei inzwischen wieder abgereist, weil kein Befehl vorlag, peinlich zu verfahren. Er bitte um Weisung, was nun geschehen solle«.

Kurz danach (20. Oktober) ergeht die Anordnung, die Frauen gütlich *und* streng zu befragen. Daraufhin verhört Poißl im Beisein des Richters von Garmisch, Georg Knilling und des Gerichtsschreibers Matheis Schon die der Hexerei Bezichtigten und droht ihnen die Anwendung der Folter an. Bei der »gütlichen« Befragung sagen die Eingezogenen leichtfertig, ». . . daß noch mehrere solcher Weiber in der Grafschaft seien«. Die Aussagen sind dürftig. Die Klöck sagt ». . . sie habe in der Nähe ihres Hauses ein Stück Holz abgeschlagen und es in ihren Keller neben ihr Milchkacherl gelegt, worauf dann bei Tag und Nacht die ihren Nachbarn gehörige Milch geflossen sei . . . diese Kunst habe ihr die (verstorbene) Witwe des Claus Schüsterle gelehrt. Zudem sei ihr ein großer schwarzer Mann erschienen. Nachdem sie sich bekreuzigt habe, wäre er wieder verschwunden«.

Immer mehr verdichten sich die Gerüchte und bald danach wird der Nachrichter »gerufen«, um ein peinliches Verhör mit ihnen anzustellen. Eine der Gemarterten sagt aus:

». . . während der Tortur sei ihr der Teufel vor den Augen gestanden und habe sie verspottet«. Bei der peinlichen Befragung sind

Geistliche anwesend. Während der Folter wird eine Barbara Achrainer der Hexerei bezichtigt. Am 4. Dezember werden die Klöck und die beiden Schlampinnen in das Schloß Werdenfels gebracht. Die denunzierte Achrainer folgt am 15. Dezember. Wieder folgt etwas typisches: Ursula Klöck, Elisabeth Schlamp *und* Barbara Achrainer bezichtigen unter dem Druck der Folter Margarethe Gattinger, eine 60-jährige aus Hammersbach der Mittäterschaft.

In ihrem Haus werden Hostien gefunden, was im Zeichen der Zeit bestenfalls als religiöser Aberglauben zu bewerten ist. Es war in dieser Region üblich, Hostien zuhause aufzubewahren und hat mit Hexerei nichts zu tun. Margarethe Gattiner bezichtigt unter der Folter – nachdem man sie am 17 Dezember 1589 festgenommen, ins Schloß gebracht und nach dem Teufelsmahl untersucht hat – weitere Frauen der Hexerei. So die Bäckerin Margaretha Knilling von Partenkirchen, eine Brigitta Walser und eine Agatha Loipold. Die Walserin nennt später eine Barbara Gänsler als Gespielin. Die Appolonia Schlamp bezichtigt Margaretha Wolfhart der Mittäterschaft. Ursula Klöck denunziert weitere: so nimmt das Unheil den gewohnten Gang.

Nun kommt es zu einem Eklat, denn die Gatterin erhängt sich am hellichten Tag am 21. Dezember mit einem abgerissenen Schurzsaum. Später wurde sie verbrannt und ihre Asche vom Partenkirchner Abdecker Hans Per vergraben: es deutet darauf hin, daß man sie nachträglich als der Hexerei überführt angesehen hat.

Inzwischen läuft die Amtsmaschinerie. Am 12. Januar 1590 ergeht von Freising aus der Befehl, das Vermögen der vier Zauberinnen »als dem weltlichen Fiskus anheimgefallen« zu betrachten, es in Verwahrung zu nehmen und zu Geld zu machen. Am Montag nach Lichtmeß, dem 5. Februar 1590, sollten die drei Frauen hingerichtet werden. Poißl versucht, die fixierte Todesstrafe dadurch zu mildern, indem er vorschlägt, man solle die Hexen erst strangulieren oder sie mit einem Schwert vom Leben zum Tod befördern und danach ihre Körper verbrennen (wie das auch in Schongau geschehen sei). Beim Lebendigverbrennen wäre das Feuer so laut, daß die armen Sünderinnen kein Priester trösten kann ». . . und es wäre nicht sicher, ob die ihnen gereichte Hostie schon verdaut sei: so könne dieses Sakrament verunehrt werden«.

Als Ankläger am 1. Malefizrechtstag ist Hieronymus Plaßl von Freising mit Geistlichen anwesend. Die Quellen vermerken den Prälat von Schlehdorf, den aus Partenkirchen gebürtigen Probst von Rottenbuch (Wolfgang Perkofer), den Pfarrer aus Garmisch (Andreas Puchberger), sowie die Pfarrer von Eschenlohe und Mittenwald. Die Angeklagten werden dem versammelten Gericht vorgestellt. Dann wird das Urteil durch Verbrennen bei lebendigem Leib vollstreckt, wozu ein Klafter Holz verbraucht wird. Daraufhin wurde die Asche sowie alle gebrauchten Gegenstände an einen »besonderen« Ort gebracht.

Durch diese Hinrichtung sind die Bürger mobilisiert, verängstigt und aufgeschreckt. In rascher Folge werden weitere Personen eingezogen. Es folgen übliche Befragungen und Margaretha Knilling wird vom Scharfrichter so hart gefoltert, » . . . daß sie an allen Gliedern verderbt«. Es kommt zutage, daß der (verstorbene) Mann der Margaretha Wolfharts, ein Metzger und Viehhändler aus Garmisch, Sodomiterei mit einem Schaf begangen habe, » . . . was sie so entsetzt, daß sie ihrer natürlichen Vernunft beraubt worden sei, bis ihre Eltern die Hand über sie gehalten (haben)«.

Am 19. Mai werden weitere neun Beschuldigte mit dem Sakrament versehen und für den 21. Mai wird der Malefiztag festgesetzt. Der Scharfrichter von Biberach trifft einen Tag vorher ein und sieben Geistliche versammeln sich bis zum Tag der Hinrichtung im Schloß von Werdenfels. Wieder ist das Verbrennen bei lebendigem Leib vorgesehen, es wird jedoch durch die Wetterverhältnisse zunichte gemacht. Der Nachrichter erklärt, » . . . daß durch den starken Gewitterregen das Holz und Stroh vollständig durchnäßt sei und ihm folglich die Prozedur des Lebendigverbrennens unmöglich sei«. Daraufhin willigt Poißl selbstherrlich in das Erdrosseln und die folgende Verbrennung der Leichen ein.

Bereits zwei Tage nach diesem Justizmord werden weitere Denunzierte ins Schloß gebracht. Unter ihnen befinden sich Dorothea Zott aus Mittenwald, Agnes Plöckler aus Garmisch, Apollonia Lidl, Margaretha Hibler, Margaretha Reiser, Margaretha Klöck von Hammersbach, Anna Gänsler, Agathe Loi-

pold und eine Anna Part (= Alt Gumpin). Sie werden von den Scharfrichtern Christoph und Jacob »besichtigt«: Hexenmale müssen bei allen gefunden worden sein. Am 23. Mai wird mit der peinlichen Befragung begonnen: dabei werden weitere Personen denunziert.

Apollonia Lidl bekennt unter der Folter Maria Schorn und Maria Schlamp (aus Garmisch). Ferner zieht Apollonia Lidl eine Elisabeth Püschl von Grainau und eine Margarethe Vöckl, » . . . ein armes bresthaftes Weib aus Partenkirchen, als Teilnehmerin der Hexenfahrten in den Sog des Wahnsinns.

Caspar Poißl berichtet am 5. Juni 1590 der Regierung, » . . . daß zwölf Hexen und Zauberinnen vom Biberacher Nachrichter festgestellt worden seien. Von ihnen wären drei schwanger«. Folgerichtig wird für den 18. Juni ein Rechtstag festgesetzt. Am 6. Juni erhalten sie Besuch vom Pfarrer – der vermutlich die Aufgabe hat, ihnen das Todesurteil mitzuteilen. Am 11. Juni wird der Pflegschreiber um den Scharfrichter Christoph nach Biberach geschickt. Er kommt am 15. Juni und logiert beim Wirt und Landrichter Georg Knilling aus Garmisch. Am 16. Juni empfangen die zur Verurteilung anstehenden das Sakrament und je eine Maß Wein, was auch am Vorabend der Hinrichtung geschieht. Dann wird verkündet:

. . . jetzt alsbald nach Erfahrung des Urteils hinaus zu der verordneten Richtstatt geführt . . . und obwohl die Täterinnen vermöge Kaiserlichen Rechts und des Heiligen Reichs Peinlichen Halsgerichtsordnung nach mit dem Brand lebendig hingerichtet werden sollen, wird ihnen aus Gnaden und besonderen Fürbitten die Strafe in der Weise gelindert, daß sie erstlich mit dem Strangen von Leben zum Tode gerichtet, folgends die toten Körper mit dem Feuer zu Asche verbrannt werden sollen. Es soll auch, nachdem sie verbrannt, ihre Asche auf dem Erdboden nicht liegen bleiben, sondern in das nächste fließende Wasser getragen oder vergraben werden«. Schließlich werden die Frauen vom Scharfrichter erwürgt und danach verbrannt.

Bereits am 19. Juni werden neue Delinquentinnen in das Schloß verbracht. Es sind Dorothea Gäb, Barbara Sailer (= Wassersäckin) aus Mittenwald, Barbara Grasegger aus Hintergassen, Anna Schenich von Grainau, Barbara Jungholzer, Barbara Mayr, Anna Knilling und Ursula Thurn von Partenkirchen. Einen Tag später folgt ihnen die alte Ursula Prandner aus Mittenwald ins Gefängnis nach. Wieder beginnt das Spiel mit dem Leben. Am 23. Juni 1590 wird Dorothea Gäb gefoltert. Sie belastet die schon im Schloß liegende Juliane Noll als Gespielin und eine Katharina Veit als ihre Obristin. Am gleichen Tag wird die 94-jährige Ursula Prandner gefoltert. Wegen ihrer Schwachheit wird deren Folter vorzeitig eingestellt.

Am 30. Juni 1590 wird Katharina Veit in das Schloßverließ gebracht. Mit ihrer Beschuldigung begann für die vornehme Gesellschaft des Werdenfelser Landes eine prekäre Situation. Sie war die Frau von Hans Veit, des geachteten Herzoglich-Bayerischen Zollgegenschreibers aus Mittenwald. Bereits am 25. Mai 1590 sagte Katharina Hibler aus, » . . . daß sie mit adeligen Weibspersonen in Innsbruck, Bozen, Tramin und Kaltern zusammengekommen sei. Diese hätten Goldketten und kostbare Kleider getragen . . . mit ihnen habe sie aus silbernen und goldenen Bechern Wein getrunken«. Auf der Streckbank gab Brigitte Kätzler (ihre Familie gehörte zu den siegelmäßigen Geschlechtern von Garmisch[97]) an, daß die Pflegers Weib Benigna von Gumppenberg zu ihren Gespielinnen gehöre.

Es scheint der Eindruck, als wolle sich die Obrigkeit vor die vornehmen Personen stellen, denn es ergeht die Anweisung: » . . . da dem gemeinen Sprichwort nach des Menschen Blut heiß ist und eine Obrigkeit sich wohl vorzusehen hat . . . möge der Pfleger acht geben, daß er niemanden in die strenge Frage werfe oder zum Tod kondemniere . . . und daß nicht etwa Unschuldige auf die Aussage der Hexen hin aus teuflischem Haß oder Neid geplöckt, gemartert und durch die Peinigung (wie mit vielen alten und neuen Exempeln zu beweisen) dahin gebracht werden, daß sie etwas getan zu haben bekennen, was ihnen vielleicht niemals zu tun in den Sinn gekommen. Darnach habt ihr Euch zu richten und Wir sind Euch wohlgesonnen«.

In einem späteren Prozeß wird die juristische Fakultät der Universität Ingolstadt um ein Gutachten ersucht. Es sagt kritisch: » . . . daß der Scharfrichter mit dem Teufelszeichen doch am Ende sich selbst und andere täuschen könne . . . nur dann sollten sie Anlaß zur Tortur geben, wenn sie mit anderen Indizien zusammentreffen«.

Vermutlich werden die Eingezogenen am 18. Juli nochmals examiniert. Am 21. treffen der Pfarrer von Garmisch und der Frühmesser von Partenkirchen im Schloß ein. Sie teilen die Kommunion aus und lesen am Sonntag, den 22. Juli die Morgenmesse. Am Montag, den 23. werden die Verurteilten zur Richtstatt geführt. Einige rufen dem Volk zu: » . . . Ihr frommen Weiber, fliegt über alle Berge, denn wer von euch dem Züchtiger in die Hände fällt und an die strenge Marter kommt, muß sterben.« Die Hinrichtung durch Erwürgen und Verbrennen der toten Körper wurde am Montag vor Jacobi, den 23. Juli 1590 unter der Obhut des Nachrichters von Hall (Tirol) vollzogen.

Es ist überliefert, daß die »Alt Anna Schlampin« am 27. und 28. Juli gefoltert worden ist. Kurz danach dürfte sie im Alter von 80 Jahren verstorben sein. Ihre Leiche hat der Partenkircher Abdecker Hans Per verbrannt. Ursula Prandner von Mittenwald war 94 und die Bettlerin Anna Widemann 84 Jahre alt.

Anna Windegger, die bei ihrer Verhaftung am 13. Juli 1590 schwanger ist, bringt Ende Februar ein Kind im Kerker zur Welt. Es stirbt einige Wochen danach (vor dem 15. März 1591) in der Behausung ihres Vaters. Ihr Mann hat in einem Bittgesuch nach Freising erfolglos angeboten: » . . . die Strafe, die sein Weib erwirkt, selbst zu erdulden«. Maria Schlamp gebar Zwillinge im Gefängnis, die bald darauf beim Vater verstorben sind. Die Nachrichter sagten: » . . . sie habe drei teuflische Zeichen, sei torquiert, examiniert und mit der Rute geschlagen worden, bekannte jedoch nichts . . . sie gäbe vor, die Frömmste zu sein«.

Als Beispiel einer Folteraufzeichnung folgend das Verhör gegen Anna Lidlin vom 25. April 1590:

» . . . Gegenwiergig gefangene und gepundne Mallefizische Weibß Person Anna Lidlin, Ires Alters ob den 40 Jarren. Inn die 20 Jarren allda Zu gärmischen gehaust. Hat auf sowoll guet alls Peinliche frag durch beharlich gleichförmige urgüchten Irer geübeten Zauberey wegen Aufgesagt unnd bekenndt«.

» . . . Ungeverlichen vor ainem Jarr verschiner Zeit sey ir der Pese geiist in aines Paurn gestalt, wis seines Claidts farb nit, allain ainen schwarzen Huet, in Irer behausung im Stall Pay dem tag, alls Ir Zupflegen Anngesprochen. Dariber sie bede in Ir khamer ganngen.

Unnd unnzucht fleischlicher Vermischung geübet, sein Nathur sey Kahlt gewesen. Hab sich Satoloß genanndt«.

» . . . Darauf er sy anngesprochen, sy solle sy ime ganntz unnd gar Ergeben Welliches sy gethan, unnd Ime ir Leib unnd Sell fier Aigen versprochen dariber sie bede Einander die Lüngge Hanndt gebotten, seine Hanndt sey Hart unnd khalt gewesen. Sie Lidlin auf Ires Pueltheuffels begern, sich gott des Himlischen vatters unnd aller seiner Heiligen Unnd der gannzen Ennlischen Scharr verlaun gnet unnd widersagt Hab. Dariber sy gleichwoll Herzlich Rey unnd Laids trag«.

» . . . Hierauf er ir in ainem glasl ain weisse Salben gegeben, darneben ir bevolchen Mennschen unnd Viech darmit Zuverderben, Zu wellichen Salben, Sie ime aus Irem Leib, aus ainem diech Haar unnd fleisch Zugeben Verwilligt. Das Volgenns Ir Pueltheuffel selbs Heraus gerissen mit sellicher Salben Hab sy ir selbs, Ir Aigne gaiiß Angeschmirt darvon sy alspaldt todt gelegen, die noch übrige Salben Stee noch Annhaimbs in Irer Schlaffkamer auf ainem Predt«.

» . . . Unngeverlichen 14 tag vor Jungst Abgelauffnen Weinacht sey sie auf ainem klainen Stuell (welliches sie in Pach geworffen) neben Iren gespillen unndt Irem Pueln, dem Jacob Glazen wiert Zu gärmischen, in den kheller gefarn, alda wein gethrunckhen. sie Zaigt auch an, das die Hingericht Barbara Achrainerin sie Zu sellichen Zauberey bewegt hab. Darbey auch die verstrickht Brighitha Wallserin gewesen. Das Hochwierdig, den waren fronnleichnam Christi Hab sy gleich woll Järlich Zu Österlichen Zeiten scheinbarlichen in den Mundt genomen, aber Vertigs Jarr die Hostien wiederumben aus dem Mundt gethan, dieselbig auf dem freithoff von Ir geworffen. Ir Puelteufell hab ir das SaCrament Hinhieron Zomessen mit Ernnst Abgeschafft. Sie Zaigt auch an, das deren tagen weill sie in dem Schloß in Verhafft gelegen, ir Puell mit großer ungestume Zu ir khumen sy ine aber nit Audients geben, sonnder ime von Ir Abgeschafft Unnd ime widersagt«.

Inzwischen ist die Bevölkerung des unsinnigen Mordens müde: der Haß konzentriert sich auf die stets anwesenden Scharfrichter und deren Knechte, doch auch auf den Pfleger Poißl, der erwähnt » . . . daß ihm die Sache allmäh-

lich über den Kopf wachse . . . er habe sich in Schulden gestürzt und wisse sich ohne Hilfe der Regierung nicht zu erholen. Auch wäre es höchst unheimlich, die verhafteten Unholde bei sich im Schloß zu wissen . . . er wäre bereits so verhaßt, daß er sich nicht mehr nachhause traue«.

Vermutlich bekommt er mehrere Schmachbriefe. So klagt er weiter: » . . . er wäre (inzwischen) überall verhaßt, so daß er auf Hindernisse stoße. Die Hebamme Brigitte Kätzler habe gesagt: , . . . sie wisse keinen anderen Puhl (= Buhl)-Teufel als den Pfleger, der vor ihr auf dem Roß sitzt'. Er habe daher keine Lust mehr auf der Schranne (= dem Gerichtsplatz) dabeizusein . . . denn er würde gewiß nicht mit dem Leben davonkommen«.

Es ist der Konflikt des kleinen Mannes, der auf der einen Seite Gerechtigkeit heuchelt und auf der anderen jeden Wink der Obrigkeit beachtet (ja beachten *muß*). Poißl's Frau, die ihre Krankheit ebenfalls als ein Werk der Hexen betrachtete, starb am 5. Juli 1592. Ihr Grabstein befand sich noch um die Mitte des vorigen Jahrhunderts an der Kirchenmauer der alten Garmischer Pfarrkirche.

Caspar Poißl stirbt 1598. Sein Nachfolger war Lorenz Wensing von Rollersdorf zu Kronwinkl (1598 – 1613). Er stellte mindestens sechs Verwalter auf. Meister Jörg Abriel, der Scharfrichter aus Schongau, starb wahrscheinlich 1605 in München.

Mit dem Tod der erst Denunzierten und dann Hingerichteten ist es nicht getan. Insgesamt kosten die Prozesse mit den sieben Malefizrechtstagen nahezu 4 000 Gulden. Die Freising-Fürstliche Kanzlei betitelt die Zusammenstellung treffend und unbürokratisch mit »Expensregister, was verfressen und versoffen worden«. Für die Besoldung der Nachrichter sind folgende Kosten aufgelaufen:

▶

Katharina Paldauf – Die angebliche »Blumenhexe« auf der Riegersburg. Sie wird als Hexe angeklagt, weil sie es verstand, im Winter Blumen zu ziehen. Portraitoriginalität und Blumenzucht sind ungesichert. Sie wird 1675 – etwa 50-jährig in den großen Feldbacher Hexenprozeß hineingezogen. Sie denunziert unter der Folter einige Geistliche. Über ihr Schicksal existieren keine Aufzeichnungen, doch wurde sie wahrscheinlich im September 1675 hingerichtet.

1.	Für 5 hingerichtete Personen	145,— Gulden
2.	Für die am 21. 5. 1590 hingerichteten 9 Personen	176,— Gulden
3.	Für die am 18. 6. 1590 hingerichteten 9 Personen	142,— Gulden
4.	Für die am 23. 7. 1590 hingerichteten 10 Personen	163,— Gulden
5.	Für die am 20. 8. 1590 hingerichteten 5 Personen	86,— Gulden
6.	Für die am 1. 10. 1590 hingerichteten 9 Personen	100,— Gulden
7.	Für die am 5. 11. 1590 hingerichteten 3 Personen	37,20 Gulden
	zusammen	849,20 Gulden

Als Taxe gelten: tägliches Wartegeld zwei Gulden. Für jede Besichtigung eines Delinquenten (egal ob erfolgreich oder -los) zwei Gulden; für jede Hinrichtung 8 Gulden.

Gegen den Mittenwalder Pfarrer wird 1597 eine Untersuchung wegen zauberischer Bücher eingeleitet. Zum letztenmal flackerte der Hexenwahn im Frühjahr 1607 auf. Am 7. März berichtete Wensing den »gnädig gebietenden Herren« zu Freising, daß das Eheweib des Bauern Georg Gätinger von Garmisch während der Vesper des vergangenen Weihnachtsabends die Glockenseile im Kirchturm von St. Martin in Garmisch angeschmiert habe, man wisse bisher noch nicht womit«.

1716 finden Teufelsbeschwörungen auf den Anzlsberg bei St. Anton (Partenkirchen) statt. Ein fahrender Ritter betätigte sich dabei als Geisterseher, der den Weißgerber Heinrich Bauer um 61 Gulden betrogen hat. 1730 gibt es beim Färber von Garmisch eine heimliche Gesellschaft zur Vornahme von Teufelsbeschwörungen.

München, Augsburg, Landshut

Am 2. Juli eines nicht genannten Jahres werden in München drei hochbetagte Witwen zum Feuertod verurteilt, » . . . doch wegen ihres Alters und auf Bitten fürstlicher Personen vor der Verbrennung erdrosselt«. Eine von ihnen behauptet: » . . . sie habe ein totes Kindlein auf dem Gottesacker vor dem Sendlicher Tor ausgegraben und daraus eine wässrige, zähe und wasserfarbige Salbe bereitet«[98]. Eine andere gibt vor, » . . . verschiedenmale über die Felder und in Weinkeller gefahren zu sein«.

Eine himmelschreiende Exekution fand 1600 in München statt. Zwei Eheleute mit ihren Söhnen hatten nach ihrer durch die Folter erpreßten Aussage 400 Kinder verzaubert und getötet, 58 Personen krumm und lahm gemacht und andere Grausamkeiten begangen. Dafür wurden die Söhne 6 x mit glühenden Zangen gezwickt, an den Armen gerädert und an einem Pfahl verbrannt. Den Vater steckte man an einen glühenden Spieß, die Mutter wurde auf einen eisernen, glühend gemachten Sessel gebunden und daraufhin verbrannt. Der jüngste Sohn, den man als unschuldig befunden hat, mußte der Prozedur zusehen, » . . . damit er sich forthin zu hüten wußte«.

Am 9. Januar 1666 wird in München ein 70-jähriger Greis hingerichtet, » . . . der ein Gewitter gemacht, darin durch die Wolken gefahren und nackend zur Erde gefallen . . . und darüber eingefangen worden sei . . . zudem habe er 40 Jahre dem Teufel gedient und die beim hl. Abendmahl empfangenen Hostien verunehrt«. Er wird erst an beiden Armen und dann an der rechten Hand mit glühenden Zangen gezwickt und anschließend (lebend) auf einen Scheiterhaufen geworfen. Vergleicht man die Verfahren der damaligen Zeit einmal pauschaliert zwischen Frankfurt am Main und München, wird deutlich, wo die klerikale Macht stärker ist.

1607 oder 1608 wird eine Bäuerin von Winden im Gericht Schwaben in den Münchener Falkenturm geworfen, weil sie ein »Schauerwetter« gemacht haben soll. Der Henker ist von ihrer Hexerei wenig überzeugt und sagt: » . . . daß sie hart gefoltert wurde, würde unbegreiflich sein, wenn nicht bei den Hexenprozessen das der Vernunft und Gerechtigkeit widersprechende die Regel wäre«. Die zwei herzoglichen Kommissare, unter ihnen der Hofrichter, lassen die Delinquentin 6 x foltern, erst nur mit dem Daumenstock, » . . . bis zum Blutvergießen und bis der Stock aufgestanden, dann mit der ›chorda‹ dem Aufziehen am Seil und an der Leiter . . . woran man sie ziemlich lange hängen läßt«. Nachdem man sie acht Monate in einem Kerker geschunden hat, nimmt sie sich das Leben.

Prozeß gegen Agnes und Anna Pucherin

Die Prozesse dokumentieren die Härte der Henker und die der Folterknechte und/oder Schergen. Agnes wird 20 x aufgezogen und mit einem 50 Pfund schweren Stein belastet. Obwohl ihr alle Glieder zerrissen werden, sucht sie standhaft zu bleiben. Zuletzt bricht die Tortur ihren Lebenswillen und sie gesteht, was die Obrigkeit hören will:

● Sie habe eine Menge Kinder umgebracht.
● Sie habe die Herzlein von 30 Kindern gegessen.
● Acht Leute habe sie durch Bestreichen mit einer Salbe getötet.
● Sie sei ausgefahren, besonders zu Brunn im Schloß an der Altmühl . . . dort habe sie Wein getrunken.
● Sie habe 20 Rinder gefällt.
● Im Alter von acht Jahren wäre sie durch den obersten Teufel, der in (der) Gestalt eines schönen Bauernknechtes zu ihr gekommen sei, verführt worden.
● Sie habe Gott verleugnen müssen, und, wenn sie in die Kirche kam, seien ihr die Predigten beim einen Ohr hinein – und beim anderen (wieder) hinausgegangen.
● Beim Tanzen habe sich der Teufel bald in eine Schlange und bald in einen Menschen verwandelt.
● Tanzplätze seien zu Kohlmühl an der Tränk und beim Streitholz.

Agnes wird nach diesem »freiwilligen« Geständnis wie ihre Mutter lebend auf einem Scheiterhaufen verbrannt.

Anna Pucherin besteigt am 18. März 1609 den Scheiterhaufen. Ihre erpreßten Geständnisse besagen: » . . . sie habe mit dem Teufel, der ihr in der Gestalt eines schönen Jünglings von einer anderen Hexe zugeführt worden sei, geschmaust, getanzt, gebuhlt, sich ihm mit Leib und Seele ergeben und sie habe außerdem bei den Hexentänzen teilgenommen . . . während eines in Donauwörth niedergehenden Gewitters habe sie einen Ritt auf dem Besenstiel durch die Lüfte gemacht und durch ihren dreimaligen Ruf das Obst der Gegend verdorben«. Daraufhin wird ihr Vermögen konfisziert. Einige hundert Gulden wandern in die Kasse der Jesuiten. Mit zwei weiteren Delinquenten wird sie zum Tod verurteilt[99].

Hexenprozesse im Ostalpenraum[100]

Eine Betrachtung der noch greifbaren Hexenprozesse in diesem Raum ist aus verschiedenen Gründen von Interesse. Der Funke der großen Ketzerbewegungen in unserem Sprachraum springt – von Süden kommend – auf Südfrankreich *und* Tirol über. Hier wirkt der Inquisitor Institoris (= Krämer), der an der Abfassung des Hexenhammers (»malleus maleficarum«) beteiligt ist. Er strengt im Sommer 1485 den Innsbrucker Hexenprozeß an und fordert durch seine Predigten die Bürger zur Denunziation, zur Nennung von magischen Praktiken und der ihnen bekanntgewordenen Schädigungen aller Art auf. Es ist bemerkenswert, daß ihm mehr als 50 Personen Dinge zutragen, woraus sich eine Schichtung der Ängste ableiten läßt.

Die zweite Hälfte des 17 Jh. ist europaweit von Nöten gekennzeichnet, denn die verhängnisvollen Schäden des Glaubenskrieges sind zu beseitigen; es trifft vor allem die ländliche Bevölkerung. Die Erwerbslosigkeit ist extrem, es gibt zahllose Bettler und Landstreicher, die in ihrer Hoffnungslosigkeit eher zu kriminellen Taten neigen. Durchziehendes Gesindel macht sich (auch) durch Raub, Mord, Diebstahl und Brandschatzung bemerkbar. Nicht selten schließen sich Bettler in organisierten Räuberbanden zusammen (z.B. Zauberer-Jackl-Prozeß). Es entstehen Gesetze gegen »landschädliche Leute«, denen man sich kaum noch zu erwehren weiß. Im Gebiet von Admont »seien ein aufgeschnittenes Weib und zwei nackte Männer erschlagen auf der Straße gefunden worden und man bitte darum, dem Räuberhaufen den Durchzug durch das erzstiftliche Gebiet zu verweigern«. Trotzdem bleibt es eine Vermutung, daß die Obrigkeit hier durch gesteigerte Verfolgungen einen »Ausgrenzungsversuch« unternimmt.

Familien ziehen bettelnd und nach Gelegenheitsarbeiten heischend Hunderte von Kilometern durch die unwegsame Gegend. Häufig sind die Frauen schwanger: Mädchen werden früh defloriert. So gesteht die achtjährige Maria Wilberger aus Seekirchen: »... der Willibald ... und ein anderer schwarzer Mann mit langen Krallen an den Händen hätten sie untenher an ihren Leib gedruckt, (so) daß es ihr weh getan hätte«.

»In der Arme-Leute-Gegend des unteren Mühlviertels, in der das Getreide schlecht gedieh, in der Viehzucht und Spinnerei im Winter den Bauern in ihren Einzelhöfen ein kümmerliches Überleben nicht immer sicherte, war eine Mißernte, das Ausbleiben der Milch bei den Kühen, das Verlaufen und Verenden des Viehs lebensbedrohend. Dies schürte die feindselige Stimmung bei den Untertanen. Es herrschten verstärkt Neid und Mißgunst: daraus resultiert eine intensivere Beziehung zu magischen Handlungen, Glaube und Aberglaube. Logischerweise kommt es hier eher zu Beleidigungen, Verdächtigungen und Verleumdungen. Hinzu kommt das durchgängige Analphabetentum und die Tatsache, daß dieser verhängnisvolle Mechanismus (auch) von Geistlichen hoch und in Schwung gehalten wird«.

In dem hier behandelten Gebiet setzen die Verfolgungen früh ein und halten sich lange. 1296 wird bereits von der Schädigung der Menschen berichtet. 1371 gab es einen Prozeß, als man mit zauberischen Mitteln den Probst des Chorherrenstiftes Neustift (bei Brixen) umbringen wollte. 1433 ist ein weiterer Zauberei-Prozeß erwähnt: für Meran ist ein weiterer 1436 – 37 nachgewiesen.

Die letzten – erfaßten – Prozesse haben wir 1652 in Vorarlberg, 1716 – 17 in der Grafschaft Tirol (Rovereto) wegen eines Teufelsbundes, 1762 im Erzbistum Salzburg. Im Herzogtum Österreich ob der Enns noch in den Jahren 1759, 1767 und 1789(?). Im Herzogtum Österreich unter der Enns wird 1775 ein Zauberei-Prozeß geführt. Im Herzogtum Kärnten 1750 (wegen der Schädigung von Vieh). Dieses zähe Festhalten am Teufelsglaube ist (auch) durch religiöse Infiltration erklärbar. Ein erstes Ansteigen der Aktivitäten zeigt sich in den letzten zwei Jahrzehnten des 16. Jh. und endet etwa

100 Jahre danach. Um 1680 wird der Höhepunkt erreicht und ist damit in etwa mit den bei bekanntgewordenen Prozeßfolgen vergleichbar.

Innsbrucker Hexenprozeß von 1485

Ich komme auf den Dominikaner Heinrich Institoris (= Krämer) zurück, der sich hier in die Annalen der Geschichte eingeschrieben hat. Er zettelt den Innsbrucker Hexenprozeß an und findet Zulauf seitens der Bevölkerung. Es meldeten sich Leute, die sich bezaubert wußten oder die ähnliches über andere gehört hatten. Am häufigsten äußerte sich die Bezauberung in Siechtum, Rheuma, Gicht, Blindheit, Kopfschmerz, gynäkologische Beschwerden, Unfruchtbarkeit und Impotenz, mitunter Streit unter den Eheleuten, selbst Mord durch Zauberei findet Erwähnung. »Eine Frau, die aus Bayern nach Innsbruck geheiratet hatte, sei von der ehemaligen Geliebten ihres Mannes zauberisch umgebracht worden ... ein Ritter sei eines schönen Faschingstages plötzlich tot umgefallen, (er) sei durch Gift oder Zauber gestorben, eine Frau habe durch Fastenzauber ihren Sohn ermordet, weil sie mit der Schwiegermutter nicht einverstanden war ... «.

Im Originalwortlaut heißt es: »... Ein frauw, hasit die Kleuberin zw Hettingen, solren aygen sun getet haben darump, das er ain weip nam wider iren willen; daz sy selber gesagt hat, wan sy 3 suntag vastet, so möcht er nit das iar überleben ... das auch gescha. Sy hat auch einen man verzawbert, das er an einem fus gross leiden hat ... «.

Erwähnt wird außerdem der sog. »Liebeszauber«. »... es sint personen, die mit kinsten umbgen, den tüfel anzwrüffen, aber sy sollent daz nimmer beichten, es sey zw der liab oder zw ander kranckheit der mönschen«.

Dem damals bereits greisen und ungeliebten Inquisitor brachte dies etliche Probleme: er war zu alt um das zu verstehen, er *mußte* handeln und er konnte sich freilich nicht vom Wahn der Zeit befreien, indem er verwurzelt war. Krämer hat daraufhin sieben besonders belastete Frauen ausgewählt und einkerkern lassen. Ob sie gefoltert wurden, ist ungewiß. Der Innsbrucker Prozeß wird (noch) als rein kirchlicher Inquisitionsprozeß geführt.

Die Folgeprozesse vor einer vor einem weltlichen Gericht vorgebrachten Anklage des Verbrechens auf Zauberei (was nicht ausschließt, daß die Denunziation bei späteren Prozessen kirchlicherseits ausgeht).

Krämer ist von der Verurteilung der eingezogenen Personen so überzeugt, daß er schon die Verwendung des konfiszierten Vermögens ins Auge faßt. Doch es kam anders, denn am 31. Oktober 1485 scheitert der unter Schwierigkeiten begonnene Prozeß an Verfahrensmängeln, die der Beauftragte des Bischofs von Brixen, ein graduierter Kantonist und ein vom Bischof den Angeklagten beigestellter Verteidiger, Kantonist und Mediziner, geltend machen. Noch am gleichen Tag beschied der Erzherzog die aus 11 Personen bestehende Gerichtskommission zu sich und erklärte sich zur Übernahme der Prozeßkosten bereit. Der Ausgang ist unbekannt: der Inquisitor hatte *sein* Spiel verloren.

Der Quellenlage zufolge war der Brixener Bischof Georg Golser von dem ihm zugestellten Inquisitor nicht angetan. Am Aschermittwoch (8. Februar) des Jahres 1486 schreibt er ihm: » . . . der Herr Erzherzog hat Euch reichlich finanziell unterstützt, damit ihr in Frieden ziehen könnt . . . ich brauche Eure Gegenwart nicht . . . Schon oft habe ich Euch erklärt, daß Ihr zum gegenwärtigen Zeitpunkt unter den derzeitigen Umständen nichts in der Diözese zu tun habt, sondern daß Ihr gehen sollt«.

Einem Bruder Niclas vertraut er an: » . . . Mich verdrewst des münchs gar vast im bistumb . . . Ich find in des babst bullen, das er bey vil bäbsten ist vor inquisitor gewesen, er bedunckt mich aber propter senium gantz chindisch sein worden, als ich in hie zu Brichsen gehört hab cum capitulo. Ich hab ihm geraten, das er solt in sein closter ziehen und da beleiben: ipse realiter mihi delirare videtur. Er wolt villeicht noch geren in der frawn sachen handeln, ich lass ihn aber darzue nit chömmen, so er vormaln als vast errieret hat in seinem process«. In diesem Brief steht zudem: » . . . In der Praxis zeigte sich seine Dummheit, denn er unterstellte vieles, was gar nicht erwiesen war«.

Die mönchische Niederlage deutet das Ende des »alten und angeschlagenen« Katholizismus an. Es kann in ihm den Wunsch ausgelöst haben, nun seine Erfahrungen zusammenzustel-

len, die im Hexenhammer wieder auftauchen, der 1485 in Köln erschienen ist. In dem dickleibigen und in miserablem Latein geschriebenem Buch, dessen Bedeutung in der Hexenliteratur überschätzt wird, wird im 12. Kapitel des 2. Teiles Innsbrucker Material verwertet: oft verzerrt und entstellt.

Die Schlernhexen

Eine neuralgische Stelle im Hexentreiben ist immer wieder der sog. »Schadenzauber«. Im weiteren Sinn das Buttermachen, Herbeizaubern von Schädlingen (Mäuse, Ratten) und das Wettermachen. 1505 – 1510 finden im Gericht Völs Prozesse gegen 9 Frauen aus Völs und der näheren Umgebung statt. Erhalten haben sich lediglich die Urgichten. In diesem Zusammenhang sagt eine Anna Jobst aus Obervöls: » . . . in ihrer Jugend sei sie während eines Schweinetriebes mit der teuflischen Luftfahrt in Berührung gekommen. In der Folge habe sie, die ihren Lebensunterhalt als Magd und Sennin bei wechselnden Dienstgebern bestreiten mußte, mancherlei ›Künste‹ erlernt; den Kühen die Milch zu nehmen, anderen Leuten diese zu verderben und dergleichen mehr. Dann habe sie auf der Seiseralm einen Teufelspakt geschlossen und die Kunst des Ausfahrens gelernt (mit einer Krötensalbe). Treffpunkte waren die Villanderer Alm (wo man einen Ochsen verspeisen konnte), der St. Martins-Bühel (dort speiste man bereits rituell geschlachtete Kinder und trank gestohlenen Wein). Auch Wetter hätten sie gemacht, wobei aber darauf Bedacht genommen wurde, daß eigene Interessen nicht zu Schaden kamen«. » . . . sie habe Wetter, Schauer, Blitz und Donner gemacht, und den Teufel in einen Hafen getan, einen Deckel darauf gelegt, darunter geblasen (und) zu dem Teufel geredet: › . . . wie oder wo er das Wetter machen soll‹, so sei allweg ein Rauch, alsdann ein Nebel und nachmals ein Wetter daraus worden«.

Auffallend an dem Inhalt der Urgichten ist die Tötung einer großen Zahl von Kindern, dessen Zubereitung zu Essen genau beschrieben wird. Diese Prozesse haben sich in den Sagen der »Schlernhexen« bis heute erhalten.

Der Plainacher-Prozeß (Wien, 1583)

zeigt einige typische Merkmale. Er beginnt mit einer üblen Nachrede, führt zu einer Vorverurteilung und ist von einem spektakulären exorzistischen Treiben begleitet.

Der Anlaß zu diesem Prozeß war (vermutlich) eine epileptische Krankheit der seinerzeit 16-jährigen Anna Schluttbauer aus Mank (Niederösterreich). Sie leidet seit zwei Jahren an Anfällen, die (damals) dämonischen Ursachen zugeschrieben werden: auf jeden Fall war ihr Vater davon überzeugt. Exorzismen in St. Pölten und Mariazell hatten ihr Leiden nicht gebessert. Im Frühjahr 1583 wird sie nach Wien gebracht, denn am 11. Mai beauftragt der Erzherzog Ernst den Wiener Bischof Kaspar Neubeck, für die »Wiederbringung der armen Seele« zu sorgen. Der Bischof äußert als Ergebnis seiner Untersuchung, »... daß das arme Mensch keine schweren Sünden begangen habe und daher auf Heilung zu hoffen sei ... da aber der böse Feind durch Besprechung (incantatio) und Schadenzauber einer Weibsperson körperlich von der Kranken Besitz ergriffen habe, müsse man sich zuerst der Großmutter als Verursacherin versichern«. Hier spaltet sich das Verfahren.

Es ist die berühmte Geschichte, wobei das Mädchen am 14. August von dem Jesuit Georg Scherer in Wien exorzistisch behandelt wird und wobei angeblich 12 526 Teufel aus ihrem »zarten und schwachen Körper« entweichen. Ihre damals 70-jährige Großmutter sitzt zu diesem Zeitpunkt bereits im Gefängnis.

Der Inhaber des Landgerichts Mank war ein prominenter Protestant, Volkert Frh. v. Auersperg. Das Mädchen, das bei seiner Großmutter Elsa Plainacher aufgewachsen war, war Untertanin des führenden Protestanten Georg Achaz von Mattseber zu Goldeck. Frau Plainacher war offenbar eine Anhängerin des lutherischen Glaubens: ihre Enkelin sagte, sie habe sie oft und ausnahmslos »zu lutherischen Orten zu Gottesdienst und Predigt« mitgenommen. Deren Vater, Georg Schlutterbauer, beschwerte sich darüber, daß ihn seine Schwiegermutter »Crotten und Papistischen Hundt« geheißen hatte. Auch dadurch kommt der Prozeß ins Rollen.

Aufgrund des bischöflichen Rates wird die alte Frau eingezogen und nach Wien gebracht. Obwohl der Wiener Stadtrichter Oswald Huttendorfer nach einer ersten Vernehmung für die Aufnahme der siebzigjährigen in das Wiener Bürgerhospital plädiert, muß er am 31. Juli

1583 dem an ihn ergangenen kaiserlichen Befehl nachkommen, und die Folter anwenden.

Angeklagt war die Frau der zauberischen Schädigung ihres Enkelkindes, des Giftmordes an ihrem Mann und an ihren vier Kindern. Zudem lagen nach der Auffassung des Bischofs Vergehen vor, die im Bereich der kirchlichen Jurisdiktion lagen: Verbrechen gegen die göttliche Majestät und Verachtung des Schöpfers.

Deshalb besteht der Bischof mit seinem Schreiben vom 19. August darauf, keine Stimme des Mitleids zu beachten: »der allmächtige Gott müsse durch gebürliche exemplum ex officium Justiciae (wieder) versöhnt werden. Wer Mitleid wolle, müsse wissen, daß er damit einem Feind Gottes Mitleid erweise ... und er müsse dadurch befürchten, durch dieses falsche Mitleid selbst das Erbarmen des allmächtigen Gottes zu verlieren«.

Elsa Plainacher berichtet, ihre Tochter Margareta Schlutterbauer sei im Kindbett gestorben und habe ihr auf dem Totenbett ihre 5-jährige Tochter ans Herz gelegt. Das Mädchen sei neun Jahre lang von ihr gut versorgt worden und dabei gesund gewesen. Auf Wunsch des Vaters, der ein zweitesmal geheiratet hat, sei Anne gegen ihren Willen mit 14 Jahren von der Großmutter weg in Dienst gegeben worden und bald darauf hätten die Anfälle begonnen.

»... weder ihren Mann noch ihre Kinder habe sie vergiftet ... sy hab kheinen bösen Feindt nit gehabt, auch Ir leben lang kheinen gesehen«. Das nahm man ihr nicht ab und schritt zur Tortur. Obwohl die alte Frau mit schließlich drei Steinen »aufgezogen« wurde, blieb sie bei ihrer Aussage: »... die Ursache von Annas Krankheit kenne sie nicht ... wenn man sy gleich zue todt martere, so hab sy kheinen bosen Feindt weder im glass noch anderen sachen nit gehabt, der Anndl auch nie khainen gezaigt ... so hatt sy umb gottes willen sy nit also zu martern gebettet und gesagt ... man wolle dem lugenteufel khein glauben geben, sy sey wahrhafftig dises dings unschuldig«.

Es kommt wie es kommen muß. Der unerbittliche Kerker und die stramme Folter untergraben die Widerstandskraft. Schließlich gesteht sie: »... sie habe sich dem Teufel um Geld verschrieben und es häufig mit ihm getrieben ... ihm schließlich die Anna mit Leib und Seele übergeben: der Teufel sei in einen

Apfel geschlüpft, den die Anne gierig gegessen habe und von dem Augenblick an sei sie besessen gewesen. Ihr, der Elsa, sei der Teufel als schwarzer Mann, als Garnknäuel, als kleines Mädchen, als Mücke in einem Glas, als Kätzchen erschienen. Mehrmals habe sie die Hostien wieder aus dem Mund genommen, im Stadl versteckt oder (sie) im Misthaufen vergraben. Die Frucht einer vorehelichen Schwangerschaft habe sie nach genauer Vorschrift des Teufels zum Wettermachen verwendet . . . auf solche ihre bekhandtnuss wolle sy sterben und gott umb verzeichung bitten«.

Das Urteil über sie wurde am 27. September 1583 vollzogen und lautete: ».. . die Thatterin solle ann die gewonliche Richtstadt, auf die Gennswaydt (= Gänseweide) geschlaippft werden, volgendts dasselbss lebendig mit dem Feuer zur Pulver gebrandt« werden. Nach einer Notiz des Bischofs starb die Missetäterin(!!!) wohl vorbereitet und reumütig.

Prozeß gegen Mathaeus Perger (Lauterfresser) 1645

Mathaeus Perger wird 1645 bei Rodenegg zum Tod verurteilt. Er ist unter der Bezeichnung »Lautenfresser« in die Sage eingegangen. Der sprachliche Hintergrund war wohl, daß er demjenigen, der ihm etwas Lauteres (= Flüssiges, klare Suppe) vorsetzte, wohlgesonnen war. Viele Elemente kehren im späteren »Zauber-Jackl-Prozeß« wieder. Er soll gehinkt haben, raubte Kinder und gab vor, sich in eine Fliege oder Mücke verwandeln zu können. Dem nahezu 60-jährigen Landstreicher wurde vorgeworfen:

» . . . er sei im Eisacktal einmal von den Hauern im Weinberg gepeitscht worden und habe aus Rache Kälte und Schnee gemacht (und) damit den Wein in diesem Jahr verdorben«. Seiner Auffassung nach war das Wettermachen Sache der Frauen: auch der in Frage stehende Kälteeinbruch war einem Weib zuzuschreiben. Zudem kannte er einen Spruch, mit dem Frauen auf Befehl der bösen Geister Wetter erzeugten: » . . . Ich beschwöre Dich, Beelzebub und Satanas, daß ihr hinauffahrt und schlagt das Wasser hinauf in ein dicke Wolken in die Höh, und macht, daß der kalt Nordwind komme, damit's Eis abgäb und das Eis zu Brocken werd und solche die Wolken auslassen, auch der Wind wird es von der Höh herab

zu den Häusern auf die Felder, Güter und Weingärten hintreiben, komme die Schwere des Wassers wie ein Wolkenbruch«.

Der »Zauberer-Jackl-Prozeß« (Salzburg 1675 – 1690)

Hier haben wir einen Mammut-Prozeß vor uns, der möglicherweise auf einem Phantom aufgebaut ist. Ausgelöst wird die Prozeßlawine durch die Festnahme der etwa 50-jährigen Barbara Koller (vermutlich) aus einer Werfener Abdeckerfamilie stammend, die (vielleicht) in eine Mauterndorfer Abdeckerfamilie geheiratet hat und (in zweiter Ehe) den Freimannsknecht Kilian Tischler Jacob, ein einzig bekannten Sohn aus dieser Ehe, einbrachte. Er sollte als »Zauberer-Jackl« fungieren. Obwohl man Prämien für seine Ergreifung aussetzte, wurde er nie gefaßt.

Es lag auch an Gerüchten, er könne sich unsichtbar machen, fliegen und sich in einen Werwolf verwandeln. Wohl hatte er als Zehnjähriger das unstete Wanderleben eines Bettelbuben begonnen, da es seinen Eltern und nach dem Tod des Vaters (1664), seiner Mutter nicht gelungen war, eine feste Arbeit zu finden. Daher suchte man die Familie als »unnützes Gesindel« aus dem Land zu schaffen. Mehrere Versuche der Mutter, ihre Erbschafts- und Berufsangelegenheiten in einem für sie günstigen Sinn zu regeln, sind gescheitert. Des Landes verwiesen, bettelte sie sich mit ihrem Sohn durch das Land ob der Enns, durch Kärnten und Bayern. Fallweise kam sie durch das Territorium des Salzburger Erzstiftes. Im Januar 1675 wird sie mit einem 15-jährigen Buben bei einem Opferstockdiebstahl in Golling gefaßt. Der Sohn konnte fliehen. Sie wird im August wegen Diebstahl, Vergiftung (= Verzauberung) von Tieren und Menschen hingerichtet. Gegen den Sohn sind mehrere Haftbefehle ergangen: gefaßt wurde er nicht.

Es ist denkbar, daß der sog. »Zauberer-Jackl« im Zeichen der Zeit eine Organisation der Fahrenden und besonders der vielen elternlosen oder von zu Hause fortgelaufenen Buben aufgebaut hat. Der 12-jährige Bettelbub Dionysius Feldner aus Schellenberg gehörte zu ihnen. Er wurde am 15.9.1677 in Salzburg enthauptet und danach verbrannt: zuvor denunzierte er eine große Zahl weiterer Mitschuldiger.

Obwohl der Prozeß zentral in Salzburg geführt wird, stammen die Eingezogenen nicht von dort. Sie waren nahezu alle Bettler. So ist z.B. bei den Kindern der Familie Händel anhand der Geburtsorte der Weg der Eltern zu rekonstruieren: Kempten, Bad Tölz, Teisendorf. Der Vater stammte aus Teisendorf, die Mutter aus Feichten im (bayerischen) Gericht Trittmoning. Viele der Kinder kamen aus dem Salzachtal (Hallein), besonders aus dem Pon- und dem Lungau. Eine Familie stammte aus Krain.

Von den 198 im Verlauf des Prozesses Gefangengenommenen werden 138 hingerichtet, 5 sterben im Verlauf des Verfahrens, 13 werden des Landes verwiesen, 11 Kinder unter 10 Jahren, deren Eltern hingerichtet worden waren, waren »aufzuerziehen«, 4 wurden wegen Einfältigkeit und 27 mangels an Beweisen entlassen. Unter den Hingerichteten befanden sich 36 Frauen im Alter von 11 bis 80 Jahren, von den exekutierten Männern waren 77 nicht älter als 21 Jahre, 56 davon Buben zwischen neun und 16 Jahren. Alle standen untereinander in Beziehung, da durch Denunziationen immer neue Namen auftauchten. Diese Personen wurden eingezogen, verhört und meistens für schuldig befunden. Die Malefizkosten beliefen sich 1677/78 auf über 8 000 fl. (etwa 5 340 Reichstaler). Sie mußten zu einem großen Teil von der Salzburger Hofkammer, dem Salzburger Stadtgericht und den einzelnen Landesgerichten getragen werden. Eine vollständige Klärung der finanziellen Seite ist – obwohl sich die Rechnungen erhalten haben – noch nicht erfolgt.

Typisch für die Prozeßfolge ist, daß man zuerst die Kinder verhörte und mit deren phantastischen Geständnissen ihre Eltern so lang traktierte, bis sie unter der Folter entweder gestanden, was man hören wollte und sie danach hingerichtet werden konnten, oder im Gefängnis starben. Die Tragik wird am Schicksal der Familie Debellak aus Krain deutlich. Für die Eltern wurde eigens ein Dolmetscher bestellt. Der 33-jährige Vater, als Kohlearbeiter erblindet, war seit einem Jahr auf das Betteln angewiesen. Da er selbst die schwersten Foltergrade ohne Geständnis überstand, wurde er freigesprochen und des Landes verwiesen. Die Mutter und die 12-jährige Tochter wurden hingerichtet, die drei kleineren Kinder zur Aufzucht übergeben. Bevor der Vater nach Ober-österreich abgeschoben wurde, sollte er Essen und neue Kleider erhalten, die Wunden unter den Achseln, wohin man ihn brennende Fackeln gehalten hatte, sollten verpflastert, er selbst sollte von Läusen gereinigt und mit 4 fl. versehen werden.

Die Salzburger Prozesse haben in den österreichischen Ländern Prozesse zur Folge, (auch) in Tirol und in der Steiermark. Dies läßt auf einen Gedankenaustausch der Obrigkeiten schließen. Diese Zusammenarbeit wird u.a. der Familie der Emeranzia Pichler aus Lienz zum Verhängnis. Ihre Mutter und ihr 11-jähriger Sohn sterben im Gefängnis, sie wird mit ihren zwei älteren Kindern (1680) hingerichtet. Die 8-jährige Jüngste muß alles zur Strafe ansehen und konnte am Leben bleiben. Ausgelöst wurde der Prozeß durch Aussagen des Clement Perger aus Windisch-Matrei, der 1678 in Salzburg hingerichtet worden ist. Doch zurück zum »Zauberer-Jackl-Prozeß«.

Der 16-jährige Georg Puechegger trägt vor, wie man Mitglied der »Zauber-Jackl-Bande« wurde. Ihn habe eines Tages ein hagerer Mann unterwegs angesprochen. Er wollte ihm Geld geben . . . es sollte ihm besser gehen, wenn er fortan in seiner Begleitung ziehe: gutes Geld, Essen und Trinken waren die Lockmittel, mit denen der Jackl seine Leute um sich sammelte. Als Ritual und zugleich als Zeichen der Zugehörigkeit habe er ihnen einen Schnitt versetzt und mit dem austretenden Blut den Namen in ein Buch geschrieben. Hier haben wir typische Formen der Bekanntmachung mit dem »teuflischen« Satan und der Blutverschreibung vor uns.

Der 15-jährige Christian Reiter war zwei Wochen mit dem Jackl zusammen. Sie fuhren fast den ganzen Tag auf einer geschmierten Gabel. Jackl machte Wetter und traf sich in der Luft mit dem Teufel. Über Nacht blieben sie meistens bei einem Bauern. Das Essen hatte der Jackl gestohlen oder herbeigezaubert: oder alle versorgten sich unsichtbar in den Wirtshäusern. In den Weinkellern wurde bis zum Rausch gezecht. Der Jackl lernte allen das Zaubern und erwartete von jedem unbedingten Gehorsam.

Das Unsichtbarmachen erfolgte durch ein »schwarzes Käppl« oder durch Pulver, mit einer Salbe oder mittels magischer Worte: so konnte man aus Lust einfach Anderen Schaden zufügen. Jackl soll die Fähigkeit gehabt haben, rasch einen eigens zu diesem Zweck angefertigten Rührkübel halbvoll mit Rahm zu zaubern oder er konnte plötzlich durch seine Kunst einen großen Wagen mit Heu und Pferden von der Straße »verschlucken«. Die Gabe des Unsichtbarwerdens wurde auch Jackls langjährigen und treuesten Gefährten zuteil. » . . . es gelang ihnen, sich in Stöcke, Steine und Tiere, schwarze Stiere, Pferde, Böcke, Hunde, Katzen, schwarze Kühe, schwarze Hähne, Gänse, Schweine und vor allem in Mäuse und Ratten zu verwandeln«.

Diese fraßen nun die Getreidevorräte auf. Sie drangsalierten Tier und Mensch. Dann wurden rituelle Kindermorde erwähnt, die Verunehrung und Schmähung geheiligter Orte und Gegenstände, sowie das Hexen und verschiedene Formen des Teufelspaktes. Der Jackl soll schwangere Frauen umgebracht haben, wenn er überzeugt war, daß die Frucht männlich sei, und den Fötus für Zauberzwecke zerschnitten haben.

Einen breiten Raum nimmt die Schmähung von Bildsäulen und Kruzifixen ein. Man verspottet den »lieben Herrn« und die »liebe Frau«, Marteln werden angespien, mit Kot beworfen, auf sie uriniert oder so tituliert: » . . . Pfui dich, du schiecher Jud, bist meiner nicht würdig! Kannst mich am Hintern lecken? Schaut, diese Hur (= Maria) ist auch da. Da hängt er oben wie ein Dieb am Galgen«.

Auf unterschiedliche Weise wird dem christlichen Glaube abgeschworen und dem Teufel Huldigungen erwiesen. Auch tritt das Verbrechen der Sodomie in den Vordergrund. Es ist für das gesamte Verfahren bezeichnend, daß die Anfechtungen des Teufels vor allem im Gefängnis auftreten und zwischen den Verhören quälend-grausame Formen annehmen. Dem Bettelbub Matthias Hasendorfer » . . . wird ein Wachslicht an die Finger gehalten, hat er wol etlichmal gezuckt und den Schmerzen oder Brennen empfunden, jedoch ain als den andern Weg nochmahlen widerhollet, daß er lieber in der Höll alles leiden wolle. Ungehindert nun Constitutus abermahl gehaut worden, ist doch nichts anders aus ihm zu bringen gewesen, als das er den Geistlichen volgen, ihnen die Hand geben und biten wolle, daß sie ihn betten lehrnen und underrichten sollen, welches er auch ex post facto coram Comissione und des Geistlichen gethan«.

Obwohl bei den Kindern die Folter nicht angewendet werden durfte, gab es hier Drangsale: vor allem Prügel in Hülle und Fülle. Fast jeder der Verhörten ist mehrfach »wohlempfindlich mit Ruten« ausgestrichen worden. Die Angst der Kinder vor der Bestrafung beflügelt ihre jugendliche Phantasie, so daß dadurch Öl in die Flammen gegossen wird.

Dem 30-jährigen »Zigeunerhiasl« (Matthias Grebler) aus der Steiermark wird vorgeworfen: » . . . er habe schwangere Menscher aufgeschnitten und sich der Knäblein rechten Handl zum stelen und rauben bedient . . . er habe die jungen kinder bei den Fenstern herausgenommen, entzogen, lebendig gesotten und zur Hexerei gebraucht . . . er habe die hochwürdigste Hostie auf das schimpflichste tractiert . . . Hexentänze besucht . . . sich vom Teufel taufen lassen und diesem seine vier unehelichen Kinder aufgeopfert . . . er habe cum impuro et bestiis sodoniam begangen und schließlich Leute, Vieh und Frucht am Feld durch Zauberei zuschanden gemacht«.

Folglich wird er zum Tod verurteilt und soll: » . . . anderen zum Exempel die Straf des Feurs mit vorhergehenden glühenden Zangenzwicken vermert oder exasperiert werden . . . er soll mit anhängung eines sackes (mit) pulver lebendig verbrannt werden«. Dieses harte Urteil aus der Feder des Kommisars Dr. Sebastian Zillner wird eingehend juristisch begründet: vor allem mit Bezug auf den sächsischen Jurist Benedikt Carpzov, auf den ich anderweitig zurückkomme.

Spätere Prozesse

1694 – 96 wird von den Landgerichten Greinburg und Reichenstein ein Prozeß geführt, dem die Familie Kötterl vom Hornergut mit Verwandten und Bekannten zum Opfer gefallen sind. Der kaiserliche Bannrichter Dr. Ignaz Kholler verbucht in diesem Zusammenhang für sich 450 fl. – und so liegt hier einer der (meines Erachtens seltene) Verdacht der persönlichen Bereicherung vor.

So verschlang allein der Prozeß gegen Johann Grillenberger, einem Sohn der vorhin genannten Magdalena, 123 fl. 16 kr. und 2 d. Davon wurden für die Enthauptung des Verurteilten 6 fl. berechnet, für die folgende Verbrennung der Leiche 8 fl. Die vier Personen, die in den letzten vier Tagen des Prozesses in Schwertberg anwesend waren, zwei Kapuziner, der kaiserliche Bannrichter aus Linz und sein Schreiber, verzehrte in dieser Zeit Speisen im Wert von 14 fl. 4 kr. und 2. Darunter Hechte, Karpfen, Donaukrebse, Rindfleisch, Kälbernes, Kapaune, Hendln, Wachteln (die eigens aus Linz besorgt waren), Enten, dazu (damals) seltene Köstlichkeiten wie frische Zitronen, Mandeln und Marillen, ferner 100 Eier, Butter, Schmalz und Konfekt.

Für die Tagesration eines erwachsenen Malefikanten wurden dagegen nur 4 kr. veranschlagt und für ein Kind 2 kr. Hoch lebe die Ungerechtigkeit.

Die Endphase bildeten 1729 – 1731 die Prozesse gegen die Familie Grillenberger in den Landgerichten Schwertberg und Prandegg. Ausgelöst wurden sie durch den Verdacht der Brandstiftung gegen die jugendliche Magd Sibylla Wenigwieserin, die ihre Großmutter, die Bäuerin Magdalena Grillenberger aus dem Wagenlechnergut der Herrschaft Zellhof, schwer belastete. Binnen kurzem wurde die alte Frau, ihre sechs Kinder und einige ihrer Kindeskinder des »delictum magiae diabolicae« beschuldigt, für schuldig befunden und auf sadistische Weise hingerichtet. Hexentanz und je nach Geschlecht Vereinigung mit dem Teufel oder einem Teufelsweib wurden unter der Folter gestanden, aber auch Mäuse-, Ratten- und Eichkatzelmachen, Milch- und Butterzauber sowie Hostienschändung. Unter geistlicher Assistenz wurde der Großmutter eine Narbe geöffnet, weil man dort eine zu magisch-apotropäischen Zwecken eingeheilte Hostie vermutete und dabei das herausfließende Blut vom Pfarrer mit einem reinen Tuch aufgefangen worden ist.

Hexen- und Zauberwahn in der Steiermark

Ich greife auf die grundlegenden Arbeiten von Fritz Byloff und Helfried Valentinitsch zurück, der umfangreiche Quellenstudien im Steiermärkischen Landesarchiv (Graz) betrieben hat.

Im Vergleich zu anderen Gebieten zählt die Steiermark zu den am besten erforschten Räumen. Auf der Grundlage der vorliegenden Quellen konnte man für das Herzogtum zwischen 1546 und 1746 rund 220, teils gegen einzelne, teils gegen mehrere Personen gerichtete Verfahren wegen des Verbrechens der Zauberei feststellen. Die oft gestellte Frage, wie viel

Todesopfer die steirischen Hexen- und Zaubereiprozesse gefordert haben, ist nicht zu beantworten, da besonders für die großen Prozesse in der Untersteiermark und in der südöstlichen Steiermark die dazu notwendigen archivalischen Unterlagen fehlen. Auffallend ist, daß sich (bis jetzt) zwischen 1548 und 1578, also rund drei Jahrzehnte lang, in der Steiermark kein Hexen- oder Zaubereiprozeß nachweisen läßt.

Dieses Gebiet ist von der geologischen und geographischen Struktur her besonders »wetterfühlig«. Stürme, schwere Gewitter, Hagel und Frosteinbrüche führten zu erheblichen Rückschlägen in der Landwirtschaft. Hier fällt besonders auf, wie empfindlich die ohnehin arme Bevölkerung gegen Schadenzauber und das Wettermachen ist. Stabile landwirtschaftliche Verhältnisse bilden ihre Existenzgrundlage. Neben den Faktoren Neid, Mißgunst und Denunziation ist es hier vor allem der »Wetterzauber«, der wie eine Dunstglocke über nahezu allen bekanntgewordenen Prozessen schwebt.

In der Steiermark stehen die Hexenverfolgungen neben dem Getreidebau in einem besonderen Zusammenhang mit dem Obst- und Weinbau. Die betroffenen Örtlichkeiten in den steirischen Grenzlandgebieten weisen seit alters her Weinbauzonen auf, die durch Frost im Frühjahr und durch Hagel in den Sommermonaten zu Schaden kommen können. Vor allem die Hagelstriche waren es, die die uralte Vorstellung wach werden ließen, daß in der Hagelwolke ein bösartiger Mensch sitzt und den Hagel auf die Kulturfläche des zu schädigenden Menschen leitet.

Die teilweise sehr einsam gelegenen Landstriche haben kirchlich-orientierte abergläubische Bräuche über Jahrhunderte wachgehalten.

Bereits im 12. Jh. kannte man den sog. »Wettersegen«. Eine Handschrift des Stiftes St. Lambrecht aus dem 12. Jh. vermerkt auf der Rückseite des Kommentars des Rudbertus über die 12 Propheten – von einer anderen Hand eingetragen – einen Wettersegen mit teilweise magischen Formeln. Hier wird sinngemäß gesagt: » . . . Gegen Blitz und Ungewitter . . . Kreuz im Namen Jesu Christ und der Mutter Maria, durch die die Welt erlöst worden ist. Alfa und Omega«.

Zudem gab es kirchliche Segen- und Beschwörungsformeln gegen Blitz und Ungewitter. Sinngemäß heißt es da: ». . . ich beschwöre euch, an diesem Ort, noch in diesem Dorf, noch in diesen Feldern oder in dieser Gegend Felsenstücke loszulassen, noch Ungewitter, versengenden Blitz und starken schädigenden Regen . . . zu tun«. Im 14. Jh. sind Fluchformeln gegen Diebstahl und Beschädigung beim Volk im Umlauf. Hinzu kommen Formeln für (oder gegen) Liebeszauber sowie das »Unsichtbarmachen«. Eine diesbezügliche Handschrift stammt aus dem Nachlaß des Priesters Anton Meixner aus St. Georgen. Sie enthält Anleitungen zum Bäumepelzen, zum Herstellen von Farben und Tingen, viele medizinische Rezepte und abergläubische Zauberformeln. Es gibt parallel dazu sog. Walenbüchlein. Den als Walen Bezeichneten werden damals besondere Kenntnisse im Auffinden von Bergschätzen zugeschrieben.

Die rechtliche Grundlage für die Verfolgung von Hexen und Zauberern in der Steiermark ist die »Land- und Gerichtsordnung von 1574«. Sie wird von Erzherzog Karl II. von Innerösterreich mit der Zustimmung der steirischen Landschaft für das Herzogtum Steiermark erlassen und ist als Beginn einer einheitlichen Strafrechtspflege in der Steiermark anzusehen. Der Art. 75 über die Bestrafung von Schadenzauber folgt nahezu wörtlich den Bestimmungen der 1532 von Kaiser Karl V. erlassenen »Constitutio Criminalis Carolina« und fordert für Zauberer und Zauberinnen den Feuertod.

In diesem Zusammenhang ist der theologisch geschulte Landprofos Jacob Bittner zu sehen, denn um 1580 zeichnet sich eine Wende in der Betrachtungsweise zum Negativen hin ab. Obwohl Bittner als Gegner des landläufigen Aberglaubens anzusehen ist, stellt er einige der ihm bekannten Gebräuche der »Stifter und Springer« einer religiösen Bewegung, dem Sabbat der Hexenlehre gleich. In verschiedenen Teilen der Steiermark, doch mit dem Schwerpunkt in der Untersteiermark, setzt zwischen 1580 und 1589 eine Serie von 18 Verfahren mit insgesamt 48 Angeklagten ein. Ein erheblicher Teil dieser Prozesse geht auf das Konto Bittners.

Die älteste Aufzeichnung über die Bestrafung von Zauberei in der Steiermark datiert aus der Zeit um 1400. Der erste Hexen- und Zaubereiprozeß, bei dem die Vorstellung der Hexenlehre deutlich wird, findet 1546 in Marburg (= Maribor) statt.

Anna Neumann von Wasserleonburg (1535 – 1623)

In der Steiermark gibt es nur wenig Fälle von Anklagen gegen Adelige. Seit eh und je hatten sie sich einen besonderen Ehrenkodex vorbehalten und durften nur in Ausnahmefällen (z.B. Hochverrat) gefoltert werden. Der Wegfall der Tortur bedeutete aber zugleich den Wegfall des wichtigsten Beweismittels, so daß sie selbst von dieser Seite besonderen Schutz hatten.

Anna Neumann stammte aus einer reichen, in den Adelsstand erhobenen Villacher Kaufmanns- und Gewerkenfamilie. Im Verlauf ihres langen Lebens heiratet sie 6 mal. Obwohl sie dem Protestantismus anhängt, geht sie viermal eine katholische Ehe ein. Ihr Reichtum und die vielen Hochzeiten gaben im Volk Anlaß zu mancherlei Gerüchten. U.a. sagte man ihr nach, daß sie eine »weiße Leber« habe, die den baldigen Tod ihres Ehepartners verursache: zudem habe sie Zauberer und Hexen zum Wettermachen angestiftet. Die Schloßherrin wird insgesamt 3 x öffentlich des Verbrechens der Zauberei bezichtigt, blieb aber jedesmal wegen ihrer gesellschaftlichen Stellung unangetastet. Gegen den 1594 erhobenen Vorwurf eines Bürgers aus dem Markt Weißkirchen, daß sie eine Hexe sei, wehrte sie sich erfolgreich mit einer Ehrenbeleidigungsklage.

In den beiden anderen – gegen sie – angestrengten Prozessen gingen die Denunzianten in den Tod. Als 1591 in St. Lambrecht und 1603 in Gmünd (Kärnten) Bettler die Schloßherrin des Verbrechens der Zauberei bezichtigten, und dies kurze Zeit danach unter der Folter widerriefen, wurden sie hingerichtet.

Anna Neumann stirbt am 18. Dezember 1623 im Alter von 89 Jahren. Sie ist in der katholischen Elisabeth-Spitalkirche zu Murau beigesetzt.

Wegen dem sachlichen Zusammenhang schließe ich hier zwei Behelligungen von Adeligen an:

In den Jahren 1631/32 wurde die in Radkersburg lebende Benigne von Khevenhiller aufgrund der Aussage ihrer Dienstboten der Zauberei verdächtigt. Da sie evangelisch war, nahm die Regierung anscheinend die Anzeige zum Anlaß, um auf sie Druck auszuüben, schlug aber vermutlich die Affaire nieder, bevor es zur Aufnahme eines Gerichtsverfahrens gekommen ist.

Im Jahr 1674 begann in Graz auf Weisung der landesfürstlichen Behörden ein sich über Jahre ziehendes Verfahren gegen den im oberen Murgtal begüterten Graf Christoph Alban von Saurau. Er wurde von seinen Verwandten, unter denen sich der steirische Landeshauptmann Karl Graf Saurau befand, nicht nur wegen Zauberei, sondern auch wegen Mord, Blutschande, Vergewaltigung und anderer schwerer Verbrechen angeklagt. Saurau gab zwar die Bekanntschaft mit einem Zauberer zu, stritt jedoch ab, daß er mit dessen Hilfe seinen Vetter töten wollte. Die über den Grafen zu Gericht sitzenden Adeligen verzichteten darauf, ihren Standesgenossen foltern zu lassen, verurteilten ihn aber aufgrund der vorliegenden Indizien zum Tod. Der Kaiser setzte das Urteil aus und befahl die Wiederaufnahme des Verfahrens vor dem Grazer Stadtgericht, das den Graf schließlich zu lebenslangem Kerker auf dem Grazer Schloß verurteilte, wo er 1656 verstorben ist.

Für die Oststeiermark waren es anfangs Fälle »harmloser« Zauberei, wie 1604 – 1606 im Markt Vorau. 1612 wird eine Wettermacherin und Ausfahrerin vom Stubenbergischen Landgerichtsverwalter auf Schloß Gutenberg bei Weiz hingerichtet und verbrannt. Noch 1631 hat man die Vorstellung: » . . . jeder Grundherr möge u.a. ‚Zauberungen‘ für sich selbst in der Stille abstrafen und nicht das Landgericht (damit) belasten«.

1635 und 1637 ist von einem »Wetterbanner« oder »Wetterhüter« namens Philipp bei Hochstraden und Jagerberg im Bezirk Feldbach die Rede. Er wurde von den Bauern unterstützt, als er von der Innerösterreichischen Regierung verfolgt wird. Üblich war lange Zeit die Warnung der Bevölkerung bei herannahenden Unwettern durch das Läuten der Kirchenglocken. 1657 kommt es zu einer Klage gegen den Feldkircher Pfarrer, da er bei drohendem Wetter nicht mit den Glocken läuten ließ, » . . . er habe sogar den Mesner mit groben Worten abgewiesen und dazu bemerkt: . . . Donner und Hagel sollen nun alles zerschlagen, damit seine Äcker auch einmal etwas gelten«. In den Gleichenberger Protokollen heißt es in der Aussage des Hans Kropf über das Hagelmachen bei der Hexengesellschaft am Stradner Kogel: » . . . daß sie das Wetter gegen Straden führen wollten . . . sie seien aber durch das Läuten vertrieben worden . . . weshalb sie (das Unwetter) über Gruberg ausgeschüttet hätten«.

Neben dem Wetterläuten kannte man das Wetterschießen. Diese abergläubischen Bräuche werden 1750 von Maria Theresia verboten, doch noch 1822 erfahren wir von zahlreichen Übertretungen im Bezirk Gleichenberg. Es sind noch mehr Formen des Aber-, Schaden- und Abwehrzaubers in dieser Region bekannt. Bemerkenswert ist in diesem Zusammenhang die Aussage des Bäckers und Wirtes Georg Hollerspacher (Hartmannsdorf) im Rahmen der Feldbacher Prozesse:

» . . . er wischte zur Kirchzeit vor Sonnenaufgang Staub und Brösel aus den Fenstern zusammen und streute sie um das Haus herum, und von der Tür aus, damit seine Gastwirtschaft gut gehe und die des nächsten Wirtes ‚hinderstellig verblibe‘. Von seinem Nachbarwirt holte er einen neuen Krug voll Wein, stellte ihn unter den Ganter (= das hölzerne Gestell, auf dem die Fässer im Keller liegen), , . . . damit sein Wein schleunig fortgehe und der des Nachbarn verschlagen gebliebe‘. In ‚blauen Samstagsnächten‘ brach er Hagebuttendornen, goß die Milch von seinen Kühen, die Blut enthielt, in einen Sautrog und strich sie mit den Dornen. Damit brachte er sein Vieh ‚wieder zurecht‘. Des öfteren habe er in der Nacht Wasser aus den Furchen geschöpft, die von den Rädern des Leichenwagens stammten, und es zum Brotbacken verwendet, das daraufhin ‚wol gerathen‘ sei. Einem alten steirischen Brauch folgend hatte er, um die Gewalt des Windes zu bannen, in der letzten der 12 Mittwinternächte, in der Dreikönigsnacht, Brösel und Speisereste in einen Topf gegeben und vor Sonnenaufgang auf eine Torsäule gestellt, . . . den windt damit zu fuedern, daß selbiger das ganz Jahr hindurch seine Gründt und sachen Kheinen schaden zufuegen möge«.

Vor diesem geistigen Nährboden, hinter deren Kulissen religiöse Varianten deutlich werden, ist es einfach, andere zu denunzieren: oft entstehen daraus Hexenbrände!

In der südöstlichen Steiermark finden 1658 in Fürstenfeld, 1664 in Neudau und Ottendorf (Rittscheintal) Zauberei-Prozesse statt. 1650 wird die als Zauberin angesehene Kunigunde Krenn in Fürstenfeld 10 x peinlich verhört und anschließend auf einem Scheiterhaufen verbrannt. 1660 denunziert sich Mörth Schöllauf als Zauberer. Die Regierung verfügt an das Landgericht Feldbach: » . . . man solle ihn fortschaffen, da er dort nicht ansässig sei«.

1668 – 1672 beschuldigt ein Lorenz Huber den Schwager Mathias Thür (aus Vorarlberg), er »habe seine Frau krumm und lahm gelegt . . . ebenso den Sohn des Paul Stainer«. Die Augustiner zu Fürstenfeld, die Thür ausliefern sollten, verweigerten dies mit dem Bemerken » . . . da die Frau an Wassersucht gestorben sei und der Sohn Stainers an einem Geschwür am Bein zu leiden habe«.

Elisabeth Kolb aus Altenmarkt wird 1675 mit der Daumenschraube wegen Zauberei gefoltert. » . . . zwei Soldaten, die aus ihrem Acker einen Krautkopf gestohlen hatten, wären daraufhin erkrankt . . . die Witwe Kolb habe aus einem Weingarten eine Kröte geholt, sie in Schmalz geröstet und sie hernach in den Krautacker getragen, um sich vor Diebstahl zu schützen«. Sie beteuerte, niemand Schaden zugefügt zu haben.

In Hohenbrugg stehen 1677 einige Untertanen wegen »Zauberei und teuflischer Zusammenkünfte« unter Anklage. Von den 12 in den Prozeß verwickelten Personen befanden sich 7 Frauen, 3 Männer werden hingerichtet und 2 Frauen sterben im Gefängnis. Allein die Verbrennung der Leichen erforderte neben den übrigen Gerichtskosten 30 Klafter Holz.

Prozesse von Feldbach und Gleichenberg

Das Gebiet zwischen dem Gleichenberger und Stradner Kogel am Oberlauf des Sulzbaches war 1673, 1680 und in den Jahren 1689/90 Schauplatz der Gleichenberger Hexenprozesse. Hier befand sich die im 14. Jh. von den Herren von Waldsee errichtete Burg Neu-Gleichenberg. Sie war der Sitz eines Landgerichtes. Der »Hexenturm« der Ruine Gleichenberg hat sich erhalten. In seinen unteren Gewölben wurden Opfer des Hexenwahns gefoltert nach erfolgtem Schuldspruch, » . . . danach bei dem Kreuz, wo man nach Gleichenberg geht, mit dem Schwert oder Strang getötet und anschließend verbrannt«. Der Herrschaftsmittelpunkt lag im Gebiet nördlich der Raab auf einem 484 m hohen Kegelstumpf aus Basalttuff: die Riegersburg.

Die sich zu Massenprozessen ausweitenden Hexenverfolgungen nehmen 1661 in Gutenhag (Pößnitztal) ihren Anfang. 1671/72 werden sie zuerst in Lutterberg (wieder) aufgenommen und greifen dann auf Friedau, Ankenstein, Sauritsch, Pettau, Gutenhag, Radkersburg, Gleichenberg, ja bis auf Kroatien über. 1675 wird gegen eine Zauberin in Gleichenberg ein Prozeß geführt. In diesem Zusammenhang wendet sich die Regierung an den Stadtrichter von Radkersburg, Johann Wendteisen, » . . . er solle die Sache übernehmen und nach Komplizen forschen. Die Regierung habe erfahren, daß zauberische Weibspersonen das Zeichen des Bösen an ihrem Leib haben (= stigma diabolicum) und: der Bannrichter habe sie nur dreimal wenig gefoltert«.

1673 war ein besonderes Gewitterjahr. Im Juni gab es drei schwere Gewitter mit Hagelschäden, die mit einem Wirbelsturm verbunden waren. Zur Getreidezeit (23. Juni) folgte eine weitere Katastrophe. Die »Riegersburger Hexen«, die man als Verursacher beschuldigte, gestanden unter der Folter, den Schauer gemacht und damit das Getreide und die Weinberge verdorben zu haben.

Am 28. September 1673 erstattet Katharina Lorenzer Anzeige gegen Martha Peurin, Magdalena Steßl, Martha Stindl, Eva Krenn und gegen den Pfarrer von Hatzendorf, Gregor Agricola. Die Klägerin selbst gehörte zu der Gruppe von Menschen, die als Landstreicher, Kräuter- oder Pilzesammler und als herumziehende Bettler ohnehin »zaubereiverdächtig« waren. Sie stammte aus dem Dorf Grun, war ledig und zwischen 37 und 50 Jahre alt. Ihren Lebensunterhalt verdiente sie durch Betteln und gelegentliches Spinnen in verschiedenen Dörfern.

Sie berichtet von Mißhandlungen, die sie beim Pilzesuchen beim Hatzendorfer Kreuz von einer dort tafelnden Gesellschaft unter der Führung des dortigen Pfarrers Agricola – mehr als ein Jahr zuvor – erlitten habe. Durch ihre Denunziation löste sie den wohl größten und verhängnisvollsten Hexenprozeß in der Steiermark aus.

Die Beschuldigten werden gefangengenommen und vom Ortsgericht Riegersburg dem Landgericht Feldbach überstellt. Die Unterbringung der Gefangenen erfolgte im Tabor. Im Spätmittelalter errichtete man um die Pfarrkirche von Feldbach zum Schutz gegen die Ungarn einen sog. Tabor (= Befestigungsanlage), der im 17. Jh. erneuert wird. Ein Teil des vermutlichen Gefängnisses (= Keichen) im alten Pfarrhaus hat sich erhalten. Es dürfte in den letzten Jahrzehnten des 15. Jh. entstanden sein. In diesem Kerker stirbt das erste Opfer des Hexenprozesses an den Folgen der Folter in der Nacht vom 4. zum 5. Januar 1674. Franziskaner wirkten als Beichtväter der Delinquenten.

Die angezeigte Martha Peurin (72 Jahre), die »alte Valtlin« genannt, bringt durch 25 Besagungen (= Denunziationen weiterer Personen) die Prozeßlawine ins Rollen. Sie lebt mit ihrem Sohn Thomas, der seit 1666 verheiratet ist, und mit einem Knecht im gemeinsamen Haushalt. Ihr Sohn beschuldigt sie der Zauberei: » . . . da sie ihm kein Recht ließ und nur einen Teil des Grundes und der Fahrnisse (an ihn) übergeben hatte«.

Aufgrund der Anschuldigungen schritt man nach der gütlichen Befragung in Riegersburg, am 7. November 1673 zum peinlichen Examen. Um sie als Hexe verurteilen zu können, mußte man ihr das Teufelsbündnis bzw. den Schadenzauber mit seiner Hilfe nachweisen. Die altersschwache Frau ist zu jeder Aussage bereit: » . . . daß solche schädliche Zothen beim Kreuz auf dem Angerl geübt wurden . . . geflogen wurde, daß man Zauberei getrieben habe, hageln ließ; der böse Geist wäre in der Gestalt eines schwarzen Mannes erschienen und habe sie stark aufs Herz gedrückt«. Gleichzeitig bittet sie den Landrichter um die Schonung ihres Sohnes.

Unter den Angeklagten befand sich ein Mitglied der gehobenen Gesellschaftsschicht weltlichen Standes, der Ritter von Stang, Jacob Kropf. Als die »alt Valtlin« bei der Konfrontation durch den Richter unsicher wird und sagte: » . . . es möge sein, daß er (Kropf) in der Gesellschaft war . . . sie wisse es eigentlich nicht«, wird sie erneut gefoltert. So sagt sie am 4. Januar 1674 » . . . daß ihr der böse Feind ein Zeichen gemacht habe . . . er habe Riepl geheißen, sie habe ihm ein Kind versprochen, sie habe schon vor 12 Jahren Wetter gemacht und (dabei) das Getreide verdorben, sie habe Linsen und schlechte Zotten gekocht und dadurch den Flachs auf dem Feld verdorben«. Sie gibt weitere Teilnehmer an und nennt das Kreuz von Habegg als Zauberplatz. In der Nacht bekannte sie auf dem Folterstuhl den

Wächtern und dem Freimann, » . . . daß der Pfarrer von Hatzendorf und Jacob Kropf zu Stang immer dabeigewesen seien und die Weingärten verdorben hätten«. Noch in der gleichen Nacht stirbt sie an den Folgen der Folter. In späteren Hexen-Aussagen wird sie des öfteren als Hexenmeisterin hingestellt.

Prozeß gegen den Dorfrichter Jacob Kropf

Im Dezember 1673 gelangt die elfköpfige Familie Kropf in den Strudel des Hexenwahns. Der Vater Jacob und der Sohn Hans werden gefänglich eingezogen. Jacob Kropf beteuert trotz Androhung der Tortur seine Unschuld, » . . . wohl aber habe der Sohn am 31. Januar über seinen Vater ausgesagt«. Vielleicht ging es darum, ein »prominentes« Opfer zu Fall zu bringen. Graf Purgstall schreibt: » . . . man brauche aber das peinliche Examen, da sich sonst die Sache höchster Gefahr ›verziehen‹ würde«.

In der Zwischenzeit trägt man weitere Beschuldigungen zusammen. Am 26. Januar 1674 verfassen der Landgerichtsschreiber Mathias Leimpöker und Mathias Morhotz ein Gedächtnisprotokoll über eine Zusammenkunft am 18. Januar bei Michael Hofer in Bergl (bei Riegersburg), in dem der Richter aufgrund von Gerüchten mehrfach in seinem Amt beschuldigt wird. Man sagt ihm nach, daß er sich bereichert und sich (dadurch) Vorteile verschafft habe.

Um diese Zeit ersucht das Feldbacher Landgericht die Regierung, den Henker von Graz oder Pettau nach Feldbach zu beordern, »um die Verurteilten hinzurichten . . . die Angeklagten seien zwar schon in Güte examiniert . . . da aber auf eine solche Weise von ihnen die Wahrheit und die Gründe nicht erzwungen werden könnten, bedürfe man des Freimanns, daß man mit der Schärfe verfahren und ihnen den Ernst zeigen könne«. Nach Abschluß der peinlichen Verhöre fand nach dem geltenden Malefizrecht die geheime Urteilsberatung statt, der der öffentliche »endliche« Rechtsgang folgte, bei dem die Urteile verkündet werden. Der Dorfrichter wird zusammen mit seinem Sohn am 23. Februar 1675 hingerichtet.

Aus der Rechnung über die Zehrungs- und Exekutionskosten der Familie Kropf (1. März 1674) geht hervor, daß man in der »kuchl auf dem Rathauß«, die Delinquenten nach dem

Hexenmal (= stigma diabolicum) untersuchte. Dies geschah vermutlich wegen der großen Kälte. Darum befanden sich 9 oder 10 Beschuldigte nicht im Kerker, sondern in den Küchen bürgerlicher Häuser »verschmiedet«, » . . . zur großen Besorgnis der Leute und der Bewachung«. Die Rechnung vom 1.3.1674 über die Zehrungs- und Exekutionskosten von Jacob und Hans Kropf betrugen 14 fl. 54 kr.

Der Prozeß erfordert noch ein weiteres Opfer der Familie. Zwar gelingt es Katharina Kropf aus dem Feldbacher Gefängnis nach Bergl zu ihrer Schwester zu fliehen, doch sie wird wieder eingefangen. Am 19.7. berichtet Graf Purgstall an die Regierung, » . . . Maria Kropf, des Hauptzauberers Tochter, ein sehr sauberes und feines Weibsbild, sei noch übrig«. Sie wird am 23.9.1675 eingezogen. Im Zusammenhang mit der Verleumdung des Dorfrichters ist die Ortschaft Bergl zwischen Feldbach und Riegersburg wichtig. Hier wurde bei dessen Schwiegersohn gegen ihn erhoben, hierher flüchtete seine Tochter Katharina, wo sie sich mit einem Messer gegen die neuerliche Inhaftnahme zur Wehr setzte. Mit ihr wird gleichzeitig das später legendäre Hexenopfer, die Pflegsgattin Katharina Paldauf, hingerichtet.

Am 28. Februar erfolgte die Protokollierung des Nachlasses von Jacob Kropf in der Riegersburger Herrschaftskanzlei. Wie aus einem im Schloßarchiv Hainfeld enthaltenen Faszikel deutlich wird, war Jacob Kropf ein wohlhabender Mann. Abgesehen von seinen Grundstükken (darunter 5 Weingärten) im Wert von 1 047 fl. und der guten Ausstattung seiner Wirtschaft waren es 1 731 fl. 6 ß, die man ihm schuldete. Der größte Schuldner mit 211 fl. war ausgerechnet jener Michael Hofer in Bergl, bei dem der Landgerichtsschreiber am 18. Januar Erhebungen durchgeführt hatte. Das Vermögen von Vater Kropf wurde unter seine Söhne aufgeteilt. Nach der Ausrottung von Vater und Sohn, wie der finanziellen Bereinigung über die entstandenen Kosten, richtet sich ab März 1674 das Augenmerk im Prozeßablauf auf den beschuldigten Hatzendorfer Pfarrer Gregor Agricola.

Prozeß gegen den Hatzendorfer Pfarrer Gregor Agricola

Der Geistliche ist ebenfalls ein Opfer der Denunziation von Katharina Lorenzer. Gleichzeitig erhebt sie einen Vorwurf gegen die lasche Geistlichkeit, denn » . . . sie habe schon im Jänner desselben Jahres im Beisein des Hauptpfarrers zu Riegersburg, des Pfarrers zu Feldbach, Jacob Koller und zweier Kapläne ihr Erlebnis beim Hatzendorfer Kreuz ins Gesicht gesagt«.

Außerdem äußert sich Graf Purgstall negativ über den geistlichen Herrn, denn er schreibt an den Kanzler der Innerösterreichischen Regierung: » . . . daß Agricola bey einer seiner gehabten dienstmagd ein Khündt erzeugt vnd selbiges selbsten getauft« habe. Zu seiner Verteidigung tue er nichts und für seine Schuld spreche das Kartenspielen und Schelten »bey Tag und die ganze Nacht«.

Die damaligen Geistlichen stehen vereinzelt in einem schlechten Ansehen. Ein früherer Fall ereignete sich 1590 in Oberwölz, wo sich der neue Pfarrer bei seinen Bemühungen, die protestantisch gesinnte Bevölkerung zu re-katholisieren, zu verschiedenen Drohungen hinreißen ließ. Als nun wiederholte Unwetter die Ernte vernichteten, glaubten die Bauern, daß der Pfarrer daran schuld sei und verjagten ihn.

Die Freifrau Elisabeth v. Galler streitet »offen« mit dem Hauptpfarrer. Hinzu gesellt sich die manchmal dubiose »weltliche« Lebenshaltung mancher Geistlicher. Als der Hauptpfarrer Strobel 1655 erkrankt und seine Wirtschafterin Katharina Hopf beim geistlichen Herrn Nachtwache hält, läßt die Gallerin den Pfarrhof umstellen und die Köchin wegen eines angeblich begangenen Ehebruchs verhaften und nach Feldbach ins Landgericht bringen. Die Hopfin wird gefoltert und viermal mit den Daumenschrauben belegt. Schließlich ordnet die Obrigkeit ihre Freilassung an, was zu einer Schadensersatzklage führt.

Am 19. Februar 1674 wird Agricola auf Anordnung des Seckauer Bischofs in geistlichen Gewahrsam genommen und vom Pfarrer Koller beaufsichtigt. Man wirft ihm »Schauermachen«, Hagelflüge, das Eingraben von Hostien beim Kreuz » . . . um damit große Kälte und Reif zu bewirken« und weitere Delikte vor. Trotz gütlicher und peinlicher Verhöre weist er alle gegen ihn erhobenen Beschuldigungen zurück.

Bei einem »normalen« Verurteilten wäre das weitere Vorgehen nun einfacher gewesen. Doch hier beginnt ein ebenso zähes wie nutzloses Ringen um die Kompetenzen im Rechtsstreit. Es belastet alle im Prozeß Beteiligten und am meisten die im Kerker liegenden Opfer.

Die Innerösterreichische Regierung drängt auf die Auslieferung des Pfarrers an die »weltliche« Macht. Doch am 20. April ergeht an den Pfarrer Koller ein Schreiben, das besagt: » . . . er habe im Fall der Examinierung Agricolas durch die weltliche Obrigkeit im Auftrag des Erzbischofs von Salzburg jedesmal Protest zu erheben«. Am 22. Mai erhält der Graf Purgstall nochmals den Befehl, die Malefikanten mit Agricola zu konfrontieren und entweder selbst dabei zu sein oder einen der lateinischen Sprache Kundigen zu entsenden. Koller überreicht daraufhin ein Protestschreiben und gibt Agricola zu verstehen, daß er »nit ein Jota antworten solle«.

Letztendlich wurde einer geistlichen Kommission gestattet, *ihren* Geistlichen selbst zu verhören. Der 61-jährige Agricola bestritt jede Schuld und einige Zeugen gaben zu, daß sie wegen »der großen Pein und Marter« *gegen* den Pfarrer ausgesagt hätten. Eva Krenn aus Tiefenbach vermerkt: » . . . sie hatte Agricola unter der Folter belastet und widerrief nun das ihr Abgepreßte und sagte: . . . Agricola sei ihr schon seit vier Jahren bekannt, er habe ihr zwei Kinder getauft und sie unterwiesen und ermahnt, fleißig zu beten«. Unter den Versprechen der geistlichen Kommisäre, daß sie dem Landgericht nichts mitteilen, gab sie zu, gegen Agricola unter Drohung mit glühenden Zangen ausgesagt zu haben. Sie würde, wenn sie in ihrer Aussage nicht beständig bleibe, so gereckt werden, daß die Sonne durch sie scheinen werde.

Die Ergebnisse der bischöflichen Kommission waren nicht gerade berauschend. Graf Purgstall berichtet erzürnt darüber, daß der Erfolg bescheiden war und ordnete die Folter für die (noch) im Kerker befindlichen Kreaturen an, die er »das alldort verarrestierte Hexengesindel« tituliert.

Fast gleichzeitig übergibt ein Karl Paumgartner Purgstall eine – weitere – schriftliche Aussage gegen den Pfarrer. Zusätzlich kamen belastende Aussagen von einem Hartmannsdorfer Pfleger, vom Fürstenfelder Stadtrichter und dortigen Bürgern. Die große Zahl der Beschuldigten, zahlreiche Verhaftete, die dem Landgericht immer größere finanzielle Opfer abverlangten und der steigende Unmut innerhalb der Bevölkerung läßt das Faß überlaufen und der Haß konzentriert sich auf Agricola.

Am 18. April 1675 kommt es aufgrund eines Salzburger Konsistorialbeschlusses zu dem Befehl, die Folter durch das geistliche Gericht vorzunehmen. Hauptpfarrer Gabrielis, der Dechant Dobler und drei weitere Geistliche hatten dies zu realisieren. Als dem bereits kränklichen Agricola die Folterinstrumente gezeigt wurden (= Verbalterrition) bekennt er, » . . . schwer Atem schöpfend, die Zähne zusammenbeißend und schändlich winselnd, . . . als wenn ihm der Teufel auf dem Maul wäre, . . . die Kinder seit 1670 im Namen des Teufels getauft zu haben, am Hexensabbat auf dem Schlüsselkogel teilgenommen zu haben usw.« Es war der Zusammenbruch eines schwerkranken Menschen, der durch dieses fingierte Schuldbekenntnis nur mehr wenige Tage überlebte. Problematisch war es für die Eltern der schon getauften Kinder. Die Verunsicherung war so groß, daß die 245 von ihm getauften Kinder ein zweites Mal getauft werden mußten.

Am 27. April 1675 fand in Feldbach ein »endlicher« Rechtsgang statt, just zu dem Zeitpunkt, als der unglückliche Hatzendorfer Pfarrer Agricola tot in seinem Quartier aufgefunden wurde, was sofort zu neuen Gerüchten Anlaß gab. Am gleichen Tag waren vier Delinquenten in »causa magiae« um 8 Uhr vormittags in die Schranne auf den öffentlichen Platz geführt worden. Vom Schrannenplatz bewegte man sich in einem feierlichen Zug zur Richtstätte, die sich südlich von Feldbach auf dem Mühldorfer Gemeindegebiet befand. Auf dem dortigen »Galgenfeld« wurden vom Freimann und seinen Gesellen die Säulen eingegraben und der Scheiterhaufen aufgeschichtet. Am 17. Mai wurde das Exkommunikationsdekret des erzbischöflichen Konsistoriums erlassen und

▶

Herzog August der Jüngere von Braunschweig-Lüneburg. (4.4.1578 – 1666). Zu Beginn seiner Regierungszeit gab es eine Reihe von Hexenprozessen und -verbrennungen. Ob er sie anregte oder duldete, ist unklar. Diese Hexenprozesse bilden den historischen Kern der Hitzackerschen Sage von der Riesenkastanie.

am 26. Mai 1675 wurde das Urteil gegen den Pfarrer Agricola von der Feldbacher Kanzel verkündet.

Prozeß gegen die Pflegersgattin Katharina Paldauf

Die wohlhabendste Angeklagte im letzten Abschnitt des Feldbacher Prozesses war die Pflegersgattin Katharina Paldauf. Sie wurde im Frühjahr 1675 von der Riegersburger Bäckerin Maria Trieber denunziert. Am 22. Mai ersuchte ihr Mann um ihre Freilassung, bzw. um die Bewilligung, » . . . daß Sye von ihme ohne wacht in die confrontation nach Veltpach gestelt werden möchte, und um die Zulassung seiner Person zum Examen«. Die über 50-jährige Pflegersgattin war zwanzigjährig in den Dienst der Gallerin gekommen. Aus ihrer Ehe mit Johann Paldauf entstammten die Kinder Katharina, Anna und Ferdinand. Um deren weiteres Schicksal machte sie sich besondere Sorgen, weshalb sie in diesem Punkt um die Fürsorge des Grafen Purgstall bat. Katharina Paldauf legte anfangs keine Geständnisse ab.

Erst im Sommer 1675 gab sie nach und gestand ihre Teilnahme an den Hexengesellschaften. Sie selbst beschuldigte mehrere Geistliche, die nun in Verwahrung genommen wurden. An einem 3. August erfolgte die Gegenüberstellung mit ihnen. Nach einer gütlichen und peinlichen Befragung wurden sie von der Anklage freigesprochen, aber lediglich der Paldauer Pfarrer durfte in seinen Wirkungsbereich zurück: die anderen verloren ihre Ämter wegen des Mißtrauens der Bevölkerung. Nirgends in den Akten findet sich ein Hinweis, daß Katharina hingerichtet wurde, weil sie im Winter Blumen zu züchten verstand. Am 3. August 1675 wird sie schwer bewacht von Feldbach auf die Riegersburg gebracht. Über ihr weiteres Schicksal existieren keine Aufzeichnungen, doch wurde sie vermutlich im September hingerichtet.

Graf Purgstall schreibt 1674 in einem Bericht an den Kanzler über die Armut unter den Untertanen und hebt hervor, daß sie zum Erbarmen sei. Es ist ein typisches Motiv im Verbund mit dem Hexentreiben. Die Aussagen in den Gleichenberger Protokollen zeigen vielfach die Sorgen, Nöte und familiären Spannungen, die immer wieder zu Krisen und Verleumdungen führen: sicher *nicht immer* aus reiner Böswilligkeit. So versprach der Böse den Leuten Geld und Gut, wenn sie ihm folgen, ihm ihre Seele verheißen, die Dreifaltigkeit leugnen und ihm dienen: er besorgte Vieh, schützte die Hausfrau vor dem betrunkenen Ehemann usw.

Den Protokollen von Gleichenberg zufolge belief sich die Zahl der Opfer seit 1673 auf mindestens 52. In den Gerichtsprotokollen von 1689/90 erscheinen zusätzlich 9 Männer und 19 Frauen, die an den (Hexen)gesellschaften teilgenommen haben (wollen), von deren Schicksal nichts bekannt ist. Im Feldbacher Prozeß sind 16 – 17 Personen nachzuweisen, die ihr Leben gelassen haben. Insgesamt werden in dem umfassenden Prozeß 95 Personen (darunter 53 Männer) erwähnt. Die Zahl der namentlich angeführten Verdächtigen liegt bei 86. Hinzu kommen weitere, die im Weichbild des Feldbacher Prozesses wegen Zauberei angeklagt und/oder verdächtigt worden sind. Zwischen dem Gleichenberger und Stradner Kogel flammte auf dem Herrschaftsgebiet des Grafen Trautmannsdorf erstmals 1680 ein größerer Prozeß auf, dem 9 Personen zum Opfer fielen: eingeleitet wurde er durch die Denunzierung der Dorfhexe von Grub.

Große Prozesse kosten viel Geld. So ist die Innerösterreichische Regierung mit den Forderungen zur Aufbringung der Prozeßkosten rasch zur Stelle: sie bittet vor allem die jeweiligen Herrschaften der eingekerkerten Untertanen zur Kasse.

- An den Augustinerprior von Fürstenfeld geht 1674 die Aufforderung, die Verpflegungskosten für Jacob Pugl aus dessen Weingärten zu bestreiten.
- Der Feldbacher Pfarrer sollte für die in Haft liegende Eva Krenn Atzungskosten von ihren Grundstücken bezahlen.
- Für die justifizierte Sophie Medlin werden von der Frau von Gera 53 fl. Gerichtskosten gefordert.
- Weil das Geld des verurteilten Pfarrers in der Stadtkasse lag, sollte die Stadt Fürstenfeld 62 fl. Gerichtskosten bezahlen.
- Um die Gerichtskosten für die hingerichtete Ursula Koch zu entrichten, forderte die Regierung die Gräfin Trautmannsdorf auf, deren Weingärten zu verkaufen.
- Johann Lindner sollte für seine als Hexe hingerichtete Frau durch den Verkauf des Weingartens in Lemberg die Gerichtskosten in Höhe von 84 fl. entrichten.

Wir haben zu berücksichtigen, daß die wenigen aus der Haft Entlassenen durch Folter und Züchtigung zeitlebens Schäden davontrugen, oft verkrüppelt und arbeitsunfähig waren. Sie wurden zur zusätzlichen Belastung für die ohnehin arme Landbevölkerung. Hinzu kam die Ächtung und Schmähung einst als Hexen und/ oder Zauberer verrufener Personen. Nach den körperlichen Leiden setzt eine zweite Folter ein: die seelische Tortur, die die meisten bis zu ihrem Lebensende begleitet hat.

Als Ausläufer des Feldbacher Prozesses ist eine Anklage von zwei Bauern im Gebiet von Kirchbach (1678) anzusehen, die angaben, »... sie wären von einer Wallfahrt nach Maria Lankowitz nachhause geflogen und hätten dabei ein Unwetter verursacht«.

Befürworter des Hexenwahns

Zu ihnen zählt der steirische Arzt Dr. Adam von Lebenswaldt (1624 – 1696). Er wird im Mühlviertel (Oberösterreich) als Sohn eines Marktschreiers geboren. Er besucht die Lateinschule in Linz, studiert in Graz Philosophie und in Padua Medizin, wo er 1652 zum Doktor der Medizin promoviert. Nachdem er sich in der Steiermark niedergelassen hat, wird er Leibarzt des Abtes von Admont und Landschaftsmedikus für das Enns- und Paltental. 1659 erhebt ihn der Kaiser Leopold I. in den Adelsstand. 1684 übersiedelt Lebenswaldt nach Loeben, wo er 1696 stirbt. Er beschäftigt sich im Zeichen der Zeit mit der Dichtung und den damals angewandten Heilmitteln und -methoden.

Zudem veröffentlicht er zur selben Zeit, als die Verfolgung von Hexen und Zauberern in der Steiermark kumuliert, »acht Traktate über des Teufels List und Betrug«. In dieser Schrift wendet er sich scharf gegen Wahrsager, Alchemisten und nicht studierte Ärzte, Bader und Kurpfuscher. Im letzten Traktat behandelt er die Verführung des Menschen zur Zauberei, wobei der sonst so nüchterne Arzt den Schriften des acht Jahrzehnte zuvor in Graz als Professor an der Jesuitenuniversität tätigen Del-Rio folgt.

Lebenswaldt meinte, daß die bösen Geister körperlich erscheinen können, und versuchte alle menschlichen Irrtümer dem Teufel und seinen Anhängern in die Schuhe zu schieben. Trotzdem: er betrachtet den Aberglauben als Sünde und macht im Sinn der gelehrten Hexen-Ideologen die Frauen und deren »einfältiges Hirn« für die Verbreitung der abergläubischen Vorstellungen verantwortlich. Die Auswirkungen seiner Schrift auf die steirischen Hexenprozesse sind ungeklärt.

Abraham a Santa Clara wird 1644 in Schwaben als achtes Kind einer Bauernfamilie geboren und studiert nach dem Besuch der Lateinschule bei den Jesuiten in Ingolstadt, bzw. bei den Benediktinern in Salzburg. Dann tritt er in den Orden der Reformierten Augustiner-Barfüßer ein, war Wallfahrtsprediger in Taxe (bei Augsburg) und Ordenspriester in Wien. 1677 wird er zum kaiserlichen Hofprediger ernannt, ab 1686 war er in Graz Prior der Niederlassung seines Ordens, kehrte dann aber nach Wien zurück, wo er die Leitung der deutsch-böhmischen Provinz seines Ordens übernahm und hier 1709 verstirbt. Er ist ein Befürworter des Hexenwahns und bezieht sich in seinen Predigten auf die Verfolgung von Hexen und Zauberern.

In seinem »Judas-der-Erz-Schelm« (Salzburg 1689) steht ein »Bericht über das Verbrechen der Hexen und Zauberer«. Hierin erzählt er kritiklos von Geständnissen von Angeklagten, die im Juni 1688 unweit von Graz ein Hagelwetter verursachten. »... Die Hexen und Zauberer warfen Hostien in einen Schweinetrog, besudelten sie mit ,unflätigem Wasser' und verwendeten den daraus hergestellten Brei zum Wettermachen ...«. Aus nachträglicher Sicht erweist sich der Volksprediger als abergläubisch eingestelltes Kind der Zeit und verhehlt nicht die Genugtuung über die Hinrichtung der Angeklagten.

Dr. Nikolaus v. Beckmann (1634 – 1687) stammte aus Norddeutschland. Er war der bedeutendste Jurist des 17. Jh. in der Steiermark. Er wird 1634 in Heide im Dithmarschen geboren, studiert an mehreren deutschen Universitäten und promoviert 1666 in Orleans zum Dr. beider Rechte. 1667 wird er als Professor für römisches Recht an die Universität Lund in Schweden berufen, überwirft sich mit dem Naturrechtslehrer Samuel Pufendorf und muß 1673 aus Schweden fliehen. Im gleichen Jahr tritt er in Wien vom evangelischen zum katholischen Glauben über. 1675 erhält er auf Empfehlung des kaiserlichen Hofes eine Anstellung als Kanzleidirektor des Benediktinerklosters Michaelsberg (bei Bamberg). Hier verfaßt er seine »doctrina iuris«, eine Darstellung des gemeinen Rechts in Form eines Rechtslexikons.

Als Begründung für die Abfassung führt Beckmann die bestehende Rechtsunsicherheit an. Nach ihm war die Zauberei in der Steiermark beim Volk durch den Betrug des Teufels derart verbreitet und so verborgen, daß alle Landgerichte und Bannrichter das »verfluchte Hexengeschmeiß« nicht auszurotten vermochten.

Die Ursachen für die Zauberei sind für ihn Aberglaube, der Genuß von Alkohol, Hurerei, sowie die Hoffnung von Jägern und Soldaten, durch magische Praktiken unverletzbar zu bleiben (= schußfest machen).

1680 beruft man ihn als innerösterreichischen Regimentsrat nach Graz, wo er in wichtigen Geschäften verwendet und (auch) wiederholt mit Hexen- und Zaubereiprozessen befaßt wurde. 1681 führt er als Regierungskommissar in Leibnitz einen Hexenprozeß. Dabei zeigt sich, daß Beckmann in den Vorstellungen der Hexenverfolger behaftet ist. So übernimmt er kritiklos die Behauptung, » . . . daß während der Folter der Teufel in der Gestalt eines Eichhörnchens erschienen sei«. Er stirbt 1687 als wohlhabender Mann in Graz und wird in der dortigen Pfarrkirche St. Peter begraben.

Der Hexenrichter Ludwig Wurm war Hofrichter des Stiftes St. Lambrecht. Wurm führte 1601/02 und 1610 in St. Lambrecht zwei Hexen- und Zaubereiprozesse, in die 12 Personen verwickelt waren. Ihr hauptsächlichster Tatbestand ist das Wettermachen, gemischt mit kirchlich-inquisitorischen Teufelsvorstellungen. Unter den Angeklagten des ersten Prozesses sind ein Landstreicher, dessen Gefährtin und deren ca. 10 – 12 Jahre alte Tochter namentlich bekannt. Der zweite Prozeß richtete sich gegen eine 72-jährige »Zauberärztin« und deren Sohn, der Meßgewänder gestohlen hat. Im Verhör gestand die Frau, die Gattin des Richters durch Gift geschädigt zu haben.

Der Hexenrichter Johann Wendteisen (gest. 1689) beschäftigte sich jahrzehntelang in der Verwaltungs- und Gerichtspraxis. 1673 wird er in Radkersburg als Stadtrichter und sechs Jahre danach als Stadtschreiber genannt. 1679 wird er wegen Bestechlichkeit und unverhoh-

lener Profitgier vom Stadtrat entlassen. Daraufhin tritt er als Landgerichtsverwalter in den Dienst der Herrschaft Ober-Radkersburg.

Zwischen 1671 und 1685 ist Wendteisen wiederholt als Hexenrichter nachweisbar. Seine Tätigkeit fällt in den Zeitraum, in dem die Verfolgungen von Hexen und Zauberern in der Steiermark ihren Höhepunkt erreichen. Wendteisen arbeitet eng mit der innerösterreichischen Regierung zusammen und beschränkt sich in seiner Aktivität keinesfalls auf Radkersburg, sondern es gelingt ihm – in Konkurrenz mit anderen Hexenrichtern – seine Tätigkeit auf andere in der Untersteiermark gelegenen Herrschaften und Orte auszudehnen.

Von den von ihm geführten Prozessen, denen mindestens 50 Frauen zum Opfer fielen, verstand er es, durch Hinauszögerungen seine Einnahmen zu vermehren. Wendteisen stirbt 1689 in Radkersburg und wird hier begraben. Sein Grabstein hat sich erhalten.

In dem in einer späteren Abschrift überlieferten »Tractatus iudicarius« legt er seine gesammelten Erfahrungen als Hexenrichter nieder und ergänzt sie durch theoretische Darlegungen, wobei er sich vor allem auf Peter Binsfeld, DelRio, Carpzov und Laymann stützt. In seinem Frauenhaß folgt er diesen Vorbildern.

Bei seiner Tätigkeit als Hexenrichter war Wendtstein sorgfältig darauf bedacht, jeden Einfluß auszuschalten, der zu einer Einschränkung der Hinrichtungen führen konnte. Als der Stadtpfarrer von Ratkersburg in der Beichte von einigen Angeklagten die Zurücknahme ihres Geständnisses erreichte, erwirkte Wendteisen einen Regierungsbefehl, der dem Geistlichen ausdrücklich jede Einmischung in das Verfahren untersagte. In seiner Schrift empfiehlt unser Gewährsmann, die Beichtväter von den Delinquenten fernzuhalten und sie erst drei Tage vor der Hinrichtung zuzulassen.

Es wäre zu hart, ihn heute als Mörder zu bezeichnen, doch er lebte in dem von der Kirche infiltrierten Teufelswahn, aus dem der Hexenglaube resultiert. Er hat einen gleichgesinnten Partner in dem Bannrichter und Landgerichtsverwalter Wolf Lorenz Lämperitsch.

Bei der Frage nach den Gegnern der Hexenprozesse ist man für die Steiermark noch viele Antworten schuldig. In erster Linie waren es weitsichtige Geistliche, daneben vernünftige Richter und besonnene Advokaten, die sich vor die Opfer stellten: einige vielleicht aus materialistischen Gründen. Unter den Geistlichen sind die Beichtväter hervorzuheben, die aus der täglichen Praxis heraus erkannten, wie unsinnig die unter der Folter erpreßten Geständnisse(!) waren. In St. Lambrecht ist 1618/19 ein Pater Christian Jäger zu nennen, der vier als Wolfsbanner verdächtigen Männern zur Freiheit verholfen hat. In Graz bewirkte 1672 der Beichtvater Pater Elias Stanislaus Otto durch ein Gnadengesuch an die Regierung die Begnadigung von zwei zum Tod verurteilten Mädchen.

Bei einer nüchternen Betrachtung der Gesamtlage wird es der Obrigkeit relativ leicht gemacht, denn die in geistiger Stumpfheit erzogenen »Untertanen« gehen ihren intelektuellen Mördern ein gut Stück des Weges entgegen. So kam zumindest der erste Hinweis auf eine verdächtige Person in der Regel aus der Bevölkerung. Aus manchen Gerichtsakten wird deutlich, mit welcher Leichtfertigkeit, aber auch oft mit welchem Vernichtungswillen solche Hinweise, Anzeigen und Denunziationen verbunden waren, denn schließlich wußte jeder nicht geistesschwache Denunziant, daß die von ihm angegebene Person mit großer Wahrscheinlichkeit dem Tod geweiht war. Außerdem kommt es zu Zusammenrottungen und sogar unverhüllten Morddrohungen, wenn ein Grundherr eine von seinen Unternanen als Hexe oder Zauberer bezeichnete Person nicht festnahm. Verständlich ist dies nicht, denn *jeder* konnte bereits im nächsten Moment der nächste Denunzierte sein!

Steirische Hexenberge

Die Denunziantin Katharina Lorenzer erwähnte das Kreuz von Hatzendorf (»zu Hazendorf auf der wegschaiden bey dem Creiz«), wo sich die Hexen versammelt haben sollen. Außerdem traf man sich auf dem Schießlkogel. Nach Osten flog man nach Birnbach am Fuß des Höfberges. Im Sommer 1675 wird von der Ursula Koch das große Kreuz zu Breitenfeld als Versammlungsort der Hexen angegeben, » . . . die Gesellschaft habe etwa 40 Personen umfaßt . . . weren theils in Khobelwagen gesessen, theils geflogen«.

Als man im März 1675 Affra Fux aus St. Kind im Rittscheintal verhört, wird von ihrem Mann angedeutet, daß man auch nördlich der Riegersburg im Kropfberg Zusammenkünfte abhielt, um Schauer zu erzeugen. Der Verwalter der Riegersburg berichtet seinem Herrn am 22.3.1675: » . . . man habe in Kropfbergen drei große Schauer gemacht, und es müßte noch eine große Zahl von Bösewichtern in der Gegend sein. Erst vorgestern habe ein Knecht, als er in der Früh in den Weingarten ging . . . in ein Pergl eine Große Gsöllschaft Tanzendt angetroffen«.

Die beiden am häufigsten genannten Sabbatberge waren der Gleichenberger und der Stradner Kogel. Von hier aus flog man (auch) auf den Königsberg (Tieschen) und auf den Schöckl. In den meist unter der Folter entstandenen Aussagen der steirischen Hexen- und Zaubereiprozesse werden Ofengabeln, Bratspieße und ähnliche Geräte am häufigsten als Transportmittel beim Flug zum Hexensabbat genannt. Besonders einfallsreich war der 1659 angeklagte Bettler Hans Glaser. Er behauptete, daß zwei Ziegenböcke einen mit einem Weinfaß beladenen Wagen durch die Luft zum Hexensabbat gezogen hätten. Statt der Räder waren am Wagen Eier angebracht, die durch Strohhalme verbunden waren.

Überdies trägt er im Zusammenhang mit dem Hexenflug vor: » . . . daß er aus Mehl und Wasser, jedoch ohne Salz ein ‚Koch‘ zubereitet und damit eine Ofengabel geschmiert hätte. Nach dem Spruch ‚Hiermit will ich in (des) Teufels Namen fahren‘ war er aufgesessen und zum Hexensabbat auf den Schöckl gefahren«.

Sie galten als typische Flugberge, die man auch im Nebel oder durch die Wolken erreichte. Die Hexen verwandelten sich dabei mit der Hilfe einer blaugrünen Salbe aus einem schwarzen Tiegel, die man sich unter die Jaxen (= Achseln) schmierte in Habichts-, Raben- oder Storchengestalt. Sie wurden nach einer anderen Version in der Luft von einer kleinen Kalesche (= Kutsche) mit zwei oder mehr Rossen oder vom Bösen selbst durch die Luft getragen. Als Treffpunkte nach dem Flug wurden für den Heimweg die Siebenauer Mühle und das Lödersdorfer Kreuz genannt.

Außer diesen Versammlungsorten traf man sich bei einer Eiche auf dem Merkendorfer Anger, im Waldsberger Holz und beim Muggendorfer Kreuz. Die am 3.7.1690 mit dem Schwert hingerichtete Hexe Eva List aus Haag gab in den Verhören an: » . . . sie habe keinen Hagel gemacht aber allezeit nur groß waßer Vnd gusß gewest«.

Ausgangspunkt für einige Fahrten war die Wegscheid bei der Stainzbrücke, die Waldsberger Brücke, die Lerchenmühle und bestimmte Wald- und Wiesenstücke zwischen den beiden Vulkanbergen. Nach der Aussage der Gefolterten gab es auch Flüge bis Ungarn (Neuhaus am Klausenbach), in die Täler des Grabenlandes (Gnas), nach Klöch, Rosenberg und in die Pfarre Fehring.

Weitere Einzelanklagen

Das Landgericht Feldbach befaßt sich 1685 mit dem wegen Magie denunzierten Jacob König zu Habegg. Der 44-jährige beteuert, daß er aus Neid von der bereits justifizierten Agnes Praßwohl angegeben worden sei. In der Folter bekannte er, daß er 14 Tage vor Augustini 1684 mit dem alten Vock und der Jansi in Fürstenfeld gewesen sei. Auf dem Heimweg wurde in Vickens Keller eingekehrt »und eins zugebracht«. Darauf wäre ein schwarzes Männlein gekommen, habe ihm seine Seele genommen und ihm daraufhin einen Kratzer auf dem linken Schulterblatt gegeben. Um Michaeli habe er sich bei der Raineiche mit der Hexengesellschaft zum Tanz und Trunk an der Eiche getroffen. Sieben Frauen werden von König erwähnt, die man bereits eingezogen hat. In diesem Prozeß wird das »altbekannte« Wetterschießen erwähnt. König, der später seine Geständnisse widerruft, wird geköpft.

Byloff deutet für 1686 einen Zaubereiprozeß in Fürstenfels an, aus dem das Schicksal eines neunjährigen Buben bekannt ist, dem man aufgrund des Urteils die Adern im Bad geöffnet hat. Da er nicht ausblutete, sollten ihn die Barmherzigen Brüder in Graz ins Spital aufnehmen. Sie lehnten es mit der Begründung ab: » . . . ihrem Auftrag nach den armen Kranken und Bresthaften zu dienen und nicht denen, die durch Urteil und Recht krank und bresthaft gemacht würden«. Eine für die »weltliche« Obrigkeit sehr delikate Position!

In den letzten Jahren des 17. Jh. denunziert Michael Neuherz aus Habegg eine Margarethe Holzmann. Neuherz war Schneider und sagte während des Verhörs: . . . daß er öfters erzählen hörte, die Hexen hätten bei ihren Gesellschaften allerlei Speisen, Zinnschüsseln und Zinnteller gehabt und dabei aus silbernen Bechern getrunken«. Der Traum vom festlichen Essen hat ihn offensichtlich inmitten der Zeit der Armut und des Hungers übermannt,

denn er trägt vor: » . . . er sey im Hauß unsinig undt närisch worden . . . als er wieder erwachte, befand er sich einen Büchsenschuß vom Hauß entfernt bei einer Tafel von 30 Personen sitzend. Es gab Hühner und anderes Fleisch, Gebratenes und Gesottenes. Als er aber von Gott und der hl. Dreifaltigkeit sprach, wären sie alle wie Störche in die Höhe auf- und davongeflogen«. Die von ihm Denunzierte wird nach Ersatz der Verpflegungs- und Gerichtskosten freigelassen: wodurch sich bereits die liberalere Haltung der Obrigkeit andeutet.

Im Gleichenberger Gebiet war die Bevölkerung 1699 nach wiederholten Hagelschäden derart aufgebracht, daß der Bannrichter nach der Hinrichtung der als »Dorfhexe« verschrieenen Eva Kern auch drei von ihr zusätzlich beschuldigte Frauen zum Tod verurteilte: doch die Regierung hat diese Urteile aufgehoben und ihre Freilassung angeordnet. Ab 1700 tritt – insgesamt gesehen – eine Beruhigung in der Verfolgung von Zauberdelikten ein, denn die Vorboten der Aufklärung machen sich bemerkbar. Im steirischen Gebiet ist es jedoch zuerst die Erkenntnis, daß das Gerichtswesen einer gründlichen Reform bedarf.

In St. Kind (Rittscheintal) hatte eine Landstreicherin Dorfbewohnerinnen um sich versammelt, um sie mit der Hilfe des Coronagebetes zu beschwindeln. Sie wird in Fürstenfeld mit Stockschlägen bestraft und daraufhin des Landes verwiesen.

Bettler und Banden

Seit der Mitte des 17. Jh. befanden sich unter den Opfern der steirischen Hexerei- und Zaubereiprozesse bevorzugt Bettler, Landfahrer und Angehörige anderer Randgruppen der Gesellschaft. Die Bekämpfung des Bettelwesens und der damit verbundenen Kleinkriminalität stellten daher bei den Hexenprozessen in diesem Wirtschaftsraum ein wesentliches Motiv dar: nicht das entscheidende.

Im Prozeß gegen den 10-jährigen Landstreicher Hans Weiß und einen 20-jährigen Peter wird berichtet, daß ein Großteil der Oststeiermark von einer Bande heimgesucht werde. Hans Weiß gibt in der Verhandlung an, daß er ein Schweine- und Kühhüter gewesen sei, der dem Betteln nachgegangen ist. In Stainz bei Straden beheimatet, kam er mit sieben Jahren zu einem Bauern, wo er Pferde weidete. Nach dem Tod des Vaters ging er mit seiner Mutter betteln. Er schloß sich daraufhin drei größeren Buben an, mit denen er in ein Haus in Purka eingestiegen sei und auf den Kirchfesten in Straden und Jagerberg habe er Diebstahl verübt.

Der zweite Angeklagte war ein Vollwaise, nach Schätzung des Gerichts etwa 20 Jahre alt und stammte aus der Gegend von Maria Lankowitz. Er war ein Jahr bei einem Bauern auf der Pack und zog dann als Bettler herum, wobei er seine Diebestour von der West- in die Oststeiermark genau schilderte. Sie stahlen vornehmlich Gebrauchsgegenstände mit dem Ziel, sie (wieder) zu verkaufen.

Im November 1700 wird das Feldbacher Landgericht aufgefordert, eine sich im Ilstal herumtreibende, 15 bis 18 Personen starke Räuberbande zu verfolgen und unschädlich zu machen.

Der »Grindige Hansel«

Der Bettler Hans Glaser, der wegen einer im Volksmund als »Grind« bezeichneten schuppigen Hautkrankheit den Spitznamen »Grindinger-Hansel« trug. Aufgrund der Prozeßakten wird sein Aussehen so beschrieben: » . . . Alter ca. 22 Jahre, eine mittelgroße Person, ganz mager von Angesicht mit tief hineinstehenden Augen . . . am Kopf wegen des Grinds ohne Haare, stößt beim Sprechen mit der Zunge an. Er hinkt ein wenig, weil der rechte Fuß ein wenig kürzer als der linke ist. Er trägt am Kopf wegen des Grinds eine weiße Haube, darüber einen schwarzen Hut, der ,am Gupf' geflickt ist. Am Körper trägt er einen guten Rock aus weißem Loden, darüber einen geflickten Rock. Weiteres ist er mit anscheinend knielangen Lederhosen und weißen ,Lodenstrümpfen' bekleidet«.

Er wird um 1637 in der Untersteiermark als Kind von Bettlern geboren und kommt anscheinend schon als Kleinkind von seinen Eltern weg. In den folgenden Jahren hielt er sich in der Steiermark und in Niederösterreich auf und lebte von Gelegenheitsarbeiten und von Kirchendiebstählen. Bei seinen Streifzügen kam er auch mit einer lose organisierten Bande von Kirchenräubern in Kontakt.

Als im August 1657 Graz von einem Unwetter heimgesucht wurde, sucht die Obrigkeit nach Sündenböcken und vermeint, jetzt die erwähnten Kirchenräuber fassen zu können. Als man im Herbst zwei Mitglieder der Bande festnahm, gestand einer der beiden Bettler unter der Folter, gemeinsam mit seinen Genossen, unter denen sich (auch) Hans Glaser befand, durch Zauberei das Unwetter herbeigeführt zu haben.

Tatsächlich wurde kurz darauf der »Grindige Hansel« ausfindig gemacht und festgenommen. Unter der Folter gestand er die Diebstähle und das Verbrechen der Zauberei. Nachdem Glaser vier Monate in einem Kerker lag und nach einer neuerlichen Folter standhaft blieb, wurde er wegen seiner Diebstähle (lediglich) zur Auspeitschung verurteilt und anschließend »auf ewig« des Landes verwiesen.

In den ersten Regierungsjahren der Kaiserin Maria Theresia kam es in den Habsburgischen Erbländern noch vereinzelt zu Hexen- und Zaubereiprozessen (z.B. Herzogtum Steiermark 1744 bis 1746). Nach 1750 hörten die auf der überkommenen Hexenlehre beruhenden Prozesse auf, auch wenn das 1768 erlassene Strafgesetz »Constitutio Criminalis Theresiana« Zauberei und Hexerei weiterhin als Tatbestände enthielt. 1776 wird von der Kaiserin die Anwendung der Folter abgeschafft.

Prozesse gegen Barbara Türnagl und Margaretha Luckner

Die Bäuerin und Seckauer Untertanin Barbara Türnagl hatte 1548, dem Rat eines Wanderburschen folgend, einen Viehzauber versucht. Ihre Kühe hatten eine Euterkrankheit, was dem Wanderer aufgefallen ist. Er riet der Bäuerin, sich Weihwasser aus drei verschiedenen Kirchen und Erde aus drei verschiedenen Gründen an einer Wegkreuzung zu holen, alles zu mischen und dieses unter der Anrufung der Heiligen Dreifaltigkeit in Stall und Hof auszustreuen.

Daraufhin schickte sie ihre Dirn aus, um das zu erledigen. Einem Bauer fiel auf, daß sie sich jedesmal im Kreis drehte, nachdem sie eine Handvoll Erde aufgehoben hatte. Später erzählte sie dem Anwalt des Probstes von Seckau wahrheitsgetreu die Geschichte und wurde daraufhin zu einer Strafe von 10 Gulden und zur Kirchenbuße verurteilt: also ein im Zeichen der Zeit extrem hartes Urteil. Die Eheleute legen Berufung ein und der Fall wird daraufhin vom Probst Leonhard v. Seckau übernommen. Er kommt nicht voran und Türnagl sieht sich veranlaßt, beim Landeshauptmann

Klage einzureichen. Er sah in Barbara keine Hexe: wie die Angelegenheit ausgegangen ist, ist unbekannt. Bemerkenswert ist die Vorgehensweise der Beschuldigten, die durchaus die Möglichkeit der Verteidigung hatten.

Die bereits 1674 in einem Zaubereiprozeß vor dem Landgericht Judenburg verwickelte Wirtin und Bäuerin Margaretha Luckner wurde im Landgericht Obdach von Juli 1677 bis Januar 1678 festgehalten, obwohl an ihrer Unschuld kein Zweifel bestand. Schon 1674, als die Luckerin von einem später hingerichteten Ambrosius Kerschbaumer denunziert und bei der Gegenüberstellung nicht erkannt wurde, hatte sich die Frau an die Regierung gewandt und eine Einstellung des Verfahrens erreicht. Unterstützt hatte sie dabei der Anwalt des Stiftes Seckau, Moritz von Moßhardt.

Am 30. Juni 1677 hatte der Gerichtsdiener von Weißkirchen in betrunkenem Zustand einen Bettler namens Simon Pustet zu Boden geschlagen und ihn so lange mit dem entblösten Degen gedroht, bis der Verängstigte gestand, ein Zauberer zu sein. Der Marktschreiber von Weißkirchen, anstatt gegen seinen rohen Gerichtsdiener einzuschreiten, ließ Pustet in das Landgericht Obdach einliefern, denn er hatte bei seiner Verhaftung den Namen der Luckerin fallen lassen. Daraufhin ordneten Rat und Richter von Obdach seine Konfrontation mit Margaretha Luckner an. Der damals Betrunkene erkannte die Beschuldigte nicht (wieder) und konnte damit die Aussage: » . . . er wäre mit ihr zu Sonnwend gefolgt, habe auf einer Alm gegessen und getrunken«.

Der Seckauer Anwalt kritisierte scharf diese Gerichtspraxis, ja er drohte den Gerichtsdiener zu erstechen, falls er seiner habhaft werde. Später verabreichte Moßhard dem Marktschreiber von Weißkirchen zwei Ohrfeigen. Der Henker behauptete, der Gerichtsdiener von Weißkirchen trüge die Schuld an diesem Handel und hätte verdient, seinen Kopf vor die Füße gelegt zu bekommen. Moßhardt kritisierte außerdem, daß der Marktschreiber die Halsgerichtsordnung mißachte.

Merkwürdigerweise rottete sich die Obdacher Bevölkerung zusammen und verhinderte die Freilassung Margaretha Luckners. Dann wurde Peter Luckner soweit gebracht, daß er sich schriftlich verpflichtete, alle Kosten zu übernehmen und eine Urfehde schwor. Am 20. Dezember 1677 bat Luckner die Regierung

nochmals um einen Befehl der Freilassung seiner Frau: am 7. Januar ging dieser Befehl von Graz aus an den Richter und Rat von Obdach.

Der Teufelsbündner Marx Heen[101]

Die kirchliche Bündnispolitik kennt eigentlich nur »eine« Variante: sich per christlicher Taufe symbolisch der Kirche, ihren Glaubensvorstellungen und damit ihrem Tribut und ihrer Politik zu verschreiben. In Modifikation dieser alten Kultvorstellung haben sich im Lauf der Geschichte Sonderformen ausgeprägt. So gibt es beispielsweise Dokumente (Maximilian I.), nach denen sich hochgestellte Personen mit dem eigenen Blut der Jungfrau Maria oder sonstigen (Schein)heiligen weihen. Im logischen Umkehrschluß gibt es als Persiflage oder Verhöhnung, die ebensolche Verschreibung an den stets gedachten aber nicht existenten Teufel als emporstilisierten christlichen Widersacher (Faust). Wenn dies schon Obrigkeiten vormachen, treffen wir dieses Phänomen (auch) bei den zu ihnen aufschauenden Untertanen oder Bürgern. Eine Betrachtung der Teufelsbündnisse ist wichtig, weil sie eine Querverbindung zum Hexenwahn darstellen – den sie untermauern, und zu den sog. »Schwarzen Messen« auf die ich zurückkomme.

Marx Heen wurde 1655 oder 1656 in Neuburg beim vulgo »Kohlbauer« geboren. Seine Eltern Jacob und Gertraud Heen haben außer ihm weitere vier Kinder. Marx galt als »Pfaffenbankert«, d.h. seine Mutter hatte ihn mit einem Mönch des Zistersienserklosters Neuberg gezeugt. Nach Pickl fühlte er sich dadurch mehr und mehr aus der Gesellschaft ausgestossen, wurde zum Sonderling, Dieb, Straßenräuber, Plünderer, Mörder(?) und aktiven Teufelsanbeter. Merkwürdig ist, daß er sich selbst des Teufelsbündnisses bezichtigte, was etwa gleichwertig mit der Unterzeichnung des freiwilligen Todesurteils war.

Aufgrund welcher Verbrechen er vor das Gericht gestellt wurde, ist ungewiß. Am Palmsonntag 1683 befand er sich im Gefängnis des Landgerichtes Oberkapfenberg. Vom 13. bis zum 15. Mai wurde er vom kaiserlichen Bannrichter der Steiermark »gütlich« und »peinlich« verhört. Vermutlich unternimmt er mehrere Fluchtversuche. Das Urteil über ihn erging am 17. Mai 1683. Unter dem Vorsitz des kaiserlichen Bannrichters Dr. Johann Jacob

Gnisinger beschlossen die 10 Beisitzer einstimmig, daß Marx Heen dem Freimann übergeben werden solle, damit ihn dieser zu der gewöhnlichen Richtstatt hinausführe und alldort auf einem in einem Scheiterhaufen aufgerichteten Galgen durch den Strang vom Leben zum Tod hinrichten, sodann aber den Körper durch das Feuer zu Staub und Asche vertilgen solle. Das Urteil schließt mit den Worten: »Gott sey gnedig der armen Sell«. So endet das Leben eines 28-jährigen in den unchristlichen Flammen des unsinnigen Glaubens an den Teufel!

Im gütlichen Verhör trägt er vor, als er etwa 16 Jahre alt war und als Knecht seiner Schwester, bzw. seines Schwagers im Ochsenstall des elterlichen Hauses schlief, sei ihm eines Abends zur Zeit des Betläutens der »besse Geist« erschienen. Er trat in der Gestalt eines schwarzen Mannes, ». . . dessen Klaidt auch schwarz gewest mit einem kleinen schwarzen Kopf, auch kurze schwarze Hendt gehabt« an sein Bett und erklärte ihm: ». . . er könne nimmer selig werden und gehöre schon ihm weil ihn seine Mutter Gertraud mit einem Pfaffen gezeugt habe«. Als ihn der böse Geist entführen wollte, sei Marx erschrocken und habe angefangen zu beten, worauf der Teufel verschwunden sei. Etwa drei Wochen später sei er in gleicher Gestalt wieder zu ihm in den Ochsenstall gekommen. Er sagte ihm jedesmal, er dürfe nimmermehr beten, denn er wäre schon sein; dann sei er verschwunden.

»1680 (vor drei Jahren) an einem Frauentag sei ihm zur Kirchzeit, als er in Mürzzuschlag beim Bader getrunken habe, der böse Geist mehrmals in der Gestalt eines schwarzen Mannes mit kurzen rauhen Händen und dicken kurzen Füßen erschienen.

Er habe ihn mit sich in den Felsen Ganzstein geführt. Darinnen waren lauter Kerzenlichter und ein großer Kessel mit Geld; außerdem seien in der Mitte zu beiden Seiten zwei große Geißböcke gestanden, die so stark aneinanderstießen, daß es gehallt habe. Es waren auch viele Leute im Ganzstein, er habe aber niemand gekannt. Zu einem anderen Teufel, sagte Marx's böser Geist, er wolle ihn aufschreiben lassen. Dann habe er von ihm begehrt, er solle seine Seele verschreiben lassen, dafür wolle er ihm genug Geld geben. Danach habe ihn der Teufel in die Nase gezwickt, worauf sofort drei Tropfen Blut herausgeronnen seien,

mit welchem der am Tisch sitzende Teufel seinen Namen auf einen großen Brief geschrieben und diesen sodann ihm vorgelegt habe. Es seien schon mehrere Leute darauf verzeichnet gewesen, die die Seele ebenfalls dem Teufel verschrieben hatten. Marx Heen habe diesen Brief mit drei Strichen unterschreiben müssen, worauf ihm der böse Geist sechs Gulden in Fünzehnern gegeben habe. Sobald er jedoch aus dem Felsenloch herausgekommen, sei ihm das Geld aus den Händen verschwunden«.

»Im vergangenen Jahr (1682) zu Pfingsten sei der Teufel um 10 Uhr vormittags ober Landenwang auf der Straße zu ihm getreten und habe (ihm) gesagt, da er ohnehin schon sein sei, so wolle er ihm (auch) das Zaubern lernen. Er verlangte von ihm, er solle die Heilige Dreifaltigkeit verleugnen, was der dreimal kniend getan und dabei gesagt habe, er verlange niemals mehr die Heilige Dreifaltigkeit, (er) wolle auch nicht mehr an Gott glauben und habe auch Unserer Lieben Frau und allen Heiligen abgesagt; er verspreche, er wolle allein nur noch den bösen Feind anbeten«.

»Danach habe der Teufel verlangt, er solle sich mit ihm auf eine Ofenschüssel setzen, mit der sie in einem weißen Gewölk durch die Luft auf einen großen Berg geflogen seien, den er nicht gekannt habe. Dort hätten sie Wein und Brot bekommen; von den Leuten, die dabeigewesen seien, kenne er nur die alte Ruessin, eine Bäuerin aus der Prein, einen alten langen Weber, die Gästin des Simon Grueber und auch die alte Gästin des Urban Praschl. Sie alle, deren sonstige Namen er nicht kenne, seien Untertanen der Herrschaft Gutenstein im Preintal bei Reichenau. Er wisse zwar nicht, wie der ›Schauer‹ gemacht worden sei, aber der Teufel habe ihm den Hagel in einer Tasche (›Buessen‹) gegeben. Danach seien sie auf der Ofenschüssel durch die Luft geflogen, und er habe den Hagel aussäen müssen; das sei jenes Hagelwetter gewesen, das 1682 zu Pfingsten rund um Krieglach alles zerschlagen habe. Bei Freßnitz seien sie dann auf einem weiten Feld von der Ofenschüssel abgesessen«.

»Acht Tage später sei der böse Geist abermals in Neuberg auf der Straße zu ihm getreten und habe ihn wiederum auf einer Ofenschüssel durch die Luft auf den Schneeberg geführt. Dort seien über 20 Bauern zusammengekommen, doch habe er davon nur jene vier Personen erkannt, die auch schon zuvor beim Brauen des Hagels dabeigewesen seien. Außerdem habe ihm der böse Feind gelehrt, wie er mit einem ›gewissen Spruch‹ Schlösser ›aufblasen‹ könne und wie er es anstellen müsse, damit ein Fuhrmann mit seinem Fuhrwerk in einer Lakke steckenbleiben müsse«.

»Am Palmsonntag sei ihm um 12 Uhr mittags im Kerker (›In der Keichen‹) der böse Geist als schwarzer Mann erschienen und habe ihm versprochen, ihn loszumachen, wenn er ihm nicht nur seinen Leib und seine Seele, sondern, falls er entkomme und heirate, auch seinen Sohn verschreibe. Das habe er dem Teufel knieend mit drei Eiden geschworen, worauf ihm der Teufel befohlen habe, das Kettenglied umzudrehen, und tatsächlich sei es auseinandergegangen«.

»Danach sei der Teufel am 27. April zur Zeit des Betläutens in gleicher Gestalt zu ihm in den Kerker gekommen. Er erklärte ihm, daß er ihn von hier wegreißen wolle und habe ihm dazu ein Messer gebracht, mit dem er das Kettenschloß aufgesperrt und sich befreit habe. Der Teufel habe ihm befohlen, mit dem Fuß eine Ofenkachel einzutreten und durch den Ofen in das Freie zu fliehen. Das aber sei am Gitter gescheitert. Darauf habe ihm der Teufel um Mitternacht befohlen, die Decke zu zerreißen und daraus einen Strang zu knüpfen, mit dem er ihn erhängen wolle«.

Heen erklärte, »er habe das gemacht und sei mit der Hilfe des Stuhls zum Fenstergitter gestiegen. Der Teufel habe ihm die Schlinge umgelegt und ihn vom Stuhl hinabgestoßen. Da der aus der Kotzendecke geknüpfte Strang aber beim Fenstergitter abriß, sei er auf den Boden gefallen und habe dort etwa eine halbe Stunde bewußtlos gelegen. Der böse Geist habe ihn eine Zeitlang auf dem Boden herumgezogen, sei aber dann in der Früh zur Zeit des Betläutens verschwunden. Er aber habe sich, wieder zu sich gekommen, in das Bett gelegt und habe dort angefangen zu beten. Am gleichen Tag, dem 28. April, habe ihm der Herr Verwalter in einem weißen Brot auch etwas Geweihtes gegeben. Daraufhin wäre der Teufel wieder zu ihm gekommen und habe gesagt: › . . . Wenn du einen Saudreck statt des weissen Brotes gegessen hättest, wäre es besser für dich gewesen‹. Daraufhin sei er wieder verschwunden«.

Diese Dokumente sind insofern bedeutsam, weil fast zu der gleichen Zeit in Holland, (Bekker), Halle, Leipzig (Thomasius) und anderweitig daran gegangen wird, die reale Existenz des Teufels zu beweifeln, an den noch heute zu glauben Millionen von Christen verpflichtet sind. Freilich ist es ein unendlicher weiter Weg vom Katheder eines aufgeschlossenen Juristen hinunter in die geistigen Gefilde eines Bauernbuben!

Hexen von Wernsee[(102)]

Aus Wernsee wurden bislang drei Prozesse bekannt. 1635 wird eine Frau wegen eines vermeintlich von ihr verursachten Hagelschlages ein Opfer der Lynchjustiz. 1690 stehen in Lutterberg mindestens 2 Männer und 24 Frauen (darunter sieben Bürgerinnen aus Wernsee) vor Gericht. In diesem Zusammenhang werden 8 Todesurteile gefällt. Sieben weitere sterben an den Folgen von Folter und Kerker.

1774 setzt eine nochmalige Verfolgung ein, deren Basis eine Verleumdungskampagne ist. Sie führt zum letzten steirischen Hexenprozeß, der in Causa »crimen magiae« geführt wird.

Derr Prozeß zieht sich vom 25. September 1744 bis zum 8. Juli 1746, nahezu zwei Jahre hin. Während der Haft stirbt ein der Zauberei beschuldigter Mann und die Hauptangeklagte, Apollonia Heriz, wird nach 452 Tagen mangels Beweisen (endlich) freigesprochen. Die Folter wird in diesem Verfahren nicht mehr angewendet. » . . . daß ihr letzter Seufzer nicht vom Qualm eines Hexenbrandes erstickt wurde, war in erster Linie dem mutigen Oberradkersburger Landgerichtsverwalter Franz Josef Kuketz zu verdanken« (Alfred-Seebacher-Mesaritsch).

Die Hauptbeschuldigte war die Bürgersfrau Apollonia Heriz. Sie ist 40 Jahre alt und seit 25 Jahren mit einem Bürger des Marktes Wernsee verheiratet. Ihr Sohn Lorenz ist mit einer Bürgerstochter verheiratet und ihre Tochter Agnes mit Thomas Stanna (der Viertelsmeister war). Es war ein angesehenes und offensichtlich erfolgreiches Ehepaar, das eine Backstube betrieb und half, wenn es zu helfen galt. Dies wirkt sich in der späteren Prozeßfolge positiv für sie aus. So sagte die Tochter später: » . . . nie habe sie an ihrer Mutter etwas Unrechtes wahrgenommen . . . sie wäre vielmehr von ihr allezeit zum Kirchgang und zu guten Werken angehalten worden. Auf eigene

Kosten hätten die Eltern von einem Bauerbildhauer in Kleinsonntag ein Kreuz schnitzen und dieses außerhalb des Marktes an der Gemeindegrenze aufstellen lassen«. Die Tochter schloß: » . . . seit der Verhaftung der Mutter sei der Vater (Caspar Heriz) setts sehr betriebt und thette wainen«.

Apollonia Heriz wird unter einem dubiosen Vorwand festgenommen. Der Viertelmeister Stefan Kossian begehrt am Abend des 25. September 1744 Einlaß in das Haus der Eheleute, indem er vorgibt, einen Geldbetrag des Marktrichters Michael Korosch wolle etwas zurückzubezahlen. Die Frau ist allein im Haus, denn ihr Mann ist bereits am frühen Morgen ins Ungarische gefahren, um Mehl zu kaufen. Daraufhin wird die Frau kurzerhand von vier noch anwesenden Männern verhaftet, abgeführt und in den Gemeindearrest gesperrt. Drei Tage danach wird sie in das Landgericht Oberradkersburg eingeliefert und man eröffnet ihr, daß sie drei Männer der Zauberei beschuldigt hätten.

Der 33 Jahre alte Müller Gregor Stephanez bringt vor: » . . . er sei am Gregorabend 1743 in Begleitung eines anderen Bürgers von Wernsee heimgegangen. Zweimal habe er dann die Stimme der Apollonia Heriz seinen Namen rufen gehört, während sein Begleiter davon nichts vernommen habe. Beim Steg habe er plötzlich das Gefühl gehabt, jemand wolle ihn in den Bach werfen. Von Ängsten gepeinigt sei er daraufhin nachhause gelaufen. Als er in seinem Bett lag, habe ihn die Apollonia dermaßen gemartert, daß er drei Tage lang bettlägrig gewesen sei«.

Der Müller Josef Kalliminia trägt dem Wernseer Marktgericht vor: » . . . am Samstag nach St. Jacob habe er bei der Kirchweih im Heiligen Kreuz mit 4 Männern vier Maß Wein und eine Halbe Met getrunken, jedoch ›gar keinen Rausch gehabt‹. Auf dem Heimweg habe er beim Steg viele Leute gesehen, die keine Köpfe gehabt hätten. Darob sei er verwirrt unter einem Felberbaum liegengeblieben. Dort hätte dann die Apollonia schrecklich auf ihn eingeschlagen, so daß er ›kimmerlich halb toter‹ nach Wernsee gekommen und erst über vieles Räuchern im Hause des Gerichtsbeisitzers Johann Stanna zu sich gekommen sei«.

Niklas Kreinez zeigt an, » . . . daß die Apollonia Heriz eines Nachts mit mehr als 30 Manns- und Weibspersonen in den verschlossenen Stall des Johann Stanna gekommen, hätten sich auf ihn gelegt und ihn (dabei) fast erdrückt. Der Unholde und Unholdinnen habe er sich erst zu erwehren vermocht, als ihm sein Mitknecht Stefan, der im selben Stall lag, Weihbrunn (= Weihwasser zum Trinken und Segnen) gegeben hat. Von all den unheimlichen Besuchern, die mit Krügen und Lichtern gekommen seien, hätte er nur die Heritzin gekannt«.

Der Landgerichtsverwalter erkennt in diesen Denunziationen »blödsinnige Phantasiegebilde« und erklärt, daß er darum keinen Prozeß einleiten werden.

Jetzt belasten weitere Denunzianten auch die Tochter der Apollonia und tragen vor:

» . . . die Agnes Stanna hätte mit ihrer Mutter geheimnisvolle Unterredungen geführt und nächst ihres Herdes eine kleine Menge gefärbter Erde ausgehoben«. Auf jeden Fall kam es den Ratsherren von Wernsee nicht geheuer vor, » . . . daß die Apollonia Heriz in ihrem Haus zehn Viertel frisches Schmalz (= Rindsschmalz) hatte, nachdem sie nur zwei elende Kühe besaß, die erst seit Pfingsten Milch gaben«. Agnes habe bei der Konfrontation mit den Denunzianten in der Gegenwart des Protokollführers in »schröcklichen Winschen und Fluchen, daß sye nichts wußte« ausgebrochen und wütend erklärt: » . . . sie wolle sich lieber martern lassen als was gestehen«.

Den Zeugenprotokollen vom 11. und 14. Oktober wurde zur Übersendung an das Landgericht Oberradkersburg folgende Erklärung beigefügt: » . . . Wür N. Richter und Rath undt ganze Gemeinde des hochgräflich Wildenstein'schen Markhts Wernsee attestiren anmit der lieben Wahrheit zu steyer undt aydts statt, daß schon bereihts mehr als vor 12 Jahren her der rueff in unseren Marckht von der Apollonia Heritzin erschallen, daß selbe von dem Laster der Zauberey nicht ledig seye, sondern wan eines oder das andere widrige, sowohl denen leythen als S. V. Vich zuegestandten, jedesmahl die Muetmassung des zuegefliegten schadens auff sye Apollonia seye geworfen worden, bis entlichen die 3 Zeugen das Jenige, was vorleiffig dem Landgericht bereihts schrüftlich eingeraicht wordten, wider selbe ausgesaget, undt ihr Laster andurch völlig an das helle gekomben. Nicht weniger beteuern Wür oberwente, daß dazumahlen, wie Wür

Apolliam ergrüffen und arrestiret, zu denen anweßendten obverstandtenen drei Zeugen diese formalia gesagt: Ihr schelmd, hab ich Euch allein geschlagen, warum saget ihr anere nicht auch, die darbey waren. Ist also schließlich, daß erdeite mit disen außgebrochenen Worthen ihr bezichtigtes Laster quasi schon verificiret und auff mehrere complices sich berueffen, daß dises, was oben angefiehret, die Unumbstößliche Wahrheit seye, bekhröfftigen Wür mit unßern auffgedruckhten gemainen Markht Signeth«.

Hinzu kam ein Brief an den Landrichter mit der Bitte, nicht nur die Apollonia Heriz, sondern auch deren Tochter in Untersuchung zu nehmen. Der Landgerichtsverwalter läßt sich davon nicht beeindrucken, sondern teilt mit, er werde vielmehr die Apollonia Heriz aus der Untersuchungshaft entlassen. Dies versetzt den Wernseer Rat in Aufruhr. Namens der Gemeinde protestieren Richter und Rat in einem Schreiben vom 9. November 1744 gegen die beabsichtigte Freilassung der Angezeigten. Sie fordern nicht nur Genugtuung für den Schimpf, . . . weil die Herezin bei ihrem Verhör in Wernsee den ganzen Magistrat mit ›ihr Schelmd‹ angesprochen hätte«, sie verlangten außerdem die Abhörung aller Zeugen durch den Landgerichtsverwalter.

Sie tragen vor: » . . . Wan Ein ganze gemeinde einhelig ihren lang bechrienen Rueff wahr zu sein attestiret . . . so mueß doch unter der sach waß verborgen liegen. Mit einem worth, der ganze Markht ist wegen angedeutter entlassung so iritiret, daß nichts guettes zu befahren. Zu dem ist ja handtgreufflich, daß ihre aigene tochter wegen ausgrabener erde auch nicht löttig, wohin sye mit ihrer Muetter aber disse verwendet oder gebrauchet, mit anstrengenden ernst bestehen werde miessen. Wür haben schon vill Jahre her jerzeit von dergleichen unholden namhafften schaden in Feldern und Weinbergen erlütten. Wie wurde es in daß kuntige, da sye ungezichtiger solte nacher haus geschickt werden, ergehen, und ebenerwehntes beunrugiget die ganze nachbarschafft, der einberichten rexalirung sich zu widersetzen. Sollte aber citra connem spem Hochderselbe unßer bittliche Vorstellung nicht billichen und sye Apollonia nachher hauß schicken. So wurden sye unß nicht verdenken, wan wir selbe in instanti remittiren und zu Einer hochlöblichen I.O. Regierung

vorgehörtes auszugleichen, unssern unterthänigst gehorsambsten Recurs zu machen gedrungen sein«.

Aufgrund dieser massiven Erwiderung bleibt die Apollonia im Kerker und zusätzlich wird am 22. November ihre Tochter eingeliefert. Dazu teilt der Wernseer Magistrat mit, » . . . die Anna Stanna hätte sich bei ihrer Verhaftung frech geäußert und gesagt . . . gleich wie ich anjetzo unschuldig eingezogen werde, also werde ich auch auf vil unschuldige aussagen«. Zudem wurde dem Landgerichtsverwalter zur Kenntnis gebracht, » . . . ein Mann namens Simon Kugl stehe bei den Bürgern in Wernsee in Betracht seines üblen Wandels ebenfalls im Verdacht der Zauberei«. Man sagt: » . . . Disser Mensch ist guet bemittelt, wo alles unkosten bezahlet werden«. Er sei bereits arrestiert und werde in drei Tagen eingeliefert (werden)«. Bei ihm wurde eine vom Hochgericht entwendete »Totenhand« gefunden, die er zum »Anrauchen« (= ein abergläubischer Brauch) von krankem Vieh verwendet hat.

Unter dem Druck mußte Kuketz die eingezogenen Frauen verhören und eine genaue Untersuchung einleiten, schon um die von ihm beabsichtigte Freilassung der Eingekerkerten vor der innerösterreichischen Regierung zu verantworten. Vom 21. bis zum 26. November 1744 werden die Verhöre geführt.

Gregor Spethanez sagt: » . . . er wäre von der Apollonia so stark verhext worden, daß er über angewendete Räucherungen erst nach drei Tagen das (ihm) verlorengegangene Sprachvermögen wieder erlangt hätte . . . worauf er zuerst zu den Kapuzinern zur Beichte und dann zum Bader zum Aderlaß gegangen wäre. Seine verwitwete Schwester Katharina Gabertz sagte zwar, sie hätte, als ihr Bruder jammerte – die Apollonia im Zimmer gesehen, wohl aber wäre eine fremde, scheckige Katze auf der Türschwelle gesessen«.

Die Frau des Josef Kallimina ergänzte ihre erste Aussage ihres Mannes durch die Mitteilung: » . . . seinen Zustand unter dem Felberbaum habe sie genau gekannt. Mit Rücksicht darauf habe sie ihm damals Rock und Stiefel ausgezogen, Hut und Mantel an sich genommen und alles nachhause getragen, damit die Sachen dem betrunkenen Mann niemand stehlen könne. Sie hätte gern gehabt, daß er mit ihr nachhause gegangen wäre, jedoch vom Mann zur Antwort bekommen: › . . . Schau, wie sollte ich nach Hauß gehen, da stehen ville Leuth‹. Sie hätte aber trotz guten Schauens niemand zu sehen vermocht«.

Ihr Mann stellt dies anders hin und trägt vor: » . . . nach dem Weggang seiner Frau hätten ihn die anderen Weiber mit zusammengedrehten Gewandfetzen ›erst recht gepriglet‹, so daß er ›von dem priglen närisch worden‹ und in einem Haferfeld umhergelaufen wäre. Erst als ihn ein Knecht in das Haus des Bürgers Johann Stanna geführt, ihm ein Kruzifix auferlegt und ihn geräuchert hätte, wäre er nach halbstündiger Labung imstande gewesen, sich zu seinem Weib nach Hause führen zu lassen. Nach seinem Erwachen hätte er sein Weib vorwurfsvoll angeredet: › . . . Ihr unglickhseeligen Weiber, waß hab ich Euch gethan, daß ihr mich so geplagt habt‹. Dabei hätte er im besonderen an die Apollonia Heriz gedacht, die ihn am meisten bedrängt habe«.

Die Aussagen der Apollonia werfen ein bezeichnendes Bild auf den Neid der Denunzianten. Sie sagt: » . . . daß ihre Mutter stets Brot buk und dieses nicht nur im Markt Wernsee, sondern auch in Lutterberg, in Maria Pollenschlag, in St. Thomas und in Heiligen Dreifaltigkeit verkaufe . . . , . . . man were ihr neitig gewesen, daß sie sich bewerbe und bereiche, daß sie so vill Brott bache und anbringe, indeme bravvere Weiber in Markht weren, kunten gleichwol nicht so vill Brott anbringen, alß ihre Mutter«.

»Sie selbst, die Tochter, wäre aufgrund einer Denunziation verhaftet worden. Etwa einen Monat davor war die Frau Zeugin einer Tätlichkeit geworden. Ivan, der Schwiegersohn des Wernseer Bürgers Mathias Kolmanitsch, hatte sich an dem Stiefsohn des Michael Kallez vergriffen. Weil Ivan deswegen von der Herezin gerügt worden war, hatte sie von dem Schläger drei Prügelhiebe über das Kreuz hinnehmen müssen. Auf ihre Klage hin war Ivan vom Rat der Stadt mit vier Gulden Geldstrafe verurteilt worden. Darüber erbost, hatte Kolmanitsch einen Komplott gegen die Apollonia Heriz geschmiedet und den Müller Gregor Stephanez bestochen, gegen die Frau verleumderische Anschuldigungen zu erheben«.

»Es thette ihr das Herz wehe und empfinde es sehr« protokollierte der Landgerichtsschreiber Posch die weitere Aussage der Herezin:

» . . . daß der Markht Wernsee ohne ainigen Ursachen sie alshero in Landtgericht in eisen und Banden habe bringen lassen, der Marx Auer were ihr Nachbar und 6 Jahr Markhtrichter gewesen, hette wider die Inquisitin nichts widriges verspirt oder wahrgenommen: wäre auch ein Wagner ihr Nachbar, dieser wußte auch wider sie nichts gar nichts schuldig und nichts mehr auszusagen, mieste nur ein Feintschafft sein, weilen sie sich mit ihrer Wirtschafft behelffe und befleisse ihr Stickhl Brott zu erwerben, da andere zu 3 Tag auch die ganze Wochen in den Wirthshäusern sitzen«.

Schließlich entläßt der Landgerichtsverwalter Kukez per 27. November 1744 die beiden Frauen aus der Haft. Dieser Beschluß setzt den Richter und den Rat von Wernsee in Schrecken. Sofort wird der Marktschreiber angewiesen, dagegen eine Rekursschrift an die innerösterreichische Regierung in Graz zu verfassen. Doch diese unterlag selbst einem Irrtum. Weil im April 1745 über Wernsee ein schweres Gewitter niederging, das nun wieder *der* »Hexe« zugeschrieben wurde, erließ sie am 7. Mai 1745 eine Verordnung zur neuerlichen Untersuchung, jedoch mit der Anmerkung, » . . . daß alle das Gebiet der Hexerei und Zauberei berührenden Delikte der Gerichtsbarkeit vorbehalten seien«. Kuketz erhält einen Verweis, in die Rechte der höheren Instanz eingegriffen zu haben. Als Kommissar zur legalen Abführung des Kriminalprozesses wird jetzt der landesfürstliche Bannrichter Dr. Johann Adam Menhardt, bestellt.

Das juristische Nachspiel

Zunächst werden am 24. Mai die beiden Delinquenten (wieder) eingezogen: mit ihnen der der Zauberei beschuldigte Simon Kugl. Der Bannrichter läßt sich über Gebühr Zeit und treibt damit die Kosten neben der Ungerechtigkeit nach oben. Er nörgelte an den Speisen herum, die ihm vorgesetzt wurden und er klagte über das schlechte Quartier im Schloß. Sein Zimmer hätte keinen Ofen, wohl aber einen Abtritt (= Toilette) mit einem »abscheulichen Gestank«. Der dafür verantwortliche Landesgerichtsverwalter kontert geschickt und sagt: » . . . der Bannrichter hätte sich das Zimmer selbst ausgesucht; was aber den Gestank betreffe, so ginge niemand anders auf den Abtritt als der Bannrichter allein: wenn also zur Zeit der Abwesenheit Dr. Menhardts – wie sonst nie – ein abscheulicher Gestank wahrzunehmen wäre, so hätte dieses Übel der Herr Bannrichter selbst causiert«.

Nach dem Verlauf von zwei Monaten nutzlosen Tuns entschließt sich der Bannrichter, den ihm übertragenen Auftrag zu entsprechen. Die von ihm selbst bestimmte, von der Gerichtsbarkeit als maßlos hoch bezeichnete Besoldung ließ ihn vorerst einmal ab dem 5. August 1745 durch 23 Tage am Gerichtsort verweilen. Nach einer kurzen Unterbrechung blieb er bis zum Oktober weitere 44 Tage auf Oberradkersburg. Als sich der Landgerichtsverwalter außerstande sah, die angelaufenen hohen Kosten zu begleichen, bekam er vom Bannrichter die Drohung zu hören, » . . . er werde das Schloß erst dann verlassen, wenn er sein Geld bekommen habe . . .«. In seiner Verzweiflung mußte sich Kukez an den Herrschaftsverwalter von Straß mit der Bitte wenden, ihm die von Dr. Menhardt geforderten 400 Gulden vorzustrecken.

Vielleicht wäre der Bannrichter selbst dann nicht abgereist, hätte nicht die zurückgezogen in der Grazer Sackgasse lebende Herrschaftsinhaberin Maria Carlotta Josepha Fürstin zu Eggenberg[(104)] ihre zweite Bittschrift mit dem Satz eingeleitet: » . . . zur Abfiehrung dieses prozeß Herr Dr. Menhardt als von einer hochlöblichen Stell verordneter Commisär bevollmächtigt worden ist«. Aber auch in der weiteren Folge spornen den Bannrichter weder die Betreibungen der Fürstin noch der Umstand an, daß Simon Kugl inzwischen im Kerker (nach 108-tägiger Haft) verstorben ist, zu besonderer Eile an. Im März 1746 legt er die Akten der Regierung mit der Empfehlung vor, sowohl Apollonia Heriz als auch Agnes Stanna »ab instantia« loszusprechen. Die letzte Entscheidung fällt ein Vierteljahr später. Am 8. Juli 1746 wird der Freispruch wegen Mangel an Beweisen angeordnet. Damit endet der letzte und spektakulärste Hexenprozeß in der Steiermark.

Nach diesem kurzen und unvollständigen Streifzug durch das Hexentreiben in den katholisch gesinnten Landesteilen gehe ich in den protestantischen Bereich. Die »Reformierten« stehen den »Katholischen« in keiner Weise nach.

Situation im protestantischen Lager

Auch hier sind es Geistliche, die das Feuer schüren. Und doch gibt es grundsätzliche Unterschiede. So berufen sich die »Evangelischen« auf den vormaligen Katholiken Martin Luther. Das Brennen der Hexen auf dieser Seite trägt den Stempel: » . . . Zauberinnen (= Hexen) sollst du nicht leben lassen . . . Blut sei auf ihnen«. Es ist eine Rückkoppelung auf Exodus 22.18. So getrennt die Ansichten der verschiedenen Glaubenslager sein mögen, was die Verfolgung der Hexen anbelangt, marschieren sie friedlich Hand in Hand, weil sie vom gleichen Teufelswahn befangen sind. Wir dürfen nicht übersehen, welches Gewicht Kanzelworte damals und heute haben. Für die Denunzierten gab es keinen Unterschied zwischen einer katholischen, calvinistischen oder protestantischen Hexe.

Es ist anzumerken, daß die evangelische Kirche schon nach wenigen Jahrzehnten ihres Bestehens und nach einem zu rasch vollzogenen Aufbau in eine ähnliche Starrheit fällt, wie es umfassende Organisationen mit sich bringen.

Aus der anfänglich gesunden Opposition entwickelt sich ein zweiter Glaubensriese mit all den damit verbundenen Zwängen. Würde man heute per Umfrage die Christen fragen, wo denn die wirklichen Unterschiede der Religionen sind, so würden es die meisten nicht wissen: dies war damals schon so, denn es sind sophistische Haarspaltereien, die für den kleinen Mann auf der Straße geringe Bedeutung haben.

1583 werden im Berliner Raum unter dem Kurfürst Joachim II. zwei alte Frauen der Hexerei verdächtigt, weil ein Unwetter auf die Stadt niedergegangen ist. Auf die Folter gespannt, bekennen sie, ein Kind zerkocht zu haben. Der weitere Ausgang des Prozesses ist nicht bekannt.

Der Hexenteich im Schloßpark Ilse Möllers

Im Schloßpark von Wusterhausen des an der Dosse (Kreis Ruppin) gelegenen Rittergutes gibt es ein Gewässer, das im Volksmund der »Hexenteich« genannt wird; hier soll man einst Hexen geschwemmt haben. Hier spielt der Prozeß gegen Ilse Möllers. Sie wird von ihrer Nachbarin, Grete Rino, beschuldigt, » . . . sie durch einen verhexten Fladen vergiftet zu haben . . . der der Betreffenden nur darum nicht das Leben gekostet, weil sie die unverdauliche Speise wieder ausgespien und von sich gegeben (hat)«.

Der Amtsschreiber von Winterfeldt zieht Erkundigungen ein; am 1. Januar 1620 reicht der Gerichtsjunker einen detaillierten Bericht beim Magdeburger Schöffenstuhl ein. Am 2. Februar schreitet man zum Verhör. Obwohl in der weiteren Folge vor allem ihre Mutter, die Müller'sche aus Siewersdorf, in den Vordergrund rückt und man ihr vorwirft » . . . in der Tierwelt herumgezaubert zu haben«, wird sie freigesprochen. Man konzentriert sich auf das Quälen der Tochter. Sie soll das Hexen und Zaubern von ihr gelernt haben. Außerdem wirft man ihr vor: » . . . sie habe sich mit einem Teufelsbuhler eingelassen«.

Nach gütlichen und strengen Examinas bricht sie mit folgendem Geständnis hervor: » . . . sie habe das Zaubern im Hintergarten eines Hauses bei Siewersdorf von ihrer Mutter gelernt . . . und den Fladen mit Ratten- und Mäusegift bestrichen«. In 30 weiteren Punkten gesteht sie, was man hören will. Zum Schluß dankt sie Gott, daß er sie zur Erkenntnis ihrer Sünden habe kommen lassen und daß sie durch die angewendeten Mittel zur Seligkeit gelangen wolle. . . . worauf sie nach des Kaisers Caroli Halsgerichtsordnung Artikel 109 von den Schöffen von Magdeburg für schuldig erklärt . . . und mit dem Feuer vom Leben zum Tod bestraft wird«.

Ich komme auf das Hexenschwemmen zurück.

Der Fall Kopka

Am 13. März des Jahres 1779, als man anderswo den Unsinn der Folter und des Hexenbrennens erkannt hat, trägt sich im Dorf Ossowe (Pomerellen) folgendes zu. Die Frau eines Edelmannes gerät in den Verdacht der Hexerei. Um die gleiche Zeit wird das Fräulein Agnes von Zibinsky am rechten Knie und am Schenkel lahm. Obwohl ihr der Arzt versichert, daß es die Folge der Gicht ist, hält es ihre Mutter für eine »unnatürliche« Krankheit und bezieht sich auf die zauberischen Wirkungen der Kopka. Kurz danach wird sie von einer Bäuerin offiziell als Hexe denunziert. Sie bewegt den Dorfschulze und die Gemeinde, » . . . doch zumindest die Wasserprobe mit ihr anzustellen«.

Jetzt schleppt man sie zu einem Teich. Frau Zibinsky besprengt ihn mit Weihwasser und ihr Sohn bindet der angeblichen Hexe Hände und Füße mit Stroh zusammen. Daraufhin wird sie in das Wasser geworfen. Weil sich die Stricke lösen und sie oben bleibt, führt man eine weitere Probe durch, sie geht nicht unter. Für das gaffende Volk, die rechthaberische Obrigkeit und die Geistlichkeit ein klarer Beweis: sie *muß* eine Hexe sein und habe demzufolge die Krankheit verursacht.

Nun wird sie geprügelt, » . . . damit sie doch ein Geständnis ablege«. Man untersagt ihr die Rückkehr in die dörfliche Gemeinschaft, denn wer will mit einer Hexe etwas zu tun haben? Die Rohlinge gehen nach Hause und lassen die Mißhandelte ohne Hilfe auf dem freien Feld liegen. Nicht einmal ihrer Bitte, sie vom Boden aufzuheben, wird entsprochen. Endlich wagen sich die beiden Töchter zu ihr. Sie bringen der Mutter Kleider und führen sie zum Rand des Dorfes zurück, wo sie zusammenbricht. Wieder wird sie geschlagen und auf einen Mistwagen gebunden. Später sucht sie ihr Mann, der sie zuerst aus Angst vor der Wut des Pöbels verlassen hat. Er findet sie bereits im Todeskampf[105].

War Friedrich IV. ein Teufelsanbeter[106]

Hier handelt es sich wahrscheinlich um einen Justizmord, der die Kritiklosigkeit der geistlichen und weltlichen Obrigkeit offenlegt. In der Geschichte der Menschen bilden sich immer wieder Perioden, in denen sie sich gegenseitig vernichten, um das mühsam Erreichte zu zerstören. Die Religionsführer dokumentieren, daß sie nicht in der Lage sind, sich aus Kriegen herauszuhalten, ja die meisten sind Religionskriege.

Sachsen bekennt sich früh zur »neuen« Religion: darum erhalten die Kinder des Fürsten eine protestantische Grundausbildung. Friedrich IV. wird mit seinen Brüdern verpflichtet, täglich stundenlang zu beten, die Bibel zu lesen, Betstunden beizuwohnen, Kirchen zu besuchen und sich religiösen Prüfungen hinzugeben. Weil er nicht viel von solchen Dingen hält, vermuten die ihn betreuenden Geistlichen, daß er unter teuflischem Einfluß steht, bzw. ein Bündnis mit dem leidigen Satan geschlossen hat. Dänische Feldprediger reden auf ihn ein, während er als General seine Truppen befehligt.

Schon bezeichnet man ihn als »nutzlosen Starrkopf« und verfügt seinen Arrest. 1625 wird er entlassen und geht nach Ichtenhausen (Nähe von Weimar). Zwei Jahre später kommt er in Verruf: »... ein Ungeheuer und zuleich Eigentum des Teufels zu sein«. Seine christlichen Brüder blicken mit Schande auf ihn und würden es gern sehen, wenn man ihn beiseite schafft. Dagegen spricht der traditionelle Kodex, demzufolge »erlauchte« Personen wegen des damit verbundenen Status nicht anklagbar sind.

Weimarer Geistliche hintergehen das Anliegen und drohen mit der Rache des Himmels, »... wenn man ihn nicht bald aus der Gewalt des Teufels reiße«. Er erkennt die Gefahr und flüchtet. Kurz danach fällt er in die Hände von Tilly und wird seinen Brüdern ausgeliefert. Am 30. Mai 1627 wird er wie ein Schwerverbrecher von 30 Musketieren bewacht, nach Oldisleben in ein Gefängnis gebracht. Wieder setzen die Geistlichen mit ihrem Inquisitionsgehabe ein. Der Fürst wird des »epikureischen Atheismus, magischer Handlungen und Teufelsbeschwörungen« angeklagt.

Am 28. Oktober des gleichen Jahres preßt man das Geständnis aus ihm, daß er sich dem Teufel verschrieben hat. Kurz danach findet man ihn tot im Kerker. Nach der Auffassung der Kleriker kann dies nur der Satan verursacht haben. Man billigt ihm kein christliches Begräbnis zu, sondern »verscharrt ihn irgendwo in der Stille«.

Gelnhäuser Hexenpraxis

Die seitherige Ansicht, daß man in Gelnhausen erst 1584 mit dem Hexenbrennen beginnt, bedarf der Korrektur. Kräuter schreibt 1910 im Gelnhäuser Tageblatt: »... schon 1574 ging man gegen Hexen vor«. Damals verlangt Wilhelm IV. v. Hessen von seinem Amtsrat Ott eine Auskunft, die so ausfällt: »... sieben Hexen angeklagt, eine von ihnen verbrannt, eine so zerrissen, daß sie im Gefängnis gestorben. Von den anderen, die nichts bekannten, ist Freispruch bekannt«.

Der erste protestantische Geistliche nach der Einführung der Reformation ist der Pfarrer Strupp, dessen Frau kurz danach ins Gerede wegen Kirchenraub gelangt, dann als Hexe verrufen und daraufhin verurteilt und enthauptet wird. 1584 wird Anna Petermann wegen Zauberei angeklagt und hingerichtet. Die 70-jährige Klara Geißlerin gesteht unter dem Druck der Folter: »... sie habe 250 Menschen umgebracht«. Danach bricht sie tot zusammen[107].

In den Jahren 1589 – 99 werden in Gelnhausen zahlreiche Frauen gefoltert. Zwischen den Jahren 1584 – 1588 sollen 20 Menschen hingerichtet worden sein. Johann Christoph von Grimmelhausen hat als Junge einige Hexenprozesse miterlebt. In seinen Aufzeichnungen wird in diesem Zusammenhang ein Pfarrer Johannes Coberstein erwähnt. Der Bürger Konrad Wiesel legt folgendes Geständnis ab: »... er habe auf den Verkaufsstand seiner Braut einen Diebsdaumen gelegt, damit er gute Geschäfte mache«. Weil andere dies als zauberisches Mittel ansehen, kommt es zur Anklage.

Vor dem Scharfrichter bekennt er, daß er die Zauberei von seiner Mutter erlernt habe ... und von einem Teufel unter einem Brunnen in der Schönau bei Gelnhausen getauft worden sei«. Zwangsweise denunziert er weitere. Schließlich wird ihm der Kopf abgeschlagen. Man führt den Toten auf einer Leichenkarre an die Mauern des Friedhofes. Die eigentliche Hinrichtung (= Verbrennen der Leiche) folgt am 1. August 1633 auf dem »Aescher« (der Richtstätte). 1633 und 1634 erscheinen 21 Personen vor dem Tribunal. 18 von ihnen sterben per Schwertschlag, 3 an den Folgen der Folter[108].

Außerdem ist der Gelnhauser Bürgermeister und gleichzeitige »Hexenriecher« Johannes Koch zu nennen. Er stirbt 1603 in geistiger Umnachtung. Aus einer Anfrage des Gelnhäuser Rates an den der Stadt Frankfurt über die Bekämpfung des Hexenwesens wird bestätigt, daß 1630 die Bevölkerung von Gelnhausen den Rat bestürmt, die Verfolgung der Hexen aufzunehmen: »... da sonst das Hexengeschmeis weitere Mißernten herbeiführen werde«[109].

▶

Hexenturm von Gelnhausen. Früher »Fratzenstein« genannt. Zur Zeit der Hexenprozesse (1636) wird der untere Raum, die ehemalige Pulverkammer »... als der schlimmste Raum für die Gefangenen« bezeichnet. Sie wurden durch das gut erkennbare »Angstloch« in das Verlies hinabgelassen. Sicher ist, daß der Turm lediglich zur Inhaftierung der Verurteilten diente. Gefoltert wurde – möglicherweise – im Ratskeller. Freundlicher Hinweis von H. Kalbfleisch, Gelnhausen.

S – SO

1
2
3
6
7

Frankfurter Hexenpraxis

»Frankfurt war gewiß während der Zeit, in der der Hexenwahn grassierte, keine Insel, die frei von diesem Glauben und solchen Prozessen geblieben wäre. Aber Frankfurt eilt der Zeit voraus, da es die furchtbare Konsequenz, einen der Hexerei Bezichtigten mit dem Tod zu strafen, nicht gegangen ist. Dies wird ein Ruhmesblatt in ihrer Geschichte bleiben«.

Es ist bemerkenswert, weil man sonst nicht zimperlich gegen Rechtsbrecher zu Felde zieht. Bei Vergehen wie Mord und Diebstahl wird ohne weiteres auf Tod erkannt. In Frankfurt ist der Rat zugleich oberste Richtinstanz; bei schwerwiegenden Prozessen trifft *er* die Entscheidung. Ab 1556 besteht er ausschließlich aus Protestanten. Für die Gerichtsbarkeit des katholischen Teiles ist in geistlichen Dingen das Kurfürstentum Mainz zuständig. Freilich gehen (auch) im Großraum Frankfurt Beschuldigungen von der Bevölkerung aus: (auch) hier spielen Geistliche eine dubiose Rolle.

Bei der 1573 angeklagten Frau des Henkers Bachwein aus Sachsenhausen sagen Nachbarinnen: » . . . sie habe einem Bäcker ein Kind verzaubert, das daraufhin gestorben (sei)«. Sie wird mit ihrem Mann am 27. Oktober nach einer gütlichen und peinlichen Examinierung (= Folter) und nach dem Schwören der Urphede aus der Haft entlassen[110]. Gertrud Becker wird von der Nachbarschaft bezichtigt: » . . . sie habe unziemliche (= unzüchtige) Dinge getrieben . . . mehreren Leuten habe sie Schaden zugefügt«.

Endressen Krein wird bezichtigt, einer Kuh die Milch verhext zu haben. Sie gibt die treffende Antwort: » . . . wenn er ihr (der Besitzer) etwas zu Fressen gebe, würde er auch Milch bekommen«. Nach einer gütlichen Vermahnung entschließt sich der Rat zur peinlichen Frage. Der Stocker (= Stockknecht, vom »im Stock« sitzen), der Gefängniswärter fragt sie, weshalb sie auf der einen Seite des Körpers so blau sei? Ihrer Antwort, daß sie sich gestoßen habe, traut man nicht. Schließlich bricht ihr Wille und sie ist zu allem bereit. Folter, Angst und Schmerz haben ihren Lebensmut gebrochen. Trotzdem wird sie am 22. Mai 1544(?) aus der Haft entlassen[111]. Der Urteilsspruch lautet:

» . . . Endressen Krein, so in Verdacht gefallen . . . und schließlich von ihrer Nachbarin verklagt worden ist, daß sie mit Zauberei umgegangen, ist Donnerstags, den 22. Mai wieder in (den) alten Urfrieden entlassen worden . . . hiermit«. Immerhin war die Strafe hart. Drei Jahre Haft im 16. Jh. sind kein Pappenstiel.

Hexentaufe im Frankfurter Stadtwald

Elisabeth Burgk ist die Witwe eines Bürgers aus Sachsenhausen. Nach den vorhandenen Unterlagen entspinnt sich die umfassendste Hexen-, Zauber- und Denunziationskampagne im Frankfurter Raum. Frau Burgk wird von ihren Stiefkindern der Hexerei bezichtigt. Elisabeth ist 13 Jahre und Melchior 8 Jahre alt. Sie stehen unter der Vormundschaft des Andreas Leibheimer. Nun erzählen sie ihrem Stiefbruder: » . . . ihre Stiefmutter habe sie vom bösen Geist taufen lassen«. Folgerichtig wird der Vorfall angezeigt und die Denunzierte wird eingezogen. Die Kinder tragen vor: » . . . dann sei er (= der böse Feind) einmal in ihre Stube gekommen und habe sie gefragt, ob er denn hübsch wäre. Als sie dies bejaht, habe er sie küssen wollen, dessen sie sich aber geweigert . . . dann habe er bei ihr im Bett auf ihrem Bauch gelegen . . . er sei gar schwer und eiskalt gewesen. Wann er bei ihr gewesen sei, habe sie nicht schlafen können und er habe ihr keine Ruhe gelassen . . . im Stadtwald habe sie sich von ihm taufen lassen«.

Bei der ersten Konfrontation mit den Kindern streitet die Mutter alle gegen sie gerichteten Vorwürfe ab. Dr. Trinkhausen ist von ihrer Schuld überzeugt und bezeichnet sie als »böse Lügnerin«. Die Aussagen der Kinder sieht er als glaubhaft an. Jetzt werden weitere Kläger zitiert.

Der Spitalhofmeister sagt: » . . . als der Hund im Hospital etwas von dem übriggelassenen gefressen habe, habe sie zu ihm gesagt › . . . friß, daß dir's der Teufel segne‹ . . . am anderen Tag wäre sein Hund gestorben«. Nikolaus Burgk, ein Verwandter, tritt in die Schranken: » . . . er habe einst bei ihr ein Kalb gekauft, das frisch und munter gewesen . . . dann sei die Milch blau und zu nichts nutz geworden . . . die Bürkhin wäre eine, die mit Zauberei umgehe«. Zu ihrem Unglück kann sie das »Vater Unser« nur verstümmelt beten. Dies wird als Indiz für die teuflische Buhlschaft gewertet. »... außerdem habe sie ihrem Mann, nachdem sie vom Abendmahl gekommen, keine Ruhe gelassen und gezankt... ihre Dienerin habe des öfteren einen schwarzen Mann bei ihr in der Kammer gesehen... dann habe sie gehört, wie die Bürkhin laut gebrummt, wie wenn ein Alp auf ihr läge«. Daraus schließt Dr. Trinkhausen: »... es kann gemutmaßt werden, daß vielmehr der böse Feind mit ihr gebuhlt und Unzucht mit ihr getrieben«.

Eine Frau sagt aus: »... dieweil ein großer schwarzer Mann in der Stube an ihr Bett gekommen sei und es habe abziehen wollen... worauf sie gebetet und er nicht gewichen, gefluchet, worauf er (endlich) entwichen«.

Jetzt reicht die Beschuldigte eine Bittschrift beim Rat ein und vermerkt »... zum anderen müsse man das Alter und den Zustand ihrer Kinder in Erwägung ziehen... sie wären gar jung und einfältig«. Der Rat legt die Akten den Universitäten Speyer und Straßburg zur Prüfung vor.

Später stellt sich heraus, daß Nikolaus Burgk aus Böswilligkeit die Kinder gegen die Stiefmutter aufgestachelt hat. Er wird scharf traktiert: »... warum er den Kindern so falsche Beschuldigungen an die Hand gegeben, daß leichtlich Blut geflossen wäre, daß er sie eines Lasters bezichtige, das aus lauter teuflischer Imagination bestehe?« Die Kinder werden mit Ruten gestrichen. Elisabeth Brugk wird aus der Haft entlassen und für ein Jahr mit dem Begehren aus der Stadt gewiesen »... daß sie sich wieder stelle«.

Die Theologen Waldschmidt und Spener

Der Pfarrer Waldschmidt kommt 1640 nach Frankfurt an die Barfüßerkirche und spielt eine wichtige Rolle in bezug auf die Beeinflussung der gläubigen Bürger. Waldschmidt ist engstirniger Lutheraner, dem das Leben eines Menschen »... bei der so schröcklichen Sünde der Hexerei« nichts bedeutet[112]. Er hält 28 Hexen- und Gespensterpredigten, die fortlaufend im Druck erscheinen und die er jeweils mittwoch abends in der Kirche zum Besten gibt. Er ist davon überzeugt, daß es Menschen gibt, die mit dem Teufel einen Bund haben »... denn sonst wäre (ja) das göttliche Gebot

nicht. Der allweise Gott kann kein Gesetz von solchen Dingen geben, die entweder nicht sind oder nicht sein können«[113].

Waldschmidt kann korrigiert werden, denn nie haben Götter Gesetze erlassen. Alle Gesetze entstammen dem menschlichen Denken und Wollen, die sich an einem gedachten Gott orientieren, weil es ihnen seit Jahrtausenden von Geistlichen eingetrichtert wird. Und doch ist Waldschmidt überzeugter Protestant, der am Katholizismus kräftige Abstriche macht: »... die Leute im Papsttum meinen, mit Weihwasserbesprengungen und geweihtem Salz, das sie in den Mund genommen haben, etwas gegen Zauberer und Hexen ausrichten zu können. Aber es hilft nichts. Nötig sind ein gottseliges Leben, Nüchternheit, Mäßigkeit, Treue und Fleiß in seinem Beruf«.

Philipp Spener ist der Verfasser der »theologischen Bedenken« und glaubt an die Möglichkeit der Hexerei und Zauberei. Er betont 1671 in einer Predigt: »... daß es viele Tausend Teufel, Gespenster und Teufelserscheinungen gibt... wenn auch behutsam davon zu reden... weil viel Betrug und Einbildung damit unterläuft«[114]. Es hält ihn nicht davon ab, sich für das Verbrennen einzusetzen. Spener vertritt einige respektable Ansichten, die jedoch im Rahmen der Epoche und für die praktische Anwendung unrealistisch sind.

Idsteiner Hexenjagd

Der Superintendent Tobias Weber erhält von der Landesherrschaft den Auftrag, am 3. November 1630 in Idstein eine Synode abzuhalten, auf der allen Geistlichen zu befehlen ist, vor dem »vermaledeiten Hexenwesen« zu warnen... auch müßte jeder Pfarrer am Andreastag Abmahnungen von den teuflischen Lastern in seine Predigt flechten und auf das Unheil verweisen, das zeitlich und ewig daraus entstehe«. Aus diesem Hohn wider die menschliche Vernunft entsteht die Idsteiner Hexenjagd.

Schon vorher verfügt man über eine gewisse Praxis im Hexenbrennen. Zur Zeit des Grafen Johann von Nassau-Dillenburg (1559 – 1606) werden 4 männliche und 16 weibliche Zauberer exekutiert. In einem Erlaß aus dem Jahr 1582 ordnet er an: »... in Sachen, die Leib und Leben betreffen, soll man nicht liderlich und auf bloße Anzeige verhandeln... auch sei niemand vor gewissenhaften Erkundigungen einzuziehen«. In dieser Epoche gilt das Wort des Klugen nichts. In Nassau bedrängt das Volk förmlich den Landesherrn »endlich« gegen die Hexen einzuschreiten.

So kommt es 1676 zur Idsteiner Hexenjagd, der in einem Jahr 40 Menschen zum Opfer fallen. Die Hexenrichter sind überlastet; ein Prozeß jagt den anderen.

In Heftrich wird die Frau des Pfarrers wegen Hexerei angeklagt. Nach der wiederholten Folter gesteht sie, mit dem Teufel ein Bündnis geschlossen zu haben. Nun steht ihrer Hinrichtung nichts im Weg. Weil ihr Mann dem geistlichen Stand angehört, wird sie nicht verbrannt, sondern »gnädiglich« enthauptet. Die Kosten für das Verfahren muß *er* übernehmen. Sie betragen 27 Gulden und 32 Albus. Der Mord an seiner Frau lastet so schwer auf ihm, daß er nicht mehr in der Lage ist, gottesdienstliche Handlungen vorzunehmen.

Lindheimer Hexenjagd

Der erste Lindheimer Hexenprozeß findet in den Jahren 163 – 34 statt. Schon 1598 wird vor einem Lindheimer Gericht wegen Hexerei verhandelt. 1631 verklagt die Frau von Johann Kraft ihre Schwägerin, »Pomponna« und hebt hervor: » . . . sie habe sie hexenmäßig berührt, d.h. ihr ins Bein gestochen«. Außerdem soll der Hofverwalter der Herren von Diez, Hans Kneller, an den Folgen eines Beinbruchs gestorben sein, den er sich nach einem Gespräch mit ihr zugezogen hat. Vorab wird sie von einem Peter Engel von Büches und einem Johann Metzel wegen Zauberei verklagt.

Nun greift der Wahn um sich. Mit der Pomponna werden zwei Frauen aus dem Leben geschafft. Über deren Ende berichtet das Protokoll: » . . . daß man unter das Rathaus gegangen, das Gericht wie gewöhnlich gehegt und die Malefikantinnen Anna Kraft, Johann Reunicks, Witwe Else, die Bierbrauerin genannt und Johanna Schmieds Witwe vorgeführt, von den Schöffen nach der Halsgerichtsordnung Karl V. abgefaßt, vorgelesen und die Malefikantinnen nach dem gebrochenen Stab und vorheriger sonderbarer obriggerichtlicher Begnadigung und Milderung des Urteils dem Henker überantwortet und dann mit dem Schwert vom Leben zum Tod gerichtet . . . (sie) sind dann mit dem Feuer verbrannt worden«.

In diesem Klima entstehen später die Lindheimer Hexenprozesse, in die der Oberschultheiß Geis maßgeblich verwickelt ist. So entsteht die Polizeiordnung der Herren von Rosenbach, deren Meßlatte die Carolina ist. Im § 2 geht sie auf das »Zaubern, Wahrsagen und Teufelbeschwören« ein. Hier wird ein Problem der Obrigkeit deutlich, die Bevölkerung von den permanenten Beschuldigungen Anderer abzuhalten. Darum wird betont: » . . . daß sich die Leute untereinander anschreien, sich mit höchst strafbaren Verleumdungen und ehrenrührigen Machinationen zwacken . . . und dabei fast die göttliche Allmacht vergessen.« Eine solche gibt es nicht.

Hanauer Hexenjagd

Der erste in Hanau bekanntgewordene Fall einer Hexenverfolgung stammt aus dem Jahr 1564. Die verstümmelt erhaltene Akte berichtet vom überhandnehmenden Hexenwesen in der Gemeinde Assenheim. Der dortige Bürgermeister berichtet nach Hanau, daß es unter den Einwohnern Zauberer gebe, die dem Vieh Schaden zufügen. Der nächst erreichbare Fall stammt aus dem Jahr 1575. Dabei wird eine Frau aus Wachenbuchen gefoltert. Vielleicht findet die Tortur öffentlich statt, denn das Protokoll vermerkt: » . . . daß viele Leute zugegen gewesen«. Vermutlich bezieht sich dies auf die öffentlichen Hinrichtungen. Es ist so, weil man dem Volk zugleich Schrecken einjagen will. Die Frau denunziert unter den Qualen der Folter weitere, denn es ist eine Standardfloskel der Richter, Henker und Geistlichen, die Namen weiterer Personen zu erfragen. Schließlich preßt man aus Maria Stein folgendes Geständnis:

- ihr Buhle heiße Volant. Er habe sie nur ein einziges Mal beschlafen und sie wäre mit der Elsen auf dem Tanz gewesen.
- Der Teufel habe ihr einen Gulden versprochen, wenn sie mit ihm gehen wolle. Doch sie habe es abgelehnt.
- Er sei nicht wie ein anderer Mann gewesen, sondern er wäre ihr während des Beischlafs gar kalt erschienen . . . er habe sie gestossen, daß ihr das Herz wohl wehgetan.
- Beim Tanzen hätte jeder Buhle bei seiner Hexe gelegen.
- Der Buhle habe sie gelehrt, im Namen aller Teufel Taler zu machen.

● Ihr Buhle habe einen Pferdefuß, oft sei er in der Gestalt einer Maus zu ihr gekommen.

Hexenverfolgungen im hessischen Raum

Von den Landgrafen

Der Landgraf Ludwig I. von Hessen erläßt 1455, 80 Jahre vor der Reichskriminalordnung, eine Gerichts- und Polizeiordnung, in der er die Bürger zu schützen sucht. Nach seinem Tod wird das Land unter seine Söhne verteilt. Ludwig II. erhält Oberhessen. Dessen Sohn, Wilhelm d. Jüngere, gibt dem Land 1497 abermals eine Gerichtsordnung. Unter ihm läßt sich ein organisatorischer Aufbau der Gerichtsbarkeit erkennen. Er stirbt kinderlos.

Deshalb wird unter Wilhelm dem Mittleren (1493 – 1509), dem Vater von Philipp dem Großmütigen, das Land (wieder) vereint. Er errichtet 1500 in Marburg das Samthofgericht als höchste richterliche Instanz.

»Unter den deutschen Fürsten des 16. Jh. zeichnet sich in besonderer Weise der Landgraf von Hessen, Philipp der Großmütige (1504 – 1567) aus«. Daß Hessen fast ein ganzes Jahrhundert vom Hexentreiben verschont bleibt, ist im Wesentlichen sein Verdienst[(115)].

Unter ihm entscheidet es sich für die protestantische Lehre und gehört neben Sachsen, Württemberg und Brandenburg zu den reformiert geführten Ländern. Mit der Einführung der »neuen« Religion, die für die Landeskinder verpflichtend ist, wird in Hessen die geistliche Gerichtsbarkeit des katholischen Lagers aufgehoben. Es kann nicht ausbleiben, daß die Katholiken den Landgraf ob seiner Entscheidung mit Vorwürfen überhäufen: » . . . er lebe in einer doppelten Ehe und wäre geschlechtskrank«. Es ist eine im Sog der Zeit »normale« Erscheinung und auch im Lager der Geistlichkeit anzutreffen.

Noch stehen die Ärzte der Syphillis (= Franzosenkrankheit) machtlos gegenüber, die kurz nach 1500 weite Teile der Bevölkerung infiziert. Wieder einmal frohlocken die Hüter der Moral: » . . . die sündigen Menschen wären selbst daran schuld, wenn ihnen der liebe Gott solche Laster an den Hals schicke: sie sollen *noch* mehr beten, und *noch* mehr spenden und *noch* weniger denken!«

Philipp der Großmütige antwortet 1526 dem Amtmann von Lichtenberg auf ein Schreiben, was er mit den Weibern anstellen soll, die er wegen Zauberei eingezogen und verhört hat: » . . . es sei wohl zu beachten, daß vielen Leuten Unrecht geschehen kann. Er soll sie ohne Pein (= Folter) vernehmen und zur Besserung ermahnen«. In diesem Zusammenhang ist das Treiben des hessischen Prädikaten Johann Rosenweber zu vermerken, eines Pfarrers aus Marburg, der kraftvoll gegen den Katholizismus wettert.

Beeinflußt durch die Carolina, sucht Philipp seinem Land eine einheitliche Strafprozeßordnung zu geben. Sie erscheint 1535 und bestraft »schädigende« Zauberei mit dem Feuertod. Hier scheint die von Luther aufgewärmte mosaische Anschauung (Exodus 22.18) durch. 1543 folgt eine Verordnung »wider das Gotteslästern«.

Nach dem Tod von Philipp übernimmt sein ältester Sohn, Wilhelm IV. die Regierungsgeschäfte in Niederhessen. In der Polizeiordnung von 1562 ist vermerkt: » . . . uns kommen Klagen vor, daß sich in unseren Fürstentümern große Ärgernisse und Mißbräuche göttlichen Worts durch Zaubern, Fluchen und teuflisches Wahrsagen zutragen, dadurch unsere Untertanen zu Abgötterei, Aberglauben und Schaden geführt werden. Demnach ordnen wir an und wollen, daß Jemand, wessen Standes er auch ist, und dadurch Anderen Schaden und Unglück zufügt, mit dem Feuer zu strafen ist«.

Die Verordnung wird 1572 wiederholt, was darauf schließen läßt, daß sich die Lage nicht gebessert hat. Außerdem spricht sie sich gegen das »Kristallsehen« aus und verankert gesetzlich die Wasserprobe der Hexen. Von jetzt an müssen Bluturteile dem Landesherrn zur Begutachtung vorgelegt werden. Die juristische Fakultät ist zu hören, bevor Urteile gefällt werden können.

1583 bittet der Küster Johann Bonacker aus Niedermeister den Landgraf um die Aufnahme seines Sohnes in das Spital von Haina. Er trägt vor: » . . . sowohl sein Sohn wie dessen Kind wären von einer in Hofgeismar verbrannten Hexe verzaubert worden . . . jener wäre wahnsinnig geworden und das Kind sei erblindet«.

1590 berichtet der Rentmeister von Felsberg über das Hexenunwesen im dortigen Amt: » . . . die Witwe des Werner Gerlach würde für eine böse Zauberin gehalten . . . die Nachbarn meiden die Metze, weil sie des nachts mit ihren Kindern als reißender Wolf (ihr) Unwesen treibe . . . außerdem würde die Dirne den Sonntag entheiligen und während der Kirchzeit Hanf rupfen«.

Die meisten Prozesse in Hessen werden vor dem Samthofgericht ausgetragen und entschieden. Die Zentralisierung der Rechtspflege vollzieht sich auch an anderen Orten. Das ist entscheidend, denn es lenkt von der Willkür einzelner Herrscher-(gelüste) ab, hat jedoch den Nachteil des Verlustes der Individualität: jetzt neigt man (noch) eher zu pauschalen Aussagen und schürt dadurch den Flächenbrand. Mit dem Tod von Wilhelm IV. beginnt für Niederhessen eine schwere Zeit.

Moritz der Gelehrte kann sich der allgemeinen Entwicklung nicht (mehr) verschließen. Unter Ludwig IV. von Oberhessen (1567 – 1604) beginnt die Periode des allgemeinen Hexentreibens. 1575 werden mehrere Frauen in der Nähe von Marburg wegen Zauberei angeklagt und gefangen gesetzt. Über den weiteren Prozeßverlauf ist nichts bekannt.

Der erste nachweisbare Hexenprozeß mit tödlichem Ausgang ist von Abraham Saur aufgezeichnet. Am 25. Mai 1582 wird in Marburg eine Frau als Zauberin hingerichtet. 1590 wird: » . . . des Enders Strudder's Hausfrau in Battenberg« wegen Verdachts der Hexerei eingezogen. Am 15. August schreibt ihr Mann an den Landgraf: » . . . daß Richard Sinsen's Weib seine Frau unbillig und aus giftigem Haß in dieses Geschrei gebracht und daß sie niemals Vieh beschädigt habe«[116].

Unter Ludwig von Marburg kommt es in der Zeit von 1596 – 1598 zu heftigen Hexenverfolgungen. 1598 beschuldigt Hans Knabenschuh aus Hofgeismar Heinrich Oedens Witwe und ihre Kinder beim Landgraf: » . . . daß sie Hexenkünste betreibe«. Wegen Verleumdung wird er mit 50 Gulden und einer 12-wöchigen Haftstrafe belegt. Langsam wendet sich das Blatt. Die Teilung der Kirche bringt vereinzelt humane Ansichten mit sich. Es gelingt jedoch nicht, die Geistlichen vom Teufelswahn abzubringen: sie *müssen* an ihn glauben.

1614 erhebt die Dorfgemeinde Ungedanken(?) gegen eine Katharina, die Frau von Hermann Pfaff und gegen Elisabeth Anna Schäfer, genannt die Studersche, Anklage wegen Hexerei. Doch ist, im Ganzen gesehen, die Zahl der Hexenopfer in Hessen gering. Es

liegt an einsichtigen Landesherren, zweckmäßigen Gesetzen und an der Tatsache, daß man die Schwatz- und Bekehrungssucht massiv in die Schranken weist.

Georg von Hessen-Darmstadt/ Graf Johann von Nassau-Dillenburg

Georg von Hessen-Darmstadt erläßt eine peinliche Gerichtsordnung, die die Bestimmung enthält: » . . . die Zauberei ist ein gräuliches, sonderbares, göttliches und sträfliches Laster, welches jetziger Zeit fast allenthalben unter den Weibspersonen durch Gottes gerechten Zorn und Verhängnis eingerissen, daher die Beamten mit allem Fleiß inquirieren, alsbald eine Person des Lasters bezichtigt und ein Geschrei erschollen, da es sich befindet, daß eine ,publica vox et fama' zur Haft bringen soll«[117]. Getreu dieser Maxime werden 1583 30 Personen wegen Hexerei eingezogen und 17 davon hingerichtet. 1 begeht Selbstmord, 7 werden des Landes verwiesen und 5 freigelassen. In der Niedergrafschaft Ketzenellnbogen werden in den Kirchspielen Ausschüsse gegründet, um Hexen aufzuspüren.

Der Graf von Nassau-Dillenburg (1559 – 1606) vertritt eine vernünftige Auffassung zum Hexen(un)wesen. In einem Erlaß aus dem Jahr 1582 ordnet er an: » . . . in Sachen, die Leib, Leben und der Seele Seligkeit betreffen, nicht liederlich und auf blose Anzeige hin zu handeln . . . niemand sei vor der eingezogenen Erkundigung anzugreifen«.

Ähnlicher Meinung ist Johann Dietrich, der Begründer der katholischen Lehre in der Grafschaft Wertheim-Löwenstein. Unter der Leitung seines Hofmeisters, dem Magister Reinhardt, betreibt er Studien in Straßburg. Man sagt ihm: » . . . bedeutendes Wissen, staatsmännische Begabung, großen Scharfblick und reiche Welterfahrung« nach. In Bezug auf das Hexenwesen eilen beide der Zeit voraus.

Reinhard schreibt im Juni 1628 » . . . seit meiner Abwesenheit haben sich die anwesenden Herren auf das Hexenwerk gerichtet und wollen mit Ernst an das Brennen gehen. Ich finde, daß man weit mehr auf wirkliche Verbrechen und sexuelle Ausschweifungen als auf die Teufelsbuhlschaft, das Wettermachen, die Viehhexerei usw. vorgehen solle«. Dies zeigt, daß das Pflänzlein der Vernunft noch keimt.

Der behexte Butterweck

Ausgangspunkt dieser Kampagne sind zwei Schulmädchen, ein leichtfertiger Arzt, ein Schultheiß und diverse Denunzianten. Es reicht hin, um Umschuldige aus der Welt zu schaffen. In Niederhessen setzen die Verfolgungen erst nach den Wirren des 30-jährigen Krieges ein. 1657 meldet der Schultheiß Hermann an den Landgraf Hermann von Rothenburg, daß in der Schule von Eschwege zwei Mädchen erkrankt und ein drittes gestorben sei: »... nachdem sie von einem Butterweck gegessen, den ein Mädchen in die Schule gebracht«.

Da der Arzt damit nichts anzufangen weiß, fällt der Verdacht auf eine »unnatürliche« Krankheit: daraus schließt man auf den Einfluß von Hexen und/oder Zauberern. Man besinnt sich der Katharina Holzapfel, die gefänglich eingezogen wird. »... da sie in Güte nicht gestehen will, wird sie mehrfach gefoltert«. In der Not denunziert sie ihre Mutter und Schwester. Sie bittet ihren Gefängnishüter, der Mutter zu sagen, sie soll sich aus dem Staub machen, weil sie auf der Folter ihren Namen genannt hat. Der pflichteifrige Wärter fühlt sich berechtigt, dies anzuzeigen. Daraufhin werden sie, die ältere Schwester und die jüngere (Maria) eingezogen und in ein Gefängnis gesteckt. Hier verflucht die Mutter die Tochter und betont: »... daß sie ihr nicht das Hexen, sondern das Beten beigebracht habe«. Einfalt wird deutlich. Die Mutter kann nicht begreifen, daß sie – auf die Folter gespannt – ihr Kind genauso angegeben hätte: die unaussprechlichen Qualen lassen keine andere Möglichkeit zu.

Die Folter bringt das gewünschte Geständnis: »... sie habe ihrer Mutter das Hexen auf einem Misthaufen gelernt; dabei habe sie eine große Sünde getan und darum täte es ihr (nun) herzlich leid«. Der Amtskläger schleudert ihr 100 Punkte entgegen und bittet schließlich darum: »... da die Inquirierte eine echte Hexe sei und also vermög Kaiser Karl's peinlicher Halsgerichtsordnung mit der ordinary (= gewöhnlichen) Straf mit dem Feuer vom Leben zum Todt zu bestrafen und hinzurichten sei«.

Die Juristen wollen die Pein des Feuers verkürzen, indem sie die Hexen entweder durch das Umhängen eines Pulversäckchens in die Luft sprengen wissen wollen oder indem man sie (vorher) stranguliert, »... es sei denn, daß die landesherrliche Gewalt Gnade übe und sie lediglich mit dem Schwert hinrichten lasse«. Welcher Trost für die Opfer?

Die beiden Frauen werden am 30. Oktober 1657 auf dem Markt der Stadt Eschwege abgeurteilt. Die alte Katharina wird auf einem Karren dahergefahren. Auf der Richtstätte wird sie entkleidet, auf den Holzstoß gelegt und mit Stroh bedeckt. Die junge Holzapfel'sche geht allein auf ihrem letzten Weg. Sie bittet darum, enthauptet zu werden, wird aber gleich ihrer Mutter behandelt. Daraufhin werden beide erdrosselt: nun wird der Scheiterhaufen in Brand gesetzt[118].

1670 – 71 findet ein weiterer Hexenprozeß gegen ein »von bösen Geistern besessenes Mädchen« aus Eschwege statt. Es handelt sich um die Tochter des Johann Holzapfel, ein 13-jähriges Kind. In ihren Äußerungen bezichtigt es angesehene Bürger der Zauberei. Da ein böser Zauberer aus ihr nicht zu sprechen scheint, sucht sie ein Lohgeber mit den Worten: »... ich beschwöre dich mit der heiligen Dreifaltigkeit ... wen in der Stadt Eschwege hexen kann ... zu bannen«. Wir haben einen privaten Exorzist vor uns!

Prozeß gegen Else Dietz

Dieser Hexenprozeß spielt sich unmittelbar nach den Schrecken des 30-jährigen Krieges in Oberhessen ab. Else Dietz soll mit dem Teufel im Bund stehen und Vieh bezaubert haben. Sie ist 80 Jahre alt und sagt: ... sie habe die Kunst, Läuse und Flöhe zu machen, vor 40 Jahren von der Christ's Bela aus der Bunstruh gelernt ... aber sie habe diese Kunst wenig gebraucht. Sie habe lediglich ein bisschen Milch gezaubert«. Hier setzen sich der Schultheiß wie der Verteidiger für die alte Dame ein: »... man müsse nicht immer gleich zur Todesstrafe eilen ... um eine Seele zu retten, soll man fleißig beten«. Die Obrigkeit läßt sich nicht erweichen und betont: »... es sei besser demjenigen, der ein Kind verführt, einen Mühlstein um den Hals zu hängen und ihn im Meer zu ersäufen, wo es am tiefsten ist«.

Wer wundert sich, wenn diese Anregung aus der Bibel stammt?[119].

Jetzt wird das Urteil gesprochen: »... hierauf erkennen Richter und Schöffen des hohen peinlichen Halsgerichts auf geschehene Anklage und erfolgte ›lites conestatio‹ und gerichtlichem Bekenntnis, auch anderer (so)-wohlschriftlicher wie mündlicher Verbringung zu Recht, daß die peinlich Beklagte zur wohlverdienten Strafe und anderen zum abscheulichen Exempel, auf einem Karren zur gewöhnlichen Richtstatt zu führen und dort mit dem Schwert vom Leben zum Tod zu richten und daraufhin zu verbrennen ist«[120].

Landgräfin Hedwig-Sophie

Während in Österreich – Ungarn die katholische Regentin Maria Theresia herrscht und Verbesserungen in der Rechtspflege durchsetzt, hat sie in der protestantischen hessischen Landgräfin ein Pedant.

Die Landgräfin Hedwig-Sophie regiert von 1663 – 1677 für ihren unmündigen Sohn Karl. Ihr ist es zu verdanken, daß die Folter – in ihrem Einflußbereich – immer seltener angewandt wird und dadurch die Zahl der Verurteilten zurückgeht.

Sie befiehlt den Vizekanzlern und Räten: » . . . das Gericht ernstlich anzuweisen, daß es in dergleichen Prozessen mit sonderbarer circumspection und Behutsamkeit verfahre, insonderlich auf blose denunciationes und anderen geringen Argwohn hin . . . wenn nicht das gesamte corpus delicti in natura oder andere starke triftige Gründe und Umstände vorhanden seien, nicht so leicht jemand zur Haft zu bringen sei«.

Sie schreibt vor, bei peinlichen Sachen die juristische Fakultät von Straßburg wegen der Abfassung eines Gutachtens anzugehen, bevor eine Entscheidung gefällt werden kann. Dieser ausgeprägte Gerechtigkeitssinn ist auffallend.

Ihr Sohn Karl kommt 1677 an die Regierung. 1702 erläßt er eine Verordnung »wider den Aberglauben« und sagt darin: » . . . der Landesherr sucht bei seinen Untertanen die Religionsschwärmer, den Aberglauben, die Gotteslästerung, das Segensprechen, die Zauberei und das Wahrsagen aus dem Weg zu räumen und zu verbieten«[121]. Es ist bis heute nicht gelungen!

Hexenverfolgungen im Württembergischen

Württemberg ist neben Sachsen das flächenmäßig größte Land, das sich für die »neue« Religion entscheidet. Mit der Kirchenspaltung und dem Übertritt in das protestantische Lager wird das mosaische Gesetz ausgegraben und an die Fahne der Ungerechtigkeit geheftet.

Die Protestanten orientieren sich *nicht* an den Ausführungen des Hexenhammers oder an jesuitischen Vorschlägen, wie am besten gegen Hexen vorzugehen sei. Unter Bezug auf den Säulenheiligen Luther schlagen Prediger und theologisch orientierte Juristen einen harten Kurs ein. Schwäbische Pfarrer, Mediziner und Rechtsgelehrte bewegen sich unter dem Damoklesschwert der verirrten Religion. Zu ihnen gehören Johannes Brenz, Matthäus Alber, der Theologieprofessor Jacob Heerbrand[122], der Abt von Blaubeuren, Johann Schopf, der Hofprediger Felix Bidenbach[123], Heinrich Bocer[124] und Thomas Kirchmair (= Naogeorgus), ein Geistlicher aus Esslingen[125].

Die Tübinger Universität nimmt in dieser Frage eine vorsichtige Haltung ein. Hinzu kommen zwei in Druck erschienene Kirchenordnungen. Martin Plantsch lehrt als Professor an der Hochschule von Tübingen und versieht gleichzeitig das Pfarramt an der Georgskirche. Seine Schriften werden u.a. von dem Humanist Bebel gerühmt. 1505 wird in Tübingen eine Frau als Hexe verbrannt. Um die damit verbundene Aufregung zu dämpfen, will Plantsch seinen Amtskollegen zeigen[126], wie man das leichtfertige Volk von diesem Gehabe ablenken kann.

In einer Kanzelrede beruft er sich auf die göttliche Kraft und sagt: » . . . ohne ihre Zulassung kann niemand den Menschen schaden. Die von den Hexen gebrauchten Zaubermittel sind wertlos. Hinter ihnen stecken die bösen Absichten des Teufels, der Hexen durch die Luft tragen kann. Vor allem sollen sie sich auf dem Heuberg zusammenfinden, um nächtliche Tänze aufzuführen. Man soll ein christlichtugendhaftes Leben führen und in rechter Weise die Sakramente der Kirche gebrauchen«.

Der Prediger Brenz wird des öfteren als Gegner des Hexenwahns bezeichnet. Heute ist dies nicht mehr haltbar. U.a. geht es aus seinem Schriftwechsel mit dem rheinischen Arzt, Dr. Weyer hervor[127]. Brenz hält 1538 an der Tübinger Universität Vorlesungen über das 2. Buch Moses. Darin sagt er: » . . . daß die Zauberinnen nach dem göttlichen Gebot und den alt-kaiserlichen Rechten mit dem Tod zu strafen sind«. 1539 finden wir ihn als Pfarrer in Schwäbisch Hall. Anläßlich eines schweren

Gewitters hält er eine »Hagelpredigt« und betont: » . . . den abergläubischen Leuten gegenüber, die meinen, das Unwetter komme von den Hexen und die darum ihre Verbrennung fordern, ist zu sagen, daß die Hexen kein Unwetter machen können. Der Hagel komme nicht von ihnen, sondern von Gott, der auf diese Weise die Sünder straft und die Gerechten prüft. Also werden die Hexen lediglich vom Teufel getäuscht . . . Aber weil sie von teuflischer Gesinnung erfüllt danach trachten, den Menschen zu schaden, werden sie nach den Gesetzen bestraft«.

Die 1557 gedruckte Predigt[128] erscheint in einer deutschen Übersetzung. Weyer erhält Kenntnis und schreibt am 20. Oktober 1565 an Brenz, um ihn zu beglückwünschen: » . . . er habe sich gefreut zu vernehmen, daß er die Ansicht bekämpfe, die Hexen wären imstande Hagel und Ungewitter hervorzubringen. Aber bezüglich der Bestrafung der Hexen könne er seiner Ansicht nicht zustimmen, weil die Stelle im Exodus nicht den Sinn habe, den Brenz ihm beilege«. In einem weiteren Brief vom 18. Juli 1566 sucht Weyer die Ausführungen des schwäbischen Pfarrers zu widerlegen.

1546 behandelt Brenz während der Erläuterung des Galaterbriefes die Zauberei und proklamiert von der Kanzel der Stuttgarter Stiftskirche: » . . . die Strafe wird von vielen als ungerecht bezeichnet, da die Hexen mit Zaubermitteln keinen Schaden anfügen können und weil sie sich diese einbilden. Wie kann jemand wegen einer Einbildung mit dem Tod bestraft werden? Und doch muß es so sein . . . denn wer sich vom Teufel als Werkzeug gebrauchen läßt, ist gleich den Räubern, Brandstiftern und Mördern zum Tod zu verurteilen«.

Außerdem bittet Philipp Knezel, Pfarrer in Waldenburg[129] in der Grafschaft Hohenlohe, Brenz um eine Auskunft über eine Frau, die des teuflischen Umgangs bezichtigt wird. Er erhält eine eindeutige Antwort[130]. Brenz hat sich mehrfach mit der Hexenfrage auseinandergesetzt. Es ist festzustellen, daß er zu den vorsichtigen Aktivatoren und nicht zu den Gegnern des Hexentreibens zählt.

Die Prediger Matthäus Alber und Wilhelm Bidenbach verfassen aus Anlaß eines heftigen Ungewitters eine Predigt[131] und geben sie später im Druck heraus. Sie orientieren sich an Brenz, den sie teilweise wörtlich zitieren. Sie

heben hervor: » . . . wegen der vielen Sünden, die die Menschen begehen, erlaubt Gott zuweilen, die undankbaren Geschöpfe mit Unglück zu versuchen . . . dieweil sie den christlichen Glauben verleugnen, sich dem Teufel ergeben und weil sie in der weiteren Folge nichts anderes tun können, als anderen zu schaden . . . wegen ihrer bösen Absichten und des Bundes mit dem Teufel werden sie gerechterweise zum Tod verurteilt«.

Für die Geistlichen spricht die Ermahnung: » . . . man soll nicht jedem Geschrei glauben, das unter dem leichtgläubigen Volk umgeht. Eingezogene und als Unholde verschriene Personen sollen nicht gefänglich eingezogen und gefoltert werden, denn es sei besser, tausend Schuldige freizulassen als einen Unschuldigen zu töten«. Konrad Platz, ein Prediger aus Biberach, spricht sich unter Berufung auf das göttliche Gebot für das Verbrennen der Hexen aus. Er orientiert sich an Luther, am Exodus und an einem alten Codex[132]. Er sagt: . . . dieweil sie von Gott dem Allmächtigen abfallen und eine treulose Meinung wider die Gelübde haben, da sie sich mit dem Teufel auf ein Bündnis eingelassen, sind sie mit dem Tod zu strafen[133].

Interessant sind zwei protestantische Kirchenordnungen. Neben Brenz ist Osiander an der sog. »Nürnberger« Kirchenordnung[134] beteiligt, nach der die deutsche Messe eingeführt wird.

Die angehängten Kinderpredigten stellen heraus: » . . . zum 5. nennt man Gottes Namen vergeblich, wenn man damit Zauberei treiben will. Das ist nicht allein eine Sünde, sondern eine mächtige Torheit, denn das sollt ihr Kindlein für gewiß halten, daß es nichts mit der Zauberei auf sich hat. Es ist eitler Betrug und (es sind) vom Teufel erdachte Lügen, um einfältige Leute zu närren. Darum hütet euch davor, lernt es nicht und fürchtet euch nicht. Da der Teufel den göttlichen Namen mißbraucht, entstehen Feindschaften, Zorn, Neid und üble Nachreden. Deshalb hat es Gott verboten und gesagt: . . . man soll die Zauberinnen nicht leben lassen«.

Hier sehen wir den theologischen Widerspruch, etwas im gleichen Satz zu verbieten und gutzuheißen. Tatsache ist, daß der Teufelswahn nicht von den Kindern, sondern von den Geistlichen in die Welt gesetzt ist. Hier ist die Schwachstelle: es ist eine Ideologie auf dem

Rücken der Masse. Die verfängliche Passage ist fast wörtlich in die Kinderpredigten aufgenommen, die Joachim II. als Anhang zur Brandenburger Kirchenordnung[135] veröffentlicht und die von Luther gebilligt ist.

Hexenverfolgungen im Großraum Stuttgart

Parallel zur Darstellung der Einzelfälle soll einmal das Hexentreiben in seiner Gesamtheit geschildert werden. Eine gründliche Durchleuchtung zum Stuttgarter Hexentreiben liegt nicht vor. Nachrichten haben sich von den Orten Wiesensteig (mehrfach), Nördlingen, Fellbach, Vaihingen, Stuttgart, Möhringen (mehrfach), Sindelfingen, Magstadt, Hedelfingen, Tübingen, Weil der Stadt, Musberg, dem Weiler Heimbach (bei Esslingen), Endersbach und Esslingen erhalten. Ich folge der verdienstvollen Arbeit von Salzmann, der sich eingehend mit der Problematik auseinandergesetzt hat[136].

An Versammlungsplätzen für die Hexen werden der Stuttgarter Wald, die Feuerbacher Heide, der Heuberg (mehrfach), der Sommerberg, die Fellbacher und Säeracher Heide, die Schoberngrube bei Oberesslingen und die Hobeweide bei Kirchheim (u. Teck) genannt. Bemerkenswert ist der Schriftverkehr unter den Behörden. Mehrfach werden die Grafen von Helfenstein, die Räte von Nördlingen, Tübingen wie Straßburger Juristen konsultiert. Genannt werden die Nachrichter von Ehningen und Biberach, der Scherer von Tübingen und der Stuttgarter Scharfrichter mit seinen Gehilfen. An Folterinstrumenten werden neben der Wippe, an die man Steine von 30, 50 und 100 Pfund hängt, die Daumenschraube und die spanischen Stiefel eingesetzt.

Weiter zurückliegende Urpheden aus den Jahren 1316 und 1385 beziehen sich nicht auf die Teufelsbuhlschaft. Ein früher Esslinger Hexenprozeß spielt 1543, wobei eine Elsbetha Langhausin, » . . . durch Verkenknuß und Zeichen des bösen Geistes andere versehrt haben soll«. Sie wird freigesprochen. Das Beispiel von Esslingen dokumentiert die Glaubensunsicherheit der Epoche. Von einer geistigen Selbständigkeit kann trotz erwachender und teilweise scharfer Kritik nicht gesprochen werden. Dies bezieht sich (auch) auf die Obrigkeit. Fast alle Lebensbereiche werden kontrolliert und reglementiert: über allem

thront die wache Kirche. Zur Einwohnerschaft Esslingens gehören die Sprengel Vaihingen (auf den Fildern), Möhringen und Deizisau. Die Bewohner gelten als fromm und strenggläubig. Zur Zeit der Kirchenspaltung finden täglich 2 – 3 Gottesdienste statt. Oft besuchen Erwachsene die Kinderbeichte. Ein Teil des öffentlichen Lebens spielt sich in der Kirche ab.

Wir haben ein soziologisches Phänomen vor uns. Kaum eine menschliche Regung bleibt diesem Tribunal verborgen.

Bestrafte haben ihren besonderen Platz in der Kirche: selbst allgemeine Dinge werden von der Kanzel aus unter das Volk getragen. 1548 wird gesagt: » . . . ein Weib, so den Erbgrind ohne alle Schmerzen heilen kann und ihrer Kunst gewiß ist, will jedermann gewärtig sein«. Hier bündeln sich die negativen Erscheinungen: das Denunzieren, der Argwohn der Bürger, ihr Intriganten- und Besserwissertum, ihr Haß und ihre Einfalt, der Neid und das Gewäsch der stets Schlaueren, Wichtigtuer und Heuchler, das verstärkte Einholen theologischer und juristischer Gutachten, der einsetzende Schriftverkehr unter den Behörden, die sinnlose Anwendung der Folter und das Mühen der wenigen Redlichen, den Fangarmen zu entkommen.

Das Ortsgericht auf den Dörfern besteht aus dem Pfarrer, dem Schulmeister und dem Schultheiß. Von Zeit zu Zeit halten der Spitalvogt und der Stadtschreiber Visitationen. Hier werden Mißstände protokolliert und Verleumdungen niedergeschrieben. Einmal in die Akten genommen, geht (später) die furchtbare Saat auf.

Dem Esslinger Magistrat untersteht die peinliche Gerichtsbarkeit. Kriminalprozesse werden dem Einungergericht und dem Gastrichter zur Examination überstellt, wobei der Stadtamtmann den Vorsitz führt. Stehen schwierige Fälle an, bittet man um eine »Deputation ad hoc«. Todesurteile werden vom großen und kleinen Rat gemeinsam gesprochen. Vereinzelt ernennt das Einungergericht eine Kommission zur Klärung gezielter Fragen. Daraus wird deutlich, daß man sich um ein geordnetes Rechtswesen bemüht. Doch selbst der Beste ist nur ein Kind seiner Zeit. Der religiös infiltrierte Teufelswahn umfaßt alle Schichten der Bevölkerung.

Zur Situation in Esslingen

In der zweiten Hälfte des 16. Jh. haben wir einen Anstieg der Hexenverfolgungen zu verzeichnen. Nach dem großen Hagelwetter an Laurentii 1562, das alle Frucht aus Stuttgart aus dem Boden schlug, verbreitete sich das Gerücht, daß auf der Feuerbacher Heide eine Hexenversammlung stattgefunden habe, » . . . nach derselben sei das Hagelwetter gekommen, das 18 Meilen weit reichte«. Es kommt zu einer Verfolgungswelle, der mindestens 9 Personen zum Opfer fallen. Rasch fällt der Blick auf »böse« Weiber und auf Luther, der in seinem großen Katechismus gesagt hat: » . . . daß der Teufel nicht nur Streit, Mord und Krieg verursache, sondern auch Hagel und Krankheiten an Vieh und Menschen«. Im Juni 1583 wurden in Horn 13 Hexen verbrannt. Wegen Wettermachens und anderer Hexerei am 12. Juni und am 19. August in Rottenburg am Neckar 19, in Wiesensteig 25, in Hechingen 15, 1590 wurden drei als Hexen Verschrieene in Rottenburg geköpft und an anderen Orten verfolgt.

Auch in Esslingen gibt es weit zurückliegende Fälle. Untersuchungen wegen Hexerei gab es in den Jahren 1543, 1582/83, 1596. Gegen eine Verdächtige wurde 1604 und 1612 verhandelt. Schließlich wird sie aus der Stadt gewiesen. Prozeßfolgen ziehen sich bis 1642 hin. Freilich steht Esslingen nicht allein im Raum. Fast gleichzeitig erlebt die benachbarte Reichsstadt Reutlingen (zwischen 1665 – 1666) eine Welle der Hexenverfolgungen, der mindestens 14 Menschen zum Opfer fielen.

Zurück zu Esslingen: Als »intellektueller« Aufhänger fungieren Geistliche, wenngleich Schröder konstatiert, daß die seinerzeit neu eingerichtete Kirchenbehörde keine Rolle spielte. Tatsache ist, daß man 1561 den Stadtpfarrer Thomas Naogeorgus wegen Aufwiegelung der Gemeinde gegen »vermeintliche Unholde« stürzt, daß der Esslinger Diakon Jacob Faber als Verfasser eines Traktates über das Hexenwesen den Einsatz der Folter verteidigte und daß der Rat in Hexensachen ein Gutachten des Ministeriums einholt, das den Ratssyndici zur Stellungnahme vorgelegt wurde. Zu diesem Zweck mußten sich die Verdächtigten einem Verhör durch Pfarrer stellen. Sie haben die Entscheidungsfindung beeinflußt. Es konnte nicht anders sein, denn die ganze Epoche war Hexen-aber-gläubisch und besonders unter den Geistlichen wütet der unabdingbare Glaube an die Wirksamkeit eines Teufels.

Dennoch entsteht der Eindruck, als sei in Esslingen die Mitwirkung von Theologen bei Strafprozessen unerwünscht gewesen. Der Vormarsch der Juristen entsprach dem Trend der Zeit gemäß darin, mehr juristische Gutachten von Fakultäten einzuholen. Hier stehen die Universitäten Altdorf, Straßburg und Tübingen im Vordergrund.

Die Untersuchung gegen den Knabe Elsässer wurde unter die Leitung des Juristen und Ratsadvokaten Daniel Hauff gestellt. » . . . Hauff, bei dem sich eine gefährliche Mischung von Bildung, Ehrgeiz und Fanatismus verband, führte die Untersuchungen im Stil eines spanischen Inquisitors und sparte weder mit Einschüchterungen noch mit der Anwendung der Folter. Entgegen aller Tradition übersprang er die vor ihm rangierenden Ratsherren; er wurde 1665 in den Geheimen Rat gewählt.

Die Prozeßlust hörte in Esslingen fast auf, als Hauff am 25. Oktober 1665 starb. Am gleichen Tag ließ der Altbürgermeister Becht seine Wohnung versiegeln und die Akten in den Gewahrsam des Rates überführen. Tatsächlich endete in Esslingen mit dem Ableben Hauffs der Versuch, die Hexerei durch Strafprozesse auszurotten, wenngleich der Hexenglaube weiterlebte.

1686 und 1687 wurden zwei Fälle wegen Hexerei beim Rat angezeigt, doch wurde die Sache Stadtärzten und Geistlichen übertragen. Eine Leibesstrafe wird nicht (mehr) verhängt. Der Delinquent wird wegen Leugnung des Christentums zur Zwangsarbeit im Spital verurteilt. 1718 wird nochmals der Verdacht wegen Hexerei geäußert; man beließ es bei einem Verhör durch Ratskonsulenten.

Pfarrer Naogeorgus kontra Obrigkeit

Thomas Naogeorgus gilt als leidenschaftlicher Bekämpfer des Papsttums und fungiert gleichzeitig als Pfarrer in Esslingen. Wegen aufrührerischer Predigten wird er von der Obrigkeit gerügt und am 26. Januar 1563 abgesetzt. Nicht allein, weil der Rat seine Verteidigungsschrift verwirft, sondern weil er von der württembergischen Regierung wegen der Verbreitung von Irrlehren angeklagt worden ist. 1546 folgt sein Bruch mit den Lutheranern.

Bereits beim ersten größeren Hexenprozeß in Esslingen spielt unser Gewährsmann eine unrühmliche Rolle.

Er predigt mehrere Sonntage über die verderbliche Wirksamkeit der Unholde. Ein Gewitter wird zum Aufhänger. Er erkennt darin Hexenwerk und stiftet unter der Bevölkerung Unruhe. Er regt sich darüber auf, daß man die schon gefolterten Hexen (wieder) freigelassen hat und warnt die Gläubigen vor ihnen. Bürger bestätigen, daß er von der Kanzel gesagt habe: » . . . die Hexen sollen sich nicht erlauben, seine Kirche zu betreten«. Jetzt schreitet der Rat ein und betont: » . . . er solle der Sache gemäß nicht so predigen, wie es neulich mit dem Hagel geschehen sei, damit er den gemeinen Mann nicht also verbittere«. Dann beschließt der Rat seine Ladung zum 23. Dezember 1562, » . . . weil er die Gemeinde wider den Rat verbittert habe und um sein Benehmen ernstlich zu verweisen«. Aufgrund einer Krankheit kommt es erst später zur Gegenüberstellung. Man hält ihm vor, daß er den Rat verunglimpft und an seiner Ehre gekränkt habe, indem er behaupte, er würde ein solches Laster ungestraft lassen«.

Der Geistliche reagiert gekränkt und trägt vor: » . . . er habe niemals aufrührerisch gepredigt und rede der Obrigkeit nichts ein. Sie dagegen solle ihn nicht angreifen und in Ruhe lassen. Jüngst habe ein Geistlicher gepredigt, zu Esslingen sei eine unnütze Obrigkeit und man habe denselben dahinreden lassen, ihm aber mutze man seine Predigten auf. Daher müsse er fast denken, daß hier wirklich eine solche sei«.

Nun erteilt man ihm einen scharfen Verweis: » . . . da er Lotterbuben und Henkern mehr als der Obrigkeit glaube, ins Amt greife und durch seine Predigten Zwietracht und Unruhe unter der Bevölkerung errege«. Naogeorgus stirbt am 29. Dezember, kurz nach dieser Rüge, in Wiesloch. In folgenden Hexenprozessen wird er mehrfach genannt.

Hochzeitsessen im Esslinger Krämerhaus

Während eines Hochzeitsessens wollen mehrere Gäste eine Frau gesehen haben, die erst auf dem Dach gewandelt ist und dann zu einem Fenster hereingeschaut hat. Als man Nachforschungen anstellt, scheint sie plötzlich verschwunden und an ihrer Stelle springt eine Katze zu einem Fenster hinein und aus dem anderen (wieder) hinaus. Wer anders als ein Teufel kann dies gewesen sein? Aus einer Lapalie macht man ein Drama und findet die Erklärung im Aberglauben. Einige meinen, in der Katze Bertha Bul erkannt zu haben, » . . . die ja schon vor 12 Jahren ein Kind behext habe«.

Außerdem wird in diesem Zusammenhang eine Barbara Schauer der Hexerei bezichtigt. Nun will man die beiden verhaften, stößt aber auf den Widerstand einiger Ratsmitglieder. Erst bei der 3. Umfrage erhält der Rat Stimmenmehrheit und kann aktiv werden. So versammelt er sich am 6. August zur Besprechung der notwendigen Maßnahmen. Man konsultiert den Stuttgarter Vogt und fragt beim Graf Ulrich von Helfenstein an, wie man (denn) dort mit den Hexen verfahre.

Prozeß gegen Barbara Schauer, Bertha Bul und Lucie Zeh

Nun bringt man die Verhafteten in den Gefängnisturm und leitet vor dem Einungergericht eine peinliche Untersuchung ein. Die Verhöre beginnen am 13. August. Man erklärt:

» . . . sie ständen im Verdacht des Argwohns, des Unholdenwesens und man ermahnt sie gütlich, die Wahrheit zu sagen«. Barbara Schauer wird beschuldigt: » . . . sie habe ihrem Liebhaber böse Griffe gegeben, ihre Schwiegertochter, Enkelin als auch zwei andere Personen bezaubert und sie habe den Pfarrer Naogeorgus durch ihr Hexenwerk versehrt«. Daraufhin wird sie vor die Richter geführt. Sie weist alle gegen sie erhobenen Beschuldigungen von sich. Ihrer Schwiegertochter wirft sie vor, sich selbst dem Teufel ergeben zu haben. Den größten Unwillen gezeugt sie gegen Naogeorgus, der wie ein Dieb über sie lüge » . . . man solle sie braten oder in Öl sieden, sie vertraue auf die göttliche Hilfe und sie wolle ihm ihr Leben opfern: auf ihre Unschuld könne sie das Abendmahl nehmen«. Zum Nachrichter sagt sie: » . . . ich bin in keinem Artikel schuldig. Wie kann man mich zwingen, Dinge zu gestehen, die ich nicht getan habe?«

Daraufhin wird sie durch drei Grade gefoltert und bleibt standhaft. Die Richter erkennen darin eine Verstockung und entlassen sie unter der Androhung weiterer Zwänge, » . . . falls sie nicht von ihrem Tun ablasse«.

Jetzt kommt Bertha Bul an die Reihe. Man bezichtigt sie: » . . . sie habe vor kurzem einem jungen Mann, indem sie ihm auf die Schulter geklopft, krank gemacht . . . außerdem habe sie bei der erwähnten Hochzeit als Hexe zum Fenster hereingeschaut«. Zudem erneuert man die frühere Anklage wegen Hexerei gegen sie. Wie üblich, beginnt man auch hier mit der gütlichen Befragung. Sie leugnet alle ihr zur Last gelegten Verbrechen und trägt vor:

» . . . ihr Hauswirt könne bezeugen, daß sie während der Zeit des Hochzeitsessens nicht aus dem Haus gekommen sei«. Während des Aufziehens ruft sie Gott zum Zeugen an und sagt: » . . . tötet mich lieber ganz«. Sie wirft den Richtern Grausamkeit vor und schreit:

» . . . am jüngsten Tag wird mein Blut Rache über euch schreien . . . selbst wenn man sie stundenlang quäle, würde man nichts Unrechtes an ihr finden«. Sie wird unter Androhung neuer Foltern entlassen und in den Kerker (zurück)gebracht.

Nun legen die Verwandten und Nachbarn der Verhafteten Fürbitte beim Rat ein: » . . . weil sie allein durch Mißgunst und falsche Bezichtigung ins Gefängnis gebracht worden sei . . . obwohl sie sich stets wohl verhalten«.

Die Sache scheint sich zum Guten zu wenden, wird aber durch ein Schreiben des Obervogts aus Wiesensteig (24. August) zunichte gemacht. » . . . zwei der dort Verhafteten hätten ausgesagt, drei Hexen aus Esslingen, die sie nicht näher bezeichnen können, seien mehrfach in Wiesensteig gewesen und hätten in schönen Kleidern, auf schwarzen Klepperlein, wenig größer als Milchkälber, und von teuflischen Trabanten begleitet, auf der Hexenversammlung auf dem Sommerberg teilgenommen«.

Jetzt ist der Esslinger Rat verunsichert und setzt die Verhöre fort. Am 25. August behandelt er die Eingezogenen »mit Schärfe« und befragt sie im Zusammenhang mit den Hexen von Wiesensteig. Die Schauer wird vormittags viermal gefoltert, obgleich sie wegen ihres hohen Alters um Schonung bittet und gelähmt ist. Beim Nachmittagsverhör wird ihr mitgeteilt: » . . . daß man nicht eher von ihr lasse, bis sie den Grund der Wahrheit angebe«. Erschwerend kommt hinzu, daß ihr ein Hans Schwarz vorhält » . . . er habe einmal den

Teufel in der Gestalt eines Mannes in ihrem Garten gesehen«. Obwohl sie erklärt, nie mit dem Teufel etwas zu schaffen gehabt zu haben, bricht die weitere Folter ihren Willen und sie gesteht(!): » . . . etwa vor einem Jahr sei ein greulich Ding an ihr Bett gekommen, aber sie habe sich gesegnet und das Kreuz gemacht . . . hierauf sei es verschwunden«.

Wie die Schauer leugnet(!) auch die Bul jede Bekanntschaft mit den Wiesensteiger Hexen und beteuert in heftigen Gemütsbewegungen ihre Unschuld. Nach der zweimaligen Folter bricht sie ohnmächtig zusammen.

Wer aber ist die Dritte im Bund, die der Obervogt aus Wiesensteig in seinem Schreiben erwähnt? Bald hat man sie ausgeforscht. Es handelt sich um die Frau des Andreas Zeh, die gewöhnlich »Zimmermännin« genannt wird. Schon vor vier Jahren soll sie zu ihrer Nachbarin Wirtelin gesagt haben: » . . . komm mit mir, ich will dich an einen Ort führen und reich machen«. Während ihres Verhörs kommt es zu der interessanten Aussage: » . . . sie habe geschlafen und es habe ihr gedäucht, und zwar wie wenn sie träume, sehe sie viele Leute, die auf einem hohen Berg durcheinandergeraspelt seien . . . ob sie wirklich mit der Lucie fortgewesen sei, könne sie nicht sagen, denn sie habe bei ihrem Erwachen stets im Bett gelegen. Hernach sei wohl ein halbes Jahr herumgegangen, während dem sie die Vernunft nicht gehabt habe . . . das habe sie auch ihren Nachbarn erzählt«. Ich komme auf solche Phänomene zurück.

Daraufhin wird Lucie Zeh wegen Verdachts auf Hexerei eingezogen. Auf dem Turm sagt sie zu den begleitenden Knechten: » . . . warum zieht ihr nicht auch die reichen Weiber ein«, eine typische Anmerkung. Der Rat erfährt von ihr, kehrt sie jedoch (verständlicherweise) unter den Tisch. Lucie beteuert: » . . . allezeit habe sie sich vor solchen Weibern gefürchtet . . . wenn man in ihr eine Hexe sehe, so soll man sie verbrennen oder braten . . . die Wirtelin sei eine Lügnerin, man soll sie ihr gegenüberstellen«. Daraufhin wird sie mit dem Bemerken entlassen: » . . . man werde sie weiter foltern, wenn sie nicht von ihren Lügen lasse«.

Der Rat steht in einem Konflikt, denn es hat sich herumgesprochen, daß die Eingezogenen standhaft sind und die Obrigkeit des Unrechts bezichtigen. Nun wird beschlossen, den sich in

Wiesensteig aufhaltenden Nachrichter von Ehningen zu bestellen, » . . . weil er schon in dergleichen Dingen Handlung gepflogen«.

Der Obervogt aus Wiesensteig schreibt: » . . . sein Herr könne denselben gerade jetzt umso weniger entbehren, weil er fünf andere Weiber gefänglich eingezogen habe«. Auf Verlangen wird der Stuttgarter Scharfrichter herangezogen. Für den 9. September wird ein Verhör anberaumt.

Nochmals werden die Schauer, Buhl und Zeh auf die Folter gespannt. Die Anschuldigungen gegen sie werden durch Ludwig Morsch erhärtet, der im Ruf steht, böse Geister bannen zu können und behauptet, einen Spruch gegen den Hagel zu wissen[137]. Er sagt: » . . . die Schauer und Bul wären ihm längst verdächtig vorgekommen . . . sie wären mit etlichen Mädchen in den Wald gegangen und er habe gehört, daß sie einen Reifen (= Frost) machen könnten«.

Die Bul erklärt, daß der Nachrichter wie ein Schelm lüge, wenn er behaupte, sie habe jemals mit einem bösen Geist etwas zu schaffen gehabt. Sie habe von Jugend auf Gottes Wort wie auf einen Felsen gebaut und ihn lieb gehabt«. Barbara Schauer sagt: » . . . sie könne wegen der harten Folter nicht mehr schlafen und sei wegen ihrer großen Schmerzen fast von Sinnen. Gott im Himmel wisse, daß sie unschuldig sei und nie mit dem bösen Geist etwas zu schaffen gehabt habe«.

Obwohl Lucie Zeh zweimal gefoltert wird, bleibt sie standhaft. Dann stellt man ihr Anna Wirtelin gegenüber, die nichts Neues hervorzubringen weiß, als: » . . . daß ihr gedeucht habe, sie sei mit der Lucie auf einer großen Heide, wo viel Volks mit Trommeln und Pfeifen gewesen . . . da habe sie ein Rutlein von ihr empfangen, um damit diejenigen, welche mit ihr reden wollten, zu schlagen«.

Die Zeh beteuert, daß die Wirtelin über sie gelogen habe und klagt bitter darüber, daß sie als Unschuldige leiden muß. Ihr Trost wäre lediglich » . . . daß es nur noch kurze Zeit zu tun sei, dann habe sie es überwunden . . . sie könne ohnehin nicht mehr arbeiten und wolle darum lieber gleich sterben«.

Nochmal legen die Verwandten Fürbitte beim Rat ein. Er beschließt die Geistlichen Naogeorgus und Martin Severus zu den Gefangenen in den Turm zu schicken und ihnen zuzureden »endlich die Wahrheit zu bekennen«. Außerdem wird der Graf von Helfenstein konsultiert, » . . . die drei Weiber seien ernstlich und wiederholt befragt . . . dazu wäre auch der Stuttgarter Scharfrichter mit seinen Gesellen hinzugezogen worden. Man habe nichts Übles aus ihnen herausgebracht. Weil aber das allgemeine Geschrei geht, wenn der Nachrichter von Ehningen über sie komme, würde er schon etwas herausbringen . . . und weil dieser geäußert habe, er wüßte mit ihnen umzugehen, habe man beschlossen, ihn zu berufen«.

Dies geschieht im Oktober mit der Zustimmung vom Esslinger Bürgermeister und dem versammelten Rat. Als die Eingezogenen erfahren, was auf sie zukommt, » . . . freuen sie sich . . . weil ihre Sache nun zu einem Ende komme«. Der Scharfrichter behandelt die Frauen in aller Strenge. Lucie Zeh, die während eines Wahnanfalles am 22. Oktober die Scheiben einschlägt, wird im Bett liegend verhört. Doch selbst dieser Henker bekommt nichts aus ihnen heraus und gesteht: » . . . er wisse weitere Handlungen nicht vorzunehmen«. So droht den Unglücklichen die Stunde der Entlassung. Am 16. Dezember wird ihnen die Urphede vorgetragen und sie werden zum Leidwesen des Pfarrers Naogeorgus, des Grafen von Helfenstein und des Ehninger Scharfrichters aus der Haft entlassen.

Der Graf schreibt am 30. Dezember 1562: » . . . er habe erfahren, daß der Rat die Weiber freigelassen habe, er jedoch sei fest entschlossen, die billige Strafe an ihnen vornehmen zu lassen«. Außerdem beklagt sich der Scharfrichter über seinen Mißerfolg: » . . . die drei in Esslingen wären nicht die einzigen Hexen. Wenn man ihn hätte nur machen lassen, so wollte er sie schon zum Geständnis gebracht haben. Sobald er aber etwas zu scharf habe vorgehen wollen, hätten sich gleich einige Herren darein gelegt und ihn gefragt, warum er die armen Weiblein denn so quälen wolle«.

Sie sind ohnehin nur nach den Buchstaben des Gesetzes frei, was nichts bedeutet. Sie sehen einer unglücklichen Zukunft entgegen, sind geschwächt, arbeitsunfähig, krank, geschlagen und von der Bevölkerung verachtet. Sie sind auf Almosen angewiesen und von der Gesellschaft ausgeschlossen. Bis zu ihrem Lebensende haben sie eine weitere Tortur vor sich. Niemand will sie bei sich haben.

Dann verlieren sich die Quellen über den Prozeß. Er ist einer der wenigen, bei denen das seltene Recht zu seinem Recht gekommen ist und somit selten im Verbund des Hexentreibens.

Hexen von Wiesensteig

Während der Prozeßfolge wird mehrfach auf das Treiben im Wiesensteig Bezug genommen. Was hat es auf sich? Graf Ulrich von Helfenstein und sein Bruder, beide Protestanten, haben zu Beginn des Jahres 1562: » . . . aus großen Ursachen und vielfältigem Geschrei der Untertanen, auch wegen allerhand gründlicher Anzeigungen höchlich bewegt« mehrere Frauen wegen des Verdachts auf Hexerei gefänglich eingezogen und verbrannt[138].

Der Esslinger Rat wendet sich schriftlich an den Vogt von Wiesensteig und bekommt die Antwort: » . . . daß von den Verhafteten zwei wegen der Anstiftung vieler Untaten, sonderlich . . . schon vor mehreren Wochen verbrannt worden seien. Vier andere aber . . . weil sie ihre Ehemänner, Kinder und sonst viel Leut und Vieh getötet haben . . . am nächsten Tag hingerichtet werden sollen«. Es liegt ein Schreiben an die herzoglichen Räte vom 22. Juli 1563 vor, das sie an einen nicht näher bezeichneten Graf gerichtet haben. In Stuttgart wird nachgefragt, wie man dort mit den Hexen verfahre? Die Antwort besagt:

» . . . es seien einige Zeit gar viele Personen des berührten teuflisch hochsträflichen Lasters des Hexenwerks wegen beschrieen und angegeben (worden) . . . man habe etliche derselben gefänglich eingezogen und hingerichtet«.

Aus Stuttgart ist folgender Fall bekannt. Am 27 Mai 1527 wird eine Frau gefoltert. Man schneidet ihr die Haare ab, zieht sie aus und schlägt sie mit Ruten. Ihre Schienbeine werden in Pech getaucht und dieses wird mit Lappen angebrannt. Ein Seil preßt ihren Kopf zusammen. Die Füße kommen in sog. »Schweinsschuhe«, die man über dem Kohlebecken röstet. Sie wird auf einen Stuhl gebunden und mit glühenden Kohlen überschüttet. Trotzdem gesteht sie nicht. Daraufhin wird sie auf drei Jahre in ein Gefängnis geworfen (in einem dachlosen Turm) und dann aus der Stadt gejagt.

Nider, ein Mitglied des Predigerordens, gebürtig aus Schwaben. Er wirkt zur Zeit des Konstanzer Konzils als Professor der Theologie. Gestorben ist er 1440.

1616 gesteht eine Frau aus Seresheim (Württemberg):

● Sie habe das Hexenwerk seit unvordenklichen Zeiten getrieben.
● Sie habe wohl an die 400 Kinder, auch die eigenen 3, umgebracht.
● Sie habe diese (aber) alle wieder ausgegraben, gesotten, gekocht, teils gefressen, teils zu Schmier(salbe) und zur Hexenkunst gebraucht.
● Den Pfeifern habe sie Knochenröhrlein zum Pfeifen gegeben.
● Ihrem eigenen Sohn habe sie ein Weib und zwei Kinder getötet.
● Ihre zwei Männer habe sie lahm gemacht . . . (und) sie endlich getötet.
● Ihre Unzucht mit dem Teufel sei unendlich gewesen.

Prozeß gegen Barbara Wagenhans

Unter den Verschrieenen wird an erster Stelle Barbara Wagenhans aus Haimbach genannt » . . . eine Frau von blödem Verstand, die in ihrer Einfalt manches tut und dadurch Verdacht auf sich und andere legt . . . man halte sie für eine böse Frau und habe einen Daulen[139] an ihr«. Rasch hat man die Anschuldigungen zur Hand. Der Ehninger Nachrichter meint, daß sie mehrere Kinder bezaubert hat » . . . ferner habe sie etlichen Frauen die Leibesfrucht abgetrieben . . . wie Kälber und Kühe umgebracht«.

Nun zieht der Rat Erkundigungen ein und am 15. Januar 1563 beginnt die offizielle Untersuchung. Anfangs leugnet sie jede Schuld, doch ihre körperlichen und geistigen Kräfte sind rasch verbraucht, zumal sie neun peinliche Verhöre zu bestehen hat. Sie legt ein umfassendes Geständnis im Sinn der Häscher ab, widerruft es jedoch mit dem Bemerken: » . . . sie wisse nicht, was sie früher gesagt habe, denn man leide eine solche Not, daß sie nicht schlafen kann und schon fast nicht mehr bei Sinnen ist«. Das Protokoll schreibt fest:

● Vor etwa 5 Jahren sei ein Mann zu ihr gekommen, der Eisenmann genannt werde. Erst bei seinem zweiten Besuch habe sie ihn an den Gaißfüßen als Teufel erkannt . . . er habe ihr Essen und Trinken mitgebracht und begehrt, ihr Buhle zu werden.

● Schließlich habe sie sich ihm auf drei Jahre ergeben.

● Einmal wäre er mit ihr auf einem Besenstiel nach der Lindhalde oberhalb von Esslingen geritten, wo sie drei Weiber aus Uhlbach, Ober- und Untertürkheim gesehen habe.

● Der Teufel habe sie gelehrt, das Teufelskraut zuzubereiten. Es habe einen langen Stengel und blaue Blüten. Dazu habe sie den Rest eines gelben Strauches, der rote Misteln trage und Schelfzen (= Obstkraut) genannt werde, nehmen müssen und dies zusammen mit dem Schmalz von toten Hunden und Kindern unter Hersagung eines teuflischen Segens kochen müssen.

● Anfangs habe sie das Kindsschmalz vom Eisenmännlein erhalten, doch sie habe sich selbst vom Kirchhof ein totes Kind genommen.

● Kühe und Kälber töte sie dadurch, indem sie auf ihnen reite.

● Sie bestreiche ihre Opfer mit dem Hexenkraut . . . vier Kinder habe sie verzehrt, ein krankes Mädchen durch einen Griff umgebracht und zwei Frauen die Leibesfrucht abgetrieben.

Aufgrund dieser Indizien wird sie vom Rat zum Tod verurteilt. Der Scharfrichter führt sie vom Turm auf den Marktplatz und von da zum Rathaus. Hier wird das Urteil verlesen und dann wird sie zum Richtplatz gebracht » . . . dort solle man sie mit dem Feuer vom Leben zum Tod bringen«. Reiter und Musketiere begleiten die Verbrecherin(!).

In Esslingen ist der Richtplatz der sog. Galgenwasen, jenseits des Neckars. Nochmal fragt man sie nach dem Namen ihrer Gespielinnen. Am 11. Februar verkündet man in Gegenwart von 2 Geistlichen das Urteil. Sie widerruft alle früher gemachten Aussagen und sagt: » . . . mit dem Eisenmännlein habe sie nie etwas zu schaffen gehabt, sie sei von Gott nicht abgewichen und bitte um Verzeihung. Zu solchen Lügen sei sie gekommen, um den Martern zu entgehen«. Sie wird am gleichen Tag hingerichtet. Wenn in solchen Urteilen die Enthauptung vorgeschrieben ist, wird die Lei-

che anschließend auf einem Scheiterhaufen verbrannt. Dies betrifft auch diejenigen, die während der Folter oder im Kerker verstorben sind.

Prozeß gegen Walpurga Hoppenhans

Nach der Hinrichtung der Wagenbärbel setzt eine längere Pause ein, zumal der Rat solchen Verfahren skeptisch gegenübersteht. 30 Jahre danach wird ein weiterer Prozeß bekannt. Er betrifft eine Walpurga Hoppenhans, . . . eine von Jugend an leichtfertige und unverschämte Person, in deren Haus ein Liebhaber einmal ein Lichtlein gesehen und daraufhin einen argen Lärm gehört«. Weitere Vorwürfe gegen sie sind:

● Appolina Schuder habe sie »zwar aus Spaß« die Augen zugehalten, aber sie hätte darauf Schmerzen bekommen und wäre blöd geworden.

● Sie habe dem Konrad Wagner zweimal auf den Rücken geschlagen . . . wodurch er erkrankt wäre.

● Gleichfalls habe sie es Barbara, der Rauhschnabels Tochter, angetan. Sie könne nun nicht mehr ruhig atmen und habe einen starken Husten bekommen. Die Hoppenhans habe ihr ein Pfefferlein (= stark gewürzte Suppe) gebracht. Auch wäre eine Katze an dieser Brühe gestorben.

● Sie habe der Frau des Tobias Wagner so hart auf den Rücken geschlagen, daß sie sich nicht mehr habe regen können.

Der Rat hat den letzten Prozeß in unliebsamer Erinnerung, denn er *mußte* die Beschuldigten freilassen. Deshalb erkundigt er sich jetzt erst einmal bei Dr. Samuel Herzog: » . . . nach den kaiserlichen und göttlichen Rechten wäre der Rat schuldig, solche Übel zu bestrafen, es schlage aus wie es wolle. Die Sache gegen die Angeklagte sei so beschaffen,

▶

Daniel Hauff. Mitglied des geheimen Rates in Esslingen. Er zeichnet für die Führung des großangelegten Hexenprozesses verantwortlich, in dem mehr als 350 Personen verwickelt sind. Er ist von zahlreichen Folterungen begleitet. Hauff stirbt 37-jährig im Oktober 1665. Der Leichenredner rühmt seinen »großen Fleiß und Eifer«.

Philip Kilian sculp.

So sah Herr Hauff uns an da Er noch vmb vs schwebte
Vnd in gewünschtem Stand bey seinen sieben lebte
Das man Ihn nit mehr sicht ist Esslingen betrübt
Dieweil es seinen Rath und guttesthun geliebt.

daß man mit gutem Gewissen auf die Folter erkennen kann. Man soll jedoch bedächtig damit verfahren . . . sie soll bekennen, wie lang sie es getrieben, wer sie es gelehrt und wem sie damit geschadet? Mit diesem Alibi in der Tasche schreitet man zur Tat!

Während des Verhörs vom 11. Juni verneint sie alle Fragen und beteuert ihre Treue zu Gott und dem christlichen Glauben. Folgerichtig führt man sie in die Folterkammer. Als sie der Nachrichter aufziehen will, sagt sie » . . . ich bin, wenn mich auch der Teufel holt, nie von Gott abgewichen, und ich will wie eine Christin (nicht wie eine Unholdin) sterben«.

Selbst die Verschärfung der Tortur führt kein Geständnis herbei und der Rat steht vor dem gleichen Problem. Man schreibt nach Nördlingen, um zu erfahren, wie man sich dort gegenüber den Hexen verhält. Die Antwort kommt rasch: » . . . man verhafte sie erst, wenn ausreichende Indizien vorliegen und nicht nach dem vorausgegangenen Geschrei. Die Verhafteten würden erst in Güte befragt und hierauf schreite man zur Tortur, indem man mit dem Binden der Hände beginne. Dann lege man die Daumenschrauben an, und wenn dies nichts nütze, so lege man die Beinschrauben an und ziehe sie ›gemächlich‹ fester. Endlich würden die Verbrecher mehrmals aufgezogen und dann wieder heruntergelassen. Durch diese Mittel habe Gott die Gnade gegeben, zuletzt doch noch die Wahrheit herauszubekommen«.

Dieser Notiz liegt ein Schreiben von Dr. Röttinger bei, der die Hand in eine offene Wunde legt: » . . . die Hauptursache, warum sich Weibspersonen so oft dem Teufel verschreiben, sind Armut, ein betrübtes Hauskreuz, übermäßiger Geiz, verbitterte Rachgier, unziemlich-freche Liebe, fleischliche Begierden und Fürwitz. Ein besonderes Kennzeichen der Hexen sei, wenn sie beim Hersagen des Vater Unser an der 6. und 7. Bitte anstoßen und es nicht genau nachbeten können«.

Zur Sicherheit konsultiert man den in Hexensachen erfahrenen Nachrichter aus Biberach. Er untersucht, ob verdächtige Zeichen (= stigma diabolicum) an der Beschuldigten zu finden sind. Er redet ihr zu, endlich die Wahrheit zu sagen: » . . . da sie ohnehin überführt sei«. Dann wird sie nach dem Schwören der Urphede freigelassen[(140)].

Von der Harscherin und dem Geisterbanner Schreger

1602 kommt es zu einem Verfahren gegen die Hausiererin Margaretha Harscher. Sie ist weithin als Diebin verrufen. Sie verkauft Wein, den sie in einem Fäßchen herumträgt. Von der Bevölkerung wird sie leichtfertig als Hexe angesehen.

Erneut sucht sich der Rat abzusichern, bevor er gerichtliche Schritte einleitet. Dr. Fleiner, der Oberpfarrer, Dr. Christoph Hermann, der Diakon Thomas Widermann, Martin Kegerlin und ein Joachim Pinkisser geben Gutachten ab. Pfarrer und Syndikus raten von der Anwendung der Folter ab: » . . . damit man nicht wieder eine Gefolterte laufen lassen muß«.

Der damals in Esslingen wohnende Lukas Osiander erklärt: » . . . zwar habe die Beklagte das Zeugnis, eine freche, leichtfertige und lügenhafte Person zu sein, sie werde außerdem für eine öffentliche Feld- und Hausdiebin gehalten, es fehle aber an ausreichenden Gründen, um die peinliche Frage anzuwenden. Man soll an die Hoppenhans denken, die man zuletzt habe unschuldig laufen lassen müssen. Mann soll die Harscherin unter Sicherheitsbedingungen nach Hause schicken«.

Sie wird an den Beinen gefesselt und zuhause eingeschlossen. Schließlich kommt es zu einer Urphede, die ihr am 19. August vorgelesen wird. Gleichzeitig wird dem Pfarrer und Schultheiß befohlen, genaue Aufsicht über sie zu führen. Kurz danach wird erneut über sie hergezogen: » . . . sie habe sich nicht gebessert, sondern der frühere Verdacht auf Hexerei und Diebstahl habe sich vermehrt«. Innerhalb von acht Jahren wird sie zweimal eingezogen. Dann verlieren sich die Quellen.

Im Dezember 1626 verhaftet man in Esslingen den 60-jährigen Maurer Martin Schreger (Schreyer?) wegen Segensprechens und Geisterbannens. Aus verschiedenen Ortschaften werden die Informationen über ihn verdichtet: » . . . er wäre im Reden ungeschickt, könne weder lesen noch schreiben . . . seine Kunst habe er in verschiedenen Orten ausgeführt«.

Über die Richtigkeit dieser Angaben befragt, sagt er: » . . . seine erste Frau wäre ihm nach ihrem Tod erschienen und habe ihn aufgefordert, für sie zu beten, damit sie von ihren Qualen erlöst wird. Dies habe er dem verstorbenen Pfarrer Widmann angezeigt und er habe ihm geraten, das Vater Unser und den Glauben neunmal zu beten. Dies habe er getan und daraufhin sei ihm seine Frau nicht mehr erschienen. Er habe dann dieses Mittel anderweitig mit Erfolg angewendet. Zum Bannen der Geister gehöre ein ›unverzagt tapfer und unerschrockenes Herz‹ . . . solche Beschwörungen könne man nur freitags nachts zwischen 11 und 12 Uhr wie bei wachsendem Mond vornehmen«.

Man rechnet ihm zugute, daß die Zeugen bekennen, daß er sie zum fleißigen Beten aufgefordert hat. Nach der Verbüßung einer vierwöchigen Strafe gibt man ihm am 25. Januar 1637 die Freiheit wieder. Zwei Monate später treibt er neue Geister aus, obwohl ihm das der Rat ausdrücklich untersagt hat. Daraufhin wird er in eine Geige gespannt und auf zehn Tage in den Turm gelegt. In eincm Verhör bekennt er: » . . . nachdem er gebetet, klopfen die verstorbenen Seelen an die Tür . . . dann kämen einige von ihnen herein. Einige haben Menschengestalt und andere wären wie weiße Wolken. Wenn er dann 3 x gesprochen habe ›fahrt hin im Namen des Vaters, des Sohnes und des Heiligen Geistes‹ würden sie verschwinden. Mit dem Teufel habe er nie etwas zu schaffen gehabt«.

Daraufhin wird er zu einer einjährigen Haftstrafe verurteilt.

Im Mai 1627 wird Nikolaus Grieb, ein 65-jähriger Greis, wegen des Verdachts auf Hexerei und »gräulichcr« Sodomiterei verhaftet. Unter den Qualen der Folter gesteht er alle gewünschten Verbrechen. Am 25. Januar 1628 erleiden Johann Stoll, Haushalter im Steuerhaus (59 Jahre alt) und Johann Fischer aus Möhringen, ein Hausknecht im Spital (55 Jahre alt), das gleiche Schicksal. Bei ihrer Hinrichtung wird angeordnet: » . . . ihnen ein gut Teil Pulver umzuhängen«, was als Strafmilderung angesehen wird. Gleichzeitig wird der Spitalkoch Kaspar Klunkert von St. Gallen(?) verhaftet und zum Tod durch das Schwert verurteilt. Kurz vor seiner Hinrichtung wird er begnadigt.

Prozeß gegen den Schneider Hans Wild

Hans Wild aus Möhringen erscheint seinen Mitbürgern als nichtswürdiger, gottloser und liederlicher Mensch, der seine Stieftöchter zur Unzucht zu mißbrauchen sucht, schandbar im Reden und in seinen Taten, ein arger Fresser und Säufer, der im Rausch wie ein wildes Schwein dareinfahre. Er kommt am 15. Januar 1630 betrunken nach Hause und erzählt, daß er vorgehabt habe, sich aufzuhängen und sagt: » . . . man möchte dafür sorgen, daß man ihn nicht unter dem Galgen begrabe«.

Ungeschickterweise gibt er an, dem Teufel begegnet zu sein. Nachdem er den Rausch ausgeschlafen hat, will er sein Verhalten entschuldigen und das Gesagte verheimlichen.

Doch dazu ist es bei der Schwatzsucht der Leute zu spät. Am 22. Januar erscheint der Spitaloberschreiber Georg Wagner aus Möhringen und stellt in Gegenwart des Pfarrers, des Schultheißen und zweier Richter mit der Frau, den Stiefkindern, zwei Nachbarn und ihm ein Verhör an. Daraus ergibt sich, daß er scine Frau mehrfach erstechen wollte und daß er zu ihr gesagt hat: » . . . daß der Teufel in ihm sei und wenn er ihm die Seele aus dem Leib reißen könnte, so wolle er sie fressen oder braten«. Jetzt wird er gefänglich eingezogen und nach Esslingen gebracht.

Er will den Selbstmordversuch keinesfalls abstreiten oder das Ausgesprochene mit seinem Rausch rechtfertigen. Der Verdacht gegen ihn wird stärker, indem der Turmmeister erzählt: » . . . sein Hund habe Wild's Essen nicht zu sich nehmen wollen und seit er im Turm sei, führten die Katzen ein arges Geschrei . . . der Gefangene bezeuge außerdem, daß er vom Teufel zehn Taler erhalten habe«. Es kommt, wie es kommen muß: man schreitet zur »ernsten« Frage, um die verfängliche Wahrheit zu erforschen, und so bereitet man für die 29. Januar die Folter vor: » . . . wobei sich der Gefangene gar übel gebärdet und jammert«. Am gleichen Nachmittag bricht er mit folgendem Geständnis hervor:

● Der Teufel habe ihn zum erstenmal am 4. Juli 1626 im Stuttgarter Wald gesehen. Er habe 10 Taler von ihm angenommen. Er war damals schwarz gekleidet.

● Bei einer zweiten Zusammenkunft – unweit Oberleibach – wäre er grün gekleidet gewesen, und er habe ihn an seinen Beinen erkannt, » . . . die dünn wie Stecken gewesen«. Hier habe er eine grüne Salbe von ihm erhalten. Mit ihr habe er Menschen und Tiere verzaubert.

- Aber schon 1624 sei er auf der Feuerbacher Heide bei Stuttgart mit dem Grüngekleideten zusammengekommen, der ihm versprochen habe, wenn er ihm diene und Gott absage, solle er stets ein gutes Leben führen.

- Der Teufel heiße Beelzebub und wenn er ihn rufe, so antworte er »... wie aus weiter Ferne«.

- Der Teufel habe ihm und dem verstorbenen Kuhhirt Martin Fritz einen Schnitt auf die linke Brust gemacht, »... woraus etliche Tropfen Blut geflossen, womit er sich auf Pergament dem Teufel habe verschreiben müssen«.

- Dann wäre er auf einer Katze reitend in verschiedene Keller gefahren.

- Im August 1628 wäre er mit dem Binder-Jacoblin von Plieningen auf die Heide bei Kemnat gefahren: dorthin seien auch etlich 60 Hexen in stattlichen Kleidern gekommen, worauf sie geschmaust und getanzt. Der Teufel wäre mit einem grauen Kleid zugegen gewesen und habe einen Federhut aufgehabt.

- Bei einer weiteren Versammlung in einem Wiesental zwischen Sindelfingen und Magstatt war der Teufel schwarz gekleidet: hier waren die Hexen mit Federn geschmückt.

- Die Hexen legten Strohwische ins Bett: »... dann müssen ihre Männer schlafen, bis sie wiederkommen«.

Beim Vorlesen seiner Bekenntnisse am 3. Februar bestätigt er alle ihm zur Last gelegten Verbrechen und sagt: »... er wolle leben oder sterben, doch der Rat solle mit ihm gnädig sein«. Kurz danach widerruft er seine Angaben. Man läßt ihm einige Tage Bedenkzeit und stellt inzwischen weitere Nachforschungen an. Hier bringt man in Erfahrung, daß der von ihm genannte tote Kuhhirt wirklich ein Zauberer gewesen sein soll. Noch einmal schickt man einen Geistlichen zum Gefangenen, um ihn zu bewegen: »... doch endlich die Wahrheit anzuzeigen und Gott dem Allmächtigen die Ehre zu geben, sein Gewissen zu reinigen und auf seine Seligkeit zu achten«.

Wild bestätigt nach diesem Zureden seine Untaten und bittet die Obrigkeit um Verzeihung. Am 17. Februar wird nach einem von Dr. Kreidemann eingeholten Gutachten im Rat eine Umfrage gehalten, welche Strafe denn auf

Wild zu erkennen sei. Mehrheitlich wird beschlossen, ihn zu enthaupten und seine Leiche zu verbrennen. Das Urteil wird am 19. Februar 1630 vollstreckt.

Das Wirtshaus zur Filzlaus

An einem weiteren Beispiel wird gezeigt, in welchem Konflikt die Obrigkeit steht. Die Verbindung zwischen dem Kriminal- und Hexenprozessen ist eng, ja oft nicht zu unterscheiden. Marie Müller aus Hedelfingen kommt als 14-jährige Waise nach Esslingen und erhält eine Anstellung. Sie läßt sich einen Diebstahl zuschulden kommen und flieht nach Ludwigsburg. Hier wird sie gegen eine Belohnung katholisch getauft(!). Dann wiederholt sie des öfteren ihre Kunstgriffe und gelangt auf Irrwegen nach Esslingen zurück. Sie erzählt:

»... unter anderem wäre sie in eine Räuberbande geraten, die ihr Standquartier im Wirtshaus zur Filzlaus gehabt habe. Dort habe sie geboren und daraufhin ihr Kind vergiften wollen. Doch die Wirtschaftlerin habe ihr abgeraten, um den Räubern zur Gewinnung von »Kindsfingerle« zu verhelfen. Sie sollen die Kraft haben, daß, wenn man sie angezündet auf die Schwelle des Hauses stelle, in dem ein Einbruch geplant ist, die Türen von allein aufspringen, die Bewohner in einen tiefen Schlaf fallen und außerdem die Räuber unsichtbar bleiben«.

Zum Schluß behauptet die Leichtfertige, sich einige Jahre dem Teufel ergeben zu haben. Daraufhin wird sie enthauptet und verbrannt. Sie ist kein Kind, sondern im heiratsfähigen Alter.

Marie Müller wird nicht wegen der auswärts begangenen Verbrechen verurteilt oder weil sie ein Bündnis mit dem Teufel geschlossen hat, sondern weil sie auf dem Turm, in dem sie verhaftet ist, ein Feuer entfacht und während des folgenden Getümmels einen Fluchtversuch unternimmt. Wir haben *keinen* Hexenprozeß vor uns.

Der Esslinger Massenprozeß von 1662 – 1665

Aufgrund der verausgegangenen Ereignisse sind Rat und Bevölkerung verunsichert. Es fehlt ein kleiner Funke, um einen gewaltigen Hexenbrand auszulösen. So verbreitet sich in Esslingen das Gerücht »... weitere Hexen und Zauberer würden ihr böses Handwerk treiben und ihren Frevel am Mensch und Vieh üben«. Zunächst wird das Einungergericht mit der Untersuchung beauftragt. Als die Arbeit unübersichtlich und vielfältig wird, setzt man eine Kommission ein, wobei ein Ratsmitglied den Vorsitz führt. Maßgeblicher Inquirent des folgenden Massenprozesses ist der junge, unerfahrene, doch strenge Jurist Daniel Hauff.

Die breit angelegte Untersuchung setzt im Juli 1662 ein. Die Zahl der ermittelten Personen steigt sprunghaft. Schließlich werden in Vaihingen 88 Personen beschuldigt: in Möhringen 77, in Stuttgart 49 und in Esslingen 39. Insgesamt 375 vorgefordert: Hunderte von Zeugen werden aufgerufen und sollen sagen, ob ihnen nicht vor so oder soviel Jahren ein Kind erkrankt sei oder ein Stück Vieh gefallen wäre. Manche stellen sich freiwillig, um Denunziationen zu entgehen, ... andere nehmen die Anschuldigungen zurück und sagen: » . . . sie hätten den Leuten Unrecht getan«.

Keiner ist mehr sicher. Jeder kann durch die Einfalt, Gewinn-, Schwatz- und Herrschsucht seine Nachbarn in die tödlichen Krallen des Hexenwahns gelangen. Die Inquisiten nehmen keine Rücksicht auf den Verstand des Einzelnen, seinen Gesundheitszustand oder auf sein Alter. Selbst das Geschwätz von Kindern wird auf die Waage der Justizia gelegt. Viele der seit langem im Stillen Verdächtigten werden nun offiziell als Hexe ausgerufen.

Angezeigte werden genau beobachtet. Als negatives Anzeichen gilt, wenn sie bestürzt sind, die Zunge krümmen oder sie aus dem Mund strecken, wenn sie auf die Seite schauen oder sich vergeblich zu Weinen bemühen. Ein Tübinger Arzt wird gerufen: » . . . der ein Tränklein zum Erkennen der Hexen besessen habe«.

In einigen Fällen willigt der Rat ein, den Scherer von Tübingen zu beauftragen, um die Probe mit den Frauen zu machen. D.h. er soll feststellen, ob sie ein Teufelsmal (= stigma diabolicum) an sich haben.

Bald reichen die gewöhnlichen Haftraume nicht mehr aus. Das leerstehende Augustinerkloster wird zu einem Gefängnis umgebaut. Über eine Verbindung gelangt man von hier aus direkt in den Folterturm. Zusätzlich werden 20 Torhüter aufgenommen. Sie müssen geloben: » . . . den Verhafteten die Kost zur rechten Zeit ohne Abtrag zu liefern, in der Nacht wenigstens dreimal nach ihnen zu sehen, ihre Kerker so zu heizen, daß sie keine

Ursache zur Klage bekämen, allen auswärtigen Verkehr zu unterbinden, sich auf kein unnötiges Gespräch einzulassen (und) was sie von ihnen hören, getreulich anzuzeigen.

Doch auch Gefängniswärter sind nur Menschen. Später kann einer der Eingezogenen (Hans Zwenck aus Musberg) fliehen. Dies hat zur Folge, daß man sowohl mit dem Turmmeister Georg Binder, wie mit seinen Wächtern eine scharfe Untersuchung anstellt. Es wird ermittelt: » . . . daß sich erster nicht nur große Nachlässigkeiten habe zuschulden kommen lassen, sondern daß er von den Verwandten der Verhafteten Geschenke angenommen . . . und dadurch den Wächter Blumenschein die Korrespondenz zwischen ihnen besorgen ließ«. Darauf werden die beiden Beamten 1663 für immer aus der Stadt gewiesen.

Der Massenprozeß wird von zahlreichen Folterungen begleitet. Die Tübinger Juristen geben zu verstehen, »daß diese Verfahren unordentlich seien und in manchen Stücken mit der gerichtlichen Praxis streiten . . . man solle mehr Vernunft gebrauchen«. Der Tübinger Kaplan Tobias Wagner ermahnt den Rat: » . . . daß man die Verbrecher nicht mit dem Feuertod, sondern lediglich zur Enthauptung verurteilt, denn solche Leute würden meist schon in ihrer Jugend verführt und hätten dann keinen Willen mehr, sondern hingen allein vom Teufel ab«.

Der Esslinger Massenprozeß belastet die Stadtkasse, denn er kostet etwa 2 300 fl., die aus Strafgeldern und dem Vermögen der Eingezogenen zu bestreiten sind. Infolge der Beschuldigungen bricht der Hexenfanatismus in den Filialen aus und bringt sieben weitere Menschen auf den Scheiterhaufen.

Der Streber Daniel Hauff

Im Zusammenhang mit dem ersten als verdächtig Eingezogenen Johann Elsässer, bestimmt der Rat den Advokat Daniel Hauff mit der Prozeßführung. Im Juni 1662 gibt er folgendes Gutachten ab: » . . . es ist eine verzwickte und dunkle Sach(e), wobei die Obrigkeit nicht zu herb und rauh, sondern fürsichtig, bescheiden und behutsam, mit Mäßigung glimpflich zu verfahren hat. Zu den Rationes dubitandi (= Gegenanzeigen) lasse sich anführen, daß viele vornehme Rechtsgelehrte und Andere die ›Evanimationem nocturnam‹ (= nächtliche Ausfahrten) der Hexen und das Besuchen der Teufelstänze als bloße Imagination und ›per rerum naturam‹ (= nach den Naturgesetzen unmögliches) achten . . . autoritate Wieri, Fichardi, Cothmanni, Thumii und sonstige. Aber die Transportatio (= Ausfahrung) ist der Natur nicht entgegen. Sie sei eine von geistlichen und weltlichen Lehrern beglaubigte Ansicht. Der Teufel kann durchaus bewegen: sei es durch Salben, Stecken oder andere Werkzeuge, womit er Furchtsame kühn macht, Ängstlichen nachhilft, ihre Sinne betäubt und Schwache überzeugt . . . daß durch die Salbe Kraft in sie gedrungen sei«.

Das Gutachten zeigt, wie schwer es damals selbst für »Studierte« ist, sich von den Zwängen der Zeit freizumachen.

Der Jurist nimmt in der gesamten Prozeßfolge eine Mittlerrolle ein, zumal sein Gutachten den Prozeß einleitet und die Haltung des Rates beeinflußt. Im Juni 1662 reicht er ein Memorial ein, um in das Kollegium der Advokaten aufgenommen zu werden. Es geschieht (erst) zu Beginn des Jahres 1665 mit der Anmerkung » . . . er soll erst seine jetzigen Geschäfte vollenden«. Am 1. August beschwert er sich: » . . . daß man ihm kein städtisches Amt zuweise, sondern ihn bei seiner schweren Haushaltung und großen Familie ohne Bestallung lasse«. Daraufhin wird sein Jahresgehalt auf 100 Reichstaler angehoben. Kurz danach wird er krank und stirbt im Alter von 37 Jahren.

Der Leichenredner hebt neben seinem grossen Eifer hervor, wie intensiv der Verlebte um die Ausrottung der teuflischen Zauberei bemüht war. An seine Stelle rückt Philipp Weikkersreuter.

Prozeß gegen Johann Elsässer

Hans Elsässer ist der Sohn eines Webers aus Vaihingen. Er scheint trübsinnig zu sein und wähnt sich vom Teufel verfolgt. Er ist vordem als Knecht in Rohracker beschäftigt. Als er am 23. Juni von einem Kirchweihfest nach Hause kommt, erzählt er es seinen Eltern. Seine Aussage wird im Juni 1662 vom Pfarrer, Schultheiß und dem Zuchtherrn untermauert: » . . . er habe vor ihnen bekannt, als Schulknabe von Georg Schöffel, einem Knecht seines Vaters, im Hexenwerk unterrichtet worden zu sein. Dieser quäle ihn jetzt so sehr, sich dem Teufel zu verschreiben, daß er es nicht mehr länger aushalten könne«.

Die Amtsmaschinerie wird aktiv und sieht sich veranlaßt, den Burschen zu »berufen«, zumal er droht, sich umzubringen: » . . . weil er Tag und Nacht keine Ruhe habe«. Das Zuchtamt überstellt ihn der nächsthöheren Behörde und von hier wird er an das Einungergericht geleitet. Es meldet am 26. Juni dem Rat: » . . . ob der gefänglich eingezogene Junge nicht in Eisen zu schlagen sei und Tag und Nacht von zwei Mann bewacht werden müsse«. Rasch kommt die Antwort: » . . . In allweg«. Die Verhöre beginnen am 25. Juni.

Die Richter schlagen aus, ihm die Hand zu reichen, und bald zeigt sich, daß er schwachen Verstandes und gründlich verdorben ist. Falls er kein vollständiges Geständnis ablege: » . . . werde man ihn in Ketten legen und foltern«. Daraufhin bekommt er Angst, denn er befürchtet, daß ihn der Teufel zerreißt. Das Protokoll vermerkt: » . . . er zitterte und wurde vom Fieber geschüttert, seine Zunge krümmte und spitzte sich in seinem Mund wie die einer Natter«. Von hier bis zum Geständnis ist es ein winziger Schritt. Er erzählt Unsinn, so daß man sich wundern muß, daß die Richter dies als bare Münze hinnehmen:

- Der Ort der Hexenzusammenkünfte wäre der Heuberg[141], 15 mal sei er dorthin gefahren.

- Nach Stuttgart sei er etliche Mal gekommen . . . dort war aber nicht viel zu machen, weil es eine große Stadt ist, die selbst genug Leute hat . . . und weil er daselbst einmal in einem Keller im Stockgebäude mit dem Teufel und vielen Stuttgartern gezecht.

- Gewöhnlich ritten sie auf einer Ofengabel oder auf einem schwarzen Stecken, der vorher mit Hexensalbe beschmiert wird.

- Auf den Tischen steht roter und weißer Wein. Einige Gäste bringen ihn in Krügen und Flaschen mit. Hühner und Fleisch werden in irdenen Schüsseln serviert.

- Unter den Anwesenden befinden sich teils Einheimische, teils Tübinger und Stuttgarter, teils solche aus welschen Ländern.

- Die Teufel finden sich überaus zahlreich ein. Sie sind schön gekleidet und tragen große Stiefel. Sie warten auf den Beelzebub, ihr Oberhaupt . . . er macht beim Tanzen gewaltige Sprünge.

- Geiger, Pfeifer und Schäfer spielen mit großen Dudelsäcken auf. Sie schmausen, Tanzen und treiben Unzucht mit ihrem Buhle.
- Beim Tanzen müssen die alten Hexen die Kerzen halten.
- Gewöhnlich bleibt man bis nachts ein Uhr, wo dann der Beelzebub durch den Ruf: » . . . wir wollen marschieren« das Zeichen zum Aufbruch gibt . . . worauf dann in kürzester Zeit alles verschwindet.
- Außerdem habe er sich mit dem eigenen Blut dem Teufel verschrieben. Er habe ihm versprochen, einen großen Herrn aus ihm zu machen; er habe ihm zwar kein Geld gegeben, aber ein Büchslein mit schwarzer Hexensalbe . . . und den Hexensamen, der schwarz und dreckig gewesen . . . wenn man ihn in einer Wanne stehen lasse, so werden aus den kleinen Körnern Flöhe und aus den großen Mäuse. Würmer, Mücken, Heuschrecken, Frösche und Kröten habe er jedoch nicht gemacht. Er glaube aber, daß, wenn er es gewollt hätte, dies geschafft hätte.
- Er habe Pferde, Kühe, Schweine und Hennen durch Reiten auf ihnen und durch Bestreichen mit einer Hexensalbe getötet.
- Er habe Kinder und Erwachsene, darunter einen »Herrn aus Stuttgart« getötet.

Das Protokoll berichtet: » . . . während seines Bekenntnisses stieß er jedesmal in wunderbarer Weise an Brust und Schlund: um den Turm herum brauste ein starker Wind«. Während der Folter denunziert er rücksichtslos Andere. Unter ihnen befindet sich die Mogglangrete und deren Schwester, die Mogglankatten, das Haisen-Annelin und der Hasenhans aus Vaihingen, Kaspar Groß und ein alter Edelmann. Dazu kommen sieben Frauen und Männer aus den Nachbarorten Kaltental, Rohracker und Sillenbuch.

» . . . einmal wären sie mit der ganzen Hexengesellschaft über Bäume und Weingärten geschwebt und hätten aus empfangenen Flaschen schwarzes Gift träufeln lassen . . . um die Ernten zu verderben«.

Man wirft dem Elsässer vor, daß er die anderen fälschlich angegeben hat und sie ungerechterweise »alte Hexen, Teufelsvieh und leichtfertige Vögel« genannt habe. Doch er beharrt bei seiner Aussage und beteuert » . . . er wolle es vor Gott verantworten, man soll ihn gefänglich einziehen, es gehe ihm gerade wie früher, denn der Teufel verhindere, daß sie die Wahrheit bekennen«. Aufgrund eines Gutachtens der Herren Hauff und Johann Friedrich Becht werden die Denunzierten eingezogen und nach Esslingen gebracht. Die Konfrontation mit dem Denunziant bleibt erfolglos.

Der Rat schließt daraus, daß sein Weg zur Erlangung der Geständnisse zu lasch sei. Wieder wendet man sich an die Tübinger Juristen (15. August 1662). Sie empfehlen eine Anfrage bei den Straßburger Kollegen. Das dortige Gutachten wird am 6. September erstellt.

Die Tübinger verwerfen die Anwendung der Folter bei Neuverhafteten, weil die Anzeigen gegen sie von schlechter Sicherheit sind. Man soll sie wieder nach Hause schicken und beobachten. Die Straßburger halten die Anwendung der Folter bei Elsässer für überflüssig und tragen vor: » . . . er wäre ohnehin der Zauberei überwiesen, weil er Dinge bekannt habe, die niemand gestehen kann, der nicht selbst mit diesem Laster befleckt ist. Man dürfe seine Erzählungen nicht für blose ›illusiones diabolicas‹ halten. Aus Rücksicht auf seine Jugend soll man ihn nicht verbrennen, sondern lediglich zum Tod durch Enthaupten verurteilen. Die anderen soll man gegen Stellung einer Kaution freilassen, doch die Mogglan könne man foltern«. Schon damals war es so, daß man an den Schreibtischen der »Eingebildeten« und der wenig »Gebildeten« Recht zusammengetragen und gesprochen hat. Wie soll sich eine Bauersfrau, wie soll sich ein Junge dagegen stemmen?

Am 22. September wird Elsässers Vater, der am 12. August mit Verwandten eine Fürbitte einlegt und um ein gutes Urteil bittet, verhört. Er behauptet, von den Gewalttaten seines Sohnes nichts gewußt zu haben. Er kann ihm nicht mehr helfen, denn man hat ihm am 1. September letztmalig das Geständnis(!) vorgelesen und vier Tage danach folgendes Urteil verkündet: » . . . in Anbetracht seiner Jugend soll er mit dem Schwert vom Leben zum Tod gebracht werden . . . dann soll man seinen Körper auf einen Scheiterhaufen werfen und zu Asche verbrennen . . . sonderlich der Jugend zum abscheulichen Exempel«. Dann wird der obligatorische Stab über ihm gebrochen: am gleichen Tag wird er hingerichtet.

Die Mogglanschwestern und der Mückenkönig

Katharina, die Frau von Georg Ebermain aus Vaihingen, bekannter unter dem Namen Mogglankatten, ist 45 Jahre alt. Der geköpfte Elsässer hat sie vordem belastet und gesagt: » . . . sie wäre eine angesehene Hexe, die auf dem Heuberg in einem schwarz gefältelten Rock oben am Tisch sitze und das Kommando führe«.

Belastend kommt hinzu, daß der Volksmund sagt, sie habe schon früher die Leute krank gemacht. Der Pfarrer Wagner, der sie seit acht Jahren kennt, beteuert: » . . . nie habe er etwas Schlimmes über sie gehört. Sie lebe nachbarlich und wäre mit Jedem verträglich, gehe fleißig in die Kirche und zum Abendmahl«. Sie wird nach Esslingen gebracht, wo sie sich im Gefängnis als schwanger ausgibt, was bald als unrichtig festgestellt wird. Ihr Mann bittet die Obrigkeit um eine schonende Behandlung » . . . denn beide seien fremd und hätten niemand als die Obrigkeit zum Freund«.

Dies ist ein bezeichnender Hinweis auf die damalige sozialen Strukturen in den dörflichen Gemeinschaften und in den kleinen Städten, die es Fremden wie Eindringlingen fast unmöglich macht, sich zu integrieren.

Der Verdacht gegen die Mogglankatten verstärkt sich, zumal man auf ein Kind hört, das angibt, *sie* wäre die Urheberin seiner Krankheit. Ein Metzger aus Sindelfingen erklärt seine Kühe für verzaubert und sagt: » . . . man soll ihre Milch ins Stroh melken und sie dann mit Ruten schlagen, so werde die Hexe rote Striemen im Gesicht bekommen«. Man folgt dem Rat und siehe, am nächsten Morgen erscheint die Denunzierte mit einem rot-zerfetzten Gesicht, also *muß* es eine Hexe sein!

Bezeichnend ist das Verhalten der Pfarrers und Superintendenten Weinheimer, der hervorhebt: » . . . ich gebe keiner Unholdin die Hand«. Er redet hart auf sie ein. Außerdem raten die Straßburger Juristen zur Anwendung der Folter. Als sie während des Verhörs betet, . . . flogen ihr immer Mücken ums Gesicht, so daß sie dieses herum und hinan schüttelte«. Dies veranlaßt das Gericht zu der Feststellung: » . . . ihr Mückenkönig, der Beelzebub, lasse ihr (wohl) keine Ruhe«. Weil sie dies schweigend übergeht, wird es ihr als Bekenntnis angelastet. Immer und immer wieder beteuert sie ihre Unschuld. Doch als man ihr die »spanischen« Stiefel enger schnallt, bricht sie mit folgendem Geständnis hervor:

- Vor 20 Jahren habe sie sich dem Teufel verschrieben. Dabei habe sie einen »bösen Geist« erhalten.
- Sie wäre nicht nur auf dem Heuberg gewesen, sondern auch auf der Feuerbacher Heide bei Stuttgart. Auf dem Heuberg habe sie das Kommando gehalten » . . . weil sie die anderen so tapfer anspreche«.
- Der Teufel habe ihr eine Wurzel gegeben, mit der sie sich unsichtbar machen könne. Außerdem habe er ihr einen Schlüssel geschenkt, mit dem man alle Türen öffnen kann.
- Durch das Ausgießen eines giftigen Wassers habe sie Obst und Früchte verdorben. Sie habe schädliche Gewitter erregt, Raupen und Mäuse gemacht, wie Menschen und Tiere verzaubert.
- Sie habe sechs Menschen, darunter ihren Schwager, getötet.

Während eines letzten mit ihr angestellten Verhörs am 20. Dezember sagt sie: » . . . sie wolle auf ihr Bekenntnis leben oder sterben, es sei ihr alles herzlich leid. Sie bitte Gott und die Obrigkeit um ein solches Urteil, daß sie nicht verzweifeln müsse«.

Die Mogglangrete ist die Schwester der -katten. Sie ist 53 Jahre alt und die Frau des Joachim Häberlin. Nach einer kurzen Haft und obrigkeitlichen Überprüfung wird sie ausgelassen. Es wird ihr auf den Weg gegeben: » . . . daß sie sich an niemand wegen ihrer Verhaftung rächen dürfe und daß sie sich wieder umgesäumt sehen lassen soll, wenn sie erneut aufgefordert wird«. Es ist sechs Wochen später der Fall.

Sie bleibt während der Folter standhaft und wirft dem Henker ungerechtes Verhalten vor: » . . . es wäre schrecklich, mich mit Gewalt zu zwingen, die Unwahrheit zu bekennen«. Das dramatische Folterprotokoll hat sich erhalten: » . . . sie leugnet, ein Schwein verhext zu haben. Wird gebunden, könne es nicht sagen: soll ich lügen, o weh, ihr lieben Herren. Bleibt auf der Verstockung. Der Stiefel (= die spanischen Stiefel) wird angetan und etwas zugeschraubt. Sie schreit: › . . . soll ich lügen und mein Gewissen beschweren? Kann hernach nimmer recht beten‹. Sie stellt sich weinend, es übergeht ihr kein Auge. Kann wahrlich nichts sagen, auch wenn der Fuß herab müßte. Schreit sehr, soll ich lügen, ich kann's nicht sagen. Schreit o Gott, o lieber Gott, soll ich lügen, soll ich lügen? Ob zwar stark angezogen, bleibt sie auf einerlei. Oh, ihr zwingt einen ja. Schreit jämmerlich. O lieber Herr Gott. Sie wollt's bekennen, wenn sie nur etwas wüßte, man sagt ja, sie soll nicht lügen. Wird weiter zugeschraubt. Heult jämmerlich. Danach wird sie munter. Es tut not, denn man *müsse* lügen. Ach, liebe Herren, es tut mir gar nicht so weh, wenn man euch aber das eine sagt, so wollt ihr gleich ein anderes wissen«.

Diese wirr scheinende Darstellung kommt zustande, weil die damaligen Advokaten verpflichtet sind, jede Regung, Bemerkung und alle Bewegungen der Gefolterten aufzuschreiben » . . . damit ihnen kein Unrecht geschehe(!)«.

Als man sie losbindet, scheint sie einer Ohnmacht nahe und bittet um Wasser. Die Schergen haben keine Hemmung, sie deshalb zu fragen: » . . . ob sie denn sonst nicht sprechen könne und ob der Teufel vor dem Wasser fliehe«. Nun setzen neue Folterungen ein. Schließlich gesteht(!) sie:

- Sie habe ihren eigenen Mann bezaubert und ihr Teufel heiße Jakob(e).
- Sie habe Maienbutter gemacht. Wenn es zu Donnern angefangen, habe sie Baldrianwurzeln, eine Hand voll Erde aus einem Maulwurfshaufen und Weiderich zusammen in einen Topf getan, ihn dann ans Feuer gesetzt und gewartet, bis es gesiedet. Dann mache sie im Garten einen Ring um sich und schütte den Topf aus: da steigt dann ein blauer Dunst auf und sie spreche zweimal: » . . . das donnre, das hagle, daß alles zerschlage . . . in des Teufels Namen«.

In diesem Zusammenhang wird der 71-jährige Hans Harsch, ein Hafner aus Vaihingen, genannt der Haasenhans, unter die Folter gespannt. Er gesteht(!):

- Seine erste Frau habe ihm zwei Kinder umgebracht.
- Er habe mit seiner Tocher Anna Maria Blutschande getrieben.

Seine nunmehr 15-jährige Tochter bestätigt es und erschwert ihre persönliche Lage, denn sie sagt: » . . . sie kenne etliche Hexenversammlungen . . . und habe dort die und die Leute gesehen«.

Die Gohlanna und ihr Wetterspruch

Die Gohlanna, Witwe des Adam Feucht aus Möhringen, wird auf die Angabe der Mogglankatten hin am 19. November 1662 verhaftet. Sie gilt als die berüchtigste der im Esslinger Gebiet tätigen Hexen und ist 73 Jahre alt. Seit 30 Jahren steht sie in einem schlechten Ruf. Nun soll sie mit ihrem Tochtermann, Christian Dreyer, Ehebruch getrieben haben. Weil ihre sieben Kinder vor dem Rat einen Kniefall machen, kommt sie zunächst mit einer achtjährigen Haftstrafe und 40 Reichstalern davon. Der Tochtermann wird auf zehn Jahre aus dem Stadt- und Spitalgebiet gewiesen. Nach der Aussage des Schultheiß, des Gerichts, ihrer Töchter und Weiterer versteht sie Kopfschmerzen und Gewitter zu besprechen. Ihr Wetterspruch hat sich fragmentarisch erhalten:

> Unser Herr ging über das Land,
> und trug ein Büchlein in der Hand.
> Wollt lernen schreiben,
> wollt das Wetter vertreiben.
> Wollte, daß die Wolken weichen,
> übers Land einstreichen.
> Gut Lax, gut Laur[142].
> Wer dieses Betlein spricht,
> das es weder schlägt noch brennt . . .

Einmal sagt sie zu der Frau des Turmmeisters: » . . . sie wolle gern sterben, wenn man sie nur ehrlich begrabe und ihr eine Nuß in das Grab lege . . . denn wenn diese aufgehe, so ist das das Zeichen, daß ich selig bin«. In der Zeit vom 20. – 27. November wird sie 11 mal verhört. Zuletzt bittet sie, endlich Schluß mit ihr zu machen, da sie die Folter unmöglich aushalten könne. Ihr Geständnis(!) umfaßt folgende Punkte:

- Sie habe die Hexerei von dem Erzzauberer Hans Grieb aus Möhringen, » . . . der endlich rasend geworden und eines schrecklichen Todes starb« vor etwa 35 Jahren gelernt«.
- Sie habe bei der Teufelstaufe den Namen »die Schöne« erhalten. Sie habe als Teufel den Kläslein und den Kreutlein gehabt. Beide sahen schändlich aus, sie hätten Füße wie Stelzen und glitzernde Katzenaugen.

- Sie war nicht nur auf dem Heuberg und auf der Feuerbacher Heide, sondern auch auf entfernteren Hexenversammlungen. Einmal wäre sie (sogar) auf dem »Venusberg« gewesen.
- Der Teufel habe sie einmal in einen Bock, eine Geis und einmal in eine Schneegans verwandelt.
- Sie habe vom Teufel einen Schlüssel bekommen, mit dem sie alle Türen öffnen könne.
- Der Teufel habe ihr eine Hexensalbe gegeben. Mit ihr verderbe sie Menschen und Tiere (unter den 54 verstorbenen Personen befanden sich auch ihr Schwiegersohn und ihre Enkel).
- Sie habe es verstanden, Raupen, Wellen und Winde zu erregen. Mit den schwarzen Teufelsmücken habe sie ganze Herden von Schweinen und Schafen krank gemacht.
- Sie habe durch eine mit Hexensalbe bestrichene Schnur Hasen und Federwild gefangen.

Weitere Prozesse

Hans Kieß (= Burgerhänslin) ist der 73-jährige Spitalhofmeister des Ottilenhofes. Er wird am 23. Dezember 1662 vom Gericht verhört und legt am 25. Februar des nächsten Jahres ein umfassendes Geständnis im Sinn von Obrigkeit und Klerus ab.

Er denunziert den Metzger Hans Geisel aus Esslingen, der alle gegen ihn hervorgebrachten Anschuldigungen zurückweist. Nach Anwendung der Folter wird er am 10. Oktober aus dem Kerker entlassen. Doch man schreibt fest: » . . . seine Verwandten sollen ihm ein besonderes Gemach zuweisen und sein Ausgehen verhindern«.

Im Februar 1664 erlaubt man ihm (wieder) den Besuch der Kirche, wo ihm ein besonderer Platz zugewiesen wird.

Dann kommt die Reihe an Anna, die Witwe des Martin Göbelin aus Möhringen. Man nennt sie die »alte« Froneggin (= Veronika). Trotz ihres hohen Alters von 80 Jahren wird sie vor den Stuhl der Richter gezerrt. Schon die Verbalterrition, das Androhen der Folter und Erklären der einzelnen Folterinstrumente, führt bei ihr zu einem umfassenden Geständnis. Die Quellen sagen: » . . . am 11. Januar

1663 stirbt sie eines natürlichen Todes und entgeht dadurch dem qualvollen Schicksal auf einem Scheiterhaufen«.

Während des großen Prozesses wird (auch) gegen Margaretha, die Frau des Adam Häberlin, eingeschritten. Ihr 11-jähriger Neffe erzählt: » . . . was er auf dem Heuberg und im benachbarten Katzenwald gesehen und erlebt habe . . . seine Muhme habe ihn gelehrt, wie man Mäuse mache und das Vieh verzaubere. Sie habe ihm eine Salbe gegeben, mit der man Andere krank machen könne«. Es genügt, um die Mutter auf die Folter zu spannen.

Der 50-jährige Wolf Fischer aus Möhringen wird im Dezember 1662 verhaftet. Man sagt ihm nach: » . . . er habe ein mit der Tochter Gohlanna im Ehebruch gezeugtes Kind verzehrt«.

Katharina Braunig steht seit längerem als Stieftochter des hingerichteten Hans Wild in einem schlechten Ruf. Sie wird am 31. März verhaftet. Schon nach einmaligem Aufziehen legt sie ein Geständnis ab:

- Sie habe vor Jahren, als sie erst neun Jahre alt gewesen sei, von ihrem Stiefvater das Hexen gelernt.
- Sie habe einen Teufel namens Stoffel gehabt.
- Sie habe vier ungetaufte Kinder ausgegraben und mit der Gohlanna ein Stück gekochtes Kindfleisch verzehrt.
- Außerdem habe sie sich in einen Fuchs und in eine Katze verwandelt.

Gegen den 71 Jahre alten Michael Haisch aus Vaihingen sagen zehn Verhaftete aus. Er dagegen beruft sich darauf, 40 Jahre seines Lebens im Gericht gewesen zu sein, und er wäre außerdem 20 Jahre Zuchtmeister gewesen: demzufolge könne er unmöglich ein Hexenmeister sein. Bei der Konfrontation streitet er alle Anschuldigungen ab. Erschwerend kommt hinzu, daß ein Brief aufgefangen wird, den ihm sein Sohn Michael zukommen lassen wollte. In ihm steht: » . . . wehre dich, solange es geht. Wenn du aber sprechen mußt, so gib uns nicht an und verschone uns, denn mit unserem Blut wäre dir nicht geholfen und du müßtest dennoch leiden. Wenn du zum Tod verdammt wirst, wollen wir dir etwas ›Eßriges‹ schicken, so daß du einen sanften Tod ohne Schmach bekommst«.

Dieser aus dem Leben gegriffene Satz umschreibt die Ungeheuerlichkeit des Hexenwahns. Die Folter entlockt ihm folgendes Geständnis:

- Ein Hexenmeister aus Sindelfingen habe ihm vor 20 Jahren das Zaubern gelernt.
- Sein Teufel heiße Paulin und habe eine schreckliche Gestalt gehabt.
- Er könne Raupen, Maden, Käfer und Fahrsamen(?) machen. Dazu Mehltau, giftige Nebel und Unwetter erregen.
- Er könne Menschen bannen, aus den Knochen ungetaufter Kinder ein Zauberpulver bereiten, außerdem könne er sich unsichtbar machen.
- Er habe acht Menschen durch Salben und Pulver umgebracht.

Der 37-jährige Hans Zwenck aus Musberg, der gestanden hat, ein Hexenmeister zu sein, bricht am Morgen des 5. Juli zwischen drei und vier Uhr aus dem Gefängnis aus. Schon wähnt er sich in Sicherheit, da treibt es ihn zu seiner Familie nach Vaihingen zurück. Hier wird er überwältigt und zurück ins Esslinger Gefängnis gebracht.

Agnes, die Frau von Hans Henscher, eines Webers aus Möhringen, genannt »Gaugen Agnes«, kommt in das Geschrei der Hexerei. Sie ist 47 Jahre alt. Sie soll ein Säckchen mit Kindsbeinchen bei sich haben. Nach einer medizinischen Untersuchung stellt sich heraus, daß es lediglich Mehl ist. So entläßt man sie gegen das Versprechen, das Stadtgebiet und das Spital für immer zu verlassen, zumal sie ihr Mann nach den Anschuldigungen nicht mehr bei sich haben will.

Man bringt sie nach Esslingen zurück, streicht sie mit Ruten und schickt sie mit der Weisung weg: » . . . falls sie noch einmal zurückkehre, werde man sie hinrichten«. 1666 und 1672 bittet sie vergeblich um die Rückkehr aus ihrer Verbannung.

Der 75-jährige Hans Frieß, der schon vor 26 Jahren in Untersuchungshaft gesessen hat, gesteht unter der Folter alles Gewünschte. Kaspar Lilienfein, 60 Jahre alt, leugnet(!) zunächst alle ihm zugeschleuderten Anklagen. Doch auch hier bringt die Folter den notwendigen Erfolg:

- Sein Teufel habe Kaspar geheißen . . . er habe auf 30 Jahre einen Bund mit ihm gemacht . . . einmal habe er Menschenfleisch gegessen.

Die letzten Opfer des Esslinger Massenprozesses sind Christoph Weber, Hans Fries aus Endersbach, wohnhaft in Weiler, ein Sulzgrieß und Kaspar Lilienfein aus Fellbach. Sie werden im August 1665 verhaftet. Christian Weber (= Weberstoffel) wird vorab von der Holdern als Zauberer angegeben und von seiner Frau als Hexenfähnrich angezeigt. Unter der Folter gesteht er:

- Er habe im Beisein zweier Paten auf der Feuerbacher Heide die Teufelstaufe erhalten und man habe ihn Kaspar genannt.
- Man habe ihn mit einem Federbusch geschmückt, ihm Geld und schöne Weiber versprochen.
- Er habe einen besonderen »Spiritus« gehabt, der ihm alles was in der Welt vorgehe, sage, ihn auch, da er Lust zum Fliegen bezeugt, in 1 1/2 Stunden nach Prag hinweg geführt, weil es aber gar zu schnell gegangen, so hätte er die Lust an diesen Reisen verloren. Dafür habe ihm der Teufel die Karthographie gelehrt und ihm gezeigt, wie man Landkarten herstellt.
- Er sei bei verschiedenen Hexenversammlungen gewesen. So bei der Fellbacher und Säeracher Heide, in der Schoberngrube bei Oberesslingen und auf der Hobeweide bei Kirchheim.
- Auf den Hexenversammlungen habe man geschmaust, auch Schildkröten, Vögel und dergleichen. Doch es sei nur Blendwerk . . . danach wäre er genauso hungrig gewesen.

Zu Beginn des Jahres 1665 wird eine Familie aus dem Weiler Heimbach (bei Esslingen) verhaftet. Es handelt sich um Leonhard Holder, seine Frau Walpurga und die Söhne Leonhard und Johann. Die gegen sie vorgebrachten Anschuldigungen sind die üblichen. Wir haben einen der seltenen Fälle physischer Ansteckung vor uns, denn sie klagen sich allesamt der Teufelszugehörigkeit an, . . . außerdem habe sich der Vater als Spielmann gebrauchen lassen«. Der ältere Sohn und die Mutter stehen im Februar 1665 vor Gericht und bekennen, » . . . mit dem Teufel zu schaffen zu haben«.

Die Verurteilung: das schreckliche Ende

Offensichtlich ist der Rat überfordert, in einem so ungewöhnlichen und umfassenden Prozeß den Überblick zu behalten, sowie nach allen Seiten hin gerecht zu sein. Folgerichtig sichert er sich durch juristische Gutachten der Universitäten Straßburg und Tübingen ab. Außerdem schiebt man ein Alibi nach vorn, das vor allem Geistliche auszeichnet: » . . . Gott habe verboten, die Zauberer am Leben zu lassen«. Die Straßburger Juristen sprechen sich am 5. Februar dafür aus, die Mogglankatten, ihre Schwester, Hans Harsch und die Gohlanna dem Feuertod zu überstellen. Sie heben hervor: » . . . wenn man Gnade erweisen wolle, könne man ihnen beim Anzünden des Scheiterhaufens einen Pechbesen oder Pulversack umhängen . . . die Tochter des Harsch soll man enthaupten«.

Die Tübinger Juristen tragen gleichfalls die Todesstrafe an. Aber der Tod durch das Feuer soll höchstens bei Harsch und der Gohlanna angewendet werden.

Am 20. März 1663 wird Hans Kieß auf eine Schleife gebunden und zum Hochgericht geführt. Hier wird ihm die rechte Hand und der Kopf abgeschlagen. Die Steganna(!) und Mogglankatten werden auf dem Marktplatz und auf dem Weg zum Hochgericht mit glühenden Zangen gezwickt und enthauptet. Das gleiche Schicksal trifft am 27. März die Mogglangrete und die Scherhaldin. Die Gohlanna wird lebend verbrannt. Dabei soll es folgendermaßen zugegangen sein:

» . . . hat sich nachdenklich zugetragen, daß sich Anzündung des Scheiterhaufens das Feuer gleichbald die Seile und Schnüre, womit die Malefikantin gebunden, angriff, das Pulver aber, welches ihr in zarten und gleichsam durchsichtigen leinernen Säcken umgehängt, obgleich die Luft ganz still, schön warm Wetter und die Flammen von Anfang an gerade über sie geschlagen, sich nicht entzündete. Woraus geistliche und weltliche Zuschauer Gottes gerechte Strafe unzweifelhaft gesehen und dies um so mehr, da bei ihrer Examination während der Gefangenschaft, Reue und Buße zu bemerken gewesen«. Die poetische Darstellung soll nicht darüber hinwegtäuschen, daß wir einen Mord vor uns haben.

Anna Gödelin stirbt am 11. Januar 1663. Man führt ihren Leichnam auf den Richtplatz, um ihn zu verbrennen. Margaretha Häberlin wird: » . . . weil sie große Reue zeige und ein herzzerbrechendes Geständnis ihrer Sünden ablegt«, am 5. März (lediglich) enthauptet. Hans Harsch wird mit glühenden Zangen gezwickt, auf einer Schleife zum Marktplatz geführt und lebend verbrannt. Wolf Fischer stirbt kurz vor der Vollstreckung seines Urteils. Am Abend des 3. April findet man »sein Genick ganz eingedrückt« und zweifelt nicht daran, daß ihn der Teufel aus dem Leben geschafft hat. Seine Leiche wird zum Richtplatz geschleift und verbrannt. Katharina Brauning wird vor der Hinrichtung mit glühenden Zangen gezwickt.

Hans Zwenck erleidet das gleiche Schicksal. Barbara, die Frau des Michael Eberspächer, bricht aus dem Kerker, stürzt sich vom Turm und zerschmettert sich am 24. April den Schädel. Ihre Leiche wird zum Richtplatz geschleift und verbrannt. Johannes Holder wird am 28. Juli hingerichtet. Das gleiche betrifft seinen jüngeren Sohn. Christoph Weber, Hans Fries und Kaspar Lilienfein werden am 22. Dezember 1665 enthauptet.

Damit endet nach 4 1/2 Jahren der auf die Denunziation eines geistesschwachen Kindes hin angezettelte Esslinger Hexenprozeß. Er kostet mehr als 30 Personen das Leben und verbreitet über Generationen Angst und Schrecken. Die Obrigkeit meint, das Beste getan zu haben. Sie täuscht sich, denn sie sitzt dem klerikalen Teufelswahn auf und ist nicht in der Lage, diesen abzuschütteln.

Mit dem Ende des Prozesses steht die Umverteilung der Kosten und die Verteilung der eingezogenen Vermögen ins Haus. Die Angaben zu den Prozeßkosten sind unsicher. Am 8. Juni wird beschlossen, sie zunächst aus dem Vermögen der Hexen und aus Strafgeldern zu begleichen. Bis zum 30. Juni hat man 2 300 fl. aufgewendet und 2 045 eingezogen. Bei der deutschen Gründlichkeit muß (auch) die Kasse stimmen. Die Geistlichen werden vorrangig bedient und erhalten am 20. September 1664 je drei Tonnen (wohl: Fässer) Ehrenwein. Zweimal muß man sie ermahnen, » . . . daß sie in den gehörigen Schranken bleiben und nicht wieder den Untersuchungsrichtern ins Amt greifen (sollen)«. Diese erhalten für jedes Verhör eine Kanne Wein und einen Laib Weißbrot.

Das gleiche teilt man dem wöchentlich aufwartenden Knecht zu. Dem Scharfrichter Peter Deigentesch verwilligt man am 1. Dezember 1664 eine »Ergötzlichkeit« von 20 fl. wegen seiner vermehrten Geschäfte und weil er »fremden« Scharfrichtern, welche sich bei der Hinrichtung einfanden, traktieren muß. Der Turmmeister erhält auf seine Bitte am 7. Februar 1665 eine Zulage von 5 fl.

In Esslingen wird 1760 eine Müllerin enthauptet und verbrannt. Es ist ungeklärt – doch unwahrscheinlich – daß es sich um einen »späten« Hexenprozeß handelt.

Schwäbisch Hall und Hohenlohe[143]

Die Haller Urfehbücher enthalten einige Urteile zu Hexenprozessen. Es ist zu berücksichtigen, daß die Bücher von 1578 – 1605 – einer kritischen Phase im Hexenbrennen – fehlen. Die Quellenlage gestattet es heute, Aussagen über den Neuensteiner Landesteil mit Schwerpunkten im Kochertal und im Amt Langenburg zu machen. Es ist nicht mehr möglich, qualitative Aussagen über die Gesamtheit der Hexenprozesse in den einzelnen Teilen Hohenlohes zu machen. Die Dokumente befassen sich ausschließlich mit weiblichen Personen. Die Angeklagten stammen aus den Dörfern des Haller Territoriums wie aus der Stadt Schwäbisch Hall. Es zeigt sich ein getreues Abbild der Gesamtsituation im deutschsprachigen Raum. Auffallend ist die vorsichtige Haltung des Rates in Hexensachen und die Tatsache, daß hier vereinzelt Geistliche Frauen zur Anzeige bringen. Die Haltung des Rates läßt sich (auch) daran erkennen, daß er Denunzianten bestraft. Darüberhinaus wirken in Schwäbisch Hall die Reformatoren Johannes Brenz und Jacob Gräter. Der eine führt einen Schriftwechsel mit dem rheinischen Arzt Dr. Weyer, der andere hält vor Ort Hexenpredigten, die ihm 1589 vom Rat der Stadt eine besondere Zuwendung von 8 Gulden einbringen. Brenz und Gräter mahnen zur Vorsicht in Hexensachen, sind aber selbst von der teuflischen Existenz überzeugt und dadurch Aktivatoren des Unglücks.

Die verhängten Strafen reichen vom einfachen Verweis, über Gefängnis, Pranger, Einmauern, Geldbußen und Verbrennen. Die häufigste Todesstrafe für Hexerei war die Verbrennung auf dem Scheiterhaufen. Sie ist bereits im hohen Mittelalter für Ketzerei, Zauberei und schwere Unzucht vorgesehen (und realisiert). Oft wird die Hinrichtung (= Verbrennung) dadurch abgekürzt, indem man den Verurteilten unmittelbar vorher erstickt, erwürgt oder erdrosselt, ihm den Kopf abschlägt oder einen Pulversack um den Hals hängt. Die Hinrichtung vollzog sich in der Regel durch stehendes oder sitzendes Anketten an einem hölzernen Pfahl. Nach dem Verbrennen wurden die verkohlten menschlichen Überreste in ein Gewässer getragen oder in der Luft verstreut.

Der erste aus dem Haller Territorium überlieferte Fall datiert aus dem Jahr 1562 und betrifft Elsa Rössin aus Sulzdorf. Man wirft ihr vor, ein Ungewitter verursacht zu haben. Nach einer Strafe von zehn Nächten »im Gewölb« wird sie am 12. August 1562 freigelassen. 1570 werden einer Anna Düttler und Barbara Gairer »Hexen- und Unholdenwerk« vorgeworfen. Seit dem 14. April d.J. sind sie inhaftiert. Da man ihnen die zur Last gelegten Taten weder nachweisen kann, noch sie ein Geständnis ablegen, werden sie am 26. April 1570 mit einem Verweis – und – nach abgelegter Urfehde entlassen.

Am 19. Juni 1571 erscheint vor dem Künzelsauer Gericht die verwitwete Ursula Geiger und beschuldigt Simon Rücker v. Gamberg, er würde das Gerücht verbreiten, » . . . sie habe ihm durch unsittliche Berührungen sein mandlich Gliedt genumen« (= impotent gemacht) und verlange darum Rechtfertigung. Im weiteren Verlauf behauptet ein Sebastian Hamel, daß sie ihm den gleichen Schaden angetan hat. Weiterer Verlauf und Urteil sind nicht überliefert.

Katharina Schloßstein (1574)

Katharina Schloßstein war eine Badersfrau und wohnte in der Zollhüttengasse. Die Aktenlage erlaubt eine zuverlässige Konstruktion. Es beginnt mit einer Denunziation und endet mit dem Tod durch Ertränken.

Der Pfarrer Christoph Rütinger von St. Katharina zeigt im März 1574 schriftlich die bereits mündlich vorgetragenen Beschuldigungen beim Rat an. Er wirft ihr vor, » . . . sie habe sich nit allein unhulden und hexenwerck, sondern auch und allermeist haderns, zankens und ubel nachredens, schendens und lestern halber . . . und anderen bösen unnachbarlichen lück, wort und geberden« für schuldig gemacht. Er nennt sieben Personen als

Zeugen und trägt vor, daß sie vor etwa 1 1/2 Jahren mit der Schmiedin gestritten hat, sie als »Unhold« beschimpft und dieser den Tod gewünscht habe. Dieser Bericht wird am 27. März 1574 vor dem Rat verlesen.

Darauf vernehmen am 2. April Conrad Fux und Johann Christof Adler den Bader Hans Stetter, ihren Mann: beide werden zusammen festgesetzt. Katharina Schloßstein ist im Sulferturm eingesperrt. Er dient überdies als Gefängnis für Gefangene des Bauernkrieges. Man wirft ihm Mitwisserschaft und Duldung der Taten seiner Frau vor. Er dagegen sagt: » . . . er könne nichts gegen seine Frau sagen, außer daß sie ›ein böß maul gehabt . . . ‹ er habe sie auch zimblichen waidlich geklopft«.

Er bleibt trotz Drohungen des Henkers bei seinem Standpunkt und wird nach einer 24-tägigen Haft auf dem Neuen Tor – nach abgelegter Urfehde – am 23. April 1574 freigelassen.

Auffallend ist, daß man sie während des Verhörs nicht nach Mitwissern und/oder -tätern fragt. Man gewinnt den Eindruck, als wolle der Rat das Ausweiten des Prozesses, das sattsam bekannte Denunzieren und eine Verlängerung des Verfahrens verhindern. Offensichtlich verfügt man über einen dezidierten Fragenkatalog. Dies läßt darauf schließen, daß man a) eine gewisse Systematisierung sucht und b) gerade darum solche Prozesse mit Vorsicht behandelt. Die Fragestücke zirkulieren um den »rechten« Glauben, enthalten Vorwürfe wegen Gotteslästerung, dann folgen konkrete Beschuldigungen. In diesem Zusammenhang wird die Magd Veronica genannt. Sie sollte dem Pfarrer jeweils »Du lügst« antworten . . . dann werde ihr ein kleines schwarzes Schecklein ums Maul fliegen und sie werde (dann) alles können, was sie (die Schloßstein) in Zaubersachen könne. Der schwangeren Frau des Philipp Eulenhöver habe sie unter das Gesicht gespieen und sie »hure«, »closterfrawe« oder »bapstilin« geschimpft. Sie habe den Prokurator Thomas Schmidt am Fuß beschädigt und (sie habe) das Kalb der Witwe des Knochenklaus krank gemacht . . . die Teufelskunst habe sie von ihrer Mutter erlernt.

Am 7. April wird Katharina von den Ratsherren Jörg Seiferheld und Kaspar Büschler, wie dem Syndikus Alexander Hienlin verhört: die Anklage lautet auf Hexerei. Sie beharrt auf ihrer christlichen Gesinnung und gesteht, lediglich aus Zorn geflucht zu haben. Sie fühlt sich

denunziert und sagt, die Kochendörfferin sei verlogen und die Frau des Düffel Lienlin habe »seltsam« hausgehalten: sie habe dem Vieh nichts zum Fressen gegeben.

Die peinlichen Fragen haben sich nicht vollständig erhalten. Nun wird sie der Hauptbelastungszeugin, der Magd Veronica, gegenübergestellt. Sie bleibt unter Eid bei ihren Vorwürfen und darum wird Meister Jörg, der Henker, gerufen. Im Verlauf der Folter gesteht Katharina alles Gewünschte und sagt: » . . . sie wolle alles ihr zur Last gelegte getan haben, wenn der Henker sie nur wieder herablasse . . . sie habe es ›vom bösen feind‹ gelernt und gesteht die Teufelsbuhlschaft«.

Drei Stadtgeistliche begeben sich ins Gefängnis, um ihr geistlichen Trost zu spenden. Sie geben vor, sich für ihr »ewiges« Leben einzusetzen und heucheln Mildherzigkeit: schließlich sind es *sie*, die den Teufelswahn im Volk verankern und wachhalten. Katharina bemerkt nun den Ernst ihrer Lage und widerruft das Geständnis. Am 9. Juni wird sie wegen der Beleidigung Gottes, eines unchristlichen Lebenswandels und der Schädigung ihrer Mitmenschen wie des Viehs zum Stehen am Pranger verurteilt; daraufhin soll man sie für immer einmauern. Ihr gelingt die Flucht aus dem Gefängnis. Dadurch hat sie sich erneut strafbar gemacht. Jetzt greift der Rat scharf durch und verurteilt sie zum Tod durch Ertränken. Das Urteil wird am Montag, den 21. Juni 1574 vollstreckt.

Die erhaltenen Steuerrechnungen gestatten einen Blick in die mit dem Prozeß verbundenen Ausgaben. Der Henker Jörg Marschalk erhält 5 Schillinge. Der Mesner von St. Katharina erhält pro Woche für die »nächtliche Bewachung« sechs Kreuzer und eine weitere Zulage. Die Büttel erhalten für die zum »ewigen« Gefängnis Verurteilte und Eingemauerte für Nahrung, Schloßgeld (= im Sinn von verschlossen halten), Wein und letztem Henkersmahl 12 Gulden, 1 Pfund, 8 Schillinge und 8 Heller. Nachdem man sie ertränkt hat, erhalten sie für Schloßgeld und Nahrung weitere 3 Gulden, 6 Schillinge und 8 Heller.

1576 muß sich eine Barbara, »die alt Ketzerin« genannt, wegen Hexenwerk vor Gericht verantworten. Es handelt sich um eine Diebin, die nach »drängenden« Fürsprachen ihres Mannes und anderer Leute nach 37 Nächten »im Gewölb« freigelassen wird.

Hans Trüb von Niedernhall

der durch seine Angabe seine Frau, die von Simon Letz und Michael Sturm als Hexen auf Scheiterhaufen gezerrt hat und dem schließlich selbst der Prozeß wegen »Zauberei« gemacht wird, gelangt in eine prekäre Situation, denn seine Frau hatte behauptet: » . . . daß er, als er für die regierende Gräfin Anna von Hohenlohe-Neuenstein nachts Kräuter und Wurzeln ergraben . . . sowie Merzelschwalben (= junge Rauchschwalben) eingefangen und diese nach Neuenstein geliefert . . . die Gräfin brauche dieses Mittel für ihre Zauberei«.

Anna von Hohenlohe wurde seitens des Volkes ohnehin Zauberei nachgesagt. Die Regentin verfügte über ein enormes heilkundliches Wissen, betrieb eine Apotheke und verfaßte ein Arzneibuch: sie arbeitete an der Entwicklung neuer Medikamente, z.B. komponierte sie ein Mittel »wider die Pest«. Zu seiner Erprobung bediente sie sich eines zum Tod Verurteilten, der, wenn er das Medikament nähme, begnadigt werden sollte. Der Mann überlebte und mußte freigelassen werden. Solche Experimente waren Vorgänge, die für einen Teil der Bevölkerung nicht nachvollziehbar waren und allein deshalb als Zauberei und Hexenwerk gedeutet werden. Die Gräfin huldigt freilich – dem Zeitgeist entsprechend – dem landläufigen Aberglauben. In ihrem Arzneibuch sagt sie (z.B.) » . . . wenn einer Bezaubert, daß er seinem Weib feindt oder an einer Huren hängt: Siehe, wie Du zu der Huren Mist kannst kommen und schmier ihm die Schue mit. So würdt er der Huren Feindt«.

Brigitta Brenz von Ingelfingen

Margaretha Landbeck und Margaretha Schneider bezichtigen Brigitta Brenz von Ingelfingen. Sie wird am 26. Juni 1592 eingezogen. Man untersucht sie, findet ein »Hexenmal« und fordert Rechenschaft. Sie gibt zu Protokoll: » . . . sie sei etwa 54 Jahre alt und habe vor 26 Jahren ihren jetzigen Mann geheiratet. Er behandle sie und ihre Kinder aus der ersten Ehe schlecht. Nach der Geburt ihres letzten Kindes, des dritten aus zweiter Ehe, wünschte er sie und das Kind zum Teufel. Kurz darauf kam nachts ein Mann in der Gestalt des verstorbenen Baltas Dietz in ihre Stube und versuchte das Kind zu entführen. Sie leistete Widerstand und der Unbekannte gab daraufhin das Kind zurück. Dafür mußte sie sich ihm

hingeben. Es war ›zwar anderst mit ime als (mit) einem anderen Mann, nemblicher kalter Natur‹, aber sie bekam dafür von ihm Geld.

Dafür kaufte sie Schmalz. . . . es ist ein gar schöner Mann mit einem hübschen grünen Kleid mit weißen Knöpfen am Wams . . . sie sei noch viele Male bei ihm gelegen und habe einige Male Geld erhalten. Sie könne ihm nichts nachsagen, (denn) er ließ sie keine Not leiden. . . . zum ersten Tanz beim Backofen führte er sie auf einem Bock (hier denunziert sie eine Reihe weiterer Personen) . . . damals mußte sie ihrem Buhle versprechen, Gott und allen Heiligen abzuschwören, ihm zu folgen und sein Eigen zu sein. Getauft habe er sie nicht, nur dreimal über den Kopf gestrichen. Sie trägt nun den Namen Euele und er nennt sich Berlin.

Mit zwei Gespielinnen machte sie beim hohen Markstein zwischen Griesbach und Niedernhall ein großes Wetter: sie hatten es in einem Häfelein verwahrt, das Kaspar Mergelin umstieß. Von den beiden anderen hätte sie von ausgegrabenen und gesottenen Kindsleichen gehört, die die vor 15 Jahren verstorbene Hebamme, die Frau des Burck Trummenschneider, besorgte. Beim Empfang des Abendmahls sollte sie die Hostien verstecken. Zweimal habe sie sie im Schleier behalten. Ihr Buhle zerriß dann die Hostien, bespie sie und warf sie weg. Aus diesem Grund hält sie (auch) die Forderung des Pfarrers für richtig, die Frauen sollen beim Abendmahl auf den Mundschleier verzichten . . . Mühlhans, dem alten Büttel, erschoß sie ein Schäfchen durch einen Griff ›ins Teuffels Namen‹.

Es handelt sich um ein ›freiwilliges‹ Geständnis. . . . sie bereue den Abfall und die Mißhandlung. Es sei Gottes Wille, denn er würde damit ihre Bosheit bestrafen. Sie wäre froh, daß bald ihre letzte Stund geschlagen habe und wolle willig die Strafe erleiden«. Nach dieser eindeutigen Aussage macht sie es der Obrigkeit leicht. Ihr Leben und das der meisten der »Kochentäler Hexenzunft« ist somit verwirkt. Sie ist *eines* der Opfer, das im Lauf des Jahres 1592 den Scheiterhaufen besteigt.

Maria Schmied

Die Tochter und die beiden Söhne der in Ingelfingen wegen Hexerei inhaftierten Maria Schmied bitten in einem Gesuch den Graf Wolfgang von Hohenlohe-Neuenstein um Beschleunigung des gegen ihre Mutter eingeleiteten Verfahrens. Sie wurde denunziert, am 26. September 1592 eingekerkert und mindestens 2 x gefoltert. Wir müssen uns in die Zeit zurückversetzen. Sie ist geldarm und viele Beschuldigte gehören den ärmeren Volksschichten an. Ernteschäden greifen massiv in persönliche und lokale Verhältnisse ein. Ein zu langer Prozeß ist für viele Familienangehörigen untragbar, denn es obliegt ihnen, für die Verpflegung der Gefangenen zu sorgen und die Gerichtskosten zu bestreiten. Die Kinder sprechen es offen aus: » . . . der Landesherr möchte das Verfahren nunmehr rasch zum Abschluß bringen . . . einerlei ob ihre Mutter der Anklage für schuldig und hingerichtet oder (für) unschuldig befunden wird . . . damit wir Arme nit gar in Bettelstab mochten verwiesen werden (oder) zum Verderben geraten«.

Obwohl ihre Mutter nach einer zweiten Folter die Teufelsbuhlschaft, die Teufelstaufe, den Schadenzauber, die Teilnahme am Hexensabbat, das Wettermachen, die Ausfahrt auf Gabeln sowie die Schändung von Hostien gesteht, beschließt der Rat am 26. Oktober 1592 ihre Freilassung. Die Gründe für dieses atypische Verhalten sind nicht bekannt. Dem Tod von der Schippe gesprungen zu sein, bedeutet aber noch lange nicht, vom Makel der Hexerei und Zauberei befreit zu sein. Im Gegenteil: Obrigkeit und Volk sehen argwöhnisch auf solche Menschen herab. Oft vergessen sie, daß sie selbst der Nächste sein könnten!

1604 brüstet sich Hans Albrecht von Bächlingen, durch seine guten Beziehungen zum Stadtschreiber von Mergentheim die Verhörsprotokolle der dort verbrannten Frauen zu bekommen, » . . . es würden gantz lustige Dinge darin stehen«.

Die Zauberin Barbara, Noe Mäußlein's Ehefrau, wird Mitte März des Jahres 1613 inhaftiert. In mehreren gütlichen und peinlichen Verhören gesteht sie – zunächst – die ihr angelasteten Beschuldigungen, widerruft aber dann. So zieht sich der Prozeß in die Länge und ihr Mann bittet »flehentlich«, daß man ihm gestatte, die Schriftstücke selbst den Adressaten zustellen zu dürfen, damit das Verfahren beschleunigt werde.

Barbara wird im Gefängnis krank und in der Nacht vom 23. Juni 1613 entledigt sie sich der Handschellen. An den Füßen (noch) zusam-

mengekettet, kann sie von den Wächtern unbemerkt durch einige Türen aus dem Rathaus entkommen. Sie begibt sich zu ihrem Mann in der Hoffnung, daß er ihr helfen werde. Doch weit gefehlt! Er weist sie zurück, denn die Beihilfe zur Flucht hätte ihn selbst belastet. Darum schleppt sich Barbara wieder unbemerkt in das Gefängnis zurück und tut so, als wäre nichts gewesen. Ihr Mann meldet am nächsten Morgen den Vorfall dem Rat. Daraufhin wird sie (mehrfach) verhört. Am 23. August 1613 legt sie ein umfassendes Geständnis ab. Daraufhin wird der peinliche Rechtsgang festgesetzt.

Die Tochter des Bul hat die verstorbene Schwiegermutter des Joachim Stattmann der Hexerei bezichtigt und behauptet, » . . . diese habe auch im Hexenwerk gestanden«. Joachim Stattmann beantragt, sie soll die Anschuldigungen entweder beweisen oder widerrufen.

Apollonia Schumann und ihre Tochter Apolonia aus Eckartshausen, die als Hexen beschrieen worden waren, werden mit zwei Nächten im Hezennest und einer Zahlung von je vier Gulden bestraft, und am 17. Juli 1616 entlassen. Der Hexennest-Turm diente ebenfalls als Gefängnis: vor allem als Frauengewahrsam. Nach German wurden dort die ledigen Mägde, die schwanger waren, eingesperrt. Danach kamen sie ins »Fegfeuer« (im Spital; vermutlich eine einfache Entbindungsstation) dann wurden sie mit Ruten aus dem Stadttor gejagt!

Die Frau von Hans Schloßstein hat Georg Dier beim Rat der Stadt wegen Beleidigung angeklagt. Er habe sie beschuldigt, der Teufel gebe ihr ein, welche Kräuter sie benutzen soll. Auf diese Weise habe sie zwei Kinder umgebracht. Sie wäre ein Unhold und der Teufel soll sie holen.

▸

Johannes Kepler, Astronom.
27.12.1571 Weil d. Stadt, 15.11.1650 Regensburg. Student d. Theologie. Er geht 1600 nach Prag, da er Graz wegen des Vordringens der Gegenreformation verlassen muß. In Linz wird er in konfessionelle Streitigkeiten verwickelt. Er kommt nach Württemberg zurück, um erfolgreich einen gegen seine Mutter injizierten Hexenprozeß abzuschließen; er endet mit einem Freispruch.

Barbara Kuhn und andere

Barbara Kuhn wird am 16. März 1617 wegen Verdacht auf Hexerei gefangengesetzt. Die Anzeige kommt vom Forchtenberger Pfarrer Elias Hofmann und ihrem Mann, weil sie angeblich diesen schon mehrfach Krankheiten »angezaubert« und zur Behandlung keinen Arzt zugelassen, sondern einen schöntalischen »päpstlichen« (= katholischen) Segenssprecher und Handaufleger vom Eichelshof zu Hilfe gerufen hat. Ferner legen ihr die beiden die Ermordung ihres Kindes zur Last. Der Pfarrer trägt vor: » . . . der katholische Glaube bestärke nur das Unholdenwesen und müsse deshalb ausgerottet werden«.

Sie wird zuerst gütlich befragt und am 5. Juli 3 1/2 Stunden lang gefoltert. Obwohl man ihr die spanischen Stiefel ansetzt, gesteht sie nicht. Sie verweigert die Nahrungsaufnahme. Trotz Zwangsernährung stirbt sie entkräftet (10. Juli 1617) im Kerker. Für die Forchtenberger, die zwei Tage zuvor einen Schwarm schwarzer Vögel am Rathaus beobachtet hatten ein klarer Fall: der Teufel hatte selbst Hand angelegt. Doch für die Justiz ist der Fall peinlich. Die Bevölkerung stemmt sich dagegen, sie regulär auf dem Gottesacker zu beerdigen. Das Ergebnis der Leichenschau hat sich erhalten.

Napurga Schweiker, die Tochter von Michael Schweiker aus Steinbach (bei Comburg) wird wegen Beleidigung mit 1 Nacht im Gefängnis bestraft und am 8. Dezember 1628 entlassen.

Barbara Schleicher, genannt »Spätzin zu Atzenrod«, wird von zwei Frauen 1669 der Hexerei verdächtigt. Das Gericht will den angeblich von ihr benutzten Gift- und Zaubermitteln auf die Spur kommen. In ihrer Kammer wird eine kleine Hausapotheke entdeckt. Freilich enthielt sie (auch) abergläubische Mittel(-chen).

Trotzdem wird sie ihr zum Verhängnis. Nach einer sechsmonatigen Kerkerhaft gesteht sie die ihr angelasteten Verbrechen. Sie habe ihre beiden Ehemänner ermordet, dazu drei weitere Personen durch das Verabreichen mit giftigem Pulver umgebracht, sie habe Krankheiten bei Mensch und Vieh verursacht, habe sich in einen Wolf verwandelt, sei auf Tänzen gewesen und sie bezichtige sich der Teufelsbuhlschaft.

Das Gericht befindet sie für schuldig und am 8. November 1672 wird sie zum Tod durch das Schwert verurteilt.

Gleichzeitig wird Elisabeth Schmieg, die alte Müllerin zu Hürden, hingerichtet. Sie hat keinen guten Leumund und gilt als »versoffen«. Bei ihrer Untersuchung im Gefängnis stellt der Nachrichter an ihrem Körper im Lendenbereich ein Hexenzeichen (= stigma diabolicum) fest. Als Machenschaft des Teufels deuten die Untersuchungsrichter, daß nach der Tortur mit den Daumenschrauben kein Blut aus den Wunden der Delinquentin fließt. Am 29. Oktober nimmt sie die besagte Schuld auf sich, denn ihre Lage ist aussichtslos (geworden). Sie gibt ihr gottloses Leben zu und gesteht den Pakt mit dem nichtexistenten Teufel.

1674 wird Ursula, Joß Rüegers Frau aus Sanzenbach der Hexerei beschuldigt. Nicht nur sie soll eine Hexe sein, sondern sie habe das Hexen auch ihrer 8 – 9-jährigen Tochter beigebracht. Die Untersuchung bringt zutage, daß es sich bei den Anschuldigungen um »loses Kindergeschwätz« handelt. Trotzdem wird sie – aus unbekannten Gründen – dazu verurteilt, ihren Besitz zu verkaufen und sich anderweitig niederzulassen. Sie wird am 3. März 1674 mit der Auflage aus der Haft entlassen, sich friedlich zu verhalten und einen christlichen Lebenswandel zu führen.

Wie stark familiäre Spannungen ins Hexenwesen ragen, wird aus dem Fall des Hans Ku-troffen aus dem Hohelohischen deutlich, der am 14. März 1678 wegen seines ungebührlichen Verhaltens für ein Jahr des Landes verwiesen wird.

Er zeigt seine Frau beim Rat an, um untersuchen zu lassen, » . . . ob sie der Frau des Seilers Kaspar Reifenschmied ein Schuß gegeben (habe), der ein starkes Anschwellen ihres Gesichts verursacht hat«. Daraufhin wird sie eingezogen und man redet ihr Übles nach. » . . . da sie schon im Gefängnis säße, könne sie schon nichts Rechtes sein: ihre Mutter, Großmutter und (ihre) Tante wären schon der Hexerei bezichtigt gewesen. Auch ihr Töchterchen würde in der Schule verbreiten, sie müsse nachts mit ihrer Mutter ausfahren«.

Eva Barbara bestreitet alle Anschuldigungen und sagt: » . . . sie wolle sich (auch) probieren und schwemmen lassen«. Während sie im Kerker sitzt, versilbert ihr Mann ihre Habe, denn er rechnet mit ihrer Verbrennung. Doch das Gutachten der Universität Altdorf empfiehlt ihre Freilassung. Kutroffen weigert sich, die Frau (wieder) bei sich aufzunehmen. Er hetzt die Kinder gegen sie auf, mißhandelt sie mit Schlägen und Fußtritten: schließlich jagt er sie davon. Sie wird von ihrem Mann als so häßlich bezeichnet, » . . . daß sich ein anderer erst gar nicht mit ihr einlasse«.

Verurteilung und Kosten

Ein Großteil der faßbaren Kosten bilden Zehrungen, eine Aufwandsentschädigung für die am Prozeß beteiligten Richter, Stadtknechte, Schreiber, Nachrichter usw. Die Höhe der jedem zustehenden Gebühr regelt die peinliche Halsgerichtsordnung. Sie legt die Höchstsätze für die Verpflegung der Gefangenen fest. Pro Tag sechs oder acht Pfennige für Brot, 24 – 28 Pfennige für sonstige Speisen und höchstens eine Maß Wein. Damit sollte das übermäßige Anschwellen der Kosten, bzw. die zu starke Belastung der entlassenen Angeklagten, bzw. bei dem zum Tod Verurteilten, die ihrer Angehörigen vermieden werden.

Für den Weg zur Richtstätte benützt man Karren, begleitet von mit Spießen bewaffneten und mit Harnischen bewehrten Personen: zudem den Ordnungshütern. Nach der seinerzeitigen Rechtsauffassung verfolgt die Jurisdiktion das Prinzip der Abschreckung. Deshalb vollzieht man das grausame Schauspiel öffentlich. Der Termin wird im Amt bekannt gemacht, damit sich das Volk versammeln kann. Mitglieder des Gerichts, Trommelschläger, Pfeifer und das gaffende Volk begleiten den Zug. Schulmeister und Geistliche schließen sich an. Schulkinder werden beauftragt, den oder die Verurteilten durch Gesänge zur Richtstatt »hinauszusingen«. Glockengeläut und Schüsse begleiten die Obrigkeit mitsamt ihrer Opfer. Für die Scheiterhaufen wird das Holz angekarrt. Verurteilte werden auf die darauf gesteckten Pfähle mit eisernen Arm- und Fußbändern gekettet. Zur Beschleunigung des Todes bekommen sie (später) ein Säckchen Pulver umgehängt, das sich am lodernden Scheiterhaufen entzündet und die Verurteilten sprengt. Das lebende Verbrennen dürfte seltener gewesen sein, was jedoch durch Indizien bestimmt wird. Üblicherweise hat man die Delinquenten vorher geköpft oder erdrosselt. Für die Scharfrichter gab es Schutzbestimmungen, » . . . sollte ihnen einmal ein Fehler unterlaufen«.

Katharina Kepler, eine Leonberger Hexe [144]

Katharina Kepler » . . . war eine mehr als siebzigjährige Frau. Klein, mager, dunkelfarbig, unerfahren im Lesen und Schreiben, ein zahnloses Weib, das eine freudlose, einsame Jugend zäh und hart, die früh geschlossene Ehe zänkisch und streitsüchtig, das Alter aber unstet und schwatzhaft gemacht hatte«[145]. Ihr Vater war Melchior Guldemann, der von 1567 bis 1587 Schultheiß in Leonberg ist. Ihre Mutter soll lethargisch gewesen sein.

Katharina heiratet am 15. Mai 1571 den am 19. Januar 1547 geborenen Heinrich Kepler. Sieben Monate danach bringt sie ihren Sohn Johannes zur Welt. Es ist der spätere Hofmathematiker und für das Kirchendenken kritischer Geist, der die Mutter vor dem Tod auf einem Scheiterhaufen bewahrt. Es ist denkbar, daß sie nach den damaligen Ehrbegriffen heiraten mußte. Daraus ließen sich familiäre Spannungen erklären und nachbarschaftliche Beziehungen deuten, die den sich von 1615 – 1621 hinziehenden Prozeß begleiten.

Katharina Kepler brachte eine Tochter und sechs Söhne zur Welt, von denen drei früh verstorben sind. Sie folgt ihrem Mann in den Landsknechtsdienst nach den Niederlanden. 1575 kommen sie in die Heimat zurück, wohnen erst in Ellmendingen und dann in Leonberg. Am 5. Januar 1589 verläßt sie der Mann für immer. Später wurde ihr vorgeworfen: » . . . ohne Zweifel habe sie ihren Mann etlichemale daheim mit Unholdenwerk vertrieben, so daß er schließlich im Krieg habe sterben müssen. Bei einem ordentlichen und ehrlichen Weib dagegen, › . . . das ihren Mann tapfer und wohl halte‹, könne und möge ein Mann ja auch bleiben«[146].

Katharina Kepler besaß ein Haus in der Leonberger Kirchgasse sowie einige Wiesen und Felder. Im Alter vom Leben gezeichnet, will sie sich nützlich machen. Sie wendet sich der Krankenpflege sowie der Zubereitung von Salben, Heiltränken und Arzneien zu. Sie kannte einige Segensprüche (die im späteren Prozeß eine gewichtige Rolle spielen)[147], sprach mit dem Vieh im Stall, redete kranken Tieren zu und machte Hausbesuche. Sie war einfältig, naiv und abergläubisch wie damals (und heute) nahezu alle Zeitgenossen. Während des Prozeßverlaufes widersprach sie sich des öfteren und brachte sich dadurch – wohl auch bedingt durch das Alter – in Konflikte.

Auf dem Leonberger Friedhof bittet sie den Totengräber, ihr den Schädel ihres dort beerdigten Vaters auszugraben, »... sie wolle ihn in Silber fassen und ihrem Sohn geben, ... denn sie habe oft in Predigten gehört, daß es bei Gelehrten Brauch sei, aus den Schädeln der verstorbenen Eltern zu trinken, um an die Vergänglichkeit der irdischen Dinge gemahnt zu werden«[148].

Von ihrem ältesten Sohn werden ihr Schwatzsucht, Neugier, Jähzorn, Starrsinn und die Sucht zu Verwünschungen nachgesagt. Erschwerend kommt hinzu, daß ihr 2. Sohn Heinrich sagt: »... daß seine Mutter eine Hexe sei ... er werde sie bei der Obrigkeit verklagen, sobald er nach Heumaden zurückkomme«[149]. Er stirbt jedoch früh (15. Februar 1615) und kann seiner Mutter nicht mehr schaden. Hinzu kommt ein lang anhaltender Streit mit Ursula Reinbold, die der Quellenlage zufolge alles daransetzt, die Keplerin zu vernichten.

Parallel zeigt sich von seiten der Obrigkeit der Hang, sich nun verstärkt dem Hexenwesen zuzuwenden. Die ersten Hexenbrände in Württemberg flackern auf. Es betrifft (auch) die reichsfreie Stadt Weil der Stadt, wobei die herzoglich-württembergische Regierung die Ämter und Untervogteien durch Ermahnungen zur Hexenjagd aufstachelt[150]. Im Dezember 1615 werden vier Frauen und im Frühjahr des kommenden Jahres zwei weitere aus der Umgebung von Leonberg als Hexen verbrannt: dadurch wird das ohnehin wundersüchtige Volk weiter sensibilisiert; für Ursula Reinbold war es eine Chance, niedrige Triebe auszuleben.

Sie hat mehrfach bei der fürstlichen Kanzlei in Stuttgart nachgesucht, ... daß man die Keplerin verhaften, ihre Güter konfiszieren und sie foltern solle ... denn sie wäre in der Stadt als Hexe verschrieen«.

Ursula Reinbold war in Ansbach erzogen worden und hatte dort in ihrer Jugend von einem »lieb gehaltenen« Apothekergesellen, um eine Schwangerschaft zu verhüten, ein verbotenes Mittel erhalten. Sie hatte gleichfalls früh geheiratet, war bald Witwe geworden und führte (nach Sutter) ein lasterhaftes und verhurtes Leben. Nach einer handgreiflichen Auseinandersetzung zwischen dem Kupferschmied Jörg

Zürn und dem Glaser Jacob Reinbold, die wohl beide um die Einfältige buhlten, war sie eine »ziemliche Zeit« wegen Unzucht verurteilt und im Diebsturm eingesperrt. Während ihrer Haft heiratete sie ein zweitesmal. In der zweiten Ehe blieb sie eine leichtfertige und lebenshungrige Frau, die sich von einem »vermeinten medico« unfruchtbar machen ließ.

Dieser Eingriff hatte gesundheitliche Folgen, zumal sie »allerhand unordentliche Mittel« von Marktschreiern und herumziehenden Quacksalbern zu sich nahm. Ein ihr in diesem Zusammenhang verabreichter Trank hatte ihr »fast das Herz abgestoßen und die Augen heftig aus dem Kopf herausgetrieben«, so daß sie halb von Sinnen war.

Darum suchte sie Rat bei dem Chirurg Urban Kräutlein, ihrem Bruder, der im Dienst des Prinzen Achilles v. Württemberg stand. Er gelangt zu der Auffassung, »... es könne nicht mit rechten Dingen zugehen«. Nun besinnt sich die Reinboldin des Tranks, den ihr vor Jahren einmal die Keplerin gegeben hat[151]. Er wird zur Grundlage des darauf gebauten Prozesses, begleitet von umfassenden Denunziationskampagnen.

Die Keplerin kontert: »... daß ihr Leben aus ihrem lockeren Lebenswandel und falschen Arzneien resultiere ... die Reinboldin könne Koppenschmalz, Bäder oder was sie wolle, gebrauchen ... sie habe kein Kind, wohl aber gut leben wollen ... und müsse dafür nun eben ihr Leid tragen«. In ihrem unversöhnlichen Haß schreckt die Kontrahentin vor nichts zurück. Sie bezichtigt die Keplerin der Hexerei *und* der Giftmischerei: so hatte das böse Gerücht »... wie ein Feuer um sich gefressen«.

Die Angehörigen der Katharina Kepler wollten die Verleumdungen nur als »Weiberreden« abtun. Erst als sich die Schmachreden verstärkten, erschien Christoph Kepler klagweis vor dem Vogt mit dem Begehren, der Glaserin Stillschweigen aufzuerlegen und ihr zu befehlen, Ruhe zu bewahren und künftig seine Mutter unbehelligt zu lassen. In ihrem Namen wurde vor dem Leonberger Stadtgericht eine zivile Verleumdungsklage gegen das Reinbold'sche Ehepaar angestrengt. Der daraus resultierende Prozeß wurde jahrelang verschleppt, bis der Richter einen »terminus peremtorius« eine letzte und unerstreckliche Frist der beklagten Partei setzte. Dies sollte am 21. Oktober 1616 sein.

Die Vorwürfe gegen Katharina Kepler waren (zunächst):

- »Sie habe einem Mädchen, der Katharina Haller, einen Schlag auf den Arm gegeben«. (Daraus wurde ein sog. »Hexengriff« rekonstruiert).

- »Sie habe ihrer Kontrahentin einen Trank gereicht, der zur Ursache ihres Leidens geworden sei« (daraus wurde ein sog. »Hexentrank« rekonstruiert).

Jetzt bringt die Haller'sche Seite eine zivile Schadensersatzklage ein und Schinda Burger behauptet: » . . . wer sonst als die Keplerin könne daran schuld sein, daß ihr ältester Bub ein krummer, bresthafter elender Krüppel war . . . der sich alle Tage seines Lebens niemals sein Handbrot würde selbst verdienen können«[152]. Sie erklärte vor Gericht: » . . . zu ihrem kranken Bube sei ein schwarzer Vogel mit schrecklichem Brausen und Sausen in die Stube gekommen, (er) habe sich auf die Schultern des Kindes gesetzt und sie, als sie vom Holzschneiden heimgekommen, mit grossen Augen angesehen. Erst habe sie ihn fangen wollen, doch er sei mit ›Brasseln und Brausen‹ hinweggeflogen«. Von den Bürgern wird die Keplerin bereits vorverurteilt, denn die Hallerin erzählt im Städtchen: » . . . ihr würde ja ohnehin das gesamte Gut der Keplerin zugesprochen«.

Die Kepler'schen Familienangehörigen sahen, daß sich nun das Ungewitter über dem Kopf ihrer Mutter zusammenzog[153]. Ihr Ziel war, die starrköpfige Mutter von Leonberg fortzuschaffen, um die Gerüchte zu ersticken. Bereits im Sommer 1616 hatte Johannes Kepler den Leonberger Kriegsvögten geschrieben und von ihnen begehrt, daß sie ihm die Mutter nach Österreich (Linz) schickten. Der Quellenlage zufolge trat sie die Reise an, gelangte bis nach Ulm, kehrte dann wegen der schlechten Wetterverhältnisse um, blieb kurze Zeit in Esslingen und kehrte dann zu ihrer Tochter nach Heumaden zurück.

Am 21. November 1616 bringt sie ihr Sohn – wohl etwas widerständlich – zu seinem Bruder nach Linz. Dort bleibt sie neun Monate. Die Verbringung zu ihrem ältesten Sohn wurde von der gegnerischen Partei als Ausweichen und Flucht gedeutet, » . . . die sie unternommen habe, um sich der Verhaftung zu entziehen«.

Ihr Sohn Johannes kontert: » . . . seine Mutter wäre keinesfalls heimlich fortgegangen, sondern habe den Bürgermeister, den Vogt und die Kriegsvögte unterrichtet. Sie wäre nicht als Beklagte, sondern als Klägerin gegangen. Außerdem nicht an einen unbekannten Ort . . . zudem wäre sie aus eigenem Antrieb wieder nach Württemberg zurückgekehrt«, womit die gegnerischen Argumente entkräftigt sind.

Nun schaltet sich die Amtsmaschinerie ein. Am 2. Dezember 1616 erteilt das fürstliche Ratskollegium in Stuttgart den Auftrag, das Vermögen der Keplerin, da sie »flüchtigen Fusses« sei, zu inventarisieren.

Zu Beginn des Jahres 1617 bittet Jacob Reinbold schriftlich den Herzog v. Württemberg, die »ausgetretene« Keplerin verhaften zu lassen, damit man von ihr erfahre, welches Gift in dem von ihr seiner Frau gereichten Trank gewesen sei, » . . . um mit einem guten Mittel dagegen wirken zu können«.

Immer deutlicher wird das Agieren von Johannes Kepler, der sich schützend vor seine Mutter stellt. Er schreibt an den Herzog Johann Friedrich v. Württemberg und unterbreitet sein Anliegen dem Vizekanzler Dr. Sebastian Faber. Für sich bestellt er Anwälte in Tübingen und Stuttgart, für die Mutter einen in Leonberg. Daraufhin ändert sich die Haltung in der landesfürstlichen Kanzlei. Sie befiehlt am 29. Januar – nach Zustimmung durch den Herzog – dem Leonberger Vogt, die Kinder und den Schwiegersohn der Keplerin vor sich zu fordern, damit er ihnen eröffne, daß, im Falle sich die Mutter wieder stellte, ihr der Herzog ein sicheres Geleit geben wolle, damit der Prozeß zu Ende geführt werden kann . . . die Verantwortung der Keplerin sollte der Vogt nach Stuttgart melden und dortigen Bescheids gewärtig sein: eine Inventarisierung solle nicht erfolgen«.

Der Advokat von Jacob Reinbold trägt nun vor: » . . . die Keplerin habe sich durch ihr schlechtes Gewissen und offenkundige »Hexenstücklein« schuldig erwiesen, weshalb er nochmals bitte, sie verhaften, wie ihr Hab und Gut inventarisieren zu lassen«. Nun wird das fürstliche Hofgericht in Tübingen angerufen: es weist die Reinbold'sche Appelation ab. Dies bewegt Katharina Kepler – gegen den Willen des Sohnes – nach Heumaden zurückzukehren. Es ist ihm nicht wohl dabei, denn am 20. November 1617 ersucht er den Herzog: »... seiner Mutter per expressum zu erlauben, ohne Verlust ihrer Ehre und gemäß seinem Wunsch ihm nach Linz zu folgen ... er würde sie unweigerlich in die Heimat zurückbringen, falls der Herzog es fordern sollte«.

Am 5. März 1618 wendet sich die Reinbold'sche Partei mit einer weiteren Klage an die Obrigkeit. Jacob Reinbold fordert im Namen seiner Frau Schadensersatz in Höhe von 1 000 Gulden – für das ihr durch den Trunk angetane Unrecht – *und* Wiedererstattung der Gerichtskosten[154].

Am 7. Mai findet ein Zeugenverhör statt, wobei von vier »ehrliebenden Gerichts- und Ratspersonen« der gute Leumund der Keplerin hervorgehoben wird. Auch ihre Tochter beteuert: »... ihre Mutter habe sie in der Gottesfurcht unterwiesen und führe einen ordentlichen Lebenswandel«. Der Glaserin hält man vor: »... daß sie mit abergläubischen Dingen umgehe und ihre Krankheit selbst verursacht habe«.

Am 16. Juni kommt »die der Hexerei halben hochverdächtige« Katharina Kepler (wieder) nach Leonberg zurück. Ursula Reinbold und ihr Mann erscheinen daraufhin vor dem Vogt und verlangen (erneut) die Verhaftung der Kontrahentin. Sie tragen vor: »... wegen erneuter Fluchtgefahr solle man sie in Leonberg verwahren«. Verfasser dieser – später abgelehnten[155] – Supplikation war der Leonberger Stadtschreiber Werner Feucht. Er stellte notorisch fest: »... es liege sonnenklar am Tage, daß die Keplerin mit der Hexerei graviert und behaftet sei«.

Am 8. Oktober hat das Gericht die Aussage zusätzlicher Zeugen publiziert. So:

● »habe sie dem Töchterlein eines Bürgers das Hexenwerk lehren wollen und diesem gegenüber die ›höchst ketzerische‹ Ansicht geäußert, daß mit dem Tod des Menschen – wie beim unvernünftigen Vieh – alles aus sei«.

● »... habe sie den Schulmeister und den Gesellen des Barbiers (ebenfalls) durch einen ›Hexentrunk‹ beschädigt«.

● »... habe das Vieh des Metzgers durch sie Schaden gelitten«.

Auf die Reinbold'sche Klage hatte die gegnerische Seite die Gegenklage eingebracht, die nach dem Württembergischen Landesrecht zusammen mit der anderen im gleichen Prozeß »gehandelt, zu Ort gebracht und in *einem* Urteil« entschieden werden mußte.

Dann bringt Jacob Reinbold – der wohl nur noch die Gehässigkeiten seiner Frau zu formulieren hatte – unter Hilfe des Advokaten Dr. Philipp Jacob Weyhenmayer 49 »allerschrecklichste und schändlichste« Artikel ein, mit denen er die »hexischen Untaten« der Keplerin zementieren will.

Von der Verteidigung werden zu jedem dieser Artikel sog. »Fragstücke« (= Interrogatoria) verfaßt, die die Zeugen in die Enge treiben sollen. So werden am 10. November 1619 vom Merklinger Amtsschreiber 22 Zeugen vernommen; das Protokoll wird (später) der fürstlichen Kanzlei überschickt und dem Herzog vorgelegt.

Johannes Kepler bittet ihn, daß er zu den 49 Schmachpunkten Stellung nehmen dürfe. Doch im Konsilium fallen am 24. Juli 1620 die Würfel: die Reinbold'sche Partei hat sich durchgesetzt und sonnt sich im angenommenen Erfolg. Dem Leonberger Vogt wird befohlen, Katharina Kepler zu verhaften, sie auf die »theologischen Artikel« hin fleißig zu examinieren und (sie) mit den Zeugen zu konfrontieren. Nach darüber erfolgtem Bericht sei, »... falls sie nicht geständig werde ... alsdann die Folter an die Hand zu nehmen«.

Bei der überraschenden Verhaftung der Keplerin hatte ihre Tochter, »... unwissend im ersten Erwachen und Schrecken, warum es eigentlich zu tun«, den Kopf verloren. In einem Hemd bekleidet war Margaretha Binder zu ihrer schlafenden Mutter gelaufen. Sie hatte diese aufgeweckt, sodann nackt samt einem Deckbett in eine offene Truhe gesteckt und so, um die ihr und dem Pfarrhaus widerfahrende Schande und den Spott der öffentlichen Abführung vor den Augen der Nachbarn zu verbergen, abtransportieren lassen. Dies geschieht am 7. August 1620 früh am Morgen. Aktivator ist der Stuttgarter Vogt Marx Waltter. Dann wird sie nach Stuttgart gebracht und schließlich nach Leonberg überstellt.

Die Verteidigung sagt später, daß es sich dabei um einen »schmählichen Überfall ante citationem« gehandelt habe, der unnötig gewesen wäre, » . . . da die Keplerin mit dreijähriger unverrückter Wohnung bei ihrer Tochter in Heumaden gelebt habe«[156].

Vier Tage später wird sie examiniert und mit 17 Zeugen konfrontiert. Das Protokoll vermerkt: » . . . die Keplerin habe den Zeugen nicht rechtschaffen ins Gesicht sehen können, ihre Entschuldigungen seien gering und sie habe nicht geweint, als ihr ›gütlich und ernstlich‹ zugeredet worden sei . . . und selbst, als sie die theologischen Artikel angehört hatte, seien ihr nicht einmal Anzeichen des Weinens gekommen . . . die Keplerin habe sich überdies auf Appolonia, Jacob Wellingers Witwe berufen, die 1616 wegen ›überaus bösem Zeugnis und gräßlich auf sich geladenen Verdachts zur Hexerei‹ zu Leonberg angeklagt und torquiert (= gefoltert) worden sei, nun aber mit einem Wirtsladen (wohl = Hausiererin) auf dem Lande streife«[157].

Am 26. August bittet ihr Sohn, der Kantengießer Christoph, den Herzog v. Württemberg, » . . . es möge seine verhaftete Mutter von Leonberg an einen anderen Ort transferiert werden . . . weil sich deren Widersacher damit rühmten, ihr werde der peinliche Prozeß gemacht«. Sie wird daraufhin in den Turm von Güglingen verlegt. Am 30. August sollte sie durch den Stuttgarter Scharfrichter Jacob torquiert werden. Am 4. September wird die Peinliche Klage vorgebracht: sie beinhaltet 23 Angriffspunkte und stellt im wesentlichen eine Wiederholung der Reinbold'schen Zivilklage dar.

Wieder greift Johannes Kepler ein. Er alarmiert den Tübinger Jurist Christoph Besold: » . . . dieser kühle, den Hexenprozessen an sich abgeneigte Jurist«[158] schrieb an Kepler: » . . . die Schwere des Falles erfordere, sich jetzt an Dr. Bidenbach um Rat zu wenden, denn dieser sei der erste Berater des Fürsten und überdies wisse er, daß er Kepler und seiner Familie wohlgesinnt sei«.

Die Position von Johannes Kepler darf in diesem Zusammenhang nicht überbewertet werden. Für viele am Hof des Herzogs von Württemberg war er einer, der sich theologisch nicht fügen wollte, der mit dem Brandmal der Häresie gezeichnet war und dem » . . . man nicht einmal eine Professur in Tübingen habe geben können«. Ich verweise auf seinen Dialog mit dem Theologe Matthias Hafenresser.

Kepler bittet um Aufschub, bis er in Güglingen eintreffe, was am 26. September der Fall ist. Er wollte, daß seine Mutter in ein menschenwürdigeres Gefängnis gebracht wird, » . . . damit sie trotz ihres Alters den Winter lebend überstehen könne« . . . Es wird bewilligt und so bringt man sie in das »Torstüberl«, wo sie mit Ketten an ein eisernes Band gelegt wird. Die mündlich von Kepler eingebrachte Bitte, seine Mutter gegen Kaution zu entlassen, wird abgelehnt. Während ihrer Haft in Güglingen soll sie ein kleines »Geisslinger Messer« zum zerkleinern ihrer Mahlzeiten benutzt haben. In diesem Zusammenhang fragt sie der Wächter Jacob Bidermann: » . . . Kätherlin, wo bringet ihr das Messer her. Wanns der Vogt inne würde, so würdet ihr hübsch anlaufen«[159]. Der Verpflegungssatz der Delinquentin betrug täglich 5 Schillinge. Der Güglinger Stadtknecht war seinerzeit Martin Franckh.

Kepler erreicht, daß die gegen seine Mutter gerichtete Klage auf Zahlung von 1 000 Gulden (im heutigen Sinne wohl: Schmerzensgeld) »aus bewegenden Ursachen« abgelehnt wird. Das Gericht ließ den Glaser am 24. November 1620 »zu Geduld weisen«.

Die landesfürstliche Kanzlei beauftragt den Kanzleiadvokat Hieronymus Gabelkover, die Anklage gegen Katharina Kepler rechtlich zu fundieren. Die Rechtstage finden am 8. Januar 1621 in Leonberg und am 13. Januar in Güglingen statt. Johannes Kepler bittet am 10. Juli 1621 »flehentlich« den Landesvater: » . . . dieser möchte sich als gerechter Landesfürst und Vater in Huld und Gnad einer armen, alten, verlassenen, verwitweten, unschuldig gefangenen Untertanin erbarmen«.

Für den 20. August wird ein weiterer Rechtstag bestimmt, bei dem die Verhaftete im Beisein ihres Sohnes Johannes erscheint. Dann übergibt die Verteidigung dem Gericht eine »Konklusionsschrift«. Der Urteilsfindung durch die Tübinger Juristenfakultät stand jetzt nichts mehr im Weg. Der Antrag des klagenden Anwaltes lautete auf Durchführung der Tortur[160].

Schauen wir uns die einzelnen Klagepunkte an, soweit sie nicht schon erwähnt sind:

- Die Glaserin trägt vor: » . . . die Keplerin habe dem Schulmeister Benedikt Beutelspacher (der mit Johannes Kepler zur Schule gegangen sei), das Leben versalzen . . . er wolle darauf sterben, daß sein Leiden von ihr stamme«.

- Der Schulmeister trägt vor: » . . . die Keplerin habe ihn in den Jahren 1607 oder 1608 eines Sonntags zu sich geholt. Dabei habe sie ihn und Margaretha, Bastian's Meyer's Hausfrau, gezwungen, aus einem Zinnbecher zu trinken. Daraufhin habe die Margaretha zu siechen begonnen, sei von da an nimmer gesund geworden und habe schließlich daran sterben müssen . . . er dagegen sei glimpflich davongekommen, denn er habe nur wenig von dem Wein getrunken . . . allerdings habe sie ihm die Mannschaft ›ganz und gar‹ benommen! . . . außerdem wäre die Keplerin einmal durch eine verschlossene Tür zu ihm hereingekommen, worüber er und seine Frau hart erschrocken«.
Die Verteidigung hakt ein und nennt ihn einen »Fabelmann«. Sie bezeichnet Beutelspacher als gemeinen, unverständlichen Idiot und als abergläubischen Menschen » . . . man habe bei ihm nicht soviel Hirn zu suchen, daß man nicht annehmen müßte, es wäre seine Auslegung . . . selbst im Angesicht der Folterwerkzeuge habe Katharina Kepler vor Gott bezeugt, daß sie dem Schulmeister nichts getan«.

- Bastian Meyer's lungenkranker und (schon) schwindsüchtigen Frau wird von der Reinboldin nachgesagt: » . . . sie habe bei der Keplerin den Tod getrunken«.
Dem widerspricht ihr Witwer und trägt vor: » . . . sein Weib wäre an ›Dörrsucht‹ (und) nicht durch Hexenwerk ausgesocht und gestorben«.

- Margaretha, Frau des Zieglers Endriss Leibbrand, sagt: » . . . damals habe sie – gerade als sie gesegneten Leibes gewesen – einen leidenden Schenkel (= Rotlauf) bekommen und bei der Keplerin ein Bad genommen . . . sie habe dabei nicht nur ihr, sondern auch ihrer Leibesfrucht nach dem Leben getrachtet«.

- Johann Bernhård Buckh (Magister und Pfarrer von Leonberg) sagt aus: » . . . er hätte von Jörg Hallers Weib vernommen, daß sie von der Zieglerin gehört habe, es sei erst neulich ein Haar aus ihrem offenen Geschwulst gekommen, das nicht heilen wolle«.

- Der Schneider Daniel Schmidt sagt aus: » . . . die Keplerin habe sich über die Wiege seiner Kinder gelegt. Sie hätten daraufhin große Knochen bekommen und wären (daran) gestorben«.

- Der Metzger und Gastgeber (= Wirt) »Zum Ochsen«, Christoph Frickh, sagt aus: » . . . er habe plötzlich Schmerzen an seinem Schenkel verspürt, gerade als die Keplerin vorbeigekommen . . . es sei ihm wie ein Nebel vor Augen geworden . . . dann habe er sich damit behandelt, daß er sich den Schenkel mit einem mit seinem eigenen Urin getränkten Tuch umwickelt habe«.

- Anna Maria Maisterlin, die Tochter des verstorbenen Pfarrers aus Gebersheim, trägt vor: » . . . sie habe an der linken Hüfte einen heftigen Stoß erhalten . . . als sie sich umdreht, sah sie die Keplerin über den Schloßplatz gehen, von der sie wußte, daß sie im bösen Verdacht stehe . . . der Schmerz stelle sich jeweils bei Neu- und Vollmond wieder ein«.

- Der Sattler sagt aus: » . . . als die Keplerin bei den Schweinen vorübergegangen sei, haben diese im Stall zu jammern begonnen und eines sei darüber gestorben«.

- Die Hausbäckin sagt: » . . . bei ihr wäre ein Kalb erkrankt . . . die Keplerin ›könne es geritten haben‹, doch sie könne nicht unter Eid sagen, daß sie schuld daran sei . . . auch sei sie nicht im Stall gewesen«.

- Der Küfer von Leonberg, Jacob Koch, sagt aus: » . . . Michael Stahl hätte bei Martin Weißhaupt erzählt, Martin Nestler hätte nach gelungener Operation auf die Frage nach dem Grund seiner Krankheit auf eine Katze, die oben im Gebälk der Scheune lag, gewiesen und gemeint, er wollte, er könnte mit einem nassen Finger auf sie zugehen, denn sie wäre ihre Nachbarin«.

Die Anklage machte es sich leicht und konstruierte unter Berufung auf juristische Autoritäten ein weiteres »indicium post capturam«. » . . . die Verhaftete habe die vom Fürstlichen Anwalt am 4. September 1620 zusammengefaßten 21 Artikel . . . alle miteinander über einen Haufen geleugnet und dem Richter die Wahrheit wissentlich verleugnet . . . und sei dadurch bei der lügnerischen Tat (›in manifestis mendaciis‹) handhaft ergriffen worden«, was ja nichts als eine leere Behauptung war.

Der vom Güglinger Vogt abgeschlossene, dickleibig gewordene Akt wurde der Tübinger Juristenfakultät übersandt, die zu entscheiden hatte, ob die Beklagte gefoltert werden solle oder nicht[161]. Die Juristen entscheiden am 10. September 1621 zur Erlangung der gründlichen Wahrheit auf die Folter, allerdings nur im ersten Grad (= territio verbalis). Im Urteil heißt es ausdrücklich: » . . . daß sie vom Nachrichter nicht angegriffen, noch viel weniger gefesselt oder aufgezogen, auch noch sonst gemartert werden sollte«. Begründet wird es mit ihrem Alter und der Unzulänglichkeit der Indizien.

Die Publizierung und Vollstreckung des Urteils fand am 28. September 1621 früh gegen 7 Uhr statt. Doch blieb die Keplerin – nach den Worten des Güglinger Vogtes – beim Leugnen und sagte: » . . . man mache mit ihr was man wolle . . . wenn man ihr auch eine Ader nach der anderen aus dem Leib herausziehen wollte, so habe sie doch nichts zu bekennen. Sie fiel auf die Knie, betete ein ›Vater Unser‹, und bat, Gott möge ein Zeichen geben, wenn sie eine Hexe oder Unholdin sei, wenn sie jemals etwas mit Hexerei zu tun gehabt habe. Sie wisse, Gott werde die Wahrheit an den Tag bringen und seinen heiligen Geist nicht von ihr nehmen. Gott werde die Zeugen strafen, welche sie in diesen Handel gebracht hatten, denn es geschehe ihr Gewalt und Unrecht«.

Daraufhin mußte sie der Güglinger Vogt in das Gefängnis zurückbringen, bis weitere Entscheidungen getroffen wurden. Am 3. Oktober befahl Herzog Johann Friedrich v. Württemberg den Endlichen Rechtstag anzusetzen und die Keplerin, » . . . die sich durch die ausgestandene ›territio‹ von den Vorwürfen gereinigt hatte, freizusprechen«. Seit der Überstellung der Keplerin von Leonberg nach Güglingen waren 405 Tage vergangen, was (auch) die Gerichtskosten nach oben getrieben hat. Sie wurden wie folgt aufgeteilt: Christoph Kepler 30 Gulden, der Glaser Jacob Reinbold 10 Gulden, die Amtsstadt und das Amt Leonberg jeweils 40 Gulden. Die Eintreibung der Kosten zog sich jahrelang hin. Katharina Kepler stirbt etwa ein halbes Jahr nach der Entlassung aus der Haft am 13. April 1622. Ihr Vermögen betrug nach dem Tod, das Inventar berücksichtigt, 773 Gulden und 46 Kreuzer, von denen nach Abzug der Verbindlichkeiten 54 Gulden und 51 Kreuzer übriggeblieben sind[162].

Es ist unbestritten, daß ohne die aktive Hilfe – insbesondere ihres Sohnes Johannes – der Prozeß mehr zu ihren Ungunsten ausgegangen wäre. Er rettet seine Mutter – buchstäblich in letzter Sekunde – vor dem Scheiterhaufen und dem sicheren Tod.

Von den Mondhexen – Keplers Stellung zur Hexenfrage

Es gibt nur wenig Menschen, die in der Lage sind, die Bannmeile der religiösen Schranken zu überschreiten, bzw. zu erkennen, was sich dahinter befindet. Dies ist zu allen Zeiten so gewesen, hat sich jedoch im Lauf der Jahrhunderte in zunehmender Kritik geäußert. Schon antike Denker machen sich über manche Wesensinhalte der Religion lustig. Naturwissenschaftler *und* Historiker tragen – quasi seit der Aufklärung – systematisch Steinchen für Steinchen des Trümmerfeldes ab, das sich Kirchengeschichte nennt. Sie reißen Teile der als sicher geglaubten Beute und dokumentieren, daß sich die Theologen mit Spekulationen beschäftigen. In die Reihe der Kritiker gehören Galilei und Kepler: an ihrem fundamentalen Wissen scheitert die kuriale Ohnmacht und ihre haltlose Vorstellung von den Zusammenhängen um die Himmelskörper.

Galilei schreibt an Kepler: » . . . du bist fast der einzige, der meinen Angaben Glauben beimißt. Als ich den Professoren am Gymnasium von Florenz die Trabanten des Jupiter durch mein Fernrohr zeigen wollte, wollten sie weder diese noch das Fernrohr sehen. Sie verschlossen ihre Augen vor dem Licht der Wahrheit. Diese Menschengattung glaubt, in der Natur sei keine Wahrheit, sondern nur in der Vergleichung der Texte. Ich denke, wir lachen über die Dummheit des Pöbels«.

Der Theologe Hafenresser trägt Kepler zu: » . . . Gott verhüte es, daß Du deine Hypothese mit der Heiligen Schrift in Übereinstimmung zu bringen suchst. Ich fordere von Dir, daß Du lediglich als Mathematiker handelst und die Ruhe der Kirche ungestört läßt«.

Um was geht es? 1543, im Todesjahr des Kopernikus, erscheint das Werk, das die realen Grundlagen der Himmelsordnung vermittelt und damit im Gegensatz zur geläufigen kirchlichen Auffassung steht: sie zerstört gleichzeitig das Weltbild des spätmittelalterlichen Menschen. Kepler spinnt diesen Faden weiter: hierzu gibt es ausreichend Spezialliteratur. Er stellt die These auf, daß sich die Erde mit den Planeten um *eine* Sonne bewegt. Daraufhin setzt man das Kepler'sche Buch mit Datum vom 5. März 1616 auf den Index der verbotenen Schriften.

Der Index ist ein politisches Instrument und in gewisser Weise mit der Beichtpflicht der Katholiken vergleichbar. Warum stehen die verfänglichen Bücher wie der Hexenhammer, doppelbödige Moraltheologen (Liguori) und von umstürzlerischen Staatsgedanken getragene jesuitische Arbeiten *nicht* auf ihm. Einfach: sie liegen auf der Wellenlinie des Klerus. Am Rand sei erwähnt, daß die Jesuiten früh versucht haben, Kepler in ihr »geistiges« Lager zu ziehen.

Kepler erkennt den menschlichen Hochmut und kämpft sein ganzes Leben gegen Aberglaube, Wunder und Vorzeichen. Dies zeichnet ihn als seiner Zeit weit vorauseilend aus. Kepler läßt in Bezug auf die Geister die Frage offen, ob es real ist, an solche zu glauben. Den Aussagen der Hexen über angeblich von ihnen verrichtete Wunder legt er keinen Wert bei, » . . . weil sie durch die Macht von Mißhandlungen hervorgerufen werden«. Den Luftflug der Hexen macht er lächerlich, in dem er in seinem Traum von der Beschaffenheit des Mondes erzählt, daß man auf der im Äther gelegenen Insel Levania alte und ausgetrocknete Weiber kenne, denen von Jugend an dieser Glaube eingetrichtert worden sei, um nächtlich auf Böcken und Gabeln ungeheure Strecken nach der Erde zu durcheilen. Erläuternd fügt er hinzu: » . . . wenn das wahr sei, was die meisten Tribunale vom Luftflug der Hexen erzählten, so wäre es doch vielleicht möglich, daß ein gewisser Körper, von der Erde abgestoßen, bis zum Mond getrieben werde«. Kühn zeichnet er vor, was heute Wissenschaft und Technologie erreicht haben: die bemannte Weltraumfahrt.

Hexenwahn in Oberschwaben[163]

In einem Vortrag von 1882 hebt Prof. Dr. Ofterdinger hervor: » . . . in Ulm sollen keine Hexen verbrannt worden sein, was ich jedoch nicht glaube; man wird die Prozeßakten (noch) nicht gefunden haben«[164]. Die Geschichte hat ihm rechtgegeben. Heute wissen wir, daß der Hexenglaube auch in Schwaben 250 Jahre angehalten hat[165]. Die Bevölkerung ist durch alle Bildungsgrade und Altersstufen so abergläubisch wie anderswo[166]. Nachweislich hat man Hexen an Pranger gestellt, sie des Landes verwiesen, enthauptet und/oder in einem Sack in der Donau ertränkt. Dr. jur. Jacob Kuösch, Consulent der gräfl. Herrschaft von Königs-Egg, hebt im September 1665 hervor:

. . . daß es für Hexenkinder fast der übliche Tod sei, . . . ihre Adern in einem warmen Bad zu öffnen . . . und darin ihr Leben ausrinnen lasse«[167]. Die Gegend um den Federsee wird noch heute vereinzelt als »Hexengäu« bezeichnet. Saulgau handelt sich die Bezeichnung »Hexenstädtle«[168] ein und auf dem Heuberg (Balingen) steht ein »Hexenbäumchen«. Das 17. Jh. hat die Hexenprozesse mit seinem blutigen Griffel in die Geschichte mancher Städte und reichsstädtischen Gebiete Oberschwabens eingetragen[169]. Sauter konstatiert: » . . . wie viele Justizmorde in unserem Oberschwaben geschahen, weiß allein der liebe Gott. Er weiß aber auch allein, wie wir selbst als Kinder jener Zeit geurteilt hätten«.

Tatsache ist, daß bereits Johann Nider (gest. 1440) im Formicarius hervorhebt: » . . . daß auf dem Konstanzer Konzil (1414 – 18) Scharen von Sucuben in der Gestalt feiler Dirnen anwesend waren«. Präziser belehrt uns der Hexenhammer; dort wird erwähnt, daß (um 1480) allein 48 Hexen in Oberschwaben aus den Diözesen Konstanz und Ravensburg hingerichtet worden sind[170].

Aldenberger sagt in seinem »Fewer-Spiegel«[171] » . . . daß Anno Christi 1580 im Februar vom 7. biß auff (den) 20. Julij hundert vnd vierzehn Zauberin vnd Hexen verbrand worden . . . welche den Menschen, Viehe vnd Getreid auff dem Felde mit ihrem Teuffelischen Zauberwerk grossen schaden zugefügt. Unter ihnen habe sich ein Hexenmeister oder Drudenkönig befunden«. In Ulm wird 1538 eine Person wegen Hexerei gefänglich eingezogen. In diesem Zusammenhang wird der

Nürnberger Rat um eine Auskunft gebeten[172]. In den Hexenakten von Waldsee von 1581 wird gesagt: »... Diß hernach drei Arme weiber, Eva Schwärzin und Anna Beuchlin und Elsbeth scharberin, Alle von Waldsee, sein umb hexischer Sachen willen mit dem Fewr gestrafft worden«[173]. In Rottweil wurden von 1580 bis 1648 97 Menschen wegen Hexerei hingerichtet. Das Ulmer Urgichtbuch von 1594 sagt, daß in einem Zeitraum von 43 Jahren 149 Verurteilungen zu Feuer, Rad, Schwert, Strang, Rutenaushauen mit Landesverweisung, »Ohrenstimblen«(?) usw. gefällt worden sind. Drei der Opfer wurden wegen Hexerei verurteilt[174]. 1672 erhalten die geschworenen Richter aus dem Stadtsäckel von Saulgau eine Extravergütung, »... weil sie von Fastnacht bis Pfingsten täglich mit der Hexerei befaßt waren«[175]. Wir haben einen getreuen Spiegel der Gesamtsituation vor uns. Einige Feinheiten sprechen die württembergischen Malefizordnungen aus. So sollen die Daumenschrauben und spanischen Stiefel erst 1622 zur Anwendung gekommen sein[176].

Schwäbische Hexenberge

Die Saulgauer Hexen hatten ihre Tänze auf dem »Schellenberg«[177]. Eine Hexe aus Waldsee wurde von ihrem Buhle auf einem grauen Schimmel abgeholt und fuhr mit ihm auf den Petersberg[178]. Sie begnügt sich mit der Angabe: »... daß daselbst Gesottenes und Gebratenes ... aber weder Brod noch Salz aufgetragen ... auch nicht getanzt worden sei«. Anna Persauer gesteht: »... sie habe zu den Hexentänzen gehen müssen, weil sie keine (Flug)-salbe gehabt habe. Die Königseggwalder Hexen hatten ihren Tanz beim »breiten Moos zu Ebenweiher«, zu »Wolpertsschwende« und »beim Galgen bei Holzkirch«. Öfter wird der »Heuberg« genannt, auf dem noch heute das »Hexenbäumle« steht.

Von diesem Berg schreibt Crusius in der Schwäbischen Chronik: »... nicht weit von Balingen ist der berühmte Berg, den man Heuberg nennt, und von welchem man vorgibt, daß die Hexen auf demselben zusammenkommen und ihre Hexenkünste treiben ... es ist übrigens gewiß, daß im Herbst des Jahres 1589 etliche dergleichen Weiber und der fürnehmste Ratsherr zu Schemberg verbrannt worden, die alle bekannt haben, daß sie gewohnt gewesen,

des Nachts auf diesem zusammenzukommen, um mit Teufeln zu tanzen, zu thun (zu) haben, (und um) Menschen und Vieh zu beschädigen«.

Nach den Beilagen zur Geschichte der Stadt Rottweil[179] setzte sich Anna Gritzerin von Schömberg, wohnhaft in Neufra, auf ihre Gabel mit der ihr vom Teufel bezeichneten Worten: »... auß und ahn, stoß nirgends an«, und fuhr zum Heuberg: »... nit weit von Mahlstet zu einem Danz«. Daß sich von auswärts ebenfalls Hexen auf dem Heuberg zusammenfanden, geht aus den Prozeßakten von Konstanz (1555) hervor, wo eine dortige Hexe gestand: »... sie sei auf einer Sau und einer grauen Katze auf den Heuberg geritten«[180].

Eine Kollegin von ihr, Margaretha Urnauer, sagt u.a.: »... die alten Hexen gelten nichts auf dem Heuberg ... sie mußten sich darum mit den dümmsten Teufeln begnügen«[181].

Der Sindelfinger Vogt beschreibt eine solche: »... als eine kurze Person, so mit einem Buckel beladen ist ... ein sollich schandhäßliches Weibsbild, daß es schier nicht zu glauben«[182]. Agnes Montelin, die am Samstag nach dem 22. März 1629 in Rottweil hingerichtet worden ist, bekannte: »... (es) seien viel mehr weiber als männer allda gewesen«.

Traut Würtlin sagt aus: »... sie wäre auf einer Ofengabel zum Heuberg gefahren ... dort habe man gegessen, getrunken, getanzt und aller Wollust gehegt«[183]. Das 11- oder 12-jährige Mädchen von Ebersbach, Maria Auver[184], das gestanden hat, mit ihrer Mutter zum Heuberg gefahren zu sein und am 17 Oktober 1667 enthauptet wird, hat dort »getanzt, eine Leyer gehabt und mit dieser aufgespielt«. Vielleicht sang man dort das Hexenlied: »... Harr, Harr, Harr, Teufel, spring hier, spring her, hüpf hie, hüpf da, spiel hie, spiel da«[185].

Von besonderem Reiz dürfte sein, daß die Hexen (auch) Wallfahrten unternommen haben. Aus den Waldseer Akten geht hervor, daß Anna Brauchlin: »... vielfältig nach Einsiedeln gegangen sei: auf ihrem vierten Gang sei sie von Fischbach aus über das Hörnlein auf ihrem Pilgerstab, den sie geschmiert, bis zur Herberg über'm Steg gefahren: ebenso von der Brücke bei Rappertswyhl über den Etzel hinauf bis für die Kapelle sei sie zweimal auf ihrem geschmierten Pilgerstab gefahren«[186].

Waldseer Hexen

1680 wird Ursula Schulthaißerin, »... des Maurers Michael Gressers Weib«, als Hexe denunziert. Sie legt folgendes Bekenntnis ab:

- »... vor Jahren sei der Teufel, den sie ›Krautle‹ nannte, zu ihr über das Bett gekommen und habe von ihr begehrt, sie solle sich ihm ergeben, (auch) alle Heiligen, Gott, sowie die Jungfrau Maria verleugnen, wofür er ihr genug geben wolle. Sie habe in solches gewilliget und ihm die linke Hand darauf geboten, worauf er ihr zwei Kreuzer gegeben, die sie jedoch (nachher) nicht (mehr) habe finden können«.

- »... vor zwei Jahren habe sie des Organisten falbe Kuh mit einem weißen Stecklein gestochen ... daran sie gestorben. Auch Georg Schuölers sel. Gais habe sie mit einem weißen Steckchen und Teufelssalbe ertödtet; dem Weib desselben habe sie Wein mit einer grünen Salbe, die ihr ihr Gespons verschafft habe, zu trinken gegeben, woran sie gestorben ... sein Kind habe sie mit einer Salbe getötet«[187].

Traut Würtin, die am 5. Juli 1685 in Waldsee als Hexe eingeäschert wird, bekennt:

- »... ihr Gespons, Fäder Hans, sei vor sechs Jahren in einer Bauerngestalt auf dem Petersberg zu ihr gekommen und habe ihr Geld in einem Briefle und ein Fuder Holz gegeben, das aber (zu) nichts nutzig gewesen ... als sie es habe brauchen wollen«.

- »... wieder sei er (zu ihr) gekommen und habe (sie) gefragt: › ... ob sie Holz kaufe‹, worauf sie geantwortet: ... du hast mich betrogen. Er habe (ihr daraufhin) ein anderes Geld geben wollen, das sie (jedoch) nicht genommen. Nun habe er ihr versprochen, genug zu geben, wenn sie Gott, Maria und alle Heiligen verleugne, ihm folge und alleinig sein eigen sein wolle. All das sei von ihr mit einem Handschlag zugegeben worden«[188].

- »... sie habe eine grüne Salbe erhalten, mit der sie Khüngelters Sohn in Fäderles und (in) aller Teufel Namen angestrichen und (diesen) krumm und lahm gemacht ... und ein schwarzes Sälble, mit dem sie in einer Suppe ihre Schwester ertödtet«.

Sybilla Schuolerin wird gleichfalls in Waldsee als Hexe hingerichtet. Sie gesteht:

- »... ihr Buhle heiße ›Fäderhans‹. Von ihm habe sie eine weiße und gelbe Salbe erhalten«.

- »... sobald sie Hebamme geworden, sei der böse Geist zu ihr gekommen und habe ständig mit dem Befehl in sie gedrungen, daß sie schwangeren Weibern in Kindsnöthen – und auch bei den Geburten – zusetzen und (ihnen) Schaden zufügen solle«[189].

Verena Schneiderin sagt aus:

- »... sie habe von ihrem Buhlen, den sie ›Federlin‹ heiße, ein schwarzes Pulver und eine schwarze Salbe bekommen, mit der sie vier Kinder getötet ... auch habe ihr der böse Geist einen Hafen mit Wasser gegeben, mit welchem sie Wässer (= Überschwemmungen) machen sollte ... doch habe sie kein Wetter zustande gebracht ... nur Rauch und Regen sei geworden«.

Veronica Leuchtlin sagt aus:

- »... der Teufel habe ihr ein bräunliches Pulver gegeben, um ihren Mann zu töten ... und ein gesalbtes Stecklein ... um eine Kuh in des Teufels Namen zu schlagen«.

Von Anna Steuchlin, die am 5. Mai 1645 hingerichtet wird, ist lediglich eine Sentenz der Urgicht bekannt. »... sie soll dem Scharfrichter übergeben, an den Richtplatz geführt und unterwegs dreimal mit glühenden Zangen (an)gegriffen (werden), hernach an einen Gaul gebunden, daran erdrosselt, hernach verbrannt und (daraufhin) ihre Asche vergraben werden. Gott der allmächtige wöll ihrer Seel gnädig und barmherzig sein«[190].

Prozeß gegen Katharina Bosch (v. Wald)

Katharina Zollerin klagt gegen die Genannte und trägt vor: »... sie sei in der Nacht über das Bett (zu ihr) gekommen, (und) habe sie so lange gedruckt, daß sie nichts mehr habe reden können ... habe kein Wort gesprochen, sondern (sie sei) wieder zur (gleichen) Tür hinausgegangen, wo sie (auch) hereingekommen. Daraufhin hab sie die Zollerin durch einen offenen Laden ... bei des Schneiders ihres Nachbars Haus bei völligem Mondschein mit einem Strohwisch in der Hand herumgehen sehen, (so) als ob sie das Haus (habe) anzünden wollen«[191].

Daraufhin wird sie gefänglich eingezogen und gütlich befragt. Da sie »auf nochmaliges gütliches Erinnern in nichts wollte geständig sein«, wurde sie an die Folter – jedoch anfangs leer – geschlagen, hernach aber ihr ein schwerer Stein angehenkt . . . und an die Blöße soll (sie) mit der Taufkerzen ziemlich hart gebrannt worden sein, welche Schmerzen sie annoch zu keinem Bekenntniß gebracht«[192]. Sie wird erneut aufgezogen, worauf sie »endlich« vor dem Obervogt »in der güete bekennt«.

- » . . . sie habe im oberen Holz zu Ebenweiler 3 Wetter machen helfen, ihrer 5 Hexen seien ungefähr dabeigewesen, als 5. der Teufel . . . sie haben in einem Häfele gerührt, worauf ein Rauch aufgestiegen und (es ein) Wetter geben, hätt sollen über den Maurer und Althauser Oesch gehen, sei aber in das nahe gelegene Ried gegangen. Die Abredung dessen sei zu Wolpertswende beim Tanz geschehen . . . und dies am Samstag«.

- » . . . der Teufel habe den Wein in einem unbekannten Keller in Ravensburg genommen, item aus des Wirths von Ebenweiler, des Hirschwirths Beckenhaus hansen und Schloß in Althausen ›zu Wolpertswende‹. Beim letzten Tanz, den sie mitgemacht . . . hat der Teufel den Wein aus des Joosen Keller von Offerach in einer hölzernen Flasche geholt«.

- » . . . sie nenne ihren Buhlen Gebele . . . sie mußte Gott und alle Heiligen verleugnen . . . außer der Mutter Gottes und der hl. Katharina, ihrer Patronin«[193].

Das Verfahren gegen Katharina Bosch ist von Interesse, weil eine »Besiebnung« erfolgt. Die Malefizordnung von Königseggwald sagt: » . . . weil ungewiß, was dem Maleficanten das Recht geben und was er vielleicht für einen Ausschlag gewinnen möchte, damit aber an seiner Seele Heil und Seligkeit nit verkürzt werde, soll man ihm Priester zuordnen, als mög er dasjenige, was er noch nicht bekennet, Gott und dem Priester beichten und über seine Sünd von Herzen Reu und Leid haben«.

Hier hat die Geistlichkeit eine Milderung des Urteils erreicht. Die Urgicht sagt darüber:

» . . . nachdem man die verhaffte Katharina Boschin auf die beschehene ›Besiebnung‹ von Königs Egg naher Holzkirch ins Wirtshaus auf dem Karren geführt und selbiger zu Versorgung ihrer Seel die HH. Geistlichen zugelassen, sind alle Gerichtsverwandte nach gehörter Meß am Morgen um 1/2 8 Uhr zusammengekommen, die Urtel anfangs, daß sie lebendig verbrannt werden sollte, weilen sie aber höchstens neben den HH. Geistlichen um Milderung gebeten, hernach (auf Tötung) durch das Schwert verfaßt«[194]. Sie wird am 1. April 1672 in Holzkirch mit dem Schwert vom Leben zum Tod gestraft . . . und ihr Körper (daraufhin) zu Asche verbrannt.

Um die menschliche Dramatik *nochmals* zu zeigen, die mit dem Hexentreiben verbunden war, nun zwei Beispiele. Sie liegen etwa 140 Jahre auseinander und dokumentieren, wie unendlich langsam sich das menschliche Gewissen, verbunden mit Toleranz und Einsicht, rührt. Es geht um die 1518/19 angeklagte Anna Spülerin von Ringingen und um die 1746 oder 1747 zusammen mit ihrer Tochter hingerichtete Barbara Bingeßerin.

Anna Spülerin von Ringingen

Im Dezember 1508 klagt Anna Spülerin im Oberamt Ehingen vor dem Stadtamtmann von Ulm gegen 23 Einwohner ihres Heimatortes. Sie verlangt eine Entschädigung (Wandel, Abschlag und Bekehrung): angeschlagen auf 2 000 Gulden, durch eine durch die Schuld derselben erlittene Unbill. Sie trägt vor: . . . vor einem Jahr sei ihre Mutter nebst einigen anderen Weibern auf Anrufen der Einwohner von Ringingen durch den Vogt von Blaubeuren als Hexe eingezogen worden. Da seien ihr Worte gerechter Entrüstung entfallen, wodurch sie, wie sich herausgestellt, verdächtig geworden. Um der Gefahr zu entgehen, hatte sie fliehen wollen, sei aber von Ortsansässigen eingeholt und nach Blaubeuren geschleppt worden. Daselbst im Gefängnis habe sie erwartet, daß ihre Unschuld wenigstens offenbar werde und sie (wieder) entlassen werde; aber niemand sei zu ihr gekommen, als gleich Abends eines ehrsamen Raths zu Ulm Züchtiger und Peiniger . . . der hätte sie ›streng, peinlich, unmenschlich und unweiblich behandelt . . . und von ihr wissen wöllen, sy wäre eine Hex(e)‹. Nachmals wäre sie in ein ander Fangknus und Gemach geführt und abermals nit ein, zwei, drei, viermal, sondern unmenschlich peinlich gemartert worden[195] . . . und ihr alle Glieder zerrissen, sie ihrer Vernunft und fünf Sinne beraubt, so daß sie ihr Gesicht und das Gehör nicht mehr hätte wie zuvor.

Darauf sei ein anderer Züchtiger von Tübingen mit dem Vogt gekommen, der ihr gedroht: › . . . sie wollen ihr alle Adern im Leib zerreißen, sie haben für und für wissen wollen sy wäre aine‹, . . . haben sie dann mit der Drohung verlassen, sie wollen Morgens wieder kommen und mit noch härterer Pein und Marter gegen sie handeln. Doch Gott habe sich ihrer erbarmt: sie sei noch in derselben Nacht aus ihrem Gefängnis erlöst worden«.

Jetzt verhört das Gericht die Denunzianten und gelangt zu dem Schluß: » . . . daß sie an der Pein und Marter der Spülerin nicht schuld gewesen«, was von diesen beschwört wird.

Jetzt appeliert die Klägerin an das Kammergericht: dieses verweist auf das Gericht von Biberach. Letztendlich wird sie freigelassen und sagt: » . . . sie habe sich für schuldig erklärt, um durch den Tod dem zu erwartenden Elend zu entgehen . . . denn niemand werde sie fortan aufnehmen und (ihr) zu Essen geben; man werde sie vielmehr schlagen und Hunde auf sie hetzen. Darum habe sie gewünscht, tot zu sein«[196].

Barbara Bingeßerin

1746 oder 1747 wurden im Obermarchtal 6 Hexen aus Alleshausen hingerichtet, nachdem man kurz zuvor zwei Schweizerinnen verbrannt hat. Eine der Opfer war die etwa 57-jährige Barbara Bingeßerin. Da sie als Hexe in Verruf kam, hat sie das Oberamtsgericht um Untersuchung des ihr zur Last Gelegten und um Schutz vor weiteren Verleumdungen; analog hatte dies Katharina Kepler getan, auf die ich anderweitig eingehe. Das Gericht sieht die Sache zu ihren Ungunsten, läßt sie verhaften und in Marchtal in den Hexenturm stecken.

Daraufhin wird sie zweimal gefoltert. Immer wieder bedrängten sie die Wächter, sie soll doch bekennen, bis sie ihnen endlich verzweifelt zurief: » . . . daß sie ein schlimmes Weib wäre, daß sie eine schlimme Hand habe und daß Jedermann, den sie anrühre, einen Schmerz empfinde und krank werde«[197].

Dies genügt, um sie erneut auf die Folter zu spannen, bis » . . . endlich und nach mehrmaliger Tortur, Exorzismen und Benediktionen,

der allmächtige Gott ihr steinhartes Herz berührt und erweicht, wo sie dann ohne ferneren Zwang ausgesagt und bekannt, daß sie mit dem Teufel, den sie ›Tambur‹ genannt, noch im Hexenturm gebuhlt habe . . . als sie sich ihm ergeben, habe er sie blutig gegriffen und sie als ›Bärbel‹ in sein Buch eingetragen; sie sei unzähligemale auf dem Hexentanz gewesen und habe (auch) ihre Tochter ›Annele‹ mitgenommen, das sie jetzt mit zu sich in die Ewigkeit nehmen wolle. Es sei ihr liebes Kind gewesen und sie habe es noch bis zu dieser Stunde lieb. Ja, wenn es ihr jetzt unter das Gesicht kommen würde, wollte sie zu ihm sagen: . . . Annele, wir haben einander allezeit lieb gehabt, jetzt wollen wir auch miteinander in die Ewigkeit gehen und sehen, wie wir in den Himmel kommen«.

Daraufhin wird ihre Tochter eingezogen, verhört, gefoltert, hingerichtet und mit der Mutter (zusammen) verbrannt.

Ulm/Donau

Hier läßt sich vergleichsweise nachvollziehen, wie sich das städtische Leben »ansonst« abgespielt hat. Man darf nicht nur die angeblichen Hexen, bzw. deren Verfolgung sehen. Eine reale Betrachtung ist nur möglich, wenn man dieses Phänomen in das jeweilige Zeitbild stellt. Wir finden – geradeso wie heute – Schwatzsucht, Denunziantentum, Übermut, Hinterlist, Besserwisserei, rechthaberisches Getue und Imponiergehabe, Einfalt, Obrigkeitswahn, religiöse Schwärmerei, Haß, Mißgunst und Neid. Die Rechtssprechung verfolgt das Ziel der Abschreckung.

In Ulm gab es kein Zuchthaus für lang angesetzte Strafen. Todesstrafen wurden verhängt wegen Mord, Totschlag, Brandstiftung, Körperverletzung, Abtrag (= Unterschlagung) und Diebstahl. Nach Geiger kamen im 17 Jh. an Hinrichtungen vor: Köpfen 64, Hängen 29, Rädern 2, Erschießen 3, und Verbrennen 1. Hinzu kamen das Abschneiden eines oder beider Ohren, Aushauen mit Ruten, Verweisung (= hinausbaiken). Turm- und/oder Blockhausstrafen, sowie hohe Geldstrafen bei Vermögenden, aber auch Lieferung von Backsteinen für den Festungsbau.

Die 16-jährige Anna Gaßnerin, eine Ulmer Schneiderstochter, wird mit dem Schwert hingerichtet. Im Volksmund heißt sie das »Unholden- oder Hexenmädle«. Sie soll sich mit eige-

Allgemeine Situation in Ulm

Wann	Begebenheit
1484	Das verrufene Kloster der Klarisinnen in Söflingen wird gegen den Widerstand der Insassen visitiert. Die Chronik sagt: ». . . außer dem Pfarrer Neithart zogen viele Bewaffnete mit.«
1606	wird ein Kramer mit dem Schwert hingerichtet, weil er den Lodenweber Hans Oswald erstochen hat.
1608	(20. Mai). Ein Kürschnergeselle begeht Selbstmord, weil er einen anderen durch einen Stich in den Hals schwer verletzt hat. Die Chronik berichtet: ». . . man hat ihn in ein Faß geschlagen und auf dem Wasser (= der Donau) weitergeschickt.«
1609	(19. Juni). Benedikt Mühlich, Wirt z. Salzscheibe, wird geköpft, weil er einen Student aus Eisleben im Jähzorn mit einem Messer erstochen hat.
1612	(8. Februar). An der Frauensteige findet man ein armes erfrorenes Weib, ». . . welches den größten Teil ihrer Kleider den zwei Kindern, die sie bei sich hatte, gegeben hat, welche am Leben geblieben sind.«
1614	Am Himmel wird ein rotes Kreuz entdeckt . . . (und) man hat einen feurigen Drachen gesehen.
1615	stirbt der Junker Heinrich Schad. Man hat ihn wegen seines epikureischen Lebens – und weil er nicht kommuniziert (hat) – die Leichenpredigt versagt.
1615	(7. August). Der Bäcker Noah Kolb wird zum Tod durch das Schwert verurteilt. Er soll ein Mädchen aus der Rechenschule unsittlich belästigt haben. Zudem gab er (bereits) 1606 göttliche Offenbarungen von sich.
1616	(24. Februar). Hans Fauß wird mit seinem Weib an den Pranger gestellt.
1616	Die Mutter des Pfarrers Johs. Miller in Main, wird eingezogen, weil ihr Sohn angedeutet haben soll, sie habe ihm »einen blöden Kopf gemacht.« Eine minderjährige Enkelin habe zu einem anderen Mädchen gesagt: ». . . sie sei schon öfters mit der Ahne ausgefahren.«
1621	Anna Gilg aus Nellingen, genannt Gilgen Anna, wird im Alter von mehr als 80 Jahren als Hexe eingezogen und enthauptet. Sie soll nicht nur gehext, sondern (auch) ihren Mann vergiftet haben. Der damalige Bürgermeister Hans Kraft setzt sich für sie ein, kann jedoch nur erreichen, daß man sie vor dem Verbrennen enthauptet.
1623	kommt der Astronom und Mathematiker Johannes Kepler nach Ulm und hält sich bis 1626 hier auf.
1623	(27. März). »Ein Floß kommt aus dem Allgäu, auf dem sich 30 Personen befanden, welche nach Böhmen ziehen wollten. Das Floß fuhr an einen Pfeiler an der Donaubrücke und ging auseinander . . . ein Kind in einer Wiege ist bis an die Totenhütte (beim Gänstor) geschwommen und hier lebend aufgefangen worden.«
1628	werden Apfelbach, Markeslheim, Degmarn und Mergentheim 137 Hexenprozesse eingeleitet. Davon werden 127 als Hexen teilweise verbrannt und teilweise ersäuft.
1683	(8. Oktober). Anna Schmölzin von Kaufbeuren wird mit Ruten gestrichen und ihr ein H auf die Stirn gebrannt, weil sie sich mit einem Bürgersohn vergangen hat. Der Johanna Östreicherin aus dem Salzburgischen hat man einen Galgen auf die Stirn gebrannt, weil sie bei dem Visierer (= der das Weinumgeld kassiert) in Langenau gestohlen hat.
1756	wird in Landshut ein 14jähriges Mädchen wegen des Umgangs mit dem Teufel enthauptet und verbrannt.

nem Blut an den Teufel verschrieben und die Hexerei von ihrer Großmutter erlernt haben. In diesem Zusammenhang wird der Scharfrichter Dietrich Deigentesch erwähnt, der hier sein Meisterstück abgelegt haben soll. » . . . er habe ihr den Kopf so schön herabgenommen, als es jemals gesehen worden«.

In Ulm wurde 1619 auf dem Garnmarkt ein Galgen errichtet, da das eigentliche Hochgericht auf dem Galgenberg zu entfernt war. Auf dem Markt wurden Enthauptungen durchgeführt. Beim Aushauen wurde der Delinquent nach einer Verbüßung am Pranger vom Henker unter fortwährendem Hauen mit einer Rute vor das Frauentor (auch: Herdbrucker-Tor) getrieben und dort des Landes (auf auf immer) verwiesen.

Ulmer Verkünd-Zettel[198]

Urgicht und Verkündt-Zedul (= Zettel) sind identisch. Es handelt sich um das Verzeichnis der dem Delinquent zur Last gelegten Missetaten, bzw. seiner Geständnisse incl. des Urteils, das ihm oder ihr unmittelbar vor der Exekution öffentlich vorgelesen wird. In der Regel unter dem Rathaus, der Gerichtsstube, auf dem Markt oder der Hauptstätte (= Richtplatz). Bis auf die Vollstreckung des Urteils beschließt er den »endlichen« Rechtsgang.

Verkünd-Zettel gegen Catharina Rüessin

» . . . diese hierunten stehende arme (und) gebundene Weibsperson mit dem Namen Catharina Rüessin von Großen Süessen, die Michel Ruessen den Beckhen etliche Jahre zur Ehe gehabt und die daselbst gewohnt . . . ist im Monat Juni wegen der Ursache in Haft gekommen, daß sie in dem genannten Süßen einem jungen Hirtenbube einen Wecken zu essen gegeben, darüber er erkrankt (ist) . . . wie vermeldet wurde. Sie hat während ihrer Haft sowohl in der Güte wie in der Strenge gutwillig bekannt, daß, als sie vor 8 Jahren wegen eines begangenen Ehebruchs im Geislinger Turm gelegen . . . der Teufel zu ihr gekommen sei . . . Er habe ihr zugemutet und (von ihr) begehrt, daß sie die gebenedeite Drei-Einigkeit, der christlichen Kirche und denen von Gott eingeleiteten Gliedern absage und (daß sie) den christlichen Glauben und die Taufe verläugnen soll . . . was sie (auch) getan und sich daraufhin dem leidigen Satan mit einem in die Hand gegebenem Versprechen ihm zu Leib und Seele ergeben.

. . . sie habe ihm versprochen, daß sie sich zu allerlei Schäden und Verderbung ihrer Mitmenschen mit Zauberei und Vergiftungen gebrauchen lassen wollte . . . zu welchem Ende ihr der leidige Satan nicht allein ein vergiftetes Pülverlein zugestellt, damit sie Menschen und Vieh Schaden anthun könne . . . sondern es sei auch kurz vor ihrer Verhaftung im Laubhölzin der böse Feind zu ihr gekommen und habe sie gefragt, ob sie kein Wecklein bei sich habe.

Sie habe ihm ein Laiblein gezeigt, ihm dasselbige gegeben, welches er dreimal in der Hand umgedreht und drei schwarze Körnlein hinein getan hat . . . und es ihr dann wieder zugestellt . . . welches sie danach dem erwähnten Roßbuben zum Essen gegeben, der auch alsbald (danach) erkrankt und in Lebensgefahr gekommen ist . . . und noch ist. Dieweil dann die Malefikantin, wegen der von ihr verübten und oft freiwillig bekannten Tat und abscheulichen (auch) erschröcklichen Miß- und Übeltaten gegen alle göttlichen, geistlichen und kaiserlichen Rechte gehandelt und getan . . . So haben meine g.g. Herrn, die Ältern, Bürgermeister, Rat und Gericht zurecht auf das Urteil erkannt und gesprochen . . . das nach Verläutung des gewöhnlichen Glöckchens der Meister (= Scharfrichter) die Malefikantin im Turm fesseln soll . . . sie dann auf den Markt führen . . . sie dann zur Verkündung unter oder vor die Kanzel stellen und (sie) daraufhin hinaus vor das Glöckler Tor und auf die Hauptstatt (= Richtstätte) führen und sie daselbst mit einem Schwert so lange richten . . . daß der Leib der größere und ihr Kopf der kleinere Teil ist. Hernach soll beides, der Kopf und der Leib, zu Asche verbrannt und in ein fließendes Wasser geworfen werden. Sollte dies dem Scharfrichter mißlingen, soll niemand Hand an ihn legen. Gnade Gott der Seele. Actum. Montags, den 11. Oktober 1618.

▶

Hans Krafft von Dellmensingen. Bürgermeister von Ulm. Er zeichnet sich durch eine wissenschaftliche Bildung aus und versuchte (erfolglos) eine wegen Hexerei angeklagte »Weibsperson«, die zum Tod verurteilt war – vor dem Scheiterhaufen zu retten.
Stadtarchiv Ulm 141-35-1. Mit freundl. Genehmigung.

Verkünd-Zettel der Anna Uebelhierin

» . . . diese hierunten stehende, arme und gebundene Weibsperson mit dem Namen Anna Uebelhierin, Jörgen Millers von Aufhausen hinterlassene Witwe, ist wegen Verdachts auf Hexerei und Zauberei in den Turm geführt worden. Sie hat in gütlicher und peinlicher Frag(e) folgende erschrockenliche Übeltaten bekannt und ausgesagt:

- Daß sie zweimal mit einer ledigen Mannsperson in Unehren zu tun gehabt und mit ihm die Ehre gebrochen.
- Daß sie vor ungefähr 18 oder 19 Jahren aus Blödigkeit hinter den bösen Feind geraten sei . . . daß er das erstemal nachts in der Gestalt ihres Mannes an ihr Bett gekommen . . . und sie gemeinsame (Sache) mit ihm gehabt, sie dann hinaus auf eine Wiese geführt, wo sie Gott und seinen Werken absagen, dagegen sich ihm verschreiben mußte und dieses mit ihrem eigenen Blut getan hat. Er habe es ihr aus der rechten Achsel genommen und er habe ihr die Hand selber geführt . . . also sei der große Teufel in einem Sessel gesessen, vor dem sie niederfallen und ihn (habe) anbeten müssen.
- Danach habe er ihr eine Salbe, ein wurtz (= wohl: eine Wurzel) und ein Pülverlein gegeben mit dem Befehl, daß sie Leute und Vieh damit verderbe.
- Sie habe es einem gar armen Gesellen aus Uffhausen jungen Kind in den Tod zum essen gegeben. Diesem armen Mann hat sie noch ein anderes Kind, so ein döchterlein, ebenfalls schadhaft gemacht und (es) verdorben, indem sie ihm die oben erwähnte Salbe an den Fuß gestrichen. Es habe ihr dann zwar herzlich erbarmt, aber sie habe ihm nicht mehr helfen können und der böse Feind habe dies (auch) nicht haben wollen.
- Sie habe ihrem Mann Schnitten gebacken und das oben angeführte Pülverlein daruntergetan, also er daraufhin bald gestorben ist.
- Zum Anfang dieser Sachen habe sie probeweise mit der Salbe zwei Kitzlein und eine Gaiß verdorben . . . außerdem einem Mann aus Aufhausen ebenfalls ein Kitzlein. Sie habe es mit der Hand eingeschmiert und sei ihm über den Rücken gefahren. Sie habe ihm Schaden zugefügt, weil desselben Weib ihr gegenüber einmal unhöflich gewesen sei . . . deshalb habe sie sich darauf besonnen, seinem Weib etwas arges und schädliches zuzufügen.
- Einem Bauern von Aufhausen habe sie einen schönen Gaul verdorben, indem sie ihn ebenmäßig mit der Salbe bestrichen hat.
- Diesem Bauern habe sie ein- oder zweimal Erdbeeren gebracht, und ihm ein Pülverlein darunter gestreut, daraufhin er immerzu krank gewesen . . . und habe schier nichts essen können.
- Dergleichen habe sie einem Gaul einen Schuß aus einem Stecken gegebe . . . so ihr aber nicht angegangen, welches auch der Allmächtige werde verhindert haben.
- So habe sie in zwei anderen Orten (= Flekken, nit weit von Aufhausen gelegen) dem Vieh etlichemale Schaden zugeführt, habe allweg den weißen Stecken, an dem sie gegangen und den ihr der böse Feind gegeben, mit ihrer Salbe geschmiert . . . und was sie damit angerührt . . . sei verdorben gewesen.
- Außerdem habe sie etlichemale eine Salbe und ein Pülverlein zusammengerührt, in ein höckdorn(?) geschüttet und gemeint, dies würde aufgehen und einen Hagel ergeben, der die Früchte verderben soll, dies sei aber nie angegangen, allein einmal sei ein Nebel entstanden.
- Sie habe ein oder zweimal in Aufhausen, auch im Tal gegen Wiesensteig, auf die Weide ein Pülverlein gestreut, um das Vieh damit zu verderben. Dabei haben ihr andere Weiber geholfen, die sie nicht kenne.
- Außerdem habe sie einem von Aufhausen zwei Kinder verdorben, also daß sie noch bis zu dieser Stunde weder vor oder hinter sich können.
- Einem anderen von Aufhausen habe sie ein Kind verderben wollen. Es habe jedoch nicht geklappt. Ihrer Hoffrau Kind habe sie ebenfalls mit dieser Salbe angestrichen, also daß es danach schadhaft geworden.
- Im Herbst sei es ein Jahr hergewesen, daß sie in das Feld gegangen, am Reiterweg hinter einer Hecke gesessen und (dort) einen Hagel gemacht, worüber sie dann etliche Buben beschrieen haben.
- Und das hat sie auch bekannt, daß sie sich dem bösen Feind ergeben hat, mit dem heiligen Abendmahl, so oft sie es vom Pfarrer empfangen, auf Anweisung des leidigen

Teufels so gräulich und erschrecklich umgegangen, daß sie eigentlich eine viel höhere und größere Straf(e) verdient . . . Aber damit ihre arme Seele noch möge erhalten werden, so haben die Herren Älteren, Bürgermeister, Rat und Gericht . . .

der gemelten schrecklichen und greulichen Übeltaten wegen, weil sie mit ihnen wider alle göttlichen, geistlichen und kaiserlichen Rechte gehandelt, mit Urteil und Recht erkannt und gesprochen, daß der Meister nach dem Läuten des gewöhnlichen Glöcklein sich im Turm einfügen (soll), die Unholdin darinnen festbinden, danach hervor unter die Kanzel zu dieser Verkündung der von ihr verübten Übeltaten und danach hinaus zur Hauptstatt führen, sie lebendig auf einen Scheiterhaufen setzen, ihr einen Sack mit Pulver an den Hals hängen, damit sie desto früher hingerichtet werde, sie danach zu Asche verbrennen und diese hernach in ein fließendes Wasser werfen«. Actum, Freitags, den 14. Juni Anno 1616. Gnad Ihr Gott.

Verkünd-Zettel gegen Anna Ilg Judems

» . . . diese hierunten stehende, arme, gefangene und gebundene Weibsperson mit Namen Anna Ilg, Judems von Nöllingen seliger Witwe, sonst Ilgen Anna genannt, ist wegen bezichtigter Hexerei und Zauberei in das Gefängnis gebracht worden. Sie hat danach in der gütlichen und strengen Frag(e) die nachfolgenden erschrecklichen Übeltaten bekannt und ausgesagt:

● Daß vor vielen Jahren der böse Feind in der Gestalt eines jungen Mannes mit schwarzer lothosend(?) Kleidung und mit zwei Gaißfüßen, Bockenbeltz genannt, ihr im Feld begegnet und sie daraufhin beredet, daß sie sich ihm ergeben, Gott und seinem Heiligen Wort absagen, darauf sie der Teufel getauft . . . Er habe ihr etwas über den Kopf gegossen, das in die Augen geronnen und dazu gesprochen: › . . . ich taufe dich in meinem des Teufels Namen‹. Sie habe oft Unzucht mit ihm getrieben, an drei oder 4 Batzen (= Bätzner) bei 12 fl. . . . zudem eine gelbe Salbe zum Verderben von Mensch und Vieh von ihm empfangen . . . wie sie dann hernach benannte Personen fast alle damit entweder an ihrer Gesundheit verdorben oder sie um das Leben gebracht hat.

● Zu Nöllingen habe sie ein junges Töchterlein vor 3/4 Jahren so zugerichtet, daß es bald darauf eines jämmerlichen Todes schmerzlich verstorben (sei).

● Zwei Kindern aus Nöllingen, einem Mädchen und einem Buben, habe sie durch angeschmierte Äpfel vergeben wollen. Darauf habe sich der Ausdruck des Mädchens dermaßen verändert, daß Menschen Augen nit bald einen solchen Anblick an einem lebenden Menschen gesehen haben, daß aber, seithero sie diese gebundene arme Weibsperson im Gefängnis gelegen, verstorben sei.

● In Nöllingen habe sie einem Bauersmann ein Knepflin(?) gegeben, daran sie eine gelbe Salbe gestrichen, daraufhin ist er krumm geworden . . . sie hat es ihm angetan, weil sie ihm nicht hold gewesen.

● Sie habe ihr eigenes Kind nicht verschont, sondern es mit einem jämmerlichen Tod hingerichtet, dann noch den Sohn ihrer Eltern, als er 13 Jahre alt geworden sei, mit der gleichen Salbe getötet. Einem anderen und jüngeren Sohn, als er ein Jahr alt gewesen, habe sie in seinem Bettlein in der Wiege erstickt . . . auch habe sie bekannt, daß sie andere Personen jämmerlich erwürgt . . . diejenige Person, die dies alles gewußt, konnte (aber) nicht mehr beigebracht werden.

● Sonst hat sie (noch) bekannt, daß sie ausgefahren sei und bei den Zusammenkünften, die sie mit ihresgleichen gehalten . . . dort Sodomiterei und andere Zauberei verübet und begangen, wie dergleichen im Gebrauch. Ihr oberster Teufel habe ihnen geboten, sie sollten alles verderben, was sie können und möge . . . haben dort auch genug zu Essen und Trinken, allein kein Brot und Salz gehabt. Daraufhin habe ihnen der Teufel ein schwarzes Pulver gegeben, welches, wenn sie es in des Teufels Namen in die Luft gestreut, sei am folgendem Morgen ein grosser Reif, beinahe eines Schuh dicks gelegen, gekommen, der die Wälter verdorben hat. Davon wäre das Vieh gestorben und sonst wäre dadurch Gewitter und Hagel geschehen.

● Dann habe sie, welches fast das allerschrecklichste zu hören, in Nöllingen die

369

Hostie beim Empfang des Abendmahles, allezeit wieder aus dem Maul genommen, wann sie um den Altar gegangen und den Kelch empfangen wollte. Mit demselben so greulich und erschrocken lich, daß man es kaum erzählen kann, gehandelt, sie nachher dem Satan gegeben, der sie zerrissen hat . . . derwegen sie dann eine höhere und größere Strafe erhalten werden möchte.

So haben die Herren Ältern, Bürgermeister, Rat und Gericht allhier, sie, Ilgen Anna wegen der von ihr verübten Übeltaten, und weil sie mit denselben wider göttliche, geistliche und kaiserliche Rechte gehandelt, mit Urteil und Recht erkannt und gesprochen, daß nach der Verläutung des gewöhnlichen Glöckleins der Meister sich in den Turm verfügen (soll), dort Ilgen Anna binden (soll), sie dann hervor unter die Kanzel bringen, um ihr (hier) das Urteil zu verkünden und sie danach durch das Glöckler Tor hinaus auf die Hauptstatt führen, daselbsten so lang, bis der Kopf der kleinere und ihr Leib der größere Teil sei, richten, und sie vom Leben zum Tod bringen . . . mit einem Schwert zu richten. Dann den Kopf und ihren Leib auf einen Scheiterhaufen legen und ihn zu Aschen verbrennen«. Gnad ihr Gott. Actum. Freitags 26. January. Anno. 1621.

Hexentreiben in Saulgau[199]

Aus Saulgau haben sich Originaldokumente erhalten. Gerichts- und Ratsprotokolle berichten darüber; Stadtpfleger (= Säckelmeister) erwähnen sie in Rechnungsbüchern und Waldmeister führen in ihren Abrechnungen das für das Verbrennen der Hexen angefahrene Holz auf. Die Mehrzahl der in Saulgau durchgeführten Prozesse fallen in die Zeit von 1666 bis 1684, in der Johann Dangel als Bürgermeister fungierte. Saulgau liegt abseits der großen Handelsstraßen. Es ist keine reiche Stadt. Die Bürger ernähren sich vornehmlich von der Landwirtschaft und einem zusätzlich betriebenem Handwerk. Hämmerle ermittelt 46 Hexenprozesse, von denen 29 mit einer Hinrichtung (Enthaupten, Strangulieren/Verbrennen) enden, 2 Verbannungen ausgesprochen werden (ins eigene Haus oder im Spital) und 15 mit unbekanntem Ausgang[200]. In den Akten des Stadtarchivs ist zum letztenmal 1731 etwas von Hexen festgehalten[201].

Prozeß gegen die Hebamme Anna Persauter[202]

Es handelt sich um eine im Zug der Zeit übliche Denunziation, aus der sich ein Hexenprozeß entwickelt. Anna Persauter betätigte sich als Hebamme und übte dadurch einen seinerzeit kritisch angesehenen Beruf aus, denn man unterstellte den Hebammen, daß sie zu einem frühen Zeitpunkt die Kinder dem Satan opfern konnten; bzw. die Kinder töteten. Anna Persauter wird von einer zuvor in Buchau hingerichteten Hexe als (ihre) Lehrmeisterin bezeichnet; dann fielen in der unteren Vorstadt 4 Wohnhäuser und einige Scheuern einem Brand zum Opfer. Das Protokoll bemerkt: » . . . daß die ganze Stadt, Geistliche sowohl als Laien, der einhelligen Meinung gewesen sei, daß dies Khein natürliche brunst oder Feür« sei[203].

Man hat Bedenken, Anna zu verhaften. Darum wurde zuerst der Stadtschreiber nach Meßkirch zu einem dort wohnhaften Jurist (Dr. Fischer) geschickt, um dessen Rat einzuholen. Zudem bemühte man sich um Hilfestellung bei den Patern des Franziskanerklosters, bzw. erbat von dort »geistliche« Mittel. Aus dem Protokoll ergibt sich, daß Anna Persauter ein Opfer umlaufendes Geschwätzes wird, dem sich niemand – und damals schon gar nicht – entziehen kann. Nach ihrer Verhaftung fand der erste Prozeß vom 18. Mai bis zum 23. Juni 1666 statt und endete mit einer Verbannung ins eigene Haus. Der zweite Prozeß dauerte vom 17. Februar bis zum 26. März 1672 und endete mit einem Todesurteil: Enthauptung und anschließende Verbrennung der Leiche. Das gleiche Schicksal erfuhr am gleichen Tag ihre 22-jährige Tochter.

Die Denunzianten tragen vor:

● Zwei Ehepaare berichten von einem abendlichen Besuch in Persauters Haus, wo sie nach Feierabend »Zum Liecht« zusammengekommen seien. Man habe einen Krug Bier holen lassen, und, wie der gebracht worden sei, habe Anna Persauter das Bier warm gestellt mit dem Bemerken, » . . . die beiden schwangeren Frauen dürften kein zu kaltes Bier trinken«. Sie habe dann das Bier in ein »absonderliches Khriegle« getan und es den beiden Frauen zum Trinken angeboten. Drei Tage danach sei die eine davon ganz von Sinnen gekommen, habe getobt und gewütet. Nach der

Einnahme eines Abführmittels habe sie zwei zerbrochene Nadeln und ein »glufen«(?) von sich gegeben. Weiter seien eine Handvoll Haare, Ziegelscherben, ein dreieckiges Glas und Lumpen von ihr gegangen.

Weiter habe sie mit ihrem Mann am 1. Mai eine Wallfahrt nach Riedlingen gemacht. Auf dem Heimweg habe sie bei Marbach einen Nagel im Hals verspürt und ihn »endlich« ausgewürgt.

- Der Mann der zweiten Frau berichtet, » . . . er habe von Anna Persauter ein Bett gekauft . . . er habe es auf Anraten eines Geistlichen untersucht und darin gefunden: einen Kranz von Federn verschiedener Farbe, ein Knöchelchen, 2 Stückchen Tannenholz und ein Sträußlein aus drei Federn«.

- Eine weitere Zeugin sagt: » . . . nachdem ihre Tochter ein Kind geboren habe, habe die Angeklagte behauptet . . . es seye dem Khindt das Züngle nit gelöst . . . man solle ihr einen Halbbatzen (= Münze) geben und diese in Oster-Taufwasser waschen«. Diese Münze habe sie dem Kind unter die Zunge geschoben. Nach Aussage der Zeugin habe Anna Persauter dabei gesagt, sie tue dies in »der 3 höchsten Namen«. Das Kind sei aber am 5. oder 6. Tag danach gestorben.

- Ein weiterer Zeuge sagt: » . . . nachdem er vor einigen Tagen abends eingeschlafen sei, sei er von seiner Frau geweckt worden, weil sich eine Katze eingeschlichen habe. Er habe sie gefunden und mit voller Wucht so lang auf sie eingeschlagen, bis sie seiner Meinung nach tot gewesen sei. Er habe sie auf den Stecken genommen und auf den Mist geworfen: davon wäre sie dann verschwunden«. Die Angeklagte habe selber erzählt, daß sie eben in dieser Nacht schwer erkrankt sei, » . . . sie habe weder gehen noch stehen, weder Hände noch Füße rühren können«. (Dies wird von einer weiteren Zeugin bestätigt).

Alle Zeugen beschworen ihre Aussagen, so daß sie für den Richter handfeste »Tatsachen« waren. Dies ist ein Punkt, der uns heute unverständlich ist. Was zählte waren die Zeugenaussagen, sollten sie noch so merkwürdig sein. Gutachten wurden von Juristen und Theologen, nicht aber von Experten, wie z.B. den Ärzten, eingeholt. Nach der Vereidigung der Zeugen wurden sie »impositio silentio« dimittiert; d.h. unter dem Gebot des Stillschweigens entlassen. Im zweiten Prozeß wird sie weiter belastet:

- Ein junges Mädchen sei durch einen Eierkuchen, den sie von der Angeklagten zu essen bekommen habe, schwer erkrankt.

- Peter Störck trägt vor: » . . . seine Frau habe im Wochenbett, während dessen ihr Anna Persauter als Hebamme beigestanden hat, im Gesicht einen Ausschlag bekommen, so daß sie ausgesehen habe, als trage sie eine Fastnachtslarve . . . seine Frau sei kurz danach verstorben . . . und habe vor ihrem Tod mehrfach bezeugt, die Angeklagte wäre die Ursache ihres Elends«.

- Ein Bürger sagt: » . . . sie habe seiner Frau im Wochenbett eine Suppe zum essen gegeben, wovon sie ›im Khopf ganz Verwürret worden‹ und noch im Wochenbett ›ohne Vernunft Und Redt Ellendigkhlich‹ gestorben sei«.

- Während eines anderen Wochenbettes habe die Angeklagte einem Neugeborenen, »die hirnschall Wie auch das herzlein also Ein- Und Zusammengetruckht, daß mahns noch auf diese stundt sehen Khönne«.

Jetzt wird Anna Persauter zu diesen Punkten »gütlich« verhört. Sie verlangt, » . . . die Denunzianten mögen ihre Beschuldigungen vor ihr wiederholen«. Es ist merkwürdig: doch es wird gestattet. Auch daran sehen wir die Vorsicht, mit der manche Stadträte den Hexenprozessen gegenüberstehen. Bei der Konfrontation wird Anna in Frage gestellt, denn sie kann sich gegen die »schon verschworenen« nicht wehren, zumal die Obrigkeit auf deren Seite neigt. Man berichtet von »auffallenden Augenrollen«, » . . . sie habe des öfteren die Zunge über das Maul fahren lassen«, die gegen sie vorgebrachten Beschuldigungen »frivole excursiert« (= entschuldigt) und sie habe während der Verhandlung keine Träne hervorgebracht, » . . . so daß man mit händten und füessen greiffen müessen, das sie Ein solliche seye«. Der Rat konstatiert daraufhin: »sie sehe ia daraus, das sie nunmehr Ein nit nur Ein(e), sondern drei viermahl yberwisene Hexen seye, sie solle gott Und der obrigkeit die Ehre geben Und bekennen, wie sie dahinter Khommen«.

Jetzt spitzt sich ihre Lage zu. Sie wird neben den Scharfrichter gestellt, der ihr die Folterwerkzeuge zeigt und erklärt (= Verbalterrition). Es sollte sie einschüchtern und zu einem »freiwilligen« Geständnis bringen. Gelang dies nicht, wurde die »peinliche« Frag(e) ins Auge gefaßt. Es ist im Grund eine Schutzmaßnahme gegen die Beschuldigten.

Nach einer ersten Folter habe sie »ganz Nichts bekhent« und hätte daraufhin eigentlich von der Anklage befreit werden müssen, was nicht der Fall war. Einmal soll sie zu den Wächtern gesagt haben: » . . . sie werde nichts bekennen . . . und wenn 10 Henker über sie kommen sollten«[204]. Sie wurde in den nächsten Tagen wiederholt »zu unterschidlichen täg und Zeiten der Schweren Pein und Marter« unterworfen. Danach fährt das Protokoll fort: » . . . völlig Erlediget, sie auch nur ledig zu lassen . . . gebetten sie wolle es alles gern bekhennen, was sie nur wisse«. Dann gesteht(?) sie »freiwillig«(?):

- Sie sei schon vor 15 Jahren eine Hexe geworden. Der böse Geist habe sie in der Gestalt eines Pfaffen ein halbes Jahr zu »perpetuierlichem adulterio« (= fortgesetztem Ehebruch) besucht.
- Es sei auf dem Acker bei der Sandgrube geschehen. Bei einem nachfolgenden Besuch habe er sich die Kutte vom Leib gerissen und sich in seiner abscheulichen Gestalt gezeigt, von oben her wie ein Mensch, von unten her mit Bocksfüßen.
- Er habe von ihr verlangt, sich ihm zu unterwerfen, ihm zu dienen und Gott und alle Heiligen zu verleugnen . . . sie habe dies aus Angst getan . . . (und) habe dabei nur die Mutter Gottes, Johannes d. Täufer und die hl. Katharina ausgenommen.
- Andere Male sei er in der Gestalt einer Katze oder eines Hundes zu ihr ins Haus gekommen.
- »Sie habe zu Fuß zu den Hexentänzen gehen müssen, weil sie keine Hexensalbe gehabt hat; der Teufel habe für sie das Holz gesammelt, so daß sie nach dem Tanz mit den anderen Frauen habe nachhause gehen können«.
- »Bei den Hexentänzen habe sie die Barbiererin und die Wahrsagerin erkannt (beide wurden danach als Hexen hingerichtet) . . . von der einen wisse sie, daß diese bei

der Kommunion die Hostie aus dem Mund und, an sich versteckt, mitgenommen habe«.

- Die Wahrsagerin habe ihr etwas in die Suppe getan, so daß sie (im 1. Prozeß) nicht habe bekennen können. Auch die Brunnerin (später ebenfalls hingerichtet) und die Marketenderin habe sie bei den Hexentänzen gesehen . . . sie habe geholfen, 12 Wetter zu machen.
- Dabei haben sie »schaufflen genommen Und gräben aufgeworffen, die böse Geister haben ihr wurzen, so ganz grün gewesen, Und schwartze Pallen, so wie Ertrich gesechen, gegeben, sie haben haar darzugenommen, alles zusammen in die gräben gethon, sie mit Erden wieder zugedeckt, woryberhin iederZeit Erstlichen ein dampf aufgegangen, habe angefangen zu Sausen Und zu prausen, wisse nit, ob Er schaden gethon«.
- Sie habe mit Hexenpulver eine Reihe von Leuten gesundheitlich geschädigt.
- Als Hebamme habe sie von den 118 Kindern, bei deren Geburt sie geholfen habe, 7 umgebracht (nennt Namen und Eltern), sie habe 16 oder 17 Roß oder Stück Vieh gelähmt – der böse Geist habe sie vor vier Tagen nicht reden lassen, bis ihr Meister (= Scharfrichter) ihn mit »Einem khnollen blueth herausgetrieben« habe.
- »Sie wolle von Herzen gern sterben, Zürne an Kheinem nichts, sondern bedancke sich Vilmehrs, daß mahn sie Von diesem Ellenden standt gebracht habe . . . und bitte allein Ein Ehrsamer Rath, wolle ihme ihre Khleine Khinder lassen (an)befohlen sein«.

Man läßt ihr noch eine Chance, die sog. »Besiebnung« auf die ich anderweitig eingehe. Die Delinquentin bekennt noch einmal und bittet um das Wohl ihrer Kinder. Am 23.3.1672 wird das Todesurteil festgelegt[205]. Am 26. März findet eine abschließende Gerichtsverhandlung statt. Der Stadtschreiber stellt die Urgicht aus:

» . . . zu wissen und kundt gethan sei hiermit Jedermann . . . obwohl der allmächtige, liebe, gütige Gott, Schöpfer von Himmel und der Erde . . . und aller Kreaturen, den Mensch als das edelste Geschöpf nach seinem göttlichen Ebenbild . . . also und zu dem Ende erschaffen, daß er in seinem kurzen und zergänglichen Leben alle seine Gedanken, Worte und Werke dahin richten und anordnen soll, damit er dem Allmächtigen als seinen Erschaffer, Erlöser und alleinigen Seligmacher, seine von ihm empfangene Seele von allen Sünden rein bewahren solle . . . und wider alle des bösen Feindes Arglist und (seine) teuflischen Versuchungen, in dieser Pilgerfahrt also steht, fest und ritterlich wandle und streite, damit er seinem Gott und sein Geschöpf und Seel, selbige in sein ewig himmlisches Vaterland zu führen, unverletzt wieder zu bringen möge«.

» . . . so hat doch diesem allem ungeachtet, die hier unten vor uns stehende armselige Person, alles dies leichtsinniger Weise ausgeschlagen und den göttlichen Geboten zuwidergehandelt . . . Aufgrund redlicher Anzeigen . . . den weisen Herren Bürgermeister Rat . . . ist sie (daraufhin) in Gefangenschaft gebracht worden . . . sie hat nun, nachdem sie die schwere Pein und Marter mehrfach ertragen hat, bekannt und bei der etwas später erfolgten Besiebnung bejaht:«

(jetzt schließt sich die Liste der Anklagepunkte an)

und dann schließt die Urgicht mit folgendem Spruch: » . . . auf diese der nun der armen Sünderin abgelesene Urgicht und den Bekenntnissen verübter Hexerei und grausamabscheulicher Missetaten, haben die Herren Richter, damit göttliches Recht und die liebe Gerechtigkeit, auch gut Ehrbare Polizei Und Ordnung gehandhabt und erhalten, dagegen das Übel und alle Ungerechtigkeit ausgerottet werde, auf (den) eingeholten Rat der Rechtsverständigen und des Herrn Stadtamtmanns Umfrage . . . und auf ihre geschworenen Eide und in Kraft ihrer kaiserlichen, königlichen, wie auch Erz- und landesfürstlichen wohlhergebrachten und pönalisierten Privilegien und Freiheiten, in einem heute gehaltenem Malefizgericht in Gottes Namen per maiora zu Recht erkannt, daß diese arme Sünderin . . . den Tod verschuldet und ihr Leben verwirkt hat. Zu dem Ende von dem Scharfrichter ihr (die) Hände zusammengebunden . . . und sie dann auf die gewohnliche Richtstatt geführt, ihr dort das Haupt mit dem Schwert abgeschlagen und danach beides auf einen Scheiterhaufen geworfen und zu Asche verbrannt werden soll . . . den anderen zum abscheulichen Exempel, Von Rechts wegen. Wenn dies

alles erfolgt ist, so ist der Vollzug geschehen«. Dieses Urteil ist am Samstag, den 26. März 1672 ausgeführt worden. Gott Gnad der armen Seel: ist wohl gestorben.

Fragenkatalog an Elisabeth Fuchs

Mit dem Ausweiten der Hexenprozesse hat sich in den Gerichtsstuben gewissermaßen ein »Fragenkatalog« herausgeschält, der es den in diesen Dingen oft unerfahrenen Richtern erleichtern sollte, zu einer Entscheidung zu kommen. Nachfolgend handelt es sich um die Fragen und Antworten, die man Elisabeth Fuchsin, » . . . des Thomas Wümpfen(?) Eheweib, Bürgerin von Saulgau« gestellt hat. Sie wurde von der 15-jährigen Maria Achlin denunziert und am 16. März 1674 gefänglich eingezogen.

Bemerkenswert ist ihre Vorstellung, daß der Buhle im linken Zopf gesessen sei, » . . . worauf ihr der Scharfrichter die Zöpfe habe abschneiden lassen«, damit sie desto eher geständig sei. Da sie im gütlichen Examen »gar nichts bekennt« und im Gegenteil sagt: » . . . sei keine Hexe . . . ganz frech dagestanden und auch noch zu allen Fragen gelacht«, wird »ihr endlich allen Ernstes zugesprochen und ihr mit der schweren Pein gedroht«. Da sie »gütlich« gestanden hat, bleibt ihr die Folter erspart. Am Schluß ihres Lebens wurde ein Beichtvater vorgelassen: das Urteil lautete auf den Tod.

Urgicht über Leon's Anna

Ich bringe dies nur, um zu verdeutlichen, wie man seinerzeit auf die »guten« Sitten geachtet hat, was darauf deutet, wie schlecht sie in Wirklichkeit gewesen sind. Die Einleitung der bezüglichen Urgicht lasse ich weg, denn sie entspricht dem bekannten Schema. » . . . sie hat unterschiedliche Laster begangen, den göttlichen Geboten zuwidergehandelt und seinen Willen nicht befolgt, Ja: selbigen in die Luft geschlagen, Ehebruch begangen und Diebstähle verübt«. Sie wird verhaftet und in das Gefängnis gebracht. Letztendlich wurde sie an einen Pranger gestellt und man hat ihr zwei Ruten in die Hände gegeben, was auf ihren lasterhaften Lebenswandel deutet, bzw. daß man sie damit »ausgestrichen« hat. Danach wird sie nachhause entlassen, »verpannisiert bis uf ein andern disposition der obrigkeit«. Actum, den 23. Juny. 1666. Sie bekennt im Einzelnen:

Fragenkatalog

Interrogationes (Fragen)	Respensiones (Antworten)
Ob sie eine Hexe?	Ja, sie sei eine Hex.
Wie sie dahinter gekommen und was sie dazu gebracht?	Die vor 2½ Jahren justifizierte Anna (Zuname ist nicht bekannt), habe sie dahinter gebracht.
Ob sie nicht Pulver und Salben vom Teufel empfangen?	Sie habe Pulver empfangen, aber nicht gleich, sondern erst im 5. Jahre.
Wem oder wie sie Schaden gethan?	Andreas Burks Frau habe sie dieses Pulver in Pfeffer gegeben, so sie auf die Suppe gethan und einen starken Husten bekommen. Ingleichen habe sie des Burken Gaisle das Pulver geben, worauf es lahm worden und verreckt!
Diese beiden sind bei der Inquisition gekommen und also wahr'.	
Wenn der böse Geist zum ersten zu ihr kommen und vor wie viel Jahren?	Es sei Michaeli schon vor neun Jahren gewesen, daß es geschehen!
Wie er gekleidet gewesen und ob er Tags oder Nachts geschehen?	Ganz Schwarz, sei zwischen 3 und 4 Uhr nachmittags geschehen; sei schon am Tisch gesessen, als sie zu der Anna gekommen; ihr und (der) Anna (ihr) Buhle sei dabeigewesen.
Was er mit ihr gethan und von ihr begehrt (von 3 – 5 Uhr)?	Sie haben alle getrunken; die beiden Teufel seien dagesessen wie fürnehme Leut, unterdeß auch ihr zugesprochen, er wolle ihr Geld und was ihr von Nöthen sey, geben. Sie solle ihm dienen und sein eigen sein.
Was sie darauf geantwortet?	Ja, sie wolle sein sein!
Ob sie Gott und alle Heiligen verleugnet?	Ja, Gott und alle Heiligen, excepto Sankt Sebastiano, den er ihr gutwillig gelassen.
Wer ihr Buhle gewesen und wie er geheißen?	Habe »Kohle« geheißen, sie aber habe er »Schole« genannt.
Ob sie nicht Hagel und Unwetter gemacht und machen helfen?	Zugestanden.
Ob sie einmal davon abzustehen begehrt?	Freilich wohl, es könne Niemand wiederum davon kommen, wer einmal dahintergekommen; gebeichtet habe sie es niemals, und nicht beichten dürfen; der böse Geist habe es nicht zugelassen. Habe auch (jedoch) des Jahres 3x gebeichtet und communicirt; ihr Teufel habe sie allemal geschlagen.
Ob sie auch fahren könne und was sie dazu gebraucht?	9mal (sei sie gefahren): der böse Geist habe sie allemal abgeholt und sie vor ihm auf einem Stecken gesetzt und fortgefahren!
Ob sie recht wachbar und leibhaft aufgesessen?	In dem sie allem so.
Was sie daselbst gethan und abgehandelt?	Der eine habe gesprungen und getanzt, der andere sei dort gewest und das dritte sonst; sie habe nie getanzt, sondern sei nur herumgehockt, wie andere. Die alten und armen Leut gelten nit viel und werden nur die jungen und reichen herfürgezogen; sei bisweilen 2½ bis 3½ Stunden draußen gewesen.
Ob sie dann niemand und wen sie dabei gekannt?	Man kenne das hunderte Mensch nit; denn sie seien alle vermummt. Magdalena Sautterin und Anna Aichlerin habe sie 9mal auf dem Schellenberg gesehen und wohl gekannt am Angesicht und an den Kleidern! Gibt noch einige an!
Ob ihr Buhl sie geschlagen und warum?	Wohl 100mal, weil sie nit habe thun wollen, was er ihr befohlen.
Ob ihr Buhl, weilen sie gefangen, niemals zu ihr in die Gefangenschaft gekommen?	Im linken Zopf sei er gesessen; wenn man ihr nicht den Zopf abgeschnitten, hätte sie nicht bekennen können'.

- » . . . daß sie vor ungefähr drei Jahren mit einer geistlichen Person das schändliche Laster des Ehebruchs begangen hat«.

- » . . . daß sie vor etwa 14 oder 16 Jahren mit einer geistlichen Person durch ein halbes Jahr ›perpetuierlichen Ehebruch‹ gehabt . . . nachdeme sie das erstemal das werk mit ihm verrichtet, habe sie jederzeit sein fest begern willfahret«.

- » . . . daß sie mit einem anderen ledigen Manne vor ungefähr zwei Jahren das Laster des Ehebruchs ›bey viermahlen tentiert‹ ohngeachtet sie zu selbiger Zeit schon groß schwanger war, so aber er ›effectine suam impotentiam‹, nichts ausrichten kündt«.

- » . . . weiters bekennt sie libere (= freimütig), daß sie im Alter von 21 Jahren mit einer ledigen Standesperson die Unzucht oder simplicem fornicaionem (= einfache Unzucht), wie man titulieren mag, einmahl getriben«.

Württembergische Malefizgerichte[206]

An Männern treten zusammen: der Amtmann der jeweiligen Herrschaft, in unserem Fall beispielhaft der gräfl. Herrschaft Königsegg, der Stabhalter und 12 Gerichtsleute (Richter und Schöffen), sowie zwei Beisitzer[207]. Bevor sie in einer solchen Sache zu Gericht sitzen, hören »Amtmann, Stabhalter, Richter und Gerichtsschöffen« eine Morgenmesse, » . . . hernach gehen sie zwei zu zwei in die Gerichtsstube, wo sie sich nach der Ordnung setzen«. Daraufhin legt der Stabhalter dem Amtmann das Schwert und Stab hervor, darnach thut der Ambtmann eine Red, die mit der Frage abschließt: » . . . Stabhalter, ich frage euch hiermit auf den Eid, ob dieses Gericht zu peinlicher Rechtfertigung mit genugsamen und ehrlichen Richtern besetzt sei?« Der Stabhalter erkennt bei einem Eid das Gericht: » . . . wann auch schon 1, 2, 3 oder 4 Richter abgehen . . . sei es mit genugsamen tauglichen Richtern besetzt«.

Dasselbe erklären die übrigen Richter vom ältesten angefangen. Daraufhin übergibt der Obervogt dem Stabhalter »Schwert, Stab und Gewalt«, um mit den Mitrichtern zu richten und zu urteilen » . . . über des Angeklagten Leib, Gut und Blut . . . nach (der) Ordnung Kaiser Karl des Fünften«. Der Stabhalter nimmt das Schwert und den Stab und legt sie auf den Tisch . . . und wendet sich mit einer Ansprache an die Richter und Urteilsprecher: » . . . Pflicht und Eid wohl in Acht zu nehmen«. Einer, der am besten beredt (= redegewandt) ist, verspricht dies. Jetzt stimmen auf des Stabhalters Frage alle dafür, dieses peinliche Gericht sofort abzuhalten, wobei verboten wird: » . . . daß bei diesem angestellten Rechtstag jemand reden, aufstehen, (sich) noch niedersetzen solle, es werde ihm denn mit Recht erlaubt. Es wäre denn, daß ein Priester mit dem hochh. Sacrament vorüberginge, um denselben die gebührende Reverenz zu bringen, ingleichen bei Feuer- und Wassernoth und andern dergleichen Unglücksfällen«.

Nun beruft man den armen Sünder, macht ihn von den Banden los und setzt ihn vor dem Gericht auf einen Stuhl. Der Obervogt wählt aus den beisitzenden Richtern einen »Fürsprech«, der im Namen der gräflichen Herrschaft die Anklage stellt. Auch der Angeklagte erhält einen »Fürsprech«, mit dem er sich zur Verteidigung besprechen darf. Wieder verurteilt, eröffnet ihm der Stabhalter das Urteil, indem er in die eine Hand das Schwert, in die andere den Stab nimmt mit den Worten: » . . . es haben die Urteilsprecher geschlossen und das Urteil nach Anweisung der gemeinen Rechte, auch Kaiser Karl V. peinlicher Malefizordnung verfaßt, daß du armer Sünder wegen deines Verbrechens mit dem Strang (dem Schwert) vom Leben zum Tod sollest hingerichtet werden«.

Sofort übergibt der Stabhalter den Verurteilten dem Scharfrichter, der ihn auf den Richtplatz führt. Hier bricht der Stabhalter den Stab in drei Stücke, wirft ihn unter das Volk und sagt: » . . . das gibt Gott und die Gerechtigkeit . . . Gott sei gnädig der armen Seel. Der Scharfrichter waltet seines Amtes, wie das Urteil und Recht mich angewiesen«. Hierauf sagt der Stabhalter: » . . . wann ihr gerichtet habt, was Urteil und Recht gegeben und euch befohlen worden, so habt ihr recht gerichtet«.

Beispielsweise mußte der Scharfrichter am 8. Mai 1665 Elisabetha Heyingen von Oberwaldhausen mit dem Schwert vom Leben zum Tod richten. Am 15. Juli 1617 mußte er Katharina Wiedemännin: » . . . nach der Verlesung der Urgicht gebunden auf den Hauptwasen führen – daselbst ihr das Haupt abgeschlagen, so daß das Haupt der kleinste und der Körper der größte Teil an ihr sei, alsda alles in das Feuer werfen, sie zu Pulver und Asche verbrennen, also sie vom Leben zum Tod bringen und endlich die Aschen vergraben«.

Für die Freie Reichsstadt Ulm wird oft folgende Formel eingesetzt: » . . . also sollte der Meister den n.n. nach verleutung des gewonlichen glöcklins in den thurm binden, herfür an den Markt zu diser verkündung, und volgents hinaus für das Glöcklerthor uf die Hauptstatt führen, und daselbsten mit dem Schwerdt in zwey Stuckh hawen, das der Kopf oder das Haubt der kleiner und der Leib der gröser theil seie und bleibe so lange ihme zu richten, bis er kombt vom Leben zum todt. Da auch dem Meister Mißlingen sollte oder wurde, so will ein Ehrsamer Rathe, daß an ime dem Meister niemand, wer der auch seie, hand anlegen, sondern das er in alweg onbelaidigt belasen und gehalten werden bei straff Leib und Lebens. Gott Gnad der seelen«.

In diesem Zusammenhang ist das »Besiebnen« zu erwähnen, das dem Angeklagten noch eine Chance läßt. Die Besiebnung bestand darin, daß der Angeklagte aus der Folterkammer in ein anderes Zimmer geführt und in der Gegenwart des Gerichtspräsidenten und sieben Gerichtsbeisitzern, aber in Anwesenheit des Scharfrichters, gefragt wurde, ob er auch bisher die Wahrheit angegeben (habe) mit der Mahnung »daß er die Wahrheitsfrage jetzt mit einem Priester besprechen könne«, was vereinzelt zu einer Strafmilderung führt[208].

Diese Malefizordnungen bringen eine gewisse Systematisierung in die schwierigen Hexenprozesse. Sie schwanken jedoch in der Formulierung und in Details. In Saulgau gab es eine besondere Formalität, nach der die letzte Gerichtssitzung zu erfolgen hatte. Sie nennt sich »Ordnung und proces yber das bluot Zu richten«, die ich hier als Fußnote beifüge[209].

Reutlingen

Reutlingen hat sich 1546 auf protestantischer Seite am Schmalkaldischen Krieg beteiligt. Die Stadt fiel in die Hände von Karl V., dessen Rekatholisierungspolitik hier wenig erfolgreich ist. Außer der religiösen Verunsicherung hat sie für den kleinen Mann auf der Straße keine Bedeutung.

In Reutlingen bemühen sich 12 Stadtrichter um die verfängliche Gerechtigkeit. Den Vorsitz führen zwei Oberkommissare, die aus ihren Reihen gewählt werden. In der Regel wird der jüngste Ratsherr zur Urteilsfindung herangezogen; wohl um seinen Rechtssinn zu schärfen, vielleicht auch, um sich selbst aus der Verantwortung zu nehmen. Bei der Hexerei, die als Ausnahmeverbrechen angesehen wird, und mit der sich erfahrene Richter ungern identifizieren, scheint dies denkbar. Auffallend kurz ist die Prozeßdauer. Sie beträgt oft nur einige Tage von der ersten Vernehmung bis zum Urteil (s. beigefügte Tabelle). Es liegt u.a. an der eigenständigen Gerichtsbarkeit; man kann rascher reagieren.

Die Hexenprozesse werden – nicht nur in Württemberg – (auch) darum rasch abgehandelt, um Unruhen nicht weiter zu steigern. Überdies war es möglich, prozeßrechtliche Bestimmungen zu unterlaufen. Die Folterarten und -methoden entsprechen der Zeit und sind in 5 Grade eingeteilt. Gefoltert wird auf dem Diebsturm im Hexenstüble. Todesurteile werden freitags vollstreckt. Der Hinrichtungstag beginnt früh um 6 Uhr mit der Beichte, dem Heiligen Abendmahl, einer Predigt und damit, daß dem Verurteilten das Leben »abgelesen« wird. Dann wird der Delinquent dem Nach- oder Scharfrichter übergeben, von ihm auf einen Wagen gesetzt und auf den Marktplatz geführt, wo ihm die Urgicht verlesen wird. Dann wird er auf die Richtstätte (= Hochgericht) geführt.

Johann Hauser besteigt den Scheiterhaufen mit einem Hemd bekleidet. Man hat ihm einen Pulversack umgehängt. Er sollte daran ersticken, sobald er Feuer fing, was jedoch nicht geschah. » . . . er schrie 1/2 Viertelstunde . . . also hat der grausame Missetäter sein lohn für seine erschröcklichen Unthaten empfangen«. 1667 wird das letzte Todesurteil gefällt. Michael Ammer, der wegen Sodomie angeklagt war, wird mit den Tieren, an denen er sich vergangen hat (nachdem man sie erwürgt hat) verbrannt.

An Strafen fallen an: lebend verbrennen, Verbrennen, mit glühenden Zangen zwicken, Enthaupten, Verweis in das Siechen- und/oder Armenhaus. In seltenen Fällen Freispruch. Zwei Frauen begehen im Gefängnis Selbstmord. Margarethe Oswald (= Teufelsgreth) verweigert zehn Tage die Nahrung und verhungert. Die »Kindsvatterin« löst sich von den Ketten, die sie 28 Wochen »eisern« festgehalten haben und stürzt sich vom Turm. Beide finden die letzte Ruhe nicht auf dem Friedhof. Die Teufelsgreth wird unter dem Galgen vergraben und die Kindsvatterin verbrannt.

Auffallend ist, daß man, den Angaben Gabriele Schenker folgend, die Häuser, in denen Hexen wohnten, mit einer Ofengabel gekennzeichnet hat, so daß es für jeden erkennbar war, in welchem Haus jemand der Hexerei bezichtigt, bzw. verurteilt war. Mir scheint es nicht schlüssig, denn die kleinen Sozialverbände der damaligen Zeit verhindern jede Geheimtuerei. Das »Hexen« ist landauf landab ein Reizwort; die Epoche ist damit schwanger und das nichtige Geschrei geht um.

Auch in Reutlingen halten sich Geistliche nicht an die ihnen auferlegte Schweigepflicht und schüren das Feuer. Zu ihren Aufgaben gehört es, u.a. Entlassene im Siechenhaus aufzusuchen und mit ihnen zu beten. Sie sollen ihnen den Katechismus und andere Gebete lehren, »... damit sie sich trösten können«. Pfarrer Bantlin stellt sich gegen das Treiben der Kommissare. Er wird der Hexerei bezichtigt, gefoltert, mit Brüchen entlassen und gegen Zahlung von 300 Reichstalern freigelassen.

Das Strafverfahren begann, sobald Indizien vorlagen, die auf Hexerei schließen lassen. Man sieht nicht die Einfalt der Zuträger. Was gilt, sind die Zeugenaussagen. Dazu zählen (auch) Hinweise von Sterbenden, die von anderen übermittelt worden sind. Johann Burckhard Siconius sagt: »... daß ihm der verstorbene Herr Curer oft klagte, die Apothekerin hätte ihm sein Mannrecht genommen«. Gemeines Geschrei, negative Aussagen und Kindergeplapper werden höher als die Realität bewertet. Die Folter unterstützt den Rechtsgang und führt »todsicher« zum Geständnis. Auch in Reutlingen fällt die Gleichheit der Geständnisse auf.

Erste Prozesse wegen Hexerei finden wir in der 2. Hälfte des 16. Jh. 1565 wird Elisabeth Viess, die »Gürtlerin« lebend verbrannt. Es ist denkbar, daß ein strenger Frost Anlaß zu ihrer Verfolgung gegeben hat. Im November/Dezember 1592 bricht Feuer in der Stadt aus, bei dem 36 Häuser und Scheunen abbrennen.

»... über zwei Jahre hernach (1595) ist es an den Tag (ge)kommen, daß die Hexen solches angestellt (hatten)«. Im gleichen Jahr wird Margaretha Wurst mit glühenden Zangen gerissen und lebend verbrannt. Der Prozeß gegen die »Brandstifterinnen« beginnt im gleichen Jahr. Da man ihnen nichts nachweisen kann, werden sie (zunächst) entlassen, doch 1603 erneut inhaftiert. Danach werden vier Frauen mit glühenden Zangen gerissen und zusammen mit der Hotzenschellerin, bei der man aus Altersgründen auf weitere Marterungen verzichtet, lebend verbrannt.

Ein weiterer Höhepunkt des Reutlinger Hexentreibens zeigt sich nach dem Eintritt in den 30-jährigen Glaubenskrieg. Eine maßgebliche Rolle spielt dabei Joh. Ph. Laubenberger. Vielleicht ist es seinem Karrierewunsch zuzuschreiben, in dessen Weg der Apotheker Efferen steht. Seine Frau Magdalena wird denunziert. Sie flüchtet vor ihrer Verhaftung nach Tübingen. Da die Stadt sie auf Verlangen Reutlingens auszuliefern hat, kündigt Efferen am 5.8.1665 das Bürgerrecht und ebnet Laubenberger auf seine Weise den Weg zum Amt des regierenden Bürgermeisters. Diese Tätigkeit hat er von 1665 bis 1683 inne. Hofstetter berichtet, daß er sich für die Verfolgung der Hexen einsetzte. Insgesamt kommen in Reutlingen mindestens 64 Menschen wegen angedichteter Hexerei ums Leben.

Etwa zeitgleich mit Esslingen zeigt sich eine Häufung der Hexenprozesse. Seinerzeit sitzt der 12-jährige Urban Helbling im Turm. Er hat eine Reihe von Frauen des Teufelsbundes bezichtigt. 1665 sind 27 Personen wegen Hexerei angeklagt. Davon werden 2 lebend verbrannt, 13 enthauptet und verbrannt, 7 freigesprochen. Die Urteile von 5 sind unbekannt. 1666 wird die »Schüllerin« als Hexe aus der Stadt gewiesen.

Die Bevölkerung ist mit der Obrigkeit dem Aberglaube und Argwohn verfallen. Man fällt auf, wenn man unfreundlich und/oder einsilbig ist, sich aus der Gemeinschaft schließt und Einzelgänger ist, nicht zum Abendmahl geht, händelssüchtig und/oder geizig ist. Anne Hehl bemerkt, »... daß Lucie Geilen immer zu ungeraden Stunden ins Haus kam« und Agatha Finckh sagt, »... daß sie immer weglief, wenn man von (Hexen)hinrichtungen sprach«.

1678 beschuldigt ein Eger(?) Herrn Leipold (Schwiegersohn der Schäfferen) in einem Streit: »... daß seine ganze Familie eine Hexengesellschaft sei und daß das Kind, das seine Frau erwartete, vom Teufel sei«. Der Schandfleck, daß jemand aus der Familie der Hexerei bezichtigt und gar schon als Hexe/Hexer hingerichtet worden ist, bleibt auf der Familie sitzen. Oft werden Freigesprochene von Angehörigen verstoßen. So kommen die Kinder – außer Christoph – des Hamlehle am 31. August 1666 in das Armenhaus, weil man sie zuhause nicht mehr haben will.

Nach den Worten eines Landfahrers sollte man sich von einer Person, auf die man Argwohn hatte, drei Stücklein Kleider beschaffen, sie über das Feuer legen und danach mit der Glut das schadhafte Glied räuchern. »... man würde den Zustand verlieren und jene, die es einem zufügt, würde daraufhin Schaden bekommen«. So tat es das Weib des Bastlin Maurer. Sie empfand Besserung, während das »Ursele« am nächsten Tag krank war.

Am 19. Mai 1660 sagt Margaretha Oswald: »... es werden viel Hexen hier sein ... man soll sie nur ausrotten. Sie wisse nichts von des Teufels List und Trug. Sie wäre keine Hexe ... (aber) ... die Bluthex, die das von ihr sagte, sei so gewiß eine Hexe wie Christus kein Übel getan habe. Sie könne den Teufel nicht herauslassen, denn er wäre nicht in ihr«.

Deutlich sieht man den Einfluß der Angst vor der Folter. Eva Maurhan sagt: »... sie wäre keine Hex. Sie habe ein fromm, redlich Herz. Man habe ihr (nur) schmählich zugeredet. Was sie (vorher) bekannt, habe sie sagen müssen ... (denn) ... man habe sie zu sehr geängstigt«. Barbara Schradin unterstreicht dies: »... sie leugne ihre vorherigen Geständnisse ... sie habe den Teufel nie gesehen. In der Angst und Qual habe sie von ihm gesagt«.

Barbara Kuehns trug ihr Kind, das frisch und gesund war, auf dem Arm. Als sie Anna Bidermann begegnete, rief ihr diese zu: »... weidlich trag dein Kind hinauf und leg's aufs Lotterbett ... wie sieht es übel aus?« Einen Tag später ist es gestorben. Sie sagte: »... sie habe zwar keinen Argwohn auf Anna gehabt, weil sie aber wegen des Becken Weib in gross geschrei gekommen (sei), habe die Zeugin unterdessen dergleichen Gedanken sich (auch) gemacht«.

Stets tritt der Teufel als Tröster und Helfer auf. Afra Schelling wird in ihrem Haus verführt, als ihre Schwiegertochter schwanger ist und sie deshalb Kummer hat. Judith Göbel gelangt aus Armut zur Hexerei. Über den »teuflischen Beischlaf« wird gesagt, daß die Vereinigung »kalter Natur« und »nicht menschlich« sei. Vereinzelt erscheint der Teufel den Frauen in der Gestalt ihrer verstorbener Männer. Apolonia Lump als ihr Geliebter, um sie in dieser Gestalt zu verführen.

Es mag sein, daß ein Mangel an sexueller Befriedigung Alpträume, Phantasien und Wahnvorstellungen injizierte. Wenn der Teufel mit den Frauen Unzucht trieb, waren es häufig Witwen oder Frauen, deren Männer längere Zeit abwesend waren. Diese These kann man so nicht stehen lassen, denn dieser Personenkreis war »noch« angeschlagener als diejenigen, die in geregelten Familienverhältnissen lebten.

Catharina Rentz soll 25 x mit ihrem Buhle Unzucht getrieben haben und Agnes Blanck wurde getauft, nachdem sie der Teufel beschlafen hat. Er gab Elisabeth Ortlieb Geld, »... es waren (jedoch) nur Hafenscherben und Hobelspäne«.

Obwohl im Gutachten über Afra Schelling das Ausfahren als »bloße Phantasie und Teufelsgaukelei« angesehen wird, hält sich der landläufige Aberglaube. Zum Ausfahren werden eine Geiß, Maus, Katze oder ein Bock erwähnt. Man traf sich im Haus der Fürkäuferin, in der hinteren Stube des Hans alt Tochtermann oder bei der Urbele. Die Hexen flogen zum Scheibenwasen, Blasinsteig, zum Hochgericht, Howfeld, Rangenbergle bei Ehningen, zum Burgholz, dem Gönninger Berg, auf die Achalm und auf den Georgenberg; vereinzelt treffen sie sich auf der Stadtwiese.

Der Teufel kann sich nicht nur in Menschen, sondern auch in einen Rappen, Mücke, Spinne, Sau, Grille oder in einen Vogel verwandeln. Urban Helbling sagt aus: »... daß ihm der böse Geist in der Gestalt eines Hirsches erschienen sei ... er habe sich aber gleich als Mannsperson präsentiert und (trotzdem) Hörner gehabt«.

Auch in den Reutlinger Akten findet sich ein Hinweis auf das »stigma diabolicum«. »... der Teufel habe befohlen, man solle sie nach der Taufe einschreiben. Er habe sie mit der Glufe (= Stecknadel) in den linken Fuß an der Wade gestochen und Blut herausgelassen. Der Teufel habe ein großes Buch hergeholt und auf ein klein Zettele ihren Namen geschrieben. Das Löchlein, woraus der Böse Blut gelassen, hat sich an der angegebenen Stelle gefunden, wiewohl der Wächter mit der Nadel fast 1/4

Zoll tief in diese Stelle gestochen, hat das Mädle nichts empfunden und auch nicht geschwaitzt (= geblutet)«.

Apolonia Vetter, die ihrem Mann das männliche Geschlecht genommen hatte, » . . . so daß er seither kein Mann mehr sein konnte«, warf dem Weib des Heinrich Weiss ein Steinlein auf den Rücken, » . . . worauf diese lahm geworden«. Anna Groner tötete auf Verlangen des Teufels ihre Männer mit einem Pulver, das ihr der böse Geist gegeben hat. Dem Schultheiß tötete sie auf diese Weise ein Roß. » . . . manchmal wurde das Pulver den Menschen unters Gesicht geblasen«.

Vereinzelt wird den Hexen Heilkraft zugeschrieben. Eva Maurhan, die der Kuh des Johann Kuefuss Milch genommen haben soll, half, indem sie ihr mit Teufelskraut über den Rücken fuhr und dreimal sprach: » . . . es sei dir geholfen, in (des) Teufels Namen«. Maria Helb half den Weibern des Jacob Hummel und Hans Jerg Helb, denen sie die Milch genommen hatte, indem sie ihnen die Brust herabfuhr und sprach: » . . . es ist Kat (= Kot) . . . es bedeutet nichts . . . es vergaht (= vergeht)«.

Aussage des Pfarrers M. Christoph Ensslin

Er trägt Bürgermeister und Rat vor: » . . . Ich wurde am 26. November 1612 ins Spital zu etlichen des Rats erfordert und habe alsbald am gleichen Abend die vom Herrn Regierenden Bürgermeister empfangene Instruktion ins Werk gesetzt und berichte folgendes:

Nachdem ich dem Eppersturm zugegangen, auf dem die Agnesa Geyger in Haft lag, hörte ich, daß M. Eusebius kurz zuvor bei ihr gewesen war und ihr am nächsten Morgen das hl. Abendmahl auf mein Begehren zu reichen versprochen hatte. Ich habe eine Vorbereitung darauf genommen. Dabei waren jedoch der Michel Dettinger, gewesener Zusprecher (= Leichenbesorger), und etliche Buben, die aus dem Spital kamen. Als sie bei uns in dem Stüblein zu lang verharren wollten, hieß ich sie, weil es Essenszeit war, abtreten und in das andere Stüblein zum Essen hinüberzugehen.

Als wir beide allein waren, hat die Geygerin angefangen, sie möchte an mich eine Bitte richten, und ich soll's ihr bei den Händen versprechen. Ich schlug ihr dann die Hand und bekräftigte es hoch und stark, sofern es in meinem Vermögen stünde und der Billigkeit gemäß sei. Darauf sagte sie: › . . . könnt ich nicht in eine Totenbahre gelegt werden wie ein anderer Christ?‹. Ich sprach, sie sollte um den Leib nicht sorgen, sondern wie ihre Seel wohl versorgt würde. Und wenn sie eine gnädige Sentenz (= Urteil) erlangt habe, solle sie nicht weiter begehren. Weil jedoch solches nicht bei mir, sondern bei unserer Obrigkeit stehe, solle sie sich mir vertrauen, daß ich es den Herren sagen werde, was hiermit geschieht. Darauf fing ich an, jetzt hätte ich eine Bitte an sie. Sie solle mir's nicht abschlagen, weil sie es nicht allein gut könne, sondern auch schuldig (= dazu verpflichtet) sei vor Gott und den Menschen.

Ich fragte, wie es eine Gelegenheit habe (= wie es stehe) mit der Münsingerin, wie oft sie mit ihr hinausgefahren sei.

Sie sagte: › . . . Ich weiß nichts von der Münsingerin, als daß wir einmal an einem Tag 6 x in die Holzbirnen gegangen sind . . . der Ihre hat uns die Birnen geschüttelt‹. Ich sagte: . . . Habt ihr, als er auf den Baum hinaufstieg, seine Geißfüße nicht gesehen? Sie sprach: › . . . Auwei (oh weh), Herr, es ist kein Teufel, sondern ihr leibeigner (= eigener) Mann gewesen. Allein wir sind in verbotene Birnen gegangen, denen von Weil (= Wannweil)‹. Hier hab ich ihr zwar heftig zugeredet, sie fange an ein Ding zu sagen, schwanke aber und falle bald davon. Ich konnte aber nichts weiter von ihr bringen (= von ihr erfahren), als daß sie sagte: › . . . Ihr werdet mir ja selbst nicht raten, daß ich etwas auf einen Menschen sagen soll, wovon ich nichts weiß‹. Ich fuhr fort: . . . Liebe Agnesa, die Münsingerin ist fürwahr sehr argwöhnisch (= verdächtig), und ich kenne den Teufel auch ein wenig. Sie hat ihre zwei Männer beschädigt und ihre Kinder sind erbärmlich gestorben. Es tut's der Satan nicht anders: es ist nicht möglich, sie hat dazu geholfen, Rat und Tat und Vergiftung dazu getan.

Sie antwortete: › . . . Die Münsingerin ist länger zu Betzingen gewesen, als ich da gewohnt hab. Man hat sie im Flecken lang für ein solches Weib gehalten. Ach Gott, ich hab nicht vermeint, daß man so von mir sage und mir so Übles zutraue‹. Mehr konnte ich an diesem Abend nicht von ihr bringen. Ich befahl sie Gott. Sie befahl mir ihren Schaufel-Martin (= Martin Schaufel?). Ich ging also zur Schmelzin auf der Mauer hinum bei sinkender Nacht mit einem Knaben, der mir vorleuchtete. Weil aber anwesende Personen eben zu Nacht aßen, machte ich einen kurzen Eingang zur Aktion des hl. Abendmahls, welches ich ihr am folgenden Morgen zu reichen versprach und ging heim.

Am andern Tag (am Rand bemerkt: Was die Schmelzin belangt), Freitag morgens ist M. Daniel bei mir gewesen und hat uns zugehorcht, bis es zur heimlichen Beichte kam. Da ist er abgetreten. Hierauf vermahnte ich sie, damit niemand zu kurz (= unrecht) geschehe und doch das Böse gestraft werde, solle sie rund und mit gutem Bedacht anzeigen, ob sie an allem dem, was sie der Obrigkeit bekannt habe, etwas widerrufen, davontun oder mehr dazusetzen wolle. Ich malte ihr die kurzen Stunden ihres noch restierenden Lebens, dagegen die lange Pein und schwere Rache Gottes vor, wenn sie etwas Unwahrhaftes reden würde, und betete mit ihr auch vorher den Morgensegen und das Vaterunser. Darauf faltete sie ihre Hände oftmals, hob sie gegen den Himmel auf und sprach: › . . . Ich weiß wohl, daß ich nicht mehr viel auf Erden tauge und daß Gott alles weiß‹. Indem sie aber in ihrem Reden fortfahren wollte, fiel ich ihr darein: . . . Anna, ihr tauget doch noch soviel auf Erden, daß ihr die Wahrheit befördern und viel Leut aus einem großen Zweifel nehmen könnt, wenn Ihr den ganzen Grund anzeigt. ›Ja‹, sagt sie, ›lieber Herr, will's Gott, ich will's anzeigen und Euch, meinem Lehrer, nicht aus den Händen gehen, und was ich im Herzen gesagt hab, dabei bleib ich. Man hat mich ins Angesicht (= gegenüber) gestellt. Sie leugnet jämmerlich. Ach, was mag (= kann) sie schweren dafür (= wie kann sie es abschwören?), sie weiß gut in ihrem Herzen, daß sie ärger ist als ich. Gott geb es ihr nun auch zu erkennen!‹ Ich sprach: . . . Anna, habt Ihr aber ihren Geist nie gesehen, wie er gestaltet ist, oder wisset Ihr nichts davon, daß der Satan einer jeden ein Merkzeichen oder Mal an den Leib pfetzt (= zwickt, kneift) und wenn man die Münsingerin durchsuchte am Leib, meinet Ihr nicht, daß man ein solches Zeichen des Teufels an ihr finden könnte und sie so überzeugen (= überführen)? Sie antwortete mir: › . . . Ihren Geist hab ich nicht gekannt, weiß auch nicht, daß eine sollte ein Malzeichen am Leib tragen. Ich hab an meinem Leib nichts empfangen. Allein er hat mich oft jämmerlich geschlagen, daß ich froh bin, daß es mit mir dahin gekommen ist,

und ich sterbe mit ganzen Freuden. Ich weiß, daß mir der barmherzige Gott gnädig sein wird und mich meine Sünden nicht wird entgelten lassen‹.

Dabei weinte sie sehr heftig. Ich sagte weiter: . . . Annelin, wenn Ihr tot seid, wird die Münsingerin sagen, Ihr seiet ihr feind gewesen. Da sagte sie noch weinend und mit schneller Antwort: › . . . Nein, sie kann's nicht sagen. Denn ich bin ihr mein Leben lang keine Stund feind gewesen, wie auch die Estetterin nicht‹. Da sprach ich: . . . Ich höre, die Estetterin ist auch aus eurer Schar. ›Ei‹, sagte sie, ›die Herren wissen wohl, was ich bekannt habe, ich will niemand Unrecht tun. Es ist erst gestern oder den vorherigen Tag eine lang da unten bei dem Turm umhergezogen, hat oft heraufgeguckt. Was sie aber von mir gewollt oder was sie in dieser Gasse zu schaffen gehabt, kann ich nicht wissen‹.

Weiter machte ich ihr eine namhaft und fragte, ob diese nicht Hexenwerk treibe. Sie lächelte ein wenig und sagte: › . . . Ich weiß weger (= wahrhaftig) nicht, Herr Pfarrer. Aber das Babele ist gar zu hartnäckig, sie sollt's nicht tun. Ich hab anfangs auch nichts bekennen wollen. Ich wollte jetzt nicht, daß es anders wäre‹. Und zum Überluß, um wohl zu erkundigen (= herauszubekommen), ob es ein Neid (= Haß, Feindschaft) wäre oder ob sie aus Gunst etwas verschweigen wolle, sagte ich zu ihr: ›. . . Anna, vielleicht werden die Herren die Münsingerin wieder laufen lassen. Wenn Ihr mir mehr Weiber namhaft machen wollt, will ich sie in Eurem Namen warnen, daß sie bei Zeiten ausreißen. Aber sie sprach: . . . Es gilt mir gleich, ob man sie laufen läßt oder nicht. Was ich an der Wag (= Spannvorrichtung, Folterwerkzeug) den Herren bekannt habe, darauf will ich den bittern Tod willig leiden, daß ich keinem Menschen unrecht tue. Doch möchte ich keine warnen. Es dürfte (= könnte) ihnen wohl von Nutzen sein, daß sie hier litten, wie ich hoffe, Gott werde mir die ewige Seligkeit geben‹. Schließlich sagte ich: . . . Anna, es heißt dies die heimliche Beicht, und was ich mit Euch geredet, weil es niemand gehört hat als Gott und wir beide, so bin ich schuldig, solches alles zu verschweigen. Sofern es aber Euch nicht zuwider ist, so darf ich es unserer Obrigkeit anzeigen. ›Ei, warum nicht‹, sagte sie, ›ich trag dessen keine Scheu.

Was ich geredet habe, dabei bleib ich bis in den bitteren Tod, will auch heut, will's Gott, fröhlich darauf sterben‹.

Darauf rief ich M. Daniel und andere, die abgetreten waren. Wann sie mit uns beten wollten, sollen sie zu uns in das Stüblein kommen. Ich fuhr dann fort mit Reichung des hochwürdigen Abendmahls.

M. Christoph Ensslin
Diener am Wort allhie zu Reutlingen
1612. Tag St. Conrads. 26. November.

Urteil über Margretha Rieppert selig

Urteil: Die jetzt vorgeführte arme Sünderin Margretha, Wittib des Hans Rieppert, gewesenen Bürgers und Weingärtners, geborne Pfulb, gebürtig von Pfäffingen adelig Gültlingischer Herrschaft, ist wegen bezichtigter Hexerei vor kurzem eingezogen (= verhaftet) worden. Sie hat sowohl in gütlicher Aussage als auch schwerer Frag und peinlicher Urgicht öffentlich folgendes gestanden:

1. Vor ungefähr 28 Jahren und zur Zeit, als die Piccolominischen Soldaten hier im Quartier lagen, besonders aber der Profos in des Ludin Gall Haus und ein Leutnant in des alt Stoffel Tochtermann Haus logierten, sei sie verführt worden, daß sie sich dem bösen Geist ergeben habe. Das sei folgendermaßen zugegangen. Sie hatte damals ein Halsnuster (= Halskette), welches sich gut auf 16 Dukaten belief, verloren und meinte, es bei dem Profosen gelassen zu haben. Deswegen habe sie sich in seinem Quartier erkundigt, es aber dort nicht angetroffen, sondern sei in das Haus des Stoffel Tochtermann gewiesen worden. Dann habe sie es wieder bekommen, aber mit der Hilf des bösen Geistes, welcher in der Küche des genannten Hauses zu ihr kam in der Gestalt eines jungen Mannes und (der) ein gelbes Kleid anhatte. Darauf gingen sie in das hintere Stüblein. Dabei waren die beiden hingerichteten Malefikanten, das Weib des alt Stoffel Tochtermann und ihre Tochter Anna. Da wurde sie dann von ihrem bösen Geist, welcher sich Christoffel nannte, beschlafen, hernach getauft und Anna Gretha genannt. In der Tauf habe sie Gott verleugnet, der hl. Dreifaltigkeit abgesagt und dem bösen Geist sich ergeben. Dieser

habe ihr ein schwärzliches oder gräuliches Pulver und eine gelbe Salbe zugestellt. Mit dem Pulver habe sie verschiedentlich Schaden getan, mit der Salbe aber den Stecken, worauf sie ausfuhr, geschmiert und was sie noch davon übrig hatte, vor ihrer Verhaftung in den Bach geworfen.

2. Nach der Taufe habe ihr Buhle Christoffel ihr auch Blut ausgelassen von dem 2. Zehen am rechten Fuß, es behalten und sie daselbst gezeichnet.

3. Sie sei zwar ausgefahren, aber nicht mehr als 4 oder 5 mal draußen gewesen. Der Platz wo solche Leut zusammenkamen, sei auf der Scheibe. Es seien sehr viele draußen gewesen. Sie haben Wein getrunken. Woher sie ihn aber brachten, wisse sie nicht. Ferner habe sie Pfeifer gehört. Die, die draußen waren, haben Wachslichtlein oder Holdermark in Röhrlein in den Händen gehabt und damit geleuchtet. Sie habe einmal ein Dinglein (= einen kleinen Tiegel) halten müssen. Sonst habe sie draußen nichts gegolten. Erst seit es mit dem Buben des Hans Jerg Helbling offenbar wurde, sei sie einmal auf dem Abend in sein Haus gekommen und habe ihn abholen helfen. Da seien in dem hinteren Stüble viel Leut gewesen. Besonders sei sie neben anderen am Freitag 24. Februar am Mattheistag ausgefahren und habe der Hexenzusammenkunft beigewohnt.

4. Sie habe dem Stadtknecht Hans Hairemann ein Geißle geschlagen mit einem Stecken, den sie ungefähr (= zufällig) auf der Gasse aufgehoben hatte, und dabei gesagt: » . . . Stirb in Teufels Namen!« Davon habe es schließlich sterben müssen. Der Vaihlen-Hans habe ihr vorher so schandlich getan (wohl: mit ihr geschimpft), und sie haben so eine Freud mit dem Geißle gehabt.

5. Dem Kind ihrer Tochter, des Babelins, habe sie von ihrem Pulver auf das Breilein getan, woran es lang siechte und schließlich sterben mußte.

6. Ihrem Sohn, dem Jacoble, habe sie ebenfalls von dem Pulver auf 2 Knöpfle (= Knödel) getan, als er ihr vorher Äpfel gebrochen (= gepflückt) hatte und mit ihr zu Nacht aß. Er habe sie allein aufgegessen und am 5. Tag danach sterben müssen.

7. Als sie einmal im Haus ihres Sohnes Jacob tranken, habe sie seinem Kind, einem Knäblein, in rotem Wein vergeben. Sie habe gelbes Mehl gehabt, welches sie von ihrem Geist empfangen und auf sein Geheiß darein getan habe.

8. Ihrem Mann Johannes, nachdem er von ihrem Tochtermann mit einem Krug an den Kopf geschlagen worden, habe sie gleichfalls vergeben. Denn sie habe ihm Pulver, das sie von ihrem Geist empfangen hatte, auf einen gebrannten Brei getan, wovon er morgens um 9 Uhr aß, 5 Tag hernach krank wurde und ihrem Sohn Jacoble in den Armen starb.

9. Dem Buben des Glasers Johannes Kurtz selig habe sie auch Pulver auf die Knöpfle (= Knödel) getan. Der habe davon gegessen und sei hinterlättig (= kränklich) worden. Sie habe ihm aber wieder geholfen und Wein aus ihrem Keller zu trinken gebracht, wovon er gesund geworden.

10. In desselben Mutter, des Anna Bärbelins Haus, sei sie oft gekommen. Denn zwischen beiden Häusern sei eine Wand und ein Loch darin, wodurch sie in ihre Kammer kam. Dazu habe ihr der böse Geist geholfen, der sie immer vorher zu einem Hund oder zu einer Katze gemacht habe, daß sie zu dem Loch habe aus- und einschliefen (= schlüpfen) können. Es habe aber nicht lang gewährt.

11. Dem jungen Schmidt-Hans (Hans Schmidt) habe sie einmal eine Suppe in sein Haus hinübergebracht und darauf auch dieses Pulver getan, weil es ihr Geist haben wollte. Er habe davon gegessen und dann verlahmen (= lahm werden) müssen.

Weil das abscheuliche Laster der Zauberei und Hexerei eine überaus schwere Sünd und Greuel vor Gottes Augen ist, wodurch der Mensch von seinem Schöpfer und Erlöser abweicht. Gottes unaussprechliche Güte und Barmherzigkeit, die er Zeit seines Lebens empfangen hat, mit höchstem Undank erkennt und auf die Seite setzt, der hochgebenedeiten heil. Dreifaltigkeit schändlich abgesagt und dem verfluchten Geist und Feind Gottes und des menschlichen Geschlechts dem leidigen Teufel, mit Leib und Seel sich eigen ergibt und mit seiner Hilf Menschen und Vieh Schaden zuzufügen sucht, daher ist dieses grausame Laster in der hl. Schrift sowie in den gemeinen kaiserlichen Rechten ernstlich verboten und besonders in der Peinlichen Halsgerichtsordnung mit der äußersten Todesstraf angesehen worden.

Darnach haben BM (= Bürgermeister) und Rat dieser Reichsstadt Reutlingen nach eingenommener (= festgestellter) wahrer Beschaffenheit der Sache und wiederholtem Geständnis dieser Margaretha Rieppert, obwohl sie nach ihren Mordtaten hätte mit glühenden Zangen gerissen oder eher lebendig verbrannt werden sollen, doch auf Fürbitten ihrer Kinder mit der ganzen Verwandtschaft die Milde der Strenge vorgezogen und beschlossen, daß sie in Hände und Bande des Scharfrichters geliefert, von ihm auf die gewöhnliche Richtstatt geführt, daselbst, ihr zu wohlverdienter Straf, andern aber zum abscheulichen Exempel, mit dem Schwert vom Leben zum Tod gerichtet und dann ihr toter Körper zu Asche verbrannt werden soll. 1665. 28. April

Rechtliches Bedenken

Es sind eine geraume Zeit her in der Reichsstadt Reuttlingen 2 Weibspersonen, Afra, Eheweib des Küfers Johann Schelling, und Elisabetha, Eheweib des Sattlers Johann Hamleyle, im Verdacht der Hexerei gewesen, welcher besonders bei der ersten daraus erwachsen ist, daß sie von 2 verschiedenen, mit der Hexerei behafteten und hingerichteten Personen als Hexe angegeben worden ist. Desgleichen sind in kurzer Zeit etliche Personen, welchen sie Branntwein zu trinken oder Brot zu essen gegeben, erkrankt und elend um ihr Leben gekommen. Zu der letzteren Person wurden die geschworenen Medici und Chirurgi geschickt und haben sie besichtigt. Daraus ist communis fama (= das allgemeine Gerede, die öffentliche Meinung), der Stadt erschollen und Afra

▸

Glöcklertor von außen. Ulm 1830. Durch dieses – inzwischen abgerissene Tor – wurden die Delinquenten zur Richtstätte geführt, die außerhalb der Stadt lag. In Ulm kommt es zu auffallend wenig Hexenverfolgungen und – soweit bekannt ist – nur zu einer Verbrennung.

wird als eine verdächtige Person von jedermann geäußert (= gemieden). Dazu kommt noch, daß sie von dem verhafteten Jungen, ebenso von Margretha, Witib des Hans Rieppert, einer jüngst hingerichteten Hexe, von neuem angegeben wurde. Weil Afra verschiedenen Ratsfreunden in die Häuser geloffen ist und solches gleichsam sollizitierte (= verlangte), hat der Magistrat Anlaß genommen, sie zu beschicken (= kommen zu lassen) und durch Commisare gütlich vernehmen zu lassen. Sie aber wollte sich zu nichts bekennen. Darauf wurde sie ihrem Erbieten gemäß mit dem erwähnten Jungen und der Margretha konfrontiert. Beide sagten ihr unter Augen zu, daß sie, Afra mit ihnen ausgefahren und wie sie selbst der Hexerei schuldig sei. Das wurde aber von ihr beständig geleugnet.

Überdies hat die Aussage der Inquisitin in den vornehmsten Umständen mit den Aussagen etlicher Zeugen nicht übereingestimmt, sondern ist eine merkliche Variation (= Verschiedenheit) darin verspürt worden. Deshalb wird sie bis auf weitere Verordnung in einer bürgerlichen Gefangenschaft gehalten.

Das andere Weibsbild ist schon hievor durch ihre leibliche Mutter und Schwester und andere, die wegen eingestandener Hexerei hingerichtet wurden, angegeben, deswegen eingezogen (= verhaftet) und torquiert (= gefoltert) worden, hat aber nichts gestanden. Indessen hat man fleißig auf Ihr Tun und Lassen achtgeben lassen. Es ist aber nicht das geringste Verdächtige von ihr verspürt (= festgestellt) worden. Doch wird sie jetzt von dem Jungen und der Margretha mit Umständen als Hexe angegeben.

Deswegen entsteht bei so schwierigen Umständen die Frage, was mit den Personen zu tun ist und ob die angebrachten Umstände in Rechten keine Anzeigung machen (= ob im Recht keine Anhaltspunkte vorhanden sind), gegen sie mit der peinlichen Frage (= Folter) vorzugehen.

Es könne zunächst aus ziemlich scheinbaren (= augenscheinlichen) Ursachen dafür gehalten werden, daß der Magistrat sattsamen Grund habe, gegen die Afra, Johann Schellings Eheweib, falls dieselbe in der Güte nichts bekennen, sondern auf dem Verneinen beharren sollte, mit der peinlichen Frage zu verfahren.

(1) Denn sie ist schon vorher i.J. 1660 von 2 confessaten Maleficanten (= geständigen Übeltätern) als Hex angegeben worden, indem Urban Fasnacht am 5. Juni 1660 in Güte unter anderem sagte, des Johann Schellings Weib, das Aferle, sei allzeit mitgefahren, ferner Anna, Ludwig Dörrers Weib, am 16. Juni, das Aferle, Johann Schellings Weib, sei auch dabei. Wer aber ihr Tanzgesell war, wisse sie nicht. Die Nennung ist erst neulich abermals geschehen, nicht allein von dem noch in Haft liegenden Buben Urban Helmling, sondern auch von der nunmehr hingerichteten Margretha, Witib des Johann Rieppert, indem sie am 27. Februar 1665 aussagte, sie wisse zwar wohl, daß sie mit ihr auf die Scheibe gefahren seien, das Aferle und die Els. Das bestätigte sie am 7. März.

Peinl. Halsgerichtsordnung Karls V. Artikel 31 in pr. 161: »... So (= wenn) ein überwundener (= überführter) Missetäter, der in seiner Missetat Helfer gehabt hat, jemand im Gefängnis besagt (= nennt, beschuldigt), der ihm zu seiner geübten, erfundenen (= entdeckten) Missetat geholfen habe, ist (= besteht) auch eine Argwöhnigkeit gegen den Besagten«.

(2) In kurzer Zeit erkrankten etliche Personen, welchen sie Branntwein zu trinken und Brot zu essen gegeben, und kamen elend um ihr Leben. Sie beharrten beständig darauf, daß ihre Krankheit und Schmerzen ihnen daher entstanden. Barbara, Witib des Hans Scheffer selig, sagte aus, die Inquisitin habe vor ungefähr drei Jahren an der Schar (= Arbeit im Kundenhaus) ihrem Mann, aus dessen Mund sie es hörte, Wein zu trinken gegeben, worauf er sich gleich Übel befand, so daß er beim Weggehen gleich auf der Stiege niedersitzen und hernach sich gar legen mußte. Er habe von der Zeit an keine gute Stund gehabt, sei auch schließlich, obwohl allerhand Arznei gebraucht wurde, gestorben.

Sodann sagt Anna, Eheweib des Johann jung Hummel, Rotgerbers, aus, ihr vorheriger Mann, der Kühhirt Jacob Schäffer sei lang herumgegangen und habe sich übel befunden. Er habe 8 Tage vor seinem Tod zu ihr gesagt, er habe auch an dem Ort getrunken, wo sein Bruder den Trunk empfangen, und daher komme sein Zustand.

Jacob Hipp, Beck, sagt aus, vergangene Fasnacht vor einem Jahr habe die Inquisitin der Tochter ihres Bruders zu Pfullingen auf dem Rathaus ein Stücklein Brot gegeben, wovon sie nur wenig gegessen habe. Sie habe sich aber gleich übel befunden und zu Bett liegen müssen. Sie habe unsägliche Schmerzen gefühlt und ihr Leben aufgeben müssen. Nach dem Tod sei der Verstorbenen Leib hoch aufgeloffen und habe, als sie zu Grab getragen wurde, sehr geschweisst (= geblutet), besonders vor dem Haus der Inquisitin, was gutenteils auch von Matthäus Fuchs und Catharina, Weib des Jacob Hipp, bestätigt wird.

Johannes Ammer sagt aus, die Inquisitin habe seiner Mutter, der Müller-Anna, Branntwein gegeben, wovon sie nach ihrer Gewohnheit allemal 2 Löffel voll brauchte. Es sei ihr aber übel bekommen, gleich in die Hände und Füsse geschlagen und darin wie Ameisen gewuselt. Der Branntwein sei ganz wunderlich gewesen.

(3) Es kommt hinzu, daß die Inquisitin von jedermann für eine Hexe gehalten und deswegen geäußert (= gemieden) wird.

(4) Die Inquisitin habe in etlichen vornehmen (= wichtigen) Umständen die Unwahrheit gesagt, indem sie angab, der Schaff-Hans habe sie im Beisein seines Weibes, der Afra Tochter und Sohn frei und ledig gesprochen. Ebenso hat sie das von ihres Bruders Tochter vorgegeben, während die Zeugen das Gegenteil aussagen, daß diese Person beständig darauf verbleiben, ihre Krankheit und Schmerzen seien durch den von der Inquisitin gegebenen Branntwein und Brot verursacht worden.

Trotz diesem allem und was dergleichen weiter aus den Inquisitions-Akten angeführt werden könnte, sind die Unterzeichneten, salvo tamen semper rectius sententium iudicio (= jedoch immer vorbehaltlich des Urteils von Verständigeren), der gänzlichen und unzweifelichen (= zweifelsfreien) Meinung, daß noch zur Zeit keine genugsame und redliche (= juristisch vertretbare) Anzeigungen, (= Anzeichen, Indizien) vorhanden sind, deretwegen diese Inquisitin mit der peinlichen Frage von Rechts wegen angegriffen werden könnte.

Sodann erwägen die Unterzeichneten hierbei auch, daß die peinliche Frage als ein grausam, gefährlich und zweifelhaftes Mittel ohne vollkommene Erweisung erheblicher und fast unfehlbarer Anzeigungen keineswegs vorgenommen werden soll.

Peinliche Halsgerichtsordnung Artikel 20: » . . . Wo nicht zuvor redlich Anzeigen der Missetat, nach der man fragen wollte, vorhanden und bewiesen würde«. Denn gleich wie zur Condemnation (= Verurteilung) werden ganz sonnenklare Beweise vom Recht erfordert.

Also müssen die Anzeigungen zur Tortur der Wahrheit ganz ähnlich, nicht zweifelhaft, sondern gewiß und so beschaffen sein, daß die beschuldigte Missetat daraus eigentlich (= ausdrücklich) folgt. Sie müssen mindestens durch zweier geschworener Zeugen Aussage, gegen welche nichts eingewendet werden kann, erwiesen sein.

Auf dem Rand: Wenn es sich nicht erfindet und der Richter gleichwohl die Tortur vornähme, hat er nicht allein eine schwere Verantwortung vor Gott, sondern auch von der weltlichen Obrigkeit harte Strafe und Ungelegenheit zu erwarten . . .

Wenn nun wider die Inquisitin angeführten Indicia geprüft werden, ergibt sich leicht, daß sie den Stich nicht halten und nicht von der Erheblichkeit sind, um ein solch gefährliches Mittel vorzunehmen, sondern sind insgemein entweder im Recht nicht begründet oder in facto nicht gebührlich beigebracht, gutenteils aber bestehen sie in abergläubischen Einbildungen.

Denn erstens: daß die Inquisitin von 3 geständigen und hingerichteten Übeltätern sowie von dem noch verhafteten Buben als Hexe angegeben worden ist, darauf ist wenig zu geben. Viele vornehme Rechtsgelehrte verwerfen solche von Hexen geschehenen Nennungen ganz. Denn entweder, sagen sie, sind diejenigen, welche andere angeben, selbst in Wahrheit Hexen oder sie sind keine. Wenn sie keine sind, so können sie von den anderen nicht wissen, sondern sagen die Unwahrheit über sie selbst und über andere, um nur der Marter abzukommen (= ledig zu werden). Sind sie aber Hexen, so kann man ihre Aussagen nur für lügenhaft halten, weil der Teufel als ein Vater der Lügen ihr Lehrmeister ist.

Andere Rechtsgelehrte aber, insgemein auch die Peinliche Halsgerichtsordnung gehen dahin, daß dergleichen Nennungen für sich allein weder zur Captur (= Verhaftung), viel weniger zur peinlichen Frage genügen, sondern allein zu weiterer Nachforschung dienen, ob nun das Angeben von einem oder von mehr Maleficanten geschehen ist. Überdies, wenn sie zur Tortur ausreichend sein sollen, wird notwendig erfordert, daß alle die Requisita (= Erfordernisse, Vorschriften), welche die Peinliche Halsgerichtsordnung in processu turturae (= im Verfahren der Folterung) beobachtet haben will, pünktlich in acht genommen werden. Sonst sind sie für null und nichtig zu achten.

Darunter aber ermangelt hier (= In dieser Hinsicht ist es ein Fehler), daß die Nennungen nicht unter Tortur geschahen, wie beikommende (= beigefügte) Extrakte alle lauten, die Inquisitin sei im gütlichen Geständnis angegeben worden.

Zweitens ist aus den Extrakten nicht zu sehen, daß der Richter insgemein von andern genannten Maleficanten gefragt habe.

Drittens muß der angegebene Maleficant eigentlich (= genau) nach allen Umständen fleissig gefragt werden, wovon die beigelegten Extrakte keine Nachricht geben.

Viertens müssen die Angeber auf ihrer Aussage beständig bleiben. Nun aber gibt ein Extrakt an, daß Anna, Eheweib des Ludwig Dürrer, ihre Aussag wegen der Inquisitin wieder zurückgezogen habe.

Überdies finden die Unterzeichneten aus allen Nennungen nicht, daß von den Malefikanten ein einzig glaubwürdig Verbrechen auf die Inquisitin bekannt (= ausgesagt) wurde, als (z.B.) daß sie sich hatte umtaufen lassen, Menschen oder Vieh Schaden getan hätte, sondern allein, daß sie auf die Scheibe mitgefahren und daselbst sich präsentiert habe. Solches Ausfahren will doch von vielen verständigen Leuten für bloße Phantasien und des Teufels Gaukelspiel meistenteils gehalten werden, welcher den Hexen auch unschuldige Personen einbilden kann, als wären sie erschienen.

Das andere Indicium, daß die Inquisitin verschiedene Personen unter dem Branntwein und Brot Gift beigebracht oder sie damit sonstwie behext haben soll, daß sie erkrankten und schließlich ihr Leben elend aufgeben mußten, ist zur Zeit noch nicht erwiesen, weil bei den Zeugenaussagen hierüber sich allerhand Mängel finden. Denn erstens ist keine dieser Personen vereidigt worden, was doch, wenn die Aussage etwas probieren (= beweisen) soll, besonders in peinlichen Sachen, notwendig erfordert wird, so daß auch mit Bewilligung der Parteien der Eid denselben nicht remittiert (= erlassen) werden kann. Zweitens sind die Zeugen nicht ordentlich auf Artikel (= die einzelnen Punkte) verhört und über alle Umstände genugsam examiniert und eigentlich (= genau) befragt worden, was doch auch notwendig erfordert wird. Drittens ist der legitimus numerus (= die gesetzliche Zahl) der Zeugen nicht bei allen angegebenen Fakten vorhanden. Bei jedem Faktum werden mindestens zwei erfordert.

Nun aber attestiert wegen des Schaaff-Hans dessen nachgelassene Wittib, welche auch für sich nichts weiß, sondern nur von ihrem Mann alles gehört habe. Gleiche Bewandtnis hat es auch mit Jacob Schäffer und der Müller-Anna, welchen die Inquisitin Branntwein zu trinken gegeben haben soll. Dieser gewesene Ehemann selbst attestiert, er habe alles nur vom Hörensagen.

Peinliche Halsgerichtsordnung Art. 65: » . . . Die Zeugen sollen sagen von ihrem selbsteigenen wahren Wissen mit Anzeigung ihres Wissens gründlicher Ursach. So (= was) sie aber von fremden hören sagen (= auf Grund vom Hörensagen Aussagen machen), würden, das soll nicht genugsam geachtet werden«.

Überdies hat es ein starkes Ansehen (= sieht es stark so aus), daß die Ursach des Tods bei denen, über die die genannten Zeugen aussagen, aus natürlichen Ursachen, nicht aber von Hexerei entsprungen ist und die Inculpation (= Beschuldigung) der Inquisitin allein aus abergläubischem Einbilden herrührt, wie über die Hausfrau selig des Johann Jacob Gruen oder Medicus und die Chirurgi aussagen, daß keine Indicia von Gift, wie der gemeine Ruf verlautete, sich an dem Leichnam fanden, sondern dieser sei so beschaffen gewesen wie die cadavera hydropicorum (= der Wassersüchtigen) sonst zu sein pflegen.

Gleichfalls sagt Hans Fetzer aus, daß sein Weib, ehe sie den Branntwein von der Inquisitin empfing, schon krank war, so daß also deren Tod nicht notwendig durch die Inquisitin befördert wurde.

Weil nun diese beiden Indicia auf so schwachen Füßen stehen, so kann das dritte, nämlich die fama communis (= das allgemeine Gerede), welche den Ursprung aus solchen Nennungen und abergläubischen Einbildungen des Pöbels gewonnen hat, nicht von Importanz und Valor (= Gewicht und Wert) sein.

Peinliche Halsgerichtsordnung Artikel 25.

Endlich das 4. und letzte Indicium, daß die Inquisitin in etlichen vornehmen (= wichtigen) Umständen merklich variiert oder die Unwahrheit angezeigt habe, ist zu Recht nicht erwiesen. Bei dem Stadtschäfer finden sich zwei Punkte, in denen die Inquisitin mit der Zeugenaussage different ist, daß er nach getrunkenem Branntwein beim Heimgehen gleich auf der Stiege habe niedersitzen müssen. Dem widerspricht die Inquisitin. Es ist aber das Gegenteil nicht dargetan.

Denn solches wird allein durch Barbara, Witib des besagten Stadtschäfers, attestiert, welche es von ihrem Mann gehört haben soll. Sie ist also testis unica (= die einzige Zeugin) und zwar de auditu alieno (= vom Hörensagen). Zweitens daß die Inquisitin vorgibt, der Stadtschäfer habe sie frei und los gesprochen, als sie ihn in der Krankheit besuchte und sie ihm das allgemeine Geschrei vorhielt. Hiergegen steht abermal allein die Aussage der Barbara, zwar nicht ausdrücklich, sondern es heißt nur, ihr Mann sei damals, als die Inquisitin zu ihm kam, so krank gewesen, daß er nimmer viel habe reden können. Aber Anna Maria, Eheweib des Bastian Zeglen, attestiert, der Schäfer habe in ihrem Beisein, als das Aferle zu ihm redete, gesagt, er zeihe sie nichts. Das kann die Inquisitin als eine Lossprechung gedeutet haben, so daß sie hierin kein mendacium (= Lüge) beging.

Ferner finden sich auch 2 Punkte bei des Groners Weib, worin die Inquisitin mit den Zeugen nicht übereinstimmt. Erstlich hat die Inquisitin ausgesagt, sie habe des Groners Weib das Brot unterwegs nach Pfullingen gegeben. Dagegen sagen die Zeugen aus, daß das auf dem Rathaus zu Pfullingen geschehen sei. Die Zeugen alle aber haben das nicht aus eigener Kenntnis, sondern nur von der Verstorbenen gehört. Deren Aussage ist zu rechtlicher Beweisung zu wenig.

Zweitens hat die Inquisitin angegeben, die Verstorbene habe sie frei gesprochen. Dem widersprechen zwar etliche Zeugen. Aber Anna,

Eheweib des Martin Schirm, sagt aus, es habe die Verstorbene zu der Inquisitin gesagt: ». . . Hast du mir etwas darein getan, weiß ich's nicht. Hast du nichts darein getan, weiß ich's auch nicht«. Diese Rede kann die Inquisitin für eine Exculpation (= Freisprechung von einer Schuld, Rechtfertigung) genommen haben, so daß sie auch hierin kein mendacium (= Lüge) begeht.

Weil die Unterzeichneten diesem allem nach die Indicia samt und sonders zu rechtlicher Genüge nicht fundiert finden, wird man mit der Inquisitin weder zur Territion (= Bedrohung) noch viel weniger mit der scharfen Frage selbst schreiten können, sondern sie sind der Meinung, daß sie, falls sie auf ferneren Zuspruch und ernstliche Erinnerung in der Güte zum Geständnis sich nicht bequemen sollte, für diesmal bis zur Erlangung besseren Grunds zum gerechten Gericht Gottes, der auch das Verborgene zu seiner Zeit offenbart, zu überlassen und wieder aus der Haft zu entlassen, indessen aber auf ihr Tun und Lassen fleißig Acht zu geben sei. Dabei könnte ihr bediten (? = bedeutet) werden, daß sie sich, weil sie bei der Bürgerschaft insgemein gleichwohl (= trotzdem) im bösen Verdacht ist und deswegen von jedermann ohnedies geäußert (= gemieden) wird, eine Zeitlang im Hause halten und des unnötigen Ausgehens unter die Leut sich bemüssigen (= enthalten) möge.

Ferner weil sie äußerlich (von außen her) vernehmen, daß die Bürgerschaft wegen der Hexen sehr schwierig sei und aus blindem Eifer zur Strafe die Obrigkeit zuvieler Gelindigkeit beschuldigen und einen Unwillen wider dieselbe verspüren lassen soll, wenn man nicht gleich mit den ihrem Wahn nach verdächtigen Personen zu Folter und Scheiterhaufen prorumpieren (= vordringen, sich hinreißen lassen) will, hielten die Unterzeichneten es nicht für undienlich, daß durch ein ehrwürdiges Ministerium (= Predigeramt) denselben ihr Unfug (= Unrecht) von der Kanzel beweglich demonstriert und aus Gottes Wort ernstlich vor Augen gelegt wurde, wie hoch sie durch welchen Aberglauben wider Gott und dessen heilige Gebote in der 1. Tafel (1. Gebot) und sodann durch dergleichen Beschuldigungen und Diffamationes (= Verleumdungen) wider die Nächstenliebe, die in der 2. Tafel geboten ist, sündigen und sich schwer vergreifen.

Hexenprozesse in Reutlingen

Name	Prozeßzeit	Urteil	Alter
Anna Missler	28. 5.1565 – 4. 6.1565	verbrannt	
Elisabeth Viess	5.1565 – 4. 6.1565	verbrannt	
Apolonia Vetter	2. 6.1565 – 4. 6.1565	verbrannt	
Sabina Stirm	18. 6.1565 – 20. 6.1565	verbrannt	
Anna Schengkel	18. 6.1565 – 20. 6.1565	verbrannt	
Hans Leser	18. 6.1565 – 20. 6.1565	verbrannt	
Anna Groner	1. 8.1565 – 3. 8.1565	verbrannt	
Magdalena Krumm	15.10.1565 – 17.10.1565	verbrannt	
Barbara Braun	29.11.1565 – 1565	verbrannt	
Magdalena Decker	4. 2.1594 – ? 1606	Zangen/verbrannt	
Hotenschellerin	4. 2.1594 – ? 1606	verbrannt	
Dorothea Raah	18. 6.1594 – ? 1606	Zangen/verbrannt	
Agnesa Vehringen	18. 6.1594 – ? 1606	Zangen/verbrannt	
Anna Guottbrott (Witwe)	18. 6.1594 – ? 1606	Zangen/verbrannt	
Margaretha Wurst (Witwe)	18. 6.1594 – ? 1595	Zangen/verbrannt	
Catharina Schirm	25. 6.1603	Zangen/verbrannt	
Maria Nestler	19. 8.1603	verbrannt	
Anna Heeb	7. 1.1604	?	
Agnesa Schmid	27.11.1612	Schwert/verbrannt	
Anna Schmelzin	27.11.1612	Schwert/verbrannt	
Münsingerin	29. 1.1613	verbrannt	
Barbara Greylich	30. 1.1613	Schwert/verbrannt	
Elisabeth Ortlieb	10. 8.1621	Schwert/verbrannt	
Riefle	1630	verbrannt	
Agnes Mays	1632	verbrannt	
Tochter von ihr	1632	verbrannt	
Tochter von ihr	1632	verbrannt	
Anna Groner (Witwe)	5. 8.1633	verbrannt	
Catharina Rentz	? 8.1633	verbrannt	
Catharina Vodin	11.10.1633	Schwert/verbrannt	
Agnes Lamparter[1] (Witwe)	1633	Schwert/verbrannt	
Elisabeth Dieringer	1633	Schwert/verbrannt	
Anna Bidermann	1633	Schwert/verbrannt	
Anna Hamer (Witwe)	12.10.1637	Siechenhaus	
Margaretha Schirm	1.11.1637 – 8.12.1637	Freispruch	
Catharina Schmid	19. 7.1644 – 23. 8.1644	Schwert/verbrannt	
Ursula Zeyb (Witwe)	25. 6.1644	Armenhaus	
Michael Dieringer	2. 9.1658	verbrannt	
Gipflerin[2]	vor 1660	verbrannt	
? Derrer	1. 6.1660	verbrannt	
Barbara Schraden	28. 5.1660 – 2. 6.1660	Schwert/verbrannt	
Urban jung Fasnacht	1. 6.1660	Zangen/Schwert/verbrannt	
Margaretha Oswald (Witwe)	4. 6.1660	Hungerstreik	70
Magdalena Zeib	4. 6.1660	verbrannt	64
Anna Weiß	22. 6.1660 – 28. 8.1660	?	40
Juditha Schirm	7. 9.1660	?	
Anna Maria Hochstetter (= Kindsvatterin)	6. 6.1660 – 14.12.1660	Selbstmord	60
Anna Maria[3]	1660	verbrannt	15
Elisabeth Hamlehle	8.1660 – 22.12.1660	Freispruch	
Tochter der Schäfferin	vor 1660	verbrannt	
Anna Klobenmacher	um 1660	Freispruch	
? Hebis	um 1660	Freispruch	
? Hammer	um 1660	Freispruch	

Hexenprozesse in Reutlingen

Name	Prozeßzeit	Urteil	Alter
Anna Spoh	um 1660	Freispruch	
Johann Hauser	28. 1.1661 – 29. 2.1661	verbrannt	61
(= Echterdinger)			
Johann alt Fasnacht	zw. 1660 – 1665	verbrannt	
Maria Kübelwein	5. 6.1661 – 28. 9.1661	Freispruch	
2. Prozeß	6. 5.1662 – 18. 6.1662		
Margaretha Riepert (Witwe)	27. 2.1665 – 14. 4.1665	Schwert/verbrannt	
Afra Schelling	7. 4.1665 – 2. 5.1665	Freispruch	
2. Prozeß	10. 5.1665 – 2. 6.1665	Schwert/verbrannt	
Agnes Blanckh	17. 5.1665 – 2. 6.1665	Schwert/verbrannt	
Maria Haldner	17. 5.1665 – ? 5.1665	Schwert/verbrannt	
Elisabeth Hemlehle	19. 5.1665 –	Schwert/verbrannt	
Hans alt Tochtermann	6. 6.1665 – 10.11.1665	Schwert/verbrannt	
Agnes Helbling	7. 6.1665 – 28. 7.1665	Schwert/verbrannt	
Maria Engel	15. 6.1665 – 30. 8.1665	Schwert/verbrannt	53
Juditha Göbel	2. 6.1665 – 28. 6.1665	Schwert/verbrannt	65
Eva Maurhan	22. 7.1665 – 30. 8.1665	verbrannt	70
Anna Tochtermann[4]	26. 7.1665 –	verbrannt	
Maria Möhrstetter	5. 8.1665 – 30. 8.1665	Hand abgehackt/verbrannt	65
? Brosel	5. 8.1665	?	
Johann Ulrich Fasnacht[5]	12. 8.1665	Schwert/verbrannt	17
Apolonia Lump	16. 8.1665 – 10.11.1665	Schwert/verbrannt	
Margaretha Weinmann (Witwe)	31. 8.1665	?	
Barbara Jos (Witwe)	9. 9.1665 – 14.12.1665	Freispruch	
Hans alt Schull	12. 9.1665 – 10.11.1665	Schwert/verbrannt	
Margaretha Jauch	27. 8.1665	?	14
Maria Stirm	22. 1.1665	Freispruch	
(= Knorrenmareile)			
Maria Jauch	28. 9.1665 – 25.11.1665	wegen Krankheit entlassen	
Heinrich Scherer	12.1665	?	
Georg Jauch	12.1665	?	
Tochter der Anna Vogt	um 1665	verbrannt	
Anna Vogt	um 1665	verbrannt	
? Barth, Weib des Hans Barth	um 1665	verbrannt	
? Nertz, Weib des Hans Nertz	um 1665	verbrannt	
Urban Helbling	7. 2.1665 – 31. 8.1666	Armen- oder Siechenhaus	12
Anna Maria Helbling	8.1665 – 31. 8.1666	Armen- oder Siechenhaus	5
Christoph Hamlehle	13. 8.1665 – 25. 8.1666	Freispruch	
Anna Margaretha Kurtz	2. 9.1665 – 31. 8.1666	Armen- oder Siechenhaus	9
Michael Bantlin	23. 6.1666 – 19. 9.1666	Freispruch	
Crispinus Zündel	25. 6.1666 – 8. 9.1666	Freispruch	
Schüllerin	8.12.1666	Stadtverweis	
Michael Ammer[6]	26. 6.1667	Schwert/verbrannt	
Urban Hammer	28. 6.1667 – 17. 8.1667	Freispruch	
Maria Jauch	29. 7.1667 – 17. 8.1667	Freispruch	

(1) Agnes Lamparter ist identisch mit Agney Mays. Elisabeth Dieringer und Anna Bidermann sind deren Töchter. Hofstetter datiert die Prozesse mit 1632. Nach den Regesten fanden sie jedoch erst 1633 statt.

(2) Prozesse, die nicht bei Hofstetter erwähnt sind und von denen auch keine Protokolle erhalten sind. Daß sie stattfanden, konnte Gabriele Schenker aus anderen Protokollen entnehmen.

(3) Tochter der Anna Maria Hochstetter.

(4) Tochter des Hans alt Tochtermann.

(5) Sohn des Urban jung Fasnacht.

(6) Sohn des Urban Ammer.

Dahin zielt, was ein gewisserhafter Theologus und J(uris) C(onsul) an einer Stelle über die Frage, warum es bei uns Deutschen mehr Hexen als in anderen Nationen gäbe, schreibt: » . . . Du mußt zum Eingang merken, daß bei uns Deutschen – man sollte sich dessen billig schämen – der Aberglaube, die Mißgunst, Lästern, Afterreden (= üble Nachrede), Schänden (= Beschimpfen), Schmähen, hinterlistiges Ohrenblasen unglaublich tief eingewurzelt ist, welches weder von der Obrigkeit nach Gebühr gestraft noch von der Kanzel der Notdurft (= Notwendigkeit) auch widerlegt und die Leute davor gewarnt und abgemahnt werden. Daher entsteht dann eben der erste Verdacht der Zauberei und daher kommt, daß alle Strafen Gottes, die er in seinem Heiligen Wort den Ungehorsamen gedroht hat, von Zauberei und Hexen geschehen sein sollen; da muß weder Gott noch die Natur mehr etwas gelten, sondern die Hexen müssen alles getan haben etc.«.

Was die 2. Person anbelangt, Elisabeth, Eheweib des Sattlers Hemlemlen, sonst die Sattler-Elsa genannt, so finden die Unterzeichneten folgendes:

Nachdem sie die Tortur ausgestanden und die damals wider sie vorgebrachten Indicia purgiert (= gereinigt) hatte, wurde auf ihr Leben fleißig Acht gegeben, jedoch wurde nichts weiter an ihr verspürt, auch kam nicht die geringste Klage ein. Sie wurde aber von neuem von Personen als Hexe angegeben. Weil aber aus Obigem erhellt, wieviel auf solche Nennungen zu halten ist, so sind die Unterzeichneten der Meinung, daß man mit diesem Weib weder zur Captur (= Haft) noch viel weniger zur scharfen Frage zu schreiten genugsame Anzeigung hat, sondern sie nach ihrem Wesen und Wandel künftig fleißig beobachten und dieses bis zu besserer Nachricht Gottes Willen und Rat heimstellen soll:

Wolf Adam Lauterbach D(octor)
 . . . (?) Scheinemann D(octor)
2 Petschaft-Abdrücke

Methoden, mit denen das Heilige Offizium seine Fragen stellte (nach B. Picard. Quelle: Bibliothéque Nationale (Estampes)

Schwachstelle Mensch

Die Auseinandersetzung mit der Geschichte verdeutlicht, daß nahezu alle vom Geist der jeweiligen Epoche befangen und oft zu sehr von ihm abhängig sind. Nur wenige vermögen sich vom traditionellen Ballast zu lösen und das Rad der Geschichte, Menschlichkeit und Toleranz anzutippen. *Hundertfach zeigt sich, wie niederträchtig die Menschen um eines winzigen Vorteils wegen sein können. Ruhmredlichkeit, Geschwätz, Intrigantentum, Eifersucht, Haß, falschverstandene Religiosität und schließlich die nicht zu unterschätzende Einfalt (die es zu verbergen gilt), gehen vielen Hexenprozessen voraus.*

Sebastian Nötting (Nördlingen) betont in einem Gutachten die Gründe, durch die sich die Leute zur Hexerei hinreißen lassen: »... die einen tun's aus Not und Armut, Andere aus Rachsucht, andere aus Geilheit, endlich viele aus Fürwitz, der dann in Ernst umschlage«[210].

Oft stützen sich die Verhaftungen auf das Gewäsch: »... die Bärbel habe gehört, daß die Katharina gehört habe, die Lene habe von der Margareth erfahren, daß die Ursel der Philippine gesagt habe, daß der oder die eine Hexe sei«. Von da an gibt es kaum ein Entrinnen von der Anklage über die Folter zum Scheiterhaufen[211].

Oft entstehen die Hexenprozesse aus strittigen Situationen unter Verwandten. Es sind im Grund genommen erweiterte Beleidigungsklagen mit tödlichem Ausgang. Auf der anderen Seite haben sich Beispiele rührender Zuneigung erhalten: bei weitem überwiegen die negativen Erscheinungen.

Die Frau des Elias Han benutzt die Anklage der Hexerei zur Abrundung ihrer Scheidungsklage. Ein unwissendes Kind hilft dem Vater, die ihm verhaßte Frau loszuwerden. Ein Metzger aus Vaihingen geht den gleichen Weg, um seine Lebensgefährtin für immer loszuwerden. Bei dieser Gelegenheit wird die Schwiegermutter mit verbrannt, denn ihr neunjähriger Enkel sagt: »... er sei während der Hexentänze bei der Musik gestanden und wisse, wie es hergegangen«[212]. Ein Gastwirt verweigert die Aufnahme seiner wegen Hexerei eingezogenen und wieder aus der Haft entlasse-

nen Frau, in dem er an die Obrigkeit appeliert: »... sie mögen sie doch wenigstens wieder einsperren«.

1664 erzählt eine Näherin aus Möhringen den Kunden, wie es bei den Hexentänzen zugeht. Als sie näher befragt wird, geht sie in deren Küche, holt eine Ofengabel, nimmt den Stock zwischen die Beine und reitet in der Stube herum[213]. Wegen Geschwätzigkeit wird sie in das Narrenhaus gesteckt und zu einer Geldstrafe verurteilt. 1610 wird in Köln eine Frau auf offener Straße der Hexerei verdächtigt und von der aufgebrachten Bevölkerung erschlagen.

Das Thema ist »in«, überall spricht man von den »bösen« Hexen. Anna von Wertheim, die Frau von Johann Hotz, wird am 1. Oktober 1642 wegen Hexerei in ein Gefängnis gezerrt und sagt: »... wie es bei den Hexen zugehe, habe sie lediglich von anderen gehört, da schon die Kinder auf den Gassen darüber sprechen«.

Es ist zu berücksichtigen, daß die Lebenserwartung im 16., 17 und 18. Jh. längst nicht unsere Dimensionen hat. Das Analphabetentum ist nur wenig zurückgegangen, nicht aber der Aberglaube, vor allem nicht der Glaube an den Teufel.

Die medizinische Versorgung ist – gemessen an heutigen Vorstellungen – schwach entwickelt. *Damals wie heute stecken die meisten Menschen im Korsett des religiösen Aberglaubens. Den wenigsten ist vergönnt, ihrem Leben einen wirklichen Sinn zu geben. Unsere aktive Zeit ist kurz und fast alle Menschen lassen sie nutzlos an sich vorübergehen: sie orientieren sich an Illusionen.*

In den Wirtshäusern als sozialem Kommunikationsbahnhof, auf dem Kirchplatz, von der Kanzel, auf dem Feld und in der Stube während der langen Winterabende sind die Hexen das Gesprächsthema Nr. 1. Jede Regung wird mit Argwohn beleuchtet und eher ver- denn beurteilt. *Die Moral ist zu allen Zeiten doppelbödig.*

Die gerichtliche Entwicklung durchläuft mehrere Stufen. Aus dem ernsthaften Ringen um eine gerechte Rechtssprechung »nach dem Buchstaben des Gesetzes« entsteht eine nivellierte, ja programmierte Pauschalmeinung, die oft zwischenmenschliche Belange unberücksichtigt läßt. Die pauschale Meinung ist, daß von den Hexen eine verderbliche Wirkung ausgeht. Dazu ersinnt man die Hexenzusammenkünfte, das Hexenmal, die Teufelsbuhlschaft, das Wettermachen und vieles andere. Es kommt so weit, daß ein Jacob Fiegenbach sagen kann: »... er wolle ein Schelm oder Dieb sein, wenn es ihm nicht gelänge, auf seine Kosten innerhalb von 14 Tagen eine Hexe einziehen und verbrennen zu lassen«.

Die Folgen des 30-jährigen Krieges machen sich bemerkbar: ehemalige Einschränkungen bezüglich der Anwendung und Dauer der Folter werden gelockert. Die Prüfung der Glaubwürdigkeit der Indizien läßt nach und die Richter neigen zu Pauschalurteilen. Je mehr Hexen angezeigt werden, desto mehr werden denunziert: so jagt eine Lüge die andere. Die Geistlichen schüren den Brand im Stillen. Sie sind schuldig, weil sie den Teufelsglauben im Volk verankern.

Die Obrigkeit wird nicht Herr der Lage. Vor alten Menschen schreckt man genausowenig wie vor kleinen Kindern zurück. So wird die 93-jährige Pineßin mit Peitschenhieben, dem Daumenstock und den Beinschrauben gefoltert. Wäre nur einer aufgestanden, um zu sagen: »... was soll das, es gibt keine Teufel, darum kann es keine Hexenbuhlschaft (mit ihm) geben«, wie es im 18. Jh. Bekker und Thomasius tun, so hätte man ihn im 17. Jh. noch selbst auf einen Scheiterhaufen gezerrt (wie Loos und Dr. Flade z.B.), denn die Kirche kann in Glaubensdingen nicht irren. Oder doch? Sie ist grundsätzlichen Irrtümern aufgesessen. Sie verteidigt sie bis heute: wahrer werden sie dadurch nicht. Die Kirche hat den Teufelsglauben im Volk verankert. Geistliche tragen diese verfängliche Idee unter das Volk, in die Schulen und an die Universitäten.

Hörige Mediziner, die unerklärbare Krankheiten dem Teufel in die Schuhe schieben, und theologisch orientierte Juristen reichen sich brüderlich die Hand, denn die Herren Advokaten können sich nicht irren. Oder doch? Sie haben sich sehr wohl geirrt, indem sie bis auf wenige Ausnahmen den Läufen der Zeit gefolgt sind, anstatt sich dem Aberglauben entgegenzustellen.

Es wäre zu einfach, sie darum zu kritisieren, denn wir tun das gleiche: in einigen Generationen wird man über unser Tun zu Gericht sitzen.

Nun soll an Beispielen verdeutlicht werden, welche Ängste, Sorgen und Nöte für den Einzelnen mit der Denunzierung verbunden waren und wie leicht es ist, im Strudel unterzugehen.

Ich ziehe die Situation im Fürstentum Münster heran, die im letzten Kapitel vernachlässigt ist. Die ältesten, hierher gehörenden Akten des Appellationsgerichts beziehen sich auf einen Hexenprozeß aus dem Jahr 1585, der im Freistuhl von Liesborn verhandelt wird. Der damalige Fürstbischof, Bernhard von Raesfeld schaltet sich in die Vorgänge ein und zeigt einen für die Epoche ungewöhnlichen Weitblick. Er ordnet die Freilassung der Eingezogenen wegen mangelhafter Beweise an.

Von der krummhalsigen Frau in der Eichelgasse

Der erste noch zugängliche Prozeß im Münsterland spielt 1585. Er zeigt das Zusammenwirken der Behörden mit der geistlichen Gerichtsbarkeit (= dem Bischof), das Denunzieren und die Unmöglichkeit, den Häschern zu entkommen. Es geht um drei wegen Zauberei angeklagte Frauen. Der Amtsschreiber vom Stromberg hält am Freistuhl von Liesborn Sitzung und berichtet am 19. Juli dem zuständigen Bischof: »... wobei auch etliche Frauen, wohnhaft in der Bauernschaft Surlage im Kirchspiel von Liesborn, Anna in der Wormstraße, ihr ungefähr 12-jähriger Sohn und der Großmutter Aleke, wie auch die Kaldewedder'sche wegen verschiedener Sachen geladen waren. Der Sohn habe den Leuten öffentlich erzählt, daß seine Mutter mit der Kaldewedder'schen Molkenzauberinnen wären, zusammen tanzten und weil er sagte, daß die einen Topf haben, aus dem sie sich ›schmierten‹ so habe er sich den Sohn vorgenommen und (dabei) erfahren, daß ihm seine Großmutter die Hexenkunst gelehrt habe. Daraufhin wären die Weiber mit ihm vor Gericht erschienen und hätten alles abgestritten. Sie sind arm und der Verdacht gegen sie ist groß ... er wolle seinem Bischof diese Information nicht vorenthalten«.

Er antwortet am 26. Juli und erbittet nähere Auskünfte. Der so bestätigte Amtsdiener schreibt am 18. August zurück: »... er habe nichts in Erfahrung gebracht, doch der böse Ruf bestehe weiter. Die Weiber hätten den Jungen fortgeschickt. Er sei zwar noch ein Kind, aber es sei manches aus ihm zu erfahren ... deshalb werde er ihn ausfragen, sobald er zurückkomme«.

Am 28. August meldet er: »... es gehe das Gerücht, daß die Kaldewedder'sche ihren Nachbarn Groß vergiftet, also daß er hieran gestorben (sei). Wie ferner dasselbige Weib und ihre Tochter Gertrud das Totenhemd gemacht hätten, hätten sie eine neue Nadel und einen Besen genommen, letzteren auf die Tenne und die Nadel darunter gelegt. Dabei sollen sie gesagt haben: ›... wer darüber springe, den solle der Teufel zuerst ausführen und er sei ein doppelter Molkenzauberer‹. Ein Bauer habe erzählt, daß die Kaldewedder'sche dem Beckmann aus Kappel sechs Pferde vergiftet ... weshalb sie zu Stromberg eine zeitlang im Gefängnis gesessen. Sie besitze einen Topf unter dem Fußende des Bettes, aus dem die drei sich schmierten. Sie können fliegen und zögen meistenteils am Donnerstag zum Tanz in die Nähe von der Pappelhecke. Außerdem haben sie unartige Handlungen mit ihren Buhlen getrieben«.

Jetzt setzen sich die weltlichen Räte zusammen und teilen dem Amtsdiener mit: »... die Weiber sind gefangenzunehmen und in Einzelhaft zu setzen. Es ist ein kundiger Scharfrichter zu beschaffen, der sie peinlich verhört. Das Herausbekommene ist unverzüglich und schriftlich mitzuteilen«. Nun beginnt sich die Amtsmaschinerie zu drehen. Kurz danach teilt der Büttel mit, daß man die Betreffenden mit der peinlichen Frage angegriffen habe, um ein Geständnis aus ihnen herauszubringen. Dies wäre aber nicht gelungen, aber er füge (wenigstens) die Bekenntnisse bei.

Die Aleke sagt:
- Ihr Buhle heiße Friedrichs und habe wie ein Reiter schwarze Kleider angehabt ... wenn sie zum Tanz ritten, flögen sie auf einem schwarzen Pferd durch die Luft.
- Der Teufel habe gesagt, sie solle mit ihm Tanzen und fest zu ihm halten, dann werde er sie reich machen.
- Er habe ihr einen Schmierhafen gebracht, aus dem sie sich unter dem Arm schmierten. Die Schmiere sehe wie schwarze Suppe aus.
- Sie habe ein scharzes Kraut in den Steven(?) geworfen, woraus die Tiere trinken. Der Teufel habe es ihr gebracht und das Vieh wäre daran gestorben.
- Auch ihre Tochter habe einen schwarzen Buhlen.

- Vor etlichen Jahren habe sie Umgang mit dem Schäfer Heinrich gehabt. Doch er habe sie später verlassen und sich zu ihrer Schwester Katharina gelegt.

Aus der Kaldewedder'schen wird gepreßt:
- Während der letzten Mast im Stift habe der Teufel zu ihr gesagt, wenn sie mit ihm gehen wolle, so wolle er sie reich machen.
- Er heiße Rodderbusch, habe einen langen Hut und wäre ein schöner Teufel ... sie habe oft mit ihm getanzt und er habe oft mit ihr zu tun gehabt ... so oft wie es ihm danach gelüstet.
- Zwar habe ihr der Teufel die Kunst gelehrt, aber sie habe damit niemand Schaden getan.

Nun werden die Obrigkeiten stutzig und fragen: »... ob es (auch) wahr sei, daß einiges Vieh totgeblieben? ... so habt ihr euch zu erkundigen, was es für ein Kraut gewesen. Ob sie es nicht zu nennen wisse? Und wenn ihr es gefunden, so werdet ihr dasselbe von einem Sachverständigen besichtigen lassen, ob es Gift enthalte oder nicht? Weil aber solche Dinge gewöhnlich aus einem Afterglauben fließen, habt ihr inzwischen den Prädikaten einigemale nach ihnen zu schicken, damit er sie in der hl. Schrift unterweise und sie ermahne, von solch teuflischer Phantasie abzustehen«[214].

Der diensteifrige Büttel Lubertus Meier schreibt am 18. November zurück: »... als man die Aleke von der Wormstraße habe befragen wollen, habe man sie tot aufgefunden. Daraufhin habe man sie verbrannt. Wenngleich man dem Schäfer nachgeeilt, habe man ihn nicht erwischen können«. Wegen der Kaldewedder'schen wendet sich der Bischof am 25. November an die Straßburger Beamten: »... sie wäre nach getaner Urphede ohne weitere Bestrafung in die Freiheit zu setzen, doch mit der Warnung, von so teuflischen Unwesen abzulassen, sich zu Gott zu wenden und ihm getreulich anzuhangen. Der Junge soll durch einen Pastor unterrichtet werden, damit er sich bereue und zu Gott zurückfinde ... er selbst soll fernerhin besser acht geben, solche Leute nicht blos auf Vermutungen hin in Haft zu nehmen«.

Der Bischof weist auf eine Schwachstelle im unmenschlichen Zusammenleben: auf den Hörigkeits- und Gefolgschaftswahn, der seit

Jahrhunderten auf den Bürgern lastet. Ein kleiner Amtsdiener rühmt sich, für einen höher Gestellten tätig sein (zu dürfen) und merkt nicht, welchen Eingriff dies in seine Persönlichkeit bedeutet. An dieser Einstellung hat sich bis heute so gut wie nichts geändert.

1650 wird Christoph Bernhard von Galen zum Bischof von Münster gewählt. Unter ihm findet die Gegenreformation ihren Abschluß: damit nehmen die Hexenverfolgungen ab.

Im Marburger Gebiet wird am 7. Januar 1641 Georg Föhrmann eingezogen. Er denunziert die 58-jährige Maria Fleglerin, die gewöhnlich als »krummhalsige Frau in der Eichelgasse« bekannt ist. »Sie habe ihn mit grüner Schmier an Herz und Händen getauft. Nun könne er Flöhe, Raupen und Schnecken machen. Dazu benötige er Stroh und Kirschenstiele. Bei den Tänzen habe der Satan aus seinem Kot Essen bereitet. Eine Hexe habe auf dem Kopf gestanden, um als Leuchter zu dienen«. Maria Fleglerin wird 6 mal gefoltert, gesteht das Gewünschte, wird für schuldig befunden und verbrannt.

Vom Molkenzauber und denunzierten Geistlichen

Am 15. Februar 1596 schreibt der Amtsdroste von Veachte (= vermutlich Vechta), Otto Schade, an die Räte von Münster: » . . . daß sich allhier ein gewisser Schwechmann, seines Handwerks ein verdorbener Schneider, nun schon geraume Zeit mit der Hexenkunst und Wahrsagerei beschäftige und sich förmlich davon ernähre. Angeblich habe er einem Mann im Kirchspiel Balkum die Molken wieder hergestellt und andere Leute (dabei) beschuldigt. Er habe sich den Schloßknechten so geschickt entzogen, daß sie nicht (mehr) wüßten, wo er geblieben (sei).

Sie haben dessen Wahrsagebücher, Kristalle und Instrumente zu sich genommen. Vor einigen Tagen habe man ihm (wieder) nachgestellt und ihn in die Festung gebracht. Bei seiner Verhaftung fanden die Schloßknechte in einem Beutel die Kristalle, die er zu seiner Hexenkunst zu gebrauchen pflegte«.

Wieder reagiert die Obrigkeit mit Vorsicht. Per 28. Februar 1596 bittet sie um die Zustellung der Kristalle und um einen schriftlichen Bericht, » . . . in welcher Gestalt er denn umgegangen sei«. Schon schließt sich der Kreis. Am 19. April wird die Anwendung der Folter beschlossen[215]. Der Anwalt der landesfürstlichen Obrigkeit erkennt: » . . . daß gegenwärtig Verstrickter wider Gottes Befehl und Verbot mit Wickerei[216], Krystalln, Kaichen(?), Nachweisungen und anderen teuflischen Conjurationibus umgegangen. Dadurch sind genugsam Gründe vorhanden, ihn nach der Halsgerichtsordnung mit der peinlichen Frage zu belangen. Ich bitte, damit die Wahrheit an den Tag kommen möge, auf der Herren Befehl ›ad torturam‹ zu Recht zu verdammen«. Gesagt, getan. Auf der Folter gesteht Schwechmann:

● Er habe den Kristall von dem alter Pastor zu Suidholte bekommen.
● Der alte Pastor von Kappeln soll gesagt haben: » . . . er hätte einen fingerlangen Kristall, den er einer Magd mit den Worten ›darin ist der Geist‹ gegeben habe«.
● Rudolf von Schagen haben in einem blauen Tuchlappen einen kupfernen Nagel und einen Hammer gehabt . . . und auch einen Kristall . . . und ein Zauberbuch habe er bei ihm gesehen. Das Buch habe Klinkhammer, jetzo Küster in Verden, umgeschrieben.
● Anna von Kürtens Tochter habe einen Vorsohn. Er pflegte einen roten Hut zu tragen und laufe landab und landauf, lege Fußböden und lese Planeten.
● Auch die Pastoren von Bostrup, Gert Beuet(?) und Bernd Buhnen wären im Besitz von Kristallen.

Über den Ausgang des Verfahrens ist nichts bekannt.

Peter Kleikamp aus Ahlen gilt als arbeitsscheu und ist dem Trunk ergeben. 1614 wird er beschuldigt, ein Geldstück entwendet zu haben. Daraufhin verkauft er seinen Besitz in der Oststraße und zieht fort. Nach einiger Zeit kehrt er zurück und erklärt: » . . . daß er sich nun wegen des ihm vorgeworfenen Diebstahls rechtfertigen wolle«. Ein Mense Schröder klagt ihn an: » . . . daß er früher im trunkenen Zustand mehrmals versucht habe, ihn zur sodomitischen Sünde zu verleiten . . . außerdem sehe es ganz danach aus, als wenn derselbe unerlaubte Beziehungen zu seiner verstorbenen Frau unterhalten habe«. Nun schalten sich die Anwälte ein, zumal der Kleikamp auf Befehl des Magistrats verhaftet und ein Prozeß gegen ihn eingeleitet wird.

Der Anwalt des Denunzierten beantragt zur Ergründung der Wahrheit die Anwendung der Folter. Der Verteidiger nennt die Anklageschrift in derben Worten der Zeit ein »neidisches Straßengewäsch und Gepleer« (= Geplärr/Geschätz/Geplauder). Er weist auf die mangelhafte Glaubwürdigkeit des Hauptzeugen hin. Trotzdem beschließt der Gerichtshof die peinliche Frage höheren Orts zur Befürwortung vorzulegen. Daraufhin wird sie vom Ober- und Landesfiskus von Münster genehmigt. Am 16. Juli 1615 findet die Tortur statt. Er sagt »gütlich« aus:

- Gestern habe ihn der Teufel unter dem linken Arm gestochen und habe nicht wollen, daß er bekenne. Er habe ihn bunt und blutig gekniffen, welches auch an ihm zu sehen . . . denn er wäre ein Zauberer.
- Zudem wäre ihm Christian zum Loe neben anderen Personen als Zauberer bekannt.

Nach diesem Geständnis hat er quasi sein Todesurteil unterschrieben. Kurz danach wird verkündet: » . . . daß gedachter Verstrickter Zauberei, ausgeübte Vergiftung und anderer Untaten wegen mit der gesetzlichen Strafe des Feuers vom Leben zum Tod hingerichtet und zu Asche verbrannt werden soll«. Der Verteidiger gibt im Namen des Beschuldigten vor: » . . . daß er sich für einen armen Sünder erkenne, der gegen das göttliche Urteil gehandelt hat. Er trage Reue und Leidwesen und bitte um Gnade, nicht um Recht, daß er mit dem Schwert hingerichtet wird«. Die Richter akzeptieren es nicht. So wird Kleikamp verbrannt. Wieder einmal hat man einen Mord sanktioniert. Göttliche Urteile gibt es nicht; es sind menschliche Erfindungen, um Unrecht zu vertuschen.

Der altersschwache Christian von Loe geht nach der Konfrontation mit Kleikamp nach Lembeck, um sich der Wasserprobe zu unterwerfen und so seine Unschuld zu beweisen. Von seiner Frau verlassen, versteckt er sich eine zeitlang in Büschen und im Wald. Ausgeschickte Häscher fassen ihn. In einem Bericht vom 13. August 1615 wird erwähnt: » . . . daß Peter Kleikamp, mit Namen Christian von Loe, Eingessenem des alten Kirchspiels von Ahlen, des greulichen Lasters der Zauberei beschuldigt wird und daß derselbe mit ihm ein Währwulf (= Werwolf) sein solle und dabei angegeben hat, daß derselbe etliche Tiere mit

ihm gerissen«. Er sollte peinlich befragt werden, ist aber unmittelbar davor gestorben. Dem Scharfrichter kommt das nicht geheuer vor, denn er sagt:

» . . . der Hals des Verstorbenen sei ganz schwarz gewesen und habe sich umdrehen lassen. Er sei schon bei mehr derartigen Fällen zur Stelle gewesen und halte gänzlich dafür, daß sich Loe das nicht selbst angetan habe, sondern daß ihm der Teufel dabei geholfen«.

Darum verfügt das Gericht: » . . . den Toten Körper dem Gebrauch gemäß außerhalb der Stadt zu schleppen und ihn an einem ungeweihten Ort, etwa bei dem Gericht im Feld, einzugraben«.

Die in Haft liegende Frau Hansen(?) bekennt in der Folterkammer auf die Frau von Siefert Meier aus Rössing, die kurz danach am 23. Juni eingezogen wird. Dem herrschaftlichen Pächter sind innerhalb eines Jahres 15 Pferde gestorben, seine Schafe haben wenig Milch gegeben, sein Hofmeister wird plötzlich krank und ein Einwohner von Calenberg »habe seit Walpurgis seine Kuh nicht mehr melken können«. All dies deutet dem Zeitgeist gemäß auf Zauberei. Der Pächter bittet das Gericht inständig, die Gefangene zur Rede zu stellen. Nun sendet man die Gerichtsakten an die juristische Fakultät von Helmstedt. Sie entscheidet am 11. Oktober:

» . . . daß (die) Inquisitin mit der scharfen und peinlichen Frage zu belegen sei«. Daraufhin wird sie am 20. und 27 November 1639 gefoltert und gesteht:

- Ihr Buhle wäre Hans Federbusch. Er habe ungestalte Hände und dicke Füße. Sonderlich in der Walpurgisnacht wäre er mit ihr auf dem Tanz gewesen.
- Sie habe aus einem Topf eine dünne Salbe geschmiert, die wie Froschlaich ausgesehen.
- Nicht lange danach habe ihr der Buhle ein graues Pulver gebracht, das sie einem Schwein gegeben und das daran gestorben . . . dieses habe sie auch verschiedenen Leuten eingegeben und damit habe sie auch die Pferde des Pächters vergiftet.
- Sie habe das Zaubern nicht nur ihrer Tochter, sondern mehreren Weibspersonen gelehrt.

● Der Buhle habe ihr auf dem Kopf gesessen und gesagt: » . . . sie solle nicht bekennen . . . und würde dann keine Not leiden«.

Frau Hansen stirbt am 2. Dezember im Kerker. Auf Befehl der hannoverschen Regierung wird ihr Körper zum Richtplatz geschleppt und verbrannt.

Der Anlaß zur Verhaftung der Catharina Holenkamp ist ein auffallendes Viehsterben in Arnum. Den Bewohnern kommt das »spanisch« vor und sie behaupten, » . . . die Löcken wäre eine Hexe und habe das Vieh umgebracht«.

Zeugenaussagen erschweren ihre Position.

● Es sei ein allgemeines Gerücht, daß die Inquisitin eine Hexe sei und daß sie die Köneken vergiftet habe.

● Sie habe einer Person namens Schaftenbergen eine Salbe gegeben und ihr dabei zugesichert, daß die Beule an ihrem linken Arm heilen würde. Doch als die Kranke die Salbe genommen, wäre sie lahm geworden.

Wieder spricht sich die juristische Fakultät für die Anwendung der Folter aus, zu der am 12. September 1639 geschritten wird: » . . . sobald sie der Scharfrichter ein wenig mit den Beinschrauben angegriffen, habe sie des anfangs Schmerzen gefühlt und dennoch nichts bekennen wollen. Daraufhin habe sie ein schreckliches und abscheuliches Geschrei gemacht, nach dem Gehör habe sie in drei verschiedenen Zungen und sonderlich hochdeutsch geredet, dann wäre sie eingeschlafen und habe nachgehends von der Tortur nichts mehr gespürt . . . so daß der Henker in Sorge gestanden, ob sie (schon) tot wäre . . . nach einer halben Stunde wäre sie wieder zu sich gekommen und daraufhin habe man sie (wieder) in verwahrung gebracht«.

Die Fakultät hebt hervor: » . . . da sich die Eingezogene bei der Folter sonderlich und übernatürlich verhalten hat, soll man sie in ein anderes Gefängnis bringen und fleißig durch den Scharfrichter besichtigen lassen . . . ob ´ etwas Verdächtiges an ihr zu finden (sei) . . . außerdem soll man sie fragen, woher es komme, daß sie gegen alle Vernunft in drei Zungen geredet . . . die peinliche Frage ist an ihr zu wiederholen«. Dieser schaurige Rat wird zur Realität und am 26. November 1639 berichtet das Protokoll:

» . . . Verstriktin ist einen Weg wie den anderen bei ihren Verleumdungen(!) geblieben und hat immer wieder gesagt, daß sie ein redliches Weib, auch von den anderen nichts zu wissen sage, als vom lieben Gott; gestalt sie dann wieder den Namen Gottes im Mund geführt, aber ihrer vorigen Art in der Tortur eingeschlafen, ungeachtet (daß) sie der Scharfrichter, der sie aufgezogen, mit Schwefel beworfen und mit Ruten gehauen, welches aber Verstriktin alles nicht geachtet, so daß sich selbst der Scharfrichter darüber gewundert (hat) . . . und sagte: › . . . er hätte ein solches Weib noch niemals vor sich gehabt‹. Daraufhin wird sie für immer aus dem Land gewiesen«.

Von Mäusemachern, Teufelsweibern und herausgelangten Brüsten

Am 22. Januar 1653 klagt Hans Riege aus Adensen die Frau des Hans Hartmann wegen ausgeübter Zauberei beim Amt Caldenberg an. In den Reigen der Denunzianten stimmen der Halbmaier Fischer, Heinrich Peck, Curdt Beck, Heinrich Hase und ein Curdt Crone ein. Im Mittelpunkt der Beschuldigungen steht die Frage, ob Frau Hartmann Mäuse machen kann, bzw. ob sie diverse Kühe verzaubert hat. Im Einzelnen wird vorgetragen:

● Der Riecken wären um die angegebene Zeit drei Kühe krank und daraufhin blind geworden. Er habe gehört, daß sie kurz davor in diesem Haus gewesen . . . auch wäre es nicht natürlich zugegangen.

● Er habe Rieckens Kühe gesehen, der einen sei das Auge gleichsam aus dem Kopf gehangen und er habe zu ihr gesagt: » . . . es möge vielleicht ein giftiges Ding sie aufgeblasen haben«. Daraufhin habe es die andere Kuh in die Augen bekommen. Ob die dritte gleichfalls Mangel bekommen, sei ihm nicht bewußt . . . doch im Dorf wäre das Gerücht gegangen, daß die Hartmannen Mäuse machen könne.

● Im Dorf sei die Sage gegangen, daß die Inquisitin Mäuse machen kann. Sein Knabe habe den Sohn der Hartmannen schon vor 14 Jahren einen »Mäusemacher« gescholten.

● Rieckens Kühe habe er gesehen: » . . . der einen hätten die Augen gleichsam aus dem Kopf gehangen, die eine sei mit einem, die andere auf beiden Augen blind gewesen. Die Hartmannin sei einstmals zu seiner

Frau gegangen, bei welcher Gelegenheit sie der Hund angefallen und ins Bein gebissen. Die folgende Nacht habe er zweimal gerufen (= angeschlagen) und dann wäre er tot niedergefallen.

- Die Hartmannin habe bei seinem Sohn mit dem Finger durchs Maul gestrichen. Der Junge habe alsbald ausgespieen und gesagt: »... da streicht mir das Teufelsweib mit dem Finger durch das Maul«, dann sei sie weggegangen. Bald danach hätte der Junge angefangen am ganzen Leib zu zittern und zu schwellen ... er wäre nach 10 oder 11 Tagen gestorben und bis zu seinem Ende dabeigeblieben, daß ihm die Hartmannin vergeben hätte.

Das Gericht vernimmt am 4. Juni den Ehemann und den Sohn der Beschuldigten. Der Mann erzählt, wie es dazu gekommen ist, daß der Vorwurf entstanden sei, seine Frau könne Mäuse machen: »... weil der Sohn, als er in seiner Kindheit mit anderen gespielt, zu ihr im Scherz gesagt habe: ... wenn sie ihm etwas geben wollten, so wolle er ihnen weisen, wie seine Mutter Mäuse mache«. Frau Hartmann streitet die Vorwürfe ab und leugnet(!), mit der Hexerei etwas zu tun zu haben. Sie habe dem Jungen lediglich die Hand auf den Kopf gelegt, aber er wäre damals schon krank gewesen.

Jetzt kommt es zu einer Gegenüberstellung mit den Zeugen. Aussage steht gegen Aussage: für die Obrigkeit entsteht ein Konflikt: sie *muß* einen Standpunkt beziehen, der glaubwürdig erscheint.

Er kann nur heißen: es gibt keine Teufel, keine Hexen und keine Menschen, die in der Lage sind, Mäuse zu machen. Doch ist die Zeit nicht reif für dieses Denken. Darum redet man sich aus der Sache heraus. Am 4. Juli trifft die Regierung von Hannover die Entscheidung, die Hartmannin mit der peinlichen Frage anzugreifen, um die Wahrheit zu erforschen.

Schon nach den ersten Foltergraden gesteht(!) sie:

- Sie habe Gott ab- und dem Teufel zugesagt. Ihr Buhle heiße Johannes und sie habe ihm zu Willen sein müssen.

- Was sie dem Sohn durch das Maul gestrichen, habe ihr der Teufel gebracht.

- Sie habe den Hund vergiftet und den Kühen habe sie etwas gegeben, davon sie blind geworden sind.

- Das heilige Nachtmahl habe sie von sich geworfen.

- Sie habe das Hexen nicht von der Mustin, sondern von ihrem ersten Mann, Jacob Müller, vor etwa 30 Jahren gelernt.

Jetzt hat man die Indizien zusammen und fühlt sich berechtigt, sie von Rechtswegen zu verbrennen. Vor dem Hexenbrand wird sie an einer Leiter hängend stranguliert. Wieder einmal haben es gottesfürchtige Nachbarn geschafft, eine Unschuldige in eine gedachte Hölle zu schaffen.

1654 wird in Rauschenberg ein Prozeß gegen die Witwe des früheren Bürgermeisters Armheim(?) und gegen die des Bürgermeisters Berghöfer geführt. Beide werden durch eine kurz vorher in Kirchhain verbrannte Hexe denunziert. Auch die junge Frau des Schäfers wird der Hexerei beschuldigt. Ihr Mann sagt vor der Obrigkeit: »... daß die beiden Frauen seiner die Brüste herausgelangt haben ... und daß sie der meinen ihre gezeigt ... daraufhin wäre seine Frau ernstlich krank geworden«.

Das Gewitter am Böllenberg

Anna, die Hausfrau des Claus Schütterlin, gesteht 1557 in einem Verhör den verbotenen Umgang mit dem Knecht Georg Zimmer und dem Schwager Andreas. Unter der Folter kommt zum Vorschein:

- Sie habe von ihrer Mutter das Zaubern gelernt. Sie habe ihr einen Hafen mit Nachtschatten und Klettkraut gegeben und sie daraufhin auf das Feld geschickt, um einen Hagel zu sieden.

- In Fessenbach habe sie durch einen einfachen Schlag auf den Rücken ein Pferd getötet.

- Sie habe den Jacob Meier sinnlos gemacht, weil sie ihm Klettenkraut in das Gesicht geworfen und ihn dadurch tief erschreckte.

- Der Kuh des Karlmann habe sie aus Rachsucht zwei Steine an die Nase geworfen ... der Teufel habe sie mit übernatürlicher Geschwindigkeit in die Blase des Tieres befördert, das darauf (hin) gestorben.

Mit Anne Schütterlin sitzt eine Anna Katharina im Gefängnis. Sie ist mit Hans Kreß verheiratet. Abends will sie eine frei im Hof laufende Henne fangen, die sich durch ein Schlupfloch rettet, aber in diesem Moment von der Hausfrau einen Tritt bekommt: »... von dieser Stunde an klagt Frau May an Händen und Füßen ... während man die Henne nimmermehr gesehen«. Unter der Folter gesteht Anna: »... daß sie alles, was sie könne, als 14-jährige von der Schütterlin gelernt habe«. In dem Prozeß kommt zur Sprache: »... ein lutherischer Prediger habe von der Kanzel herab gesagt: wer sich mit dem hl. Kreuz segne, zu dem käme der Teufel und er heiße das heilige Kreuz«.

In einem Prozeß aus dem Jahr 1569 sagt ein Sohn gegen seine Mutter aus und denunziert bei dieser Gelegenheit zwei weitere Bürgerinnen. Er hebt hervor: »... daß ihn die Mutter auf eine Ofengabel gesetzt und mit ihm durch die Lüfte in einen Keller ins Elsaß gefahren, wo man lustig gezecht und getanzt hab ... als er einst am Arm gelitten, habe ihn seine Mutter berührt. Einige Tage später fielen Löcher in sein Fleisch und ›Sauborsten und Beiner‹ wären herausgekommen. Außerdem habe die Mutter Pferde und Kühe getötet«.

»... von ihrem Buhle soll sie eine Gerte bekommen haben, mit deren Hilfe sie durch einen gewöhnlichen Schlag Vieh und Menschen töten könne. Sie erprobte die Zauberkraft an zwei von ihren Hühnern und an ihrem schönen Hund, die allesamt sofort erlegen sind. Vor sieben Jahren soll sie ihr Buhle aufgefordert haben, ihr eigenes Pferd zu töten, ›... wofür sie ihm lieber ein Mutterschwein geopfert‹ ... dem Schmid tötete sie ein Pferd, indem sie ihm die Nieren zerdrückte«.

Bei so eindeutigen Beweisen melden die Gerichtsakten: »... daß in Appenweyer Wolf Lenz und seine Mutter wegen ihrer bösen Handlungen zum Exempel dem Nachrichter in die Hand gegeben, auf die gewöhnliche Richtstätte geführt und dort mit dem Feuer vom Leben zum Tod zu richten sind«. Der Sohn wird begnadigt und mit einem Schwert hingerichtet: dann wird er zu der noch lebenden Mutter auf den Scheiterhaufen geworfen.

Die beiden anderen denunzierten Frauen werden auf Fürbitte ihrer Männer und gegen die Hinterlegung einer Bürgschaft aus dem Gefängnis entlassen. Sie haben kleine Kinder: eine von ihnen ist schwanger.

Am 5. Juni 1573 besteigt in Ortenberg die »Welsch Hänsin« den Scheiterhaufen, die seit 18 Jahren als Hexe gilt. Zu den Denunzianten gehört der eigene Sohn, der vor Gericht aussagt: »... weil sie zu Hause mit Gotteslästern, Schwören und Balgen ein gar unchristliches Leben führe«. Auf die Folter genommen, gesteht sie, Weinkeller im Elsaß besucht zu haben, Kindbetterinnen und Schweine umgebracht ... und am Böllenberg ein Gewitter gemacht zu haben«.

Am 11. August 1595 werden eine Barbara, Jacob Schiffmann, Sophie, Michael Kuohn's Katharine, Hans Merkgraw's Frau von dem Richter des peinlichen Malefizgerichts verurteilt: »... daß die Beklagten wegen ihrer vielfältig begangenen Mißhandlungen dem Nachrichter überantwortet, von demselben gebunden und an die gewöhnliche Richtstatt geführt und auf den heutigen Tag mit dem Feuer vom Leben zum Tod zu strafen sind. Ihre Körper sind zu Pulver zu verbrennen, damit ihr schändlicher Tod jung und alt ewiglich ein abscheuliches Exempel sey. Gott verzeih den armen Seelen«.

1656 wird die Frau des Johann Michels, die Seibels Grete, wegen Verdachts auf Hexerei eingezogen. Sie wird von Leuten denunziert, denen der bei ihr im Überfluß zu sich genommene Branntwein schlecht bekommen ist. Unter der Folter denunziert sie weitere Personen aus dem Marburger Raum und gesteht(!):

- Sie habe sich von Gott abgewendet.

- Als sie im großen Krieg auf den Acker gegangen, sei ein schwarzer Mann zu ihr gekommen. Er habe sie gefragt, ob sie sein eigen werden möchte. Er habe ihr einen Goldklumpen gegeben, worauf sie mit ihm in den Wald gegangen. Hier habe sie sich mit dem Teufel vermischt.

- Sein Mannsding wäre schwarz und häßlich. Es wäre kalt, und es hätte ihr nicht sonderlich wohlgetan.

▸

Der Reutlinger Prediger M. Philipp Laubenberger in seinem 83. Lebensjahr. Wahrscheinlich ein naher Verwandter des damaligen Bürgermeisters Laubenberger, der in Reutlingen die Hexenverfolgungen aktiviert hat.

uhr.undBegraben im 83.Zigsten Jahr. ❀ M:PHILIPP LAVBENBERGER

r zu Salm.17.Jahr.G.Denatus 1590.2.Februarÿ Natus

● Das Kind des Pfarrers habe sie auf Geheiß des Teufels mit einer schwarzen Salbe gelähmt.

Jetzt wendet sich ihr Mann schriftlich an die Marburger Regierung (= Samthofgericht) und teilt mit: » . . . daß die Anklage gegen seine brave und ordentliche Frau erdichtet wäre: sie habe mehrere Verbrechen angezeigt und nun wollen sich die Leute aus Haß und Mißgunst an ihr rächen«. Die Obrigkeit zeigt sich unerbittlich und plädiert auf § 109 der Carolina, der fast zwangsweise das Verbrennen beinhaltet. Der Richter begründet seinen Standpunkt mit der Aussage eines 11-jährigen Mädchens, das vorgibt: » . . . die Inquisitin sei eines Tages in ihren Stall gekommen und habe ausgerufen, › . . . was für schöne Kühe‹. Daraufhin habe sie ihnen über den Rücken gestreichelt und dann wären sie alsbald krank geworden«. Die Denunzierte wird am 5. Oktober zum Tod verurteilt und verbrannt.

Aufgrund der Bezichtigungen setzt im Marburger Raum eine breit angelegte Verfolgung ein. Es entsteht eine mit Esslingen vergleichbare Situation.

Briefe, Anfragen und Bittschreiben

Rebekka Lemp, die Frau des Zahlmeisters, wird im April 1590 nach der Denunzierung durch böswillige Bürger eingezogen. Sie hat sechs Kinder. Zweimal bleibt sie der Folter standhaft, dann verläßt sie der Mut. Die Kinder schicken der Mutter den bereits erwähnten Brief in den Kerker. Er sagt mehr, als ein dikker Band von Hexenakten. Staat und Kirche machen den Kindern einen Strich durch die Rechnung. Die Mutter wird am 9. September auf einem Scheiterhaufen verbrannt.

Doch nicht alle Angehörigen sind so freundlich. Hans Schwarz ist Gastwirt (= damals Gastgeber) in der Bamberger »Gans«. Seit über einem Jahr liegt seine Frau wegen Verdachts auf Hexerei im Gefängnis. Man hat sie mehrfach gefoltert und sie steht im Geschrei, eine Hexe zu sein. Längst hat sich dies im Städtchen herumgesprochen. Nach der langen und schweren Haft sehnt sie sich nach Hause. Ihr Mann verweigert ihr nicht nur die Aufnahme, sondern bittet am 16. August 1630 schriftlich den Früstbischof » . . . man möge sie doch wenigstens wieder einsperren, da er vermeiden wolle, als Gänswirt ins Geschrei zu kommen«[217].

Gegen Johann Hotz (den alten Kettenwirth) und seine Frau, Anna von Wertheim, wird mehr als zwei Jahre prozessiert. Am 1. Oktober gesteht der 71-jährige vor Gericht: » . . . und wenn ihrer hundert dastünden und wider ihn zeugten, wäre dies gelogen . . . denn solche Leute seien Lügner und der Teufel wäre ihr Vater, von dem sie es gelernt«. Doch die Folter bringt es hervor:

» . . . der alte Mann gesteht alles Gewünschte«, um den Qualen zu entgehen. Danach widerruft er das Geständnis(!) mit der Anmerkung: » . . . er habe die Aussagen im Protokoll so umständlich gemacht, weil er Angst vor der Folter gehabt habe«. Trotzdem wird er zum Tod verurteilt. Kurz danach wird seine Frau aus dem höllischen Leben auf der Erde geschafft und hingerichtet.

Anna Maria-Schumpen, die Frau eines Büttners, ist wegen Hexerei angeklagt und wird am 1. August in Wertheim »gütlich« verhört. Ihr Mann bemüht sich um deren Freilassung und schreibt: » . . . vorgestern bin ich bei dem Pfarrer Jacob gewesen und habe ihm erzählt, daß Du doch gesagt hast, wenn Du noch außen wärst und die ganze Stadt käme zu Dir und sage › . . . Du wirst eingezogen werden‹, so fragtest Du nicht danach, denn Du wüßtest dich frei von Zauberei. Darüber hat er sich gewundert. Er wolle alsbald zum Zentgraf schikken, und will heute nach der Predigt zu Dir kommen.

Ich wollte Hab und Gut, Leib und Leben darauf setzen und Dich nicht (ver)lassen: so kann ich Dir nicht helfen. Mir wird oftmals übel, so daß ich nicht weiß, was ich vor Angst um Deinethalben alles tue. Es verdrießt mich, daß Du mit den nächsten Hexen hingerichtet werden sollst. Ich bitte Gott alle Tage fleißig um Dich: wenn es doch nur möglich wäre, daß Dir geholfen werde«.

Über den Ausgang des Verfahrens ist nichts bekannt.

Das aufkommende Behördenwesen führt zu einem immer dichteren Informations- und Kommunikationsnetz. Kleriker und Juristen sind in den Dialog eingeschaltet. Das etablierte Druck- und Verlagswesen trägt zur Verbreitung der oft widerlichen Geschichten bei.

Durch diese Entwicklung kommt es zu merkwürdigen Auswüchsen. So werden die Ein- und Ausreisewünsche der Bürger verhindert, was vereinzelt an religiösen Anschauungen ausgerichtet ist. Hierher gehört das Gesuch des Wolf Fehr vom 13. Juni 1608. Er möchte mit seiner Frau und dem Schwiegersohn, dem Notar Baldauf, nach Straßburg ziehen und erkundigt sich bei den Experten um Verhaltensmaßregeln: » . . . da seine Frau als Hexe verschrieen ist«.

Graf von Sulz, der Präsident des Kammergerichts von Speyer, meint dazu: » . . . obgleich die Frau nicht wegen Schadens angeklagt und nach den Aussagen einen braven Lebenswandel geführt, soll man doch nach dem Rat der Rechtsgelehrten gegen sie vorgehen . . . denn der Teufel könne auch die Gestalt eines Gerechten annehmen«. In logischer Folge wird das Gesuch abschlägig beschieden.

Parallel setzt sich die Amtsmaschine in Bewegung: Die Erteilung des Abschiedes wird über Gebühr verzögert, bis man in den ersten Tagen des Juli seine Frau in das Gefängnis zerrt. Jetzt wendet sich der hintergangene Ehemann an das Kammergericht und verlangt die Freilassung seiner Frau gegen Hinterlegung einer Bürgschaft. Die Unglückliche hat inzwischen auf der Folter ausgesagt, gestanden und andere denunziert. Zu ihnen gehören Michels Gütle's Hausfrau und eine Anna Keller. Sie werden eingezogen und machen die Weidenwirtin, Christina Ekkard, zur Mitschuldigen. Schon am 8. August werden sie: » . . . ihres Alters und ihrer Gebrechlichkeit wegen zur Hinrichtung mit dem Schwert begnadigt«. Daraufhin werden ihre Leichen verbrannt.

Bei dieser Gelegenheit kann auf einige besonders grausame Torturprotokolle verwiesen werden. Aus Bamberg liegen detaillierte Nachrichten vor. Sie bestätigen, wie grausam und vehement man gegen ältere Bürger wütet:

- Die Puneßin war 93 Jahre alt und wurde mit Peitschenhieben, dem Daumenstock und den Beinschrauben gefoltert.
- Müllerausmaus zählte 85 Jahre und stund in diesem Alter alle Grade der Folter durch.
- Die Heroldin war 84 Jahre alt und wurde mit dem Daumenstock und den Beinschrauben gefoltert, was sie jedoch aushalten.
- Diring wird mit 77 Jahren torquiert » . . . worauf er jedoch bekennt«.
- Die Breserin(?) wird in ihrem 74. Jahr gefoltert und bekennt erst am letzten Tag.

- Arnoldin hat im 70. Lebensjahr die ganze Folter ausgestanden.
- Die Schornerin wird im Alter von 69 Jahren gefoltert und stirbt während der Tortur: sie war eine Schultheißin.
- Die Violin stirbt an den Schmerzen der teilweise ausgestandenen Folter im 65. Lebensjahr.
- Hummelein wurde auf der Folter mit brennendem Spiritus beträufelt, um dieses neue Foltermittel an ihr zu versuchen. Sie sollte gestehen, daß sie mit dem Bürgermeister Neudecker auf der Hexenfahrt gewesen, bekannte aber diesen Umstand nicht.
- Schlimm entwischte im Drudenhemd, womit die Unglücklichen in dem Augenblick bedeckt werden, wo man sie zur Folter führt.
- Die alte Wurzerin war drei Jahre in ihrem Kerker mit Ketten angeschlossen.

Von ungetauften Kinderleichen und Pfaffengeschwätz

Hier geht es um einen breit angelegten Prozeß in Freudenberg. In dem Verfahren fungieren vermutlich der Schultheiß, Dr. jur. J.B. Eisen und der Amtsmann Wolf Veit als obrigkeitliche Instanzen.

Die Akten tragen die Aufschrift: » . . . Verzeichnis der Inquisition, gütlich(er) und peinlicher Frag und Handlung, so zu Freudenberg mit etlichen der Zauberei bezichtigten Weibspersonen fürgenommen und am 30. Juli 1590 (hin)gerichtet«.

Bürgermeister und Schultheiß wenden sich an den Landesherrn: » . . . Herrn Ludwig, Grafen zu Löwenstein, Herrn zu Scharfeneck und Breuberg« und ersuchen ihn untertänigst, daß er zur Bestrafung der Übel und Abwendung der teuflischen Kunst schreite und seine Untertanen vor dergleichen täglich zunehmendem Ungeziefer erhalten wolle«.

Er fühlt sich zum Handeln abgerufen. Er mahnt die Behörden um Wachsamkeit und Sorgfalt. Von da bis zu vereinzelten Denunziationen ist es ein kleiner Schritt. In kurzer Folge werden Jacob Wolf, Regina, Michael Ochsen's Frau, Margaretha, die Tochter des Hans Zihns, Barbara, die alte Lorentia oder Metheesen im Haag, Anna Walters Frau und Andreas Burg von Klingenberg der Hexerei bezichtigt. Ihre

Aussagen sind stereotyp: »Alle seien in ihrer Jugend ohne rechtes Verständnis von der Mutter der Hexerei überführt worden«.

- Waren sie einmal in seiner Gewalt, so habe man sie ihm zur linken Hand getraut und sie in des Teufels Namen (um)getauft.
- Vor allem in der Walpurgisnacht besuchen sie Hexentänze und Trinkgelage; sie fahren auf Pferden, Kühen, Böcken oder lebendigen Stecken hinaus.
- Beim Konvent halten sie einen teuflischen Gottesdienst, wobei sie den Großmeister als König anbeten.
- Sie graben die Leichen von ungetauften Kindern aus, braten sie mit Eiern und fressen sie hernach.
- Sie machen Schmier und vermischen das Fett der Kinder mit Katzenhirn, Schmeißfliegen und gestohlenen Hostien.
- Andreas Burg sagt: » . . . er habe als Spielmann mit der Fiedel gegen Bezahlung bei den Tänzen aufgespielt . . . seitdem führe er ein ausschweifendes Leben«.
- Die Wölzin bemerkt: » . . . sie habe zwei Kinderleichen ausgegraben«[218].
- Anna, die Frau des Hansen sagt: » . . . was der Teufel zu ihr sagte, sei wahr und man müsse sich danach richten: alles übrige sei nur Pfaffengeschwätz . . . was das Nachtmahl anbelange, so habe sie der Teufel verspottet und gesagt: . . . das wäre, wie wenn eine Sau einen Rübenschmitz fresse«.

Die acht Personen werden am 23. Oktober 1591 hingerichtet. Das Hexenmädchen Anna ist die Tochter des Weigens aus Basse. Mit 17 Jahren auf die Folter gespannt, bekennt sie:

- »Zu ihr wäre ein schwarzer Mann gekommen, der sie habe freien wollen.
- Sie habe mit dem Teufel ›Schande von hinten‹ getrieben und habe sich dabei an einem Kühlfaß festgehalten.
- Als sie sich geschmiert habe, wäre eine Windsbraut gekommen und habe sie zur Ofentür hinaus auf die Kalkwiese zum Tanzplatz gefahren.
- Dort habe sie aus einem Kirchenkelch Wein, Bier und Branntwein getrunken. Außerdem habe sie dort mit ihrem Buhle Unzucht getrieben«.

Nach einer weiteren Tortur findet man sie tot im Gefängnis. Auf Befehl der Kasseler Re-

gierung wird die »verdammte« Hexe durch den Scharfrichter zum Richtplatz geschleift und verbrannt.

Damit ist der Prozeß nicht beendet. Die denunzierte Margaretha Löhr (= die Seilerin?) gesteht auf der Folter, eine Hexe zu sein und mit dem Teufel zu schaffen gehabt zu haben. Die Häscher bestürmen sie: » . . . du *mußt* bekennen, und sollten wir 3/4 Jahr mit Dir zu tun haben«. Dann wird sie gefoltert, und als ihr der Henker die Knochen (wieder) einrenkt, gesteht sie (endlich), dem Glock eine Gais umgebracht zu haben. Die Akten halten fest:

» . . . den ersten Tag sei sie hart gehangen, (so daß sie) ohnmächtig (ge)worden und sie mit Wasser beschüttet, doch sie habe nichts zu sagen gewußt . . . am nächsten Tag habe man sie erneut aufgezogen, so daß ihr die Galle aus dem Maul geloffen«.

In der ersten Hälfte des Jahres 1634 werden einige Frauen als Hexen eingezogen. Unter ihnen befindet sich eine Barbara Rüdinger, die am 20. März unter der Folter bekennt:

- Sie habe zwei Kühe mit Schmier getötet, doch sie habe das Sieden nicht gelernt . . . diese Sünde habe sie mit ihrem Mann begangen, der ihr hart zugeredet und gesagt, er wolle machen, daß es keine Kinder mehr gebe«.

Während der Folter am 6. Mai gesteht sie:

- »Sie habe eine Stiege geschmiert, damit der Knecht verunglücke. Außerdem habe sie Kälber und Schweine umgebracht.
- Einmal habe sie in der Stumpfin Haus zwei Kinder auf einmal gesotten und Salbe daraus gemacht . . . sie habe es gesotten bis es weich gewesen. Dann habe sie es nochmals in einen Topf geschüttet . . . die und diejenigen wären dabeigewesen.
- Ihr Buhle heiße Ungnad . . . er wäre wie ein Schatten über sie gekommen und dann wieder davongeflogen: er habe einen Leib gehabt . . . sie wisse aber nicht, wie es zugegangen. Es sei kein solches Beiwohnen wie bei einem Manne«.

1639 hat der Spitalmeister Ester Gutroff Probleme mit seiner Tierhaltung. In kurzer Folge sterben zwei Pferde und ein Kalb. Innerhalb von zwei Jahren verenden in seinem Stall 13 Tiere. Den Mitmenschen kommt dies »ungeheuer« vor. Darum wird er von der Obrigkeit mehrfach aufgefordert, zu erklären, ob er nicht jemand im Verdacht habe, da diese Sache nicht natürlich sei. Er nennt die alte Hofbäuerin Ester, die eingezogen und unmittelbar darauf gefoltert wird. Sie gesteht(!):

● »Das vom Spitalmeister geschlachtete Schwein sei ihre Tochter gewesen . . . sie habe 14 Kinder und unter ihnen wären 6 Töchter. Bis auf eine wären alle verstorben«.

Das Motiv Armseligkeit

Fast alle bekannten Verfahren gegen die Hexen werden durch die von Theologen in die Welt gesetzte, von den Juristen und der Obrigkeit sanktionierte Wahnvorstellungen abgesichert, daß sie ein Bündnis mit dem Teufel unterhalten.

Die Epochen der Hexenverfolgung sind vom Analphabetentum getragen und geldarm. Immer und immer wieder wird die Notlage des Einzelnen, die Sorge um sein Fortkommen und der damit verbundene Kummer ausgespielt. Die Kirche scheut sich nicht, im Gegenzug Kollekten zu veranstalten, um das Volk noch mehr auszupressen. Der soziale Status der Frau legt nahe, erst einmal auf sie – als wehrloses Geschöpf – loszugehen, um sexuelle Verklemmtheit an ihnen abzureagieren, Nöte des Zölibats zu ventilieren und auf diesem Umweg ein Bollwerk für die Kirche zu zimmern. Die kuriale These von der sündigen Frau entbehrt der Grundlage!

Sophie Kuon wird von ihrem Mann verlassen. Auf einen kargen Lohn angewiesen, arbeitet sie als Stubenwirtin, um sich einige Batzen zu verdienen. Als sie den Lohn haben möchte, bekommt sie zur Antwort: » . . . man habe sie nur beschäftigt, damit sie die alten Trinkschulden ihres entlaufenen Mannes abzahle«. Jetzt kommt die typische Stelle: » . . . traurig geht sie nachhause und denkt, wenn nur der Teufel das Waschen holte«. Plötzlich spricht sie ein Fremder an, nennt sie Bädel und bringt sie nachhause. Später pflegte er unter einem Pfeiflinbaum(?) die sündige Liebe mit ihr. Von da an steht sie unter seinem Bann! Jetzt wird sie vom teuflischen Willen abhängig, schadet Anderen, tötet Kühe und verursacht an einem Festtag auf dem Lindenrain (= Mergelloch) einen Hagel, der die Felder verwüstet.

Katharina Markgraf läßt sich mit dem Teufel ein, »weil sie schon oft von ihrem Mann miß-

handelt und geschlagen wird . . . und sich in ihrer Angst in einem Hofwinkel versteckt«.

Die Richter von Ortenberg ziehen im Oktober 1596 die junge Witwe Treyzschneider wegen verdächtiger Zauberei ein. Der Mann hat sie und das kleine Kind verlassen. In ihrer Not spinnt sie Tag und Nacht: » . . . als sie eines Tages traurig nach Offenbach geht, um Brot zu heischen (= betteln) und Werg für das Spinnrad zu holen, begegnet ihr bei der Hohlgasse ein fein gekleideter Herr. Teilnehmend fragt er sie nach dem Grund ihrer Trübseligkeit. Sie läßt sich mit ihm ein. › . . . Leibeskälte und ein Gaißfuß machen sie stutzig‹. Erst jetzt merkt sie, mit wem sie es zu tun hat . . . doch eine Schürze voll Geld ist der beglückende Lohn . . . zu Hause angekommen, entpuppt er sich als Kehrricht«. Auf der Folter gesteht sie, »durch einen Gertenschlag ein Pferd getötet zu haben, auf der Rammersweide und Riethalde und dem Heuberg Wetter zum Verderbnis der Reben angerichtet zu haben«.

Im Gefängnis streift sie sich die Ketten von den Füßen und das Protokoll vermerkt: » . . . so zwar etwas weit gesehen, hat sie sich von einem Rundell oben beim Loch in den tiefen Graben gestürzt . . . (und) . . . ist todt verbrannt worden«. Ähnlich verhält sich Martha, die Hausfrau des Jacob Kern aus Ortenberg, die sich am Schauloch eines Pulverturmes erhängt, um weiteren Denunziationen zu entgehen.

Im Oktober 1601 wird eine Mutter mit der Tochter in das Gefängnis gebracht, weil man beide als Traubendiebinnen ansieht. Der Rat will die beiden an den Pranger stellen, doch der Ratsherr Christoph Ruess versteht die Versammlung zu überreden, daß man sie besser wegen ausgeübter Machinationen verurteile. Dies führt in logischer Konsequenz auf die Folterbank. Die Mutter Eva gesteht(!):

● »Vor zwei Jahren habe sie, als sie Hunger und Not leiden mußte, einen Mann im grünlichen Kleid und mit einem Gaisfuß getroffen. Er habe ihr viel Geld versprochen, wenn sie ihm willig wäre. Dann gab sie sich ihm hin › . . . doch er wäre kalt wie ein Eggezahn gewesen‹.

● Das gereichte Geld erzeigte sich später als Pferdekot und der Teufel habe ihr das Geld in den Busen geschoben . . . später fand sie es als Scherben«.

Immer und immer wieder sucht und findet man das »stigma diabolicum«. Ludwig Heller's Frau aus Ortenberg will im April 1628 nicht geständig sein. Schließlich entdeckt man an ihrer linken Hinterbacke ein schwarzes Zeichen, » . . . in welches der Scharfrichter eine lange Nadel bis an den Knochen stach, ohne daß sie Schmerzen empfunden oder das Blut daraus geflossen sei«. Hier kann es sich nach den Anschauungen der Zeit nur um ein echtes Hexenzeichen handeln. Um die Wahrheit zu erforschen, hängt man der armen Frau während der Folter einen Stein an den Kopf.

Vom entenfüßigen Liebhaber und der Bäcker-Else

Im Umfeld der Hexenprozesse kommt es oft zu Beleidigungsklagen unter Verwandten und befreundeten Familien. Dies bringt nicht nur die Obrigkeit in Konflikte, sondern vereinzelt gesunde Ansichten zutage. In einer Klage der Familie Sachs gegen einen Antonius Grimm trägt der Anwalt des Klägers, Andreas Bopen aus Miltenberg, vor: » . . . da möchte man von dem beklagten Teil gern wissen, ob er sein Lebtag gehört und gelesen, daß man auf eines jeden leichtsinnigen Gesellen Wort und Angabe ohne ausreichende Indizien eine ehrenliebe und sonderlich beklagte Matrone, die Margaretha Sachs, gefänglich einziehen und zur hochbeschwerlichen Tortur hinreißen soll? Fürwahr, wenn man solches Recht aufkommen ließe, würde es doch für eine Zerrüttung des menschlichen Wesens, sonderlich in unserer Zeit, geschehen, da Haß und Neid in hohem Schwang gehen, daß sich mancher nicht mehr scheut, den anderen in unschuldiger Weise in höchste Angst und Not zu bringen«.

Dessen ungeachtet zieht sich die Auseinandersetzung länger als ein Jahr hin: der Ausgang ist unbekannt.

In einzelnen Fällen lehnt sich die Bevölkerung gegen die Nachlässigkeit des Rates und macht ihrer Unzufriedenheit über deren lasches Vorgehen Luft. Deutlich wird es u.a. aus einem Erlaß vom 11. Oktober des Ortenberger Rates, des Schultheißen und der Meister der Reichsstadt gegen die Zünfte[219].

Um sich zu wehren, fordern die Räte mehr und mehr schriftliche Eingaben der Beschuldigungen. Am 24. November stehen Jacob Fliegenbach und Thomas Dreier als Ankläger vor dem Rat und sagen: » . . . Christine, Wittib des Roman Köpfer, habe dem Dreier einen Trunk in ein Glas gegeben, ob dem ihn ein Grausen erfaßt, so als wenn es Alraun wäre . . . bald hernach habe er Leibweh bekommen und wäre jetzt noch nicht davon befreit«. Georg Sprengler und seine Frau treten mit der Klage hervor:

» . . . die Christine habe ihrem Kind die Milch verderbt und es geblendet«. In beiden Fällen verlangt der Rat eine schriftliche Abfassung der Klage.

Am 7. September erhebt Ruprecht Silberrad gegen die Töchter des Altrats, Adelheid und Helene, eine Anklage »auf Leib und Leben«, weil sie ihm neben ihrer schon früher verbrannten Mutter sein »Fleisch und Blut« ums Leben gebracht. Parallel dazu klagt der Gesinnungsgenosse Lienhard Stehlin die Helena an:

» . . . daß sie ihm ein Kind blind gemacht und (es) getötet«. Weil der Rat eine schriftliche Abfassung der Denunzierungen fordert, sprechen die Brüder Silberrad Drohungen aus und verfassen eine Spottschrift gegen die Obrigkeit.

Rasch sind weitere Personen in das Verfahren verwickelt. Zu ihnen gehören die Bäcker-Else und die junge Agathe, die am 7. November das dritte Mal auf die Folter gespannt wird. Sie gesteht: » . . . daß sie die Liebe des entenfüßigen Leiblin genossen«. Danach kommt es zu einer Gegenüberstellung mit der Else, die fragt: » . . . ob sie sich denn nicht erinnern könne, wie sie zusammen Wetter gemacht, welche das Schwabhäuser Tor und alle Früchte zerschlagen, damit der Laib auf einen Batzen käme und ihre Mutter als Bäckerin etwas ordentliches für die Kinder herausschlüge . . . sie, die Maria, habe jedoch einen Hafen, womit ihr die Else das Maul dermaßen zerschlagen (habe), daß sie drei Tage nur Wasser habe genießen können«.

Daraufhin wird Maria mit dem Schwert hingerichtet und ihre Mutter zum Tod durch das Feuer verurteilt. Auf der Fahrt zum Richtplatz geht es an den Häusern der Familien Silberrad, Laubach und Stehlin vorüber. Sie nutzt ihre (letzte) Chance zur Rache und sagt: » . . . der Laubach habe auch zwei Töchter, welche durch ihre Hexerei dem Silberrad und Stehlin vielen Schaden getan«. Schon am 18. Dezember werden sie eingezogen!

Die im Gefängnis liegende Agathe wird auf Vorschlag des Kirchherrn am 30. November an eine Kette gelegt. Am 9. Januar 1602 bittet ihr Vater, Martin Gwinner, den Rat, bei ihr »in Ansehung der großen Jugend von aller Leibesstrafe abzusehen«. Sie wird unter der Bedingung begnadigt, nach einer Urphede die Stadt zu verlassen, vom Vater in einen katholischen Ort gebracht zu werden und gleichzeitig gegen ihre Rückkehr eine Bürgschaft zu stellen.

Ende August 1586 klagen Bernhard Ziegelknecht und Bastian Steebel die »schwarze Else« an, einen kranken Knaben verzaubert zu haben. Weil die Folter nicht das gewünschte Geständnis herbeiführt, beschließt der Rat, » . . . sie nach getaner Urphede wegzuschikken . . . außerdem habe sie die Kosten der Satzung zu tragen«.

Margaretha Wannemacher wird ebenfalls denunziert. Der Rechtsgelehrte, Dr. Hartlieb aus Straßburg glaubt jedoch: » . . . die gegen sie vorgebrachten Angaben wären wankelmütig und wie man wisse, zu unbegründet, als daß man sie daraufhin verurteilen könne«. Sie wird später aus der Stadt gewiesen: » . . . weil die Zeugen günstig über sie ausgesagt und man sich nicht vor ›höheren‹ Richtern ›befahren‹ wolle«.

Blick in eine mittelalterliche Gerichtsstube. Der Delinquent wird gebunden und soll »aufgezogen« werden. Im Vordergrund sog. »Beschwertsteine«, die an die Beine gehängt wurden, um die Marter zu erhöhen.

Frauen und Dämonen

Prähistorische Funde bestätigen den Glauben des Urmenschen an seine Verbindung zu Dämonen [1]. Die Ägypter glauben an Dämonen, die sich zu Frauen hingezogen fühlen. In der griechisch-römischen Götterwelt sind sexuelle Beziehungen zu Halbgöttern, -göttinnen und Menschen an der Tagesordnung. Nach dem Talmud paaren sich Dämonen untereinander. Bereits im Altertum spricht man von dämonischen Angriffen auf Menschen und sucht eine rationale Erklärung. Dazu gehört die Frage, woher sie kommen. Althebräische Gelehrte sind sich in diesem Punkt uneinig und warten mit widersprüchlichen Theorien auf. Im wesentlichen erkennt man in ihnen gefallene Engel, die Früchte ehebrecherischer Verbindungen, bzw. sagt, daß der Same von Adam auf die Erde gefallen sei: daraus hätten sie sich entwickelt.

Soldan gibt den Hinweis, daß die Vorstellung von der Paarung aus der orientalischen Denkwelt stammt und durch Kreuzfahrer auf unseren Kulturkreis übertragen wird. Pierre de Lancre vertritt (1613) die Ansicht, daß einige Dämonen aus Ostindien und Japan in Frankreich eingefallen sind, » . . . weil sie durch die gläubige Mühsal der christlichen Missionare aus ihrer Heimat vertrieben worden seien . . . man habe bedrohliche Scharen von ihnen am Himmel auf Frankreich zufliegen sehen«.

Die christliche Religion stellt sich – sofern das Überlieferte wahr ist – zunächst als tolerant, liberal, modern und aufgeschlossen dar. Doch sie beginnt, antikes Wissen aufzusaugen und sich an Traditionen zu klammern. Sie stilisiert die Dämonen vorausgegangener Jahrtausende als bösartig hin: sie verwandelt die (angeblich) übernatürlichen Wesen in teuflische Geister.

Einstimmig erklären Paulus, der Märtyrer Justinus und frühe Kirchenväter, daß *alle* nichtchristlichen Götter Teufeln gleichzusetzen sind. Als sich die katholische Dämonenlehre aus einem Sammelsurium antiker Vorstellungen entwickelt, wird eine Art Spezies gefunden, die mit den Dämonen genauso wenig zu tun hat, wie die teilweise unverständliche Sexualmoral der Christen mit der lebensbejahenden der Griechen.

Aus der Zeit des Dämonenwahns resultiert ein bislang unüberwindbares Trauma, dessen sich alle Weltreligionen in unterschiedlicher Weise annehmen. Keiner ist es gelungen, das sexuelle Leben der Menschen zu reglementieren; alle Polarisierungskampagnen laufen in eine Sackgasse, denn der sexuelle Hunger im Menschen ist unstillbar. Jede Verklemmung löst Sehnsüchte, Spekulationen und Erwartungen aus.

Ein beredtes Zeugnis liefert die Geschichte des Zölibats. Das Christentum unternimmt grauenhafte Versuche, um die natürliche Sexualität zu unterbinden, bzw. sie innerhalb der eigenen Reihen zu vertuschen. Die Verteufelung des Weiblichen *und* die Unterdrückung der Sinnlichkeit gehen über weite Strecken auf ihr Konto. Masters spricht von einer Vergiftung des sexuellen Lebens. Er zählt den Hexenwahn zu den Ausflüssen dieser Politik und bezeichnet ihn als » . . . systematisch aufgebaute Wahnidee mit ungeheuerlichen Folgen« [2].

Die heutige Emanzipationswelle ist ein Aufschrei der über Jahrhunderte unterdrückten Frau. Die Kirchen sind an dieser negativen Entwicklung beteiligt. *Gesunde Sexualität muß nicht böse sein.*

Nietzsche hebt hervor, daß der Eros das Christentum verdorben hat. Den christlichen Kirchen ist es in Jahrhunderten gelungen, bei der Masse ein so starkes Schuldgefühl zu injizieren, daß sie die heftige Kritik an *ihrem* Wollen – abgesehen von kleinen Kratzern – bislang überstanden hat. Kaum einer scheint darüber nachzudenken, daß das Vergeben von »angeblichen« Sünden Geplänkel ist. Schon 1320 berichtet Johann Andreas über Sterilitäts(ge)tränke, entweder zur Beschränkung der Kinderzahl oder um sich ungehemmter ausleben zu können. Oft führt dies zum Tod der Mütter, denn die sanitäre und medizinische Versorgung liegt im Argen.

Bald entstehen Widersprüche in der Betrachtungsweise und Zuordnung der Dämonen; als Vorkehrung gegen das Agieren solcher Wesen wird der Exorzismus ersonnen. Da es keine Dämonen gibt, gehört der Glaube an seine Wirksamkeit in das Reich der Phantasie.

Der hl. Hilarius stellt die These auf, daß auch Tiere von Dämonen besessen werden können. Als Beweis führt er ein Kamel an, dem er Teufel ausgetrieben hat[(3)]. Unbekannt ist, ob es das gleiche ist, das durch ein Nadelöhr gegangen ist.

Grelles Licht fällt auf Thomas v. Aquin, der an der Entwicklung des Christlichen Dämonenglaubens beteiligt ist. Er bezeichnet den Geschlechtsakt mit einem Dämon als »bestialis« und »versiegelt« eine Frau, die vordem 5 Jahre lang täglich mit einem Dämon verkehrt hat, so, daß er nicht mehr in sie dringen kann.

Doch dieses Denken stammt nicht von Jesus v. Nazareth, von dem nicht bekannt ist, ob er verheiratet war, sondern von seinen Interpretatoren: » . . . man erkannte in ihm nicht mehr länger den, der sich durch tiefe Zärtlichkeit, feinfühliges Verständnis, Liebe und Toleranz auszeichnete . . . verschwunden war der sanfte Galiläer, der mit den Sündern am gleichen Tisch saß, der einer Dirne vergeben und einer Ehebrecherin verziehen hat«.

In diesem Zusammenhang sei an die hl. Mechthild erinnert, die zwar nicht vom Teufel besessen war, aber erzählte, daß ihr Christus erschienen sei: » . . . er küßte meine Hand, drückte mich an sich und flüsterte mir zu, ihm meine Liebe zu geben . . . und ich gab mich ihm hin und kostete als Gegengabe von seinem göttlichen Wesen«[(4)].

Man *macht* aus Jesus einen gefürchteten Richter, den Bannenträger einer Ideologie, einen Moralist und Frauenhasser. Es war nicht er, sondern es waren Theologen, die das Christusbild verfälscht haben[(5)]. In der Wende zum Negativen spielt Paulus eine entscheidende Rolle.

Früh werden die Frauen von der Geistlichkeit in die Enge getrieben und als wollüstig verrufen. Geflissentlich wird unter den Tisch des Herrn gefegt, daß es vor allem sie selber sind, die sich an ihnen gütlich tun. Steht doch in den päpstlichen Dekretalen: » . . . die Christen sollen alles gemeinsam haben, auch die Weiber«[(6)].

Papst Gregor X. erhebt unter Zwängen die Ehelosigkeit der Geistlichen zum Gesetz und setzt das Zölibat als Machtmittel ein, um die verlotterte Kirchenzucht zu retten. Zu seiner Zeit steht der Katholizismus vor einem Abgrund: Simonie, Ämterschacher, Gewalt und Intrigen haben die Kirche »unregierbar« gemacht.

Und doch: es fällt bei einer Betrachtung zur Hexerei auf, wie beschlagen Priester, Mönche und Moraltheologen in sexuellen Dingen sind. Päpste, Kardinäle, Bischöfe und Geistliche haben die Frauen unter dem dünnen Mantel der Nächstenliebe als sexuelle Leckerbissen gekostet; und tun sie es noch heute.

Deshalb stimmt, wenn man sagt: » . . . eine weitere Ursache für den Hexenwahn sind die unterdrückten Begierden derjenigen, denen die Kirche eine falsche Moral aufgezwungen hat und die darum ihre Verklemmung im Volk projizierten . . . mit der Hinrichtung einer Hexe auf dem Scheiterhaufen tötet der Inquisitor zugleich seine Begierde, die ihn unsagbar quält . . . doch nur für einen Augenblick, dann muß eine neue Hexe gefunden werden, um das wieder aufkommende Gefühl zu bändigen. Es ist der unstillbare Hunger eines Lustmörders, der den Hexenwahn immer wieder aufflackern ließ. Oft legen die Inquisitoren und Hexenjäger eine Gier an den Tag, deren sadistische Züge deutlich sind[(7)]. Unser Gewährsmann vergißt, daß es zur Zeit der Inquisition zwar Morde gegeben hat, nicht aber Hexenbrände im (späteren) Sinn.

Mit dem Beginn der Hexenverfolgungen steht die katholische Kirche (erneut) vor einer Bewährungsprobe: innerlich ausgehöhlt, zum Teil verachtet und steter Kritik ausgesetzt, muß sie sich (erneut) bewähren. Die Geistlichen frönen mehr den Huren und Konkubinen, denn der Obwaltung eines geregelten Gottesdienstes. Prediger wettern auf verlassenen Kanzeln gegen die »sündige« Menschheit und meinen damit Frauen. Sie deuten die (nun) verheerend auftretenden Geschlechtskrankheiten als göttlichen Fingerzeig. Ärzte, Juristen und die weltliche Obrigkeit bewegen sich in der christlichen Bannmeile und argumentieren »durch die Brille der Theologie«, » . . . von da ab verwüstet das neurotische Gebräu die Gehirne der Menschen, bis im 18. Jh. die fürchterliche Wirkung nachzulassen begann«[(8)].

Trotzdem: ein erheblicher Teil der bekanntgewordenen Prozesse sind Giftmischer-, Abtreibungs- und Ehehändel, die unter den Händen der Obrigkeit zu Hexenprozessen geschmiedet worden sind[(9)]. Oft sind es die Frauen selbst, die sich durch Schwatzsucht, in der Sucht, sich selbst (und anderen) zu gefallen und/oder aufzufallen und die Andere ob eines winzigen Vorteils willen denunzieren, in die Arme der Häscher treiben.

Die Frau wird zum sozialen Schwachpunkt fixiert: sie hat weder die Kraft, noch das Durchhaltevermögen und oft nicht den Verstand, sich dieser Bürde zu entledigen. Sie wird nicht zur Hexe, weil sie sinnlicher und empfänglicher als der Mann ist, sondern weil der oft gewalttätige Mann mit der von ihm geschaffenen Organisation ein Alibi für seine Schandtaten benötigt. » . . . Mißhandlungen seitens der Männer lassen bei den Weibern im Teufel einen Tröster finden«.

Der Straßburger Domprediger Geiler v. Keysersberg, stellt sich die Frage: » . . . warum fraulich Geschlecht mehr mit der Hexerei verwüstet sei, denn die Männer? . . . denn wenn man einen Mann verbrennt, so brennt man wohl zehn Frauen«.

Das häusliche (Un)glück, die Erziehung der oft zahlreichen Kinder, die Versorgung der großen Haushalte, soziale Not, die häufige Abwesenheit der Männer und die Tatsache, daß sie oft seiner Willkür ausgeliefert sind, spielen neben dem allgemeinen Analphabetentum eine Rolle.

Wie oft nützt in der gestauten Hexenliteratur der »listige« Satan solche Situationen aus: » . . . die Unglücklichen bekennen fast einmütig, daß sie auf dem Feld beim Laub- oder Pilzesammeln beschäftigt waren, als ihnen der Teufel begegnete«. Die Veranlassung war entweder ein bloßes Ungefähr oder Traurigkeit, Not, Elend, Kummer und Sorgen.

Die These, daß sie sich im freiwillig hingegeben haben, ist wichtig, denn nur so ist die Schuldfrage von Anfang an geklärt. Man geht von der theologischen Ansicht aus: » . . . wenn Gott schon die Paarung zwischen Christen und Heiden mißfällt, wie sehr muß ihm es dann bei der Begegnung mit Teufeln tun?«

Die Ansicht, daß es sich bei den Hexen um Prostituierte handelt, ist abwegig. 1486 wird in Bologna ein Mann zum Tod verurteilt, weil er ein Freudenhaus geleitet haben soll, in dem ausschließlich weibliche Teufel beschäftigt waren. Zu Beginn des 14. Jh. berichtet Arnold v. Lüttich von einem dämonischen Hexenjäger, der jeder Dirne goldene Ringe schenkte, sobald sie bereit war, sich seiner Lust hinzugeben. » . . . ein anderer Narr versprach einem Frauenzimmer die Weisheit dieser Welt, wenn sie seinen Wünschen gehorchte«. Hätte er ihr

Schmuck und Kleider versprochen, wäre er sicher weiter gekommen[10].

Das Hexenwesen ist partiell von sexuellen Phantasien durchwoben. Die erotischen Varianten zusammengenommen, konnte nicht ausbleiben, daß man zu seiner Erklärung eine »Unzuchtstheorie« nach oben zerrt. Der Wortführer dieser Ansicht ist Lambreg[11], der im Bamberger Raum mehr als 900 Prozesse untersucht. Er beruft sich auf ähnliche Aussagen der Beschuldigten, vergißt jedoch, daß dies (auch) an richterlichen Suggestivfragen liegt. Lambreg trägt vor: » . . . es haben sich Wüstlinge beiderlei Geschlechts . . . um sich den fleischlichen Genuß zu verschaffen, hinter verschmitzte Kupplerinnen gestellt, die Gastereien und Tänze organisierten. Geistige Getränke erhitzten die Sinne und erregten wollüstige Begierden . . . so wurden Mädchen und Frauen auf das Schändlichste mißbraucht. Bald trat Übersättigung ein. Man verleugnete seine menschliche Natur und legte sich die Attribute des Teufels bei«.

Die Lamberg'sche Theorie ist unhaltbar, weil sie nicht das Geringste zur Erklärung des Hexenwesens beiträgt.

Probleme des Incubismus

Unter einem Incubi versteht man einen Dämon, der sich in männlicher Gestalt einer Frau nähert[12]. Ein Sucubi ist das Gegenteil. Den Quellen zufolge ist der Sucubismus seltener. Aus den antiken Mutterkulten bildet sich zunächst eine Form religiöser Prostitution: aus dieser entsteht ein männlicher Sexualneid, den es zu kaschieren gilt. Des öfteren wird auf den Erschöpfungszustand des Mannes aufmerksam gemacht, da er in seiner sexuellen Aktivität begrenzt ist. (Auch) dies ist ein Grund, weshalb der Incubismus häufiger Erwähnung findet. (Auch) darum wird den Frauen früh das Alibi des Bösen unterstellt.

Michael Psellus sagt im 11. Jh., daß die Dämonen Menschen sexuell begehren können[13]. Dieser Auffassung stehen Kritiker gegenüber. Der hl. Antonius erkennt, daß die In- und Sucubi eingebildete Körper sind. Philastrius, der Bischof von Brescia, ist der Meinung, daß die Dämonen nicht mit den Menschen verkehren können und hebt hervor: » . . . jede andere Denkweise wäre Ketzerei«. Er macht deutlich, daß es sich um den zigfachen Aufwasch heidnischer Sagen handelt.

Ulrich Molitoris verneint im 15. Jh. die Möglichkeit der Befruchtung. Hexenjäger wie Remy und Bouguet vertreten die Auffassung, daß die Dämonen beim Geschlechtsverkehr keine Lust empfinden: » . . . da sie unsterblich sind, brauchen sie keine Nachkommen zu zeugen und demzufolge nicht begierlich sein . . . Penis und Vagina wären unnötige Organe für sie«.

Justinian vertritt die Meinung, daß die Engel zu den Frauen sexuelle Beziehungen unterhalten. Clemens v. Alexandria, Commodianus und Tertullian, Kirchenlichter des 3. Jh., bekennen, daß die Engel voll Begehrlichkeit zu ihnen auf die Erde getrieben worden seien. Zu Beginn des 5. Jh. schließt sich Sulpician dieser Auffassung an. Lactantius, bekannter unter dem Namen »Cicero christianus« dreht den Spieß herum und sagt: » . . . ursprünglich wären die Engel auf die Erde geschickt worden, um die Frauen vor dämonischen Anfechtungen zu schützen«.

Mit der Scholastik wird die christliche Dämonologie bis zum letzten Zipfel aufgebaut. Gregor v. Tours behauptet: » . . . daß es der leibhaftige Teufel nicht verschmäht habe in eigener Gestalt die Menschen heimzusuchen«.

Der hl. Augustin meint, daß die Sinnlichkeit der Dämonen die der Menschen übertreffe. Später merkt Sinustrati an: » . . . daß die Triebkraft der Dämonen sexuell bedingt sei«. Thomas von Aquin untersucht in seiner Schrift »Über die Macht« die sexuellen Beziehungen zwischen Menschen und Dämonen. Er behauptet, auf diesem Gebiet persönliche Erfahrungen gesammelt zu haben. Er versteift sich zu der Formulierung: » . . . es wäre eine Unverschämtheit, eine so unleugbare Tatsache in Zweifel zu ziehen«. Bald unterscheiden die theologischen Haarspalter nach heißen und kalten Dämonen[14].

Rasch werden den In- *und* Sucubi weitere Fähigkeiten zugesprochen. Sie verfügen über einen stofflichen Körper, können wunschweise Gestalten annehmen, formen sich aus kondensiertem Wasser oder aus Gasen, schlüpfen in Leichen und erwecken andere zum Leben. Sie können in behexte Menschen gelangen und bei ihnen das Gefühl einer sexuellen Vereinigung herbeirufen. Aus dieser Vorstellung leitet sich die Idee ab, daß aus dem Geschlechtsverkehr wirkliche Lebewesen entstehen.

Bald glaubt die Geistlichkeit, daß dies die Wahrheit sei, » . . . denn die Kirche könne sich nicht täuschen«. Daraus entsteht die sog. »Teufelsbuhlschaft«. Welche Ängste und welche Verzweiflung muß dies bei vielen ausgelöst haben?

Sprenger macht in seiner Dämonologie »des sorciers« darauf aufmerksam, daß solche Früchte in dem ganz besonders mit Hexen gesegneten Deutschland als Wechselkinder (= Wechselbälge) bezeichnet werden. In Frankreich heißen die unglücklichen Geschöpfe »Champris« (= die auf dem Feld Gefundenen). Die Autoren des Hexenhammers bestätigen, daß sich ein unsichtbarer Dämon mit einem Menschen paaren kann: »Er ziehe es jedoch vor, ihm in körperlicher Gestalt zu erscheinen«.

So setzt sich das verderbliche Gedankengut fort und allmählich beginnt die theologische Saat zu wuchern. Theophrastus Bombastus von Hohenheim (= Paracelsus), der sich schon in der Ausschmückung kabbalistischer Ideen verdient gemacht hat, meint: » . . . daß die In- und Sucubi aus dem Samen von solchen entstammen, die die Sünde des Onan begangen haben. Die Dämonen würden durch ihre verdorbene Phantasie Männer und Frauen zur Selbstbefriedigung treiben«.

DelRio verwirft diesen Faden und betont: » . . . daß der höllische Verführer dem sodomitischen und bestialischen Verkehr abgeneigt sei«.

Die Dämonologen liefern einige Schilderungen von Frauen, die sich schamlos mit koitalen Bewegungen auf dem Boden wälzen und in eine unflätige Sprache verfallen. Die ersten derartigen Dokumente reichen in das 7. Jh. zurück. Folgerichtig denkt man an den verbotenen Umgang mit Dämonen. Dazu ein Beispiel: » . . . es ist wahr, daß man einigemale Frauen in Wäldern, Wäldchen und auf Feldern auf dem Rücken liegen sah, adubilicum tenus, nudatae, et juxta dispositionem actus veneri . . . ihre Beine . . . divaricatis et adduti, clunes agitare. Falls sich noch andere Merkmale hinzugesellten, bestehe der starke Verdacht auf ein sexuelles Vergehen mit dem Teufel; vor allem, wenn kurz nach einem solchen Akt schwarzer Rauch bemerkt wird, der von der Frau nach oben steigt. Daraus könne man schließen, daß es der Schatten des Teufels sei . . . concubens cum foemina«. Dasselbe gelte für den Fall, (daß) wenn eine Frau »concumbere cum homine« gesehen werde und der Mann sofort nach dem Akt verschwinde«[15].

Solche Vorkommnisse spielen (auch) hinter Klostermauern. Zu Beginn des 17. Jh. pflegt sich eine Nonne des französischen Klosters Loudoun inmitten der Zuschauer auf den Rükken zu legen, ihre Röcke zu heben, bis die Genitalien sichtbar sind und sich dann »wie besessen« mit beiden Händen zu befriedigen. Den anwesenden Männern soll sie so lange »Fickt mich« zugerufen haben, bis eine hartgesottene Dirne aus Marseille errötet ist. Eine junge Nonne » . . . meinte jeweils am Anschwellen ihrer Geschlechtsteile zu erkennen, wenn ihr Incubus kommen würde«. Dann war sie gezwungen, in ihre Zelle zu gehen und sich auf das Bett zu legen.

Lange beschäftigt man sich mit der Frage, ob die Dämonen zeugungsfähig sind. Hier tauchen unter den Experten Streitfragen über Streitfragen auf. Die Theologen betreiben dialektische Haarspaltereien und verwickeln sich in wert- und sinnlose Dispute. Unter ihnen ist nicht schlüssig zu klären, ob die Dämonen bei jeder Gelegenheit versuchen, die Frauen zu schwängern. Und was passiert, wenn sich eine Frau verweigert? Des öfteren wird gesagt, daß rachsüchtige Dämonen, deren Zuneigung nicht erwidert wird, den Gatten impotent machen. Vereinzelt suche der Dämon diejenigen Frauen, die sich ihm verwehren, unfruchtbar zu machen oder zur Unzucht zu bewegen. Erasmus von Rotterdam berichtet von einem solchen und sagt: » . . . in Schiltach hatte die menschliche Geliebte eines Dämons eine flüchtige Liebesaffäre mit dem Sohn eines Gutsbesitzers. Als dies ihr Incubus entdeckte, fuhr er zornig gen Himmel und brannte 1533 das Dorf nieder«.

Zum letztenmal wird in Frankreich vom religiösen und wissenschaftlichen(!!!) Standpunkt aus dieser Gegenstand in einer Disputation des Gelehrten Renaudot behandelt: so in der Sitzung vom 9. Feburar 1637[16]. Hier äußern sich vier Experten zur Frage des Incubismus. Der erste verwirft die Möglichkeit, mit geistigen Wesen zu verkehren. Der zweite tritt ihm mit der theologischen Lehrmeinung gegenüber. Der dritte hält die Tatsache des Incubismus für unleugbar, bestreitet aber die Möglichkeit einer Befruchtung. Der vierte gibt eine rationalistische Erklärung der physiologischen Vorgänge ab. Eine Einigung wird nicht erzielt.

Im 18. und frühen 19. Jh. wird in medizinischen Abhandlungen darauf hingewiesen, daß der Dämonenglaube aus Alpträumen besteht, bzw. daß der Incubusglaube auf erotische Träume zurückgeht[17].

Sucubismus

Geht man in der Geschichte der christlichen Kirche zurück, so bleibt festzustellen, daß man in der Frühzeit eher an weibliche, denn an männliche Dämonen glaubt. Vermutlich liegt ein realer Grund dahinter, denn zunächst mußten sich Anachoreten und Märtyrer *weiblichen* Anfechtungen widersetzen, um das christliche Banner hochzuhalten. Die Heiligenlegenden, deren Wahrheitsgehalt mit Vorsicht zu genießen ist, strotzen vor solchen Amerkungen. Rufus berichtet: » . . . ein Eremit hatte begonnen, auf seine Frömmigkeit stolz zu sein und wurde (darum) eines Tages von einem Dämon heimgesucht, der in den Körper einer schönen Frau geschlüpft war. Er erzählte dem Einsiedler, daß er sich in der Wüste verirrt habe und ein Nachtlager suche. Der heilige Mann nahm ihn (= sie) zu sich. Schließlich gelang es dem Dämon, ihn mit den (angenommenen) weiblichen Reizen zu verführen. Als der Eremit versuchte, in ihren Schoß zu dringen, verschwand er mit einem spöttischen Lachen. Daraufhin gab der Eremit sein frommes Leben auf, kehrte in die Welt zurück und verfiel dem Laster«.

Die Sucubi der frühchristlichen Zeit erscheinen nicht nur Einsiedlern. Aus dem 4. Jh. liegt die Geschichte eines Dämons vor, der einem Hufschmied in der Gestalt einer reizvollen Kupplerin erschienen ist. Er brandmarkte sie mit einem glühenden Eisen . . . dafür belohnte ihn Gott mit der Fähigkeit, dieses nun mit den blosen Händen anfassen zu können.

Zur Zeit des Bernhard v. Clairveaux wäre das einfacher gewesen, denn damals glaubte eine Frau, sie habe sechs Jahre lang jede Nacht mit einem bösen Feind zu schaffen gehabt. Der Heilige habe ihr jedoch durch die Gewalt Christi die weitere Gemeinschaft untersagt[18].

1545 wirft sich Magdalaine de la Croix, Äbtissin eines spanischen Klosters, Papst Paul III. mit dem Geständnis zu Füßen, daß sie 30 Jahre lang, von ihrem 12. Lebensjahr an, mit dem Teufel in der Gestalt eines »schwarzen Mohren« fleischlich verkehrt habe. Bodin schließt daraus, daß der Satan in diesem Fall schon das Kind im Mutterleib verflucht hat[19].

Epiarchus v. Tuvergne besucht als Bischof eines Nachts seine Kirche und findet darin eine Versammlung von Dämonen. Der Satan sitzt in Frauenkleidern auf seinem Stuhl und führt den Vorsitz. Schon beschimpft ihn der Kirchenmann als unverschämte Hure. Daraufhin verspricht ihm der Teufel, ihm fortan alle Dirnen ins Bett zu legen, die er begehre, da er nun entdeckt habe, wie sehr er sich dafür interessiert. Folgerichtig hebt die Chronik hervor: » . . . daß der Bischof nun Nacht für Nacht von den Qualen der fleischlichen Begierde geschüttelt worden sei«.

Bescheiden macht Hieronymus Cardanus[20] darauf aufmerksam, daß verschiedene Geistliche mit Teufelinnen verkehren. Seneca berichtet von einer adeligen Dame, die sich in einen Burschen verliebte und ihn bei sich zu Hause hielt, um mit ihm zu schlafen » . . . sie hatte mit ihm Geschlechtsverkehr von hinten und war wahnsinnig verliebt«. Es ist noch ungeklärt, ob es sich um einen Dämon gehandelt hat!

Für das 17. und 18. Jh. haben sich in diesem Zusammenhang weitschweifige Geschichten erhalten. Ich beschränke mich auf ein Beispiel: » . . . als wir eines Nachts beim Mahl saßen, beklagte ein Diener, daß ihm der Kopf schmerze, worauf man ihm bedeutete, er solle zu Bett gehen, was er auch einige Stunden vor der übrigen Familie tat. Seine Unterkunft befand sich in einer schönen Galerie, wo es verschiedene Alkoven für Diener gab. Als sich die Dame des Hauses in ihre Räumlichkeiten zurückzog, verabschiedete sich die übrige Gesellschaft auf der Treppe und durchquerte die erwähnte Galerie. Als sie an dem Alkoven vorbeikam, in der sich der Diener aufhielt, entdeckte sie, daß die Tür aufstand und daß aus ihr ein Dampf entwich, der im Licht der Kerzen wie Nebel wirkte. Aus diesem Grund schauten wir in den Raum und erblickten den Mann, der – seiner Sprache nicht mehr mächtig – auf dem Bett lag und mit weit aufgerissenen Augen auf die Wand des Zimmers starrte; seine Hände waren verkrampft, die Haare standen ihm zu Berge, sein Körper war in Schweiß gebadet, sein Bettzeug lag verstreut im Zimmer und sein Nachthemd war vom Körper gerissen. Es dauerte fast eine halbe Stunde, bis er sich wieder fassen konnte. Dann be-

gann er seine Gedanken zu sammeln und schilderte, was sich seit seinem Zubettgehen abgespielt hatte.

Er hatte etwa eine halbe Stunde dagelegen und versucht einzuschlafen. Da seine Kopfschmerzen nicht nachlassen wollten, mißlang ihm dies. Zu diesem Zeitpunkt kamen zwei Wesen in sein Zimmer, die wohl schöne Frauen waren: ihre Anwesenheit erleuchtete den ganzen Raum, obwohl keine Kerze in der Nähe war . . . dann versuchten sie, in sein Bett zu kommen . . . jede von einer Seite. Er wehrte sich mit aller Kraft und schlug verschiedenemale mit den Fäusten zu. Die beiden Wesen waren jedoch so stark, daß sie ihm sein Bettzeug wegrissen und das Nachthemd ausgezogen haben . . . obgleich er es mit aller Kraft festgehalten . . . er habe so lang mit ihnen gekämpft, bis er meinte, nun würde er unter ihren Gewalttätigkeiten sterben, denn während der ganzen Zeit konnte er weder sprechen noch rufen«.

»Daraufhin wurde einigen befohlen, nachts Wache bei ihm zu halten. Da er aus diesem Kampf viele Wunden davongetragen hatte, wurde er zur Ader gelassen . . . «.

Das Feindbild wird aufgebaut

Schon in grauer Vorzeit geht man davon aus, daß die Frauen empfindlicher für das Zauberwesen sind: es resultiert aus den Mutterkulten und der Tatsache, daß sie Speisen bereiten und Kranke versorgen, während sich die Männer in den vielen Kriegen unnötig die Köpfe einschlagen.

Im 14. Jh. bezeugt der Schrifterklärer Nikolaus von Lyra, daß die größere Beteiligung der Frauen an der Hexerei bereits in mosaischen Büchern bezeugt ist. Immer wieder wird hervorgehoben, daß sie eine stärkere Neigung zum Mystischen, Phantastischen, Übersinnlichen und Geheimnisvollen haben . . . gleichzeitig wird ihr größeres Schutzbedürfnis deutlich[21]. » . . . wer wird nicht erkennen, daß ihre lebhaftere Phantasie, ein so schönes Geschenk der weiblichen Natur, zu dieser Verwirrung beigetragen hat«[22].

Die Palette reicht von der biblischen Erklärung: » . . . man dürfe nicht vergessen, daß das erste Weib aus einer krummen Rippe gemacht und darum ein unvollkommenes Geschöpf ist . . . darum wird sie immer betrügen, denn alle Hexerei entstammt der Fleischeslust . . . der Schoß einer Frau ist unersättlich . . . um ihre Lust zu stillen, verkehrt sie (auch) mit Teufeln«[23] bis zu dem Ausspruch von Bodin, der als einer der bedeutendsten europäischen Philosophen des 17. Jh. angesehen wird[24].

» . . . viehische Begierlichkeit treibt das Weib dahin, daß es seinen Begierden genugtue . . . weshalb es vielleicht Plato zwischen die Menschen und das Vieh setzt . . . denn man sieht, daß die inneren Eingeweide bei den Weibern größer als bei den Männern sind . . . hingegen sind aber der Mannsbilder Häupter größer . . . darum haben sie mehr Verstand denn die Weiber«.

Schon früh werden sie geächtet, und die mosaische Gesetzgebung sieht drakonische Strafen vor (= Eifersuchtskuchen). Es bleibt dem Christentum vorbehalten, den Frauen das Brandmal der Teufelsbuhlschaft aufzudrücken[25]. » . . . es waren die weiberfeindlichen Mönche und Theologen, die die Verführung der Frauen mit den Teufeln auf eine Stufe stellten . . . nur so konnten die Begriffe zusammenfließen«.

Der frauenfeindliche Zug bewegt sich durch alle theologischen Lager. Er umfaßt, ausgehend von der katholischen Mutter, deren Töchter Protestantismus und Calvinismus. Neben den Gotteskundlern blasen Juristen, Mediziner und die weltliche Obrigkeit in das gleiche Horn: so wird das Kesseltreiben verständlich. Und trotzdem stimmt es nicht, daß man *nur* Frauen verfolgt und verbrannt hat!

Chrysosthomus wird der Satz unterstellt » . . . es ist nicht gut, ehelich zu werden«[26].

Alexander v. Hales (gest. 1245) wirft die Frage auf, weshalb das Zaubern häufiger von Frauen als von Männern betrieben wird. Er findet eine biblische Antwort und sagt: » . . . wie schon Eva, wegen ihrer geringeren Unterscheidungskraft vom Teufel verführt worden ist, so sind darum auch die Weiber der Zauberei gegenüber aufgeschlossener«.

Kurz danach betont Wilhelm v. Paris (gest. 1249), daß die Frauen von der Natur aus empfänglicher für himmlische *und* teuflische Einsprechungen sind. Die 1404 in Langres gehaltene Diözesansynode betont: » . . . daß die Weiber schwächer als die Männer sind und darum leichter vom Teufel verführt werden können«[27]. Ähnlich argumentiert Johann v.

Frankfurt, ein Heidelberger Professor der Theologie in einer 1412 veröffentlichten Schrift[28].

An ihn schließt sich Johann(es) Nider (gest. 1438) an. Er nimmt als Schriftsteller eine bislang wenig gewürdigte Position ein: er ist nahezu unbekannt, und doch ruhen nicht nur die Autoren des Hexenhammers auf seinen Schultern. Nider beschäftigt sich eingehend mit dieser Problematik und gelangt zu der Auffassung: » . . . daß die Weiber leichtgläubig, wegen der Beweglichkeit ihres Naturells dem Einfluß der Geisterwelt zugänglicher und außerdem geschwätzig, schwach und rachsüchtig seien . . . da sie von Natur aus zu schwach zur Rache sind, suchen sie es bei Zauberinnen zu erreichen«. Nider nennt die Teufelsbuhlschaft, ausschweifende Versammlungen auf dem Venusberg und die Lykantrophie (= Tierverwandlung).

In seinem Ameisenbuch deutet er an, daß die zauberliebenden Weiber auf der Bahn des Bösen den Vortritt haben. Er gestattet sich die Anmerkung: » . . . man dürfe sich nicht wundern, wenn sich das schwache Geschlecht im Verkehr mit den Teufeln vermessen zeige, denn drei Dinge wären es, die, wenn sie die Schranken überschreiten, den Gipfel des Guten und Bösen erreichen: die Zunge, der Geistliche und das Weib«[29].

Etwa 20 Jahre nach seinem Tod (1456) schreibt Johann Hartlieb, der Leibarzt von Herzog Albrecht II. v. Bayern, das Buch der verbotenen Künste. Er betont, daß die Weiber leichtgläubiger sind, weshalb sich der Teufel eher zu ihnen mische. Der westfälische Augustiner Gottschalk greift diesen Faden auf[30]. Der spanische Minorit Alfons de Spina weist in einer 1549 verfaßten Schrift auf die gleichen Symptome und Bernhard Basin stellt sich in seiner 1482 erschienen Schrift hinter Nider.

1486 erscheint das Buch des Rechtsgelehrten Ambrosius de Vignarte (Lodi) mit der Bemerkung: » . . . der Teufel besuche besonders die Frauen, während dies bei den Männern gewöhnlich nicht der Fall ist«. In Italien bezeugt Antonin v. Florenz: » . . . daß der Teufel mehr die Frauen denn die Männer durch Zauberkunst verführe«[31].

Immer wieder wird hervorgehoben, daß der Hexenhammer, geschrieben von zwei Dominikanern, durch seine frauenfeindliche Haltung Einfluß auf die weitere Entwicklung genommen hat. Das ist nur bedingt richtig. Dieses dicke, in zwielichtigem Latein geschriebene Buch, kann sich selbst *nicht* durchsetzen. Selbst der Kölner Inquisitor Hochstraten, der es gekannt haben *muß*, erklärt das Hervortreten der Frauen nicht aus ihm, sondern in Bezug auf Nider[32]. Lediglich Prierias[33] und de Spina beziehen sich auf den Hexenhammer.

Die Autoren tragen vor: »... denn die Schlechtigkeit des Weibes wird schon im Ecclesiasticus XXV. erwähnt ... es gibt kein Haupt über dem der Schlange und keinen Zorn über dem eines Weibes. Lieber würde ich mit einem Drachen wohnen, als das Haus mit einem Weibe teilen. Alle Sündhaftigkeit ist gering im Verhältnis zu der eines Weibes ... was ist es sonst als ein Feind der Freundschaft, eine unentrinnbare Strafe, ein notwendiges Übel, eine Versuchung der Natur und ein begehrliches Unglück ... wenn es eine Sünde ist, eine Ehe zu brechen, bleibt es eine notwendige Folter, denn entweder wir brechen sie, indem wir uns vom Weib scheiden oder wir müssen den täglichen Hader auf uns nehmen«.

Um 1508 verfaßt der italienische Inquisitor Bernhard von Como aus dem Orden der Dominikaner einen Traktat über die Hexen, in dem er betont, daß es sich vornehmlich um Frauen handelt[34]. Paul Grillandus spricht von der größeren Schwäche der Frauen und hebt ihre Neugier hervor[35]. Als Richter habe er dies in Erfahrung gebracht »... die Frauen frönen gern der Hexerei, um dadurch besser der Fleischeslust nachgehen zu können«.

Bemerkenswert ist das Agieren der protestantischen Geistlichen nach der Reformation der »alten« Kirche. Sie verachten den Zölibat und führen dadurch eine Liberalisierung der Klosterzucht herbei. Umso befremdender ist, daß sie genau wie ihre katholische Amtsbrüder gegen die Frauen wüten!

Luther äußert sich zu diesem Thema und sagt: »... wer mag alle leichtfertigen und abergläubischen Dinge erzählen, welche die Weiber treiben ... es ist ihnen von der Mutter Eva angeboren, daß sie sich äffen und betrügen lassen«[36]. Am 14. Mai 1523 führt er in einer Predigt aus, daß der Teufel mit Vorliebe die Frauen zu verführen sucht. Da er die aus dem Kloster »entsprungene« Nonne Katharina Bora geheiratet hat, kann er ein so schlimmer Weiberfeind nicht gewesen sein!

Der lutherische Prediger Kaspar Huberinus widmet in seinem »Spiegel der Hauszucht« dem bösen Weib ein Kapitel und hebt hervor: »... da spüret man erst recht ihre Bosheit, wenn sie auch die anderen Leute vergiften, schießen, verderben, Hagel und Wetter machen ... wie der Satan sie zu seinem Werkzeug braucht und sie etwas böser denn der Teufel sind ... es ist gütlich zu glauben, daß die alten Weiber zu Unholden werden ... denn da sie in ihrer Bosheit geübet und getrieben sind, kann sie Gott nicht höher strafen ... der Satan macht sie sich zur höllischen Braut, so daß sie ihm den Hintern küssen müssen, bis er ihnen (endlich) den Hals bricht und dem Henker, einen Brautführer, an den Strick gibt ... und daraufhin im höllischen Feuer das Bett mit ihnen einnimmt«[37].

Celichius sagt: »... sie sind wild und fürwitzig, von Natur aus stolz und üppig: und das ›ihr werdet sein wie Götter‹ steht ihnen noch im Kopf ... ihre Putzsucht und stinkende Hoffart tun dem höllischen Levithian Tor und Türen auf ... überdas sind alle Weibspersonen mehr auf die teuflische Zauberei verstürmet denn die Männer«.

1561 behandelt Jacob Ballik, ein Pfarrer aus Großen im Herzogtum Cleve die Frage: »... wie es kommen kann, daß viel mehr Weiber Zauber'sche werden als die Männer? Dessen sind drei Ursachen. Erstens weil sie leichter glauben. Man sagt gemeiniglich: ›... wer leichtlich glaubt, wird leichtlich betrogen‹. Zweitens, weil die Weiber neufindig sind: sie wollen alle Dinge wissen und erfahren. Drittens sind die Frauen rachgierig. Sobald es ihnen an etwas mangelt, wollen sie sich rächen. Und da es ihnen an der Macht fehlt, ist alsbald der Satan dabei und lehrt sie solches. Die Weiber sind gemeiniglich geizig. Deshalb wollen sie reich sein, alle Dinge haben und mit der Pracht leben ... solches verheißt ihnen der Satan«.

▶

Abraham a Sancta Clara – ein geistlicher Befürworter des Hexenwahns (geb. 1644 in Schwaben, gest. 1709 in Wien). Er gilt im süddeutschen Raum als der bedeutendste Volksprediger der Barockzeit. Er ist der Verfasser eines Berichtes über die »Verbrechen der Hexen und Zauberer ... des Judas Ertz-Schelm«, Salzburg 1689.

Der protestantische Arzt Weyer meint, daß der Teufel vornehmlich das weibliche Geschlecht zu täuschen sucht und daß er mehr Erfolg bei den Frauen hat: »... das Weib ist von Natur aus unbeständig, leichtgläubig, seiner selbst nicht mächtig, neige zur Melancholie und ist darum (den) teuflischen Einflüssen eher zugänglich«[38].

Eine ähnliche Auffassung vertritt sein Landsmann Johann Ewich, erst Arzt in Duisburg und danach in Bremen. Er betont in einer 1584 erschienen Schrift: »... daß die der Hexerei anhängigen gemeiniglich weiblichen Geschlechts sind ... meistens sind die Weiber damit behafft ... welches denn geschieht in der Schwachheit ihrer Natur, in der des Alters oder in der Unerfahrenheit ihrer Jugend, Böse Auferziehung, unfleißiger Bericht in Gottes Wort, ein gottloses und unbändiges Leben, Haß und Angst wider Andere, Armut und Verzweiflung kommen hinzu. Der Satan habe mit der gleichen Kunst schon Eva angefochten«.

Der calvanistisch gesinnte Hermann Wilken, Professor der Mathematik in Heidelberg, ist ebenfalls der Ansicht, daß sich vorzugsweise Frauen mit der Hexerei beschäftigen: »... sie wären leichtsinniger und würden darum öfters das göttliche Gebot übertreten ... zudem wären sie über die Maßen rachgierig, schwätzig und könnten nichts verhehlen« (= für sich behalten). Der Rostocker Gelehrte Gödelmann teilt diese Meinung. Er zitiert und wiederholt Martin Biermann, einen Professor der Medizin aus Helmstedt. Der italienische Arzt Condrochinus anerkennt die zahlreichere Beteiligung der Frauen am Hexentreiben als Tatsache[39]. Der französische Richter Pierre de Lancre schließt sich dieser Meinung an[40].

Der Baseler Doktor Jacob Wecker setzt sich für eine strenge Bestrafung der Hexen (= der Frauen) ein: »... weil sie von blöderer Natur denn die Männer sind«. Spizelius hebt die »... sündigen Lüste und Neigungen der Weiber hervor« und sagt: »... also willig und gern gehen die dummen Hurenvögel in das ihnen gelegte Netz ... so fliegen die Mücken haufenweise in das Gewebe der teuflischen Spinnerin, bis er sie zuletzt verschluckt und frißt«.

So schließt sich der Kreis: *so* beurteilen Männer die Frauen. Keiner kommt auf die Idee, das Zaubern und erst recht das Hexen in Zweifel zu ziehen. Keine weibliche Schriftstellerin kommt zu Wort: und wenn, man hätte sie ausgelacht. Dieses Umfeld haben wir zu berücksichtigen, wenn wir über die Verfolgung der Hexen sprechen.

Sagte nicht schon der Jesuit Friedrich Spee: »... Pfui der Schande, die am Eifer der Deutschen zu loben ist«. Es ist wie eine Zangenfunktion. Auf der einen Seite wird der Frauenhaß geschürt und auf der anderen das teuflische Dogma nach oben gekehrt: in der Mitte sitzen die sog. Hexen.

Zur Anatomie des Teufels

Zuerst ist auf einen theologischen Irrtum hinzuweisen, denn in der Frühzeit des Christentums wird der Teufel nicht als so schlimm und bösartig hingestellt, wie später. Er zeichnet sich durch Würde aus: man gibt ihm einen anderen Stellenwert. Bruder Rufus, ein Geistlicher des 4. Jh. sagt dazu: ... der Teufel könne durchaus Christus ähneln«. 1597 soll er sich der Hexe Anna Wobster in dieser Gestalt gezeigt haben[41]. Montague Summers erwähnt, daß der Teufel als deformiertes Lamm erscheint und Experten erklären: »... der Satan könne nicht nur allein in der Gestalt von Christus erscheinen, sondern auch im Gefolge seiner Jünger; außerdem besitze er eine Bibel«.

Die teuflische Gestalt erinnert an die des griechischen Pan mit einem bocksähnlichen Unterkörper, einem Schwanz und gespaltenen Hufen. Man schreibt dem Teufel einen unerträglichen Gestank zu. Der hl. Antonius beschreibt ihn als ungeheuren Riese, dessen Haupt bis zu den Wolken reicht. Einige gehen davon aus, daß er eine Fackel unter dem Schwanz hat und andere meinen, er habe dort ein zweites Gesicht. Einige Hexen berichten, daß der Penis eines Dämons an dessen Hinterteil angebracht sei, bzw. daß er über einen hinteren und vorderen Penis verfügt.

Der lutherische Professor Meyfarth betont, daß die Teufel keinen Penis besitzen und hebt hervor: »... daß der immer wieder betonte Geschlechtsakt auf einer Einbildung ruht«.

Vereinzelt werden die Teufel als Hermaprodithen geschildert, die entweder weibliche oder männliche Geschlechtsteile, oder weibliche Körper mit einem Penis haben. Er erscheint schmutzig und häßlich. »... mit Händen, die wie bei den Geiern mit krummen

Krallen versehen sind«. Einige bescheinigen ihmZeugungskraft, andere nicht. Die Schlauen wissen, daß er keine Hoden hat. Seine Vorstellungskünste werden gerühmt und verworfen. Er soll die Gestalt eines feuerspeienden Drachens annehmen oder die einer Schlange haben können. Brognoli konstatiert: » . . . des öfteren erscheine der Teufel als kleiner schwarzer und struppiger Mann mit einem riesigen Phallus«.

Außerdem bekennen einige der Verurteilten, daß ihnen beim Geschlechtsverkehr mit dem Teufel aufgefallen sei, daß er keinen Rükken habe, sondern hinten so hohl wie ein Backtrog ist[42]. » . . . Anna Miolerin hat bekannt, als sie oft gefahren sei, habe der Teufel mit ihr zu schaffen gehabt, aber er sei feindselig und von kalter Natur gewesen . . . außerdem sei er auf dem Rücken hohl wie eine Malter«[43] (= ein Gefäß zum Aufnehmen der Milch). Susanne Merz ist die Tochter des wegen Hexerei in Bamberg hingerichteten Bürgermeisters Dittmaier. 1629 gibt sie an: » . . . sie habe bei einer guten Bekannten einen Edelmann kennengelernt und mit ihm des öfteren das fleischliche Werk getrieben . . . und zwar so oft, wie er sie habe zu sich rufen lassen. Einmal mußte sie mit ihm auf den Gang hinausgehen, und da habe er sich, während sie das fleischliche Werk verrichteten, in eine abscheuliche Gestalt verwandelt, feurige Augen, blökende Zähne, Hände und Füße wie Klappern bekommen . . . an welchen Kennzeichen sie sofort den Teufel erkannte, sich aber nicht losreißen konnte, weil er ihr den Hals umzudrehen drohte . . . auch diesmal sey das fleischliche Werk ganz kalt gewesen«[44].

Hans Petz aus Steinbach (Landgericht Eltmann im Untermainkreis) bekennt nach der Folter: » . . . er habe mit der Priestiklin aus Steinach mehr als hundertmal den Ehebruch begangen, und sie teils im Stehen, teils auf andere Art beschlafen. Einmal wäre er mit ihr am Brunnen gestanden und habe an ihrem Körper herumgetappt, worauf er sich in eine Mannsperson verändert, klappernde Füße und am rechten Bein einen Geißfuß bekommen . . . woraus er gesehen, mit wem er es zu tun gehabt . . . später sei sie ihm wieder im natürlichen Zustand begegnet . . . und da haben sie wieder das fleischliche Werk verrichtet, es sei aber kalt und unliebsam gewesen . . . zudem

habe er sich auf den Drudentänzen umtaufen lassen (und) seine Buhlin habe ihm einen anderen Namen gegeben«[45].

Ein frühes Beispiel über die Erscheinung des Teufels als »schwarzer« Mann stammt von Cassian aus dem 5. Jh. Er berichtet: » . . . der Dämon Zabulus sei dem Abt Johannes von Lycius in der Gestalt eines häßlichen Äthiopiers erschienen«. Das gleiche widerfährt der jungen Magdalena von Cordoba: mit 12 Jahren wird sie seine Geliebte. Der Anachoret Marcarius d.J. sagt: er habe in der Wüste »kleine ekelhafte Äthiopier« als Dämonen herumfliegen sehen. Der Jurist Boquet gelangt zu der Erkenntnis: » . . . wenn der Teufel die Gestalt eines Mannes annimmt, dann ist er schwarz, so wie es die Hexen bezeugen«. Doch selbst dies ist umstritten, denn: » . . . einem Frauenzimmer begegnet auf dem Feld ein schöner Jüngling und verführt sie. Dann fragt er sie, ob sie ihn denn nicht kenne. Als sie es verneint, fährt er fort . . . ich bin der Teufel und wie du siehst, bei weitem nicht so schwarz und schändlich, wie mich die Pfaffen beschreiben«[46].

Auch hier klärt uns ein Blick in die Geschichte auf. Wir haben den mystischen Konflikt zwischen Hell und Dunkel, zwischen Gut und Böse vor uns, aus dem sich Weltreligionen emporgearbeitet haben. In der Antike gilt es als schlechtes Omen, wenn einer ein schwarzes Los gezogen hat. Pythagoras meint, daß es das Böse symbolisiere. Vielleicht erschien der Teufel den späteren Christen deshalb (so oft) als schwarzer Mann, weil man die Neger pauschal des Heidentums bezichtigt hat; es ist naheliegend, daß diese Grundhaltung den Rassenhaß beeinflußt[47].

Der teuflische Phallus

Es fällt auf, daß sich Theologen und Experten mit besonderer Sorgfalt und Vorliebe diesem Körperteil widmen. Dazu gibt es einen einleuchtenden Grund: die Größe des Gliedes wird (auch) darum als so gewaltig beschrieben, um dem männlichen Sexualneid zu schmeicheln. Um die Eitelkeit der Männer nicht allzusehr zu verletzen, *durfte* der Geschlechtsverkehr mit Dämonen nicht angenehm, sondern er *mußte* unangenehm sein. Immer und immer wieder wird die teuflische Potenz hervorgehoben. Eine Hexe berichtet, daß ihr Incubus einen Samenerguß hatte, der der Menge des

417

Spermas von 1 000 Männern gleichkam. Die Größe des männlichen Gliedes wird unterschiedlich beschrieben. Eine Hexe aus Labours behauptet 1609 » . . . die Gunstbezeugungen des Teufels seien so schmerzhaft, denn sein Penis wäre so lang wie ein Arm und mit Fischschuppen bedeckt, die sich nach dem ersten Eindringen in die Scheide wie Widerhaken nach außen stellten«[48]. Die Angeklagte Marie Marigrane, ein 15-jähriges Mädchen, behauptet: » . . . der Penis des Teufels wäre je zur Hälfte aus Fleisch und Eisen«[49].

Thevienne Paget gesteht: » . . . die Geschlechtsorgane des Teufels seien so lang und groß wie ein Finger . . . der Coitus verursache soviel Schmerzen wie eine gewöhnliche Geburt«[50]. Prierias schreibt um 1512: » . . . daß der Incubus beim Geschlechtsakt einen Phallus verwende, der wie die Zunge einer Schlange gespalten sei . . . so wäre er in der Lage, gleichzeitig einen vaginalen und analen Akt durchzuführen. Der Penis eines Incubus vermochte die Genitalien einer Frau wie ein Messer zu durchbohren oder in die Wände ihrer Vagina wie mit Eisenspänen scheuern . . . wenn er die Scheide verließ, zog er des öfteren Fleisch und Blut heraus . . . mit seinem ständig erigierten, zweizackigen Glied konnte er die ganze Nacht lang gleichzeitig After und Vagina einer Hexe bearbeiten, ohne auf ihr Flehen zu hören. Manchmal wird ihm ein sich dreifach gabelnder Penis zugeschrieben«[51].

Alexeé Drigeé sagt, daß der Penis ihres Dämons bereits bei der halben Erektion so lang wie einige Küchengeräte sei und 1584 erzählt Claudia Fallet: » . . . daß sich das Glied ihres Incubus wie eine riesige Spindel in ihr gedreht habe«. Manchmal wird der Penis als gewunden, elastisch oder schlangenartig beschrieben. Hexen sagen aus: » . . . das Glied eines Teufels wäre unförmig wie ein Gansdarm oder so groß wie das Glied eines Pferdes«.

Vereinzelt werden seine »wunderbaren« Proportionen hervorgehoben. Dämonische Liebhaber konnten die geheimsten Wünsche der Frauen erfüllen, was man »normal« gebauten Männern nur selten unterstellt. Pico de Mirandola macht darauf aufmerksam, daß ein Dämon über einen wesentlich größeren Penis als ein gewöhnlicher Mann verfügt und dadurch bei den Frauen mehr Lustgefühle hervorrufen kann. Außerdem würden Dämonen über besondere Sexualtechniken verfügen:

beispielsweise können sie ihre Phalli in der Vagina rotieren oder pulsieren lassen. Die Stellung, die von den Dämonen beim Geschlechtsverkehr mit den Frauen vorgezogen wurde, war wohl die, daß sich die Frau auf Hände und Füße stützte, während der Teufel sie von hinten in Besitz nahm[52].

Viele Hexen behaupten, daß die Geschlechtsteile ihrer Dämonen so steinhart und riesig wären, daß sie nur unter größten Schmerzen in sie dringen konnten. Deshalb sagen sie vereinzelt, der Penis eines Dämons wäre halb aus Horn und halb aus Fleisch. Am 31. Juli 1588 berichtet Didata von Miremont, daß nach dem Verkehr mit dem Teufel die Laken voll Blutflecken waren, » . . . obgleich sie schon viele Jahre Erfahrung im Umgang mit Männern hatte«.

Das teuflische Glied wird in der Regel als (eis)kalt beschrieben. Schon im Hexenhammer wird hervorgehoben, daß der Samen der Dämonen kalt (= semen frigiden) sei. Remy bestätigt in seiner Daemonolatria, daß es nichts gäbe, was kälter und unangenehmer sei. Eine Verurteilte bezeugt im Juli 1586, daß sich der Körper des Teufels wie eine eiskalte Höhle angefühlt habe. Frauen, die (noch) keine Hexen waren und von einem Dämon umarmt wurden, konnten bei der erster Berührung mit seinem eisigen Geschlechtsorgan in Ohnmacht fallen oder krank werden.

Eine belgische Hexe namens Digna Robert erzählt 1565, daß der Teufel in allen Gliedern kalt gewesen sei. Auf dem North-Berwick-Sabbath im Jahr 1590 läßt er die ganze Gesellschaft vor sich treten, damit sie seinen Hintern küssen » . . . der so kalt wie Eis gewesen«.

1649 erklärt eine Mutter aus Barton, der sie besuchende Teufel »sei kalt und schwer gewesen . . . aber er wäre seiner Aufgabe als Mann nicht gewachsen (gewesen), weil er keine Hoden gehabt hätte«. Janet Braedhaed sagt: » . . . sein Geschlecht war riesig und sein Glied so kalt wie Quellwasser«. An dieser Stelle ist darauf hinzuweisen, daß man bereits in der Antike künstliche Phalli verwendet, die mit Flußwasser gefüllt waren. Wer erkennt nicht zwischen den Zeilen die erotischen Begierden aller am Konflikt Beteiligten?

Der hl. Basilius und andere argumentieren, daß die Körper solcher Dämonen, die zu den Menschen sexuelle Beziehungen unterhalten, aus einer Ballung kondensierter Dämpfe entstehen. Der englische Philosoph Henry More versucht, die aus dem Mittelalter stammende Ansicht wissenschaftlich zu untermauern und sagt: » . . . es wäre natürlich, da der Teufel aus gefrorenem Eis verfertigt sei, weshalb sich sein Penis wie ein Eiszapfen anfühle«.

Francoise Secrétain hebt hervor: » . . . daß sie das Glied ihres Dämons wie Feuer im Leib gespürt hat«. Sylvaine de la Plainé entscheidet sich für einen Kompromiß: » . . . demzufolge das Glied des Teufels beim Eindringen in die Vagina eiskalt und beim Verlassen heiß wie Feuer gewesen sei«. Katharina Stempeels, die 1671 im Brandenburgischen hingerichtet wird, soll man gefragt haben: » . . . ob dem Teufel, wenn sie mit ihm geredet, nicht Flammen aus dem Mund gekommen und ob er ihr nicht geschadet«[53].

Dies ist eine grundsätzliche Angelegenheit, weil anzunehmen ist, daß sich der überwiegende Teil des Volkes den Teufel als Bewohner einer glühenden Hölle keinesfalls kalt vorstellen mußte. Viele Pamphlete und Tausende von Bildern tragen – noch heute – zu dieser Vorstellung bei.

Teuflische Samenräuber

Es gibt eine gedankliche Linie zwischen dem Vampy- und Dämonismus. Es ist uraltes Volksgut zu glauben, daß nachts vereinzelt Leichen aus den Gräbern steigen, um auf der Erde zu wandeln. Um es zu verhindern, kommt u.a. der Gebrauch von Grab- und/oder Leich(en)-steinen auf, doch auch die Tatsache, daß man Toten vor der Beerdigung den Kopf abschlägt.

Ebenso verbreitet ist der Glaube, daß sich die Dämonen für den Geschlechtsverkehr frische, d.h. nicht allzusehr verweste Leichen suchen. Man unterstellt ihnen die Fähigkeit . . . kürzlich verstorbene Männer »anzuzapfen«, bzw. glaubt, daß sie sich der Samenergüsse von Gehenkten bemächtigen. Deshalb geben vorsichtige Dämonologen den Rat, Tote sofort zu begraben, denn es sollte verhindert werden, daß sie sich deren Samen holen. » . . . es konnte (auch) der Fall sein, daß der Samen von achtlos liegengelassenen Toten durch die Luft geblasen wird und (so) eine unschuldige Jungfrau befruchtet . . . was der Bestäubung der Blumen nicht unähnlich sei«.

Maria Sinistrati bezeugt: » . . . daß die Zeugungskraft im Geist liege, den der Erzeuger gleichzeitig mit dem schaumigen und klebrigen Stoff aussende; daraus müsse gefolgert werden, daß der Same eines Dämons ohne weiteres mit der stofflichen Beschaffenheit des menschlichen vermischt werden kann, wodurch die Zeugung vollzogen wird«[54].

Hier formiert sich eine Diskussion darüber, ob Dämonen den Geschlechtsverkehr mit Jungfrauen meiden oder nicht. De Lancre tritt in die Schranken und Bodin verneint es. Die Autoren des Hexenhammers verweisen auf die Schnelligkeit und Beweglichkeit der Dämonen. Sie verwerfen gleichzeitig den Gedanken, daß der Same während des Transports durch Verdampfung und/oder Unterkühlung unfruchtbar wird. In einem kühnen und unbeabsichtigten Gedankensprung greifen sie der Samenkonservierung und künstlichen Befruchtung voraus, die heute praktiziert wird: allerdings ohne dämonisches Zutun!

Peter von Palude, ein thomistischer Theologe des 14. Jh. und Martin v. Arles, vertreten die Ansicht, daß die Dämonen mit dem Samen von toten Männern Frauen befruchten. Remy kontert fachmännisch » . . . dies wäre genauso lächerlich, wie der Furz eines toten Esels«.

Aus einigen Bemerkungen von Jerome Cardans, eines Philosophen, Physikers und Mathematikers des 16. Jh. geht hervor, daß sich nun der schon in der Antike geläufige Vorgang der Leichenschändung (wieder) einstellt. Er nimmt an: » . . . daß der Beischlaf mit einer trügerisch belebten Leiche eine entsetzliche Tortur sein müsse«.

Doch wer ist im Fall der Befruchtung der wirkliche Vater? Kann ein Mann unberührt und dennoch Vater sein? Können Dämonen Jungfrauen befruchten? Ist ihr Hymen nach dem Beischlaf unberührt? . . . dennoch wären sie keine mehr, da ihre Seelen bereits verdorben waren, obgleich ihr Körper unberührt scheint[55]. Und, wen bevorzugen Dämonen zur Paarung? Benedict Carpzov gibt zum Besten: » . . . daß sich die Dämonen pro Woche zwei- bis dreimal mit den Menschen paaren«.

Luther steht dem nicht zurück und behauptet: » . . . daß sich der Teufel den Mädchen gerne unter Wasser nähert, um sie dort zu schwängern«[56].

Nun taucht die Frage auf, ob die Dämonen hübsche oder häßliche Frauen bevorzugen? Der Suffaganbischof von Trier meint, daß sich die Incubi hauptsächlich mit schönen Frauen paaren. Er rät dem weiblichen Geschlecht, keine prunkvollen Kleider zu tragen. Er kennt die Frauen nicht; sein Ruf bleibt (freilich) ungehört. Die 15-jährige Marie de Madrigane sagt den Richtern, daß sich die Dämonen mit schönen Frauen von vorn, und häßlichen von hinten paaren. Doch es existiert auch die Meinung, daß sie alte und häßliche Weiber bevorzugen, » . . . weil diese den Liebhaber richtig zu schätzen wissen und darum seinen Gelüsten eher nachgehen«.

De Lancre behauptet, daß sich die Dämonen vor allem mit verheirateten Frauen beschäftigen, und zwar wegen des damit verbundenen Ehebruchs » . . . und eben darum Jungfrauen und Kinder verschmähen«. Boquet erhärtet es: » . . . der Satan würde nur solchen nachstellen, die älter als 12 Jahre sind, weil er in seiner Schläue und Arglist allzugut weiß, daß der Pakt mit Jüngeren nicht verpflichtend ist, weil es ihnen an Urteilskraft und Verschwiegenheit mangelt«.

Dem Hexenhammer zufolge werden verheiratete Frauen von Dämonen in ihren Betten aufgesucht: » . . . sie verkehren so lang und lautstark, bis der danebenliegende Mann erwacht«. 1701 schreibt Felix Braehm eine Doktorarbeit und hebt darin hervor: » . . . daß ein Ehemann, der nachts entdecke, daß seine Frau nicht da sei, besser daran täte, sie der Untreue und Hexerei zu bezichtigen«. Der Jesuit Tanner kommt schon früher auf diese Idee. In seiner »disputatio de Anglis« wird gesagt: » . . . daß es unwahrscheinlich sei, daß eine schlafende Frau ihren Mann Jahr um Jahr verlassen könne, ohne erwischt zu werden«.

Scheinschwangerschaften

Schon im 13. Jh. beginnt man darüber zu sinnen, ob aus der sexuellen Vereinigung zwischen Dämonen und Menschen entstandene Lebewesen wirklich Kinder sind. Manche gehen in der Vorstellung auf, daß es sich dabei um Phantasieprodukte handelt. Gewöhnlich verschwanden sie schon nach Stunden, Tagen und Wochen, weshalb die Mütter glaubten, daß sie der Teufel weggezaubert hat (= Wechselbälge). Andere sehen in ihnen Totgeburten.

Dr. Weyer ist der Meinung, daß die aus einer solchen Verbindung stammende Kinder ihrem Äußeren nach schwächer als normale seien. Die Abkömmlinge der Hexen würden selten das siebente Jahr erreichen und vordem unangenehme Charakterzüge haben. » . . . mit ihrem Geplärr ließen sie nachts keinen schlafen . . . sie würden mehr Milch trinken, als drei gute Ammen spenden könnten, obwohl sie dabei nicht wachsen«. Auch in diesem Umfeld haben sich merkwürdige Nachrichten erhalten. Wieviel Angst müssen Mütter ausgestanden haben, wenn sie an ihrem Kind irgendwelche angedichtete Mängel erkannten?

» . . . 1249 soll eine Frau aus Herfordshire ein Kind zur Welt gebracht haben, das im Alter von 6 Jahren so groß wie ein Mann war und über ein komplettes Gebiß verfügte. 1275 wird Angela von Labarethe, eine 56-jährige Adelige aus Toulouse, von Inquisitoren bezichtigt, jede Nacht mit einem Teufel geschlafen zu haben. Aus diesem Umgang sei ein Monstrum, oben Wolf und unten Schlange, hervorgegangen. Zu seiner Fütterung habe sie auf nächtlichen Streifzügen kleine Kinder erbeutet, die sie, angeblich ohne mit der Wimper zu zucken, abgeschlachtet hat. Sie wird dem weltlichen Arm überstellt und auf Befehl des Seneschalls auf dem Stephansplatz verbrannt«.[57]

Cardan trägt vor: » . . . eine junge Frau stellte fest, daß sie schwanger sei und gestand es ihren Eltern. Ihr Liebhaber wäre ein junger Mann, der auf geheimnisvolle Weise in ihrem Zimmer erscheine, sich dann niederlege und später wieder verschwinde. Die Eltern beschlossen, die Tochter zu überraschen, und als sie eines Nachts aus dem Zimmer verdächtige Geräusche hörten, brachen sie die Tür auf und entdeckten ihre Tochter in den Armen eines gräßlichen Ungeheuers. Als man rasch entschlossen das Evangelium des Johannes verlaß, krachte der Dämon durch die Zimmerdecke und steckte die Möbel in Brand. Später gebar das Mädchen ein mißgestaltiges Ungeheuer, das man verbrannte«.

Dem Hexenhammer zufolge: » . . . glauben einige Frauen von einem Incubus geschwängert worden zu sein, . . . deren Leiber schwellen ungewöhnlich an . . . jedoch verschwinde die Schwellung zum Zeitpunkt der Entbindung, in dem der Körper viel Wind läßt. Wenn man sich nämlich Ameiseneier in die Getränke mischt oder wenn man den Samen der Wolfsmilch oder der Schwarzfichte zu sich nimmt, entstehen unglaublich starke Blähungen . . . dem Teufel ist es ein Leichtes, im menschlichen Körper derartige Ärgernisse zu erzeugen«.

1545 erregt eine Frau aus Esslingen erhebliches Aufsehen: »... sie erlebte nach dem Geschlechtsverkehr mit dem Incubus eine merkwürdige und unangenehme Schwangerschaft. Ihr Bauch schwoll so ungeheuer an, daß ihre Besucher die Füße und das Gesicht der im Bett liegenden kaum erkennen konnten. Außerdem erscholl aus ihrem Leib wider die Natur ein mißklingender Ton von Tierstimmen: man hört Hähne krähen, Hühner gakkern, Katzen miauen, Hunde bellen, Schafe blöken, Pferde wiehern und dergleichen mehr. Es wurde behauptet, es wäre Betrug und sie würde über dem Bauch eine straff gespannte Haut tragen, um die sie untersuchenden Ärzte[58] hinters Licht zu führen. Man strengte einen Prozeß an, erhängte ihre Mutter, weil sie sich auf diesen Schwindel eingelassen hatte und durchbohrte der Tochter die Wangen mit einem glühenden Eisen ... daraufhin warf man sie in ein Gefängnis«[59].

»... in das Kloster von Lockum wird eine Hexe gebracht, die das Hexen aus großer Armut und um eines Kopfstückes willen gelernt ... die hat vier Wochen hernach vom Satan einen grausamen Schnacken (= Schlange) fünf Viertel lang, geboren, dafür sich heftig entsetzt, und diesen scheußlichen Wurm alsfort auf einen Misthaufen getragen, und ihn darinnen verscharrt. Der Satan hat sie solange gepeitscht und geschlagen, bis sie das Tier hat wieder aus dem Misthaufen graben müssen ... hat's am Feuer gewärmt und es wie ein Kind neben den Milcheimer setzen müssen ... und sie hat dem unfreundlichen Gast täglich zur Speise Milch gegeben ... sobald sie diesen Schnacken angerührt, sind ihr die Hände geworden, als wären sie aussätzig ... und (sie) hat auch eine solche ungesunde Hand bis zum Gericht behalten«.

Benedikt Carpzov berichtet von einer Hexe, die dem Teufel weiße Würmer mit schwarzen Köpfen und spitzen Schnäbeln geboren hat. Ein zu Frankfurt/Oder 1687 hingerichtetes Mädchen hat gestanden, dem Teufel Eidechsen geboren zu haben.

»... die meisten Hexen der neueren Zeit gebären keine Kinder mehr, die man auch die ›Bösen Dinger‹ und ›Unholden‹ nennt, was wohl mutmaßlich unter den Deutschen das meiste zu dieser Fabel beygetragen hat, nämlich der Alp, der bis zu dieser Stunde so manches abergläubische Frauenzimmer drückt, und ihr Gewissensangst genug verursacht, als hätten sich böse Leute oder der Teufel selbst über sie hergemacht«.

»... diese Elben hatten bald die Gestalt rauher Würmer, bald die von Hummeln usw. Die Hexen verbrannten diese Geburten zu einem Pulver, mit dem sie ihre Feinde krumm, lahm und gar wohl tot hexten; die Elben waren folgsam, und so war der durch sie gezüchtigte Mensch lahm, oder was man sonst wollte. Dies nannte man ›jemand die Elben zuweisen‹. Die Inquisition, die zu Pütters Streitschrift Gelegenheit gegeben habe, bekannte: ... daß aus so getriebenem Beyschlaf ihr einstmals ein schwarzer, rauher Lindwurm abgegangen, den sie ihres Geistes Angabe bey einem klein gemachten Feuer zu Pulver verbrannt, welches der David genommen, folgenden Tages in einem Krämerhäuschen ihr wieder gebracht, und ihr gelehrt, das Vieh damit umzubringen«.

1737 erfahren wir aus den Akten eines Hexenprozesses: »... von der Vermischung mit dem Buhlen habe sie vielmals Elben, die bösen oder zehrenden Dinger, die von allerhand Colour, auch theils Flügel haben, geboren und zwar allemahl zehn, welche sie in Töpfe getan, und ihnen Brot zu essen gegeben«.

»... andere pflegen sie unter einem Holunderbaum oder -strauch lebendig zu vergraben. Sie geben ihnen ein bißchen Wachs, Flachs, Käse und Brot mit in das Grab und sprechen: »... wringet das Wachs, spinnet den Flachs, esset das bisschen Käse und Brot und lasset mich ohne Noth«. Daraufhin waren sie gebannt und durften nicht wieder zu ihrer Mutter zurück.

Es war gefährlich, sich einem Elbengrab zu nähern. Ich will es an einem Beispiel verdeutlichen: »... Schmiermeister, eines Schneiders Sohn, 13 Jahre alt, setzt sich, um seine Notdurft zu verrichten, bei einer Holunderstaude nieder, fällt plötzlich unter schrecklichen Gichtern zur Erde und tat unmittelbar vorher einen lauten Schrei. Die Mutter lief zu ihm und trug ihn für tot nach Hause, wo er bis am dritten Tag wie besinnungslos lag. Daraufhin fühlte er grausame Schmerzen in den Lenden, Füßen und Waden. Zuletzt fielen ihm tiefe Löcher aus dem dicken Fleisch und dem Hintern, durch welche alles was er gegessen und getrunken hatte, ausfloß ... am Leibe zehrte er ganz ab.

Nach vier Jahren, unter welcher Zeit ihm der Wundarzt ohne Nutzen vielerlei Medizin gegeben hatte, gingen elf Würmer ab, eines halben Fingers lang, mit schwarzen Köpfen und unzählbaren Füßen. Als die Mutter die Bettücher, in welchen sie herumgekrochen, ausschüttelte, verschwanden sie in der Gegenwart der Zuschauer. Der Bursche blieb sein Lebtag ein armer Tropf. Zwey Hexen haben bekannt, daß sie ihre mit dem Teufel erzeugten Elben eben unter dieser Holunderstaude begraben hätten, freylich nur zwey Paar, aber diese konnten je ›geheckt‹ haben«.

Am 11. Juli 1598 wird das Mädchen Antide Colas aus Betoncourt von dem Chirurg Nicolas Milliéré untersucht, » . . . er entdeckte wider die Natur ein zweites Geschlechtsorgan direkt unter ihrem Nabel. Dabei handelte es sich um eine fühllose Scheide, eine zweite Vagina. Sie gestand, daß ihr Incubus beim Geschlechtsverkehr diese Öffnung benutzte, während das ›natürliche‹ Loch ihrem Gatten diente. Dieser Fall artete in ein Wunder aus, denn als man sie in das Gefängnis von Dolé brachte, wurde bei einer ärztlichen Untersuchung festgestellt, daß sich die zweite Vagina geschlossen hatte und nur eine Narbe zurückgeblieben war. Wegen der von ihr begangenen ›abscheulichen‹ Verbrechen, wird sie am 20. Februar 1599 lebend verbrannt«.

Hieronymus Augustin von Monteleon unternimmt mit dem Kardinal Valette eine Reise in das Elsaß. Nach der vierjährigen Abwesenheit von seiner Frau Magdalena (v. Aigumatiere) wird sie schwanger und bekommt einen Sohn. Die Brüder des Mannes wollen den Bastard nicht anerkennen und strengen einen Prozeß an. Die Mutter behauptet vor Gericht: » . . . es sey eine schöne Sommernacht gewesen und ihr habe geträumt, ihr Gemahl sey zurückgekommen . . . die Umarmung wäre feurig gewesen«. Die Ärzte von Montpellier geben ihr recht und behaupten, » . . . die Einbildung vermöge dergleichen sehr wohl«.

Fünf Hebammen sagen aus: » . . . daß ihnen vordem das gleiche selbst begegnet sei«. Folgerichtig verlieren die Angehörigen den Prozeß in erster Instanz und wenden sich an das Parlament. 1637 wird das Urteil verkündet: » . . . die Mutter wäre unschuldig und der Sohn rechtmäßiger Erbe ihres nun schon verstorbenen Mannes«[(60)].

Es ist zu berücksichtigen, daß im 16. und 17. Jh. das Zeitungswesen um sich greift. Schon damals werden abgeschmackte Märchen unter das Volk gestreut. Die Vossische Zeitung berichtet unter dem 16. August 1750: »Halle . . . in einem Dorf, vier Meilen von hier, ist ein Bauernweib in einen verzweiflungslosen Zustand geraten. Sie behauptet ständig, daß sie mit dem Teufel ein Bündnis gemacht habe und dringt darauf, daß man sie lieber verbrenne, denn sie wäre schwanger und werde einen jungen Teufel zur Welt bringen. Das ganze Dorf ist in äußerster Bestürzung . . . jeder fürchtet, behext zu werden und erwartet, daß man das Weib verbrenne. Soviel ist gewiß, daß die Frau etwas Kugelrundes im Leib hat, was sich hin- und herbewegt. Wenn man sie nach ihrem Tod sezieren wird, wird es den Ärzten überlassen sein müssen, die Natur dieses Gewächses zu untersuchen«.

» . . . in Glarus ist bekanntlich im 1783. Jahr eine Hexe hingerichtet worden, die ein Kind gesterbet und behext haben soll. Nach den Zeitungen widerfuhr das Schicksal nämlich im gleichen Jahr einer Frau in Spanien, die Eyer gelegt haben soll. Dieses Eierlegen ist ein wahres Kostüm dieser finsteren Zeit . . . doch aßen die Hexen ihre gelegten Eier nicht selbst, sondern verkauften sie auf dem Markt«.

» . . . kleine Kinder mit dicken Köpfen, die besonders viel essen, sind in Gefahr, für Wechselbälge gehalten zu werden . . . oft werden sie von den Eltern ausgesetzt. Sie sollen nur sieben Jahre alt werden, und die Hexen sollen nur ungetaufte Kinder holen. Noch jetzt legen (die) Kindbetterinnen, so oft sie aus dem Kinderzimmer gehen, etwas von den Kleidungsstücken des Vaters, einen Erbschlüssel oder eine Bibel auf das Kind, damit es nicht ausgewechselt werde«.

Die Einbildung der Schwangerschaften – anders kann man es nicht verstehen – steht parallel zum Verhalten moderner Paralythiker. Dazu gehört (auch) die Theorie, daß sich das Geld, das den Hexen gelegentlich vom Satan geschenkt wird, nachher in Kot, Laub, Scherben oder anderes verwandelt. Es gibt auch noch heute Geisteskranke, die wertlose Dinge als kostbar ansehen. Ein Paralythiker der Münchener Irrenanstalt sammelte im Garten trockene Blätter. Auf die Frage, was er damit machen wolle, sagte er, es wäre Papiergeld; da er der Herrgott sei, müsse er für den Fall einer Hungersnot Vorrat anhäufen, damit die Leute nicht verhungern müssen!

Vom »teuflischen« Nachwuchs

Hier kristallisieren sich verschiedene (theologische) Alternativen heraus: sie konzentrieren sich auf die Schlagworte: »Unzucht mit Kindern« und dem »Fressen ungetaufter« Kinderleichen, während der teuflischen Zusammenkünfte.

Sagen doch die Theologen » . . . es verhielte sich ja so, daß Gott sogar ungetaufte Kinder sterben lasse, die scheinbar unschuldig sind, jedoch wegen des geringsten ihm gegenüber begangenen Verbrechens nicht mehr in den Himmel gelangen können . . . es sei allerdings nicht die Aufgabe der Menschen, so rätselhaften Ratschlüssen nachzugehen . . . die göttliche Güte ist vollkommen und es gäbe Situationen, wo dies das menschliche Verständnis überschreite«. In der Bibel steht auch, daß 42 Kinder aus Bethel von einem Bär verschlungen worden seien, » . . . weil er den Elias gespottet«.

Rasch ist man mit der Todesstrafe dabei. Der Hexenjäger Boquet leitet sie für Kinder mit einer langatmigen Erklärung ein: » . . . drittens stütze ich meine Ansicht auf das Gesetz Exeiintur, das auch das vorpubertäre Kind mit dem Tod bestraft, wenn es sieht, daß sein Herr getötet wird, und nicht schreit«. Masters erwähnt, daß man die Hexenkinder dreimal um einen Scheiterhaufen gepeitscht hat, auf dem die Mutter brannte. Es läßt sich aus der Quellenlage *nicht* folgern und entspricht *nicht* der damaligen Rechtsauffassung!

Lang bleibt in Juristenkreisen umstritten, ab wann sich ein Kind dem Teufel hingeben könne, sofern es nicht bereits von der Mutter ausgeht. Und: was sollte man tun, wenn es sich von selbst dem Teufel präsentiert? Guazzo, der Autor des »Compendium maleficarum« berichtet von einem 12-jährigen Mädchen namens Domenique Falvet, das mit seiner Mutter Binsen sammelte, als sich ihnen ein Dämon in menschlicher Gestalt näherte. Er paarte sich zuerst mit dem Kind und dann mit der Mutter.

Den Vogel schießt eine Hexe ab, die 1674 folgendes Geständnis ablegt: » . . . sie habe schon als Fötus im Leib ihrer Mutter Unzucht mit Dämonen getrieben und später . . . ob-wohl sie verheiratet und ihrem Mann unfruchtbar gewesen . . . dem Teufel einige Kinder geboren«. Der sie untersuchende Arzt, Dr. Etmueller aus Leipzig, behauptete, daß es sich um fäkale Ausscheidungen gehandelt habe, die nach schweren Verstopfungen ausgetreten seien.

Bodin meint, daß sich ein Kind bereits mit sechs Jahren dem Teufel hingeben könne. Ein Dorfgeistlicher aus der Nähe von Bonn beruft sich auf ihn und behauptet, daß im 17. Jh. drei- bis vierjährige Kinder mit Buhlteufeln verkehrten. Folgerichtig wendet man sich scharf gegen die Hebammen, denen man unterstellt, daß sie Neugeborene dem Satan darbringen. Eine Hebamme aus Basel gesteht: » . . . daß sie vierzig Neugeborenen, als sie eben aus dem Leibe geschlüpft, eine Nadel durch den Scheitel in das Gehirn gestoßen, um sie dadurch zu töten«.

Jeanne Harvilliers, die 1578 in Ribbemont zum Tod verurteilt wird, berichtet: » . . . daß sie ihre eigene Mutter mit 12 Jahren dem Teufel verschrieben habe und daß sie bis zu ihrem 50. Lebensjahr geschlechtlich mit ihm verkehrte. Francois Haquaert erzählt, daß man sie gezwungen habe, ihre siebenjährige Tochter dem Teufel zu überschreiben.

Die andere Strömung hängt mit den Aktivitäten während des Hexensabbats zusammen. Es fällt auf, daß man Hexen verpflichtete, ihre Kinder dem Satan darzubringen und sie während der Bankette als Leckerbissen zu verspeisen. Schon im 15. Jh. gesteht Relesce: » . . . daß sie ungetaufte Kinder verzehrt . . . und sich auch sonst nach der Art der Hexen schändlich betragen habe«. Remy ergänzt: » . . . aus ihrer Haut machen sie Pergamente, bemalen diese mit barbarischen Zeichen und benutzen sie zur Erfüllung ihrer teuersten Wünsche«. Neugeborene und ungetaufte Säuglinge werden gekocht. Manchmal enthauptet man sie, manchmal öffnet man ihnen die Adern: vereinzelt sammelt man das auslaufende Blut in Gefäßen.

Standen ganze Kinderleichen zur Verfügung, wurden sie in Kesseln gekocht. Der dickste Teil des Schmorfleisches wurde für Heilmittel und für die Herstellung der Flugsalbe verwendet . . . die restliche Boullion tranken die Hexen um ihres allgemeinen Wohlbefindens[61].

Sodomiterei, lesbische Praktiken

Bei all den Untaten, denen man den Hexen in die Schuhe schiebt, kann es nicht ausbleiben, ihnen Perversitäten zu unterstellen. Man erkennt oft zwischen den Zeilen die verdrängte Sexualität der Geistlichen und Peiniger.

Ein rabbinischer Autor geht auf das Verhalten der Dämonen von Sodom ein, von denen behauptet wird, daß sie ihre Natur verdrängten, » . . . so daß Gott die Städte Sodom und Gomorrha nur darum zerstörte, um homosexuelle Machenschaften zwischen Menschen und Dämonen zu unterbinden.

Der Moses zugeschriebene Sittenkodex geht auf die gleiche Problematik ein[62]. Im Levitikus [63] wird vorgetragen: » . . . wenn sich ein Mann mit einem Tier paart, so soll er getötet werden und das Tier sollst du erschlagen. Wenn sich ein Weib einem Tier nähert, um sich mit ihm zu paaren, so sollst Du es töten und auch das Tier«.

Es ist darauf hinzuweisen, daß schon in der Antike der Geschlechtsverkehr zwischen Tieren und Menschen üblich ist. Guazzo weist auf die im Orient alltäglichen Paarungen zwischen Menschen und Affen hin, bzw. auf den sodomitischen Verkehr mit Kühen. Im alten Rom werden ehebrüchige Frauen erst von Eseln und dann von Sklaven vergewaltigt.

Es konnte nicht ausbleiben, daß dieses Denken in das christliche Denken mündet. Es konnte nicht ausbleiben, daß man sich im Verbund mit den religiösen Haarspaltereien bis zum 18. Jh. dieser Dinge besinnt. Wer sonst als böse Dämonen können solche Praktiken ersinnen? Nahtlos verzahnt sich dieses Denken mit der Hexenjagd.

Johannes Pott aus Jena erklärt, daß die Teufel mit unter ihnen stehenden Tieren Lebewesen erzeugen können, » . . . so auch Würmer, die der Menschheit im höchsten Grade gefährlich sind«[64]. Sinistrati entwickelt eine Theorie über den sodomitischen Verkehr zwischen Menschen und Dämonen.

Die Teufel verkehren des öfteren in Tiergestalt oder sprechen in Tierlauten zu den Menschen. Es ist ein Problem für Exorzisten, sich dann (noch) klar zu verständigen!

Frühe Theologen greifen auf die Versuchung Evas durch die Schlange zurück. Deshalb berichtet Mantegazza über die seltsame Beschreibung von Hexen, die sich zu sodomitischen Zwecken in Schlangen verwandelt haben sollen[65]. Guazzo hebt hervor: » . . . Dämonen verführen unschuldige Mädchen . . . schließlich geraten sie wie ein Huhn in die Klauen des Geiers und tun Dinge, an die sie vorher nicht einmal im Traum gedacht haben«.

1462 wird Peronette de Ochiis verurteilt, weil sie sich Männern *und* Dämonen gegenüber in Formen prostituiert hat, die »contra naturam« waren. Man setzt sie einige Minuten nackt auf den Eisenrost und richtet sie danach hin. Colette du Mont legt das Geständnis ab, sich mit einem Hund gepaart zu haben: » . . . er habe während des Geschlechtsaktes auf den Hinterbeinen gestanden und sich mit den Vorderläufen auf ihren Bauch gestützt«. Eine 14-jährige Nonne aus einem Kloster der Diözese Köln schreibt ihrem Incubus glühende Liebesbriefe. Beide werden entdeckt: sie wird verbrannt.

Hier werden die Nonnen nicht nur von Dämonen in der Gestalt junger Männer heimgesucht, sondern auch von einem riesigen schwarzen Hund. » . . . er warf sie zu Boden, leckte ihre Geschlechtsteile und paarte sich dann mit ihnen . . . zu diesem Zweck schwächte er sie so sehr, daß sie sich nicht wehren konnten«. Auch die Schwestern eines Klosters aus Nymwegen wurden Opfer eines Hundes, der sie in den Betten vergewaltigte. Die Liller Nonnen erzählen gleichfalls von der Unzucht mit Tieren. Im Kloster von Loudun sollen sich Nonnen mit schwarzen Katern gepaart haben, deren Phalli so groß wie der eines ausgewachsenen Mannes waren.

1671 wird eine Frau aus Großseelheim im Amt Kirchheim peinlich verhört. Sie gesteht: » . . . sie habe von ihrer Base aus Kappel das Hexen gelernt. Sie habe ihr Gift gegeben, damit sie Menschen und Tiere töte . . . der Teufel wäre ihr in der Gestalt eines Hundes erschienen und sie habe mit ihm geschlafen«.

1673 steht eine Magdaleine vor Gericht und sagt gegen einen Priester aus » . . . sie habe verschiedenemale mit dem Pater Säuglingsfleisch verzehrt und außerdem sodomitischen Verkehr mit ihm gepflogen«. 1676 wird Orthe, die Frau des Andreas Fleischer aus Wittelbach angeklagt, mit einem Hund Sodomiterei getrieben zu haben[66]. Die hl. Schwestern aus dem Liller Kloster bekennen, daß sie wöchentlich ein paarmal an der Sabbatfeier teilnehmen und dort heterosexuelle Paarungen, donnerstags sexuelle Befriedigung mit dem Mund und am Samstag sodomitischen Verkehr mit Haustieren und Drachen ausüben«[67].

»... schamloses Tanzen, unersättliches Fressen, teuflische Paarungen, scheußlicher sodomitischer Verkehr, entsetzliche Gotteslästerungen ... die Befriedigung aller grausigen, schmutzigen und völlig widernatürlichen Begierden ... die Liebkosungen, die man einem stinkenden Ziegenbock erwies, mit dem man sich grauenhaft paarte ... dies waren die Schändlichkeiten, zu denen sich die Hexen bekannten«[68]. Auf dem Gipfel des Mont Tonale soll ein Sabbat stattgefunden haben, auf dem sich Männer und Knaben paarten[69].

Das anonyme Werk »errores Gazaiorum« schildert einen Sabbat, auf dem in erster Linie Blutschande getrieben wird. De Lancre schreibt, daß der blutschänderische Verkehr zwischen Müttern und Söhnen gewöhnlich den Höhepunkt einer solchen Veranstaltung bilde. Er bezieht sich auf das altpersische Hexenwesen, das besagt, daß eine echte Hexe von einer Mutter *und* ihrem Sohn gezeugt sein müsse »... ist das aus dieser schändlichen Vereinigung entstandene Kind ein Sohn, so verfügt er über besondere Zauberkräfte«.

Francoise Fontaine berichtet, daß der Teufel zuerst als Edelmann zu ihr gekommen sei. Seine vornehme Erscheinung und sein höfisches Gebahren rissen sie derart hin, daß sie seinem herrischen Befehl, sich auszuziehen, sofort gehorchte. Nachdem er sie meisterhaft auf das Bett geworfen hatte, vereinigte er sich zweimal mit ihr, was jedesmal ungefähr eine halbe Stunde dauerte. Anschließend biß er ihr so heißblütig in die Brust, daß sie die blutunterlaufenen Stellen (noch) den Richtern zeigen konnte. Sein Penis wäre so hart und dick wie ein Kieselstein, sein Same wäre kalt gewesen

und einmal hätten sie sich wie zwei kopulierende Hunde nicht voneinander trennen können[70].

Vereinzelt erfahren wir aus den Hexenprotokollen etwas über nymphomane Praktiken. Angela de Foligny und Jeanne de Chambray, zwei rasende Nymphomaninnen, behaupten, mit Christus verkehrt zu haben[71]. Die Beichtväter lehrten die Nonnen die Techniken der lesbischen Liebe und sahen dann genußvoll zu, wie sie dieses Wissen in die Tat umsetzten »... nackt zogen sie durch das Kloster, veranstalteten mit den Priestern gotteslästerliche Riten ... sie führten mit ihnen und Tieren Geschlechtshandlungen aus«. Gegen die Schwester St. Colomb aus dem Ursulinnenkloster von Auxonne wird Anklage wegen Hexerei erhoben. Die Schwestern bezeugen: »... daß sie ihnen Zungenküsse gegeben, ihnen die Brüste gestreichelt und ihre Genitalien liebkost habe ... sie besäße einen künstlichen Penis, mit dem sie sich und andere Nonnen befriedige ... der Teufel erhitze die Geschlechtsorgane und breche dadurch ihren Widerstand«.

»... zu Thessalonien waren zwei türkische Weiber, die miteinander sehr oft in solcher Gestalt Unzucht getrieben, daß eine dabei des Weibes und die andere des Mannes Stelle vertreten. Eine von ihnen war Witwe, die andere aber hatte ihren Mann. Da es nun dereinst der geilen Witwe ankam, daß sie gern ihre schändliche Lust gebüßt und die Verehelichte eben zu der Zeit, da sie ihrem Manne beigewohnt, ihr darin zu gefallen vermochte, geschah es, daß er bei dieser Umarmung die Nährmutter der wollüstigen Witwe, die dazumal als Weib agierte, den Samen, welche jene kurz zuvor von ihrem Mann empfangen, mit einer solchen Begierde in sich zog, daß sie davon schwanger wurde«[72].

Hexenkinder

Eine Untersuchung des Hexenwesens deckt viele familiäre Konflikte auf. Undank, Haß und Böswilligkeit unter Verwandten sind so alltäglich wie heute. Im Würzburger Juliusspital befinden sich 1628 8 – 10-jährige Kinder, die behaupten, von den Eltern zur Zauberei verführt worden zu sein[1]. Man scheut sich nicht, sie zu bestrafen und auf einem Scheiterhaufen zu verbrennen. In einigen Fällen läßt man sie aus Mildherzigkeit in einer Wanne verbluten[2], bzw. schlägt ihnen den Kopf ab[3].

Es ist zu berücksichtigen, daß die Lebenserwartung jener Zeitgenossen deutlich unter der unsrigen liegt und daß Mädchen von 12 – 14 Jahren heiratsfähig sind. Richter, Theologen und Obrigkeit sind teilweise so verblendet, daß sie den Aussagen naiver Kinder mehr Glauben als ihren Eltern schenken. Das Kinderbrennen zieht sich bis in die 2. Hälfte des 18. Jh. hinein und ist keine sporadische Erscheinung.

Die Gründe sind naheliegend, denn bei den Erwachsenen bildet das Gespräch über *die* Hexen und *die* damit verbundenen Teufelsmärchen den Gesprächsstoff schlechthin.

Wohin man blickt, sieht man das Damoklesschwert der verirrten Religion aufblitzen. In einer 1767 in München erschienen Schrift heißt es: » . . . die feststehenden Begriffe von Hexen und dem Zaubergeschmeis werden von Alter zu Alter fortgepflanzt, ja den Kindern fast in der Wiege mit fürchterlichen Mährlein eingeprägt[4].

Früh werden sie mit dem »rechten« Glauben vertraut gemacht. Viele können sich zeitlebens nicht mehr von diesen Vorstellungen trennen.

Zu erwähnen sind die Brenz'schen Kinderpredigten aus dem Jahr 1610, in der bei der Auslegung der 10 Gebote die Hexerei erläutert wird[5]. Die Geistlichen rühmen sich, selbst hier die Bibel zitieren zu können und sagen: » . . . Gott würde es nicht zulassen, daß die Kleinen nach den Worten des Psalmes ›aus dem Mund der jungen Kinder hast du dir eine Macht zugerichtet, daß du vertilgst den Feind und die Rachgierigen‹ lügen«[6].

1699 berichtet Gockel(inus), daß die von den Eltern oder Anderen zur Zauberei verführten Kinder den Theologen zugeführt werden sollen » . . . welche sie durch das gemeinsame Gebet der Barmherzigkeit Gottes anbefehlen, ihnen die schweren Sünden ernsthaft zu Gemüte führen und sie anhalten, dem Teufel abzusagen . . . worauf auch die Herren Pfarrer, Schulmeister, Eltern und Hausgenossen acht geben sollen«[7].

Der Dominikaner Silvester Prieras sagt: » . . . im Gebiet von Como und Brescia haben Kinder von 8 – 12 Jahren, die durch Zureden bekehrt worden sind, den Inquisitoren ihre eigentümlichen Tänze vorgeführt. Dabei sitzt das Mädchen auf dem Rücken des Buben. Man tanzt immer nach rückwärts. Der Fuß wird hoch nach vorwärts gehoben und das alles mit einer solchen Grazie, daß es unmöglich ist, daß es die Kinder auf eine natürliche Weise gelernt haben können«[8]. Hier wird der Spieltrieb von Kindern zur Theologie erhoben.

Sie haben regelrechte Hexenspiele: » . . . wie zum Hexenritt reiten sie auf Stöcken durch die Gassen. Sie stecken ein Holzstück in eine Rübe, nehmen sie in den Mund und drehen an ihrem Schwanz: so ahmen sie die Musik der Sackpfeifer nach«. Die siebenjährige Getraud Bruel aus Ketzerbach(?) sagt gegenüber den Kindern beim Spielen: » . . . sie könne zaubern, denn sie habe es von ihrer Ellermutter gelernt . . . seht . . . so macht man Wetter. Dann hob sie ihre Röcke in die Höhe«. Hier wird nicht sie, sondern deren Großmutter hingerichtet.

Der vierjährige Sohn des Georg Beutelsbacher aus Vaihingen erzählt 1663: » . . . sie hätten zuhause drei Böcke, auf dem einen reite der Vater und er, auf dem zweiten seine Mutter und auf dem dritten seine Ahne über die Bäume hinweg«.

Die 8-jährige Tochter eines Schmieds aus Möhringen erzählt im Scherz: » . . . auch sie wäre eine Hexe und freue sich sehr, wenn sie auf dem Besen fortfahren könne«. Sie wird drei Tage in den Turm gesteckt und muß eine Geldstrafe zahlen.

In Calw (Württemberg) erzählen 1673 Kinder im Alter von 7 bis 10 Jahren: » . . . daß sie des Nachts auf Gabeln, Böcken, Katzen und dergleichen zu den Hexenversammlungen führen«. Ein fünfjähriges Mädchen, die Tochter des Konrad Kreling im Amt Franken, verbreitet 1656 das Gerücht: » . . . Adam Röhlings Hausfrau habe sie in der Zauberkunst unterrichtet . . . sie habe sie in ihr Haus gerufen und ihr daraufhin ein Gebet gelehrt. Dann sei ein schwarzer Mann gekommen, der sich an das Feuer gestellt. Sie habe ihm die Hand reichen müssen und als er gefragt, ob sie sein eigen werden wolle, da habe sie ja gesagt«.

Ein 6-jähriger Junge beschuldigt seine 80 Jahre alte und gelähmte Großmutter: » . . . er habe bei den Hexentänzen gestanden und mitgeholfen. Sie seien auf einem Kätzchen in den Himmel geritten . . . dort habe die Großmutter von einem lieben Herrn zu essen, aber auch Ohrfeigen bekommen«. Da sie kurz danach im Gefängnis stirbt, verbrennt man deren Tochter, die man beschuldigt, dem Stuttgarter Metzger Georg Kempter ein Schwein abgekauft zu haben. Am nächsten Tag bekommt dessen Kind einen Ausschlag und stirbt.

1633 wird Elisa Rohleder aus Willersdorf wegen Zauberei angeklagt und gefänglich eingezogen. Dahinter steckt ihr 7-jähriges Pflegekind, Junghans von Angershausen. Es trägt vor: » . . . sie habe Gott und Christus abgesagt und ihm das Zaubern gelehrt . . . wenn er groß sei, würde er sie totschlagen«. Obwohl der Verteidiger darauf aufmerksam macht: » . . . der Junge, den sie großgezogen, habe sie aus Undank angeschwärzt und sich dadurch schwer gegen sie versündigt«, wird die Mutter in Gießen gefoltert. Am 2. Dezember wird das Urteil gegen sie gesprochen. Daraufhin wird sie mit dem Schwert hingerichtet und verbrannt.

1708 wird der junge Heinrich Keyer, ein Schuhmacher aus Hanau, der Hexerei bezichtigt: » . . . er habe den Johann Walter vorn am Rock an der Brust gehalten und ihn gefragt, wohin er wolle, worauf sich zugetragen, daß derselbe einen Schaden bekommen«. Die Frau des Nachrichters habe gesagt, es wäre ein »Hexengriff« gewesen.

1754 und 1755 werden in Landshut die 13-jährige Veronika Zerritschin, eine Bortenmacherstochter und Veronika Kloßnerin als Hexen verbrannt[9]. Ein 16-jähriger Junge aus Molsheim wird in Straßburg eingezogen. Er soll kleine Kinder gelähmt und getötet haben, . . . er habe sich einer Kuh in der Gestalt eines Raben an den Nacken gesetzt, bis sie daran gestorben . . . und sich einer anderen in Fuchsgestalt so lang an den Schwanz gehängt, bis sie gestorben . . . außerdem habe er den Leuten das Hirn aus dem Kopf gezaubert und sich dem Teufel verschrieben[10].

1677 – 81 werden im Salzburger Raum mindestens 100 Personen in einen Hexenprozeß verwickelt. Sie sollen (wollen?) mit dem Zauber- und Schinderjackl in Berührung gekommen sein[11]. Nach der Aussage eines Jungen führt der später Hingerichtete den Beinamen »Taxenkraut«. Das Alter der in diesem Prozeß angeklagten Kinder geht bis zu acht Jahren herunter. Am 7. Februar werden in diesem Zusammenhang sieben Angehörige mit dem Fallbeil oder Strang hingerichtet[12].

Die letzte Hexenverbrennung in Köln betrifft vermutlich das Mädchen Enn Lennartz. Sie liegt seit 1652 in Haft: » . . . weil die Schöffen vor dem Erreichen ihres 12. Lebensjahres nicht zu Gericht sitzen möchten«. Ihr wird zur Last gelegt, mehrfach mit dem Teufel auf dem Tanz gewesen zu sein: außerdem habe sie alle Heiligen und Gott abgeschworen. Unter dem unnachgiebigen Maximilian, dem Nachfolger des Erzbischofs Ferdinand von Bayern, wird sie am 18. Februar 1655 verbrannt.

1782 wird die Magd Anna Göldi beschuldigt, einem 9-jährigen Mädchen durch Zauberei ein Bein gelähmt zu haben. Außerdem habe es Stecknadeln, Nägel und seltsame Dinge erbrochen. Ihr Vater hebt hervor: » . . . das Bein der Tochter sey so dürr gewesen, daß man es wie einen Zwirnfaden durch ein Nadelöhr habe ziehen können«. Dann besinnt man sich, daß Anna der Tochter vor einer Woche einen Honigkuchen gebracht hat. Der konsultierende Vieharzt erklärt: » . . . in ihm sei Stecknadelsamen gewesen, der im Magen des Kindes ausgebrütet und zur Reife gelangt sei«.

Anna Göldin wird gefoltert und mit dem Schwert hingerichtet. Ein Mann namens Steinmüller, wohl der Bäcker oder Lieferant des köstlichen Kuchens, entleibt sich aus Furcht vor der auf ihn zukommenden Folter.

Dazu hat Evelin Hasler 1982 einen Roman mit dem Titel »Anna Göldin . . . letzte Hexe« verfaßt. Leider sitzt sie einem Irrtum auf; denn es handelt sich viel wahrscheinlicher um einen Giftmischer- denn Hexenprozeß. Er ist – wie viele andere – aus dem Konsens des Hexentreibens zu streichen: keinesfalls ist er der letzte.

Mäuse-, Raupen- und Häschenmachen

In Köln werden in den Jahren 1635 und 1638 8-jährige Buben vor Gericht gestellt. Man wirft ihnen vor, Häschen und Mäuse machen zu können, die im Zeichen der überwiegenden

Land- und Naturalwirtschaft zugleich schlimme Erntefeinde sind. Einer von ihnen sagt:

» . . . er habe das Mäusemachen von seiner Mutter erlernt . . . er reibe Rosinenkraut, werfe es auf die Erde und wenn er dann ›fock, fock‹ rufe, sprüngen sofort drei Mäuse über den Boden«[(13)].

Wir habe eine Parallele zum Geschehen in Offenburg und Esslingen. Ein 8-jähriges Mädchen aus Ahrweiler, dessen Eltern und Brüder als Hexen verbrannt werden, sagt aus: » . . . das Hexen habe es von seiner Mutter gelernt: außerdem könne sie Hasen machen. Dazu werfe sie ein Fell in die Höhe und sage: . . . nun lauft (ihr Hasen) in des Teufels Namen«.

1715 – 17 disputieren 8 – 9-jährige Schulkinder in Freising mit Bettelbuben über Zauberer, Mäusemacher und dergleichen. Aus diesem Geplänkel entsteht ein umfassender (Hexen)prozeß. Die Geständnisse lauten auf Teufelsverschreibung, Unzucht, (Hexen)tänze und Mäusemachen. Ein Trudenfänger erhängt sich an einer langen Kette in der Keuche(!): andere beabsichtigen Selbstmord. Schließlich werden sie mit dem Schwert hingerichtet.

Die 12 Jahre alte Catharina Vents wird verdächtigt: » . . . sie könne aus einem Handtuch Milch melken und Hasen machen«. Als man zur gleichen Zeit eine ihrer Verwandten hinrichtet, wird deren Tod mit den angeblichen Zauberkünsten des Mädchens in Verbindung gebracht. Solche Geschichten finden in der Literatur der Zeit ihren Niederschlag und leichtgläubige Leser.

Elias Camerarius schreibt zu Beginn des 18. Jh. » . . . ein Mägdlein wurde von der eigenen Mutter zur Hexerei verführt, und es hat im Beisein des Richters und vieler anderer Leute eine große Menge Mäuse in der Stube gemacht . . . nachdem sie durch einen Steckenknecht eine Hand voll lindener Blätter habe bringen lassen, habe sie sie auf die Erde geworfen. Endlich hat sie freiwillig gestanden, daß sie in diesem Jahr mit ihrer Mutter draußen auf dem Feld so viele Mäuse gemacht, daß sie alles Korn hinweggefressen. Aus den Blättern könne sie nach einer langwierigen ›putrefraction‹ wohl Mäuse machen, aber in einem solchen Augenblick und allezeit vor dergleichen Leuten ist es nimmer möglich: so muß es notwendig durch die Hilfe des Teufels geschehen«.

Manchmal gibt sich die Obrigkeit kritisch. 1646 schwindelt ein 12-jähriger Junge allerhand von Hexen und Hasenmachen vor. Dann stellt sich heraus, daß es sich um einen Landstreicher und Einbrecher handelt. Er wird am 18. Dezember 1647 zu Melaten (Köln) mit dem Schwert hingerichtet[(14)]. 1656 behauptet der 14-jährige Stiefsohn des Seilers Weber, Johann Karl Rieß: » . . . daß nach dem Baden, als er sich habe gerade ankleiden wollen, eine große Kröte auf ihn zugekommen sei, so daß er vor Schreck drei Tage krank gewesen (sei) und im Bett gelegen habe«. Ein Mädchen gibt vor, in einem Brotlaib eine lebende Raupe gefunden zu haben.

Am 15. Mai 1652 beginnt in der Landgrafschaft Homburg-Bingenheim ein umfassender Hexenprozeß in der Gegenwart des Fürsten, zweier Juristen und des Pfarrers. Das Verfahren richtet sich gegen die Frau von Johann Wildeisen, genannt »Schneck-Anna«. Sie ist 90 Jahre alt und ehemals Gänsehirtin. Das Protokoll sagt: » . . . sie ist von drei Mädchen und dem Saubub als Hexe angezeigt (worden) und sie habe sie selbst in der Zauberei unterrichtet«. Ein Julchen bringt hervor: » . . . eine Frau Banner habe aus dem Umgang mit dem Satan ein häßliches Kind mit Hörnern geboren und es dem Teufel mit den Worten: › . . . Herr Herrgott, meine Engelein, da habet ihr mein Kind, macht damit was ihr wollt‹ anvertraut . . . man habe es zerschnitten und im Mist vergraben«. Hierbei wird der Sauhirtenbub Konrad Pfeifer aus Bingenheim genannt, auf dessen Konto 27 Denunziationen wegen ausgeübter Hexerei gehen.

Außerdem wird das Mückenmachen erwähnt: » . . . sie nahm Gerste, Ähre und Haferspreu: der Teufel blies seinen Odem darüber . . . dann nahm sie diese und trug sie hinaus . . . wo sie fliegen gelassen wurden. Beim Raupenmachen nahm sie Weidenblätter und wickelte sie zusammen: der Teufel kam darüber . . . und es waren Raupen«.

Der christliche Glaube sitzt tief im Gemüt der darin erzogenen Kinder. So spielt 1681 – 83 in Kirchhain ein Prozeß wegen Geisterspuk. Ein Kind sagt: » . . . jeden Abend kämen Engel in weißen Kleidern, die ihnen den Himmel zeigten und es wäre sehr hübsch darin, denn in der Kammer stünde ein Altar«. Schließlich zeigt der Vater an, daß seine Schwägerin verkleidet ins Haus gekommen sei, um ihnen als Engel zu erscheinen. Sie mußten daraufhin niederknien und mit ihr beten.

Gegen Ende des 17. Jh. heißt es in einer Kapuzinerchronik aus dem Wertheimer Raum: »... ein Knabe gab vor, durch einen Engel verführt worden zu sein. Zum Beweis seiner Aussage zeigte er ein Ei vor, das ihm Gott der Vater gegeben (hat). Der Junge predigte und prophezeite, und er fand Gläubige. Schließlich wurde das Ganze entlarvt: er bekam eine Tracht Prügel als wohlverdienten Lohn«[15].

Er hat in dem 31 Jahre alten Rosenfeld einen würdigen Nachfolger, der um 1770 in Berlin sein Unwesen treibt. Er spricht gleichfalls über Religionssachen, hält sich für einen Prophet, verkündet die Bibel und gibt sich als Heiland aus. Er findet viel Beifall. Eltern bringen ihm ihre Kinder, damit er seine Lust an ihnen stille und Männer lassen ihm das Recht der ersten Nacht mit ihren Frauen. Wegen seiner ausgelassenen Schwärmerei kommt er schließlich in ein Irrenhaus, wird jedoch entlassen. Kurz danach nimmt er die gleiche Tätigkeit auf.

Bei der Hexenepidemie in Giedling bei Pfatter spukt im Haus des Drechslers Gruber eine fromme Seele aus dem Fegefeuer. Sie zupft, schlägt die Leute und wirft von einer Bank aus Holzscheite. Darum leitet das bayerische Pflegegericht Heidnau eine Untersuchung gegen 20 Bürger ein. Fast alle von ihnen werden hingerichtet. Ein Weinzierl und seine Tochter werden enthauptet und verbrannt. Die Eheleute Hans und Gertrud Grueber, ferner Benedikt und Elisabeth Egger, werden an einer Säule erdrosselt und verbrannt. Hinzuzuzählen sind die hingerichteten Kinder[16].

1600 werden in München acht Männer und drei Frauen wegen Hexerei hingerichtet. Darunter befindet sich die Landstreicherfamilie Pämbs, Gämperl oder Pappenheimer(?). Die Geständnisse ergeben, daß deren jüngster Sohn, Cyprian, bereits im Leib der Mutter dem Teufel geweiht und daß an seiner Stelle ein anderes Kind getauft worden ist. Bei der Prozedur des Abschlachtens hält es der fürstliche Bannrichter, Christoph Neuchinger (von Oberneuching) für angemessen, alles zu häufen, was der Justiz von »Rechts wegen« zu Gebote steht. Sechs der Verurteilten werden auf dem Weg zur Richtstätte mit glühenden Zangen gezwickt. Der Mutter werden die Brüste abgeschnitten. Der Vater wird an einem Spieß gezogen (= gepfählt): zu guter Letzt werden sie lebend verbrannt.

Die Kinderleiche von Bettingen

Es herrscht der Wahn, daß die »teuflisch verfluchte« Zauberei öffentlich im Schwang geht und »... daß sie selbst Kinder und Schüler zu praktizieren wissen«. So denunzieren 13 gottesfürchtige Eltern aus Wertheim ihren Nachwuchs bei der Obrigkeit[17], mit der ausdrücklichen Bitte, die wegen Hexerei Bezichtigten einzuziehen und nach dem Befund der Sache zu bestrafen »... dadurch werde Gottes Ehre befördert und das geheiligte Land gesäubert«. Pflichtgemäß setzt sich der Amtsapparat in Bewegung: es wird deutlich, wie wenig ein Kinderleben bedeutet.

Im Mittelpunkt der rasch anstehenden Prozeßfolge stehen ein 10 und ein 5 Jahre altes Kind, wie der aktive Pfarrer des Orts, Antonius Kroll. Immer mehr werden in die Sache hineingezogen, verwickelt und verhört. Letztlich werden an einem 7. Mai 6 Personen in den Tod geschickt. Am 24. Juli folgen ihnen 4 weitere: damit ist der Reigen nicht erschöpft.

Man schenkt den Angaben der phantasieerfüllten Kinder mehr Glauben als den Erwachsenen. Lediglich ein Mitglied des Tribunals, Dr. Reinhardt, tritt mit der vernünftigen Meinung hervor: »... es wäre gefährlich, auf dergleichen Kinderangaben ›ad capturam‹ (= Folter) zu schreiten, da sie im Reden variieeren«. Einmal in der Teufelsmühle, gibt es kaum noch ein Entrinnen!

Der Obrigkeit wird »glaublich berichtet«: ... wie des Berzols Klein, Bürger und Schlotfeger allhier, beide Kinder, von denen als ältere 10 und das andere 5 Jahre zählt, allerhand Nachdenkliches von der Hexerei und einer gehaltenen Hochzeit ihres Vaters Bruder spargirten und ausgegeben (= erzählt) haben.

▶

Philipp Jacob Spener. Verfasser der »Theologischen Bedenken« und Prediger in Frankfurt am Main. Er ist vom Hexenwahn überzeugt. 1671 sagt er während einer Predigt: »... daß es viele tausend Teufel, Gespenster und Teufelserscheinungen gibt ... wenn auch behutsam davon zu reden ... weil viel Betrug und Einbildung damit unterläuft«.
Stadtarchiv Frankfurt. Mit freundlicher Genehmigung.

I. IACOBUS. SPENER. S S. TH. D. ECCLESIÆ. EVANGELICÆ. M
FRANCOFURT. PASTOR. ET. MINISTERII. IBIDEM. SENIOR.

T u cquisivisti os OMINE E x undo
empore A ccepto N obis D eus E xauditionem M aturat.
Ex Ioh. xv. 19. xvii. 14. 16. Gal. 1. 4. Esa. xcix. 8. 11. Cor. vi. 2. Pf. cxix. 52.

Bei den folgenden Verhören denunziert der ältere Sohn seine Eltern, den Spändelein, Aeltelein, einen Georg Krug und das »Frewlein«. Der Sohn trägt vor:

- Auf dem Dachboden sei eine Hochzeit gewesen. Es waren ein Pfeifer und zwei Geiger dabei, es wurde gegessen, getrunken und gesungen: seine Mutter habe gekocht.
- Sie wären auf einem Besen herumgefahren und die Stiege herunter: ein weißer Löwe wäre dabeigewesen.
- Neben Bernhardt Hänselein und Andreas Oetzel wären noch vier fremde Buben dabeigewesen.
- Er habe zu Bettingen geholfen, eine Kinderleiche auszugraben, welche ein Mägdlein gewesen.
- In einem näher beschriebenen Haus hätten sie Schmier daraus gesotten.
- Der Teufel habe große schwarze Augen, er wäre wie Tinte im Gesicht, habe Gäulsfüße und krumme Bockshörner: er heiße Lorenz Bickelsbruder. Er sähe dem Tanz zu oder tanze mit.

Der 5-jährige Daniel wird am 16. Februar zum Rektor gebracht und vernommen(!). Dabei kommt zutage:

- Er habe nachts im Bett, ehe er eingeschlafen, zu seinen Beischläfern gesagt: » . . . es stände eine weiße Magd, ein Hund, eine Katze und der böse Feind vor ihm: darauf habe er die Nacht hindurch phantasiert und gewinselt«.
- Er wäre mit seinem Vater zum Schlot hinausgefahren.

Jetzt haben sich die Eltern vor der Obrigkeit zu verantworten. Sie beteuern ihre Unschuld und sagen: » . . . sie hätten den kleinen Daniel gestraft, weil es so närrisches Zeug beim Pfarrer geredet«. Es nützt ihnen nichts. Als sie der Henker bindet, macht die Mutter erste Zugeständnisse!

- Ihr Mann habe nicht bemerkt, wann sie ausgefahren. Sie habe ihm ein »Büschele« oder Keßele (= wohl ein kleines Kissen oder Bündel) gemacht und weiß Öl (= Wegsamen) in Milch gesotten und damit seinen Kopf bestrichen . . . darum habe er geschlafen, bis sie wiedergekommen.
- Der Teufel habe sie unterrichtet, Wetter mit ungelöschtem Kalk und Hagel mit Kiesel-

staub zu machen. Damit habe sie ein wenig Schaden getan.

- Sie habe eine Kuh umgebracht, doch die Hostie habe sie nie aus dem Mund genommen.

Der Pfarrer Kroll legt folgenden Bericht vor: » . . . es haben sich allhier zu Bettingen ein Knabe von zehn und sein kleiner Bruder, unter den Schülern verlauten lassen, er habe ein Gürtlein, und wenn es solches antue, werde er zu einem ›Hasen‹. Darum habe er heute den größeren examiniert und befunden, daß die fast unmündigen Kinder dieser gedachten bösen Sachen vielfältige Wissenschaft haben, so daß ihm die Haare zu Berge gestanden«.

Beim darauffolgenden Verhör gesteht der Sohn:

- Die Mutter habe am Main einen ledernen Gürtel gefunden. Wenn er ihn anziehe, werde er nachts zu einem Hasen, jedoch nicht tagsüber.
- Er sei mittwoch nachts in des Spinners Haus gewesen, wo Michel Müller, er und sein Bruder Lorle auf Besen in die Stadt gefahren wären.
- Der Teufel habe ihn getauft und er habe ein Teufelsmal auf dem Rücken.
- Neben ihm habe der Teufel seinen Bruder Lorle, Michel Schürger Hänsle, Stefan Friedrich, das Hänsle des Bartol Klein, Michel Seidensteiner und sein Dötlein (= Pate) getauft.

Sein 5-jähriger Bruder wird nochmals am 26. März verhört und gesteht:

- »Auch er wäre zu einem Häslein geworden, der Teufel habe ihn getauft.
- Bei der Taufe habe er gesehen, wie man ein Kind ausgräbt«.

Nun werden die vom Teufel heimgesuchten Kinder auf drei Monate ins Spital gebracht. Was weiter mit ihnen geschieht, läßt sich nicht ermitteln. Kurz danach beschweren sich der Bürger Michael Kapf und dessen kränkliche Hausfrau bei der gräflichen Herrschaft »über Kindesentführung und das gottlose Laster der Zauberei«. Sie denunzieren eine Catharina Michel: » . . . welche durch teuflische Hexereien ihr Kind entführt, mit diesem und ihren beiden Söhnen zum Schlot hinausgefahren, wie solches sein liebes Kind ausdrücklich angezeigt«.

Fast gleichzeitig, am Tag vor Ostern des Jahres 1634, zeigt ein Wilhelm Bracker an: »... daß in der Pilmanni Klasse die vier jüngsten Knaben teils mit meinem Drängen, doch sämtlich freiwillig und aus Verdruß den teuflischen Conventen beiwohnen, ihre Verführung bekennen und um Gottes Willen davon erledigt werden wollen«.

Der Frosch im Ameisenhaufen

1631 findet vor dem Marburger Samthofgericht das Verfahren gegen den 15-jährigen Hans Sang statt. Er gesteht:

- Er habe Gott abgeschworen und daraufhin sei ihm der Teufel in der Gestalt einer schönen Jungfrau erschienen.

- In dieser Weise habe er nachts bei ihr geschlafen und ihr die größte Unzucht zugemutet. Die Jungfrau habe Fleisch und Bein gehabt, sie sei etwas hitzig und hart anzugreifen gewesen ... sie habe ihm gelehrt, wie man es machen solle.

- Ein Schneiderknecht habe ihn gelehrt, wie ihn die Weiber lieb hätten ... dazu soll er im Namen des Teufels eine Käsköppel kaufen, einen Laubfrosch darein tun und denselben in einen Ameisenhaufen stellen. Wenn er nach 9 Tagen nachschaue, würde er nur noch ein kleines Knöchlein finden. Würde er (nun) die Weiberleute damit ritzen, so müßten sie in lieb haben.

Bei so eindeutigen Argumenten sieht sich das Gericht veranlaßt, die theologische Fakultät um die Abgabe eines Gutachtens zu ersuchen. Man macht den Vorschlag: »... daß der Knabe in Anbetracht seiner Jugend und seines blöden Geistes nicht mit der Strafe des höchsten Rechts, sondern nur mit Ruten ausgestrichen und dann zu den göttlichen Geboten angehalten werden solle«.

Dennoch gibt das juristische Gutachten den Ausschlag: »... daß er es verdient habe, aus der Menschheit ausgestoßen zu werden. Milderung anzuwenden, sei (bei ihm) vergebliche Liebesmühe, denn ... wen der Teufel einmal in seinen Klauen hält, den läßt er nicht mehr los«. Daraufhin entscheidet der Landgraf Georg von Hessen: »... den Jungen mit dem Schwert hinzurichten und seinen Körper zu Asche zu verbrennen«[18].

Nikolaus Bahlinger, der 10-jährige Sohn eines Schmieds aus dem Spitalsort Deizisau (Württemberg), sagt seinen Schulkameraden: »... meine Ahne (= Großmutter) ist zu nichts nutz, ich bin in der Nacht schon mit ihr ausgefahren«. Sofort wird dies der Obrigkeit hinterbracht. Der Spitalmeister verspricht dem Knaben ein Stück Gold, »... wenn er die Wahrheit sage«. Daraufhin trägt er vor:

- Der Teufel habe ihm den Mittelfinger der linken Hand geritzt und dann sei Blut herausgeflossen ... auch habe ihm Wasser über den Kopf gegossen (was wohl eine Anspielung auf die christliche Taufe ist).

- Er habe auf der Heide, wohin er mit seiner Ahne gefahren, geschmaust und getanzt.

- Sie könne Raupen, Mäuse und Flöhe machen.

Die Großmutter ahnt das auf sie zukommende Schicksal und entfernt sich aus Angst aus dem Heimatort. Man sucht sie in Albertshausen und findet später ihren halbverwesten Leichnam im Wald. So entgeht sie durch den »freiwilligen« Tod dem »von Amtswegen«. Es kann nicht ausgeschlossen werden, daß bei ihrer eventuellen Folter noch mehr Unschuldige in den Teufelskreis gezogen worden wären.

Prozesse gegen Geisteskranke und Melancholiker

Die Beschäftigung mit dem Hexenwesen verdeutlicht, wie schwer in einzelnen Fällen die Abgrenzung zwischen Kriminal-, Giftmischer- und Hexenprozessen ist. Sie verdeutlicht die obrigkeitliche Macht mit all ihren Ränken und Intrigen gegen den geknechteten Bürger, von dem damals kaum die Rede ist.

Die Juristen sind auf »Abschreckung« ausgerichtet. Und geläufige Methoden der Rehabilitation, Psychologie, Wiedereingliederung und Soziologie sind unbekannt. Als irre Bezeichnete werden teilweise in »Dorenkästen«, »Tollkoben« oder »Narrenhäusle« gesteckt und unter die Aufsicht von »Marktmeistern« oder »Büttel« gestellt[1]. Viele Ärzte berufen sich auf die Religion *und* den Teufel: vor allem dann, wenn sie selbst nicht weiter wissen. Hinzu kommt das permanente Ränkespiel um den »rechten« Glauben und das Unvermögen der Obrigkeit, theologen-neutral, »demzufolge logisch« zu denken. Religiöses Irresein kann nur unter dem Dogma eines falsch verstandenen Glaubens entstehen.

Ich berichte über einige Grenzfälle, die *keine* Hexenprozesse sind: an ihnen wird die Ohnmacht des Einzelnen gegenüber Kirche und Staat deutlich. Die Priester als »Seelsorger« schießen mit Kanonen auf Spatzen. Sie drohen physisch Angeschlagenen, indem sie sie zur Besserung aufrufen, mit der Macht des Teufels: der ein Produkt der menschlichen Phantasie ist.

Fehleinschätzungen führen dazu, daß man Beschuldigte auf Scheiterhaufen zwingt, die zwar krank, aber niemals Hexen sind. Hier verdoppelt sich der Widerspruch, denn es gibt keine wirklichen Götter, Teufel oder Hexen: es gibt nur Menschen, denen man über Jahrhunderte dieses Denken »aufgezwungen hat«.

Die meisten sind auch so schlecht genug: die Geschichte des Hexenwesens bestätigt es. Man braucht ihnen nicht noch zusätzlich die Existenz von Dämonen vorgaukeln, um daraus Nutzen zu ziehen. Wem fällt nicht Goethe's Wort ein: »... es ist viel Dummes am Glauben der Kirche, aber sie will eben herrschen ... ein Mischmasch von Irrtum und Gewalt«.

Ein Teil der Denunzierten gilt als Verbrecher, Dirne, Mörder, Giftmischer und/oder Dieb. Hierher gehören die Verfahren gegen den irrsinnigen Eisenbeis[2], den Müllersknecht Weiß[3], der Geldheber-Prozeß aus Brünn[4] und einige typische Giftmischerprozesse[5]. Hinzu kommen Fälle, in denen man nachweisbar gegen Unzurechnungsfähige wettert.

Neben der Verurteilung von Geisteskranken, die man damals nicht so, sondern als Irre bezeichnet hat, drängt sich im einzelnen Verfahren die Frage auf, warum sie der Hexerei bezichtigt wurden oder warum sie sich selbst bezichtigt haben? Waren sie von der Realität ihres Handelns überzeugt oder haben wir Scharlatane vor uns, die mit dem Teufelsspuk gepokert haben? Waren sie sich über die Konsequenzen ihres Tuns bewußt oder waren sie wehrlose Opfer in den Fängen der schwatzsüchtig-obrigkeitshörigen Masse? Immer wieder stellt sich dieses Problem.

Atypisch und der Zeit voraus geht man in der Freien Reichsstadt Frankfurt vor. Hier geht man gegen Rechtsbrecher mit Schärfe zu Gericht, weist jedoch die der Hexerei und Zauberei Beschuldigten aus dem Stadtgebiet, womit deren Problem allerdings nicht gelöst ist!

Einige Beispiele

Boe berichtet, daß 1480 ein Schiff auf der Nordsee plötzlich von einem heftigen Sturm überrascht wird, so daß die Mannschaft die Hoffnung auf ein Überleben aufgibt und einen bösen Dämon als Verursacher vermutet. Plötzlich hört man im Innern des Schiffes das Geschrei einer Frau, die sich bezichtigt, seit vielen Jahren mit Teufeln im Verkehr zu stehen. Man möge sie ins Meer stürzen, denn dann werde wenigstens das Schiff gerettet. Ein Priester bringt es so weit, daß der Teufel das angeschlagene Schiff in Form einer schwarzen Wolke, begleitet von Lärm und Gestank, verläßt ... worauf der Sturm nachgelassen und das Schiff wohlbehalten in den Hafen gelangt[6].

1545 beschuldigt sich Magdalena de Cruce, seit vielen Jahren mit dem abgefallenen Cherub Balban geschlechtlichen Umgang gepflogen zu haben. Sie leidet an Halluzinationen, denn sie kreuzigt sich auf teuflischen Befehl. Sie wird verurteilt, mit einem Nonnenhabit ohne Schleier, mit einem Strick um den Hals, einem Knebel im Mund und einer brennenden Kerze in den Händen, in die Kathedrale von Corboda zu gehen und auf einem Schaffott zu erscheinen. Ihr künftiges Leben hat sie außerhalb der schützenden Klostermauern zu verbringen: man steckt sie kurzerhand in einen Kerker.

1564 bekommt eine krank in Amsterdam liegende Frau Halluzinationen und spricht vom Teufel wie von Hexen. Schließlich meint sie, selbst eine zu sein. Während eines fiebrigen Anfalls schleppt man sie in einen Kerker und preßt ihr ein Geständnis ab. Am vierten Tag nach der Inhaftierung wird sie zum Tod durch das Feuer verurteilt, stirbt jedoch kurz vorher im Gefängnis. Ihr Körper wird auf einen Scheiterhaufen geworfen und verbrannt[7].

Im Februar des Jahres 1578 tötet Katharina Darena, eine Bäuerin aus der Gegend von Soissons, ihre Tochter und das Kind einer Nachbarin, in dem sie ihnen mit einer Sichel den Hals durchschneidet. Vor Gericht sagt sie aus:

» . . . der Teufel wäre ihr in der Gestalt eines schwarzen Mannes erschienen und habe ihr die Sichel in die Hand gegeben«. Kurz danach wird sie hingerichtet. Katharina Jung, ein Mädchen aus Amdorf (Nassau) bekennt sich bei ihrem Vater als Hexe, weil sie das christliche Gewissen »dazu dränge«! Folgerichtig bringt er sie zur Anzeige. Am 11. Mai 1631 – einige Tage danach – wird sie hingerichtet.

1636 behauptet ein Mann aus Königsberg: » . . . vor drei Jahren habe er eine Erleuchtung gehabt, denn ihm wären 7 Engel erschienen. Sie sagten ihm, daß *er* die Person Gottvaters auf der Erde darzustellen und das Böse aus der Welt zu schaffen habe. Die Engel hätten ihm hochtrabende Titel beigelegt«[8]. Er wird festgenommen und der Geistlichkeit übergeben, damit sie Bekehrungsversuche anstelle.

Man wirft ihm vor, daß er durch seine Gottlosigkeit die ewige Seligkeit verscherze. Er lacht darüber und bemitleidet die Torheit der Menschen, die es wagten, *ihn* belehren zu wollen. Daraufhin schreitet man zur Folter: doch er bleibt bei seiner Behauptung. Man reißt ihm die Zunge mit einer glühend gemachten Zange aus, vierteilt seinen Körper und will ihn unter einem Galgen verscharren.

1643 berichtet Tobias[9] über eine Mannsperson: » . . . die sich in Schwermut dem Teufel verschrieben . . . sie wäre von Jugend an still

und zurückgezogen . . . sie habe sich mit 23 Jahren verheiratet und sei durch Nahrungssorgen in despertierte Gedanken geraten, so daß er eines Abends sprach: › . . . wenn ihm jemand Geld brächte, und wäre es der Teufel oder seine Großmutter‹. Wie nicht anders zu erwarten, erscheint ihm daraufhin der leibliche Satan. Er führt seine junge Hand, denn er selbst ist des Schreibens ohnmächtig. Später unternimmt er einen Selbstmordversuch mit der Begründung: . . . weil ihm der Teufel zugemutet habe, er solle alles verderben . . . außerdem würde bei ihm das Beten nicht recht vonstatten gehen«.

Jetzt nehmen sich die Geistlichen des Opfers an, » . . . liefen dem brüllenden Löwen mit dem Stecken des heiligen Wortes nach und brachten es durch Gebete dahin, daß er das Schaf fallenlassen mußte . . . worauf ihm die Kirche verziehen hat«.

In Amsterdam klagt sich zwischen 1650 und 1680 ein Mädchen an, es könne mit den Worten »schurius, turius« Kühe von der Weide hexen und sie habe einen Freier mit dem Namen Rultchen . . . er habe ihr erzählt, er sei nämlicher, welcher den Herrn Christus verraten habe. Als dies der Obrigkeit bekannt wird, wird sie verbrannt[10].

Wie wach und hartnäckig die Phantasie der Menschen ist, wird aus dem Beispiel des »ewigen« Juden deutlich. Noch 1791 soll man dem staunenden Volk folgende Geschichte erzählt haben: » . . . Paulus von Eitzen sah, als er 1547 von Wittenberg aus, wo er studiert hatte, und nach Hause reiste, sonntags in der Kirche einen großen Mann mit langen, über die Schulter hängenden Haaren barfuß gegen die Kanzel stehen, der die Predigt mit großer Andacht hörte. Er sah wie 50-jährig aus und redete geschickt die Sprache des Landes. Wohin er gerade kam. Auf Befragen habe er geantwortet:

› . . . er sei ein geborener Jude aus Jerusalem. Sein Handwerk wäre das eines Schuhmachers. Er sei bei der Kreuzigung Christi gewesen und dieser habe ihm von den Aposteln mehr erzählt, als die anderen Geschichtsschreiber. Er habe dazu beigetragen, daß Jesus, den er mit anderen für einen Aufrührer gehalten, getötet werden soll. Da nun Pilatus das Urteil gesprochen, sei er geschwind nach dem Haus gegangen, an dem habe Christus vorbeikommen müssen. Da Jesus mit dem schweren Kreuz herbeigeführt worden sei, habe er sich an sein Haus lehnen wollen, um ein wenig (aus)zuruhen. Aber er habe ihn vertrieben . . . worauf ihn Jesus angesehen und die Worte gesprochen: . . . ich will allhier stehen und ruhen, aber du sollst gehen bis an den Jüngsten Tag‹.

Daraufhin habe er viele Länder durchzogen. Sein Weib und seine Kinder habe er niemals wiedergesehen. Er wisse nicht, was Gott mit ihm vorhabe, glaube jedoch, er wolle an ihm einen lebenden Zeugen haben, um die Ungläubigen zu bekehren . . . nie habe man ihn fluchen oder lachen gehört«.

Eisenhart berichtet die Geschichte eines 18-jährigen Mädchens. Sie hatte ein melancholisches Temperament und war von der »fallenden« Sucht beschwert. Unter der Folter bekommt sie einen epileptischen Anfall und gesteht, im Haus Feuer gelegt zu haben. Sie will einen schwarzen Kerl auf dem Dach bemerkt haben und bekennt schließlich, daß sie ein Bündnis mit ihm geschlossen hat. Daraufhin wird sie am 10. Juni 1651 als Hexe[11] lebend verbrannt.

1671 spielt in Neuendorf (Altmark) ein Prozeß gegen Katharina Stampeels aus Moesenthien. Sie hat einem Priester mitgeteilt, daß sie einen Bund mit dem Teufel geschlossen hat. Er habe später »unmenschliche Unzucht« mit ihr getrieben. Obwohl die juristische Fakultät den Rat gibt, vorsichtig zu sein, bleibt die Beschuldigte bei ihren Aussagen. Daraufhin wird sie zu lebenslanger Haft bei notdürftiger Kleidung verurteilt[12].

» . . . um die Mitte des Jahres 1784 bildet sich eine Frau aus Mannheim ein, vom Teufel besessen zu sein. Sie wendet sich an den Stadtdechant mit der Bitte, daß er den schlimmen Geist vertreiben möge. Er schickt sie zu einem Arzt; doch sie will sich nicht helfen lassen. Ein Kapuziner bestärkt sie in der Wahnvorstellung. Ein Jesuit erklärt ihren hysterischen Husten für das Bellen eines Hundes. Daraufhin schreitet man zum Exorzismus«. » . . . jener Arzt aber veranlaßte, daß die Frau ins Spital gebracht wurde, wo man sie geheilt hat«[13].

1881 lebt ein erblich belasteter Mann in epileptiodem Irresein. Während seiner Anfälle erkennt er den Teufel in der Gestalt eines Hundes. Wiederholt wird er zu Selbstmordversuchen angehalten: er bringt auf Befehl des Teufels einen Knecht um. Während der Gerichtsverhandlung geben zwei Sachverständige das Gutachten ab, ihn als geisteskrank anzusehen. Trotzdem sprechen ihn die Geschworenen für schuldig. Daraufhin wird er zum Tod verurteilt, jedoch von der Hinrichtung begnadigt.

Von der Würgbirne zum Gottesgnadenkraut

Da man damals die Besessenen zu den Geisteskranken zählt, aber nicht deren Peiniger, schlägt man eine Brücke zum christlichen Teufelswahn. Die »Befallenen« steckt man in Dorenkästen, Tollkoben, Narren- und/oder Warzenhäuschen. Der Umgang mit ihnen wird gemieden. Eine reale Betrachtung der Irrenpflege des 19. Jh. – aus heutiger Sicht – treibt einem die Haare zu Berge. Die Akten des Würzburger Juliusspitals aus den Jahren 1589 –1628 sagen z.B.: » . . . ein unbesunnenes Weib . . . besessen und durch Reverendum patrem Gerhardum exorciret«. » . . . ein Besessener mit einem bösen Feind«. » . . . mit Zauberei behafft«, oder: » . . . ein Sinnloser mit lichten Zwischenzeiten, welcher drei Tage zuvor sein Weib mit Stichen umgebracht«[14].

Fast hat man den Eindruck, als haben sich die verfänglichen Praktiken aus der Zeit des Hexentreibens nahtlos auf einige Behandlungsmethoden in den Irrenanstalten übertragen. Ein Blick in die Marterkammern der deutschen Irrenpflege bestätigt es. Wir finden die *Zwangs*jacke, den *Zwangs*sarg, den *Zwangs*muff, das *Zwangs*stehen, den *Zwangs*stuhl und den *Zwangs*korb. Hinzu kommen Mundbirnen (= Capistrum), Drehmaschinen und -stühle, Hohlräder, Sturz-, Spritz- und Tauchbäder. Hinzu kommt die Anwendung von chemischen Mitteln, wie z.B. die äußere Anwendung von Brechweinstein, Einreiben der Kopfhaut, Verwendung von Calomel (= abführendes Quecksilbersalz), Spanische Fliegen, Fliegenpulver, Tollkirsche, Bittermandel, Gottesgnadenkraut, Nießwurz, Opium, blasenziehende Pflaster, Verwendung lebender Ameisen, Peitschen mit Brennesseln, Krätzmilben, Brennen mit glühenden Eisen zu gleicher Zeit auf Scheitel und Sohle, Blutentzug durch übermäßigen Aderlaß. Den Bädern werden Salze und Senfpulver beigemischt, um den Juckreiz auf der Haut zu erhöhen[15].

Deutlich wird das Bild, wenn man den Stand der psychiatrischen Praxis gegen Ende des 19. Jh. betrachtet: » . . . wir sperren die unglücklichen Geschöpfe gleich Verbrechern in Tollkoben, ausgestorbene Gefängnisse neben den

Schlupflöchern der Eulen, in öde Klüfte über den Stadttoren oder in die feuchten Kellergewölbe der Zuchthäuser, wohin nie der mitleidige Blick eines Menschenfreundes dringt und lassen sie, an Ketten geschmiedet, im eigenen Unrat verfaulen. Die Fesseln haben ihr Fleisch bis auf die Knochen durchgerieben. Ihre hohlen und bleichen Gesichter harren des nahen Grabes, das ihren Jammer und unsere Schande bedeckt«[16]. Vereinzelt werden Geisteskranke wie Zootiere den Besuchern vorgestellt.

Bei der Irrenpflege befolgt man lange Zeit die Ratschläge des im 16. und 17. Jh. »wohlgerühmten Professors Felix Plater«, der neben humanen Mitteln Drohungen, Scheltreden, Ausreißen der Haare, Anhängen an Ketten und/oder Schläge zur Behandlung vorsieht. Die Würgbirne verhindert nicht nur das Schreien der zum Tod Gequälten, sondern auch das der Kranken in den Zuchtanstalten: es ist erwiesen, daß man der Hexerei Bezichtigte Irren zur Pflege überlassen hat.

Der teuflische Konvent auf dem Kugelberg

Der Prozeß gegen Anna Käserin[17] ist unter die Verleumdungskampagnen einzureihen. 12 Dorfbewohnerinnen sagen nahezu einheitlich gegen sie aus. Die Übereinstimmung der Kläger stammt sicher *nicht* aus vorausgegangenen Absprachen der meist schon Hingerichteten, sondern resultiert aus den Suggestivfragen der Richter, die freilich beim Volk bekannt waren.

Allerdings hat die Käserin als Wirtin in Eichstätt einen höheren Bekanntheitsgrad, als ein gewöhnlicher Bürger. Das Verfahren spielt im 1. Drittel des 17. Jh., also etwa zeitgleich mit dem Kölner Hexenprozeß gegen Katharina Plum.

Die Käserin leidet an Schwermut, denn ihr Mann bringt hervor: » . . . er könne wohl die Wahrheit sagen, daß seine Frau seit sieben Jahren nie oder nur selten fröhlich gewesen . . . sie habe immerzu gebetet, gefastet und geweint. Oft so bitterlich, daß sie ihre Hände habe in den Tränen waschen können . . . sie habe alle 14 Tage oder längstens alle vier Wochen gebeichtet . . . dabei habe sie gewöhnlich einen halben Tag in der Kirche verbracht . . . sie habe ihren eigenen Kot in eine Schüssel getan, Brot darin gebrockt und dasselbe gegessen . . . dann aber wieder alles von sich gegeben«.

Die Anschuldigungen gegen sie beziehen sich vor allem auf teuflische Begegnungen auf der Linswiese, der Schottwiese, der Schießhütte, dem Kugelberg, wie auf dem Galgen- und Petersberg. Man wirft ihr vor, daß sie auf einem Ofengäbelein[18] (daher) gefahren sei und ereifert sich besonders an ihrer Kleidung. Die Palette reicht von einem bläulichen Rock[19], schwarzen Kleidern[20], einem haarfarbigen Kleid[21], gefärbten Röcken[22] und einem grünen Rock[23] . . . einen stattlich verbrämten[24] . . . sie wäre mit silbernen Schnüren, einem purpurfarbigen Rock, einem schwarzen Leib mit gelb- und blaublumigen Ärmeln und einem hohen Kragen, einem breiten Hut mit goldenen Ringen[25] . . . ja sie wäre sogar mit einem Pelz aufgezogen[26]. Welch alberne Eitelkeit in Angesicht des nahen Todes? Freilich bezichtigt man sie, mit dem Unhold getanzt zu haben, » . . . ja sie wäre mit ihm gesprungen und habe bei ihm gesessen«.

Auf Befehl des Pfalzgrafen wird sie eingezogen, » . . . damit sie nicht auskomme«, wird sie an eine Kette gelegt und ihrem Mann wird aufgetragen, ein Bett für sie zu beschaffen[27], was er mit einem rührseligen Brief verbindet, in dem er seine Frau dem göttlichen Schutz anbefiehlt. In den ersten Verhören »leugnet« sie alle ihr zur Last gelegten Verbrechen und als man mit der Folter droht, sagt sie: » . . . sie wäre lediglich aus Haß und Not angegeben worden«. Die Behandlung des Meisters Jacob, des Scharfrichters aus Neuburg, macht sie gefügig und sie gesteht (unter Folter):

- Als ich bezecht gewesen, ist einer in meine Kammer gekommen. Ich habe zweimal mit ihm zu schaffen gehabt . . . wobei ich Gott und aller Kreatur abgesagt. Ihr Buhlteufel habe gestunken wie ein Bock und wäre fast jede Nacht zu ihr gekommen. Er habe grüne Augen und ein schwarzes Bärtlein. Manchmal würde er zum Küchenfenster und manchmal zum Schlot hinausfahren, bisweilen (auch) auf einer Gabel . . . bisweilen habe er Menschenhände, manchmal Klauen, hie und da auch Sporen und Stiefel: sein linkes Bein wäre ein Geißfuß.
- Der Buhlteufel habe ihr einen »Griff« gegeben und sobald Blut geflossen, habe sie sich ihm verschrieben.
- Wenn ich habe ausfahren wollen, habe ich meinem Mann eine Salbe auf den Rücken gestrichen, worauf er tief eingeschlafen

... die Salbe werde an die Spitze der Gabel geschmiert. Von ihr habe sie jetzt noch im Kuhstall in einem Trog[28].

● Mein Gäbelein steht (noch) daheim in der Küche.

● Mit der Salbe habe sie eine Magd bestrichen, die darauf verstorben ... außerdem habe sie eines ihrer Kinder damit umgebracht ... sie habe damit eine Kuh und ein Schwein umgebracht ... die Salbe sei schwärzlich gewesen. Sie habe sie von der kürzlich hingerichteten Bäckerin aus Eichstätt bekommen.

● Sie habe Wetter, dreimal Regen und Hagel gemacht, doch niemals Mäuse.

● 5 – 6 mal wäre sie mit mehreren Weibern auf der Linswiese in Eichstätt, auf der Schottwiese und auf der Schießhütte gewesen. Was die Verbrannten über mich gesagt, sei wahr ... bei den teuflischen Zusammenkünften wäre sie mit mehreren Männern zusammengekommen ... sie habe außerdem vor dem Teufel gekniet und gesagt: » ... Du bist der Herr und Gott«.

Nun nimmt das Schicksal seinen Lauf. Die Käserin wird am 13. Juni nochmal von zwei Geistlichen im Kerker getröstet. Schließlich wird sie » ... nach ausgestandenem Prozeß und nachdem sie ihre Schuld bedauert, vor der Neuburger Brücke enthauptet. Daraufhin wird ihr Körper beim Hochgericht zu Asche verbrannt und im Wasser fortgeschwemmt«[29].

Die Steingroberin mit dem Hexenblick

In dem hannover'schen Dorf Aldebrode lebt eine 47-jährige geistesschwache Frau namens Steingroberin. Bald geht das Gerücht, daß sie eine Hexe sei und manche bekreuzigen sich, wenn sie sie von weitem sehen. Bald sagt man: » ... sie habe ihre seit 24 Jahren blinde Mutter und die an Auszehrung verstorbene Schwester verhext: ja, sie habe mit dem Teufel Umgang«. Merkwürdig ist ihre Aussage: » ... ja, das stimme, der Teufel habe sie gelehrt, all das zu vergiften, was sie starr ansehe«. Sie warnt jeden, sich vor ihrem Blick in acht zu nehmen ... weil sie auf des Teufels Befehl selbst gegen ihren Willen schaden müsse.

In der Angst, das ganze Dorf zu verhexen, beschließt sie, ihrem Leben ein Ende zu bereiten. Sie läuft weg, springt ins Wasser und wird herausgefischt. Ein Arzt erkennt an ihrer bleichen Farbe, daß sie krank und verwirrt ist. Sie lehnt jede Hilfe ab und sagt: » ... man kann den Teufel nicht mit Medizin vertreiben ... ich bin so gesund wie ein Fisch ... warum soll man auch eine Hexe gesund machen? ... ich habe den Tod verdient und will sterben ... doch richtet mich mit einem Schwert und verbrennt mich nicht. Ihr werdet sehen, wie gut es ist, wenn ich tot bin«. Der Arzt agiert geschickt und redet auf sie ein: » ... er werde den Scharfrichter kommen lassen, damit er befühle, ob man den Hals mit einem gewöhnlichen Schwert durchschlagen kann«.

Freudig springt sie auf und bittet darum nun für sie zu beten, weil sie es selbst nicht darf. Dann teilt man ihr mit, daß ihr Hals durch das lange Zaubern so hart geworden sei, daß er erst einmal weich werden müsse. Endlich nimmt sie die Medizin zu sich. Nach 14 Tagen stellt sich ein ruhiger Schlaf ein: hinzu kommen Appetit und Lebenslust. Schließlich vergißt sie das Zaubern, den Teufel und die Halsschmerzen. Sie wird gesund und ist – quasi in letzter Sekunde – dem sicheren Tod von der Schippe gesprungen, hat sie sich doch selbst beschuldigt[30].

Hier gibt es eine Parallele, denn Hieronymus Cardanus erzählt: » ... ein Landsmann namens Bernhardus wurde wegen Zauberei verurteilt. Er war ein einfacher und sparsamer Mann und darum von seinem Herrn gut angesehen. Nachdem man ihn zum Tod verurteilte, wurde er noch auf 20 Tage seinem Dienstherrn überlassen. Er bekam kräftige Speisen, guten Wein und nährende Suppen. Dann fing er an, wie aus einer langen Schlafsucht zu erwachen. Er wurde ermahnt, seine absurden und gefährlichen Meinungen abzulegen und wieder der Kirche (an)zuhangen. Er bekehrte sich und wurde ohne Klage bis zu seinem Lebensende ein guter Christ[31].

Diese Beispiele ragen aus der Flut des gängigen Aberglaubens positiv heraus und dokumentieren, daß es auch damals kritische Menschen gegeben hat. Zu ihnen zählt der Arzt Weyer, den der Jesuit DelRio leichtfertig als »leichtfertiges Schwindelhirn« bezeichnet hat.

Anna Maria Schwägelin

Die Taglöhnerstochter Anna Maria verliert in jungen Jahren die Eltern und schlägt sich mit Betteln durch. Sie ist zwischen 30 – 36 Jahre alt, irrt von Dienst zu Dienst und scheint eine vagabundierende, ja geistig leidende Frau gewesen zu sein. Im Dienst eines protestantischen Hauses knüpft der Kutscher ein Verhältnis zu ihr und verspricht ihr die Ehe unter der Bedingung: »... daß sie den katholischen Glauben verlasse und dem lutherischen anhange«. Rasch ist der Gewissenswechsel vollzogen. Doch der Kutscher läßt sie sitzen und heiratet eine Wirtstochter aus Berkheim. Nun berichtet die Hintergangene einem Memminger Augustiner: »... sie habe den Schwörfinger heben müssen und gesagt, daß sie auf dem lutherischen Glauben beharren wolle, und daß ihr die Mutter Gottes und die Heiligen nicht helfen könnten. Die Gottesmutter sei nicht mehr als eine Kindswäscherin, so wie jedes andere Weibsbild auch«. Zudem wendet sie sich an einen Kaplan. Er ist der Auffassung, daß ein so nichtiges Geplänkel wert ist, nach Rom gemeldet zu werden.

Sie wird dann in das fürstlich-kempen'sche Zuchtschloß Langenegg gebracht und hier wöchentlich für 42 Kr. aus der Herrschaftskasse unterhalten. Nach eigenen Worten wird sie schlecht behandelt und elend gefüttert, so daß sie vollends leidend wird; sie kann weder gehen noch stehen. Die Wärterin soll sie aus Eifersucht mißhandelt haben, weil sie befürchtet, sie mache ihr den Zuchtmeister abspenstig. Einmal sagt die Käserin in ihrem Unmut, sie möge lieber beim Teufel als bei einer solchen Pflege sein. Dies wird der Obrigkeit vorgetragen und wieder nimmt das Schicksal seinen Lauf: »... die Schwägerin habe einbekannt, daß sie mit dem Teufel Unzucht getrieben ... sie habe Gott und allen Heiligen abgeschworen ... so wie es ihr der Teufel aufgetragen«.

Wie soll sie sich wehren, da man sie ohnehin nicht ernst genommen hat? Der Zuchtmeister stimmt in das Loblied des Menschenhasses ein. So wird sie am 20. Februar auf der »Bettelfuhre« nach Kempten in das Gefängnis gebracht. Die Verhandlungen beginnen am 6. März und schon im nächsten Monat hat man das Todesurteil geschmiedet. Sie wird mit einem Schwert unter Bezug auf Artikel 104 der Peinlichen Halsgerichtsordnung enthaup-

tet[32]. Zu dieser Zeit hat man längst unter den Vorboten der Aufklärung begonnen, den Gebrauch der Folter zurückzunehmen.

Es ist darauf hinzuweisen, daß bei einzelnen Schizophrenen, Hysterikern und Geisteskranken ähnliche Symptome wie bei der Hexenverfolgung auftreten. Vor allem trifft es Menschen mit inneren Konflikten. Pitres stellt fest[33], daß sexuelle Träume unter hysterisch Kranken üblich sind. Oft berichten sie von schmerzhaften Sexualakten und Vergewaltigungen: der Scheidenkrampf ist ein Kennzeichen der Hysterie. Darunter fallen (auch) sinnliche Wahnvorstellungen, Anfälle und Tagträume, hysterische Schwangerschaften, Hautausschläge, Stigmata, Frigidität und Impotenz. Laurent und Nagour schildern die Wahnvorstellungen physisch Erkrankter.

Dazu zählt das Beispiel einer alten Frau, die sich bitter darüber beklagte, daß sie ein gewisser Arzt jede Nacht besuchte, um ihr seinen Penis in das eine Ohr hinein bis an den Hals zu stoßen.

Baylein glaubt[34], daß die umfangreiche Literatur über das Hexenwesen die damaligen Menschen beeinflußt hat, sich »de realita« einzubilden, ein Hexer oder eine Hexe zu sein. Klatsch, Schwatzsucht, die Furcht vor Häschern und Denunzianten haben ohne Zweifel dazu beigetragen, einen Flächenbrand zu legen. Hinzu kommen unüberhörbare Predigten.

Die Epoche zeigt einen weiteren negativen Wesenszug: eine tiefe und kreatürliche Angst scheint ein Hauptmerkmal jener Jahrhunderte gewesen zu sein. Alles, was mit der Sexualität zusammenhing, löste Furcht, Angst und Schrecken aus. Dieser Bann löst sich mit der überstürzt eingeführten Reformation zu Beginn des 16. Jh. und führt zu moralischen Auflösungstendenzen: doch kurz danach hat sich ein nahezu gleichwertiges Untier formiert: auch die Protestanten schlagen auf die angeblichen Hexen ein.

Forscher, die den Hexenwahn aus der medizinischen Sicht untersuchen, haben die Geisteskrankheit der Hexen vielfach angezweifelt, doch es ist unbestritten, daß (auch) dieses Phänomen partiell bei der Verfolgung eine Rolle spielt.

Hexenproben

Um das Unrecht abzusichern, hat man verschiedene »Hexenproben« ersonnen: sie haben die Funktion, die Unfähigkeit der Verfolger zu verschleiern. Auch hier wird das antike Umfeld deutlich. Plinius erwähnt einen am Pontus lebenden Volksstamm, deren Zauberer man daran erkennt, daß sie im Wasser nicht untergehen. Bereits in der Antike beruft man sich auf die reinigende Kraft des Wasses und des Feuers. Gedanklich sind hier (auch) die sog. »Gottesurteile« angesiedelt. Die einst am Rhein wohnenden Kelten kennen eine besondere Prüfung bei Verdacht auf Ehebruch. Sie legten das neugeborene Kind auf einen Schild und übergaben es den Wellen des Flusses.

Wenn es unversehrt auf der anderen Seite bei der bangend wartenden Mutter ankam, sah man die Verbindung als legitim an: wenn nicht, wurde die Frau des Ehebruchs bezichtigt und bestraft. Es ist etwa das gleiche Niveau, die der Ansicht der Christen entspricht, die meinen, daß das heilige Wasser des Jordans keine Verbrecher aufnimmt.

Im Zusammenhang mit der Verfolgung der Hexen gelangt eine andere Auffassung zum Durchbruch: die Hexenprobe wird zum Mittel, um ein Geständnis herbeizuführen. Es ist eine etwas harmlosere Variante zur Folter, die nicht weniger ungerecht ist. Alle Hexenproben sind umstritten und markieren die kaum sichtbare Grenze zwischen menschlicher Einfalt, Kriminalität und dem landläufigen Aberglauben.

Schwemmen der Hexen

In der Rechtssprechung wird die Probe des kalten Wassers unterschiedlich beurteilt. Nach dem sächsischen Landrecht ist sie vorgeschrieben, wenn keine Zeugen für das Recht am umstrittenen Gut aufgebracht werden können. Ludwig der Fromme verbietet sie. Hinkmar v. Rheims tritt als Verteidiger in die Schranken.

Im »capitula abbende« aus den Jahren 818/19 ist die Wasserprobe für Knechte vorgeschrieben. Die Päpste Nikolaus I. und Stephan II. lehnen sie als Gottesurteil ab. Kaiser Friedrich II. und sein Gegenspieler Innocenz III. (1215) – ein Sanktionator der Folter – verbieten grundsätzlich das Anwenden von Ordalen.

Dies schält sich immer deutlicher heraus. In Frankreich wird das Wasserbad, das hier (nur) gegen Leute geringen Standes in einer Kufe gehandhabt wird, 1601 verboten. Die österreichischen Gesetze des 17. Jh. verbieten sie ebenfalls und nennen sie eine »teuflische, ungewisse, Gott versuchende« Anzeige. Die Jesuiten weisen darauf hin, daß man allein nach den Indizien der Wasserprobe nicht zur Folter schreiten kann. Der Jesuit Leonhard Lessius gilt als Gegner des Schwemmens.

Doch der Aberglaube im Volk ist zäh. Die Probe des kalten Wassers hat sich bei den bekanntgewordenen Hexenprozessen im deutschsprachigen Raum bis in das 19. Jh. gehalten. Beim Schwemmen der Hexen kommt es zu erheblichen Mißbräuchen. Die Schlüsselposition hat auch in diesem Fall der Henker inne. Selbst hier ist das klerikale Denken der Vorreiter des Aberwitzes: » . . . in einzelnen Fällen wird der Beklagte in eine Kirche geführt, wo man eine Messe hält, und das Wasser beschwört . . . damit sich dadurch die Offenbarung zeige«. Daraufhin wird das Opfer (besser: der Delinquent) zum Wasser gebracht, gebunden und hineingeworfen. Schwimmende hält man für schuldig und Untergehende für unschuldig. Doch selbst in diesem Punkt sind sich die Experten nicht einig!

Der Arzt Schreiber (sribonius), der in Korbach tätig ist, berichtet dem Magistrat von Lemgo über den Verlauf einer am 4. Oktober 1583 vorgenommenen Wasserprobe: » . . . sind wiederum drei von den Stadtdienern aufgegriffen und ins Gefängnis gelegt worden . . . zur weiteren Erforschung der Wahrheit hat man sie auf das Wasser geworfen, damit man sehen würde, ob sie untergehen oder nicht. Zwar habe man ihnen die Hände und Füße hart gebunden, die Kleider abgezogen, und auf folgende Weise das Binden bewerkstelligt: die rechte Hand war an den linken großen Zeh und wiederum die linke Hand an den rechten geknüpft, so daß sie sich am ganzen Leib nicht regen konnten. Darauf, im Beisein etlicher tausend(!) Menschen, hat man sie ins Wasser geworfen. Eine jede dreimal, aber gleich wie ein Holz oder Block sind sie oben geschwommen, und keine ist untergegangen«.

Am 9. Januar 1594 geben die medizinische und philosophische Fakultät der Universität Leiden folgendes Gutachten ab: » . . . daß die angeblichen Hexen so oft auf dem Wasser schwimmen, erklärt sich aus der Art, wie sie kreuzweise gesenkt und gebunden werden, indem sie wie kleine Schifflein auf dem Wasser zu liegen kämen. 1596 wird in Kassel eine alte Frau wegen Hexerei angeklagt. Sie will sich freiwillig der Wasserprobe unterziehen und springt vor dem versammelten Volk mit einem Pelz bekleidet in die Fulda. Freilich mußte sie sinken. Daraufhin wird sie verurteilt und mit dem Schwert hingerichtet. Wir sehen den Widerspruch, denn nach einer Version werden die Schwimmenden als Hexe angesehen!

In einer »Chronik der Reichsstatt Hall« aus dem Ende des 17. Jh. ist die Geschichte des Haller Hexenbades überliefert. Die jetzt wiedergefundene Handschrift dürfte Gräter in seinem Bericht »Idunna und Hermode« zugrundegelegt haben. Auf ihn beziehen sich alle Autoren des 19. und 20. Jh., die dieses Ereignis erwähnen.

Während des 30-jährigen Krieges hatte der bayerische Oberst Hans von Spork mit seinen Truppen in Hall Quartier bezogen. Dieser soll jede Frau seiner Truppe, die er als Unholdin oder Hexe verdächtigte, der Hexenprobe unterzogen haben. Dazu mußten sich die Frauen entkleiden, wurden kreuzweise zusammengebunden und mit einem langen Strick gefesselt. In diesem Zustand wurden sie in Anwesenheit einer großen Menschenmenge unterhalb des Weilerorts in den Kocher geworfen. Den Strick behielt dabei der Profos des Oberst Spork in der Hand.

Wenn die Frauen nun untergingen, waren sie vom Vorwurf der Hexerei befreit. Hielten sie sich aber über Wasser, wurde das als Bestätigung des Verdachts bewertet. Die Prozedur wurde daraufhin zweimal wiederholt. Anschließend wurden sie unter Anwendung der Folter zu einem Geständnis gezwungen. Die Konsequenzen davon war die Hinrichtung mit dem Schwert und die nachfolgende Verbrennung. Diesem grausamen Schicksal fielen in den Monaten März und Mai 1644 sieben Frauen zum Opfer[1].

1645 will ein Kommandant in Hagenau (Elsaß) die Wasserprobe vornehmen lassen. Eine Jesuitenchronik berichtet: » . . . ein Mütterlein, welches lange in einem tadellosen Ruf gestanden, wurde von der Nachbarin als Hexe ausgeschrieen und kam dadurch in Lebensgefahr. Auf Anordnung des französischen Gou-

verneurs wurde sie dem Henker übergeben, um mit gebundenen Händen und Füßen in einen Bach geworfen zu werden. Wäre sie untergegangen, sollte sie freigelassen, dagegen verurteilt werden, wenn sie sich schwimmend über dem Wasser gehalten hätte. Ein Priester protestiert und sagt, daß es einem katholischen Geistlichen nicht erlaubt sei, die Schuld oder Unschuld auf diesem Weg zu eruieren«[2]. Schließlich wurde sie freigesprochen.

1707 hat sich eine Witwe im hannover'schen Amt Diepholz namens Kuhlmann, die als Hexe bezichtigt wird, selbst der Wasserprobe unterworfen. Sie wird: » . . . wegen der von ihr verursachten abergläubischen Probe mit fünf Tagen Gefängnis bestraft«[3]. 1777 bricht in der dalmatinischen Stadt Tarent ein Viehsterben aus. Das Volk wittert Zauberei und Hexenwerk: rasch hat man eine Unschuldige auserkoren. Der Pfarrer bespricht sich mit seinem Kollegen und gibt den Rat: » . . . nehmet alle Weiber. Diejenigen, die untergehen, sind unschuldig und diese müßt ihr (geschwind) wieder herausziehen; aber die, die oben schwimmen, hält der Teufel über dem Wasser, und diese züchtigt, so wie ihr es für gut befindet«[4].

In der Gegend von Witkow (Polen) sterben einem Edelmann die Ochsen weg. Der Verdacht fällt auf eine 70-jährige Bäuerin, die als Hexe eingezogen wird.

Der aus Gnesen geholte Henker schlägt ihr mit einem »Hexengriff« die Nase ein, um aus dem fließenden Blut zu urteilen, ob sie schuldig ist. Sie wird gefoltert und gibt in der Not eine weitere Person als Hexe an. Nun werden beide gebunden, um an ihnen die Wasserprobe zu vollziehen: beide schwimmen. Nun fährt man sie zu einem vorbereiteten Scheiterhaufen:

» . . . er war aus acht Schuh dickem Holz, sechs Schuh hoch im Geviert errichtet, so daß in der Mitte ein Loch war«. Da hinein wurden die beiden gefesselten Frauen geworfen: nun wird der Holzstoß mit einem Bündel Reisig entzündet; ein Hexenofen im 18. Jh. oder ein Vorläufer der Krematorien des 20.?

Im Frühjahr des Jahres 1799 wird im Dorf Ossowe (Pomerellen) eine Frau der Hexerei verdächtigt, weil ein Fräulein v. Zabinsky am rechten Knie lahm geworden ist. Ich habe diesen Vorfall unter dem Fall Kopka[5] beschrieben.

Der Hexengriff (= stigma diabolicum)

Lange Zeit geht man davon aus, daß der Teufel bei den Zusammenkünften seiner Genossen ein heimliches Zeichen verwendet, das er auf ihren Körper drückt. Wir haben das »stigma diabolicum« oder Teufelsmal vor uns. Daraus hat sich eine weitere Hexenprobe entwickelt.

Fand sich am Körper des Beklagten eine Warze, eine dunkle und/oder verfärbte Stelle, dann stach der Henker »zuweilen auch ein beauftragter Chirurgus« in sie hinein. Zeigt sich kein Schmerz, glaubt man sicher zu sein, ein Hexenmal gefunden zu haben. Der Erfolg dieser »Nadelprobe« lag wie die der Wasserprobe in der Willkür der Peiniger. In Frankreich und in der Schweiz wurden solche Untersuchungen von amtlich bestellten Chirurgen vorgenommen. Im deutschen Raum üblicherweise im Beisein eines Schöffen. In Belgien bestimmt eine Verordnung aus dem Jahr 1600: » . . . daß der Büttel nicht mehr zuzulassen sei, sondern nur (noch) ein neutraler Arzt«[6].

Beim Durchsuchen »weiblicher Körper . . . selbst an den verborgendsten Stellen«, kommt es zu eklatanten Mißbräuchen und sexuellen Eskapaden. Üblicherweise werden die Beschuldigten *vor* der Vornahme der Tortur untersucht. In einem Leipziger Urteil an den Rat von Schmiedeberg aus dem Jahr 1621 wird gesagt: » . . . ferner hat (die) Inquisitin berichtet, daß die Zauberinnen und Hexen, auch selbst gekennzeichnet wären, weil sie dann ungeheißen ihr Brüstgen (= Leibchen oder Kittelchen) ausgezogen, und mit der Hand zwischen der Schulter gefühlt und daselbst den Gerichtspersonen ein Wärzlein oder Flecklein gezeigt, daß dasselbe das Zeichen sei, und daß ein Teil der Zauberer schwarze Striche an der Stirn, den Augen und anderen Gliedmaßen haben . . . die sich nicht auswaschen lassen«[7].

1652 wird eine Betroffene in Genf dreimal von Chirurgen untersucht. Sie entdecken verschiedene Male, stechen mit fingerlangen Nadeln hinein und prüfen, ob ihre Inquisitin Schmerzen empfindet, bzw. ob Blut aus diesen Stellen tritt. Sie scheinen sich ihrer Kunst nicht sicher.

Nach einer letzten Prüfung hält man zwei Stellen, eine an der Lippe und die andere am rechten Schenkel » . . . beide schwarz-gelb

und gleich einer Linse« für teuflische Kennzeichen . . . »dieweil sie aus keiner natürlichen Sache zu erklären sind . . . denn die Inquisitin empfindet keine Schmerzen«[8].

In England kannte man alternativ das »pikken«, weil der Gebrauch der Folter dort seit längerer Zeit verboten war. Wir haben die gleiche Probe vor uns: sie gehört zu den unrühmlichen Erfindungen menschlicher Einfalt.

Hexenwaage von Oudewater[9]

Da man glaubte, die Hexen wären leichter als gewöhnliche Menschen und da man annahm, dies prüfen zu können, wird die Idee geboren, Menschen gegen Bibeln aufzuwiegen. In Bedford soll man eine der Hexerei Bezichtigte, anstatt die Wasserprobe an ihr vorzunehmen, gegen ein 12 Pfund schweres Kirchenbuch aufgewogen haben.

Nun verleiht der katholische Karl V. der Stadt Oudewater ein merkwürdiges Privileg. Es besagt: » . . . nachdem ein Zeugnis des Stadtrichters, daß ein Verdächtiger amtlich gewogen sei und ein seinem Körperumfang entsprechendes Gewicht bewährt haben solle, überall rechtlichen Glauben haben und darum alle anderen Proben ausschließen soll«. Demzufolge wird der Stadtwaage ein Gewicht von 50 Pfund beigemessen » . . . eine zahlreiche Kundschaft zog zu ihr, vor allem aus den Bistümern Köln, Münster und Paderborn«. Das Wiegen geschah durch eine besondere Kommission, die aus zwei Schöffen und dem Stadtschreiber bestand. Die zu Wiegende mußte sich bis auf das Hemd ausziehen. Dann wurde untersucht, ob sie nicht irgendeinen Gegenstand, der sie schwerer machen könnte oder sollte, bei sich trug. Die Frauen mußten sich die Haare lösen und der »geschworene« Waagmeister wog daraufhin diejenigen, die sicher sein wollten, keine Hexe zu sein. Der Stadtschreiber stellte daraufhin ein Zertifikat aus. Man könnte darüber lachen, wenn nicht das Stadtmuseum im Besitz originaler Text- und Bilddokumente wäre!

Das Sieb- und Schlüssellaufen

ist keine »richtige« Hexenprobe. Wir haben eine der abergläubischen Possen des 18. und frühen 19. Jh. vor uns. Diese Probe ist allerdings in ähnlicher Form seit Jahrhunderten bei den Lappländern bekannt, die dazu eine »Wahrsagepauke« einsetzen. Das Sieb- und

Schlüssellaufen wird in unserem Sprachgebrauch gelegentlich zum Auffinden von Hexen herangezogen. Dabei wird ein Sieb an eine Schere gehängt. Der dabeistehende Meister beginnt jetzt, die Namen der im Haus Befindlichen und die in der Nachbarschaft Wohnenden anzugeben. Wenn der Name des (angeblich) Schuldigen fällt, beginnt sich das Sieb (bzw. der Schlüssel) zu drehen: Endlich hat man den Unschuldigen erforscht!

1785 spielt sich in Hilbershausen folgendes ab: »eine Ziege im Haus des Bauern Hildebrand wird krank«. Man schreibt dies einer Hexe zu und will sie mit der Schlüsselprobe ausfindig machen. Da man sich ohnehin den ganzen Winter mit abergläubischen Dingen beschäftigt, hat man rasch eine Bewohnerin in Verdacht gezogen. Um sicher zu sein, wird die Probe an der 17-jährigen Christine Schredern vollzogen.

» . . . man fällt über das Mädchen her, entblößt ihre Lenden, schlägt sie zuerst mit einem Strick, dann mit einer Pferdepeitsche und dann verlangt man ihr Geständnis, daß sie das Vieh behext, Messer und Brot gestohlen habe«. Das Mädchen kroch in ihr Bett, wo es noch am nächsten Morgen nackt und besinnungslos lag. Nachmittag wurde sie erneut vorgezogen und so mit einer Peitsche geschlagen, daß sie zu Boden stürzte. Unterdessen wird sie gefragt, ob sie denn nicht doch gehext hätte?

Weil sie nicht gestehen will, schneidet man ihr die Haare vom Kopf, schlägt sie mit einem Strick und einem Besenstiel. Nun werden ihr mit einem stumpfen Brotmesser 5 x die Schienbeine zerschnitten. Als kein Blut fließt, schlägt man ihr mit einem Instrument, mit dem Pferde und Kühe zur Ader gelassen werden, tiefe Wunden in die Waden und eine weitere in den Rücken. Daraufhin wird sie erneut ohnmächtig. Schließlich zwickt man sie mit einer glühend gemachten Zange in die Nase, brennt sie am Rücken, an Schenkeln und Waden. Sie erwacht aus der Ohnmacht und gesteht alles, was die brutalen Schläger hören wollen.

Dann wird die Sache im Dorf anrüchig und schon spricht man von einer gerichtlichen Untersuchung. Die Hausherren geraten in Schrecken ob ihrer bösen Tat. Man verspricht der Schredern ein neues Kleid unter der Bedingung, daß sie der Obrigkeit sagen würde:

» . . . daß sie das Hexen gelernt«. Dies wäre ihr sicherer Tod gewesen und die Peiniger hätten Recht bekommen!

Hier siegt die seltene Gerechtigkeit. Die Mitglieder der Familie werden hart bestraft. Sabine Bramann kommt für zwei Jahre und die hildebrand'sche Ehefrau für ein Jahr in das Zucht- oder Spinnhaus. Andreas Hildebrand wird mit einer weiteren Tochter zu Arrest bei Brot und Wasser verurteilt. Der Sohn bekommt 15 Stockschläge durch den Schließer. Außerdem müssen die Verurteilten alle Gerichts- und Heilkosten bezahlen. Christine erhält 100 Taler Schmerzensgeld[10].

Hexensalben, Hexensuppe, Hexenwein

Eine weitere Stütze zur gedanklichen Aufrechterhaltung des Hexentreibens ist die Vorstellung, daß die als Hexen verschrieenen neben dem ihnen unterstellten Teufelsbündnis zu nächtlichen Versammlungen fahren, um zu beratschlagen, wie man der übrigen Menschheit (noch) mehr schaden könnte, um zu feiern, zu buhlen, die christlichen Kirchen zu verleugnen, Kleinkinder zu fressen, Orgien zu treiben usw. Das Ganze *muß* unbeobachtet geschehen und ist umstritten. Daraus entwickelt sich die (wieder) aus der Antike aufgewärmte Vorstellung, daß man sich »salben und schmieren« müsse, um unerkannt das Haus zu verlassen, bzw. um an einem Sabbat teilnehmen zu können. Unterstützt wird diese Ansicht im 16. Jh. durch die Auffassung, derzufolge sie der Teufel leichter machen würde und dadurch den Hexenflug ermöglicht. Wir haben einen Seitenhieb auf das Wiegen der Hexen vor uns. Einige Enthusiasten versuchen, das Phänomen des Hexensabbats durch die Verwendung von Drogen zu erklären. Dieser Standpunkt läßt sich ebenso wenig untermauern, wie der, daß sie alle geisteskrank gewesen seien. Selbst das Argument der Massenhysterie steht auf schwachen Beinen[1].

Unger täuscht mit der These, daß das Hexenwesen letztendlich ein allgemeiner Kampf des christlichen Prinzips mit heidnischen Vorstellungen sei, da man das »alte« Volksleben systematisch unterdrückt hat. Es stimmt nicht, weil das Hexenwesen älter als das Christentum ist, weil die Hexerei zu allen Zeiten der Kulturgeschichte eine soziale Randerscheinung war und weil (noch) andere Faktoren ausschlaggebend für ihre Verfolgung waren.

Man kann zwar rekonstruieren, aber nicht mehr die Zeit heraufbeschwören. Die Phasen des Hexenwahns sind nur aus der Verzahnung vieler Einzelfakten verständlich. Die Salben, die man ihnen über Jahrtausende zugeschrieben hat, bleiben eine unbekannte Größe im Verbund mit dem allgemeinen Hexenwesen. Jede andere Interpretation ist an den Haaren herbeigezogen.

Unbestritten ist, daß die heilende Wirkung vieler Pflanzen früh erkannt wird. Die Hexerei wird seit altersher an die Heilkraft der Pflanzen gekoppelt. Daraus ergibt sich von selbst die Nähe zu den Frauen.

Auch hier führt uns die Geschichte in vorchristliche Religionsgefilde. Unter den zaubermächtigen Substanzen spielen die Pflanzen schon immer eine nicht unbeträchtliche Rolle[2]. Daraus entstehen Verehrungs- und Vergötterungsformen, wie z.B. der Baumkult[3].

Die Magier der Meder und Scythen weissagen aus Baumzweigen, Weidenruten und Lindenbast; die delphische Priesterin bekränzt sich mit einem Lorbeerzweig. Wer wundert sich, wenn die frühen Christen Palmwedel in den Händen halten? Noch weit bis in unsere Zeit hinein behält der Baumzweig als Wünschelrute Bedeutung und angebliche Wunderkraft. Mit der Ausbreitung des Christentums wird der Zauberei keinesfalls der Lebensfaden abgeschnitten: es ändern sich lediglich die Vorzeichen.

Man wettert gegen die Verehrung von sog. »heiligen« Bäumen, zerstört die Haine der »alten« Götter und errichtet an der gleichen Stelle christliche Kultstätten. Die in der Religion der Germanen hochgepriesene Eichenmistel, die nur Priester und diese nur mit einer goldenen Sichel abschneiden dürfen, entwickelt sich zum hl. Kreuzholz. Es entstehen die »Christuswurzel«, der »Liebfrauendorn«, das »Liebfrauenbettstroh« und die »Johannishand«[4].

Der Linde wird seit alters her eine zauberische Wirkung unterstellt: wer wundert sich, wenn die christlichen Heiligenbilder aus Lindenholz geschnitzt werden und daß man Christus an »ein Holz« geschlagen hat.

Alter und neuer Aberglaube reichen sich brüderlich die Hand. Die Kirche kämpft gegen einen selbst erfundenen Feind: die damaligen Menschen sind so abergläubisch wie die heutigen. Was ist der Christbaum anderes als ein in der christlichen Kultform aufgegangener heidnischer Brauch?

Schon in der Antike gibt es Drogen, die erotische Stimmungen, Ängste, Halluzinationen, Depressionen und Visionen aufkommen lassen (Opium, ursprünglich aus dem Indusgebiet, Haschisch, Meskalin). Im Kapitel über die Vorstufen des Hexenwesens wurden Narkotikas, Aphrodiasikas, Parfüms und Salben in diesem Zusammenhang erwähnt. Die giftigen Dämpfe einiger Pflanzen sind bekannt, um mittels ihnen visionäre Zustände einzuleiten, bzw. um Orakel zu eröffnen. Zu den narkotischen Mitteln gehören betäubende Gasarten und Erddämpfe, die antike Priester – wie es scheint – verwenden, um in Ekstase zu gelangen.

Die Ägypter kennen Assis, ein berauschendes Mittel. Es wird aus Hanf hergestellt und erzeugt beim Schlucken der kastaniengroßen Kugeln ekstatische Vorstellungen. Indische Freudenmädchen gaben im Altertum den Freiern den Samen des Stechapfels (datura stramonium), in Wein gemischt, zum Trinken: » . . . wer so unglücklich war, denselben bekommen zu haben, verweilte sich eine Weile in Geistesabwesenheit«.

Kämpfer berichtet, daß ihm die Perser während eines Festes einen Trank gegeben haben, der in Opium aufgelöst schien. Bald danach fühlte er eine unbeschreibliche Freude, glaubte auf einem Pferd zu sitzen und durch die Luft zu fliegen. Um mit den Geistern seiner Vorfahren in Verkehr zu treten, trinkt der Peruaner ein aus den Samenkapseln der Yerba de Huaca bereitetes Getränk und nennt es Tonga. Hier handelt es sich um eine Variante des gemeinen Stechapfels. Nach Gassendi bereitete sich ein Schäfer in der Provence durch den Stechapfel zu Visionen und Weissagungen vor[5]. Durch die Wurzel das Napellus wird van Helmont in eine seelische Stimmung versetzt, in der sich die geänderte Tätigkeit des Geistes reiner als sonst offenbart[6].

Dabei wird unser Blick automatisch auf das nachmittelalterliche Hexenwesen gelenkt. Auch die Vorstellung vom Hexenflug ist uralt. Sie kommt im gesamten orientalischen Raum vor . . . ebenso in der nordischen und germanischen Mythologie. Der Flug auf Liebesabenteuer kommt gleichfalls vor.

445

Medea, Tochter der gefürchteten Hekate, Regentin der Unterwelt, verfügt über einen Zaubergarten, in dem Giftkräuter und Arzneipflanzen angesiedelt sind. Circe soll mit betörenden Säften das ihr Nahende in Schweine und Löwen verwandelt haben. Schon im Altertum ist das Kraut Moly als Gegen(zauber)mittel bekannt. Im alten Griechenland ist der Knoblauch (allium sativum) als Mittel gegen Zauberei und neidische Augen bekannt: Kindern wird er als Amulett eingebunden: Schiffer tragen ihn in einem Säckchen bei sich.

Thessalische Weiber verwandeln mit ihren Salben Menschen in Vögel, Esel und Steine. Sie wähnen sich imstand, auf Buhlschaft durch die Luft zu fliegen: colchische und iberische Zauberkräuter werden erwähnt. Spezielle Kenntnis einiger Kräuter erhalten wir durch die Römer. Sie kennen ein »Achaemaensis«, dessen Wirkung Verbrechen verrät oder – unter die Feinde geworfen – Furcht und Schrecken verbreitet. Auch die Römer greifen zur Salbenbüchse. Plinius erwähnt in seiner Naturgeschichte mehrere solcher Pflanzen.

Shakespeare beschreibt um 1609/1610 (Macbeth) das Kochen der Hexensuppe so:

Drachensuppe, Wolfsgebiß,
Hexenmumie, Maul und Füß'
Von des Meers gefräß'gem Raben,
Schierlingswurz, bei Nacht ergraben,
Werft des Lästerjuden Herz,
mit Bocksgalle kesselwärts.
Finger dann des kleinen Knaben,
den die Metz erwürgt im Graben,
Und vom Tiger das Gedärme
Daß es alles brodelnd lärme.

Von der Alraunwurzel (Mandragora) zum Farnkraut

Die wichtigste morgenländische Zauberpflanze ist die Alraunwurzel (= Mandragora). Sie ist schon im frühesten Altertum bekannt. Pythagoras nennt sie wegen ihrer merkwürdig geformten Wurzel »Mardum Giah« (= Menschenpflanze). Eine Pflanze im chinesischen Kulturraum hat eine ähnliche Gestalt und wird als Gingseng (= lebender Mensch) bezeichnet. In der zeitlichen Mitte steht der mittelalterliche Theriak: ein Allerweltsheilmittel. Es hat den Zweck, Einfältigen Geld aus der Tasche zu locken!

Plinus nennt die Mandragora zu Ehren der römischen Zauberin »circaea« und Josephus Flavius sagt, man könne die Wurzel nicht ohne Lebensgefahr aus dem Boden ziehen[7]. Sie wird noch heute in ihrem Ursprungsland als besonders wirksam gegen das Verhexen gepriesen[8].

Begreiflicherweise nimmt das Mittelalter diese sagenumwobene Pflanze in den Reigen ihrer Zaubermittel auf. Erst jetzt spaltet sich die Zauberei als eine von der Heilkunst gelöste besondere Variante. Erst jetzt beginnt man, den Hexen mehr Kräfte als den Pflanzen zuzuschreiben. Die deutsche Bezeichnung »Alraun« kommt wohl daher, daß bei uns die Mandragorawurzel seit geraumer Zeit durch Geheimniskrämer, Landstreicher und gewiefte Händler verbreitet wird. Tatsache ist, daß sie in unseren Regionen nicht vorkommt. Rasch gibt man die dagegen häufig vorkommende Zaunrübe dafür aus und öffnet die Riegel des Betruges. Bald entstehen Schauermärchen wie z.B.:

» . . . die Alraunwurzel wäre aus dem menschlichen Samen entstanden. Sie wachse nur unter Hochgerichten und bewirke für den Besitzer Liebe, Gunst und Glück, doch den unfreundlichen Weibern Unfruchtbarkeit . . . geheim gehalten und ab zu mit Wein gewaschen, an jedem Neumond mit einem frischen weißen Hemdchen angekleidet, lasse sie sich als Homunkulus gebrauchen, welcher auf Begehren Gold und Kostbarkeiten herbeischaffe . . . er dürfe jedoch nicht allzusehr angestrengt werden, damit er nicht zu bald verstürbe . . . beim Ausreißen schreie die Pflanze so jämmerlich, daß man sich die Ohren zuhalten müsse«. 1703 wettert ein ungenanntes Mitglied des »collegium curiosum« gegen diese Auffassung[9], plädiert jedoch gleichzeitig dafür, daß (durchaus) teuflische Kräfte im Spiel sein können.

▶

Das Stock- oder Gefangenenhaus in Danzig. Im Vordergrund findet eine »öffentliche« Hinrichtung statt. Das Stockhaus leitet sich von dem Begriff »im Stock sitzen« ab. Es ist ein hölzerner Mechanismus, in den Beine und Arme (vereinzelt) fest eingeschlossen werden. Die im Hintergrund erkennbare »Peinstube« ist mit der Folterkammer identisch.

Der Stock oder Gefangen-hauß.

Die Peinstube.

Im Abendland favorisiert sich eine weitere Zauberpflanze: das Farnkraut, worunter man den gemeinen Waldfarn versteht. Diese Pflanze erwirbt sich einen besonderen Kult in der Magie, weil sich auf der Rückseite ihres Laubes ein braunes Pulver absetzt. Wird der Strunk an seiner breitesten Spitze im Frühjahr, wo er die ersten seltsam gerollten Wedel treibt, dazu benützt, um eine menschliche Hand zu formen, so bildet sich daraus das »Johannismännchen«. » . . . besonders der Teufel flieht vor ihm und meidet alle Orte, wo sich das Farnkraut befindet und (er) wagt nicht, dort sein Unwesen zu treiben«. Auch der Farnkrautsame wird in der Johannisnacht »bei Gefahr des Lebens und der Seele« nackt gesammelt[10].

In einem Verzeichnis Philipp des Großmütigen (Hessen) befindet sich u.a. ein Jacob Grunnings von Rittmannshausen(?). Er wird angeklagt, mit einem Erdmännchen umgegangen zu sein und damit Betrügereien begangen zu haben. 1676 wird ein Georg Merkel aus Abterode bei Allendorf gefänglich eingezogen. Er hat sich, wie der Pfarrer der Regierung berichtet:

» . . . die Dummheit der Leute zunutze gemacht und mit Glücksmännchen schwunghaft Handel getrieben«. Im Grund genommen haben wir eine Verballhornung des Reliquienhaders vor uns!

Trägt der Mensch Farnkraut bei sich, so hat er einen sicheren Schutz vor zauberischen Anfechtungen, Geisterbannern usw. » . . . er kann eher Schätze finden, hat Glück beim Spiel und die Gunst in der Liebe«. Kritische Geister bezweifeln dies und sagen: » . . . es würde auch nichts nützen, wenn man sich den Farnsamen in die Hosen nähen lasse«.

Neben diesen Hauptpflanzen gibt es viele weitere mit sekundärer Bedeutung. Um alle ranken sich Märlein, Spekulationen und Gerüchte. Unger teilt sie sinngemäß in Schutzpflanzen[11], Wetterkräuter[12], Glückspflanzen[13] und in die Wunderschlüssel der Pflanzenwelt[14].

Unter den Schutzpflanzen sind für meine Untersuchung hervorzuheben: der »Beifuß«, den man gegen teuflische Anfechtungen über die Tore hängt, den »Teufelsabbiß«, den man bei sich trägt, um sich gegen böse Weiber und den Teufel zu schützen. Auch der Rauch des Wacholders soll böse Geister vertreiben. Das Volk meint dazu: » . . . wer in der Walpurgisnacht einen Kranz der Gundelrebe auf dem Kopf trägt, vermag die Hexen zu erkennen«. Die Innenrinde der Erle, in Wein gekocht, ergibt Heilmittel gegen Zaubertränke und der zuweilen auf ihrem Blättern vorkommende Honigtau wird zu Zauberzwecken verwendet. Die Eberesche schützt vor Drachen und Ungetümen: darum wird sie »Drachenbaum« genannt.

Die wichtigsten Wetterkräuter sind praktisch die Vorläufer unserer »modernen« Blitzableiter. Dazu gehören der »Donnerbart«, der »Donnerbesen«, der »Hagedorn« und das »Johanniskraut«. » . . . wer über diese kräftigen Mittel verfügt, widersteht allen Hexereien und Teufelskünsten«. Wohl darum wird das Johanniskraut »Teufelsbanner« genannt. Die Landleute hängen zum Schutz vor Gewittern Zaunrüben über die Stallungen und junge Mädchen verwenden sie zum Liebeszauber, indem sie sie, in Scheibchen geschnitten, in die Schuhe stecken und sagen: » . . . Kröpcheswurzel in meinem Schuh, Junggesellen lauft mir zu«.

Um von den Hexen die Wahrheit zu erfahren, gab man ihnen vor der Folter »Johanniswein« zum Trinken. Das Bilsenkraut – auch »Zigeunerkorn« genannt, bringt angeblich nach anhaltender Dürre Regen.

An Glückspflanzen sind zu nennen: das Eisenkraut (verbena officialis), das mehrfach bei der Zubereitung der Hexensalbe erwähnt wird. Siegwurz (Allermannsharnisch), eine österreichische Gebirgspflanze. Baldrian soll tapfer machen. Die Bezeichnung leitet sich vermutlich vom germanischen Gott Baldur ab. Die weiße Lilienwurzel beglückt in der Frauenliebe und die Nixenblume (= Mummelkrone) gilt gleichfalls als ein kräftiges Zaubermittel. Zu nennen sind noch der Schlafkunz oder Stechapfel, sowie das Hexen- oder Teufelsei.

Diese merkwürdige Pflanze sieht wie ein Hühnerei aus, in einem bestimmten Reifestadium berstet der Balg mit einem lauten Knall und es wächst ein dem männlichen Glied ähnlicher Stiel hervor. Folgerichtig wird es im getrockneten Zustand als Liebeszauber verwendet. Der Erdrauch oder Elfenhauch (fumaria officinalis L.) soll den Hexen und Zauberern dazu gedient haben, um die Geister von Verstorbenen erscheinen zu lassen bzw. um sich unsichtbar machen zu können.

Zu den Wunderschlüsseln der Pflanzenwelt zählt Unger vor allem solche Gewächse, von denen man meint, sie würden helfen, Schätze zu bergen, Türen zu öffnen, Gesundheit, Glück und Reichtum zu erlangen. Dazu gehört (auch) die Wunderblume, aus der sich möglicherweise das »Vergißmein-Nicht« entwickelt hat. Im weitesten Sinn gehört dazu die Wünschelrute; vor allem aber die Springwurzel erlangt in diesem Zusammenhang besondere Bedeutung[15].

Wer erkennt nicht, auf welch kindliche Weise sich der Mensch selbst und andere zu täuschen versuchte?

Anmerkungen zur Hexensalbe

Gab es tatsächlich eine Art Narbotika, das den oft beschriebenen tiefen und unempfindlichen »Hexenschlaf« herbeigeführt hat? Soldan sagt, daß man die Rauschmittel nur um des Rausches willen zu sich genommen hat, denn der Wunsch, einen »Hexentraum« zu injizieren, hätten die Betreffenden unweigerlich in die Arme der Häscher getrieben: dazu saß die Angst im Volk zu tief!

Die Zusammenhänge sind nicht schlüssig geklärt. Fest steht, daß noch nie ein menschliches Wesen auf irgendeinem Gegenstand, sei es ein Besen und/oder Ziegenbock, durch die Luft zu einem Sabbat geflogen ist. Schon der Astronom Kepler macht sich darüber lustig. In der Literatur zum Hexenwesen ist dieser Punkt strittig. Die Extreme schwanken zwischen der Behauptung, daß es Hirngespinste wären[16] bis zu der Annahme, daß man der Drogenwirkung und dem Hexensabbat Realität zusprechen müsse: wie immer setzt sich beim einfachen Volk das Negative durch, denn es erfordert weniger Verstand!

Um die Hintergründe auszuleuchten, haben sich verschiedene Forscher dieses Phänomens angenommen. Kiesewetter stellt sich eine Hexensalbe zusammen, probiert sie an sich aus und erlebt Flug- und Reiseträume[17].

Ein Professor aus Göttingen entdeckt in einem alten Lehrbuch der Magie ein solches Rezept, probiert es aus und gelangt zum gleichen Ergebnis. Der Psychiater Snell führt ebenfalls an sich Experimente durch und sagt: » . . . mit einer Salbe von Anconitum und Fett im Verhältnis 1 : 30 konnt ich weder Anästesie, noch unruhige Träume, noch eine andere Wirkung feststellen. Den inneren Gebrauch habe ich bei Tinctura Belladonna bis zu 50 Tropfen und bei Atropium solphuricum in wässriger Lösung bis zu 0,0002 gr. gesteigert. Trotzdem ist es mir nicht gelungen, Träume zu erzeugen, in denen das Gefühl des Fliegens oder der sexuellen Erregung vorgekommen wäre«.

Riebling zitiert den Fall einer Drogenkopplung und sagt: » . . . eine 54-jährige Frau nahm aus Versehen eine Überdosis Atropin-Scopolamin-Tropfen. Während ihrer narkotischen Psychose suchte sie mit der Wirtin lesbischen Sexualverkehr auszuüben und drängte auch deren Verlobten schamlos dazu, mit ihr zu schlafen. Nachdem die Giftwirkung vorüber war, konnte sie sich an nichts mehr erinnern«[18].

Hier muß auf einen entscheidenden Punkt aufmerksam gemacht werden: die persönliche Konstitution des Einzelnen: Daraus resultierten verschiedene Wirkungen und Aussagen.

Die in den erhaltenen Dokumenten gemachten Bemerkungen über die Beschaffenheit der Hexensalbe sind widersprüchlich. Man beschreibt sie als grün, blau oder schwarz, als geruchlos und stinkend, als giftig und unschädlich, bzw. als beides zugleich. Ohne Zweifel bezieht sich dies auf nur wenige Rezepturen, die sich per Zufall erhalten haben. Die Vielzahl der Angaben verbietet es, die Hexensalben ganz ins Reich der Fabel zu verweisen: » . . . leider sind wir nicht imstande, uns in diesem Punkt Gewißheit zu verschaffen, denn weder der Effekt der Einreibungen läßt sich nachvollziehen, noch die Zeit mit all ihren Begleitumständen heraufbeschwören. Fest steht, daß die Säfte von narkotisch wirkenden Pflanzen eine Rolle gespielt haben«[19]. Dazu einige protokolarische Aussagen.

Ein von Nider beschriebener Fall bestätigt, daß die Hexensalbe bereits im 15. Jh. bekannt ist. Ein Dominikaner will heimlich eine Frau beobachtet haben, die sich damit eingerieben hat und dann in einen bewußtlosen Zustand verfiel. Beim Erwachen behauptete sie, sie habe an einem Hexensabbat teilgenommen.

De Laguna, der Leibarzt des Papstes Julius III. analysiert die einer Hexe abgenommene Salbe. Er nennt ihre grüne Färbung und als Bestandteile Schierling, Alraun und Bilsenkraut. Laurent und Nagour fügen dazu: » . . . da die Ehefrau des dortigen Henkers an Wahnsinnsausbrüchen und Schlaflosigkeit litt, rieb sie sich mit dieser (grünen) Salbe ein. Daraufhin schlief sie 36 Stunden, und sie hätte noch länger geschlafen, wenn man sie nicht mit drastischen Maßnahmen aus dem Schlaf gerissen hätte, indem man ihr beispielsweise Schröpfköpfe ansetzte. Als sie erwachte, beklagte sie sich bitter und erklärte, daß man sie aus den Umarmungen eines jungen hübschen Mannes gerissen habe«.

Die 36 Jahre alte Ursula Kollarin, die am 20. Dezember 1661 in Gutenhag (Steiermark) als Hexe erdrosselt und verbrannt wird, bekennt, nachdem sie den Hexensabbat beschrieben: » . . . nach vollbrachtem Essen habe die alte Wollwerthekin sie allesamt mit einer schwarzen Salbe an den Jaxen (= Achseln) angeschmiert, auf welches allein der Leib fedrig (ge)worden und sie alsobald am Rohitschberg gleichsam wie Storchen geflogen«[20].

Die im gleichen Jahr am 18. November am gleichen Ort erdrosselte Ellenka Schauperin gesteht: » . . . daß sie zweimal auf einem mit einer gelben Salbe angeschmierten Ofenwisch aufgesessen und so nach dem Rohitschberge geflogen«[21].

Die 70-jährige Elisa Plainacher, die wegen überwiesener Zauberei und getaner Zauberfahrten am Ötscher (Österreich) an einem Pferdeschweif gebunden, zur Wiener Neustadt (Erdberg) geführt und hier lebend verbrannt wird, gesteht: . . . wann sie ausgefahren, so habe ihr der Teufel allezeit die rechte Seite mit einer stinkenden Salb geschmiert, allein den Kopf nit«.

Der 40 Jahre alte Jacob Pugel sagt am 17 Mai 1674 vor Gericht, daß der damals schon justifizierte Jacob Kropf zu ihm nach Hause gekommen sei, als er eben vom Weinberg dahingekommen: » . . . er habe ihn beschmiert . . . waren sodann mit Einander zu der Compagnie gegangen und alle sambt mit dem Pfarrer in den Schiesselberg gefahren«.

Peter Fosselt, der am 20. Mai 1689 in Gleichenberg hingerichtet wird, sagt: » . . . er hab Sich, wan ihme die Lust ankhummen, mit der hexensalben geschmiert, uvd weren allezeith in habischgestalt aintweder am khönnings-Stradner oder (am) glichenberger khogel geflogen . . . der bese (= der Teufel) habe ihm und seinem Weib beim Schwämmsuchen (= Pilze sammeln) einen schwarzen Tröglein (= Tiegel/Schmierhafen) mit (einer) Plau-grienen Salb(e) gegeben«.

Die im gleichen Prozeß bezichtigte Gregorischka bekennt: » . . . daß sie mit der teuflischen Salben . . . des gnädigen Herrn und der Frau Gräfin Betten angesalbt . . . sie habe sich bekennt zu der Präparierung von teuflischen Composita und habe der Frau Gräfin von Warzenberg insgeheim ein ›vergifft pulverl‹ auf ihr Begehren gegeben«.

Es ist nicht auszumachen, was die Hexen mit den Salben schmierten: sich selbst, ihren Besen, ihre Tiere oder den neben sich im Bett liegenden Mann. Daß narkotische Mittel wirksam in die Körperhaut – beispielsweise unter die Achseln – eingerieben worden sind, ist unwahrscheinlich, wenngleich Porta und DelRio davon ausgehen. Treffend bemerkt Unger: » . . . nur die verirrte Phantasie hat auch die Stöcke und Besen, worauf die Hexen reitend durch die Luft flogen, mit der Hexensalbe beschmiert«[22].

Der Vollständigkeit wegen sei auf eine besondere Variante des Hexenflugs verwiesen, den sog. »Reisemantel«. » . . . ein solcher war freilich nur den berühmtesten Zauberern erlaubt und ein nur von ihnen benutztes Fuhrwerk. Einige breiteten ihn auf der Erde aus und dann kamen sie wohin sie wollten . . . ohne daß es schien, daß sie von der Stelle kämen . . . diese Kunst nannte man das Mantelfahren«[23].

»Odo, ein dänischer Seeräuber, pflegte ohne Schiff auf einem blosen Mantel über die See zu fahren und den feindlichen Schiffen ein solches Wetter und Sturm zu machen, daß sie in den Abgrund sinken mußten. Seine Haut war fest wie Stahl: endlich verließ ihn der Teufel, so daß er durch die List eines anderen Zauberers ersaufen mußte«[24].

» . . . die Hexen beschmieren sich mit einer gewissen Zaubersalbe, sprechen ihre Beschwörungsformeln, nehmen den Gaul zwischen die Beine und reisen gewöhnlich durch den Schornstein ab. Wo es keinen gibt, reiten sie durch zerbrochene Fensterscheiben oder durch andere kleine Öffnungen . . . andere setzten sich auf ihren Teufel, der in der Gestalt eines Ziegenbockes auf sie wartet. Wenn Kinder und andere der Gesellschaft mitzunehmen waren, so steckten sie dem Bock hinten eine Stange hinein . . . auf welche sich dann die Gefährten setzten«.

» . . . war die Hexe verheiratet und ihr Mann gehörte nicht dazu, so mußte sie sorgfältig sein, daß er ihr nicht auf die Schliche käme. Um das zu verhüten, tunkte sie entweder mit den Fingern in ihre Salbenbüchse und griff daraufhin dem Mann ans Ohrläppchen, und nun schlief er wie ein Murmeltier und wachte nicht wieder auf, als bis daß sie zurückgekommen war . . . oder sie legte ihm eine Stellvertreterin ins Bett, einen Besen oder dergleichen«[(25)].

Paulus Grillandus erzählt von einem sabbinischen Bauer in der Nähe Roms, der 1526 nachts bemerkt habe, » . . . wie sich seine Frau mit einer gewissen Salbe geschmiert und daraufhin vor seinen Augen verschwunden sei . . . des anderen Tags gab's Prügel, bis sein Weib bekannte und um Verzeihung bat«.

Näheres über die Zusammensetzung der Hexensalbe erfahren wir aus den Busek'schen Akten vom 29. April 1656. Auf die Frage, woraus sie bestehe, wird vorgetragen: » . . . aus den Hostien, welche sie und alle Hexen beim Abendmahl in der Kirchen aus dem Mundt genommen, in der Hand behalten, dem Teufel beim Hexendanz geopfert und solche nachgehns wieder von ihm bekommen, den heiligen wein empfangen sie in der Kirche in gedancken auch in Teuffels nahmen. Sie, P. Beklagtin seye da bevor umb ein Kindt kommen, daß habe sie auch darzu gebraucht. Die Scheiden Möllerin, die Butsch, des Herrn Fraw haben die Salben helfen kochen«.

Die Leichenteile von Fehlgeburten, Säuglingen und Kindern bilden schon in der Antike Bestandteile von Zaubertränken und -pülverchen. Folgerichtig taucht dieses Denken wieder auf. Emerenzia Pichler will zur Zubereitung der Zaubersalbe die Asche von ermordeten Kindern verwendet haben. Säuglingsfett wird als Bestandteil der Flugsalbe genannt.

Ebenfalls der Samenerguß von Gehenkten: . . . wenn es sich dabei um einen Rothaarigen *und* Gläubigen handelte, war das Sperma besonders wirksam«. Auch Menstrualblut gilt als Ingredienz für die Zubereitung der Hexensalbe. Diese Alternativen sind so absurd, daß ich nicht weiter auf sie eingehe.

Andere behaupten, daß der Flug zum Hexensabbat durch einen Zaubertrank bewerkstelligt wird, der vor allem aus dem männlichen Samen bestanden haben soll. Einige der frühen Autoren heben hervor, daß Hexen Wein als sexuelles Stimulativ verwendet hätten: » . . . an den Hexensabbaten brachte das in Bier, Apfelwein, Birnenmost und Wasser aufgegossene Hexenkraut die Menge zum Tanzen . . . aber auf eine ausschweifend/wollüstige Art, die keine Spur epileptischer Gewalttätigkeiten aufwies«[(26)].

Pater Sebastian Michaelis erklärt, daß die Hexen am liebsten einen Wein tranken, der aus Weinkellern gestohlen war, um dadurch sexuelle Begierden zu entfachen. Guazzo beschreibt ihn als Flüssigkeit, die schwarzem und geronnenem Blut entspricht. Hinzu gesellt sich die Behauptung, daß die Hexen in der Regel aus schmutzigen Gefäßen getrunken haben oder daß ihr Gebräu mit Kot und/oder Urin vermischt war.

Der Hexenwein wird oft als trüb und wenig geschmackvoll beschrieben. Daraus könnte geschlossen werden, daß man ihm Narkotiks und/oder Rauschmittel beigemischt hat. Auf jeden Fall ist in diesem Zusammenhang der übermäßige, bis zum Rausch gesteigerte Weingenuß mit ins Kalkül zu ziehen.

Meyer sagt: » . . . die damaligen Menschen in ihrer Not und Armut neigten eher dazu, sich mit Rauschgift zu stimulieren . . . die Bauern führen ein gar schlecht und niederträchtig Leben . . . ihre Häuser sind schlecht und von Kot und Holz gemacht, auf das Erdreich gesetzt und mit Stroh bedeckt. Ihre Speisen sind schwarz Roggenbrod, Haferbrei und gekochte Erbsen mit Linsen . . . Wasser und Molken ist ihr Trank. Eine Zwilchsuppe(?), zween Bundschuh und ein Filzhut ist ihre Kleidung. Diese Leute haben nimmer Ruh. Früh bis spat hangen sie der Arbeit an . . . so ist nichts, daß das arme Volk nicht tun muß und ohne Verlust nicht aufschieben kann«[(27)].

Noch schlechter ist die Lage der vielen Bettler und Erwerbslosen, die der in keiner Weise abgesicherten Frauen und der vielen Kinder: auch derjenigen, die durch Beruf und/oder Geburt als unehrlich abgestempelt sind. Hier schließt sich der Kreis, denn die größeren Hexenbrände richten sich allemal gegen Randschichten der Gesellschaft mit ihrer begrenzten Widerspruchsmöglichkeit!

Außerdem ist darauf aufmerksam zu machen, daß mit den aufkommenden Apotheken ein massiver Verkauf von Branntwein einsetzt. Ihre Bedeutung als »Schnapsschenken« wird im norddeutschen Raum erst 1790 untersagt.

Ansicht von Dr. Weyer

Der aufgeschlossene protestantische und trotzdem – oder gerade darum – im Teufelswahn verhaftete Arzt sucht einen Mittelweg und hebt hervor: »... es nehmen die Hexen Kinder, kochen sie mit Wasser in einem Kessel, schöpfen das Fett ab und lassen es gerinnen.

Dasjenige, was sich nach dem Kochen als Bodensatz unten befindet, sammeln sie und heben es zu ihrem Gebrauch auf. Sie vermischen es mit Eppich, Mönchskappen, Pappeln und Rust(?). Man hat mehr Arten von Rezepten sehr wohl zu der Hexensalbe, als auch zu anderen geheimen Mitteln, um Betäubung und Schlafsucht zu erregen und um die Phantasie zu reizen. Ich mag sie nicht sammeln, denn es ist nicht der Mühe wert«[28].

Weyer weist nach, daß Taumel, tiefer Schlaf, Geistesstörungen und Sinnestäuschungen durch Pflanzengifte hervorgerufen werden können. Er nennt neben der Tollkirsche (Belladonna) und Opium den Tobacco der Indianer.

Schon zu Beginn des 14. Jh. – 250 Jahre vor Weyer – vertritt Jean de Meung[29] die Meinung, daß die Vorstellung vom Hexenflug auf besonders intensive Träume zurückzuführen ist. Im 17. Jh. gelangt der Philosoph Hobbes zu einer ähnlichen Auffassung und schreibt: »... aus dem Unvermögen, Träume von der realen Sinnwahrnehmung zu unterscheiden, entwickelte sich ein Teil der heidnischen Religion ... heute entsteht daraus der Glaube der Ungebildeten an Geister, Elfen und Hexen«.

Zurück zur Hexensalbe. Hier konzentrieren sich die Überlegungen auf die sog. »Nachtschattengewächse« (= solancae).

Das eigentliche Hexenkraut ist das Bilsenkraut. Es ruft bei starker Einnahme das Gefühl des Fliegens hervor, was individuell zu beurteilen ist: vereinzelt gebärden sich die Betroffenen wie Wahnsinnige. Der so herbeigeführte Rausch ist unlustig und verursacht einen traumlosen Schlaf. Deshalb nennt man das Bilsenkraut vereinzelt »Schlafkraut«.

Die Tollkirsche kommt in unseren Regionen beschränkter vor. Für »morbus maleficialis« (= die durch Zauberei bewirkte Krankheit) setzt sich das deutsche Wort »Nachtschatten« durch. Die Tollkirsche führt einen Erschöpfungszustand des Nervensystems herbei und bewirkt – überdosiert eingenommen – den Tod durch Lähmung der Atemwege. Der Eisenhut wird bereits von den Römern als Rauschmittel verwendet und bringt gewöhnlich eine Verlangsamung des Herzschlages mit sich.

Der Stechapfel (= datura stramonium) ist eine Schuttpflanze, die in deutschen Kräuterbüchern erst mit dem 16. Jh. auftaucht. Holzinger verweist darauf, daß sie damals recht unbekannt ist und demzufolge eine geringe Bedeutung im Verbund mit den Hexensalben einnimmt.

Dieser Standpunkt wird von namhaften Toxikologen geteilt. Es hat sich ein altes Rezept erhalten. Ihmzufolge verwendet man für die Zubereitung der Hexensalbe neunerlei Kräuter (s. Tabelle):

	Bezeichnung	lat. Name	Was ist zu tun?
1.	Mondkraut	(osmunda lunaris)	am Montag geschnitten
2.	Eisenkraut	(verbena officialis)	am Dienstag gesammelt
3.	Godeskraut	(mercurialis perennis)	am Mittwoch gepflückt
4.	Hauslaub/Donnerbart	(sempervivium tectorum)	am Donnerstag geholt
5.	Liebfrauenhaar	(adianthum caoillus veberus)	am Freitag gebrochen
6.	Sonnwende	(Hyoscymamux niger)	am Sonnabend geholt
7.	Bilsenkraut/Elfenkraut	–	–
8.	Tollkraut	(atropa Belladonna)	–
9.	Sturmhut	(aconitum camarum)	–

Hexenschauer, -banner und -bezwinger

Das Zauberwesen wird in seiner Gesamtheit nur verständlich, wenn man den kirchlichen Aberglauben akzeptiert und wenn man die Angst der damaligen Bevölkerung vor teuflischen Einflüssen versteht. Wie oft macht sich die Geistlichkeit die Sorgen des »kleinen« Mannes zunutze. Die geteilte Kirche geht hier, nachdem sie heidnische Gottheiten zu »bösen« Dämonen abgestempelt hat, sich ein Informations-, Spitzel- und Glaubenssystem gezimmert und nachdem sie sich eine Verwaltung mit drakonischen Gesetzen gegeben hat, ein gutes Stück voran. Sie hat sich damit vor Jahrhunderten eine immer enger werdende Zwangsjacke angezogen, die sie nicht mehr abzulegen weiß.

Nach der Bulle des Papstes Sixtus IV. vom 22. März 1471 erhalten die Geistlichen das Recht, »Gotteslämmer« auszugeben, durch deren Erwerb man seiner Sünden ledig wird, die gegen Feuer- und Wassernot ebenso wirken wie gegen Krankheit und Zauberei. Hohe Würdenträger erhalten geweihte Rosen und/oder Splitter vom (angeblichen) Kreuz Christi. Gegen Ende des MA horten Einzelne, wie z.B. der Kurfürst Friedrich v. Sachsen, immense Reliquien, mit denen geschachert wird. Nun nimmt das theologische Geplänkel, verbunden mit dem Ablaßhader und Herrn Tezel, bizarre Formen an. An dieser Stelle läuft das Faß über: die provozierte »Reformation« macht sich eine Bahn im Glaubensgetümmel.

Hinzu kommt der Verkauf von Schweißtüchlein, (Marien)-medaillen, geweihten Bildern und des Agnus Dei (= Lamm Gottes). Hinzu kommen viele kirchliche Feiertage mit den damit verbundenen Prozessionen, Umgängen, Weihungen, dem Verteilen der Hostien, das Lesen der Messen, die Hörung des göttlichen Wortes, Gesänge, das Anbeten der Bilder, Entzünden von Kerzen usw. Diese Dinge scheinen notwendig, um Christen an das Glaubensjoch zu binden. Ich erwähne dies, um zu verdeutlichen, wie eng die Bindung an die Religion gehalten ist.

Das Volk rennt wegen jedem ihm unverständlichen Ereignis zu Geistlichen, die durch einen »göttlichen« Segen Vieh und Menschen heilen sollen, bzw. gestohlene Sachen »wieder« auffindbar machen. Mit göttlicher Hilfe vermeint man, Diebe und Hexen anzeigen zu können, Teufel zu verjagen usw. Ein Familienfest ohne Priester resp. Pfarrer ist nahezu undenkbar: die Beichtpflicht bei den Katholiken schafft eine (noch) engere Bindung.

Das Leben der von den Hexenperioden geschwängerten Zeit ist eng mit religiösen Vorstellungen verwoben. Alles zusammen gesehen haben wir ein Mosaik der tollen Verwirrung vor uns. Die Religion stürzt die Epoche in einen Glaubenswahn und zugleich in einen abergläubischen Taumel. Hinter den Kulissen erkennen wir die Umrisse, das grausam-einfältige Schema der Geistlichkeit.

Die Folge dieses »gesteuerten« Verhaltens ist, daß ab dem 16. Jh. überall im Land fahrendes Volk herumzieht, um Pergamente mit Worten und Zeichen gegen den Teufel, Geister, Zauberei, Hexerei, Ertrinken, Verbrennen, zum Schutz gegen Waffen und viele Krankheiten (Lähmungen, Blutungen, Gallensteine, Pagodra, Aussatz, Schwindsucht, Krämpfe, Herzzittern, Tierkrankheiten, Eifersucht, Liebeskummer, Fliegen- und Mückenplagen usw.) verkaufen. Es entsteht ein schwunghafter Handel mit Bann- und Segenssprüchen. Hinzu gesellt sich der Verkauf von »Hexenrauch«.

Johann Geiler von Keysersberg trifft in der Predigt vom Donnerstag nach Okuli 1508 den Nagel auf den Kopf und sagt: » . . . du sollst lieber kranck seyn, als mit Zauberei gesund werden; denn der Teufel selbst müßte dich gesund machen. Du sollst des Teufels müßig gehen, das ist wider die Menschen, die zu den Teufels-Beschwehrern, dem Kälber- oder Schinderarzt laufen, wenn sie eine Kranckheit haben: Gott gebe, so sprechen sie, wer mir hilft. Das soll nicht seyn«. Nicht alle Geistlichen verfügen über diesen Weitblick.

Bedeutende, im Zusammenhang mit dem Hexentreiben stehende Druckschriften verurteilen das Gehabe der Geistlichen und bezeichnen sie als Zauberer, die das Volk verdummen. Martin v. Arles wettert gegen die Teufelsbeschwörer: » . . . sie mengen allweg etwas Heiliges und Göttliches unter ihren Aberglauben, wie es die einfältigen Toren, die ihnen nachlaufen, selbst bezeugen«.

Nider hebt hervor: » . . . die Zauberer beflecken durch ihre Bosheit die Sakramente der Kirche, als wenn sie einen Faden durch das hl. Chrisma ziehen, ein irdisch Bild eine Zeitlang unter den Altar legen und andere Dinge dergleichen mehr: sie gebrauchen das hochwürdigste Sakrament des Blutes unseres Herrn, um ihr Zauberwerk zu vollbringen . . . indem sie die heiligsten Dinge mit ihrem Aberglauben mischen«.

Bodin hebt hervor: » . . . durch unzählige Prozesse ist dargetan, daß die Priester Zauberer sind oder mit ihnen in Gemeinsamkeit stehen, indem sie sich durch Gunst oder Geld bewegen lassen, Messen zu lesen, den Leuten geweihte Hostien zu geben. Jungfernpergament zu weihen, gezeichnete Metalltafeln unter das Altartuch zu legen, Kröten zu kaufen oder wächserne Bilder zu taufen. Wir sehen es auch an Sprenger (einem Autor des Hexenhammers), in Paulo Grillandus und Pontamo (ein Zeitgenosse von Luther), daß sie sind die größten Zauberer gewesen . . . damit sie das Volk vergiften und verderben«.

Weyer meint: » . . . daß viele Seelen aus der Faulheit und Nachlässigkeit der Pfaffen verloren gingen, aber auch, weil sie selbst andere Leute dazu anstiften. Sobald sie einen Jammer oder eine Krankheit haben, gehen sie zu ihnen. So sind die Mönche und Meßpfaffen zum Teil ungelehrte, unverschämte und verruchte Buben, daß nicht genug davon zu singen und zu sagen ist«.

Paracelsus wettert gegen den Mißbrauch der Amulette: » . . . man gebraucht ihrer, deren Tausend nicht einer Nußschale wert sind. Derohalben sage ich, daß man nicht allen Charakteren und Wörtern glauben soll«.

Dazu zwei Beispiele:

Das ungesegnete Ehebett

Im August 1783 bekommt eine Metzgerin in Günzburg, einer kleinen Stadt in der Nähe der Markgrafenschaft Burgau »einige Tage nach der Niederkunft« so heftige Schmerzen, daß sie darüber in Raserei fällt. Sie schlägt nach jedem, der sich ihr naht und rauft einem Kapuziner eine handvoll Haare aus dem Bart.

» . . . er erkennt sogleich an der Lüsternheit, daß es nicht Mutterwehen, sondern ein böser Geist ist, der in ihr wütet. Rasch ist das Gerücht in der Stadt verbreitet, was vom Stadtdiener bestätigt wird. Ein Kapuziner, der im Ruf eines Geisterbanners steht, wird jetzt gerufen. Auf Befehl des Hochwürdigen müssen die Betten, worauf die Kranke liegt, aufgeschnitten und deren Federn untersucht werden, ob keine Haare, Zwirn oder sonst etwas der Hexerei ähnliches verborgen ist. Der brave

Metzger hatte bei seiner Hochzeit versäumt, das Ehebett einsegnen zu lassen«.

» . . . denn wenn in jener Gegend eine Hochzeit gehalten wird, so kommen am Abend des Beilagers zwei Kapuziner und segnen das Ehebett ein, indem sie Stückchen von Wachs in den Ecken der Bettstatt anbringen. Schließlich heißt es (in diesem Fall): › . . . dies sei ein Teufel von der ersten Klasse, dem nur Pater Ulrich aus Elchingen (dortige Benediktinerabtei) gewachsen sei. Er hat eine für sich abgeschlossene Wohnung und eine Weibsperson bei sich, die die größte Plaudertasche des Landes ist, aber im Ruf der Frömmigkeit steht. Sie verkauft auf Anordnung des Prinzipals dem leichtgläubigen Volk Öle und Kräuter als hochgeweiht, man nennt sie die Ulrich-Bärbel. Zu ihr wird die Kranke gebracht. Nach einem zwanzigstündigen Aufenthalt und einer Gebühr kommt sie, wie leicht zu erraten, kränker zurück‹. Jene Abtei steht seit 70 Jahren in dem Ruf, die größten Teufelsbanner in ganz Schwaben zu besitzen . . . es ziehen Menschen aus allen Städten dahin . . . welches Gewerbe dem Prälaten jährlich über 1 000 Taler einbringen soll«.

Der vom Teufel betrogene Bauer

» . . . in einem gewissen Dorf wohnte ein wohlhabender, aber herrlich einfältiger Bauer. Er kam einmal in die Schenke des Dorfes . . . in dieser wurde gerade vom Teufel erzählt. Er glaubte alles, geriet in Angst und kam so in Furcht, daß er nicht (mehr) allein nach Hause gehen wollte. Ein Paar abgefeimte Burschen suchten sich sofort den Einfältigen zunutze zu machen. Der eine verkleidete sich, so wie der Teufel in der Schenke beschrieben worden war und kam des Nachts zu der Tür des Bauern, kratzte daran und brüllte durch ein Horn, daß es fürchterlich anzuhören war. Der Erschrockene lief zum Fenster. › . . . ach wahrhaftig, der böse Leibhaftige ist da‹ sagte er und schlug geschwind das Fenster zu. Drei Nächte lang trieb der verkappte Teufel sein Spiel mit dem Bauern, bis sich dieser schließlich auf den Weg zu einem Kapuzinerkloster machte, um den Teufel bannen zu lassen.

Rechtzeitig erfahren das die Betrüger: . . . einer von ihnen stellt sich, als wisse er von nichts und verspricht, gegen eine große Summe Geldes, den Teufel zu bannen. Wer war froher als der einfältige Mann? An die Tür werden drei Kreuze gemacht. Da tat der Kerl, als murmle er einige Worte, dann riß er sie auf und peitschte auf den Teufel Schlag um Schlag. Wie bedankte sich der Bauer und wie gern gab er das versprochene Geld. Doch die Regierung erfuhr es und ließ den einen in seinem Teufelshabit einige Tage an den Pranger stellen«.

Es gibt noch heute in manchen Klöstern Hexenpatres, d.h. Mönche, die vorgeben, sich auf das Bannen und Vertreiben von Hexen zu verstehen: und die »Hexenpulver« verkaufen. Der Hexenbanner muß freilich ein Geistlicher sein. Die ländliche Bevölkerung huldigt noch heute dem gleichen Aberglauben wie vor Jahrhunderten!

Gerade hier, am Rand des Hexenwesens, wird die Ohnmacht der theokratischen Systeme deutlich. Die Priester schießen von Amtswegen mit Kanonen auf Spatzen und vermögen nur selten zu erkennen, daß sie selbst die Hintergangenen sind. Sie drohen physisch Kranken mit einer Macht, die es nicht gibt und der trotzdem Millionen verpflichtet sind. Hierher gehört das Gebet zur Austreibung aller Malefiz: » . . . ich beschwöre euch, ihr himmlischen Geister gegen alles von (den) Hexen und (dem) Bösen versuchte Übel. Im Namen der hl. Dreifaltigkeit und der seligsten Jungfrau Maria, wie des ganzen himmlischen Chores, daß ihr ablasset von meiner Milch (Butter), durch das allkräftige Weihwasser, durch das am Tag der hl. Drei Könige, die das Kindlein besuchten, geweihtes Salz und durch diese Bröcklein Brot, sie der Haab Gottes, verbiete ich euch, mir zu schaden oder nachzusetzen. Durch Jesum Christum unseren Herrn, der da lebete und regiert von Ewigkeit zu Ewigkeit. Amen«. Dieses Rezept kostete drei Gulden und einen wohlgehangenen Schinken.

Der Hexenbanner nimmt, um eine Hexe zu erkennen, einen sog. »Erdspiegel«, der mit Figuren versehen ist. Er wird drei Tage lang an einem Kreuzweg vergraben und dann wieder hervorgeholt. Nun läßt man einen Hund hineinschauen, weil der erste, der dies tut, daran sterben muß. Daraufhin wagt der Experte einen Blick in den Spiegel (der Einfalt). Nun folgert man: » . . . daß diejenige Person, die zu einer bestimmten und bezeichneten Frist als erste Borgerin kommt, eine Hexe ist«. Kann man lächerlicher argumentieren? Stets war die Zahl der Betrüger klein und die der Betrogenen groß.

Vereinzelt fungieren Scharfrichter als Hexenschauer oder »Nachweiser«. Da wird einem Mädchen von einer angeblichen Hexe ein lahmes Bein »angewünscht«. Weil die medizinische Kunst vergeblich ist, wird der Scharfrichter von Gandersheim zitiert. Er fängt die Hexe in einem Sack und heißt die Leute, in der Stube zu bleiben und die Türen zu schließen, so daß er unerkannt ein Zeichen seiner Kunst geben kann. Plötzlich fällt ein Mann von der Scheune und das Mädchen gibt lebende Tiere, gleich Eidechsen, von sich und wird daraufhin gesund!

Daß noch heute Unfug mit dem Hexenwesen getrieben wird, soll an einigen Beispielen verdeutlicht werden.

» . . . ein Kind ist bis zu seinem 11. Lebensjahr Bettnässer, obwohl es mit guten Worten ermahnt und mit harten Strafen belegt wird. Schließlich fährt die einfältige Mutter mit dem Sohn in die Stadt zu einem Mann, von dem es heißt, daß er enthexen kann. Nach verschiedenen Zeremonien gibt er die Anweisung, die Mutter müsse abends beim Gebetsläuten zum Friedhof gehen und den Sohn in ein frisches Grab hinablassen, dort müsse er in einer Ecke Wasser lassen und daraufhin müßten beide wortlos zurückgehen«. Es wird (freilich) befolgt und das Kind wird geheilt. Hier sehen wir die Mixtur zwischen Einfalt-, Volks-, Aberglaube und Geschäftemacherei. *So geschehen 1954 in der Bundesrepublik.*

25 Jahre danach, 1979 ist in Marseille der Wunderheiler Kilibarum tätig, auf den ich anderweitig eingehe (vergl. Kap. Schwarze Messen). Es fällt auf, daß vor allem religiös gebundene Menschen und physisch Angeschlagene in zauberische Vorstellungen geraten. Wie oft passiert es, daß sie von anderen Abergläubischen in den Bann gezogen, bzw. im Wahn bestärkt werden. Rasch gibt ein Wort das andere, man gerät ins Schwatzen, Erzählen und Fabulieren. Rasch dichtet man dem Mitmenschen Unmögliches zu, wie z.B. den »bösen« Blick oder die Fähigkeit des »Verwünschens«.

Fast so rasch ist der Wahrsager, Kartenleger, Hexen- (alias Teufels-)banner zur Stelle. Da verenden in einem Stall mehrere Tiere und die Besitzer wissen sich keinen Rat. Der damals 50-jährige Bauer ist kerngesund. Seine um 2 Jahre jüngere Frau wird als streng religiös geschildert. Sie soll immer wieder gerufen haben: » . . . ich bin Jesus (und ich) will den Teufel vertreiben«. Zudem glaubt sie, mit ihrem bereits verstorbenen Bruder in Verbindung zu stehen. Sie hört Töne und deutet dies als Ruf armer Seelen.

Ein Wahrsager rät, das Futter mit Weihwasser zu besprengen und den Stall mit Wacholder auszuräuchern. Dies sei besonders wirksam, weil auf Golgatha ein Blutstropfen des sterbenden Erlösers auf einem unter seinem Kreuz wachsenden Wacholderbaum gefallen sei: seitdem hätten diese Beeren eine besondere Heilkraft. Gesagt, getan. Daraufhin werden die krankhaften Erscheinungen seltener, der scheinbar importent gewordene Zuchtstier (wird) aktiv, die gefallenen Kühe gesund und die Stallsau will wieder ihre Ferkel tränken.

Letztlich wird die Mutter in einer psychiatrischen Klinik von ihren Wahnvorstellungen befreit. Das Ganze spielt sich nicht im Mittelalter ab, sondern vor wenigen Jahren in der BRD.

Kirchliche Rezepte gegen den Teufel

Da die Christen gezwungen sind, an den Teufel zu glauben, ist es nicht verwunderlich, wenn er vielfach in deren Gebete eingebunden wird. So sucht man sich gegen seine angeblichen Listen zu wehren. Am Sonntag nach Pfingsten hören wir: » . . . O Gott, schütze auf unsere Bitte hin dein Volk vor den teuflischen Anfechtungen und ermahne es, Dir mit einem reinen Herz zu folgen«. Einige Wochen danach ruft man aus: » . . . O Herr, Deine Sakramente mögen uns vor teuflischen Anläufen sicherstellen«. Am 16. Mai wird gebetet: » . . . O Herr, strecke durch die Fürbitte des hl. Ubaldus Deine Hand über uns, damit uns die teuflischen Bosheiten nicht erreichen«. Bei der Weihe des Taufwassers wird gesprochen: » . . . ferner weiche also von hier, auf Deinen Befehl O Herr, jeder unreine Geist, es fliehe die Bosheit des teuflischen Betrugs, keinen Platz finde die Annäherung einer feindlichen Macht, sie fliege nicht Nachstellung bereitend umher, sie schleiche nicht verborgen herbei, sie verderbe nichts durch ihre Ansteckung«.

Bei der Taufe und beim Sterben lassen es sich die Geistlichen nicht nehmen, die Weichen zu stellen: » . . . wenn wir im Sterben liegen, setzen die Teufel allen Fleiß daran, uns vom rechten Glauben abzubringen: davor beschirmt uns der allmächtige Gott. Darum seid gewarnt, daß euch am Ende der rechte Glaube nicht vom unseligen Teufel genommen wird . . . damit wir nimmer schauen in das Himmelreich. Ein jeder soll täglich zweimal den Glauben sprechen, denn die ärgste Versuchung ist der Zweifel«.

Einige Gebete nehmen bizarre Formen an. Wünschelruten werden so gesegnet:

» . . . Gott grüße Dich, du edles Reis. Mit Gott dem Vater such ich dich, mit Gott dem Sohne find ich dich, mit des hl. Geistes Macht brech ich dich. Ich beschöre dich, Rute und Sommerlatte, bei der Kraft des Allerhöchsten, daß du mir zeigen wollest, was ich Dir gebiete, und solches als gewiß und wahr als Maria, die Mutter Gottes, eine reine Jungfrau war und daß sie unseren Herrn Jesus Christus hat geboren. Im Namen des Vaters + des Sohnes + des heiligen Geistes. Amen«.

Um den Pferden Würmer zu vertreiben, spricht man drei Stunden vor Sonnenaufgang über sie: » . . . Im Namen des Vaters + des Sohnes + des hl. Geistes. Wurm, ich beschwöre dich, daß du weder Fleisch, Blut oder Bein dieses Pferdes essest, verzehrest oder saugest, sondern (daß du) so geduldig werdest, wie es der hl. Hiob gewesen, so gütig, wie es Johannes der Täufer war, als er den Herrn im Jordan taufte. Im Namen des Vaters + des Sohnes + des hl. Geistes«. Hierauf spricht der Priester in das rechte Ohr des Pferdes drei Vater unser und Ave Maria(s).

Rezept gegen teuflische Anfechtungen

Diese Mixtur ist von Interesse, weil sie aus der Feder des Abtes Trithemius stammt. Der Kirchenmann sagt: » . . . der Behexte legt eine Generalbeichte ab und empfängt entweder in der Kirche oder in seinem Haus das hl. Abendmahl, wo dann der Priester die Messe S. Trinitate mit besonders eingelegten Gebeten und auf einem Tragaltar liest. Das Bad ist an einem verborgenen Ort in einer reinen Badewanne aus Flußwasser herzurichten. Darin sind Weihwasser, geweihtes Wachs, Salz, geweihte Asche, Palmen, Friedhofserde und allerlei Kräuter zu tun. Der Mann steigt nackt in die Wanne, das Weib mit einem Hemd angetan, worauf der Priester die Wanne unten, in der Mitte und oben mit einer dreifachen Lichtmeßkerze beklebt. Dann bereitet er aus Weihwasser, geweihtem Salz und einem zurückbehaltenen Teil der Erde einen Teig und bindet diesen unter Gebeten dem Kranken an das leidende Körperteil. Daraufhin ruft der Behexte die göttliche Hilfe an, während der Priester verschiedene Beschwörungen über ihn spricht. Hierauf weiht er für den Kranken einen Wein, stellt aus 38 Pulvern das sog. ›Wachs‹ in der Form eines Kreuzchens her, schließt dasselbe in eine Nußschale, welche er in ein Tuch näht und es dem Behexten um den Hals hängt. Dieses Bad hat der Kranke neun Tage hintereinander zu gebrauchen. Außerdem hat er morgens und abends das Pulver des Eremiten Pelagius in warmem Wein oder mit Brot zu sich zu nehmen und sich dabei von jeder Sünde fernzuhalten. Ist nach Ablauf der neun Tage der Kranke gesund geworden, wird er in die Kirche geführt, um Gott zu danken.

Ist der Zauber nicht gebrochen, muß man dafür Sorge tragen, daß fromme Leute fasten, beten und Almosen geben und daß weitere neun Tage für den Behexten eine Messe gelesen wird. Bleibt dann der Zauber noch immer, muß (wieder) mit den Beschwörungen begonnen werden«.

Zu Beginn des 18. Jh. geht man mit folgendem Rezept schwanger: » . . . erstlich nimm 5 Lot Traurigkeit, 10 Lot Geduld und 15 Lot Demut. Diese Indegrenzien stoße mittels des Stempels der Stärke im Mörser des Glaubens wohl durcheinander. Alsdann gieße ein Viertheil Hoffnung hinein, gebe es mit dem Feuer der christlichen Liebe in die Pfanne der Gerechtigkeit, rühre es oft unter einem andächtigen Gebet und bewahre es im Geschirr der Beständigkeit, damit der Schimmel der Eitelkeit nicht dazu komme. Salbe dich täglich damit . . . es hilft wider die Hölle«.

Einschmieren mit Hexensalbe und Hexenflug. Grober Holzschnitt des frühen 16. Jh. Interessanter als die Szene ist der Einblick in die »damaligen« häuslichen Verhältnisse.

Literarisches Hexentreiben

Die Erfindung der Buchdruckerkunst und verschiedener graphischer Techniken bringt es mit sich, daß immer weitere Kreise der Bevölkerung mit Thesen *und* Antithesen beeinflußbar sind. Rasch formieren sich die bleiernen Buchstaben zu einer wirkungsvollen Armee und das »gedruckte« Wort wird ein zweischneidiges Schwert[1]. Wie Wogen in der Brandung prallen die Ansichten aneinander. Die damit verbundene Machtfülle wird rasch erkannt: das Buch wird zum politischen Faktor und führt zu einer Nivellierung der Meinungen. Die Vermarktung der Bibel gehört hierher. Wer käme (noch) auf die Idee, an der Aufrichtigkeit ihrer Texte zu zweifeln? Und doch: wieviel Unwahres kann in ihr begründet sein? Über das Heer der Theologen wird über Jahrhunderte von Tausenden von Kanzeln die Bibel zitiert: sie wird den Hexen zum Verhängnis!

Es ist auffallend, daß die umfangreiche Literatur zum Hexenwesen einen ähnlichen Trend aufzeigt. Fast wie aus einem Block gegossen, verlangt man unnachgiebig das Verfolgen und Brennen der »ach so schrecklichen Zauberer und Hexen«. Der Glaube an die Wirksamkeit der Dämonen beherrscht die Vernunft:

» . . . man findet zur Zeit Meister, die Bücher mit Bildern und Figuren ausgehen lassen, die zeigen, wie die Hexen von den Teufeln durch die Luft geführt werden, wie sie miteinander tanzen und buhlen . . . sie stellen dem gemeinen und unverständigen Mann so abscheuliche Lügen vor Augen, daß er noch mehr gegen die aberwitzigen Weiber aufgehetzt wird«.

Beispiele sollen verdeutlichen, wie intensiv das Damoklesschwert der Religiosität die ohnehin verwirrten Gemüter bewegt. Fast wie gelähmt schaut man auf den von Kirchenoberen und -dienern gezimmerten Teufel. Sensationslüsterne Literatur ist schon damals gefragt: einer kopiert den anderen, so häuft sich eine Unwahrheit auf die nächste. Daraus entsteht ein kaum übersehbarer Wust sog. »Zauberliteratur«. Ich greife hier nur einiges heraus.

Den norddeutschen Arzt Johannes Weyer[2] mit seiner »Praestigiis Daemonum«, Hermann Wilcken[3] mit seinen »Christlichen Bedenken der Zauberei« und dem gleichzeitigen Verfasser der »Neuenrader Kirchenordnung«. Er ist Rektor an der Universität zu Heidelberg. Hinzu kommt Anton Prätorius mit seinem »Gründlichen Bericht von der Zauberey«[4], Franciscum Agricola, ein ausgeprägter Katholik und Hans Schulze[5], der viele Jahre in Halle/S. als Universitätslehrer wirkt. Die Aussagen ihrer Schriften sind (hier) komprimiert und unserer Sprache angeglichen; Wiederholungen zu vorausgegangenen Kapiteln und Überschneidungen sind unvermeidbar.

Solche Bücher hatten eine eminente Bedeutung auf die Beeinflussung des einfachen Volkes, das begierig den wenig Lesekundigen lauscht. Hinzu kommen später die Zeitschriften: sie tragen durch das Abdrucken von Schauermärchen dazu bei, den Aberglauben wachzuhalten.

Johannes Weyer

Als Kind des 16. Jh. bekennt er sich zu einer ausgeprägten Dämonenlehre. Er glaubt mit Augustinus, daß die heidnischen Götter Teufel sind; doch können sie aus eigener Kraft nichts bewirken: weder Tote erwecken, etwas schaffen oder verwandeln. Zur Zeit Weyer's erscheint das Buch »officium spiritium«, das eine gegenteilige Meinung zum Ausdruck bringt. Ihmzufolge können die höllischen Geister zu Dienstleistungen gezwungen werden. Weyer versucht, diesen Aspekt in seiner »Pseudomonarchie daemonum« zu widerlegen.

Er ist ein Schüler von Agrippa von Nettesheym, studiert in Paris, und kehrt nach Deutschland zurück. Seit 1545 ist er Stadtarzt in Arnheim, danach Leibarzt des Herzogs von Lülich-Cleve-Berg, der auf seine humanistische Haltung Einfluß nimmt. Als Mediziner hat Weyer Gelegenheit, die in den Gefängnissen wegen Hexenwerks Eingezogenen zu konsultieren. Er erklärt sie für unschuldig, krank, irr und als »höchst beklagenswerte« Menschen. Dadurch setzt er sich *gegen* den Zeitgeist vielen Schwierigkeiten aus. In einigen Fällen vermag er ihre Freilassung zu bewirken.

Nun beschäftigt er sich intensiver mit diesem Thema, greift zur Feder, schreibt 1653 seine »Praestigiis Daemonum« und zündet eine Bombe.

Das Werk erreicht in zwanzig Jahren sechs Auflagen: schon die zweite beinhaltet Anerkennungsschreiben von aufgeschlossenen Fürsten, Gelehrten und Ärzten. Unter ihnen befindet sich der Benediktiner Hováus aus Echternach. Doch im wesentlichen wird die »Praestigiis« bis weit in das 18. Jh. hinein verdammt, verketzert und verworfen. Schon 1570 steht sie auf dem Index der verbotenen Schriften[6].

Kraftvoll stemmt Weyer seine Stimme gegen das Hexenwüten und erhebt sich zum Anwalt der Wehrlosen. Entrüstet bezeichnen ihn Schreiber-Kollegen als Lügner und Inhaber übernatürlicher Kräfte, ja man unterstellt ihm:
» . . . er habe den Verstand seines Fürsten verwirrt«. Weyer verläßt verbittert die Heimat und nimmt Zuflucht beim Fürst Bernheim v. Tecklenburg. Hier lebt er von 1564 bis 1588 als Arzt und Autor[7].

Weyer hat seine Schrift dem Philologe und herzoglich-cleve'schen Gesandten Andreas Masius vorgelegt, der sie so beurteilt:
» . . . mir ist es wie ein rohes Werk vorgekommen. Lauter Lappen, die ohne Sinn und Verstand zusammengenäht sind: Toll aneinandergehäuft und zusammengestoppelt, einem Ameisenhaufen vergleichbar . . . so hast du das ganze Werk umzuarbeiten und es teilweise zu vernichten«.

Scribonius hält ihm folgenden Nachruf:
» . . . Weyer, der, um die Richter für die Zauberinnen einzunehmen, ihr Tun aus ihrer kranken Einbildung ableitet, geht darauf aus, die Schuld von ihren Schultern zu wälzen und sie von der Strafe frei zu machen . . . um dadurch die Hexenkunst überall in Schwung zu bringen. Mit Bodin(us) gehe ich einig und glaube, daß er in alle Geheimnisse der Hexen eingeweiht, ihr Genosse und Mitschuldiger ist, ja daß ein solcher Mensch nie geboren oder hätte er wenigstens nie etwas geschrieben«.

Weyer's Angriffspunkte sind wirklichkeitsnah, denn die uns nachträglich mögliche Rekonstruktion der Verhältnisse gibt ihm in fast allen Punkten recht. Er verteidigt eine soziale Randgruppe. Getreu seiner Devise »vince te ipsum« (= besiege dich selbst) geht er auf dem schmalen Weg der Tugend. Er bewegt sich inmitten einer Flut von Schundliteratur und theologischer Pamphlete. Wieder einmal gelingt es einem Einzelnen das Rädchen der Gerechtigkeit anzutippen. Wie lächerlich macht sich der Jesuit Paul Laymann mit der Anmerkung:
» . . . etliche Menschen sind so eigensinnig, daß sie dem Ketzer Wieri mehr glauben als den Theologen und Doktoren der Rechte. Was ist

das anderes, als alle Entscheidungen der Kirchenväter, der Beschlüsse der Päpste, der Akademien, Tribunale und der Kirche Gottes der Unwissenheit, Ungerechtigkeit und Tyrannei zu bezichtigen«. Und doch hat Weyer recht. Er trägt vor:
» . . . von allem Unglück, das durch den Satan über die Christenheit gekommen ist, ist nicht das Geringste das unter dem Namen der Hexerei Ausgestreute . . . wohin ich höre ist niemand, der dieses Labyrinth aus Erbarmen öffnet oder seine Hand zum Heilen der tödlichen Wunde erhebt. Die Blendwerke der Dämonen haben einen Schandfleck über das christliche Europa gebracht . . . sie verursachten den tollsten Irrtum der Menschen, führten zum häufigsten Mord an Unschuldigen und zur wahrlich nicht leichten Gewissenswunde der Obrigkeit«.

» . . . die Mönche und Pfaffen sind ungebildet und unverschämt (die Guten und Frommen, die ich hoch in Ehren halte, sind davon ausgenommen). Sie geben vor, etwas von der Heilkunst zu verstehen und lügen Hilfesuchenden vor, daß ihre Krankheit vom Behexen käme. Damit nicht zufrieden, brankmarken sie irgendeine unschuldige Matrone und deren Sippe auf ewige Zeiten, zerdrücken Schuldlose mit ihrem Haß, zerstören Freundschaften, trennen Blutsverwandtschaft und sorgen für die Einkerkerung. Das trifft nicht nur die Armen Unschuldigen, sondern auch die, die sich ihrer schützend annehmen«.

» . . . aber wenn einmal der erscheinen wird, dem nichts verborgen bleibt, der Herz und Nieren erforscht, der rechte Richter aller Dinge, dann sollen eure Werke offenbar werden. O, ihr harten Tyrannen, ihr blutdürstigen, entmenschten und ahnungslosen Richter. Die zertretene Wahrheit wird auferstehen, in euer Antlitz springen und um Rache für eure Mordtaten schreien«.

Folgerichtig verurteilt er die gängige Art der Prozeßführung. Er will die Hexen nicht bestraft wissen, sondern erreichen, daß man sie durch Geduld und Vernunft auf den rechten Weg zurückbringt. Er beruft sich auf die Artikel 21 und 44 der Peinlichen Halsgerichtsordnung (= Carolina), die besagen, daß man bei der Anklage der Zauberei vorsichtig zu verfahren habe und daß falsche Ankläger zu bestrafen sind, bzw. daß man unschuldig Angeklagten Schadenersatz zu leisten hat.

»... doch wie anders geht man mit diesen Leuten um? Anklage und törichter Verdacht des dummen und rohen Pöbels reichen den Priestern hin, um arme alte Weiber in Löcher zu werfen, die mehr Räuberhöhlen, denn Gefängnissen gleichen, die sie den grausamen Folterungen durch die Henker überliefern und unausstehliche Qualen aushalten lassen«.

Scharf rügt er seine Standesgenossen: »... die unwissenden und ungeschickten Ärzte schieben Krankheiten, die unheilbar sind, oder deren Heilung sie versehen (= versäumt) haben, den Hexen in die Schuhe. Sie reden wie Blinde von der Farbe und bedecken wie rohe Chirurgen mit ihren Pfuschereien unsere heilige Kunst: sie selbst sind die wahren Übeltäter. Dahin gehören auch die Windbeutel aus der Schule des Theophrast Paracelsus«. Selbst in diesem Punkt hat er recht behalten; ein Exkurs auf die Medizin seiner Epoche ist angebracht.

Der Einfluß der Ärzte des Mittelalters – und darüberhinaus – beschränkt sich auf Sanitätsstellen, chirurgische Maßnahmen und Ordinationen. Philosophierende Ärzte verrennen sich in den Auslegungen des Hippokrates[8] und seiner Ansichten über die Wirksamkeit der Körpersäfte. Die medizinische Fakultät der Universität Paris bestätigt in einem Gutachten: »... daß die Gestirne mit der Hilfe der Natur bestrebt sind, durch die göttliche Macht das menschliche Geschlecht zu schützen und zu heilen«.

Später treten realere Betrachtungen an die Stelle von theologischen Spekulationen. Und trotzdem: 1579 veranlassen die Danziger Stadtphysiker Schade und Fiedler die Ausweisung eines fremden Arztes: »... weil er mit den Teufeln umgehe und ein Tausendkünstler sei«. Alchemie und Astrologie spielen im Leben damals wie heute eine dominierende Rolle[9].

Die Mediziner nehmen neben den Theologen eine Schlüsselposition im Ansehen des Volkes ein. Geistliche geben vor, die Seelen zu kurieren und sie überlassen es geringschätzig den Ärzten, das gleiche mit den sie umhüllenden Körper zu tun. Es ist genauso lächerlich wie zu behaupten – was Jahrhunderte geschehen ist – daß die Geschichtswissenschaft eine Magd der Theologie sei. Nahezu alle Ärzte akzeptieren den Glauben an Dämonen. Petrus Pompanatius (geb. 1462 in Mantua) sucht den Nachweis zu erbringen, daß Magie, Zauberei und Hexerei durch natürliche, noch nicht entdeckte Ursachen veranlaßt werden, bzw. daß man sie zu Unrecht dämonischen Anfechtungen zuschreibt.

Bombast von Hohenheim (= Paracelsus, geb. 1493 in Zürich) seit 1526 Professor der Medizin in Basel. Von anderen Ärzten angefeindet, verläßt er 1528 die Stadt und zieht in Deutschland herum. 1541 wird er vom Bischof nach Salzburg gerufen und im gleichen Jahr auf Veranlassung feindlich gesinnter Mönche ermordet. Er bemüht sich, das medizinische Denken auf eine andere Plattform zu rücken, hält das Weltgebäude für magnetisch und bezeichnet die Vernunft als Torheit. Er glaubt an die nächtlichen Zusammenkünfte der Hexen, an zauberische Krankheiten und an von Menschen verursachte Gewitter. Er erkennt in den Hexen schädliche Leute und will sie hingerichtet wissen.

Der Nachfolger und Erweiterer seiner Ansichten – zudem der Begründer der isometrischen Schule – wird Baptista von Helmont, ein Arzt aus Brabant (geb. 1577 in Brüssel).

Ricardus meint um 1586: »... daß die Hexen Salben verwenden, um als In- und Sucubus zu dienen«. Er verlegt den Aufenthalt der Gespenster in die die Erde umgebenden Luftschichten, spricht von Besessenen, dem Nestelknüpfen, von Liebestränken und Hexen, die in der Gestalt ungewöhnlicher Vögel ihr Unwesen treiben.

Dr. Christian Fromann räumt dem Satan einen wichtigen Platz ein und teilt die sonst gängigen Vorstellungen über das Wettermachen, das Verbringen von Getreide, Milch und Fleisch. Er zweifelt nicht daran, daß man sich mit teuflischer Hilfe »schußfest« machen kann[10]. Dr. Johann Heinrich Decker schließt sich dieser Meinung an.

Paulini schreibt seine »Heilsame Dreckapotheke« und sagt darin: »... um den Zauber der Hexen zu brechen, werfe man den eigenen Kot mit Haaren über deren Zaun und spreche: ... hier habt ihr meinen Dreck und meine Ware«.

Der Londoner Arzt Robert Fludd (gest. 1627) leitet die Entstehung der Krankheiten von bösartigen Dämonen ab und meint, daß ein gläubiger Arzt dagegen zu kämpfen hat. Auch der Rostocker Professor Sebastian Wirding (gest. 1687) meint, daß die Krankheiten von rachesüchtigen Geistern verursacht sind. Eberhard Gockelinus beschäftigt sich 42 Jahre mit dem Zusammenstellen von Schutzmitteln gegen zauberische Krankheiten[11].

Unter solchen Aspekten ist Weyer ein ungewöhnlicher Weitblick zu konstatieren.

Weyer's Stellung zur Hexenfrage

Weyer wird oft als erster und wichtigster Gegner des Hexenhasses bezeichnet. Dem ist nicht so. Sein 1563 erschienenes Buch »De praestigiis daemonum« und seine »pseudomonarcia daemonum« lassen erkennen, daß er vom Glauben an Teufel und Dämonen befangen ist[12].

Folgerichtig unterscheidet er diejenigen: » . . . die mit der Hilfe der bösen Geister Menschen hinters Licht führen und (so) die edle Medizin beflecken« von denen: » . . . die absichtlich die teuflische Hilfe in Anspruch nehmen«. Diese nennt er »Magi imfames« (= Schwarzkünstler), Lumpen, Betrüger und Abenteurer. In Bezug auf die Verteidigung der Hexen gehen ihm sein Lehrer Agrippa von Nettesheym, der Prediger Martin Plantsch und der böhmische Schriftsteller Johann Zeletawsky[13] voraus. In gewissem Sinn auch Dr. Flade und die Protestanten Johannes Brenz[14], Matthäus Alber[15] und Wilhelm Bidembach[16].

Ein Hauptangriffspunkt seiner Argumentation liegt darin, darauf aufmerksam zu machen, daß Exodus 22.18 im Werk des legendären Moses bislang falsch übersetzt und interpretiert worden ist. Er betont, daß das hebräische Wort »Kasaph« nicht Zauberer, sondern Giftmischer bedeutet. Die Verwechslung sei daher gekommen, weil man damals die Begriffe Zauberei und Giftmischerei wegen der ähnlich geheimnisvollen Wirkungen als vergleichbar angesehen und zusammengeworfen hat. Dies ist der Grund, weshalb man noch heute (die Hexen) ohne Überlegung grausamen Henkersknechten zum Würgen und Verbrennen überliefert.

Dann folgt ein scharfer Hieb gegen die Theologie und deren Ausführungen im Hexenhammer: » . . . man könnte einwerfen, er habe diese Aufgabe gelöst. Man möge aber nur die von den Theologen Heinrich Krämer und Jacob Sprenger in jenem Buche gehäuften, oft gottlosen Albernheiten lesen und sie ruhigen Sinnes mit dem Inhalt meiner Schrift verglei-

chen . . . so wird sich zeigen, daß ich eine entgegengesetzte Meinung vertrete«.

Die Hexen haben keinen anderen Lehrmeister als ihre verrückte Phantasie. Sie sind nicht die Werkzeuge des Teufels, sondern seine Opfer: » . . . dieweil aber die Hexen melancholische Weibsbilder sind, eines betagten Alters, verzagt im schwachen Gottvertrauen, ist es kein Wunder, wenn der tausendlistige Satan ihre Gemüter unruhig macht«.

» . . . die Art wie sich eine Hexe dem Teufel ergibt, ist ungereimt. Sie sollen Kinder fressen und aus ihren Gliedern Salben bereiten, mit denen sie Fahrten machen. Daß dies keinen Glauben verdient, ist klar . . . diese Taten sind, wenn sie über die Natur hinausgehen, eitel Wahn und nichts als Einbildung. Schon aus anatomischen Gründen läßt sich belegen, daß die angebliche Buhlschaft der Dämonen mit den Frauen eine Einbildung ist. Die Hexenfahrten sind Hirngespinste melancholischer Weiber, bei denen der Dachstuhl verrückt ist«[17].

»Ich habe aufzuzeigen, daß die Krankheiten, deren Entstehung man den Hexen zuschreibt, aus natürlichen Ursachen entstehen. Zeige sich am Mensch etwas Ungewöhnliches, so bringe man ihn zu einem Arzt. Meistens ist es die Anfechtung geistig und körperlich zugleich, zumal es nicht einfach sei, Besessene von Geisteskranken zu unterscheiden. Die Priester sind zu bestrafen, die durch unsinnige Beschwörungen, Weihwasser und Amulette vorgeben, Kranke heilen zu können . . . die Wasserprobe ist lächerlich und dumm, . . . wer einen Funken Verstand besitzt, muß sie verwerfen. Schwimmt wirklich ein Weib bei einer solchen Anordnung, wird sie entweder vom Teufel gestützt oder sie hat leichteres Fleisch, wie es nach Hippokrates beim weiblichen Geschlecht mehr denn als beim männlichen in Gebrauch ist«.

▶

Hedwig Sophia, geb. Markgräfin von Brandenburg. Geboren Berlin 4. Juli 1623, gestorben Schmalkalden, 16. Juni 1683. Tochter des Kurfürsten Georg Wilhelm zu Brandenburg und der Elisabeth Charlotte von der Pfalz. Von 1663 bis zum 8. August 1677 führte sie die vormundschaftliche Administration für ihren Sohn in Hessen.

Die wirkliche Bedeutung Weyer's erkennen wir am Statement seiner Gegner.

Weyer's literarische Gegner und Befürworter

Der Jurist Bodin bezeichnet ihn als »Beschirmer der Unholde«, als »leichtfertiges Schwindelhirn« und einen »schamlosen Mensch«, dem Gott den Verstand genommen habe und der darum reif für den Galgen sei. Dr. Fromann, ein Standesgenosse, hat keine Bedenken, Weyer mit dem Anathem des Zauberers zu belegen und ihm das Almosen des Mitleids zu spenden.

Der Prälat Poppens unterstellt ihm um 1760 Gottlosigkeit, » . . . er zeige, daß er zwar ein geistvoller, aber auch ein kecker und übermütiger Mensch gewesen, der nur von Ketzern gelobt werden könne«. Johannes Prätorius sagt ihm nach, » . . . daß er gleichfalls böse wäre, weil er verneinet, daß es natürlicherweise unmöglich sei, daß die Zauberer in kurzer Zeit zum Hexentag fahren oder dorthin getragen werden«. Elias Camerarius bezeichnet ihn als infamen Zauberer[18]. Die Wittenberger Juristen bescheinigen 1570 in einem Gutachten, » . . . daß des Wieri Rationes unwichtig seien, denn er wäre ein Medicus gewesen«. Benedict Carpzov hebt hervor: » . . . es gebe Christen, die trotz Klarheit über das strafbarste aller Verbrechen, die Zauberei öffentlich mit ihren Büchern schützen . . . dazu zähle vor allem Weyer«.

Der Jurist Heinrich Bocer[19], Lehrer an der Hochschule von Tübingen, sucht gegen ihn nachzuweisen, daß die Hexen kraft der göttlichen Gesetze zu verurteilen sind. Hermann Neuwald[20], Professor der Medizin in Helmstadt, erklärt, daß er mit Weyer großes Mitleid habe . . . weil er augenscheinliche Zeugnisse aus der Schrift über deren Bestrafung habe.

Thomas Erastus[21], Professor der Medizin in Heidelberg, sucht nachzuweisen, daß es nach den göttlichen Geboten gerecht sei, die Hexen zu bestrafen. Der Jesuit DelRio nennt ihn in der Vorrede seines Buches einen »Hexenpatron«, der andere zum Genossen seiner Schandtaten mache und so das satanische Reich auf der Erde vermehre.

Peter Binsfeld (Trier) zählt neben dem französisch-reformierten Prediger Lambert Danaeus zu den Gegnern Weyers: in gewissen Sinn (auch) Brenz aus Schwäbisch Hall, mit dem er korrespondiert.

Der englische König Jacob I. läßt sich zu der Bemerkung herab: » . . . ein deutscher Arzt hat eine Verteidigung für diese Tausendkünstler zusammengeschrieben. Straflosigkeit für sie gefordert und sich dadurch zum Spießgesellen dieser verruchten Menschen gemacht«.

Zu den wenigen Befürwortern, und damals gehörte Mut dazu, es offen zu bekennen, zählt Ewich, der spätere Stadtphysikus am neu errichteten Lyceum in Bremen. Es sagt: » . . . lebe wohl, du vortrefflicher Weyer, der du ein Herkules des Aberglaubens unserer Zeit bist«.

Johann Georg Godelmann (geb. 1559 in Tuttlingen) hält am Lehrstuhl der Rechte in Rostock Vorlesungen über die Carolina. Er steht auf den Schultern Weyers, den er mehrfach zitiert. Etwa 20 Jahre nach Weyers Tod erhebt Meyfahrt, der Direktor des Gymnasiums von Coburg, mit seiner »Christlichen Erinnerung« die Stimme gegen die Hexenprozesse.

Die »Praestigiis daemonum« mit ihrer aufgeklärten und kritischen Haltung steht – trotz des eingeräumten Teufelsglaubens – inmitten einer Flut von sich hundertfach widersprechenden Pamphleten. Sie sind nahezu alle mit theologischem Ballast angereichert. Zu nennen sind die »Ketzergeißel« (Flagellorum haereticorum) des Franzosen Nikolaus Jaquier, die »Daemonia« (= Teufelsspuk) Bodins und die »Magie« des Spaniers Torreblanca.

Hermann Wilcken

studiert in Wittenberg und ist mit Philipp Melanchton befreundet. Durch seine Vermittlung wird er 1561(?) Rektor an der lateinischen Schule in Heidelberg. Ab 1563 ist er Professor für griechische Sprache und Mathematik; ab 1569 Rektor der Universität. Wilcken verfaßt die »Neuenrader Kirchenordnung« und stirbt am 7. Februar 1603.

Er ist ein Verfechter der von Luther (wieder) proklamierten Lehre von der Prädestination und sagt: » . . . es ist von Gott verordnet, was wir wissen können«. Wir haben einen »abergläubischen« Professor – im Zug der Zeit – vor uns, der die Schauermärchen der Epoche mit dem gängigen Hexentreiben mixt und von dämonischen Einflüssen »begeistert« ist.

» . . . hierher gehören auch die kleinen Männlein, die man in Sachsen und an der Ostsee Drollen nennt. Sie warten (= pflegen) die

Pferde, füttern, wischen und strählen sie, sie säubern die Ställe, kehren das Haus, tragen Wasser und Holz in die Küche, treiben die Wagen und führen das Schiff. Man treibe sie nicht mit Spießen und Prügeln davon, sondern mit göttlichen Gebeten«.

Der Glaube an Kobolde, zu denen die Elfen zählen, ist eine Randerscheinung des christlichen Dämonenglaubens; auch Wilcken haut auf die Frauen ein: » . . . vor allem lassen sich die Weiber eher zur Zauberei versuchen: sie sind leichtfertiger, rachgieriger, vorwitziger und geschwätziger als die Männer; sie können nichts für sich behalten«.

Er wendet sich mit seinem Buch »Christliche Bedenken« . . . an vernünftige, redliche und bescheidene Leute; daraus resultiert sein »typisches« Argumentieren. Ungeklärt ist die lange Anonymität der Verfassers. Vielleicht ist sie mit seinem wissenschaftlichen Rang begründet. Des öfteren zitiert er Zeitungsmeldungen, dies macht seine Aufzeichnungen lesenswert. Er weiß den Erdboden voll böser Teufel und unsichtbarer Geister, die sich unablässig bemühen, uns zu Fall zu bringen. Er belegt es mit biblischen Zitaten[22].

Gott bewahre durch seine guten Engel die Menschen vor teuflischen Anfechtungen. Daraus muß folgern, daß die Zauberei ihren Ursprung im Zusammenwirken der bösen Geister mit den Menschen bekommen hat. Doch hebt er hervor: » . . . Schaden können sie nur (dann) anrichten, wenn Gott es zulasse«. Zur Zauberei[23] lassen sich die bösen Geister gut gebrauchen und vor allem lassen sich Melancholiker für solche Zwecke einnehmen » . . . das sind die, die mit schweren Gedanken umgehen, die auf allen Wegen nach Höherem und Besserem trachten, um ihre Begierden zu erfüllen . . . schnell ist der Teufel dabei, seine Hilfe anzubieten«.

In ihnen erkennt er die Gefahr. Die anderen, die Gaukelzauberer und Wahrsager sind vom Teufel in die Welt geschissen » . . . es sind unnütze und schändliche Buben, die Leute betrügen und Unschuldige ums Leben bringen. Sie richten mit erdachten Lügen Argwohn, Mord und Hader an. Die Gaukelei ist eine Wirkung des Teufels, um die Menschen zu blenden, damit sie Dinge, die nicht wahr sind, als wahr ansehen«. Zur Gattung der Gaukler zählt er die Zahnbrecher und Theriakkrämer, die ihre Salben, Pülverchen und Kräuter den einfältigen Menschen mit erlogenem Geschwätz andienen. Dazu bringt er vortreffliche Beispiele:

» . . . das lose Gesindel, das mit dem Gaukelsack im Land herumzieht, das Kirchweihen, Flecken, Dörfer und Städte besucht und dem gemeinen Mann Gelächter und Kurzweil macht, sind Betrüger. Wenn aber ein Gaukler Äpfel in den Hut gibt, und, wenn er diese wieder herauszieht, Roßdreck sind, oder wenn er einer vorwitzigen Magd eine Rose in den Schoß wirft, aus der dann ein männliches Glied wird, wenn einer mit blosen Füßen über ein scharfes Schwert geht oder es verschlingt, so geht es über das menschliche Vermögen hinaus. Hierher gehören die Waghälse, die auf Seilen gehen, die von einem Turm zum anderen gespannt sind. Sie binden sich Bälle um die Füße, damit das Wunder desto größer erscheine. Es ist zweifelhaft, ob dies mit rechten Dingen zugeht«.

» . . . da gaukelte einer auf dem Markt und sagt, er wolle nicht länger auf der Erde bei den undankbaren Menschen bleiben und darum gern in den Himmel fahren . . . er wirft seines Rößleins Zügel in die Höhe . . . und fährt hinauf . . . er hält sich an seinem Schwanz . . . das Weib hängt sich an den Rock und die Magd hängt sich an das Weib . . . also fahren sie in einer Koppel dahin«.

» . . . zu Frankfurt an der Oder war eine vom Teufel besessene Magd . . . wohin sie mit ihrer Hand griff, erwischte sie Geld und fraß es auf. Falls man es ihr nicht vorher wegnehmen konnte, das Geld sah niemand, ehe daß sie es in der Hand hatte. Bürger erinnern sich noch daran, daß es sich um richtiges Geld gehandelt habe . . . da blendete der Satan die Augen der Zuschauer, so daß sie nicht empfanden, woher und auf welche Weise er es ihr gegeben (hat)«.

» . . . etliche saßen miteinander im Wirtshaus und hatten einen gebratenen Fisch vor sich. Da kam ein Abenteurer hinzu und sagte: › . . . warum sie denn eine Krotten (= Kröte) fressen‹. Darüber erschrecken alle. Es überkommt sie ein Unwille, sie müssen hinausgehen und kotzen . . . und als sie wieder (herein)gekommen, war es der vorige Fisch«. Jetzt folgt der kluge Rat: » . . . hätten sie sich an den gemeinen Gebrauch der Wirtshäuser gehalten und vor dem Essen gebetet, wie es Christenleuten gebührt, so wären sie von diesem Zauber verschont geblieben«. Um zu belegen, daß die Teufel untereinander scherzen, bringt er die Geschichte des hessischen Edelmannes, der vorgegeben hat, abgeschlagene Köpfe (wieder) aufsetzen zu können[24].

» . . . 1549 sollen in Schlesien drei Zechbrüder den Teufel mit Kohlestücken an die Wand gemalt und ihm dann zugetrunken haben . . . sie wurden daselbst die Nacht erwürgt und am anderen Morgen tot aufgefunden . . . man habe sie unter einem Galgen vergraben«.

» . . . ein Bauer brachte vom Markt Geld nachhause, legte es in eine Saublase (= Geldbeutel) auf die Bank und ging wieder davon. Da kommt eine hungrige Sau daher und frißt die Blase mitsamt dem Inhalt. Als er sein Geld sucht und es nicht wiederfindet, fragt er seine Frau, ob sie es nicht habe. Weil sie es verneint, beklagt er sich beim Nachbarn. Dieser rät, daß er eine Wahrsagerin suchen solle, was denn geschehen ist. Sie fragte ihren Geist, der sagte, daß die Sau das Geld gefressen . . . doch solle sie dem Bauer sagen, seine Frau habe es genommen, um es mit dem Pfarrer zu verzehren, weil sie ihn lieber habe . . . dann wird die Sau zum Metzger gebracht und man findet das Geld bei ihr . . . da ward das Weib als böse Verleumderin eingezogen und verbrannt«.

» . . . ich will erzählen, was ich von dem frommen und gelehrten Philipp Melanchton neben vielen hundert anderen Studenten gehört habe: . . . in Welschland zu Bononien(?), war eine Lautenschlägerin, die noch zwei Jahre nach ihrem Tod herumging, aß, redete und zur Laute spielte . . . und doch immer totenfarbig war . . . bis einigen Tages ein Zauberer auf sie aufmerksam wurde. Er sprach zu den Gästen: › . . . der Mensch ist tot‹. Da sie über ihn spotteten, griff er ihr unter die Arme, zog ein Säckchen mit Zauber heraus, das ihr ein anderer dorthin gebunden hatte, da fiel sie zu Boden und ihr Leib war ohne Leben«.

Sein Affront gegen die Papisten

Das 16. und 17. Jh. ist von religiösen Geburtswehen durchdrungen. Aus der Aktivität der Reformatoren spalten sich in kurzer Zeit »neue« Aspekte, daß es unumgänglich wird, organisatorisch mit ihnen fertig zu werden. Parallel zeigt sich eine Verunsicherung unter den Gläubigen. Dies führt bei den Ablegern des rhömisch-katholischen Glaubens zu Verknöcherungen und Versteinerungen. Obwohl Katholiken, Protestanten und Calvinisten den gleichen Gott anbeten, stehen sie sich doch als feindliche Organisationen gegenüber. Jetzt beginnt die Seelenjagd und das Hadern um die Gunst jedes einzelnen Kirchgängers. Darum ist nicht verwunderlich, wenn unser Gewährsmann damit Possen treibt.

» . . . wie kann man von den geringen Leuten den teuflischen Handel verhindern, wenn die höheren selbst damit umgehen . . . wo der Abt die Würfel trägt, da mögen die Brüder frei spielen. Die Kirche Christi ist mit Häuptern versehen, die selbst dem Teufel dienen, sich ihm ergeben und sein eigen sind. Für das Pfaffen- und Mönchsgeschlecht ist das Zaubern keine Sünde, sondern eine Tugend«. Er scheut sich nicht, eine Reihe von Päpsten der Zauberei zu bezichtigen[25].

Der Abt Johannes von Trittenheim (Mosel) hat sich von selbst in die teuflische Gemeinschaft begeben und sein Schüler Cornelius Agrippa (v. Nettesheym) hat einen schwarzen Hund als Teufel mit sich herumgeführt: » . . . einmal ist ein Abt in ein Wirtshaus gekommen, da er nichts Gutes zum Essen und Trinken bekam . . . da hat er geklopft und ›adfer‹ (= bringen) gerufen. Nicht lange danach ward eine Schüssel mit gekochtem Hecht und eine Flasche Wein durch das Fenster hereingereicht . . . davon hat er gegessen und getrunken . . . doch woher kamen die Speisen . . . woher hat sie der Teufel gestohlen?«

» . . . was gibt es in der Messe Vornehmeres, als den zauberischen Segen, da die Pfaffen die Worte ›Hoc est enim corpus meum‹ über das Brot sprechen, darauf hauchen und mit dem Kinn drei Kreuze darüber machen. Sie meinen, dadurch würde aus dem Brot der Leib Christi entstehen. Von einem alten frommen Papist hörte ich reden: › . . . daß Gott von einem so verhurten und versoffenen Pfaffen, wie es der unsrige ist, solle in Brot und Wein verwandelt werden, das könne er nicht glauben‹. Ja, die witzigsten unter ihnen glauben es selbst nicht und treiben damit ihr Gespött«.

» . . . als da jener Bischof am Freitag in ein Städtlein kam, um Mahl zu halten, und da sein Koch auf dem Markt keine Fische, sondern nur noch zwei junge Hühnchen fand, hieß er sie kaufen und braten . . . er wolle Fische daraus machen, dann er könne ja (auch) aus Wein Blut machen«.

»die papistischen Ketzermeister und Hexenbrenner, die Leute bereden, beeinflussen auch die Weiber wegen der Buhlschaften. Daher ist es gekommen, daß die Prediger im Papsttum das Volk vom Tanz abschrecken und sagen: › . . . so oft zwei miteinander tanzen, so tanze der Teufel als Dritter in der Mitte‹. Der weise Petrarca nennt unser Tanzen ›praeludium veneris‹ (= Vorspiel zum Teufelswerk). . . . wo sie zur Hochzeit oder sonst zu Gast sind, wann die Tanzpfeifer und Geiger dorthin gekommen, da führt der Superintendent, der Pfarrherr oder der Diakon den Reigen . . . sie hüpfen und gumpen voran, schwingen mit ihren langen Talaren die Metze (= Dirne), lassen sich duncken(?) . . . so als stehe es ihnen gar wohl an . . . sie wissen nicht, daß im Konzil von Laodica beschlossen worden ist, daß die Christen nicht tanzen sollen«.

» . . . man findet viele Dörfer, in denen überhaupt kein Pfarrherr ist. Keiner wird gemahnt oder gezwungen, in die Kirche zu gehen. Die Männer führen dann Korn oder Wein in die Stadt, sitzen in den Wirtshäusern, saufen, spielen und schlinken (= schlendern). Die Weiber fleien[26] und waschen, pletzen den Kittel, nachdem sie die ganze Woche im Feld gearbeitet haben . . . und . . . kommen sie einmal im Jahr in die Kirche, so sehen im Papsttum ein Gaukelspiel, hören lateinische Worte und ihnen unverständliche Gesänge, und von der Predigt nichts als Mährlein . . . falls sie nicht schlafen«.

» . . . der Satan beraubte einem Jüngling aus Speyer sein männliches Glied, denn er sah und fühlte es nicht, gehet in seiner Bekümmernis ins Kloster zur Beichte und klagt dem Mönch seinen Schaden. Dieser verwunderte sich und hieß ihn, sich zu entblösen, da er es selbst nicht sehe: siehet und greifet ebenfalls nichts. Da fragte er, ob er denn jemand im Verdacht hätte, der es ihm angetan. Er sagte: › . . . eine Verdächtige aus Worms‹. Was kann noch größere Blindheit und Unverständnis als dieses sein?«

»Wer kann alles erzählen, was der Päpste Gaukelwerk und Betrug mit dem Segen treiben? Wenn eine Bäuerin eine kranke Kuh hat, kommt der Pfarrer mit seinem Chorhemd und Brevier, geht in den Stall, liest ihr den Segen, spricht ein Gebet, bespritzt sie mit Weihwasser, macht drei Kreuze und gibt ihr geweihtes

Salz zum fressen. Ob sie davon gesund geworden (ist) das weiß ich nicht«.

Sein Standpunkt zur Hexerei

Die Hexen machen Wetter, unzeitigen Regen, Hagel, Schnee, Reif, Frost, Raupen, Käfer und anderes Ungeziefer . . . sie verderben den Wald und die Früchte, verzaubern die Kühe und machen, daß die Milch nicht buttern will . . . sie kränken durch Zureden, Anhauchen und Angreifen . . . machen Männer und Weiber blind, lahm, stumm und schwindsüchtig, bringen ihnen Kröten, Haare, Lumpen, Sauborsten, Fäden und Schuhflecken in den Leib . . . sie nehmen den Männern die Kraft zum ehelichen Werk . . . sie verstellen sich als Katzen, Hunde, Esel, Wölfe und Gänse . . . sie reiten, fahren auf Pferden, Böcken, Stecken, Gabeln, Besen und auf dem Spinnstock . . . nachts kommen sie an bestimmten Orten zusammen . . . dies sagt und glaubt man von den Weibern. Ob es aber wahr ist oder nur ein falscher Wahn?

Der Mensch sei so witzig wie er will, aber es ist unmöglich, daß ein schwaches und kraftloses Weib Wetter machen könne. Im Gegenteil, sollte sie es können, mäßte man sie ehren, da sie das Wetter zu jeder Zeit so machen könnte, wie wir es haben wollen, sei es um die Luft zu reinigen oder um die Pest zu verhindern.

» . . . wenn die Hexen den Tieren Gift geben, ist es keine Hexerei, sondern eine natürliche Verletzung. Sie können auch den Kühen nicht die Milch nehmen, sie müßten dann bei ihnen sein. Werden Kinder durch Anhauchen getötet, so kann dies nicht von dem aus den Hexen strömenden Gift kommen, dies ist unmöglich, weil sie dann selbst vergiftet wären: und dies ist nicht der Fall. Wenn sie meinen, sie wären Katzen, Hunde und Werwölfe, so ist dies nichts als eitler Wahn«[27].
» . . . es ist ein traumhaftes Gespenst zu meinen, der Teufel führe die Hexen weg . . . sie schmieren sich mit eine Salbe, wie es ihnen der Meister gelehrt . . . doch bald überseelt sie ein tiefer Schlaf und gibt ihnen solche Träume ein . . . sie werden so stark in diesem Wahn betrogen, daß sie nicht daran zweifeln. Ja, sie bekennen es selbst, wenn sie gefangen, gefoltert und peinlich befragt werden . . . wie auch die Werwölfe bekennen, daß sie es gewesen (sind)«.

»... da hatte ein Herr zwei Zauberinnen im Gefängnis. Die ließ er zu sich kommen, um sich nach ihrem Tun zu erkundigen. Als sie u.a. bekannten, daß sie durch die Luft fahren könnten, wollte er sich davon überzeugen. Da wurde eine Bank aufgestellt, auf die sie sich setzten. Der Herr in der Mitte und die beiden Weiber außen. Daraufhin schmierten sie sich ein. Die Weiber entschliefen und gebärdeten sich, als wenn sie fahren. Der Herr nicht, weil er nicht an das Zaubern glaubte. Als sie erwachten, sagten sie, wo sie miteinander gewesen wäre ... da sie doch nirgends waren«.

Ich könnte noch viele andere Männer als Zeugen zitieren, die die Hexenfahrten nicht gelten lassen. Es ist gegen alle Vernunft, daß ein erwachsener Mann in einem Trog oder in einer Mulde durch ein Rauchloch fahren kann, das oft so eng ist, daß kaum eine Faust hindurchgeht ... oder daß eine Katze hindurchkriechen möge ... ich will darüber schweigen, daß sie ihre weißen Kleider, womit sie sich beim Tanze zieren, im Rauchloch mit dem Ruß beschmutzen. Ein närrisches Ding ist es fürwahr, wenn man meint, ein altes, krankes, schwaches und küchig (= gebrechliches) Weib, das kaum an einem Stecken gehen kann, habe die Kräfte, zu einem Tanz zu fahren, so wie die jungen Mädchen von einem Dorf zum anderen laufen.

Die Hexen werden bei der Buhlschaft vom Satan betrogen: »... es ist kein natürliches Werk dabei und auch keine natürliche Lust, wie sie es selbst bekennen ... es ist ihnen dabei nicht so, wie wenn sie bei den Männern liegen ... der teuflische Same wäre unlieblich und kalt ... niemals mögen aus einem geistigen Beischlaf Kinder gezeugt werden, obwohl etliche meinen, daß daraus Wechselbälge entstehen«.

Kein Laster wird so hart bestraft, wie das der Hexerei, obwohl die armen und unseligen Weiber geringen oder keinen Schaden verursachen und ihre Schuld dunkel und unbeweisbar ist.

Nach einem alten Brauch werden sie in Gefängnisse geworfen. Da liegen die elend-blöden Weiber. Nach dem Teufel kommt der Henker mit seinen Folterwerkzeugen hinzu. Bei uns sitzen als Richter unerfahrene und alberne Leute, sie verstehen und wissen von der Sache soviel, als ob eine Krähe weiß, wenn Sonntag ist ... ja selbst an unseren Gerichten wird Zauberei getrieben. Dies bezieht er auf die

Wasserprobe: »... sie binden die rechte Hand an den linken Fuß und die linke Hand an den rechten ... und werfen sie dann dreimal ins Wasser. Schwimmen sie, so sind sie es nicht. Welcher Geist hat euch dieses eingegeben, meine lieben Herren, oder in welcher Schule hat ihr es gelernt? Billig spottet man euer, so man euch den Köchen vergleicht, wenn die einen Kapaun braten wollen, stecken sie ihn zuvor ins Wasser. Sie sagen, der Teufel mache die Hexen leicht und schwimmend, gleich als ob sie aus Luft wären ... gefüllt wie eine Blas- oder Sackpfeife«.

Es ist besser, wenn sie der Pfarrer ermahne, die Gottesdienste fleißig zu besuchen und die Gebete aufzusagen. Wollen sie es nicht, so bestrafe man sie mit Geld. Haben sie keines, setze man sie eine Weile in den Käfig[(28)], stelle sie in einen Korb oder lasse sie Schandsteine tragen: außerdem könne man sie des Landes verweisen.

Wie man sich vor Zauberei schützen kann

Ohne göttliche Zustimmung ist es dem Teufel unmöglich, den Menschen Schaden anzufügen. Als Schutz vor der Bezauberung nütze nur der rechte Glaube: nicht das Weihwasser, nicht das Kreuz und nicht der Rauch von Kräutern. Bedenke also, daß es sein Wille ist, daß die Menschen so geplagt werden. Bitte deshalb Gott im Glauben an unseren Herrn Jesus Christus, daß er dein Übel bessere ... so wie er uns im Psalm 50 versprochen hat: »... Ruf mich an auch in der Not, so will ich Dich erretten«. Sprecht täglich euren Glauben, welchen man Symbolus nennt, das ist soviel wie ein Feldzeichen der Krieger Christi. Setzet euch nicht ohne Gebet zu Tisch, so wie die Säue zum Trog laufen. Betet mit Andacht das »Führe uns nicht in Versuchung« oder so:

»Führ der Herr uns in Versuchung nicht,
wann uns der böse Geist anficht.
Zur linken und zur rechten Hand,
hilf uns zu starkem Widerstand.
Im Glauben fest und wohlgerüstet
... durch Deines hl. Geistes Trost«.

Mit einem schönen Beispiel will er dokumentieren, daß man dem Teufel widerstehen kann. Man sagt von Bernhard, dem heiligen Mönch:

»... als er einstmals auf dem Heiligengemach (= heutige Toilette) saß, seine Horas (=

Stundengebete) sprach, da hatte der Teufel versucht ihn zu erschrecken und zum Fenster hereingerufen:

» . . . wann der Mönch sitzt auf dem Sekret, soll er nicht sprechen sein Gebet«.

Darauf habe der Mönch geantwortet:
» . . . ich lär mein Bauch,
wenn mir's tut Not,
(ich) bete dabei und lobe Gott.
Was oben ausgeht, nimmt er an,
was unten ausfällt, sollst du han«.

Dazu gibt es eine interessante Parallele. Die fromme Kaiserin Agnes, die Frau von Heinrich III., läßt durch den cumanischen Bischof bei Petrus Damiani nachfragen, ob es denn erlaubt sei, wenn man wirklich der Notdurft erwarte, Psalmen zu beten. Der heilige Mann läßt ihr bestellen: » . . . nachdem der allmächtige Gott den hl. Hiob auf dem Misthaufen besucht hat . . . (so) lassen sich diese Verrichtungen wohl zusammenbringen«[29].

Anton Schulze und sein Bericht von der Zauberei[30]

Anton Schulze (latinisiert: Prätorius) wird in Lippstadt (Westfalen) geboren. Er ist calvinistischer Prediger, der 1598 als Pfarrer nach Lautenbach (Bergstraße) kommt. Im gleichen Jahr schreibt er seinen »Gründlichen Bericht von der Zauberei« und gibt ihn unter dem Namen seines Sohnes heraus. Er begründet dies so: » . . . daß es in unseren trübseligen Zeiten gefährlich sei, die Obrigkeiten und Richter anzutasten und als Fürsprecher der Hexen aufzutreten. Durch seine Publikation will er helfen, . . . daß ein so unweislicher, tyrannischer, dem Leib und dem Leben gefährlicher Handel die armen Untertanen hinfort nicht mehr erfahren möchten«. Argumentativ steht er auf den Schultern Wilcken, dem hessischen Jurist Otto Melander[31] und dem spanischen Jesuit Benedikt Perenius. Das Buch hat Erfolg und schon 1613 erscheint eine neue Auflage » . . . damit es alle der Augsburger Konfession[32] anhängenden und alle Schul- und Kirchendiener lesen«.

Schulze berichtet kritisch und zeitnah: er legt seine Hand in die offene Wunde und bringt sich in Schwierigkeiten, » . . . mir ist vorgeworfen worden, ich sei ein Hexen-Advokat und wolle das Böse ungestraft lassen . . . dies ist eine Verleumdung, denn ich klage die rechten Zauberer an und rede für die armen, elenden, stummen, einfältigen, verführten und unbußfertigen Weiber« Wie alle Autoren seiner Zeit ist er um den Versuch bemüht, echte Zauberer von den Hexen zu unterscheiden, was nicht gelingen kann, denn beide Spezies gibt es nicht. Im einen Fall fordert er eine strenge Obrigkeit und im anderen eine humane Haltung.

Gerade das 17. Jh. bringt die Zuspitzung der Hexenprozesse in Bezug auf Intensität und Grausamkeit mit sich. Wir haben das große Jahrhundert der religiösen Strömungen (Gegenreformation) vor uns.

In der Vorrede seines Buches von 1613 sagt er: » . . . es ist kaum ein schändlicheres Laster unter der Sonne, als das der Zauberei. Der Unglaube, die Heuchelei, Ungehorsam, Abfall von Gott und die Feindschaft wider ihn finden sich wieder ein . . . alle Dinge sind erlaubt. Lästern, Fluchen, Schwören, Lügen und Trügen ist keine Sünde und der beste Säufer ist der beste Mann. Je heiliger die Zeit, desto schändlicher die Tat. Ein echter Zauberer ist der, der aus Fürwitz, Aberglaube und einem gottlos bösen Herzen mit der teuflischen Hilfe etwas tut: die wirkliche Zauberei ist eine schreckliche Sünde, die Schande aller Schande. Sie ist eine schändliche Unordnung, eine großes Hindernis und ein vielfältiger Abbruch des göttlichen Reiches. In diesem Fall habe die Obrigkeit streng durchzugreifen . . . nicht aber bei den sog. Hexen. Bezüglich der Prozesse mahnt er zur Vorsicht und schildert ergreifend die Zustände in den Gefängnissen mitsamt den dort praktizierten Folterpraktiken. In seiner Jugend hat er in Lippe gesehen, wie man Bürgerweiber hinausgeführt und verbrannt hat, nur weil sie bekannten, sie hätten mit dem Satan, den sie Federbusch genannt, gezecht, getanzt, gebuhlt und Wetter gemacht: doch das alles ist der Natur zuwider und unmöglich. So glaube der gemeine Mann, daß sich Zauberer und Hexen in Tiere verwandeln (können). Dies ist genauso unmöglich, wie die unzüchtige Vermischung mit dem Teufel. Doch was die Zusammenkünfte der Hexen betrifft, so zweifle ich nicht, daß es dabei seltsam zugeht, wo sie leiblich zusammenkommen . . . und daß ihnen der Teufel bisweilen sichtbar in dieser oder jener Gestalt erscheint und es nach seinem Willen treibe«.

In diesem Fall mahnt er die Obrigkeit: »... wollt ihr nichts tun, damit die unschuldigen Hexen bekehrt und gebessert werden ... so doch mit dem Foltern und Brennen ... weil ihr selbst Schuld an deren Verblendung seid«. Folglich sind seine Strafvorstellungen mild: »... diejenigen, die keinen Schaden (getan) haben und sich bekehren wollen, möchte man mit Geld, Ruten und Pranger strafen und sie hernach der Kirche als reuige Sünder vorstellen. Verstockte sind des Landes zu verweisen, nachdem man sie mit Ruten gestrichen hat. Man müsse auf die Einhaltung der Gottesdienste achten und so versuchen, die Leute zu einem christlichen Lebenswandel anzuhalten«. Schulze stirbt 1625 als Inspektor von Alzey. Seine Mahnrufe bleiben ungehört.

Franciscum Agricolam

Nachdem ein Arzt, zwei Professoren und ein calvinistischer Prediger Stellung zum Hexentreiben bezogen haben, wenden wir uns einem überzeugten Katholiken zu, der auf den Schultern von Remigius und Binsfeld steht. Hier weht ein scharfer Wind. Ein unbefangener Leser kann den Eindruck gewinnen, einen religiösen Fanatiker aufzufinden, dem der Glaube *alles* bedeutet. Die Menschlichkeit eines Weyer, die Ironie und der Spott eines Wilcken und die gesund-vorsichtigen Anschauungen eines Anton Prätorius scheinen vom Tisch gefegt.

Dafür, daß sein geistiger Nachlaß 250 Jahre nach dem Hexenhammer auf den Markt des sensationslüsternen Volkes kommt, muß er als extrem rückständig bezeichnet werden.

Agricola zimmert waghalsige Theorien und läßt eine theologische Vorbildung erkennen. Schon im Vorwort läßt er die Katze aus dem Sack und hebt hervor: »... ich habe diese sieben Traktate nicht aus Haß geschrieben, sondern aus bewegendem göttlichen Eifer und aus dem christlichen Mitleid zur Abschaffung der gräulichen, hochschädlichen, teuflischen Laster wohlmeinend verfertigt ... die Zauberer sind die allergrößten Sünder; sie sind gemäß dem göttlichen Wort zu vernichten«.

Rasch gehen ihm die Gefühle durch und gleich einem Maschinengewehr rattert er:

»... Zauberer sind über alle Maßen böse und gottlos, sie sind ärger als die Heiden, Juden und Türken, schlimmer als Mamelucken,

Mörder, Ehebrecher, Hurer, Diebe, Räuber, als Land- und Straßenräuber, ärger als Sodomiter und Blutschänder ... denn das Zaubern ist ein Laster über allen anderen ... es ist eine teuflische, verfluchte und hochsträfliche Kunst ... all diejenigen, die Gott verleugnen und sich dem Teufel ergeben, die anderen unsäglichen Jammer zufügen, die mit dem Satan bulieren und fleischliche Unkeuschheit treiben, aber nicht in Gottes Namen ... es sind die allerärgsten Ketzer: Mörder und Totschläger sind immer noch besser, obwohl sie einen elend ums Leben bringen. Die Zauberer morden aus Vorsatz. Die Hurer sündigen aus Schwachheit und die Zauberer absichtlich. Die Blutschänder vergehen sich unter den Menschen und die Zauberer mit den Teufeln ... wer den christlichen Glauben vorsätzlich leugnet, muß ohne allen Zweifel verloren sein«.

Um die göttliche Güte zu demonstrieren, wärmt er das antike Märchen von Manasse auf[33]. Auch Agricola nennt einige Gründe für das Zunehmen der Zauberei: »... vor allem durch den teuflischen Haß gegen das menschliche Geschlecht. Dazu komme die Unwissenheit und Nachlässigkeit der Pastoren und die der geistlichen Obrigkeiten, die ja oft selbst nicht wissen, wie man sich der Angriffe des tausendlistigen Satans erwehren kann. Dazu kommt die Nachlässigkeit der weltlichen Obrigkeit, die entweder solche Greuel nicht für eine Sünde hält und folglich an das Zaubern glaubt. Hinzu kommen nicht geringe Ursachen aus dem Menschen selbst«.

»... es ist vor allem der Unglaube und der Fürwitz, sich bei Schwarzkünstlern und Wahrsagern Rat zu suchen oder daß sie Dinge wissen wollen, die zu wissen unnötig oder ungebührlich sind. Ein weiterer Grund ist die unerforschte Geltungssucht nach irdischem Gut. Hinzu kommen die Geilheit und Wollust ... und unter ihnen am meisten geile nach dem Fleisch lebend Weibspersonen, die vielfältige Freude und Wollust, die sie in Sonderheit mit dem Teufel üben. Die nächste Ursache ist, daß sie fluchen und lästern. Eine weitere Ursache ist, weil sie selten oder niemals beichten, so daß sich ihre Sünden aufeinanderhäufen. Schließlich kommt hinzu, daß Luzifer mit seinen Anhängern weiß, daß die Welt schier zu Ende gelaufen«.

Seine Mahnung an die Obrigkeit

Unser Gewährsmann agiert geschickt und bewußt. Er lobt die strafende und verurteilt die (ihm zu) liberale Obrigkeit. Auch hier findet er biblische Gewährsmänner, denn es steht geschrieben: »... die Fürsten sind nicht der guten, sondern der bösen Weiber halber zu fürchten ... denn ein Fürst ist ein Verwandter oder Diener Gottes. Er trägt sein Schwert nicht vergeblich. Weil kein Zweifel ist, daß die Hexen böse Zauberer sind, so muß er sie bestrafen ... und zwar an Leib und Leben, nach dem göttlichen Befehl und den beschriebenen Rechten. Die Zauberer sind nach dem Gebot Gottes des Todes würdig, weil sie eine schreckliche Abgötterei betreiben«.

»... die weltlichen Rechte strafen die Diebe und Räuber mit Strick und Galgen. Die Hexen und Zauberer sind härter zu bestrafen, weil sie die Menschen mit Zauberkünsten verderben ... wegen ihres grausamen Lasters sind sie – den anderen zum Exempel – mit dem Feuer auszurotten.

Die hohe Obrigkeit sündigt wider Gott, sich selbst und den Nächsten, wenn sie duldet und ungestraft gehen läßt; dieselben glauben nicht an Gottes Wort und an die hl. Schrift, die ja ausdrücklich bezeugt, daß die Zauberer am Leben zu strafen sind. Die lateinischen Worte »Maleficos non pareus viu vere (= Exodus 22.18 = die Zauberer sollst Du nicht leben lassen) werden nicht allein von den Catholischen so verdolmetscht, sondern auch in lutherischen und Züricher (= calvinistischen) Bibeln.

Wer aber die göttlichen Erklärungen nicht glaubt, der macht Gott zum Lügner ... solche Obrigkeiten sind Feinde der göttlichen Majestät ... sie schänden und lästern Gott. Heißt das nicht schon, daß sie dem Teufel mehr als Gott dienen, ihn liebkosen und ihm zugefallen sind: sie sind Feinde der Gerechtigkeit und darum eine Ursache zahlloser Laster ... sie sündigen wider die Liebe des Nächsten und gegen die Hexen«.

Jetzt kommt die entscheidende Passage: »... die Obrigkeit, die die Zauberer nach der Gebühr bestraft, glaubt an das göttliche Wort ... sie leistet ihm einen wohlgefälligen Dienst ... die ungläubige, treulose und nachlässige Obrigkeit verdient Gottes vielfältigen Zorn, seine Ungnade und Strafe«.

Zur Absicherung seiner Ansichten bringt der Autor eine Reihe von »erdenklichen Einreden«. Ich bringe eine Zusammenfassung seiner weitschweifigen Texte wegen der besseren Übersicht.

Johannes Prätorius und sein Hexenbuch von 1688[(34)]

Hans Schulze, 1630 im altmärkischen Zehtlingen geboren, eignet sich als Zögling der lutherischen Lateinschule humanistische Kenntnisse an und wird 1655 Magister, indem er über das Thema: »Überwinterung der Störche« schreibt. Seit 1661 hält er Vorlesungen über Astrologie und später wirkt er lange Jahre in Halle als Lehrer an der dortigen Universität. Sein Ableben ist am 20. Oktober 1680 im Leichenregister von Leipzig eingetragen. Die Beisetzung erfolgt bei der Universitätskirche oder auf dem angrenzenden Paulinerfriedhof.

Sein Buch ist eine Arbeit voll Belehrungen, witziger und spritziger Anmerkungen, herber Kritik am Papsttum und eines gespaltenen Geistes. Darum hat man ihn in die Nähe von Abraham Santa Clara (1644 – 1709) gerückt. Obwohl er die Untaten der Hexen lächerlich macht, glaubt er an die dämonischen Zauberkräfte, an Geister, Elfen und Gespenster. Der im böhmischen Gebirge wandelnde Rübezahl ist für ihn der personifizierte Teufel: »... der als Mönch verkleidet seine Sachen treibt«.

Besonders angetan hat es ihm der berühmte »Brocken« oder »Blocksberg« im Harz. Dorthin würden die Hexen aus ganz Deutschland kommen, wenn sie sich mit gewissen Salben schmieren. Dann sollen sie die ganze Nacht mit Fressen, Saufen, Tanzen und allerhand fleischliche Ergötzlichkeit bei ihren Buhlen verbringen. In diesem Zusammenhang bringt er ein treffendes Gedicht und einen markanten Holzschnitt in sein Buch ein. Zudem erwähnt er weitere Hexenberge. Darunter den »Frakkenberg« in der Schweiz und einen »wunderbaren« Berg am Nürsiner See in Italien. Für Thüringen weist er auf den Hörselberg und in der Oberpfalz soll ein weibliches Gespenst mit Steinen um sich werfen.

Wie er die Hexen sieht

Vom deutschen Mann wird dieses Volk mit mancherlei Namen beschrieben. Man nennt sie Hexen, Unholde, Drachen- und Teufelsbuhler, Milchdiebin, »Böse Leute oder Wei-

Fragenkatalog

Einrede	Antwort
1. Weil es keinen Teufel gibt, so gibt es keine Zauberei. Unredlich Beschuldigte könne man nicht strafen.	Die heilige Schrift bezeugt, daß es Zauberer geben muß. Die heilige katholische Kirche als Grundfeste des Glaubens und als Pfeiler der Wahrheit hat das immer gelehrt und geglaubt.
2. Die Hexen verleugnen Gott und die Christen nicht, denn sie gehen ja in die Kirche, um die Predigt und den Gottesdienst anzuhören. Sie beichten und empfangen die Sakramente.	Das ist ein heilloser Betrug um ihre Bosheit zu bedecken, und um den Argwohn und Verdacht zu verdecken. »Das mag der Teufel wohl leiden.«
3. Im Canon Episcopi wird ausdrücklich gesagt, daß es unmöglich ist, daß Weiber zu den Versammlugen geführt werden.	Es wird verneint und auch nicht für unmöglich gehalten: sondern der Irrtum und die ketzerische, teuflische Meinung wird verdammt, daß etliche gottlose und vom Teufel verblendete und betrogene Weiber vermeinen, daß sie mit der Dianan oder Herodia reiten . . . welches immer falsch und abgöttisch ist.
4. Die Zauberer können kein Ungewitter machen.	Das ist aus S. Joh. offenbar.
5. Man soll die Zauberinnen nicht strafen, denn sie sind entweder unschuldig oder wissentlich vom Teufel betrogen.	Wie können die unschuldig sein, welche Gott nicht leben lassen will (hier verweist er auf Peter Binsfeld).
6. Es sind ja viel zu viele Zauberer und Hexen, als daß man alle strafen könne!	Daran ist nur die nachlässige Obrigkeit schuld . . . Gott wird von ihnen Rechenschaft fordern.
7. Das Verbrennen Unschuldiger ist ungerecht.	Es ist besser, eine kleine Zeit zu brennen und Gnade finden an der Seele, als hernach an Leib und Seele ewig brennen und allezeit verdammt sein. Außerdem stehe ihnen die Gnade zu, erst erwürgt und dann verbrannt zu werden.
8. Es ist schwer, seinen nächsten Verwandten anzuklagen und damit zu veranlassen, daß er verbrannt wird.	Man muß Gott mehr als den Mewnschen fürchten, ihn auch mehr als Vater und Mutter lieben. Darum darf die fromme Obrigkeit niemand schonen.
9. Es ist besser, daß sie das Land verlassen und ihr Leben schonen.	Daß sie Gott gestraft haben will, ist sicher, daß sie sich bekehren und bessern wollen, ist unsicher.
10. Es ist eine große Schande, die Zauberer und Hexen zu verbrennen.	Die Obrigkeit erhält dafür von Gott ewigen Lohn.

ber«. Gewöhnlich sind sie dumm. Ihr Verstand ähnelt eher einem Tier als einem denkenden Mensch. Gabelreiter werden sie genannt von dem Instrument, das sie verwenden und mit ihrer Salbe schmieren. Druten nennt man sie in Franken, dieweil fast alle Hexen bekannt haben, daß sie es mit dem Teufel halten, nennt man sie in Deutschland »Teufelsbräute«. Ich kenne viele, welche gesagt haben, daß sie sich des Nachts über viele Meilen von ihrem Buhle haben davontragen lassen. Deshalb nennt man sie auch »Bocks-Reuter«.

Es fallet auf, daß wir allezeit 50 besessene Weiber anstatt eines Mannes finden . . . was nach meiner Auffassung nicht aus der Blödigkeit des weiblichen Geschlechts rührt, sondern von ihrer viehischen Begierlichkeit begründet liegt, die sie dazu antreibt. Schließlich haben die Poeten angedeutet: » . . . Weiber haben lange Kleider und kurze Sinne«. Zur Hexe wird man wenn

- man der hl. Dreifaltigkeit, dem christlichen Glauben und der Taufe absagt.
- man allen Kreaturen feind wird, sie beschädigt und verdirbt.
- man allein dem Teufel gehorsam ist.
- man in seinem Namen getauft wird, wobei die anderen Hexen siedendes Wasser und die Becken tragen. Die Taufe verrichtet entweder der Satan oder eine Hexe. Oft geschieht es in einer Mistpfütze.
- man einen besonderen Hurennamen und Buhlteufel erhalten hat, der dann Hochzeit und Beilager mit einem hält.
- einem der Teufel zusagt, daß er helfen wolle, wenn man wegen Hexenwerks eingezogen wird.

Man erkennt die Hexen und Zauberer an ihren Worten und Taten. Sie stiften Unfrieden und Zwietracht, schlagen die Augen unter die Winkel und die Weiber fliehen die Männer . . . wenn sie ihnen vermählt werden, so geht deren Liebe nicht vom Herzen aus. Sie sind neidisch und unleidlich gegen alle Menschen, untreu gegen ihre Kinder und führen dem Teufel Leute zu[35]. Darum wird täglich das teuflische Reich vermehrt. Von zwei Kölner Pfaffen wurde erzählt, daß sie dreihundert Kinder in seinem Namen getauft haben, weil sie diese Zeremonie in lateinischer Sprache verrichteten.

Belangend das Menschenfleisch fressen, ist dasselbe ohne Zweifel richtig und die Hexen sind stets darauf verleckert gewesen, so daß es kaum möglich war, tote Körper sorgfältig vor ihnen zu schützen und sie so zu verschließen, daß die teuflischen Totenfresserinnen nicht in ihre Kammer kommen und die Toten bis auf deren Knochen abnagen. Daher steht im 67. Kapitel der Salischen Gesetze, daß, wo ein Zauberer einen toten Menschen benagt und (dessen) überwiesen wird, 200 Solidos Strafe zu bezahlen hat. Wir lesen auch in dem Philostrato Lenniom, daß Appolonius Tyraneus zu Corinth eine Hexe aus der Stadt gejagt, weil sie von Menschenfleisch gelebt. Und nun wollen wir uns des Rondoletti, eines hochverständigen und weitberühmten Medicus Zeugnis behelfen, der in Montpellier einen Zauberer ausgespähet hat. »Als er sich zum Begräbnis verfügte (da man Tags zuvor sein Weib begraben), hat er derselbigen einen Arschbacken weggehauen und diesen auf der Achsel heimgetragen . . . mit Lust und gierigen Zähnen alleweil in das Fleisch gebissen und wacker hineingezwacket«. Vor allem können die Unholde:

- Donner und Blitz in der Luft anrichten.
- Schädlichen Hagel machen.
- Das Korn auf den Feldern verwüsten und erdrücken.
- Unerhörte Krankheiten über Mensch und Vieh bringen.
- In wenigen Stunden weite Strecken zurücklegen.
- Mit den bösen Geistern schlemmen und prassen.
- Mit ihnen Buhlschaften treiben.
- Menschen in unvernünftige Tiere verwandeln.

Was dieser Personen Leichtfertigkeit betrifft, so wollen wir hier nur die Art betrachten, da man durch die kalte Wasserprobe die Hexen erkennen will, wie solches an vielen Orten gebräuchlich ist. Da fragt man sich, was davon zu halten sei, wenn man die Hexen die der Zauberei verdächtig sind, auf das Wasser setzt und ob dieses unfehlbar sei? Zwar denkt Wierus, daß von dieser Probe nichts zu halten sei, und doch scheint, daß sie nicht verwerflich ist. Gerade weil schwere Weiber auf dem Wasser schwimmen, kann man annehmen, daß die ein Bündnis mit dem Teufel haben. Trotzdem ist diese Probe tyrannisch, falsch und heidnisch.

»... ei, das ist ein wichtiger Grund. Aber dabei ist zu vernehmen, daß das bisher von ihnen geschöpfte, verkochte und getrunkene Wasser nicht geschadet? Oh, ihr abergläubischen und unsinnigen Richter, die ihr solches Narrenwerk gebraucht. Wer hat euch denn bezaubert, daß ihr dieser Ungewißheit traut? Wie seid ihr doch so keck, daß ihr Eures Nächsten Gut, Ehre, Leib und Leben so liederlich der Gefahr aussetzt. Welchen Grund habt ihr zu dieser Prüfung, und wer hat euch diese Erfahrung gelehrt? Gottes Wort hat nichts davon und das geistliche Recht hat sie verboten. Hundert Jahre Unrecht ist zu keiner Stunde Recht«.

Etliche böse und leichtfertige Schälke lernen außer der törichten Wasserprobe noch andere Wege zu erkunden, ob sie Hexen seien oder nicht. Sie gehen eines Morgens an der linken Seite neben ihnen her; sie sprechen und antworten nichts. Sie legen den Daumen in die zugeknüpfte Faust und stoßen ihr damit in die Hüfte. Wer ihnen nachschreit, *muß* ein Zauberer sein. Sie schmieren ihre Schuhe am Sonntagmorgen und stellen sie in die Kirchentür. Wer nicht bald und gern neben ihnen hinausgeht, der *muß* schuldig sein. Oder man legt einen verkehrten Besen in den Weg. Welche da nicht drübergehen, die müssen Hexen sein! Dies alles ist eine große Bosheit, denn dadurch wird viel Unruhe gestiftet.

Prätorius schildert plastisch die abergläubischen Ängste des Volkes und bringt treffliche Beispiele, wie sie sich vor dem angeblichen Hexenwerk zu schützen suchen. Frei von solchen Anfechtungen sind die Gottesfürchtigen, Scharfrichter, Stock- und Kerkermeister, die Schergen und Stadtknechte und all diejenigen, die Hexen und Zauberer einfangen und verwahren, sie verurteilen und an ihnen die gerichtliche Exekution ausführen. Kurzum: all diejenigen, die an ihrem Unglück schuld sind. Doch was nützt dies dem kleinen Mann auf der Straße.

Einige sagen, mit Menschenkot, Schelmen- und Roßdärmen könne man die Hexen bezwingen. Aber ich halte, daß dem ebensoviel zu glauben sei, als wenn man sagt: »... man schlage seine Mutter, weil sie Öl pinkelt«. Wel-

chen Gefallen muß der Teufel haben, wenn er die Christen solchen Aberglauben treiben sieht?

Sie sammeln den Dreck aus den Ecken des Hauses, tun ihn in einen Sack, binden diesen zu und schleifen ihn vor die Tür. Dann schlagen sie wacker darauf ein und alle Schläge, sie geben, soll auch die Hexe empfangen.

Ist das Vieh krank, besprengen sie es kreuzweise mit Weihwasser und murmeln heimliche Worte. Sie meinen, es tue den Hexen weh, wenn sie beim Buttern die Milch stehlen. Sie stecken Kreuzpfennige in geweihtes Wachs oder hängen gewisse Kräuter in die Ställe. Die sich mit Kreuzen, Zeichen, Salz und Brot gegen das Zaubern schützen wollen, begehen selbst nichts anderes. Ich weiß nicht, wie ich sie nennen soll. Jene wollen mit Zeichen und Worten Schaden herbeiführen, und diese wollen den Schaden dadurch aufheben.

Jene sind vom Teufel geschickt, und diese gehen ihm entgegen. Es hilft nichts gegen ihn, wenn man zehn Bibeln frißt und zwanzig um sich bindet. Dies ist Spiegelfechten und Betrug. Deshalb lasse ein jeder die abergläubischen, gottlosen und unnützen Dinge sein. Es ist lauter Affenspiel, worüber selbst der Teufel lacht und spottet.

Am Walpurgisabend machen die abergläubischen Leute folgendes: wenn sie anstatt des Blutes Kreide oder Kohlen nehmen und an alle Gemächer, Läden, Fenster, Schränke und besonders an die Türen drei Kreuze schmieren, bilden sie sich ein, daß dann das wütende Heer an ihnen vorüberzieht. An andere Örter, an Kisten und Kasten machen sie das »quingquamgulum«, welches man niedersächsisch »Fünfort« sonst »Alpfuß« oder »Trutenfuß« nennt.

Andere verwenden Kräuter, um sich vor den teuflischen Listen zu schützen. Es müssen neunerlei[36] sein, unter denen der Hollunder und Widderton ist. Daraus machen sie etliche Kränze, die sie sich in der Walpurgisnacht aufsetzen, um dadurch die Hexen abzuwehren.

Andere Leute spinnen nicht am Abend und, wenn sie etwas gesponnen haben, so darf das Garn nicht auf der Nadel bleiben. Solchen Aberglauben haben sie auch zu Saalfeld an Weihnachten. Da darf ebenfalls nicht am Feierabend gesponnen werden, weil man glaubt, daß lauter Bratwürste daraus werden. Es ist ein Wunder, möchte einer sagen, daß immer nur Bratwürste daraus werden.

In Thüringen soll man besonders zu Weihnachten, eine ziemliche Menge von Gespenstern sehen. Da würde ein regelrechtes Teufelsheer herumlaufen. Etliche ohne Kopf: andere haben das Gesicht auf der Brust. Etliche haben ihre Beine auf die Schultern gelegt. »In Preußen, Liefland und Littauen ist eine große Menge und Anzahl solcher Zauberer, die in der Christnacht an einem gewissen Ort ihre menschliche Gestalt ablegen und die von Wölfen annehmen . . . wo sie dann in Wildnissen und Dörfern den Bauern in die Häuser fallen . . . diese einnehmen, das Bier und den Wein in den Kellern aus den Fässern saufen und das Vieh erwürgen. Der Herzog von Preußen, der sonst wenig an Zauberer glaubt, hat einen solchen eingefangen und (ihn) gezwungen, sich in einen Wolf zu verwandeln. Hernach hat man ihn mit dem Feuer brennen lassen«. Man dürfe dies nicht verwerfen, denn der böse Geist (= Teufel) könne durchaus solche Gestalten annehmen, ja er könne sich selbst in einen Engel des Lichts verwandeln. Ich glaube auch, daß er zuweilen mit göttlicher Zulassung Gewitter machen kann. Die Teufel schwächen die Geburtsglieder und verhindern die eheliche Beiwohnung dadurch, daß sie sich in den Leib zurückziehen.

Von der Reisefahrt der Hexen

In diesem Punkt sind sich die Gelehrten uneinig . . . und doch ist es alles Phantasie und Trug. Die Hexen haben keine Versammlungen, wie die gemeine Sage geht, sondern der Teufel läßt sie in einen tiefen Schlaf fallen, und dann bilden sie sich diese Dinge ein. Den Hexenschlaf verursachen sie mit verschiedenen Kräutern, als da sind: Mohn, Nachtschatten, Sonnenwedel, Schierling und dergleichen. Wenn sie sich schmieren und die Worte: » . . . oben auß und nirgends hin« meinen sie, durch die Fenster und andere enge Löcher davonzufliegen. Diese schlafbringenden Kräuter sind Mandragora (Alraun), Magsaat, Doll- und Bilsenkraut, Saubohnen und Schierling. Doch nie hat man einen Arzt gesehen, der auf den Rücken, die Beine oder auf den Hintern Salbe schmiert, damit die Leute einschlafen oder keine Schmerzen fühlen.

Bodinus berichtet: » . . . etliche fahren nackt dahin, etliche bekleidet, etliche nachts und etliche tagsüber«. Pauli Griallandus führt aus: » . . . eine Hexe von Spoleto bekannte, daß, wenn sie zu ihren Versammlungen reiste, gleichsam eines Menschen Stimme gehört zu haben, die sie ihr kleines Meisterlein genennet. Wenn sie sich mit einer sonderlichen Salbe geschmiert, sei sie auf einem Bock, der in der Bereitschaft (schon) vor der Tür gestanden, gestiegen . . . er habe sie in großer Eile unter einen großen Nußbaum bei Benevent geführt und da habe sie eine große Menge ihresgleichen gefunden«. Wolfgang Hildebrand berichtet in seiner Theurgia: » . . . wann sie auf ihr Fest zu den Versammlungen ziehen, setzen sie sich auf Stecken, Gabeln, Geisen oder Katzen. Sie salben sich mit Wolfs- oder Eselsschmalz und fahren an ihre Örter. Wenn wir uns in den Historien umsehen, findet es sich, daß sie unterschiedliche Instrumente gebrauchen, als da sind: lebendige Tiere, Böcke, Ziegen, Kälber, Pegasi (= fliegende Pferde), Säue, Wölfe, Hunde und Katzen; teils leblose Dinger als Rocken, Ofenkrückeln, Ofen-, Mist- und Heugabeln, Schaufeln, Besen, Rauffen(?), Backtröge und Mulden, Kleiderbürsten, Hüte, Mäntel und dergleichen«.

Paracelsus berichtet, daß die Hexensalbe aus dem Fleisch der neugeborenen Kinder gemacht wird, die sie wie einen Brei kochen.

In einem Dorf namens Ostbruch bei Utrecht hatte eine Wirtsfrau einen Hausknecht, der wunderte sich, was es zu bedeuten habe, daß sie sich schmiere. Er hat es dann ohne Vorwissen versucht, da sie in den Stall gegangen war.

Alsbald fühlte er sich in die Luft geführt und in eine Höhle unter die Erde getragen, in ein Städtchen namens Wych: Dort fand er eine Hexenversammlung. Die Frau erstarrte über die unvorhergesehene Begegnung und erbot sich, ihn wieder heimzutragen. Als sie einen Teil des Weges zurückgelegt hatten, kamen sie über einen See, der voll Schilf und Rohr war. Die Frau erkannte die Gelegenheit, schleuderte ihn in der Hoffnung von den Achseln, daß der arme Tropf durch den grausamen Fall und durch das Versinken im kochigten Wasser sein Leben einbüße: da solle er begraben bleiben. Doch sein Fall war nicht tödlich und man hat den Gesellen gefunden.

Sie luden ihn auf einen Wagen und ließen ihn nach Utrecht führen. Der dortige Bürgermeister, Johannes von Külenburg, ein tapferer von Adel, war von großer Verwunderung und erkundigte sich genau: er hieß die Hexe beim Leib nehmen und in ein Gefängnis schließen. Sie bekannte freiwillig und bat um Gnade; doch sie wurde verbrannt.

»Ein Metzger reiste bei Nacht durch ein Gehölz, und als er ein Geschrei gehört, da habe er demselbigen nachgesetzt, und als er angekommen, habe auf dem Platz silbernes Tafelgeschirr mit Bechern gestanden. Etliche seien als Aufwärter vor den Tischen gestanden, darunter viele arme Weiber . . . das unterste nach oben gekehrt, um als Leuchter gebraucht zu werden. Da war ein Geheule, das sich von weitem wie liebliche Musik angehört. Die Menschen machten »wunderliche Stellungen«: »etliche bückten sich mit dem Angesicht zwischen die Beine, so daß ihre Scham in den Himmel sah und andere (damit) Greuel trieben«.

Ehe die Mahlzeit begann, mußten sie den Teufel anbeten. Nach vollendeter Mahlzeit behielten die Geister die fremde Gestalt, jeder ergriff die ihm anvertraute Schülerin bei der Hand und fing mit ihr zu tanzen an. Dabei küßten etliche den Teufel und sangen unflätige Lieder. Einer von ihnen saß auf einem gespaltenen Baum und schlug die Trommel, andere bliesen die Pfeifen. Als dieses geschehen, haben sie alsbald einen Tanz angefangen. Mit auswärts gekehrten Gesichtern, vielleicht aus den Ursachen und Bedenken, daß der eine den anderen nicht kenne und dadurch jemand in die Hände der Obrigkeit gelangen könne. Und als es Zeit zum Schlafen war, ging jede mit ihrem Teufel ins Bett und verübte Unzucht, geile Brunst und teuflische Vermischung. Die Ankömmlinge meinen, da sie vom Teufel geblendet werden, sie sehen nicht die Bocksgestalt und sie meinen auch nicht, ihn auf den Hintern zu küssen, sondern seine Hände. Sonderlich die Weibspersonen meinen, sie küssen das »männliche« Glied.

Warum zeigt sich der Teufel so gern in der Gestalt eines Bockes: » . . . schon in der hl. Schrift heißen die Teufel Böcke, weil sie geile und stinkende Tiere sind. Sie unterstehen sich, sich mit leichtfertigen Metzen zu vermischen; sie treiben Schandpossen mit den ihnen verschworenen Hexen«.

Bei der Blocksbergfeier sind die Jungfern »mannbegierig« und »kerlmeinend«. Die Männer sind rechte »Sie-Männer« und »Simo-

nes«. Alle sind begierig nach venerischen Sachen. Ja, es gehet da die rechte Geilheit für, welches Wort der Philologus nicht uneben beschrieben: Gäulheit von den Gäulen oder Hengsten, welche gerade in diesem Monat schlimm beischlagen.

Unter den Blocksberg-Gasterei sind nicht nur Weiber, sondern auch Männer, geringe und (auch) Standespersonen, Kaiser, Fürsten, Freiherrn, Geistliche, Priester, Bischöfe, Mönche, Gelehrte und Ungelehrte, wie berühmte Doktoren aus allen Fakultäten.

Ferner kann auch die Walpurgis selbst Ursache sein, daß der Teufel an ihrem Tag ein solches Wesen führt, indem sie sich, als sie noch lebte, durch ihre Heiligkeit dem Teufel gewaltig widersetzte, und er dafür andere Weiber bestürmt hat. Dadurch mag er Anlaß genommen haben, ihren Feiertag mit seinen Burschen zu schipfieren(!) und alle Jahre danach Abrechnung zu halten. Ob er sich nach dem Julianischen oder des Papstes (= dem gregorianischen) Kalender richte, wenn er die Hexen auf seinem Buckel zum Bockesberg versetzt? Bei uns Lutheranern ist's der Wahn, daß es nach unserem Almanach geschehe. Bei den Katholiken ist die Rede, daß er es nach ihrer Art praktiziert: wenn solches wahr ist, so muß derselbe Teufel die Kutscherei zweimal nacheinander verrichten.

Die dämonische Vermischung

»Daß er sich nicht selbst (re)generieren und Sperma geben kann, ist klar. So aber solches geschehe, dann von gestohlenem Samen. Dies hat das gewaltige Papsttum in Schwung gebracht, dieweil dort viele tausend Pfaffen und Mönche onanistische Schelme gewesen sind, derer noch heute viele gefunden werden«.

Denn es begibt sich oft, daß der Teufel die Hexen schwanger macht. Hierzu kommt, daß das Zeugungsglied, das die bösen Geister eine Weile woanders hergenommen haben, gänzlich kalt gewesen sei. Nach der Aussage aller Hexen entstehe aus einer solchen Vermischung kein rechtmäßiges Kind. 1575 ist es geschehen, daß ein Teutscher von Adel aus Zorn zu seinem Weib gesagt: » . . . sie werde einen Teufel gebären«. Da brachte sie ein scheußliches Meerwunder zur Welt, das ganz schrecklich anzusehen war.

Prätorius schwelgt genüßlich in den erotischen Varianten des Hexentreibens und sagt:

» . . . Margaretha Bremont habe mit einem Teufel geschlafen: sie wäre mit ihm zum Tanz gegangen, er habe sie zweimal geküßt und wäre dann länger als eine halbe Stunde bei ihr gelegen . . . bis endlich ein eiskalter Same von ihm gegangen«. Das gleiche bestätigte Johanna Gullemin. »Mit ihr habe der Teufel sogar eine ganze Stunde zu tun gehabt. Auch er hatte ein eiskaltes Glied, welches nicht sonderlich groß gewesen . . . wenn sie sich mit ihm vermischte, wäre es nicht anders, als wenn sie ein kaltes Hörnchen dazu gebrauchte . . . sie habe zwar gedacht, als wenn ein Mann bei ihr gelegen, doch sei sein Glied viel zu hart und kalt gewesen«.

Natürlich entstehen aus einer solchen Verbindung keine richtigen Kinder. Im Volksmund kanzelt man sie zu Würmern, Elben, Wechselbälgen und/oder »bösen Dingern« ab. Entsprechend sind auch die Aussagen: » . . . sie habe alle Vierteljahre ein paar Elben gezeugt, die einen Finger lang gewesen und gar bunt und steifig ausgesehen . . . nach einer solchen Vermischung wären ein paar Elben von ihr gekommen, die ausgesehen wie graue und schwarze Fliegen. Eine andere habe vom Teufel zwei Kinder bekommen, aber es wäre keine menschliche Gestalt an ihnen gewesen und darum habe sie dieselben ins Wasser geworfen«.

Eine andere bekennt: » . . . sie habe ihm (= dem Teufel) nach ein paar Wochen fünf paar böse Dinger gezeugt, sie wären wie Würmer gewesen und hätten schwarze Köpfe gehabt«.

Die andere meint: » . . . wenn sie mit ihrem Buhle zu schaffen gehabt, hätte sie weiße Elben oder derselben zehn bekommen, so gelebet, spitze Schnäbel und schwarze Köpfe gehabt, und sie seien wie die jungen Raupen hin- und wiedergekrochen . . . sie habe sie zum Zaubern verwendet«.

Nun geht er noch auf das Hexenmal ein:

» . . . welche abscheuliche Laster begangen haben, die bekommen vom Satan ein Zeichen oder Charakter, wodurch sie würdig werden und seine besten Freunde. Diese Anmal belangend ist derselbe gewiß, also daß die Richter gemeiniglich gewahr werden, sie seien wohl verborgen. Etliche tragen das Zeichen zwischen den Lefzten, etliche unter den Augen-

brauen, andere sonst an wüsten und geheimen Enden, gemeiniglich aber auf der rechten Achsel, auf dem Arschbacken oder an der Scham«.

Hexen- und Blocksberg-Gedichte

Beschreibung des Blocksberges

In Thüringen ist wo(h)l sehr bekannt
Ein Berg/der Prockelberg genan(n)t/
Welcher Berg der jetzo berührt/
Über sechszehn Meil gesehn wird/
Also das den ferne jedermann/
In Sachsen und Hessen anschauen kann.
Dieweil er hoch und übertrifft/
mit seiner Höh/wie ich bericht/

All Berg im Harz und Thüringen
Darüber er ganz hoch tut springen/
Über das ist er auch beschreit/
Dieweil Nachts zu Walpurgens Zeit/
In großer Zahl wie ich bericht/
Die Zauberin mit ihrem Gezücht/
Ingemein einen Reichstag alda halten/
die jungen wie die alten/

Welche all die Teufel dahin führt/
In geschwinder Eil/wie jetzt berührt/
Auff welchem sie mit tantzen/springen/
Mit Sauffen auch die Zeit zubringen/
Mit bösen Geistern Unzucht treiben/
Wie solches oft Gelehrte schreiben/
Wenn aber kommt der Hanen Geschrey/
so fahren sie wieder heim ohne Scheu/

Über hohe Berg und tieffe Thal/
Biß daß sie kommen allzumal/
Ein jede Hexe an ihren Orth/
Wie man solches hat wohl gehort.

Treiben also ohn allen Scheu/
Ihr Hexenwerk und Zauberei/
Wider Gott und sein H. Wort/
Auch offtermals sie anstifften Mord/
Doch können sie, wie ich bericht/
den frommen Leuten schaden nicht/
Umb welche her die Engelschaar/
Ein Wagenburg thut schlagen gar.

Das sey nun gnug von Zauberinn/
Auff daß wir aber unsern Sinn/
Anwenden an den Prockelsberg/
Zu beschreiben gäntzlich merck/
So ist auch überall Alda/
Derselbig Berg ein Practica/
Der Landleut/wo welche offt ohne irren/
Gut Wetter/daher practiciren.

Denn wenn ein starcker Nebel trifft/Recht solchen Berg/wie ich bericht/
So fält gewiß derselben Tag/
Wenn aber solcher Berg gantz frey/
Ohne Nebel ist/ohne allen Scheu/
So folget ein heller schöner Tag/
Alsdann darin jeder mag/
Mit freuden an sein Arbeit gahn/
Auch wandern/reiten/und alsdann/
Noch weiter/daß für solche Zeit/
Gott werde gedanckt in Ewigkeit.

Anonymus

Sieh wie die teufflisch Hexen-Rott/
Nachdem sie hat verläugnet Gott/
Ganz schrecklich bey nächtlicher Zeit/
suchet hie eine elende Freud/
Bald auff ein Berg/bald in ein Tal/
In öden Oertern überal/
Da ihn der Teuffel samt den seinen/
So schrecklich scheußlich thut erscheinen/
Daß man sich billich fürchten solt/
und solchem Spiel werden abhold.

Seid ihr doch viel/ja gantze Schaaren/
So ungestüm zusammenfahren/
Etlich auf Gabel in der Lufft/
Fahren über hohe Berg und Kluft/
Andre auf Bock sich reitend machen/
Ein die Ander lockt herbey/
Da man sie lehrt die Zauberey/
Diese lehrt das Gift bereiten/
Ein andere viel Zeichen deuten/
Etliche bringen zu die Nacht/
Mit fressen/Sauffen über Macht.

Ja andere seyn so gar verrucht/
Treiben mit dem Teufel Unzucht.
Die übrigen sind bey dem Reygen/
Und sich mit Tantzen thun erfreuen.
Bey ihnen auch stetig auffwart/
Scheußlicher Tier mancherley Art/
Als Katzen/Schlangen/Kröten und Eul/
So machen ein schrecklich geheul.
Solches ist ihr Lust/bis sie nach Jahren/
Zur Höllen mit dem Teuffel fahren.

Der Poet Clajus formuliert dies so:

Böckereiten/Gabelfahren/Unzucht-Tanze/
Adlers Klauen/
Bärentazen/Löwenmähn/Teuffels-Larven sind
zu schauen.
Sehet wie die Königin/gelbes Gift zum Feste
muß kochen/

Und das alte Hexen-Volk/zeiget kleiner Kinder Knochen.
Schrecket nicht den Bauersmann/Pauken-Brummen/Mordgetümmel/
Eulen-Augen/Krötenzucht/Schlangenzischen/
Wurm-Gewimmel?
Pfui ihr tollen Sterblichen, laßt euch nicht so bethören/
Wer einmal kombt in die Höl/der kann nimmer wiederkehren!

Gesprech von den funf Unholden
(Hans Sachs 1531)
Des Teuffels Eh und Reutterey
ist nur Gespenst und Fantasei.
Das Bockfahren kumpt aus Mißglauben
Der Teufel thuts mit Gespenst betäuben
daß sie liegt schlaffen in eym Qualm
Meint doch sie fahr umb allenthalben
und treibt diesen und jenen Handel
und in ein Katzen sich verwandel.
Dieß alls ist heidnisch und ein Spott
Bei den, die nicht glauben an Gott.

Glauben Gott erkennst,
kann dir schaden kein Gespenst.

Ihr rechter Lohne und gewisses Pfand/
Ist Feuer/Schwerd und ewig Schand/
Ja, wenn sie nicht thun Buß auf Erden/
Können sie nicht selig werden.

Der in Frankfurt tätige Prediger Bernhardus Waldschmidt. Er predigt lange Jahre an der Barfüßerkirche und ist der Verfasser div. Hexenpredigten. Er gehört zu den Verfechtern eines »harten« Kurses gegen die sog. Hexen.

IARDUS WALDSCHMIDT. MOENO
NCOF. ECCLESIASTES IBID.
ÆT. 57. MIN. 27. DN. 1665

Satanskult und schwarze Messen

Das Christentum als »junge« Institution hat seine Existenz nicht nur mit lauteren Mitteln erstritten und behauptet. Seit 600 000 Jahren gibt es Kulturmenschen und seit 2 000 Jahren »uneinige« Christen, wobei die ersten 1 000 Jahre als Gärprozeß herauszurechnen sind. Die »römisch-katholische« Kirche ist seit 500 Jahren gespalten. Vor ihrer Existenz ist man ohne widersprüchliche Schöpfungsgeschichte, Bibel, Dogmen, Auferstehung, ewigem Licht, unbefleckter Empfängnis, Papst und Kirchensteuer ausgekommen. Die »jüngste« Kirchenspaltung (= Schisma) ereignete sich im Sommer 1988.

Trotz aller zu Gebote stehenden und genutzten Mittel ist es dem Christentum *nicht* gelungen, eine homogene Einheit zu schaffen. Von Anfang an lassen sich oppositionelle Gruppen nachweisen. Die »inneren« Widersprüche sind eklatant. Eine Sonderstellung nehmen die Verfechter des Satanskultes und der Schwarzen Messen ein: ihre geistigen Grundlagen sind eng mit denen des Christentums verwoben.

Die schwarzen Messen entwickeln sich teils aus den Berichten über Ketzerpraktiken[1] und teils aus Messen zu besonderen Anlässen, was bereits in der frühchristlichen Zeit üblich ist. Sie ist eine blasphemische und obszöne Perversion, um Gott zu verhöhnen und Satan zu verehren. Der Satanskult ist eine Umkehrung des orthodoxen Christentums[2], wobei die »schwarze« Messe der zentrale Charakterzug ihres Rituals ist[3]. Im Grund genommen reicht dieses Phänomen bis zu den Anfängen unserer Geschichte zurück, als sich die Vorstellungen von Gut und Böse entfalten.

Das christliche Glaubensfundament ist beweislastig. Seine Geschichte ist von heftigen Auseinandersetzungen und Glaubenskriegen begleitet. Über weite Teile wird es zum Vorreiter der Frauenfeindlichkeit. Die erstarkende Kirche predigt lange den Haß auf alles Fleischliche. Die Antisexualität steht der Realität des täglichen Lebens schroff gegenüber. *Nur* das Christentum kennt die Hexenverfolgung. Während dieser Epochen werden Denunzierte bezichtigt, sich mit schwarzen Messen auseinandergesetzt zu haben. Dies führt zu der falschen Vorstellung, sie sei ein regelmäßiger Bestandteil des Sabbats.

«Der (Hexen)sabbat stellt eine mit Kraft erfolgte Reaktion auf die Zurückdrängung des Weiblichen in der christlichen Welt dar».

Fest steht, daß der kuriale Apparat aus dem Zeitgeist heraus als Aufbereiter des Teufels- *und* Hexenwahnes *nicht* entlastet werden kann. Die Kirche hat es nicht geschafft, sich von den »alten« Vorstellungen des Dämonenglaubens zu trennen, sie hat den Glauben an Dämonen (= Teufel) aktiviert.

Wie jede Weltreligion benötigt das Christentum Argumente, um sich den Tribut der Massen zu sichern. Wo immer eine Religion »dualistisch« strukturiert ist, gibt es einen offiziellen oder »guten« Gott und einen Widersacher, den Vertreter des Bösen, in unserem Fall den Satan. »Der Dämonenkult ist nicht wahnwitziger als der Gott geweihte; der eine schwärt im Eiter, der andere bricht in Strahlen aus«. So gehört der injizierte Gegensatz Gott (= gut): Teufel (= böse) zu einer grundsätzlichen, doch unbewiesenen Aussage. Dies ist bei allen Weltreligionen so. Die Überwindung des erfundenen Gegenpoles steht auf dem Banner der römisch- katholischen Kirche und deren Ableger.

Das Christentum hat die Dämonen über Gebühr – doch in ihrem Sinn notwendigerweise – emporstilisiert. Engel und Teufel sind in den Raum gestellte Fabelwesen. Es wird keine Auferstehung, »jüngsten Tag«, oder Engelsturz geben. Da es keine Hölle gibt, entfällt der Glaube an das Fegefeuer und an »höllische« Qualen. Diese Dinge werden erfunden, um das Sündenbewußtsein zu schüren.

Geht es darum, einen nicht-existenten Gegner permanent zu erniedrigen und zu bekämpfen, um sich selbst ins rechte Licht zu rücken? Eindeutig, denn gäbe Satan die ihm zugeschriebene Rolle als »böser« Widersacher auf, würde die »christliche« Idee wie ein Kartenhaus zusammenbrechen. Aufgeschlossene Theologen geben es unumwunden zu.

Mit dem Fortschreiten unserer kulturellen Entwicklung büßen die »alten« Schutzgottheiten ihre Macht und »ordnende« Funktion ein. An ihre Stelle treten »neue«. Es ist bekannt, daß christliche Missionare *ihre* Kirchen auf geschleifte (Götzen)tempel bauen. Es ist unnötig, denn an den Fakten ändert sich nichts.

»Mit den orientalischen Kulten und deren Vorstellungen strömt deren Dämonenglaube in die westliche Welt. Neben ägyptischen und chaldäischem wird der indische Dualismus spürbar«[4]. Hinzu kommt das jüdische Erbe eines Satans als Widersacher Jahwes. Die Bocksfigur des Teufels ruht auf einem biblisch-jüdischen Überlieferungsstrom. Die Bocks-Gestalt Satans ist ein Sinn-Gegenbild des traditionell göttlichen«[5].

In Palästina wird der Ziegenbock, der wegen seines Gestankes nachts von der Herde getrennt wird, wegen seiner »sprunghaften« Unberechenbarkeit zum Symbol des Verworfenen[6]. Folgerichtig sehen wir ihn im AT als »Sündenbock«[7]. Das frühe Christentum greift u.v.a. diese Idee zur bildlichen Veranschaulichung der beim Weltgericht Verdammten auf[8]. Satan *gilt* als der gestürzte Engel Luzifer, der sich gegen Gott aufgelehnt hat. Er wird zur Zentralfigur des nun entstehenden neuen Dämonenglaubens.

Der Satanskult ist Alternative, Antithese und Protest[9]. Es ist nicht nur eine Pervertierung der christlichen Religion(en)[10], sondern beinhaltet zahlreiche antike Ansätze. Zu nennen sind alte Riten mit den damit verbundenen Blutopfern. So wird nach der »orphischen« Tradition Dionysos als Kind von Tyrannen zerschnitten und in einen siedenden Kessel geworfen[11]. Frühformen der Magie (Zubereiten von Heil- und Zaubertränken) und Initiationsbräuche der Naturvölker kommen hinzu. Eng ist die Verbindung zu Muttergottheiten, aus der sich die Vorstellung von der Gottesmutter entwickelt. Die in der Antike angebetete »große« Mutter begegnet uns im Christentum als »Jungfrau Maria« und beim Hexensabbat als »Königin der Nacht«.

Der Satanskult gehört zu den bislang wenig erforschten Phänomenen der Religions-, Sozial- und Kirchengeschichte. Unzählige Werke sind über das Hexenwesen geschrieben worden. Historiker und Rechtshistoriker, Theologen und in neuer Zeit Psychologen und Soziologen haben es von vielen Seiten zu beleuchten versucht. Fast immer wird die in diesem Zusammenhang genannte »Schwarze Messe« als sekundär betrachtet.

In ihr äußert sich ein Kompensationsverlangen nach »mehr« geistiger und körperlicher Freiheit einer von der Kirche über Jahrhunderte geknebelten Gesellschaft. Die im 19. Jh. einsetzende literarische Betrachtung des Satanskultes durch Baudelaire[12], Leopardi[13] und Carducci[14] kann *nicht* als krankhafte Strömung angesehen werden, zumal die klassischen Beispiele des Satanskultes *vor* dieser Zeit angesiedelt sind.

Freilich stemmt sich der Klerus dagegen, denn: ». . . der Satanskult gewährt seinen Teilnehmern in hohem Maß die Möglichkeit, abnorme d.h. von der (Normal)gesellschaft abweichende Triebe auszuleben. Ihre Anhänger stehen der jeweiligen gesellschaftlichen Ordnung frustrierend (= ablehnend) gegenüber. So ist einleuchtend, daß (der Satanskult) zum Sammelbecken psychopatisch geprägter Menschen wird«[15]. So kann man es *nicht* sehen, denn daran wird deutlich, daß der Hauptverstoß im Ungehorsam gegen Gott, die Kirche, also die Verleugnung ihrer Monopolstellung das wesentliche Kriterium für sie ist. Doch mit der Macht wächst der Widerstand.

Es wird vergessen, daß die Existenz des Christentums Voraussetzung zum Satanskult ist. Sobald die Kirche vom Teufelsdenken Abstand nimmt, wird dem daraus abgeleiteten »negativen« Kult die Grundlage entzogen. Die hier vorkommenden Orgien haben eine Parallele in den gestört-hysterischen Gotteserlebnissen sexuell unterdrückter Nonnen, Mönche und Priester. »Die Orgie bei der Schwarzen Messe ist die Revolte des unterdrückten Fleisches . . . der Orgiasmus der entfesselten Instinkte . . . ein Halleluja des ans Kreuz genagelten Heidentums« (Przybyszewski). Erst aus dieser Betrachtung heraus kann der Satanskult in seinen Ausformungen gewürdigt werden. Er begleitet die Geschichte des Christentums. Aus allen Epochen lassen sich Beispiele nennen.

348 berichtet Cyrill v. Jerusalem über eine Abschwörung des Satans, die beim Taufritus vollzogen wird: ». . . ich sage mich los von dir Satan, dem schlimmsten, grausamen Tyrannen, der schlauen verschmitzten Schlange. O Satan, Urheber und Diener aller Bosheit. Zu deinen Werken gehört jede Sünde. Das, was in Götzentempeln und auf festlichen Märkten ausgehängt ist . . . (gehört) weil durch die Aufrufung der unreinen Dämonen benutzt, zum teuflischen Pomp. Teufelsdienst ist das Beten in Götzentempeln und das, was zur Ehre der leblosen Götterbilder geschieht . . . das

Anzünden der Lampen und das Räuchern. Wenn du dich vom Satan und dem Bund mit ihm losgesagt hast, öffnet sich dir das Paradies Gottes«.

Diese Formel ist von Interesse, weil sie von irrealen Existenzen ausgeht und weil noch heute »leblose« Bilder angebetet werden, Kerzen und »ewige« Lichter brennen in den christlichen Kirchen und bei der römisch-katholischen Variante wird bei jeder passenden Gelegenheit geweih-räuchert. Zwischen den früher anzubetenden Göttern (die man später zu Götzen abgestempelt hat) und den heutigen besteht kein Unterschied.

Phiboniten- und Ophitenmahl

Die phibonitische Gemeinschaft[16] entsteht in Syrien und breitet sich nach Armenien und Ägypten aus. Um das Jahr 200 u.Z. dringt ihr Kult in den frühchristlichen. Aus der Verschmelzung bestimmter Riten bildet sich das Phibonitenmahl. Epiphanius v. Salamis kommt 336 u.Z. mit dieser gnostischen Sekte in Berührung, löst sich nach dem Studium ihrer Schriften und hinterläßt eine (offensichtlich überzeichnete) Schilderung ihres Kultmahles[17].

». . . sie haben ihre Frauen gemeinsam, tragen üppige Speisen auf, essen Fleisch und trinken Wein. Wenn sie miteinander getafelt haben, gehen sie zur Anreizung über. Der Mann verläßt den Platz an der Seite seiner Frau und spricht zu ihr: ›. . . steh auf und vollziehe die Agape[18] mit dem Bruder‹. Die Unseligen vereinigen sich. Danach erheben sie ihre Schande zum Himmel und nehmen das, was aus dem Mann geflossen ist, in ihre Hände, treten hin, richten sich nach dem Himmel, beten und bringen es der Allnatur dar. Danach essen sie es und sagen: ›. . . dies ist der Leib Christus‹. Dies machen sie auch mit dem Abgang des Weibes, wenn es in den Zustand des Blutflusses gerät. Das von ihrer Unreinheit gesammelte Menstruationsblut essen sie gemeinsam und sagen: ›. . . das ist das Blut Christ‹. Wenn sie sich vermischen, so lehren sie, daß man keine Kinder zeugen darf; denn nicht dazu wird bei ihnen Schändung betrieben, sondern um der Lust willen, da der Teufel mit ihnen sein Spiel treibt und (so) das von Gott geschaffene Gebilde verhöhnt. Sie treiben die Wollust bis zur Vollendung und essen die Frucht ihrer Schande. Wenn einer von ihnen ertappt wird, daß er den Samenerguß tiefer einströmen ließ und das Weib schwanger wurde, so höre was sie unternehmen: sie reißen den Embrio zu dem Zeitpunkt heraus, wo sie ihn mit den Händen fassen können, nehmen die Fehlgeburt und zerstoßen sie mit der Mörserkeule. Hierin mengen sie Honig, Pfeffer, Gewürze und wohlriechende Öle, damit es nicht ekelt. Und jeder kommuniziert mit dem Finger von dem verstampften Kind. Nachdem sie diesen Menschenfraß vollbracht haben, beten sie zu Gott. Wenn sie unter sich in Extase geraten, besudeln sie ihre Hände mit dem Samenerguß, strecken sie aus und beten mit den befleckten Händen . . . nackt am ganzen Körper«.

Sperma und Blut galten seit Urzeiten als Substanz übermenschlicher Kraft. Darum werden sie früh tabuiert und in kultische Bahnen gelenkt. Aus dem Sperma wird das eucharistische Brot und aus dem Menstruationsblut der ebensolche Wein. Die Kopfjäger sind am Gehirn ihrer Gegner interessiert, weil sie meinen, ihr Wissen und Können gehe nach dem Verzehr auf sie über.

Einen ähnlichen Kult betreibt die gnostische Sekte der Ophithen. Sie verehren eine Schlange. In der frühen Kulturgeschichte tritt sie als Feindin des Göttlichen auf. Im positiven Sinn gilt sie als Vermittlerin von Erkenntnis und/oder der Erlösung. Sie steht in enger Verbindung zum Heilgott Asklepios. Während sie in der Spätantike als Symbol des Geistes angesehen wird, hebt das Christentum die »negative« Symbolik hervor. Sie macht aus der Schlange die »Versucherin« in einem nichtexistenten Paradies und bringt sie nachhaltig mit dem weiblichen Geschlecht in Verbindung. Dadurch wird die Frau zur Verkörperung des Teuflischen.

Orgiastische Tänze

Die früh veranstalteten Tänze an den Gräbern der Verstorbenen stellen eine Fortführung antiken Brauchtums dar. Der Leichenschmaus erinnert daran, die vermeintlichen Dämonen günstig zu stimmen. Die Grabsteine haben (auch) die Funktion, Toten das Hervorkommen aus den Gräbern unmöglich zu machen. Früh widmen sich die Kirchenväter dieser Problematik. Es haben sich verschiedene Aufzeichnungen erhalten, die auf »unzüchtige« Tänze eingehen.

Der Tanz in seiner freien Bewegung gehört zu den ältesten Kultformen. Bereits in der Antike beten nackte Mädchen auf dem persischen Hochland die Sonne an. Mit dem im 4./5. Jh. einsetzenden Festigungsprozeß der katholischen Kirche werden die Geistlichen nicht müde, gegen das Tanzen zu polemisieren. Ihr Motto lautet: ». . . wo der Tanz ist, da ist der Teufel nicht weit«[19].

Basilius[20] berichtet: ». . . schamlose Weiber haben, die Furcht Gottes vergessend und das ewige Feuer verachtend an dem Tag, an dem sie in Erinnerung an die Auferstehung zu Hause bleiben und dieses Tages gedenken sollen . . . anstatt sich mit solchen Gedanken zu beschäftigen und ihre Herzen von bösen Begierden zu reinigen und die früheren Sünden mit Tränen abzuwaschen . . . (und) . . . sich auf die Begegnung mit Christus am großen Tag seiner Ankunft vorzubereiten[21] . . . die Schleier der Sittsamkeit von ihrem Haupt entfernt und sich – Gott verachtend – schamlos jedem männlichen Blick ausgesetzt. Mit lüsternem und ausgelassenem Gelächter . . . wie rasend in den Tanz gestürzt und vor der Stadt bei den Gräbern der Märtyrer Tänze aufgeführt . . . und die geheiligten Orte zur Werkstätte ihrer Schamlosigkeit gemacht. Sie haben die Luft mit ihren buhlerischen Gesängen entweiht. Wahre Buhldirnen und ganz verrückt . . . wie könnte ich dazu schweigen?«.

Die Kirche erkennt zu spät, daß der von ihr ins Joch Gedrückte im Tanz ein Ventil aus auferlegten Zwängen sucht. Durch Verbote, Exorzismen und die Isolierung von »Befallenen« wird versucht, der Sache Herr zu werden. Die orgiastischen Tänze entstehen in der überhitzten Phantasie einer bigotten Bevölkerung und ihrer Interpreten. »Es läßt sich nachweisen, daß von den ›rasenden‹ Frauen an den Märtyrergräbern ein gerader Weg zu den Hexen führt«[22]. Man glaube nicht, daß diese Stufe überwunden ist. In Echternach bei der sog. »Springerprozession« wird auch heute noch zu Ehren einer Illusion gehüpft, gesprungen und getanzt – sogar vor – und rückwärts.

Im hohen Mittelalter kommt eine Massenpsychose hinzu. Sie ist im Verbund mit Pesten, Epidemien, sozialen Mißständen und einer religiös überzogenen Atmosphäre begründbar. Es kommt zu regelrechten Tanzwut-Ausbrüchen. Sie erreichen im 7, 8., 11. und 12. Jh. Höhepunkte. Auffallend ist, daß es in der Regel an kirchlichen Festtagen, den Sterbetagen von Angehörigen und (auf) Friedhöfen zu Ausschreitungen kommt. Daraus entstehen nicht nur der Johannis- und Veitstanz, sondern auch der Tantarismus, aus dem sich die Tarantella[23] entwickelt.

Solche Tänze treten nicht nur in der Öffentlichkeit, sondern auch hinter Klostermauern auf. Gerade hier zeigt sich der Drang nach mehr Freiheit der unterbundenen Gefühle der nahezu rechtlosen Insassen. Schon damals fungieren Nonnen als Lustobjekt der Geistlichkeit, werden jedoch gleichzeitig als »Schlange der Lust« verworfen.

Der Klerus versteht es, solche Ausbrüche als Warnfinger des gerechten Gottes »umzudeuten«. 1374 bricht in der Rhein- und Moselgegend eine neue Welle der Tanzwut aus. Die Limburger Chronik erzählt: ». . . und fand man, daß es eine Ketzerey war, und geschehe um Geld willen, daß ihr ein Theil Frau und Mann in Unkeuschheit mochten kommen . . . und fand zu Cölln mehr denn hundert Frauen und Dienstmägde, die nicht eheliche Männer hatten. Die wurden alle in der Tanzerey Kinder-tragend. Die Meister von der hl. Schrift, die beschworen die Tänzer ein Theil, sie meynten, daß sie besessen wären von dem bösen Geist. Also nahm es ein betrogen end und währete wohl sechszehen Wochen in diesen Landen oder in der Maß . . . und es war ein eitel Teuscherey, und ist verbottschaft gewesen an Christus nach meinem Bedünken«.

Narrenfeste, Fest der »unschuldigen« Kindlein

Zur Kompensation der unterdrückten Freude am Tanz bilden sich in Frankreich die sog. »Narrenfeste« heraus. Harmlose Vorstufen sind einfache Tänze zwischen dem niederen Klerus und Kindern beim Fest der »unschuldigen« Kindlein (festum innocentium). Sens berichtet 1445:

». . . zittern und erröten mögen die, die den ruchlosen Ritus einer gewissen Festlichkeit befolgen, den ihre Anführer das Fest der Narren nennen.

Es ist eine unzweifelhaft teuflische Einrichtung unter dem ehrwürdigen Namen des Herrn. Sie überlassen sich zur Zeit des Gottesdienstes der Unflätigkeit, indem sie gespenstische und monströse Masken tragen und als Frauen, Kuppler und Schauspieler verkleidet,

Tänze in der Kirche und im Chor aufführen, unanständige Lieder singen, Würfelspiele treiben mit stinkendem Rauch weihräuchern und durch die Kirche rennen. Ohne zu erröten, springen nackte Männer ohne Bedeckung der Schamteile auf schmutzige Wagen und fahren durch die Stadt, wo sie mit ihren Körpern schändliche Gesten aufführen. Mit Recht wird dieses schmähliche Zusammentreffen Fest der Narren genannt«[24].

Synode des Orleans, Guibert von Nogent

Die Synode von Orleans geht im Jahr 1022 auf einige von ihr als »häretisch« bezeichnete Sekten ein. Die Manichäer – die dem stärker werdenden Christentum pari bieten – vertreten die Auffassung, man könne die Sünden überwinden, indem man sie durch andere (ab)-tötet. Von der Kirchenversammlung hat sich ein Bericht erhalten, der einige Kultbräuche der Neu-Manichäer – in verzeichneter Form – beschreibt[25].

»... sie versammeln sich in gewissen Nächten, wobei alle Laternen in den Händen hielten ... bis sie plötzlich einen Dämon in der Gestalt eines Tieres unter sich herabsteigen sehen. Sogleich reißt jeder, nachdem die Lichter gelöscht worden waren, eine Frau zum Mißbrauch an sich: ohne Rücksicht auf Sünde, ob Mutter, Schwester oder Nonne. Die Begattung wird von ihnen als etwas Heiliges und Religiöses geschätzt. Wenn in dieser schmutzigen Begattung ein Kind gezeugt wird, wird es am achten Tage bei angezündetem Feuer geprüft und (dann) verbrannt. Seine Asche wird mit großer Verehrung gesammelt ... wie die christliche Frömmigkeit den Leib Christi aufzubewahren pflegt«.

Guibert von Nogent gibt ein weiteres Beispiel aus dem frühen 12. Jh.: »... die Versammlungen halten sie in geheimen Gewölben ab, dabei ohne Unterscheidung des Geschlechts, wobei (sie) bei angezündeten Kerzen einer mit entblößtem Gesäß nach vorn gebeugten Dirne von hinten Kerzen darbringen. Sobald sie gelöscht sind, verkünden sie laut das Chaos und jeder vereinigt sich mit der, die ihm als erste unter die Hände kommt. Wenn eine Frau daselbst schwanger wird, kehrt sie (erst) nach erfolger Geburt dorthin zurück. Ein großes Feuer wird angezündet, von den Umsitzenden wird ein Kind von Hand zu Hand durch die Flammen geworfen, bis das Feuer gelöscht ist. Darauf wird es zu Asche gemacht. Aus ihr wird Brot bereitet«.

Zwischen den beiden Schilderungen gibt es zweifellos Querverbindungen.

Der Genuß der Aschen-Reliquie ist ein mystischer Akt[26]. Von hier zur Firmung ist es nur ein Schritt. Die den Gläubigen am »Aschermittwoch« auf den Kopf gestreute Asche hat nach Auffassung der Geistlichkeit eine reinigende und dämonenabwehrende: deshalb schützende Wirkung. Primitive Volksstämme reiben sich noch heute mit Asche ein, um ihrem Körper Kraft zu verleihen. Schon seit Urzeiten ist man der Ansicht, daß die Asche von Getöteten die Substanz des Lebens erhält. Man spricht ihr magische Kraft zu und schätzt sie als Zaubermittel.

Die Bulle »Vox in Rama«

Nun schaltet sich die höchste Autorität der Kirche, Papst Gregor IX. ein. Er beschreibt aufgrund »eingehender« Berichte – vermutlich hat er eine Schilderung des Großinquisitors Konrad von Marburg als Grundlage vor sich, ein »diabolisches« Ritual und berichtet in der Dekretale »Vox in rama« (13. Juni 1233) an den König Heinrich VII. und in einem Pastoralschreiben an den Erzbischof Siegfried II. von Mainz wie an den Bischof Konrad von Hildesheim:

»... wenn ein Neuling aufgenommen wird und zuerst in die Schule der Verworfenen eintritt, so erscheint ihm eine Art Frosch, den manche eine Kröte nennen. Einige geben ihm einen schmachwürdigen Kuß auf den Hintern, andere auf das Maul und ziehen die Zunge und den Speichel des Tieres in ihren Mund. Dieses erscheint zuweilen in gehöriger Größe, manchmal so groß wie eine Gans oder Ente, meist jedoch nimmt es die Größe eines Backofens an. Wenn nun der Novize weitergeht, so begegnet ihm ein Mann von wunderbarer Blässe, mit ganz schwarzen Augen, so abgezehrt und mager, daß alles Fleisch geschwunden und nur noch die Haut um die Knochen zu hangen scheint.

Diesen küßt der Novize und fühlt, daß er kalt wie Eis ist, und nach dem Kusse verschwindet alle Erinnerung an den katholischen Glauben bis auf die letzte Spur in seinem Herzen. Hierauf setzt man sich zum Mahle, und wenn man sich von ihm erhebt, steigt durch eine Statue, die in solchen »Schulen« zu sein pflegt, ein schwarzer Kater von der Größe eines mittelmäßigen Hundes rückwärts und mit zurückgebogenem Schwanz herab. Diesen Kater küßt zuerst der Novize auf den Hintern, dann der Meister und so fort alle übrigen der Reihe nach, jedoch nur solche, die würdig und vollkommen sind, die unvollkommenen aber, die sie nicht für würdig halten, empfangen von dem Meister den Frieden.

Wenn nun alle ihre Plätze eingenommen haben, gewisse Sprüche hergesagt und ihr Haupt gegen den Kater hingeneigt haben, so sagt der Meister: ›Schone uns‹ und spricht dies dem Zunächststehenden vor, worauf der dritte antwortet und sagt: ›Wir wissen es, Herr!‹ und ein vierter hinzufügt: ›Wir haben zu gehorchen‹. Nach diesen Verhandlungen werden die Lichter ausgelöscht und man schreitet zur abscheulichsten Unzucht ohne Rücksicht auf Verwandtschaft.

Findet sich nun, daß mehr Männer als Weiber zugegen sind, so befriedigen auch Männer mit Männern ihre schändliche Lust. Ebenso verwandeln Weiber durch solche Begehungen miteinander den natürlichen Geschlechtsverkehr in einen unnatürlichen. Wenn aber diese Ruchlosigkeiten vollbracht, die Lichter wieder entzündet und alle wieder auf ihren Plätzen sind, tritt aus einem dunklen Winkel der ›Schule‹, wie sie diese Verworfensten aller Menschen haben, ein Mann hervor, oberhalb der Hüfte glänzend und strahlender als die Sonne, wie man sagt, unterhalb aber rauh wie ein Kater, und sein Glanz erleuchtet den ganzen Raum. Jetzt reißt der Meister etwas vom Kleid des Novizen ab und sagt zu dem Glänzenden: ›. . . Meister, dies ist mir gegeben, und ich gebe dir's wieder‹ – worauf der Glänzende antwortet: ›Du hast mir gut gedient, du wirst mir mehr und besser dienen; ich gebe in deine Verwahrung, was du mir gegeben hast‹ – und unmittelbar nach diesen Worten ist er verschwunden.

Auch empfangen sie jährlich an Ostern den Leib des Herrn aus der Hand des Priesters, tragen ihn im Mund nach Hause und werfen ihn in den Unrat zur Schändung des Erlösers.

Überdies lästern diese Unglückseligen aller Elenden den Regierer des Himmels mit ihren Lippen und behaupten in ihrem Wahnwitz, daß der Herr im Himmel in gewalttätiger, unge-

rechter und arglistiger Weise den Luzifer in die Hölle hinabgestoßen habe. An diesen glauben die Elenden und sagen, daß er der Schöpfer der Himmelskörper sei und einst nach dem Sturze des Herrn zu seiner Glorie zurückkehren werde; durch ihn und mit ihm und nicht vor ihm erwarten sie ihre eigene Seligkeit. Sie bekennen, daß man alles, was Gott gefällt, nicht tun solle, sondern vielmehr das, was ihm mißfällt«.

Diese Passage ist von Bedeutung, da hier Satan an die Stelle Gottes rückt. Was seither den Ketzern vorgeworfen wurde, war lediglich die Verleugnung der christlichen Religion oder bestimmter Teile ihrer Lehren. Hier jedoch gelobt man dem Teufel Treue und Ergebenheit: man sieht in *ihm* den Schöpfer und Lenker, der einst triumphieren wird.

Spätere Autoren bemühen sich, den Papst von diesen Anmerkungen zu entlasten, die er in einem offiziellen Dekret der Nachwelt hinterlassen hat. Dieses Dokument beflügelt eine verhängnisvolle Entwicklung.

Der Frosch bedeutet im alten Ägypten und beim koptischen Christentum das Symbol der Lebenserneuerung und der Wiedergeburt[28]. Die christliche Tradition stilisiert ihn mit dem Gleichnis: ». . . da er sich im Schlamm der niedrigsten Sinnlichkeit aufhalte« zum teuflischen Abbild um. Es ist eine wiederaufgewärmte Tiersymbolik, wie sie antikem Denken entspricht. Das Christentum benötigt dazu den Ziegenbock, die Schlange, den Frosch und die Taube.

Die Aufnahmeriten der Templer haben sich erhalten. Wir erkennen eine Anlehnung an antike Männerbünde und deren Initiationsriten. Einer gesteht: ». . . er habe sich bei der Aufnahme in Gegenwart der assistierenden Brüder nackt ausgezogen und man habe ihm befohlen . . . ihn auf das Gesäß zu küssen . . . er habe abgelehnt, es zu tun«[29]. Befragt, wie lange er im besagten Orden gewesen ist, antwortete er: ». . . der genannte Bruder P., der ihn in einer Kapelle aufgenommen habe, habe ihm die Ordenskleider und den Mantel übergeben . . . er habe denselben auf den Mund, Nabel und (auch) das Rückgrat geküßt. Dann habe man ihm ein Kreuz gebracht und ihm befohlen, darauf zu spucken, es mit Füßen zu treten und Jesus abzuschwören . . . dieses gehöre zu den Riten des Tempelordens«.

Die Templer werden in einen langjährigen Prozeß verwickelt. 1312 wird der Orden von Clemens V. aufgelöst. Zwei Jahre später wird ihr Großmeister, Jaques de Molay, zusammen mit anderen verbrannt.

Der Prozeß gegen Gilles de Rais

Gilles de Rais stammt aus einem einflußreichen französischen Geschlecht. Er steigt in kurzer Zeit zu hohen militärischen Würden auf. Sein ausschweifender Lebenswandel beginnt seine Finanzen zu ruinieren. So versucht er sich schließlich als Alchimist und Goldmacher. Dazu benötigt er die Hilfe von Satan und seinen Dämonen!

Gilles de Rais muß als Einzelgänger angesehen werden. Seine Verbindung zu den »Schwarzen Messen« ist strittig. Trotzdem ist der gegen ihn und seine Mitwisser angestrengte Prozeß von Interesse. Er ist Ritter in der Gemeinde Saint-Marie (Nantes). Hier klagen verschiedene Bürger über den Verlust ihrer Kinder. Sie sollen gefangen, auf unmenschliche Weise gewürgt, getötet, zerstückelt und verbrannt worden sein. Man habe sie teils tot, teils sterbend auf schändliche Weise gequält und die Leichen bösen Geistern geopfert. In widernatürlicher Weise habe man Unzucht mit ihnen getrieben, wobei er bei Mädchen die natürliche Leibesöffnung verschmähte: dies soll er etwa 14 Jahre lang getrieben haben. Immer weiter verdichten sich die Klagen, Gerüchte und Anschuldigungen[30].

Die Aussagen werden überprüft und es stellt sich heraus, daß der Edelmann zusammen mit Komplizen[31] über einen längeren Zeitraum abscheuliche Verbrechen begangen hat. Vom 29. Juli 1440 hat sich eine Nachricht über die (geheime) Untersuchung und eine Erklärung über die Schändlichkeiten Gilles de Rais erhalten. Zudem existiert die Anklageschrift. Sie ist von J. Delaunay, J. Petit und G. Lesné unterzeichnet.

Die wesentlichen Punkte sind:

- Er habe mit dem ungefähr zehn Jahre alten Knaben, Sohn von Jean Lavary, die Sünde der Sodomie begangen . . . bevor er ihn tötete und sterben sah. Er mißbrauchte den Jungen auf schändliche und unanständige Weise. Anschließend tötete er ihn grausam im Haus eines Nachbarn namens Boetden, und, nachdem er ihm den Kopf abgeschnit-

ten und (diesen) behalten hat, ließ er den Leichnam dieses also massakrierten Jungen in die Latrinen werfen.

- Er habe während eines Zeitraumes von etwa 14 Jahren in den Schlössern Camstocé in der Diözese Angers, Macheoul und Tiffauges, wie in Vannes und in verschiedenen privaten Häusern . . . 140 oder mehr Kinder, Knaben und Mädchen, auf meuchlerische, grausame und unmenschliche Weise getötet. Während sie im Sterben lagen, beging er die abscheuliche Sünde der Sodomie, die den Himmel besudelt . . . er mißbrauchte sie auf eine der Natur entgegengesetzte Weise zur Befriedigung seiner unerlaubten und verdammenswerten Fleischeslust: dann verbrannte er die Leichen dieser Unschuldigen . . . oder ließ sie verbrennen. Er ließ ihre Asche in die Gruben und Gräben besagter Schlösser und in die Kloaken des Hauses La Suze werfen.

- Er habe mit seinen Komplizen Kupplerinnen beauftragt, für ihn (sie) Kinder unter Vorwänden einzufangen und sie ihm (ihnen) zuzuführen.

- Er habe mit einem 15jährigen Jungen oft die widernatürliche Sünde der Unzucht begangen. Ihn dann selbst getötet und seinen Körper auf das Schloß Macheol bringen lassen, damit er dort verbrannt würde.

- Er esse köstliche Speisen und trinke schwere Weine wie Würzwein, Bleichert und andere Arten, um sich zur besagten Sünde der Sodomie anzustacheln, damit er sie noch ausschweifender, ergötzlicher und leichter begehe.

- Er habe in seinem Zimmer auf Schloß Tiffauges die Hand, die Augen und das Herz eines der besagten Kinder zusammen mit dessen Blut in ein Glas getan und es daraufhin einem Dämon angeboten.

- Er habe die Sakramente der Taufe und der Kommunion erhalten; damit habe er auf die teuflischen Werke und seine Verlockungen verzichtet. Doch er habe sich mit Wahrsagern, Magiern und Teufelsbeschwörern verbunden[32].

- Er habe die Geister unter dem Namen Baron, Oriens, Belzebuth und Belial beschwört. Dadurch wollte er sich Wissen, Macht und Reichtum sichern. Messire Eustache Blanchet, Priester der Diözese le Saint-Malo hat ihn in der Kunst der Beschwörung der bösen Geister unterwiesen. Solche Beschwörungen habe Gilles de Rais an verschiedenen Orten unternommen.

● Seit mehr als 14 Jahren sei er mit Ketzern und Wahrsagern in Verbindung gestanden: er habe ihre Dogmen angenommen und deren verbotenen Bücher gelesen.

● Er habe die Ruchlosigkeit des heimlichen Glaubensabfalls begangen. Er habe es bereut und geschworen, nie mehr ähnliche Dinge zu begehen. Er hatte deshalb den Vorsatz, zu einer Pilgerfahrt nach Jerusalem aufzubrechen, um dort das Heilige Grab des Herrn aufzusuchen.

● Er sei (aber) wie ein Hund zu seinem Erbrochenen zurückgekehrt und habe (weiterhin) mehrere Kinder auf eine unmenschliche Weise getötet und seine widernatürliche Unzucht an ihnen fortgeführt. Er wurde rückfällig und beharrte in den oben genannten Verbrechen.

● Er sei gewaltsam in die Gemeindekirche Saint-Etienne de Memorte eingedrungen und gegen Jesnil Le Feron, einen Geistlichen aus Nantes, vorgegangen. Er ließ ihn einfangen und hielt ihn tage- ja monatelang an Händen und Füßen gefesselt und gefangen. Dadurch habe er die Immunität der Kirche verletzt und sich dem Urteil der Exkommunikation ausgesetzt.

● Die allgemeine Meinung der Menschen, die ihn kannten, sei, daß er ein Apostat, Götzendiener, Würger Unschuldiger, Wahrsager und Hexenmeister sei. Er habe die Angewohnheit gehabt, sich seiner Verbrechen öffentlich zu bekennen.

● Dadurch habe er unserem katholischen Glauben und unserer Heiligen Mutter Kirche – wie auch der Öffentlichkeit – beträchtlichen Schaden zugefügt.

Die Anklage fordert vom Bischof von Nantes und Bruder Jean Blouyn, dem Stellvertreter des Inquisitors, daß Gilles de Rais und seine Komplizen bestraft werden. Der Hauptanklagepunkt ist, daß er das Sakrileg der kirchlichen Immunität verübt hat und dafür die Strafe der Exkommunikation und anderer kirchenrechtlicher Strafen verdient hat. ». . . er solle bis zu seinem Heil gezüchtigt werden«.

Am 15. Oktober 1440 erwidert Gilles de Rais, daß er zu den besagten Artikeln keine Einwände hat und nichts hinzufügen will. Er gesteht die von ihm begangenen und böswillig verübten Verbrechen. Er bittet demütig, ergeben und weinend um Verzeihung und gesteht seine Scham. Er widerspreche der Anklage nur in dem Punkt, daß er keine bösen Geister beschworen habe. Im weiterführenden Prozeß wird er durch die Aussagen des Geistlichen Francois Prelati aus der Ortschaft Montecatini im Nievolo-Tal belastet. Für die Schandtaten wird er zusammen mit seinen Komplizen – einen Tag später – gehängt.

Hexenpanik von Longrono

1609 bricht in der spanischen Stadt Longrono eine Panik aus. Die Inquisitoren veranstalten eine Autodafé, bei dem 6 als Hexen verbrannt und 18 begnadigt werden. 5 weitere sterben im Gefängnis. Die Geistlichen berufen sich auf erfolterte Aussagen. Über das Blutbad hat sich ein Dokument erhalten. Es ist eine Persiflage auf die »römische« Liturgie[33].

Der Gewährsmann berichtet: ». . . um die schändliche Sekte auszubreiten, bedient sich der Teufel der längstgedienten Hexer . . . die andere in dieser Kunst unterweisen.

Der Lehrmeister überredet den Kandidaten . . . (ein) . . . Hexer zu sein . . . und (kommt) an sein Bett, salbt ihn mit einem dunkelgrün stinkenden Wasser Hände, Schläfen, Brust, Schamteile und Fußsohlen ein . . . und führt ihn auf der Stelle mit sich durch die Luft. Mit großer Eile und Geschwindigkeit gelangen sie zum Platz ihrer Zusammenkünfte. Hier sitzt der Teufel auf einem Thron. Er hat große runde Augen . . . weit aufgerissen, feurigrot, glühend und furchterregend. Körper und Wuchs liegen zwischen dem eines Menschen und (eines) Bockes. Sein Bart gleicht dem einer Ziege. Er hat eine schauderhaft mißtönende Stimme, sein Gesichtsausdruck ist trübsinnig.

Alsogleich läßt man den Novize abschwören. Zunächst Gott, alsdann die hl. Jungfrau und (der) Mutter Maria . . . dann allen Heiligen, der Taufe, der Firmung, seinen Paten und Eltern, den Glauben und allen Christen. Nun empfängt er den Teufel als seinen Gott und Herrn. Er wird ihn retten und ins Paradies führen. Der Novize drückt ihm einen Kuß auf die linke Hand, die Brust und die Schamteile. Sogleich wendet er sich auf die Seite und entblößt jene Körperteile, die sehr häßlich und bei ihm schmutzig und stinkend sind . . . er wird unterhalb des Schwanzes geküßt. Daraufhin markiert der Teufel den Anwärter, indem er ihm mit seinen Krallen eine Wunde schlägt. Dieses Zeichen bleibt sein ganzes Leben« (= stigma diabolicum).

»An den Vorabenden gewisser Hauptfeste versammeln sie sich zum Hexensabbat, um den Teufel feierlich anzubeten und ihm zu beichten. Der Teufel macht ihnen Vorwürfe, daß es sich nicht gehöre, etwas Christliches zu tun. Währenddem wird ein (schäbiger) Altar errichtet; der Teufel legt Meßgewänder an und singt eine Messe aus einem missalähnlichen Buch. In einer Predigt sagt er ihnen, sie sollen ruhmessüchtig und eitel sein . . . sie sollen nur *ihn* als Gott anerkennen. Den Christen sollen sie soviel übel als möglich antun. Dann werden Opfer dargebracht. Zwei Hexer, die das Amt der Schleppenträger wahrnehmen, heben (jetzt) das Unterteil der teuflischen Meßgewänder . . . damit man seine Schamteile küssen kann. Und für den Augenblick, da man den Teufel unterhalb des Schwanzes küßt . . . bläst er (einem) einen fürchterlich stinkenden Rauch ins Gesicht. Dann setzt er die Messe fort, reicht den Hexen die Kommunion und gibt jedem ein schwarzes Stück . . . worauf das Konterfei des Teufels gemalt ist (und) das widerlich und schlecht zu schlucken ist«.

»Sobald die Messe beendet ist, wohnt er nach Weise der Sodomiten allen Männern und Frauen fleischlich bei. Sie suchen eine Frau aus und bringen sie zu ihm. Er streckt sie mit der linken Hand zu Boden oder stemmt sie gegen einen Baum. In dieser Stellung wohnt er ihr bei, während die Männer Musik machen. Nach dem Abschluß des schändlichen Aktes ging (sie) stolz und zufrieden davon!

Maria Iriarte, die Tochter der Königin des Hexensabbats, erklärte, daß es der Teufel mit ihr beidseitig im Fleische getrieben und sie defloriert habe. Sie habe (dabei) große Schmerzen ausgestanden und sei mit einem blutigen Hemd nachhause gekommen«. Martin Vizcar Bruco gab zu Protokoll, daß er, als ihm der Teufel das erstemal beiwohnte, große Schmerzen empfand und (ebenfalls) blutig nachhause zurückkehrte. Um seine Frau zu beruhigen, was das für Blut wäre, habe er vorgegeben, sich an einem Busch verletzt zu haben. Ohne

Ansehen des Standes und der Verwandtschaftsgrade vermischen sich alsdann Männer mit Frauen.

De Lancre[34] berichtet: ». . . der Sabbat ist wie ein Markt von zusammengewürfelten und außer sich geratenen Händlern. Ein Zusammentreffen von 100 000 blitzschnell vorübereilenden Dingen. Man sieht Reales und Blendwerk. Die unangenehmen Dinge sind voll Häßlichkeit und Greuel. Sie bezwecken Zügellosigkeit, Beraubung, Verderben und Zerstörung.

Die ordentlichen Kurie des Sabbats sind die Frauen. Sie fliegen und eilen wie Furien zerzaust. Man sieht sie nackt und eingefettet . . . sie kommen und entfernen sich, indem sie auf einem Stock oder auf einem Besen sitzen . . . von einem Bock getragen, ein oder zwei arme Kinder auf dessen Kreuz (= Rücken), wobei sie den Teufel bald vorn als Führer, bald hinten am Schwanz als derben Peitscher haben. Wenn sie niedergehen, stürzen sie herab . . . hundertmal schneller als ein Adler oder Milan (sich) auf eine Ammer stürzen kann.

Der Teufel als Gebieter der Versammlung tritt als stinkender und bärtiger Bock auf. Seine Stimme ist gebieterisch, rollend und entsetzlich. Er sitzt auf einem flammenden Stuhl. Als Königin des Sabbats sitzt eine von ihm verführte Hexe an seiner Seite. Man sieht dort große Kessel, voll von Kröten und Vipern, den Herzen ungetaufter Kinder, dem Fleisch von Gehenkten und schauderhaftem Aas. Töpfe mit Fett und Gift, das bei diesem Jahrmarkt gebraucht und ausgegeben wird.

Die Frauen und Mädchen, mit denen sich der Teufel vermischen will, sind mit einer Nebelwolke bedeckt, um die Abscheulichkeiten zu verbergen, die es dabei gibt und (um) das Mitleid fernzuhalten, das man mit dem Schreien und den Schmerzen dieser Unglücklichen haben könnte.

Die 28-jährige Maria de la Ralde sagt aus, sie habe auf dem Sabbat viel größere Lust und Befriedigung gehabt, als wenn sie zur Messe gegangen sei. Die 16-jährige Jeanette d'Abadie hat ausgesagt, daß sie den Teufel in der Gestalt eines schwarzen und scheußlichen Mannes gesehen habe . . . mit sechs Hörnern und einem großen Schwanz, einem Gesicht vorn und einem hinten am Kopf. Dann habe der Teufel sein Glied und Gesäß küssen lassen. Sie sei durch den Satan defloriert und von ihm (unzählige Male) fleischlich erkannt worden. Sie sei (aber) der Paarung mit ihm ausgewichen, weil die Erduldung seines aus Schuppen gebildeten Gliedes außerordentliche Schmerzen bewirke. Außerdem sei sein Samen so kalt, daß er nicht schwängere. Außerhalb des Sabbats habe sie nie etwas Schuldhaftes getan . . . aber auf ihm ein wunderbares Vergnügen gehabt. Die Ehefrau betreibe ihr Spiel in der Gegenwart des Mannes ohne Argwohn und Eifersucht. Der Vater deflorie ohne Scham die Tochter, und die Mutter raube ohne Scheu die Unberührtheit des Sohnes, Bruders oder die der Schwester. Sie habe gesehen, wie sich jedermann auf inzestuöse Weise und gegen jede Ordnung der Natur vermischt habe.

Dies würde sie nicht der göttlichen Gnade berauben. Sie glauben nicht, dadurch ihren Anteil am Paradies verloren zu haben. Falls sie von der Justiz angeklagt werden, würden sie weder weinen noch eine Träne vergießen. Ja, ihr falsches Mysterium, sei es das der Folter oder das des Galgens, ist für sie so lustvoll, daß sie es kaum erwarten könnten, mit dem Teufel vereint zu sein . . . er gebe ihnen Trost und Befriedigung«.

Im Umfeld des Hexenbrennens haben sich verschiedene Fragmente von Sabbat-Predigten erhalten. ». . . indem Maria de Sains vom Sabbat sprach, sagte sie aus, daß man nach gelesener Messe eine hl. Hostie genommen . . . und daß jeder gegen sie Blasphemien ausgesprochen habe. Während des Opfers begehe man 1 000 Schändlichkeiten. Die einen streckten die Zunge heraus, andere lästerten, andere entblößten die Schamteile, . . . die Größten der Synagoge begingen die größten Schändlichkeiten«.

». . . meine Freunde, heute feiern wir den Sabbat der Sodomie. Er ist ein dem Luzifer angenehmes Werk. Ich bitte euch, eure Pflicht zu tun und euch untereinander anzureizen. Wenn ihr das Werk oft vollbringt, werdet ihr den Lohn dieser Welt haben und in der anderen das »ewige Leben«.

Daß es hinter Klostermauern so intrigant und »weltlich« zugeht wie auf offener Straße, soll an einigen Beispielen gezeigt werden.

Vorfälle im Kloster Saint-Louis in Louviers [35]

Im frühen 17. Jh. ereignet sich im nördlichen Frankreich ein Verläumdungsprozeß. Schauplatz ist das Kloster Saint-Louis in Louviers. Es kommen Verhexungen, dämonische Erscheinungen, sexuelle Verirrungen, Intrigen und dubiose Verhaltensweisen an den Tag. Eine Leiche wird exhumiert und auf den Müll gekippt, ein Priester wird lebendig verbrannt, eine junge Nonne fünf Jahre im bischöflichen Kerker eingesperrt. Der Fall erregt erhebliches Aufsehen. Die Regentin Anna von Österreich nimmt Kenntnis und schickt ihren Vertrauensmann und Hausarzt, Yvelin, mit einem Ratsmitglied nach Rouen. Die besessenen Nonnen antworten scheinbar in fremden Sprachen und haben eine Aversion gegen die hl. Kommunion. Kirchlicherseits gilt dies als untrügliches(!) Zeichen für das Vorhandensein von Dämonen. Insgesamt sind 18 Nonnen befallen, wobei als Hauptdämon Dagon, Putifar und Levithian genannt werden.

Hintermänner des Skandals tragen die Affaire vor das oberste Gericht. Mit Hilfe des Kardinals Mazzarin wird das Verfahren unterdrückt. Es ist unzutreffend, daß alle Akten dieses Prozesses verbrannt sind. Der Fall läßt sich rekonstruieren und durch Dokumente absichern. Die Generalbeichte der Nonne Bavent hat sich ebenso erhalten wie einige bischöfliche Urteile und Schreiben des französischen Staatsrates. Schon im Zeichen der Zeit wird berichtet, daß es sich hier nicht um Besessenheit, sondern um einen vorgetäuschten Betrug handelt. Nach der Zerschlagung werden die labilen Nonnen in kirchliche und weltliche Häuser gesteckt.

Die Affaire ist im Zusammenhang mit den Schwarzen Messen von Interesse. Hinter Klostermauern werden illuminatische Ideen gehegt und gepflegt: es kommt zu sexuellen Ausbrüchen. Viele Klosterinsassen starben an grausiger Langeweile und litten unter dem neurotisch-despotischen Verhalten ihrer Vorgesetzten, die, um einer Illusion zu frönen, oft die unmöglichsten Dinge auf sich nahmen und andere tyrannisierten. Oft ist der Beichtvater der einzige Kontakt zur Außenwelt. Er hat freien Zugang zu den Zellen und wird automatisch zum Tröster in allen Nöten, Sehnsüchten, Träumen und Begierden [36].

Vorgeschichte

Magdalaine Bavent wird um 1607 in Rouen geboren. Als sie neun Jahre alt wird, sterben ihre Eltern. Bis zum 13. Lebensjahr verbleibt sie bei einem Onkel und nimmt dann eine Lehre als Weißnäherin auf. Sie verliebt sich in einen Franziskaner(mönch), der mehrere Näherinnen verführt hat. Offensichtlich wird sie streng-religiös erzogen, denn sie sagt: ». . . von jungen Jahren an gab mir Gott beständig Gedanken über die Religion ein . . . ich fühlte eine besondere Verehrung für den hl. Franziskus und hatte mich darauf versteift, einem Kloster anzugehören, das seiner Regel folgte . . . ich schwöre, daß es meine Absicht war, Jesus Christus zu dienen und eine gute Nonne zu werden«.

In einem Vernehmungsprotokoll berichtet sie: ». . . sie sei auf Drängen der Familie eingetreten, da ihre körperliche Gemeinschaft mit einem Mönch als Schuld und Sühne auf ihr laste«. Bald bekommt sie Gelegenheit, die Klosterpraktiken am eigenen Leib zu spüren!

Um 1623 gründet die Witwe Hennequin in Louviers ein Kloster und stellt es unter die Regel des Vielgelobten. Sie erklärt sich zur Oberin. Die Päpste Paul V. und Gregor XV. bestätigen es. Bemerkenswert ist der Anlaß der Gründung. Sie will die Seelenruhe ihres Mannes erreichen, den man 1622 u.a. wegen Unterschlagung und anderen Gaunereien aufgehängt hat. Ihr Vertrauter »von der ersten Stunde an« wird Pater David, der unmittelbar nach seinem Amtsantritt seine Geliebte, Schwester Simone Gaugain, in die klösterliche Gemeinschaft führt. Er verfolgt eine dem Zeitgeist entsprechende Strömung antiklerikalen Verhaltens, die der Illuminaten, Luziferianer, Adamiten und Brüder des »freien« Geistes. Einer ihrer Glaubenssätze besagt, daß Sünde (nur) durch Sünde bekämpft werden kann, und daß *die* Nonne das Gelübde der Armut am vollkommensten erfüllt, die den Mönchen alles (incl. ihres Körpers) zur Verfügung stellt.

Magdalaine tritt mit 16 Jahren in dieses Kloster ein. Es wird zu ihrem Verhängnis. Neben Denunziationen der Nonne Barré treten andere Anschuldigungen. Sie führen zu einer unmenschlichen Behandlung und zu ihrer Verurteilung.

Pater David predigt den Novizinnen und jüngeren Nonnen die vollkommene Nacktheit. So wird eine Zügellosigkeit größeren Umfangs eingeleitet. Die Bavent stellt ihrem Beichtvater kein rühmliches Zeugnis aus: ». . . mein Unglück war, David zu finden . . . er war ein schrecklicher Priester und eines so heiligen und göttlichen Standes unwürdig. Dieser schlechte Mensch und ekelhafte Priester hat uns scheußliche Praktiken gelehrt. Als die frommsten und tugendhaftesten Nonnen wurden die angesehen, die sich nackt auszogen und in diesem Zustand tanzten, im Chor erschienen und in den Garten gingen. Man gewöhnte uns daran, uns unzüchtig zu berühren und die infamsten Sünden wider die Natur zu begehen. O Grauen! Ich habe gesehen, wie man die Beschneidung an einem Symbol durchführte, das aus Teig gemacht schien und das einige hinterher nahmen, um damit zu tun, was sie tun wollten. Ich leistete Widerstand, als ich einmal nackt bis zum Gürtel ausgezogen, kommunizieren sollte. Ich mußte es dennoch tun. Dadurch galt ich als ungehorsam, störrisch und rebellisch[37]. Vor allem stellten sich die Oberin, die Mutter Vikarin und die Novizinnenmutter gegen mich.

Pater David hat außer seinem Vergnügen mit dem nichts zu tun. Er stirbt 1628 im Ruf der obligatorischen Heiligkeit. Vor seinem Tod bestimmt er Mathurin Picard, den Pfarrer von Mesnil-Jourdain, zu seinem Nachfolger und zugleich zum Beichtvater der Nonnen. Bavent hinterläßt er eine Kassette, in der sie das von ihm und Picard unterschriebene Papier der Blasphemien findet. Es wurde während der Messe gelesen und enthielt ». . . nichts als schauerliche Flüche gegen die hochheilige Dreifaltigkeit, das hl. Sakrament und verschiedene Zeremonien der Kirche«.

Die Nonne Bavent kommt vom Regen in die Traufe. Vom Turm der Externen kehrt sie ins Kloster zurück. Picard schwängert sie und betreibt deshalb ihre (Wieder)einweisung, damit sie unbeobachtet entbinden kann. Was mit dem Kind geschieht, ist unbekannt. Während der Beichte drückt er »für gewöhnlich« ihre Hände auf seine bedeckten Geschlechtsteile, beginnt sie zu streicheln und unzüchtig zu berühren. »Die Nachstellungen dieses Schuftes dauerten an und seine Unverschämtheit war so groß, daß er seine lüsternen Berührungen fortsetzte, als er schon mehr tot als lebendig war.

491

Nur ein einziges Mal ist er zu seinem Ziel gekommen. Es war eher Gewalt, die mich in dieses Verbrechen einwilligen ließ . . . zu jener Zeit wußte ich nichts von seinen infernalischen Praktiken, die mich in seine unglücklichen Ketten und verfluchte Sklaverei wickeln würden«. Dennoch bleibt er Beichtvater und Bezugsperson.

Bavent gerät in Abhängigkeit eines frivolen Gottesdieners und zugleich christlichen Teufelsverehrers. Er bezeichnet sich in seinem Testament als »Meister der höchsten Magie«. ». . . er hielt mich in Höllenbanden und befürchtete, daß ich schwanger sei, nachdem er mich gezwungen hatte. Ich hätte lieber ein normales Leben wählen sollen, als ein so perverses und böses in der Religion«. Später wird sie beschuldigt, auf dem Altar der Kirche geschlechtlich mit ihm verkehrt zu haben.

Einmal hält sie sich mit anderen im klösterlichen Garten auf. Sie hat die Regel und verliert einige Tropfen Blut. Picard fängt sie geschickt mit einer Hostie auf. Dann führt er Magdalaine zum Friedhof und legt die Hostie neben einen Rosenbusch. Später sagen die Nonnen ». . . dies wäre ein Zauber, der sie wollüstig mache«.

Picard stirbt 1642. Nach Augenzeugenberichten setzt um diese Zeit die Besessenheit der Nonnen ein. Vermutlich erleidet Magdalaine um diese Zeit einen psychischen Schaden. Sie beginnt, über Erlebnisse mit Dämonen zu sprechen, fühlt sich emporgehoben, verliert das Bewußtsein und wähnt sich auf dem Sabbat. Der Bischof von Evreux, Francois de Pericard, weiß um die exorzistischen Machenschaften, hält es aber nicht für nötig, darauf zu reagieren. Doch mit dem Tod des Beichtvaters Picard dringen die Vorfälle an die Öffentlichkeit und zwingen ihn zu einer Stellungnahme. Zur Vertuschung schleust er eine hysterische Nonne ein: so steht Aussage gegen Aussage.

Bavents Begegnung mit teuflischen Dämonen

Während der hl. Kommunion greift ihr der Geistliche Alois durch den Schleier an den Busen, gibt ihr eine Hostie und sagt: ». . . du wirst schon sehen, was mit dir geschieht«. Bald danach erscheint ihr ein Dämon in der Gestalt einer Katze, sie beginnt Stimmen zu hören und wird verunsichert. Um 1638 schließt sie Pakte

mit dem Teufel. Sie ist der Meinung, sie mit dem eigenen Blut unterschrieben zu haben, das ihr der Teufel aus der Vene zog.

Dämonen treiben sie gewaltsam in die Küche. Am Ende ihres Kopfkissens entdeckt sie drei zusammengerollte Eichenblätter. » . . . als ich sie aufklappte, krabbelten mehrere schwarze Tierchen heraus. Ich warf sie aus dem Fenster, doch sie kamen immer wieder durch eine Ritze zurück«. Dämonen verprügeln sie in ihrer Zelle und anderswo. Sie wird auf den Boden geworfen und von einer Katze verfolgt. ». . . der Kater lag auf meinem Bett in der unzüchtigsten Stellung, die man sich denken kann und hatte alles, was einen Mann verkörpert. Er sprang mich an, warf mich brutal auf das Bett und vergewaltigte mich . . . er ließ mich seltame Qualen fühlen«.

Hier sucht die gewaltsam unterdrückte Natur ihr Recht. Im eintönigen, teilweise stumpf- und widersinnigen Klosterleben verkümmert nicht nur der Geist. Ist es nicht eine Assoziation an die Vergewaltigung durch einen Diener Gottes? Sind es nicht Sexualkomplexe, die die Geschichte des Christentums durchziehen? Wird sie nicht das Opfer ihrer Phantasie? Ja und Nein zugleich. Im Zeichen der Zeit werden die natürlichsten Erscheinungen teuflischen Einflüssen zugeordnet. Dies ist eine furchtbare Waffe in der Hand der Geistlichkeit und der ihr zugeschriebenen Machtfülle.

Am Todestag Picard's zerspringt vor ihr eine Fensterscheibe und sie wird von Dämonen schrecklich verfolgt. ». . . in der Nacht befand ich mich plötzlich vor seinem Leichnam . . . er lag am Rand des Grabes, während er mit mir sprach. Eine Menge Dämonen standen dabei. Die befahlen, seine eiskalten Füße anzufassen . . . man ließ mich drei Stufen in das Grab hinabsteigen . . . aber da ich schreckliche Flammen bemerkte, stieg ich sofort wieder hinauf . . . dann lag ich plötzlich (wieder) in meinem Zimmer«.

1642 besucht der Bischof von Evreux, ». . . einer der sanftesten und mildesten Prälaten, die die Erde je getragen und die Kirche je gesehen hat«, das Kloster in Louviers. Bavent berichtet über ihre Begegnungen, Verfolgungen und teuflischen Pakte. Der Bischof befreit sie von der drückenden Last, indem er das hl. Sakrament in ihre Kammer bringt. Seitdem ist ihr der Kater nicht mehr erschienen.

Von der Vorstellung leibhaftiger Dämonen ist es nur ein Schritt zum gleichfalls irrealen Sabbat. Auch die Nonne Bavent wird in diesen Bannkreis gezogen. ». . . ich bin immer nachts transportiert worden, nachdem ich geschlafen hatte . . . gewöhnlich vor den Frühgebeten, die bei uns nach Mitternacht gesprochen werden. Ich erhob mich, um der Stimme Antwort zu geben, die mir als Nonne des Hauses erschien, und, sobald ich an der Tür meiner Zelle angekommen war, fühlte ich mich emporgehoben, ohne daß ich erkennen konnte, von wem oder wie, denn ich verlor jedes Bewußtsein . . . bis ich mich an jenem verfluchten Ort befand. Der Platz schien eher klein als groß, es gab keine Sitzgelegenheiten und es herrschte wegen der vielen Kerzen, die als Leuchter auf dem Altar standen, große Helligkeit. Die Versammelten erschienen nicht besonders zahlreich. Ich habe nur Priester und Nonnen bemerkt. Sie befinden sich im Kreis der Teufel und sprechen schreckliche Beleidigungen gegen die göttliche Majestät und Kirche aus[38]. Die Teufel erscheinen in unterschiedlicher Gestalt.

Die dort verwendete Hostie ist rötlich und ohne Form. Außer der Kommunion praktiziert man dort Prozessionen, Abschwörungen, Verhexungen, Bisse in geweihte Hostien und liest in einer unbekannten Schrift. Die Hostien fertigt man aus Zaubermitteln. Man stellt sie aus Hostien, dem fallenden Blut und den wichtigsten Innereien von Kindern und anderen Toten her. Sie sind wie kleine Kügelchen. Beispielsweise wurden eines Nachts zwei große, von der Kirche geweihte Hostien an einigen Stellen durchbohrt. Es flossen zwei oder drei Blutstropfen heraus. Man hat sie aufgefangen und mit der Hostie verrührt . . . um daraus ein Zaubermittel zu bekommen«.

Alle Handlungen, die ich auf dem Sabbat gesehen habe, waren schändlich. Die Priester brachten oft große Hostien mit, legten sie auf den Altar und lasen dann die Messe. Danach entfernten sie aus der Hostie ein rundes Stück (in der Größe eines Vierteltalers), legten sie auf ein gleichermaßen durchbohrtes Pergament und befestigten sie dort mit einer Art Fett. Sodann ziehen sie sie über ihre Schamteile bis an den Bauch und geben sich in diesem Zustand der Gemeinschaft mit den Frauen hin. Der unglückselige Picard hat mich auf diese Weise fleischlich erkannt. Außerdem hat mich der Vikar Boullé an jenem Ort beschlafen. Während dieser Schandtat hielt er mir die Hände fest. Vier Nonnen aus Louviers haben mit einem Dämon in der Gestalt des toten David Unzuchthandlungen vollzogen.

». . . an einem Karfreitag brachte eine Frau ihr neugeborenes Kind. Man hatte die Absicht es zu kreuzigen. Man trieb ihm Nägel in Form einer Krone in den Schädel und durchstach ihm die Seite. Dann nahmen sie ihr das Kind ab, um die wichtigsten Körperteile für ihre Untaten zu benutzen . . . danach haben sie es verscharrt. (Vermutlich ist dies eine Erinnerung an ihr eigenes im Kloster geborenes Kind). Am Gründonnerstag wurde während des Abendmahls ein gebratenes Kind von der Versammlung gegessen . . . ich weiß nicht mit völliger Sicherheit, ob ich davon gekostet habe«.

Außer dieser Schilderung gibt sie ihrem Bußpriester während der Kerkerhaft eine detaillierte Beschreibung des Teufels: ». . . er habe eine unheimlich schreckliche Gestalt. Die obere Hälfte des Körpers hat Menschengestalt, die Haare wie Hörner hochgesteckt, das Gesicht völlig schwarz. An den Ellenbogen habe er zwei Schwänzchen aus schwarzem Haar, jedes ungefähr einen halben Fuß lang. Ansonsten ist er überall nackt. Sein unterer Teil hat die Gestalt einer gewundenen und schwarzen Schlange, ohne die Anzeichen von Schamteilen und ohne Glanz, bis auf den seiner Augen«.

Der Teufel Dagon zeigte ihr die Schamteile ». . . ohne daß sie dabei ein fleischliches Empfinden verspürte, obwohl sie ihr wie die eines Mannes vorgekommen sind. Einmal habe sie der Teufel gezwungen, ihm zwei Stunden fleischlich beizuwohnen. Die kleinen Teufel besäßen Menschengestalt. Einige tragen Krallen, Flügel und Fangzähne. Ihre Köpfe seien wie die von kleinen Löwen geformt . . . aber immer bleiben sie als Teufel erkennbar«.

Verurteilung

Im Dezember 1642 tritt Anne Barré in das Kloster ein und mit ihr eine Verleumdungskampagne nach der anderen. Sie behauptet, von Gott den Auftrag zur Aufdeckung aller Übeltaten empfangen zu haben, empfängt Visionen und sieht den Teufel in der Gestalt eines nackten Mannes. Mehrfach wird sie über die

Erhabenheit ihres Gnadenzustandes und über die Vortrefflichkeit ihrer hinreißenden Vollkommenheit(!) befragt.

Die Schwester Barré sagt, Magdalaine Bavent wäre die Wurzel allen Übels . . . demzufolge müsse man sie loswerden. Rasch wird eine labile und durchtriebene Nonne zum Mittelpunkt einer weitläufigen Hetzkampagne. Ihr wird vorgeworfen:

- Der Dämon Dragon habe mehrfach mit ihr geschlafen. Sie habe sich mit Teufeln und Hexern die Zeit auf ihrer Zelle vergnügt. Sie habe sich verschiedener Zaubermittel bedient, um sich daraufhin mit den Dämonen zu vereinigen. Sie habe ihre Geschlechtsteile während des Sabbats mit dem Blut Christi aus dem Kelch gewaschen und wäre dann zu schamlosen Handlungen übergegangen. Sie habe sich körperlich mit einem Bock verbunden und Dämonen fleischlich erkannt. Außerdem wisse sie, daß Boullé jemand beauftragte, von den Schamhaaren der anwesenden Frauen Haare abzuschneiden, die dann in einen Kelch geschüttet wurden.
- Sie habe mehrere Kinder tot (oder lebendig) zum Satan gebracht . . . sie habe gebärenden Frauen zugesehen, bzw. gesehen, wie deren Kinder von den Müttern abgeschlachtet und in der Erde verscharrt wurden. Mit anderen habe sie Kinder verspeist.
- Sie habe bei der Herstellung von Zaubermitteln geholfen. Eines davon sei auf dem Sabbat gemischt worden, ». . . es errege die Sinnlichkeit«. Zudem sei ihr das Zaubermittel »die spirituelle Hochzeit« bekannt.
- Sie sei mit der Absicht in das Kloster gekommen, um es zu verderben.

Der Bischof reagiert unerbittlich. Er läßt ihr den Schleier entreißen. Man behauptet, sie trage ein Teufelsmahl. So befiehlt der Bischof den tugendhaften Nonnen, sie zu rasieren, ». . . denn sie waren gewohnt, sich am sinnlichen Anblick weiblicher Nacktheit zu ergötzen«. Am 22. März kommt sie in das bischöfliche Gefängnis von Evreux.

Daß es innerhalb der Kirche unmenschliche Gefängnisse gibt, verdanken wir der Trennung in die kirchliche und weltliche Gerichtsbarkeit. Die Geistlichen schaffen sich bereits in der Antike ein *eigenes* Rechtssystem, um Zucht und Ordnung in den eigenen Reihen zu halten. Hier kommt es nicht nur zu Vergewaltigungen und Verbrechen: hier wird der Geist vieler gewaltsam gebrochen.

Magdalaine Bavent soll diese Art christlicher Liebe bald am eigenen Körper verspüren. Sie wird von einem Bußprediger gezwungen, die Aussagen der Schwester Barré zu bestätigen. Im übrigen sagt sie: ». . . gilt diese Niederschrift (ihre Generalbeichte) als öffentliche Beichte. Ich sage nichts, was ich nicht für wahr halte. Ich habe es aufgeschrieben, wie ich es meinem Beichtvater sagte, als er mich auf den Tod vorbereitete«.

Am 12. März erläßt der Bischof das Urteil gegen sie. Er erklärt sie der Abtrünnigkeit, Gotteslästerung und Magie für schuldig. Prinzipiell wiederholt er die Anschuldigungen der Nonnen, ergänzt jedoch, daß sie dem Teufel Schriftstücke und Schuldscheine gegeben hat. Außerdem habe sie das hl. Sakrament mißbraucht und sich mit Hexen und Teufeln prostituiert. Gegenüber den Oberen sei sie ungehorsam gewesen und habe den Mitschwestern ein schlechtes Beispiel gegeben. Die Albernheiten reichen hin, um den Bischof zu folgendem Urteil zu veranlassen:

». . . als Genugtuung für solche Verbrechen soll sie künftig unwürdig sein, den Schleier zu tragen . . . sie soll lebenslang eingesperrt bleiben, solange Gott daran Gefallen fände, ihre Tage im Verlies oder Kerker des kirchlichen Gefängnisses des Diözesangerichts zu verlängern . . . und ihr ganzes Leben an drei Tagen der Woche bei Wasser und Brot fasten . . . nämlich mittwochs, freitags und samstags. Der Kerkermeister wird angehalten, dafür zu sorgen, daß sie das Fasten und die Strafe unter Androhung der Exkommunikation einhalte[39].

Jetzt wird sie in einen Kerker geworfen. Hier wird in probater Weise ihr Lebenswille gebrochen. Sie ist dem Verhungern nahe.

▶

Francoise Athénais de Donor-Charente, Marquise de Montespan. Sie steht im Mittelpunkt der »Montespan-Affaire« (= Chambre-ardente-Prozeß) um 1680 in Paris. Wir haben eine korrupte und intrigante Ehrendame der Königin vor uns, die sie mit »mörderischen« Methoden auszustechen sucht. Nach ihrer Verwerfung durch den König zieht sich in ein Kloster zurück und stirbt am 27. Mai 1707.

Schließlich bekennt sie gegenüber dem Buß-priester alle ihr zur Last gelegten Schandtaten. »Ihr schonungsloser Bericht von dieser Qual, ihre Versuche, sich zwischen den eigenen Exkrementen auf abenteuerliche Weise das Leben zu nehmen, ihre Verteidigung gegen gefräßige Ratten und aufdringliche Wärter, ihre wechselnde Hingabe und Suche nach Gott oder Dämonen bleiben wohl der nachhaltige Teil ihrer Bekenntnisse«[40].

Insgesamt hält man sie fünf Jahre gefangen. Davon dreieinhalb in einem Verlies hinter einem unterirdischen Gang. Wochenlang wird sie nicht aus diesem Loch hervorgelassen ... sie liegt in unerträglichem Schmutz und Gestank. Einmal fügt sie sich aus Verzweiflung Messerstiche bei. Ein Messer steckt vier Stunden bis zum Heft in ihrem Bauch. Ab und zu bewegt sie es, um schneller ein Ende zu finden. Sie zermalmt Glas und nimmt es mit einem Löffel ein. Sie versucht, ihre Regel durch Bandagen zu unterdrücken. Dies führt zu heftigem Erbrechen und Erstickungsanfällen. Sie schluckt Spinnen: kleine und dicke, lebende und tote, unbeschädigte und zerdrückte. Sie verweigert mehrfach die Nahrung und leidet an Visionen. Einmal will sie Rattengift einnehmen, da erscheint ihr ein Engel, nimmt das Arsen weg und verbietet ihr, in Zukunft daran zu denken, ihrem Leben ein Ende zu bereiten.

Dann sagt sie: ». . . ich hatte wieder eine Erscheinung. Ich weiß nicht, ob es ein guter oder ein böser Engel war . . . der mich an die schwärzeste aller Taten in meinem Leben erinnerte . . . an die Zeit, da ich eine geweihte Nonne war, hat mich Picard mit ausgebreiteten Armen gegen die Gitterstäbe in der Kapelle gedrückt und im Stehen Geschlechtsverkehr mit mir getrieben«.

Während die Nonne, die ins Kloster ging, um Christus zu dienen, im Kerker schmachtet, werden oben in den Kirchen von Frömmigkeit triefende Messen gelesen.

Später verschafft ihr der Bischof Hafterleichterung. Nach seinem Tod wird sie in das erzbischöfliche Gefängnis von Rouen verlegt. Noch schlechter geht es ihrem Beichtvater Picard. Die Nonne Barré sagt ja: ». . . das Haus werde befreit sein, wenn er exhumiert wird«. So verfügt der Bischof über den Toten: ». . . die offenbarten (hinreichenden) Beweismomente, er habe mit der Bavent Mißbrauch und Gotteslästerungen getrieben und mit sei-

nen Zaubereien die Nonnen des Klosters zu Ausschweifungen verführt. Infolgedessen hat er sich der Grabesruhe an einem heiligen Ort als unwürdig erwiesen. Als Strafe dafür, und um die Ruhe unter den Nonnen wieder herzustellen, die durch die Wirkung seiner Grabstelle beunruhigt sind . . . ist angeordnet worden, und, um die Angelegenheit geheim zu halten, und, ohne andere vom Recht verlangte Formalitäten zu berücksichtigen(!), da sie sich zu einem Skandal ausweiten und zur Entehrung der Priesterschaft, Religion und zu Vorurteilen gegen das Kloster führen könnten, seinen Leichnam zu exhumieren und insgeheim zu einer profanen Stelle zu bringen[41] . . . so ordnen wir an, die Leiche Picards und Boullés am heutigen Tage dem Vollstrecker des Kriminalgerichtes auszuliefern, um auf einem Rost über die Straßen und öffentlichen Plätze dieser Stadt gezogen zu werden. Wenn Boullé vor dem Hauptportal der Domkirche gelangt, soll er mit entblößtem Haupt, nackten Füßen, einen Strick um den Hals und einer brennenden Fackel von 2 Pfund Gewicht in der Hand . . . öffentlich Abbitte (tun) und Gott, den König und die Gerechtigkeit(!) um Verzeihung bitten. Danach sollen sie auf den Platz des Alten Marktes gezogen . . . und Boullé lebendig verbrannt und der Leichnam von Picard in das Feuer geworfen werden, bis die Körper zu Asche verfallen sind . . . die in alle Winde geworfen werde«.

Selbstverständlich erfolgt die Exhumierung der priesterlichen Leiche im Geheimen. Die Eltern Picards beschweren sich beim Parlament, als sie davon erfahren. Es wird eine Untersuchung angeordnet, um den Urheber aufzuspüren und man entdeckt, daß der Bischof dahintersteckt. Jetzt wird ein Prozeß gegen ihn angestrengt. Nun erkennt die gütige Mutter Kirche eine Gefahr für ihn. Auf Antrag des Erzbischöflichen und Metropolitanischen Gerichtshofes von Paris gehen die Unterlagen an das kirchliche Gericht über. Noch ist sie so mächtig, zu veranlassen, daß sich der König vor ihre Schandtat stellt. Am 7. September 1647 entlastet er sie per Dekret und erläßt die strikte Anweisung, die kirchliche Würdenträgerin des Klosters, Mutter Francois in keiner Weise anzutasten. Er unterzeichnet im logischen Umkehrschluß: ». . . Philipp Louis, von Gottes Gnaden«.

Der Astrologe Cosme Ruggieri

Selbst am Königshof von Paris wird Magie getrieben und werden Geisterbeschwörungen abgehalten. Katharina von Medici stellt 1558 Cosme Ruggieri als Hofastrologen ein. Sie erhofft sich von seiner Kunst Hilfe gegen ihre Unfruchtbarkeit, bzw. Kindersegen. Überdies muß er die Zukunft vorhersagen, er braut Gifte und Liebestränke und erhält den Auftrag, dem Hof mißliebige Personen durch Behexungen aus der Ferne Schaden anzufügen. Ruggieri soll eng mit dem Satan zusammengearbeitet und für ihn ein Opfer bereitet haben.

Aufgrund einer Krankheit von König Karl IX. wird ein Kind entführt und in das Laboratorium von Lugieri nach Vincennes geschafft. Hier steht ein Altar der »Mutter der Finsternis«. Kelche mit Hostien stehen parat. Nachdem drei Kreise um den Altar gezogen werden, wird Satan aufgerufen, um den König zu heilen. Zum Zeichen der Ergebenheit wird ihm ein Kind geopfert. Ruggieri steckt ihm eine Hostie in den Mund, und unter Verwünschungen der Jungfrau Maria schneidet er ihm die Kehle durch. Während das Blut über den Altar läuft, wird der König ohnmächtig«.

Genützt hat ihm dies nichts, denn er verstirbt einen Tag danach.

In der zweiten Hälfte des 17. Jh. macht sich in französischen Adelsschichten und weiten Bevölkerungskreisen die Angst vor Vergiftungen breit. Die Kirche von L'Epine, einem Dörfchen in der Nähe von Chalons, wurde »vor Zeiten« zur Beschwörung des Giftzaubers erbaut. Die Vergiftungen erfolgten mit Hilfe von Dornen, die dort zahlreich wuchsen.

Die Montespan-Affaire
(«Chambre-ardente Prozeß«)[42]

Zur Zeit von Ludwig XIV. erfährt die »Schwarze Messe« eine gewisse Privatisierung. Ende 1679 werden mehrere Giftlieferanten verbrannt. Zu ihnen gehört eine junge und hübsche Herzogin, weil sie versucht hat, ihren alten (reichen) Ehemann mit Hilfe eines mit Arsen getränkten Hemdes zu töten[43]. Die verankerten Rituale gelangen mehr und mehr in die Bannmeile der französischen Aristokratie. Durch die Aktivitäten des Pariser Kommissars de la Reynie[44] kommen schockierende Enthüllungen über das Leben am Hof des Sonnenkönigs zutage, der seine maßlose

Selbstliebe widerspiegelt. Intrigen, Aberglaube, Mißgunst und Spott geben sich hinter der königlichen Fassade die Hand.

In den Archiven der Bastille haben sich die Protokolle der Verhandlungen und der Verhöre erhalten. Es kommt zu 319 Verhaftungen und 104 Urteilen. 36 Todesurteile werden gefällt. 34 Personen verbrannt und 4 auf Galeeren geschickt. Andere schmachten bis zu 40 Jahren im Gefängnis. 30 Angeklagte werden freigesprochen. Es ist ein typischer Drahtzieherprozeß, aus dem die Nähe zwischen Hexenkult und Schwarzen Messen deutlich wird[45]. Die Querverbindung zur französischen Prostitution und einigen Zauberbräuchen sind noch nicht schlüssig geklärt.

In die Exzesse sind neben einigen anderen Klerikern die Priester Adam Coeuret (genannt: Le Sage), Abbé Guibourg, Davot und Cotton verwickelt. Im Mittelpunkt der Auseinandersetzungen steht Francoise Athénais de Donor-Charente, Marquise de Montespan, in ihrem Wechselspiel mit Catherine Monte Voisin, einer damals erfolgreichen Wahrsagerin, Giftmischerin, Hebamme und Kartenlegerin. Überdies beschäftigt sie sich mit dem Herstellen von Liebeszaubern und Okkultismus.

De Montespan ist Ehrendame der Königin. Sie kommt 1667 25jährig an den königlichen Hof. Die polizeiliche Untersuchung enthüllt die »mörderischen« Methoden, mit denen sie ihre Position zu festigen sucht und dokumentiert gleichzeitig ihre Einfalt. Wir haben ein Paradebeispiel weiblicher Eigennützigkeit und Ruhmessucht vor uns. Madame de Montespan setzt sich in den Kopf, die seinerzeitige Geliebte des Königs, Louise de la Valliere, auszustechen, um ihren Platz einzunehmen. Sie erkennt nicht, daß sie selbst – sollte es ihr gelingen – nicht mehr als eine Episode im Leben des Königs bleibt. Die aus dieser Verbindung resultierenden sieben Kinder mit Louise de Vallerie werden vom Parlamentsgericht anerkannt. Des Königs schweifendes Auge fällt (auch) auf die anderen Schönheiten am Hof.

Montespan erreicht ihr Ziel, wird 12 Jahre die Geliebte des Königs und ist damit mächtiger als die Königin. Er baut ihr ein Schloß, überhäuft sie mit Reichtum und Ehren. Sie ist von der Unruhe geprägt, daß er ihrer (ebenfalls) überdrüssig wird und hat Angst vor seinen Launen. Dann packt den König die Reue wegen seines Ehebruchs und die Maitresse wird vorübergehend vom Hof verbannt. 1669 wird der König seiner Geliebten müde und wendet sich der nächsten »Favoritin«, Madame Marie-Angelique de Fontanges zu. In der Verlassenen reift der Entschluß der Rache. Die Buhlerin – war *sie* es doch zuvor – soll mit langsam wirkenden Mitteln vergiftet werden. Dem König wird eine Bittschrift überreicht, die ein tödliches Pulver enthält. Der Plan fliegt auf, die Voisin stirbt auf einem Scheiterhaufen, die vom König geächtete Montespan zieht sich auf ein von ihr gegründetes Kloster zurück und stirbt am 27. Mai 1707. Im Umfeld dieser Entwicklung setzt der Polizeichef mit seiner Untersuchung an.

Das Verhängnis der Montespan besteht darin, in jeder Krise die Wahrsagerin Voisin zu bemühen[46]. Sie erklärte sich bereit, die Wirkung einer besonderen Art magischer Messe auszuprobieren, die im Ruf stand, den Erfolg in der Liebe zu fördern: wir haben eine Variante der Schwarzen Messe vor uns.

Um sich die Gunst des Königs zu erwirken, wird in einem Pariser Haus eine Messe durch Abbé Mariette zelebriert. Er spricht den Ritus und beschwört den hl. Geist in einer lateinischen Hymne. Madame de Montespan kniet vor ihm und spricht: ». . . Ich . . . Tochter des . . . erbitte die Freundschaft des Königs und des Monseigneurs le Dauphin, und daß sie für mich fortdauern möge, daß die Königin unfruchtbar sei, daß der König ihr Bett und ihren Tisch verlasse um meinetwillen, daß ich von ihm all das erlange, worum ich für mich und meine Eltern bitten werde, daß meine Bedienten und mein Gesinde ihm angenehm seien, daß ich geliebt und geachtet werde von den großen Herren, daß ich gerufen zu werden vermöchte zu den Ratsversammlungen des Königs, und das zu erfahren vermöchte, was sich dort ereignet, und daß diese Freundschaft stärker zunimmt als in der Vergangenheit, der König die Valliere verlasse und nicht mehr beachte, und daß, indem die Königin verstoßen wird, ich den König heiraten könnte«[47].

Eine weitere Messe mit dem Ziel, den Tod der Rivalin herbeizuführen, wird über menschlichen Knochen gehalten. die Montespan streut Pulver in das Essen des Königs, um sich seiner Liebe zu versichern[47].

Die Aussagen der Verhörten sind bemerkenswert.

Le Sage sagt aus: ». . . den Priester Davot habe ich zum erstenmal bei der Voisin gesehen . . . Davot und die Voisin haben mir beide gesagt, daß er im Zimmer der Voisin eine Messe gelesen habe, und zwar auf dem Bauch eines Mädchens oder einer Frau, an die er sich später wieder erinnert habe. Davot sagte, daß er dabei Geschlechtsverkehr gehabt habe und daß er – während er die Messe las – ihre Scham geküßt habe . . . Gerard, Priester von Saint-Sauveur hat die Messe über dem Bauch einer Kaufmannstochter aus der Rue de Saint Denis gelesen. Sie stamme aus dem gleichen Pfarrbezirk. Er hatte sie verführt und ihr Glauben gemacht, daß sie durch die Zeremonien und die Beschwörungen nicht schwanger werden würde. Aber das Mädchen ist, nachdem es sich eine zeitlang mit Gerard auf dem Hängeboden versteckt hatte, schwanger geworden und Gerard hat deswegen Schwierigkeiten gehabt und ist geflohen . . . einige Zeit hat er sich bei Davot in Saint-Benoit versteckt gehalten«[49].

Aussage der Tochter der Voisin

». . . Le Sage und meine Mutter haben mich eines Tages losgeschickt, eine weiße lebende Taube zu kaufen – ich weiß nicht mehr genau, ob es in der Fastenzeit gewesen ist . . . nachdem ich sie ihnen gebracht habe, haben wir ihr den Hals abgeschnitten und das dabei auslaufende Blut in einem Glasgefäß aufgefangen und aufbewahrt. Sie schickten mich aus dem Gartenhaus fort, wo dies geschah, und ich weiß nicht, was man dort damit getan hat.

Ich weiß nicht, ob das Blut und das Herz der Taube mit Weihwasser gemischt wurde. Aber es ist wahr, daß auch ein Kreuz, das man dabei hatte, in dem etwas vom echten Kreuz von Jerusalem war, bei den Zeremonien verwendet wurde, die Le Sage und meine Mutter vornahmen. Ob es dieses Mal benutzt wurde, weiß ich nicht. Es stimmt auch, daß bei diesen Zeremonien Weihrauch, Salz, Schwefel und Weihwasser zusammengemischt wurden und daß nach der Rückkehr des Le Sage von den Galeeren dies für die Heirat der Desmartes und die Affairen der Mme. Brisard und für andere Affairen, die sie noch gehabt hatte, verwandt wurde.

Ich habe zugesehen, wie Guiborg zwei Messen im Schlafzimmer meiner Mutter las. Er hat auch eine bei der Delaporte gelesen, hierbei bin ich aber erst zum Schluß der Messe eingetroffen. Ich habe den vorbereiteten Altar gesehen, das Kreuz und die brennenden Kerzen . . . Guibourg hat bei meiner Mutter Messen auf dem Bauch von Damen gelesen. Ich habe ihr bei der Zurichtung der dazu nötigen Dinge geholfen: eine Matratze auf einer Unterlage, zwei Hocker zu beiden Seiten für die Leuchter mit den Kerzen, die Kerzen seien von frischem gelbem Wachs . . . dem Fett eines Gehängten gewesen, dann ist Guibourg aus dem kleinen Zimmer nebenan gekommen, angetan mit einer Casel. Sodann ist die Dame, auf deren Bauch die Messe gelesen werden sollte, eingetreten und ich bin hinausgegangen.

Als ich älter wurde, hat sich meine Mutter vor mir nicht mehr vorgesehen und ich war bei dieser Art von Messen anwesend und ich habe gesehen, daß die Dame splitternackt auf die Matratze gelegt wurde, der Kopf hing herunter und wurde durch Kissen auf einem umgedrehten Stuhl gestützt. Die Beine hingen herunter, auf dem Bauch hatte sie ein Tuch, auf dem Magen ein Kreuz und auf dem Bauch einen Kelch.

Madame de Montespan hat etwa vor drei Jahren eine dieser Messen durch Guibourg bei der Voisin lesen lassen. Sie ist um zehn Uhr abends gekommen und erst gegen Mitternacht gegangen.

Einige Zeit später nahm ich an einer Messe teil, die der Abbé Guibourg in der gleichen Weise auf dem Bauch meiner Mutter gelesen hat. Bei der Elevation hat er den Namen von Louis de Bourbon genannt und den einer Dame . . . Die Voisin hat andere Priester gehabt, die für den gleichen Zweck und ebenso gut wie Guibourg gearbeitet haben.

Ich erinnere mich, daß die Pelletier zwei Nachgeburten bei zwei verschiedenen Gelegenheiten zum Abbé Guibourg gebracht hat. Die eine ist von der Pelletier, die andere von der Dumesnil destilliert worden. Es ist wahr, daß eine Hebamme, die an der Ecke der Rue des Deux-Portes wohnt, die Eingeweide des Kindes destilliert hat. Die Mutter hatte dort geboren, nachdem sie von meiner Mutter dorthin gebracht worden war, um bei ihr eine Frühgeburt herbeizuführen. Vor der Destillation sind die Eingeweide des Kindes und die Nachgeburt nach Saint-Denis zu Guibourg gebracht worden. Meine Mutter erzählte nach der Rückkehr, daß Guibourg auf dem Bauch der Frau die Messe gelesen habe, die zu dieser Zeit noch ganz blutig gewesen sei.

Guibourg hat bei meiner Mutter das Kind eines Mädchens getauft, bei dem die Lepere eine Frühgeburt herbeigeführt hatte. Ich habe gesehen, wie man drei oder vier Kinder im Ofen verbrannte: ein anscheinend vor der Zeit geborenes Kind . . . hat Guibourg in ein Bekken gelegt, ihm die Kehle durchgeschnitten, das Blut zusammen mit der Hostie in einen Kelch gefüllt und konsekriert. Nachdem er seine Messe beendet hatte, entnahm er die Eingeweide des Kindes. Meine Mutter hat das alles am folgenden Tag zu Dumesnil gebracht, um es zu destillieren. Das Blut und die Hostie hat Madame de Montespan in einer Glas-Phiole mitgenommen. Den Körper des Kindes hat meine Mutter im Ofen verbrannt . . .«.

Aussage der Filastre

». . . die Simon ließ mich am Rande des Kreises sitzen und sagte mir, daß innerhalb die Geister wären und daß eine Kerze für Luzifer wäre, eine andere für einen anderen Teufel . . . ich habe keine Kerze aus schwarzem Pech in der Hand gehabt, obwohl eine angezündet war . . . ich habe das Charisma, die Taufe und die Kirche verleugnen müssen . . . die Beschwörung war von Picarts Hand geschrieben.

Es ist wahr, daß Cotton Priester von Saint-Paul und Schulmeister war. In der Nacht von Gründonnerstag zu Karfreitag um Mitternacht, angetan mit den priesterlichen Gewändern in einem kleinen Zimmer über dem Saal . . . die Messe gelesen, ich und Lavander waren anwesend . . . hierbei hat Cotton eine Hostie geweiht, die Elevation vollzogen und die drei Fürsten der Dämonen mit unverständlichen Worten angerufen. Die Beschwörung, die aus wenigen Worten bestand, hat er auf dem dafür vorbereiteten Altar niedergeschrieben. Nach der Anrufung hat er die Messe beendet und die geweihte Hostie in ein mitgebrachtes Korporale gelegt. Ich habe ihn nie gefragt, was er mit der Hostie gemacht habe«.

Aussagen des Abbé Guibourg

Lereoy, Vorsteher der Pagen des kleinen Marschalls, hat als erster mit mir darüber gesprochen, für Madame de Montespan zu arbeiten. Die erste Messe, die ich in dieser Absicht gelesen habe, ist in Ménil gewesen . . . auf dem Bauch einer Frau, die dorthin gekommen war mit einer anderen vornehmen Person . . . ich habe in der Beschwörung die Namen des Königs und die der Madame de Montespan genannt. Das Kind, das bei der Messe geopfert wurde, habe ich um einen Taler gekauft. Ein großes Mädchen hatte es mir angeboten. Ich habe das Blut des Kindes, in dessen Kehle ich ein Federmesser gestochen habe, herauslaufen lassen und in einen Kelch gegossen. Dann wurde das Kind weggenommen und an einen anderen Ort gebracht. Später brachte man mir das Herz und die Eingeweide zurück, damit ich eine zweite Messe lese, die dazu dienen sollte . . . Pulver für den König und Madame de Montespan herzustellen.

Die Dame, für die ich die Messe gelesen habe, hat immer herunterhängende Haare gehabt, die ihr das Gesicht und die Hälfte der Brust bedeckt haben. Ich habe eine zweite Messe in einer Ruine auf den Wällen von Saint Denis, auf der gleichen Frau mit denselben Zeremonien gelesen . . . die dritte Messe habe ich in Paris bei der Voisin auf derselben Frau gelesen, es kann 8 oder 9 Jahre her sein, vielleicht aber auch schon 13 oder 14 Jahre . . . ich habe immer die Hostie und das konsekrierte Blut der Kinder in den Gefäßen, die man mir gegeben hat, gelassen. Die Hostie war in kleine Teile zerschnitten.

Ich habe bei der Voisin, bekleidet mit der Albe, der Stola und dem Manipel, eine Beschwörung in Gegenwert der DesOeillets gemacht, die verlangt hat, einen Zauber für den König zu machen. Sie war begleitet von einem Mann, der mir die Beschwörungsformel übergab. Zu dieser Beschwörung war Sperma beider Geschlechter nötig. Da aber die DesOeillets gerade ihre Tage hatte, habe ich etwas von ihrem Blut in den Kelch geschüttet. Dann ging ich mit ihr in ein Nebenzimmer und ihr Begleiter gab etwas Sperma hinzu. Schließlich haben wir noch pulverisiertes Blut der Fledermaus und Mehl hinzugetan, um der Mischung eine feste Form zu geben . . .

Marianne Charmillon, 22 Jahre alt . . . gegenwärtig freiwillige Büßerin in Saint-Pelagie, hat ausgesagt, daß sie durch den Subdiakon Bourges, J.B. Sebault, verführt und verdorben worden sei. Sie habe von ihm zwei Kinder gehabt. Er habe ihr vorgeschlagen, einen Pakt mit dem Teufel zu schließen. Einmal wurde

zwischen Mitternacht und ein Uhr Messe gelesen. Guignar habe sie in priesterlichen Gewändern auf dem Körper der Reumütigen zelebriert . . . die nackt gewesen sei. Und der gleichfalls nackte Subdiakon konsekrierte die Hostie über ihren Schamteilen . . . in die er ein Teilchen einführte. Nachdem die Messe beendet war, begattete sie der Subdiakon und wusch seine Hände, seine und die weiblichen Schamteile im Kelch«[50].

Der letzte in Frankreich wegen Zauberei auf einem Scheiterhaufen Verurteilte ist der Priester Lous Debarez, der Schwarze Messen abgehalten hat, um verborgene Schätze ausfindig zu machen[51].

Hell Fire Clubs

Seit dem Ende des 17. Jh. zeigen sich in England ähnliche Tendenzen wie in Frankreich. Hier gibt es den »Hell Fire Club«. Deren Mitglieder bestehen häufig aus jungen Männern, die mit dem Satanismus experimentieren. Solche Clubs entstehen überall in England, Irland und Schottland. Der Hauptclub trifft sich – 1720 – unter eleganten Adressen in London. Um 1750 treten 12 »Wüstlinge« zu einer Bruderschaft von Mönchen zusammen und treffen sich 2 x im Monat im Domstift von Medmenham Abbey am Oberlauf der Themse. Zu ihnen gehören der skandalumwitterte Sohn eines Erzbischofs von Canterbury und Sir Francis Dagswood, der die Abtei mietet und erster Abt wird. Die Mönche besitzen eine Galerie pornographischer Gemälde. Bei den Feierlichkeiten opfert man dem Bachus und der Venus. Die Mädchen für die Orgien werden aus London beschafft.

Heiliger Geist, spaziere in mein Herz hinein . . . Anmerkungen zu einem Sittenskandal in der Toskana[52]

Zu vergleichbaren Vorfällen wie in Frankreich kommt es 1780 in der Toskana, bzw. hier dringt an die Öffentlichkeit, was sich bis mindestens 1642 zurückdatieren und nachweisen läßt. Es handelt sich weder um einen Einzelfall klösterlicher (Un)zucht, noch um eine Novität. Aus der Zeit um 1642 hat sich eine Replik der Gemeinden an den Großherzog erhalten: ». . . damit man die Verwaltung der Klöster den Dominikanern abnehmen möge . . . wegen der Schandtaten, die sie verüben und über die man schweigen müsse, damit kein größerer Skandal entsteht«.

Kurz danach bitten die Kirchenvorsteher, 200 Edelleute und Bürger von Pistoja, um »schleunige« Abhilfe der schändlichen Unordnungen . . . um die Ehre der Nonnen zu retten.

». . . seit mehreren Jahren lebten zwei Dominikanernonnen in infamer Sittenverderbnis. Die eine war die Schwester Catherina Irene Bonamici, ein adeliges Fräulein aus Prato, 50 Jahre alt, die andere Clodesind Spighi, 38 Jahre alt«. Daß diese Vorfälle aufgerollt werden können, ist dem Bischof v. Ricci[53] zu verdanken, in dessen Nachlaß sich außerordentliche Dokumente gefunden haben.

»Ricci, ein frommer und religiöser Mensch, Bischof von Pistoja und Prato, wird zum Opfer der ihn verfolgenden Geistlichkeit, denn er bringt streng verschwiegene Dinge an den Tag: die Original-Papiere des letzten Jesuitengenerals, den Bericht über die offensichtliche Vergiftung von Clemens XIV., die skandalösen Vorgänge der Sittenverderbnis unter der Geistlichkeit in der Toskana und Berichte über den Mißbrauch vieler Priester, den sie im Zusammenhang mit der Ohrenbeichte bei jungen Mädchen betreiben. Es kommt wie es kommen muß: Ricci, ein treuer Anhänger des Katholizismus, wird aus den eigenen Reihen gestoßen, weil er auf der Suche nach der christlichen Wahrheit ist«.

Eine wichtige Quelle sind die erhaltenen Briefe von Flavia Perracini, der Priorin des Katharinenklosters von Pistoja, die sie 1773 und 1781 an den Rektor des bischöflichen Seminars, Thomas Comparini, schreibt. Hinzu kommt eine Klageschrift, die zwei Nonnen 1775 dem Großherzog Leopold überreichen. Darin sprechen sie über die »abscheulichen« Grundsätze der dominikanischen Lehren.

Es kommt zu Intrigen, Vertuschungsaktionen und christlichem Kompetenzgerangel. Die Beichtväter der Nonnen sind diesmal keine Franziskaner: es ist der einzige Unterschied. Sie beherrschen das Inszenarium der gekonnten Verführung. Über den verfänglichen Weg der Ohrenbeichte wissen sie um die Intrigen hinter Klostermauern: schließlich sind sie aktiv daran beteiligt. Trotz allem entspinnt sich ein öffentlicher Skandal und die Liebeshändel werden offenkundig. Unter den Nonnen ent-

steht Streit, wer als Geliebte des Einzelnen anzusehen ist. Der Provinzial bezeichnet eine Nonne als »Frau Gemahlin«. »An allen öffentlichen Orten unterhielt man sich über die Exzesse und gotteslästerlichen Huldigungen, . . . die Pfaffen und Nonnen zum großen Ärger der Gläubigen inszenierten«.

Die Nonnen werden als abtrünnig, schismatisch und im teuflischen Bann stehend betrachtet. Mehrfach droht man, sie zu erwürgen oder zu vergiften.

Selbst das gemeinste Weib wartet mit einer Anekdote auf, wenn sie aus dem Kloster kam. ». . . ein Chirurgus mit Namen Santini blieb oft über eine Stunde mit einer älteren Nonne zusammen . . . er stand mit dem Kloster in Verbindung, weil er eine vortreffliche Mixtur besaß«. So gesehen, herrschte im Kloster St. Katharina der Zwietrachtsteufel.

Jetzt wird die Lage der Beichtväter problematisch. Sie ziehen sich mit einem Trick aus der Verlegenheit, indem sie das Volk von der Sache ablenken. Sie überreden eine Nonne, vor einem Reliquienkasten, der den Körper der angeblichen hl. Katharina enthält, in Extase zu geraten. Momentan wissen die Leichtgläubigen nicht mehr, was sie glauben sollen. Handelt es sich um Visionen, Exorzismen oder geht es bei den Dominikanerinnen wirklich so zu? Die Masse wird aufgewiegelt, fühlt ein »böses« Omen, sieht sich von einem schrecklichen Unheil bedroht und strömt zur Kirche!

Diese Affaire ist weniger von Interesse, weil es zu sexuellen Eskapaden kommt, sondern weil einige Nonnen Grundsätze des christlichen Glaubens in Frage stellen. Nach zahllosen Verhören wurden zwei von ihnen nachts in einem besonderen Wagen fortgeschafft und im Narren-Hospital von Florenz eingesperrt. Für sie bedeutet es Glück im Unglück zugleich. Noch vor wenigen Jahrzehnten wären sie – vielleicht – auf einem christlichen Scheiterhaufen verbrannt worden. Das Abschieben von »abtrünnigen Christen« in Narrenhäuser ist nicht ungewöhnlich.

Am Rand ist zu bemerken, daß die Kirche noch vor 50 Jahren zu diesem probaten Mittel greift. Als der anerkannte Jesuit Alighiero Tondi, Professor der Gregoriana, den Schwindel und die Habgier der Kirche erkennt und sich darüber äußert, wird er nicht nur »auf die Straße geworfen«. Sein Haus wird von Häschern umstellt, die den Auftrag haben, ihn in ein Irrenhaus zu bringen. Zurück zur Geschichte!

Ein Vikar schreibt am 19. Juni an seinen Bischof: ». . . die beiden Nonnen müssen entweder die ärgsten Ketzerinnen oder närrisch sein«. Er kann sich nicht vorstellen, daß ihre Verhaltensweisen bewußt inszeniert worden sind, um ihr freud- und sinnloses Leben im Kloster aufzulockern. Wie oft in der Kirchengeschichte werden die Falschen bestraft!

In speziellen Verhören werden die »Abtrünnigen« nach den christlichen Wahrheiten (!) befragt – die man sich im Lauf der Jahrhunderte zurechtgelegt hat und die bis heute unbewiesen sind. Sie anerkennen lediglich Gott als Schöpfer des Himmels, der Erde und als Inbegriff aller Dinge. Sie sehen manches realistisch und sind ihrer Zeit voraus!

». . . der Sohn Gottes ist nicht durch die Jungfrau Maria geboren, sondern aus ihrem geschlechtlichen Umgang mit Joseph. Jesus hat die Sakramente nicht eingesetzt. Er ist zwar am Kreuz gestorben, weil man ihn umgebracht hat, aber nicht für die Sünden der Welt. Die Erbsünde bestehe lediglich in der Einbildung und könne durch die Taufe nicht reingewaschen werden. In der Hostie ist weder Christus, noch sein Fleisch oder Blut gegenwärtig. Es gebe weder ein Paradies noch eine Hölle. Das Paradies bestehe im Genuß Gottes, der von jeher geboten habe, Unzucht zu betreiben. Das Gelübde der Keuschheit lasse sich am besten erfüllen, indem man an seinen Schamteilen spielt und sagt: ›. . . heiliger Geist, spaziere in mein Herz hinein‹. Man müsse sich mit Männern, vor allem Geistlichen, sich aber auch unter sich vermischen«.

In gewisser Weise klingen illuminatische Ideen durch: verdrängte Gefühle suchen ihren freien Lauf und man bekommt den Eindruck, daß die Nonnen unter der »geistigen« Herrschaft der Mönche stehen. Im Kloster tritt neben diese Knechtschaft zugleich eine unerbittliche harte sexuelle. Hier besteht eine Naht zum Satanskult mit seinen Schwarzen Messen. Hier kann der Nachweis nicht erbracht werden, aber alle Symptome sprechen dafür. Z.B. die Anmerkung, daß sich die Nonnen geweihte Hostien in die Scheide stecken.

Der Bischof v. Ricci weist auf den Pater Bargenelli, einen Mönch der konventualen Mino-

riten, der zusammen mit einen Laienbruder im gleichen Bett schlief: ». . . wenn sie zur Nachtzeit einem Kranken Beistand leisten sollten«. In diesem Zusammenhang schreibt der Advokat Zanobatti an den Bischof: ». . . daß man sich genötigt sah, die Klöster der barfüßigen Karmeliter und Karmeliterinnen bis auf die Grundmauern niederzureißen, die durch unterirdische Gänge verbunden waren und in denen Mönche und Nonnen wie Mann und Frau lebten«.

Die Klageschrift von 1775 vermerkt[54]: »statt (daß) sie uns in ihrer Unschuld belassen, verführen sie uns (die Dominikaner) mit Worten und Werken. Häufig kommen sie in die Sakristei. Sie hegen ihre 1 000 Unanständigkeiten so weit, daß sie ihre Schamteile durch die Löcher des Gitters in der Sakristei stecken und mit den Händen nach den Brüsten der Freundinnen greifen. Bei jeder Gelegenheit kommen sie (auch unter falschem Vorwand) in das Kloster und gehen mit der ihnen zugetanen Nonne auf die Kammer. Sie stoßen schändliche Redensarten aus und sagen, wie glücklich sie wären, daß wir unsere Lüste befriedigen könnten, ohne Kinder zu bekommen. Am Sprachgitter werden alle möglichen Unschicklichkeiten verübt . . . sie predigen ausschließlich die Freuden der Welt«.

Die Priorin Flavia Perracini berichtet, was unter ihren Augen vorgefallen ist:

». . . drei oder vier unter den Toten und Lebenden ausgenommen, sind alle (Mönche) vom gleichen Kaliber. Sie gehen mit den Nonnen in einer größeren Vertraulichkeit um, als wenn sie mit ihnen verheiratet wären. Es ist schon lange gebräuchlich, daß sie, um den Kranken beizustehen, mit den Nonnen zu Nacht speisen, Singen, Tanzen, Spielen und im Kloster schlafen. Ihr Grundsatz ist, daß Gott die Liebe nicht verboten hat, daß der Mann für das Weib . . . und umgekehrt – geschaffen ist. Sie verführen auch die Unschuldigsten . . . und was wäre es für ein Wunder, wenn sie nicht fielen. Die Pfaffen sind die Gatten der Nonnen, die Laienbrüder die der Laienschwestern. Arme Geschöpfe, die sich der Welt entziehen, um ihren Gefahren zu entgehen . . . stürzen sich (hier) in weit größere. Hier werden sie von Grund auf verdorben. Die Mönche sind solche Schurken, wie es keine anderen geben kann. So böse Weltkinder auch sein mögen, so können sie doch nie einen solchen Grad an Verruchtheit erlangen und in (eine) solche Betrügerei verfallen, mit denen Mönche die Welt und ihre Oberen betrügen. Es läßt sich nicht beschreiben.

Ist eine Nonne gestorben, so halten sie ihr in gedruckten Zirkularien eine Lobrede und preisen sie als selig. Wenn sie uns jährlich das Weihwasser bringen, machen sie die tollsten Streiche. Einmal verkleideten sie den P. Manji als Nonne, spielten Komödie und trieben Vergnügungen. Einer macht dem Anderen die Geliebte abspenstig. Dies geht aber nicht nur in unserem Kloster so. Ein Mönch hat mir gesagt, daß, wenn ein Schleier am Südpol und eine Kapuze am Nordpol sei, wäre die Sympathie immer noch so groß, daß sie sich in der Mitte vereinigten. Einige der Nonnen haben die Portraits ihrer Liebhaber in den Zellen . . . sie bringen ihnen die schmutzigsten Unterhosen zum Waschen.

Die Nonnen von St. Vincenz waren in zwei Parteien geteilt, wovon eine in den Pater Lupi und die andere in den Pater Borghiani verliebt waren. Der Pater Natta ist eine gute Haut. Er sagt, daß diejenige Nonne die den Mönchen alles gibt, das Gelübde der Armut am besten erfüllt«.

Im Zusammenhang mit dem Skandal trifft der Großherzog Leopold drei Entscheidungen[55]:

- Die Nonnen sind durch einen Polizeileutnant zu verhören.
- Der Bischof Allamanni soll unverzüglich die Leitung der Dominikanerklöster übernehmen . . . und
- den Mönchen wird unter Androhung von Gefängisstrafen verboten, sich den Nonnen zu nähern.

Die Situation spitzt sich zu und die Verhöre werden fortgesetzt. Der Bischof Ricci sendet eine Beschreibung der Vorkommnisse an den Statthalter Gottes auf der Erde[56]. Die aufsässigen Nonnen sollen fortgeschafft werden: man kann sie nicht mehr einfach nur verbrennen. Beim Verhör kommt folgendes zutage[57].

- Alle Nonnen und Laienschwestern haben ausgesagt, daß die Bonamici und Spighi von selbst ihren Unglauben zu erkennen gaben, indem sie im Kloster versichert und ausgesagt haben, Jesus Christus sei nicht in der hl. Hostie vorhanden . . . auch wäre nichts an der Jungfernschaft der hl. Maria . . . daß die Seele sterblich wäre und mit dem Körper aufhöre, daß zum Heil weder die Taufe, noch die anderen Sakramente etwas beitrügen, . . . daß es keine Sünde, Hölle und kein Fegefeuer gebe,

- daß sie sich in den letzten Zeiten schändlich betragen haben, indem sie die übrigen Nonnen beschimpft und (sie) mit unanständig-obszönen Handlungen geärgert haben,
- daß sie verdächtige Korrespondenzen geführt haben. Erstere mit einem Augustinermönch. Er besuche sie wöchentlich zwei- bis dreimal . . . und schließt sich dabei fast immer mit ihr hinter dem heiligen Gitter ein. Die Spighi mit einem gewissen G. Borthello, einem portugisischen Ex.-Jesuit.
- daß die beiden Schwestern schon mehfach ihre Irrtümer und Sünden abgeschworen haben . . . aber später erklärten, daß sie dies nur zum Schein und um die Freiheit wieder zu erlangen, getan hätten.
- daß sie seit sechs oder sieben Jahren alles versucht hätten, um die anderen Nonnen in ihre Lehren und Schandtaten einzuweihen.
- . . . geht aus dem Verhör hervor, daß die Baroni von der Bonamici und (der) Spighi verführt wurde, nicht an die Menschwerdung Christi zu glauben . . . er sei lediglich ein gewöhnlicher Priester gewesen . . . daß (Jesus) bei der Konsekration nicht gegenwärtig sei und daß die Seele mit dem Körper stirbt. Außerdem hätten sie beide zu unzüchtigen Handlungen verleitet.
- sagt die Grazzini aus: ». . . als sie vor sechs Jahren im Klostergarten mit der Bonamici spazierenging . . . habe sie ihr gesagt, es gäbe weder Sünde, Hölle noch Fegefeuer. In der Hostie sei nichts vorhanden . . . wie wäre es möglich, daß zu gleicher Zeit ein Sünder, ein Büßender und ein Plagegeist Gott auf gleiche Weise genössen? . . . man müsse nur zum Schein beichten. Sie habe es im Vertrauen der Spighi mitgeteilt, und sie habe es gutgeheißen . . . sie habe es dem Pater Orlandi gebeichtet. Außerdem habe sie ihm die unzüchtigen Handlungen geschildert und ihm gesagt, daß sie ihrer Lehrerin schon öfters bemerkt habe: ». . . .dies sei widernatürlich«, worauf ihr diese geantwortet: ». . . es ist freilich besser, wenn man es mit Männern tut«.

Zuletzt sagt die Passi aus: ». . . ich war damals Novize, 16 Jahre alt und der Leitung der Mütter Bonamici und Spighi anvertraut. Als mir erstere eines Abends sagte, sie wolle mich unterrichten, wie man zur vollkommenen Vereinigung mit Gott gelange . . . wozu ein Gebet unnötig sei, daß man gewisse Handlungen bestünde, die man gewöhnlich unanständig nennt und die man an sich selbst oder mit anderen beiderlei Geschlechts vornehmen könne. Hierauf antwortete die Passi erstaunt: ›. . . wie kann man so beten?‹ ›Du bist ein dummes Gänschen‹ sagte die Bonamici in Gegenwart der Spighi . . . du hast keine Erfahrung . . . das sind Dinge, die Priester, Pfaffen, Nonnen, Weiber und alle Menschen tun. ›Es sei das wahre Gebet‹. Sie solle nichts befürchten. Man könne sich nur vermittelst dieser Handlung, mit Männern und Weibern unternommen, vollkommen mit Gott vereinigen. Nur durch die persönliche Erleuchtung gelange man zu dieser Erkenntnis.

Später begingen die Bonamici und Spighi solche Handlungen in meiner Gegenwart . . . und dies fast jeden Tag. Zuletzt forderten sie mich auf, ein Gleiches zu tun . . . ich mußte ihnen nachgeben . . . und bald mußte ich es selbst mit der einen oder anderen tun. Oft hatte ich Gewissensbisse und suchte die Verführerinnen zu fliehen . . . allein sie schalten und ermahnten mich, es jeden Tag mit mir selbst zu tun . . . sie seien müde, mich solange darin zu unterrichten«.

● geht aus verschiedenen Aussagen hervor, daß die Bonamici Novizen und Zöglinge, die damals sieben oder acht Jahre alt waren, zu unzüchtigen Handlungen anführte.

● ». . . sie habe öfters gesagt, daß die Reden der Geistlichen nur ein albernes Geschwätz seien, um Einfaltspinsel und unwissenden Personen etwas vorzumachen . . . daß (die) Geistlichen niemals nüchtern zur Kommunion gingen, an Festtagen Fleisch äßen und mit ihnen (den Nonnen) die Schandtaten auf die Spitze treiben. Daß sie die Hostie nach der Kommunion aus dem Mund genommen . . . (sie) auf ihre Schamteile gelegt und sie dann in das heimliche Gemach geworfen hätten«.

● Aus der besonderen Aussage der Schwester Cäcilia Antonia Salvi, der jetzigen Priorin, geht hervor, ». . . die Bonanici habe sie vor fünf Jahren mit der Bemerkung zu verführen gesucht . . . sie habe mit Jesus Christus als Mensch Umgang gehabt . . . und sie habe die Milch der hl. Jungfrau gekostet . . . wodurch sie in ein Paradies von Entzücken geraten sei«.

Exkurs

Wir haben eine interessante Parallele. Der Priorin geht es ähnlich wie der 1315 in Wien verstorbenen Christusverehrerin Agnes Blanbekin, deren Offenbarungen 1731 in Wien herausgegeben werden. Allerdings hatte sie ein höheres Glückserlebnis. Sie hat zwar nicht mit Christus als Mensch Umgang gehabt, aber auf ihrer Zunge des öfteren seine Vorhaut gespürt. ». . . die Süßigkeit war beim Herunterschlucken so groß, daß sie an allen Gliedern und Muskeln eine Umwandlung spürte«.

Doch zurück zu den tugendhaften Nonnen der Toskana.

Nach diesen nahezu einheitlichen Vorwürfen folgt eine nähere Untersuchung der Beschuldigten, die sich bereits in Arrest befinden. Das Unglück nimmt seinen Lauf, denn »wer nicht den christlichen Glauben vertritt, verdient keine Schonung«.

Die Bonamici gesteht[58] ». . . daß sie mit der hl. Hostie Mißbrauch getrieben . . . und sie in das heimliche Gemach geworfen habe. Vor acht Jahren habe ich eine geweihte Hostie in den Mund genommen und sie dann in meine Schamteile gesteckt. Ich glaubte, Jesus stecke (so) drin. Ich tat es aus Liebe zu ihm und wollte, daß er auf diese Weise bei mir ist. Niemals hätte ich Abscheu, es wieder zu tun. Die Beichtväter Gamberini, Orlandi und de Serio haben mich in diesen Dingen unterrichtet«.

Einer Laienschwester lehrte ich das Gelübde der Keuschheit, daß, wenn sie sich an den Schamteilen spiele, wie ich es ihr zeigte, indem sie den hl. Geist mit den Worten: ›. . . Heiliger Geist, spaziere in mein Herz hinein‹ anrufe. Um die christliche Liebe auszuüben, müsse man sich mit Männern vermischen . . . aber auch mit Frauen. Mit der Chlodesind habe ich es häufig getan«.

Ihre Freundin Spighi hat ähnliche Ansichten und sagt: ». . . das Paradies in dieser Welt besteht im Genuß Gottes, indem man sich mit ihm vereinigt. Sie wird gefragt, wie das geschieht. ›Wollen Sie, daß ich es Ihnen zeige?‹ (hier stand sie auf und hob die Röcke in die Höhe) . . . außerdem habe ich die Hostie in das heimliche Gemach geworfen. Ich habe sie aus Liebe da (sie zeigte mit der Hand auf die Schamteile) hineingesteckt und der Katharina Irena gezeigt, wie man sich gegenseitig mit den Händen die Schamteile berühren müsse. Mit der Passi fanden wollüstige Umarmungen und Berührungen statt. Außerdem habe sie beim Gitter die Schamteile des Priesters Botello in die Hand genommen. Bei diesen Berührungen war ich allein. Manchmal kam die Bonamici, um uns Gesellschaft zu leisten. Mit dem dienenden Bruder Joseph Marini haben wir uns gegenseitig an die Schamteile gegriffen. Außerdem habe ich mit den Beichtvätern unzüchtige Reden und Handlungen verübt. Ich habe am Gitter in der Sakristei meine Röcke hochgehoben und von ihnen das gleiche verlangt. Ich vereinigte mich (auch) mit der Schwester Katharina Irene . . . um mich mit Gott zu vereinen«.

Dieser Skandal nimmt sein typisches Ende. Die Störenfriede werden aus dem Nest geworfen und mit der Zeit wächst die Schande zu. Es ist davon auszugehen, daß solche Praktiken auch in (vielen) anderen Klöstern praktiziert wurden.

Sade und das Böse

Donatien Alphonse Francois Marquis de Sade's Zentralthema ist das Böse. Als scharfer Kritiker seiner Epoche fällt sein Blick (auch) auf das Treiben der Geistlichkeit.

In seiner Justine bringt er eine Schilderung über das wollüstige Leben hinter Klostermauern. Es handelt sich um das Rekollektenkloster Sainte-Marie-des-Bois, das von vier Einsiedlern bewohnt wird. Eine dortige »wundertätige« Jungfrau stehe im Ruf der Heiligkeit. De Sade beschreibt die erotisch-lüsternen Ekzesse, die Mönche mit Verführten anstellen und erwähnt, daß man sie bisweilen nackt auf einen großen Tisch gelegt habe, um sie zu mißbrauchen. Dies berechtigt nicht, von einer Schwarzen Messe zu sprechen.

De Sade schildert in seiner Juliette eine Messe im Vatikan: ». . . riesige Wandschirme umgaben den freistehenden Altar des heiligen Petrus. Zwanzig auf den Stufen sitzende junge Mädchen und Jünglinge schmückten die vier Seiten des herrlichen Altars. Drei Priester standen davor, bereit, das Meßopfer zu vollziehen. Sechs nackte Chorknaben bereit, ihnen zu dienen. Zwei lagen ausgestreckt auf dem Altar, ihre Hintern sollten als heilige Steine dienen . . . « Der Papst leitete die nun folgende Orgie, bei der es zu verschiedenen Variationen des Geschlechtsverkehrs und zur Schändung der Hostien kommt, indem sie der Papst Juliette in einem sodomitischen Akt in den Anus einführt.

Die Schwarze Messe des Kanonikers Docre

Docre war ein Pariser Priester und als Beichtvater der Königin im Exil. Er hat Affairen gehabt, ist bei den Trappisten interniert, aus dem Klerus verjagt und von Rom aus exkommuniziert worden. Öfters steht er wegen Giftmischerei unter Anklage, kann aber nicht überführt werden. ». . . welch Ungeheuer von einem Priester. Er destilliert Fischextrakte und setzt Schwefelsäure hinzu, damit es in der Wunde kocht; dann taucht er in die Mischung die Spitze eines Lancette, mit welcher er sein Opfer durch einen Schwebegeist oder durch eine Larve stechen läßt. Das ist die gewöhnliche und bekannte Art der Verhexung, die der Rosenkreuzer und anderer Anfänger im Satanismus«. Bei der Darstellung seiner Messe fehlen die Komponenten des Hexensabbats: deutlich spürt man die Vorboten der Aufklärung. Es ist eher ein Dämonenkult. Die Messen werden in einem alten Haus in Paris, wohl den Resten eines Ursulinenklosters, abgehalten.

Docre besitzt ein chemisches Kabinett und eine »ungeheure« Bibliothek, darunter ein Brevier der Schwarzen Messe mit wunderbaren Ausmalungen. Der Einband war hergestellt aus der gegerbten Haut eines ungetauft gestorbenen Kindes. Auf eine Deckelfläche war als Zierrat eine Hostie gepreßt, die in einer Schwarzen Messe geweiht war. Man sagt ihm nach, daß er sich habe einen Christus unter die Fußsohlen malen lassen, damit er ihn besser erniedrigen kann. Die von ihm zelebrierten Messen lassen sich rekonstruieren:

». . . ein Chorknabe, rot gekleidet, schritt zum Hintergrund der Kapelle und zündete Wachskerzen an. Da trat der Altar hervor, ein gewöhnlicher Kirchenaltar, überragt von einem Tabernakel, über welchem sich eine schändliche Spottgeburt von Christus aufreckte. Man hatte ihm das Haupt aufgerichtet und den Hals langgezogen; Falten, die man auf seine Wangen gemalt hatte, wandelten sein schmerzensreiches Antlitz in eine Fratze, die ein unedles Lachen verzerrte. Er war nackt und an der Stelle, wo sonst das Leinentuch seine Hüften umgürtete, schoß aus einem Büschel von Haaren der menschliche Schmutzteil in Erregung auf«.

»... geleitet von zwei Chorknaben, das Haupt bedeckt mit einer Scharlachmütze, aus der zwei Bockshörner aufragten, trat der Abbé ein ... er verneigte sich feierlich vor dem Altar, stieg die Stufen hinab und begann mit der Messe. Unter den Meßgewändern war er nackt. Sein Fleisch, abgeschnürt durch hochsitzende Strumpfbänder, kam über schwarzen Strümpfen zum Vorschein. Die Chorknaben glitten hinter den Altar: der eine brachte kupferne Kohlepfannen und andere Räucherbecken zurück. Sie verteilten dies unter die Anwesenden ... die Frauen hüllten sich in Rauch ... der Priester stieg, rückwärts schreitend, die Stufen hinab, kniete auf der letzten nieder und schrie mit schwankend scharfer Stimme: »... Meister aller Tumulte, der Du austeilst die Wohltaten des Verbrechens, Verwalter der üppigen Sünden und der großen Laster. Satan, dich beten wir an, du logischer Gott, gerechter Gott, du.

... allgemein bewunderungswürder Legat der falschen Ängste, du nimmst auf die Bettelei unserer Tränen; du rettest die Ehre von Familien durch Abtreibung in Bäuchen, die im Vergessen schöner Erschütterung fruchtbar werden; du gibst den Müttern die Hast der Frühgeburten ein, und deine Geburtshilfe erspart den Kindern, die vor der Geburt sterben, die Ängste des Reifens, den Schmerz und die Abstürze«.

... »Stütze die Armen in Erbitterung, Herzensfreund der Besiegten, du bist es, der sie mit Heuchelei begabt, mit Undankbarkeit und Hochmut, auf daß sie sich verteidigen können, gegen die Angriffe der Gotteskinder, der Reichen! Alleinherrscher der Verachtung, Buchhalter der Demütigen, Zinsherr der alten Haßgefühle, du allein machst fruchtbar das Hirn des Menschen, das die Ungerechtigkeit zermalmt; du hauchst ihm ein die Idee der vorbedachten Racheakte, der unfehlbaren Missetaten; du stachelst es auf zum Mord, du schenkst ihm die überquellende Freude an den Gegenmaßregeln, über die es verfügt, an der guten Trunkenheit der vollstreckten Strafen, der Tränen, die es verursacht hat!

Hoffnung der Manneskräfte, Angst der gähnenden Gebärmutter, du verlangst nicht die nutzlosen Prüfungen der keuschen Lenden, du rühmst nicht den Wahnwitz der Fasten- und der Ruhetage; du allein nimmst auf das Flehen des Fleisches und seine kleinen Wünsche im Bereich der armen Familien mit all ihrer Begierde. Du bestimmst die Mutter, daß sie ihre Tochter verkaufe, ihren Sohn abtrete, du stehst bei den unfruchtbaren, verworfenen Liebesbünden, Schutzherr der zerrenden Nerven-Leiden bleierner Turm der Hysterien, blutiges Gefäß der Notzucht«.

»... Meister, deine getreuen Diener flehen auf ihren Knien dich an. Betteln zu dir, daß du die Heiterkeit jener ergötzlichen Frevel ihnen schenkst, von denen die Justiz nichts weiß; bitten dich, bei den Missetaten zu helfen, deren unbekannte Spuren die menschliche Vernunft aus ihrer Bahn werden; flehen dich an, daß Du sie erhörest, wenn sie wünschen die Folterung all derer, die sie lieben und die ihnen dienen; sie erbitten endlich von dir für dich, König der Enterbten, für Dich, Sohn, den der unerbittliche Vater verjagte, Ruhm, Reichtum und Macht«.

»... und du, den ich in meiner priesterlichen Eigenschaft zwinge, magst du wollen oder nicht, herabzusteigen in diese Hostie, Fleisch zu werden in diesem Brote, Jesus, kunstreicher Webmeister des Betruges, Räuber der Huldigungen, Dieb der Neigung, höre du! Seit dem Tage, an dem du entstiegst den Eingeweiden der Jungfrau: einer Gesandschaft, hast du deine Verheißungen Lügen gestraft; Jahrhunderte harrten deiner schluchzenden Erwartung, du flüchtiger Gott, stummer Gott, du. Du solltest die Menschen erlösen und hast nichts gut gemacht; du solltest erscheinen in deiner Glorie – und bist entschlummert! Geh, lüge weiter, sage dem Unglückseligen, der nach dir schreit: ›hoffe, gedulde dich, leide, das Hospital der Seelen wird dich aufnehmen, die Engel werden die beistehen, der Himmel öffnet sich‹.

»... Betrüger! Du weißt wohl, daß die Engel, angewidert von deiner Trägheit, dir entweichen! Du solltest sein der Dolmetsch unserer Klagen, der Kammerherr unserer Tränen. Du solltest sie bringen vor den Vater, und du hast es nicht getan: denn ohne Frage war dieses Einschreiten deinem Schlummer eine Störung in seiner selig-satten Ewigkeit«.

»Du hast vergessen jene Armut, die du predigst, du in Liebe der Banken Vasall! Du hast gesehen, wie man unter der Presse des Agio die Schwachen zermalmte, hast gehört das Röcheln der Verschücherten, die Hungersnot lähmte, der Frauen, denen der Bauch aufgähnte um ein wenig Brot – und hast, durch die Kanzlei deiner Simonisten, durch deine Handelsvertreter, deine Päpste, als Antwort gesandt hinzögernde Entschuldigungen, ausweichende Verheißungen, die Säckelmeister der Sakristei, du Gott der Geschäfte«.

»Ungeheuer, dessen unfaßbare Rohheit das Leben zeugte, um es Unschuldigen anzuhängen, die zu verdammen wagst im Namen einer geheimnisvollen Erbsünde, aufgrund unbestimmbarer Klauseln – wir wollen trotz allem endlich dich zum Geständnis deiner unverschämten Lügen bringen, deiner unsühnbaren Verbrechen! Wir möchten dir die Kreuznägel tiefer noch eintreiben, den Dornenkranz heftiger stacheln, den schmerzlichen Blutstrom an die Ufer deiner trockenen Wunden treiben«.

»Und dieses: wir können und werden es tun, werden der Ruhe deines Leibes Gewalt antun, du Entweihter der üppigen Laster, die Nebelbrauer der stumpfsinnigen Reinheit, verfluchter Nazarener, Faulpelz von König, Feigling vor Gott«.

»Amen . . . riefen die kristallenen Stimmen der Chorknaben . . . und plötzlich schwangen sie Glöckchen . . . die Frauen sanken auf den Teppich und wälzten sich . . . eine lag auf dem Rücken ausgestreckt, knöpfte sich die Röcke auf und brachte einen nackten Wanst zum Vorschein, verwittert, enorm und wand sich unter scheußlichen Grimassen. Der Kanonicus starrte auf Christus und spie mit ausgestreckten Armen fürchterliche Schmähungen hinaus . . . er stand schwankend zwischen den Chorknaben, die ihm das Meßgewand hoch hoben, seinen nackten Bauch zeigten und faßten während die Hostie, die er vor sich hertrug, verletzt und beschmutzt auf die Stufen sprang. Die Aura der großen Hysterie folgte auf die Schändung und beugte die Frauen nieder: während die Chorknaben die

Nacktheit des Priesters beräucherten, stürzen sich Frauen auf das eucharistische Brot und erkrallten es . . . platt auf dem Bauch . . . zerissen es in feuchte Stücke, aßen und schlürften den göttlichen Kot . . . es war eine Irrenzelle voll Erbitterung, eine ungeheuerliche Schwitzstube voll Prostituierter und Wahnsinniger. Während sich die Chorknaben mit den Männern verbanden . . . stieg die Herrin des Hauses, hochgeschürzt, auf den Altar . . . um mit einer Hand den Kelch zwischen ihre nackten Beine zu pressen«.

Im Grunde genommen zeigt der Kanoniker (erneut) auf, auf was bereits die Wortführer der großen Ketzerbewegungen zu Beginn des 11. Jh. deutlich machen. Sie verweisen auf leere Versprechen des Christentums!

Das 19. und 20. Jahrhundert

In der zweiten Hälfte des 19. Jh. kommt es zu einem Wiederaufleben okkulter Praktiken. In Frankreich predigt ein suspendierter Priester, Joseph Antoine Boullan (Lyon), ». . . der Weg zum Heil liege in der Kopulation mit Menschen, Engeln und den Geistern der Toten«. Gemeinsam mit einer Nonne, die seine Geliebte wird, leitet er eine Satanistengruppe, die sich auf das Exorzisieren von Dämonen von angeblich besessenen Nonnen durch die Austeilung geweihter Hostien mit Exkrementen vermischt, spezialisiert. Er feiert Schwarze Messen, in denen angeblich Kleinkinder gekreuzigt werden. Sein Treiben wird von einem rivalisierenden Magier, Marquis Stanislaus de Guati, enthüllt, der eine Schwarze Messe gegen ihn zelebriert haben soll[59].

In Deutschland geht es vergleichsweise harmlos zu. Es wimmelt von Reglementierungen, politischen und sozialen Problemen. Spiritismus und Mesmerismus blühen im Verborgenen. Über deutsche Satanisten des ausgehenden 18. und 19. Jh. ist bislang wenig bekannt.

Verschiedene europäische Hauptstädte entwickeln sich zu Zentren der Schwarzen Messen. Es wird eine stärkere Betonung der Kultbräuche, Initiationsriten und Fruchtbarkeitstänze erkennbar. Der Begriff »Schwarze Messe« taucht erstmals 1896 im englischen Sprachraum auf. Die russischen Sekten der »Verschnittenen« und »Peitscher« geben sich Orgien hin. Hier wird ein Paar zur »Erzeugung des Gotteskindes« ausersehen.

In gewisser Weise gehen die »modernen« Aktivitäten auf Aleister Crowley (1875 – 1947) zurück, der aus dem hermetischen Orden der »Golden Dawn« hervorgeht. Der bei ihm vorkommende Terminus »Hexe« beschreibt *nicht* mehr das eigentliche Phänomen der Hexerei.

Scotland Yard ermittelt, daß an verschiedenen Stellen Londons regelmäßig Teufelskulte mit feststehenden Riten betrieben werden . . . oft sind sie mit sexuellen Orgien verbunden. Gelegentlich sollen sich Geistliche daran beteiligen. Mehrere Kirchen werden von Teufelsanbetern ausgeraubt und durch das Abhalten von »Schwarzen Messen« entweiht. Harry Price von der Londoner Universität sagt: ». . . Schwarze Magie, Zauberei und Anrufungen des Teufels werden in unseren Tagen praktiziert . . . auf einer Stufe und mit einer Freiheit, wie sie im Mittelalter undenkbar gewesen wäre«[60].

Der amerikanische Schriftsteller W.B. Seabrook beobachtet Zeremonien Schwarzer Messen in New York, Paris und London. Er verweist auf die Schlüsselfiguren: entweihte Priester, eine geweihte Hostie, eine Prostituierte und eine Jungfrau. Die letztgenannte wird nackt auf dem Altar ausgestreckt und ein umgekehrtes Kruzifix wird über sie gehängt. Die Prostituierte dient als Ministrant. Ein Kelch wird zwischen die Brüste oder Schenkel der Jungfrau gestellt. Etwas Wein wird über sie verschüttet.

Seit den 60er Jahren unseres Jahrhunderts gewinnen die okkulten Vorstellungen weiteren Zulauf. In Westeuropa und vor allem in Amerika sind inzwischen Satanistengruppen fester Bestandteil der Gesellschaft. Anton La Veys Kirche Satans – 1966 in San Franzisko gegründet – ist die bekannteste von ihnen. Diese Vereinigung kennt verschiedene Ränge oder Dienstgrade, die in etwa den Rangstufen der Geistlichkeit entsprechen.

In Sydney veranstaltet die 37jährige Rosaleen Norton Schwarze Messen in ihrer Wohnung für aus Liebeskummer unglückliche Männer und Frauen. Hier zelebriert ein Teufelspriester und reicht als Meßwein schottischen Whisky. Ein gewisser Bob »Luzifer« Morcock macht in Hollywood ein großes Geschäft mit Totenköpfen, Teufelsdreck und Räucherstäbchen.

Im Januar 1963 wird in Rom die Uraufführung eines anti-christlichen Stückes untersagt. Das Abendmahl soll bei Spaghetti und Chianti gefeiert werden. Die Vertreter des Staates kontern mit dem Argument der Obszönität und derBeleidigung der Staatsreligion. Der Kuriosität wegen gehe ich auf einen »modernen« Fall ein, um zu zeigen, daß es nicht nur in der Kirche Scharlatane gibt.

Der böse Gott »Alumbaya«

1979 ist in Marseille der Parapsychologe und Wunderheiler »Meister Kilibaram« tätig. Er ist 41 Jahre alt. Seine Patienten müssen ein rotes Laken mitbringen und sich zur Behandlung nackt ausziehen. So wickelt er sie in das Laken und legt sie auf ein schwarzbezogenes Sofa. ». . . dann flöst er ihnen Tee ein . . . das Getränk macht sie willenlos . . . alles kam ihnen wie ein Traum vor«.

Wenn die Patienten halb bewußtlos in dem schwarz tapezierten Raum liegen, der nur mit drei Kerzen beleuchtet ist, reißt sich der Meister die Kleider vom Leib und flüstert: ». . . ich brauche 3 Schamhaare, um einen Zaubertrank zu mixen«. Diese wirft er in einen Tiegel, schlägt drei Hühnereier dazu und verrührt das Ganze mit Kräutern. Manchmal schlachtet er eine weiße Taube. Der Anblick und der Duft von Räucherkerzen und das exotische Parfüm nehmen viele Frauen gefangen . . . sie lassen sich widerstandslos mißbrauchen. Kilibaram behandelt mit dieser Methode Hexenschuß, Atemnot, Examensangst und Fettleibigkeit. Eine Sitzung kostet zwischen 100 und 400 DM. Eine junge Frau läßt sich »freiwillig« über drei Monate behandeln und bezahlt ein Honorar von 10 000 DM. Schließlich wird er von Betrogenen angezeigt. Er droht ihnen: ». . . der böse Gott Alumbaja wird dich strafen«. Auf sein Konto gehen mindestens 150 Vergewaltigungen!

In Turin geht der Teufel um

Am Mittwoch, den 26. Februar 1986 berichtet der Korrespondent Joachim Schilling aus Rom. Vor zwei Jahren habe der Kardinal Ballestrero, der Erzbischof von Turin, im Umfeld des Fronleichnamsfestes einen Alarmruf erhalten. Er klagte an, daß aus zahlreichen Klöstern geweihte Hostien gestohlen und bei schwarzen Messen geschändet worden seien, die von Satanssekten in seiner Diözese veranstaltet würden. Vor einigen Tagen teilte er der katholischen Presse mit, er habe sechs zusätzliche Exorzisten ernannt, weil die Pfarrer von Unglücklichen bestürmt würden, die sich vom Teufel besessen wähnen.

Dies erregt ein ungeheures Aufsehen in der italienischen Presse. In einer Doktorarbeit für die Universität Turin wies Gianluigi Corelli, dem das Archiv des Ordinariats geöffnet worden ist, nach, daß sich von 1981 bis 1983 nicht weniger als 1350 »Besessene« bei den kirchlichen Stellen des Bistums gemeldet hätten. Von diesen hätten sich fast alle als schwere Fälle von Hysterie und Psychosen erwiesen, mit Ausnahme von 16 Leuten, für die keine andere Erklärung bliebe, als daß der böse Geist in sie gefahren sei. Aber nur acht davon konnten befreit werden.

Kenner schätzen, daß von Turins 1,1 Millionen Einwohnern 40 000 Satanssekten angehören. In ganz Norditalien gibt es mindestens 50 000 Okkultisten, die von weißer und schwarzer Magie leben. Die Stadtverwaltung von Turin mußte einen alten Friedhof zumau-

ern, weil nachts Teufelsanbeter Totenschädel aus den Gräbern raubten, um sie für ihren Kult zu mißbrauchen. Lokalzeitungen berichten über den mysteriösen Tod eines Mädchens, das ebenso wie einige obdachlose Bettler als Menschenopfer abgeschlachtet worden sein könnte.

Turin hat als Zentrum esoterischer Kulte einen Ruf, der sich bis zum römischen Altertum verfolgen läßt. Einer alten Tradition zufolge soll dort der »Antichrist« geboren worden sein. In italienischen Städten haben sich Gebetsgruppen gebildet, um angeblich vom Teufel Besessenen zu helfen. In Turin werden Exorzisten von Psychiatern und Psychologen assistiert.

Turin soll zusammen mit Lyon und Prag ein »magisches« Dreieck bilden, in dem die »weiße Magie« zu Hause ist, und mit London und San Franzisko ein anderes Dreieck der »schwarzen Magie« bilden, um anderen Menschen mit »bösem Zauber« zu schaden. In Turin werben Magier in der Straßenreklame, zwei lokale Fernsehsender bringen jeden Abend Okkultismus ins Haus.

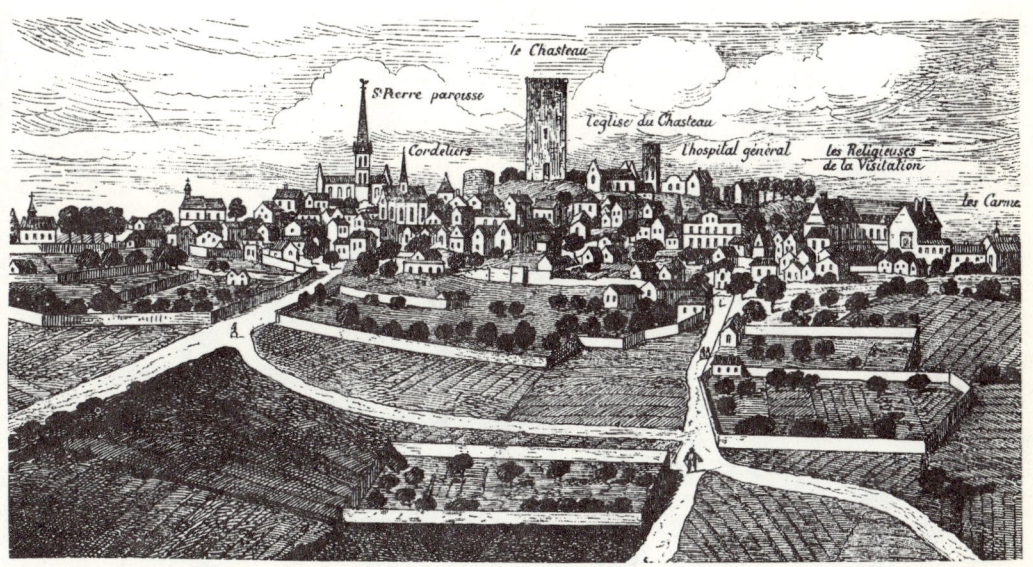

Das Kloster Saint-Louis in Lorviers im 17. Jh. Hier spielt sich der Verleumdungsprozeß gegen die Nonne Bavent ab.

Hexenwahn im 20. Jahrhundert

Rituelle Abarten

Man glaubt nicht, daß wir uns weit von den traditionellen Vorstellungen entfernt haben. Nachdem das Verfolgen sog. Hexen (Hexer) im 18. und 19. Jh. immer deutlicher zur sporadischen Erscheinung wird und demzufolge immer weniger Ausfälle publik werden (s. beigefügte Tabellen), verlagert sich das Phänomen zunächst ins Rätselhafte, Kindliche und Naive; in die bunte Welt der Märchen und dadurch verstärkt in die Herzen der Kinder. Es konnte nicht ausbleiben, daß die Autoren der Märchenbücher gerade auf diese Symbolik zurückgreifen, um das Böse zu symbolisieren. Unter romantischem Einfluß prägt sich die Vorstellung von der Hexe als einer häßlich-alten Frau, die mißgestaltete Zähne, einen Krückstock und eine Katze bei sich hat. Sie gilt als das personifizierte Böse, wozu vordem (parallel) ein noch schlimmerer Teufel hergehalten hat. Wir haben eine Periode der Verharmlosung vor uns, die bis heute enhält. Mangels besserem Wissen lächelt man über die ach so dummen und bösen Weiber, ohne auch nur eine Sekunde daran zu denken, wie grausam sie im Lauf unserer Geschichte verfolgt worden sind. Deutlich wird es an Bildern, die Kinder zu diesem Thema malen.

Mit dem Ende des 19. Jh. zeichnet sich – vor allem unter angelsächsischem Einfluß – eine wiederum neue Strömung ab. Jetzt unterbleibt das abartige Unterstellen einer teuflischen Buhlschaft, und man wendet sich – zunehmend in privaten Zirkeln orientiert – erotischen Eskapaden zu, von denen man meint, sie haben etwas mit dem »historischen« Hexenwesen gemeinsam. Es ist eine Wiederbelebung antiker und nicht mehr rekonstruierbarer Fruchtbarkeitskulte unter dem Banner der sexuellen Liberalisierung, die von der Kirche mit Argusaugen verfolgt wird. Gedanklich bleibt das Böse erhalten, das die Führer der christlichen Kirchen nach wie vor manifestieren, um das Christentum besser erscheinen zu lassen als es ist.

1960 hat der englische Hexenforscher Harry Price auf dem Brocken (Thüringen) den »wissenschaftlichen«(!) Versuch unternommen, mit Hilfe einer »reinen« Jungfrau und abergläubischen Sprüchen, per Hexerei eine Ziege zu verwandeln, was freilich gescheitert ist. Es deutet auf die Irrwege, die man nun beschreitet.

In der jüngsten Zeit verschiebt sich das Hexenbild erneut im Zusammenhang mit der parapsychologischen Forschung und der sich immer weiter ausbreitenden religiösen Verunsicherung breiter Massen. Vereinzelt führt der »moderne« Hexenglaube zu strafbaren Handlungen[4]. Immer wieder kommt es vor, daß Einzelne von Traumbildern berichten, die Hexen, Dämonen, himmlische Mächte und Teufel zum Inhalt haben[2]. All dies ist bar jeder Vernunft!

In England soll es Hunderttausende geben, die fest in Hexenzirkeln eingeschrieben sind; sie schießen wie Pilze aus dem Boden und verdeutlichen die Sehnsucht des Individuums nach Entfaltung, deren sittlich-moralischer Hintergrund sekundär erscheint; sie nehmen Tendenzen eines Sekten(un)wesens an. Auch in Rom gibt es organisierte Hexensekten[3], während man in Mailand immer mehr Exorzisten benötigt, um die »satanische« Angst des kleinen Mannes in den Griff zu bekommen. Im deutschsprachigen Raum zeigt sich eine vergleichbare Tendenz.

1956 stellte das Allensbacher Institut einem ausgewählten – wohl repräsentativen – Personenkreis die Frage: ». . . In früheren Zeiten hat man an Hexen geglaubt. Denken Sie, daß vielleicht doch etwas dran ist . . . (und) daß es vielleicht Hexen gibt?« Das Ergebnis ist frappierend, denn es kommt zutage, daß im Atomzeitalter – hochgerechnet – immerhin 4 Millionen Bundesbürger an die Existenz von Hexen glauben. Die Untersuchung wird 17 Jahre später wiederholt, hier stellt sich die Zahl der Hexengläubigen als nahezu verdoppelt dar, wobei eine erhebliche Dunkelziffer zu berücksichtigen ist[4].

Es wird dokumentiert, wie hoch das Informationsdefizit zu diesem Thema ist. Mein Buch soll zur Schließung dieser Lücke beitragen. Das Kanzler-Sommerfest vom Freitag, den 27. Juni 1980 stand unter dem Motto der »Walpurgisnacht«, wobei »Hexenpilzsuppe« aufgetischt worden ist. Hat sich hier der Staat etwas angeeignet, was er eigentlich bekämpfen müßte? Hat man sich auf die Machtsymbolik angeblicher Hexen eingelassen[5]. Durch Fernsehübertragungen und Presseberichte gehen

Beispiele des Hexenwahns im 19. und 20. Jahrhundert

Wann	Begebenheit
1850	Hartpole Lecky erwähnt einen Prozeß vor dem Ziviltribunal von Tarbes gegen das Ehepaar Soubervie. Sie sind der Meinung, daß eine Frau Bedouret eine Hexe sei. Sie schleppen sie in ein Zimmer, halten sie über brennendes Stroh und legen ein rotglühendes Eisen auf ihren Mund. Sie stirbt unter qualvollen Schmerzen. Im Prozeß macht das Ehepaar geltend, daß sie aus Aberglauben diese Tat begangen haben und » . . . außerdem dem Rat geistlicher Würdenträger gefolgt seien«. Sie werden zu vier Monaten Gefängnis verurteilt.
1860	In Camaro (Mexiko) wird eine Frau als Hexe verbrannt.
1874	(7. Mai). In San Juan de Jabobo (Sinalcoa) werden ein Diego Luge und ein Geronimo Porres lebend als Zauberer verbrannt[6].
1874	(7. August). Das Bezirksgericht von Zweibrücken führt einen Prozeß gegen die Frau des Frenzel von Trulben. Sie habe einer Margaretha Klein nachgesagt, daß sie eine Hexe sei und ihr Kind verhext[7].
1875	(23. März). In Aachen gibt die angebliche Verhexung einer Kuh Anlaß zu einer Klage. Sie wird mit undurchsichtigen Prozeduren (wieder) geheilt[8].
1875	In einem oberelsässischen Dorf wird für eine neuntägige Andacht ein Hexenmeister verpflichtet. Man will die Frau des Bürgermeisters enthexen[9].
1895	Der Faßbinder Michael Cleary gelangt zu der Überzeugung, daß die Erkrankung seiner Frau ein Werk böser Geister (= Hexen) sei. Verwandte empfehlen ihm, einen »Geisterdoktor« zu konsultieren. Er bereitet aus Kräutern einen Trank, mit dem er den Zauber bannen will. Mit beschwörenden Zeremonien redet er auf sie ein: » . . . bist du Bridget Boland, die Frau des Michael Cleary (usw.). Dann trägt man sie zum Herd und bringt ihr Brandwunden bei. Man legt sie auf den Küchenboden, kniet auf ihre Brust und drückt ihr die Kehle zu. Schließlich fängt ihr Hemd Feuer. Cleary nimmt einen Krug mit Petroleum, gießt es auf den nackten Körper seiner Frau und legt sie dann über einen Rost auf das flackernde Herdfeuer. Die Leiche wird in einen Sack gesteckt, in den Stall gebracht und dann in der Nähe des Hauses verscharrt. Die Tat wird ruchbar. Die Geschworenen von Clonmel verurteilen den Mann am 4. und 5. Juli 1895 zu 20 Jahren Zuchthaus[10].
1927	Eine Hexengläubige in Franken lauert einer alten Frau nach dem Kirchgang auf und bringt ihr erhebliche Stichverletzungen bei. Die Messerheldin ist der Meinung: » . . . die 73-jährige sei eine Hexe und müsse deshalb unschädlich gemacht werden«.
1929	Ein Ehepaar aus Norddeutschland vertraut sich einem Pfuscher an. Um die für verhext gehaltenen Kinder am Einschlafen zu hindern, werden sie durch stundenlanges Schreien, Toben und zuletzt mit Schlägen wachgehalten. Sie sterben unter dieser Prozedur. Schließlich versucht man, mit einem »Hexenbann« die wirklich Schuldigen ausfindig zu machen.
1930	Dorfbewohner zünden ein nachbarliches Anwesen an, weil sie deren Hofbäuerin für eine Hexe halten, die die Schuld am Unglück der eigenen Familie haben soll.

Beispiele des Hexenwahns im 20. Jahrhundert

Wann	Begebenheit
1944	In London wird ein Hexenprozeß gegen eine Helen Duncan geführt. Man beruft sich auf ein Hexengesetz aus dem 18. Jh. Sie wird in ein Gefängnis eingeliefert und stirbt anläßlich einer weiteren Verhaftung an einem Schock.
1950	Eine 39-jährige Ehefrau unternimmt einen Selbstmordversuch in dem Wahn, eine Hexe zu sein. Sie wirft sich vor einen Zug und erleidet schwere Verletzungen.
1951	Ein 19-jähriger Hilfsarbeiter erschlägt seinen betagten Großvater, weil er durch seine Mutter in der Meinung bestärkt wird, der alte Mann wäre ein Hexer bzw. daß er ihm ein Magenleiden angehext habe. Der Täter erhängt sich daraufhin im Keller einer Scheune.
1952	Eine Frau – südlich von Augsburg – behauptet, daß sie ihr Mann behext habe, nachdem sie von ihm geschieden worden ist.
1954	Eine 34-jährige Verwaltungsangestellte beschwört, daß sie an die Möglichkeit glaube, aus einem Handtuchzipfel Milch melken zu können. Sie sagt: . . . man müsse dies nur beherrschen«.
1969	In Ungarn versuchen sechs Zigeuner, eine alte Frau als Hexe zu verbrennen.
1970	(um). In Mexiko wird ein »Hexenring« aufgedeckt, der zwölf Personen mit rituellen Zeremonien umgebracht haben soll.
1973	In Indien gibt es die Sekte »Seelendiebe«. Von ihnen wird behauptet, daß sie gelegentlich Kinder aus Dörfern entführen und sie daraufhin zu magischen Kulten verwenden. Man sagt ihnen nach, »wenigstens« 30 Personen erschlagen zu haben.
1976	In Klingenberg/Main werden der 23-jährige Pädagogikstudentin Anneliese Michel auf bischöfliche Anweisung hin von zwei Geistlichen Teufel ausgetrieben. Sie stirbt unter Gebeten.
1979	In Nairobi (Kenia) werden zwei Stammeszauberinnen beschuldigt, einen Mann durch Hexenwerk impotent gemacht zu haben.
1979	Der 28 Jahre alte Benedict Polimon (Port Louis) auf der Insel Mauritius befolgt den Rat eines Wunderheilers, um seine Blutarmut zu kurieren. Man rät ihm, das Blut eines 13-jährigen Jungen zu trinken, den man unmittelbar davor umgebracht hat.
1979	Ein Student der Theologie (Würzburg) sticht in einem religiösen Wahnanfall einem Pförtner ein Auge aus und kastriert ihn daraufhin.
1981	Eine junge Mutter aus Kiel erwürgt ihre sechsjährige Tochter, um ihr die Teufel auszutreiben.
1983	(März). In Basel lebt der Hexenmeister Johann Rühlin, alias »Sartorius«. Er hält sich für den Stellvertreter Satans, mit dem er bereits 1980 gekämpft haben will.

solche Illusionen in die breite Masse und schüren das unüberlegt geschürte Feuer. Folgerichtig hält sich im März 1983 in Basel der angebliche Hexenmeister Sartorius auf, der sich als Stellvertreter Satans sieht.

Leland, Alice Murray, Gerald Gardner, Peter Haining

Im frühen 20. Jh. setzt in gewisser Weise eine literarische Neubetrachtung ein, die durch die vorerwähnten Autoren bestimmt ist. Der Anthropologe Leland veröffentlicht 1899 als Reprint das Werk »Aradia, or the Gospels of the Witches«, in dem vor allem die mystischen Kräfte der Frauen ausgedeutet (besser: ausgebeutet) werden. Er vertritt die Auffassung, daß das verschollene Original italienischen Hexen als Bibel gedient hat und authentisch sei. Leland erkennt im Hexenwesen eine ursächlich eigenständige Religion, an die Millionen geglaubt haben (sollen). Von ernsthaften Forschern wird diese These zögernd aufgenommen und durch mein Buch wird sie widerlegt; es ist offensichtlich, daß sich unser Gewährsmann an druidischen Kulten orientiert. Außerdem läßt sich mühelos belegen, daß der Glaube an die Hexerei in der gesamten faßbaren Kulturgeschichte – wenn auch in unterschiedlichen Ausformungen – stets nur eine Randerscheinung gewesen ist. Die Steigerung ins Dramatische, getragen und verbunden mit Tausenden von Hinrichtungen Unschuldiger bleibt dem Christentum vorbehalten.

Und doch bekommt der Leland'sche Standpunkt durch Alice Murray Unterstützung, die gleichfalls einige Bücher zur Hexerei verfaßt[11]. Auch sie sieht als Kern eine vorchristliche Religion und Hexenzirkel, die sich im Geheimen treffen und Götter verehrten. Durch eine Verquickung mit (späteren) abergläubischen Vorstellungen habe man die Öffentlichkeit wachgerüttelt und daraufhin habe eine breit angelegte Verfolgung der Hexen eingesetzt. Sie geht gleichfalls an der Sache vorbei, denn sie steht auf den Schultern des Deutschen Jacob Grimm, der diese Suppe schon vor 150 Jahren aufgewärmt hat.

Dann unternimmt der Amateurarchäologe Gardner[12] einen weiteren schriftstellerischen Versuch zur Wiederbelebung des (antiken) Hexenwesens. Als Mitglied eines Hexenzirkels lernte er bekannte Okkultisten kennen.

Unter ihnen befindet sich Aleister Crowley, der sich als »große Bestie« bezeichnet. Er beeinflußt Gardner durch seine Vorliebe für kompliziert-erotische Riten. Zudem trifft er auf Rolla Ahmed, einen Kenner des Vodoo-Kultes und der Schwarzen Messen. Gardner beschreibt in zwei Hexenbüchern [13] die Riten solcher Kulte. Er schmückt das Denkbare mit eigenen Vorstellungen aus, richtet ein Hexenmuseum ein und verstirbt 1964. Er hinterläßt Schüler(innen) und Anhänger, die ihm nacheifern und nicht über die Realitäten nachdenken. Gardner nimmt für die gedankliche Entwicklung des Hexenwesens im 20. Jh. eine dominierende Rolle ein, was jedoch den Nachteil hat, daß seine Aktivitäten von der wirklichen Erforschung des Hexenwesens ablenken. Er hat einige Brocken des »historisch faßbaren« Hexenwahns aufgegriffen, daraus (auch) falsche Schlüsse gezogen und dadurch zum Bannerträger einer »neuen« Hexenideologie geworden, die mit dem wirklichen Hexenwesen nichts (mehr) gemeinsam hat. Bei einer kritischen Würdigung seiner Arbeit kommt man zu dem Schluß, daß er in Phantasmen schwelgt; er hat es sich zu einfach gemacht!

Jetzt springt der Funke auf Amerika über. Es ist im wesentlichen auf die Gardnerschüler Raymond Buckland und seine Frau Rosemary zurückzuführen. Unter Gardners Schirmherrschaft gründen sie ein Hexenmuseum auf Long Island. Zudem ist Mrs. Sybill aktiv, die Bücher über diverse okkulte Gebiete veröffentlicht, deren wissenschaftlicher Gehalt umstritten ist.

Zu ihr gesellt sich Louise Huebner aus Los Angeles, die von sich behauptet, eine Hexe der sechsten Generation zu sein. Immer deutlicher weicht man vom historischen Kern der Hexerei ab und immer deutlicher schält sich die Verquickung zwischen sexuellen und religiösen Eskapaden heraus. In rascher Folge entstehen kultische Mischformen, die sich zunächst in Amerika und dann über weite Teile Europas verbreiten. Eine Sekte nennt sich »Alexandrins«; sie wird von Alexander Saunders geleitet, der sich »König der Hexer« nennt.

Dann mischt sich Peter Haining unter die Literaten[14]. Er stellt die Thesen auf:

● Der Hexenkult stehe heute im Rufe, eine religiöse Randerscheinung zu sein, die von der Menschheit nicht ernst genommen wird. ». . . dennoch gäbe es in Deutschland mehr Hexen als in jedem anderen Land«.

- Sizilien wäre das »zweite« Hexenland, weil dort der böse Blick am meisten gefürchtet ist.

- Man habe sich für einen Gehörnten entschieden, den man später zum Jagdgott auserkoren hat (Zur Absicherung dieser These zitiert er Höhlenzeichnungen).

- Die Nacktheit der Fruchtbarkeitsgöttin wäre die Ursache für die Verquickung ihrer Verehrung mit der Unzucht . . . heute wird der Geschlechtsverkehr, wenn auch nicht immer direkt ausgeführt, so doch angedeutet. Die Versammlungen haben privaten Charakter und finden 13 x im Jahr[15] in den Wohnungen oder im Freien statt. Wegen einiger Riten ist die Abgeschiedenheit zweckmäßig, weil sich die Hexen entkleiden.

- Beim rituellen Tanz versuchen sie, einen Kraftkegel zu bilden und anschließend (so Peter Haining) essen sie zur Beruhigung Kekse, bzw. trinken Wein.

Eine Flut unüberlegter Äußerungen und Halbwahrheiten, vermischt mit Erotik, Stimmungsmache und Sinneskitzel prasselt durch ihn auf die Köpfe der Leichtgläubigen. Sie saugen den Unsinn auf, halten ihn für wahr und bereichern ihn mit eigenen Phantasmen. Auch beim Thema »Hexen« ist dies so; viele wollen mitreden, doch nicht mitdenken. Peter Haining hat sich disqualifiziert, denn er schreibt eines der schlechtesten Bücher zu diesem komplizierten Thema; er trägt nichts zur Klärung bei!

Situation in Deutschland
Johann Kruse[16]

Während die vorgenannten Autoren auf verschlungenen Pfaden den Hexenwahn zu aktivieren suchen, geht Johann Kruse einen anderen – eindeutigen – Weg. Er sagt: ». . . seit 200 Jahren werden keine Frauen mehr als Hexen gefoltert und auf dem Scheiterhaufen verbrannt. Aber der Hexenwahn grassiert seitdem ungehindert weiter und fordert seine Opfer. Noch heute, um die Mitte des 20. Jh. hat jede Stadt in der Bundesrepublik mehrere ›Hexen‹ und fast jedes Dorf seine Teufelsdienerin«.

Kruses Parteinahme gilt den als Hexen Verrufenen. Sein Ziel ist es, den Hexenwahn auszurotten, was eine Illusion bleiben wird. In jedwedem Massenwahn verhallt die Stimme des Einsichtigen. Während seiner Zeit als Volksschullehrer in Burg (im Dithmarschen) verfaßt er das Buch »Hexenwahn in der Gegenwart«, was ihn in Konflikte bringt. 1950, nach seiner Pensionierung, gründet er ein Archiv zur Erforschung des neuzeitlichen Hexenwahns[17] und ein Jahr später erscheint sein Buch »Hexen unter uns«, dessen Auflage eingestampft wird.

Seine Wohnung wird zeitweise zu einer Beratungsstelle für Menschen, die mit ihrem (eigenen) Hexenglauben oder mit nachbarschaftlichen Anfeindungen (d.i. mit der abergläubischen Umwelt) nicht mehr fertig werden: er hat häufig Berührung mit Hexengläubigen.

Kruse liegt in einer Auseinandersetzung mit dem Volkskundler Will-Erich Peuckert[18]. Nach dessen Version ist der Hexenglaube der Rest eines »weiberzeitlichen« Weltbildes, das im Volksmärchen als Hexenglaube weiterlebt. Kruse wollte die in diesem Zusammenhang genannten »Mosesbücher« 1956/57 als den Hexenwahn förderndes Schrifttum verbieten lassen, wogegen Peuckert dies aus der Tradition heraus verteidigt. Aus dieser Auseinandersetzung entsteht der sog. »Mosesbuch-Prozeß«.

Eine Frau aus Niedersachsen schreibt an Kruse: ». . . vor acht Jahren bat mich eine junge Nachbarin, ihr vier Wochen altes Kind tagsüber zu mir zu nehmen, damit sie bei einem Bauern arbeiten kann. Nach einigen Monaten bekam das Kind Schorf. Nach dem Besuch des Arztes bat mich die Mutter, herüberzukommen. Sie erzählte, daß der Arzt das Leiden auf die Nahrung des Kindes zurückführe. Während wir uns unterhielten, kam eine Nachbarin, hörte eine Weile zu und sagte dann: › . . . Nein, am Essen liegt es nicht. Da liegt was ganz anderes vor‹.

Einige Zeit später hörte ich von meiner Nichte: › . . . die Nachbarin sagt, Du wärest eine Hexe und hättest das Kind behext‹. Im Dorf verbreitete sich dieses Gerücht immer stärker, und als ich infolge der Verleumdungen ein Nervenleiden bekam, sagte die Nachbarin: › . . . das mußte ja kommen, soviel, wie ich auf dem Gewissen habe‹. Ich glaubte aber, daß unser Dorfpolizist helfen würde. Ich ging zu ihm, erzählte ihm alles und bat um seine Hilfe.

Bestrebungen von Kruse

● Keine Frau und Mutter soll mehr als Hexe verfolgt, mißhandelt oder getötet, in den Wahnsinn oder zum Selbstmord getrieben werden.

● Kein Tier soll mehr von Abergläubischen und Hexenbannern zur Abwehr und Aufhebung einer Behexung oder bei einer versuchten magischen Tötung einer Hexe grausam ums Leben gebracht werden.

● Der Hexenwahn soll nicht mehr Haß und Feindschaft in der Bevölkerung säen.

● Hexenbanner sollen nicht mehr die Not und Unwissenheit der Abergläubischen ausnutzen und berufsmäßig schutz- und wehrlose Frauen als Hexen verdächtigen und (sie) der erbarmungslosen Volksjustiz ausliefern.

● Die magischen Krankheitsbehandlungen mit ekelhaften und unsittlichen Mitteln, Grab- und Leichenschändungen, scheußlichen Tierquälereien usw. sollen unterbunden werden.

● Dem Hexenbanner erlegene Menschen sollen nicht länger Zuchthäuser und Gefängnisse, Irrenhäuser und Krankenhäuser belasten.

● Die durch den Hexenwahn entstehenden Millionenverluste auf volkswirtschaftlichem Gebiet sollten vermieden werden.

Um das Volk von der geistigen Seuche des Hexenwahns zu befreien, sollte es die Aufgabe des Staates sein:

● Die verbrecherische Tätigkeit der Hexenbanner und magischen Heiler zu unterbinden.

● Den Vertrieb der Zauberbücher, wie das 6. und 7. Buch Moses, mit Anweisungen zur Unschädlichkeit und Tötung einer Hexe zu untersagen.

● Die Verbreitung der gräßlichen Hexengeschichten durch die Volkskunde und Schule nicht länger zu dulden.

● Den Verkauf von Enthexungsmitteln, wie Teufelsdreck, Hexenpulver usw. aus Apotheken und Geschäften zu verbannen.

● Gesetzlich einen § zu formulieren, der Frauen und Mütter davor schützt, als Hexen verdächtigt zu werden.

Er hatte nicht viel Vertrauen zu meinen Worten und sagte sogar: › . . . gehen Sie doch zu Ihrer Nachbarin und sagen, Ja, ich bin eine Hexe, ich werde auch Eure Schweine verhexen‹. Ich sagte sehr traurig: › . . . Nein, das sage ich nicht. Dann schreibe ich lieber an die Staatsanwaltschaft in Lüneburg, denn wenn ein Mord geschehen ist, bemüht sich die Staatsanwaltschaft sofort. Und dies ist Seelenmord, das ist das Schlimmste, was es gibt«[19].

Ein 72-jähriger pensionierter Beamter schreibt über seine Haushälterin: » . . . ich bin fest davon überzeugt, daß sie eine Hexe ist, die sich abends im Keller mit den bösen Geistern unterhält. Vor zehn Jahren, als sie zu mir ins Haus kam, war ich ein großer, kräftiger und gesunder Mann, zwei Zentner schwer. Heute bin ich nur noch ein Skelett, 130 Pfund schwer. Täglich werde ich schwächer und elender. Und alle Bekannten können sich diesen Zustand nicht erklären; auch die Ärzte schütteln die Köpfe. Ich frage Sie: › . . . können solche Weiber auf meinen Körperzustand einwirken?‹ Ganz besonders muß ich auf den bösen Blick der Frau verweisen. Sie soll ihren ersten Mann und auch eine entfernte Verwandte totgehext haben. Ich bin beim Staatsanwalt gewesen. Er hat mich auf den Privatklageweg verwiesen. Aber was versteht so ein Beamter (denn) davon?«

Nicht nur Kruse beschäftigt sich mit dieser Problematik. Auch in unseren Zeitungen stoßen wir immer wieder auf das Thema »Hexen«. Dazu zwei Beispiele:

Im Juni 1962 verurteilt das Bamberger Schöffengericht einen 26-jährigen Mann aus Mailach im oberfränkischen Landkreis zu drei Jahren Zuchthaus wegen schwerer Brandstiftung und versuchten Totschlags. Den mörderischen Plan faßte er am Pfingstmontag 1960. Er habe vom Bürgermeister erfahren, daß es noch heute Hexen gibt. Der Landgerichtsdirektor stellte in der Urteilsbegründung fest: » . . . er habe das Haus seiner als Hexe verschrieenen Nachbarin Elisabeth Hahn mit der Absicht angezündet, daß sie verbrennen soll«. Beim Verlassen des Gerichts soll der Verurteilte betont haben: » . . . daß er nunmehr von allem Hexenwahn geheilt sei«[20].

Am 15. Februar 1985 soll ein Pater der barmherzigen Brüder einem Bauer ein Amulett gegeben haben, damit dessen Schweine wieder genesen. Der Bauer ist der Ansicht: » . . . He-

xen gibt's noch heute . . . ich weiß es aus eigener Erfahrung. Früher ist es halt besser ans Tageslicht (ge)kommen«. Er vermeint Hexerei zu erkennen, wenn die Kühe keine Milch mehr geben, wenn sein Bruder Läuse hatte, das Kind des Nachbarn krank war, bei eigenartigen Lichtern in den Baumwipfeln. Auch wurde ihm in seiner Kindheit berichtet, wie ein Dorfbewohner versuchte, die Hexen während der Christmette zu erkennen. Er hatte sich dazu einen Schemel aus neunerlei Holz vor die Kirchentür gestellt und sich darauf gekniet. Die »Hexen« jedoch ließen den Versuch nicht ungestraft und verprügelten ihn.

Zusammenfassung/Phämomen Aberglaube

Das Wesen des Aberglaubens in seinen Verästelungen ist kaum faßbar. Es ergreift alle Kulturstufen, Bildungsgrade und Altersgruppen; Individuen und Organisationen von beachtlichem Ausmaß sind ihm verpflichtet. Zu ihnen gehören die religiösen Vereinigungen.

Abergläubische sind unselbständige Denker. Sie sind unfähig, ihre intelektuellen Fähigkeiten auszuschöpfen, hegen unbegründete Hoffnungen und suchen die Ursachen persönlicher Mißerfolge bei anderen, neigen zu Spekulationen und treiben sich Schreckbilder vor Augen, die in Wirklichkeit nicht existent sind. Sie stehen in der Regel unter dem Einfluß ihnen aufoktroierter Denkweisen und geben für solche Illusionen Milliarden aus; ganze Industriezweige leben vom Aberglauben. Die wirkliche Gefahr des Abergläubischen besteht langfristig in der Aufgabe seiner Persönlichkeit. Aus dieser trüben Quelle entstehen nahezu alle Kriege und insbesondere die Religionskriege. Und doch ist der Aberglaube notwendig, um die Massen zusammenzuhalten, die als Spielball großangelegter Intrigen dienen.

Früh – längst vor dem Einsetzen des Christentums – erkennen weltliche *und* geistliche Führer diese Chance. Sie steuern die in der Masse liegende Fähigkeiten mit probaten Mechanismen. Schon immer haben sie – aus für sie nützlichen Erwägungen – Wahnvorstellungen wachgehalten und diese *in ihrem* Sinn interpretiert. Der kleinste Teil der Abergläubischen sind Betrüger und der größte Teil Betrogene[21]. So sind aus der Philosophie des Aberglaubens Kriege *und* religiöse Gemeinschaften erklärbar[22]. Moralisch stehen sie auf der gleichen Stufe und sind gleichwertig schlecht, denn sie überlassen es dem Individuum nicht, was es zu glauben bereit ist; er *muß* auch das Abergläubische glauben. An die Stelle gebotener Toleranz treten Zwänge und Gewalt; keine Weltreligion kann ohne diese Mittel auskommen. Derartige Knebelungsversuche haben zu immer neuen Auseinandersetzungen und Konflikten geführt; es ist das immense Feld des Traditionsballastes, das vor allem kirchliche Institutionen in Schwierigkeiten bringt.

Von allein versteht sich, daß in den Jahrhunderten der Geschichte, die vor allem die Kirche isoliert schreibt und betrachtet, viele abergläubische Märchen in die Welt gesetzt worden sind. Von allein versteht sich aber (auch), daß ein mittelalterlicher Mensch diesen Dingen anders begegnet, als einer aus der Epoche der Aufklärung oder gar des »Atomzeitalters«. Das erst 1870 erwirkte Dogma der päpstlichen Unfehlbarkeit möge als Beispiel neben dem des Hexenwahns genügen; es ließe sich heute nicht mehr durchsetzen, denn es gibt keine Unfehlbarkeit und es gibt keine Hexen!

Es ist abwegig, wenn Theologen erklären: » . . . der Mensch ist nun einmal für den Glauben geschaffen (Anm. und damit freilich nur den katholischen meinen). Unternimmt er es, ihn leichtfertig über Bord zu werfen, so verliert er den Kompaß in seinem Leben und klammert sich an Wahn- und Truggebilde[23]. Bei Licht betrachtet, trifft es vor allem auf den römisch-katholischen Glauben mit seinen Ablegern zu. Die Theologen sitzen einem Irrtum auf. Sie und die ihnen verpflichteten Gläubigen orientieren sich an einem Weltbild, von dem sie *meinen*, daß es wahr wäre. Sie können sich nicht vorstellen, daß es die Menschen

selbst gewesen sind, die solche Trugbilder in die Welt gesetzt haben, bevor sie sich – oft unter dem Einfluß von Scharlatanen, vor ihnen gebeugt haben.

Das Wirken übersinnlicher Kräfte – was man zu allen Zeiten unserer kulturellen Entwicklung Einzelnen zugeschrieben hat – wurde stets in der Geschichte demontiert und kritisiert. Dr. Weyer (= Wier) sagt bereits 1586: » . . . wer meint, eine Hexe zu sein, dem wäre der Dachstuhl verrückt«.

Doch lachen wir nicht über unsere Vorfahren. » . . . kein Jahrhundert bleibt unberührt vom vorigen, es erbt seinen Sinn *und* Unsinn«[24]. »Menschtum ist Irrtum, und auch der Beste ist nur ein Kind der Zeit«[25]. »Der so lang anhaltende Standpunkt, der zu den Hexenprozessen führte, war wohl eine uns unverständliche, aber unvermeidbare Stufe innerhalb der Entwicklung unserer Volksethik. Der Hexenglaube besteht seit ehedem . . . lediglich die Phase der Hexenprozesse scheint momentan abgeschlossen zu sein. Bald langsam, bald schnell geht die Entwicklung der Menschheit in Wissenschaft und Ethik vor sich. Wir dürfen stolz darauf sein. Aber stets werden die Vertreter einer höheren Stufe kritisch auf uns blicken . . . auch über uns werden unsere Enkel zu Gericht sitzen«.

Der Glaube an die reale Existenz von Hexen und Hexern ist ein Mosaiksteinchen des gängigen Aberglaubens und an und für sich harmlos. Erst das Christentum bringt mit der zusätzlichen Vorstellung einer »teuflischen« Existenz die unheilvolle Komponente ein; erst dadurch wird aus einem Volksaberglauben eine teuflisch-verdammenswerte Buhlschaft. Erst unter dieser fehlgeleiteten und gezielt gesteuerten Teufelsideologie wird der Hexenwahn Tausenden zum Verhängnis.

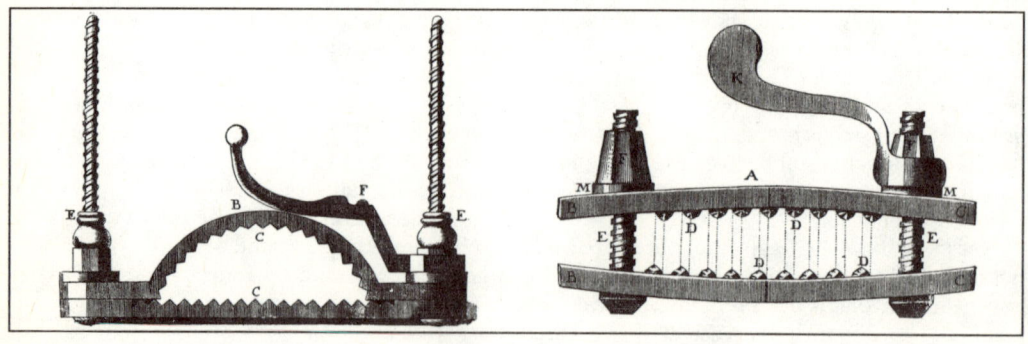

Literaturverzeichnis*

Abano, P.: Heinrich Cornelius Agrippa's von Nettesheim Magische Werke: samt den geheimnisvollen Schriften des Petrus von A(l)bano, Pictorius von Villingen, Gerhard von Cremona, Abt Tritheim von Sponheim, dem Buches Arbatel, der sog. »Heil-Geist-Kunst« und verschiedenen anderen zum ersten Male vollständig ins Deutsche übersetzt; vollständig in fünf Theilen, mit einer Menge Abb. 4. Auflage. Berlin. 1921.

Abrahams v. Worms: Buch der wahren Praktik in der uralten göttlichen Magie. 2. Anhang: Die Beschwörungen der Kapuziner. Köln am Rhein. 1725.

Acxtelmeier, S. R.: Misantropus Audax; das ist: Der alles anbellende Menschen-Hund. Wider die Fehler, Irrthumer, Missbräuche, und aberglaubische, Gotts-lästerliche, teuffelische Zauber-Wercke, und andere Laster, welche leider heutigen Tages häufig im Schwung gehen, durch untadelhaftigen Tadel denen Irrgehenden zu Gemüth gelegt, und im Reisen zusammen getragen. Augspurg. 1710.

Adam, H. A.: Über Geisteskrankheit in alter und neuer Zeit. Ein Stück Kulturgeschichte in Wort und Bild. Regensburg. 1928.

Adelung, J. Chr.: Geschichte der menschlichen Narrheit, oder, Lebensbeschreibungen berühmter Schwarzkünstler, Goldmacher,

---

* Das Literaturverzeichnis wurde unter Mithilfe folgender Bibliotheken zusammengestellt: Bibliothek des Deutschen Museums, Universitätsbibliothek, Bayer. Saatsbibliothek (alle München). Stadt- und Universitätsbibliothek, Deutsche Bibliothek (Frankfurt am Mai). Der »Catalogue of the witchcraft collection« der Cornell University Library, Millwood New York, 1977, wurde für die deutschen Titel ausgewertet.

Zu berücksichtigen ist die Hexenliteratur-Sammlung der Cornell Universität, Ithaca. New York. In: Hess. Blätter für Volkskunde. Hrsg. Walter Mitzke. XLI. Bd. Gießen. 1950.

Hinzu kamen Titel aus dem verdienstvollen Literaturverzeichnis von Berthold Sutter in seinem Buch »Der Hexenprozeß gegen Katharina Kepler«.

Ich danke Sigrid für ihre Hilfe.

Teufelsbanner- und Liniendeuter, Schwärmer, Wahrsager, und anderer philosophischer Unholden. Leipzig, 1975 – 89.

Agobard von Lyon: Liber contra insulam vulgi opinionem de gradine et tonitruis (840).

Agricola, Franz: Gründlicher Bericht, ob Zauberey die argste und greulichste Sünd auf Erden sei. Köln. Bei Henricus Falkenburg. 1597.

Agricola, Franz: Gründtlicher Bericht, ob Zauber- und Hexerei die argste und grewlichste sünd auff Erden sey. Zum andern, ob die Zauberer noch Büsz thün und selig werden mögen. Zum dritten, ob die hohe Obrigkeit, so lieb ihr Gott und ihre Seligkeit ist, die Zauberer und Hexen an Leib und Leben zu strafen schuldig ist. Mit Ableitung allerley Einreden. Dillingen. 1613.

Agrippa v. Nettesheim: De occulta Philosophia. Köln. 1510.

Agrippa v. Nettesheim: De incertitudine et venitate scientiarium. Köln. 1527.

Albers, J. H.: Die Lehre vom Teufel, allgemein fasslich dargestellt für liberale Protestanten aus dem Volk. Eine Preisschrift. Straßburg. 1878.

Alberti, V.: Academische Abhandlung von den Hexen und dem Bündnis, so sie mit dem Teufel haben . . . nebst Erörterung einiger andern curieusen Fragen, ob die bekannte Pucelle d'Orleans, ingleichen das rasende Weib, das den Attilam erschrecket, eine Hexe gewesen sei? Frankfurt und Leipzig. 1723.

Albrecht, M. Bernhard: Magie: das ist: Christlicher Bericht von der Zauberey und Hexerey insgemein, und dero zwölferlei Sorten und Arten (insonderheit): Was es für ein Greuel vor Gott sey: und wie schwerlich beyde, die Zauberer selber, und dann diejenige, so sich fersündigen, welche bei ihnen Rath und Hilfe suchen. Item: Daß eine christliche Obrigkeit recht daran thue, wann sie die Hexen und Zauberer am Leben strafet . . . aus heiliger göttlicher Schrift von andern bewährten Historien gestellet. Leipzig. 1628.

Alciatus, Andreas: Parergon iuris Lib-VIII. (1510, 1530 gedr.)

Aldenbergers: Fewer Spiegel. 1610.

Alemania. 2. Heft des 11. Bandes: Um 1883 oder 1884. Hier veröffentlicht Dr. Birlinger einige Auszüge aus Hexenprozessen von Königseggwald, die Dr. Buck, Oberamtsarzt in Ulm gemacht und mit Anmerkungen versehen hat.

Alexander, G. M.: Hexenbesen, Ihre Morphologie, Anatomie und Entstehung. Diss. Utrecht. Rotterdam. 1927.

Allesch, Johannes von: Die geistesgeschichtliche Lage Tirols im XV. Jahrhundert. Deutsche Vierteljahresschrift für Literaturwissenschaft und Geistesgeschichte 9.1931. S. 711 – 744.

Allgäuer, E.: Zeugnisse zum Hexenwahn des 17. Jh. Ein Beitrag zur Volkskunde. Salzburg. 1914.

Allinger, Elke: Darstellung des Hexenglaubens ab 1950 in Deutschland anhand von Materialien aus dem Kruse-Archiv in Hamburg. Magisterschrift, unpub. Typoscript. Fachbereich Philosophie und Sozialwissenschaften II. der Freien Universität Berlin. 1986.

Althaus: Hexenprozesse der Stadt Rinteln. In: Zeitschrift d. Vereins f. Hessische Geschichte. 1884.

Althaus, Paul: Die Theologie Martin Luthers (1. Aufl.). Gütersloh. 1962.

Altona: Die Stellung des Reichskammergerichts zu den Hexenprozessen. In: Zeitschrift für die gesamte Strafrechtswissenschaft. Bd. 12. S. 909. Berlin. 1892.

Ammann, Hartmann: Der Innsbrucker Hexenprozeß des Jahres 1485. Zeitschrift des Ferdinandeums in Innsbruck. 3. Folge. 36 S. S. 1 – 87. Innsbruck. 1890.

Ammann, Hartmann: Die Hexenprozesse im Fürstentum Brixen. Forschungen und Mitteilungen zur Geschichte Tirols und Vorarlbergs. 11. Innsbruck. 1914, S. 9 – 18, 75 – 86, 144 – 166, 227 – 248.

Andersen, Leif Esper: Hexenfieber. Dänemark zur Zeit der Hexenverbrennungen. In einer kleinen Stadt wird die Mutter eines Jungen Opfer der Verfolgung. 1977.

Andreae, Johannes: Additationes ad Durandi speculum (Venedig 1518).

Andreas, Willy: Der deutsche Mensch der Renaissance und der Reformation. Langensalza. 1935.

Andreas, Willy: Deutschland vor der Reformation. Eine Zeitenwende. 7. Auflage. Berlin. 1972.

Angstmann, E: Der Henker in der Volksmeinung. Seine Namen und sein Vorkommen in der mündlichen Volksüberlieferung. Bonn. 1928.

Ankarloo, Bengt: Trolldomsprocesserna i Sverige. Stockholm. 1971 (Skrifter utg. av Institutet för rättshistorik forskning. Serien 1: Rättshistoriskt bibliotek; 17).

Anpreisung der allergnädigsten Landesverordnung Ihrer Kaiserl. königl. apostolischen Majestät, wie es mit dem Hexenprocesse zu halten sey, nebst einer Vorrede, in welcher die kurze Vertheidigung der Hex- und Zauberey, die Pater Angelus März der akademischen Rede des Herrn P. Don Ferdinand Sterzingers über das Vorurtheil der Hexerey entgegengesetzt, beantwortet wird von einem Gottesgelehrten. München. 1767.

Appelius, J.: De sortiariis et vera amicitia, zwey Tractätlein: das erste von den Hexen und Zauberern, das andere von der rechten wahren Freundschaft. Han. 1614.

Arends, Johann: Volkstümliche Namen der Arzneimittel, Drogen, Heilkräuter und Chemikalien. Berlin. 1971.

Arnold, Gottfried: Die erste Liebe d. Gemeinden Jesu Christi.d.i. wahre Abbildung d. ersten Christen nach ihrem lebendigen Glauben und heiligen Leben. Frankfurt/M. 1696.

Arnold, Gottfried: Unparteiische Kirchen- und Ketzerhistorie. (1699 – 1700).

Assunto, Rosario: Die Theorie des Schönen im Mittelalter. Köln. 1963.

Auhofer, H.: Aberglaube und Hexenwahn heute. Aus der Unterwelt der Zivilisation. Freiburg/Basel. 1960.

Ausführliche Erzählung des Verhörs und der Hinrichtung des im Jahre 1722 der Hexerey beschuldigten Georg Pröls von Pfettrach in Bayern. Herausgezogen aus den Gerichts-Akten, und begleitet mit kritischen Anmerkungen zu Bayern's Aufklärung. 1806.

A. v. M.: Neuester Hexenprozeß aus dem aufgeklärten heutigen Jahrhundert. 1786.

Baader, J.: Eine bayrische Verordnung gegen Zauberer, Hexen und Wahrsager vom Jahre 1611.

Bachofen, Johann: Das Mutterrecht. Eine Untersuchung über die Gynäokratie der alten Welt und ihrer religiösen und rechtlichen Natur. Stuttgart. 1861.

Bacmeister, Karl A. W.: Zur Geschichte des Hexenprozesses. Concept Bedenkens über die zu Niedernthal um Hexerei und Zauberei in verhaft liegende Susann, Michel Lunge's Weib, deren Aussage und noch weiters angegebene Personen. In: Württembergische Vierteljahreshefte für Landesgeschichte. 1886. 282 – 292.

Bader, G., Bader K. S.: Der Pranger. Ein Strafwerkzeug und Rechtswahrzeichen des Mittelalters. Freiburg i. Br. 1935.

Bader, Guido: Die Hexenprozesse in der Schweiz. Züricher rechtswissenschaftliche Dissertation. Affoltern a. A. 1945.

Bächthold-Stäubli, Hanns/Eduard Hoffmann-Krayer (Hrsg.): Handwörterbuch des deutschen Aberglaubens. Berlin, 1927. Neuauflage. 1987 als Taschenbuch.

Baetzmann, F.: Hexevaesen og troldskab i Norge. Meddelt til laesning for menigmand. Christiana. 1865.

Baeyer-Katte, Wanda, v.: Die historischen Hexenprozesse. In: (Hrsg.) Wilhelm Bitter. Massenwahn in Geschichte und Gegenwart. Stuttgart. 1965.

Baldi, A.: Die Hexenprozesse in Deutschland und ihre hervorragendsten Bekämpfer. Eine kulturhistorische Abhandlung. Würzburg. 1874.

Baldinger, E. G.: Ein Beitrag zur Geschichte des Ausbruchs des bayrischen Hexenkrieges im Jahr 1766.

Baldung, genannt Grien, Hans: Hexenbilder. Einführung v. Gustav Friedrich Hartlaub. Stuttgart. 1961. (Werkmonographien zur bildenden Kunst 61 = Reclams Universal-Bibliothek B. 9061).

Baleus, Joh.: De Scriptoribus magnae Britanniae. (um. 1553).

Balzer, E.: Die Bräunlinger Hexenprozesse. In: Alemania. Freiburg i. Br. 3. Folge. 2. Bd. 1910.

Bar, Ludwig von: Geschichte des Deutschen Strafrechts und der Strafrechtstheorien. Berlin 1882 (= L. v. Bar: Handbuch des Deutschen Strafrechts 1).

Barbara Elisabeth Schulzin. Ein Arnstädter Hexenprozeß vom Jahre 1669. Nach den Originalprozeßakten herausgegeben von Reinhold Stade. Arnstadt. 1905.

Barbara Pachlerin, die Sarnthaler Hexe, und Mathias Perger, der Leuterfresser. Zwei Hexenprozesse. Hrsg. Ignaz Zwingerle. Innsbruck. 1858.

Baroja, Julio Caro: Die Hexen und ihre Welt (Las brujas y su mundo. Deutsch.) Mit einer Einführung und einem ergänzendem Kapitel von Will- Erich Peuckert (aus dem span. übers. von Susanne und Benno Hübner) Stuttgart. 1967.

Barth, Hans-Martin: Zur inneren Entwicklung von Luthers Teufelsglauben. Kerygma und Dogma 13, Göttingen 1967, S. 201 – 211.

Barth, Hans-Martin: Der Teufel und Jesus Christus in der Theologie Martin Luthers. Göttingen. 1967 (Forschungen zur Kirchen- und Dogmengeschichte, 19).

Bartholomäus: Über Hexenprozesse. In: Zeitschrift f.d.g. Strafrechtswissenschaft. Bd. XXI. Berlin. 1901.

Baschwitz, Kurt: Hexen und Hexenprozesse. Die Geschichte eines Massenwahns und seiner Bekämpfung. München. 1963.

Bauer, Fr.: Schmid, Franz Josef und der Satz: Teuflische Magie existiert, besteht noch. In einer Antwort des katholischen Weltmannes auf die von einem Herrn Landpfarrer herausgegebene Apologie der Professor Weber'schen Hexenreformation. Augsburg. 1791.

Baumgarten, P. M.: Die deutschen Hexenprozesse. In: Frankf. zeitgem. Broschüren. Hrsg. P. Haffner. NF. Bd. IV. Frankfurt am Main. 1883.

Baumhauser, Joachim.: Johann Kruse und der »neuzeitliche« Hexenwahn. Neumünster. 1984.

Bautz, Joseph: Die Hölle. Im Anschluß an die Scholastik dargestellt. 2. verb. und vermehrte Auflage. Mainz. 1905.

Bayer-Katte, Wanda, von: Die historischen Hexenprozesse. Der verbürokratete Massenwahn. In Massenwahn in Geschichte und Gegenwart. Ein Tagungsbericht. Stuttgart. 1965. S. 220 – 231.

Bayle, Petrus: Reponse aux questions d' un Provincial. 1696.

Beaumont, J.: Historisch-Physiologischer und Theologischer Tractat von Geistern, Erscheinungen, Hexerei und anderen Zauberhändeln. Halle. 1721.

Bechstein, Ludwig: Hexen-Geschichten. Sammlung von Hexen- Geschichten, die Bechstein auf der Grundlage alter Hexenprozesse rekonstruierte. 1986.

Bechthold, A.: Beiträge zur Geschichte der Würzburger Hexenprozesse. In: Frankenkalender. Würzburg. 1940.

Behringer, Wolfgang: Hexenverfolgung in Bayern. Volksmagie, Glaubenseifer und Staatsräson in der Frühen Neuzeit. München. 1987.

Beck, Kurt: Zur Phänomenologie des Teufels. Ungedr. Bonner phil. Diss. 1950.

Beck, Paul: Hexenprozesse aus dem Fränkischen. In: Württembergische Vierteljahreshefte. 1883, 247 – 253, 304 – 310, 1884, 76 – 80, 157 – 160, 297 – 302.

Beck, Paul: Zwei Hexenprozesse aus dem Fränkischen. In: 43. Jahresbericht des Hist. Vereins für Mittelfranken. 1889, 7 – 25.

Beck, Paul: Hexenprozesse im Limpurgischen. In: Ipf- und Jagstzeitung (Ellwangen) 1909. Nr. 141,5.

Becker, A.: Pfälzer Hexensagen. In: Pfälzer Heimat. Beil. zum Pfälzer Kurier vom 8.5.1926.

Becker, Gabriele-Bovenschen, Silvia Brakkert (u.a.): Aus der Zeit der Verzweiflung. Zur Genese und Aktualität des Hexenbildes. Frankfurt am Main. 1977 (edition suhrkamp 840).

Beemelmans, Wilhelm: Hexenwesen und Hexenprozesse. Mühlhausen. 1909.

Beinhoff, Johannes: Der Hexenglaube in der Walpurgisnacht und die Blocksbergsage. Diss. phil. Leipzig. 1923.

Beissel, Stephan: Geschichte der Verehrung Marias in Deutschland während des Mittelalters. Ein Beitrag zur Religionswissenschaft und Kunstgeschichte. Freiburg im Breisgau. 1909.

Bekker, Balthasar: Die bezauberte Welt (De betooverede wereld). Amsterdam. 1691/93.

Benz, Ernst: Der Toleranz-Gedanke in der Religionswissenschaft (Über den Heptaplomeres des Jean-Bodin). Deutsche Vierteljahresschrift für Literaturwissenschaft und Geistesgeschichte 12, 1943. S. 540 – 571.

Berichte von Erforschung, prob und erkenntniß der Zauberinnen, durch's kalte Wasser, durch Hermann Neuwalt. Aus dem Lateinischen ins deutsche übersetzt durch M. Heinrich Meybaum. Helmst. 1584.

Beringe, K.: Hexen- und Aberglauben im Schwarzwald. In: Zeitschrift f.d.g. Neurologie und Psychiatrie. 161. Bd. 1938.

Berlindus: Die Reise der Hexen nach dem Blocksberge und die Walpurgisnacht mit poetischer Feder . . . 1732.

Bernards, Matthäus: Speculum Virginum. Geistigkeit und Seelenleben der Frau im Hochmittel alter. Köln, Graz 1955 (Forschungen zur Volkskunde 36/38).

Bernhardus de Como: de strigibus (1596), Lucerna inquisitorum haereticae pravitatis. 1566.

Berthold, L.: Sprachliche Niederschläge absinkenden Hexenglaubens. In: Gießener Beiträge zur deutschen Philologie. Gießen. 1938.

Beyer, K.: Kulturgeschichtliche Bilder aus Mecklenburg. Zauberei und Hexenprozesse im evangelischen Mecklenburg. Berlin. 1903.

Beyschlag, F.: Ein Speyrer Ketzerprozeß vom Jahre 1392. In: Blätter f. pfälzische Kirchengeschichte. 3. Jahrg. 3. Heft. Speyer. 1927.

Bezold, Friedrich von: Staat und Gesellschaft des Reformationszeitalters. Die Kultur der Gegenwart. 2. Teil 5. Abtl. 1. Bd. Berlin, Leipzig 1908. 1 – 136.

Bezold, Friedrich von: Jean Bodin als Okkultist und seine Démonomanie. Historische Zeitschrift 105, 1910. S. 1 – 64.

Bezold, Friedrich von: Jean Bodins Colloquium Heptaplomeres und der Atheismus des 16. Jahrhunderts. Historische Zeitschrift 113, 1914. S. 260 – 315; 114, 1915 S. 237 – 301.

Bezold, Friedrich von: Aus Mittelalter und Renaissance. Kulturgeschichtliche Studien. München. 1918.

Berg, W.: Die Wahrheit im Zauber- und Hexenwesen. In: Die Übersinnliche Welt. Leipzig. 1961.

Beschreibung des Oberamts Leonberg: Hrsg. vom Württ. Statistischen Landesamt. Zweite Bearbeitung. 1. Bd. Stuttgart. 1930.

Bidenbach, F.: Manuale ministrorum Ecclesiae. Handbuch für die junge, angehende Kirchendiener im Herzogthumb Württemberg zugericht. Frankfurt a.M. 1613.

Bidenbach, W.: (?) Eine Summe von etlichen Predigten vom Hagel und Unholden (Anm. gehalten in Stuttgart). Tübingen. 1562.

Bieberbach, Ludwig. Galilei und die Inquisition. München. 1938.

Biedermann, Hans: Handlexikon der magischen Künste von der Spätantike bis zum 19. Jh. 2. verb. und wesentlich vermehrte Auflage. Graz. 1973. München. 1976.

Biedermann, Hans: Auf den Spuren eines Phänomens. Traditionen, Mythen, Fakten. Graz. 1974.

Biéler, André: L'homme et la femme dans la morale calviniste. La doctrine réformée sur l'amour, le mariage, le célibat, le divorce, l'adultére et la prostitution, considérée dabs son cadre historique. Genéve. 1963. (Nouvelle série théologique. 15).

Biener: Beiträge zur Geschichte des Inquisitions-Processes. Leipzig. 1827.

Biermann, G.: Zwei Hexenprozesse zu Braunau. In: Geschichte der Deutschen in Böhmen. Mitteil. 33. Jahrg. Nr. 3. Prag 1895.

Binder N.: Drey wahrhafftige grundtliche Zeitungen, die erste von ettlichen Hexen und Zauberin, welche hin und wider in Ungern und Teutschland grossen Schaden angericht haben . . . Beschriben durch den Hochgelehrten Herrn Nicolaum Binder . . . die ander von einem Burger und Tuchmacher der in grosser Unzucht ein zeitlang gelebt . . . und wie er durch dess Teufels Eingebung 3. Kinder und sein Weib jämmerlicher weise ermördet. Die dritte von Erscheinung zweyer Engel . . . Beschriben durch den ehrwürdigen Herrn Johannem Röseler diser Zeit Pfarrern daselbsten. Erstlich Getruckt in Ingern, nachmahls aber zu Freyburg, 1610.

Binsfeld, Petrus: Tractatus de confessionibus maleficorum & sagarum, et quanta fides ijs adhibenda, sit. Augustae Trevirorum. 1579.

Binsfeld, Petrus: Tractat von Bekanntnuss der Zauberer und Hexen. Ob vnd wie viel denselben zu glauben. Anfänglich durch den hochwürdigen Herrn Petrum Binsfeldium . . . in Latein beschrieben. Jetzt aber allen Liebhabern der Wahrheit vnd Gerechtigkeit zu gutem verdeutscht. Trier. Bei Heinrich Bock. 1590.

Binsfeld, Petrus: Tractatvs de confessionibvs maleficorvm et sagarvm. An & quanta fides ijs adhibenda sit? Auctore Petro Binsfeldio . . . Accedit eiusdem auctoris Commentatrius in tit. cod. lib. 9. de melefic & mathematic. Ithem bvllae & extravagantes pontificium & c. Editio quarta correctior & auctior. Colonia Agrippanae. 1623.

Binz, Carl: Wier oder Weyer? Düsseldorf. 1887.

Binz, Carl: Doctor Johann Weyer (1515 – 1588). Eine Nachlese. Sonderdruck aus dem 24. Bd. d. Zeitschrift des Berg. Geschichtsvereins. Düsseldorf. 1889.

Binz, Carl: Apologetische Versuche in der Geschichtsschreibung der Hexenprozesse. Berlin. 1901.

Binz, Carl: Doctor Johannes Weyer, ein rheinischer Arzt, der erste Bekämpfer des Hexenwahns. Ein Beitrag zur Geschichte der Aufklärung und der Heilkunde. Neudruck der Ausgabe von 1896. Nachdruck. Schaan. 1982.

Birlinger, Anton: Aus Schwaben. Sagen, Legenden, Aberglauben, Sitten, Rechtsbräuche, Ortsneckereien, Lieder. Kinderreime. Neue

Sammlung. Bd. 1 – 2. Wiesbaden. 1874. Auch: Der Teufelskratz oder Hexenmahl.

Blanck, Walter: Zur Entstehung des Grotesken. In: Deutsche Literatur des späten Mittelalters. Hamburger Colloquium 1973. Berlin 1975 S. 35 – 46 (Publications of the Institute of Germanic Studies University of London. 22).

Blersch, Konrad: Wesen und Entstehung des Sexus im Denken der Antike. Stuttgart, Berlin 1937 (Tübinger Beiträge zur Altertumswissenschaft. 29).

Blomberg, Hugo von: Studien zur Kunstgeschichte und Aestetik. 1: Der Teufel und seine Gesellen in der bildenden Kunst. Berlin. 1867.

Blum, Elisabeth: Das staatliche und kirchliche Recht des Frankenreichs in seiner Stellung zum Dämonen-, Zauber- und Hexenwesen. Paderborn. 1936. (Veröffentlichungen der Sektion für Rechts- und Staatswissenschaften. 72).

Bobbe, J. B. G.: Vermischte Anmerkungen über Sr. Hochehrwürdigen des Herrn Probstes und Superintendenten in Kempberg, Herrn Gottlieb Müllern Gründlichen Nachricht und deren Anhang von einer begeisterten Weibsperson Anna Elisabeth Lohmännin, mitgetheilt von Antidämoniacus. Bernburg. 1760.

Bodin, Jean: De la Dèmonomanie des Sorciers aveque la rèfutation des opinions de Jean Wier, Paris 1580 (lat. Bodini De magorum daemonomaniae . . . Francofurti 1591; deutsch: Vom außgelaßnen wutigen Teufelsheer der besessenen, unsinnigen Hexen und Hexenmeister, Unholden, Teufelsbeschwörer, Wahrsager, Schwarzkünstler, Vergifter, Nestelverknüpfer, Nachtschädiger und aller anderen Zauberer Geschlecht. Straßburg. 1591. Übersetzer: J. Fischart.

Bodin, Jean: Daemonomanie; oder, Ausführliche Erzehlung des wütenden Teuffels in seinen dahmaligen rasenden Hexen und Hexenmeistern dero Bezauberungen, Beschwerungen, Vergifftungen, Gauckel- und Possen-Wercke . . . Welches der andere Theil Nicolai Remigii Daemonolatria . . . gleichfalls angehänget; Vielerhand warhafftige und erschreckliche Geschichte besessener Leute . . . nebst noch einigen betrieglichen und von Menschen practicirten kurtzweiligen Begebenheiten. Hamburg. 1698.

Boehmer, Heinrich: Luthers Ehe. Jahrbuch 7.1925. S. 40 – 76.

Boehmer, Heinrich: Der junge Luther. Mit erweitertem Nachw. von Heinrich Bornkamm. 6. durchgearb. Auflage. Stuttgart. 1971.

Bog, Rosemarie: Die Hexe: Schön wie der Mond – häßlich wie die Nacht. 1987.

Bonfanti, Leo: The Witchcraft Hysteria of 1692. Volume 1. Wakefield. Mass. 1971.

Bonfanti, Leo: The Witchcraft Hysteria of 1692. Volume II. Wakefield. 1977. New England Historical Series.

Bonhöfer, J. F.: Erbauliche Abhandlung von dem erschröcklichen und Jammer-vollen Zustand der geist- und leiblichen Besitzung des Teuffels. In Zweyen Betrachtungen aus Hl. Schrifft. erwiesen und mit historischen Exempeln erleutert . . . Mit einer Vorrede Gustav Georg Zeltners D. worinnen er seine Gedanken vom Binden des Satans, Offenb. 20.2. eröffnet. Nürnberg. 1733.

Bornhak: Zur Geschichte der Hexenprozesse. In: Gesetz und Recht. Zeitschrift für allgemeine Rechts- und Staatskunde. Berlin. 1919.

Bornkamm, Heinrich: Das Jahrhundert der Reformation. Gestalten und Kräfte. 2 verm. Auflage. Göttingen. 1966.

Borst, Arno: Die Katharer. Stuttgart 1953 (Schriften der Monumenta Germaniae historica. 12).

Bosl, Karl: Die Grundlagen der modernen Gesellschaft im Mittelalter. Eine deutsche Gesellschaftsgeschichte des Mittelalters. Teil 1, 2 Stuttgart 1972 (Monographien zur Geschichte des Mittelalters 4/1,2).

Bosl, Karl: Das Problem der Armut in der hochmittelalterlichen Gesellschaft. Österreichische Akademie der Wissenschaften. Sitzungsberichte. Phil. Hist. Klasse 294. Wien. 1974.

Bosl, Karl: Gesellschaftswandel, Religion und Kunst im hohen Mittelalter. Bayerische Akademie der Wissenschaften. Sitzungsberichte. Phil. Hist. Klasse. Jg. 1976. München. 1976.

Boudriot, Wilhelm: Die altgermanische Religion in der amtlichen kirchlichen Literatur des Abendlandes vom 5. – 15. Jahrhundert. Bonn 1928. (Untersuchungen zur allgemeinen Religionsgeschichte 2).

Brander, V.: Julius Echter von Mespelbrunn. Würzburg. 1917.

Brauchitsch, C.: Zauberei und Hexerei. In: Die Grenzboten. Zeitschrift für Politik, Literatur und Kunst. 36. Jg. Leipzig. 1877.

Braun, Birgit: Luthers Stellung zur Medizin aus seinen Tischreden. Diss. Düsseldorf. Med. Fak. Düsseldorf. 1967.

Braun, H. (?): Drey Fragen zur Vertheidigung der Hexerey. I. Ob P. Angelus März die Rede des P. Don Ferdinand Sterzingers gründlich, und II. bescheiden widerleget habe? III. Und ob wohl diese akademische Rede dem heiligen Kreutze von Scheyrn in der That nachtheilig sei? mit einem sichern Ja beantwortet, und dem Pater P. Angelus März selbst decidiret von J.F.Z. . . . München, 1767.

Braun, St.: Freiburger katholisches Kirchenblatt. 1882. Nr. 37 und 38. Darin ein Vortrag über die Hexerei.

Breiden, Heribert: Die Hexenprozesse in der Grafschaft Blankenheim von 1589 bis 1643. Diss. jur. Bonn. 1954.

Breitschwert, J., Ludwig, C. Freiherr von: Keppler's Leben und Wirken nach neuerlich aufgefundenen Manuskripten. Stuttgart. 1831.

Browe, Peter S. J.: Die Eucharistie als Zaubermittel im Mittelalter. Archiv für Kulturgeschichte 20. 1930. S. 134 – 154.

Browe, Peter S. J.: Die letzte Ölung in der abendländischen Kirche des Mittelalters. In: Zeitschrift für kath. Theologie. 55. 1931. S. 515 – 561.

Brönegard, Vagn: Pflanzen im Brauchtum, in der Geschichte und Volksmedizin. Berlin. 1985.

Bruch, Hans: Strafrechtspflege in der Stadt Trier im 16. Jh. bis 18. Jh. Diss. jur. Waldkirch, 1934.

Bruckner, W. H.: De magicis personis et ertibvs disserit, et eas omnio dari ostendit. Von zauberischen Leuten und Künsten, das sicher wahrhafftig anzutreffen und nicht in einer blossen Einbildung bestehen, ocasione legis 6. c. de malef. & mathem. a nobilissimo jurium candatio Jo. Reinhardo Wegelino . . . solemni lectione . . . explicandae die IX. Maji MDCCXII. Jena(?) 1723.

Brückner, Wolfgang: Das Wirken des Teufels. Theologie und Sage im 16. Jh. Forschungsprobleme der Satanologie und Teufelserzählungen. In: Volkserzählung und Reformation. Ein Handbuch zur Tradierung und Funktion von Erzählstoffen und Erzählliteratur im Protestantismus. Hrsg. von Wolfgang Brückner. Berlin. 1974. S. 393 – 416.

Brunnemann, Jacob: Alosii Chartinii (pseud. Discurs von trüglichen Kennzeichen der Zauberey, worinnen viel abergläubische Meinungen vernunfftmäßig untersucht und verworffen; wie auch Carpzovii, Berlichii, Crusiii, und anderer, so woll päpstlicher, als protestantischer Jure Consultorem, Missliche und leichtgläubige Lehr-Sätze von der Zauberey erwogen und beleuchtet worden . . . Stargard. 1708. Auch: Halle. 1727.

Brunnemann, Johann: De processu tum civili tum criminali inquisitorio. 1647.

Buchmann: Unfreie und freie Kirche in seinen Beziehungen zur Sklaverei, zur Glaubens- und Gewissenstyrannei und zum Dämonismus. Breslau. 1873.

Buchner, E.: Medien, Hexen- und Geisterseher. Kulturhistorisch interessante Dokumente aus alten deutschen Zeitschriften und Zeitungen (16. – 18. Jh.) München. 1926.

Buchrucker, Armin-Ernst: Die Bedeutung des Teufels für die Theologie Luthers. »Nullus Diabolusnullus Redemptor«. Theologische Zeitschrift 29. Basel. 1973. S. 385 – 399.

Bühler, Franz: Heimatbuch Leonberg. Stadtführung. Geschichte. Kulturgeschichtliches. Bietigheim/Württ. 1954.

Bühler, Johannes: Die Kultur des Mittelalters (6. Aufl.) Stuttgart. 1954 (Kröners Taschenausgabe. 79).

Burdach, Konrad: Reformation, Renaissance, Humanismus. Zwei Abhandlungen über die Grundlage moderner Bildung und Sprachkunst. 2. Aufl. Berlin, Leipzig. 1926.

Bürger: Beitrag zum Hexenwesen. Auszug aus dem Kirchenbuch zu Unterregenbach. In: Zeitschrift für Württembergisch-Franken. 8. Bd. 3. Heft. Weinsberg 1870. S. 502 – 504.

Burr, George: The fate of Dietrich Flade. In: Papers of the American Historical Association. Vol. 5. Nr. 3. 1891.

Byloff, Fritz: Volkskundliches aus Strafprozessen der österreichischen Alpenländer, mit besonderer Berücksichtigung der Zauberei- und Hexenprozesse 1455 bis 1850. Berlin. 1929. (Quelle zur deutschen Volkskunde. 3).

Byloff, Fritz: Das Verbrechen der Zauberei (crimen magiae). Ein Beitrag zur Geschichte der Strafrechtspflege in Steiermark. Graz. 1902.

Byloff, Fritz: Hexenglaube und Hexenverfolgung in den österreichischen Alpenländern. Berlin 1934. (Quellen zur deutschen Volkskunde. 6).

Byloff, Fritz: Die letzten Zaubereiprozesse in Mühldorf und Landshut. In: Zeitschrift für bayr. Landesgeschichte 11. Jahrg. 3. Heft. München. 1938.

Cäsar, A. J.: Ist die Nichtigkeit der Zauberey ganz erwiesen? München. 1789.

Caesarius Heisterbacensis: Dialogus miraculorum, VIII libri miraculorum.

Cahagnet, L. A.: Die Geheimnisse des Jenseits oder die Fortdauer nach dem Tode und die Berufung und Befragung der Verstorbenen auf magnetisch-ekstatischen Wege. Grimma und Leipzig. 1851.

Cahagnet, L. A.: Magie magnétique: ou, Traite historique et pratique des fascinations, miroirs cabalistiques, apports, suspensions, pactes, talismans . . . 2. ed. corr. et augm. Paris. 1858.

Camerarius, E.: Unpartheische Gedancken über die Kurtze Lehr- Sätze/von dem Laster der Zauberey/Welche der berühmte Ictus und Professor Herr D. Christianus Thomasius damahls in einer Inaugural-Disputation defendiret/Jetzte aber schon zum andernmahl in die teutsche Sprache übersetzet worden. Nebst Anhang Betreffende die Vertheidigung dieser Lehr-Sätze/kurtz gefasset/und zum Druck befördert. Von einem Membro des Cellegii Curiosum in Teutschland, anno, 1703.

Canaan, T.: Dämonenglaube im Lande der Bibel. Leipzig. 1929.

Cardanus, H.: Friedrich Spee. Frankfurt am Main. 1884.

Carmin, E. R.: »Guru«-Hitler. Die Geburt des Nationalsozialismus aus dem Geiste der Mystik und Magie. Zürich. 1985.

Carpzov, Benedict: Praczicae novae imprialis saxoniae rerum criminalium Benedicti Carpzovii synopsis . . . Lipsiae. 1655.

Carpzov, Benedict: Practicae novae (imperialis Saconicae rerum criminalum pars 1) Editio quarta correctior, cum indice rerum et verborum priore multum öocuplectione. Francofurti et Wittenbergae . . . 1658.

Carpzov, Benedict: Peinlicher Sächsischer Inquisitions- und Achts-Prozeß, daraus zu vernehmen, wie, und welcher Gestalt von der Obrigkeit ex officio wider die Delinquenten und Verbrechen zu inquirieren, so wohl auch wider die Flüchtigen mit der Acht zu verfahren. Leipizig. 1693.

Carrichter, B.: Kräuterbuch, darin begriffen unter welchen Zeichen Zadiaci auch in welchem Grade ein jedes Kraut stehe, wie sie in Leib und allen Schäden zu bereiten, und zu welcher Zeit sie zu collagieren seien. Straßburg. 1589.

Caspar, Max: Johannes Kepler. 3. Auflage. Stuttgart. 1958.

Cassel, C.: Eine Hexenprozess-Akte vom Jahre 1547 In: Hannover'sche Geschichtsblätter. 2. Jg. Nr. 17 Hannover. 1899.

Cautio criminalis seu de processibus contra sagas liber. Ad magistratus Germaniae hoc tempore necessarius, tum autem consilliariis et confessariis principium, inquisitoribus, judicibus, advocatis, confessariis reorum, concionatoribus ceterisque lectu utilissimus Auctore incerto Theologo Romano orthodoco. Rintelii typis esxscripsit Petrus Lucius typor. Aced., 1631.
(Deutsch: Hochnotpeinliche Vorsichtsmaßregel oder Warnungsschrift über die Hexenprozesse, gerichtet an alle Behörden Deutschlands, an die Fürsten und ihre Räthe, an die Richter und Advokaten, Beichtiger, Redner und an das ganze Volk).
Weitere Ausg.: 1632 bei Gronäus in Frankfurt am Main. Deutsche Übers. im Auszug von J. Seiffert, Bremen, 1647. Erste vollst. deutsche Übers. durch Joh. Schmidt, Frankfurt am Main, 1648/49. 1695 eine weitere Textausgabe, Sulzbach. Französische Ausgabe, 1600, Lyon.

Celichius, A.: Notwendige Erinnerung. Von des Sathans letzten Zornsturm, und was es auff sich habe und bedeute, das zu dieser Zeit so viel Menschen an Leib und Seel vom Teuffel besessen werden durch Andream Celichium . . . Wittenberg. 1594.

Christliche Anred nächst dem Scheiterhaufen, worauf der Leichnam der Mariae Renatae, einer durch's Schwerdt hingerichteten Zauberin, den 21. Juni 1749 außer der Stadt Wirtzburg verbrannt worden, an ein zahlreich versammeltes Volk gethan, und hernach auf gnädigsten Befehl einer hohen Obrigkeit in öffentlichen Druck gegeben von P. Georgio Gaar (S.J.). Wirtzburg, in der Hofbuchdruckerei.

Cloos, August: Summarische Rechnung für Hexenprozesse und Hinrichtungen. In: Literaturwissen. Jahrbuch der Görres Gesellschaft. Berlin. 1971. S. 51 ff.

Cobben, Jan Jacob: Johannes Wier, zjin opvattingen over bezetenheid, hekserij en magie.

Assen 1960 (Van Gorcum's Historische bibliotheek; 62).

Colesie, Georg: Hexenprozesse am Hochgericht Nalbach. In: Zeitschrift für die Geschichte der Saargegend. Jg. 17/18. S. 229. Saarbrücken. 1969/70.

Colquohon, J. C.: Historische Enthüllungen über die geheimen Wissenschaften aller Zeiten und aller Völker, oder vollständige Geschichte der Magie, Zauberei, des thierischen Magnetismus, des Glaubens an Hexerei, an Dämonen und Teufel sowie des Aberglaubens überhaupt. Bearb. von Hugo Hartmann. 1853.

Conrad, Rolf: Der Teufel bei Hans Sachs. Ungedr. Tübinger phil. Diss. 1926.

Conring, Hermann: De origine Juris Germanici. 1643.

Consilia vnd Bedencken etlicher zu vnsern Zeiten rechtsgelehrter Juristen, von Hexen vnd Vnholden. In: Theatrum de venficiis. Frankfurt. 1586.

Corbach, Gottfried: Hexenprozesse in der Herrschaft Homburg, In: Romerike Berg. Jg. 19. S. 15. Burg/Wupper. 1969.

Cremer, T.: Eine Hexenverbrennung in der Eifel. Kulturbild aus der Zeit des dreissigjährigen Krieges. In: Rhein. Geschichtsblätter. Jg. Nr. 11/12. Bonn. 1904.

Crohns, Hjalmar: Die Summe theologica des Antonin von Florenz und die Schätzung des Weibs im Hexenhammer. Helsingfors. 1903 (Acta societatis scientiarum Fennicae. 32/4).

Crohns, H.-J.: Zwei Förderer des Hexenwahns und ihre Ehrenrettung durch die ultramontane Wissenschaft, Stuttgart. 1905.

Croissant, Werner: Die Berücksichtigung geburts- und berufsständischer und soziologischer Unterschiede im deutschen Hexenprozeß. Masch. Schrift. Mainz. Rechts- und wirtschaftswiss. Fak. Diss. 1953.

Crusius, Christophorus: De Indiciis delictorum specialibus. 1636.

Daemonolatria, das ist, von Unholden und Zauber-Geistern, des Edlen Ehrenvesten und hochgelarten Herrn Nicolai Remigii, des durchlauchtigsten Herzogen in Lotheringen peinlichen Sachen cognitoris publici – von welchen wunderbarlichen Historien so sich mit den Hexen, deren über 800 in gedachten Herzogthum Lotharingen verbränet, zugetragen, sehr nützlich, lieblich und notwendig zu lesen, aus dem Latein in hoch Teutsch übersetzt durch Teucridem Annaeum Privatum. M. Kais. Maj. Privileg. 1598. Frkf.

Dahl, J.: Nachtfrauen und Galsterweiber. Eine Naturgeschichte der Hexe. Ebenhausen b. München. 1960.

Dale, Antonius van: De origine et progeressu Idololatria et superstitionum. Amsterdam. 1696.

Dahlerup, V.: Hexe or Hexeprocessor i Danmark. Et Foredrag holt in Foreningen til Oplysingens Fremme blandt Kjobenhavns Arbeijdere. Kjobenhaven. Studentersamfundets Forlag. 1888.

Dander, Franz. (S.J.): Gottes Bild und Gleichnis in der Schöpfung nach der Lehre des hl. Thomas von Aquin. Zeitschrift für katholische Theologie 53, 1929. S. 1 – 40, 203 – 246.

Daneau, L.: De veneficis, qvos olim sortilegos, nvnc avtem vvigo sortiarios vocant: dialogvs, in quio quae de hoc argumento quaeri solent, breuiter & commodé explicantur. Tractatus propter varias & Controuersas de hac quaestione hominum sententias vtilissimus, & rerum capitalium judicibus maximé necessarius. Per Lambert Danaeum. Coloniae Agrippinae, 1575.

Daneau, L.: Von den Zauberern, Hexen, vnd Vnholden, drei christliche verschiedene vnnd zu diesen vnsern vngefährlichen Zeiten nothwendige Bericht . . . Durch die hoch vnd hochgelehrte Herren, Lambertvm, Danaevm, Iacobvm Vallig, vnnd Vlricvm Molitors . . . Cölln, 1576.

Daneau, L.: De veneficiis, quos olim sortilegos, nunc sortiarios vocant. Parisiis, 1574 (deutsch: Ein Gespräch von Zauberern, welche man lateinisch sortilegos oder sortiarios nennet, in welchen kuertzlich und gruendtlich erklaeret wird, was von diesem gantzen Handel der Zauberey disputiret wird). Frankfurt, 1586.

Daneau, L.: Les Sorciers. Dialogue trés utile et nécessaire pour ce temps. De l'imprimerie de Jaques Bourgeois. Geneve. M.D. LXXIIII.

Dangelmayr, Siegfried: Gotteserkenntnis und Gottesbegriff in den philosophischen Schriften des Nikolaus von Kues. Meisenheim am Glan 1969 (Monographien zur philosophischen Forschung. 54).

Darmstädter, E.: Hexen, Hexenchemie und Narkose. Berlin. 1930.

Das Hexenwesen in Ungarn. In: Das Ausland. 52. Jahrg. Nr. 41. Stuttgart. 1879.

Debrumer, Hans-W.: Der Einfluß des Hexenglaubens. In: Theologie und Kirche in Afrika. S. 114. Stuttgart. 1968.

Decker, Rainer: Die Hexenverfolgungen im Hochstift Paderborn. Westfälische Zeitschrift 128, 1978, S. 314 – 356.

Decker, Rainer: Die Hexenverfolgungen im Herzogtum Westfalen. Westfälische Zeitschrift 131/132, 1981/1982. S. 339 – 486.

Decker-Hauff, Hans-Martin: Geschichte der Stadt Stuttgart. Bd. 1. Stuttgart 1966.

Decker-Hauff, Hans-Martin: Die geistige Führungsschicht Württembergs. In: Beamtentum und Pfarrerstand 1400 – 1800. Büdinger Vorträge 1967. Limburg/Lahn 1972, S. 51 – 80 (Deutsche Führungsschichten in der Neuzeit. 5).

Deckert, J.: Inquisitions- und Hexenprozesse. »Greuel der katholischen Kirche«. Wien. Sendboten des heil. Joseph. Wien. 1896.

Defoe, D.: Der Übernatürliche Philosoph, oder die Geheimnisse der Magie, nach allen ihre Arten deutlich erkläret . . . aus den bewährtesten Autoribus zusammengetragen und durch das Exempel und Leben des Herrn Duncan Camphell, des tauben und stummen Edelmanns, erörtert. Nebst D. Wallis Methode, taube und stumme lesen, schreiben und jede Sprache verstehen zu lernen, von W. Bond. Aus dem Englischen ins Deutsche übersetzt und mit einigen nöthigen und dienlichen Anmerckungen versehen. Berlin, 1742.

Defoe, D.: Gründliche historische Nachricht vom Teufel. Darinnen die Siege, so der Teuffel über das menschliche Geschlechte von Eva an, bis auf unsere Zeiten erhalten hat, klar und deutlich erwiesen. Erster und anderer Theil. Aus dem Englischen und Französischen in das Teutsche übersetzt. Göthen, 1748.

Delumeau, Jean: Angst im Abendland: die Geschichte kollektiver Ängste in Europa des 14. bis. 18. Jh. Bd. 2. 1985.

Dell'Ossa, Ardonio Ubbidente: Das große weltbetrügerische Nichts oder die heutige Hexerei und Zauberkunst. Frankfurt. 1761. (Anm. Pseud. für Jordan Simon, einen Mönch).

DelRio, Martinus: Disquisitorum magicarum VI. quibus continatur accurata curiosarum artium et vanarum superstitionum confutatio, utilis Theologis, Jurisconsultis, Medicis,

Philologis. Lovaniae, 1599 (Mainz, 1593, 1600, 1606, 1624; Löwen, 1599, 1601; Köln 1633, 1657; Oberursel, 1606).

DelRio, Martinus: Les controverses et recherches magiques. Divusees en six livres, ausqueles sont exactement & doctement confutees les sciences curiences, les vanitez superstitiones de toute la magie. Aves ques la maniere et sorciers, accomode a l'instruction des confesseurs . . . Traduit et abregé du Latin par André du Chesne. Paris, 1611.

De Magorum Daemonomania. Vom Außgelaßnen wütigen Teufelsheer Allerhand Zauberern/Hexen und Hexenmeistern- /Unholden/ Teufelsbeschwerern/Wahrsagern/Schwartzkünstlern/Vergifftern/Augenverblendern . . . Wie die vermög aller Recht erkannt/eingetrieben/gehindert/erkündigt/erforscht/peinlich ersucht und gestrafft werden sollen. Gegen des Herrn Doctor J. Wier Buch von der Geisterverführungen/durch den Edlen Hochgelehrten Herrn Johann Bodin/der Rechten D. und des Parlaments Rath inn Frankreich außgangen. Und nun erstmals durch den Ernvesten und Hochgelehrten H. Johann Fischart/ der Rechten D. auß Französischer sprach trewelich ins Teutsche gebracht/und nun zum andernmahl an vilen enden vermehrt und erklärt. Getruckt zu Straßburg/bei Bernhard Jobin. 1591.

Demandt, K. E.: Lindheimer Chronik. Schriften und Altenstädter Gesellschaft f. Geschichte und Kultur e.V. Nr. 1. Gießen. 1975.

Demandt, K. E.: Der Altenstädter Raum im Wandel der Jahrhunderte. Schriften der Altenstädter Gesellschaft f. Geschichte und Kultur. Gießen. 1977.

Dempf, Alois: Sacrum Imperium. Geschichte- und Staatsphilosophie des Mittelalters und der politischen Renaissance. München – Berlin. 1929.

Dennler, J.: Ein Hexenprozeß im Elsass vom Jahre 1616. Ein Beitrag zur Kulturgeschichte des Elsasses. Nach dem Rotbuch von Enzheim. 1896.

De Praestigis daemonum, das ist: Von Teufelsgespenst, Zauberern, Schwarzkünstlern, Hexen und Unholden, erstlich durch Johann Weyer in Latein beschrieben, nachmals von Johann Fuglius verteutscht, jtztund aber nach dem letzten außgezogenen Original auf's neu übersehen und mit vielen heilsamen nützlichen Stücken . . . so der Bodinus mit dem Grund nicht widerlegen kann, durchaus gemehret und gebessert. Frankfurt am Main durch Nicolaum Basseum. 1586.

Der Hexenwahn und die Hexenprozesse. Barmen. 1891.

Der Hexenprozeß und die Blutschwitzerprozedur. Zwei Fälle aus der Criminalpraxis des Kantons Zug aus den Jahren 1737/38 und 1849. Zug. 1849.

Der churfürstl. Durchlaucht. Herzog Maximilian Joseph in Bayern . . . erneuerte Land-Gebott, wider die Aberglauben, Zauberey, Hexerey, und andere straffliche Teuffels-Künsten. München. 1746.

Der Wahre geistliche Schild, so vor 300 Jahren von dem heil. Papst Leo X. bestätigt worden, wider alle gefährliche böse Menschen sowohl als aller Hexerei und Teufelswerk entgegen gesetzt; darinnen sehr kräftige Gebete und Segen . . . Nebst einem Anhang heiliger Segen. 1849 (?).

Dettling, A.: Die Hexenprozesse im Kanton Schwyz. Schwyz. 1907.

Dévereux, Georges: Baubo. Die mythische Vulva. Frankfurt. 1981.

Diefenbach, Johann: Der Hexenwahn vor und nach der Glaubensspaltung in Deutschland. Mainz. 1886.

Diefenbach, Johann: Besessenheit, Zauberei- und Hexenfabeln. In: Frankfurter zeitgen. Broschüren. Hrsg. v. J. M. Raich. NF Bd. XIV. Frankfurt am Main. 1893.

Diefenbach, Johann: Der Zauberglaube des 16. Jh. nach den Katechismen Dr. Martin Luthers und des P. Canisius. Mainz. 1900.

Diehl, J. B. M.: Friedrich von Spee. Eine historische und literaturhistorische Skizze. Freiburg. 1872.

Diehl, J. B. M.: Friedrich Spee. 2. umgearb. Auflage. Freiburg. 1901.

Diepgen, Paul: Frauen und Frauenheilkunde in der Kultur des Mittelalters. Stuttgart. 1963.

Diestel, E.: Der Teufel als Sinnbild des Bösen im Kirchenglauben, in den Hexenprozessen und als Bundesgenosse der Freimaurer. Berlin. 1921.

Dilthey, Wilhelm: Weltanschauung und Analyse des Menschen seit Renaissance und Reformation. 2. unveränderte Auflage. Leipzig – Berlin 1923 (= W. Dilthey: Gesammelte Schriften 2).

Ditwald, Hellmut: Anspruch auf Mündigkeit um 1400 – 1555. Frankfurt a. M., Berlin, Wien. 1975 (Propyläen Geschichte Europas 1).

Die Hexen-Angst der aufgeklärten Welt. Unversiegelter Brief an Herrn Bluntschii u. Gebrüder. Von Alban-Stolz. Freiburg im Breisgau. 1871.

Die Hexen der Neuzeit. Studien zur Sozialgeschichte eines kulturellen Deutungsmusters. Hrsg. Claudia Honegger. Frankfurt am Main. 1978.

Die Hexenbulle Papst Innocenz VIII. Summis desiderantes aus dem Bullarium magnum. Übertragen und hrsg. von Paul Friedrich. Leipzig. 1905.

Die Hexenbulle, nebst Auszügen aus dem »Hexenhammer«. Aus dem Lateinischen ins Deutsche übersetzt und mit erläuternden Anmerkungen versehen. 2. Auflage von Wilhelm Römer. Schaffhausen. 1889.

Döbler, Hansferdinand: Hexenwahn. Die Geschichte einer Verfolgung. München. 1977.

Döllinger, J. v. Reusch, Fr. H.: Geschichte und Moralstreitigkeiten in der römisch-katholischen Kirche seit dem 16. Jh. Mit Beiträgen zur Geschichte und Charakterisierung des Jesuitenordens. 2. Bde. Nördlingen. 1889.

Donovan, Frank: Zauberglaube und Hexensabbat. Ein historischer Abriß. Geschichte, Riten und Requisiten des Hexenkultes. München. 1976.

Douglas, Mary (Hrsg.): Witchcraft-Conessions and Accusations. London. 1970.

Dreihandt, Ulrich (Hrsg.): Schwarze Messe. Dichtungen und Dokumente. München. 1975.

Droß, Annemarie: Die erste Walpurgisnacht. Hexenverfolgung in Deutschland. Frankfurt. 1985.

Duerr, Hans-Peter: Traumzeit. Über die Grenze zwischen Zivilisation und Wildnis. Frankfurt. 1978.

Düfel, Hans: Luther's Stellung zur Marienverehrung. Göttingen 1968. (Kirche und Konfession 13).

Dürr, O.: Der Hexenbischof von Würzburg. In: Frankenwarte. Nr. 42 vom 22. Oktober 1937.

Duhr, B. (S. J.): Die Stellung der Jesuiten in den deutschen Hexenprozessen. Köln. 1900.

Duhr, B. (S. J.): Neue Daten und Briefe zum Leben des P. Friedrich Spee. In: Görres-Gesellschaft zur Pflege des Wiss. im kath. Deutschland. Hist. Jahrbuch. 21. Bd. 2. und 3. Heft. München. 1900.

Dumcke, B.: Zauberei und Hexenprozesse. Berlin. 1912.

Ebinger, Chr.: Daemonologia; oder, Etwas Neues vom Teufel. Das ist: Warhafftiger historischer Bericht von einem sonder- und wunderbaren casu, Anfechtungs-Fall, und satanischer Versuchung, mit welcher, aus Gottes Verhängnis ein Burger und Schuhmacher in Augsburg, etliche Jahre vexiret, und geplaget worden. Augsburg. 1681.

Ebner, Theodor: Friedrich von Spee und die Hexenprozesse seiner Zeit. In: Samml. gemeinverst. wissenschaft. Vorträge. NF. 13. Ser. 291. Heft. Hamburg. 1898.

Eder, Karl: Deutsche Geisteswende zwischen Mittelalter und Neuzeit. Salzburg, Leipzig. 1937 (Bücherei der Salzburger Hochschulwochen 8).

Ehrenreich/Englisch: Hexen, Hebammen und Krankenschwestern. München. 1975.

Ehret, L.: Schadenzauber der elsässischen Hexen an Menschen und Tieren. Unter besonderer Berücksichtigung des Hexenglaubens auf d. Gebiete der ehemaligen Fürstabtei Murbach. In: Annuaire de la Societe historique, litte'raire et scientifique. Nouvelle Serie. Vol. 3. 1935.

Eichelsbacher, J. A.: Hexenprozesse im Freigericht Alzenau. In: Frankenwarte. Nr. 13/14. 1930.

Eichler, M.: Tempel-Annecke, die letzte Hexe von Braunschweig. Hamburg. (?).

Eine bayrische Verordnung gegen Zauberer, Hexen und Wahrsager vom Jahre 1611.

Eine Summe etlicher Predigten vom Hagel und Unholden. Gethan in der Pfarrkirch zu Stuttgarten im Monat Augusto, Anno M.D.LXII. Durch Matheum Alberum und D. Wilhelm Bidenbach, sehr nutzlich und tröstlich zu dieser Zeit zulesen. Tübingen. 1562.

Eine Warhafftige Zeitung von etlichen Hexen oder Unholden, welche man kürtzlich im Stifft Mäntz, zu Ascheburg, Dipperck, Ostum, Rönnshofen, auch andern Orten verbrendt, was Übels sie gestifft, und bekandt haben. Frankfurt. 1603.

Eines Weimarischen Medici muthmaßliche Gedanken von denen Vampyren oder sogenannten Blut-Saugern, welchen zuletzt das Gutachten der Königlichen Preussischen Societät der Wissenschaft von den gedachten Vampyren beygefügt ist. Leipzig. 1732.

Einzing, J. M. M.: Dämonologie oder systematische Abhandlung von der Natur und Macht des Teufels . . . 1775.

Eisenmenger, Joh. Andreas: Entdecktes Judenthum. 2. Bd. (nach kaiserl. Konfiskation neu aufgelegt) Königsberg. 1711.

Elert, Werner: Morphologie des Luthertums (Verb. Nachdruck der 1. Aufl. 1958) Bd. 1,2. München. 1962.

Elichius, Philippus, Ludovicus: De Daemonomagia, seu de daemonis cacurgia, cacomagurgum et lamiarum energia. Frankfurt. 1607

Ellinger, J.: Hexen-Coppel, das ist: Uhralte Ankunft und große Zunft der Unholdseligen, Unholden und Hexen, welche in einer Coppel von einem ganzen Dutzend auf die Schau und Musterung geführt. Allen Unpassionierten, Unaffectionierten, und Uninteressierten Patriotis durch Johannem Ellingerum Diaconum Arheilgensem. Getruckt im Verlag Unkels. Buchhändler zu Frankfurt am Main, 1629.

Ellinger, Katharina: Die Hexen. In: Herbert Haag: Teufelsglaube. Tübingen. 1974. S. 440 – 476. Sh. 196.

Emrich, Gertrud: Formen und Grundlagen des gegenwärtigen Hexenglaubens (aufgr. einer Untersuchung eines westpfälzischen Dorfes) Phil. Diss. Mainz. 1953.

Engelhardt, Ingeborg: Hexen in der Stadt. 1971.

Englert, A.: Ein kleiner Beitrag zur Geschichte der Hexenprozesse. In: Hessische Blätter f. Volkskunde. 5. Bd. Leipzig. 1906.

Ennen, Leonhard: Geschichte der Stadt Köln. Bd. V. Düsseldorf. 1880.

Erasmus von Rotterdam: Epistolarum Opus, Ecomion morias, Colloquia.

Erastus, Thomas: Disputatio de Lamiis seu Strigibus. Basilae. 1572.

Erastus, Thomas: Repetitio de lamiis seu strigibus: in qua plene, solide et persique de arte, potentate itemque poena discepatur. Basiliae, sine anno 1578.

Erich, E.: Die Darstellung des Teufels in der christlichen Kunst. Kunstw. Studien. Bd. 8. Berlin. 1931.

Erich, Oswald A.: Die Darstellung des Teufels in der christlichen Kunst. Berlin 1931. (Kunstwissenschaftliche Studien 8).

Erikson, Erik Homburger: Der junge Mann Luther. Eine psychoanalytische und historische Studie (Young Man Luther, A Study in Psychoanalysis and History. Deutsch). Frankfurt a.M. 1975 (Suhrkamp Taschenbuch. Wissenschaft 117).

Ermattinger, E.: Hexenglaube und Massenwahn. In: Frankenwarte Nr. 6 v. 9. Februar 1933.

Ernst, Cécile: Teufelsaustreibungen. Die Praxis der katholischen Kirchen im 16. und 17. Jh. Bern, Stuttgart, Wien. 1972.

Erschreckliche newe Zeitung, welche sich begeben und zugethan in diesem 1650. Jahr, In der Osternach, im Schweitzger Gebirge, bey der Stadt Dillhofen auf einem Dorfe Dinndurff genandt, in welchem drey Hexen gewohnet . . . Dillhofen, 1650.

Erschröckliche doch warhaffte Geschicht, die sich in der spanischen Statt Madrileschos genannt, mit einer verheuratheten Weibs-Person zugetragen, welche von einer gantzen Legion Teuffel siben Jar lang besessen gewest. Und durch Patrem Ludovium de Torre . . . widerumb erledigt worden. München. 1608.

Eschbach, H.: Johannes Wier, der Leibarzt des Herzogs Wilhelm III. von Jülich-Cleve-Berg. In: Beiträge zur Geschichte des Niederrheins. Düsseldorf. 1886.

Eschbaumer, Gloria: Bescheidentliche Tortur. Der ehrbare Rat der Stadt Nördlingen im Hexenprozeß 1593/94 gegen die Kronenwirtin Maria Holl. Nördlingen. 1973.

Eschenmayer, C. A. v.: Charakteristik des Unglaubens, Halbglaubens und Volksglaubens, in Beziehung auf die neuen Geschichten besessener Personen. Nebst Beleuchtung der Kritik im Christenboten. Tübingen. 1838.

Eschenröder, Walter: Hexenwahn und Hexenprozesse in Frankfurt am Main. Diss. jur. Gelnhausen. 1932.

Esser, Kajetan O. F. M.: Die religiösen Bewegungen des Hochmittelalters und Franziskus von Assisi. Festgabe Joseph Lortz, Bd. 2. Glaube und Geschichte. Baden-Baden 1958. S. 287 – 315.

Evans, E. P.: Ein Trierer Hexenprozeß. In: Augsburger Allgem. Zeitung. 86. Beilage. Augsburg. 1892.

Evans-Pritchard, Edward, E.: Hexerei, Orakel und Magie bei den Azande. Frankfurt. 1978.

Ewich, J.: De sagarum natura, arte viribus . . . et poena afficienda sint. Bremae 1584 (deutsche: Von der Hexen, die man gemeiniglich Zauberin nennt . . .) In: Theatrum de veneficiis. Frankfurt. 1586.

Faber, J. J.: Muster und Prob eines recht theologischen Eifers wider die Zauberer und Hexen. Stuttgart. 1667.

Falkenhausen, Friedrich, Frh. v.: Dantes Vergeltungsidee. Deutsches Dante-Jahrbuch 14 (= N.F. 5) Weimar 1932. S. 61 – 81.

Favret-Saada, Jeanne: Die Wörter der Zauber, der Tod. Hexenglaube im Hainland von Westfrankreich. Frankfurt. 1979.

Fehr, Hans: Kunst und Recht. Bd. 1. Das Recht im Bilde. Mit 222 Abb. Erlenbach – Zürich. 1923.

Fehr, Hans: Massenkunst im 16. Jh. Flugblätter aus der Sammlung Wickiana. Berlin. 1924 (Denkmale der Volkskunst 1).

Fehr, Hans: Gottesurteil und Folter. Eine Studie zur Dämonologie des Mittelalters und der neueren Zeit. Festgabe für Rudolf Stammler zum 70. Geburtstage. Berlin, Leipzig 1926. S. 231 – 254.

Fehr, Hans: Zur Lehre vom Folterprozeß. Zeitschrift für Rechtsgeschichte 66 = Germ. Abt. 53. Weimar 1933, S. 317 – 318.

Fehr, Hans: Tod und Teufel im alten Recht. Zeitschrift für Rechtsgeschichte. Germ. Abteilung 67. Weimar 1950. S. 50 – 75.

Fehr, J.: Der Aberglaube und die katholische Kirche des Mittelalters. Ein Beitrag zur Kultur- und Sittengeschichte. Stuttgart. 1857.

Fehr, J.: Die deutsche Kirche des Mittelalters im Kampfe gegen den zeitweiligen Aberglauben. In: Österr. Vierteljahresschrift f. kath. Theologie. 1. Bd. 1862.

Feist, Elisabeth: Weltbild und Satansidee bei Jean Bodin. Halle. 1930.

Fichard, Johannes: Consiliorum tomus alter; Teutscher Ratschläge. Frankfurt. 1590.

Ficker, Julius: Die gesetzliche Einführung der Todesstrafe für Ketzerei. Mitteilungen Institut österr. Geschichtsforschung 1. 1880, S. 177 – 226.

Finke, Heinrich: Papsttum und Untergang des Templerordens. München. 1907.

Finke, Heinrich: Die Frau im Mittelalter. Mit einem Kapitel »Die heiligen Frauen im Mittelalter«, von A. Lenné. Kempten, München 1913 (Sammlung Kösel 62).

Fiorelli, Piero: La tortura giudiziaria nel diritto comune. Vol. 1 – 2 Milano. 1953 – 1954. (Jus nostrum. Studi e testi pubblicati dall' Istituto di storia del diritto italiano dell' Università di Roma 1).

Fischer, E.: Die Licht- und Schattenseiten der Inquisition; nebst einer Geschichte der Hexenprozesse und historischen Rückblicken auf die Geisselgesellschaften. Aus geschichtlichen Quellen geschöpft und parteilos. Wien. 1881.

Fischer-Fabian, Siegfried: Die Macht des Gewissens: Von Sokrates bis Sophie Scholl. Enthält ein Kapitel über Friedrich von Spee, einen Bekämpfer der Hexenverfolgungen. 1987.

Fischer, F.: Die Basler Hexenprozesse des 16. und 17. Jh. Basel. 1840.

Fischer, W.: Aberglaube aller Zeiten. Stuttgart, 1906/07.

Fischer, W.: Die Geschichte der Teufelsbündnisse, der Besessenheit, des Hexensabbats und der Satansanbetung. Mit 2 Tafeln. Stuttgart. 1907.

Fleischmann, Max: Christian Thomasius-Leben und Lebenswerk. Halle. 1931.

Forbes, Thomas R.: The Midwife and the Witch. New Haven. 1966.

Franck: Der Hexenprozeß gegen den Fürstenbergischen Registrator, Obervogteiverweser und Notar Mathias Tinctorius und Consorten zu Hüfingen. Ein Sittenbild aus dem 1630er Jahren. Freiburg i. Br. 1870.

Franck, J. Chr.: Gottfried's Warlieb (pseud.) Deutliche Vorstellungen der Nichtigkeit derer vermeynten Hexereyen und des ungegründeten Hexen-Processes. Nebst einer gründtlichen Beantwortung der unter dem Namen eines nach Engelland reisenden Passagiers unlängst heraus gekommenen Untersuchung vom Kobold, darinnen die falschen Auflagen/ mit welchen derselbe so wohl den Hrn. geheimbd. rath Thomasivm als Johann Webstern ohne allen Grund zu diffamiren gesuchet . . . deutlich entdeckt, wie auch die Thomasische Lehrsätze vom Laster der Zauberey wider dessen ungegründete Einwürfe zulänglich behauptet werden . . . Nach Erfindung der Hexerey im dritten Seculo, und nach Einführung des Hexenprozesses im Jahr, 236. pref. Amsterdam, 1720.

Franck, J.: Geschichte des Wortes Hexe. Bonn, 1901.

Franz, Adolph: Die Messe im deutschen Mittelalter. Beiträge zur Geschichte der Liturgie und des religiösen Volkslebens. Freiburg i. Br. 1902.

Franz, Adolph: Die kirchlichen Benediktionen im Mittelalter. Bd. 1, 2. Freiburg i. Br. 1909.

Franz, H.: Der Hexenglaube in Hessen. In: Zeitschrift »Hessenland« 30/31. Jahrg. Kassel. 1916/17

Freiburger Diözesanarchiv. 1882. Bd. 15. S. 95 ff. »Verhöre und Verurteilung in einem Hexenprozesse zu Triersperg im Jahre 1486«. Nach den Mitt. aus dem Freiherrl. v. Roeder'schen Archiv von Felix Freiherr Roeder v. Diersburg.

Freiding, M.: Gewissens-Fragen oder gründlicher Bericht von Zauberei und Zauberern. Von Mitteln wider dieselben und was für einen Prozeß christliche Obrigkeit wider die Zauberei gebrauchen solle. Frankfurt am Main. 1671.

Freud, Sigmund: Eine Teufelsneurose im 17. Jh. In: Ges. Werke. XII. S. 315. Frankfurt 1964.

Freimark, H.: Okkultismus und Sexualität. Beiträge zur Kulturgeschichte der Vergangenheit und Gegenwart. Leipzig. 1909.

Freybe, A.: Der deutsche Volksaberglaube in seinem Verhältnis zum Christentum und im Unterschiede von der Zauberei. Gotha. 1910.

Friedrich, P.: Die Hexenbulle Papst Innocents VIII. »Summis desiderantes« aus dem Bullarium Magnum. Leipzig. 1905.

Friese, Victor: Das Strafrecht des Sachsenspiegels. Breslau. 1898.

Frischbier, Hermann K.: Hexenspruch und Zauberbann. Ein Beitrag zur Geschichte des Aberglaubens in der Provinz Preussen. Berlin. 1870.

Frisius, P.: Von des Teufels Nebelkappen, das ist: ein kurtzer Begriff, den ganzen Handel von der Hexerey belangend. In: Theatrum de veneficiis. Frankfurt. 1586.

Froehner, Reinhard: Von Hexen und Viehverzauberung. Leipzig. 1925 (Abhandlungen aus der Geschichte der Veterinärmedizin 7).

Fry, Christopher: Die Dame ist nicht fürs Feuer. Komödie. 1986.

Fuchs, H.: Ein Hexenprozess in Schleusingen aus dem Jahr 1663. Meiningen. 1889.

Fühner, Heinrich: Solanceen als Berauschungsmittel. In: Archiv für experimentelle Pathologie und Pharmakologie. 1926.

Fürst, W.: Ein Prozeß gegen Nicolaus von Gülchen Ratskonsulenten und Advokaten zu Nürnberg (1605). In: Mitt. des Vereins f. Geschichte der Stadt Nürnberg. 20. Heft. 1913.

Gaar, Georg: Christliche Anred, nächst dem Scheiterhaufen, worauff der Leichnam Mariä Renatä . . . 1749 verbrennt worden. Wirtzburg. 1749.

Gaar, Georg: Heylsame Lehr-Stück, und Zauberey betreffende Anmerckungen in der christlichen, nach Hinrichtung Mariae Renatae, einer Zauberin, gehaltenen Anred, einiger Massen zwar angeregt, hernach aber ausführlicher erläutert . . . An jetzo mit einem Zusatz vermehrt . . . Wirtzburg. 1750.

Gale, Thomas: Jamblichius de Mysteriis Aegyptiorum. Oxford. 1678.

Gams: Zur Geschichte der spanischen Staats-Inquisition. Regensburg. 1871.

Ganser, B.: Sendschreiben an einen gelehrten Freund, betreffend die heutigen Streitschriften von der Hexerey. Vom Donau-Strohm. 1767 (?).

Gardner, G. B.: Ursprung und Wirklichkeit der Hexen. Einführung von M. Murray. Orig. Titel: Witchcraft today. Übersetzt durch U. v. Mangoldt. Weilheim/Obb. 1965.

Gaspers, J.: Hexenglauben und Hexenwahn in Erkelenz. Im Selbstverlag des Vereins. Erkelenz. 1921.

Gaube, Karin/v. Pechmann, Alexander: Magie, Matriarchat und Marienkult. Reinbek. 1986.

Gebhardt: Friedrich Spee von Langenfeld. Hildesheim. 1893.

Gehring, Paul: Der Hexenprozeß und die Tübinger Juristenfakultät. Untersuchungen zur Württembergischen Kriminalrechtspflege im 16. Jh. und 17. Jh. In: Zeitschrift für württembergische Landesgeschichte 1 (1937) 157 – 188. 370 – 405; 2 (1938) 15 – 47.

Geilen, Hans-Peter: Die Auswirkungen der Cautio Criminalis von Friedrich von Spee auf den Hexenprozeß in Deutschland. Diss. Bonn. Rechts- und staatswiss. Fak. Bonn. 1963.

Geiler, J. v. Kaisersberg: De emeis. Dis ist das Buch von den omeissen, vnd auch der künnig ich diente gern. Vnd sagt von eigenschaft der omeissen. Un gibt vnderweisung von den vnholden oder hexen, vnd von gespenst der geist, vnd von dem wütenden heer wunderbarlich vnd nützlich zewissen, was man daruon glauben vnd halten soll, Vnd ist von dem hoch gelerte doctor Johanes Geiler vo Keisersperg . . . in ein quadragesimal gepredigt worden alle sontag in der fasten . . . Strassburg. 1517.

Gernhuber, Joachim: Die Landfriedensbewegung in Deutschland bis zum Mainzer Reichslandfrieden von 1235. Bonn 1952 (Bonner Rechtswissenschaftliche Abhandlungen 14).

Gerstenkorn, Hans-Robert: Weltlich Regiment zwischen Gottesreich und Teufelsmacht. Die staatstheoretischen Anschauungen Martin Luthers und ihre politische Bedeutung. Bonn. 1956 (Schriften zur Rechtslehre und Politik 7).

Gervasius, Tilberiensis: Otia Imperialia. 1214 (Kaiserl. Mußestunden). Kaiser Otto IV. gewidmet.

Gewalt, Dieter: Sonderpädagogische Anthropologie und Luther. Lutherjahrbuch 41. Göttingen 1974.

Ginzburg, Carlo: De Benandati. Feldkulte und Hexenwesen im 16. und 17. Jh. Frankfurt. 1980.

Ginzburg, Carlo: Nächtliche Zusammenkünfte: die lange Geschichte des Hexensabbats. In: Freibeuter. Vierteljahresschrift für Kultur und Politik. Heft 25. 1985. S. 20 ff.

Glanvill, Joseph: Saducismus Triumphatus. London. 1689. Reprinted 1966 by Scholar's Facsimiles and Reprint.

Glanvill, J.: weil. Königl. Englischen Hof-Predigers und vornehmen Mitgliedes der Societät gelahrter Leute, Saducismus triumphatus, oder vollkommener und clarer Beweis von Hexen und Gespenstern, oder Geister- Erscheinungen, in zween Theilen verfasset, derer ersterer die Möglichkeit vorstellet, daß sie seyn können; der andere beweiset, daß sie würcklich seyn, und solches ernstlich aus heiliger Schrift, ferner mit auserlesenen Geschichten neulicher Zeiten. Zum erstenmahl aus dem Englischen ins Teutsche übersetzt. Hamburg. 1701.

Gockelinus, E.: Tractatus polyhistoricus Magico-medicus Curiosus, oder ein kurtzer mit vielen Wunderlichen Historien untermengter Bericht von dem Beschreyen und Verzaubern, auch denen daraus entspringenden Krankheiten und zaberischer Schäden. Was dasselbe eigentlich sey? aus waserley Ursachen solches herkomme? Wie sich vor solchen Unwesen zu hüten? und auf was Weise die darauß entstandenen Krankheiten und zauberi-schen Schäden vermittelst eines andächtigen Gebets und deren dazu gehörigen Arztney-Mitteln curiret werden können? Alles auß berühmter Alter und Neuer Medicorum Sciptis, auch auß eigener Erfahrung und 42.jähriger Praxis zusammengetragen und hervorgegeben. Frankfurt und Leipzig. 1699.

Godet, Alain: Hexenglaube, Rationalität und Aufklärung: Joseph Glanvill und Johann Moritz Schwager. Deutsche Vierteljahresschrift für Literaturwissenschaft und Geistesgeschichte. 1978.

Gödelmann, Johann: Tractatus de magis, veneficis et lamiis deque his recte cognoscendi et puniendis. Norimbergiae 1584. (deutsch: Von Zauberern, Hexen und Unholden . . . 1592) Übersetzer: Georg Nigrinus.

Goedelmann, J. G.: Von Zauberern vnd Vnholden, warhafftiger vnd wolgegründeter Bericht Herrn Georgii Gödelmanni . . . wie dieselbigen zuerkennen vnd zu straffen. Allen Beampten zu vnseren Zeiten von wegen vieler vngleicher vnd streittigen Meynung sehr nützlich vnnd nothwenig zuwissen . . . verteutschet . . . durch Georgium Nigrinum . . . Franckfurt am Mayn, 1692.

Goehausen, Hermann: Processus juridicus contra saga et veneficos, das ist: Rechtlicher Proceß, wie man gegen Unholden und Zauberische Personen verfahren soll. Rinteli. 1630.

Gössmann, Elisabeth: Antropologie und soziale Stellung der Frau nach Summen und Sentenzkommentaren des 13. Jh. In: Soziale Ordnungen im Selbstverständnis des Mittelalters. 1 Halbbd. Berlin. New York. 1979.

Göttner-Abendroth, Heide: Die Göttin und ihr Heros. München. 1980.

Götze, L.: Grafen von Nassau-Dillenburg. Urteil über Hexenprozesse (1582). Mitgetheilt von L. Götze. In: Verein f. Nassauische Altertumskunde und Geschichtsforschung. 13. Bd. Wiesbaden, 1874.

Goldast, M.: Rechtliches Bedencken, von Confiscation der Zauberer- und Hexen-Güter. Veber die Frage: Ob die Zauberer und Hexen, Leib und Guth mit und zugleich verwürcken, allso und dergestalt, dass sie nicht allein an Leib und Leben, sondern auch an Haab und Guth, können und sollen gestrafet werden? Sampt ein verliebtem kurtzem Bericht, von mancherley Arth der Zauberer und Hexen, und deren ungleiche Bestraffung . . . Bremen, 1661.

Goldschmidt, Petrus: Höllischer Morpheus, daraus erwiesen, das Gespenster seien, namentlich wider D. Bekkern in der bezauberten Welt. Hamburg. 1698.

Goldschmidt, Petrus: Verworffener Hexen- und Zauberadvokat. Das ist: Wohlbegründete Vernichtung des thörichten Vorhabens Hn. Christiani Thomasii. Hamburg. 1705.

Golowin, Sergius: Die Magie der verbotenen Märchen. Von Hexenkräutern und Feendrogen. Hamburg. 1973.

Gonzenbach, V.: Mitteilungen aus St. Gallischen Hexenakten seit 1600. In: Annalen der Criminalrechtspflege. 1855.

Gosler, Sieglinde: Hexenwahn und Hexenprozesse in Kärnten von der Mitte des 15. Jh. bis zum ersten Drittel des 18. Jh. Ungedr. Grazer phil. Diss. 1955.

Gothofredus, Jacobus: Codex Theodosianus. Lyon. 1665.

Grabner, Elfriede: Zwischen Wunderbuch und Rezeptbuch. Weisheit. Zum Aussagewert eines handschriftlichen burgenländischen Arzneibuches aus der ersten Hälfte des 19. Jh. In: Ethomedizin Bd. V. 1978/79. S. 25 ff.

Graeter, M. J.: Hexen oder Unholden Predigten. Darinnen zweyen vnterschiedlichen Predigten, auff das kürzest und ordentlichst angezeigt würdt, was in disen allgemeinen Landklagen, vber die Hexen vnd Vnholden, von selbigen warhafftig vnnd Gottseeliglich zuhalten. Tübigen, 1589, 1592.

Graichen, Gisela: Die neuen Hexen. Gespräche mit Hexen. Hamburg. 1986.

Grässe, J. Th.: Bibliotheca magica et pneumatica oder wissenschaftlich geordnete Bibliographie . . . Leipzig. 1843.

Graminaeus, Diederich: Inductio sive direcorium . . . Anleitung . . . wie ein Richter in Criminal- und peinlichen Sachen der Zauberer und Hexen sich zu verhalten. Köln. 1594.

Graner, Ferdinand: Zur Geschichte der Kriminalrechtspflege in Württemberg. Württembergische Vierteljahreshefte für Landesgeschichte 37. 1931. Stuttgart 1932.

Graner, Ferdinand: Erasmus von Rotterdam und die Feuersbrunst im wirtembergischen Städtchen Schiltach. Zeitschrift für württembergische Landesgeschichte. 2. Stuttgart 1938. S. 215 – 219.

Graßers, J. B.: Vertheidigung der critischen Anmerkungen über das Pater George Gaars

Rede von der Hexe Maria Renata. Bayreut. 1754.

Grave, M. G.: Von der Wasser-Probe oder (dem) Hexen-Bade. Osnabrück. 1640.

Gravina, Gian Vincenco: Originum iuris civilis libri tres. 1701 – 1707.

Greiner, J.: Hexenprozesse in Dinkelsbühl. In: Alt- Dinkelsbühl. Mitteilungen aus der Geschichte Dinkelsbühls und seiner Umgebung.

Grigulévic, I. R.: Ketzer, Hexen, Inquisitoren (Istorija inkvizcii) 13.–20. Jh. Mit einem Vorwort von Hubert Mohr. 2. Bde. Berlin. 1976.

Grillandus, Paulus: De Haereticis et Sortilegiis eorumque poenis. 1525/1592.

Grillandus, Paulus: Tractatus de hereticis et sortilegiis omnifariam coitu eorumque penis. Lugduni 1536.

Grimm, Heinrich: Die deutschen »Teufelsbücher« des 16. Jh. Ihre Rolle im Buchwesen und ihre Bedeutung. Archiv Geschichte Buchwesen. 2. 1960.

Gross, Chr.: Christlicher Bericht von und wider Zauberey, was solche schröckliche Sünde sey, wo sie herkommen, und wie man in allen Ständen derselben steuren und weren könne und solle; auss Gottes Wort verfasset und Herfür gegeben. Colberg. 1661.

Grossmann, Eberhard: Beitrag zur psychologischen Analyse der Persönlichkeit Dr. Martin Luthers. Monatsschrift für Psychiatrie und Neurologie. 132. 1956.

Grote, Frh. C.: Ortia Lindemann: oder der Zaubereiprozess zu Egeln. 1612; mit Benutzung geschichtlicher Quellen bearbeitet. Osterwieck a. H. 1877.

Grotefend: Die Hexen in Frankfurt. In: Mitteilungen des Frank. Vereins f. Geschichte und Altertumskunde. VI. Band. (S. 67 – 78). Frankfurt. 1881.

Grundling, N. H.: Gründliche Abfertigung der unpartheischen Gedanken eines ungenannten Auctoris, die sie von der Lehre »De crimen magiae« des hochberühmten Herrn D. Christian Thomasii, neulichst heraus gegeben. Gestellet von Hieronymo a sancta Fide. Franckfurth. 1701 – 1703.

Grundmann, Herbert: Religiöse Bewegungen im Mittelalter. Untersuchungen über die geschichtlichen Zusammenhänge zwischen der Ketzerei, den Bettelorden und der religiösen Frauenbewegung im 12. und 13. Jh. und über die geschichtlichen Grundlagen der Deutschen Mystik. Berlin. 1935.

Grundmann, Herbert: Die Frauen und die Literatur im Mittelalter. Ein Beitrag zur Frage nach der Entstehung des Schrifttums in der Volksprache. Archiv für Kulturgeschichte. 26. 1936. S. 129 – 161.

Grundmann, Peter: Der Typus des Ketzers in mittelalterlicher Anschauung. In: Kultur- und Universalgeschichte. Walter Goetz zu seinem 60. Geburtstag. Leipzig. Berlin. 1927.

Grundmann, Peter: Ketzergeschichte des Mittelalters. Göttingen 1961 (= Die Kirche in ihrer Geschichte 2. G. 1).

Gründlicher Bericht/Ob Zauberey die ärgste und grewlichste Sünd auf Erden sey. Zum andern/ob die Zauberer noch buß thun/und selig werden mögen. Zum Dritten/ob die hohe Obrigkeit die Zauberer und Hexen am Leib und Leben zu straffen schuldig. Mit Ableitung allerley Einreden. In sieben Tractat/am Ende zu finden . . . Fracciscum Agricolam, Pfarrherrn zu Gülch. Gedruckt in Fürstl. Statt Wirtzburg/durch Stephan Fleischmann. 1627.

Gründlicher Bericht, was von der Zauberey und Hexenwerck zu halten sey; Einhellige Antwort der Hochgelehrten Theologen und Predikanten zu Nürnberg (Anm. das waren: M. Helnig, J. Schelhammer, J. Kaufmann und M. Sallinger). Nürnberg, 1603.

Grünther, Ralf Achim: Was ist wahres an Hexensalben? In: Gehlen, Rolf und Bernd Wolf (Hrsg.). Der gläserne Zaun. Aufsätze zu Hans Pater Duerr's »Traumzeit«. Frankfurt. 1983.

Gryhiander, Johann: De weichbildnis Saxonicis, sive colossis Rulandinis urbium quarundam Saxonicarum, commentarius histor-iur. Francofurti. 1625.

Günther: Ein westdeutscher Hexenprozeß aus dem Jahre 1648. In: Mitteilungen des westpreußischen Geschichtsvereins. 1. Jahrgang. Danzig. 1902.

Günther, Ludwig: Ein Hexenprozeß. Ein Kapitel aus der Geschichte des dunkelsten Aberglaubens. Archiv für Kriminal-Anthropologie und Kriminalistik. 19. Leipzig. 1905. S. 298 – 356.

Günthert, J. E. v.: Agnes: eine Hexengeschichte aus dem 16. Jh. Stuttgart. 1887.

Haag, Herbert: Teufelsglaube. Mit Beiträgen von Katharina Elliger, Bernhard Lang und Meinrad Limbeck. Tübingen. 1974.

Haan, J.: Von Hexen und wildem Gejäg. Mit mittelalterlichen Holzschnitten und Kupferstichen, sowie Zeichnungen . . . Luxembourg. 1971.

Haas, A.: Aus pommerschen Hexenprozeßakten. Ein Beitrag zur Geschichte des pommer'schen Volksglaubens. Programm des Städt. Schiller- Realgymnasiums. Ostern. Stettin. 1896.

Haas, Carl: Die Hexenprozesse. Ein culturhistorischer Versuch nebst Dokumenten. Tübingen. 1865.

Hacker, F. X.: Die Hexenrichter von Würzburg. Historische Novelle von Seeburg (pseud.) 3. Aufl. Regensburg. 1894.

Hader, M.: Zauber-, Hexen- und Gespensterglaube im Frankenwald. Heimatbilder aus Oberfranken. In: Volkskundliche Vierteljahreszeitschrift. 1. Jg. 4. Heft. 1913.

Hämmerle, Georg: Aus der Geschichte der Stadt Saulgau. Bd. 1. Die Saulgauer Hexenprozesse o. J.

Hagenbach, K. R.: Die Basler Hexenprozesse im 16. und 17. Jh. Einladungsschrift zu der Rede des zeit. Rector magn. K. R. Hagenbach. Basel. 1840.

Haining, Peter: An illustrated History of witchcraft. Ed. by Peter Haining. 1975.

Haining, Peter: Wahn und Wirklichkeit in Mittelalter und Gegenwart. Oldenburg. 1977.

Haisch, Erich O.: Psychiatrische Aspekte der Hexenprozesse. In: Massenwahn in Geschichte und Gegenwart. Ein Tagungsbericht. Stuttgart. 1965.

Hall, Karl Alfred: Die Lehre vom Corpus Delicti. Eine dogmatische Quellenexegese zur Theorie des gemeinen deutschen Inquisitionsprozesses. Stuttgart. 1933.

Hamer, St.: Eine erschröcklich Geschicht vom Tewel und einer Unhulden, beschehen zu Schilta bey Rotweil in der Karwochen MDXXXIII. Jahr. 1533 (?).

Hammes, Manfred: Hexenwahn und Hexenprozesse. Frankfurt am Main. 1977 (Fischer Taschenbuch, 1818).

Hampe, Karl: Stilübungen zur Ketzerverfolgung unter Kaiser Friedrich II. Festgabe Friedrich von Bezold dargebracht zum 70. Geburtstag. Bonn. 1921.

Hansen, Chadwick: Witchcraft at Salem. New York. 1969.

Hansen, Joseph: Der Malleus Maleficarum, seine Drucklegung und die gefälschte Kölner

Approbation vom Jahre 1487. Westdeutsche Zeitschrift für Geschichte und Kunst. 17. Trier. 1898. S. 119.

Hansen, Josef: Zauberwahn, Inquisition und Hexenprozeß im Mittelalter und die Entstehung der großen Hexenverfolgung. Leipzig und München. 1900.

Hansen, Josef: Quellen und Untersuchungen zur Geschichte des Hexenwahns und der Hexenverfolgung im Mittelalter. Mit einer Untersuchung zur Geschichte des Wortes »Hexe« von Johann Franck. Bonn. 1901.

Hansen, Joseph: Heinrich Institoris, der Verfasser des Hexenhammers und seine Tätigkeit an der Mosel im Jahre 1488. Westdeutsche Zeitschrift für Geschichte und Kunst. 26. Trier. 1907. S. 110.

Hansen, Josef: Der Hexenhammer, seine Bedeutung und die gefälschte Kölner Approbation vom Jahre 1487. In: Westdt. Zeitschrift für Geschichte und Kunst. Jg. XXVI. S. 372. Trier. 1907.

Hansen, Josef: Die Kontroverse über den Hexenhammer und seine Kölner Approbation vom Jahre 1487. In: Westdt. Zeitschrift für Geschichte und Kunst. Jg. XXVII. S. 366. Trier. 1908.

Harbach, L.: Gründtlicher Bericht, die von Hexerey und Zauberey zu dieser Zeit, sehr nothwenige drei Hauptfragen betreffend . . . mit gutem Bedacht zusammengetragen vnd der Welt Vrtheil gestellet, von Laurentio de Harbach . . . 1630.

Hardt, Hermann von der: Von Gesichtern und Offenbarungen. 1692.

Hartlaub, F. G.: Hans Baldungs Hexenbilder. 1961.

Hartmann, W.: Die Hexenprozesse in der Stadt Hildesheim. Quellen und Darstellungen zur Geschichte Niedersachsens. 35. Bd. Hildesheim und Leipzig. 1927.

Hauber, Eberhard David: Bibliotheca, Acta et scripta magica und Urtheile von solchen Büchern und Handlungen. Lemgo 1736 – 1741.

Hauffen, A.: Der Hexenwahn. In: Sammlung gemeinn. Vorträge. Nr. 230. Prag. 1897.

Hauschild, Thomas, Staschen, Heide, Troschke, Regina: Hexen. Ausstellungskatalog. Hamburg. 1979.

Hauschild, Thomas: Johann Kruses Beitrag zur Erforschung des neuzeitlichen Hexenglaubens. Mitteilungen aus dem Museum für Völkerkunde. Hamburg. N.F. Bd. X. S. 139 ff.

Hauschild, Thomas: Die alten und die neuen Hexen. Die Geschichte der Frauen auf der Grenze. München 1987.

Hausrath, Adolf: Der Ketzermeister Konrad von Marburg. Heidelberg. 1861.

Havemann, Elisabeth: Die Frau der Renaissance. Berlin. 1927.

Hecker: Die Tanzwut, eine Volkskrankheit des Mittelalters. Berlin. 1832.

Heid, Gertraud: Die Darstellung der Hölle in der deutschen Literatur des ausgehenden Mittelalters. Ungedr. Wiener phil. Diss. 1957.

Heigl, F.: Der Hexenglaube. Ein Rückblick als Perspektive für die Spiritisten unserer Zeit. Von Ferdinand Heigl. Verfasser der »Spaziergänge eines Atheisten«. »2. Auflage. Hamburg. 1899.

Heikbauer, Joachim: Hexen-Graphiken aus sechs Jahrhunderten. Nauheim. 1964.

Heilmann, Karl Eugen: Kräuterbücher in Bild und Geschichte. München. 1964.

Heimbucher, Max: Die Orden und Kongregationen der katholischen Kirche. Paderborn. 1933.

Heinemann, Franz: Der Richter und die Rechtsgelehrten. Leipzig. 1900.

Heinemann, Franz: Inquisition, Intoleranz, Exkommunikation, Index, Zensur, Sektenwesen, Hexenwahn- und Hexenprozesse. Rechtsanschauungen. Bern. 1908 – 09.

Heinrich: Feen und Hexen. In: Südd. Taschenbuch. Freiburg. 1840.

Heinsohn, Gunnar/Otto Steiger: Die Vernichtung der weisen Frauen. Beiträge zur Theorie und Geschichte von Bevölkerung und Kindheit. Herbstein. 1985.

Hegler, August: Die praktische Tätigkeit der Juristenfakultäten des 17. und 18. Jh. in ihrem Einfluß auf die Entwicklung des deutschen Strafrechts von Carpzov an. Freiburg i. Br. 1899. Zugleich Tübinger jur. Diss. 1899.

Helbing, Franz: Die Tortur. Geschichte der Folter im Kriminalverfahren aller Völker und Zeiten. Bd. 1. Vom Altertum bis zur Reformation. Bd. 2. Von der Reformation bis zur Gegenwart. Berlin. 1902.

Held, Hch.: Artikel »Hexen« in M. Buchbergers Lexikon f. Theologie und Kirche. V. Bd. 1933.

Hellwig, A – E. K. M.: Ein moderner Hexenprozeß in Posen. Von Albert Hellwig. In: Mitteilungen d. Schles. Gesellschaft für Volkskunde. XII. Bd. Breslau. 1910.

Henna am Rhyn: Der Teufels- und Hexenglaube, seine Entwicklung, seine Herrschaft und sein Sturz. Leipzig. 1892.

Hennen, G.: Ein Hexenprozeß aus der Umgebung von Trier aus dem Jahre 1572. Ein Beitrag zur Kulturgeschichte des Mosellandes von Dr. Hennen. St. Wendel. 1887.

Henß, K.: Ein Beitrag zur Geschichte der Hexenprozesse. In: Unterhaltungsbeilage der Hanauer Zeitung. Hanau. 1902.

Hentig, Hans von: Über das Indiz der Tränenlosigkeit im Hexenprozeß. Schweizerische Zeitschrift für Strafrecht 48. Bern. 1934.

Hentig, Hans von: Die Strafe. Bd. 1, 2 Berlin. Göttingen, Heidelberg. 1954.

Hermann, E.: Die Hexen von Baden-Baden. Nach den Original- Akten des allgem. großherzogl. Landes-Archives in Karlsruhe. 1890.

Hermann, L.: Hexenprozesse aus der ehemaligen Cent vom Spessart und Bachgau (aus aktenmäßigen Urkunden gezogen). In: Erheiterungen, Belletristisches Beiblatt z. Aschaffenburger Zeitung Nr. 11 bis Nr. 32. vom 12. Januar bis zum 6. Februar 1866.

Her, Rat.: Ein Hexenprozeß zu Schongau vom Jahre 1587. Aus den Originalacten geschichtlich dargestellt von Rat Her. München. 1849.

Herzog: Hexe, Hexerei. Leipzig. 1830.

Hertz, Wilhelm: Der Werwolf. 1862.

Hesse, W.: Ueber einen Hexenprozeß in Mönchen-Gladbach. In: Rhein. Geschichtsblätter. 3. Jahrg. Nr. 8. Bonn. 1897.

Hessler, M.: Verhörprotokoll über einen der Hexerei Angeklagten. Frötstedt, den 27. July 1680. In: Aus der Heimat. Blätter d. Vereinig. f. Gothaische Geschichte und Altertumsforschung. 1. Jahrg. Nr. 3. Gotha. 1897.

Heuser, K. W.: Hexenglaube und Hexenverfolgung. Geistliche Voraussetzung und geschichtlicher Verlauf. Remscheid. Bergischer Geschichtsverein. 1976.

Hexen. Ausstellungskatalog. Stadtmuseum Erlangen. 1985.

Hexenbrände und Hexenprozesse unter der Regierung Philipp von Ehrenberg. (1623 – 1631). In: Frankenwarte. Nr. 22/23. 1973.

Hexen-Büchlein, d. i. Ware entdeckung vnd erklärung oder Declaration fürnämlicher Artikel der Zauberey und was von Zauberern, Unholden, Hengsten, Nachtschaden etc. zu halten sei. Allen Vögten, Schultheißen etc. nützlich zu lesen. Ettwann durch – Jac. Freyherrn von Lichtenberg – erfahren und jetzt durch einen gelehrten Doctor beschrieben. s. 1. et a. 4.

Hexen, Hexenwahn und Hexenverfolgung in und um Schwäbisch Hall: Hällisch-Fränkisches Museum. Schwäbisch Hall. Ausstellungskatalog. 18. Juni – 7. August 1988.

Hexenprozesse aus dem Steinthal. (107 – 1675). Alsace (?).

Hexenprozesse zu Cösnitz in Sachsen vom Jahre 1657. Aus den in der Registratur zu Cösnitz noch befindlichen Original-Akten. In: Staats-Anzeigen IV. Bd. 15. Heft. Göttingen. 1784.

Hexen und Hexenprozesse. Zur Geschichte des Aberglaubens und des inquisitorischen Prozesses. 1855.

»Hexenturm wird 500 Jahre alt«. In: Studier mal Marburg. 2. Theile. 3. Jahrg. Mai/Juni 1978.

Hexenwelten: Magie und Imagination vom 16. – 20. Jh. Reich illustrierter Begleitband zu einer Ausstellung in der Staatsgalerie Saarbrücken. 1987.

Hexenwesen und Hexenprozesse. Ein Vortrag. Geh. von Wilhelm Beemelmann. In: Bulletin de Museé historique de Mulhouse. Mühlhausen. 1908.

Hexerei, Zauberei, Wahrsagerei, Lotterie, Traum und Geisterspuk . . . Hrsg. von Gelasius Kobold. Regensburg (?).

Hiller, Helmut: Lexikon des Aberglaubens. 1986.

His, Rudolf: Geschichte des deutschen Strafrechts bis zur Karolina. München, Berlin 1928). Handbuch der mittelalterlichen und neueren Geschichte. Abt. 3).

His, Rudolf: Das Strafrecht des deutschen Mittelalters. Bd. 1. Leipzig. 1920. Bd. 2. Weimar. 1935.

Historische Nachricht vom Blocksberge und der Hexenzusammenkunft auf demselben. Braunschweig. 1726.

Höfler, Max: Deutsches Krankheitsnamen-Buch. München. 1899.

Höhn, W.: Hexenprozesse in den hennebergischen Ämtern Schleusingen, Suhl und Ilmenau. In: Schriften des Hennebergischen Geschichtsvereins. 4. Jahrg. 1911.

Hölscher, O.: Friedrich Spee von Langenfeld. Sein Leben und seine Schriften. Düsseldorf. 1871.

Hoensbroech, P. V.: Das Papsttum in seiner sozial-kulturellen Wirksamkeit. Bd. 1. Inquisition, Aberglaube, Teufelsspuk und Hexenwahn. Leipzig. 1900.

Hoffmann, Birgit: Die Hexenverfolgung in Schleswig-Holstein zwischen Reformation und Aufklärung. In: Schriften des Vereins für Schleswig-Holsteinische Kirchengeschichte. II. Reihe (Beiträge und Mitteilungen) 34./35. Bd. (1978/79). S. 110 – 172.

Hoffmann, W.: Der Hexen- und Besessenheitsglaube im 15. und 16. Jh. im Spiegel des Psychiaters. Greifswald. Umgebung. Beilage zum »Wörnitz- Boten« 16. Jahrgang. Nr. 6 vom 31. Dezember 1929.

Hoffmann, W.: Der Hexen- und Besessenheitsglaube im 15. und 16. Jh. im Spiegel des Psychiaters. Greifswald. 1935.

Hoffmann-Krayer, E.: Ein Zauberprozeß in Basel. 1719. In: Schweizerisches Archiv für Volkskunde. 2. Jahrg. 4. Heft. Zürich. 1898.

Hoffmann-Krayer, E.: Luzerner Akten zum Hexen- und Zauberwesen. In: Schweizerisches Archiv für Volkskunde. 3. Jahrg. Zürich. 1899.

Holzinger, J.: Zur Naturgeschichte der Hexen. Vortrag. Gehalten vom Vereins-Präsidenten . . . J. B. Holzinger, in der Jahresversammlung des naturw. Vereins f. Steiermark am 16. Dezember 1882. Graz. 1883.

Holtzmann, R.: Zum Attentat von Anagni. In: Festschrift für A. Brackmann. S. 492. Weimar. 1931.

Honegger, Claudia (Hrsg.), M. Bloch, F. Braudel, L. Febvre u.a.: Schrift und Materie der Geschichte. Vorschläge zur systematischen Aneignung historischer Prozesse. Frankfurt. 1977.

Honegger, Claudia (Hrsg.), M. Bloch, F. Braudel, L. Febvre u.a.: Die Hexen der Neuzeit. Studien zur Sozialgeschichte eines kulturellen Deutungsmusters. Frankfurt a. M. 1978.

Honselmann, Klement: Friedrich von Spee und die Drucklegung seiner Mahnschrift gegen die Hexenprozesse. Westfälische Zeitschrift 113, 1963. S. 427 – 454.

Horna, R.: Zwei Hexenprozesse in Preßburg. Preßburg. 1933.

Hörningk, L. V.: Von der Pestilenz. Namen. Eigenschaft, Ursachen, Zeichen usw. Frankfurt am Main. 1644.

Horst, G. C.: Dämonologie, oder Geschichte des Glaubens an Zauberei und dämonische Wunder, mit besonderer Berücksichtigung des Hexenprozesses seit den Zeiten Innocentius des Achten. Nebst einer ausführlichen, nach Inquisitionsacten bearbeiteten Beschreibung des Hexenthurms zu Lindheim in der Wetterau. Mit Kupfern. Frankfurt am Main, 1818.

Horst, G. C.: Zauber-Bibliothek; oder, Von Zauberei, Theurgie und Mantik, Zauberern, Hexen und Hexenprozessen, Dämonen, Gespenstern, und Geistererscheinungen. Zur Beförderung einer rein geschichtlichen, von Aberglauben und Unglauben freien Beurtheilung dieser Gegenstände. Mainz, 1826.

Hössli, H.: Hexenprocess- und Glauben, Pfaffen und Teufel. Als Beitrag zur Sitten- und Kulturgeschichte der Jahrhunderte. Leipzig. 1892.

Hossmann, A.: De tornitur & tempestate, das ist: Nothwendiger Bericht, von Donnern und Hagel-Wettern, wanen vnd woher sich die selben verursachen, ob sie natürlich: Item, ob Teuffel vnd Zäuberer auch Wetter machen können . . . Neben Erzehlung etlicher seltsamer Fälle . . . in Druck gegeben durch Abraham Hosmanum. Leipzig, 1612.

Hults, Linda: Baldung's Bewitched Groom Revisited. In: Sixteenth Century Journal. XV. (33). 1984. S. 259 ff.

Humborg, L.: Die Hexenprozesse der Stadt Münster. Ein Beitrag zur Kulturgeschichte. Münster/Westf. 1914.

Hutchinson, Francis: An historical essay concerning Witchcraft. London. 1718.

Hutchinson, Francis: Francisi Hutchinsons . . . Historischer Versuch von der Hexerey, in einem Gespräch zwischen einem geistlichen, einem schottländischen advocaten, und englischen geschwornen; worinn über würklich geschehene dinge vernünftige Anmerckungen gemachet, die hieher gehörigen stellen aus der Heil. Schrifft richtig erkläret und die gemeinen Irrthümer auf's bescheidendthlichste widerlegt werden. Nebst zwey vortrefflichen predigten, die erste zum beweiss der wahrheit christl. Religion, die andere, von guten und bösen Engeln; und einer Vorrede des Herrn geheimden raths Thomasii. Aus dem Englichen ins Teutsche übersezet, auch mit kurtzen summarien und vollständigen Registern versehen von Theodor Arnold. Leipzig, 1726.

Huxley, Aldous: Der Teufel von London. Studie über Massenwahn, Exorzismus und Totaliratismus. 1978.

Institoris, Heinrich und Jacob Sprenger: Der Hexenhammer. Nachdruck der deutschen Übersetzung des »Malleus Maleficarum«. V. J. W. R. Schmidt o.O. 1974. Neuausgaben des Malleus und des Kelheimer Hammers.

Jacobs, W.: Ursprung, Ausbildung und Ende der Hexenprozesse. In: Annalen der deutschen und ausländischen Criminal-Rechtspflege. Hrsg. von W. L. Demme (u.a.) Berlin. 1843.

Jäger, F. A.: Geschichte des Hexenbrennens in Franken im 17. Jh. Aus Original-Prozess-Akten von Dr. Jäger, Pfarrer in Pförring an der Donau. Archiv des hist. Vereins. 2. Bd. 3. Heft. Würzburg. 1834.

Jäger, K.: Die Hexenverfolgungen im Amte Homburg. Auf Grund der Akten aus dem Staatsarchiv zu Wiesbaden. 1931.

Jahn, U.: Hexenwesen und Zauberei in Pommern. Breslau. 1886.

James, I.: Demonologie. Edinburg. 1597.

Jannsen, Johannes/Pastor, Ludwig: Geschichte des deutschen Volkes seit dem Ausgang des Mittelalters. Bd. VI. – VIII. 14. Aufl. Freiburg. 1903 auch: Freiburg. 1894.

Jaquerius, Nicolaus: Flagellum Haereticorum Fascinariorum. Frankfurt, bei Myntzenberg. 1581.

Jaracewsky, A.: Zur Geschichte der Hexenprozesse in Erfurt und Umgegend: ein Beitrag zur Culturgeschichte des 17. Jhts. Erfurt. 1876.

Joesten, Josef: Zur Geschichte der Hexen und Juden in Bonn. Eine kulturhistorische Studie. Bonn 1900/1901.

Johnson, Eyvind: Träume von Rosen und Feuer. Schicksal eines mutigen Priesters z. Zt. der Hexenprozesse und Inquisition in Frankreich.

Jordan-Simon: Die heutige Hexerei- und Zauberkunst. Frankfurt und Leipzig. 1766.

Jordaneus, Johannes: Disputatio brevis et categorica de proba Stigmatica. Coloniae Agripp. 1630.

Kämpfer, E.: Dummheit, Hexenwahn, Teufelsspuk und Religionsschwindel. München. 1937.

Kämpfer, P. J.: Hexen & Hexenprozesse in Wallis; nach bewährten Quellen bearbeitet und kritisch beleuchtet. Stans. 1867.

Kalbfleisch, K.: Die Hexenprozesse in Gelnhausen. In: Unterhaltungsbeil des Gelnhauser Tageblatts. Gelnhausen. 1988.

Katzer, E.: Ein Hexenprozeß in Gutenstein. In: Unsere Heimat. Monatsblatt f. Niederösterreich. 41. Jahrgang. 1970.

Kaufmann, J.: Die Stellung der Kirche zu den Hexenprozessen im 17. Jh. In: Mitteilungen des Westpreußischen Geschichtsvereins. 2. Jahrg. Danzig. 1903.

Kaupen, Haas, Heidrun: Frauenmedizin im deutschen Mittelalter. In: Sterly, Joachim (Hrsg.). Ethnomedizin und Medizingeschichte. Berlin. 1983.

Kausch, Fr.: Hexenglaube und Hexenprozesse in unserer Heimat: ein Beitrag zur Geschichte der Provinz Sachsen und des Harzgebietes. Burg b. M. 1927.

Keefe, O. Daniel, Lawrence: Stolen Lightning, The Social Theory of Magic. Oxford. 1921.

Keller, K.: Bosheit und Wahnglaube: oder, der Hexenprozeß. Sittengemälde aus der Mitte des 17. Jh. Bunzlau. 1831.

Kemper, J.: Hexenwahn und Hexenprozesse in Deutschland. Mit 13 Illustrationen. Regensburg. 1908.

Kempf, O.: Hexenprozesse in Amerika. In: Die Kritik. Wochenschau des öffentlichen Lebens Nr. 16. Berlin. 1895.

Kerényi, Karl: Die Mythologie der Griechen. Bd. 1. Die Götter- und Menschheitsgeschichten. 10. Auflage. Februar 1988. München.

Königl. Leib-Medici in Frankreich lesenswürdige Briefe an einige seiner Freunde, über die Materie von der Zauberey, den Übelthaten, so dadurch angestiftet werden, und von den Zauberern und Hexen insbesondere, worinnen er die wunderbarsten Würckungen, die man gemeiniglich den Teufeln zuschreibet, deutlich erkläret, und dabei zeiget, daß diese Geister of nicht den geringsten Antheil daran haben, sondern alles, was man ihnen beimisset, weder in dem alten noch neuen Testament zu finden, noch auch durch die Kirche bestätigt, und folglich entweder natürlich oder Betrügern sey. Gedruckt zu Paris 1725 mit Approbation und Königl. Privilegio. Statt eines Supplements zum Hutchinson aus dem Französischen ins Teutsche übersetzet, Ruhmgedachtem Lord-Bischoff in Unterthänigkeit dediciret, und mit unterschiedlichen Anmerkungen, wie auch einem Vorbericht und gehörigen Registern versehen von Theodoro Arnold. Leipz. 1727.

Keussen, H.: Zwei Hexenprozesse aus der Crefelder Gegend. In: Historischer Verein f.d. Niederrhein. Nr. 63. Köln. 1897.

Keyser, G. A.: Uhuhu-Hexen-, Gespenster-, Schatzgräber- und Erscheinungs-Geschichten. Erfurt. 1785 – 92.

Keysser: Über Loos: de vera et falsia magia. In: Zentralblatt f. Bibliothekswesen. S. 445. 1888.

Kiesling, Edith: Zauberei in den Germanischen Volksrechten. Jena 1941. (Beiträge zur mittelalterlichen, neueren und allgemeinen Geschichte. 17).

Kirchhoff, Th.: Beziehung des Dämonen- und Hexenwesens zur deutschen Irrenpflege. In: Allgem. Zeitschrift für Psychiatrie und ihre Grenzgebiete. 44. Bd. 4. und 5. Heft. Berlin. 1888.

Kittel: Kurmainzische peinliche Hexeninquisition vom Jahr 1624. In: Anzeiger für Kunde der dt. Vorzeit. Nr. 10/11. Nürnberg. 1865.

Kittredge, George Lymann: Witchcraft in Old and New England (Cambride). Mas. 1929.

Klein, Herbert: Die ältesten Hexenprozesse im Lande Salzburg. Mitteilungen der Gesellschaft Salzburger Landeskunde 97. 1957. S. 17 – 50.

Kleinpaul, R.: Modernes Hexenwesen. Leipzig. 1900.

Kleinwegener, Günter: Die Hexenprozesse von Lemgo. Diss. jur. Bonn. 1954.

Kléle: Hexenwahn und Hexenprozeß in Hagenau. Hagenau i. E. 1893.

Klingner, Erich: Luther und der deutsche Volksaberglaube. Berlin. 1912 (Palaestra. 56).

Kneubühler, H. P.: Die Überwindung von Hexenwahn und Hexenprozeß. Jur. Diss. der Rechts- und staatswissens. Facultät Zürich (1977). Diessenhofen. 1977.

Knortz, Karl: Hexen, Teufel und Blocksbergspuk in Sage, Geschichte und Literatur. Annaberg. 1914.

Knortz, Karl: Amerikanischer Aberglaube der Gegenwart. Gerstenberg. 1919.

Koch, H.: Hexenprozesse und Reste des Hexenglaubens in der Wetterau. In: Gießener Beiträge z. deutschen Philologie. XXXVII. Gießen. 1935.

Koch, Karl: Die Zeichnungen Hans Baldung Griens. Berlin. 1941.

Köhler, K.: Luther und die Juristen. Gotha. 1873.

König, B.: Ausgeburten des Menschenwahns im Spiegel der Hexenprozesse und der Autodafees. Geschichte des After- und Aberglaubens bis auf die Gegenwart. Historische Schandsäulen des Aberglaubens. Berlin – Friedenau. 1940.

Königer, A. M.: Die Kirche und der Hexenwahn. In: Lit. Beilage der Kölner Volkszeitung. Nr. 31. Köln. 1907.

Königer, A. M.: Der Hexenwahn in neuester Beleuchtung. Köln. 1909.

Könnecke, M.: Zwei Hexenprozesse aus der Grafschaft Mansfeld. In: Mansfelder Blätter. 10. Jahrgang. Eisleben. 1896.

Köppen, K. Fr.: Hexen und Hexenprozesse. Zur Geschichte des Aberlaubens und des inquisitorischen Prozesses. 2. Auflage. Leipzig. 1858.

Kohler, Josef: Die Peinliche Gerichtsordnung Karls V. Constitutio Criminalis Carolina. Halle. 1900.

Kohler, Josef: Bodinus und die Hexenverfolgung. Archiv für Strafrecht und Strafprozeß 66. Berlin. 1919.

Krämer, W.: Kurtrier'sche Hexenprozesse im 16. und 17. Jh. vornehmlich an der unteren Mosel. Beitrag zur Kulturgeschichte. München. 1959.

Krauss, F. S.: Südslavische Hexensagen. Wien. 1884.

Kretzenbacher, Leopold: Schlangenteufel und Satan im Paradeisspiel. Zur Kulturgeschichte der Teufelsmasken im Volksschauspiel. In: Masken in Mitteleuropa. Volkskundliche Beiträge zur europäischen Maskenforschung (= Sonderschriften des Vereines für Volkskunde in Wien. 1). Wien. 1955.

Kretzenbacher, Leopold: Teufelsbündner und Faustgestalten im Abendlande. Klagenfurt. 1968 (Buchreihe Landesmuseum für Kärnten 23.).

Kries, A. v.: Der Beweis im Strafprozeß des Mittelalters. Weimar. 1878.

Krönert, Georg: Luther und das Okkulte. Neue Wiss. Zeitschrift für Grenzgebiete des Seelenlebens. 7. 1958.

Kruse, Johann: Hexen unter uns. Hamburg. 1951.

Kühnau, R.: Hexen und Hexenzauber, nebst einem Anhang über Zauberer und Hexenmeister. In: Schlesische Gesellschaft für Volkskunde. Bd. 7 13. Heft. Breslau. 1905.

Kuisel, Fritz: Die Hexen von Werdenfels. Hexenwahn im Werdenfelser Land. Rekonstruiert an Hand der Prozeßunterlagen von 1589 – 1596. Buchdruckerei u. Verlag A. Adam. Garmisch-Partenkirchen o.J.

Kuhn, Hans: Der Teufel im Nibelungenlied. Zu Gunthers und Kriemhilds Tod. Zeitschrift für deutsches Altertum und deutsche Literatur 94. 1965.

Kuhn, Hildegard: Hexen (F)liegen in der Luft. In: Das gute Jugendbuch. Jg. 19. S. 1. Ratingen 1969.

Kunstmann, Hartmut Heinrich: Zauberwahn und Hexenprozeß in der Reichsstadt Nürnberg. Mainzer rechtsw. Diss. 1970. Nürnberg/Erlangen. 1970.

Kunth, H.: Newe Zeitung, von einer erschrecklichen That, welche zu Dillingen, von einem Jhesuidwider, vnd einer Hexen, geschehen ist, welche denn offentlich, durch strenge Martern, bekand haben, wie sie es getrieben, vnd was sie für grossen Schaden gethan. Auch in Sonderheit, von diesem grossen Gewitter, welchen sie den 2. Augusti, dieses 1579. Jars, durch ire Zauberey gemacht haben. De (be) neben auch, von dem vngeschlachten Wetter, als Regen, vnd Kelte, welche dem Korn vnd Wein, zum grossen Schaden und Nachtheil, geschehen ist. Auch ist die Hexe, welche 23. Jahr, mit dem bösen Feinde, dem leidigen Teuffel, gebuhlet, den 8. October, zu Dillingen zum Fewer verurtheilet worden. Aber erschrecklicherweise von dem Teuffel aus dem Fewer, in den Lüfften hinweg geführet worden. Durch Hans Kuntzen beschrieben. Basel, 1579.

Kunze, Michael: Straße ins Feuer: vom Leben und Sterben in der Zeit des Hexenwahns. 1982.

Kuoni, M.: Die Hexengerichte im Prättigau. Kulturhistorische Skizze aus dem 17. Jh. In: Alpenrosen. Ein Schweizer Sonntagsblatt. 15. Jahrg. Bern. 1885.

Kurth, W.: Das Phänomen des Hexenwahns als massenpsychologischer Ausdruck psychischer Epidemien. In: Berichte der physikalisch medizinischen Gesellschaft. Bd. 76. S. 39. Würzburg. 1968.

Kurtz, O.: Beiträge zur Erklärung des volkstümlichen Hexenglaubens in Schlesien. Diss. (Anlam). Greifswald. 1916.

Lambreg, G. v.: Kriminalverfahren vorzüglich bei Hexenprozessen im ehemaligen Bistum Bamberg während der Jahre 1623 bis 1630. Aus aktenmäßigen Urkunden gezogen. Nürnberg o.J. (vermutlich um 1836).

Längin, G.: Religion und Hexenprozeß. Zur Würdigung des 400. Jubiläums der Hexenbulle und des Hexenhammers, sowie der neuesten katholischen Geschichtsschreibung auf diesem Gebiete. Leipzig. 1888.

Lance, Pierre de: Tableau de l'inconstance des mauvais anges et démons. Paris. 1613.

Lance, Pierre de: L'Incrédulité et Mécréances du sortilége plainement convaincu. Paris. 1622.

Lancelottus, Joannes Paulus: Institutiones Juris Canonici. Basel. 1566.

Landenberger, J.: Stuttgarter-Hexen-Geschichten. Kulturgeschichtliche Bilder aus vergangenen Tagen. Mit einer Einleitung. Lorch. 1904.

Lange, Ursula: Untersuchungen zu Bodins Demonomanie. Frankfurt am Main. 1970 (Das Abendland. 8).

Lange-Eichbaum, Wilhelm-Kurth, Wolfram: Genie, Irrsinn und Ruhm. 6. Auflage. München, Basel. 1967.

Lans-Gebott . . . Erneuerte Land-Gerichts-Ordnung . . . gegen Aberglauben, Zauberey und Hexerei und andere sträfliche Teufelskünste (erlassen d. Herzog Ferdinand Maria), 1603.

Larrey, Isaac de: Historie d'Angleterre d'Ecosse et d'Irlande jusqua á Guillaume.

Lau, F.: Das Buch Weinsberg. Kölner Denkwürdigkeiten aus dem 16. Jh. Bonn. 1897.

Lauen, H.: Die Hexenprozesse in Trier und Umgebung. In: Triersche Chronik. Jg. 4. S. 113. Trier 1908.

Lauffer, O.: Die Hexe als Zaureiterin. In: Gießener Beiträge zur deutschen Philologie. 60. Gießen. 1938.

Lavater, Ludwig: Von Gespenstern, ungeheuren Faellen, oder Foltern und andern wunderbaren Dingen . . . kurtzer und einfeltiger Bericht. Zürich. 1569.

Laymann, Paulus: Processus juridicus . . . das ist ein rechtlicher Prozeß gegen die Unholden und zauberische Personen. Cöllen. 1629 (Anm. Laymann ist nicht Verfasser, der Verleger hat mit seinem Namen spekuliert).

Lea, Henry Charles: A History of the Inquisition in the Middle Ages. New York. 1887.

Lea, Henry Charles: Materials Toward a History of Witchcraft. ed. Arthur C. Howland. (Philadelphia). 1939. 3. Bde.

Lehmann, Hartmut: Hexenverfolgungen und Hexenprozesse im Alten Reich zwischen Reformation und Aufklärung. In: Jahrbuch des Instituts für Deutsche Geschichte. Bd. 7. 1978. S. 13 ff.

Leibrand, Werner-Wettley, Annemarie: Der Wahnsinn. Geschichte der abendländischen Psychopathologie. Freiburg/München 1961 (Orbis academicus 2.12).

Leibbrand-Wettley, Annemarie: Psychopathologie und Dämonologie von Paracelsus und Johannes Weyer. Melemata. Festschrift für Werner Leibbrand zum 70. Geburtstag. Mannheim 1967.

Leibrand-Wettley, Annemarie: Wahrheit und Verkündigung. Vorläufige Revision des historischen Hexenbegriffes. In: Festschrift für M. Schmaus. München. 1967.

Leibrand-Wettley, Annemarie: Die Frau als Hexe. In: Formen des Eros. Kultur und Geistesgeschichte der Liebe. I. S. 627. Freiburg. 1972.

Leitmaier, Charlotte: Die Kirche und die Gottesurteile. Eine rechtshistorische Studie. Wien. 1953. (Wiener Rechtsgeschichtliche Arbeiten. 2).

Leitschuh, Friedrich: Beiträge zur Geschichte des Hexenwesens in Franken. Bamberg. 1883.

Leibniz, Gottfried Wilhelm: Essais de théodices sur la bonté de Dieu et la liberté de l'homme et l'origine du mal. Amsterdam 1710.

Leland, Charles G.: Die Lehre der Hexen. München. 1979.

Lempens, C.: Geschichte der Hexen und Hexenprozesse. St. Gallen (Schweiz). 1880.

Lerchheimer, Augustin: Christlich bedenken und erinnerung von Zauberey, woher was und wie vielfeltig sie sei . . . Heidelberg. 1585 (Pseud. für Witekind Hermann, genannt Wilken, Professor der Philosophie und Mathematik in Heidelberg).

Leubuscher: Über die Werwölfe und Tierverwandlung im Mittelalter. Berlin. 1850.

Leutenbauer, Siegfried: Hexerei- und Zaubereidelikte in der Literatur von 1450 bis 1550. Mit Hinweisen auf die Praxis im Herzogtum Bayern. Berlin. 1972 (Münchener Universitätsschriften: Jurist. Fak. = Abhandlungen zur rechtsw. Grundlagenforschung. 3).

Levron, Jaques: Le diable dans 'art. Paris. 1935.

Liebelt, K.: Geschichte des Hexenprozesses in Hessen-Kassel. In: Zeitschrift des Vereins für hess. Geschichte und Landeskunde. Nr. 58. 1932.

Liebherr, M. v.: Ueber Hexerei. Ein Vortrag gehalten am 21. Nov. 1870 in der Aula der Universität zu Rostock. Rostock. 1871.

Lichtenberg, J. Frh. v.: Hexenbüchlein, das ist: die wahre Entdeckung und Erklärung oder Deklaration für nämlicher Artikel der Zauberey, und das von Zauberern, Unholden, Hengsten, Nachtschadin, Schützen etc. Cologne (?). 1544/1575.

Liel, A. F. L.: Die Verfolgung der Zauberer und Hexen in dem Kurfürstenthume Trier. Ein Beitrag z. vaterl. Geschichte. In: Archiv f. rheinische Geschichte. Coblenz. 1833.

Lilienthal, J.: Die Hexenprozesse der beiden Städte Braunsberg, nach den Criminalacten des Braunsberger Archivs. Königsberg. 1861.

Limborch, Philipp van: Historia inquisitionis hispanicae cum libro Sententiarum Inquisitionis Tholosanae ab A.C. 1307 ab 1323.

Lippert, Elsbeth: Glockenläuten als Rechtsbrauch. Freiburg. 1939 (Das Rechtswahrzeichen. 3).

Lipsius, Justus: Physiologiae Stoicorum libri tres Antwerpen. 1604.

Lobau, E.: Spaziergänge mit Planitz, dessen Ideen und Ansichten über Faust und Hexe. Tagebuchnotizen. Wittenberg. 1924.

Lodtmann, Fr.: Die letzten Hexen Osnabrücks und ihr Richter. Osnabrück. 1875.

Löher, Hermann: Hochnötige, Underthanige, Wemütige Klage der frommen Unschuldigen. Amsterdam. 1676.

Lohmeyer, Wolfgang: Die Hexe. Hexenverfolgung in Köln zur Zeit des 30-jährigen Krieges. 1976.

Lohmeyer, Wolfgang: Der Hexenanwalt. Selbständige Fortsetzung von »Die Hexe«: der Kampf des Jesuiten Friedrich Spee gegen die Hexenverbrennungen des 30-jährigen Krieges. 1979.

Lohmeyer, Wolfgang: Das Kölner Tribunal. Fortsetzung von »Die Hexe« und »Der Hexenanwalt«. 1981.

Loos, Cornelius: De vera et falsia magia. Köln. 1591 (nur teilweise gedruckt, daraufhin konfisziert).

Lortz, Joseph: Die Reformation in Deutschland. 4. Auflage. Bd. 1,2. Freiburg i. Br. 1962.

Lory, K.: Hexenprozesse im Gebiete des ehemaligen Markgrafenlandes. In: Festgabe Karl Theodor von Heigel zur Vollendung seines 60. Lebensjahres. München. 1903.

Loschert, O.: Vorgängerischer Versuch zu Erwürckung eines Vertrages zwischen den in dem bisherigen Hexerey-Kriege verwickelten Gelehrten. Wie auch zum nutzbaren Unterrichte, wie man von der Zauber- und Hexerey weder zu wenig, noch zu viel glauben soll. Unternommen von einem Verehrer der Gelehrten und Liebhaber der Christlichen Wahrheiten. Bamberg, an dem Maynstrome, 1767.

Loyer (de Loger), Petrus: Discours et histories des spectres visions et apparitions des esprits anges, demons et ames etc.

Lucanus (pseud.): Ein merckwürdiger Hexenprozeß. In: Neue gemeinn. Blätter. Halberstadt. 1800.

Luck, Georg: Hexen und Zauberei in der römischen Dichtung. Zürich. 1962.

Lutz, R.: Warhafftige Zeitung von den gottlosen Hexen, auch ketzerischen und Teufels-Weibern, die zu der heiligen römischen Reichstatt Schletstatt im Elsäß des 1570. Jahres von wegen ihrer schändlichen Teufelsverpflichtung . . . sind verbrannt worden, sampt einem kurtzen Extract und Auszug ettlicher Schrifften von Hexerey zusammen gebracht durch Reinhardum Lutz . . . 1571 (auch: in Theatrum de veneficiis, Frankfurt, 1586).

Macfarlane, Alan: Witchcraft in Tudor and Stuart England: a regional and comparative study. London. 1970.

März, Angelus: Kurze Verteidigung der tätigen Hex- und Zauberei wider eine dem hl. Kreuz zu Scheiern nachteilige akademische Rede. 1767 oder 1768.

Mahal, Günther: Mephistos Metamorphosen. Göppingen. 1972.

Mahnke, D.: Das Hexenunwesen in Verden und sein Ende. Stade (?). 1923.

Malebranchius (Malebranche): Recherche de la véreté 1. Bd. 1673. 2. und 3. Bd. 1674.

Malleus maleficarum in tres partes divisus, in quibus I. Concurrentia ad Maleficia; II. Maleficorum effectus; III. Remedia adversus Maleficia, et modus denique procedendi ac puniendi Maleficos abundc continetui, praecipue autem omnibus inquisitoribus et divine verbi concinatoribus utilis ac neccsarius. Colon, 1489.

Malleus maleficarum. Der Hexenhammer von den beiden Inquisitoren Jacob Sprenger und Heinrich Institoris. Zum ersten Male ins Deutsche übertragen und eingeleitet von J. W. R. Schmidt. 1906.

Mandrou, Robert: Magistrats et sorciers en France au XVIIe siécle. Une analyse de psychologie historique. Paris. 1968.

Manser, Gallus, M. O. P.: Thomas von Aquien und der Hexenwahn. Divus Thomas 9, = Jahrbuch für Philosophie und spekulative Theologie 2. Serie. Bd. 36. Wien. 1922.

Marwick, Maxwell Gay: Witchcraft. Encyclopedia Britannica. 15. Auflage 1974. Vol. 19. S. 895 – 900.

Marx, Josef: Geschichte des Erzstifts Trier. 5. Bd. Trier. 1859.

Marzell, Heinrich: Zauberpflanzen, Hexengetränke. Stuttgart. 1963.

Maslowski, Peter: Das theologische Untier. Der sogenannte Teufel und seine Geschichte im Christentum. Berlin. 1978.

Matthaei, Antonius: Andr. Alciati epistolam ad Bernhard Mattium contra vitam monasticam, cum sylloga epistolarum virorum clarissimorum, qua variam doctrinam continent, nec non veteribis aliquot testamentis seculo 12 et initio sequentis spriptis.

Mauch: Notizen über das bei der Verhandlung der Hexenprozesse im Limpurgischen beobachtete Verfahren. In: Württembergisch Franken 2 (1848). 62 – 72.

Mayer, Anton: Erdmutter und Hexe. Untersuchung zur Geschichte des Hexenglaubens und zur Vorgeschichte der Hexenprozesse. Freising 1936. (Hist. Forschungen und Quellen. 12).

Mayer, Hellmuth: Die Strafrechtstheorie bei Luther und Melanchthon. In: Rechtsidee und Staatsgedanke. Festgabe für Julius Binder. Berlin. 1930.

Mederus, D.: Acht Hexenpredigten . . . von des Teufels Mordkindern, den Hexen, den Unholden, zauberisch und erschrecklichem Abfalle . . . Drachenleuten . . . Milchdieben . . . Lastern und Übelthaten. Leipzig, 1606, 1614, 1646.

Meier: Ein Beitrag über Hexenprozesse. In: Württembergisch Franken 8.2 (1869) 314 – 317

Meier-Lemgo, K.: Hexen, Henker und Tyrannen. Die letzte und blutigste Hexenverfolgung in Lemgo. 1665 – 1681. Lemgo/Lippe. 1949.

Meinders, H. A.: Gedanken und Monita, wie ohne Uebereil, mit den Hexenprocessen u. d. Inquisition wegen der Zauberei von Seiten des Richters, Königl. Fiscals und Defensors in den Preuß. u. Brandenb. Landen 1. Edikt v. 13. Decbr. 1714 zu verfahren sey. Lemgo, 1716.

Meinhold, W.: Maria Schwedler, die Bernsteinhexe. Novelle, in der Sprache des siebzehnten Jahrhunderts. 2. verb. Auflage. 1846.

Meinhold, W.: Sidonia von Bork, die Klosterhexe, angebliche Vertilgerin des gesamten herzoglich-pommer'schen Regentenhauses . . . Leipzig. 1847 – 48.

Meinhold, W.: Maria Schwedler. Die Bernsteinhexe. Der interessanteste aller bisher bekannten Hexenprozesse nach einer defecten Handschrift ihres Vaters, des Pfarrers Abraham Schwedler in Coserow auf Usedom. Hrsg. v. Elisabeth Kinderlein. Frankfurt. 1978.

Mejer, L.: Die Periode der Hexenprozesse. Hannover. 1882.

Mell, A.: Zur Geschichte des Hexenwesens: ein Beitrag aus steirischen Quellen. Berlin (?) 1891.

Memminger, A.: Das verhexte Kloster. 2. Auflage. Würzburg. 1904.

Merkwürdiger Hexen-Process gegen den Kaufmann G. Köbing, an dem Stadtgerichte zu Coesfeld im Jahre 1632 geführt. Vollständig aus den Original- Acten mitgetheilt und mit einer Vorrede begleitet von Joseph Niesert. Coesfeld, 1827, 1828.

Merz, Agnellus: Urteil ohne Vorurteil über die wirkend-tätige Hexerei. Sterzingen. 1766.

Merzbacher, Friedrich: Die Hexenprozesse im Hochstift Bamberg. Zeitschrift für Rechtsgeschichte 81 = NF. 68. Kan. Abt. 37. Weimar 1951. S. 376 – 389.

Merzbacher, Friedrich: Ein Kinderhexenprozeß in der Reichstadt Schweinfurt. In: Schweinfurter Heimatblatt. Nr. 15. Schweinfurt, 1950.

Merzbacher, Friedrich: Geschichte der Hexenprozesse im Hochstifte Würzburg. In: Mainfränkisches Jahrbuch f. Geschichte u. Kunst. 2. Würzburg, 1950.

Merzbacher, Friedrich: Die Hexenprozesse in Franken. In: Schriftenreihe zur bayrischen Landesgeschichte. 56. Bd. München, 1957.

Merzbacher, Friedrich: Witchcraft. New Catholic Encyclopaedie 14. New York. 1967. S. 977 – 979.

Mesnard, Pierre: La Dèmonomanie de Jean Bodin. In: L'opera e il pensiero di Giovanni Pico della Mirandola nella storia dell'Umanismo. 2. Firenze 1965.

Meyer, Friedrich Walter: Christoph Besold als Staatsrechtler. Ungedr. Erlanger jur. Diss. 1957.

Meyer, H.: Ein Hexenprozess aus dem 17. Jh. Aus den Acten dargestellt. Hannover. 1867.

Meyer: Joachim II. (v. Brandenburg) und der Hexenglaube. In: Der Bär. Berliner historische Wochenschrift vom 16. Oktober 1886.

Meyer, L.: Die Beziehungen der Geisteskranken zu den Besessenen und Hexen. In: Westermann illustr. deutsche Monatshefte. Nr. 57. (Juni). Wiesbaden. 1861.

Meyer, L.: Die Periode der Hexenprozesse. Hannover. 1882.

Meyfart, Johann: Christliche Erinnerung an gewaltige Regenten und gewissenhafte Potentaten, wie das abschewliche Laster der Hexerei mit Ernst auszurotten aber in Verfolgung desselbigen auf Cantzeln und in Gerichtshäusern sehr bescheidentlich zu behandeln sei. Halle. 1703.

Michelet, Jules: Die Hexe. München. 1974.

Midelfort, Hans Christian Erick: Witch Hunting in southwestern Germany 1562 – 1684. The social and intellectual foundations. Stanford Calif. 1972 (Bibliographie S. 261 – 300).

Milichius, Ludwig: Der Zauber Teuffel, Sagen, Aberglauben, Hexerey und mancherley Wercken des Teuffels. Frankfurt (bei Feierabend). 1563.

Miller, Arthur: Hexenjagd: ein Drama in 2 Akten. 1987.

Minder, R.: Der Hexenglaube bei den Jatrochemikern des 17. Jh. Zürich. 1963.

Mode, Heinz: Fabeltiere und Dämonen in der Kunst. Die fantastische Welt der Mischwesen. Berlin, Köln, Mainz. 1974.

Model, J. M.: Johann Michael Models, J. U. Lic. beantwortete Frage: Ob man die Ausfahrt der Hexen zulassen könne? Wider den heutigen Hexenstürmer P. Ferdinand Sterzinger. München. 1769.

Möller, Daniel: Commentar zur Praefatio der Const. elect. Ordinationes et Constituones Augusti de processu iudiciario dubissque aliquot, et in iure controversiis casibus. Lipsiae. 1599.

Möstl, Fr.: Ein Szegediner Hexenprozess. Culturhistorische Studie. Graz. 1879.

Molitoris, Ulrich: De laniis phitonicis mulieribus tractatus pulcherrimus Constanz 1489 (deutsch: Von Hexen und Unholden. Ein christlicher, nuetzlicher und zu diesen unsern gefaehrlichen Zeiten nothwendiger Bericht, auß Gottes Wort, Geistlichen und Weltlichen Rechten, auch sonst allerley Historien gezogen. Straßburg 1575. Übersetzer: Conradus Lautenbach.

Mommert, Carl: Menschenopfer bei den Alten Hebräern. Leipzig. 1905.

Monter, William, E.: The Historiography of European Witchcraft: Progress and Prospects. Journal of Interdisciplinary. History 2, 1971 – 1972.

Morgner, Irmtraud: Amanda: ein Hexenroman. 1983.

Morley, H.: Cornelius Agrippa. London. 1856.

Mornaeus (Mornay) Philipp de: De Ecclesia. Lausanne. 1587.

Morschel, Max: Der Kampf um die Abschaffung der Folter. Gießener jur. Diss. 1920. Gießen. 1926.

Moser, F.: Hirsul, die Hexe der Bielhöhle. Merseburg. 1823.

Mudrak, E.: Grundlagen des Hexenwahns. In: Reden und Aufsätze zum nordischen Gedanken. 37. Heft. Leipzig. 1936.

Mühlmann, Wilhelm-Emil: Weiblicher Schamanismus und Dichtung. Berlin. 1981.

Müldener, Joh. Christian: Collationem omnium capitulationum a prima Caroli V iuxta josephinam.

Müller: Hexenprozeß in Forchtenberg 1617 In: Hohenloher Chronik 22 (1974). 1, 1 – 2.

Müller, Curt: Hexenaberglaube und Hexenprozesse in Deutschland. Leipzig. 1894.

Müller, Daniela: Inquisitio haereticae pravitatis. Ketzerei und Ketzerbekämpfung vom 11. bis zur 1. Hälfte des 14. Jh. In: Heresis. 1987. S. 49 – 63.

Müller, Daniela: Aufsatz »katharer«. In: TRE Theologische Realenzyklopädie Sonderdruck. Band XVIII. Lieferung 1/2. 1989.

Müller, F.: Beiträge zur Geschichte des Hexenglaubens und des Hexenprozesses in Siebenbürgen. Braunschweig. 1854.

Müller, Karl Otto: Zur Geschichte des peinlichen Prozesses in Schwaben im späten Mittelalter. Tübingen 1910. (Tübinger Studien für Schwäbische und deutsche Rechtsgeschichte. II/3b).

Müller, Karl Otto: Heinrich Institoris, der Verfasser des Hexenhammers und seine Tätigkeit als Hexeninquisitor in Ravensburg im Herbst 1484. In: Württ. Vierteljahreshefte für Landesgeschichte. Nr. 4. Stuttgart. 1910.

Müller, Michael: Die Lehre des hl. Augustinus von der Paradiesehe und ihre Auswirkung in der Sexualethik des 12. und 13. Jh. Regensburg. 1954.

Müller, M. F. J.: Kleiner Beitrag zur Geschichte des Hexenwesens im XVI. Jh. aus authentischen Akten ausgehoben. Trier. 1830.

Müller-Reimerdes, Fr.: Der christliche Hexenwahn. Gedanken zum religiösen Freiheitskampf der deutschen Frau. Leipzig. 1935.

Murray, Margaret Alice: The God of the Witches. New York. 1952.

Murray, Margaret Alice: The Witch-Cult in Western Europe. London. 1921 (Nachdruck Oxford. 1971).

Murray, Margaret Alice: The Witch-Cult in Western Europe. Oxford. 1963.

Muthreich, M.: Theologischer Bericht von dem sehr schrecklichen Zornsturm des Teufels, welchen er zu diesen letzten Zeiten auch durch seine Getreue, die Zauberer, Hexen und dergleichen Unholden spüren lässet. Frankfurth an der Oder, 1649.

Nachricht von einer wichtigen Schrifft eines Römisch-Catholischen wider den Herrn-Proceß, und die gemeine Lehre von der Gewalt des Teufels, wie derselbe unterdrucket worden, und von denen darüber ausgestandenen Verfolgungen des Authoris (Cornelius Loos, Tractat von der wahren und falschen Magie. Luxemb. 572). S. 74. In: Horst's Zauberbibliothek, 1. Bd. X. Stück.

Nagoldanus, Paulus: Von deß Teuffels Nebelkappen. Das ist: Ein kurtzer Begriff, den gantzen Handel von der Zauberey belangend, zusammengelesen. Frankfurt. 1583.

Narratives of the Witchcraft Cases: 1648 – 1706, ed George Lincoln Burr. New York 1914; reprinted 1959.

Naudaeus (Naudè) Gabriel: Apologie pour tous grands personages, qui ont esté soupconnez de magie. Paris. 1625.

Nehring: Von der Wasserprobe der Hexen. Jena, 1714.

Neuester Hexenprozeß aus dem aufgeklärten heutigen Jahrhundert; oder: So dumm liegt mein bayrisches Vaterland noch unter dem Joch der Mönche und des Aberglaubens. Von A. v. M., 1786.

Neumair, Helmut: Hexenwahn im badischen Frankenland. Württembergisch Franken. Jahrbuch 1976. S. 264 – 277.

Neumann, Erich: Die große Mutter. Eine Phänomenologie des Unbewußten. Zürich. 1956.

Neuwalt, Hermann: Von Erforschung, Prob und erkaendtniß der Zaeuberinnen durchs kalte Wasser, in welchem Wilhelm Adolph Scribonii meynung wiederleget und von ursprung, Natur und Wahrheit dieser und anderer Purgation gehandelt wirdt. Helmstedt. 1584 (Übersetzer: Heinrich Heybaum, Professor der Geschichte und Poesie).

Newald, Richard: Die Teufelsliteratur und die Antike. Bayer. Blätter für das Gymnasial-Schulwesen 63. 1927.

Nider, Johann: Formicarius de maleficiis earumque praestigiis ac deceptationibus ad exemplum sapientiae de formicis. 1517.

Niefert, J. H. J. (Hrsg.): Merkwürdiger Hexenprozeß gegen den Kaufmann G. Köbbing in dem Stadtgerichte zu Coesfeld im Jahre 1632 geführt. Coesfeld, 1827.

Niehues, Bernhard: Zur Geschichte des Hexenglaubens und der Hexenprozesse vornehmlich im ehemaligen Fürstbistum Münster. Münster. 1875.

Niess, Walter: Hexenprozesse in der Grafschaft Büdingen. Protokolle – Ursachen – Hintergründe. Büdingen. 1982.

Nippold, F.: Die gegenwärtige Wiederbelebung des Hexenglaubens. Mit einem literarisch-kritischen Anhang über die Quellen und Bearbeitungen der Hexenprozesse. Berlin, 1875.

Nippold, F.: Die Thümmel'schen Religionsprozesse vom kirchengeschichtlichen und kirchenrechtlichen Standpunkte beleuchtet. Halle, 1887.

Obendiek, Harmannus: Der Teufel bei Luther, eine theologische Untersuchung. Berlin. 1931 (Furche-Studien 4).

Oeser, R.: Die Schreckensjahre von Lindheim. Ein Beitrag zur Sittengeschichte des 17. Jhts. Für das Volk erzählt von O. Glaubrecht

(pseud.). 4. Aufl. Frankfurt am Main und Erlangen, 1862.

Ohle, R.: Der Hexenwahn. In: Religionsgeschichtliche Volksbücher. IV. Reihe, 8. Heft. Tübingen, 1908.

Ohle, R.: Die Hexen in und um Prenzlau. In: Mitteilungen des uckermärkischen Museums- und Geschichtsvereins zu Prenzlau. Hrsg. vom Vereinsvorstand. IV. Bd. Prenzlau, 1911.

Ohse, Bernhard: Die Teufelsliteratur zwischen Brant und Luther. Ein Beitrag zur näheren Bestimmung der Abkunft und des geistigen Orts der Teufelsbücher, besonders im Hinblick auf ihre Ansichten über das Böse. Berliner phil. Diss. 1961.

Orzekowa, Eliza: Die Hexe: Roman. Petrusia-Magd bei einem weißrussischen Bauern gerät durch bösen Zufall, Neid und Mißgunst der Dorfbewohner in den Verdacht, eine Hexe zu sein. 1982.

Osborn, Max: Die Teufelsliteratur des 16. Jh. Berlin. 1893.

Osenbrüggen, E.: Der letzte Hexenprozess. Leipzig. 1867.

Ostermann, Peter: Commentarius iuridicus ad L. Stigmata . . . Coloniae Agrippinae. 1629.

Osiandrum, Johann Adam: Tractatus theologicus de magie.

Oufle: (Pseudonym für den franz. Abt Bordelon). Historie des imaginations. Paris. 1710. Historie der seltenen Einbildungen. Danzig. 1712.

Paine, L.: Sex in the witchcraft. New York. 1972.

Palingh, Abraham: Het af gerukt Mom-aangezicht der Tooverij, Amsterdam 1659 (Die abgerissene Maske der Zauberer).

Pancirollus, Guido: de origine et auctoritate ICorum et de vicis illustribus maximine in iure seu de claris iuris interpretibus libros IV.

Paullini, Christian Franciscus: Annales Corbeiiensis. 1688.

Pauls, Emil: Zauberwesen und Hexenwahn am Niederrhein. In: Beiträge zur Geschichte des Niederrheins. Bd. XIII . . . S. 134. Düsseldorf. 1898.

Paulus, Nikolaus: Württembergische Hexenpredigten aus dem 16. Jh. In: Diözesanarchiv von Schwaben 15. (Nr. 6) 1897.

Paulus, Nikolaus: Bibel und protestantische Hexenverfolgung. In: Wissenschaft. Beilage z. Germania. Nr. 44. Jahrg. 1907. Berlin. 1907.

Paulus, Nikolaus: Zur Kontroverse über den Hexenhammer. Historisches Jahrbuch 29. 1908. S. 559 – 574.

Paulus, Nikolaus: Die Rolle der Frau in der Geschichte des Hexenwahns. In: Historisches Jahrbuch der Görresgesellschaft. S. 72. 1908.

Paulus, Nikolaus: Rom und die Blütezeit der Hexenprozesse. In: Hist. pol. Blätter f. d. kath. Deutschland. 141. Bd. 1. Heft. München. 1908.

Paulus, Nikolaus: Johann Brenz und die Hexenfrage. In: Wissenschaftl. Beilage z. Germania. Nr. 26. Berlin. 1909.

Paulus, Nikolaus: Hexenwahn und Hexenprozeß, vornehmlich im 16. Jh. Freiburg i. Br. 1910.

Paulus, Nikolaus: Protestantismus und Toleranz im 16. Jh. Freiburg i. Br. 1911.

Petersdorff, Egon v.: Daemonen, Hexen, Spiritisten. Mächte der Finsternis einst und jetzt. Eine Daemonologie aller Zeiten. Wiesbaden 1960.

Peucerus, Caspar: Commentarius de praecipius divinationum generibus. Wittenberg. 1553.

Peuckert, Will.-Erich: Deutscher Volksglaube des Spätmittelalters. Stuttgart. 1942.

Peuckert, Will.-Erich: Die große Wende. Das apokalyptische Saeculum und Luther. Geistesgeschichte und Volkskunde. Hamburg. 1948.

Peuckert, Will.- E.: Hexensalben. In: Medizinischer Monatsspiegel. Darmstadt. 1960.

Peukert, Will.-Erich: Hexen- und Weiberbünde. In: Kairos Bd. 2. 1960. S. 101 ff. Theorie des Hexenglaubens des im Hexenglauben weiterlebenden »weiberzeitlichen« Weltbildes.

Peuckert, Will.-E.: Quellen und Untersuchungen zur Geschichte des Hexenglaubens im 16. bis 18. Jahrhundert. Hildesheim. 1968.

Pfaff: Die Hexenprozesse im sechzehnten und siebzehnten Jahrhundert. In Zeitschrift f. Kulturgeschichte. I. 1856.

Pfannenschmid, H.: Erklärungsversuch einiger französischer, auf das Hexenwesen des Mittelalters bezüglichen Ausdrücke: Genot, Genocherie, Criage. In: La Revue nouvelle d'Alsace-Lorainne. Colmar, June, 1884.

Pfaundler, I.: Ueber die Hexenprozesse des Mittelalters mit spezieller Beziehung auf Tirol. Nebst einer aktenmäßigen Darstellung eines Hexenprozesses vom Jahre 1680. Innsbruck, 1843.

Pfister, O.: Calvins Eingreifen in die Hexen- und Hexenprocesse von Peney 1545 nach seiner Bedeutung für Geschichte & Gegenwart. Ein kritischer Beitrag zur Charakteristik & zur gegenwärtigen Calvin- Renaissance. Zürich, 1947.

Pflug, W.: Anna, eine Hexengeschichte. Dessau. 1929.

Pfrang, Michael: Der Prozeß gegen die der Hexerei angeklagte Margaretha Köninger. Ein Hexenverfahren in der Zent Gerolzhofen. In: Würzburger Diözesangeschichtsblätter 49 (1987) 155 – 165.

Pietsch, P.: Die Doruchower Hexenverbrennung vom Jahre 1775.

Pirckmayr, Fr.: Der Hexenturm in Salzburg, 1885.

Placius, Vincentius: Theatrum Anonymorum et Pseudonymorum (psotum Hamburg 1708).

Planitz, E. A.: Die Hexe von Goslar. Wittenberg, 1924.

Plenkers, W.: Das Hexenwesen in Dänemark. In: Stimmen aus Maria-Laach. LV. 1896.

Pohl, Josef: Ein Hexenprozeß zu Linz am Rhein vom Jahre 1631. In: Bonner Archiv. Jg. 5. Nr. 5. 1893.

Pollack, H.: Mitteilungen über den Hexenprozeß in Deutschland. Berlin, 1885.

Pomponatius, Petrus (Pomponazzi): Philosophi de naturalium Renaisaance; Philosphi de naturalium effectuum causis sive de incantationibus. 1520. 1566 erstmals publiziert.

Praetorius, A.: Von Zauberey und Zauberern, gründlicher Bericht; drainn der grawsamen Menschen thöriges, schändliches vonemmen, vnd wie christliche Oberkeit in rechter Amptspflege ihnen begegnen, jhr Werck straffen, auffheben, vnd hinderen solle, vnd könne . . . Hiezu ist gesetzet: der Theologen zu Nürnberg gantz christlich Bedencken, vnd wahrhafftig Vrtheil von Zauberey und Hexenwerck. Heydelberg, 1613.

Prätorius, Antonius: Gründlicher Bericht von Zauberei und Zauberern. Frankfurt. 1629 (Pseud. Sculteus, Johannes; 1598 bereits unter Pseud. erschienen).

Pressel, W.: Hexen und Hexenmeister; oder, Vollständige und getreue Schilderung und Beurtheilung des Hexenwesens. Stuttgart, 1860.

Prokop, Otto (Hrsg.): Medizinischer Okkultismus. Paramedizin. Jena. 1964.

Protokolle von Hexenprozessen in Flamersheim. Flamersheim (?), 1629 – 30.

Prutz, R.: Der Hexenglaube in der Universitätsaula. In: Deutsches Museum. 7. Jahrg. Leipzig, 1857.

Putter, N.: Juristische Untersuchung über das gerichtliche Bekenntnis der Hexen, daß sie aus der schändlichen Buhlschaft mit dem Satan ein menschliches Wesen erzeugt hätten. Diss. 1698.

Quanter, Rudolf: Die Folter in der deutschen Rechtspflege einst und jetzt. Ein Beitrag zur Geschichte des deutschen Strafrechts. Dresden. 1900.

Radbruch, Gustav: Hans Baldungs Hexenbilder. In: Gustav Radbruch: Elegantiae juris criminalis. Vierzehn Studien zur Geschichte des Strafrechts. 2. neubearbeitete und erweiterte Auflage. Basel. 1950.

Radbruch, Gustav-Gwinner, Heinrich: Geschichte des Verbrechens. Versuch einer historischen Kriminologie. Stuttgart. 1951.

Rade, Martin: Zum Teufelsglauben Luthers. Marburger Theologische Studien. 2. Gotha 1931.

Rapp, L.: Die Hexenprozesse und ihre Gegner aus Tirol. Innsbruck. 1874.

Rapp, L.: Die Hexenprozesse und ihre Gegner in Tirol. 2. Aufl. Brixen, 1891.

Rathjen, Hans-Wilhelm: Die Höllenvorstellungen in der mittelhochdeutschen Literatur. Ungedr. Freiburger (i. Br.) phil. Diss. 1956.

Ratzinger, Joseph: »Abschied vom Teufel«. In: Dogma und Verkündigung. München. 1973.

Raumer, G. W. v.: Actenmäßige Nachrichten von Hexenprozessen und Zaubereien in der Mark Brandenburg vom 16. bis ins 18. Jh. In: Märkische Forschungen 1. S. 236. Berlin. 1841.

Rautert, Fr.: Blos für die Scribenten. Etwas näheres über die Hexenprozesse der Vorzeit, aus authentischer Quelle. Essen, 1827.

Regnet, C. A.: Von Zauberapparaten und Hexenakten im Reicharchiv zu München. In: Archivalische Zeitschrift. VI. Bd. München, 1881.

Reich, Felix: Hexenprozesse in Danzig und in den westpreußischen Grenzgebieten. Diss. München. 1940.

Reiche, J.: Unterschiedliche Schriften vom Unfug des Hexenprozesses, zu fernerer Untersuchung der Zauberer. Nebst einer Vorrede von des Werkes Vorhaben und was sonsten von dem Zauberwesen und Hexenprozessen zu halten. Halle, 1703.

Reichel, R.: Ein Marburger Hexenprozeß vom Jahre 1546. In: Hist. Verein f. Steiermark. Mitteil. 27. Heft. Graz, 1879.

Records of Salem Witchcraft, printed for W. Elliot Woodward. Roxbury. Mass. 1864. 2 volumes.

Reigler, F.: Hexenprozesse, mit besonderer Berücksichtigung des Landes Steiermark. Graz, 1926.

Reiss, Wolfgang: Die Hexenprozesse in der Stadt Baden-Baden. Freiburger Diözesan-Archiv. 91. 3. Folge 23. Freiburg 1971.

Remigius, Nicolaus: Daemonolatriae libri tres. Lugduni. 1594 (Er war Geheimrat und Hexenrichter in Lothringen).

Resenhöffl, Wilhelm: Existenzerhellung des Hexentums in Goethes »Faust« (Mephistos Masken, Walpurgis) Grundlinien axiomatisch-psychologischer Deutung. Bern. 1970.

Rest, J.: Ettenheimer Hexenprozesse im 17 Jht. In: Die Ortenau. Mitt. d. hist. Vereins f. Mittelbaden. 3. Heft. Offenburg, 1912.

Reunig, Wilhelm: Balthasar Bekker. Der Bekämpfer des Teufels- und Hexenglaubens. Ungedr. Giessener phil. Diss. 1925.

Reuß: Hexenwesen unter den Studierenden zu Würzburg. In: Anzeiger f. Kunde der deutschen Vorzeit. NF. Organ. des Germ. Museums. 2. Bde. Jahrg. 1855. Leipzig, 1855.

Rhamm, A.: Hexenglaube und Hexenprozesse, vornehmlich in den braunschweigischen Landen. Wolfenbüttel, 1882.

Rhodiginus, Caelius: Antiquarum Lectionum. 30 Bücher.

Richel, A.: Zwei Hexenprozesse aus dem 16. Jht. Quellen und Studien zur Geschichte der Hexenprozesse. In: Ergänzungshefte zur ZfK. Hrsg. G. Steinhausen. 2. Heft. Weimar, 1898.

Riedel, A. J.: Ein Hexenprozeß, verhandelt bei dem Amtsgerichte zu Neustadt an der Dosse, im Jahre 1667; nach den Akten von Geheimen Archivratie Prof. Dr. Riedel, Berlin, 1826.

Riegler, F.: Hexenprozesse, mit besonderer Berücksichtigung des Landes Steiermark. In: Zur Steiermärkischen Kultur. Graz, 1926.

Riezler, Sigmund: Geschichte der Hexenprozesse in Bayern. Stuttgart. 1896.

Riezler, Sigmund: Paul Laymann und die Hexenprozesse. Zur Abwehr. Historische Zeitschrift 84. 1900.

Rinder, J. Chr.: Eine Hexe nach ihrer greslichen Gestalt und gerechten Strafe, stellete auf das erschollene und sich weit ausbreitende Gerücht eines zu Apolda vermeintlich vorgegangenen Zauberwercks in nachmittäglicher Sonntags-Predigt den 17. Nov. 1748, aus einem besonders dazu erwehlten Text. 2. Buch Mos. XXII, 18. »Die Zauberinnen sollst du nicht leben lassen«, vor und gabs nebst wahrhaftigen Bericht der gantzen Sache zum Druck. Jena, 175?

Rissel, R. und Böker, W.: Verhexungswahn. In: Bibliotheca psychiatr. neurol. Bd. 124. Basel. 1964.

Ritter, Gerhard: Romantische und revolutionäre Elemente in der deutschen Theologie am Vorabend der Reformation. Deutsche Vierteljahresschrift für Literaturwissenschaft und Geistesgeschichte. 5. 1927

Robbins, Rosell, Hope: The Encyclopedia of Witchcraft and Demonology. New York. 1960.

Römer, W.: Die Hexenbulle, nebst einem Auszug a. d. Hexenhammer. Schaffhausen, 1889.

Rönckendorff, Edda: Hexen haben's heute schwer: 13 zauberhafte Geschichten um nicht ganz alltägliche Begebenheiten und unverhoffte Begegnungen. 1987

Rösel, R.: Die letzte Hexe von Schweinfurt anno 1728. In: Schweinfurter Heimatblätter. Beil. z. Schweinf. Tagblatt. Nr. 9. Schweinfurt, 1935.

Rogge-Ludwig: Hexenprozesse in Eschwege (1657). In: Zeitschrift des Vereins f. hess. Geschichte. 1884.

Romanus, Carl Friedrich: Tractatus an dentur Spectra, Magi et Sagae. Leipzig. 1703.

Romeßwinckel, Joanne, Blankenbergh Walramo: Defensio probae stigmaticae et magistratuum. 2. Processus et forma procedendi per stigmatica contra sagas. 3. Alia defensio . . . (wie oben). Köln. 1630.

Rossetus, Franciscus: Thetrum tragicum.

Rosskoff, Oskar: Geschichte des Teufels. Leipzig. 1869. Nachdruck. 1986.

Rudwin, Maximilian, Josef: Der Teufel in den deutschen geistlichen Spielen des Mittelalters und der Reformationszeit. Ein Beitrag zur Literatur-, Kultur- und Kirchengeschichte Deutschlands. Göttingen 1915 (Hesperia 6).

Rübel, C.: Hexenaberglaube, Hexenprozesse und Zauberwahn in Dortmund. In: Beiträge zur Geschichte Dortmunds und der Grafschaft Mark. Dortmund, 1913.

Rückert, G.: Der Hexenwahn, ein Kulturbild aus Lauingens Vergangenheit. In: Alt-Lauingen: Organ des Altertum-Vereins. Lauingen a. D. 2. Jahrg. Lauingen, 1907

Rülling, G. E. v.: Auszüge einiger merkwürdigen Hexenprozesse aus der Mitte des 17. Jhts. im Fürstenthum Calenberg ausgeführt. Göttingen, 1706 (1786?).

Ruland, Wilhelm: Steirische Hexenprozesse. Ein Beitrag zur Kulturgeschichte des 17. Jahrhunderts. Zeitschrift für Kulturgeschichte 2. Erg. Heft. Weimar 1898. S. 45 – 71.

Ruppert: Ein badischer Hexenrichter. In: Zeitschrift d. Gesellschaft f. Geschichtskunde von Freiburg i. Br. V. 1880.

Russell, Jeffery, B.: A History of Witchcraft, Sorcerers, Heretics and Pagans. London. 1980.

Sagittarius, Caspar: Antiquitates gentilismi et Christianismi Thuringici . . . 3 Bde. Jena 1685.

Saur, A.: Eine kurtze Warnung und Underricht: Ob auch zu dieser unserer Zeit unter uns Christen Hexen, Zauberer und Unholden vorhanden und was sie anrichten. In: Theatrum veneficorum. 1582.

Saur(ius), Abraham(us): Eine kurtze, trewe Warnung, Anzeige und Underricht: Ob auch zu dieser unserer Zeit under uns Christen, Hexen, Zauberer und Unholden vorhanden, unnd was sie außrichten koennen. Frankfurt. 1586.

Salzmann (d. Ä.): Die Hexenprozesse der Reichsstadt Eßlingen. Nach einem am 5. März 1887 im württembergischen Altertumsverein gehaltenem Vortrag. Esslingen.

Sauter, Johann Georg: Zur Hexenbulle 1484. Die Hexerei, mit besonderer Berücksichtigung Oberschwabens. Eine culturhistorische Studie. Ulm. 1884.

Saxe-Coburg: Herzog Johann Casimirs »Gerichts-Ordnung die Hexerei betreffend«.

Publiciret am 21. Februar 1629. Aus dem Hild-
burghäuser Ratsarchiv mitgetheilt von A. Hu-
mann. In: Schriften d. Verf. f. Sachsen-Mei-
nungs'sche Geschichte und Landeskunde.
Hildburghausen. 1898.

Sciascia, Leonardo: Das Hexengericht: 3
Erzählungen, Grundlage der sozialkritischen
Erzählungen sind Dokumente, Briefe und
zeitgen. Berichte zu 3 Prozessen in Italien aus
dem 17, 19. und 20. Jh. 1968.

Scot, Reginald: Letters on Demonologie
and Witchcraft, London. 1584.

Scot, Reginald: Detectio artis Magicae.
London. 1665.

Scribonius, Wilhelm Adolf: De Sagarum natura et protestate deque his recte congnoscen-
dis et puniendis. Contra Joannem Euvichium
in Republica Bremensi. Marpurgi. 1588.

Scribonius, Wilhelm Adolf: Reponsio ad
examen ignati patroni veritatis de purgatione
Sagarum per aquam frigidam. Francofurdi.
1590.

Schütz, Siegfried: Die Unholdenzunft zu
Weil. Die Hexenjustiz zu Weil der Stadt und in
den süddeutschen Reichsstädten. Heimatverein Weil der Stadt. Berichte und Mitteilungen
24. Heft 1/2 1973.

Scott, W.: Briefe über Dämonologie und
Hexerei. 2 Theile. 1853.

Sebald, Hans: Witchcraft. The Heritage of a
Heresy. New York. 1978.

Sebald, Hans: Hexen damals. Hexen heute?
Frankfurt. 1987

Seebacher-Mesaritsch, A.: Hexen-Report.
Bericht über eine Massentragödie in der
Steiermark. 1425 – 1746. Graz. 1972.

Seemann, O.: Über einige Hexenprozesse
im Stift Essen. In: Hist. Verein für Stadt und
Stift Essen. Beiträge zur Geschichte von Stadt
und Stift Essen. 10. Heft. Essen. 1886.

Seidlmayer, Michael: Wege und Wandlungen
des Humanismus. Studien zu seinen politischen, ethischen, religiösen Problemen. Mit
einem Gedenkwort von Hans Barion. Göttingen 1965.

Seiffert, J.: Gewissensbuch von den Prozessen gegen die Hexen. Bremen. 1647

Séjourné, P.: Sorcellerie. Dictionnaire de
Théologie Catholique 14/2. Paris 1941.

Sell, Karl: Neuestes über Papsttum, Inquisition, Aberglauben, Hexenwesen. In: Preußische Jahrbücher. S. 531. 1900.

Siebel, Friedr. Wilh.: Die Hexenverfolgung
in Köln. Diss. jur. Bonn 1959.

Siegfried, T.: Richtige Antwort auf die Frage: Ob Zauberer und Zauberinnen mit ihrem
Zauber Pulver Kranckheiten oder den Todt
beybringen können . . . Erfurt. 1593.

Simon, J.: Nicht doch . . . oder Auflösung
der kleinen Zweiffel über zwey Berichte von
einer Hexen- und Studentengeschichte, die
sich in dem Jahre 1786, den 10.11.12. und 13.
Junius zu Ingolstadt in Bayern soll zugetragen
haben. Aus einem dritten Berichte des Herrn
Directors gezogen. Berichtshausen, Laipzig
(?). 1769.

Sincerus, Th.: Nord-schwedische Hexerey,
oder Simia Dei, Gottes Affe. Das ist: Ausführliche Beschreibung der schändlichen Verfüh-
rungen des leidigen Satans, darinnen zu sehen
Gottes erschröckliche Straff-Verhängen, wegen greulicher Sünden-Mengen. In einem
Jammer beherzigten Send-Sendschreiben am
Tag gegeben von Theophilo Sincero, an Chri-
stianum Piandrum. Augsburg (?). 1677

Snell, O.: Hexenprozesse und Geistesstö-
rung. Psychiatrische Untersuchung. München.
1891.

Soldan, W. G.: Geschichte der Hexenprozesse. Aus den Quellen dargestellt. Stuttgart.
1843.

Soldan, W. G.: Ein Beitrag zur Geschichte
der Hexenprozesse. In: Zeitschrift für deutsche Strafverfahren. 3. Bd. Karlsruhe. 1843.

Soldan, W. G.: Geschichte der Hexenprozesse. Neu bearbeitet von Heinrich Heppe.
Stuttgart. 1880.

Soldan, W. G.: Geschichte der Hexenprozesse. Neu bearbeitet und hrsg. von Max Bauer. München. 1912.

Soll, K.: Neuestes über Papsttum, Inquisition, Aberglauben und Hexenwesen. In: Preus-
sisches Jahrbuch. 1900.

Solleder, Fridolin: Hexenwahn, Zauberei
und Wunderglauben in Franken. In: Frankenland. 1. Jahrg. (1914) 115 – 126, 176 – 183, 2. –
4. Heft. 1914.

Solleder, Fridolin: Ein Hexenbrand im Tau-
bergrund. In: Badische Presse. Karlsruhe.
1929.

Soman, Alfred: Les procés de sorcellerie au
Parlement de Paris (1565 – 1640) Annales
Ecomomies. Sociétés. Civilisations. 32. Paris.
1977 S. 790 – 814.

Spach, L. A.: Das Hexenwesen im Elsass. Ca. 1871.

Spielmann, Karl-Heinz: Die Hexenprozesse in Kurhessen. Nach den Quellen dargestellt. Mit 4 Urkunden – Facsimiles und 14 Abb. 2. Auflage. Marburg. 1932.

Spina, Barthol. de (Spineus): Qaestio de Strigibus et Lamiis. 1523.

Spina, Barthol. de (Spineus): Novus Malleus Maleficarum sub quaestione de strigibus seu Maleficis. 1523.

Spitzer: Teufelsbündner, Zauber- und Hexenglauben und dessen kirchliche Ausbeutung der Menschheit. Leipzig. 1871.

Spizelius, Theophilus: Expugnatio Orci: die gebrochene Macht der Finsterniß oder zerstörte teufflische Bunds- und Buhl-Freundschaft mit den Menschen, das ist ein gründlicher Bericht wie und welch Gestalt die abscheuliche und verfluchte Zauberer-Gemeinschaft mit den bösen Geistern angehe, wie dieselbe zu- und fortgehe, ob und auf waß Art sie wiederum zergehe. Augspurg. 1687.

Sprenger, Jac.: Malleus maleficarum de lamiis et strigibus et sagis aliisque magis et daemoniacis corumque arte, potestate et poena tractatus tam veterum quam recentiorum sanctorum. Norimb. 1494. s.l.et a fol. Colon. 1489. 4. Colon 1494, fol. Francf. 1582, Colon 1511. 1520. 8. Lugduni 1595. multo auctior. Lungduni 1620. 8.

Summers, Montague: Geography of Witchcraft. London. 1927.

Sutter, Berthold: Johannes Kepler und Graz. Im Spannungsfeld zwischen geistigem Fortschritt und Politik. Ein Beitrag zur Geschichte Innerösterreichs. Graz. 1975.

Sutter, Berthold: Wissenschaft und geistige Strömungen zwischen dem Augsburger Religionsfrieden und dem Dreißigjährigen Krieg. Wissenschaftsgeschichte um Wilhelm Schikkard. Tübingen 1981 (Contubernium 26.) S. 153 – 240.

Sutter, Berthold: Der Hexenprozeß gegen Katharina Kepler. 2. Auflage. Weil der Stadt. 1984.

Svátek, J.: Hexenprozesse in Böhmen (u.a.). In: Culturhistorische Bilder aus Böhmen. Wien. 1879.

Szasz, Thomas: Die Fabrikation des Wahnsinns. Olten. 1974.

Schacher, J. v.: Das Hexenwesen im Kanton Luzern nach den Prozessen von Luzern und Sursee. 1400 – 1675. Phil. Diss. (Freiburg?). Luzern, 1947.

Schade, Sigfried: Schadenzauber und die Magie des Körpers. Worms. 1983.

Schäfer, Georg: Die Hexe von Bingenheim. Oberhessischer Volksroman aus den Zeiten der Hexenprozesse unter Benutzung von vorhandenen Originalakten von 1652 – 1660. 1978.

Schäfer, H.: Hexenmacht und Hexenjagd. Ein Beitrag zum Problem der kriminellen Folgen des Hexenaberglaubens. Hamburg. 1955.

Schäfer, Herbert: Der Occulttäter (Hexenbanner, magischer Heiler, Erdenstrahler). Diss. jur. Bonn 1958. Hamburg. 1959.

Schäfer, Herbert: Ein typischer Hexenbanner. In: Kriminalistik. 1959. Bd. 13. S. 158 ff.

Schäfer, Herbert: Aus den Prozeßakten eines Hexenbanners. In: Kriminalistik. 7. S. 347. 1964.

Scharold, C. G.: Zur Geschichte des Hexenwesens im ehemaligen Fürstenthume Würzburg. In: Archiv des Historischen Vereins für Unterfranken. 5 (1839) 165 – 173; 6 (1840) 128 – 134.

Scharold, C. G.: Zur Geschichte des Hexenwesens im ehemaligen Fürstenthume Würzburg. In: Archiv des hist. Vereins. Bd. 6. Würzburg. 1840.

Scheffer, Johann: De natura et constitutione philosophiae italcae seu Pythagoricae librum prodonum magni operis de philosophia Pythagorica et de claris Pythagiricis. Upsala. 1664.

Schelenz, Hermann: Frauen im Reich Askulaps. Leipzig. 1900.

Scherr, Johannes: Die letzte Reichshexe. In: Hammerschläge und Historien. Zürich. 1878.

Scherr, Johannes: Geschichte der deutschen Frauenwelt. Leipzig. 1898.

Schiess, E.: Das Gerichtswesen und die Hexenprozesse in Appenzell. Trogen. 1919.

Schild, Wolfgang: Alte Gerichtsbarkeit. München. 1985.

Schilter, Joh.: de libertate ecclesiarum Germaniae, cum libro de prudentia iuris christianorum et de fatis ecclesiae S. Joanni Evangelistae revelatis.

Schilling, A.: Die Hexenverbrennungen in Ulm. Stuttgart. 1883.

Schilling, W.: Newer Tractat von der verführten Kinder- Zauberey. In welchem mit reiflichem Discours . . . vorgehalten wirdt, auss was Vursachen viel vnerwachsene vnd vnmündige Kinder . . . zu der verdampten Geister vnd Zauberer Gesellschaft gebracht vnd vnerhörter Weise verführt werden . . . auss lateinischer in die teutsche Sprach vbersetzt vnd in Truck gegeben. Aschaffenburg. 1630.

Schillinger, J.: Die Hexenprozesse im ehemaligen Fürstbistum Basel. Vom Jura zum Schwarzwald. 8. Bd. 1. Heft. Aarau. 1891.

Schletter: Zauber- und Hexenprozesse. In: Annalen zur deutschen und ausländigen Criminal-Rechts-Pflege. Hrsg. W. L. Demme (u.a.) Berlin.

Schlözer, A. L.: Hexen-Prozesse aus dem Hennebergischen. In: Staats-Anzeigen. 2 Bde. 6. Heft. Göttingen, 1782.

Schmidt, Eberhard: Inquisitionsprozeß und Rezeption. 1940.

Schmid, F. J.: Und der Satz: Teufflische Magie existiert besteht noch: In einer Antwort des katholischen Weltmannes auf die von einem Herrn Landpfarrer herausgegebene Apologie der Prof. Weber'schen Hexenreformation. Augsburg. 1791.

Schmidt, Gerhard: Sinn und Bedeutung der Constitutio Criminalis Carolina als Ordnung des materiellen und prozessualen Rechts. Zeitschrift f. Rechtsgeschichte 96 = Germ. Abt. 1966.

Schmid v. Kirchberg: Der Kaibenturm. Eine Hexengeschichte. Nach Schweizer-Prozeß-Akten der dreissiger Jahre des 18. Jhts. Dresden. 1903.

Schmidt, W.: Anhaltische Hexenprozesse. In: Unser Anhaltland. 2. Jahrg. 1. – 2. Heft. Dessau. 1902.

Schmölzer, Hilde: Phänomen Hexe: Wahn und Wirklichkeit im Lauf der Jahrhunderte. München. 1986.

Schnabel, J.: I. Hexenprozess. II. Folgen des dreissigjährigen Krieges. Nach den besten Quellen bearbeitet. Brilon. 1864.

Schneider, H.: Die Hexenliteratur-Sammlung der Cornell Universität. Ithaca. New York. In: Hess. Blätter für Volkskunde. Hrsg. Walter Mitzke. XLI. Bd. Gießen. 1950.

Schneider, Ulrich-Friedrich: Das Werk »De praestigiis Daemonum« von Weyer und seine Auswirkungen auf die Bekämpfung des Hexenwahns. Ungedr. Bonner rechtsw. Diss. 1951.

Schnell, Eugen: Zur Geschichte der Criminal-Justiz und besonders der Hexenprozesse in Hohenzollern. Von Eugen Schnell. Fürstl. Hohenzl. Archivar in Sigmaringen. 1873.

Schneller, J.: Das Hexenwesen im 16. Jh. Nach den Turmbüchern Lucerns. In: Der Geschichtsfreund. 23. Bd. Einsiedeln. 1868.

Schnitzer, Katharina: Die Darstellung der Hölle in der erzählenden Dichtung der Barockzeit. Ungedr. Wiener phil. Diss. 1961. Bd. 1, 2.

Schormann, Gerhard: Hexenverfolgung in Schaumburg. Niedersächsisches Jahrbuch 45. 1973. S. 145 – 169.

Schormann, Gerhard: Hexenprozesse in Nordwestdeutschland. Hildesheim. 1977 (Quellen und Darstellungen zur Geschichte Niedersachsens; 87).

Schormann, Gerhard: Hexenprozesse in Deutschland. Göttingen. 1981.

Schöck, Inge: Hexenglaube in der Gegenwart. Empirische Untersuchungen in Südwestdeutschland. Tübingen. 1978. (Untersuchungen des Ludwig-Uhland Instituts der Univ. Tübingen; 45).

Schönach, L.: Zur Geschichte des ältesten Hexenwesens in Tirol. In: Forschungen und Mitteilungen zur Geschichte Tirols und Vorarlbergs. XI. 1904.

Schöpf, Hans: Zauberkräuter. 1986.

Schoene, Albrecht: Götterzeichen, Satanskult und Liebeszauber. Neue Einblicke in alte Goethetexte. Göttingen. 1982.

Schoetensack, August: Der Strafprozeß der Karolina. Diss. jur. Leipzig. 1904.

Schottmüller, H.: Ein Lieser Hexenprocess von 1740. Posen. 1902.

Schrader, L. W.: Die Sage von den Hexen des Brockens und deren Entstehen in vorchristlicher Zeit durch die Verehrung des Melybogs und der Frau Holle. Historisch bearbeitet. Quedlinburg und Leipzig. 1839.

Schreiber, H. (Hrsg.): Die Hexenprozesse zu Freiburg. Freiburg. 1837.

Schreiber, H. (Hrsg.): Die Hexenprozesse im Breisgau, Offenburg, der Ortenau und Bräunlingen auf dem Schwarzwalde. Freiburg. 1837.

Schrittenloher, Joseph: Aus der Gutachter- und Urteilstätigkeit der Ingolstädter Juristenfakultät im Zeitalter der Hexenverfolgungen. Jahrbuch f. Fränkische Landesforschung 23. Neustadt (Aisch). 1963. S. 315 – 353.

Schröder, R.: Glaube und Aberglaube in altfränkischen Dichtungen. Erlangen. 1886.

Schünke, Wolfgang: Die Folter im deutschen Strafverfahren des 13. bis 16. Jh. Diss. jur. Münster. 1952.

Schütz, W.: Ein Hexenprozess vom Jahre 1705. Mitgeteilt von Herrn Amtscommisär W. Schütz in Weimar. Jena. 1853.

Schultheis, Hinrich: Eine außführliche Instruction Wie in Inquisition Sachen des grewlichen Lasters der Zauberey ohn gefahr der Unschueldigen zu prociedren, Coelln, 1634.

Schumacher, Hermann A.: Die Stedinger. Faksimile-Verlag. Bremen. Unveränderter Nachdruck der Ausgabe von 1865.

Schumm, Marianne: Fürstliche Frauen als Apothekerinnen. In: Württembergisch Franken 69 (1985). 99 – 125.

Schumann, Helmut: Krankhafte Färbungen der Gemütslage in den schwäbischen Hexenprozessen. In: Kriminologische Wegzeichen. Festschrift für Hans von Hentig zum 80. Geburtstag = Kriminologische Schriftenreihe aus der Deutschen Kriminolog. Gesellschaft 29. Hamburg. 1967 S. 43 – 52.

Schwager, Johann Moritz: Versuch einer Geschichte der Hexenprozesse. Berlin. 1784.

Schwartz, Fr. L. W.: Zwei Hexengeschichten aus Waltershausen in Thüringen nebst eines mythologischen Excurs über Hexen und ähnliche Versammlungen. Von Direktor W. Schwartz. Berlin. 1888.

Schwarz, Paul: Die Hexenverfolgungen im Mittelalter. In: Der Haalsquell 14 (1962), 5–8.

Schwann, Johann: Zwo gründtliche und warhafftige newe Zeitung, die erste von den Hexen und Unholden Mann und Weibs Person, so man in der churfürstlichen Statt zu Aschenburg vnnd auch auff dem Land mit dem Fewer gestrafft und verbrannt hat . . . die ander Zeitung. Von dem erschröcklichen Jammer, so sich im Westerreich im Städtlein Sarwerth, begeben hatt und sehen lassen . . . Gestelt durch Magister Johann Schwann . . . Gießen. 1612.

Schweitzer, P.: Der Hexenprozeß und seine Anwendung in Zürich. In: Züricher Taschenbuch. NF. XXV. 1902.

Schwillus, Harald: Der Bischof läßt nit nach bis er die gantze Statt verbrennt hat. In: Würzburger Diözesangeschichtsblätter 49 (1987), 145 – 154.

Staschen, Heidi: Das Johann-Kruse-Archiv.

In: Mitteilungen aus dem Hamburger Museum für Völkerkunde. N.F. Bd. 10. S. 117 ff.

Steck, R.: Der Berner Ketzerprozeß (1507 – 1509). In neuer Beleuchtung nebst Mitteilungen aus den noch ungedruckten Akten. Bern. 1902.

Steiner, F. K.: Das Zauber- und Hexenwesen der Stadt. Lohr. Lohr am Main. 1982.

Steinhausen, Georg: Quellen und Studien zur Geschichte der Hexenprozesse. 2. Ergänzungsschrift zur Zeitschrift für Kulturgeschichte. 1898.

Sterly, Joachim: Hexer und Hexen in Neu-Guinea. München. 1987

Sterzinger, Ferdinand: Akademische Rede von dem gemeinen Vorurtheil der wirkenden und thätigen Hexerei, welche an Sr. Churfürstl. Durchlaucht. in Baiern . . . höchsterfreulichen Namensfeste abgelesen worden von P. Don Ferdinand Sterzinger . . . den 13. October 1766. München. 1766.

Sterzinger, Ferdinand: Von dem gemeinen Vorurteil der wirkenden und tätigen Hexerei. München. 1766.

Sterzinger, Ferdinand: Gedanken über die Wercke des Liebhabers der Wahrheit von der Hexerey. München. 1767

Sterzinger, Ferdinand: Der Hexenprocess: ein Traum erzählt von einer unpartheischen Feder im Jahre 1767. München (?). 1767

Sterzinger, Ferdinand: Betrügende Zauberkunst und träumende Hexerey, oder Vertheidigung der akademischen Rede, von dem gemeinen Vorurtheile der wirkenden und thätigen Hexerey wider das Urtheil ohne Vorurtheil . . . München. 1767

Stöber, A.: Die Hexenprozesse im Elsaß. In: Alsatia. S. 265. Mühlhausen. 1857

Stojentin, M. v.: Actenmäßige Nachrichten von Hexenprocessen im ehemaligen Herzogtum Pommern. In: Beiträge zur Kulturgeschichte. Ergänzungshefte. Z. Zfk. Hrsg. Georg Steinhausen. 2. Heft. Weimar. 1898.

Stürler, M. v.: Urkunden über Hexenprozesse aus dem Staatsarchiv Moritz v. Stürler, korrespondierendes Mitglied der Basler historischen Gesellschaft. Basel. 1854.

Stutz, J.: Eine kirchliche Instruktion über die Führung von Hexenprozessen. In: Katholische-Schweizerische Blätter f. Wissenschaft, Kunst und Leben. S. 601. 1888.

Thamm, M.: Femgericht und Hexenprozesse. Bibliographisches Institut. Leipzig und Wien. 1903.

Theatrum de Veneficis . . . das ist . . . von Teufelsgespenst, Zauberern und Giftbereitern, Schwartzkünstlern, Hexen und Unholden vieler fürnemlicher Historien und Exempel. (Hrsg.: Bassaeus), Frankfurt. 1586.

Theologischer Prozeß wie mit Hexen und zauberischen Personen zu verfahren seye. Auß H. Göttlicher Schrifft zu behuf der Pastorn, so mit dergleichen Personen umbgehen, absolvieren und trösten müssen, zusammengetragen 1631 (möglicherweise war Fr. Spee der Verfasser).

Thiel, Helga: »Des Teufels Netz«. Beobachtungen zur spätmittelalterlichen geistlichen Dialektik. Ungedr. Münchner phil. Diss. 1953.

Thomas, Siegfried: Richtige Antwort auf die Frage, ob die Zauberer und Zauberinnen Krankheiten . . . bewirken können. Erfordt. 1594.

Thomas, Keith, Vivian: Religion and the decline of magic: studies in popular beliefs in sixteenth and seventeenth century England, London. 1971.

Thomasius, Chr.: Kurtze Lehrsätze von dem Laster der Zauberei . . . Halle. Renger. Die curieuse von dieser Materie handelnde Piecen, so überdem hierbey zu finden, sind Cautio Criminalis, oder vorsichtige Anstell- und Führung des Processes gegen die Zauberer, Hexen und Unholden. D. Jh. Meyfarts Christliche Erinnerung an Regenten und Prediger, Wie das Laster der Hexerey mit Ernst auszurotten, aber in Verfolgung desselben sehr bescheidentlich zu verfahren sey. Vielerley Sorten von Hexen-Actis, aus welchen sowohl der vermeynten Zauberkunst und Betrug, als auch durch die unzulängliche und kindische Indicia der Zauberey, ausgefolterte Aussagungen, und andere Mißbräuche der Hexenprozesse offenbahr werden. Die Geschichte der Teufel zu Loudun. Herrn Thomasi etc. Juristische Entscheidung der Frage, ob einer einem andern wegen Furcht vor Gespenstern die Haus-Miete aufsagen könne. 1703.

Thomasius, Chr.: Dissertatio de Tortura ex Foris Christianorum Proscribenda. Leipzig. 1705.

Thomasius, Chr.: Johann Webster's Untersuchung der vermeinten und so genannten Hexereyen. Aus dem Engl. Halle. 1719.

Thomasius, Chr.: Francisi's Hutchinson's Historischer Versuch von der Hexerey. Nebst einer Vorrede des Herrn Geheimbden Raths Thomasii. Aus dem engl. ins Teutsche übers. von Theodoro Arnold. Leipzig, 1726.

Thomasius, Chr.: Disputatio juris canonci de origine ac Progressu processus inquisitorii contra sagas. Halle, 1712.

Thomasius, Chr.: Versuch vom Wesen des Geistes. Halle, 1708.

Titz, Herbert: Schlesien und der Hexenwahn. In: Sagen Sprottauer Heimatbriefe. Jg. 17. S. 224, Detmold. 1966.

Torreblanca, Franciscus: Daemonologia, sive des Magia naturali daemoniaca licita et illicita. Mogentiae. 1623.

Trechsel, Fr.: Das Hexenwesen im Kanton Bern. Aus archivalischen Quellen dargestellt. In: Berner Taschenbuch. 19. Jahrgang. Bern. 1870.

Treffzt, J.: Ein Hexenprozess aus dem Jahr 1676. In: Verein f. thüring. Geschichte und Altertumskunde. 29. Bd. 1. Heft. Jena 1912.

Treichsel: Ein Beitrag zur Hexengeschichte Westpreußens. In: Zeitschrift des Hist. Vereins f. d. Reg. Bez. Marienwerder. 5. Heft. Marienwerder. 1881.

Trevor-Roper, Hugh-Redwald: Der europäische Hexenwahn des 16. und 17. Jh. In: H. R. Trevor-Roper: Religion, Reformation und sozialer Umbruch. Die Krisis des 17. Jh. Frankfurt am Main – Berlin – Wien. 1967.

Trevor-Roper, Hugh-Redwald: The European Witch Craze of the 16th and 18th Centuries. Harmondsworth. 1969.

Trithemius, Johannes: Antipalus maleficorum.

Trithemius, Johannes: Joannis Trithemii octo quastionum ad Maximilianum Caesarem. Francoforti, per Cyriacum Jacobum. 1550.

Trummer, C.: Vorträge über Tortur, Hexenverfolgungen und andere merkwürdige Erscheinungen in der Hamburgischen Rechtsgeschichte. Gehalten in der juristischen Section des geschichtlichen Vereins in Hamburg . . . Mit vielen visher ungedruckten Urkunden und Criminalfällen. Hamburg. 1844 – 50.

Tubeuf, C. Frh.: Biologie, prakt. Bedeutung und Bekämpfung d. Kirschhexenbesens. Berlin. 1900.

Tupet, Anne-Marie: La magie dans la poésie latine. 1.: Des origines á la fin du régne d'Auguste. Paris 1976 (Collections d'études anciennes.).

Unger, Fr.: Die schwarze Magie: ihre Meister und ihre Opfer, darin: das Problem des übernatürlichen Geschlechtsverkehrs zwischen Menschen, Teufeln und Dämonen. Urban Grandier und die Besessenen von Loudun. Werke des Teufels in alter Zeit. Coethen. 1904.

Valentiner: Die Hysterie und ihre Heilung. Erlangen. 1852.

Valentinitsch, Helfried, Schwarzkogler, Ileane (Hrsg.): Hexen und Zauberer. Katalog zur Steirischen Landesausstellung 1987. Riegersburg. Oststeiermark. 1. Mai – 26. Oktober, Graz. 1987.

Vallinck, J.: Von Zauberern und Unholden. Fuernemlich aber was zaubern fuer ein Werck seye, was Krankheit, Schade und Hindernuß drauß entstehe. Auch was gegen Arztney darwider zu gebrauchen seye. In: Theatrum de veneficiis. Frankfurt am Main. 1586.

Van Dülmen, Richard: (Hrsg.) Hexenwelten. Frankfurt. 1987.

Venedey, Michael: Der Bund der Teufelsbeschwörer. Köln. 1840.

Villeneuve, Roland: Le diable dans 'lart. Essai d'iconographie comparée à propos du rapports entre l'art et le satanisme. Paris 1957.

Vives, Ludovicus: De disciplinis. 1531.

Voet, Gisbert: Disputationes Selectae 5. Bde. 1648.

Volk, F.: Hexen in der Landvogtei Ortenau und Reichsstadt Offenburg. Ein Beitrag zur Sittengeschichte. Lahr. 1882.

Vollert, A.: Die Hexen und Hexenprozesse. Eine criminalhistorische Skizze. Von Dr. A. Vollert. Hrsg. des »Neuen Pitaval«. Leipzig. 1871.

Von Hexen und Unholden, ein Christlicher, nützlicher, und zu diesen unsern gefährlichen Zeiten nothwendiger Bericht aus Gottes Wort, geistlichen und weltlichen Rechten; auch sonst allerley Historien gezogen. Anfänglich vor 114 Jahren durch Ulricum Molitoris, von Costnitz der Rechten Doctor, Lateinisch in Form eines Gesprächs, angestellet, und jetzt neulich verteutscht, u. in gewisse Dialogos abgetheilet durch Conradum Lauterbach. Gedruckt zu Cölln, MDLXXVI. 8 Bog. 8. S. 112. In: Hauber's Zauberbibliothek. 1. Bd. 2. Stück XIV.

Voss(ius), Gerhard Johann: de historicis Latinis. Amsterdam 1627. Neu 1709 von Joh. Alb. Fabricius.

Wächter, C. G. v.: Die gerichtlichen Verfolgungen der Hexen und Zauberer in Deutschland vom 15. bis 18. Jh. In: Beiträge zur deutschen Geschichte, insbes. des deutschen Strafrechts. Tübingen. 1845.

Wächter, Oskar: Vehmgerichte und Hexenprozesse in Deutschland, nach den Quellen dargestellt von Oskar Wächter, Stuttgart, 1882.

Wagner, Eberhard: Hexenglaube in Franken heute. In: Jahrbuch für fränkische Landesforschung. Bd. 30. S. 343. 1970.

Wagstaff(e), John: Johann Wagstaff's Gründlich ausgeführte Materie von der Hexerey, oder: Die Meynung derer jenigen so da glauben, dass es Hexen gebe: deutlich widerlegt und mit vernünftigen Anmerkungen über jedes Capitel erläutert. Aus dem Englischen übersetzt. Halle. 1711.

Wahrlieb, Gottfried: Deutliche Vorstellung der Nichtigkeit derer vermeynten Hexerejen und des ungegründeten Hexenprocesses. Amsterdam 1720 (Erscheinungsort: Halle).

Waider, Heribert: Die Bedeutung der Entstehung der Cautio Criminalis des Friedrich Spee von Langenfeld für die Strafrechtsentwicklung in Deutschland. Zeitschrift f. gesamte Strafrechtswissenschaft. 83, 1971.

Waider, Heribert: Der Kampf um die »Cautio Criminalis« des Friedrich Spee von Langenfeld-Köln 1632/1633. Jahrbuch des Kölnischen Geschichtsvereins 49. 1972. S. 53 – 66.

Waldbrühl, W. v.: Naturforschung und Hexenglaube. In: Sammlung gemein verständlicher wissenschaft. Vorträge II. Serie. 46. Heft. Berlin. 1867/68.

Waldbrühl, W. v.: Naturforschung und Hexenglaube. In: Melaten und der Galgenberg. In: Kölner Zeitung vom 3. Januar 1875.

Waldkirch, J. R. v.: Die gerechte Folter-Banck: das ist, Eine rechtliche und gründtliche Anweisung und Untersuchung, wie und wann eine christliche Obrigkeit die verdächtigen Maleficanten könne oder solle peinlich befragen. Bern. 1710.

Waldschmidt, B.: Pytonissa Endorae, das ist: Acht vnd zwanzig Hexen- und Gespenster-Predigten, genommen auss der Histori von der Zauberin zu Endor . . . Gehalten in der Kirche zu Barfüssern in Franckfurt, vnd nunmehr mit nützlichen, auss vornehmer Theologorum vnd anderer berühmten Autorum Schrifften genommenen Anmerckungen vermehrt . . . Frankfurt. 1660.

Walter, Th.: Die Hexenplätze der Rufacher Hexenurkunden. In: Jahrbuch für Geschichte, Sprache und Literatur. Elsass-Lothringen. 12. Jg. Straßburg. 1896.

Waschinski: Ein Beitrag zur Geschichte der Hexenprozesse. In: Mitteilungen des westpreußischen Geschichtsvereins. II. Jahrg. Danzig. 1903.

Weber, Hellmuth v.: Benedict Carpzov. Ein Bild der deutschen Rechtspflege im Barockzeitalter. In: Kriegsvorträge der rhein. Friedrich- Wilhelms-Universität. 159. Heft. Bonn. 1944.

Weber, Hellmuth v.: Die peinliche Halsgerichtsordnung Kaiser Karl's V. Zeitschrift für Rechtsgeschichte 90 = Germ. Abt. 1960.

Weber, J.: Ungrund des Hexen- und Gespenster-Glaubens, in ökonomischen Lehr-Stunden dargestellt . . . 2. verm. Auflage. Augsburg (oder Dillingen?) 1787.

Weber, Marianne: Ehefrau und Mutter in der Rechtsentwicklung. Eine Einführung. Tübingen. 1907.

Weber, Richard: Der Zauberer Paracelsus. Festschrift für Will- Erich Peuckert zum 60. Geburtstag. Berlin, Bielefeld, München. 1955.

Webster, John: Displaying of supposed Witchcraft, London. 1673 (dt.: Untersuchung der vermeinten und so genannten Hexereijen. Mit einer Vorrede von Chr. Thomasius. Halle. 1719.

Wecker, Johann Jacob: Wahre und eigentliche Entdeckung und Declaration oder Erklärung fürnehmer Artikul der Zauberey . . . vor vielen Jahren aus jhren Urgichten erfahren durch Jacob Weckern etwas weitläufiger beschrieben. Nun aber an jetzo mit allem Fleisse revidiret . . . Leipzig (bei Francke und Scheib) 1631. (Bearbeiter: Wolfgang Hildebrand).

Weier, Johann: Von den Teuffeln/Zauberern/Schwartzkünstlern/Hexen oder Unholden und Giftbereitern. Frankfurt. 1575.

Weiler, Garda: Der enteignete Mythos. München. 1985.

Weinstock, Heinrich: Die Tragödie des Humanismus. Wahrheit und Trug im abendländischen Menschenbild. 3. Auflage. Heidelberg. 1956.

Weiser-Aall Lilly: Artikel »Hexe«. In: Handwörterbuch des deutschen Aberglaubens. Hrsg. von Bächthold und Stäubli. III. Bd. Berlin, Leipzig. 1930.

Weller, Karl – Weller, Arnold: Württembergische Geschichte im süddeutschen Raum. 7. Auflage. Stuttgart, Aachen. 1972.

Wendelinus, Gottfried: Leges Salicas illustratas cum Glossario Salico vocum Advaticanum. Antwerpen. 1649.

Weng, Fr. J.: Die Hexen-Prozesse der ehemaligen Reichsstadt Nördlingen in den Jahren 1590 – 94. Aus den Kriminalakten des Nördlinger'schen Archiv gezogen. Nördlingen. 1838.

Wenzel, G. I.: Geist- Wunder- Hexen- und Zaubergeschichten, vorzüglich neuester Zeit. Erzählt und erklärt von Gottfried Imanuel Wenzel. Prag und Leipzig. 1793.

Wessely, Joseph Eduard: Die Gestalten des Todes und des Teufels in der darstellenden Kunst. Leipzig. 1876.

What Happened in Salem? ed. David Levin. New York. 1960. 2nd edition.

Wichert, Wolfram: Hexentreiben. Roman. Die historischen Vorgänge der Hexenprozesse in Lemgo. 1979.

Wichmann, Jörg: Die magische Kunst der Hexen. Geschichte, Mythen, Rituale. Berlin. 1984.

Wigand, P.: Zur Geschichte der Hexenprozesse. Ein Hexenprozeß vor dem Criminalgericht zu Horn im Fürstenthum Lippe. 1554. Leipzig. 1854.

Wigand, P.: Die Hexenprozesse und das Einschreiten des Kammergerichts gegen die dabei eingerissenen Missbräuche. Leipzig. 1854.

Wilhelm: Hexenprozesse aus dem 17. Jh. Mit höherer Genehmigung aus dem Archiv des königl. Hannover'schen Amtsgerichtes Diepholz mitgetheilt von dem Amtsrichter Dr. Wilhelm zu Diepholz. Hannover. 1862.

Williams, Charles: Witchcraft. London. 1941.

Winkler, C.: Die Hexenprozesse in Türkheim in den Jahren 1628 – 30. Nach den Originalprotokollen der Stadt Türkheim. Gegeben von C. Winkler. Hierzu mehrere Ansichten der auf die Prozesse bezüglichen Localitäten und der Marterinstrumente. Colmar. 1904.

Winkler, R.: Über Hexenwahn und Hexenprozesse in Estland während der Schwedenherrschaft. Von Probst R. Winkler. In: Baltische Monatsschrift. 51. Jg. 5. Heft. Riga. 1909.

Witekind, H. (pseud. Augustin Lercheimer): Christlich Bedencken vnnd Erinnerung von Zauberey, woher, was vnd wie vielfältig sie sey, wem sie schaden könne oder nicht, wie diesem Laster zu wehren, vnd die damit behafft, zu bekehren, oder auch zu straffen seyen. Beschrieben durch Augustin Lerheimer. Aut assentire his, aut meliora doce. Jetzt und auff's new gemehret vnd gebessert. Basel. 1593.

Wittig, G. C.: Hexenaberglaube in Schlesien. In: Psychische Studien. 23. Jahrg. 9. Heft. Leipzig. 1898.

Wittmann, Alfred: Die Gestalt der Hexe in der deutschen Sage. Heidelberger phil. Diss. Bruchsal. 1933.

Wittmann, P.: Die Bamberger Hexen-Justiz 1595 bis 1631. In: Archiv für kath. Kirchenrecht. Bd. 50. Mainz, 1883.

Woeller, W.: Zur Geschichte des Hexenwahns und der Hexenprozesse in Deutschland. In: Wissen. Zeitschrift der Humboldt-Universität Berlin. Gesellschafts- und sprachwissenschaftliche Reihe. Berlin. 1963.

Wolf, Hans-Jürgen: Hexenwahn und Exorzismus. Ein Beitrag zur Kulturgeschichte. Kriftel. 1980.

Wolf, Hans-Jürgen: Schwarze Kunst. Eine illustrierte Geschichte der Druckverfahren. 3. Auflage. Dornstadt. 1988.

Wolf, Hans-Jürgen: »Neuer« Pfaffenspiegel. Vermarktete Illusionen. Das Geschäft mit dem Glauben. Dornstadt 1989.

Wolf, M.: Opfer des Aberglaubens, Irrthums und Wahns. Erzählungen und Enthüllungen aus uralter Zeit bis auf unsere Tage. Von C. Michael (pseud.) Leipzig. 1880.

Wölfing, M.: Zum Verständnis des Hexenwahns. Tübingen. 1921.

Wolf, Werner: Der Mond im deutschen Volksglauben. Bühl. 1929.

Woeller, W.: Zur Geschichte des Hexenwahns und der Hexenprozesse in Deutschland. In: Wiss. Zeitschrift der Humboldt-Universität Berlin. Gesellschafts- und sprachwissenschaftliche Reihe. S. 881. Berlin. 1963.

Wrede, Richard: Die Körperstrafen bei allen Völkern von den ältesten Zeiten bis Ende des neunzehnten Jahrhunderts. Kulturgeschichtliche Studien. Frankfurt am Main.

Wüst, H. Th.: Teufel, Hexenwahn und Dummheit. Der Weg des deutschen Volkes aus finsterm Aberglauben zum Lichte der Vernunft. In: Rhein- Mainische Sonntagszeitung vom 30. März 1941.

Wulz, Gustav: Nördlinger Hexenprozesse. In: Rieser Heimatverein (Jahrbuch) 20 (1937), 42 – 72; 21 (1938), 95 – 121.

Wulz, Gustav: Der Prozeß gegen die Hexe Rebekka Lemp. In: Der Rieser Heimatbote (1937). Nr. 131.

Wulz, Gustav: Nördlinger Hexenprozesse vor 1589. In: Rieser Heimatbote. 1938. Nr. 140.

Wulz, Gustav: Die Nördlinger Hexen und ihre Richter. Eine familiengeschichtliche Studie. In: Der Rieser Heimatbote 1939. Nr. 142 – 147.

Wunder, Gerd: Der Prozeß des Benedikt Beutelspacher. Schwäbische Heimat 9, 1958.

Wunder, Gerd: Benedikt Beutelspacher. Bürgermeister von Leonberg. Um 1482 bis 1561. Lebensbilder aus Schwaben und Franken 8. Stuttgart 1962.

Wunder, Gerd: Bäuerliche Oberschichten im alten Wirtenberg. In: Bauernschaft und Bauernstand 1500 – 1970. Büdinger Vorträge 1971. Limburg/Lahn 1974.

Wunder, Gerd: Die Haller Hexenzeugen. Wie es zum Prozeß gegen Katharina Schloßstein kam. In: Der Haalquell 30. (1978) 13 ff.

Wünsche, August: Der Sagenkreis vom geprellten Teufel. Leipzig, Wien. 1905.

Zacharias, G.: Satanskult und Schwarze Messe. Wiesbaden. 1965 (4).

Zeeden, Ernst Walter: Hegemonialkämpfe und Glaubenskämpfe 1556 – 1648. Frankfurt am Main. Berlin, Wien. 1977.

Zehner, Joachim: Fünff Predigten von den Hexen, ihren Anfang, Mittel vnd End in sich haltend vnd erklärend. Aus heiliger göttlicher Schrift vnd vornembsten alten Kirchenlehrern zusammengetragen vnd vor dessen gehalten in der Pfarrkirchen zu Schleusingen durch Iochachim Zehner . . . Leipzig. 1613.

Zeipel, C. v.: Karl XI. Rabenius und der Hexenprozess. Historischer Roman von Carl von Zeipel. Aus dem Schwedischen übersetzt von G. Fink. Stuttgart. 1846.

Ziegler, Caspar: Commentarius in Joh. Lancelotti Institutiones Juris Canonici. Wittenberg. 1669.

Ziegeler, Wolfgang: Möglichkeiten der Kritik am Hexen- und Zauberwesen im ausgehenden Mittelalter. Zeitgenössische Stimmen und ihre soziale Zugehörigkeit. In: Kollektive Einstellungen und sozialer Wandel im Mittelalter. Köln/Wien. 1973.

Ziemer, M. T.: Hexenverfolgungen in den Gebieten des Grafen v. Nassau (Johannes) vor dem Jahre 1675. In: Idsteiner Heimatschau. 1926 – 28.

Ziemer, M. T.: Die Idsteiner Hexenjagd von 1676. In: Idsteiner Heimatschau. Idstein. 1928.

Ziemer, M. T.: Hexenverfolgungen in den Gebieten des Grafen von Nassau. In: Idsteimer Heimatschau. 1926/28.

Zieren, Helene: Studien zum Teufelsbild in der deutschen Dichtung von 1050 – 1250. Bonner phil. Diss. 1937.

Zingerle, Ignaz v.: Ein Beitrag zu den Hexenprozessen in Tirol im 17 Jh. Von Ignaz v. Zwingerle. Innsbruck. 1882.

Zirngiebl: Studien über das Institut der Gesellschaft Jesu mit besonderer Berücksichtigung der pädagogischen Wirksamkeit des Ordens.

Zoepfl, Friedrich: Hexenwahn und Hexenverfolgung in Dillingen. Zeitschrift Bayerische Landesgeschichte. 27. 1964. S. 235 – 244.

Zur Naturgeschichte der Hexen. Vortrag geh. von . . . J. B. Holzinger, in der Jahres-Versammlung d. naturwissenschaftl. Vereins f. Steiermark, am 16. Dec. 1882.

Zween erschreckliche Geschicht, gesangsweise. Die erste, von einem Wirt im Allergaw, Bastian Schönmundt genandt . . . wie er sein ehelich Weib . . . so schwanger Leibes gewesen, dreyen Mördern verkaufft . . . Die ander, eine erschreckliche und warhafftige newe Zeitung, wie sich im 1596. Jahres . . . hat zugetragen, das ein schwanger Weib vom Teuffel besessen, ihren Mann sampt drey Kindern; auch sich selbs mit ihrer Leibesfrucht ermordt vnd umgebracht hat. 1596.

Zwei Hexenzeitung, die erste Von dreyen Hexen-Pfaffen unnd einem Organisten zu Ellwang, wie dieselbe Christo abgesagt, unnd dem bösen Geist mit Leib und Seel sich ergeben, und die Zauberung von ime erlernet . . . Die ander; von einer Unholdin oder Hexen, wie sie mit iren Gespilen alles zu verderben unterstanden, der Satan aber, ihnen Ursachen, warum sie solches bleiben lassen angezeigt, auch nicht gestatten, oder geschehen lassen wöllen. Nürnberg. 1615.

Zwei Hexenprozesse aus dem Jahre 1688, geführt bei dem hochfürstlichen Amte in Ballenstedt. Quedlinburg. 1863.

Zwetsloot, H.: Friedrich Spee und die Hexenprozesse: die Stellung und Bedeutung der Cautio Criminalis in der Geschichte der Hexenverfolgungen. Trier. 1954.

Zwo warhafftige Zeittung. Die erste ist ein warhafftige Propheceyung was sich diss tausent sechszehenhundert und 28. Jahr wird verlauffen und zugetragen . . . Die ander Zeitung ist aus dem Bistumb Würtzburg und Bamberg, auch sonst aus anderen Herrschaften, wie man viel Hexen und Gabelreutern verbrennen lest, und noch viel gefangen liegen. Würzburg. 1627.

Fußnoten

Einführung/Standpunkt

1 Eschenröder. S. 13.

2 Haltrich. a.a.O.

3 Adam. S. 7.

4 Sutter. Der Hexenprozeß gegen Katharina Kepler. 2. Auflage. Weil d. Stadt. 1984. S. 1.

5 Soldan-Heppe. Geschichte der Hexenprozesse. Neu bearbeitet von Heppe. Stuttgart. 1880.

6 Diefenbach (1886). a.a.O.

7 Soldan ist der Auffassung, daß unter der Regierung von Wilhelm IV. v. Hessen (1567 – 1592) keine Hexe verbrannt worden ist, bzw. in diesem Umfeld der Glaube an Werwölfe nicht vorgekommen sei. Beides hält einer Prüfung nicht stand. Vergl. Spielmann. S. 81.

Tatsache ist, daß 1583 der Küster Johann Boncker aus Niedermaier den Landgraf um die Aufnahme seines Sohnes in das Hospital von Haina bittet und vorträgt: » . . . er und dessen Kind seien von einer aus Hofgeismar verbrannten Hexe verzaubert worden. Jener wäre wahnsinnig (geworden) . . . und der andere erblindet«.
1590 berichtet der Rentmeister von Felsberg über das Hexenunwesen im dortigen Amt und betont: » . . . die Witwe des Werner Gerlach würde für eine böse Zauberin gehalten. Nachbarn meiden die Metze (= Dirne), weil sie nachts mit den Kindern als reißender Wolf ihr Unwesen treibe. Sie entheilige den Sonntag und mache Heu (oder rupfe Hanf) während der Kirchzeit«. (zitiert nach der Spielmann'schen Dissertation).

8 Sutter. S. 14.

9 Schindler. S. 317.

10 Die Niederschrift aus Würzburg sagt u.a.: » . . . eine Bürgermeisterin, der Lutz, ein vornehmer Kramer, ein (altes) Weib, ein fremb(d)es Mägdlein von 12 Jahren, ein Raths-Herr und der dickste Bürger von Würzburg. Des Dom-Probst Vogt, der Steinacher, ein gar reicher Mann. Ein klei(nes) Mägdlein von neun oder zehn Jahren, ein geringeres, ihr Schwesterlein. Ein Edelknab von Ratzenstein, des Göbel Babelin, die schönste Jungfrau von Würzburg, der Lambrecht, Chorherr im Neuen Münster (des Valenbergs Töchterlein ist heimlich gerichtet und mit der Laden verbrannt worden), der Bernhard Mark, Vicarius am Domstift, ist lebendig verbrannt worden. Die dicke Edelfrau. Ein guter von Adel, Junker Fleischmann . . . und viele andere«.

(Datum: 16. Februar 1629). Insgesamt werden bei 29 Bränden 157 Personen hingerichtet. Thomas Hauschild bringt dazu in seinem Buch »Die alten und neuen Hexen«, auf den Seiten 68 – 74 die gesamte Auflistung.

11 Hier ist die Quellenlage nicht eindeutig. Kirchner lehnt sich an die Überlieferung der Lerchner'schen Chronik. Vermutlich haben wir einen versteckten Zaubereiprozeß vor uns. Vergl. Kirchner. Geschichte Frankfurts. Bd. I. S. 504.

12 Sutter. S. 16.

13 Wolf, Hans-Jürgen. Schwarze Kunst. Eine illustrierte Geschichte der Druckverfahren. 3. Auflage. Dornstadt. 1988.

14 Hansen. Bd. I. S. 1.

15 Sutter. S. 8.

16 Sutter. S. 8.

17 Spielmann. S. 11.

18 Wolf, Hans-Jürgen. S. 26.

19 Fehr. S. 164. Vergl. Wolf, Hans-Jürgen. S. 24.

20 Sutter. S. 22.

21 Wolf, Hans-Jürgen. S. 21.

22 Duhr (1900). S. 7.

23 Beispielsweise: » . . . ein Priester ist ein ›besserer‹ Mensch. Hochgestellte Personen sind von der Folter ausgenommen«. Mit dieser Vorstellung wird später gebrochen, indem man solche Leute »heimlich« und mit besonderen Zeremonien aus der Welt schafft. Es sind nur wenige solcher Fälle bekannt. Die Reichen und Einflußreichen hatten mehr Möglichkeiten des persönlichen Schutzes als das einfache Volk.

24 Schindler. S. 325.

25 Simon. S. 16.

26 Wolf, Hans-Jürgen. »Neuer« Pfaffenspiegel. Das Geschäft mit dem Glauben. Dornstadt. 1989.

27 Ohle. S. 42.

28 Schindler. S. 297.

29 Formulierungen wie: » . . . von 1400 bis 1700 sind dem Hexenwahn in Europa eine Million Menschen zum Opfer gefallen«, sind als unsachlich abzuweisen. Der Quedlinburger Stadtsyndikus Voigt überzeichnet, wenn er die Behauptung aufstellt: » . . . rechnet man seit dem 6. Jh., wo der Papst Gregor d.G. (genannt: d. Heilige) die Strafe des Feuers auf die Hexerei setzt und mit Eifer dagegen wütet, einen Zeitraum von elf Jahrhunderten und nimmt für Deutschland, Frankreich, England, Italien und Spanien etwa 71 Millionen Menschen an, so kommen auf jedes Jahrhundert 854 454. Rechnet man dies auf unsere Stadt zurück, die damals etwa 12 000 Einwohner hat, so bedeutet dies pro Jahr 133 Opfer. Hochgerechnet auf elf Jahrhunderte bedeutet dies, daß in Europa 9 442 992 Menschen unschuldig verbrannt worden sind«. Zitiert nach Soldan-Heppe. Bd. I. S. 452. Anm. 2.

Unser Gewährsmann hat eine trübe Quelle ausgegraben, derzufolge man 1589 in Quedlinburg an einem Tag 123 Personen eingeäschert hat. Vergl. dazu: Rosskoff. Geschichte des Teufels. Bd. II. S. 304.

30 Spielmann. S. 240

31 König in seinem Vorwort.

32 Vergl. Fußnote 29.

33 Lambreg. S. 23. u. 27.

34 Soldan-Heppe. Bd. II. S. 124.

35 Soldan-Heppe. Bd. II. S. 389.

36 Spielmann in seiner Einleitung.

37 Riezler (1896). S. 1.

38 Carl Haas. S. 32.

39 Merzbacher. S. 1.

40 Buchmann. S. 453.

41 Ludwig Meyer. S. 40.

42 Soldan-Heppe. Bd. II. S. 101.

43 Ludwig Meyer. S. 31 u. 32/Vergl. Lambreg. Lit. Beil. F.

44 Snell. S. 73.

45 Ludwig Meyer. S. 31 u. 32.

46 Graf v. Hoensbroech. Bd. I. S. 540. Vergl. Ohle. S. 42.

47 Schindler. S. 325.

48 Spielmann in seiner Einleitung.

49 Jacob Grimm. Deutsche Mythologie. Göttingen. 1835. S. 587 ff.

50 Wolf, Hans-Jürgen. Geschichte des Hexenwahns. Manuskript zur Neufassung der 2. Auflage.

51 Snell. S. 73. Vergl. Wolf, Hans-Jürgen. S. 36.

52 Baumgarten. Die deutschen Hexenprozesse. In: Frankfurter zeitgenössische Broschüren. Hrsg. Paul Haffner. NF. Bd. IV. Frankfurt a.M. 1883. S. 143.

53 Soldan-Heppe. Bd. II. S. 350 u. 351.

54 Längin. S. 126. Vergl. Gury. § 4.

55 Wolf, Hans-Jürgen. S. 26.

56 Wolf, Hans-Jürgen. S. 20.

Grundlagen des Hexenwahns

1 Dazu ein Beispiel: » . . . so oft der Szythenkönig krank wird, läßt er drei Wahrsager kommen, die im höchsten Ansehen stehen. Sie sagen ihm, wer bei der Herde des Königs falsch geschworen hat. Der Bezeichnete wird festgenommen und vorgeführt. Wenn er leugnet, läßt der (gerechte) König drei weitere Wahrsager kommen, um das Urteil der ersten zu prüfen. Wenn sie zum gleichen Ergebnis kommen, schlagen sie dem Betroffenen den Kopf ab und teilen sein Vermögen unter sich. Wenn ihn die zweiten Wahrsager lossprechen, werden die ersten hingerichtet«. Vergl. Herodot. 4. Buch. Kap. 68.

2 Lenormant. S. 71.

3 Lenormant. S. 39.

4 Brockhaus. 17. Ausgabe. Wiesbaden 1969. S. 187.

5 René Fülöp-Miller. S. 85.

6 Lehmann. S. 43.
Er bringt weitere Beispiele: » . . . nimm das Fell einer Geiß, die nie geboren hat . . . schneide aus der rechten Hälfte einen Riemen und füge die linke dazu; mache daran zweimal sieben Knoten, teile ihnen den Zauber mit, der da kommt von Eridu. Binde das Haupt des Kranken, binde seinen Hals, seinen Körper, Hände und Füße. Umschlage mit dem Band sein Bett und benetze ihn mit dem wunderkräftigen Wasser«.

(Anmerkung: wir haben im Prinzip das gleiche vor uns, was weit bis in das 18. Jh. hinein bei uns Beschwörer und Hexenpatres getan haben, beispielsweise, um Ehebetten zu segnen. Das in der Antike beschriebene »wunderkräftige« Wasser kann durchaus mit dem christlichen Weihwasser gleichgesetzt werden).
» . . . weil mich die Zauberin bezaubert hat, die Hexe(?) mich gebannt (hat), schreit mein Gott und meine Göttin über mich. Mit Schnüren haben sie meinen Mund gefüllt. Das Wasser meines Getränkes haben sie gering gemacht; mein Jubel ist Jammer. Meine Freude ist Trauer«.
» . . . mit einer Salbe unheilbringender Kräuter haben sie mich eingerieben . . . zu einem Toten haben sie mich ersehen«.

7 Herodot berichtet: » . . . die Babylonier haben ein schändliches Gesetz. Jede Frau, die in ihrem Land geboren ist, muß sich einmal in ihrem Leben in den Tempel der Venus begeben und sich dort einem Fremden überlassen. Wenn sie an diesem Ort Platz genommen hat, darf sie nicht nachhause zurückkehren, bis ihr ein Fremder Geld in den Schoß geworfen und mit ihr außerhalb des geweihten Raumes Umgang gepflogen hat«. Vergl. Doufour. S. 3.

8 Lehmann. S. 37.

9 Wolf, Hans-Jürgen. S. 48.

10 »Der Erfinder der Zauberkunst soll Zoroaster gewesen sei . . . ob er ein Persianer oder Chaldäer, ob er ein Sternseher oder -deuter, oder ob er ein Urheber der natürlichen oder teuflischen Zauberey gewesen sey, in welchen Zeiten er gelebet . . . darin können die Gelehrten nicht übereinstimmen«.

Weyer (= Wier) sagt zu Beginn des 16. Jh.: » . . . der Erfinder der Zauberkunst soll Zoroaster gewesen sein. Aber andere machen zum Urheber derselben den Cham, andere den Namrod oder den Assur. Wenn der Ursprung zweifelhaft ist, ist das Zeugnis verdächtig«.

11 Wolf, Hans-Jürgen. S. 49.

12 Wolf, Hans-Jürgen. a.a.O.

13 Plato im 2. Buch. Kap. 772 seiner Schrift über die Gesetze.

14 Längin. S. 23.

15 Hansen. S. 65.
»Die Neuplatonik verbindet die platonischen Ideen mit den Vorstellungen der jüdischen Kabbala. Anhänger der alexandrinischen Schule werden in die Mysterien und Orakel der heidnischen Welt eingeweiht. Nach dem Vorgang des platonischen Dualismus betrachten alle Neuplatoniker das leibliche, sinnliche Wesen als das Nichtige (= und darum Böse). Die Dämonenlehre ist ausgeprägt. In sich selbst, nicht durch die Vermittlung eines Denkers, durch mystisches und ekstatisches Sichversenken soll der Mensch zum unmittelbaren Erfassen und Anschauen des einen allgemeinen Grundes, ja allen Seins gelangen. Der Neuplatonismus führt u.a. zu einer Auflösung des griechisch-römischen Bewußtseins. An die Stelle der alten Mythologien tritt (jetzt) ein philosophisches System«.

16 Doufour. S. 100.

17 Doufour. S. 119.

18 Vergl. Soldan-Heppe. Geschichte der Hexenprozesse. Stuttgart und Tübingen. 1843. S. 24. Vergl. Lucans. Pharsal. VI. S. 452, wo die Macht der thessalischen Weiber poetisch beschrieben wird.

19 Dazu zwei Beispiele:
. . . um Liebe in Haß zu verwandeln, belauscht man den Mann oder die Frau, bei der (dem) diese Wandlung vorgenommen werden soll. Man beobachtet seine Fußspuren und setzt, ohne daß diese Person etwas bemerkt, den rechten Fuß an die Stelle des Linken und murmelt (dann) leise » . . . ich schreite auf Dir, ich bin über Dir«. Dann dreht die Zauberin den Ball und beschwört: » . . . wie sich der Erdball unter dem Schutz der Venus dreht, möge sich mein Geliebter auf der Schwelle meines Hauses drehen«.

. . . bisweilen wirft sie in das bei der Beschwörung erforderliche Kohlebecken ein Wachsbild mit dem Namen der zu beschwörenden Person und sagt: » . . . so wie ich dieses Wachs unter dem Schutz Gottes schmelzen lasse, soll das starre Herz vor Liebe schmilzen . . . das ich entflammen will«.

20 Möbius, G. Tractatus philologico-theologus de oraculorum, ethnicorum, propagatione et duratione, authore G. Moebio. S.S. theolog. Licent. Lipsiae. 1680. Vergl. Hebenstreit »oraculum Apollinis delphicum«. Jena. 1675.

21 Der Pestnagel hat bereits bei den Römern symbolische Bedeutung. Im »alten« Rom mußte der Prätor maximus jährlich in der zweiten Hälfte des September einen Nagel in die rechte Wand des kapitolinischen Jupitertempels schlagen; so (auch) beim Ausbruch der Seuche in Rom (365 v.u.Z.).
Der Pestnagel wird auch in Deutschland bekannt. Z.B. 1634 in Riedenburg. In den Häusern werden Nägelplatten gehalten. Es ist ein abergläubischer Brauch, um Not und Krankheit fernzuhalten. Der Begriff variiert zwischen Not- und Pestnagel.

22 Die sybillinischen Bücher sollen um 400 u.Z. bei einem Brand vernichtet worden sein. Varo zählt auf: die Persische und Chaldäische (sie soll die älteste und gleichzeitig die Verfasserin von 24 Büchern gewesen sein, in denen die Ankunft Jesu Christi, seine Leiden, sein Tod und seine Auferstehung geweissagt worden sind), die Lybische, Delphische, Cumäische, Erytraische, Samische, Herophile, Hellespontische, Phrygische und Tiburtinische.

23 Ovid beschreibt eine Opferszene: » . . . an drei Nächten steht der Hausvater um Mitternacht auf und geht barfuß, leise und schweigend zu einem Brunnen, mit den Fingern Schnippchen schlagend, damit kein Geist in seinen Weg kommt. Am Brunnen wäscht er sich dreimal die Hände, geht wieder zurück, nimmt schwarze Bohnen und wirft sie, ohne sich umzudrehen, neunmal hinter sich über den Kopf. Jedesmal spricht er die Worte:

› . . . dies schicke ich euch . . . mit diesen Bohnen kaufe ich mich los‹. Man glaubt(e), daß ihm die Geister folgen und die Bohnen aufsammeln. Dann wäscht er sich nochmals, schlägt an ein hohles kupfernes Gefäß und spricht neunmal: › . . . Ahnengeister, geht fort‹, worauf er sich umsieht und annimmt, daß sie verschwunden wären«.
Die damit verbundene Feier, »Lemuria« genannt, soll, wie Ovid angibt, auf Befehl des Sühne heischenden Geistes des vom Romolus getöteten Remus eingeführt worden sein. Das Fest müßte eigentlich Remuria heißen. Von ihm sollen die Lemuren ihren Namen bekommen haben.

24 » . . . nullis vero criminalionibus implicanda sunt remidia humanis quaestia corporibus, aut in agrestibus locis, de naturis adhibitia« (Cod. Theod. 9.16.3). Vergl.: Das Gesetz des Sulla: de veneficiis & ficariis.

25 »alios fructus, exantare, alienam segetem pellicere«.

26 »C. Furius Cresinus, ein Freigelassener, wurde, weil er auf einem kleinen Acker einen reicheren Ertrag gewann als sein Nachbar auf einem größeren, stark verdächtigt, als ob er durch Zauberkünste fremde Früchte an sich

ziehe«. Vergl. Plinius. Hist. nat. 18. Buch.
Kap. 8.

27 » . . . wer abergläubische, in feierlichem Ton
vorgebrachte Worte in Form einer Verwünschung gegen einen Dritten ausstößt, wer ein
wirkliches oder schlechtes Gift zubereitet
oder es einem anderen beibringt, soll des Todes sterben« (Vergl. Gesetz Nr. 14. Tafel
VII.).

28 König. S. 15.

29 Plinius. Hist. nat. 28. Buch. Kap. 3 und 4.

30 Horaz, epod. 5.

31 Dazu einige Beispiele: (Vergl. Levitikus.
Kap. 19 und 23)
● » . . . Du sollst keine Unzucht treiben«.
● »Du sollst nicht begehren deines Nächsten
Weib«.
● »derjenige, der fleischlichen Umgang mit
Tieren gehabt hat, soll mit dem Tod bestraft werden«.
● »Du sollst nicht bei einem Knabe lieben
wie bei einem Weib . . . denn es ist ein
Greuel; Du sollst nicht bei einem Tiere liegen, noch dich damit verunreinigen«.
● »das Weib soll sich nicht einem Tier preisgeben, noch sich mit ihm vermischen, denn
es ist ein Frevel«.
● »wer nur einen Frevel begangen hat, soll
ausgestoßen sein aus der Mitte des Volkes.
Es sollen beide Urheber der Frevel, eines
wie das andere, des Todes sein, das Tier
und das Weib, der Mann und das Tier, der
Knabe und sein männlicher Beischläfer«.
● »Du sollst keine Hurerei treiben und du
sollst deine Tochter keine Hurerei treiben
lassen, damit das Land nicht besudelt werde, noch soll Unkeuschheit sein«.
● »es soll keine Hure geben unter den Töchtern Israels und keinen Ehebrecher unter
seinen Söhnen«.

32 Vergl. dazu Wolf, Hans-Jürgen. »Neuer« Pfaffenspiegel. Dort das 1. Kapitel über den Wahrheitsgehalt der Bibel. Das Geschäft mit dem
Glauben. Dornstadt. 1989.

33 »Gehorchet nicht euren Wahrsagern, Traum-
deutern, Tagwählern und Zauberern«. Vergl.
Jer. 27.9.

34 2. Chron. 33.6.

35 Doufour. S. 34.

36 Die Hebräer kennen einen Reinigungseid in
Eheangelegenheiten. Mann und Frau gehen
zu einem Priester. Der Mann übergibt für seine Frau einen Gerstenmehlkuchen ohne Öl
(= Eifersuchtskuchen). Der Priester legt ihn
der Frau in die Hände. In seinen hält er das
sog. »bittere« Wasser, das er zur Beschwörung
verwendet. Er sagt dann: » . . . wenn kein
Mann bei dir geschlafen hat, und wenn du
nicht verunreinigt hast, solang du in der Gewalt deines Mannes bist, soll dieser bittere
Trank dir nicht schaden; wenn du aber, solang
du in der Gewalt deines Mannes bist, dich

verschmutzt und verunreinigt hast, und ein
anderer als dein Gatte bei dir geschlafen hat,
und dieses Wasser, das die Verwünschung in
sich schließen soll, soll, wenn es in deine Eingeweide tritt, deinen Leib platzen und deine
Schenkel brechen lassen«.

37 Vergl. 3. Buch Moses. 24.16 und 4. Buch Moses. 15.30.

38 n.n.

39 2. Buch Moses. 20.3; 3. Buch Moses. 17.7.

40 Rosskoff. S. 255.

41 Wolf, Hans-Jürgen. a.a.O.

42 Rosskoff. S. 246.

43 Lehmann. S. 46.

44 Rosskoff. S. 190.

45 Im 5. Buch Moses wird gesagt: » . . . daß ein
Feuer ausgehen wird von Gott, das bis zum
tiefsten Scheol brennen wird«.

46 » . . . es begab sich in diesen Tagen, als die
Menschen sich vermehrt hatten, daß herrliche
und schöne Töchter unter ihnen geboren wurden. Und da die Engel, Söhne des Himmels,
diese sahen, entbrannten sie in Liebe zu ihnen
und sagten: › . . . kommt, laßt uns Weiber
wählen unter den Nachkommen der Menschen und mit ihnen Kinder zeugen‹. Da
sprach Samjaza ihr Anführer: › . . . ich be-
fürchte, daß ihr euch von diesem Plan abschrecken laßt und (daß) ich allein ein so
schweres Verbrechen leiden muß‹. Aber sie er-
widerten: › . . . wir schwören alle und verpflichten uns durch gegenseitige Eide, das
Vorhaben auszuführen‹. Ihre Zahl betrug 200,
die hinabstiegen auf Ardismes, den Gipfel des
Berges Armon . . . da nahmen sie Weiber,
und ein jeder wählte für sich; sie näherten sich
ihnen und lehrten sie Zauberei, Beschwörung
und die Anwendung von Wurzeln und Bäumen. Die Gottlosigkeit nahm zu, die Hurerei
breitete sich aus, sie sündigten und verdarben
alles auf ihrem Weg. Amazaral lehrte allen die
Zauberei; Barkajal das Beobachten der Sterne und Akibeel die Zeichen«. Vergl. da hier
nur kurz zusammengefaßt: Moses. 1. Buch.
14.

47 Wolf, Hans-Jürgen. S. 63. Vergl. Indisches Lexikon. Sp. 1541.

48 Jelinek, I. 149. Gaster. Journal of the rojal asi-
atic Society. 1893. Vergl. Blau. Das altjüdische
Zauberwesen. Straßburg. 1898.

49 Vincenz v. Beauvais: » . . . speculum hist« I.
27. c. 91.

50 Talmud. Baba Mezia. 58 b.

51 Talmud. Jer. Chariga II. 1. fol. 77 d.

52 Wolf, Hans-Jürgen. S. 67.

53 Rosskoff. S. 151.

54 Vergl. Grimm. Deutsche Mythologie. Göttingen. 1854. S. 99. p. ff.

55 Rosskoff. S. 159.

56 Ennemoser. S. 759.

Der »christliche« Hexenglaube wird programmiert

1 Es handelt sich um die Länder der Donau, Helvetien, Norikum, Rhätikum und die am Rhein gelegenen.

2 Landau. S. 224.

3 **Vom schändlichen Dienst bei den Gräbern**
Nach der germanischen Religionsauffassung schlägt man den Leichen den Kopf ab, bevor man sie in das Grab legt bzw. bevor man sie auf einem Holzstoß verbrennt. Man schreibt den zerschnittenen und verbrannten Teilen der Leichen magische Kräfte zu (Betäubung der Feinde, Erkennen künftiger Dinge). Wir haben eine Prallele zum christlichen Reliquienkult vor uns.

Vom schändlichen Dienst unter den Beerdigten
Hier sind die Totenessen gemeint, aus denen sich der Leichenschmaus entwickelt hat.

Von den Sporkelfesten
Der Februar heißt im deutschsprachigen Raum ursprünglich Sporkel. In diesem Monat opfert man der Sonne, weil sie wieder höher steigt. Teilweise resultieren daraus ausgelassene Feste und man opfert wilde Schweine.

Von den Götterhütten
Hier haben wir einen Bezug auf die hl. Haine oder Wälder, denen der Tempeldienst ursächlich fremd ist. Es ändern sich lediglich die religiösen Vorzeichen!

Vom heidnischen Dienst in der Kirche
In den Kirchen werden Tanzspiele und Gastmahle gehalten. Die Evangelienbücher werden zum Loosziehen (»sortes sanctorum«) verwendet. Vor der Kirche werden Tiere geopfert oder aufgehängt, wie es die Heiden von den Götterfesten gewohnt waren.

Von den Gebräuchen auf den Felsen
Nach der germanischen Auffassung haben einzelne Götter ihren Sitz auf hohen Felsen. Hier werden nachts Feuer entzündet und Opfer gebracht.

Von den Nimiden
(den hl. Orten in den Wäldern). Das germanische Göttertum spielt sich weitgehend in den riesigen Waldgebieten ab. Hier werden bestimmte Bäume verehrt. Man färbt sie mit dem Blut von geschlachteten Tieren und umsäumt sie daraufhin. Daher kommt der Terminus Hain, Hagen oder Hamme. Die Germanen haben eine Vorliebe für Pferdefleisch als Opferspeise, zudem besprengen sie mit deren Blut Menschen. Bonifazius fragt Gregor d.G., ob den Christen erlaubt sei, solches Fleisch zu essen. Er bekommt die Antwort: »Nein, denn es ist eine Opferspeise«.

Vom Opferdienst, der einem Heiligen geschieht
Die Kirche sagt dazu: » . . . allein der Katholik opfert nach dem Geist der Kirche seinem Gott und verehrt die Heiligen«!

Von den Diensten des Jupiters und Merkurs
Diese Feste sind im germanischen Brauchtum ebenfalls mit erheblichen Trinkgelagen verbunden.

Von den Anhangzetteln und Bändern
Die Phylactia, Servatoria, Amulette und Brevia haben wohl alle die gleiche Bedeutung. Sie werden aus Kupfer, Blech oder Pergament gemacht und mit verschiedenen Figuren bezeichnet. Man trägt sie um den Hals oder unter den Kleidern. Bei den alten Germanen heißen sie noch Plechir; abgeleitet von dem Wort »Blech«. In einem fränkischen Kodex heißen sie »Zaubergerip«, d.h. Zauberschrift oder -brief (= brevia = kurz = Brief).

Von den Opferbrunnen
Im Poentiale des Bonifazius wird demjenigen eine fünfjährige Buße auferlegt, der an einem Brunnen ein Gelübde abgelegt hat.

Von den Zaubereien
(de incantationibus). Über gewisse Zauberformeln glaubt man sich fähig, Himmel und Erde bewegen zu können.

Von den Wahrsagereien der Vögel oder vom Mist der Ochsen
(Glücksvögel = Adler, Unglücksvögel = Raben oder Elstern). Fliegt beispielsweise eine Eule um das Haus, so erkennt man darin den baldigen Tod eines Hausbewohners. Wenn der Ochse seinen Mist auf die Frucht macht, zieht man darauf ebenfalls abergläubische Schlüsse. Es gilt als Omen, wenn sich beide Ochsen zur Zeit der Anspannung entleeren. Hier haben wir eine Parallele zu den Vorstellungen der Römer.

Von den Wahrsagern
Man unterscheidet »divinatio« und »sortilegi«, die durch Loose die Zukunft deuten wollen. Verschiedene deutsche Konzilien belegen die Wahrsager mit mehrjährigen Kirchenbußen.

Von dem aus Holz geriebenem Feuer
Sie werden in einem Kapitular Karl d.G. »redfri« genannt. Vermutlich dient der Brauch Opferzwecken. Deutsche Konzilien nennen es »ignem sacrilegum«. Andere fassen mit ihren Kleidern den Rauch als Gegenmittel des Fiebers auf und wieder andere springen über das Feuer (Sonnwendfeier). » . . . war die Flamme am stärksten, so warf man einen Pferdekopf hinein, wodurch die in der Nachbarschaft wohnende Zauberin gezwungen wurde, zum Feuer zu kommen und sich dadurch zu verraten«.

Vom Gehirn der Tiere

Vom heidnischen Beobachten am Herd

Hier gibt es viele Varianten. Nach der Verlobung oder nach der Heirat, beim Eintritt der Neuvermählten in der Kirche . . . wirft die Magd einen Topf zu Boden (später = Polterabend). Oder man achtet darauf, mit dem richtigen Fuß zuerst aus dem Haus zu gehen. Später leitet sich daraus das Sprichwort ab: »du bist heute wohl zuerst mit dem falschen Fuß aufgestanden«. Man achtet auf Entgegenkommende (altes Weib = widrige Begebenheit; Schaf oder kleines Kind = gute Vorbedeutung).

Von den ungewissen Orten

Man meint, daß bestimmte Orte unter dem Schutz des Himmels stehen.

Von den Strohbündeln

Beim Volk auch »St. Mariabündel« genannt. Möglicherweise war es gebündeltes Kraut oder Bettstroh. Bei den Römern heißt es »Gallium«, »Serphillum«, bey uns jetzt Meyerkraut, Hühnerklee und »Unserer Frauen Bettstroh«. Die einfältigen Leute machen sich daraus ein Bündel oder einen Krautwisch, den sie an ihrem Bett anbringen, in kleine Tücher wickeln oder in den Taschen tragen. Sie meinen, sich dadurch vor giftigen Schlangen und Tieren schützen zu können.

Vom Abnehmen des Mondes

Die Germanen verehren den Mond, widmen ihm den Monatsanfang und führen nach seinem Lauf die Jahresrechnung durch. Sie lehnen sich an chaldäische Vorformen: daher auch der Wochentag Mon(d)tag. Die ihnen noch unerklärbaren Mondfinsternisse sieht man als Niederlage an und meint, sie durch den Ruf »vince luna« (= d.h. Siege, Mond) verhindern zu können.

Vom Furchen um die Höfe

Um den Zauberern Zugang zu den Landgütern, Häusern und Stallungen zu verwehren, läßt man das Gut von Ochsen umfurchen und legt bestimmte Kräuter in sie (später = Hexenkraut).

Vom heidnischen Zusammenlaufen

(»irias«). Hier geht es um das alte deutsche Faschingsfest, das bereits von den ersten deutschen Bischöfen verpönt wird. Es findet im Februar statt. Weil es heidnischen Ursprungs ist, aber dennoch von den Christen übernommen wird, nennt man es »heidnisches Zusammenlaufen«; genauso könnte man es auch »christliches Zusammenlaufen« nennen. Schon damals verkleidet man sich.

Vom Totenfest, wobei ein Heiliger vorgestellt wird

Vermutlich geht es darum, daß man zu Ehren der Toten Bildsäulen errichtet und Lichter entzündet. Vielleicht haben wir hier eine Frühform der Friedhofsteine vor uns, die das Entweichen der Leiche aus dem Grab verhindern soll.

Vom Götzenbild aus Mehlteig

Man fertigt Götzenbilder aus Mehlteig, der mit sog. hl. Wasser angemacht ist. Es handelt sich um Figuren und Bilder der verehrten Gottheiten, die man außerdem in den Behausungen aufstellt und anbetet. Den Christen wird verboten, solche zu kaufen oder zu essen. Deshalb nennt man sie »Heidenwecken«. Daraus entwickeln sich vermutlich die »Weckmänner« oder »Christwecken«, aber auch die Brezeln.

Von den aus Tuch gemachten Götzenbildern

Möglicherweise eine Frühform der Puppen; doch nicht im Sinn von Spielzeug, sondern zu kultischen Zwecken. Einzelne Lateiner des Mittelalters nennen sie »paupadae«.

Von den Götzen, die sie über die Felder tragen

Eine Frühform der christlichen Prozessionen und Bittgänge.

Von den hölzernen Füßen und Händen

Nachbildung von Körperteilen, die man nach einer überstandenen Krankheit den Göttern darbringt. Wir haben eine Variante des Wallfahrtrummels vor uns.

4 Spitzer. S. 68.

5 »Capitulare Gregoriis«. 15. März 715.

6 Buchmann. S. 95.

7 Diefenbach. Christus und das Christentum. Mainz. 1874. S. 190.

8 Clem. Alex. Strom. S. 650.

9 Buchmann. S. 237.

10 Origenes Celsum II. 51 ed Delarne I. p. 425. Vergl. Buchmann. S. 240.

11 Rosskoff. S. 238.

12 Tertull. ad Marcion II. 18 De cor mil. c. 3.11; de idol. c. 2.

13 »receptae sententia lib. V. Tit. 28: . . . ad legem Corneliam de sincaris et veneficaris«.

14 Außer den im lfd. Text genannten, sind folgende Vorschriften von Interesse:

- **785 und 786 (Synode von Paderborn)**
  »wer vom Teufel geblendet, nach der Weise der Heiden glaubt, es sei jemand eine Hexe oder fresse Menschen, und diese Person deshalb verbrennt oder ihr Fleisch ißt, mit dem Tod bestraft werden«.

- **Aachener Kapitularien 16. Kap.**
  »man soll keine unbekannten Namen der Engel erdichten oder nennen, außer jenen, die in der hl. Schrift enthalten sind«. Kap. 18: » . . . es sollen keine Gaukler (›caulaeri‹), Zauberer, Hexenmeister, Wettermacher und Schwörer (›obligatores‹), die vorgeben, sie könnten die Menschen durch ihre Zaubergürtel anziehen, geduldet werden«.

- **811 (ca.) Bischof Haito (Hetto?) in einem Pastoralschreiben an seine Priester**

(Kap. I): »... zuerst ist der Glaube der Priester zu erforschen, wie sie glauben, und was sie Anderen im Glauben lehren; wo auch Beispiele vorzuhalten sind, inwiefern der Schöpfer, obschon sehr dunkel, erkannt werden kann«.

dito: Kap. 19: »... in der Kirche soll nichts anderes gelesen oder gesungen werden, als was das Ansehen der hl. Schrift und der Kirchenväter genehmigt hat. Man soll keine falschen Engel ehren«.

● **813. Konzil v. Tours Can. 42:**
»... die Priester sollen das gläubige Volk ermahnen und ihm zu wissen tun, daß magische Künste und Zaubereien an Menschen und Tieren zu heilen imstande seien, sondern daß dies Fallstricke und Nachstellungen des alten Feindes seien, durch welche er das menschliche Geschlecht zu berücken sucht«.

● **816. Konzil unter Ludwig dem Frommen:**
»... der kirchliche Lehrer muß sich sowohl in der Lehre (= doctrina) als in seinem Wandel auszeichnen; die Predigt des Priesters muß durch Werke bekräftigt werden. Nach Maßgabe der Sitten müssen die Ermahnungen verschieden sein«.

● **867. Mainzer Synode**
»Hier wird wegen der Umtriebe von zwei Geistlichen verhandelt. Sie waren nach der Art der Mönche gekleidet und führten ein einsames Leben. Sie gaben sich frömmer als Bischöfe und Priester aus, rühmten sich göttlicher Wundergaben und himmlischer Visionen. Die Leute strömten haufenweise zu ihnen und brachten Geschenke dar. Sie nahmen ihnen die Beichte ab. Schließlich wurden ihre Betrügereien aufgedeckt. Des einen bemächtigte sich der Feind und der andere wurde vom Erzbischof Luitbert während seiner Synode abgesetzt«.

● **895. Konzil von Tribur**
»... hier wird ein merkwürdiger Fall berichtet. Es geht um die Beerdigung eines Unwürdigen in der Kirche«. Can. 17 verordnet: »... gemäß den Statuten der hl. Väter und wegen der wunderbaren Ereignisse verbieten wir, daß fernerhin ein Laie in der Kirche begraben werde«. Daran knüpft sich folgende Erzählung:
»... es starb ein gewisser Valentinus und sein Leichnam wurde in der Kirche des hl. Märtyrers Syrus beigesetzt. Um Mitternacht hörte man in der Kirche Stimmen, so, als wenn gewaltsam einer aus ihr entfernt würde. Daraufhin kamen Wächter und sahen zwei böse Geister, die die Füße des Valentinus mit einem Strick zusammengebunden hatten und daraufhin die Leiche aus der Kirche zogen. Am nächsten Morgen öffnete man das Grab und die Leiche war verschwunden. Daraufhin erklärte die Synode: ... eine so wunderbare und

schreckliche Sache ist daher in Zukunft zu beachten«.

● **967. Kirchliche Gesetzgebung von König Edgar (England)**
»wenn einer Gift gebraucht, um die Liebe eines anderen zu erwerben und ihm dasselbe in Speise und Trank oder aber in einer Zauberkunst gibt, so soll er, wenn er ein Laie ist, ein halbes Jahr, jeden Dienstag und Freitag bei Wasser und Brot fasten und auch an den anderen Tagen kein Fleisch genießen; dasselbe soll ein Kleriker ein ganzes Jahr an drei Wochentagen bei Brot und Wasser beachten, der Diakon drei, der Priester fünf Jahre (lang)«.

● **990. Synode bei Lyon (Ansa)**
Hier geht es im wesentlichen um Besitzangelegenheiten der Abtei Cluny. Dabei wird gesagt: »Zaubereien, Wahrsagerei und Weissagungen soll man weder vornehmen noch glauben. Wer aber solches dennoch unternehmen, soll nicht eher von der ewigen Strafe und dem Feuer befreit werden, als bis er durch vollständige Genugtuung den Fehler wieder gut gemacht hat«.

● **? Synodalbeschluß von Toledo**
»wenn ein Priester, Diakon oder (ein) anderer Kleriker überwiesen ist, daß er Zauberer, Wahrsager oder Weissager oder solche, die ähnliche Künste zu verstehen vorgeben, so soll er seiner Würde entsetzt und in ein Kloster geschickt werden. Dort muß er Buße tun. Über die Beschwörer und Abgeschiedenen wird der Bann verhängt. Niemand soll mit ihnen verkehren«.

● **1022. Konzil von Seligenstadt. 6. Kap.**
»Keiner soll das Korporal ins Feuer werfen, um dadurch das Feuer zu löschen. Es ist dem Concilium über gewisse erzdumme Priester (= ›stultissimi presbyteri‹) geklagt worden, die bei einem Brand das durch den Leib des Herrn geheiligte Tuch, Corporale genannt, auf eine verwegene Weise ins Feuer werfen, um so den Brand zu stillen. Es ist beschlossen werden, unter Androhung des Anathems, daß dies ferner nicht mehr geschehe«.

● **1075. Konzil von London.**
»Es soll keiner Zeichendeuterei, Wahrsagerei und ähnliche teuflischen Dinge ausüben. Niemand soll die Gebeine getöteter Tiere aufhängen, in dem Wahn, dadurch eine Viehseuche abwenden zu können«.

● **1092. Konzil von Szabolch (Ungarn)**
»wer nach (dem) heidnischen Gebrauch bei einem Brunnen opfert oder (wer) bei Bäumen, Quellen oder Steinen Opfergaben darbringt, (der) soll sein Verbrechen schwer büßen«.

● **1227. 2. Provinzialkonzil von Trier unter dem Erzbischof Theoderich**
»Taufwasser, Chrisam und Öl sei gut verschlossen des abergläubischen Unfugs we-

gen. Ebenso wird verboten, eine Totenbahre in die Kirche zu setzen und dabei das Offizium für die Verstorbenen zu beten«.

● **1238. Statuten des Provinzialkonzils von Trier**
»da Beschwörungen, die durch die Besichtigung des Feuers, Schwertes oder auf jene Art geschehen, verboten sind (so) verordnen wir, daß, wenn ein Geistlicher gefunden wird, sich darin verfehlt zu haben, er suspendiert werde und solang darin verbleiben soll, bis er hinreichend Buße getan hat; der Laie werde aber exkommuniziert«.

● **1244. Satzungen des Fritzlaer Konziliums unter dem Mainzer Erzbischof Siegfried von Eppstein. Artikel 4.**
»Über die Buße wird festgesetzt, daß die Priester beim Beichthören die größeren Sünden überweisen (so: die Bezauberung der Eheleute, daß die Weiber unfruchtbar bleiben oder deren Leibesfrucht unzeitig oder zu früh abgeht); Wahrsager und die dergleichen Sünden mit der Exkommunikation belastet sind«.

● **1261. Mainzer Provinzialkonzil unter Werner. C. 30:**
»Wir exkommunizieren und anathemisieren alle Weissager, und sie sollen von keinem Anderen, als von ihrem Bischof losgesprochen werden können; außer vielleicht in der Todesstunde (›nisi forsan in mortis articulo‹); wir wollen, daß diese Exkommunikation alle Sonn- und Feiertage von den Priestern in den Kirchen und Kapellen bekanntgemacht werden«.

● **1300. Statuten Friedrichs, des Bischofs von Straßburg. C. 15:**
»Die Christgläubigen sollen sich nicht mit Wahrsagerei oder Zauberei abgeben; wer sich hierin schuldig befindet, soll zur aufrichtigen Buße schreiten«.

● **1310. Konzil von Trier. C. 79:**
»Wahrsagungen, Weissagungen, Vorhersagungen und andere abergläubische Mittel, sei es, daß sie in Anrufungen und Beschwörungen oder mit gewissen Zeichen geschehen oder in Dingen bestehen, welche an den Hals oder anderswo aufgehängt oder angebunden werden, verbieten wir als von allen Christgläubigen nach heidnischer Sitte zu Wahrsagern, Weissagern (= Zeichendeutern) und Vorhersagern um Leben oder Tod von Menschen oder Tieren oder zum Verlust von Sachen oder gegen Hagel und Gewitter oder daß er die Liebe einer Frau in höherem Maße gewinne oder um ein anderes abergläubisches Mittel, noch führe er solche Leute in sein Haus, damit sie ein Übel aus demselben vertreiben. Keiner mißbrauche die Psalter oder irgendein(en) Teil der hl. Schrift zum Wahrsagen oder zur Erforschung der Zukunft. Kein Weib gebe vor, sie reise in der Nacht mit der heidni-

schen Göttin Diana oder mit der Herodia in Begleitung einer unzähligen Menge von Weibern; denn das ist eine dämonische Vorspiegelung«.

● **1310. Provinzialkonzil von Mainz**
»alle Wahrsager sind exkommuniziert und können nur von den Bischöfen absolviert werden; außer in ihrer Sterbestunde; dies muß alle Sonn- und Feiertage von den Pfarrern öffentlich in den Kirchen bekanntgemacht werden«.

● **1350. Befehl des Bischofs Johannes v. Naumburg an einen Klerus:**
»Schwarzkünstler und Zauberer sind ohne meine Einwilligung nicht kirchlich zu beerdigen. Sie werden gleich den anderen großen Mördern aus der kirchlichen Gemeinschaft geschlossen«.

● **1370. Konzil von Magdeburg**
»sollten indeß solche gefunden werden, die aufrichtig in den Schoß der Kirche zurückkehren wollen (und die) ein Zeichen der Buße geben . . . und . . . die (die) Absolution erhalten haben, so wollen wir nichtsdestoweniger, weil sie Gott, unseren Schöpfer, verachtet und Götzendienst verrichtet haben, daß sie an vier Sonntagen barfuß während der Prozession im Kirchhof dem Kreuz und den Fahnen vorangehen . . . dann vor der Kirchentür stehenbleiben und erst nachdem die Gläubigen eingetreten sind, sich in den Chor begeben und dort barfuß die ganze Messe zum Zeichen wahrer Buße hören«.

● **1356. Kölner Synode**
»da sich Aberglaube, Wahrsagerei, Zauberei und Weissagerei in unsere Diözesen eingeschlichen haben, so schließen wir beiderlei Geschlecht, das sich mit solchen Dingen befaßt, aus der kirchlichen Gemeinschaft. Ihre Namen sollen jeden Sonn- und Festtag in den betreffenden Kirchen abgelesen werden, damit die Christgläubigen nicht durch ihren gefährlichen Eigensinn zum Götzendienst verleitet werden«.

● **1432. Konzil von Straßburg**
»ebenso verbieten wir allen Christgläubigen beiderlei Geschlechts, besonders aber geistlichen Personen, Weissagungen, Zauberformeln und Gebete jeder Art teuflischen Ursprungs. Wenn sich jemand in den genannten Vergehen schuldig weiß und sich dieses abscheulichen und verkehrten Gebrauchs mit Erfolg enthält, innerhalb von acht Tagen einen Seelsorger befragt, dem soll die entsprechende Buße auferlegt werden. Wer dagegen diese erbärmlichen und verkehrten Handlungen ausübt sowie ihnen beistimmt oder mithilft, der ist ipso facto zu exkommunizieren«.

● **1447. Konzil von Eichstätt**
»ein Greuel vor Gott sind die Zaubereien, Weis- und Wahrsagungen und die Wissenschaft der Pythonissen, die vorgeben, dem

Menschen eine gute Zukunft zu bereiten und eine böse abwenden zu können. Da wir dieses verderbliche Geschlecht mit der Wurzel auszurotten gedenken, verordnen wir, daß fortan jeder Priester und Kleriker auf solche Leute, wessen Standes und Geschlechts sie (auch) sein mögen, wenn sie in den genannten Irrtümern befangen sind . . . besonders beachten.«

● **1491. Synode von Bamberg**
»wir verabscheuen sämtliche Sekten, unter welchen Namen sie auch auftreten mögen und alle eitlen wie abergläubischen Beobachtungen, nämlich Wahrsagerei und die Kunst der Zauberer und Pythonisten, von welchen verführt die Leute glauben, Gutes zu gewinnen und Bösem zu entgehen«.

● **1505. Synodalstatuten von Basel. Titel 1:**
»da der katholische Glaube die Grundlage der ganzen christlichen Religion ist, so wollen wir, daß die längst erschienenen kanonischen Bestimmungen gegen die fluchwürdigen Greuel des Götzendienstes, gegen die schrecklichen Lästerungen Gottes und der Heiligen, gegen die Enthüllungen von Pythagonen und Pythonissen von allen unseren Untergebenen auf das sorgfältigste beobachtet werden«.

● **1528. Concilium Virutense (?)**
»es ist die Pflicht der Pfarrer, unter Ankündigung einer beliebigen Strafe beim Bischof oder bei seinem Generalvikar diejenigen zur Anzeige zu bringen, von denen sie wissen, daß sie von den Irrtümern Luthers angesteckt oder bei Zauberkünsten, Weissagungen, Gaukeleien oder anderen abergläubischen Dingen ergeben sind«.

● **1536. Synode von Köln**
»wir verbieten alle Mißbräuche und allen Aberglaube sowie alles, worin das Volk seine Hoffnung mehr auf äußere Dinge setzt als auf Gott«.

● **1546. (17. Juni) Konzil v. Trient**
5. Sitzung 1. Canon (Erbsünde)
»daß der im Banne sei, welcher leugnet, daß Adam im Paradies gesündigt und zugleich die Gerechtigkeit und Heiligkeit verloren habe, in der er lebte. Ferner, daß der ganze Adam durch jene Übertretung und Sünde an Leib und Seele verdorben worden sei«.

● **1521. (25. November) Konzil v. Trient**
14. Sitzung (letzte Ölung)
»Die hl. Synode erklärt und lehrt daher bezüglich ihrer Einsetzung, daß unser gnadenvoller Erlöser . . . ein solches Heilmittel angeboten hat, um sich vor den Nachteilen des Feindes schützen zu können. So hat er das Sakrament der letzten Ölung zum Lebensende mit einem besonders starken Wall umgebe«.

● **1588. Konzil von Viturice**

»die Synode verdammt alle Zauberer, Beschwörer und Weissager und besonders jene, welche für diese abergläubischen Dinge den göttlichen Namen mißbrauchen. Die eines so großen Verbrechens überführt werden, sind, wenn es sich um Geistliche handelt, ihrer Würde zu entheben und daraufhin dem weltlichen Arm zu übergeben«.

● **1607. Synode von Mecheln**
» . . . und weil sich das ungelehrte Volk mit dem Aberglauben befleckt, so sollen die Pfarrer mit Fleiß ihre Untergebenen darüber unterweisen, daß es z.B. Aberglaube sei, irgendeinen Erfolg von irgendeiner Sache zu erwarten, welche jener Sache weder aus göttlicher Abordnung, noch Ableitung oder Billigung der Kirche geben kann«.

● **1662. Kölner Diözesansynode**
Art. 4 des ersten Teiles der Statuten
»Pfarrer, Prediger und Beichtväter werden angewiesen, das Volk zu belehren; es sei abergläubisch, mit Sicherheit irgendeine Wirkung von irgendeiner Sache zu erwarten, welche dieser weder durch ihre Natur, noch Kraft der Anordnung und Gutheißung Christi oder der heiligen Kirche hervorzubringen imstande ist«.

Diese Auffassung – hier zeitlich etwas vorangetrieben – macht den Tenor des kurialen Denkens deutlich. Zwischen den Zeilen steht die Unsicherheit des eigenen Glaubensgefüges. Da facto hat man ja nur die Vorzeichen verändert. Es ist darauf hinzuweisen, daß zahlreiche ausländische Synoden in das gleiche Horn blasen. z.B.

● **1568. Provinzialkonzil von Ravenna**

● **1569. Provinzialsynode von Urbino und Caqua**

● **1573. Provinzialsynode von Neapel**

● **1579. Synode von Cosenca**

● **1597. Synode in Sewerinne (Calabrien)**

Hinzu kommen die Synoden von Mailand, die der hl. Borromäus veranstaltete (**1565, 1569, 1573** und **1576**). Hinzu kommen vergleichbare Veranstaltungen in Frankreich (**1573** Melodunun) und **1590** in Spanien (**1590** Tolosa) und **1583** in Portugal.

15 Vermutlich kann ein Irrtum von Soldan ausgeglichen werden, denn unter den »echten« Bestimmungen ist nichts zu finden. Es wäre die früheste Quelle zu diesem Thema.

16 Concilium Germanicum. 5. Kap. vom 21. April 742.

17 Synode von Paderborn. 6. Cap. aus den Jahren 785/786.

18 Synode von Rinsbach im 15. Canon aus dem Jahr 799.

19 Concilia antiqua Galliae. ed Sirmondi. T. II. pag. 303.

20 Längin. S. 26.

21 Fehr. S. 103.

22 Fehr. S. 103.

23 Längin. S. 26.

24 Fehr. S. 115.

25 Fehr. S. 125.

26 Buchmann. S. 260.

27 Cod. Theob. Lib. XII.

28 Cod. Just. Lib. I. tit. 4.: » . . . de episcopai audienta«. Vergl. 1. Cod. Theodosius. Lib. XII. de malefic. Lib. X. V. Cod. Justin de epist. auct«.

29 Imp. Leon. Const.(?). L. XL.

30 Fehr. S. 125.

31 Euseb. Hist. eccles. VIII. 1.

32 Tertull. Apoll. c. 24.

33 Buchmann. S. 100.

34 Lact. div. et. 20. et. Lic. Lenglet Durfresnoy. Paris. 1748. T. 1. S. 412.

35 Buchmann. S. 106.

36 Buchmann. S. 106.

37 Lea. Bd. 1. S. 239.

38 Doufour. S. 38.

39 Doufour. S. 34.

40 Doufour. S. 42.

41 Doufour. S. 7.

42 Doufour. S. 42.

43 Doufour. S. 23.

44 Es steht die Vermutung an, daß eine Querverbindung zur griechischen Thais besteht. Dies beleuchtet das geistige Klima der Heiligenlegenden; es sind teilweise mehrfach aufgewärmte und umgerührte Volksmärchen aus der Antike, denen man später Wahrheitsgehalt zugesprochen hat. Vergl. Doufour. S. 23.

45 Doufour. S. 111.

46 Doufour. S. 16.

47 Doufour. S. 41.

48 »meretrix et est quae multorum libindini patat«.

49 »immaturae puelleaquia more tradito nefas esset virgines strangularii vitiae prius a carnifice, dein strangulatae«.

50 Doufour. S. 16.

51 Wolf, Hans-Jürgen. S. 74.

52 Dazu einige Beispiele:
● »Mutter, Verwandte und andere sind von der Kommunion ausgeschlossen, wenn sie ihre Tochter zur Prostitution verleitet haben«.
● » . . . ein Bischof oder Geistlicher darf seine Schwester oder Tochter bei sich haben, vorausgesetzt, daß sie eine Jungfrau, nicht aber eine fremde Frau ist«.
● » . . . Frauen werden wegen Abtreibung der Leibesfrucht mit der dauernden Exkommunikation belegt . . . ebenso Frauen, die bis zu ihrem Tod in einem ehebrecherischen Verhältnis leben«.

53 »femina janua diaboli via inquitatis, scorpionis, percussio nocivam genus«. Vergl. Doufour. S. 50.

54 Vergl. Chrysosthomus über Matth. 18; bzw. Scholtz.

55 Scholtz. S. 49.

56 Joh. 7.31.

57 Apg. 26.18. Kol. 1.13.

58 2. Kor. 11.14. 2. Tim. 2.26.

59 Matth. 13.25−29.

60 2. Thess. 13.19.

61 Matth. 13.19.

62 Rosskoff. S. 288; Vergl. 1. Kor. 15.26. Hebr. 2.14.

63 Rosskoff. S. 205.

64 Winklhofer. S. 24.

65 Schindler. S. 3.

66 Peae. II. S. 174.

67 Ubbiente dell'osa. S. 97.

68 Thomas St. Patricks. Purgatory. London. 1844. S. 119.

69 Wetzer und Welte. Kirchenlexikon. Bd. V. S. 284 ff.

70 Catechismus romanus ex decreto Concilii Tridentinii. Bielefeld und Leipzig. 1867. S. 56.

71 Marcelli Palingenii Stellati Zodiacus vita. L. X. 1−57. Erste Ausgabe von 1531.

72 Marcelli Palingenii Stellati Zodiacus. vita L. X. 1−57. Erste Ausgabe von 1531.

73 Drexel. Dialogus. Dist. XII. 42.40.

74 Mew. The Hell. S. 324−25.

75 Recherches sur la nature de feu l'enfer et du lieu ou il est situe par M. Swinden. Traduit de l'anglais par P. Bion. Amsterdam. 1757.

76 Rusca, A.: De inferno et statu daemonum ante exitium libri quinque. 1621.

77 Dialog. IV. S. 40.

78 Rosskoff. S. 286.

79 Liebenwirth. S. 84.

80 De presbytheris criminosis. Bzw. Kap. 28 »opuscula et Epistolae in causa Hincmari Laudunensis«.

81 Brief vom 19. April 1080. Vergl. Jesse. Monumentae Germaniae. S. 415.

82 Liebenwirth. S. 36.

83 Zitiert nach Cäsarius v. Heisterbach.

84 Buchmann. S. 146. Vergl. Biener. Beiträge zur Geschichtc der Inquisitionsprozesse. Leipzig. 1827.

85 Wolf, Hans-Jürgen. S. 75.

86 Theolog. Encyclopädie von Herzog und Pitt. S. 3.

87 So der Sexualforscher Hügel in seinen Ausarbeitungen.

88 Fascis. Rerum Expented et Fugiend. II. 7. Ed. 1690. S. 254 – 255.

89 Lea. Bd. II. S. 242.

90 Spitzer. S. XV.

Anmerkungen zur Ketzerei

1 Wesentliche Quellen zur Geschichte der Ketzerei haben sich in den päpstlichen Briefsammlungen erhalten. So von Innocenz III., Bernhard von Clairveaux, dem Abt Peter dem Ehrwürdigen, Papst Honorius u.a. Ihnen schließen sich verschiedene Chroniken an.

Wichtig ist der Augenzeugenbericht von Puy-Laurens und die Geschichte der Albingenserkriege. Hinzu kommen konziliare Beschlüsse und Anmerkungen; so die des. 4. Laterankonzils. Der Dominikaner Peinerius Sacconi aus der Lombardei (gest. 1258/59) verfaßte eine Schrift gegen die Ketzer. Zu erwähnen sind an dieser Stelle die Arbeiten des Dominikaners Yvonerus.

Zur Geschichte der Ketzerbewegungen im 11. Jh. Vergl. R. Gorre. Die ersten Ketzer im 11. Jh.; rel. Eiferer – soziale Rebellen? Diss. Konstanz 1982; oder M. Erbstößer. Ketzer im Mittelalter. Leipzig, 1984; zu Aspekten, die Menschen zur Heteroxie treiben vergl. E. Wetner »Religiöse Bewußtseinsformen im 11. Jh.«. In: Zeitschrift für Geschichtswissenschaften 33/1 1985, S. 40 – 61; allgemein zur Ketzerentwicklung M. Lambert. Ketzerei im Mittelalter, Häresien von Bogumil bis Hus. München. 1981.
Ich folge im wesentlichen der profunden Arbeit von Daniela Müller. INQUISITIO HAERETICAE PRAVITATIS, KETZEREI UND KETZERBEKÄMPFUNG VOM 11. BIS ZUR 1. HÄLFTE DES 14. JH: Folge 1. und 2. In: Haeresis.

2 Zur Häresie. (grch. »die erwählte Meinung«.) Verstanden als Ketzerei als eine der kirchlichen Lehre widersprechende Meinung. Die Anhänger der Häresie heißen Häretiker oder Ketzer. Nach dem katholischen Kirchenrecht ist formeller Häretiker jeder Getaufte, der ein Dogma hartnäckig oder schuldhaft leugnet oder bezweifelt. Das Glaubensbekenntnis von Papst Paul VI. übergeht stillschweigend den Begriff der Häresie. Die Häretiker waren neben der kirchlichen Verfolgung seit Konstantin d.G. (auch) staatlichen Strafen ausgesetzt. Die Häresie findet sich (auch) in der evangelischen Auffassung und in anderen Religionen (z.B. Judentum und Islam).

3 Daniela Müller. a.a.O.

4 Daniela Müller. a.a.O. S. 61.

5 So etwa bei der Entdeckung von Katharern in Köln; Johannes Trithemius »Annales Hirsaugensis« S. 450 – 452. Corpus documentorum inquisitionus haereticae pravitatis Neerlandicae. Bd. 1. 1889 – 1903. Sp. 41 – 43.

6 Noch 1143 beweisen in Köln angeklagte Ketzer dem Erzbischof durch die Wasserprobe ihre Unschuld. S. H. Köhler. Die Ketzerpolitik der deutschen Kaiser und Könige in den Jahren 1152 – 1254 (Jenaer Historische Arbeiten, hrsg. v. A. Cartellieri und W. Judeich, Heft 6) Bonn 1913. S. 3.

7 Entnommen aus der Schrift: »Über die Anrufung der Heiligen« (1226 ?). Vermutlich später, denn sie beinhaltet Punkte, die sich auf den sog. »Antichrist« beziehen und darum wohl als Exkurs zu verstehen sind. Dies unterstellt, ist die Publikation um die Mitte des 12. Jh. einzureihen.

8 Abgedruckt in Mansi 19. Sp. 742.

9 Abgedruckt in Mansi. Sp. 849. v.a.c. 3.

10 Daniela Müller. a.a.O. S. 53.

11 Lea. Bd. 1. S. 297.

12 Buchmann. S. 294.

13 Wolf, Hans-Jürgen. Frankfurt. 1980. S. 99.

14 Vergl. H. Theloe. Die Ketzerverfolgungen im 11. und 12. Jahrhundert. Berlin, Leipzig. 1913. S. 15.

15 Zur Ketzerei in Orleans speziell: R. H. Bautier »L« hérésie d'Orléans et le mouvement intelectual au début du XI. siécle. Actes du 95 Congrés national des Sociétés. Enseignements et vie intelectuelle, t. I. Paris. 1975.

16 So sieht H. Brunner Grundzüge der deutschen Rechtsgeschichte. 8. Auflage. Leipzig. 1930. S. 173. Anm. 1. Die Ketzerverbrennung als Anschluß an den germ. Brauch, Zauberer zu verbrennen, während L. Tanon. Historie des tribunaux de l'Inquisition en France. Paris. 1893. S. 474, die Verbrennung als besonders scheußliche Todesart ansieht, durch die der Ketzer körperlich ausgerottet werden sollte.

17 Synode Atrebatenensis. Abgedruckt in: J. D. Mansi. Sacrorum conciliorum nova et amplissima collectio. Bd. 19. Florenz, Venedig. 1762. Sp. 423 ff.

18 Bericht Landulfus Senior »Historia Mediolensis«. In: MGH SS VIII. lib. II. cap. 27. S. 65 ff.

19 Vergl. hierzu H. G. Walther. »Haeretica pravitas und Ekklesiologie. Zum Verhältnis von kirchl. Kirchenbegriff und (der) päpstlichen Ketzerpolitik der 2. Hälfte des 12. Jh. bis

ins 1. Drittel des 13. Jhts. In: Die Mächte des Guten und Bösen (Miscellanae Mediavalia 13). Berlin/New York. 1977. S. 286 – 315, bes. 289.

20 S.Y.M.J. Congar. »Les laics et l'ecclesiologie des ordines chez les théologiens des XI. et XII. siécles. In: I laici nella societa christiana dei secoli XI. et XII. Mailand. 1968. S. 83 – 117; ders. L'ecclesiologie du Haut Moyen Age. De Grégoire le Grand á la désunion entre Bycance á Rome: Paris 1968. Grundlegend immer noch für die Gregorianische Reform. G. Tellenbach. Libertas (Forschungen zur Kirchen- und Geistesgeschichte 7). Stuttgart. 1936.

21 24. C. 23 q. 4. dictum p. c. 54: »Es his omnibus colligutur, quod vindicta est inferende non amare ipsius vindictae; non zelo iusticiae; non ut odium exerceatur, sed ut pravitas corrigatur. Sed cum vindicta aliquando inferatur dampnis rerum, aliquando etiam morte: queritur, an sit peccatum iudici vel ministro reos morti tradere«.

22 Ibid. c. 16. Schon vor dem Decretum Gratiani hatte es eine Konzilsentscheidung gegeben, die sich für die Mitwirkung des weltlichen Arms bei der Ketzerverfolgung ausgesprochen hatte. 1119 ruft das Konzil von Toulouse die staatliche Unterstützung an.

23 Mansi 21. Sp. 535.

24 S. den Satz des Dictatus Papae § 26: » . . . quod catholicus non habeatur quinon concordat ecclesiae Romane« ed Caspar, MGH Epp. sel. i. u. sch. II. 1. S. 207: zur Sache vergl. H. Fuhrmann »Quod cathlicus non habeatur . . .«. In: Festschrift für H. Beumann. Sigmaringen 1977. S. 263 – 287.

25 Daniela Müller. a.a.O. S. 55.

26 V. a. c. 27. In: Mansi 22. Sp. 231 ff. vergl. Theloe. S. 118 – 122; speziell zum Ketzerkreuzzug. S. H. Pissard, La Guerre S. H. Pissard, La Guerre Sainte en Pays Cretiens. Paris. 1912.

27 32. MG SS XXVI. S. 450.

28 Mansi 22. Sp. 476 ff.

29 So auch Theloe S. 128; so spricht auch Kolmer S. 211 von: Ausgangspunkt und Grundlage war das vom bischöflichen Gericht bei der Ketzerverfolgung verwendete Verfahren des Sendgerichts, das aus dem germanisch-rechtlichen Rügeverfahren stammt.

30 S. die Ausführungen zum Purgationsverfahren in Müller. S. 263 sowie grundlegend E. Jacobi »Der Prozeß im Decretum Gratinai«. In: ZRK. Kan. Abt. 3. 1913. S. 262. Der Purgationseid galt als gescheitert, wenn der Beschuldigte die ihm auferlegte Anzahl von Eidhelfern nicht erbringen konnte.

31 Als relapsus galt auch derjenige, der nach der Reinigung wegen Verdachts der Häresie spä-

ter der Ketzerei überführt wurde. Vergl. Theloe. S. 128. Auch hier Teil II. S. 24.

32 Daß die Verbannung zunächst die eigentliche Ketzerstrafe war, wird deutlich etwa aus der Ermahnung, die König Ludwig VII. von Frankreich und König Heinrich II. von England ihren Rittern 1178 mit auf den Weg nach Südfrankreich gaben: entweder sollen sie die Ketzer bekehren oder vertreiben. Vergl. »Gesta regis Henrici« (Rer. Brit. med. aev. script. 49. I. 199).

33 Zum Konzil. Vergl. Handbuch der Kirchengeschichte. Hrsg. von H. Jedin. Bd. III/2. 2. Aufl. Freiburg. 1968. Kap. 22. S. 206 – 213. Die folgenden Ausführungen zum Ketzerkanon beziehen sich auf die Ausgabe: Constitutiones Concilii quarti Lateranensis una cum Commentariis glossatorum. Hrsg. von Antonius Garcia y Garcia, Cittádel Vaticano. 1981 (Monumenta Iuris Canonici, Ser. A.: Corpus glossatorum. Vol. 2. S. 47 – 52.

34 Wörtlich meint Innocenz: » . . . quum enim secundum legitimas santi sanctiones, reis laesae majestatis punitis capite, bona conviscentur eorum, filiis suis vita solummodo ex misericordia conservata; quanto magis qui aberantes in fide Domini Dei filium Jesum Christum offendunt, a capite nostro, quod est Christus, ecclesiastica debent districtione praecendi, et bonis temporalibus spoliari, quum longe sit gravius aeternam quam temporalem laedere majestatem?«

35 Hahn. S. 174.

36 Er beruft sich auf ein Zeugnis von l'orente (1756 – 1823).

37 Vergentis = X. 5.7. 10. Ausgabe. Friedberg, t. II. Ad Eliminendam, in Migne PL 215, 1226 – 1227; zur Textgeschichte vergl. Müller. S. 256 ff.

38 Gerade in diesem Punkt griff Innocenz III. rigoros durch, wie die vielen Amtsenthebungen von Bischöfen gerade in Südfrankreich zeigen. So etwa die Absetzung des Bischofs von Toulouse (1203) (J. P. Migne Hrsg.). Patrologiae cursus completus, series latina, 1844 – 1864 (Bd. 217, 159), des Bischofs von Rodez 1211 (Migne PL 216, 408 f.). Nicht vergessen werden darf, daß ja die meisten Bischöfe dem lokalen Adel entstammten, und dieser in mannigfacher Weise mit den heterodoxen Katharern verbunden, ja oft sogar verwandt war und deshalb der Eifer bei der Ketzerverfolgung wohl nicht sehr groß war; ging es doch oftmals gegen Freunde und Verwandte einzuschreiten (zitiert nach Daniela Müller).

39 Const. II. 85. Kap. 6.

40 In Const. II. 158. Zur Sache vergl. Köhler, bes. S. 36 – 38.

41 Zur Rezeption und Wirkung s.v.a. Selge. S. 330 – 332.

42 Manegoldi ad Gebehardum lib. cap. 33 (MG Lib. de tite I. 369 ff.). Gerade die von ihm er-

wähnten Strafen bezeugen, daß die römischen Gesetze schon zu Mangolds Zeit bekannt waren.

43 Daniela Müller. a.a.O. S. 61.

44 Hahn. S. 167.

45 Hahn. S. 185.

46 Er stammt aus Katalonien und gilt als Führer der waldesischen Ketzerei in Aragonien. Er wird bekehrt und geht daraufhin nach Spanien und Italien zum ursprünglichen, dem katholischen Glauben zurück. Sachlich richtig ist das nicht, denn er ist nichts weiter als eine Mischform von antiken Gedanken, die man zur Religion geschmiedet hat.

47 Vergl. den ausführlichen Bericht bei Vaisette. a.a.O. S. 401 – 409 ff.

48 Zitiert nach Daniela Müller. a.a.O.

49 Zitiert nach Daniela Müller. a.a.O.

50 Dies trägt der Diakon Heinrich, einer seiner Jünger, vor. Während des Konzils von Rheims (1148) wird er zu lebenslänglicher Haft verurteilt und stirbt kurz danach.

51 Entnommen aus der Schrift: ». . . Über die Anrufung der Heiligen« aus dem Jahr 1226(?). Vermutlich später, denn sie beinhaltet Punkte, die sich auf den sog. »Antichrist« beziehen und darum wohl als Exkurs zu verstehen sind. Dies unterstellt, ist die Publikation um die Mitte des 12. Jh. einzureihen.

52 Graf v. Hoensbroech. S. 36.

53 Hierbei handelt es sich um die »propaganda fide extirpando haereticis«.

54 Der Name Passagier (Pasagii, Pasagenii, Passagerii, Pasigii, Passageres oder Passagieri) wird erstmals während des Konzils von Verona gebraucht und deutet auf das herumschweifend Wanderleben der so Bezeichneten. Auch ist die Ableitung vom Begriff »passagium«: Passage) denkbar, dies kann auf Reisen nach dem hl. Grab deuten.

55 Unter dem Begriff »circumcisi« kann auf die Beibehaltung der Beschneidung geschlossen werden. Die Ansichten dieser Sekte sind vor allem in der Schrift »adversus Hareticos qui Passigi nuncupantur« (Bonacursus) zu entnehmen.

56 Dies ist ein Vorwurf, der eigentlich schon seit 419 u.Z. Gegenstand eines Streites ist. Im Jahr 1236 soll ein Christ(en)kind von einem Jude in einem Fuldaer Kloster getötet worden sein. Kaiser Friedrich II. dem der Körper gebracht wird, ruft angesehene Männer zusammen, um sie zu fragen, ob die Sache begründet sei, daß die Juden am Karfreitag das Blut der Christen brauchen. Würde dies stimmen, so wolle er alle Juden in seinem Reich töten lassen. Vermutlich handelt es sich um eine hochgespielte Fabel.

57 Amalrich (Almaricus, Amaury, Elmericus, A. norricus) nennen ihn die Quellen, geb. in Bena bei Chartres. Er stirbt 1207 in Paris, nachdem man ihn zu einem Widerruf gezwungen hat.

58 Wolf. Hexenwahn und Exorzismus. Frankfurt 1980. S. 111.

59 Lea. Bd. II. S. 369.

60 Wolf, Hans-Jürgen. Hexenwahn und Exorzismus. Frankfurt 1980. S. 99.

Die Inquisition:
Tribunal des »rechten« Glaubens

1 Graf v. Hoensbroech. S. 7.

2 Graf v. Hoensbroech. S. 8.

3 Graf v. Hoensbroech. S. 9.

4 Graf v. Hoensbroech. S. 7.

5 Graf v. Hoensbroech. S. 26.

6 Es handelt sich um die »analecta ecclesiastica Revue Romaine«. Ausgabe vom Januar 1895. Vergl. Graf v. Hoensbroech. S. 53.

7 Diefenbach. S. 142.

8 Hefele beruft sich auf ein Zeugnis von l'Lorente (1756 – 1823). Vgl. Wolf, Hans-Jürgen. Hexenwahn und Exorzismus. Frankfurt a. M. 1980. S. 143.

9 Einem Franzose, der seit 1265 als Papst Clemens IV. fungiert. Er verfaßt die »consulationes ad inquisitio haereticae pravitatis«, die in 15 Fragen eingeteilt ist, und die Cäsar Carena vollständig abgedruckt hat.

10 Graf v. Hoensbroech. S. 8.

11 Graf v. Hoensbroech. S. 90.

12 Graf v. Hoensbroech. S. 9.

13 Bei der »accusatio« gibt es einen Ankläger, der verantwortlich zeichnet und im Fall des Mißerfolges seiner Anklage zum Schadenersatz (= tallio) verpflichtet ist. Die »dennuncatio« ist eine amtliche Handlung, beispielsweise des »testis synodalis« oder des »Archidiakonus«. Er ruft den Gerichtshof zusammen und bittet darum, gegen die zu seiner Erkenntnis gelangten Vorkommnisse und Täter ein Strafverfahren einzuleiten.

14 Er sagt: ». . . wir sehen euch verstrickt in einen Wirrwarr von Sorgen und kaum imstande, unter dem Druck der überwältigenden Unruhen zu atmen. Deshalb halten wir es für gut, Eure Lasten zu teilen, damit sie leichter getragen werden können. Wir haben beschlossen, Predigermönche gegen die Ketzer Frankreichs und die benachbarten Provinzen auszusenden«. An diese richtet er folgendes Schreiben:

». . . daher seid Ihr oder einer von Euch, wo Ihr auch predigen möget, ermächtigt, den Klerikern, die auf Eure Ermahnung hin von der Verteidigung der Ketzerei nicht ablassen, ihre Pfründen für immer zu nehmen und ohne

Berufung gegen sie vorzugehen; wenn nötig, mit der Hilfe des weltlichen Armes. Ihr Widerstand ist durch kirchliche Zensuren zu brechen«.

15 Lea. Bd. I. S. 377.

16 Buchmann. S. 199.

17 1) lat. = Verbot. Im römischen Recht ein Ge- oder Verbot des Prätors zur Aufrechterhaltung bzw. zum Schutz des tatsächlichen Besitzstandes. 2) Im Kath. Kirchenrecht (cc. 2268 – 2277 CIC). Ein Gottesdienstverbot für betroffene Örtlichkeiten. Es wird im Mittelalter häufig angewendet, verliert sich aber mit den reformatorischen Bestrebungen des 16. Jh. Es ist nach wie vor in den kirchlichen Rechten verankert.

18 Buchmann. S. 199.

19 Buchmann. S. 202.

20 Buchmann. a.a.O.

21 Bernhard Gui (der Inquisitor) zu den angeblichen Ketzern Peter Autier, Peter Sanche und Sanche Mercadier. Toulouse, am Fest des hl. Laurentius im Jahr 1309. Vgl. Graf v. Hoensbroech. S. 11.

22 Lea. Bd. I. S. 447.

23 Lea. Bd. I. S. 485.

24 Lea. Bd. I. S. 562.

25 Besser: allod (= althochdeutsch = eigen). Volleigenes Vermögen im Unterschied zum Lehen. In Deutschland verwindet das »allod« im Adelsbesitz zu keiner Zeit und wurde oft als Rodungsland neu begründet. Allodialgrafschaften waren Hochgerichtsbezirke, die nicht vom König »beliehen« (= d. h. »Lehnrührig«) waren. Ihre Inhaber nannte man Allodialherren (= Sonnenlehen). Allodialgut ist später das Privatvermögen einer fürstlichen Familie im Unterschied zum fiskalischen Besitz (= Staatsgut).

26 Lea. Bd. I. S. 571.

27 Lea. Bd. I. S. 575.

28 Er sagt: »wir verordnen, daß alle Machthaber, Konsuln, Rektoren, welches Amt sie auch immer bekleiden, zur Verteidigung des rechten Glaubens einen öffentlichen Eid leisten sollen, daß sie in ihren Ländern von der Kirche bezeichneten Ketzer nach Kräften auszurotten bemüht sind. Vernachlässigt ein Gewalthaber, sein Land von der ketzerischen Bosheit zu reinigen, so geben wir dieses nach dem Ablauf eines Jahres von der Mahnung an gerechnet, den Katholischen. Sie sollen es nach (der) Ausrottung der Ketzerei ohne Widerspruch besetzt halten und es in der Reinheit des Glaubens bewahren«.

29 Fickler weist darauf hin, daß sich der Bischof Guala von Brescia, ein Dominikaner, während dieser Zeit beim Kaiser aufgehalten hat. Vgl. Riezler. S. 61.

30 Graf v. Hoensbroech. S. 10.

31 Graf v. Hoensbroech. S. 137.

32 Graf v. Hoensbroech. S. 11.

33 »literae apostolicae de officio Santissimae inquisitionis«.

34 Vgl. den Syllabus 77,23 und 24.

35 Extrav. comm. I. tit. 8. cap. 1. Vgl. Spitzer. S. IV.

36 Dinstinc. 40. can. si papa.

37 Caus. XXV. qu. 2. can. si quius.

38 Dinstinc. X. can. lege imperatorum can lege imperatorum.

39 In einer Bulle vom 5. Dezember 1303.

40 Buchmann. S. 149.

41 Buchmann. S. 330.

42 Dazu einige Beispiele aus späterer Zeit:
- Pius V. erklärt die englische Königin für regierungsunfähig und spricht den Bann über sie.
- Clemens XI. nennt die Erhebung des Brandenburger Markgrafen zum König von Preußen durch den Kaiser (1701) » . . . eine Anmaßung und Verachtung der Autorität der Kirche Gottes«.
- Pius VII. ruft 1809 in einer Bulle den Monarchen zu: » . . . sie sollten erfahren, daß sie **seiner** Herrschaft und **seinem** Thron nach dem Gesetz Christi unterworfen sind«. (zitiert nach Spitzer. a.a.O. S. VII.)

43 C. inter sollitudines de lib. prohib. in cap. 7. Vgl. Spitzer. S. VII.

44 Längin. S. 6.

45 Sie haben sich geweigert, Hühner zu schlachten, denn es entspricht ihrer religiösen Haltung, niemand zu töten.

46 Der Mönch Cäsarius v. Heisterbach erzählt dies mit großer Behaglichkeit.

47 Graf v. Hoensbroech. S. 37.

48 » . . . zum anderen haben sy heimliche Samlungen gehalten bey Nacht, damit sy ihre buhlerey mit den weybern kunten vollbringen«. Vgl. Graf von Hoensbroech. S. 37.

49 Graf v. Hoensbroech. S. 37.

50 Lea. Bd. I. S. 373.

51 Alberici Monachii Chronicum ed. ann. 1233. Bzw. Chron. Hirsaug. ad. ann. 1215 und 1233. Hier ist vermerkt, daß er die Probe des heißen Eisens anwendet, obwohl dies bereits durch ein lateranisches Konzil untersagt ist.

52 Im Wesentlichen wird gesagt: . . . wenn ein Neuling angenommen wird, erscheint ihm eine Art Frosch, den manchen auch eine Kröte nennen. Einige derselben geben ihm einen schmachwürdigen Kuß auf den Hintern und ziehen die Zunge und den Speichel des Tieres in ihren Mund. Das Tier erscheint zuweilen in gehöriger Größe, manchmal so groß wie eine Gans oder eine Ente, meistens jedoch nimmt

es die Größe eines Backofens an. Wenn der Novize weitergeht, begegnet ihm ein Mann von wunderbarer Blässe, mit schwarzen Augen, so abgezehrt und mager, daß alles Fleisch geschwunden und nur noch die Häute und Knochen an ihm zu hängen scheinen. Dieser küßt den Novize und fühlt, daß er kalt wie Eis ist; nach dem Kuß verschwindet sofort jede Erinnerung an den katholischen Glaube . . . bis auf die letzte Spur in seinem Herzen . . .

. . . hierauf setzt man sich zum Mahl, und, wenn man sich danach wieder erhebt, so steigt eine Statue, die in solchen Schulen zu sein pflegt, die von der Größe eines mittelmäßigen Hundes rückwärts mit zurückgezogenem Schwanz herab. Diesen küßt der Novize auf den Hintern, dann der Meister und alle übrigen der Reihe nach, jedoch nur solche, die würdig und vollkommen sind . . .

. . . nach den Verhandlungen werden die Lichter gelöscht und man schreitet ohne Rücksicht auf die Verwandtschaft zur abscheulichen Unzucht. Findet sich nun, daß mehr Männer als Weiber zugegen sind, so befriedigen auch die Männer mit den anderen Männern ihre schändliche Lust. Ebenso verwandeln die Weiber durch solche Begegnungen den natürlichen Geschlechtsverkehr in einen unnatürlichen. Wenn die Ruchlosigkeit vollbracht ist, werden die Lichter (wieder) angezündet . . . (dann) . . . tritt aus einem dunklen Winkel der Schule ein Mann hervor, oberhalb der Hüften glänzend und strahlender, als die Sonne und unterhalb rauh wie ein Kater . . .

. . . auch empfangen sie jährlich zu Ostern den Leib des Herrn aus der Hand des Priesters, tragen ihn im Mund heim und werfen ihn zur Schändung der Erlösers in den Unrat. Die Unglückseligen behaupten in ihrem Wahnwitz, daß der Herr gewalttätig, arglistig und ungerecht den Luzifer aus der Hölle gestürzt hat. An ihn glauben diese Elenden und sagen, er sei der Schöpfer des Weltalls und (er) werde einst, nach dem Sturz des Herrn, zur Glorie zurückkehren.

Zitiert nach: Raynald Annal. eccles. ad. ann. 1233. Vgl. Görres. Christliche Mystik. Bd. III. S. 51 bzw. Spitzer (Teufelsbanner) a.a.O.

53 Längin. S. 5.

54 Vierdot. Geschichte der Reformation in Baden. Bd. I. S. 42.

55 Lea. Bd. I. S. 388.

56 Lea. Bd. I. S. 388.

57 Hausrath, J. Konrad von Marburg. S. 53.

58 Halens: »Die Geschichte des Herzogtums Oldenburg«, Bd. I. Ritter: »de pago Steding et Stedingis haeret«. Viteb. 1751. a.a.O.

59 Längin. S. 5.

60 Albert Standens. Chron. ad ann. 1233.

61 Chron. Stadens. ad. ann. 1207. Henr. Wolteri Chron. Brem. Meibom. Tom I. p. 55.

62 Graf v. Hoensbroech. S. 35.

63 Also entweder das Herzogtum Bayern, in der Reichsstadt Regensburg oder in der Oberpfalz.

64 Riezler. S. 63.

65 Graf v. Hoensbroech. S. 37.

66 Buchmann. S. 217.

67 Er sagt: » . . . deshalb gewähren wir euch die Bitte nicht, auch in den anderen Teilen des Königreiches Inquisitoren einzusetzen, weil ihr dort schon welche habt, die nach der Gewohnheit der römischen Kirche, durch die Vorsteher des Predigerordens eingesetzt sind, so daß die Einsetzung anderer nicht ohne Schimpf und Verletzung der Vorrechte geschehen kann. Wir ermahnen euch, diesem unserem Befehl nachzukommen und den Inquisitoren in der Ausübung ihres Amtes zu helfen, wie es sich für katholische Könige geziehmt«. Vgl. Graf v. Hoensbroech. S. 47.

68 Graf v. Hoensbroech. S. 47.

69 Buchmann. S. 152.

70 Buchmann. S. 153.

71 Graf v. Hoensbroech. S. 20.

72 Graf v. Hoensbroech. S. 25.

73 Graf v. Hoensbroech. S. 24.

74 Diese Verfügung erneuert Innocenz VIII. in einer Bulle vom 11. Februar 1485.

75 Helbing. S. 120.

76 Graf v. Hoensbroech. S. 46.

77 Graf v. Hoensbroech. S. 46.

78 Es handelt sich um die »analecta ecclesiatica Revue Romaine«. Ausgabe vom Januar 1895.

79 Buchmann. S. 219.

80 Es bewirkt per 4. Januar 1559 vom Papst ein Breve: » . . . das die Auslieferung an den weltlichen Arm, d.h. das Verbrennen solcher gestattet, die des Luthertums verdächtig, aber entweder rückfällig oder hartnäckig sind.

81 Graf v. Hoensbroech. S. 48.

82 So der katholische Anstaltsgeistliche am Landesgefängnis von Freiburg. Karl Kreuß.

83 Graf v. Hoensbroech. S. 12.

84 Historie de l'Inquisition. a.a.O.

85 Helbing. S. 136.

86 Graf v. Hoensbroech. S. 45.

87 Die hochwürdigen Herren Inquisitoren ersuchen die edlen Herren von Sentistevan, daß er barmherzig verfahre bzw. daß er ihn nicht töte oder durch Verstümmelung sein Blut vergieße . . . und doch soll er mit dem Verurteilten tun, was er von Rechts wegen tun müsse.

88 Graf v. Hoensbroech. S. 48.

89 Nähere Angaben dazu macht Hoensbroech

auf Seite 50/51 seines immer noch aktuellen und brisanten Buches.

90 Graf v. Hoensbroech. S. 32.

91 Graf v. Hoensbroech. S. 31.

92 Graf v. Hoensbroech. S. 33.

93 Aus der 2. Hälfte des 13. Jh. hat sich sein »Chronicon« erhalten. Es ist ein Tagebuch des zwischen 1220 und 1240 im Bezirk von Toulouse tätigen Inquisitors Belisse bzw. Wilhelm Pelhisso(!).

94 Riezler. S. 39.

95 Graf v. Hoensbroech. S. 30.

96 Graf v. Hoensbroech. S. 30.

97 Es ist lediglich ein Auftakt zu einer großartigen Hetzkampagne, der Hunderte zum Opfer fallen. Aus einer Liste des Inquisitionstribunals von Cacasonne aus dem Jahr 1454 ergibt sich, daß zwischen 1318 und 1358, » . . . 113 Brüder vom armen Leben« verbrannt worden sind.

98 Graf v. Hoensbroech. a.a.O.

99 Der Räuberhauptmann heißt Girardo Burgarone.

100 Riezler. S. 39.

101 Graf v. Hoensbroech. S. 34.

102 Graf v. Hoensbroech. S. 356.

103 Graf v. Hoensbroech. S. 35.

104 Graf v. Hoensbroech. S. 33.

105 Graf v. Hoensbroech. S. 44.

106 Graf v. Hoensbroech. S. 28.

107 Riezler. S. 63 und 68. Er bezieht sich auf den römischen Chronist Stefano.

108 In dem Bericht heißt es darüber: » . . . die vom Papst Eugen IV. bestellten Untersuchungsrichter, die Kardinäle von Rouen und Navarra fanden ihn als Ketzer des Todes schuldig; er wurde vom Volk verbrannt«.

109 Graf v. Hoensbroech. S. 43.

110 Geb. 1261 in Royjeres. Er tritt mit achtzehn in den Orden der Dominikaner. Hier macht er Karriere und wird 1306 zum päpstlichen Inquisitor von Toulouse ernannt. Diese Stellung behält er 17 Jahre inne. Nun verfaßt er seine »practica inquisitio haeretcae pravetatis«. Guidonis ist zudem ein Vertrauter des Papstes Johann XXII., der ihn 1234 zum Bischof von Lodeve ernennt. Als solcher stirbt er im Dezember 1331. Limborch hat einen Teil seiner Urteile veröffentlicht.

111 Geb. um 1320. Er wird mit 37 Jahren päpstlicher Generalinquisitor für Aragonien.

112 Graf v. Hoensbroech. S. 15.

113 »excommunicatio latae sententiae facto incurrendae«. Vgl. Buchmann. S. 153.

114 Tractus de officio santissimae inquisitioni.

115 Graf v. Hoensbroech. S. 33.

116 Graf v. Hoensbroech. S. 14.

117 Graf v. Hoensbroech. S. 14.

118 Graf v. Hoensbroech. S. 15.

119 Graf v. Hoensbroech. S. 15.

120 Graf v. Hoensbroech. S. 16.

121 Er sagt: » . . . wer immer Ketzer und ihre Begünstiger kirchlich beerdigt hat, verfällt der Exkommunikation und wird nicht eher losgesprochen, als daß er mit den eigenen Händen den Leichnam ausgegraben hat, der dann weggeworfen werden soll«.

122 Graf v. Hoensbroech. S. 17.

123 Graf v. Hoensbroech. S. 19.

124 Graf v. Hoensbroech. S. 23.

Weltliches Zwischenspiel . . .
der Gärprozeß bis zur Kirchenteilung

1 Lea. Bd. I. S. 305.

2 Die Beguinen (= Begharden) führen sich gedanklich auf die hl. Begga, der Mutter Pippins von Landen, zurück, die in Ardenne ein Nonnenkloster nach der Regel der Benediktiner begründet hat. Andere sehen den geistigen Stammvater in Labert-le-Begue oder »Lambert« dem Stammler, einen Geistlichen von der Christophskirche von Lüttich, der sich um 1180 dadurch einen Namen macht, indem er den dortigen Domherr der Simonie bezichtigt und darum verhaftet wird. Am einleuchtendsten wird die Bezeichnung von dem deutschen Wort »beggan«, was betteln (= bitten) oder beten bedeutet.

3 Die Lollarden leiten ihre Bezeichnung im Volksmund vermutlich vom Wort »lullen« (= murmeln) ab. Dies bezieht sich am ehesten auf den Vortrag ihrer Gebete und Bittgesänge.

4 Lea. Bd. I. S. 297.

5 Er wird 1170 in Catalonien in Calaguere (Altkastilien) geboren. Ein zehnjähriges Studium an der Schule von Valenzia macht ihn zum Theologe. Viele der um ihn gewobenen Märlein sind in das Reich der Fabel zu weisen.

1206 gründet er das Kloster Prouille, um arme Mädchen kostenlos ausbilden zu lassen. Es ist zugleich die Wiege des Dominikanerordens. 1214 schließt sich ihm Peter Cella an, ein reicher Bürger aus Toulouse. Er schenkt ihm ein Haus in der Nähe vom Chateau Narbonnais.

Dies wird für 100 Jahre zur Heimstätte der Inquisition(?), zunächst in friedlicher Version betrieben. Später nimmt Domingo mit einer kleinen Schar der regulierten Kanoniker die Regel des hl. Augustin an. Er wählt den Franzose Matthäus zum Abt. Domenikus stirbt 1221 in Bologna. Die päpstliche Bestätigung des Ordens erfolgt am 21. Dezember 1216 durch Honorius III. Der Orden entwickelt sich rasch und verfügt bereits kurz nach der Gründung über 60 Klöster, die in acht Provinzen geteilt sind. Das Gelübde der Armut ist im ursprünglichen Plan nicht vorgesehen und wird erst 1228 in deren Konstitutionen aufgenommen.

6 Antonius von Paduavvo. Franz von Asissi. Franziskus. Ordensstifter. Geb. 1181/2 gest. ebda am 3. Oktober 1226. Sohn des reichen Tuchhändler Pietro Bernadore und seiner franz. Gattin Pica (Giovanni) getauft, aber vom Vater Francesco (= Französchen) genannt. Nach einem zweifachen, aber kurzen Kriegsdienst zieht er sich – etwa 24-jährig – in die Einsamkeit zurück und widmet sich in freiwilliger Armut der Nächstenliebe und der Wiederherstellung der Kirchen(zucht). Danach agiert er als apostolischer Wanderprediger, dem sich bald Gefährten anschließen. Für ihr Zusammenleben verfaßt er eine vor allem aus Passagen des Evangeliums bestehende und vom Papst Innocenz III. 1210 mündlich gutgeheißene Regel. Danach bilden sich rasch und viele franziskanische Bruderschaften.

Unter der Leitung seiner adeligen Jugendfreundin steht 1212 eine Schwesternschaft zur Gründung an. Francesco hält sich 1219 in Ägypten auf und will dort den Sultan Al Kamil bekehren. Später übergibt er die Leitung des von ihm gegründeten Ordens an Elias von Cortona ab und zieht sich in die Einsamkeit zurück. Am 17.9.1224 soll er die berühmt gewordenen Wundmale (erste geschichtlich feststehende Stigmatisation der kath. Kirchengeschichte) erhalten haben. Er stirbt kurz nach dem September 1226 und wird schon am 15.7.1288 von Gregor IX. heiliggesprochen. Am 18.6.1939 wird er vom Papst Pius XII. zum Schutzheiligen Italiens erklärt.

7 Lea. Bd. I. S. 314.

8 Lea. Bd. I. S. 31.

9 Lea. Bd. I. S. 43.

10 Lea. Bd. I. S. 51.

11 Im alten römischen Recht war das Z. (= jus civile), das nur für die röm. Bürger geltende Recht, begründet durch die Zwölf Tafeln und weiterentwickelt durch die Gesetze, Senatsbeschlüsse, Edikte des Prätors, Gutachten und Abhandlungen der Juristen, durch die Rechtssprechung und durch das Gewohnheitsrecht.

12 Spitzer. S. 29.

13 Wycliffe (Wyclif, Wiclif), John V. Englischer Reformer. Geb. um 1320 in Spreewell bei Wycliffe-on-Tees (Yorkshire) und gestorben am 31.12.1384 in Lutterworth. Er war Professor der Theologie in Oxford und danach Pfarrer in Lutterworth. 1374 nimmt er am Friedenskongreß in Brügge teil, wo auch kirchliche Mißstände verhandelt werden. Seinen Widerspruch erregt zunächst der politische Anspruch des Papsttums und insbesondere das avingon. Finanzsystem. Daraus ergaben

sich für ihn theologische Konsequenzen, die schließlich zu bestimmten Sonderlehren führten.

Es ist fraglich, ihn als grundsätzlichen Vorkämpfer der späteren Reformation anzuerkennen. Er hebt hervor: »Dem Klerus sei die urchristliche Armut angemessen und darum könne der Staat dessen Eigentum an sich nehmen«. Er verteidigt 1366 die Verweigerung des päpstlichen Lehenszinses und 1369 die Besteuerung der Kirchengüter durch die Krone.

Er richtet scharfe Angriffe gegen die Verderbnis des Klerus und der weltlichen Herrschaft der Kirche sowie deren kuriale Finanzpolitik. Außerdem wettert er gegen die Klöster. 1477 erläßt Gregor XI. gegen ihn 5 Bullen und verwirft 18 Sätze seines Werkes »De civili dominio«. Später verwirft W. die Oberherrschaft des Papstes, den Zölibat, die Transsubstantation, die priesterliche Schlüsselgewalt und die Notwendigkeit der Ohrenbeichte. Das Schisma läßt ihn schließlich an der Rechtlichkeit des Papstes in grundsätzlicher Weise zweifeln. Er übersetzt die neue englische Bibel, und Lollarden verbreiten seine Ansichten beim Volk. W. zieht sich später auf seine Pfarrei zurück. Das Konstanzer Konzil erklärt ihn 1415 zum Ketzer und ordnet 1418 die Verbrennung seiner Gebeine an. Mit Hilfe der weltlichen Gewalt gelang es dem Klerus, die Anhänger des W. nach 1400 in England auszurotten. Seine Lehre hatte aber zu dieser Zeit schon in Böhmen Anklang gefunden. Hus erkennt in ihm seinen Vorläufer.

14 Hus, Huß Jan (Johannes) Tschech. Kirchenreformer. Geb. in Husinetz (daher sein Name) um 1370; gest. am 6.7.1415 in Konstanz. Er ist der Sohn eines Bauern und wird um 1400 Priester. Seine Lehre entfaltet er an der Universität von Prag und als Prediger an der Bethlehemskapelle. Kirchlich und theologisch zeigt er sich ab 1398 von Wycliff abhängig. Von ihm übernimmt er im wesentlichen die schroffe Prädestinationslehre und den Kampf gegen Güterbesitz und die Verweltlichung des Klerus und die Laster innerhalb der Klöster. Hus macht das kirchliche Amt von der Würde des Trägers abhängig und spricht dem in Todsünde lebenden Prälat jedwede Gewalt ab. Damit zerstört er den katholischen auf der objektiven Institution ruhenden Kirchenbegriff.

Seine eigentliche Leistung liegt jedoch auf politischem Gebiet: die kirchlich-nationale Verselbständigung der Tschechen (Böhmen). Im Kampf gegen die Kirche wird Hus 1411 vom Papst exkommuniziert und 1415 während des Konzils von Konstanz öffentlich verbrannt!

15 Wolf, Hans-Jürgen. Hexenwahn und Exorzismus. Frankfurt a.M. 1980. S. 114.

16 Lea. Bd. II. S. 520.

17 Scholtz. S. 20.

18 Scholtz. S. 21.

19 Lea. Bd. II. S. 474.

20 Hans Sachs. Geb. 5.11.1494 in Nürnberg; gest. 19.1.1576 ebda. Er ist der bekannteste Vertreter der bürgerlichen (damals noch im Sinn einer ungelehrten) Literaturgattung des 16. Jh. Als Sohn eines Schneiders besucht er die Lateinschule und kommt 1508 bei einem Schuhmacher in die Lehre. Er bereist weite Teile Deutschlands und wird 1517 in Nürnberg zum Meister erhoben. Von ihm hat sich ein Gedicht über die Hexerei erhalten; im Grunde genommen spottet er darüber und ist ansonst vom Teufelsglauben seiner Epoche befangen.

21 Vgl. Chron. Glasberger. anno 1471.

22 Hartlieb (gest. zw. 1471 und 1474) ist herzoglicher Rat und Leibarzt von Albrecht III. bzw. seinem Sohn Sigmund. Er stammt aus Neuberg an der Donau und ist u.a. Verfasser astrologischer Werke. Er schreibt für Anna von Braunschweig eine Chiromantie, übersetzt den Alexanderroman und verfaßt für den Herzog Sigmund eine Schrift »Über die Geheimnisse der Frauen«.
Hartlieb beruft sich auf folgende Autoren: Bonaventura, St. Thomas (8. Distincion), Cäsarius von Heisterbach (seine Schrift von den Wundern), das Buch »Sigillum Salomonis und Thebit, Ptolemeus, Luipoldis de Austria und das Werk »annulis impensis«. Albertus Magnus (»occasione quorundam librorum«). Das Buch »Piccatrix« (» . . . für einen spanischen König gesammelt«). Es beginnt mit den Worten »ad laudem dei gloriosimae virginis Mariae«. Dann folgen noch einige unbekanntere Schriften, die er nicht näher definiert, wie » . . . in einer Schrift, aber keiner bewährten, habe ich gefunden . . . «. Das hier zu besprechende Werk schildert analog der sieben freien Künste die sieben Zauberkünste. Es führt den Titel: »Buch aller verbotenen Kunst, (des) Unglaubens und der Zauberei«. München 1456. Vgl. über seine Lebensverhältnisse Oefele in der Allgem. Dt. Biographie. Bd. X. S. 670 ff.

23 Riezler. S. 65.

24 Riezler. S. 72.

25 Der Dichter lebt als Pfleger des Gerichts Stein auf dem Ritten bei Bozen und verstirbt 1419. Er benützt für sein Gedicht als Vorlage eine um 1320 entstandene, Thomas Leoni zugeschriebene, italienische Schrift.

26 Wolf, Hans-Jürgen. Hexenwahn und Exorzismus. Frankfurt a.M. 1980. S. 147.

27 Riezler. S. 67.

28 Riezler. S. 69.

29 Scholtz. S. 21 und 22. Vgl. »Flagellum maleficorum auctore Petr. Marmor Lemoviecensi (Limoges), Canonico in alm. univesalis Th. professore. Cap. XVII.

30 Riezler. S. 74.

31 Es handelt sich um einen schwäbischen Dominikaner, der gleichzeitig Professor der Theologie in Wien und dann Prior des Nürnberger Predigerklosters ist. Ein gefeierter Kanzelredner, ein eifriger Reformator seines Ordens. Seine Bezugsperson ist der Richter Peter von Bern, von dem auch die ersten Anhaltspunkte über Hexenverbrennungen in diesem Gebiet stammen.

32 Übersetzt und interpretiert nach Rosskoff.

33 Meyer. S. 10.

34 Der Status der Geistlichen nimmt (noch) eine besondere Stellung ein. Bis in das 12. Jh. ist der Status des Täters für die Bemessung der Strafe von Bedeutung, indem man zwischen Freien und Unfreien differenziert. Üblicherweise werden Diebe an einem Roßhalfter erhängt, während man Ritter auf einem schwarzen Tuch enthauptet. In Soest (Westfalen) wird um 1260 ein Kleriker als »maleficus« von einem Stadtgericht zum Feuertod verurteilt und daraufhin lebend verbrannt. Das sog. »privilegium fori« der Geistlichen ist damals noch nicht in das Reichsgesetz integriert. Vgl. Croissant. S. 50.

35 Hierbei wird die Verurteilte nicht direkt als Hexe bezeichnet. Nach ihrer Aussage hat Ziegler's Jutte ein Beichtbüchlein, in dem Zaubersprüche aufgezeichnet sind. Diese habe sie einem jungen und unschuldigen Knabe gegeben, der lesen konnte und ihn habe sie aus dem Büchlein den Segen über einem Spiegel lesen lassen. So habe sie einem Fischer und einem Ratsherr geholfen, das Geld, das man ihnen gestohlen hat, wieder zu bekommen. Der Pfarrer habe ihr das Büchlein wieder gegeben, weil darin gestanden (hat): » . . . man solle drei Feiertage fasten, drei Messen lesen und drei warme Teller Brot um Gottes Willen geben«.
Vgl. Urgichten der Stadt aus dem Jahr 1471. Sie wird mild bestraft und lediglich verpflichtet, über den Rhein zu gehen. Vgl. König. S. 171.

36 König. S. 171.

37 Soldan-Heppe. Bd. II. S. 488.

38 Ein Chronist berichtet: » . . . Agnes Angelam appelabant, Bernauerin venutissima puelle, Augsburgensis belnatoris filia« (frei übersetzt: »Agnes Bernauerin, gewöhnlich Engel genannt, die schöne Jungfrau, war die Tochter eines augsburgischen Baders«. Vgl. Wolf, Hans-Jürgen. Hexenwahn und Exorzismus. Frankfurt a.M. 1980. S. 151.

39 Die Braut soll ihrem Gemahl ein Heiratsgut von 30 000 Gulden zubringen und er soll die gleiche Summe für den Fall ihrer Witwenschaft durch die Verpfändung einer Stadt zusichern. Das Beilager soll nach Pfingsten stattfinden. Wer das Ehegelöbnis brechen würde, verpflichtet sich zur Zahlung eines Strafgeldes von 10 000 Gulden. Vgl. König. S. 173.

40 Am Tag des hl. Clemens im Jahr 1434.

41 König. S. 179.

42 »Ein Herr Amtsbruder der beiden Bluthunde,

ein gewisser Cumanus, ließ 1485 in der Grafschaft Wormserbad 41 Opfer des Wahns verbrennen«. Vgl. König. S. 69.

43 König. S. 67.

44 Wolf, Hans-Jürgen. Hexenwahn und Exorzismus. Frankfurt a.M. 1980. S. 171.

45 Dionysius von Ryckel, gest. 1471 in Nuremonde.

46 Theiner. Bd. III. S. 789.

47 Du Pin. »Nouvelle Biblio . . . des aucteurs eccles. T. XII. Paris. 1700. S. 149.

48 Christian Thomasius wird 1655 in Leipzig als Sohn des Philosophen Jacob Thomasius geboren. Er studiert Cartesianische Philosophie und hält diesbezüglich Vorträge. Er entwickelt sich zu einem der bedeutendsten Rechtsgelehrten der Epoche und trägt wesentlich dazu bei, die Folter im deutschsprachigen Raum einzugrenzen. Er stirbt 1728.

49 Ritter erkennt in der Bulle von Innocenz VIII. einen Markstein für die Entwicklung der Hexenverfolgungen. Vgl. Moritz Ritter. Deutsche Geschichte im Zeitalter der Gegenreformation und des 30-jährigen Krieges. a.a.O.

50 So beispielsweise Waldbrühl.

51 Schwager. S. 32.

52 Diefenbach (1893). S. 50.

53 Duhr (1900). S. 16.

54 »Innocenz, Bischof, Knecht der Knechte Gottes. Zukünftigen der Sache Gedächtnis. Indem wir mit der höchsten Begierde verlangen, wie es die Sorge unseres Hirtenamtes erfordert, daß der katholische Glaube fürnehmlich zu unseren Zeiten allenthalben vermehret werden möge und blühe, und alle ketzerische Bosheit von den Herzen der Gläubigen weit hinweggetrieben werde, so erlauben wir gerne, daß dasjenige und . . . setzen es auch von Neuem, wodurch solches unser gottseliges Verlangen die erwünschte Wirkung erlangen mag. Und dannenhero indeme, durch den Dienst unserer Arbeit, als durch die Rathaue(?) eines vorsichtigen Arbeiters aller Irrtümer gänzlich ausgerottet werden, der Eifer und die Beobachtung eben desselben Glaubens in die Herzen der Gläubigen umso stärker eingedrucket werde. Gewißlich ist es neulich nicht ohne große Beschwerung zu unseren Ohren gekommen, daß wir an einigen Teilen von Oberdeutschland, wie auch im Mainzischen, Köllnischen, Trierschen, Salzburgischen und Brem'schen Erzbistümern, Städten, Ländern, Orten und Bistümern sehr viele Personen beiderlei Geschlechts, ihre eigene Seligkeit vergessend und von dem katholischen Glaube abfallend, mit denen Teufel, die sich als Männer oder als Weiber mit ihnen vermischen, Mißbrauch machen, und mit ihnen Bezauberungen, Lieder und Beschwerungen, und anderen abscheulichen Aberglauben und zauberische Übertretungen, Laster und Verbrechen, die Geburten der Weiber, die Jungen der Tiere, die Früchte der Erde, die Weintrauben und die Baumfrüchte, wie auch die Menschen, die Frauen, die Tiere, die Weinberge, Obstgärten, Wiesen, Weiden, Korn und andere Erdfrüchte, das Vieh und andere unterschiedliche Arten Tiere verderben, ersticken oder umkommen machen, und selbst die Menschen, die Weiber, allerhand groß und klein Vieh mit grausamen, sowohl innerlichen als äußerlichen Schmerzen und Plagen belegen und peinigen, und daß eben dieselbe Menschen, daß sie nicht zeugen, und die Frauen, daß sie nicht empfangen, und die Männer, daß sie den Weibern, und die Weiber, daß sie den Männern die ehelichen Werke nicht leisten können, verhindern. Überdies den Glauben selbst, welchen sie bei Empfangung der heiligen Taufe angenommen haben, mit eidbrüchigem Mund verleugnen. Und andere, überaus viele Leichtfertigkeit, Sünden und Laster, durch Anstiftung des Feindes der menschlichen Gesellschaft zu begehren und zu vollbringen, sich nicht fürchten, und der Gefahr der Seelen, der Beleidigung göttlicher Majestät und sehr vieler schändlichen Exempel und Ärgernis. Und daß, obschon die geliebten Söhne Henricus Institoris in den obengenannten Teilen des Oberdeutschlands, in welchen auch solche Erzbistümer, Städte, Länder, Bistümer und andere Orte begriffen zu sein gehalten werden, wie auch Jacobus Sprenger, durch gewisse Striche des Rheinstromes, des Predigerordens und Professores theologia zu Inquisitoren, des ketzerischen Unwesens durch apostolische Briefe bestellet worden, wie sie auch noch sind, dennoch einige Geistliche und Gemeine derselbigen Länder, welche mehr verstehen wollen, als nötig wäre, deswegen weil in den Briefen ihrer Bestellung solche Erzbistümer, Städte, Bistümer, Länder und andere obengenannte Orte und solche Personen und solche Laster nicht namentlich ausgedrucket worden, dahero solche auch gar nicht darunter begriffen, und also denen vorgenannten Inquisitoren in solchen Erzbistümern, Städten, Bistümern, Ländern und Orten, vorgenannt, solches Amt der Inquisition zu verrichten nicht erlaubt sein, und dieselbe zu Bestrafung, Inhaftnehmung und Besserung solcher Personen, über denen vorgenannten Verbrechen und Lastern nicht müssen zugelassen werden, halsstarrig zu bewahren und sich nicht schämen.

Deswegen dann in denen Erzbistümern, Städten, Bistümern, Ländern und Orten vorgenannte solcherlei Verbrechen und Laster, nicht ohne offenbaren Verlust solcher Seelen und ewiger Seelengefahr ungestraft bleiben . . .

. . . derohalben haben wir, indem wir alle und jede Hindernisse, durch welche die Verrichtung des Amts der Inquisition auf irgendeine Weise verzögert werden könnte, aus dem Wege räumen, und damit nicht die Seuche des ketzerischen Unwesens und anderer

chen ihr Gift zu dem Verderben anderer Unschuldiger ausbreiten möge, durch taugliche Hilfsmittel, wie solches unserem Amt obliegt, versorgen wollen, da der Eifer des Glaubens uns fürnehmlich dazu antreibt, damit nicht dahero geschehen möge, daß die Erzbistümer, Städte, Bistümer, Länder und obengenannte in denselben Teilen des Oberdeutschlands, ohne das nötige Amt der Inquisition darinnen zu errichten erlaubt sein, und sie zu der Besserung, Inhaftnehmung und Bestrafung solcher Personen über den vorgenannten Verbrechen und Lastern hinzugelassen werden sollen, durchgehends und in allen eben so, als wenn in den vorgenannten Briefen, solche Erzbistümer, Städte, Länder und Orten und Personen und Verbrechen namentlich und in Sonderheit ausgedrucket wären, krafft Unseres Briefes . . .

. . . und indem wir, um mehrerer Sorgfalt willen, vorgemeldte Briefe und Bestellung auf solche Erzbistümer, Städte, Bistümer, Länder und Orte, desgleichen solche Personen und Laster, ausstrecken, so geben wir denen vorgesagten Inquisitoren, daß sie und einer derselben, wann sie den geliebten Sohn Johannes Gremper, einen Geistlichen des Konstanzer Bistums, Meister in den Künsten, ihren damaligen oder einen jeden anderen Notarium publicum zu sich gerufen haben, der von ihnen und einem jeglichen derselben zu der Zeit wird verordnet werden, in den vorgenannten Erzbistümern, Städten, Bistümern und Orten, wider alle und jene Personen, wes Standes und Vorzuges sie sein mögen, solches Amt der Inquisition zu vollziehen, und die Personen selbst, welche in den vorgemeldten werden sich schuldig befunden haben, nach ihren Vergehen züchtigen, an Leib und Vermögen strafen, nicht weniger in allen und jeden Pfarrkirchen solcher Länder das Wort Gottes dem gläubigen Volk so oft, als es nützlich sei, und ihnen gutdünken wird, vortragen und predigen, auch alles und jedes, was zu und in obigen Dingen nötig und nützlich sein wird, frei und ungehindert tun und also vollziehen mögen, aus eben derselben Hoheit, von Neuem völlige und freie Gewalt.

Und befehlen nicht weniger unserem ehrwürdigen Bruder, dem Bischof von Straßburg durch Apostolische Briefe, daß er durch sich selbst, oder durch einen anderen oder etliche andere, das vorgmeldte, wo, wann und so oft er es für nützlich erkennen wird, und er von Seiten solcher Inquisitoren oder eines derselben gebührend wird ersucht sein, öffentlich kund zu tun, und nicht gestatten solle, daß sie oder einer derselben über diesen, wider den Inhalt deren gedachten und gegenwärtigen Briefe durch keinerlei Gewalt beeinträchtigt oder sonst auf irgendeine Weise gehindert werden . . . alle diejenigen, so ihnen Eintracht tun, und sie verhindern und widersprechen und rebellieren werden, von was vor Würden, Ämtern, Vorzügen, Adel und Hoheit oder Standes, und

mit was für Privilegien sie versehen sein mögen durch den Bann, die Aufhebung und Verbot und andere noch schrecklichere Urteile, Andeutungen und Strafen, welche ihm belieben werden mit Hintansetzung aller Appelation bezäumen, und nach denen von ihm zu haltenden rechtlichen Prozesse und die Urteile, so oft es nötig sein wird, durch unser Ansehen ein und allemal schärfen lasse, und dazu, wenn es von Nöthen sein wird, die Hilfe des weltlichen Armes anrufe . . . ungeachtet aller und jeder vorigen und dieser zuwider seienden Rathschlüssen und Verordnungen . . .

. . . oder wann einigen insgemein oder in Sonderheit von dem Apostolischen Stuhl nachgegeben worden, daß wider sie keine Verbote, Aufhebung oder Bann solle ergehen können, durch Apostolische Briefe, in welcher solcher Nachgebung nicht völlig und ausdrückliche Meldung geschieht, dergleichen alle ander allgemeine oder besondere Indulgenzien des gemeldten Stuhles, von was vor Inhalt sie sein, oder nicht ganz einverleibt werden, die Wirkung dieser Gnade auf eine Weise verhindert oder aufgeschoben werden möchte, und von jeder jeglichen . . . von geschiehet nach dem ganzen Inhalt in unserem Brief besondere Meldung. Es soll also gar keinem Menschen erlaubt sein, dieses Blatt unserer Verordnung, Ausdehnung, Bewilligung und Befehls zu übertreten oder derselben aus verwegener Kühnheit entgegen zu handeln. Wann aber jemand sich dieses zu erkühnen unternehmen würde, der soll wissen, daß er den Zorn des Allmächtigen Gottes und seiner heiligen Apostel Petri und Pauli auf sich laden werde«.

Gegeben zu Rom zu St. Peter im Jahre der Menschwerdung des Herren, Tausend vierhundert und vier und achtzig, den 5. Dezember, im ersten Jahre unserer päpstlichen Regierung.

Zitiert nach Moritz Schwager. S. 33 ff.

55 » . . . dem erbärmlichen und geldgierigen Bischof von Straßburg, Albert von Bayern, hatte der Papst befohlen, streng auf die Beschützung der Inquisition zu achten. Damit wurde der Willkür der Richter Tür und Tor geöffnet«. Vgl. König. S. 68.

Der Hexenhammer

1 Institoris, Heinrich: Dominikanertheologe. Geb. Schlettstadt(?) 1430. Gest. 1505 in Mähren. Als von Sixtus ernannter Inquisitor für Oberdeutschland findet er Widerstand beim Bischof Golser von Brixen. Institoris verfaßt neben anderen Werken den Hexenhammer und stirbt als Inquisitor gegen die böhmischen Brüder. (Zit. nach dem Brockhaus).

2 Veröffentlicht vom Chorherr Hartmann Amann (1890) im Kloster Neustift. Vgl. Zeit-

schrift des Ferdinandeums für Tirol und Vorarlberg. III. Folge. XXXXIV.

3 Veröffentlicht vom Chorherr Hartmann Amann (1890) im Kloster Neustift. Vgl. Zeitschrift des Ferdinandeums für Tirol und Vorarlberg. III. Folge. XXXXIV.

4 Wolf, Hans-Jürgen. Hexenwahn und Exorzismus. Frankfurt a.M. 1980. S. 167.

5 Zeugen dieses Aktes sind neben einigen Bürgern zwei weltliche Beamte: der Richter von Rohr, Andreas Schweybrer von Eberstall und der Landshuter Ratsschreiber Konrad Stöt.

6 Gleichbedeutend mit Abgötterei und/oder Götzendienst.

7 Wolf, Hans-Jürgen. Hexenwahn und Exorzismus. Frankfurt a.M. 1980. S. 167.

8 »St. Romanae fidei defensionis clippeum adversus Waldensium seu Pickardorum potentatis virulente contagione sparsim inficantes (sic) sanctissimi(!) Alexander VI. pontificiuse iusse, redactum«. Dazu verfaßt er eine Schrift über die Gewalt des Papstes und Kaisers gegen die Lehrsätze von Roselli.

9 Sprenger, Jacob. Dominikaner. Geb. Rheinfelden um 1436. Gest. 6.12.1495 in Straßburg. Er ist 1472 – 88 Prior seines Ordens in Köln, seit 1481 Inquisitor für Mainz, Köln und Trier. Er ist vermutlich an der Abfassung des Hexenhammers wie an der (gefälschten) Approbation beteiligt.

10 U.a. Kaiser Friedrich III., sein Sohn Maximilian I., der päpstliche Legat Alexander und der Bischof von Forli.

11 »Den Hauptteil übernahm Sprenger, der alle Elemente des Hexenwahns schuf, das weit über die Bulle vom 5. Dezember 1484 zum Teufelssabbat und der geschlechtlichen Vermischung mit ihm ein wesentliches Moment des Hexenwesens feststellte«. Vgl. Hansen. S. 257.

12 Siebel. S. 39.

13 Siebel. S. 39.

14 Sein voller Name ist: L. de Monte Domini (von Heerenberg). Vgl. Hartzheim. Biblio. Coloiensis. 1747.

15 Hexenhammer. Teil III. Frage 17.

16 » . . . denn ich darf es doch wohl nicht erst beweisen, daß es Mönche waren, die all diese Fabeln ausheckten und unter die Leute brachten. Daß Mönche diese lächerlichen und abgeschmackten Legenden ausgebrütet haben . . . und daß es bis zu dieser Stunde Mönche und Nonnen sind, die die Vita Sanctorum schreiben«. Vgl. Schwager. S. 21.

17 Vgl. Michael Psellus »de natura daemonum«. Martin Plantsch »de maleficiis«, Bartholomäus de Spina »de strigibus«, Pico de Mirandola »de Codificatione daemonum«. Eymericus und das moraltheologische Werk des Erz-

bischof St. Antonius von Florenz (1389 – 1459).

18 Wolf, Hans-Jürgen. Hexenwahn und Exorzismus. Frankfurt a.M. 1980.

19 »Zauberwahn, Inquisition und Hexenprozeß im Mittelalter«. München. 1900. S. 481:

» . . . für diese schmachvolle Wendung im Hexenprozeß ist der vom Hexenhammer eingenommene und mit theologischen Argumenten gestützte Standpunkt ausschlaggebend geworden, und er hat auf diesem Gebiet eine unberechenbare Schädigung der Menschheit bewirkt«.

20 » . . . vor hundert Jahren, da des Papstes Tyrannei in Deutschland noch in Schwang ging, und schier aufs Höchste kommen war, hatte er zwei Dominikaner oder Predigermönchen Gewalt gegeben, die Ketzer auszuforschen und zu strafen. Diese wüteten grausam und unmenschlich wider die Weiber. An solchem Brandmord hatten viele verständige Leute ein herrliches Mißfallen. (Sie) predigten, schrieben und redeten darwider, so lange und so viel, daß die Brandmeister genötigt wurden, ihre Sache öffentlich zu verteidigen. Ließen ein Buch ausgehen, nannten es Malleus maleficarum, ein Hammer, der die Zauberinnen zerknirst . . . in welchem viel Unwahrheit, viel abergläubisches widersinniges Ding . . . ist mit Bäbstlicher Bulla bestetiget«.

21 König. S. 72.

22 Schwager. S. 34.

23 Siebel. S. 38.

24 Ohle. S. 7.

25 Görres. Christliche Mystik. IV. Bd. S. 585.

26 Spitzer. S. 58.

27 Reich. S. 18.

28 Hansen. S. 257.

29 Hexenhammer. 1. Teil. Fragen 1 und 2.

30 Unter Bezug auf die bekannte Stelle im Exodus.

31 Isidorius. Erythm. Lib. VIII. 9.

32 Hexenhammer. II. Teil. Frage 3.

33 Vgl. AT. 1. Moses 6. Vgl. Wolf, Hans-Jürgen. Hexenwahn und Exorzismus. Frankfurt a.M. 1980. S. 178.

34 Hexenhammer. 1. Teil. Frage 18.

35 Zu dieser Schilderung gibt es eine Variante: » . . . in Zabern kam eine Wirtin, die der hl. Jungfrau mit vielen Devotionen ergeben war, in die Wochen. Sie traute aber der Hebamme nicht viel Gutes zu und nahm lieber eine andere. Die Verachtete griff ihr an den Bauch und sagte: ,über 6 Monate soll sie es schon fühlen, was es heiße, sie zu verabscheuen'. Ihre Schmerzen in den Eingeweiden waren schrecklich, und das Ding wäre schief gegangen, wenn sich nicht die hl. Jungfrau ihrer an-

genommen hätte. Die Bezauberte gab durch den Stuhlgang Dornen, Knochen und Holz von sich . . . und war dann wieder hergestellt«.

36 Hexenhammer. 1. Teil. Frage 8.

37 Hexenhammer. 1. Teil. Frage 9 und 2. Teil. Frage 12.

38 Hexenhammer. 2. Teil und 1. Teil. Kap. 4.

39 Geb. am 14. September 1486 in Köln. Neben der Rechtswissenschaft, seinem angeblichen Studienfeld, widmet er sich der klassischen Literatur. Zwanzigjährig geht er nach Paris und gründet eine Gesellschaft zum Studium der Geheimwissenschaften. 1509 treffen wir ihn in Burgund. Daraufhin wird er Lehrer der Theologie an der Akademie von Dole, aber bald von der dortigen Geistlichkeit vertrieben, die Ketzerei in seinem Tun wittert, wo ihr Unverständliches begegnet. 1510 geht er nach London und daraufhin nach Würzburg zum Abt Tritheim. 23-jährig macht er sich an die Abfassung der »occulta philosophica«. Das Werk verursacht erhebliches Aufsehen und wird in vielen, teilweise schlechten Abschriften, verbreitet.
Dann geht Agrippa in den kaiserlichen Kriegsdienst, nimmt am Kampf gegen die Venetianer teil und wird wegen Tapferkeit zum Ritter geschlagen. In Turin und Padua hält er Vorlesungen über Theologie, scheint jedoch mit den Geistlichen in Konflikt zu geraten, so daß er zur Flucht veranlaßt wird. Dann wird er Syndikus in Metz, wo er 1519 erfolgreich eine der Hexerei angeklagte Frau verteidigt. 1519 verläßt er die Stadt und heiratet nach einigen Jahren wieder. 1524 wird er in Lyon Leibarzt bei der Mutter von Franz I. Hier gibt er Prophezeiungen von sich, die nicht eintreffen und daraufhin wird er in Ungnade entlassen. Um diese Zeit entsteht sein Werk »de vanitate scientiarum«, in dem er sich spöttisch gegen die Wissenschaft erhebt.
Dann wird er Historiograph bei Margaretha von Österreich, der Statthalterin der Niederlande. In den Jahren 1530 – 33 hält er sich mit verschiedenen Unterbrechungen in Köln auf. Trotz hier erheblicher inquisitorischer Strömungen gelingt es ihm, den Druck seiner »occulta philosophica« durchzusetzen. Daraufhin geht er nach Lyon und stirbt 1535 im Haus eines Freundes, des Generalsteuereinnehmers der Dauphine.

40 Diefenbach deckt einen weiteren Irrtum Soldan's auf. Hier handelt es sich um Agrippa's »occulta philosophica«. Das Buch wird 1510 von ihm geschrieben und zunächst handschriftlich verbreitet. Erst 1531 wird es gedruckt und kommt noch später auf den Index der verbotenen Schriften.
Bereits 1529 läßt er sein Werk »de vanitate et incertiudine scientiarum« erscheinen, das als eine Art Gegenschrift gegen seine eigene Geheimphilosophie, quasi als Widerruf (palinodia), gedacht ist. Hier spricht er sich gegen

eine Verfolgung der Hexen aus und sagt später: »als Jüngling habe ich drei Bücher von ansehnlichem Umfang über die Magie geschrieben. Was ich in ihnen aus jugendlicher Neugierde Irriges aufgestellt habe, will ich, jetzt vorsichtiger geworden, verbessern. Gar lange und vielfältig habe ich mich früher mit diesen eitlen Dingen befaßt«.

41 Brennon in einem Brief vom 27. September 1520 an Agrippa.

42 Johannes Trithemius (J. Heidenberg) wird 1462 im Dorf Trittenheim an der Mosel geboren. Von 1483 – 1503 ist er Abt des Klosters der Benediktiner in Sponheim bei Kreuznach. Von 1506 bis 1516 (seinem Todesjahr) Abt des Schottenklosters St. Jacob bei Würzburg.

43 Dies geht aus einem Brief hervor, den er dem Mönch Arnold Bostius (Gent) überreicht und der nach seinem Ableben vom dortigen Abt geöffnet wird. Dies bringt Trithemius in den Ruf eines Zauberers.

44 Er entdeckt, daß sich ein Sinn ergibt, wenn man jedes zweite Wort streicht und von den übrigbleibenden, die man sich alle in eine Reihe hintereinander geschrieben vorstellt, alle Buchstaben an den ungeraden Stellen streicht; also den 1., 3., 5. usw.

45 Er wird 1455 in Schwaben geboren und studiert in Paris klassische Sprachen. Später lernt er in Italien einige gelehrte Juden kennen und wird von ihnen in die hebräische Schrift eingeweiht. Daraufhin beginnt er mit dem Studium der Kabbala und meint in ihr die Kenntnis der christlichen Dogmatik wieder zu entdecken. Seine Ansichten darüber vermittelt er in dem Werk »de verbo mirificio« aus dem Jahr 1494.

46 In seiner Schrift »de arte cabbalistica« aus dem Jahr 1517 gibt er eine präzise Darstellung der kabbalistischen Hauptlehren und ihrer Methoden.

47 Wolf, Hans-Jürgen. Hexenwahn und Exorzismus. Frankfurt a.M. 1980. S. 158.

48 Vgl. das Malefizbuch der Stadt Augsburg aus dem Jahr 1567. Vgl. Riezler. S. 207.

49 König. S. 167.

50 Hier kann ein weiterer Fehler von Soldan ausgemerzt werden. Geiler schöpft nicht etwa aus dem erwähnten Ameisenbuch, sondern aus der Nider'schen Dekalogserklärung. Das Ameisenbuch stammt aus der Zeit zwischen 1435 und 1437. Der eigentliche Titel heißt »Emeis« unter dem die Geiler'schen Fastenpredigten sechs Jahre nach seinem Tod von dem Franziskaner Johann Pauli veröffentlicht werden.

51 Vgl. Martin Plantsch »Opusculum de sagis maleficis Martine Plantsch concionatoris«. Tubingensis. Phorce (= Pforzheim). 1507.

52 Wolf, Hans-Jürgen. Hexenwahn und Exorzismus. Frankfurt a.M. 1980. S. 520.

53 » . . . zum ersten sprech ich, daß sie hin- und

herfahren und bleiben doch an einer Statt; aber sie wähnen, daß sie fahren, denn der Teufel kann ihnen einen Splendor also in den Kopf machen und eine Phantasei . . . und das kann er allermeist denen tun, die mit ihm zu schaffen haben. Ich lese, daß ein Prediger in ein Dorf kam. Da war eine Frau, die sagte, wie sie also zur Nacht umführe. Der Prediger kam zu ihr und strafte sie darum: sie solle endlich davon abstehen, denn sie führe nicht und würde nur betrogen. Sie sprach: › . . . wollt ihr es nicht glauben, so will ich es euch zeigen‹. Da es Nacht ward, da rief sie ihn . . . sie legte sich in eine Mulde auf die Bank, da man den Teig einmacht. Da sie also in der Mulde daß und sich mit Öl salbte, und da sprach sie die Worte die sie sprechen sollte, da entschlief sie also sitzend und sie wähnte, daß sie führe. Sie fiel von der Bank und schlug sich ein Loch in den Kopf«.

Vgl. das gleiche Beispiel bei Nider. Preceptorium (10. Kp. und in dessen Formicarius. 1. 2. c. 4.).

54 Precept. c. 10.

55 Emeis. 44. b.

56 Precept. c. 10.

57 Paulus. S. 19.

58 Wolf, Hans-Jürgen. Hexenwahn und Exorzismus. Frankfurt. 1980. a.a.O.

59 Auch die Augsburger Synodalbeschlüsse aus dem Jahr 1452 erwähnen nichts über die Zauberei.

60 1526 sehen wir ihn als Professor der Theologie und Pfarrer in Luzern. Er stirbt 1536.

61 Soldan-Heppe. Bd. II. S. 511.

Die Protestanten stimmen in die Zaubermelodie der Kirche ein

1 Erbkam. S. 1.

2 Wolf, Hans-Jürgen. a.a.O. S. 187.

3 Wolf, Hans-Jürgen. a.a.O. S. 323. ·

4 De praestigiis Daemonum. cap. 23. Deutsche (Frankfurter) Ausgabe von 1568. S. 208/209.

5 Fleischwerdung, Verkörperung. In manchen Erlösungsreligionen die angenommene Gestaltwerdung göttlicher Wesen. Der gnostische Erlösungsmythos spricht allgemein von der Inkarnation des Erlösers in Menschengestalt, der die Seelen aus ihrer Körpergebundenheit erlösen und in eine Lichtwelt zurückführen soll. Bei der christlichen Theologie versteht man unter der Inkarnation das Eingehen Gottes in die Geschichte im Zusammenhang mit Jesus von Nazareth. (Joh. 1. 14).

6 »Die Teufel haben nicht ihre Strafe und Pein. Bis zum Jüngsten Tag ist kein Ort, da sich die Verdammten aufhalten. Die Teufel sind ja nicht in der Hölle«. Vgl. Nachlese auf Luthers Schriften. In. Martin Luthers Werk. Mainz 1827 Bd. XI. S. 633.

7 »Wir sind endlich hier angekommen, ob(wohl) mich der Satan durch mehr als eine Krankheit zu verhindern gesucht. Denn den ganzen Weg von Eisenach bis hierher bin ich immer schwach gewesen, und bin es auch noch jetzt auf eine solche Art, die ich früher nicht erfahren«. Vgl. das Neujahrsblatt des Frankfurter Geschichts- und Altertumsvereins von 1861. S. 40.

8 »Ich glaube, daß die Krankheiten nicht natürlich sind, sondern daß Junker Satan seinen Mutwillen an mir kühlet. Keine Krankheit kommt von Gott, der gut ist; es ist der Teufel, der alles Unglück stiftet, der sich in alle Spiele und Künste mengt . . . (der) Pestilenz anschießt . . . das Franzosenfieber (= Geschlechtskrankheiten) macht usw.«

9 Dr. Martin Luthers ausführliche Erklärung der Epistel an die Galater anno 1531. Aus dem Lateinischen ins Deutsche übersetzt von Justus Menicus. Halle-Magdeburger-Ausgabe. VIII.

10 Steinhausen. Geschichte der deutschen Kultur. Leipzig. 1940. S. 518.

11 Wolf, Hans-Jürgen. S. 191.

12 Paulus. S. 25.

13 Paulus. S. 24.

14 Luthers Werke. Bd. X. Erlangen. 1826. S. 339. Vgl. Diefenbach. S. 294.

15 Luthers Werke. Bd. X. Erlangen. LX. 17, 23, 27, 50.

16 Luthers Werke. Weimarer Ausgabe. XVI. S. 551.

17 Luthers Werke. Weimarer Ausgabe. XXIX. S. 401/443.

18 Luthers Werke. Erlanger Ausgabe. XXI. S. 121.

19 Com. in ep. ad Galatus. Erlanger Ausgabe. I. S. 127.

20 Opery exegetica. Erlanger Ausgabe. II. S. 127.

21 Längin. S. 171.

22 Geboren in Amberg und zu Beginn der religiösen Wirren nach Wittenberg gekommen. 1563 veröffentlicht er drei Predigten »von den Engeln, dem Teufel und der Menschen Seele«. Mit des Herrn Ph. Melanchthon Definitio und Erklerung. Gepredigt durch M. Sebastianum Fröschel von Amberg. Diener des heiligen Evangelii zu Wittenberg. Wittenberg 1563.

23 Im Spätjahr 1536 wird die Geschichte folgendermaßen erzählt: » . . . der Teufel kam dem Pomeramo ins Haus, daß die Frau und Mägde sich müd butterten, ohne etwa Milch zu gewinnen. Da fuhr der Pommer (da)zu, verhöhnte den Teufel und schiß ins Butterfaß. Da ließ der Teufel ab, denn er ist hoffärtig und will nicht verhöhnt werden«.

24 Von den heiligen Engeln. Vom Teufel und der Menschen Seele. Mit des Herrn Ph. Melanchtons Definitio und Erklerung. Gepredigt durch Sebastianum Fröschel von Amberg. Diener des heiligen Evangelii zu Wittenberg. Wittenberg. 1563.

25 Luthers Werke. Erlanger Ausgabe. XXV. S. 378/382.

26 Luthers Werke von Irmscher. Bd. LXII. S. 228.

27 Luthers Werke von Walsch. Bd. XXII. S. 1207.

28 Luthers Werke von Walsch. Bd. XXII. S. 1208.

29 Wolf, Hans-Jürgen. S. 199.

30 Fischer (1791). S. 113.

31 Diefenbach. S. 297.

32 Schindler. S. 34.

33 Schindler. S. 35.

34 Schindler. S. 35.

35 »de anima. Vitebergea ann. 1540«.

36 Schindler. S. 38.

37 De natura explicationibus et proemio. Ioch. Camerarii. Lipsiae. 1576.

38 Schwager. S. 24.

•
•
•
•
•
•

53 Göbel. Andreas Bodenstein von Carlstadt nach seinem Charakter und Verhältnis zu Luther. In. Theol. Studien und Kritiken. 1841.

54 »Von Abthuung der Bylder. Und daß keyn Bettler unther den Christen seyn soll«. Wittenberg. 1522.

55 Diefenbach. S. 3.

56 Piper, A. Geschichte der diplomatischen Vertretung des päpstlichen Stuhles (in Deutschland). S. 114.

57 Riezler. Geschichte Bayerns. Bd. IV. S. 348.

58 Diefenbach. S. 18.

59 Troß. Zeitschrift für deutsche Kulturgeschichte. 1859. S. 208.

60 B. Kaiser. Geschichte des Volksschulwesens in Württemberg. 19. 1895.

61 Schwager (1784). S. 124.

62 Ludwig Milichius. »Der Zauberteufel«. In. Theatrum de diabolicum. a.a.O.

63 Thomas Siegfried. »Richtige Antwort auf die Frage, ob Zauberer und Zauberinnen mit ihrem Pulver Kranckheiten oder den Todt selbiger beybringen können . . . «. Erfort. 1593.

64 Paulus. S. 81.

65 Wilhelm Zeppe(r) »Legum mossaicarum forensium explantia«. Herbonae. 1604.

66 Meder. »Acht Hexenpredigten von des Teufels Mordkindern, den Hexen, Unholden, zauberisch und erschrecklichem Abfall, Lastern und Übeltätern«. Leipzig. 1606.

67 Schindler. S. 111.

68 M. Bernhard Albrecht. »Christlicher Bericht von der Zauberey und Hexerey ansgemein und dero zwölf Sorten und Arten insonderheit«.

69 Waldschmidt. »28 Hexen- und Gespensterpredigten, welche er gehalten zu den Barfüßern in Frankfurt und nun mit nützlichen Anmerkungen . . . Phythonissa endoria . . . (herausgegeben)«.

70 »Hexen-Coppel . . . das ist (die) uralte Ankunft und große Zunft der Unholdseligen oder Hexen«.

71 In seinem Buch auf Seite 832.

72 Johannes. Offenbarungen. 12. 12.

73 Es handelt sich um M. Helnig, J. Schelhammer, L. Dumhofer, J. Kaufmann und M. Sallinger.

74 Er beruft sich auf das mosaische Gesetz und Zanchiis Opera theologica. VIII. Genevae. 1619.

75 Es handelt sich um Nicolaus Litichius, Pfarrer von Ramolz und um seine Erklärung vom 3. April 1567, wie um den Superintendenten Nikolaus Krug, der 1553 als Pfarrer in Hanau erscheint.

76 Paulus. S. 72.

77 Anhänger der Lehrer von Zwingli. Ulrich (= Huldrych) Zwingli. Reformator der deutschen Schweiz. Geb. am 1.1.1484 in der Grafschaft Toggenburg, gefallen am 11.10.1531 bei Kappel. Er studiert in Wien und Basel und ist von 1506 – 1516 Pfarrer in Glarus und nimmt während dieser Zeit auch als Feldprediger an den Schlachten von Novara (1515) und Marignano (1516) teil. 1516 wird er Leutpriester in Maria-Einsiedeln, 1519 am Großmünster zu Zürich. Während einer Pest wird er krank. Er wendet sich durch das Studium Augustins und des Paulus mehr und mehr den Schriften Luthers zu. Sein Weg der Reformation ist konsequenter als der luther'sche. Er legt verschiedene Disputationen vor. Er fordert die Abnahme der Heiligenbilder (1524). Die Aufhebung der Klöster (1525), die Abschaffung der Prozessionen, des Orgelspiels, die Firmung und der letzten Ölung. Er fordert eine Beschränkung der Feiertage. Zwingli mischt sich aktiv in das politische Geschehen. Gemeinsam mit dem Landgraf Philipp von Hessen wendet er sich gegen die von den Habsburgern gerichtete Politik. In diesem Zusammenhang ist auch das »Marburger Gespräch« zu bewerten. Zwinglis Versuch, eine Reformation in der Schweiz durchzusetzen, führt zu politischen Konflikten und schließlich zum Zweiten Kappeler Krieg, in dem Zwingli während einer Auseinandersetzung fällt. Der sich daraus

ergebende Rückschlag für die Reformation in der Schweiz wird durch Bullinger und Calvin ausgeglichen.

78 Diefenbach. S. 151.

79 Wolf, Hans-Jürgen. a.a.O.

80 Diefenbach. S. 159.

81 A. Dettling. Die Hexenprozesse im Kanton Schwyz. 1907 a.a.O.

82 R. Walter. Homiliae in Evangelium secundum Marcum. Tiguri. 1577 secundum Lucam 1579, secundum Matthaem. Tiguri. 1581.

83 Johann Wolf. Malchim, id est, Regum libri duo postericos cim commentariis. Tiguri. 1571.

84 Theodor Beza. Iobus commentariis illustratus. Genevae. 1589.

85 Daneau ist ein französischer Jurist und Theologe. Geb. um 1530 in Beaugency, er studiert Recht in Orleans, Paris und Bourges. Hier promoviert er 1559 zum Doktor und läßt sich daraufhin als Advokat nieder. 1560 geht er nach Genf, um Calvins Vorträge zu hören. Dann kommt er nach Frankreich zurück, um 10 Jahre als Prediger zu wirken. Ende August 1572, nach der Bartholomäusnacht, flüchtet er nach Genf, wo er Professor der Theologie wird. 1581 folgt er seinem Ruf nach Leiden. 1581 wandert er nach Genf und lehrt bis zum Jahr 1583 Theologie. Er verstirbt am 11. November 1595.

86 Bassäus oder Baseus.

87 Hier handelt es sich sicher um eine Anspielung auf den Arzt Weyer oder Wier!

88 Franz Hotoman Consilia exedudebat. E. Vignon Altresbatensis. 1586.

89 Ohle. S. 34.

90 Ohle. S. 41.

91 Ohle. S. 21.

92 Chr. Rhamm. Hexenglaube und -prozesse. S. 53.

Die Jesuiten blasen zum Angriff

1 Duhr (1900). Vorspann und S. 22/23.

2 Brief vom 26. März. Aquaviva an den Provinzial der rheinischen Provinz. P. Jacob Ernfelder.

3 Weder Plato noch Aristoteles können die Frage nach dem Verhältnis des menschlichen Willens zur göttlichen Allmacht befriedigend beantworten, wenngleich der Denker von Stagira als der klassische Verkünder der Willenskraft angesehen wird. Plato und Aristoteles gehen von dem Bestreben aus, zwischen den menschlichen Handlungen zu unterscheiden, die frei seien und solchen, denen unverkennbar Determinität zugesprochen werden muß.

Plato sieht die Freiheit in der Vernunft und kommt zu dem Ergebnis, daß der von ihr geleitete Mensch als frei, und der von seinen Begierden beherrschte als unfrei anzusehen ist. Demgemäß sieht er als Erlösung des Menschen aus dem Zustand der Gebundenheit im Sieg der Vernunft über die Begierde an.

Aristoteles widerspricht der Auffassung Platos im 3. Buch seiner »Nikromantischen Ethik«, indem er darauf verweist, daß das Nachgeben gegenüber den Begierden einem freien Willen gleichkommt: er läßt nur als unfreiwillig gelten, was der Mensch gezwungen oder unwissentlich tut. Alle Handlungen des Menschen sind freiwillig, die in sich selbst ihren Anfang haben und die daher ebenso wohl getan als unterlassen werden können.

4 Rene-Fülöp-Miller. S. 83.

5 Vgl. Philipson »Westeuropa im Zeitalter von Philipp II.«. Berlin. 1882. S. 24 ff.

6 Basilius, der Begründer des morgenländischen Mönchtums, lehrt: » . . . der Ordensmann müsse in der Hand seines Oberen liegen, wie die Axt in der eines Holzfällers«. In der Regel der Karthäuser wird gesagt: » . . . der Mönch müsse seinen Willen opfern, wie wenn ein Schaf geschlachtet würde«. Die Karmeliter sehen Widerstand gegen einen Vorgesetzten als schwere Sünde an und Franz v. Asissi verpflichtet seine Brüder zum bedingungslosen Gehorsam. Die gleichen »grundsätzlichen« Überlegungen finden wir bereits im Militarismus der Antike und bei allen großen und umspannenden Organisationen, z.B. der römisch-katholischen Kirche.

7 Theologia moralis. 1626. S. 515.

8 Rene-Fülöp-Miller. S. 2.

9 Längin. S. 111.

10 Vierdot. Bd. II. S. 56.

11 Rene-Fülöp-Miller. S. 16.

12 Neue auserlesene und wohlbegründete Hexen-Predigt . . . durch Herrn Samsonium. Riga. 1626.

13 Melchior Leonhard. Zwei Predigten über die Hexe von Endor. 1599.

14 Längin. S. 112.

15 Riezler. S. 168.

16 Canisius. De Maria V. incomparabilii. 1577. S. 667. Vergl. P. Rieß (SJ), Petrus Canisius. 1863.

17 Duhr (1900). S. 490.

18 Die marianischen Kongregationen haben ihr Vorbild in den mittelalterlichen Marienbruderschaften. Beispielsweise hat der Dominikaner und Mitautor des Hexenhammers in Köln eine solche begründet. Mit ähnlichen Bewegungen der Flagellanten und Geißler des 13. und 14. Jh. haben sie wenig gemeinsam. Die neue Form wird von Joh. Leewis in den Niederlanden begründet.

19 Duhr (1900). S. 101.

20 Er ist ein Sohn spanischer Eltern und wird 1551 in Antwerpen geboren. Er beherrscht von den alten Sprachen die lateinische, griechische, hebräische und chaldäische. Von den neueren die flämische, italienische, französische und deutsche. Kaum 20-jährig beginnt er seine schriftstellerische Laufbahn. Sein Hauptarbeitsfeld ist das Zivilrecht. 1574 wird er Dr. der Rechte in Salamanca. Daraufhin wird er Regierungsrat von Brabant. Schließlich sehen wir ihn als Vizekanzler der Generalprokurator.

Mit 29 Jahren tritt er in Valladolid in die Gesellschaft Jesu ein. Nach einem längeren Studium der Philosophie und Theologie wird er Professor der Philosophie in Douay. Später lehrt er Theologie in Lüttich, Löwen und Graz. Er gehört bis zu seinem Lebensende (1608) dem Orden der Jesuiten an.

21 »disquisitionem magicarum libri sex, quibus continetur accurata curiosam artium et venarum superstitionum confutatio, utiliis Theologis, Jurisconsultis, Medicis, Philogicis, Auctore DelRio. Societ. Presbytet et. Theolog. Doc. Mainz. 1599.

Es erscheint in Löwen. Folgeausgaben 1600 und 1603 nochmals in Mainz. Die Approbation des Ordens stammt vom 6. Juli 1598 (Lüttich) und ist von dem belgischen Provinzial Olivierus Manareus unterzeichnet. Die königliche Approbation stammt vom 8. Februar 1599 (Löwen).

22 Seine Gewährsmänner sind Nider, Cumanus, Sprenger, Remigius, Binsfeld, Torreblanca, Bodin und Trithemius. Hinzu kommen Ulrich Molitoris und Weyer's Schrift über die »Blendwerke der Dämonen« aus dem Jahr 1563.

23 Duhr (1900). S. 40.

24 Hier bezieht er sich wieder auf Sprenger, Remigius, Bodin, Trithemius und Cäsarius v. Heisterbach, vor allem auf die Aufführungen des Hexenhammers.

25 Längin. S. 136.

26 »anathema maranatha«.

27 Er ist Prior von St. Germain de Laye und spricht sich auf der Kanzel gegen die Wirksamkeit der Hexenfahrten aus. Deshalb muß er sich vor einem geistlichen Gericht verantworten und bekennen, daß er selbst mit dem Teufel einen Bund geschlossen hat. 1453 wird er zu ewigem Gefängnis begnadigt. Vergl. Soldan-Heppe. Bd. I. S. 247.

28 Längin. S. 146.

29 Duhr (1900). S. 43.

30 Diefenbach (1886). S. 147.

31 Friedrich v. Spee (v. Langenfeld) wird am 25. Februar 1591 auf der Feste Kaiserswerth geboren, der Residenz seines Vaters, des kurkölnischen Burgvogtes und Amtsmanns Peter v. Spee. Er besucht in Köln das von den Jesuiten geleitete Dreikönigsgymnasium und tritt 1610 – mit 19 Jahren – als Scholastikernovize in das Trierer Noviziat der Gesellschaft Jesu ein. In Fulda, wohin wegen des Pestausbruchs in Trier das Noviziat verlegt wird, legt Spee im Herbst 1612 die ersten Ordensgelübde ab. Nach zwei Novizitatsjahren schickt man ihn zum Studium an die Würzburger Universität. Hier studiert er drei Jahre Philosophie und erwirbt sich den Grad eines Magister Artium.

Daraufhin übernimmt er ein Lehramt an einem Gymnasium, wie es der jesuitischen Gepflogenheit entspricht. Wir sehen ihn 1616 in Speyer und 1617/18 in Worms. Dann folgen vier Schuljahre in den Lateinklassen des Jesuitengymnasiums in Mainz, währenddem er Theologie studiert. Im Herbst 1620 wird er zum Priester geweiht. Von da an führen ihn die Ordenskataloge als Katecheten zu St. Pancraz in Paderborn und zugleich als Professor der Philosophie an der dortigen Jesuiten-Universität. 1624 als Professor für Logik, 1625 als Professor der Physik und 1626 als Professor der Metaphysik: ein geläufiges Schema.

Während des Auftretens der Pest in Paderborn (1626) die Dozenten auf andere Kollegien verteilt werden, wird Spee im Herbst dieses Jahres nach Speyer versetzt. Dann erscheint sein Name in der Präsenzliste der Beichtväter in Wesen; dann wird ihm vertretungsweise die Leitung der obersten Gymnasialklasse am Kölner Dreikönigsgymnasium anvertraut.

Im November 1628 erhält er den Auftrag im Dienst der damals »Religions-Reformation« genannten Gegenreformation und wird als Missionar in das 1530 protestantisch gewordene Städtchen Peine (b. Hannover) geschickt, um dieses zu re-katholisieren. Im April 1629 wird dort ein auf ihn noch nicht völlig geklärter Mordversuch unternommen. Er wird erheblich verletzt; dies zwingt ihn für 11 Wochen in das Stiftsgut Falkenhagen, ein ehemaliges Benedikterinnenkloster, zur Genesung. Im Herbst 1629 nimmt er seine Tätigkeit wieder auf. 1630 erhält er in Paderborn einen Lehrstuhl für Moraltheologie. Der Ordenskatalog von 1631 bezeichnet ihn, nachdem ihm der Rektor des Paderborner Jesuitenkollegs im Januar den Lehrauftrag entzieht, als Beichtvater.

Im Zusammenhang mit der Herausgabe der »Cautio Criminalis« entstehen ihm Komplikationen und man denkt daran, Spee aus dem Orden zu weisen. Er wird nach Trier versetzt und bekommt dort einen Lehrstuhl für Moraltheologie. Ende März 1635 steht er in Trier Sterbenden bei und wird im Hochsommer von einer pestartigen Seuche angesteckt. Nach einer kurzen Krankheit verstirbt er am 7. August 1635 im Alter von 44 Jahren. Spee wird noch am gleichen Tag in der Krypta der Jesuitenkirche (heute: Dreifaltigkeitskirche) beigesetzt. Sein Grab wird erst 1980 entdeckt.

32 Ritter, Joachim Friedrich: Friedrich von Spee (1591 – 1635). Ein Edelmann, Mahner und Dichter. Trier. 1977.

Ritter, Johann Friedrich. Friedrich von Spee. Cautio Criminalis oder Rechtliches Bedenken wegen der Hexenprozesse. Mit acht Kupferstichen aus der »Bilder-Cautio«. Aus dem Lateinischen übertragen und eingeleitet von Joachim-Friedrich Ritter. Deutscher Taschenbuch-Verlag. 4. Auflage. September. 1986.

Arens, Anton: Friedrich Spee von Langenfeld. Zur Wiederauffindung seines Grabes im Jahr 1980. Trier. 1981.

Rosenfeld, Emmy. Friedrich Spee von Langenfeld. Eine Stimme in der Wüste. Berlin. 1958.

Zwetsloot, Hugo. Friedrich Spee und die Hexenprozesse. Trier. 1954.

33 Ritter. S. XXVII.

34 Ritter. S. XXV.

35 Er sagt: » . . . etwas behutsamer hatte ein gewisser Rechtsgelehrter . . . Cautionem Criminalum herausgegeben. Dieser Autor leugnet weder den Teufel noch die Hexen. Und gewiß dieses Traktätlein scheinet mir von solcher Wichtigkeit zu sein, daß es bishero von niemanden angefochten, und ich nicht bereden kann, daß ein verständiger Rechtsgelehrter oder ein kluger Politicus gefunden werden sollte, der nach Durchlesung dessen noch einige Zweifel wegen des unbilligen Verfahrens, so wider die Hexen verübt zu werden pflegt, haben könnte, geschweige, daß er solches zu widerlegen sich unterfangen könnte«.

Vergl. Christian Thomasius: Kurzer Tractat, Laster der Zauberey (§ 4). Christian Thomasius. De origenes et progressu inquisitorii contra saga. Halle. 1712. S. 66.

36 » . . . es seien um die Hälfte des vorigen Jahrhunderts einem nach dem anderen die Augen aufgegangen und hat allsonderlich ein Autor Anonymus eine cautio criminalum herausgegeben, in der er sich so bescheiden, vernünftig und gelehrt aufgeführt und die meisten Indicia, woraus man gewöhnlich eine Zauberei erzwingen wollte, als schlüpfrig, falsch und ungewiß ausgegeben und erwiesen«.

Vergl. Brunnemann-Discours: Vom betrüglichen Kennzeichen der Zauberei. Vorrede des Buches aus dem Jahr 1708.

37 Buchmann. S. 326.

38 »postilissimus liber«.

39 Sein »Güldenes Tugendbuch« (1649) ist ein belehrendes Erbauungsbuch mit eingestreuten Liedern, das die Tugenden Glaube, Liebe und Hoffnung im Geist mystischer Gefühlssublimierung meditiert. Das dichterische Hauptwerk, die »Trutz-Nachtigall« (1649) ist ebenfalls ein Werk lyrischer Versenkung, das der Seele Zugang zu der Person und den Leiden Jesu, zu den Geheimnissen der Trinität und zur Erkenntnis der in der Natur glorifizierten Schöpfungsmacht Gottes öffnen will. Das zentrale Hirtenmotiv, aus dem geistlichen Hohelied (Evangelium) und lyrischer Tradition (Vergils Eklogen) übernommen, verleiht dem Zyklus die Gestalt des geistl. Schäfergedichtes, das als Gegenstück zum modischen Schäferspiel vielfache Nachahmung gefunden hat.

Auch als Kirchenlieddichter nimmt Spee einen Rang ein. Z.B. das Lied »O, Heiland, reiß den Himmel auf« oder »Vom Himmel hoch, ihr Englein kommt« sind ihm zuzuschreiben. Spee zählt zu den bedeutenden Poeten des 17. Jh.

40 Spee. Cautio criminalis. quaest. XX. Nr. 12 § 26.

41 Spee. Cautio criminalis. quaest. CC. Dub. 30. docum. 19.

42 Spee. Cautio criminalis. quaest. XX. Nr. 16. Nr. 12. § 26.

43 Wolf, H. J. S. 218.

44 Duhr (1900). S. 524.

45 Geb. 1572 in Innsbruck. 1590, mit 18 Jahren, tritt er der Gesellschaft Jesu bei. Sechs Jahre danach treffen wir ihn als Lehrer in Ingolstadt und später in München, Wien und Prag. Tanner stirbt in dem salzburgischen Dorf Unken am 25. März 1632.

46 Universa theologica scholastica, speculativa, practica, ad methodum, sanctii Thomae 4 tomi. Ingolstadt. 1626. Der Ingolstädter Bürger und Ratsherr Johann Bayr hat die Druckkosten übernommen.

47 Sein Ordensgenosse überliefert die Anekdote, derzufolge Bauern unter den Habseligkeiten des Verstorbenen ein Mikroskop entdeckt haben und ihn deswegen der Hexerei bezichtigen.

48 Riezler. S. 250.

49 Duhr (1900). S. 48.

50 Riezler. S. 252.

51 Duhr (1900). S. 53.

52 Riezler. S. 257.

53 Duhr. »Paul Laymann und die Hexenprozesse«. In der Zeitschrift für katholische Theologie. 1899. S. 736. Paul Laymann wird in Innsbruck geboren (1575). Er lehrt kanonisches Recht in München und Dillingen. Er stirbt 1635 an den Folgen einer Pest.

54 Der vollständige Text lautet: » . . . progressus juridicus contra saga«. (Rechtlicher Prozeß gegen die Unholden und zauberischen Personen) . . . ist mit gutem Fleiß und gründlicher Probation durch Laymann in lateinischer Sprache beschrieben . . . jetzt den Berichtshaltern und guter Justiz zum besten verdeutscht, auch mit bewährten Historien und anderen Umständen vermehrt und ordentlich abgetheilet«. 1629.

Der Aschaffenburger Drucker Quirin Botzer scheint sich auf die Herausgabe von Hexenbüchern spezialisiert zu haben.

55 Duhr. Geschichte der Jesuiten im 17. Jh. S. 461.

56 Dazu ein Beispiel:
Der Mainzer Kurfürst Schweikhard erläßt 1615 in Mainz eine Verordnung, aus der ersichtlich wurde, wie sich seine Untertanen in Stadt und Land auf Tauf- und Patenschmäußen und bei den Hochzeiten gegenseitig zu überbieten suchen, dadurch in Schulden geraten, aus denen sie nicht mehr herauskommen. Diese Mainzer Luxusgesetze regeln bis ins Detail Anzahl der Gäste und die Höhe der genehmigten Aufwendungen bei verschiedenen Ständen. Ein weiterer Mißbrauch besteht im Anziehen kostbarer Trachten, wobei die menschliche Eitelkeit durchschlägt. Drexel gibt ein Beispiel aus dem Jahr 1505.

» . . . im Jahr Christi 1505, nit länger dann vor 130 Jahren ohngefehr . . . predigt auf Aschermittwoch zu Straßburg der Thumbprediger Johannes Geiler von Keysersberg, ein sehr gelehrter und freisprechiger Mann. Der hatte angefangen, die Unmäßigkeit der Menge der vielen Speisen zu strafen und sagte: . . . in der Fasten hatt die Supp den Vorzug, druff folgen ordentlich die gebratene Hering, bald danach der gesottene Fisch, danach ein gehackt Kraut, nach sich zeugt ein Pfeffer oder Brei. Endlich kommt der Käs, also daß fünf oder sechs Essen ufgetragen werden . . . wer könnte hierbei mäßig bleiben«.

57 Theologia moralis. Monach . . . 1625. S. 519.

58 Riezler. S. 235.

59 Stengel. Indicia divina. Vergl. Duhr (1913). S. 512.

60 Gretser, »de benedictionibus«. 1615.

61 »festis christianorum«. 1612. Widmung. Non Martii. 1612.

62 Duhr (1900). S. 514.

63 Stengel. »de monstris et monstrosis, quam mirabilis bonus et iustus in mundo administrationis sit Deus monstrantibus«. Ingolstadt. 1647. dto. »mundus Theoreticus, divinorum iuricorum. 4. partes divinum mundi gubarnaculum monstrosis coeli, hominum, daemonum ac jumentorum monstris«. Augsburg. 1686.

64 Duhr (1913). S. 515.

65 Beispielsweise:
● Schafe durch einen Reif treiben.
● Geschriebene Papiere gegen die Pest tragen.
● Weihnachten und Dreikönig das Vieh nicht tränken.
● Am Freitag nicht die Haare und die Nägel schneiden.
● Den rechten Strumpf nicht vor dem linken anziehen.
● Mit ungewaschenen Händen nicht beten.

● Zu gewissen Zeiten Kräuter auf die Dächer werfen.
● Unglück fürchten, wenn ein Hase über den Weg läuft oder wenn ein Stuhl auf dem Rücken liegt.

66 Er ist der Verfasser der Predigt »Christliche Erinnerung bei den Historien der jüngst geschehenen Erledigung einer Jungfrauen, die mit 12 625 Teufeln besessen gewesen. Gepredigt zu Wien, anno 1583, am 13. Sonntag nach Pfingsten«. P. Scherer.

67 So in einer Widmung der Predigt an den Bürgermeister und Rat der Stadt Wien. Ebenso während einer Fastenpredigt. Vergl. Duhr (1913). S. 506.

68 Gregor (de Valencia) wird 1551 in Medina del Campo (Altkastilien) geboren und am 23. November 1565 in das Noviziat von Salamanca aufgenommen. Er trägt in Rom Philosophie vor und ist dann 24 Jahre lang Professor für Theologie, teilweise in Dillingen, teilweise in Ingolstadt. Er genießt am Hof des bayerischen Herzogs Wilhelm V. und seinem Sohn Maximilian Ansehen. Er ist der Verfasser eines vierbändigen Kommentars »Commentatorium Theologicarum«. Ingolstadt 1591 – 1597. Sein Werk über die scholastische Theologie verschafft ihm den Ruhm eines bedeutenden Theologen. Er stirbt am 25. April 1603 in Neapel.

69 Ein Gutachten trägt das Datum vom 28. April 1590. Die Theologen Albert Hubger, Matthis Mairhofer, Gregor v. Valencia und Petrus Stervertinus haben es unterzeichnet. Außerdem die Juristen Vitus Schober (Dekan), Dr. Kaspar Lagus, Andreas Fachimeus und Leonhard Zindecker. Vergl. Duhr (1913). S. 509.

70 Commentationem Theologicarum. Tomi IV. Ingolstadt. 1591 – 1597.

71 Siebel. S. 61.

72 Duhr (1913). S. 508.

73 Vergl. über die Familie Henot. Goller, S. Jacob Henot. Nach Duhr (1913) S. 493, schreibt sie sich Hennot, wie es auch in einem Brief vom 11. Januar 1626 hervorgeht.

74 Siebel. S. 53.

75 Siebel. S. 53.

76 Siebel. S. 53.

77 Brief der Catharina Henot aus dem Gefängnis des Hohen Gerichtes an ihren Bruder: » . . . Die Gnad Gottes sei mit uns allen, Amen. Gestern seint alle die Scheffen hier(r) gewesen, haben mich den Morgen und den Nachmittag viell seltzame Sachen sonder Peinigen abgefragt, die Gott gelob-gelogen seindt.
Vorerst hette ich Wallraff bezaubert, daß er daruber gestorben. Da laßt alßbalt seinen Doctor hollen. Der sol Zeugnus geben, daß, ehe wir ihnen gekant, ein fluissiger, schwacher Herr gewesen, und ist doch am Fleckesfieber oder (der) Pest gestorben.

Zum zwetten hette ich Pastor Lucas Weyendall auch blindt unndt todt gezaubert. Seint diß nit große Lugen? Der Pastor Lucas hat mir geklagt, daß er den Flueß uf die Augen zu Woringen hette bekommen, als er vom Capitell dahin geschickt, daß Weehrt zu Wohringen zu paßen. Dah hette er in er Kelte und den Bauern zugesehen mit paßen. Davon hat er mir allezeit geklagt. Doch bin ich nit bey ihme gewest. Und das hatte ich auch bey ihne wollen schlaffen – er hat mit der Zeit noch die Beichtt allemahl gehyrt – ist erlogen.

Zum dritten hette ich den Welschen Doctor zu den Predigern auch todt gezaubert. Als er von den Claren kommen wehre, hette ich ihme ein Schnaupfduich geben. Damit hette ich ihnen bezaubert. Ach Gott, was großer Lugen ist diß. Es ist wahr, daß ihme und seinem Mitgesellen ein Schnupfduich in meinem Hauß vor den Predigern gegeben. Da quam er langs mein Hauß. Dabevorn war der Subprior mit Herrn Georgius Neeff bey mir gewest und sagte mir, der Welsche Doctor were zu Claren zum Visitator verordnet, und anderen Herrn, und wehr da gewest und hette Suster Margett visitiert, und hette den Mittag dah gessen und wehre ihnen davon so uebell worden und hette ein groß Geschwer anstundt ans Hindern bekommen. Als ich diß hort, daß er zue Claren war gewest und sahe ihnen langs mein Hauß kommen, rieff ich ihnen herein und fragte ihnen, daß hatte er die Kranckheit als-wie es mit meinem Suster wehr abgegangen, da sagt er, er hette sie nit konnen verstehen; man hett es im al musen zu Latein sagen. So kont er mir nit davon sagen. Er hett die andere lasen gewerden. Damit scheiden wir voneinander. Nun müst ihr nit lasen und schicken den Subprior ein Pott und fragen ihn, ob er nit zu mir gesagt, das der Doctor von dem Essen zu Claren wehr so kranck worden. In Ewerem Hauß und im Sael hat er mir gesagt. Schickt dem Prior und dem Subprior Bot, in Eul; die Scheffen wolle sey auch apfragen. Ach mein Gott, wie beligen mich die Menschen und böse feindt.

Zum vierden hatt der Welffer Halffmann gesagt, ich hette sein Kindt, so er mit der ersten Frawen gehabt, auch dott gezaubert. Das ist auch gelogen. Schickt in Eil Bott und nembt Zeugnuß von ihm. Zudem fragten sey mich, ob ich nit den Zanck und Hader zwischen dem Capittel St. Andrea und dem Halfmann zu Welffen gemacht. Da sagt, ich weiß von keinem Zanck. Ich hette dem Capittel über 1 500 Morgen Lands bey bräct. Derhalben mach mir der Halffmann nit gunstig seyn-welches ich mit den Büchern will beweisen. So müst ihr nit lasen und schicken nach der versiegelten Bücher, da die Scheffen von Dormagen ihr Siegel ahn haben gehangen, mit Züge ins Gericht. Darauß kunen sey sehn, ob ich dem Capittel St. Andrea Schaden oder Nutzen gedahn hab.

Zum funften hette ich des Schulmeisters Fraw zu St. Severin, als sy in die Probstey gewohnet, ein Drunck Wein Geschenk(t). Herre drey oder vier Monat ein Kindt getragen. Sobalt als dey den Drunk gedrunken, were sy in dem Kram komen und hett in dott Kindt auff die Welt bracht. Das ist auch gelogen, wie Johannes weis. Der hat mit ihr gewedt, das sey ein Sohn drage, und sey ist darnach alsbalt glücklich in den Kram komen.

Da hat der Meister gesagt, ich hett die Probstey eins so vol Ruppen gezaubert, das ey den Garden verdorben, und die Rupe wehren als die Wendt zum Schorestein herauff gekrochen.

Zum dritten hat der Meister gesagt, ich het ein Zweig mit zwey Zacken von einem Appelbaum geschnitten, hette das dem Meister in die Handt gegeben und het ihm geweist, wie er damit verborgen Schatzs solt finden. Ob diß nit Zuberwerck were? Darauff ich geantwordt, das hette ich nit gedahn, sondern Johannes hette so in Geckerey mit dem Schulmeister gehabt. Wo oder von wehm diß Jannes das erstmals mit dem Appelzweig gesehn oder gelehrt, mach er sich bedencken und mich verdeigen. Cito, cito, cito mit allem Beweis.

Die Mandalin hat gesagt, daß ich bey ihr gewest mit etliche stattliche, vernomet, und hette sey gekratzt und hette sey willen zwingen zur Widerruff, hette die böse Geister ihr auch eingegeben; sey solt alles von mir, so sey gesagt, widerruffen. Ich bin nit bey ihr noch beim bosen Geist gewest. Ist alles erlogen.

Und ich solt bey underscheitliche Graffen gebolteret haben, daß etliche große Heren, so daß gezugt, gesehn und bey den Graffen im Bet fonden. Ach was falscher Lügen. Es stündt den Schaffen vil zu beweisen, wan sey alles, was sey mir vorgehalten, dardohn solten. Also hab ich in allem, allem die Warheit, bey meiner Sehlen, Heill, darauff bekendt, so sey von mir boß gezeuget. Schick mir den Doctor her. Ich bin sehr kranck.

Zuletzt, als die Scheffen ein Weg wolte gehn, so heilten sey erst Ratt in ein ander Kammer und kamen dabey mich al wieder und lasen mir durch den Griffen anzeigen, sey wolten mit der Justicia fortfaren, ob ich schon nicht bekennen wolten. Da batt ich sey, sey solten mich auf Bürschafft loß lasen. Darauf wolten sey mir keine Antwordt geben. Ich bin dreymal vor sey auf die Kniee gefalle und sey gebetten, damit ich die grobe Lügen selber mochte verdedigen. Ach wehr ich darauß. Ich wolt sey balt verdedigt haben. Von Anna Maria und Margrit Zegenus haben sey mihr auch vorgehalten. Da fragte sey, ob ich es Concept gemacht. Da sagt ich, nein, das het ich auf Franckenthorn lasen machen. Vom Creutz haben sey mir al wider vorgehalten und anders Sachgen mehr. Romerswinckel fürdt gat spotlich herauß; sehet, Her Camp hat die Hollers loß begert und wolt die vor sein Dochter halten, und Peter (Pater?) Claß Margrett; sehet, wie es innen das geluick.

Halt an, das wir uns moge verdedigen, damit ich nit unschuldig umbkom. Bit her Kamp, das er helfft. Hiemit Got befollen. In Eil . . . Coln in des Griffe Gefennus. 16. Metzt. 1627«.

78 In der Hexenliteratur wird dieser Prozeß unterschiedlich gewertet. Zuverlässige Quellen sind:
Magazin von Meiners und Spittler. Bd. II. Hannover. 1787.
Christliche Anred, nächst dem Scheiter-Hauffen, worauf der Leichnam Mariae-Renatae, einer durch's Schwerdt hingerichteten Zauberin, den 21. Juli 1749 außer der Stadt Wirzburg verbrannt worden, an ein zahlreich versammeltes Volk gethan und hernach auf gnädigsten Befehl einer hohen Obrigkeit in öffentlichen Druck gegeben von P. Georgio Gaar (SJ).
Außerdem hat der 1785 verstorbene Abt des Klosters Oberzell, Oswald Lorschert, eine » . . . umständliche und wahrhafte Nachricht von dem Zufalle, so eine jungfräuliche Kloster Unterzell bei Wirtzburge betroffen« hinterlassen. Es ist das wichtigste und ausführlichste Aktenstück zu diesem Thema.

Folter, Hexenwahn und Strafrecht

1 Morschel. S. 9.

2 Helbing. (Vorwort).

3 »sed post quam intumensceus corpus ulceribus flaggelorum ictus nudis ossibus«.

4 König. S. 104.

5 Die Torsionsgeschütze kommen um das Jahr 400 vor unserer Zeitreichnung als Erfindung syrischer Techniker auf. Die erste Anwendung wird dem Tyrann von Syrakus zugeschrieben.

6 In Jesus Sirach finden sich zwei weitere Hinweise. 31.23 und 33.28.

7 Liebenwirth. S. 17.

8 Althochdeutsch: martira, martare, martela. Später: martyr und martyrium.

9 Äthiopier, Araber, Syrer und Lyder.

10 Vgl. Petron. Satir. 102.; Xenophon, An. III. 1.31.; Plutarch, Symnos. 2.1.44.

11 Doufour. S. 99.

12 Das Abschneiden der Brüste wurde angeblich auch bei der Märtyrerin Martina vorgenommen. Vgl. dazu die Inschrift am Rathaus von Wimpfen:

»Cornelia war diese Stadt
Vorzeiten genannt, jetztund so hat
Sie den Namen verwandelt, heißt
Wimpfen, kömmt daher wie man weis
Daß zur Zeit des Attila
Die Hungarn sie zerschleifet hat.
All Mannsbild sie töten
behend, die Weibsbilder erstlich sie geschänd;

Hernach ihre Brust abgeschnitten
Darum die Stadt auf Teutsche Sitten
Weibs-Pein; jetzt Wimpfen, sonst gar
fein Mulierum poena zu Latein«.
Helbing. S. 57.

13 Buchmann. S. 7.

14 (= Ergastulus). Vgl. Buchmann. S. 8.

15 Wolf, Hans-Jürgen. »Neuer« Pfaffenspiegel. Unveröffentlichtes Manuskript.

16 Tormentum cum capra.

17 Tormentum famis.

18 Dazu gehört die »castata« (= das Gerüst). Nach einigen Quellen ist der »equelus« ein Streckpferd zum Auseinanderziehen der Glieder.

19 »bungulae«.

20 Mandel. S. 4.

21 Numeri 35.20; Levitikus. 24.1.21.

22 Exodus. 21.22.

23 4. Buch Moses. 35.9 – 11.

24 3. Buch Moses. 5.1.

25 Buchmann. S. 28.

26 41. Kanon des Konzils von Elvira aus dem Jahr 303.

27 Mandel. S. 9.

28 Muratori: Antiquitates ital. Mediol. 1738. T. 1. S. 763.

29 Riezler. S. 14.

30 Capitulatio de partibus Saxoniae. Zwischen 776 und 790 entstanden.

31 K.A. Eckardt. Die Gesetze des Merowingerreiches. Germanenrechte. 1. Bd. 1934. S. 163.

32 Liebenwirth. S. 31.

33 Lex Bajuwar. Tit. XII. cap. 8. »decrete Tassilonis«. Ein weiterer Beweis, wie eng man sich am römischen Rechtsdenken orientiert.

34 Vgl. Capit. Paderbrunnensee ann. 785/ » . . . si quis diabolo credderit, secundum paganorum aliquem au feminam strigam esse et homines comedere, et propter hoc insam incederit vel carnem ejus ad comedum vel ipsam comederit, capiris punientur«. Frei übersetzt: » . . . wenn Jemand nach der Sitte der Heiden glaubt, daß eine männliche oder weibliche Person eine striga sei und den Menschen aufzehre, und diese Person deshalb verbrennt oder ihr Fleisch einem anderen zum Essen (an)bietet, oder der es selbst genießt, soll mit dem Tod bestraft werden«.

35 Karl der Kahle. Gest. 877.

36 Liebenwirth. S. 49.

37 Liebenwirth. S. 49.

38 4. Buch Moses. 4.11.28 p.

39 Kapitel CLXIII. § 5: » . . . man sol im dreymal vor teylen, die wasser urteyln, oder heiss eysen auf der hand zu tragen, oder in eynen

wallenden Kessel mit Wasser zu grayffen uncz (= bis) an den elenbogen«.

40 Adventinus Annal. Baiv. IV. c. 14.

41 Helbing. S. 16.

42 Theiner. Bd. II-S. 108.

43 Vgl. Goldast. rer. Alam, Tom. II. p. 2. S. 139. Elias Camerarius. § 24.

44 Vgl. das Bulletin des Neuesten und Wissenswertesten aus der Naturwissenschaft. Teil. 10. S. 280.

45 Liebenwirth. S. 64.

46 Das Rechtsbuch Ruprechts von Freising aus dem Jahr 1328 beschreibt im Artikel 127 den Zweikampf zwischen Mann und Frau. Die Stelle lautet frei übersetzt:

»Wird ihr (der Frau), die einem Mann das Delikt der Notzucht vorwirft ein Kampf erteilt, so soll man den Notzüchtiger in die Erde eingraben bis zum Nabel, so, daß zwischen ihm und der Erde ein Wagenseil gespannt werden kann (so groß soll das Loch sein), damit er sich drehen kann; und soll man ihm die linke Hand auf den Rücken binden und ihm einen Kampfkolben in die Hand geben und soll einen Ring darum streuen mit Stroh so weit, als er mit dem Kolben reichen mag. Und man soll der Frau einen Stein in ihr Tuch geben, der ein Pfund schwer ist nach der Marktwaage, und woll ihr das Tuch unterhalb der Hand locker um das Handgelenk winden. Und wenn sie das Tuch hängen läßt, so soll der Stein darin eine Hand hoch über der Erde schweben. Man soll ihnen beiden Sekundanten geben nach Kampfrecht. Siegt die Frau, so soll man dem Mann das Haupt abschlagen; siegt aber der Mann, so soll man der Frau nur die Hand abschlagen. Das ist deshalb so bestimmt, weil es nicht gewöhnlich ist, daß eine Frau einen Mann besiegt.

Der Zeichner des Fechtbuches, in dem die Originale in getuschten Federzeichnungen abgebildet sind, hält sich recht exakt an den Vorgang. Der Hauptunterschied liegt im Fehlen des Strohkreises und im Freilassen der linken Hand des Mannes: demzufolge befindet er sich hier wesentlich im Vorteil. Hans Talhoffer wollte in seinen Bildern keinen bestimmten Zweikampf darstellen. Vielmehr gibt er den Lernenden eine Anleitung, wie man sich in den einzelnen Kampfstadien zu benehmen hat. Ein Trick scheint darin zu bestehen, den Gegner in das Loch zu zerren oder ihn aus der Grube herauszuziehen. Das Ganze ist mit höchster Dramatik wiedergegeben, vorzüglich gezeichnet und von einer starken erotischen Stimmung getragen. So greift das Weib im letzten Bild kräftig nach dem »Gemächte« des Mannes und zieht ihn an den Hoden aus der Grube. Die Abbildungen stammen aus Hans Talhoffers Fechtbuch aus dem Jahr 1467. Codex Gothanus in Gotha Membr. 1.114 fol.

242 – 250. Mit getuschten Federzeichnungen in Schwarz-Weiß.

47 »jus cruentationes«.

48 Der Chronist berichtet: » . . . wie Hans Spieß uff sin laugnen am volterseil und anrüffen übergieng (= zur Bahre geführt wurde), die frouw ußgraben und nach großen Zeichen (= daß ihre Wunden bluteten), er auch der sach bekanntlich und geredet ward (= d.h. auf das Rad geflochten wurde) darby wol mag erkennen, daß Gott kein mort ungestraffet lat«. Schilling. H. S. Schweizerchronik (16. Jh.) Bürgerbibliothek Luzern. Fol. 216 b. Dort findet sich eine interessante Abbildung. Man sieht die Tote im Sarg. Der nackte(?) Täter(?) berührt mit zwei Fingern der rechten Hand ihre Brust, die Linke liegt zum Schwur an seiner eigenen. Ein Nachrichter hält den Betroffenen an einem Strick, Schauplatz ist der Kirchhof von Ettiswyl (Luzern), wo die Frau seit 20 Tagen begraben ist.

49 Helbing. S. 21.

50 »de devinis sententiis«.

51 »de causis synolalibus et disciplines ecclesiastica«.

52 Das Augsburger Achtbuch weist für die Jahre 1338 – 1368 bei einer Bevölkerung unter 20 000 Einwohnern 171 Totschläge nach. In dem etwas größeren Breslau sind es in der Zeit von 1357 bis 1399 243. Das Achtbuch des kleinen Lignitz, das die 15 Jahre von 1339 bis 1354 umfaßt, verweist auf 76 Totschläge. In den Achtbüchern werden nur die geflüchteten bzw. geächteten Täter eingetragen, also ein kleiner Teil der wirklichen Verbrechen. Dazu kamen die vielen Fälle »hanhafte« Tat. Vgl. dazu die Breslauer »Libri Exessum«, eine 1386 beginnende und bis 1805 fortgeschriebene Reihe von Reigstraturen über todeswürdige Straffälle.

53 Die Kernfrage ist ja, soll man sich selbst rächen oder überläßt man die Verfolgung der Täter einer staatlichen Institution. Schon der Landfriede von Friedrich II. verbietet die Selbsthilfe, indem er vorschreibt: » . . . die Obrigkeit und das Recht seien dazu eingesetzt, damit sich keiner unterfange, Selbsträcher des ihm zugefügten Unrechts zu sein, weil die durch den Verletzten zugefügte Strafe gewöhnlich das Maß der Gerechtigkeit überschreite. Es solle daher Niemand, um welchen Schaden oder um welches Unrecht auch immer, sich selber rächen, bevor nicht seine Sache vor den Richter gebracht und durch ihn entschieden worden ist«.

Die Einschränkungen der Privatrache setzen sich in der Praxis langsam durch. Gerade im deutsch-sprachigen Raum tritt die Idee der Blutrache im 13. und 14. Jh. in ungebrochener Kraft zutage. Sie gilt in der Regel nicht als Mord; manche Stadtrechte erklären sie für straflos. Dazu ein Beispiel:

In Straßburg erteilt 1374 der Rat auf die Klage derer von Rebenstock wegen des an acht ihrer Geschlechtsvettern in hinterlistiger Weise verübten Aktes der Blutrache die Sentenz: ». . . dadurch, daß die Beklagten Rache an ihren Feinden genommen, hätten sie keinen Mord verübt«. Vgl. Schiller. Elsässische Chronik des Jacob Twinger v. Königshofen. S. 311.

Im Grund genommen sind alle Geschlechterkämpfe der zünftigen Zeit Totschlagsühnen; problematisch wird das Ganze mit dem Aufkommen der Städte. Immer wieder schlägt die Obrigkeit Vermittlungsverfahren vor: so auch das Münchner Stadtrecht von 1294. Hier gebieten Rat und Stadtrichter einen mehrwöchigen Waffenstillstand: es sind im wesentlichen Stillhalteabkommen.

Beim Gelingen eines gütlichen Vergleiches werden in der Regel in den deutschen Städten bis weit in das 15. Jh. hinein die Täter auf Zeit oder für immer verbannt, weil sie durch ihre Tat (auch) den Stadtfrieden verletzt haben. Erst als das städtische Leben in geordnete Bahnen kommt (Einführung der Waffenverbote, offizielle Vermittlungsverfahren, Verbannung der Friedbrecher) gehen die Totschlagsühnen zurück. Schwieriger gestaltet sich das Problem bei der wenig kontrollierbaren Landbevölkerung. Das Recht beinhaltet später jedoch auch die Möglichkeit, an die Stelle von Strafe und Acht Sühnebedingungen einzurichten.

54 Eine »handhafte« Tat bedeutet, den Täter entweder auf der frischen Tat zu ertappen oder ihn mit seinen Mordwerkzeugen zu identifizieren. Die Vehmeurkunden nennen es: »mit habender Hand«, »mit blickendem Schein«, »mit gichtigem (= geständigen) Mund« usw.

Beim Prozeß auf »handhafte« Tat muß derjenige, der den Verbrecher verfolgt und mit ihm vor ein Gericht ziehen will, d.h. wenn er die Tat »handhaft« machen will, den Verbrecher mit dem Hilfsgeschrei (Jo dute, Mordjo, Diebjo, Helf(i)o, Weh, Zetter usw.) verfolgen. Jeder, der dieses hört, ist verpflichtet, bei der Jagd auf den Täter behilflich zu sein. Auf das Versäumnis stehen Geldbußen. Ist er ergriffen, wird er geknebelt, und dann wird ihm das Leibzeichen aufgebunden. Daraufhin führt man ihn am Strick zum Richter. So schreibt es 1478 das Bamberger Stadtrecht vor. Vgl. Zöpfl. Das alte Bamberger Recht. Urkundenbuch. S. 135.

Leitet der Ankläger den Prozeß ein, so muß er den Beweis führen. Das geschieht durch einen Eid. Der Ankläger zieht Schreihelfer und Eidhelfer heran: in der Regel sechs Personen. Mit ihnen übersiebnet er den Angeklagten. Die Zahl der Eidhelfer schwankt nach der Schwere des Verbrechens. Nach dem Übersiebnen gilt der Angeklagte als verurteilt. Er wird unmittelbar danach hingerichtet: der Tod erfolgt in der Regel durch Hängen.

55 Bei der Klage mit der »toten« Hand ist davon auszugehen, daß zu jeder Verurteilung ein corpus delicti gehört. Deshalb erscheint bei der Erhebung einer Mordklage gegen flüchtige Mörder der Kläger mit einem gezogenen Schwert und gemäß den prozessualen Grundsätzen mit der Leiche vor dem Richter. Dies führt dazu, daß die Leichen zunächst unbegraben bleiben, denn die Gerichtstermine mußten erst einmal abgewartet werden. Später gestattet man das Begraben der Leiche, nachdem man dem Toten vorher das »Leichenzeichen« abgenommen hat. Das sind z.B. die blutbefleckten Kleider des Toten, seine rechte Hand usw. Beim Verfahren der Klage mit der »toten Hand« werden solche Beweismittel bis nach der vollzogenen Rache oder nach der erfolgten Sühne aufgehoben. Bei der Sühne muß sie der Täter eigenhändig in das Grab werfen: und zwar nach genau vorgeschriebenen Riten.

56 Bei einer Mordklage wird sehr ähnlich verfahren. Doch im Gegensatz zu den Leichzeichen gibt es auch noch die sog. Leibzeichen, wie sie z.B. 1478 das Bamberger Stadtrecht vorschreibt. Das Leibzeichen ist ein wesentlicher Teil zu einer Verurteilung bei der Klage auf »handhafte« Tat. Das Leichzeichen ist immer notwendig bei Erhebung einer Mordklage.

57 Schlichte Klage. Nur die Klage auf handhafte Tat erfolgt durch die Erhebung eines Gerüchtes. Liegt eine handhafte Tat nicht vor und kann sie auch nicht nachgewiesen werden, dann tritt ein anderes Beweisverfahren ein: es ist die »schlichte« Klage. Hier ist der Beklagte grundsätzlich berechtigt, seine Unschuld zu beweisen. Dies geschieht mit einem Reinigungseid. Es liegt auf der Hand, daß die »schlichte Klage« Erfolgsaussichten bietet. Der Kläger kann den Eid in kampfwürdigen Sachen unter bestimmten Voraussetzungen durch einen Kampfesgruß verlegen. Dann erfolgt die Entscheidung über ein Gottesurteil.

58 Im germanischen Recht wird der Totschlag nicht von Staatswegen bestraft. Die öffentliche Gewalt setzt lediglich bei einer Gefährdung der Existenz des Gemeinwesens (Landesverrat, Heeresflucht, Übertreten zum Feind) usw. ein. Verbrechen gegen die Einzelperson wie Tötung, Raub und Diebstahl sind Segmente der Privatrache. D.h. wenn der Verletzte auf seine Rache verzichtet, dann geht der Täter straflos aus. Es ist dem Geschlechterverband überlassen, sich auf dem Privatweg Genugtuung zu verschaffen. Der Privatkrieg ist eine Fehde oder Blutrache. Die andere Möglichkeit ist ein gütlicher Ausgang, eben die Sühne mit dem dazugehörigen Sühnevertrag.

In den Niederlanden hat sich eine besondere Form der Sühne, die sog. »Mundsühne« entwickelt. Der Zweck ist der gleiche: sie dient der gerichtlichen Aussöhnung eines Totschlägers mit dem Hinterbliebenen des Ermordeten. Die Mundsühne ist eine Variante des brabantischen und flandrischen Rechts. Die Zeremonie der Mundsühne hat sich in den Niederlanden bis in die zweite Hälfte des 16. Jh. erhalten. » . . . zu einer festgesetzten Stunde entkleidet sich der Täter in einem Nebenraum, legt ein wollenes oder leinernes Hemd an, läßt sich die Hände binden oder einen Strohhalm hineinlegen und geht dann barfuß mit entblößtem Haupt in der Begleitung des Richters in den für die Sühneverhandlung bestimmten Raum (Kreuzgang, Kapelle, Gerichtssaal). Hier warten die Trauernden, die Gerichtsschreiber und die Blutsfreunde auf ihn.

Jetzt bleibt der Täter vor dem Gerichtsdiener stehen, die beiderseitigen Blutsfeinde stehen sich gegenüber. Nun tritt der Gerichtsdiener in die Mitte und richtet, während der Täter kniet, unter Hinweis auf die Leiden Christi und die Reue des Täters an die Mundsühne, d.h. den nächsten Schwertmagen des Getöteten, der die Versöhnung im Namen aller Anverwandten mit einem Friedkuß abzuschließen hat, die Aufforderung, dem Täter das Zeichen der Verzeihung zu geben. Wenn das geschehen ist, führt der Richter den Täter vor die Füße des Mundsühners, der Gerichtsdiener wiederholt zweimal seine vorherige Anrede, der Täter steht auf und küßt den Mundsühner zum Zeichen der erfolgten Aussöhnung. An diese Zeremonie schließt sich die Verlesung des Sühnevertrages an und dann folgt dessen eidliche Bekräftigung durch die Parteien, worauf sich diese die Hände reichen. Der Richter verkündet den Frieden und macht auf die rechtlichen Folgen des Friedensbruches aufmerksam. Vgl. Warnkönig. Flandrische Staats- und Rechtsgeschichte. Bd. II. Abt. II. Urkunde 59 und 169.

59 Wächter. S. 9.

60 »swerk j kersten man ungelovich ist oder mit trovere umme geit oder mit vergiftnisse unde des verwunnen wert, des scal men op der hort brennen« (II. Buch. Art. 13).

61 Findet sich im § 1746 wieder.

62 Vgl. die Arbeiten von Lassberg und Wackernagel. Verschiedene Forscher sehen in ihm eine nachträgliche Ergänzung. Es ist naheliegend, an eine Rechtsgrundlage für den erfolgreichen Kampf gegen das subsistenzlose Gesindel zu denken. Vgl. Schünke. S. 23.

63 Wächter. S. 73 und 75.

64 Das Ganze spielt sich in Vötting ab. Einwohner, von Neid getrieben, gehen in teuflischer Wut gegen drei arme Weiber vor, als ob sie Giftmischerinnen oder Verbrecherinnen seien. Früh werden sie aus dem Schlaf gerissen und der Wasserprobe unterworfen. Weil sie keine Schuld an ihnen fanden, peitschten sie sie grausam aus und wollten sie dadurch zum Geständnis zwingen. Schließlich schleppte man sie nach Freising, führte sie an den Strand

der Isar und verbrannte sie. Der Chronist berichtet: » . . . sie erlitten am 18. Juni 1090 den Feuertod«. Vgl. die Annalen von Weihenstephan. Vgl. Riezler. S. 29.

65 Schwertmagen; auch Germagen (von ger = »Speer« und magen = »Verwandter«). Älteres deutsches Recht: die durch Männer verwandten Männer (= Agnaten), im Unterschied zu den Frauen und den durch Frauen verwandten Männern, den Kunkel- oder Spindel-(Spill)-Magen.

66 Wergeldtaxen. Vgl. v. Brunner: Sippe und Wergeld in der Zeitschrift der Savigny-Stiftung. Germanische Abteilung. Bd. III. S. 3 ff. Vgl. Blutrache und Totschlagsühne im deutschen Mittelalter. Leipzig. 1881. S. 12 ff.

Vgl. über die Totschlagfehden der städtischen Geschlechter. Maurer. Geschichte der Städteverfassungen in Deutschland. Bd. I. S. 416 und die dortigen Verweise. Haupt. Zeitschrift für deutsches Altertum. Bd. VI. S. 21. (Hier ist eine Wetzlarer Totschlagsühne von 1285 dargestellt).

Beim Wergeld wird jedem Mensch ein bestimmter Wert zugesprochen. Der einzelne Preis richtet sich nach den Standesverhältnissen. Nach dem salischen Gesetz beträgt das Wergeld eines Gemeinfreien 200, nach dem alemannischen und bayrischen Volksrecht 160 Goldschillinge, das eines Freigelassenen 80. Höherstehende Freie haben Taxen von 200 bis 240 Goldschillingen. Entsprechend dem Charakter der Rache als einer der ganzen Sippe obliegenden Pflicht wird das Wergeld an die Gesamtheit der Geschlechtsgenossen verteilt.

67 Das Wergeld ist nur ein Teil der Sühne. Mit der erstarkenden Kirche kommen weitere Verpflichtungen auf den oder die Täter zu. Sie dienen frommen Zwecken und haben die allgemeine Bezeichnung »Seelengeräte«. Zweck soll es sein, durch Zusatzleistungen die Seele des Getöteten aus dem Fegefeuer zu reißen. An Seelgeräten werden unterschieden:
- Beschenkung von Kirchen und Klöstern.
- Kapitalstiftungen zur Erwerbung von Bruderschaften.
- Unterhaltung eines ewigen Lichtes.
- Abhaltung von Seelenmessen und Requien am Todestag des Erschlagenen.
- Wachsspenden.
- Verrichtung von Pilgerfahrten.
An die Seelgeräte schließt sich in der Regel die Verpflichtung des Täters zur Errichtung eines Erinnerungszeichens an die Untat an. So in der Form eines Kreuzes, eines Denksteines oder einer Kapelle. Dem stehen freiwillige Werke gegenüber. So stiftet beispielsweise der Gelnhäuser Bürgermeister Johannes Koch, der sich in der Verfolgung von Hexen ausgezeichnet hat und später zur Reue kommt, in der Stadtkirche eine wertvolle Kanzel, die sich bis heute erhalten hat.

68 Auch die Bedefahrten (= Bitte) im Mittelalter haben nur den Zweck, für die Seele des Da-

hingeschiedenen Ablaß zu erwirken. Nach der kirchlichen Dogmatik kann jedoch eine Mietsperson die »Bedefahrt« übernehmen. Doch die meisten Sühneverträge verpflichten den Täter »selbstleib« die Buße zu vollbringen. Oft ist das mit Auflagen verbunden (Bußhandlungen, Fasten, barfuß gehen usw.). Die Wahl der Bußorte bestimmt die klagende Partei. An erster Stelle steht Rom. Dann folgt die Kirche »Unserer lieben Frau in Aachen« und »Zum heiligen Blut von Wilsnack« in der Westprignitz. Als Beweis des Bußganges dienen vom Pönitiar oder dortigen Priester unterschriebene Reverse. Nach Ablegung der Beichte konnten sie käuflich erworben werden. Sie waren nach der Rückkehr dem Gericht als Beweis vorzulegen.

69 Wilsnack wird erstmals 1300 erwähnt. 1383 brennt das Städtchen nieder. Nach dem Brand findet man unter der Asche und unter dem Schutt drei heilige Hostien unversehrt in einer Pyxis verschlossen. » . . . sie seien mit Blut befleckt gewesen«. Trotz der Anfechtung durch Huß entwickelt sich Wilsnack zu einem berühmten Wallfahrtsort. 1471 erhält es das Stadtrecht. 1552 verbrennt der evangelische Prediger Ellefeld die angeblich blutigen Hostien und setzt damit dieser irren Vorstellung ein Ende.

» . . . wollte dies immer noch nicht helfen, so mußten sie nach dem heiligen Blute zu Wilsnack, zu Zedenick, zu Görlitz im Starnberg'schen, nach dem heiligen Kreuz zu Bismarck in der Altmark, nach dem heiligen Grabe zu Techlo bei Pritzwalk oder bei dem zu Königsberg, oder nach dem Marientempel auf dem Harinungerberg bei Brandenburg, und nach anderen dergleichen Orten wallfahren«.

Fischer (1791). S. 108.

70 Vgl. Fußnote 58. Unterer Teil.

71 Ruprecht von Freising fungiert als »Vorsprech« und ist der Verfasser eines Buches über Land- und eines über das Stadtrecht. Jedoch sind Urheberschaft und wirkliche Entstehungszeit umstritten. Es liegen Handschriften aus den Jahren 1328, 1408 und 1441 vor.

72 Schünke. S. 72.

73 »man sal von rechtis halben nymandis pynigen umme ungerichte noch umb misetat, dene der vor gericht vorwurden werde«. Das Verbot der Geständniserzwingung und damit der Folter in den Magdeburgischen Fragen ist einer der Kernsätze des sächsischen Rechtes um 1400. Schünke. S. 113.

74 Er ist ein Schüler des Johannes de Lignano (gest. 1383) und steht später im Dienst der Stadt Görlitz und des Herzogs Ruprecht von Liegnitz. Urkundlich wird er zuletzt 1401 erwähnt.

75 Er ist der pfalz-neuburgische Landvogt aus Höchstädt an der Donau.

76 »veneficii, maeficii, incantores, phithonisse«.

77 Riezler. S. 132.

78 Er ist Magister und Kleriker der Mainzer Diözese und nacheinander Unterbergschreiber von Kuttenberg. Registrator in der Kanzlei von Karl IV. (1357 – 73). »notarius publicus« seit 1348, Stadtschreiber von Brünn und ungefähr von 1390 bis 1404 im gleichen Amt in Iglau tätig. Grundlage seines Werkes sind die Sprüche und Rechtsbelehrungen der Brünner Schöffen. Die Aufzeichnungen beginnen 1353(?).

79 Eine Bürgerin zeigt ihn des Diebstahl ihrer Sachen an, die dann bei dem Jude gefunden werden. Noch auf der Flucht bezichtigt er das Gesinde der Bestohlenen. Der Angeklagte nimmt den »Judeneid« in Anspruch und dann preßt die Folter das Geständnis aus ihm. Nun wird er hingerichtet.

80 Auch er ist ein Brünner Bürger. Er wird mit seinem Gesinde auf die Anzeige ausländischer Kaufleute hin verhaftet. Sie haben anläßlich einer Übernachtung in seinem Gasthof 80 Mark hinterlegt und sie am anderen Morgen wieder zurückbekommen. Am Tag der Abreise werden sie außerhalb der Stadtmauern tödlich verletzt und (aus)geplündert. Unter der Folter gesteht der Wirt, daß er vier Gesellen beauftragt hat, den Raubüberfall auszuführen.

81 Liebenwirth. S. 72.

Im Zusammenhang mit der Entwicklung der Folter wird häufig auf das Stadtrecht von Wiener Neustadt verwiesen, das den Nachweis einer Foltertätigkeit im 14. Jh. belegen soll. Neuere Forschungen widerlegen diese Ansicht, denn es ist zweifelhaft, ob dieses Stadtrecht überhaupt auf die Folter Bezug nimmt. Wahrscheinlich ist diese Rechtsquelle nicht in der Zeit von 1221 – 1230 zu datieren, sondern liegt in der 2. Hälfte des 13. Jh. Das Stadtrecht ist als Privileg eines Herzogs Leopold aufgezeichnet. Dies könnte eine Fälschung sein. Nach Winter hat ein Unbekannter das Stadtrecht von Wiener Neustadt aus echten Privilegien, Ratsbeschlüssen, Taidingsaufzeichnungen, ungeschriebenen Gewohnheitsrechten und aus Auszügen des Wiener Stadtrechtes von 1244 zusammengestellt. Er nimmt an, daß die Aufzeichnung unter Förderung des Rates durch einen aus dem geistlichen Stand kommenden Stadtschreiber erfolgt ist.

Die Annahme, daß das Stadtrecht von Wiener Neustadt eine Privatarbeit ist, stellt eine lose Verbindung zur »Summe legum« des Doktor Raymund von Wiener Neustadt aus der Mitte des 14. Jh. her. Er soll der Verfasser dieses kurzgefaßten und populären Lehrbuches sein. Nun bringt Gals den Nachweis, daß der Verfasser nicht aus diesem Gebiet kommt. In ihrem ursprünglichen Textbestand stammt die Quelle zudem nicht aus dem österreichischen, sondern dem polnisch-sächsischen Recht.

82 In der freien Reichsstadt Speyer ist der Rat seit dem Ende des 13. Jh. im Besitz des Blutbannes. Den seit 1314 monatlich wechselnden Stadrichtern wird die Anweisung erteilt »sie sollen bei Mord und Totschlag sofort amtlich eingreifen und darüberhinaus öffentlich und heimlich . . . nach allen Straftaten forschen und fragen«.

83 1274 Halsgerichtsordnung I. Übersiebnung bei Straftat des »schädlichen Mannes«.

1320 Leumundsprivileg für den Rat.

1323 Befugnis des Rates, im Leumundsverfahren bei Versagung des Schultheiß, den »Lehen« als mit dem Bann belegten Vertretern zu gebrauchen.

1349 Befugnis des Rates, uneingeschränkt zu verbannen.

1366 Erster Beleg für das Auftreten eines Stadtjuristen.

1371 Folterprivileg des den Rat.

1415 Belehnung des Burggrafen von Hohenzollern.

1427 Übertragung des Stadtschultheißenamtes an den Rat für immer. Zugleich: Verkauf der Hohenzollernburg an die Stadt.

1459 Übertragung des Blutbannes an den Rat für immer.

84 Wolf, Hans-Jürgen. Hexenwahn und Exorzismus. Frankfurt a.M. 1980.

85 Vgl. Rechenbuch im Frankfurter Stadtarchiv. Bl. 44. »S. a. assunt 40. hll. Frydancke, als he uff die thurme gieng, die Gefangin zu fultern«.

86 Wahrscheinlich findet die praktische Anwendung der Folter in Bamberg vor der in Nürnberg statt. Auch hier entwickelt sie sich zwangsweise aus dem Leumundsverfahren. Für die Situation in Bamberg ist das Ringen um den Blutbann typisch. Der Bischof und der Rat stehen sich hier im Kompetenzverlangen gegenüber. Schließlich bleibt das Blutgericht das bischöfliche Zentgericht. Das Stadtgericht ist nicht kompetent, es verfügt lediglich über die Erkennungsstrafen (Abschneiden von Körperteilen und Brandmale).

In Bamberg wird die Folter 1381 eingeführt. Gefoltert werden darf nur »mit der purger vnd der scheppen rat wissen vnd mit irem gyten willen vnd wort«. Der Schultheiß leitet die Folterung nach Rat und Weisung von zwei Ratsabgeordneten und zwei Schöffen. Scheel belegt für 1412 eine erhebliche Foltertätigkeit im Zusammenhang mit dem Durchgreifen gegen das Bandenunwesen.

1353 wird Leopold von Bubenberg Bischof von Bamberg. Er hat in Bologna promoviert und kennt somit die Folter als Verfahrensmittel. Wenn seine Bedeutung auch im Gebiet des eigentlichen Stadtrechtes liegt, so schließt das nicht aus, daß er sich mit der Gerichtspflege befaßt und sein Wissen über die ihm bekannte

italienische Rechtspflege weitergibt. Der Bischof von Bubenberg läßt sich nicht als direkter Vermittler der Folter ausmachen, es ist aber naheliegend, daß im Bamberger Rechtsgebiet die Folter durch fremdrechtlichen Einfluß entstanden ist. Bubenberg ist beispielsweise die Foltersanktion des Papstes Innocenz III. bekannt.

87 Quellen zur Geschichte der Stadt Köln. Hrsg. von L. Ennen und G. Eckertz. Bd. 6. 1879. S. 436: » . . . gevangen, bitterlingen gefoltert und gepeyniget«.

88 Oberschwäbische Stadtrechte. Hrsg. von K. O. Müller. Bd. I. § 1914. S. 207: » . . . ain schändlichen man mit fölrit in turm gichtigen«.

89 Schlettstadter Stadtrechtsquellen. Hrsg. von Geny. S. 633: » . . . gefangen, geturnet und gefolter«.

90 Das »liber proscriptiorum« von 1416 zeigt folgenden Eintrag: » . . . Hannus Wyker von Reichenbach betelte und konde nicht reden, bis der her in den Stock quam, da war er redende«.

91 Nikolaus Muffel bekleidet eines der höchsten in Nürnberg zu vergebenden Ämter. Nach einem neunmonatigen Zögern des Rates wird er festgenommen, gefoltert und trotz Fürsprachen hingerichtet. Die hier üblichen Foltergrade sind:
Schrauben (= das clemmen). Hier dürfte es sich um die Daumen- und Beinschrauben handeln.
Aufziehen. Man unterscheidet das Aufziehen von lediglich der Person (= ledig), mit dem großen nicht aufstehenden Stein, dem aufstehenden Stein und das Aufziehen mit zwei Steinen.
Leiter und Faß?
Feuer. Brennende Kerzen, die unter die Achselhöhlen des Delinquenten gehalten werden.

92 »Der Sachsen in Siebenbürgen oder eigen Landrecht«. 1591: » . . . die Hauptlaster, so den Hals angehen, pfleget man zwar durch Folterung oder (durch) die peinliche Frage zu ergründen«.

93 Quellen zur Frankfurter Geschichte. Hrsg. v. Grotefend. Bd. II. 1888. S. 336.

94 Schünke. S. 139.

95 Konrad von Megenburg, der das älteste deutschsprachige Buch über die Geschichte der Natur verfaßt, sagt: » . . . (sie) sprachen, daz die Juden al prunen heten vergifft, und wolten die christenhait hoeten, und vant man säcklein in vil prunnen mit vergift, und todt man ir zal vil an den Rein in Franken und überol in däutschen landen, waerlich, ob etleich juden daz taeten, das waiz ich niht, waer es geschehen, das het auch geholfen . . . jedoch wil ich der juden posheit nit värben, wan sie sint unser frawen feindt und allen Christen«. Vgl. Hoeniger. S. 35.

96 Ihre Kollegen setzen sich aus den drei geistlichen Fürsten (Erzbischöfe von Mainz, Trier

593

und Köln) und den vier weltlichen Fürsten (Böhmen, Pfalz, Sachsen und Brandenburg) zusammen. Sie bilden mit Ausnahme des böhmischen Königs den sog. »Kurfürstenverein«.

97 30 weltliche und 50 geistliche.

98 Merzbacher. S. 50.

99 Längin. S. 81.

100 Bambergische Halsgerichts- und Rechtsbuch-Ordnung in Peinlichen Sachen, wozufern allen Statten . . . gedrucket zu Wentz durch Johann Schöffer auf Laurentii. 1510.

101 Malblanc. S. 36 ff.

102 Er ist ein praktizierender Jurist und zugleich Zentrichter und Hofmeister der bambergischen Landesverwaltung. Geb. zwischen 1463 und gestorben um 1528.

103 Erick Wolf. Große Rechtsdenker der deutschen Geistesgeschichte. 1. Auflage. S. 96. 3. Auflage. S. 101.

104 Es handelt sich um das Büchlein »Kuttenschlag genannt, des Teufels Lehrer macht bekannt«, das 1526 erscheint. Mit ihm wendet er sich massiv gegen die Franziskaner.

105 Karl V. geb. 24.2.1500 in Gent und am 21.9.1558 in San Geromino de Yuste gestorben. Sein Vater ist Philipp der Schöne. Von ihm erbt er Burgund und die Niederlande. Er wird am 28.6.1519 von Franz I. in Frankreich zum Kaiser erhoben. Er war aktiv in außenpolitischen Fragen und besonders kriegerisch im Kampf gegen Frankreich, Mexiko und Peru. Nach dem Erlaß des Wormser Ediktes kommt der Kaiser erst wieder 1530 in das Reich zurück. Nach dem Sieg der Fürstenverschwörung unter Moritz von Sachsen (1552) und dem Augsburger Religionsfrieden (1555) legt Karl V. die Kaiserkrone nieder und überläßt die Regierung seiner Erblande seinem Sohn Philipp II. Er selbst zieht sich auf seine spanischen Besitzungen zurück.

Karl V. versteht sich als Ordner der christlichen Staaten. Er will das Christentum zur Unterstützung des Papstes ausweiten und sieht sich hier erheblichen Widerständen entgegengestellt, zumal ja ein Teil der Reichsstände im protestantischen Lager steht.

106 Art. 44 und 109 der Carolina, im § 59 der Hessischen und § 63 der Brandenburg-Fränkischen Halsgerichtsordnung.

107 »wo aber Jemans Zauberey gebraucht und damit nyemant Schaden gethan hätte, so sunst gestraft werden nach gelgenheyt der sach, derynnen urtzeyler rats gebrauchen soll, als vom ratsuchen geschrieben steet«.

108 »Item, so Jemand den Leuten durch Zauberey schaden oder nachtheyl zufügt, sol man strafen vom Leben zum Tod und sölche straff gleich der Ketzerey mit dem Feuer thun«.

109 Diefenbach. S. 169.

110 Diefenbach. S. 171.

111 Diefenbach. S. 173.

112 Diefenbach. S. 177.

113 Riezler. S. 280.

114 »doch wollen wir durch diese gnedige erinnerung Churfürsten, Fürsten vnd Stenden, am jren alten wohlerbrachten rechtmessigen vnd billichen gebreuchen . . . nicht(s) benommen haben«.

115 Wächter. S. 77.

116 Scholtz. S. 67.

117 »Item wenn man eyn zeybrin angriffen, so sollen, die sie sahen, glych yner mit den fußen und der ander mit dem heupt in dem namen des vatters, des suns und des heyligen geist in die gerechtigkeyt, solichs sollen sie sagen, die sie griffen, und alsbalde von der erden uff eynen karen heben, uns sunst, da sie die erden oder steyn nit ruren, ihre augen zubinden und den münt verstoppen und also zu gefengnuß bringen und danach die augen uffthun und den Klotz uß dem munde (= es handelt sich wohl um eine Art Würgbirne = Capistrum), unde alsbalde sie das gefengnuß kommet, als hare abscheren es sy an er scheym (= Scham), an Oren und an braen (= Augenbrauen) und sol man ihr alle kleyder und bende lacht huben (wohl eine Art mit Bändern versehene Haube) abe thun, domit sie sich nit henke. Item alle negel an den fußen und henden absnyden biß an das fleisch. Item eine nuwe hemmet ir andün, das sol gedeuffet werden uf den sint sonntag in einer fronfasten im wychwasser und gewicht saltz. Item sal eyner alleyn um uffziehen sie verhoren und kein ander mittel ir anthun, dan slecht uffziehn und sie mit vertrostung miltiglichen fragen . . . Item keyn Wasser zu drinken geben, es sey deann gemischet mit wychwasser und wychsaltz, und wanne sie eine rechte zeberynn ist, so esset sie es nit, ist sie anders ein meysterin. Item die spieß ire auch mit wychwasser kochen. Item so man sie nit solichen dingen umbgang, helt man es glich wie mit den frawen, sie bekennen aber balde. Item die meisterin, wan sie etwas sagen wollen, so geswillet ihnen der hals. Item sie nehmen die cruzifix in den wegen und verprennen es zu pulver und des unschuldig kindleins beyn auch zu pulvermehle am Gründonnerstag gemalen und wasser, darauß machen sie ein deigk und lassen ein messe daruber lesen uff ein Gründonnerstag, domit bezaubern sie die Menschen. Item attlich nemen sie und pulvern und mischen sie mit den küchen, daraus machen sie eyn salb und faren damit. Item wanne eyn mentsch oder kint ungesegnet mit dem heyligen crutz nidderlieget oder eyn sehe (vieh) in des duffels namen inlesset, so mogen sie danne ihre zeybery driben, und ist alwege die irst, die solichs Leid klaget. Item er hab erhort, von etlichen wyben, wanne sie ihre kranckheyt (Menstruation) haben und den mannen zu essen geben, so müssen sie ster-

ben. Recibe kole quinte, firtel von eyn appel in der apotheken, solich uff eyn brot gelegt. Item jungher Hans von Boel, womet zu Dornekheym (Dürkheim) an der Hart is expertus in derselben künst. Item meister Wendel, henker zu Worms und Hans Nusten son haben sie ine angegen by Hochheym doselbst, und wo der sant nit komme were, sie hetten in vieleicht gelegtzet, deshalb hab er alhie ein morder gescholden, hab auch solchis dem burgemeister zu Worms zu Zeit geclagt. Item er sy umb des rats dinst willen herkommen«.

118 Er wird am 2. Januar 1558 von dem Jesuitenzögling Philipp dem Markgraf von Baden-Baden, erlassen.

119 König. S. 110. Vgl. Sammlung der Landrechte der Markgrafschaft Baden. Bd. I. Karlsruhe. 1805. S. 329.

120 Deß Fürsten Augusten Herzogen zu Sachsen Verordnungen und Konstitutionen. Dresden. 1571. Schletter H. Th. die Konstitutionen August's von Sachsen im Jahre 1572. 1857.

121 Paulus. S. 86.

122 »soviel diejenigen belanget, welche vom christlichen (in diesem Fall dem protestantischen) Glauben sich abgewendet und sich dem Teufel ergeben, demselben Profession thun und mit ihm ein Verbündnis machen, oder demselben unzüchtigerweise zu schaffen gehabt, oder aber den Leuten mit Zauberei Schaden zufügen, hätte unseres Erachtens keinen Zweifel, daß dieselben mit dem Feuer vom Leben zum Tod zu strafen seien«.

123 Grumbach, Wilhelm von, fränk. Reichsritter. Geb. am 1.6.1503 in Rimpar bei Würzburg und am 18.4.1567 auf dem Marktplatz von Gotha hingerichtet. Zuerst findet er 1525 während des Bauernkrieges Erwähnung. Stand im Dienst des Bischofs von Würzburg und des Markgrafen Albrecht Alcibades. Nach dessen Tod (1557) diente er Johann Friedrich II. von Gotha. Als er bei Grumbachs Versuch, den Bischof von Würzburg gefangenzunehmen, dieser am 15.4.1558 ermordet wurde, begannen die Grumbach'schen Händel. In ihnen verband sich Grumbachs eigensüchtiges Streben mit dem Wunsch Johann Friedrichs, an den Albertinern Rache zu nehmen und die Kurwürde zurückzugewinnen. Nach dem Scheitern der kaiserlichen Vermittlung überfiel Grumbach 1563 erneut Würzburg und wurde nunmehr wie sein Herr mit der Reichsacht belegt. Diese wurde vollstreckt und Kurfürst August von Sachsen, der 1567 Gotha einnahm und Grumbach wie den Kanzler Brück vierteilen ließ. Mit Grumbachs Tod brachen die letzten politischen Bestrebungen der Reichsritterschaft zusammen.

124 Dieser Brück ist ein Sohn des berühmten Dr. Gregor Brück (lat. Pontanus) einer der machtvollen Männer der Reformation. Sein Sohn Christian wird ebenfalls Kanzler.

125 5. Buch. Kapitel 67.

126 Reich. S. 30.

127 »Agnetha Rautenkrantzen und Anna Milcken abscheulich begangene Zaubereien. Die verlesenen Urgichten der gegenwärtigen A. R. und A. M. neben der klaren Zuständigkeit geben Em. Erb. Ger. umständlich zu vernehmen, daß sie sich vor vielen Jahren auf ein böses, ärgerliches und gottloses Leben eingelassen, indem sie durch Antreibung und Hilfe des bösen Feindes ihren Nächsten auf unterschiedliche Weise betrübt und durch abscheuliche gotteslästerliche Mittel der Zauberei seiner Güter und Nahrung, ja seines Lebens zu rauben sich bemüht haben . . . daß sie sich mit dem leidigen Satan verbunden haben und dessen Werke und Befehle zur Schande des Allerhöchsten und zum Verderben ihrer Nächsten . . . daß sie sich jämmerlich und erbärmlich vom bösen Feind überreden ließen . . . so daß sie sich Gottes Strafe zugezogen haben (Hinweis auf das 5. Buch Moses: ,Die Zauberer sollst du nicht leben lassen'). Hier kann auch unser Gericht nicht vorbeigehen, sondern muß nach dem uns übertragenen Amt die gegenwärtigen Übeltäterinnen nach Anleitung des göttlichen und weltlichen Rechts zu gebührlicher und wohlverdienter Strafe ziehen und darum erkennen, daß Anna Milcken und Agnetha Rautenkrantzen wegen schrecklicher Gotteslästerung, Mißbrauchs des göttlichen Namens und dem Teufelsbündnis, wie auch wegen vieler begangener Zauberei ihresgleichen zur Warnung . . . öffentlich an ordentlicher Stelle mit dem Feuer vom Leben zum Tode sollen hingerichtet werde . . . actum feria quarta. 2. Dezember 1615«.

128 Staatsarchiv Danzig. 300 H. fol. X. 7. Teil II. 6. Kap. Art. 14.

129 Riezler. S. 208.

130 Riezler. S. 208.

131 Riezler. S. 211.

132 Landrecht, Polizey, Gerichts und Malefiz und andere Ordnung der Früstenthumbden Obern- und Niedern-Bayern. München 1616.

133 So in seiner »Consilia Criminalia« von 1618.

134 General- und Spezial-Instruktion über den Hexenprozeß im Kurfürstenthum Bayern aus dem Jahr 1622.

135 » . . . das sye zuerkonftige Ding, Haimblichkeites und Anschlag der Menschen erkennen wellen, durch Prillen, sechen oder dergleichen«.

136 Sie entsteht um 1650 bei einem nahezu aufgelösten Ganerbenverband inmitten der Pestfolgen und dem sog. »Hexenkrieg« von Kassel und Darmstadt. Lindheim wird in dieser Zeit von eingesetzten Amtsleuten regiert.

137 Der Kirchenbaumeister Leschier wird von dem Schmied Pöppel mit Anschuldigungen überhäuft, die vom öffentlichen Branntweinsaufen »auf der Hexen Gesundheit« bis zum

Entblößen der Geschlechtsteile gegenüber den Verdächtigen reichen ... ja die bis zum obszönen Schören beim Teufel gehen«. Zitiert nach Demant.

138 Demant. S. 34.

139 Demant. S. 28.

140 Reich. S. 56.

141 Er sagt: » ... daß hinfür in den peinlichen Gerichten bei angestelltem scharfen Verhör der wegen Zauberei Inhaftierten und der Tortur Untergebenen Delinquenten so wenig von den zu der peinlichen Befragung adhibirten Richtern und Beisitzern gefragt werden solle, ob reus (der Angeklagte) oder rae (wirklich) auf dem Blocksberg gewesen und daselbst getrunken, getanzet oder anderes teuflisches Gaukelwerk getrieben und diese oder jene Person mitgesehen und erkannt habe, noch auch, daß der so Gepeinigte von selbst obiges alles erzählen und für Wahrheit berichten wolle, desselben Bekenntnis zu Protokoll bringen und des Beklagten Namen verzeichnen lassen sollen, zumalen alle dergleichen denunciationes ex fontenae herfließen und also billig zu abonimieren und zu keinem Grund rechtschaffener Beweisung zu legen seien«.

142 Römisch Kaiserlichen ... Majestät Josephi I., Markgrafthumb Herzogthumb Schlesien ... Vom 16.7.1707.

143 Nach Scholtz ist vor allem § 4. Art. 13 – ein Verzeichnis aller Anzeichen der Zauberei – » ... die Niederlage allen Irrwahns der vorausgegangenen Zeit«.

144 Scholtz. S. 114.

145 Art. 19. § 3.

146 Art. 16. § 9; vergl. § 11.

147 § 25.

148 Sr. Kaiserl. Königl. Apost. Majestät allergnädigste Landesordnung, wie es mit den Hexenprozessen zu halten sey. 5. November 1766.

149 Constitutio Criminalis Theresiana, oder Römisch-Kaiserl. ... zu Hungarn, Erzherzogin zu Österreich ... peinliche Gerichtsordnung. Wien. 1769.

150 § 1 »Ein Blut-, Hals- oder Landgericht ist das Recht und Macht in peinlichen Sachen überhaupt und (berechtigt) Gut und Böse des Menschen zu richten. Zu gebührender Ausübung dieses Rechtes sind die Blutgerichte befugt, den Übeltätern mit amtlicher Gewalt nachzustellen, selbe zu ergreifen, gefänglich einzuziehen, gütlich oder – wo es vonnöten – peinlich zu befragen in solchen Sachen zu urteilen, alles auf Maß und Weise, wie es in dieser Halsgerichtsordnung vorgeschrieben ist«.

151 Riezler. S. 314.

152 Helbing. S. 30/31.

153 Er stammt aus Konstanz, studiert Recht in Paduae und wirkt in seiner Heimatstadt bei der bischöflichen Regierung.

154 Ulrich Molitoris »Tractatus utilis et necessarius per viam dialogi de phythonis mulieribus«. 10. Januar 1489. (Nützlicher und Notwendiger Traktat über die Zauberinnen).

155 Geb. 1491. Gest. 1555 (Dr. jur. in Pavia).

156 Riezler. S. 140.

157 Nicht zu verwechseln mit dem Frankfurter Literat Johann Fischard, der das Buch von Bodin übersetzt hat.

158 Johann Fichard. Consilia II. Franciforti. 1590. Vgl. Wächter. S. 294.

159 Abgedruckt im Theatrum de veneficiis. S. 376.

160 Franz Ponzibinius. De lamiis. Frankfurt. Egenolffs Erben. 1592.

161 Jean Bodin (1529 – 1596) wird in Angers geboren, ist kurze Zeit Karmeliter und wendet sich dann in Toulouse dem Studium der Rechtswissenschaft zu, wo er bald danach als Lehrer auftritt. Ab 1550 ist er Professor an der Pariser Universität und tritt in den Dienst des Hofes von Heinrich II. Während des Gemetzels der Bartholomäusnacht (1572) wird er fast unter der Vielzahl der Hugenotten ermordet. Später tritt er als Delegierter der »Politiques-Partei« auf und dann tritt er bei den Generalständen von Blois (1576) als Verfechter vermittelnder Ideen auf. Er stirbt 1596 an den Folgen einer Pest.

162 Sie sagen: » ... ware wol einmütig entschlossen:/daß die den Tod wol verschuldet hatte. Aber waz für ein Todt wohl ihr anzuthun/da fielen ungleiche Meinungen. Etliche meinten, es wer genug, wan man sie am Galgen aufhenkete/die andern aber/als ihre abschewlich Laster und Mordstück erwogen/die wurde schließlich deß zu Rath: daß man sie lebendig zu verbrennen verurtheilen sollte ... Die weil aber irer vil vber diesem fall sich hefftig verwunderten/und solches gleichsam für abergläubisch achten: Bin ich zu Rath worden/diesen Tractat zu schreiben«.

163 1600 – 1653. Der Autor der »Bibliographia Politica«.

164 Bramer. Vom Blitz, Donner, Hagel, Sturmwinden und anderen großen Ungewittern. Kurtzlicher Bericht aus Gottes Wort. Erfurt. 1577.

165 Joh. Georg Godelmann. Tract. de magis veneficiis et famiis deque his recte cognoscendis et punienda. Ausg. wohl um 1590. 1592 durch Nigrinus ins Deutsche übersetzt.

166 Wächter. S. 295.

167 So in einem Gutachten aus dem Jahr 1587, das seinem Buch vorangestellt ist.

168 Wächter. S. 295.

169 Abraham Sur (oder Sawr) »eine kurtze trewe Warnung und Underricht/Ob auch zu dieser Zeit unter uns Christen Hexen, Zauberer und

Unholden vorhanden und was sie anrichten«. Abgedruckt im Theatrum de venficorum(?).

170 Theodor Reiningk. Responsum juris in ardua et gravi causa, concernante processum contra sagas, ubi quaestiones, quadem de nocturnis sagarum concentilicus. Marpurgi. 1630.

171 Rechtliches Bedenken, von Confiscation der Zauberer- und Hexengüter. Abgefaßt. 1629. Erschienen mit dem Untertitel: » . . . ob die Zauberer und Hexen Leib mit und sogleich verwürken«. Bremen. 1661.

172 »Herrn Veit Senckendorff Christen-Stat in drei Büchern abgetheilet: im ersten wird von dem Christentum an sich selbst wider die Atheisten: im zweiten Buch von der Verbesserung der Weltmenschen: im dritten Buche von der des geistlichen Standes nach dem Zweck des Christentums verhandelt«. Leipzig. 1686.

173 Benedict Carpzov ist ein lutherisch gesinnter Rechtsgelehrter. Geb. 1595 in Wittenberg und gest. am 30. August 1666 in Leipzig. Gleich seinem Vater widmet er sich der Jurisprudenz. 1620 findet er eine Anstellung am Leipziger Schöffenstuhl, der sein späteres Denken beeinflußt. Von 1636 an ist er Assessor beim Oberhofgericht. 1639 wird er kurfürstlicher Rat und damit an das Dresdner Appelationsgericht versetzt. Gleichzeitig wird er zum Hofrat ernannt. 1645 lehrt er als Professor der Rechte an der Universität von Leipzig. 1653 wird er Geheimer Rat.

174 Mord, Vater- und Kindermord, Brandstiftung, Münz- und Majestätsverbrechen, Häresie, Blasphemie, Zauberei und Hexerei.

175 Zum Leipziger Schöffenstuhl. Der Kurfürst August errichtet diesen Gerichtshof 1574, zwei Jahre nach dem Inkrafttreten der Kursächsischen Kriminalordnung. Am Leipziger Schöffenstuhl ist Carpzov fast vierzig Jahre tätig. Hier müssen sich alle sächsischen Gerichte in punkt der Kriminalverfahren wenden, denn er ist allein befugt, in diesen Dingen Urteile zu fällen. » . . . damit in peinlichen Sachen keine widerwärtigen Urteile in unserem Lande gesprochen werden, inmaßen wir denn solches an allen anderen Orten abgeschafft«. Selbst die fernen Gerichte der Mark Brandenburg, die über anerkannte Gerichtshöfe verfügen, wenden sich an die Kollegen in Leipzig. Demzufolge ist Carpzov in vielen Fällen an den Entscheidungen beteiligt; er ist nicht der Alleinentscheider.

176 Dies ist ein Mißverständnis, denn der Jurist Pr. Andreas Oldeburger berichtet lediglich, daß Carpzov durch seine Urteilssprüche und Antworten gegen 20 000 verbrecherische Personen zum Tod verurteilt habe. Oldeburger erwähnt das Wort »Hexen« nicht.

177 »sceleratissimus ac nefandissimus«.

178 Zur Zeit der Carolina verbrennt man sie in der Regel lebend oder man pfählt sie. Dies ward aber bald danach gemildert: » . . . um darinnen Verzweiflung zu verhüten, mögen diese-

selben, wenn Wasser da ist, ertränkt, wo aber solch Übel oft geschehen, wollen wir die Gemelt Gewohnheit des Pfhälens und Vergrabens um mehr forcht willen gestatten oder aber vor dem Ertrinken (sie) Zwicken mit glühenden Zangen«.

179 » . . . denn ein solcher Mensch ist kein Mensch: er ist zu behandeln wie ein Hund, der die ersten neun Tage nach der Geburt blind ist und der seine Eltern nicht kennt; als ein Han, der des Menschen Frevel und durstigen Hochmut bedeutet; wie eine Natter, von der man sagt, daß bei der Jungen bei der Geburt aus dem Leib der Mutter herausbeißen und sie dadurch töten; der Affe bezeichnet des Menschen Gleichnis oder totes Ebenbild ohne Werke«.

180 Geb. 1655 in Leipzig als Sohn des Philosophen Jacob Thomasius. Er studiert »cartesianische Philosophie« und hält vor diesem Hintergrund einige Vorträge. Thomasius entwickelt sich zu einem der bedeutenden Rechtsgelehrten des 17 Jh. Er verstirbt 1728.

Christian Thomasius. Vom Laster der Zauberei. Über die Hexenprozesse. De Crimine Magiae. Processus Inquisitorii contra Sagas. Mit einer Einleitung von Ralf Lieberwirth. Deutscher Taschenbuch Verlag, München, März 1986. Eine ausgezeichnete Arbeit.

181 Thes. inaug. de crimine magiae. § 2.

182 Thes. inaug. de crimine magiae. § 25 »fallit te incautum pietas tua«.

183 Thes. inaug. de crimine magiae. § 21.

184 Gemeint ist hier zunächst die Thes. inaug. de crimine magiae. Halle. 1701. Diese Schrift wird später öfter unter dem Titel »Tractatio, de crimine magiae« (= Von den Verbrechen des Pacts mit dem Teufel«) und durch eine weitere Dissertation aus dem Jahr 1713 untermauert.

185 Siehe vorhergehende Fußnote.

186 Exod. 22.18; Levit. 19; Deut. 18. Vergl. die Rechtsvorstellungen im Alten Testament.

187 § 2.

188 Er bezieht sich auf DelRio, Longrinus, Bodinus, de Lancre, Gödelmann u.a.

189 § 2.

190 An dieser Stelle kann ein Irrtum ausgeräumt werden, denn Adolf Meinders – der preußische Rat – war nicht der erfolgreichste Mitkämpfer von Christian Thomasius. Zwetsloot ist im Irrtum, in Meinders eine der Hauptfiguren in den Vorverhandlungen zum Edikt des Königs zu sehen (1665 – 1730).

191 »philosophia spiritualis«.

192 5. Buch Moses. Kap. 19.15; Matth. 18.16.

193 § 6.

194 § 12.

195 n.n.

196 Jacob Brunnemann. Sein Pseudonym ist Aloysisus Charitinus. Er ist Beisitzer am Schöffengericht von Stargard. Er veröffentlicht 1706 seinen »Discours von den betrüglichen Kennzeichen der Zauberei«.

197 § 5.

198 Johannes. Kap. 6.10.

199 Der volle Titel des Buches lautet: » . . . Petri Goldschmidts Hexen- und Zauber-Advokat, d.h. wohlbegründete Vernichtung des thörichten Vorhabens Hrn. Christiani Thomasi, J. und Dr. et Professoris Hallensis, und aller derer, welche durch ihre superklugen Phantasie-Grillen dem Teuflischen Hexen-Geschmeis das Wort reden wollen, indem gegen dieselben aus dem unwiderstehlichen Göttlichen Wort, und der täglich lehrenden Erfahrung das Gegenteil zur Genüge angewiesen und bestätigt wird, daß in der That eine Teuflische Hexerei und Zauberei sey, und dannenhero eine Christliche Obrigkeit gehalten, diese abgesagten Feinde Gottes, schadensfrohe Menschen- und Viehmörder aus der christlichen Gemeinde zu schaffen und dieselben zur wohlverdienten Strafe zu ziehen« (1705).

200 »Elementa iuris civilis secundum ordinum institutionem«. Lib. IV. Tit. 18 § 1356 (Heineccius).

201 Dei delitti e delle pene.

Der Henker, professionelle Grausamkeit

202 Beispielsweise das Zeugnis aus dem Jahr 1598. Der Richter bescheinigt: » . . . daß der Nachrichter von Tecklenburg, Jürge Stolhauer . . . den seit einiger Zeit inhaftiert gewesenen Hinz Schüerkamp nicht nur wohl und zu seinem besonderen Vergnügen enthauptete . . . sondern auch zu meines Bruders Syndici Zeiten einen daselbst verstrickt gewesenen Köller über die Maßen wohl gehenkt, also daß man in dergleichen Fällen stattlich von ihm bedient werde . . . ein solches bescheinige ich hiermit«. Riezler. S. 206.

203 Riezler. S. 194.

204 Riezler. S. 179.

205 Riezler. S. 192.

206 Es gibt noch eine ganze Reihe alter Abbildungen aus der Zeit von 1439 bis etwa 1597, die diesen Vorgang verdeutlichen. Außerdem ist sie im »Theatrum poenarum et supplicorum« besprochen. Hier wird ausdrücklich auf eine als in Oberdeutschland gewöhnliche Todesstrafe verwiesen. In den »monatlichen Unterredungen vom Jahr 1697« beschreibt Tenzel die Diehle oder Köpfmaschine wie folgt:
» . . . die Diehle war von Eichenholz: wie ein Zwangsstuhl gemacht, hatte auf beiden Seiten Grundleisten, auf welchen die Diehle war, unter derselben aber ein scharfschneidendes Ei-

sen. Wenn nun der Missetäter auf dem Stuhl gebunden war, als ob man ihn zwacken wollte, so ließ der Scharfrichter die Diehle, so an einem Seil hing, herabfallen und stiße ihm mit dem Eisen das Haupt ab«.

207 Hier einige Beispiele von Henkersbezeichnungen:
Angstmann, Blutrichter, Böser Mann, Bruder Henker, Casperer (= im Sinn der Ausübung der Tortur), Diebhenker oder -scherge. Diehler (= die Scharfrichtersprache des 16. Jh. bezeichnet das Enthaupten noch mit »dillen«). Drudenhenker (= in Schwabach wird 1591, als es zu vielen Hexenhinrichtungen kommt, ein Drudenhenker bestellt), Fetzer, Fiks, Filler (= Im Sinne von Menschen und Tieren die »Haupt abziehen«), Folterer, Freimann, Züchtiger, Fronbote (= im Sinn des Gerichtsdieners für Botendienste und Urteilsvollstreckung), Gabler (= lat. gabulus, ein gabelförmiger Galgen; vielleicht im Zusammenhang mit der römischen Furca-Strafe zu sehen), Galgenmeister, Häher, Hämmerling, Meister Hämmerlein (= im Sinn einer Umschreibung des Teufels), Nachrichter, Scharfrichter, Marterer, Menschenzüchtiger, Peinlein, Racker, Richter, Rumpfrecker, Schäler, Scharfkoch, Scherge, Schinder, Schleifer, Schnürhänslein, Schürfer, Schwerter, Steckenknecht, Steighinauf, Stocker (= zunächst bedeutet Stocker einen Gefangenenwärter), Stockmeister, Strafer, Strenger, Töter, Wasenmeister, Züchtiger und Zwicker.
Vgl. Angstmann, S. 64.

208 Riezler. S. 279.

209 Zitiert nach Georg Rösch (Gelnhausen).

210 »item eine nuwe hemmt ir andhün, das soll getaufet werden auf den Sonntag in einer fronfasten in Weihwasser und geweihtem Salz«.

211 Das Urteil lautet:
»Debolt Hartmann von Miltenbergk, graven Philippsen von Firnberg zu Monderau (Monreal?) scarpffrichter, als er sich mit Hans Nusten son freveicher wort und wercke hi inne dem Rosenthal begeben hatt und ein moder gescholten und deßhalb zu flosse (Flörsheim?) aufs Schloß gelegt (= d.h. in das dortige Gefängnis gebracht worden ist), ist uff eyn alten orfridden, den er gesworn hait, widder ußgelaisen und fur eyn abatryg des frabels zwen Gulden zu buß geven. Actum tertia post Inkovavit anno. XCII.«.

Die Folter in der praktischen Anwendung

212 Es werden genannt:
● Erlaute Personen, Senatoren und berühmte (= ausgezeichnete) Leute.
● In Ehren entlassene Ritter aus dem Heeresdienst.

- Gelehrte, Rechtsanwälte und Studenten.
- Gewisse Jugendliche und Altersschwache.
- Schwermütige, Taube und Stumme; weil man von ihnen kein sicheres Geständnis erwarten kann.
- Schwangere Frauen, solange sie ihre Leibesfrucht tragen.
- Gesitliche und all diejenige, die direkt mit der Hexenfängerei zu tun haben.

213 Eine solche Liste wurde 1627 – 1629 in Würzburg geführt. Bei 29 »Bränden« hat man dort 157 Personen hingerichtet. Die Opfer kamen aus allen Berufsgruppen und Gesellschaftsschichten der Stadt. Ausnahmslos jeder konnte in das Räderwerk der Hexengerichte geraten. Zur Veranschaulichung drucken wir hier den Originaltext der Würzburger Liste ab.

Verzeichnis der Hexen-Leut, so zu Würzburg mit dem Schwert gerichtet und hernacher verbrannt worden

Im ersten Brandt vier Personen.
Die Lieblerin. Die alte Anckers Wittwe. Die Gutbrodtin. Die dicke Bäckerin.

Im andern Brandt vier Personen.
Die alte Beutlerin. Zwey fremde Weiber. Die alte Schenckin.

Im dritten Brandt fünf Personen.
Der Hungersleber, ein Spielmann. Die Kulerin. Die Stierin, eine Procuratorin. Die Bürsten-Binderin. Die Goldschmidin.

Im vierdten Brandt fünf Personen.
Die Siegmund Glaserin, eine Burgemeisterin. Die Birckmannin. Die Schickelte Amfrau (Hebamme).
von der kommt das ganze Anwesen her. Die alte Rumin. Ein fremder Mann.

Im fünften Brandt acht Personen.
Der Lutz ein vornehmer Kramer. Der Kutscher, ein Kramer. Des Herrn-Dom-Propst-Vögtin. Die alte Hof-Seilerin. Des Jo. Steinbacks Vögtin. Die Baunachin, eine Ratsherrnfrau. Die Znickel Babel. Ein alt Weib.

Im sechsten Brandt sechs Personen.
Der Rath-Vogt, Gering genannt. Die alte Kanzlerin. Die dicke Schneiderin. Des Herrn Mengerdörfers Köchin. Ein fremder Mann. Ein fremd Weib.

Im siebenten Brandt sieben Personen.
Ein fremd Mägdlein von 12 Jahren. Ein fremder Mann. Ein fremd Weib. Ein fremder Schultheiß. Drey fremde Weiber. Damahls ist ein Wächter, so theils Herren ausgelassen, auf dem Markt gerichtet worden.

Im achten Brandt sieben Personen.
Der Baunach, ein Raths-Herr, und der dickste Bürger zu Würzburg. Des Herrn Dom-Propst-Vogt. Ein fremder Mann. Der Schleipner. Die Visirerin. Zwei fremde Weiber.

Im neundten Brandt fünf Personen.
Der Wagner Wunth. Ein fremder Mann. Der Bentzen Tochter. Die Bentzin selbst. Die Everingin.

Im zehnten Brandt drei Personen.
Der Steinacher, ein gar reicher Mann. Ein fremd Weib. Ein fremder Mann.

Im elften Brandt vier Personen.
Der Schwerdt, Vicarius am Dom. Die Vögtin von Rensacker. Die Stiecherin. Der Silberhans, ein Spielmann.

Im zwölften Brandt zwey Personen.
Zwey fremde Weiber.

Im dreyzehenden Brandt vier Personen.
Der alte Hof-Schmidt. Ein alt Weib. Ein klein Mägdlein von neun oder zehn Jahren. Ein geringeres, ihr Schwesterlein.

Im vierzehenden Brandt zwey Personen.
Der erstgemeldten zwey Mägdlein Mutter. Der Lieblerin Tochter von 24 Jahren.

Im fünfzehenden Brandt zwey Personen.
Ein Knab von 12 Jahren in der ersten Schule. Eine Metzgerin.

Im sechzehenden Brandt sechs Personen.
Ein Edelknab von Katzenstein, ist Morgens um 6 Uhr auf dem Cantzley-Hof gerichtet worden, und den gantzen Tag auf der Bahr (Bahre) stehen blieben, dann hernacher den andern Tag mit den hierbeygeschriebenen verbrant worden.
Ein Knab von zehn Jahren. Des obgedachten Raths-Vogts zwo Töchter und seine Magd. Die dicke Seilerin.

Im siebenzehenden Brandt vier Personen.
Der Wirth zum Baumgarten. Ein Knab von eilf Jahren. Eine Apotheckerin zum Hirsch, und ihre Tochter. Eine Harsnerin hat sich selbst erhenket.

Im achtsehenden Brandt sechs Personen.
Der Baisch, ein Rothgerber. Ein Knab von zwölf Jahren, noch. Ein Knab von zwölf Jahren. Des D. Jungen Tochter. Ein Mägdlein von fünfsehen Jahren. Ein fremd Weib.

Im neunzehenden Brandt sechs Personen.
Ein Edelknab von Rotenhan, ist um 6 Uhr auf dem Catzley-Hof gerichtet, und den andern Tag verbrannt worden. Die Secretärin Schellharin, noch. Ein Weib. Ein Knab von zehn Jahren. Noch ein Knab von zwölf Jahren. Die Brüglerin eine Beckin, ist lebendig verbrennt worden.

Im zwanzigsten Brandt sechs Personen.
Das Göbel Babelin, die schönste Jungfrau in Würtzburg. Ein Student in der fünften Schule, so viel Sprachen gekont, und ein vortreflicher Musikus vocaliter und instrumentaliter. Zwey Knaben aus dem neuen Münster von zwölf Jahren. Der Steppers Babel Tochter. Die Huterin auf der Brücken.

Im einundzwanzigsten Brandt
sechs Personen.

Der Spitalmeister im Dietericher Spital, ein sehr gelehrter Mann. Der Stoffel Holtzmann. Ein Knab von vierzehn Jahren. Des Stoltzenbergers Ratsherrn Söhnlein, zween Alumni.

Im zweiundzwanzigsten Brandt
sechs Personen.

Der Stürmer, ein reichter Bütner. Ein fremder Knab. Des Stoltzenbergers Raths-Herrn große Tochter. Die Stoltzenbergerin selbst. Die Wäscherin im neuen Bau. Ein fremd Weib.

Im dreiundzwanzigsten Brandt
neun Personen.

Des David Croten Knab von zwölf Jahren in der andern Schule. Des Fürsten Kochs zwey Söhnlein, einer von 14 Jahren, der ander von zehn Jahr aus der ersten Schule. Der Melchior Hammelmann, Vicarius zu Hach. Der Nicodemus Hirsch, Chor-Herr im neuen Münster. Der Christophorus Barger, Vicarius im neuen Münster. Ein Alumnus. Der Vogt im Brembacher Hof, und ein Alumnus sind lebendig verbrannt worden.

Im vierundzwanzigsten Brandt
sieben Personen.

Zween Knaben im Spital. Ein reicher Bütner. Der Lorenz Stüber, Vicarius im neuen Münster. Der Betz, Vicarius im neuen Münster. Der Lorenz Roth, Vicarius im neuen Münster. Die Roßleins Martien.

Im fünfundzwanzigsten Brandt
sechs Personen.

Der Fridrich Basser, Vicarius im Dom-Stift. Der Stab, Vicarius zu Hach. Der Lambrecht, Chor-Herr im neuen Münster. Des Gallus Hausen Weib. Ein fremder Knab, die Schelmerey Krämerin.

Im sechsundzwanzigsten Brandt
sieben Personen.

Der David Hans, Chor-Herr im neuen Münster. Der Weydenbusch, ein Raths-Herr. Die Wirthin zum Baumgarten. Ein alt Weib. Des Valckenbergers Töchterlin ist heimlich gerichtet, und mit der Laden verbrannt worden. Des Raths-Vogts klein Söhnlein. Der Herr Wagner, Vicarius im Dom-Stift, ist lebendig verbrannt worden.

Im siebenundzwanzigsten Brandt
sieben Personen.

Ein Metzger, Kilian Hans genannt. Der Hüter auf der Brücken. Ein fremder Knab. Ein fremd Weib. Der Hasnerin Sohn, Vicarius zu Hach. Der Michel Wagner, Vicarius zu Hach. Der Knor, Vicarius zu Hach.

Im achtundzwanzigsten Brandt,
nach Lichtmeß anno 1629 sechs Personen.

Die Knertzin, eine Metzgerin. Der D. Schützen Babel. Ein blind Mägdlein. Der Schwart, Chor-Herr zu Hach. Der Ehling, Vicarius. Der Bernhard Mark, Vicarius am Dom-Stift, ist lebendig verbrannt worden.

Im neunundzwanzigsten Brand
sieben Personen.

Der Viertel Beck. Der Klingen Wirth. Der Vogt zu Mergelsheim. Die Beckin bei dem Ochsen-Thor. Die dicke Edelfrau. Ein geistlicher Doctor, Meyer genant, zu Hach, und ein Chor-Herr ist früh um 5 Uhr gerichtet und mit der Bar verbrannt worden. Ein guter vom Adel, Junker Fischbaum genannt. Ein Chor-Herr zum Hach ist auch mit dem Doctor eben um die Stunde heimlich gerichtet, und mit der Bar verbrannt worden. Paulus Vaecker zum Breiten Huet.

Seithero sind noch zwey Brändte gethan worden.

Datum, den 16. Febr. 1629.

214 Wolf, Hans-Jürgen. S. 297.

215 Vgl. Reichssachen. Frankfurt am Main. II. Nr. 1591/1629.

216 Eschenröder. S. 72.

217 »the scavengers daughter«.

218 Eschenröder. S. 75.

219 Fischard. Consilia. Bd. II. S. 216.

220 Spielmann. S. 56/57.

221 Soldan-Heppe. Bd. I. S. 523.

222 Spielmann. S. 111.

223 »quinque bottas de curlo«.

224 Balzer Noß in anderer Schreibweise. Vgl. Malkmus. Fuldaer Anekdotenbüchlein. Fulda. 1874. Wiegand. Wetzlar'sche Beiträge für Geschichte und Reichsaltertümer. Bd. III. Gangolf Hartung. Chronik von Fulda. 1607 – 48.

225 Gangolf Hartung. Chronik von Fulda. 1607 – 1648.

226 Demant. S. 32.

227 Demant. S. 33.

228 Ganerbe (Zusammensetzung mit ge- und an), früher der Miterbe, Ganerbenschaft, die nach dem Tod des Hausvaters im ungeteilten Erbe zusammenlebenden Abkömmlinge. Über seinen Anteil konnte der einzelne Ganerbe nicht verfügen. Solche Erbgemeinschaften zu gesamter Hand gab es bei Adel und Bauern. Es gab sie auch beim Patriziat in der Stadt. Unter den auf den Ganerbenburgen zusammenlebenden Ganerben wurden Verträge geschlossen, die die Benutzung regelten.

229 Demant. S. 35.

230 Zitiert nach Georg Rösch (Gelshausen). Zeitungsausschnitt.

231 Wolf, Hans-Jürgen. S. 297.

Die Hexen brennen

1 Bamberg und Würzburg werden zum Schauplatz schrecklicher Hexenverfolgungen. Merkwürdigerweise fallen sie wie die

Trier'schen und Paderborn'schen unter die Regierungszeit jesuitenfreundlicher Fürsten. Besonders wütet die Geißel des Hexenwahns im Frankenwald. In Geroldshofen werden 1616 99 Personen verbrannt. Vergl. Baldi. S. 12/13.

2 Das Hexenwesen im Fürstenthum Neisse, dann im Gesenke Mähren im 17 Jh. Nach den Originalquellen dargestellt von H . . . dr . . . t. 1836.

3 So Franz Lambert an Butzer.

4 Es handelt sich um (den) Herzog Ferdinand Maria und seine Frau, Henriette von Savoyen.

5 Er schreibt: » . . . in manipicium tuum me tibi dedico consacroque, virgo Maria, Maximilianeus peccatorum coryphäus«. Frei übersetzt: » . . . zu deinem Knecht übergebe und weihe ich mich dir, Jungfrau Maria, mit diesem Zeugnis des Blutes und der Handschrift. Ich, Maximilian, der Sünder Koryphäe«.

6 Vogt. S. 128.

7 Vogt. S. 129.

8 Riezler. S. 171.

9 Binsfeld ist Zögling des Germanicums. Vergl. Steinhuber. Geschichte des Collegiums Germanicum Hungaricum. Freiburg. 1895. Bd. 1. S. 211 ff.

10 Riezler. S. 171.

11 In: »de confessionibus maleficorum et sagarum«. ed. 1623.

12 Längin. S. 131.

13 Vergl. den Brief P. Joh. B. Gibbons, des Rektors des Trierer Jesuitenkollegs an den General P. Aquaviva vom 5. September 1585. Darin zeigt er, daß der Junge die Künste der Zauberinnen kennt und erzählt, wie sie Unwetter erregen, Vieh und Menschen töten und die Saaten vernichten.

14 Geboren in Gouda (Niederlande).

15 »de vera et valsa magia«.

16 Riezler. S. 245.

17 Außerdem sind die Kommissare Dr. theol. G. Helfenstein, Dr. jur. J. Collmann, ein Notar, Zeugen und Schreiber anwesend.

18 DelRio sagt: » . . . Loos hinterläßt nicht wenige Anhänger seiner Dummheit. Mögen diese, wenn auch spät, inne werden, wie gefährlich es ist, dem Urteil der Kirche die Delirien eines Ketzers vorzuziehen«. Vergl. Riezler. S. 245.

19 Es handelt sich um den Sohn des Stadtsekretärs Johann Flade, der vermutlich in Trier geboren ist.

20 Siebel. S. 35.

21 Siebel. S. 30.

22 Siebel. S. 25.

23 In dem von ihm herausgegebenen »Enchiridon christiane institutiones«.

24 Vergl. Zeitschrift f. Kulturgeschichte. 1859.

Bd. IV. S. 765. Aus den überlieferten Quellen Weinbergs läßt sich erkennen, daß in der Zeit zwischen 1520 – 1570 wenig (Hexen)prozesse geführt worden sind.

25 Wolf, Hans-Jürgen. S. 361.

26 Einen gleichgelagerten Fall berichtet der k.-sächsische Altertumsverein über einen Jacob Pechtenau im Jahr 1570 aus Wurzen. Er wird mit glühenden Zangen gezwickt, auf einen Wagen gebunden und lebend auf ein Rad geflochten. Vergl. Mitteilungen des sächsischen Altertumsvereins von 1846. Heft III. S. 81.

27 Siebel. S. 48.

28 Es steht fest, daß sich die Vorgänge auf den Würzburger Raum beziehen, denn in Dumonts Aktenstücken (Dekanat Hersel) ist der Original-Wortlaut abgedruckt: » . . . sonsten bin ich (Pfarrer Durer) vor zwei oder drei Tagen in Bonn gewesen . . . und (habe auf) Ew. Gnaden Gesundheit getrunken. Über den Tisch kam ein Schreiben von Würzburg an Schlater, von einem ‚Canonico bonnesi‘ abgegangen, ungefähr diesen Inhalts«: » . . . ein Faß Wein anno 1624 wird allhier verkauft für 140 Reichstaler, deren Se. fürstliche Gnaden 4 000 (davon) hat, und sonst haben die Reichsten auch noch ihre Keller wohl versehen. Solche sind aber mehrentheils Hexenmeister. Dieser Art geht wohl noch die ganze Stadt drauf«.

29 Ich folge der Dissertation von Friedrich Wilhelm Siebel. Bonn. 1959. »Hexenverfolgung in Köln«.

30 Siebel. S. 66.

31 Merzbacher. S. 40.

32 Generalinstruktion von den Trutten. St. A. Bamberg. Rep. B. 260. Nr. 44.

33 Merzbacher. S. 42. Er beruft sich auf die Chronik der Dominikanerin Anna Junius, einer Tochter des während des Hexentreibens hingerichteten Bürgermeisters Junius.

34 Merzbacher. S. 43.

35 Er sagt am 26. Februar 1628: » . . . sie seyen in die fürstliche Ratsstube zu Bamberg eingefahren«.

36 Er sagt unter dem Druck der Folter: » . . . den 5. July 1728 sei er selbst neben anderen in der fürstlichen Ratsstube an dem Ort zur linken Hand . . . nächtlicherweise bei einer Drudenversammlung gewesen«.

37 Er sagt: » . . . vor einigen Jahren habe eine teuflische Zusammenkunft in der fürstlichen Ratsstube stattgefunden«. Vergl. Lambreg. S. 35.

38 »Panoplia armaturae Dei. Conciones contra ommes Superstitiones et praestigiis diaboli«. Ingolstadt. 1628.

39 Soldan-Hepp. Bd. 2. S. 3.

40 » . . . nachfolgende Personen seindt durch unerhörte Speis alls hering mit lauter Saltz

und Pfeffer zum Prey gesotten, so sie ohne ainichen truck essen müssen. Item mit einem Wannen Baadt von siedheißem Wasser mit Kalch, Saltz, Pfeffer vndt anderer scharfen Matherie zugerichtet, neben andern erfundenen Torturen auch Hungers Noth ohne einichen christlichen Trost, Urtl oder Rath ellendtlich vmb ihr Leben kommen«.

41 Längin.

42 Lambreg. S. 26.

43 Signatum, den 22. September anno 1627: ex mandato.

44 »etlicher Hochgelehrter Bedencken von Hexen und Unholden«. In: Theatrum de veneficiis. Frankfurt am Main. 1586. S. 373.

45 Datum: Wißmain, den 15. April 1630. Euer Hochfürstl. Gnaden gehorsambste Diener Johann Christian von Bengenöe. Hanns von Eybcast.

46 Vergl. Beiträge zur Geschichte des Hexenwahns in Franken. Bamberg. 1883. S. 49/55.

47 Es handelt sich um die Rechtskundler Schwartzcontz und Herrnberger.

48 Der Kanzler Dr. Haan und sein Sohn werden ebenfalls hingerichtet. Vergl. Archiv f. katholisches Kirchenrecht. Bd. 50. S. 192 ff.

49 Dr. Georg Haan.

50 Es handelt sich um eine Stelle im Hauptmoorswald.

51 Es handelt sich um den Bischof Johann Georg II.

52 Im Original »tauf-dotten«; wohl ein Lokaldialekt.

53 Es handelt sich um seinen jüngsten Sohn Georg, seine Töchter Veronika (der er den Brief schreibt) und um Anna Maria.

54 Ohne Zweifel handelt es sich um den Bürgermeister Georg Neudecker, der von 1612 bis zu seiner am 28. April erfolgten Verhaftung einer der vier Bürgermeister von Bamberg gewesen ist. Dazu kommt die Tochter des fürstbischöflichen Zahlmeisters Wolfgang Hofmeister namens Ursula; außerdem die Hopfen Els(e).

55 Es handelt sich um seine andere Tochter, eine Nonne zum hl. Grab zu Bamberg. Sie schreibt in ihrer Chronik von 1627: » . . . als nun solches (das Drudenhaus) ausgebaut gewesen, hat man allhier am Tage der unschuldigen Kindlein die Kanzlerin, ihre Tochter, auch zwei Bürgermeisterweiber zum Ersten ins Trutenhaus geführt, nach diesen sind fast die allerstattlichsten und fürnehmsten Leute allhie ins Trutenhaus geführt worden, endlich zum schwarzen Kreuz geführt, allda sind etliche hundert gerichtet und verbrannt worden. Darunter viele vornehme schöne Jungfrauen und junge Gesellen gewesen. Ob nun allen recht geschehen ist, ist Gott allein bewußt«. Vergl. Haas. Geschichte der Pfarrei zu St. Martin zu Bamberg. Bamberg. 1845. S. 266.

56 Vergl. Archiv Admin 857/1878 im St. A. Würzburg. Aufzeichnungen über die Untersuchung gegen den Unterprobst des Klosters Wächterwinkel. Vergl. Rost. Archiv des hist. Vereins. 11. Bd. H. Würzburg. 1950.

57 Vergl. Wilhelm Engel. Die Ratschronik der Stadt Würzburg. XV. und SVI. QFW. II. Würzburg. 1950. Nr. 100. S. 33.

58 Vergl. Merzbacher. Das alte Halsgerichtsbuch des Hochstiftes Eichstätt. Eine archivalische Quelle zur Geschichte des Strafvollzugs des Hochstiftes Eichstätt . . . im 15. und 16. Jh. und zur rechtlichen Volkskunde. ZRG. 86. Germ. Abteilung. 73. 1956. S. 385.

59 Rost. Archiv des hist. Vereins. II. Bd. H. Würzburg. 1850. S. 71.

60 Baldi. S. 12.

61 Merzbacher. S. 30.

62 Röwer, J.: Alter und Newer Schreib-Calender 1598 – 1618. Vermerke unter dem 11. Juni 1617. Vergl. Merzbacher. S. 31.

63 Röwer, J.: Alter und Newer Schreib-Calender 1598 – 1618. Vermerke unter dem 11. Juni 1617. Vergl. Merzbacher. S. 31.

64 Soldan-Heppe. Bd. 2.

65 Merzbacher. S. 32.

66 So in einem Rescript an den »Vogteyverweser und Centgrafen zu Geroldshofen«. Vergl. Merzbacher. S. 33.

67 Längin. S. 115.

68 Merzbacher. S. 35.

69 Merzbacher. S. 36.

70 Vergl. den Katalog »Stadtmuseum Erlangen. Hexen«. Ausstellung vom 24.3. – 8.9.1985, wie die einschlägigen Arbeiten von Gustav Wulz. In: Der Rieser Heimatbote 1937, Nr. 131. 1938, Nr. 140. 1939, Nr. 142 – 147. Ebenso sein Aufsatz »Nördlinger Hexenprozesse« im Rieser Heimatbuch (Jahrbuch) 20 (1937).

71 Reicke, E. Geschichte der Reichsstadt Nürnberg. Nürnberg 1896. S. 634.

72 Greiner, J. Hexenprozesse in Dinkelsbühl. In: Alt-Dinkelsbühl. Mitteilungen aus der Geschichte Dinkelsbühls und seiner Umgebung. Beilage zum Wörnitz-Boten. 16. Jahrgang. Nr. 6. 31. Dezember 1929.

73 n.n.

74 Duhr (1913). S. 489.

75 Rösel, R. Die letzte Hexe von Schweinfurt anno 1728. In: Schweinfurter Heimatblätter. Beilage zum Schweinfurter Tageblatt. Nr. 9. 1935. Vergl. dazu Merzbacher. S. 48.

76 Merzbacher. S. 48.

77 Soldan-Heppe. Bd. 2. S. 42.

78 Steiner. Geschichte der Stadt Dieburg. S. 68 – 100.

79 Duhr (1913). S. 483.

80 Soldan-Heppe. Bd. II. S. 43.

81 Schüler. Geschichte der Stadt Hochheim. Aus:Mainzer handschriftliche Arbeiten. S. 135.

82 Hufschmidt. Zeitschrift f. Kulturgeschichte. 1859. S. 432.

83 Wallaus, D. Oberurseler Reinchronik von E. Roth. S. 1879.

84 Zimmermann. »Hanau, Stadt und Land«. S. 389.

85 Riezler. S. 33/34.

86 Riezler. S. 279.

87 Beispielsweise der Kurfürst Ferdinand Maria am 23. März und Maximilian II. (Joseph) am 12. April 1764.

88 Wolf, Hans-Jürgen. a.a.O.

89 Herzog Maximilian I. von Bayern (1597 – 1651). Seit 1623 Kurfürst. Geb. 17.4.1573 in München, gest. 27.9. in Ingolstadt. Er steht intelektuell nah bei den Jesuiten und ist Begründer der »katholischen« Liga.

90 »Indicium generale de poenis maleficarum et sortilegum utrisque sexus«.

91 Riezler. S. 197.

92 Riezler. S. 194.

93 Die Barnabiten sind Regularkleriker des hl. Paulus (= auch: Paulaner); benannt nach ihrem Sitz in Mailand, dem Barnabaskloster. Der Orden wird 1530 unter A. M. Zaccaria gegründet. Er besteht noch heute und widmet sich dem Unterricht und der Seelsorge.

94 Riezler. S. 196.

Wolf, Hans-Jürgen. a.a.O.

96 Werdenfelser Hexenprozeß vom Jahre 1589. seq. Originalakten beim Historischen Verein von Oberbayern. Nr. 183. Der Grainacher Benefiziat Joh. Bapt. Prechtl benutzt die Dokumente um 1850. Hier befinden sich die Arbeitsunterlagen von Hocheneicher »Geschichte des Werdenfelsischen Hexen-Prozesses von den Jahren 1589 bis 1592 aus den Akten dargestellt«, und die von J. C. Bernh. Her: »Großer Hexenprozeß zu Werdenfels in Bayern gegen Ende des 16. Jh. . . . aus den Originalakten geschichtlich dargestellt«. Eine gründliche Arbeit lieferte Fritz Kuisl »Die Hexen von Werdenfels. Rekonstruiert an Hand der Prozeßunterlagen von 1589 – 1596«. Er hat eine fundierte Namenskartei erstellt. Ich folge seinen Ausführungen.

97 Riezler. S. 177.

98 Riezler. S. 197.

99 Riezler. S. 204.

100 Ludwig Rapp, der aus Sterzing stammende Seelsorger und Historiker veröffentlicht 1874 seine Arbeit »Die Hexenprozesse und ihre Gegner in Tirol«. Damit beginnt in den österreichischen Ländern die wissenschaftliche Auseinandersetzung mit dieser Problematik. Sein Buch enthält einen Überblick über die seinerzeit bekannten Hexenprozesse in Tirol mitsamt Auszügen aus eigenen Akten.

Ergiebiges Material steuert der Brixener Archivar Hartmann Ammann bei. Die umfangreichste Sammlung aus allen österreichischen Ländern legt der Jurist Fritz Byloff 1934 vor. Er kann etwa 1 700 in Zaubereiprozessen namhaft gemachte Menschen nachweisen und geht davon aus, daß die Gesamtzahl maximal 5 000 Personen umfaßt, » . . . diese Zahl ist erschreckend hoch, wenn man berücksichtigt, daß es sich weitgehend um Todesopfer handelte«.

Die Historiker Herbert Klein und Heinz Nagl bearbeiten vor allem die Salzburger Hexenprozesse. Vergl. dazu H. Nagl. »Der Zauberer-Jackl-Prozeß. Hexenprozesse im Erzstift Salzburg 1675 – 1690«. In: Mitteilungen der Gesellschaft f. Salzburger Landeskunde 113 (1973). 388 – 539, bes. 442 ff. 524.

Wichtig ist: P. Obermayer. Der Wiener Hexenprozeß des Jahres 1583. Ungedr. phil. Dissertation. Wien. 1963. Hier sind die Akten im Prozeß gegen die Plainacherin erfaßt.

Ich folge den verdienstvollen Arbeiten von: U. Schönleitner. Zauberei- und Hexenprozesse in Österreich. Geistesw. Diplomarbeit. Wien. 1987 und Heide Dienst: Magische Vorstellungen und Hexenverfolgungen in den österreichischen Ländern (15. – 18. Jh.) In: Wellen der Verfolgung in der österreichischen Geschichte. Hg. von E. Zöllner (= Schriften des Instituts für Österreichkunde 48. 1986), sowie ihr Aufsatz »Hexenprozesse auf dem Gebiet der heutigen Bundesländer Vorarlberg, Tirol (mit Südtirol), Salzburg, Nieder- und Oberösterreich sowie des Burgenlandes«. Abgedruckt im Katalog »Hexen und Zauberer«. Die große Hexenverfolgung – ein europäisches Phänomen in der Steiermark. Hg. Helfried Valentinitsch. Ausstellungskatalog zur Steirischen Landesausstellung. Graz. 1987.

101 Schloßarchiv Hainfeld, Faszikel »Hechsenprozesse«, »Inventarien«, »Stiftungen der Franziskaner« und die »Raabauer Mühle«. Briefwechsel mit dem Verwalter Karl Bittl zu Hainfeld.

F. Byloff: Gregor Agricola und Katharina Paldauff. Sage und Wirklichkeit. In: Heimgarten 59. 1935.

J. Hammer-Purgstall: Die Gallerin auf der Riegersburg. Historischer Roman mit Urkunden. Darmstadt. 3. Bde. 1845.

Ich folge den verdienstvollen Aufsätzen und Darstellungen von Rudolf Grasmug und Helfried Valentinitsch »Die Verfolgung von Hexen und Zauberern im Herzogtum Steiermark. Eine Zwischenbilanz«. Dort sind weiterführende Quellen genannt.

102 G. Vandendriesche, Johann Christop Haitzmann (1651 – 1700). Barocke Teufelsaustreibung in Mariazell. In: Die Welt des Barock.

Hg. R. Feuchtmüller und E. Kovaces. Wien. 1986. S. 141 – 145.

O. Pickl. Geschichte des Ortes und Klosters Neuberg. 1966. Ich folge dem Aufsatz von Othmar Pickl. »Der Teufelsbündner Marx Heen« im Katalog zur Steierischen Hexenausstellung. 1987.

103 Im Steiermärkischen Landesarchiv (Graz) haben sich Aufzeichnungen erhalten. Die einst im Wurmbrand'schen Besitz befindlichen Originale lagen vor 100 Jahren im Schloß Oberradkersburg.

Die Grundlage zur Erforschung des Prozesses schuf Leopold von Beck-Widmannstetter, der sich gegen Ende des vorigen Jahrhunderts an Ort und Stelle der Mühe unterzog, die Protokolle durchzuarbeiten. Vergl.: Feuilletons in der Grazer Tagespost in den Ausgaben vom 24., 25. und 26. Januar, sowie 1. und 2. Februar 1884, so dann im selben Jahr ein aus dem Zeitungsaufsatz hergestellter und von L. Beck-Widmannstetter herausgegebenen Separatdruck. »Die Hexe von Wernsee«.

Ich folge der Arbeit von Alfred Seebacher-Mesaritsch »Der letzte Hexenprozeß im Herzogtum Steiermark«. Veröffentlicht im Grazer Ausstellungskatalog. 1987. HG. Valentinitsch.

104 Maria Carlotta Josepha, geb. Gräfin Sternberg, war die Frau des Fürsten Johann Anton (II.), Joseph zu Eggenberg (dieser ein Sohn des Johann Syfried), der 1716 starb. Ihr Palais in der Grazer Sackstraße beherbergt jetzt die Neue Galerie des Landesmuseums Johanneum. Nach dem Tod der Fürstin-Witwe (1754) ging Oberradkersburg durch die dritte Ehe ihrer Tochter Maria Anna Eleonore in den Besitz des letzten Grafen Herberstein auf Pusterwald über. Im Mannesstamm waren die Eggenberger 1717 erloschen.

105 Fischer (1791). S. 306.

106 Er wird 1600 geboren und ist der 5. Sohn des Herzogs Johann II. v. Weimar (gest. 1605), Johann Friedrich der Vierte. Herzog von Sachsen. Ernestinischer Linie. Bd. V. von B. Rose. 1827.

107 Zitiert nach Georg Rösch (Gelnhausen, Zeitungsausschnitt).

108 Zitiert nach Georg Rösch (Gelnhausen, Zeitungsausschnitt).

109 Vergl. Reichssachen II. Nr. 1581 von 1629.

110 Urphedenbuch der Stadt Frankfurt am Main (1571). S. 12.

111 Frankfurter Urphedenbuch. S. 108. Urgichten 153. Urgichten von 1541.

112 Eschenröder. S. 72.

113 In seiner ersten Predigt (S. 19). Vergl. Eschenröder.

114 Eschenröder. S. 75.

115 Spielmann. S. 44.

116 Spielmann. S. 56/57.

117 Soldan-Heppe. Bd. II. S. 523.

118 Spielmann. S. 111.

119 Matthäus-Evangelium. Kap. 18.6.

120 Spielmann. S. 79.

121 Spielmann. a.a.O.

122 Jacob Heerbrand: Disputatio de magia. Tubingiae. 1499(?).

123 Felix Bidenbach: Manuale ministrum Ecclesiae. Handbuch für junge angehende Kirchendiener im Herzogtum Württemberg zugericht. Frankfurt a.M. 1613.

124 Bocer. H. Tratatus de sagarum impietate nocendi imbelitate et poena gravitate. Tubingiae. 1621.

125 Naogeorgus, Thomas: eigentlich Kirchmayr oder Kirchmaier, ein neulat. Dichter. Geb. in Hubelschmeiß bei Straubing 1511; gest. 29.12.1563 in Wiesensteig als protestantischer Pfarrer. Er gilt als leidenschaftlicher Bekämpfer des Papsttums. 1546 folgt sein Bruch mit den Lutheranern.

126 Wie der Korrektor(?) Johann Hiltenbrandt bemerkt.

127 Zum Briefwechsel Brenz: Weyer: »Concio I. Brentii germanica, a Wiero latina fideliter reditta«. Iohan Wieri »De praestigiis daemonum et incantationibus et veneficiss libri sex. Basiliae. 1583.

128 Johannes Brenz. Predigt vom Hagel, Donner und allem Ungewitter. Straßburg und Eisleben. bzw. Homilia de gandine, habita anno 1539. Abgedruckt in: Pericopae evangeliorum . . . expositae per D. I. Brentium. Francoforte 1556 – 1557.

129 Vergl. Thummius. Tractatus theologicus de sagarum impietate, nocendi imbellitate et poena gravitte. Tubingiae. 1621.

130 » . . . es ist kein Zweifel, daß sich der Teufel mit göttlicher Zulassung in einen Mann oder in ein Weib verwandeln kann. Unter einer solchen Gestalt kann er, wie schon Augustus bemerkt, als In- oder Sucub mit den Menschen fleischlichen Umgang pflegen«. Vergl. De civita Dei. 123.

131 Eine Summe etlicher Predigten vom Hagel und Unholden, gethan in der Pfarrkirch zu Stuttgarten im Monat Augusto anno M.D.LXX. Durch Matheum Alberum und D. Wilhelmum Bidenbach, sehr nutzlich und tröstlich zu dieser Zeit zu lesen. Tubingiae. 1562.

132 Cod. 1.9. tit. 18.1 Imperator populam.

133 Konrad Platz. Kurtzer, notwendiger und wohlbegründeter Bericht vom zauberischen Beschweren und Segensprechen. Tübingen. 1565.

134 Vergl. zur Nürnberger Kirchenordnung. Lan-

ge. Neuere Geschichte des Fürstenthumbs Bayreuth. II. 30. Luthers Briefe von De Witte. 1827. S. 388.

135 Die Kinderpredigten in der Fassung von 1540 sind abgedruckt bei Myliin Corpus Constitutionem Marcharium. Vol. Nr. 2., während der mitgeteilte Passus aus den Nürnberger Kinderpredigten einem in der Nürnberger Stadtbibliothek befindlichen Werk: Kirchenordnung. In meiner gnädigen Herrn der Markgrafen zu Brandenburg und eines Erbarn Rats der Stadt Nürnberg Obrigkeit und gepieten. Wie man sie bayde mit der Leer und Ceremonien halten solle. M.D.XXXIII. Gedruckt zu Nürnberg durch Christoph Gutknecht, entnommen ist.

136 An Quellen stehen Verhörsprotokolle, Fakultätsgutachten, Urpheden, Ratsprotokolle und Briefe zur Verfügung. Abgerundet wird das Bild durch Recherchen aus anderen Gebieten des Hexenwütens.

137 » . . . ich beschwöre den Wind und den Hagel bei Jesus Christus und bei seinem Sohn, der ohm ward aufgethan, du sollst unsere Früchte unbeschädigt lohn. Im Namen des Vaters, des Sohnes und des heiligen Geistes«.

138 Warhafftige und Erschreckliche Thatten und Handlungen der LXIII. Hexen und Unholden, so zu Wiesensteig mit dem Brandt gerichtet worden seindt. Anno M.D.LXII.

139 Schwäbischer Provinzialausdruck, der so viel wie Widerwillen und/oder Ekel haben bedeutet.

140 » . . . wie wohl der Rat guten Fug gehabt, die Strenge gegen sie weiter einzunehmen, habe er doch auf allerhand von ihr vorgebrachte Entschuldigungen, flehendliches und demütiges Bitten hin ihr gegenüber Gnade erwiesen und sie aus der Haft entlassen. Jedoch nur unter der Bedingung, daß sie sich hinfüro eines stillen und ehrbaren Wandels und Lebens befleißige und alle verdächtigen Sachen meide, sonst wolle der Rath das Recht und die Macht haben, sie von Neuem zu verhaften«. (26. August 1596).

141 Schon früher der »schwäbische Blocksberg« genannt. Noch heute steht bei Burgbrühl auf der Schwäbischen Alb das sog. »Hexenbäumlein«.

142 Gemeint sind wohl die vier Evangelisten.

143 Aus: Hexenwahn und Hexenverfolgung in und um Schwäbisch Hall. Ausstellungskatalog. Hällisch-Fränkisches Museum Schwäbisch Hall. 18. Juni – 7. August 1988. Hier sind weiterführende Quellen genannt. Ich danke Frau Elisabeth Schrauth, auf deren Kenntnisse ich zurückgreife.

Paul Schwarz: Die Hexenverfolgung im Mittelalter. In: Der Haalquell 14 (1962). 5 –8. Gerd Wunder. Die Haller Hexenzeugen.

Wie es zum Prozeß gegen Katharina Schloßstein kam. In: Der Haalquell 30 (1978). 13 – 16.

144 Der württembergische Staatsrat Ludwig Freiherr v. Breitschwert hat die von ihm gefundenen Prozeßakten in seiner 1831 erschienenen Kepler-Biographie verwertet. Christian Frisch hat sich 1870 mit der gleichen Thematik befaßt. Ich folge der Arbeit von Berthold Sutter »Der Hexenprozeß gegen Katharina Kepler«. Zweite Auflage. Weil der Stadt. 1984.

Der Autor untersucht vor allem die rechtliche Seite des Prozesses, so daß dieser ein völlig anderes Gewicht erhält. Er sagt: » . . . was bei der Durchsicht der Prozeßakten vor uns entsteht, ist im Bild der kleinen Gemeinwesens mit all seinen Reibereien, mit dem aus Kleinigkeiten bestehenden Hader und Alltagsärger, bedingt durch das Zusammenleben auf engem Raum. Nichtigkeiten, die an Größe gewannen, seit die Reinboldin sich bemühte, diese aufzubauschen« (a.a.O. S. 114).

145 Sutter. S. 35.

146 Sutter. S. 36.

147 Die Keplerin gab arglos vor Gericht zu, daß sie den ihr bekannten Segensspruch über ihren kranken Kindern gesprochen habe, ihm dem Schulmeister angeraten und ihn nach ihrer Verhaftung dem Stadtschreiber Werner Feucht »Wort für Wort« ins Protokoll diktiert hatte. Er lautet:

Heiss mir Gott willkommen
Sonn und Sonnentag.
Kompst daher geritten.
Da steht ein Mensch, lass dich bitten,
Gott, Vater, Sohn und Hailiger Geist
Und die hailige Dreyfalttigkeit,
Geb diessem Menschen Bluet und Flaisch
Auch guete Gesundthaitt.

Hier ist es notwendig, auf einen religiösen Ansatz des Protestantismus zu verweisen. Luther steht den kirchlichen Benediktionen schroff gegenüber: dazu gehört die Anbetung der Bilder. Er sagte: alle Weihungen seien Erfindungen des Papstes und daher wie Werke des Teufels, nichts als Trug, Teufelsspiel und Blasphemie.

Durch die von Luther ausgelöste Kontroverse, an der sich neben vielen anderen Andreas Bodenstein v. Karlstadt, der ehemalige Minorit Johannes Fritzhans, Johannes Eberlin vor Günzburg, Ambrosius Moibanus, Johannes Cochläus, Pietro Vergerio von Capodistria: auf katholischer Seite der Bischof Berthold Pürstinger von Chiemsee beteiligten, brachte mit sich, daß Beschwörungen und Weihungen gleichermaßen vom Teufel stammen sollten, der damit die Menschen (noch) tiefer in die Abgötterei stürzen wollte. Diese Lehre ging in die Schmalkaldischen Artikel von 1537 und teilweise sogar in die weltliche Gesetzgebung ein, indem einzelne deutsche Territorialherren Benediktionen unter Strafe stellten.

In unserem Fall ist es der protestantische Pfarrer Johann Bernhardt Buckh, der sich daran aufhält und der diese – uns heute als Lapalie scheinende Sache – hochspielt. Unter Berufung auf den Katechismus mit höchstem Mißbrauch des Allerheiligsten Namens Gottes und der hochgebenedeiten Dreifaltigkeit nicht nur selbst abgöttische Segen gesprochen und die stummen Kreaturen angerufen, sondern auch noch andere zu solchem abgöttischen Wesen verleitet habe. Noch schlimmer als dies alles sei, daß sie solches Segensprechen für ein Gebet ausgegeben habe, was als schwerstes Delikt, nämlich das des Sakrilegs, angesehen werden müsse«.

148 Sutter. S. 38.

149 Sutter. S. 39.

150 Sutter. S. 38.

151 Sutter. S. 42.

152 Sutter. S. 50.

153 Sutter. S. 56.

154 Sutter. S. 63.

155 Seine Supplikation wird vom Konsilium abgelehnt, das am 23. Juni 1618 darauf drängt, daß der nunmehrige Prozeß der Glaserin gegen die Keplerin vorangetrieben werde.

156 Sutter. S. 112.

157 Sutter. S. 76.

158 Sutter. S. 66.

159 Die Keplerin sagte darauf: » . . . im Gefängnis von Leonberg habe ihr eine Weibsperson, ehe diese justifiziert worden sei, das Messer in die Pelzlegin(?) geschoben. Dann allerdings stellte sie selbst richtig, daß nicht die Weibsperson, sondern deren Mann (den man hingerichtet hat) die Frau aber entlassen worden sei . . . und ihr deshalb das Messer zugesteckt habe«.

160 Das interessanteste an der Arbeit Sutter's ist, daß er die rechtliche Seite des Prozesses durchleuchtet. Sie veranschaulicht den Stand der Jurisprudenz zu Beginn des 30-jährigen Krieges. Verteidigung und Anklage versuchen sich auf allgemeine Rechtsgrundsätze, Sentenzen und nahezu 50 verschiedene Autoritäten zu stützen. So wird Jean Bodin von den Parteien nahezu gleich häufig zitiert.

Die Anklage stützt sich in einem Punkt auf Petrus Binsfeld, den (katholischen) Weihbischof von Trier. Sofort wird von der anderen Seite zurückgepfiffen und hervorgehoben: » . . . daß dieser ein ‚Doctor Romano-catholicus‘ sei«.

Gesetzesstellen werden im Vergleich zur Untermauerung von Anklage und Verteidigung kaum herangezogen. Mit nur wenigen Artikel der Peinlichen Gerichtsordnung Kaiser Karl V. wird das Auslangen gefunden. Zusätzliche Stützung der vorgebrachten Rechtsansicht wurde im Römerbrief, dem zweiten Petrus-

brief und im Alten Testament (was typisch für die Protestanten ist) gesucht.

Beim damaligen Rechtsgang wäre kein Richter auf die Idee gekommen, etwa einen erfahrenen Wundarzt zu zitieren, der sich die Sache anschaut; was galt, waren die Aussagen der Zeugen. Seinerzeit war man von der Notwendigkeit überzeugt, daß sowohl von der Seite der Anklage, als auch von der Verteidigung nichts unwidersprochen bleiben durfte.

Hinzu kommt die Tatsache, daß es den mit der Strafrechtspflege befaßten Vögten oft an der wirklichen Eignung zu dieser Aufgabe fehlte, weshalb ihnen nach und nach die Urteilsfähigkeit entzogen und der Tübinger Juristenfakultät übertragen wurde. (Vergl. Sutter. S. 91.)

161 Vergl. zu dieser Problematik, die 1937 und 1938 erschienene Arbeit von Paul Gehring. »Der Hexenprozeß und die Tübinger Juristenfakultät«. Daraus wird ersichtlich, daß rund die Hälfte all der vielen von dem Tübinger Rechtskollegium abgegebenen Konsilien sich mit der Frage der Zulässigkeit der vom klagenden Vogt beantragten Verhängung der Tortur befaßte, bedrufte noch damals jede Folterung einer besonderen gerichtlichen Zulassungserkenntnis.

162 Sutter. S. 63.

163 **Auswahlliteratur:**
Aldenberger »Fewer-Spiegel«. 1610.

Württ. Vierteljahreshefte für Landesgeschichte. Jahrgang VI. 1883. Darin der Aufsatz von A. Schilling. Drei Hexenverbrennungen zu Ulm. S. 137 – 141. Er veröffentlicht die sog. »Verkünd-Zettel« gegen Chatharina Rüessin von Groß Suessen, Anna Uebelhierin (Millerin widtib von Aufhausen) und der Anna Ilg Judems zu Nöllingen wittib (Ilgen Anna genant).

Württ. Jahrbuch. 1882. S. 359.

Johann Georg Sauter (Pfarrer). Zur Hexenbulle 1484. Die Hexerei mit besonderer Berücksichtigung Oberschwabens. Ulm. 1884.

Freiburger Diözesanarchiv 1882. Bd. 15. S. 95 ff. »Verhöre und Verurtheilung in einem Hexenprozesse zu Triersperg im Jahre 1486«, nach den Mitt. aus dem Freiherrl. v. Roeder'schen Archiv von Felix Freiherr Roeder v. Diersburg.

Im 2. Heft des 11. Bandes der Alemania (1883 ider 1884) veröffentlicht Dr. Birlinger einige Auszüge aus Hexenprozessen von Königseggwald, die Dr. Buck vor 25 Jahren erforscht und mit Anmerkungen versehen hat. Er war Oberamtsarzt in Ehingen. Er hat Saulgauer Hexenprozesse beleuchtet, die sich in den Jahren 1665 und 1682 zu Königseggwald abgespielt haben. Es sind dies die Verfahren gegen Katharina Bosch vom Wald und gegen Katharina Zollerin.

Württ. Jahrbücher (1883). Heft 3. S. 247 ff. Hier veröffentlichte der Amtsrichter Beck »Hexenprozesse aus dem Fränkischen«.

3. Heft des Broschüren-Cyclus für das katholische Deutschland. 14. Jahrg. 1879. (Es behandelt auf 24 Seiten den Hexenprozess).

Hexenprozeß-Akten der Stadt Waldsee.

Carl Haas. Die Hexenprozesse. Tübingen. 1865.

Beiträge zur Geschichte der Stadt Rottweil von B. Langen. 1821.

Auszüge aus dem Reichsstadt Eßling'schen Blutbuch anno 1601 – 1727, die Hinrichtung der Hexenleute betreffend.

Pfaff. Bericht über die zu Esslingen vorgenommenen Hexenprozesse. In: Zeitschrift für deutsche Kulturgeschichte. 1856.

Hinzu kommen einige Vorträge. Prof. Dr. Ofterdinger hält im Juni 1882 in Ulm einen Vortrag über die Hexerei. Dr. Braun 1882 ebenso. Er ist abgedruckt in Nr. 37 und 38 des Freib. katholischen Kirchenblattes. 1882.

Hämmerle, Georg. Stadtarchivar aus Saulgau; verfaßt die verdienstvolle Arbeit. »Aus der Geschichte der Stadt Saulgau«. 1. Die Saulgauer Hexenprozesse (o.J.).

164 Sauter. S. 6.

165 Sauter. S. 49.

166 Ulmer Geistliche deuten 1647 nächtliches Vogelgeschrei in der Luft als Vorzeichen schrecklicher Ereignisse und (sie) beängstigen das Volk so, » . . . daß der Rath ihnen den Wahn benehmen und sie belehren ließ, es seyen nur Eulen gewesen«. Der Glaube an Wahrsagen, Weissagungen und vermeintliche Eingebungen, an Schicksalspropheten, Teufelsbesitzungen, Hexen und Gespenster griff immer weiter um sich, betörte den Verstand und verängstigte die Gemüter.

Die Ulmer Ärzte wollten den Aberglaube durch Arzneimittel *und* Stockprügel vertreiben, » . . . allein sie gaben ihr Vorhaben gegen die Ansicht der Geistlichkeit auf«.

Schilling hebt hervor: » . . . zu dieser Zeit wurden ungeachtet des Wuchergeistes, des großen Hangs zur Schwelgerey, Ueppigkeit und Wollust und der Rohheit mancher Art, die Predigten fleißig und mit Aufmerksamkeit besucht. Oft erschienen an einem Sonntag beym Abendmahl sechszehn bis siebenzehnhundert Personen«.

1613 soll der Leichnam des unter dem Namen Amandus heilig gesprochenen Dominikaners Heinrich Suso (Süß) im damaligen Dominikanerkloster entdeckt worden sein, was das Volk aufhorchen ließ. Der Bürgermeister ordnete an: » . . . man solle das Grab wieder zuwerfen, da man die Toten in Ruhe lassen soll«.

Schilling erwähnt, daß in Ulm die Spannung zwischen den Religionsparteien erheblich war (der Rat war protestantisch).

167 Sauter. S. 35.

168 Dr. Sauter erwähnt, daß die Saulgauer Hexenakten 1883 verlorengegangen seien, » . . . doch habe der Amtsschreiber Klingler daselbst in glücklicher Weise zuvor eine Abschrift genommen«.

Der Chronist Saulgaus, Präceptor Hafen, bemerkt nach den ihm vorliegenden Akten, daß in Saulgau schon in den Jahren 1612 – 17, namentlich aber in den Jahren 1650 – 80 viele Hexen hingerichtet wurden und deren Verfolgung selbst im Jahre 1731 noch nicht aufgehört hat. Gleichwohl fügt er bei: » . . . in anderen Städten wurden jedenfalls verhältnismäßig weit mehrere hingerichtet«.

Wenn Schilling Saulgau als »Hexenstädtle« ansieht und sagt: » . . . die kleine Stadt Saulgau ließ von 1650 – 1670 eine Hinrichtung nach der anderen folgen und erwarb sich dadurch den Beinamen, so müssen wir doch auf Hafen zurückgreifen. Der Beiname stammt nicht vom vielen, sondern vom langen Hexenbrennen.

Der Saulgauer Stadtarchivar Hämmerle berichtet, daß anläßlich der Fastnacht 1896 John Hummler ein historisches Festspiel verfaßt hat, in dem er wichtige Ereignisse der Stadtgeschichte festgehalten hat. Er denkt (auch) an die Zeit der Hexenprozesse und sagt dazu:

»Es ändern im ewigen Lauf sich die Zeiten,
und wir uns in ihnen, in Freuden und Leiden,
ja selbst auch die Hexen, die häßlichen, alten,
verwandeln sich nun in schöne Gestalten,
die jetzt statt mit bösem Blick, Giften und Tücken,
die Männer behexen mit lieblichen Blicken.

Und manch junger Mann, voll Liebesverlangen,
wird jetzt mit den Angeln der Schönheit gefangen.
Doch sind nicht verschwunden der Folter-Torturen,
sie wechseln nur in der Form der Naturen.
Wie einst die Alten gefoltert zu Tode,
so foltert die Jungen tyrannisch die Mode.

Die Eiserne Jungfrau ersetzt die Corsette,
den spanischen Stiefel die kleine Stiefelette.
Und weniger schmerzte die Schraube und Zange
als jetzt die Mode mit eisernem Zwange,
als Gürtel, Reifrock, Hut und Turnüre,
und Stickstock und Zimmerluft, Tanz und Klaviere.

Drum schafft euch 'ne deutsche, ästhetische Mode,
die euch nicht mehr foltert zu Krankheit, zum Tode!

Auch unser Geschlecht muß sich kräftig erneuern, nur dann können wir uns der Zukunft noch freuen«.

169 Schilling. S. 137

170 In diesem Zusammenhang soll ein achtjähriges Mädchen aus Schwaben von ihrer Mutter das Wettermachen erlernt haben. Der Mann denunziert daraufhin seine Frau, die eingezogen und als Hexe zum Feuertod verurteilt wird.

171 » . . . anno Christi 1580 im Februar vom 7 biß auff 20. Julij sind am Neckar vndd vnnd Rheinstrom hundert vnd vierzehn Zauberin vnd Hexen verbrand worden, als zu Wurzen (Wurzach) 9, zu Biberach 5, zu Kirch (Leutkirch) 5, zu Wangen 9, zu Ißne (Ißni) 3, zu Fissach (Füßach) vnnd Wolfa (Wolfach) 11, zu Horb vnd Rotenburg am necker 9, zu Treiburg (Freiburg?) vnd Rotweil 30, zu Costnitz (Konstanz) 11. Den 6. May zu Überlingen 3, zu Kuppenheim 6, in der Wantzenaw 3. Zu Burga (Burgau?) 6 Hexen, sampt einem Hexenmeister oder Drudenkönig, zu Radtstatt (Rastatt) 4, vnnd zu Baden 5, welche den Menschen, Viehe und Getreid auff dem Felde mit ihrem Teuffelischen Zauberwerk, grossen schaden zugefügt«.

172 Der Nürnberger Rat teilt mit: » . . . weil auch sie schon dergleichen Truttenwerck gehabt, aber nie etwas davon gehalten, auch bey ihren Theologen und Juristen allemahl im Rathe gefunden, daß es keinen Grund habe, sondern ein lauterer Wahn sey, so haben sie anders und beschwerliches gegen solche Personen, wiewohl ihnen die Handlung schwer unter Augen gewesen und von ihnen hochsträflich geachtet worden sey, nicht gehandelt, (sondern) sie ihres Gebietes und Obrigkeit verweisen lassen«.

(Anm.: Damit war zwar für den Stadtrat das Problem (zunächst) gelöst, keinesfalls aber für den Betroffenen).

173 Sauter. S. 17

174 Die Verurteilungen finden sich im Urgichtbuch von verschiedener Hand unter dem Namen »Verkünd-Zettel« in der Weise eingetragen, wie ein hohes Gericht seine zu Recht erkannten Beschlüsse mit den freiwilligen oder erpreßten Geständnissen der Delinquenten, bevor letztere dem Meister oder Scharfrichter zum Strafvollzug übergeben wurden, dem versammelten Volk vom Ratshaus aus vorgelesen wurden.

Unter den 149 Verurteilten sind 111 Männer und 38 Weiber, 69 von Ulm und aus dem Ulmer Gebiet und 80 Auswärtige. Und zwar wurden verurteilt wegen Mords 7, Totschlags 11, Kindsmords 9, Münzverbrechen 3, Raubs 7, wegen Diebstahls, Unterschlagung und Betrug 78, Blutschande 7, Notzucht 3, Polygamie 1, Ehebruchs 6, widernatürliche Unzucht 6, Kuppelei 2, **Hexerei 3,** Urfedenbruch 1 und wegen Sammelns auf falsche Brandbriefe 2.

175 Hämmerle. S. 3.

176 Vergl. dazu Pfaff. Bericht über die zu Esslingen vorgenommenen Hexenprozesse in der Zeitschrift für deutsche Kulturgeschichte. 1856.

177 Vergl. Saulgauer Rathausakten.

178 Haas. S. 89.

179 Langen, B. Beiträge zur Geschichte der Stadt Rottweil. 1821. S. 6435.

180 Marmor. Topog. v. Constanz. S. 40.

181 Sauter. S. 15.

182 Verweis auf die dortigen Rathausakten.

183 Sauter. S. 15.

184 Hier ist die Quellenlage etwas besser. Sie heißt Maria Auver, ist 12 Jahre alt, stammt aus Ebersbach und wird 1667 in Altshausen als Hexe hingerichtet. Sie antwortet auf die Frage: » . . . was es dem Teufel gegeben?«. »Blut aus dem rechten Fuß . . . der Teufel hat's mit einem Messer genommen; den Ort hat es gewiesen. Der Teufel hab das Blut behalten, damit (es) und (seine) Mutter eingerieben. Der Orth thue ihr noch bisweilen wehe. Das erste mal hab es schreien müssen, hab Ihme eine schwarze Salbe darauf geschmiert. (Vergl. dazu den Auszug aus dem Ratsprotokoll der Commende Altshausen).

Hier gibt es eine Parallele; Anna Millerin von Aufhausen, die man 1612 in Ulm als Hexe verbrannt hat, sagte: » . . . sie mußte sich selbst einschmieren mit dem Blut, das ihr ‚der Teufel aus der rechten Achsel genommen' . . . und (und) er hab ihr die Hand geführt«. Ihr Urteil hat sich erhalten. Am 14. Juni 1616 läßt man sie lebendig uff einen Scheiterhauffen setzen, Ir einen Sack Pulver an den Halls hencken, damit sie desto belder hingerichtet werde, dasselbsten sie zu Asche verbrennt, und hernach in ein fließendes Wasser geworfen werden soll. Gott Ir Gnad.

Zurück zu Maria Auver. Auch hier hat sich ein Auszug des Ratsprotokolls erhalten.
»Hexerei eines Mädlins betreffend«
actum den 17.8.1667
» . . . praes. Ihrer Hochw. Gnaden des gnädigen Herrn Landkommenturs, Ihrer Exc. Herrn Overvogt und mein des Amtsschreibers. Wegen des in Haft liegenden Mädlins wird in puncto executionis dem Ausschlag der eingeholten, rechtlichen Gutachten so viel als möglich zugegeben werden, nämlich, daß das wegen Hexerei in Verhaft liegende Mädlin mit dem Schwert und zwar an einem geheimen Ort vom Leben zum Tod gerichtet und hernach der Corpell (= Körper) zu Aschen verbrannt werde. Doch haben gnädige Herrschaft dahin sich gnädig resolviret, wann der Nachrichter einen glünderen (= gelinderen) modum execuendi an die Hand geben werde, so soll man denselben allweg beachten.

Den Ort der Exekution betreffend, soll man eben diesen nehmen, wo das Mädlin bis anher in Verhaft gelegen; kann man aber einen andern finden, allwo der Prozeß heimlich zu vollziehen wäre, so wird solcher nicht außer Acht zu lassen sein, und im Fall der Freundschaft für das arme Kind suppliciren würde, so will man die Gnad dahin ertheilt haben, daß der Corpell mit dem Verbrennen verschont und er ein anderes Ort, etwa nahe bei dem Hochgericht soll vergraben werden«.

Sie wird am 17. Oktober 1667 zum Tod verurteilt und enthauptet.

Der gelindere Modus war die Hinrichtung durch Öffnen der Adern in einem warmen Bad, wie dies in Oberschwaben öfters vorkam (Sauter. S. 35). Es sollte der zehnjährige Philipp Kholler im Wald nach der Weisung eines Dr. jur. Jacob Kuösch, Consulten der gräfl. Herrschaft Königs-Egg, vom 7. September 1665 gerichtet werden: » . . . schließe demnach, daß gegen den verhafteten Buben die Leibs- und Lebensstraf fürgenommen werden könnte und sollte. Gleichwohlen aber und damit die Clementz nicht gar außer acht gelassen werde, kann ihm dieselbe in modo executionis gelten, wann man ihm nämlich in einem warmen Bad das Leben ausrinnen lasset, welches, soviel ich allezeit gehört, der mildeste und gegen Kinder fast übliche Tod ist«.

185 Sauter. S. 16.

186 Sauter. S. 17.

187 Sauter. S. 11.

188 Sauter. S. 11.

189 Sauter. S. 91.

190 Sauter. S. 36.

191 Sauter. S. 59.

192 Sauter. S. 27.

193 Dies ist interessant. Auch Elisabeth Fuchs aus Saulgau hat sich dem Teufel ergeben und gleichfalls Gott und die Heiligen verleugnet: » . . . exept. S. Sebastiano«, also mit Ausnahme des hl. Sebastian, den ihr der Teufel gutwillig gelassen.

194 Sauter. S. 33.

195 Dazu gibt es viele Beispiele. Wächter berichtet aus einem Bamberger Protokoll: » . . . daß ein wegen Zauberei Angeschuldigter drei und eine halbe Stunde lang mit Beinschrauben und Daumenstock und am Ende, da er nicht gestand, an einem Strick 8 Schuh hoch von der Erde hinauf gezogen und ihm an die große Zehe ein Gewicht von 20 Pfund gehängt wurde«.

196 Nach der Obermarchtalischen Chronik gestand eine Hexe, die unmenschlich und unschuldig gefoltert wurde, um den Schmerz zu beenden, beteuerte aber gleichwohl dem Scharfrichter ihre Unschuld und sagte im letzten Augenblick zu ihm: » . . . der Pfahl, an den sie gebunden, werde nach ihrem Tode blühen«.

197 Sauter. S. 29.

198 A. Schilling hat von den 149 ihm bekanntgewordenen Urgichten die drei »Hexerei« betreffenden herausgezogen und sie in »treuer« Abschrift wiedergegeben. Ich habe sie lediglich sprachlich unserer Zeit angepaßt.

199 Ich folge hier der Arbeit des Saulgauer Stadtarchivars, Herrn Hämmerle, dem ich für die Zusendung seiner Unterlagen danke.

200 I. Noch vorhandene Prozeßakten:

1. 1666   8.5. – 13.6.

Angeklagte: Leons Anna

Anna Persauter geb. Kempter,

Hebamme, geb. Slg. 29.9.1624

verheiratet mit
Leo Persauter aus Betzenweiler

Ausgang: Angeklagte in ihr Haus verbannt

2. 1672   17.2. – 26.3.

Angeklagte: Leons Anna sh. Nr. 1

Ausgang: Hinrichtung am
26.3.1672

3. 1672   – 8.4.

Angeklagte: die Kauffensteinin

Margarethe Braster geb. Kaufenstein

gebürtig aus Böhmen

verheiratet mit:
Andreas Braster, Barbier

Ausgang: Hinrichtung am 8.4.1672.

4. 1672   2.4. – 8.4.

Angeklagte: die Wahrerin

Magdalena Wahrer geb. Gerster

geb. aus Saulgau

verheiratet mit:
Mathias Wahrer
consul quondam et pater spiritualis Franciscanorum (Ratsmitglied und Vermögensverwalter und Rechtsvertreter des Franziskanerklosters.

Ausgang: Hinrichtung am 8.4.1672.

5. 1672   7.4. – 22.4.

Angeklagte:

Margaretha Brunner geb. Riegger

verheiratet mit
Georg Brunner Fürstbischöflicher Ammann in Saulgau (Gefälleinzieher)

Ausgang: Hinrichtung kurz nach dem 22.4.
(von diesem Tag die Urgicht).

6. 1672   5.5. –

Angeklagte: die Marketenderin

Anna Blaser geb. Merk

geb. – gest. eines natürlichen Todes am 17.3.1686

Ausgang: in das Spital verbannt und dann am 26.5.1672 nach Hause entlassen.

7. 1674   – 20.4.

Angeklagte:

Maria Katharina Bauer

getauft am 24.11.1640

Tochter des Simon Bauer und der Walburga Stecher

Ausgang: Hirichtung am 20.4.1674

8. 1674   20.4. – 10.5.

Angeklagte: das Tochteli

Anna Braster geb. Walter

geboren um 1634
verheiratet mit Jakob Braster (1656)

Ausgang: Hinrichtung am 10.5.1674

9. 1674   8.5. – 21.5.

Angeklagte. Cäsbarlis Anna

Anna Blaicher geb. Aichassin (Aiches)

geb. in Slg. am 11.4.1625

verheiratet (vor 1648) mit Kaspar Blaicher, Weber

Ausgang: Hinrichtung am 21.5.1674

10. 1675   3.7.
Angeklagte: die Sauterin

Magdalena Emmer geb. Sauter

verheiratet mit
Jakob Emmer

Ausgang: nicht verurteilt, eines natürlichen Todes gestorben am 19.2.1677.

11. 1684   – April

Angeklagte:

Christina Gull (Guhl, Gul)

geb. um 1640, Spitalerin
Tochter des Jakob Gul aus Marbach

Ausgang: Hinrichtung am 21.4.1684.

12. 1684   21.4.

Angeklagte: die Männerin

Apolinia Eichel geb. Mener

verheiratet mit
Michael Eichel aus Schweinfurt, Soldat

Ausgang: Hinrichtung am 21.4.1684.

(siehe unten: Maria Aichlinin, vermutlich ihre Tochter, 1674 hingerichtet).

13. 1684   – Mai

Angeklagte: die Kifflerin

Barbara Bosch geb. Kifflerin

Spitalhofmeisterin
Ausgang: unbekannt.

14. 1684   – Frühjahr
Angeklagte: die Denzin

Maria Blaicher geb. Denz

geb. um 1638

verheiratet mit Mathias Blaicher 1656

Ausgang: Hinrichtung Frühjahr 1684.

15. 1684   – Juli
Angeklagte: das Igelin

Maria Hirlinger geb. Abt

verheiratet am 20.5.1672 mit Georg Hirlinger

Ausgang: nicht verurteilt, stirbt eines natürlichen Todes am 13.4.1694.

16. 1684   17.6. – 7.7.
Angeklagte:

Maria Keppeler geb. Menner

verheiratet mit Mathias Keppeler

Ausgang: Hinrichtung am 7.7.1684

17. 1731   16.10. – 29.10.
Angeklagte: gegen Unbekannt.

Vernehmung der Ida Kloos und ihres Bruders Franz Josef Kloß wegen der Hexe bei Fulgenstadt.

II. Prozesse, von denen keine Akten mehr vorhanden sind, die aber aus Aufzeichnungen anderer Art hervorgehen;

   a) aus den noch vorhandenen lückenhaften Prozeßakten
   b) aus den Ratsprotokollen
   c) aus den Säckelbüchern der Stadt
   d) aus dem Rotulus Inquisitionis in Insbruck
   e) aus den Verhörsprotokollen Scheer (1583 – 1686) und Dürmentingen (1583 – 1661)

1. 1518

Nach einem Schreiben des Truchsessen Wilhelm vom 9.6.1518 hat die Stadt damals eine Unholding hingerichtet und noch mehrere solche Personen im Gefängnis (Rotulus Inquisit., Abschrift im Stadtarchiv Mengen, 930 – 935).

2. 1584   12.9.

Ursula Buchmairin von Moosheim
verbrannt (Rotulus Inquisit.).

3. 1589   4.8.

Barbara Roßhirtin und
Anna Mißlin verbrannt
(Rotulus Inquisit.).

5. 1591   7.9.

Walburga Jüngin verbrannt
(Rotulus Inquisit.).

6. 1594   10.7.

Magdalena Ulmerin stranguliert und verbrannt (Rotulus Inquisit.).

7. 1601

Anna Henseln von Hochberg, Weib des Hans Rauch auf der Haid wird des Wettermachens bezichtigt (Verhörsprotok. Scheer).

8. 1615

Heute wird in Saulgau die Hebamme **Eva N . . .** verbrannt (Verhörsprotokolle Scheer).

9. 1617   5.7.

Katharina Weidenmännin verbrannt (Sauter 35, Repertorium der städt. Registratur 1828).

10. 1621   5.3.

Anna Birkin wegen Hexerei eingezogen (Ratsprotokolle).

11. 1623

Anna Maria Hepp, Ehefrau Hans Heppen des Älteren, eingezogen. Ratsprotokolle vom 11.5.
Nach Gerichtsprotokoll vom 29.4.1626 hingerichtet.

12. 1626

Schwiegermutter des Jakob Sarwey als Hexe verbrannt (Ratsprotokoll . . .).

13. 1626

Margareta Herbstin vulgo des Welsch Gretlin als Hexe angegeben (Verhörsprotok. Scheer).

14. 1666

Die alte **Ursula Fetscherin** in Haid hat nur 4 Zehen und wird von anderen der Hexerei bezichtigt (Verhörsprotokolle Scheer).

15. 1669

Anna Bader, hingerichtet. Ratsprotok. 6.8.1683: »die vor 14 Jahren justifizierte Anna Bader«.

16. 1672   26.3.

Ursula Persauter
getauft 3.10.1650
hingerichtet 26.3.1672
Tochter von I/1; im Protokoll des 2. Prozesses von ihrer Mutter genannt.

17. 1673   26.5.

Maria Barbara Schneider
Tochter von II/19.
geb. . , .
hingerichtet 26.5.1673.

18. 1673   10.11.

Katharina Schneider, geborene Keppeler
geb. in Saulgau 6.8.1627
hingerichtet 10.11.1673
(gebar während des Prozesses im Gefängnis eine Tochter Anna Maria).
Verheiratet mit Johann Gotthart Schneider, Hafner.
Quelle: Säckelbuch 1673.

19. 1673

»Das Schwedisch Lähnli«
genannt im Säckelbuch 1673, nichts weiteres bekannt.

20. 1673

»Das jung Mädli«
genannt im Säckelbuch 1673, nichts weiteres bekannt.

21. 1673

»Die alte Hafnerin«
genannt im Säckelbuch 1673, nichts weiteres bekannt, möglicherweise auch identisch mit II/19.

22. 1674   6.4.

Elisabeth Münsch, geb. Fuchs
geb. in Saulgau 27.11.1626
hingerichtet: 6.4.1674
verheiratet mit Thomas Münsch, Weber.

23. 1674   16.3.

Maria Eichel, Tochter des Michael Eichel und der Apolonia Eichel (s. I/12)
geb. 25.8.1659
hingerichtet 16.3.1674.

24. 1674   29.3.

Anna Jung
Tochter des Jakob Jung
geb. 29.8.1657
hingerichtet 29.3.1674.

25. 1684

Maria Eberle, geb. Jäger, von Zwiefalten.
Frau des vormaligen Stadtammanns Joh. Konrad Eberle,
schon 1672 verdächtigt, nach R.P. vom 23.6.1684 justifiziert.

In dem Repertorium der städtischen Registratur von 1828 (gegengezeichnet vom damaligen Bürgermeister Bollstetter) werden Hexenprozesse gegen folgende Saulgauer Bürgerinnen, allerdings ohne Angabe von Daten, außerdem noch genannt:

Maria Barbara Abt

Elisabetha Hefelin

Maria Anna Lichartin

Anna Brand

201 Dabei handelt es sich nicht um einen Hexenprozeß, sondern lediglich um eine auf Wunsch
der Herrschaft Scheer durchgeführte Vernehmung eines Saulgauer Geschwisterpaares, das
gelegentlich einer Wallfahrt nach Scheer in
der Nähe von Fulgenstadt angeblich Beobachtungen gemacht haben wollte, die auf das Wirken von Hexen schließen lassen. Von einer
weiteren Verfolgung dieser Angelegenheit ist
nichts bekannt. (Hämmerle, S. 24).

202 Die Originalprotokolle sind erhalten. Anna
Persauter, geb. Kempter, geb. am 29.9.1624,
hingerichtet am 26.3.1672, verheiratet am
24.6.1646 mit dem aus Betzenweiler stammenden Leo Persauter, der in den Rechnungsbüchern des Säckelmeisters deshalb des öfteren
genannt wird, weil er als Wächter bei anderen
der Hexerei angeklagten Saulgauerinnen aus
der Stadtkasse dafür entlohnt worden ist.

Zu den Lebensverhältnissen der Familie Persauter ist zu sagen, daß es sich um wenig begüterte Leute gehandelt hat. Im Lagerbuch aus
dem Jahr 1671 wird Leo Persauter mit einem
Vermögen von 450 Gulden und einer Eidsteu-
er von nur 2 Gulden 15 Kreuzern genannt.
Sein Beruf konnte nicht festgestellt werden.
Das Ehepaar hatte 9 Kinder, von denen die
Tochter Ursula am selben Tag wie ihre Mutter
im Alter von 22 Jahren als Hexe hingerichtet
worden ist. Der Mutter wird nachgesagt, sie
habe Liebhaber in ihrem Haus geduldet und in
den Ratsprotokollen taucht der Name Persauter des öfteren dann wieder auf, wenn der Rat
über Diesbstahlsfälle und solche von übler
Nachrede und Ehrabschneidungen befinden
mußte. (Hämmerle. S. 33).

203 Hämmerle. S. 36.

204 Hämmerle. S. 55.

205 »Hodie circa 9 mane annuntiata mors est et
confessary admissi«. (heute ungefähr neun
Uhr morgens ist (ihr) der Tod verkündet
und . . . sind . . . die Beichtväter zugelassen
worden).

206 Wie die Malefizgerichte im Herzogtum Württemberg abgehalten werden sollen, bestimmt
ein unter dem 23. Juni 1621 erfolgtes »Aus-
schreiben an alle Hauptleute, auch Stabhalter
und Richter . . . darinnen eine kurze Manu-
duktion, welcher Gestalt gegen die Maleficanten
mit der Captur und Beyfahrung: Item, mit
der Examination: nicht weniger in puncto Tor-
turae; auch in principali; so dann mit der Cog-
nigation und Exekution zu prociren und zu
verfahren«. Des Herzog Württemb. gemeine
Landes-Ordnungen. Hof- und Canzlei-
Buchdruckerei. Stuttgart. 1735.

Zur Einleitung seiner »Auszüge der Hexenprozesse in Oberschwaben, resp. Königseggwald« teilt Dr. Buck mit, wie sich das Malefizgericht zu Hoßkirch bis zum Jahr 1688 zusam-
mengesetzt hat, bzw. wie es im Fall des Thomas Zoller aus Röttberg am 28. Januar 1688
geschehen ist.

207 Aus den Prozeßakten der Katharina Bosch
lernen wir die Gerichtsleute, die am Malefizgericht über Thomas Zoller mit n.n. angegeben sind, kennen. Es geht um Johann Georg
Scharpf (Obervogt), Joh. G. Katzenmayers,
Gerichtsammans und Stabhalter zu Hoßkirch,
Balthasar Binder, Christian Bücheln, beide
vom Wald, Stoffel Stier von Riedhausen, Hans
Scham, Peter Rauch, beide von Hüttenreute,
Jacob Schumacher von Hoßkirch (alle Mit-
richter und Urteilssprecher).

208 Das oben zitierte herzogliche Anschreiben
versteht unter »Besiebnung, daß dem Verhafteten nach Verfließung vier und zwanzig völliger Stund und nach der ausgestandenen Marter sein Urgicht, so er in der Tortur bekannt,
vor sieben ehrlichen Männern zur Vormittags-
zeit, und zwar nicht an dem Ort, Thurm oder
Gewölb, da er torquiret worden, auch nicht im
Beisein des Nachrichters wiederum verständlich . . . anzeige«.

209 **Ordnung und proces yber das bluot Zu richte**

Erstlichen so Ein person malefizischen sachen
wegen In gefenkhnus und fronfest Einkhombt
und deren misHandlung leib und leben an-
langt, last man die am dritten tag zuvor außer
der gefenckhnus auff das Rathaus in das kleiner Rath Stiblin füeren und wol bewachen,
und am andern tag wider abents last man die
beichten und nach gelegenHayt die Hoch
Hailligen Sacramentta Empfahen.

Und an dem abendt Wan man morgens Hin-
nach malefiz Recht Halten wil, last der Herr
Stattaman dem maleficantten durch den geschwornen Knecht verkinden sy sole sich ge-
fast machen und Ime auff morgens den ange-
sezten Rechtstag verkinden dan die Clag werde leib und leben anlangen.

An selbig abendt last man beim Hern pfarher
umb einen priester bewerben das morgens gerichts tags Ein mess de sancte Spierittu lessen,
Zu welcher meß Her Stattaman und Richtern
samentlich gehn und solcher mit andacht ab
und auswarten sollen.

Und wo Ein gericht nach geHertter meß widerumb In die rathstuben versamblet fiert man
die arm person für gericht und last Ime die Urgücht vorlesen, und so ehr deren durchauss
gestendig und bekanntlich fragt dan der stat-
tamann, ob die darauff rechts begern, das
steht dan zu der armen person willen.

So dan wan Es Ein mans person Ist fiert man
den Hinab Zum . . . daran Ehr mit Einem fuos drey mal stosen sol Ists aber Ein weibsbild
fiert man sy In das stiblin.

Dan spricht der Statt Aman zu den richtern Im
richten stehend auff und so die auffgestanden
fragt Ehr Einen nach dem andern, als sprechende Ich frag Euch auff den Aidt ob eß Zu
rechter tagZeytt sey Iber das bluott Zu richten, nach Khayserlichen und des Hay. Röm.
Reichs rechten und nach unserer statt wohl
Hergebracht Habenden und geüebten lebli-
che freyHayten und regalien.

So dan spricht der angefragt richter, Ich Erken und sprich auff meinen Aydt, das es Zu rechten tagZeytt sey. und Ir nider syzen und wider mit Euch und richten yber das bluott nach Kayserlichen und des Hay. Röm. Reichs rechten und nach unserer statt loblichen freyhayten und regalien.

So auch das beschehen befülcht man den Knechten mit der grossen glocken das Erst Zaiche Zu leytthen.

Darnach fragt der stataman Einen richter nach dem anderen als sprechende Ich frag Euch auff den aydt das Ier erkenen was dise person lauth Irer urgücht verschuldt Hab das Ier darumb sprechen was recht sey.

Antwurdt der angefragt richter Ich Erken und urthayl auff meinen aydt das dise arm person den todt verschuldt, das leben verwierkht und weger Todt dan lebendig sey.

Dan Hert man das bytt an.

Ich frag Euch richter auff den Aydt was die person verschuldt oder wie die gericht werden soll.

Antwurtt
Ich erkhen uff meinen Aydt das dise arm person solle dem nachrichter befohlen und gebunden auff die gewohnliche richtstatt gfiert und mit dem rad strangen feyr schwert oder wasser sol von dem leben Zum todt gericht werden. So nhun dis urthel Ergangen und gefallen leuthen die Knecht des ander Zaichin.

Dan nach fragt der Stattaman abermalln Einen Richter nach dem Andern also sprechende
Ich frag Euch auff den Aydt ob ich gericht Hab nach Kays. und des Hay. Röm reichs rechten und nach lauth unserer Statt freyhayten und der armen Person verschulden.

Antwurtt
Ich erkhen auff meinen Aydt, das Ier aufstanden und wier mit Euch und auff disen tag gericht Haben, nach Kay. und des Hayligen Röm. Reichs Rechten, nach unnserer statt frey Hayten und der armen person verschulden.

So nhun das auch beschehen, fiert man, so Es ein mans person Hinab zum stock(?) stost drey mallen daran und dan fiert man In Hinauff In die gericht stuben und öffnet Ime die urthel Ists aber Ein weibs person wierdet es gehalten wie oben gemelth.

Wan die urthel geöffnet verlesen, befihlcht der stattaman die arm persohn dem nachrichter er solle solcher straff thon. und dan leuthen die statt Knecht das dritt Zaichen.

Und so das beschehen fiert der nachrichter die arm person an den markt und wierde dem gemainen volck die urgicht verlesen, nach dem selben thuet der ober Knecht Einen ruoff Zu den füer strassen auff seinem ros sizend das sich niemands der armen person beladen noch annehmen, wöle dan In deren fuos stapfen

stehn das gebietten statt aman und die richter an leib und guot.

Als dan ferdt man fort Hin und wierdet die urthel Exequiert.

Schwachstelle Mensch

210 Duhr (1913). S. 50.

211 Siebel. S. 44 und 78.

212 Vgl. »Newer Tractat« Von der Verführten Kinder Zauberey, in welchem mit teuflischem Discurs und muthmaßigen Bedencken vorgehalten, aus was Ursachen viele unerwachsene und unmündige Kinder, so noch zur Zeit scheinen unschuldig zu seyn, zu der verdammten Geister und Zauberer Gesellschaft gebracht und unerhört verführt worden . . . aus lateinischer in die Teutsche Sprache übersetzt durch W. S. a. V. C. A. Gedruckt zu Aschaffenburg durch Quirin Botzer. 1629.

213 Sie sagt: » . . . Pu, ich freue mich auf die Nacht, alle Dienstag und Samstag ist Tanz . . . ich habe hier mehr als 100 Genossen im Ort«.

214 Ahaus. Unter dem fürstlichen Geheimsiegel. 9. November 1665.

215 » . . . ist der allhier verstrickte Hermann Schwechmann auf der Gestrengen, Edlen, Ehrenfesten und Hochgelehrten Herren Verordneten zur Gewinnung der peinlichen Frage für Recht gestellt und das peinliche Gericht durch mich . . . Richter, Bürgermeister, Ratsverwandte und Gerichtsschöfen . . . und die Umfrage vermög Kaisers Karl V. und des hl. Römischen Reiches aufgerichtet peinlicher Halsgerichtsordnung geschehen«.

216 Der alte sächsiche Ausdruck für Zauberei.

217 »Hochwürdiger, gnädiger Fürst und Herr . . . E.F.G. kann ich in unterthäniger Beschwerde nicht verhalten, wie das gestern in der Nacht etwa um neun Uhr meine Hausfrau . . . so uff 5 Jahr lang zu Zeyl verdächtiger Hexerei in Verhafft gelegen und vor kurzem aus dem Gefängnis entlassen, mit großem Ungestüm in meine Behausung gekommen, sich genauso wie zuvor mit Gewalt unterstanden und kurzem in den vorigen Stand mit mir Ehelich zu leben begehrte, doch mit dem ausdrücklichen Vermelden, daß sie in ihrer Haft vom Scharfrichter peinlich angegriffen und gefoltert worden sei . . .

. . . weil dann E.F.G. gnädig bewußt, daß ich eine öffentliche Schankstatt habe und in Sorge bin (wie mir bereits widerfahren, daß ich hören mußte von den vorübergehenden Leuten, die ohne Scheu sagten, Er, der Gänsewirth hat seine Hexe oder Drutenfrau wieder in seiner Behausung) einiger ehrlich mann oder Unedel bei mir nicht mehr zehren oder einkehren möchten, und ihrer Person scheuen würden, und würde endlich auch da wieder verlassen, wie sich leichtlich zutragen könnte, ein Gast in trunkener oder nüchternder Weise, mich mit ihr vexieren (= in eine Beziehung setzen) thät, und ich mich der selben annehmen, alles Unheil, ja wohl gar Leib und Lebensgefahr besorgen wäre, auch sie selbst aus Zorn einem anderen Schaden zufügen möchte, weil ich ihr selbst nicht trauen darf. Deretwegen bin ich E.F.G. in der tröstlichen Hoffnung, diese meine Beschwerden in Gnaden zu erwägen und mir nicht zu verdenken, daß ich oft gedachte meine Hausfrau nunmehr ihres Tuns allen warten lasse, und mich von ihr separieren (= trennen) tue. Datum. Bamberg, den 16. August allo 1630. Hanns Schwartz, Brüger und Gastgeber zur Gannß daselbsten.

218 Das Protokoll vermerkt: » . . . man hat nachsehen lassen und nur noch eine gefunden . . . und von der anderen lediglich noch die umhüllenden Lumpen«.

219 Der Rat, Schultheiß und Meister der Reichsstadt sehen sich am 11. Oktober zur Entlassung folgendes Ediktes gegen die Zünfte gezwungen: » . . . weshalben etliche sorgfältige Bürger an gehaltener Exekutive unterschiedlicher Weibspersonen wegen geübter Zauberei und Hexenwerks noch nicht ersättigt, sondern einen Erbaren Rat zu bewegen gesinnt sind, so mögen sie sich nicht berichten lassen, daß der Rat in diesen Punkten nicht lässig und partheiisch zu Werk gegangen und doch die Unruhestifter fortgefahren seien, Unheil und Zerrüttung zu stiften. Fernerhin wolle, im Fall ein hiesiger Bürger jemanden Zauberei und Hexenwerks halber Anklage weg und die Beweise dafür zu bringen, der Rat sich der Sache von Obrigkeit wegen anzunehmen und, was die Erzeigung des Urteils und seine Vollstrekkung kostet, ohne des Klägers Zutun wegen und leistet«.
So wird aus der üblichen Denunziation ein offizielles Untersuchungsverfahren.

Frauen und Dämonen

1 Man unterscheidet die Dämonomanie (die Vorstellung, von einem Teufel oder Dämon besessen zu sein) von der Dämonenphobie (eine plötzlich auftretende Extase oder Halluzination).

2 In seinem Buch. Die teuflische Wollust. Sex und Satanismus. München. 1968. Er ist einer der wenigen und kritischen Autoren des 20. Jh., der die Zusammenhänge zwischen Sexualpathologie und Hexenwahn aufarbeitet. Vgl. Masters. S. 17 und 21.

3 Masters. S. 141.

4 Masters. S. 14.

5 Masters. S. 12.

6 Doufour. S. 10.

7 Masters. S. 28.

8 Masters. S. 10.

9 So werden 1596 in Marburg Elisabeth Kempfer und Elisabeth Leutherin eingeliefert, die bei einer anderen um ein Mittel nachgesucht haben, durch das sie einen Student beiseiteschaffen wollten, der eine von ihnen geschwängert hat. Außerdem erhebt die Obrigkeit den Vorwurf der Hexerei: » . . . wodurch sie gegen die Sitten der hl. Schrift verstoßen«. Außerdem wird die Kempferin wegen Abtreibungsversuchen angeklagt. Eine wird des Landes verwiesen und die andere in Marburg verbrannt. Spielmann. S. 58.

10 Masters. S. 113.

11 » . . . die Übereinstimmung ergibt sich von selbst aus der Wahl der Ausdrücke!« Lambreg. S. 5.

12 Von »incubere« auch: insultor, grch. ephialtes.

13 Philosophieprofessor in Konstantinopel (1019 – 1079).

14 Der hl. Angela de Foligno wurde jeweils von einem heißen Dämon besucht. Andere sagen, daß er stets bei den dämonischen Besuchen unter kalten Schauern leiden mußte.

15 Daemonaitate. S. 231 und 233.

16 Vgl. Recueil general des questiones traitées et conferences d'un Bureau d'Adress. Paris. 1656.

17 Vgl. Hoefler. Medizinischer Historismus. Erschienen im Zentralblatt für Antrophologie. 1900. a.a.O.

18 Lambreg. S. 4.

19 Doufour. S. 44.

20 Gest. im Jahr 1508. In. Variet. I. 15. c.c. 80. p. 290. Er bezieht sich allerdings auf Francisco de Miranda.

21 Rhamm. Hexenglaube und Hexenprozesse. a.a.O.

22 Unger. S. 52.

23 So argumentieren die Autoren des Hexenhammers.

24 Fr. Renz. Johann Bodin. Ein Beitrag zur Geschichte der historischen Methode des 16. Jh. Grotha. a.a.O. Der calvinistische Theologe Franziskus Junius, Professor an der Heidelberger Hochschule, überträgt die Bodin'sche Hexenschrift ins Lateinische »De magorum daemononmaia libri VI. nunc. primum e laggico in Latinum translati per Lotarium Philophonum«. Basiliae. 1595.

25 Ohle. S. 27.

26 Matthäusevangelium XXV.

27 Raynaldus. Annales ecclesiastici. XVII. Romae. 1659.

28 Vgl. Hansen. Quellenteil. S. 239.

29 Paulus. S. 211.

30 Gottschalk Hollen. Preceptorium domini. Nuremberge. 1507 (17 b).

34 Tractatucs magistralis declarans quam graviter peccent querentes auxilium a maleficis. Coloniae. 1510.

35 De strigi, amagarum mirandis, libri tres. Romae. 1521.

36 Luthers Werke. Weimarer Ausgabe. I. S. 406 ff.

37 Kaspar Huberinus. Spiegel der Hauszucht Jesu Sirach genannt. Sampt einer kurtzen Auslegung. Nürnberg. 1565. a.a.O.

38 Vgl. »de praestigiis daemonum«. Basiliae. 1583.

39 Condrochinus. De morbis veneficiis ac veneficis libri scientiarum. Venetiis. 1595.

40 Pierre de Lancre. De intertudine et vanitate scientirarum. Lugduni. 1600(?).

41 Masters. S. 59.

42 Das weiß allerdings bereits Cäsarius von Heisterbach. Vgl. Rosskoff. Geschichte des Teufels. Bd. I. S. 319.

43 Vgl. Rapp. Die Hexenprozesse und ihre Gegner in Tirol. Innsbruck. 1874. Aus den ältesten Akten von Hexenprozessen in Deutschland.

44 Lambreg. S. 37.

45 Lambreg. S. 7.

46 Viadne. »De malignis Spiritibus . . . «

47 Masters. S. 60.

48 Calmeil. S. 463.

49 Calmeil. S. 463.

50 Boquet. Nach Calmeil de la folie. Paris. 1845. Bd. I. S. 319.

81 Dies entspricht dem Triphallus der Antike.

52 Masters. S. 103.

53 Vgl. Horst. Zauberbibliothek. Bd. III. S. 225.

54 Ludovica Sinistrari. De Daemonaita, Isidore Lisieux. Paris. 1879. Es ist in erster Linie eine Abhandlung über die sexuellen Aspekte des Hexenwesens. Vgl. Sinistrari. Peccatum Mutum. The Secret Sin. Colection Le Ballet de Muses. New York. 1958.

55 Aristoteles erklärt, daß die Seele nicht im menschlichen Samen enthalten ist. Jamblichinus (de Mysteris Aegyptorum) schreibt, daß der assyrischen und ägyptischen Theologie zufolge der stoffliche Körper erst durch den Geschlechtsakt entsteht, während sein Charakter durch eine größere Ursache gebildet wird. Seneca ist der Meinung, daß der Geist göttlichen Ursprungs sei. Der hl. Augustinus lehrt, daß Gott die Seelen geschaffen habe und daß er ihr die Gabe der Vernunft verleihe.

56 Masters. S. 103.

57 Soldan-Heppe. Bd. I. S. 309.

58 Unter den Ärzten, die Margareth aufsuchten, befanden sich der Oberarzt von Tübingen und die Leibärzte Karl V. und des Königs Ferdinand.

59 Diese Geschichte dürfte zunächst von Lycosthenes erzählt worden sein. Die Sache mit der Verurteilung stammt aus den Recherchen Leas.

60 Schwager. S. 247.

61 Schwager. S. 247.

62 Masters. S. 128.

63 Spielmann. S. 102.

64 Levitikus. XX.

65 Er ist Professor der Rechte in Jena und außerdem Autor der »specimen Juridicum de Nefando Lamiarum cum Diabolo Coitu«. Hier behandelt er vor allem die sexuellen Beziehungen zwischen Hexen und Dämonen.

66 The Sexual Relation of Mandkind. Vgl. Paolo Mantegazza. The Sexual Relations of Mankind. Eugenics. New York. 1935. S. 96.

67 Spielmann. S. 102.

68 Masters. S. 122.

69 Gaston-Desaulles Bestiality. Panurge Presse. New York. 1933. S. 63 und 64.

70 Masters. S. 114.

71 Masters. S. 101.

72 Ludovico Sinistrari. Peccatum Mutum. Er befaßt sich vor allem mit der Verdorbenheit der Matronen, die mit ihrer übergroßen Klitoris Knaben zur Unzucht verführen.

Hexenkinder

1 Duhr (1913). S. 501.

Vgl. »Newer Tractat« von der Verführten Kinder Zauberey, in welchem mit reiflichen Discurs und mutmaßigen Bedenken vorgehalten, aus was Ursachen viel unerwachsen und unmündige Kinder, so noch zur Zeit scheinen unschuldig zu seyn, zu der verdammten Geister und Zauberergesellschaft gebracht und unerhört worden . . . aus lateinischer in die Teutsche Sprache übersetzt durch W. S. a. V. C. A. Gedruckt zu Aschaffenburg durch Quirin Botzer. 1629.

2 1665 gibt es einen Fall in Königsegg (Württemberg), wobei der zehnjährige Philipp Kholler wegen Hexerei angeklagt ist. Ein Gutachten rät: » . . . wegen seiner Jugend eine milde Strafe anzuwenden, daß man ihm in einem warmen Bad das Leben ausrinnen lasse«. (Croissant. S. 18).

3 1667 wird ein 12-jähriges Mädchen aus Ebersbach (Württemberg), das gestanden hat, mit der Mutter an Hexenkonventen teilgenommen zu haben, mit dem Schwert hingerichtet.

4 Riezler. S. 271.

5 Cod. Germ. Monac. S. 113 – 115.

6 Diefenbach. S. 51.

7 Gockel führt weitschweifig aus: » . . . bei Kindern, welche ihre annos discretiones noch nicht erreicht haben und entweder von den gottlosen Eltern oder von anderen Hexenleuten zur Zauberei verleitet und verführt worden sind, aber (noch) niemand sonderlichen Schaden zugefügt haben, und wenn noch Besserung von ihnen zu erhoffen ist, pflegt man gemeiniglich also zu handeln, daß man sie den Herren Theologus übergibt, welche durch das gemeinsame Gebet sie der Gnade und Barmherzigkeit Gottes anbefehlen, die ihnen ihre schweren Sünden und Mißhandlungen scharf und ernstlich zu Gemüte führen und sie an den Taufbund erinnern . . . und sie mit Ernst dazu anhalten, daß sie dem Teufel mit seinen Werken von Neuem absagen, sich mit Leib und Seele Gott anbefehlen, von den verdammten Zauberkünsten abstehen und sich eines stillen christlichen Wandels befleißigen . . . worauf auch die Herren Pfarrer, Praeceptores, Schulmeister, Eltern und Hausgenossen fleißige Aufsicht haben sollen«. Vgl. Gockel. S. 149.

8 Prierias Silvester de strigibus damonunque mirandis. Romae. 1521. I. II. c. 1. punct. 7.

9 B. Buchner. Geschichte von Bayern. Bd. IX. S. 261. Leider ohne weitere Quellen.

10 Im Theatrum Eropaneum (III.) aus dem Jahr 1643, steht: » . . . in diesem Monat (März 1633 – 40(?)), soll unvergessen bleiben ein junger Zauberer, so zu Straßburg justifiziret. Es war ein Jung von Molsheim, auf 16 Jahre alt, er hatte sich dem Teufel verschrieben. Er verzauberte einen anderen Pfarrer, der ihm begegnete, mit Blattern und Geschwüren. Dieser Zauberjung hat greuliche Taten vollbracht und bekennet – wir erdichten allhier nichts in odium Petrum, sondern referiren pure, wie es an uns gekommen – daß sein Präzeptor in dieser Kunst gewesen sei ein Jesuit aus Molsheim, er ihn neben anderen Jungen so gut angeführt, da der Teufel in der Gestalt eines ansehnlichen schwarzen Mannes zu ihm in die Schul gekommen, hat bekannt, wie der Teufel in der Gestalt einer schönen Jungfrau immer bei seinen Taten gewesen, hätten viele kleine Kinder gelähmt und getötet, das Hirn aus dem Kopf gezaubert, andere Leute vergiftet, Vieh umgebracht; einer Kuh hätte er sich in Rabengestalt auf den Nacken gesetzt, bis sie gestorben; einer anderen sich an den Schwanz gehenckt in Fuchsgestalt, davon die Kuh geloffen, bis sie gestorben . . . er hat vor etlichen Patres Societas (Jesuiten) bekennet«.

Duhr prüft diesen Vorgang, bemerkt jedoch: »in den Archiven findet sich keine Spur von einem solchen Prozeß«. Vgl. Duhr (1913). S. 505. Die Dokumente können jedoch verlorengegangen sein.

11 Dabei werden auch Kinder »angegriffen«. Unter ihnen befinden sich Personen aus Teisendorf, Trostburg, Traunstein, Tuntenhausen, aus Schwaben, dem Berchtesgadischen, aus Schellenberg und Ramsau.

12 Riezler. S. 286.

13 Adam. S. 24.

14 Duhr (1913). S. 502. Hexenprotokolle im Kölner Stadtarchiv. 1629/62.

15 A. Kaufmann. Beiträge zur deutschen Kulturgeschichte. Bd. 1.

16 Riezler. S. 287.

17 Die Akte trägt den Titel: » . . . etliche Bürger zu Wertheim Supplik an die Herrschaft wegen Inquisition auf die ›sortilegos et sagae‹, den 24. Dezember 1628. 13 Unterschriften«.

Die Bürger tragen vor:

» . . . obwohl der leidige Satan, Gottes und aller Menschen abgesagter Feind, mehr und mehr verdammliche Sünde fortpflanzt, so finden wir, daß bei der jetzigen bösen Welt keine gemeinere, verderblichere und Gott verhaßtere Sünde als die teuflische verfluchte Zauberei und der erschreckliche Abfall von Gott, unserem Schöpfer und Erlöser . . . dermasen zugenommen, daß sie nunmehr in öffentlichen Schwang gehen und daß es also dahin gehet, daß selbst Kinder und Schüler sie lernen und zu practizieren wissen. Gleichwie nun das verfluchte Gift bei der Jugend, denen ohnedies das Böse mehr als das Gute beliebig ist, so süß einschleicht, aber fest verwurzelt, sondern, wenn es ohne Wissen der frommen ehrlichen Bürger Eltern geschieht, demnach aber außer Zweifel ist, daß auch in hiesiger Stadt Zauberer, Unholde und Zauberinnen gefunden werden . . . so bitten wir in aller Untertänigkeit und um des Jüngsten Gerichtes Willen, daß wir allesamt vor Gottes Richterstuhl erscheinen, mit großem Eifer auf die berüchtigten, durch ihren Ruf und gemeiner Leumund der Hexerei halber bezichtigten Leute inquirieren und sie nach dem Befund der Sachen exemplarisch abstrafen zu lassen. Dadurch wird Gottes Ehre befördert, das verunsäuberte und entheiligte Land von Gottes Zorn und Straf befreit, so daß wir in der zuversichtlichen Hoffnung leben, weil dieses Unkraut nunmehr aller Orten auszurotten angefangen wird . . . dies haben einer Herrschaft, als unser lieben gottfürchtigen Obrigkeit, wir bei gründlich und sonnenklarer Sach und Vorgang zu klagen und zu bitten nicht umgehen können. Der ganz unterthänigen Hoffnung, daß eine hohe Herrschaft sich diesem christlichen Eifer mehr in Gnaden belieben als mißfallen lassen werde . . . unterthänig gehorsambste Bürger und Untertanen der Stadt Wertheim«.

18 Spielmann. S. 63.

Prozesse gegen Geisteskranke und Melancholiker

1 Adam. a.a.O.

2 Zu Beginn des 17. Jh. lebt in Eliasbrunn, einem Dorf in der Nähe von Lohenheim (Vogtland), Hans Eisenhans, ein wohlhabender Grundbesitzer, ein frommer und christlicher Mann. Am frühen Morgen des 28. April zeigt sich an ihm eine auffallende Erregtheit, die sich steigert und in Wahnsinn übergeht. Er stürzt sich mit einer Axt in das Wohnzimmer und schlägt seinem 10-jährigen Sohn so fest auf den Kopf, daß dessen Hirn an die Wand spitzt. In der Kammer erschlägt er drei weitere Kinder: unter ihnen befindet sich ein Säugling. Dann erwürgt er das sechsjährige Töchterlein, das sich unter der Treppe versteckt hat. Dann stürzt er mit seiner blutigen Axt auf den Hof und erschlägt seinen 12-jährigen Sohn. Dann rennt er in den Garten und erschlägt seine schwangere 30-jährige Frau mitsamt einer 18-jährigen Magd. So rottet er innerhalb von 10 Minuten seine Familie aus. Schließlich wird er eingefangen und einem Richter überstellt. Er beantwortet alle Fragen mit einem stumpfen Lächeln. Dann wird er grausam gefoltert. Die Strafe ist bestialisch und entspricht seinem Vorgehen, denn ein wichtiger Rechtsgrundsatz der Epoche ist das Prinzip der Abschreckung.

Am 23. März wird er aus dem Turmverlies geholt, auf einen Wagen geschmiedet und auf einer mit einer Kuhhaut bedeckten Schleife nach seinem Gasthof gebracht. An jeder Stelle, wo er einen Mord ausgeübt hat, reiß man ihn an der Brust oder an anderen Weichteilen mit glühenden Zangen. Dann schleift man den vor Schmerz Brüllenden auf den Richtplatz vor das Dorf. Dort werden ihm die Hände abgehauen, die Schenkel mit einem Rad gebrochen, Herz und Eingeweide werden aus dem noch zuckenden Körper gerissen und verbrannt. Dann wird er in Stücke gehackt. Diese spießt man an verschiedenen Stellen im Ort und an Landstraßen auf Pfähle. In seinem Garten errichtet man eine Säule, auf dem bei der Hinrichtung benutzten Rad, auf dessen Nabe sein Kopf gesteckt wird. Am Tag nach der Exekution wird sein Haus eingeebnet und an deren Stelle eine hohe Säule errichtet. Vgl. König. a.a.O. S. 80/81.

3 Der Müllerknecht Weiß wird 1665 wegen Blutschande in Untersuchungshaft gebracht. An jeden seiner Füße wird ein zwei Zentner schwerer Stein gebunden, mit dem man ihn »aufziehen« will. Weil das nicht geht, vermutet man dahinter die List des Teufels. Am nächsten Tag berichtet man dem Rat: » . . . der Turmmeister sei schnaubend um sieben Uhr in der Frühe gekommen und habe referiret, der Müller sei schrecklich zugerichtet und man wisse nicht, ob er noch lebe oder ob er schon tot sei. Im Gefängnis findet man Blutflecken. Er hat noch Wunden am Kopf und am linken Arm. Richter und Geistliche besuchen den Inhaftierten und glauben, an den Kopfwunden die Klauen des Teufels zu erkennen. Dann nimmt man dem Sterbenden ein vollständiges Geständnis ab und enthauptet ihn.

4 »In Mähren wird vor vielen Jahren ein Mensch in gefängliche Haft genommen, welcher in Kuttenschlag unter dem Vorwand, einen Schatz aufzusuchen und ihn ausgraben zu helfen, die grausamsten Mordtaten ausübt hat. Er sprach deutsch, böhmisch, lateinisch, spanisch und italienisch und war, wie er vorgab, ein Kupferschmiedgeselle. Seinen Geburtsort hatte er nicht aufdecken wollen. Während eines Aufenthaltes in Kuttenberg wohnte er bei einer gewissen Witwe namens Kalkusin im gleichen Haus. Bald hatte er ausspioniert, daß dieselbe nicht allein sehr reich war, sondern auch noch reicher werden wollte. Dies brachte den Bösewicht auf den Gedanken, die Einfalt der Witwe zu nutzen, sich als Schatzgräber auszugeben und dabei einen unmenschlichen Plan auszuführen. Zu dem Ende brachte er die Bekanntschaft mit der Magd, liebkoste sie und erwarb sich deren Vertrauen dergestalt, daß er in kurzem von allen Heimlichkeiten der Witwe und ihres Hauses unterrichtet war. Daraufhin ging er zu ihr und stellte ihr vor, daß in ihrem Keller ein Schatz vergraben sei, den er als erfahrener Schatzgräber, vermöge seiner Wünschelrute, sogleich ausfindig machen und ihn dann ihr zeigen wolle. Die einfältige Witwe ließ sich bereden und bei einfallender Nacht zusammen mit der Magd in den Keller führen. Kaum hatten die beiden Frauenzimmer den Anfang im Graben gemacht, als sie der Mörder plötzlich von hinten mit einer Axt umbrachte. Nach dieser schrecklichen Tat ruft er gelassen seine Wirtin mit ihrer Magd in den keller, entdeckte ihnen, daß er mit der Witwe Kalkusin einen Schatz gefunden, wovon sie ihren Anteil haben sollten. Sie stiegen ohne Bedenken in den keller, wo sie sogleich von ihm ermordet wurden. Schnell verließ der Barbar seinen blutigen Schauplatz, kehrte in das Haus zurück und durchsuchte alle Winkel. Zwei andere Mägde, die in der Küche beschäftigt waren, wurden ebenfalls ein Opfer seiner Raserei. Noch war sein Blutdurst nicht gestillt. So wurden denn auch noch die beiden zwei übriggebliebenen Kinder in ihrem Bett erschlagen . . . so konnte er den mit so vielem Blut erkauften Schatz ohne Hindernisse in Besitz nehmen. Er floh damit nach Brünn, wo er einige Tage danach entdeckt und gefänglich eingezogen ward«. Fischer (1791). S. 201.

6 Boe. Lib. VIII. historiae Scotorum. Vgl. Horst. Zauberbibliothek. Bd. VI. S. 82.

7 Horst. Zauberbibliothek. Bd. I. S. 320.

8 Zum Beispiel: Wir Johann Albrecht Adelgreif, Syrdos, Amata, Kenemata, Kikis, Metaldis,

Schmalkilimundi, Sabrindis Sabrundis, Elioris, Übererzhohepriester und Kaiser der ganzen Welt. Friedfürst des heiligen göttlichen Reiches, Richter der Lebenden und Toten, Gott und Vater, in welcher Herrlichkeit Christus kommen soll zum Jüngsten Gericht, Herr aller Herren und König aller Könige«. Vgl. Horst. Zauberbibliothek. Bd. III. S. 353.

9 Tobias Wagner. Über einen schrecklichen Fall einer Mannsperson, die sich in Schwermuth dem Teufel mit dem eigenen Blut verschrieben. Ulm. 1643.

10 Horst. Zauberbibliothek. Bd. I. S. 320.

11 Horst. Zauberbilbiothek. Bd. IV. Mainz. 1826. S. 197 – 230.

12 Horst. Zauberbibliothek. Bd. III. S. 215 – 226.

13 Fischer (1792; neue Auflage). Das Buch vom Aberglauben. a.a.O.

14 Zierl. Blätter für gerichtliche Medizin. 36. Jahrg. S. 323.

15 Adam. S. 30.

16 Kräpelin. 100 Jahre Psychiatrie. 1805. a.a.O.

17 Kirchoff. Grundriß der deutschen Irrenpflege. a.a.O.

18 Apolonia Schiffelholzin (eingezogen am 18. März 1626) sagt: » . . . ich habe die Käserin vor einem Jahr auf der Schießhütte gesehen. Sie kam auf einem schönen, weißgefegten Ofengäbelein (daher)gefahren, in einem schönen guten Rock und (mit) hochfehender Haube«.

19 Anna Hellmayrin (verbrannt am 18. Oktober) sagt: » . . . ich habe Hans Käsers Weib zweimal auf der Linswiese bei den Unholden tanzen sehen . . . sie ist in einem bläulichen Rock aufgezogen«.

20 Eva, die Frau des Apothekers Kaspar (eingezogen am 23. März 1624) sagt: » . . . ich habe die Käserin zweimal auf der Linswiese gesehen . . . sie zog in schwarzen Kleidern auf«.

21 Margaretha Pittelmayrin, die Stadtschreiberin von Eichstätt (verbrannt am 20. November 1626) sagt: » . . . ich habe die Käserin schon 1619 und vor sieben Jahren auf der Schottwiese und der Schießhütte, dann vor 16 Wochen bei dem teuflischen Konvent auf dem Kugelberg gesehen . . . sie ist bald in einem grünen Rock, bald in einem weißen und schwarz zerstochenem, oder in einem haarfarbigen Kleid, bald in einem hochfehenden, bald in einer Erzhaube oder mit einem Hut aufgezogen«.

22 Margaretha Yelin (verbrannt am 19. Dezember 1626) sagt: » . . . ich habe die Käserin auf teuflischen Zusammenkünften und Tänzen gesehen . . . sie ist bald in schwarzen, bald in gefärbten Röcken aufgezogen«.

23 Barbara Widmännin, Bäckerin und Wirtin in der Pfahlgasse von Eichstätt(?) (verbrannt am

6. März 1627) sagt: » . . . ich habe die Käserin fünfmal, das erstemal vor fünf Jahren, bei teuflischen Mahlzeiten gesehen. Sie zog in einem stattlichen und leibfarbig verbrämten Rock auf«.

24 Barbara Kärberin (verbrannt am 20. August 1627) sagt: » . . . ich habe die Käserin das erstemal vor 5 Jahren auf der Schottwiese, hernach auf der Linswiese, dem Galgen- und Petersberg und zum letztenmal auf der Barthelswaag bei teuflischen Mahlzeiten gesehen . . . sie ist in einem grünen Rock aufgezogen«.

25 Maria Strobelin (noch gefangen), sagt: » . . . ich habe die Käserin zweimal gesehen. Sie ist damals mit einem mit drei silbernen Schnüren und spitzweise verbrämten, purpurfarbigen Rock, schwarzem Leib und gelb- und blaublumigen Ärmeln und mit einem hohen Kragen, breitem Hut und goldenen Ringen an der rechten Hand aufgezogen«.

26 Adam Ringer (verbrannt am 17. Februar 1626) sagt: » . . . ich habe sie vor zwei Jahren auf der Schottwiese bei teuflischen Zusammenkünften gesehen, wie sie mit einem bösen Geist getanzt und gesprungen . . . sie wäre mit einem Pelz aufgezogen«.

27 » . . . ehrentugendsame(r), herzlicher Schatz. Weilen ich noch zu Neuburg und deiner Person halber einen Lieg- und Deckbett und ein Kissen begeht wird, also bitte ich meinen Schatz, sie wölle mich mündlich wissen lassen, ob ich's alleine oder von Rennertshofen aus, von den Unsrigen verschaffen solle. Bitte von Gott, er wolle Dir Erkänntnis deiner Wissenheit geben. Bis Du mein Schatz schuldig, bekenn es, bist du unschuldig, hast du eine gnädige Obrigkeit, derer wir, zuvorderst Gottes und unsere(n) kleinen Kinder zu getrösten. Seye mit deiner und meiner Gedult dem Schutz Gottes angefohlen. Neuburg, den 29. März 1629. Dein Getreuer, weil ich leb, Georg Käser«.

28 Nun schickt man einen Dr. Holzfeld nach Rennertshofen, um nach der Salbe zu schauen. Er findet sie nicht!

29 Shnell. S. 149.

30 König. S. 92.

31 Weyer. De praestigiis daemonum. Frankfurt. Deutsche Ausgabe von 1586. a.a.O.

32 Haas. Die Hexenprozesse. Ein kulturgeschichtlicher Versuch. Tübingen. 1865. S. 108 ff.

33 »Lecons cliniques sur l'Hysterie!« Bd. II. a.a.O.

34 Réponse aux Quaestions d'un Provincial. 1703. a.a.O.

Hexenproben

1 Aus: Hexenwahn und Hexenverfolgung in und um Schwäbisch Hall. Ausstellungskatalog. Hällisch-Fränkisches Museum Schwäbisch Hall. 18. Juni – 7. August 1988. S. 18. Das Hexenbad von Hall. Dort sind weiterführende Quellen genannt. Ich danke Frau Elisabeth Schrauth für diesen Hinweis.

2 Duhr (1913). S. 496.

3 Vgl. Wilhelm. Hexenprozesse aus dem Archiv des hannover'schen Amtsgerichtes Diepholz. Hannover. 1862. S. 18 ff.

4 Fischer (1791). S. 302.

5 Fischer (1791). S. 306.

6 König. S. 97.

7 Frankfurter Urphedenbuch. 108. Urgichten von 1541.

8 Criminalia. Frankfurt am Main. 1670.

9 – probatio per pondera et lancem –

10 Fischer (1791). S. 297.

Hexensalben, -drogen und Hexenwein

1 Pierre Bayle (1647 – 1707). Seine Diskussion über das Hexenwesen und die Hexerei sind in seinem Werk »Réponse aux Quaestiona d'n Princial« enthalten, das 1703 erschienen ist.

2 Franz Xaver Unger. Die Pflanze als Zaubermittel. Reprint der Ausgabe. Wien. Gerold. 1858. Das Original erschien als 3. Teil der Reihe »Botanische Streifzüge auf dem Gebiet der Culturgeschichte« in den Sitzungsberichten der mathem. naturw. CI. XXXIII. Bd. 26 (Seiten 303 – 356) der Kaiserlichen Akademie der Wissenschaften zu Wien. S. 4.

3 C. Bötticher. Der Baumcultus der Hellenen. Berlin. 1856. a.a.O.

4 D. h. in der handförmigen Knollenwurzel mehrerer Orchis- und Gymnadenia-Arten.

5 Ennemoser. S. 171.

6 Ennemoser. S. 172.

7 de bello judaico. Lib. VII. C. 25.

8 Neues Jahrbuch der Pharmacie . . . Von Walz und Winkler. Speyer. 1856. Bd. IV. Heft 1. p. 28.

9 Kurze Betrachtung der Mandragora oder der Alraunwurzeln, nebst seiner Samen, sowie auch anderer sogenannter magischer kräuter. Cosmopoli. 1701. S. 12.

10 Hierbei meint man, daß das Frauenkraut lediglich in dieser Nacht, nach anderen Versionen auch in der (unbekannten) Geburtsnacht Christi oder am (unbekannten) Tag der Enthauptung von Johannes zwischen 11 und 12 Uhr blühe; die Samen würden jedoch unmittelbar danach wieder verschwinden.

11 Beispielsweise auch noch das Beschreikraut. Unger sagt dazu: » . . . ein vollkommen schuldloses Gewächs . . . es ist unbekannt,

wie dasselbe in das Geschrei gekommen ist, gegen das Verschreien wirksam zu sein«.

12 Es ist darauf hinzuweisen, daß die damalige Bevölkerung im wesentlichen von der Landwirtschaft lebt. Deshalb reagiert sie besonders sensibel wie aggressiv gegen Naturschäden: Blitzeinschlag, Gewitter, Ernteschäden, Mäusefraß, Viehseuchen usw.

13 Auch die heutigen Menschen gehen in der naiven Vorstellung auf, daß ihnen bestimmte Dinge Glück bringen. Es ist im Prinzip gleichgültig, ob man sich heute ein sexuelles Stimulativ in Form von Pillen kauft oder ob man damals an die weiße Lilienwurzel glaubt.

14 Diese Bezeichnung soll nur umreißen, wie wundersüchtig man sich an die Pflanzen hängt; wohl darum, weil man bei einigen reale Heilkräfte erkennt (bei den meisten aber nur vermutet).

15 Durch die Springwurzel vermag man Fesseln zu lösen, starke Schlösser und Riegel zu öffnen. Der Glaube an die Wirksamkeit dieser Wurzel war so groß, daß in alten Gefängnissen noch besondere Vorkehrungen zu sehen sind. Wo wichtige Verbrecher, wie Hochverräter und Zauberer in einer Art Schaukel schwebend über dem Boden gehalten werden, weil man dadurch glaubte, daß der Täter nicht entkommen kann. Nach dem alten Volksglaube mußte man ja mit den Füßen den Boden berühren oder auf der Erde stehen. Die noch im 16. Jh. gegen Zauberei erlassenen Gesetze enthalten Verordnungen über derlei Einrichtungen in den Gefängnissen.

16 Schwager sagt dazu: » . . . so völlig widernatürlich und unglaublich die teuflische Buhlschaft jedem unbefangenen Zeitgenossen, der eben Menschenverstand hat, seyn muß, sind es auch die Gabelreiterey, oder die Wallfahrten der vorgeblichen Hexen nach dem Brokken oder dem Blocksberge. Die eine Meinung war, daß der Teufel keinesfalls Körper, die nicht leicht waren, in die Luft entführen konnte; sie erklärten die Sache als Phantasterei. Die andere Meinung war, daß der Teufel die Seelen seiner Clienten zum Tanze führe, deren Cörper aber blieben zu Haus in einer Art von Betäubung und Leblosigkeit liegen«. Schwager. S. 271.

17 In seinem Buch. Forbidden Sexual Behavior and Moraylity. Julian Press. New York. 1962. S. 328, 329. 349 – 351.

18 Masters. S. 33.

19 Unger nennt an Bestandteilen: Kinderfett (puerorum pinguedo), eleoselium, aconitum, frondes populeus und Russ(fuligno). Oder: Sium. Acorum vulgare, Pentaphyllon (Potentilla reptans), Fledermausblut (Vespertilionis sangius), solanum somniferum und Öl (Oleum); er bezieht sich auf die Beschreibungen von Weyer, Porta und Cardanus.

20 Originalakten im Archiv d. hist. Vereins in der Steiermark. Nr. 80.

21 Originalakten im Archiv d. hist. Vereins in der Steiermark. Nr. 81.

22 Unger. S. 37.

23 Gockelinus. S. 276.

24 Gockelinus. S. 23.

25 Schwager. a.a.O.

26 Satanism and Witchcraft. S. 103.

27 Vgl. die Kosmographie von Münster.

28 Als Rezept – und auch er bezieht sich auf Porta – nennt er: Kinderfett (eloselium) Aconitum, Frondes popuneas, Fuliginem)/Oder: Sium, Acorum vulgare, pentaphyllon, verperlionis sanguinem, solanum coniferum oleus.

29 (ca. 1240 – 1305); der berühmte Dichter, der den von Guilleaume de Lorris begonnenen Roman »de la Rose« fortsetzt und ihn vollendet. Er äußert sich auf satirische Weise über die Orden, den Zölibat, die Ehe und die Tükken der Frauen.

»Literarisches Hexentreiben«

1 Wolf, Hans-Jürgen. Schwarze Kunst. Frankfurt 1982. Diese mehr technische Geschichte behandelt auch soziale und geisteswissenschaftliche Aspekte des auf Pressen und Maschinen »gedruckten« Wortes.

2 Johann Weyer (Wier, Wierus, Piscarius). Geb. entweder 1515 oder zu Beginn des Jahres 1516 in Greve an der Maas in Nordbrabant. Schüler von Agrippa von Nettesheim. Wahrscheinlich verläßt er zu Beginn des Jahres 1534 Bonn und reist nach Frankreich, um Medizin zu studieren. Hier verkehrt er u.a. mit dem Schriftführer des Schmalkaldischen Bundes, Johannes Schleidanus und mit Johann Sturm. In Orleans erwirbt er 1537 den medizinischen Rang eines Doktors und damit das Recht auf die Ausübung der Heilkunst. 1539 scheint er von Paris aus in seine Heimat zurückgekommen zu sein. Hier ist er 1540 als Arzt tätig. 1545 tritt er, mit einem Gehalt von 100 Carolus-Gulden, in den Dienst der Stadt Arnheim. 1550 geht er auf Anerbieten des Herzogs Wilhelm von Jülich-Cleve-Berg zu diesem als Leibarzt.

Weyer ist zweimal verheiratet. Zuerst mit einer Judith Wintgens, die 1572 verstirbt, dann mit Henriette Holt. Aus der ersten Ehe sind vier Kinder bekannt. Theodor oder Dietrich ein Jurist, Heinrich ein Mediziner, Johannes, ein Archiprefectus, Galenus, ein Arzt, und eine Tochter Sophie. Weyer stirbt am 12. Februar 1588 im Alter von 72 Jahren und wird in der Tecklenburger Schloßkirche beigesetzt.

3 Hermann Wilcken (pseud. Augustin Lercheimer). Geb. 1522 in Neuenrade an der Lenne in der Grafschaft Mark. Er studiert in Frankfurt an der Oder und in Wittenberg. Er ist mit Philipp Melanchthon befreundet. Aus unbekannten Gründen verläßt er Riga und kommt 1561 nach Heidelberg. Durch die Vermittlung Melanchthons(?) wird er Rektor der lateinischen Schule. Am 29. April 1561 beginnt er mit seinen Vorlesungen über Homer; am 10. August wird er Magister, einen Monat später Mitglied der philosophischen Fakultät. 1563 ist er in Heidelberg Professor der griechischen Sprache. Wilcken ist zudem Verfasser der »Neuenrader Kirchenordnung«. 1565 ernennt ihn der Rat zum Regent des Contuberniums. 1568 legt er dieses Amt nieder. Später wird er Professor der Mathematik. Er stirbt am 7. Februar 1603. Seine Grabinschrift hat sich erhalten (vgl. Agraphum monumentor, Heidelbergens von Melchior Adam. 1613. 1612. a.a.O. S. 50. Sie lautet:

> Quis hic cubem nihil tua,
> Novisse refert, sit Deus
> Curatque. Tu quin hoc agis
> Teque ad bene cubandum pares.

Frei übersetzt:

> »Wer ich bin, der ich hier liege,
> das zu wissen ist gleichgültig.
> Gott weiß es und sorgt.
> Bereite auch du, der nicht sorgt,
> dich vor, gut zu liegen.

Der Titel des angeführten Buches lautet vollständig: Christlich bedencken vnd erinnerung von Zauberey. Woher, was, vnd wie vielfeltig sie sey, wem sie schaden könne oder nicht, wie diesem laster zu wahren, und die so damit behafft, zu bekehren, oder auch zu straffen seyn. Nur an vernünftige, redeliche, bescheidene Leute, gestellet durch Augstin Lercheimer von Steinfelden. Heidelberg 1585, Straßburg 1586 und Speyer 1597.

Meine Auszüge stammen aus der Ausgabe von 1593. Vilmar vermutet, daß sich die Bezeichnung des Verlagsortes und der Name des Verlegers Pseudonyme sind. Der Druck zeigt die Typen der Offizin von Bernhard Jobin in Straßburg.

4 Anton Schulte (latinisiert: Prätorius) wird in Lippstadt (Westfalen) geboren. Aus dem Titel der zweiten Auflage ist erkennbar, daß sein Sohn, Johannes Schultze (latinisiert: Sculteri) in Kamen geboren wird. Vermutlich hat hier der Vater eine Anstellung als Pfarrer oder Lehrer. Gestorben ist er 1625 als Inspektor von Alzey. Titel der Auflage von 1613: » . . . von Zauberey und Zauberern Gründlicher Bericht. Darinn der grawsamen Menschen thöriges, feindseliges schändliches vornemmen; und wie Christliche Obrigkeit in rechter Amtspflege ihnen begegnen, ihr Werk straffen, aufheben vnd hindern solle und könne. Kurtz und ordentlich gestellet: Durch Antonius Praetorius, Lippiano-Westphalum, Pfarrherrn zu Lautenbach in der Bergstraße. Heidelberg. 1613«.

5 Hans Schulze (latinisiert Johannes Prätorius). Geb. 22. Oktober 1630 im altmärkischen Zehtlingen. Er stammt aus einer begüterten

Familie und besucht die Trivialschule von Salzwedel, um dann in die altstädtische zu wechseln. Im März 1655 tritt er in die Neustädtische Schule ein. Vermutlich unter dem Rektor Johannes Georgius eignet er sich Lateinkenntnisse an und aus dieser Zeit stammt vermutlich die Latinisierung seines Namens. Der Schulbesuch endet am 27. März 1650. Schon am 30. sehen wir ihn in Halle als Zögling der lutherischen Lateinschule. Im Herbst immatrikuliert er an der Alma Mater Listensis. Zunächst beschäftigt er sich mit der Poesie und der Naturwissenschaft. Der bedeutende Jacob Thomasius (1622 – 1684), Vater von Christian Thomasius wird sein Lehrer. 1654 bekommt er das Backalaureat und am 25. Januar 1655 die Magisterwürde. Anfang des Sommersemesters 1656 absolviert er die Magisterdisputation zum Thema »Überwinterung der Störche«, womit seine universitäre Ausbildung abgeschlossen ist. Ab 1659 hält er Vorlesungen über Chiromantie. 1661 über Astrologie. Er wirkt lange in Halle als Universitätslehrer.

1659 heiratet er die verwaiste Barbara R., Tochter eines Röhrmeisters aus Saalfeld. Aus dieser Verbindung gehen zwei Töchter hervor. Das Leichenregister (Leipzig) nennt am 25. Oktober 1680: ein Mann, Mag. Joh. Praetorius P. L. C. Seine Beisetzung erfolgt bei der Universitätskirche oder auf dem angrenzenden Pauliner-Friedhof.
Man hat ihn in die Nähe von Abraham a Santa Clara 644 – 1709). Die wichtigsten Schriften von Praetorius sind:

1662: Daemonologie Rubinzalii Silesii. Das ist: Ein ausführlicher Bericht. Von dem wunderbarlichen, sehr Alten und weit beschrieenen Gespenste Dem Rübezahl.

1662: Philosophia Colus oder Pfuy, lose vieh der Weiber, darinnen gleich hundert allerhand gewöhnliche Aberglauben des gemeinen Mannes lächerlich wahr gemacht werden die kurtze Zeit zu verlängern, und die lange Zeit zu vertreiben.

1663: Saturnalia. Das ist: Eine Compagnie Weihnachts-Fratzen. Oder Centner-Lügen und possierliche Positiones.

1665: Sacra filamenta diviae virginis oder Naumburg'sche plumerantfarbene Faden.

1665: Gazophylaci gaudium.

1666: Anthropodemus plutonicus.

1668: Blocks-Berge-Verrichtung. Ausführlicher geographischer Bericht/von den hohen trefflich alt- und berühmten Blockes-Berge, ingleichen von der Hexenfahrt/und Zauber-Sabbathe/so auf solchen Berge die Unholden aus gantz Teutschland/Järlich den 1. Mai in Sanct-Walpurgis-Nachte anstellen sollen. Aus vielen Autoribus abgefasset/und mit

schönen Raritäten ausgeschmücket, sampt dazugehöriger Figuren von M. Johanne Praetorio . . . Nebenst einem Appendice vom Blocks-Berge/wie auch des Alten Reinsteines/und der Baumans Höle am Harz . . . Leipzig. 1669.

6 »Auf Befehl des Herzogs Alba gedruckten Appendix zum sog. »Tridentiner Index« aus dem Jahr 1570.

7 Seine wichtigsten Schriften sind:

1563: De praestigiis daemonum, et incantationibus ad veneficiis, libri V. Authore Wiero medico. Cum Caesaraneae Maiesst. gratia et privilegio. Basiliae, per Joannem Oporinum. 1563. (Anm. Schon 1564 und 1567 erscheinen deutsche Übersetzungen: »Von Zauberey, woher sie jren Vrsprung hab, wie manigfaltig, dieselbig sey, wie sie geschehe, welche damit behafft seynd«.

1567: Mediacanum Observationum rearum. Liber.

1577: Pseudomonarchia Daemonum.

1577: De Comentiis jejuniis (über das angebliche Fasten).

1577: De Ira morbo eijusdem curatione philosophica, medica et theologica.

1580: Artzney-Buch.

8 Hippokrates war ein griechischer Arzt. Geb. Insel Kos um 460 v. u. Z. Gestorben 375 in Larissa (Thessalien). Er verfaßt verschiedene ärztliche Schriften. Der sog. Eid des Hippokrates stammt vermutlich von ihm.

9 Reich. a.a.O.

10 » . . . ein preußischer Soldat will sich mit der Hilfe des Teufels unsichtbar und außerdem schuß- und hiebfest machen. Außerdem will er glücklich spielen (= d.h. stets gewinnen) und zu dem Ende ein Bündnis mit dem Teufel eingehen. Er setzt eine Schrift auf, in der er sich dem Teufel verschreibt und die mit seinem Nasenblut unterzeichnet. Auf den Rand setzt er die Bitte, der Teufel solle ihm bald einen Gesandten schicken, von dem er das Notwendige lernen kann. Diese Schrift will er eines Samstagsnachts an einen Kreuzweg tragen, um sie in die Hände des Teufels zu bringen; ehe er das ausführen kann, findet man das Schriftstück bei ihm. Deshalb wird ihm der Prozeß gemacht, der zu seiner Hinrichtung führt«.

Eine Variante des Schußfestmachens ist das Einnähen von geweihten Hostien im Arm.

Auch der magische Freischuß ist eine Variante des Festmachens. Man meint damit die Kunst, auf weite Entfernungen hin sicher treffen zu können. Gockel berichtet: » . . . es pflegt auch mehrgedachtes Teufelsgesind die Leut durch Geschoß zu verletzen und zu beschädigen, von welchem viel zu sagen wäre; denn man hat erfahren, daß ein Mensch einen anderen über 600 Meilen Wegs erschossen hat; wie es auch einmal zu Paris geschehen ist, daß ein Ehemann über das Meer wegen seines Weibes, zu dem ein anderer große Liebe trug, ermordet worden«.

Interessant ist auch die »Länge Christi«. »Der katholische Pöbel trägt die Länge Christi, um gegen den Schuß sicher zu sein. Die Länge ist ein elendes Gebet, in ein Tuch von fünferlei Farben eingewickelt, welches, wenn es auf dem bloßen Leib getragen wird, dem Träger nicht nur die Festigkeit und Unverletzlichkeit gewähren, sondern ihm auch, er mag sterben, wie er will, die Seligkeit verschaffen soll. Es ist eine Papier eine Hand breit und fünf Fuß lang; denn so groß soll Jesus gewesen sein. Man will sie 1655 zu Jerusalem bei dem hl. Grab gefunden haben. Papst Clemens VIII. soll nicht nur die Nachricht, die auf diesem Papier gedruckt steht, und für die Anbetung verschiedener Gnaden für gut geheißen und bestätigt haben«.

»den 3. Juni 1790 auf das Fronleichnamsfest der Katholiken wurde im Bischöflich-Straßburgischer Untertan, der auf Wildschießen ausgegangen war, von einem Markgräflich-Baden'schen Freijäger erschossen«. Man fand bei der Leiche die beschriebene Länge Christi mit folgenden Worten: » . . . gelobt sei der allerheiligste Name Jesus, und seine hl. Länge in Ewigkeit. Amen«.

11 Vgl. »Tractatus Polyhistoricus Magica-Curiosus, oder ein kurtzer/mit vielen verwunderlichen Historien untermengter Bericht von dem Beschreyen und Verzaubern/Auch der denen daraus entspringenden Krankheiten und zauberischen Schäden. Was dasselbige eygentlich seye? aus waserlei Ursachen solches herkomme? wie sich vor solchem Unwesen zu hüten? Und auf was Weise die daraus entstandenen Kranckheiten zu zauberische Schäden/vermittelst eines andächtigen Gebetes/und deren darzu gehörigen besonderen Artney-Mitteln curiret werden können? Alles aus berühmter Alter und Neuer Medicourm-Scriptis, auch aus eigener Erfahrung und 42-jähriger Praxis zusammengetragen und hervorgegeben. Von Eberhard Gockelino. Frankfurt und Leipzig. Bey Johann Martin Hagen. 1717«.

In gewissem Sinn bringt Gockelinus eine Sittenschilderung seiner Epoche. Er beleuchtet krass den gängigen Aberglauben und steht nur als Beispiel für viele ähnliche Schriften.

Gockel ist fest von der teuflischen Existenz überzeugt und sagt: » . . . das haben alle erfahren, es werden auch noch heutigen Tages die Menschen von leidigen Teufeln beschädigt, geplagt, gequält und gemartert, selbst um (ihre) Gesundheit, Leib und Leben gebracht . . . wie solches leider die tägliche Erfahrung zeige«.

» . . . durch Gottes Verhängnis und durch die Kraft des Himmels und der Elemente werden das Wetter oder Ungewitter, Regen, Hagel, Strahl- und Donnerschläge erwecket. Manchmal befördern die Teufel die Bewegung derselbigen Materialien. Sie treiben die zerstreuten Dünste in den Wolken zusammen, und wissen es dergestalt einzurichten, daß ein großes und ungestümes Ungewitter folgt, das sie zum Schaden und Verderben der Menschen, der Tiere, der Gebäude, auch zum Jammer, Elend und Verwüstung der Äcker und Feldfrüchte ausschlagen lassen«.

» . . . die Krankheiten entstehen weniger durch Gift, sondern mehr durch Zaubern, Berufen, Beschreien, Nachsetzen . . . wozu sie allerhand zauberische Griffe und Stücklein gebrauchen. Solche Mittel sind auch zauberische Worte, geschriebene Zettel, Täfelchen, Wachsbilder, angehängte Säckchen, magische Ringe, schädliches Anhauchen, aus Haaren, Beinen, Menschenblut und (dem) Fett von ungetauften Kindern zubereitete Salben und Vergiftungen«.

12 In dieser merkwürdigen Schrift berichtet er, daß der Teufel als Kaiser Belzebub über sieben Könige regiert: Baal, Pursan, Byleth, Paymon, Belial, Asmodai und Zapan. Unter ihnen würden stehen: 23 Herzöge, 13 Markgrafen, 10 Grafen, 11 Präsidenten, viele Ritter usw. Im ganzen sind es 6 666 Legionen und jede von ihnen würde aus ebensovielen Teufeln bestehen.

13 Johann Slecar Zelatawsky, Pfarrer aus Mnichowic (ein böhmischer Schriftsteller) bei Kaurin. Er hat in seinem 1538 erschienen Buch u.a. die Frage behandelt, ob die Hexen durch eigene Kraft Hagel, Sturm und Gewitter hervorbringen können und den Beweis, daß weder Hexen noch Zauberer so etwas vermögen » . . . daher der Glaube an deren Macht ein Widersinn und die Verfolgung der wegen Hexerei Verdächtigen inhuman sei«.

14 Brenz, Johannes. Schwäb. Reformator. Geb. 24.6.1499 in Weil der Stadt (Württemberg), gest. 11.9.1570 in Stuttgart. Er wird als Student (1518) auf der Heidelberger Disputation für Luther gewonnen. Er ist Berater des Herzogs Ulrich und wirkt bei der Einführung der Reformation in Württemberg und bei der Reformation der Tübinger Universität mit. 1551 verfaßt er die »Württembergische Konfession« und kehrt 1533 nach Stuttgart zurück (wegen Ablehnung des Interims muß er das Land verlassen). Brenz richtet die württembergische Landeskirche aus. Mit Weyer unterhält er einen Schriftwechsel.

Johann Brenz. Predigt vom Hagel und allem Ungewitter. Straßburg und Eisleben. 1565. J. Weyer. Concio I. Brentii germanica, a Wiero latina fideliter reditta Iohan. Wieri. De praetigiis daemonum et incant incantationnibus ac veneficiis libri sex. Basiliaea. 1583.

15 Alberus (Alber) Matthäus. Geb. 4.12.1495 in Reutlingen. Gest. 2.12.1570 in Blaubeuren. Er wirkt in Reutlingen, Stuttgart und Blau-

beuren. In den Streitfragen der Zeit nimmt er eine vermittelnde Position ein.

16 »eine Summe etlicher Predigten vom Hagel und Ungholden, gethan in der Pfarrkirch zu Stuttgarten im Monat Augusto Anno MDLXII. Durch D. Matheum Alberum und D. Wilhelmum Bidenbach, sehr nutzlich und tröstlich zu dieser Zeit zu lesen. Tubingiae. 1562.

17 Weyer. Da praestigiis Daemonum. a.a.O. Carl Gallus, ein Geistlicher aus Hamm und ein Anhänger von Weyer, schreibt an ihn: » . . . im Jahre 1564 sei ein altes Weib zu ihm gekommen und habe ihm zu Heimlichkeit unter Weinen anvertraut, daß sie zu den Anhängern des Teufels zähle. Sie wurde belehrt und ha . . . auch die teuflischen gentzlichen verschworen«. Vgl. Carl Gallus: De praestigiis daemonum. Frankfurter Ausgabe von 1586. a.a.O. S. 537

18 In seiner »Disputatio gegen Christian Thomasius«. § 55.

19 Bocer, Heinrich. Tractatus de omnis generis homidicus. Tubingiae. 1639.

20 Neuwald, Hermann: Exegesis purgationes sive examinis sagarum super aquam frigidam proiectanum. Helmstedt. 1584.

21 Erastus, Thomas: Disputationem de medicina nova Ph. Paracelsi. Pars I. in qua de remidis superstitionis et curationibus magicis ille prodicit, praecipue examantur. Basiliae, sine anno 1571. Vgl. Erastus Thomas. De lamiis et strigibus Heidelberg(?) 1577

22 Matth. 12: » . . . wann der Teufel auß dem menschen gefahren ist, so ziehe er vmher, nemm sieben andere zu sich vnd fahre wieder darein«. 1. Petr. 5: » . . . seid nüchtern vnd wachet, denn euwer widersacher der teufel gehet vmher wie ein brüllender Lewe, suchet den er verschlinge«.

23 Zaubern heiße auf altfränkisch »versagen« in Sachsen »wicken« und bei uns »wahrsagen«.

24 » . . . er ließ sich in einer Gasterei von guten Gesellen überreden, doch seine Kunst einmal vorzuzeigen. Nun wollte niemand gerne seinen Kopf dazu leihen; wie zu erachten. Schließlich gab sich der Hausknecht dazu her, jedoch erst nach der festen Zusicherung, daß man ihm nachher den Kopf wieder richtig aufsetze. Man schlug ihn ab, aber das Wiederaufsetzen wollte nicht recht vonstatten gehen. Da sprach der Edelmann zu den Gästen, , . . . es wäre einer unter ihnen, der das verhindere, und diesen möchte er doch gewarnet und vermahnet haben‘. Als das nichts nützte, da legte er den Kopf auf den Tisch und eine Lilie wuchs daraus hervor. Er hieb dieser das Haupt ab und alsobald fiel einer von den Gästen hinter sich, dem ebenfalls der Kopf abfiel . . . erst danach konnte man dem Hausknecht den Kopf wieder richtig aufsetzen. Der Totschläger floh und war eine zeitlang außer Landes . . . bis sich die Sache vertragen hatte«.

25 Auch Wilcken beschuldigt eine Reihe von Päpsten der Zauberei: » . . . Silvester IIvon Geburt ein Franzos(e) hatte in Hispanien die schwarze Kunst gelernt von einem gelehrten Sarazenen, ist dadurch Bapst geworden. Nach diesem Babste sind nacheinander die Bäbste Schwartzkünstler gewesen, wie die Historia- oder Geschichtsschreiber natürlich aufweisen, bis auf den leibhaftigen Teufel den Hildebrandt: achtzehn an der Zahl. In neuester Zeit seit Paulus III«. » . . . neben anderen unsäglichen Lastern mit Zauberey behafft und beschrien worden«. Zitiert aus: Bedenken der Zauberey. Abgedruckt im Theatrum de veneficiis. Frankfurt am Main. 1586. a.a.O. S. 273.

26 Ein altes Verb für putzen, reinigen und/oder waschen. Pletzen bedeutet soviel wie »flikken«.

27 » . . . es ist unlängst in der Grafschaft N. in der Nähe von Köln einer verbrannt worden, dessen wunderbare, schädliche und grausame Tat auch durch den Druck bekannt gemacht worden ist. Darin wurde angezeigt, daß er vom Teufel einen Gürtel bekommen habe . . . wenn er sich diesen umgelegt, so sei er zu einem Wolf geworden, in dieser Gestalt herumgelaufen, den Menschen geschadet und dreizehn davon gefressen und zerrissen«.

Der Quellenlage zufolge kann es sich hier nur um Peter Stump aus Bedburg gehandelt haben, der 1589 auf qualvolle Weise in Köln als angeblicher Werwolf hingerichtet worden ist.

28 Gefängnis. alem. Kefit. Vgl. das Rottweiler Stadtrecht und die Baseler Statuten. Auch hier findet sich der Terminus »Käfig«.

29 Zitiert nach A. Theiner(?). Die katholische Kirche, besonders in Schlesien, in ihren Gebrechen dargestellet. Von einem katholischen Geistlichen. 2. Auflage. Altenberg. a.a.O. S. 32.

30 Vgl. Fußnote dieses Kapitels.

31 Otto Melander: »Resolution praecipuarum quaestionum criminalis adversus sagas processus, cum rufatione nova . . . purgationis sagarum per aquam frigidam«. Lichiae. 1597;

Benedict Perenius: »Die magia, de observatione somniorum et des divinatione astrologica libri tres. Adversus fallaces et superstitiosas artes. Coloniae, 1598 (Anm. In diesem Buch ist von der Hexerei keine Rede).

32 lat. Confessis Augustana. Veranlaßt durch Kaiser Karl V. Er beruft den Reichstag zu Augsburg (sein Anschreiben datiert vom 21.1.1530), auf dem er zu einer Verhandlung über die durch die Reformation entstandenen religiösen und politischen Gegensätze kommen sollte. Das »Augsburger Bekenntnis« muß als Friedensvorschlag verstanden werden.

33 Davon die Schrift also zeugt: » . . . Manasse war zwölf Jahre alt, da er König ward und regierete 55 Jahre zu Jerusalem, und tat viel

623

Übel für den Herren, nach den Greuel der Heiden, welche der Herr vor den Kindern von Israel gleichwohl vertrieben hat . . . Und er ließ seinen Sohn durchs Feuer gehen (dem Abgott zur Ehre) und wählte Tag, und achtete auf das Vogelgeschehen, und zauberte, und stiftete Wahrsager und Zeichendeuter, und tat, was dem Herrn nicht gefiel . . . um ihn zu reizen«.

»Obwohl nun Manasse ein großer Sünder war, der viele Tausende von seinen Untertanen und Propheten umbrachte: dazu selbst ein Zauberer, Anstifter und Zauberpatron, Wahrsager und Teufelskünstler. So hat er gleichwohl bei Gott Gnade und Vergeltung seiner Sünden erlangt, weil er ihn um Gnade gebeten, und herzlich Buß und Pönitenz getan«.

34 Johannes Praetorius beruft sich vor allem auf: das Versepos »Peter von Stauffenberg«, Geiler von Kaiser(s)berg, Grammaticus, Bodin, Weyer, Kommann, Agricola, Philipp Camerarius, Hondorff, Hildebrand, Goldast, Paracelsus, Schmuck, Schnurr und Richter. Dazu kommen an ausländischen Autoren: der Franzose Belet und de Lancre, der Italiener Cicogna, die Schweden Olaus Magnus und Gothius, sowie der Spanier Torreblanca und Torquemada.

35 Er führt beispielsweise aus: » . . . daß ein Zauberer und Hexenmeister genüge, um 500 Zauberer und Hexen zu machen . . . durch die teuflische Kunst wird das satanische Reich stündlich und täglich vermehrt«.

36 Die neun Kräuter sind: Alraun, Origanum oder Doster (weißer und/oder brauner), Cardobenedikten(-kraut), Knoblauch, Nigella Romana oder Kümmel, Nabel- oder Fünffingerkraut, Exkrementa oder Teufelsdreck und Sucissa (= Teufelsabbiß).

Satanskult und Schwarze Messen

1 Zacharias. S. 114.

2 Zacharias. S. 114.

3 Zacharias. S. 114.

4 Zacharias. S. 17.

5 Zacharias. S. 64.

6 Zacharias. S. 64.

7 Lev. XVI. 2 ff.

8 Matth. XXV. 32 ff.

9 Zacharias. S. 25.

10 Zacharias. S. 9. Vergl. Rosell Hope Robbins. »The Encyclopedia of Witchcraft and Demonology«. London. 1960. S. 50.

11 Zacharias. S. 88/89.

12 Baudelaire schließt sich 1846 in Paris einer Gruppe junger Leute an, die im Zeichen der Revolte gegen die geistigen und sozialen Normen jeweils am Sonntag einen Satanskult einberufen. Seine »Fleurs de Mal« erscheinen 1857 in Paris.

13 Leopardi stirbt 1839 im Alter von 39 Jahren und gibt kurz davor eine satanische Hymne heraus.

14 Carducci spielt in der italienischen Freimaurerei eine maßgebliche Rolle.

15 Zacharias. S. 25.

16 Die Phiboniten stellen eine gnostische Sekte dar. Ihr Kult geht in der Vorstellung auf, eine »Allmutter« verehren zu müssen. Sie hat »archon«, ihren bösen Sohn, zum Gegner. In ihrer Vorstellung ist es ihnen gelungen, der Mutter göttliche (= gute) Kräfte zu rauben und diese in der Welt zu verstreuen.

Die Phiboniten stellen sich die kultische Aufgabe, dem Sohn diese (angeblichen) Kräfte (wieder) zu entreißen und sie der verehrten Allmutter zurückzugeben. Ihre Gemeinschaft entsteht in Syrien und breitet sich über Armenien bis nach Ägypten aus.

Das Embryomahl ist ein logischer Schritt in ihrem kultischen Denken. Die Gefahr, daß das Reich des Bösen durch die Geburt eines »neuen« Menschen vergrößert wird, *muß* durch seinen Tod beseitigt werden.

Bemerkenswert ist der geistige Ansatz: das Denkmodell. Es wird deutlich, daß es sich nur in einer kleinen Gruppe Intelektueller ausgebildet haben kann. Bereits in der Antike ist es so, daß Geistliche Vorreiter der geistigen Bevormundung ob der Akzeptanz *ihrer* Ideen sind!

17 Epiphanius. Panarcion haer. XXVI. 4.5. et. Holl. 1. S. 2800 ff. (Migne PG XII. 337. Übers. Leiseganz. S. 190 ff.

18 Vergl. Reike »Diakonie, Festfreude und Zelos in der Verbindung mit der altchristlichen Agapefeier.

19 Zacharias. S. 42.

20 Basilius. Homilia XIV. in ebriosos. 1. Migne PG. XXXI. 445. f. übers. BKV. Bd. 47. S. 319.

21 Hier schwingt die Idee des prophezeiten Auferstehungstages durch. Dieser Ansatz, bzw. die Tatsache, daß dies eben nur eine Behauptung ist, führt (auch) zu den großen Ketzerbewegungen. Die Kurie *muß* diese Idee weiterverfolgen, um nicht unglaubwürdig zu werden. So hilft sie sich mit dem probaten Mittel der Ausrede und sagt: » . . . beim Herrn (dessen Existenz ebenfalls als realistisch in den Raum gestellt wird) sind eben 1000 Jahre wie ein Tag«!

22 Zacharias. S. 55.

23 Es handelt sich um einen »wilden« Tanz, der ursprünglich zur Heilung bei Vergiftungserscheinungen, die durch den Biß der apulischen Erdspinne »Lycosa tarantula« hervorgerufen wurden. Eine Spätform ist die Tarantella.

24 Ludovikus archiepiscopus Gemensis in Stat. ann. 1445 tom. 12. Gall. Christ. col. 96.

25 Guibert v. Nogent. De vita sua. III. 17. Migne. PL. CLVI. 951.

26 Zacharias. S. 50.

27 Vox in rama. 13. Juni 1233 an König Heinrich VII. Pastoralschreiben an den Erzbischof Siegfried II. von Mainz und an den Bischof Konrad von Hildesheim. Mansi. Bd. 23. kol. 324 (Pottast Nr. 9. 229/230).

28 Zacharias. S. 53.

29 Aus dem Verhör des Huguet de Bure vom 24.4.1310 (ed. Michelet. I. S. 205 ff.).

30 Agathe, Frau des Denis de Lemion; von der Witwe des verstorbenen Regnaud Donete aus der Gemeinde Notre-Dame; von Jeanne, der Witwe des Guibilet aus Saint-Denis; von Jean Hubert und seiner Frau aus Saint-Vincent; von Marthe, der Witwe des verstorbenen Econet Kerguen aus Sainte-Croix-de-Nantes; von Jeanne, der Frau des Jean Darel aus Saint-Similien (bei Nantes) und von Tiphanie, der Frau des Econet Le Charpentier aus Saint-Clement-hors-les-murs.

31 Seine Genossen sind: Gilles de Sillé, Roger de Briqueville, Henriet Grisart, Etienne Corrilaut (genannt Poitu), André Buchet, Jean Rossignol, Robin Romulart, ein gewisser Spadine und Hiquet de Brémont.

32 Fancois Prelati, Jean de la Riviere, Antoine de Palerne, Louis u.a.

33 Zacharias. S. 65.

34 Geb. 1553 in Brodeaux. Er wird von König Heinrich IV. beauftragt, in Labourd (Westpyrenäen) Untersuchungen über das Hexenwesen anzustellen. Diese Tätigkeit nimmt er 1619 auf. Er ist der Verfasser des Buches »Tableau de l'Inconstance«.

35 Vergl. »Historie de Magdalaine Bavent, Religieuse du Monastere de Saint Louis de Louviers«. Paris 1652. Und vor allem: »Bekenntnisse der Magdalaine Bavent, einer Nonne im Kloster Saint Louis in Louviers, mit ihrer allgemeinen und testamentarischen Beichte, worin sie die Greueltaten, Gottlosigkeiten und Gotteslästerungen bekannt hat, die sie sowohl im besagten Kloster als auch auf dem Sabbat begangen hat«. Aus dem franz. übersetzt von Dieter Walter. Berlin. 1980. Auf ihn beziehen sich meine Ausführungen.

36 Walter. Bekenntnisse. S. 7.

37 Walter. Bekenntnisse. S. 47.

38 Walter. Bekenntnisse. S. 69.

39 Walter. Bekenntnisse. S. 138.

40 Walter. Bekenntnisse. S. 13.

41 Walter. Bekenntnisse. S. 138.

42 Als mehrere Giftlieferanten Mitglieder des französischen Hofes als Kunden benennen, ruft der König eine Kommission ein, um die

Untersuchung fortzuführen und um über die Angeklagten zu richten. Sie tagt im Geheimen und tritt in einer mit schwarzen Draperien ausgeschlagenen, mit Kerzen erleuchteten Kammer zusammen (daher die Bezeichnung). Der König drängt darauf: »... den abscheulichen Gifthandel so gründlich als möglich zu durchdringen, strenge Gerechtigkeit walten zu lassen ... ohne Ansehen der Person, des Ranges und des Geschlechts«. Der Fall ist klar: er hat Angst davor, vergiftet zu werden.

Exkurs:
Wir müssen uns in die Zeit zurückversetzen. Die größten Schwierigkeiten des 30-jährigen Glaubenskrieges waren wirtschaftlich, sozial und politisch überwunden. Davor haben wir eine Zeit der extremen Hungersnot und Armut. Wie unendlich schlimm der Hunger wütet und die Menschen zu bestialischen Taten treibt, soll an einigen Beispielen verdeutlicht werden, denn sie bieten den Hintergrund für manche Vergiftungsaffaire.

»In Livland und Rußland erreicht die Hungersnot einen unerhörten Grad. Friedrich Engel, Pastor von Dünnaburg, verzeichnet in einer Schrift, ... daß allein in dem Dünnaburgischen Gebiet 30 Menschen aufgefangen, geschlachtet und verzehrt worden sind ... anno 1602 vor Christi Himmelfahrt ... in Klausenburg ist die Sterblichkeit geringer, aber von 1602 bis 1603 herrscht ein so großer Hunger, daß die armen Kinder von ihren verstorbenen Eltern essen; Hunde und Katzen gelten als Leckerbissen«.

Erschwert wird die Lage durch das Verenden der Tiere. So klagen die Metzger von Tirschenreuth, »daß das meißte Vihe zugrunde gegangen sei; das noch vorhandene sei halbmatt, matt und dürr ... daß einem davor ekeln muß, es auch nur anzuschauen, geschweige denn es zu genießen, wodurch gar leicht eine Krankheit causiert (= herbeigeführt) werden könnte«. Wir müssen dieses Faktum im Verbund mit dem Wüten gegen die Hexen berücksichtigen, denn zu den Mißernten kommen Volkskrankheiten, denen man zunächst machtlos gegenübersteht. Dazu gehören (auch) Geschlechtskrankheiten.

1634 erreicht in Agawang (Zusmarshausen) der Hunger einen solchen Grad, daß im Februar 1635 vier Weiber die Leichen von 5 verhungerten Menschen essen. Der Plebanus, Mich. Lebhardt fragt, wie es ihnen geschmeckt und vorgekommen sei. Sie sagen: »... es habe ihnen wohlgeschmeckt und sei das Beste an ihnen gewesen Hirn, Herz und die Nieren«.

Immer weiter greift der Hunger um sich. Auf öffentlichen Fleischbänken wird das Fleisch von Pferden, Eseln, Katzen und Hunden verkauft. Arme kochen Leder und Häute, speisen Ratten und Mäuse: Stroh wird kleingehackt, mit ein wenig Mehl geknetet und gebacken. Im Januar stirbt »... bei der Wirtin ein Soldat im Quartier, sie schnitte alsbalden das brettige (= bratbare) Fleisch von seinem Leib, kochte es und gab es ihren Kindern zum essen«. Manche Verstorbene hatten noch Gras im Mund, mit dem sie gegen den Hunger kämpften.

Der Hunger steigerte sich so, daß Leichen aus Gräbern gestohlen werden. Einzelne Friedhöfe (z.B. Neustadt a.M.) müssen bewacht werden.

Selbst Lebende werden eingefangen, erschlagen und verzehrt: so schlachtet eine Frau ihr Kind, salzt es ein und verzehrt es; sie stirbt darüber im Gefängnis. Eine Tochter brät die ausgegrabenen Körperteile ihrer Mutter und verzehrt sie. In der Nähe von Zweibrücken streiten sich zwei Frauen um den Besitz eines mit Würmern bedeckten Aases, wobei eine erwürgt wird. Eine andere, die ein Kind geschlachtet und gegessen hat, wird in Zweibrücken hingerichtet.

Im Zusammenhang mit den Hexenprozessen hört man immer wieder, daß die Hexen Kinder töten und ihr Schmalz zu einer Hexensalbe verwenden. Gedanklich besteht eine Brücke zur Hungersnot. Dieser Gedankengang wird seither in der Hexenliteratur nicht berücksichtigt!

Die Menschen essen Häute und Tierfelle: Hunde, Ratten und andere Tiere werden gegessen ... selbst die, die wochenlang in schmutzigen Pfützen gelegen haben. Die Menschen schlagen sich um das Fleisch von toten Pferden ... keiner ist vor dem Hunger des Nachbarn sicher. In den Winkeln der Straßen lauern Leute und fangen Katzen und Hunde auf, um sie zu verzehren »... sie holen aus dem Main eine Schindkaute und kochen sie auf offener Straße, um ihren Hunger zu stillen«. In Straßburg wird Hunde- und Pferdefleisch verkauft. In Durlach entvölkert man in einem weiten Umkreis die Sümpfe und verzehrt Frösche und Kröten ohne Unterschied aus Heißhunger.

Im Rheinland nimmt die Zahl der Wölfe sprunghaft zu. So wird nicht nur der Werwolfglaube genährt: keiner wagt sich nach Einbruch der Dunkelheit auf die Straße. Dies spricht für die von Lambreg vorgetragene »Unzuchtstheorie«, die er dem Hexentreiben zugrundelegt. Katzen- und Mäusefleisch gehört in Trier zu den gesuchten Leckerbissen. Für eine »Rattemaus« bezahlt man 4 fl.

»Die Kuhhirtin in Ruppertshofen hat von ihrem toten Mann gerissen und geschnitten, solches gekocht und es dann mit ihren Kindern gegessen; auch hinten vom Vater die Schenkel abgehauen, gewaschen, gekocht, dergleichen den Kopf aufgethan, gesotten und gefressen«. Als sie gefragt worden, wie es geschmeckt habe, hat sie geantwortet: »... wenn sie nur ein wenig Salz dazu gehabt hätte, hätte es gut geschmeckt«.

1637 wird in Ippesheim ein Müller zum Mörder, um Menschenfleisch zu erlangen: er wird in Würzburg auf einem Scheiterhaufen hingerichtet. »... die Hungernden erschlagen einander, verzehren sich, durchwühlen Gottesäcker, ersteigen Galgen und Räder und nehmen die Toten herunter. Bettler und Landstreicher lauern auf Vorübergehende und töten sie. In Alzey erwürgen zwei Frauen aus Verzweiflung Menschen, um an ihrem Fleisch den Hunger zu stillen ... in Otterberg (bei Kaiserslautern) tötet eine Frau ein Mägdlein, ißt davon und verkauft das Übrige als Schweinefleisch. In Bergzabern erwürgt und brät ein 11-jähriges Mädchen einen 5-jährigen Buben ... in einem Dorf brät ein Bauernjunge von seiner verstorbenen Schwester ein Stück am Feuer«.

1638 kostet ein Pfund Pferdefleisch 5 fl., ein Pfund Hundefleisch 5 Batzen und eine Maus 3 Batzen. Ungeputzte (gekochte) Pferdedärme kosten 8 Schillinge. Im Amt Neustadt lesen die Leute Spreu aus dem Pferdekot, um daraus Brot zu backen. Am 2. August 1648 schreibt der Probst Jac. Christian aus dem Kloster Reichenberg: »... nebst diesem ist eine große Hungersnoth, daß die armen Unterthanen die von den Soldaten hingeworfenen Schafs-, Köpf, Därmb, Ingewaidt von denen armen Leuthen gesamblet, gekochet, und ob es schon voller Maaden und stinkendt seyn. O Elend«.

Es ist klar, daß in einem solchen Klima die Verbrechen zunehmen. Daraus erklären sich teilweise drastische und heute kaum noch vorstellbare Strafen der Obrigkeit ... dies unter einer regen Anteilnahme der Bevölkerung. »Die Weltgeschichte führt uns vor Augen, woraus ersichtlich wird, daß die bösen Künste der Giftmischerei im Mittelalter (und danach) eine große Rolle spielten: wie willkommen mußte unter solchen Umständen eine Pest (für die Giftmischer) sein«!

»Androgyna Casali hat in Italien um das Jahr Christi 1536 mit ihrem adhaerenten ... ihr vorgenommen, auf ein vornehmes heil. Fest die Stühle in den Kirchen mit einer gewissen Salbe (deren sie und ihr Anhang 20 Häfen voll präpariert hatten) zu beschmieren, und alle Bürger in der Stadt hinzurichten, sie wurden aber entdeckt, und alle, die damit im Zusammenhang standen, mit grausamer Pein hingerichtet«.

In Stralsund werden zwischen 1554 – 1587 sieben Männer wegen Zauberei, Mord und Falschmünzerei zum Feuertod verurteilt. In Pommern wird 1581 ein Mensch hingerichtet, der 24 schwangeren Frauen den Leib aufgeschnitten hat, um ihrer Frucht habhaft zu werden: er benötigte sie zur Bereitung »von Zaubersachen«.

Der Braunauer Schullehrer M. Bressler berichtet über eine Giftseuche in Frankenstein:

»... am 10. September wurden auf Bekenntnis zwei Totengräberknechte ‚so sich vollgesoffen' zu Frankenstein in der Pest eingezogen ... beide Meister Wenzel Förster, der gegen 28 Jahre Totengräber gewesen und G. Freidinger von Striegau: am 14. September beider Meister Weiber sammt Casp. Schetts, ein Bote und Bettler, 87 Jahre alt, wegen Giftaussäens in der Pest: am 4. Oktober Susanna Schuberts verstorbenen Stadtdieners Tochter mitsamt ihrer Mutter Magdalena wegen Giftausstreuens: am 12. September hat man bei Wenzel Förstern, des alten Totengräbers Haus, ein Jahr nach seiner Justifizierung, einen ganzen Zecker voller Dütlein mit Giftpulver, damit sie die Pest ausgesäet, gefunden. Ist aber weit (von) der Stadt in Flußwasser geschüttet worden«.

Am 5. Oktober werden wegen Giftstreuens ein Totengräber Johann Laken und sein Sohn, ein Knabe von 14 Jahren, enthauptet und der abgeschlagene Kopf mit den Körpern auf den Holzhaufen gelegt. »... sind mit diesen in allem 17 Personen, die Pulver gestreut und bereitet, in der Pest zu Frankenstein gerichtet und verbrannt worden«.

In Italien war das seltsame Gerücht im Gange, daß vom Teufel verführte Bösewichter mit vergifteten Salben und Pulvern die Eingänge der Kirchen und Wohnungen, die Schlösser und Türklinken, Stühle, Fenster, wie die Kleider infisziert hätten und daß die geringste Berührung unvermeidlich den Tod herbeiführte »... am 17. Juli werden Wilhelm Platea und der Barbier Joh. Mora für schuldig überwiesen, mit glühenden Zangen gezwickt, ihnen die rechte Hand abgehauen ... endlich flocht man sie lebend auf das Rad und verbrannte sie«. In Lyon werden Fettschmierer (= Ingraisseurs) bei ihrem Vorhaben ertappt.

1613 in der Stadt Wolkenstein: »... während die Seuche ringsherum Entsetzen und Verzweiflung verbreitet, beraubt der Totengräber die aus den Gräbern genommenen Leichen ihrer Kleidung, begeht mit dem Diakon Abraham Tränker und einigen Gehilfen in den Sterbehäusern Diebstähle und Unfug. Nach Entdeckung der Schandtaten wird er am 15. Juli 1615 gerädert und verbrannt, während der Diakon fliehen kann«. 1630 bilden während der Pest in Münster (Westfalen) vier Schwestern mit ihrem Zuhälter einen Komplott, brechen in ausgestorbene Häuser ein und plündern sie. Als die Pest zu Weihnachten wieder nachläßt, und sich die Frevler einfinden, ergreift man sie, hängt die eine, säckt die andere und enthauptet den Schandbuben.

Dieser Part schildert freilich nur das Leben der Landleute, der Armen, Erwerbslosen, Soldaten und Bettler. Aber es ist naheliegend, daß sich auch im Gegenpol, im Lager der Reichen, Fürsten und Könige, solche Exzesse ausbreiten. Dort geht es zwar nicht ums Überleben, aber um die Macht schlechthin!

43 Zacharias. S. 115.

44 Der Pariser Polizeipräfekt Nicholas de la Reynie wird im März 1679 von Ludwig XIV. beauftragt, bestimmten Gerüchten über eigenartige Zusammenkünfte und eine dahinter vermutete Verschwörung aufzudecken. Dabei kam zutage, daß Personen aus der nächsten Umgebung des Königs in die Affaire verwickelt waren. Vergl. Francois Ravaisson, »Die Messen des Abbé Guiborg«. In: Schwarze Messen. Dichtungen und Dokumente. Manfred Pawlak. 1970.

45 Rossel Hope Robbins erklärt: »... daß die Chambre-Ardente-Affaire möglicherweise der einzige Hexenprozeß ist, der auf einem Element faktischer Wahrheit ruht, statt auf den wilden Phantasien junger Neurotiker oder der morbiden Logik perverser Hexenrichter und Inquisitoren.

46 La Voisin's Tochter Marguerite bestätigt den Richtern: »... jedesmal, wenn Madame de Montespan etwas Neues zustieß, oder sie eine Verringerung der Gunst des Königs befürchtete, sagte sie meiner Mutter Bescheid, damit sie Abhilfe schaffe. Meine Mutter suchte sofort Zuflucht bei Priestern, daß sie eine Messe lesen ließen und ihr Pulver gaben, das dem König verabreicht werden sollte«.

47 Schwarze Messen. Dichtungen und Dokumente. Hrsg. von Ulrich K. Dreikandt. 1970. S. 76.

48 Solche Pulver enthielten den Staub getrockneter Leberflecke, Fledermausblut, Kantharidin (hergestellt aus feingemahlenen Ölkäfern, der »spanischen« Fliege und weiterer giftiger Substanzen).

49 Schwarze Messen. Dichtungen und Dokumente. Hrsg. von Ulrich K. Dreikandt. 1970. S. 70.

50 Auszug aus dem Verhör des Abbè Guibourg vom 10. Oktober 1680 in Vincennes.

51 Zacharias. S. 125.

52 Das Leben und die Memoiren des Scipio von Ricci, Bischof von Pistoja, Reformator des Catholizismus in Toscana unter der Regierung Leopolds ... nach eigenhändigen Manuscripten dieses Prälaten und anderer berühmter Männer aus dem vorigen Jahrhunderts bearbeitet, und mit rechtsgültigen Urkunden aus den Archiven des Herrn Commandeur Lap. v. Ricci zu Florenz versehen. Von Herrn v. Potter. Aus dem Französischen. Stuttgart. 1826.

53 Siehe Fußnote 52.

54 »Bezeugung der Aufführung der P.P. des heiligen Dominikaners, bei uns Nonnen zu St. Katharina von Pistoja. 1775 dem Großherzog Leopold überreicht. Unterschrieben: Ich Schwester A.T. Mertine, manua properia. Ich Schwester B. Perracini, manua properia. Ich Schwester M.C. Bambi, (manua properia). Ich Schwester G. Poggiani (m.p.). Ich Schwester C.G. Botti (m.p.)«.

55 Das Verbot trägt das Datum vom 6. und 10. September 1774.

56 Ricci's Brief trägt das Datum vom 25. Juni 1781.

57 Auf bischöflichen Befehl und unter seinem Auftrag wurde vom 25. bis zum 30. Juni ein allgemeines Verhör durch den Pater Philipp Baldi im Katharinenkloster zu Prato, welches ein Dominikanerkloster ist, das aus 13 Chornonnen, 13 Layenschwestern und 5 Zöglingen besteht, abgehalten, um zu entdecken, ob Ketzerey, schlechte Gebräuche, Sittenlosigkeit und andere Untugenden einheymisch seyen. Deshalb wurden sämtliche Frauen, einzeln und zusammen, befragt . . . ihre Aussagen niedergeschrieben und von jeder Einzelnen unterzeichnet . . . woraus folgende Resultate hervorgingen«.

58 Zum Einzelverhör der beiden Beschuldigten. Beisitzerinnen sind die Schwestern Caeculia Antonia Salvi, jetzt Priorin des Klosters, die Schwestern Emarella Dragoni, Sindika(?). Die Originalarbeiten sind bei Potter verarbeitet.

59 Joris-Karl Huysmann. Ein Okkultist, schreibt dazu das Buch »La-Bas«. Darin enthüllt er Einzelheiten über zahlreiche in Frankreich im späten 19. Jh. operierende satanische Gruppen. Boullan stirbt zwei Jahre nach der Veröffentlichung dieses Buches.

60 Walter. Bekenntnisse. S. 13.

Hexenwahn im 20. Jahrhundert / Rituelle Abarten

1 Im Hamburger Museum für Völkerkunde ist zwischenzeitlich ein umfassendes Archiv zugänglich. Es dokumentiert das Lebenswerk von Johann Kruse. Es handelt sich um etwa 200 Ordner mit Informationen über das Weiterleben des Hexenglaubens in Deutschland, gesammelt von den 20-er bis zu den 80-er Jahren.

2 Dazu ein Beispiel aus einem esoterischen Buch aus dem Jahr 1978, das bereits in der 6. Auflage erschienen ist:

» . . . ich ging in mein Zimmer, wo mein kleiner Sohn tief schlief, legte mich nieder und schlief ein. Plötzlich wachte ich auf und wurde auf ein Geräusch aufmerksam. Ich griff nach dem Zündhölzchen und zündete rasch eine Kerze an. Im nächsten Augenblick stürzte ich mich auf eine Schreckensgestalt, die mein Kind im Arm trug, um es wegzuschleppen. Es war eine weibliche Gestalt, ähnlich wie man Hexen darstellt . . . und als sie mit dem Licht überraschte, wollte sie auf einem Strick oder Drahtseil hinweghuschen. Ich stürzte mich auf sie, packte das Kind und wollte es zurückreißen. Doch sie ließ es nicht los! Ein schrecklicher Kampf zwischen uns begann. Die Hexe war schon ein Stückchen auf dem Seil hinausgeglitten, konnte jedoch nicht weiter, weil ich mich an das Kind klammerte und es ihr entreißen wollte; auch sie umklammerte es. Wir zogen es Hin und Her. Ich klammerte mich (deshalb) mit aller Kraft im verzweifelten Kampf an mein Kind, bis sie es plötzlich und unerwartet losließ, sich auf dem Drahtseil durch das Fenster schwang und draußen in der Dunkelheit verschwand.

Und ich? Ich kniete vor meinem Bett. Das Kissen lag neben mir . . . friedlich und in vollkommener Ruhe schlief mein Kind. Die Kerze brannte auf dem Nachttisch. Hatte ich geträumt? Aber nein, das Zündhölzchen glühte daneben! Ich versuchte, mein wahnsinnig klopfendes Herz zu beruhigen. Was war das? Eine Hexe? Gibt es so etwas? Warum malen alle Maler überall gleiche Hexen und woher nehmen sie diese Gestalt? Woher kommt es überhaupt, daß sie auf einem Besenstiel reiten? Woher wissen sie so sicher, daß der Teufel einen Pferdefuß hat und die Hexen nicht?

Die Hexe, die ich gesehen hatte, hielt in ihrer Hand einen Drahtstrick oder dieses Seil, oder was es eben war, und sie war darauf hinausgeflogen. Ich hätte leicht denken können, daß sie auf einem Besenstiel reitet. Sie war die personifizierte Dienerin des Bösen. Ich wußte es einfach. Sie war Wirklichkeit, Tatsache. Daß die ganze Szene eine Projektion, ein Blendwerk war? Natürlich wußte ich das! Aber was verursacht es? Woher stammt es und warum eben solch ein Bild? Für mich war es Wirklichkeit . . . Über dieses Drahtseil, das bei anderen ein Besenstiel ist, hatte ich nach meinen Willens-Übertragungsexperimenten eine eigene Meinung. Es war nach meiner Auffassung ein Kraft- oder vielleicht ein Willensstrom? Aber woher? Und von wem eingeschaltet? Und wenn man einen Kraftstrom als Form sehen kann, ist vielleicht die Form der Hexe nur eine durch dargestellte Kräfte zusammengesetzte Form. Und was sind wir Menschen? So grübelte ich lange über mein Erlebnis nach, das für mich vollkommene Wirklichkeit war. Ich hatte Beweise, daß ich nicht geschlafen hatte«.

3 Vergl. den Aufsatz: »Hexensabbath in der hl. Stadt. Mittwoch, 29. Mai 1982. In: Menghis Annocen. CH 3900 Brig. Ich danke Herrn Maus (Hamburg) für diesen freundl. Hinweis.

4 Schöck, Inge. Hexenglaube in der Gegenwart. Tübingen. 1978.

5 Vergl. Graichen, Gisela. Die neuen Hexen. Hamburg. 1986.

6 Der offizielle Bericht des Richters J. Moreno (10. Mai 1874) über die Exekution wurde von Friedrich von Hellward veröffentlicht. In: Querziers Deutsche Blätter. Organ für Allgemeine Volksbildung. Nr. 32. Köln. 8. August 1874. In der weiteren Tagespresse werden weitere Personen als verbrannt gemeldet (Jose Maria Bonitta); offizielle Angaben dazu fehlen.

7 Vergl. Kölnische Zeitung vom 4. April 1875. II.

8 Vergl. Kölnische Zeitung vom 25. April 1875. II.

9 Vergl. Kölnische Zeitung vom 25. April 1875. II.

10 Vergl. Bericht der Londoner Times 1895. Die Nr. 2, 3, 5 und 6. Vom 8. April, die vom 6. Juli 1895, vor allem die stenographischen Aufzeichnungen der Assistentensitzung vom 4. und 5. Juli 1895.

11 The Witch Cult in Western Europé (1921) und »The Good of the Witches« (1931).

12 Gerald Brosseau Gardner wird 1884 als Sohn eines reichen Holzhändlers in Lancashire geboren. Die Behauptung Gardners, er habe einen traditionellen Hexenkult entdeckt, ist nicht beweisbar. Gardner war ein professioneller Geschäftsmann, der stets an Publicity interessiert war. Zweifellos konnte sich die Hexerei nur durch seine häufigen Fernsehauftritte so wirkungsvoll auf den Britischen Inseln festsetzen.

Gardner lebt von 1884 – 1964 und ist der Autor des Buches »The Book of Shadows«, einem Hexenhandbuch, das alle Stufen der Religion umfaßt.

13 »Witchcraft Today« (1954) und »The Meaning of Witchcraft« (1959).

14 Hexen, Wahn und Wirklichkeit in Mittelalter und Gegenwart.

15 Es geht hier um den sog. Hexen-Kalender. Die Initation in das »Handwerk« findet bei jedem der vier jährlichen Hauptfeste statt: Candlemas (Anfang Februar), Beltane (Anfang Mai), Lammas (Anfang August) und Halloween (31. Oktober). Man besinnt sich auf besondere Phasen im Gezeiten-Zyklus: Halloween – ein altes Totenfest – ist der letzte Tag des Jahres, an dem die Sonne auf den niedrigsten Stand ihres Winter-Wendekreises kommt. Candlemas markiert das Ende der Herrschaft der Finsternis und die Erneuerung der lebenden Natur. Beltana bezeichnete die Erweckungs-Phase, die ihren Höhepunkt im Mittsommer erreicht. Lammas ist die Zeit der Ernte und schreitet voran, bis die die finstere Zeit von Halloween trifft.

16 Johann Kruse wird am 30.12.1889 als Sohn eines Bauern in Bricklen (Dithmarschen) geboren. Von 1905 – 1911 besucht er das Lehrerseminar in Tondern und wird dann Lehrer an der Volksschule Toftlund. 1914 heiratet er Maria Kruse. Sie haben zwei Kinder, Hinrich und Grete. 1914/15 absolviert er eine Militärzeit. Von 1917 bis 1925 sehen wir ihn als Lehrer an der Volksschule in Burg (Dithmarschen). 1923 verfaßt er die Schrift »Hexenwahn in der Gegenwart«, was zu der Androhung führt, ihn aus dem Schuldienst zu entlassen. 1926/27 wird er nach Altona versetzt, wo er bis zu seiner Pensionierung im Jahr 1942 Lehrer ist.

Um 1950 gründet Johann Kruse sein Archiv zur Erforschung des neuzeitlichen Hexenwesens, mit dem er beweisen will, daß auch noch heute in Deutschland an Hexen geglaubt wird. 1951 erscheint sein Buch »Hexen unter uns«, dessen Auflage eingestampft wird.

Später übergibt Kruse sein Archiv dem Hamburger Museum für Völkerkunde. 1983 verstirbt Kruse in einem Hamburger Altersheim.

17 Vergl. Fußn. 1 dieses Kapitels.

18 Peuckert-Will-Erich. Das sechste und siebente Buch Moses. Zeitschrift für deutsche Philologie. Bd. 76. 1957.

18 Hauschild. Die alten und die neuen Hexen. 189/190.

19 Erlanger Volksblatt vom 8. Juni 1962.

Zusammenfassung/Phänomen Aberglaube

21 Fischer (1791) Vorrede.

22 Colquon. S. 35.

23 Fehr. S. 2.

24 Calmet. Gelehrte Abhandlung von der Materi. Cap. 32. S. 279. II. Auflage. 1752 ins Deutsche übersetzt.

25 Adam. S. 70.

Klassische Reiseziele – Luxustrips zum Minipreis

62 tolle Reisebände zu einem sensationellen Preis!
Jeder Band mit ca. 76 Seiten, durchgehend farbige Abbildungen. Format: 17,5 x 24,5 cm. Laminierter Pappband.

Ägypten: Die Pyramiden von Sakkara und Gizeh · Das Tal der Könige · Die Tempel von Karnak und Luxor. **China:** Die verbotene Stadt in Peking. **England:** Klass. Bauwerke i. London – 17.-19. Jahrh. · Die Stadthäuser u. Landsitze der Brüder Adam · Westminster Abbey in London. **Frankreich:** Die Kathedrale von Reims · Monet im Musée Jeu de Paume in Paris · Der Mont-Saint-Michel in der Normandie · Notre Dame und Sainte-Chapelle in Paris · Das Schloß Malmaison bei Paris · Das Schloß Fontainebleau bei Paris · **Die Schlösser von Versailles · Die Stadtschlösser von Marais/Paris. Griechenland:** Die Akropolis in Athen · Die minoischen Paläste auf Kreta. **Indien:** Agra und Fathpur Sikri mit dem Taj Mahal. **Israel:** Grabeskirche und Felsendom in Jerusalem. **Italien:** Die antiken Tempel von Paestum · Antonio Canova – Plastiken von Liebe und Tod · Die Bilder von Duccio in Siena · Der Bildhauer Michelangelo · Die Bronzestatuen von Riace in Reggio · Die byzantinischen Mosaiken von Ravenna · Dom und Kreuzgang von Monreale/Sizilien · Dom und Baptisterium in Florenz · Etruskische Grabmalerei in Tarquinia · Das Forum Romanum in Rom · Fra Angelico in San Marco/Florenz · Der hl. Franziskus im Tal von Rieti · Die Fresken von Giotto in Assisi · Die Fresken von Pompeji · Die Fresken der Tiepolo in Venetien · Die Fresken von Piero della Francesca in Arezzo · Der Herzogspalast in Urbino · Das Jagdschloß Stupinigi bei Turin · Das Kartäuserkloster in Pavia · Die Medici-Villen in der Toskana · Die Palazzi am Canal Grande in Venedig · Palazzo del Té in Mantua · Die Peterskirche in Rom · Pisa – Der Domplatz mit dem Schiefen Turm · Die Sixtinische Kapelle in Rom · Die Stanzen und Loggien von Raffael in Rom · Das Tal der Tempel in Agrient/Sizilien · Die berühmten Villen in Latium · Die berühmten Villen in Venetien · Die Werke Leonardo da Vincis in Mailand. **Japan:** Die heilige Stadt Kyoto. **Lateinamerika:** Das Gold von El Dorado. **Mexiko:** Die Fresken von Diego Rivera · Die Tempel der Maya in Yucatan. **Österreich:** Das Schloß Schönbrunn in Wien. **Peru:** Die Kultur der Inka · Die vor-inkaischen Kulturen. **Spanien:** Die Alhambra von Granada · Die Bauwerke von Gaudi in Barcelona · Goya im Prado – Madrid. **Thailand:** Der große Palast von Bangkok. **Türkei:** Topkapi, der Sultanspalast in Istanbul. **Vorderer Orient:** Petra und andere berühmte Totenstädte.

Erschienen im Pawlak Verlag

Phantasievolle Dessertkreationen

LORENZA DE' MEDICI STUCCHI

DOLCI

Das große Buch der Süßspeisen

Dolci – Das große Buch der Süßspeisen.
Italiens Köche gelten als die Besten der Welt. Besonders berühmt sind ihre Süßspeisen und Kuchen, ihr Eis und ihre glasierten Früchte – die „Dolci". Daß diese
internationalen Köstlichkeiten für deutsche Hausfrauen und Hobbyköche auch
machbar sind, will dieses prachtvolle Koch- und Backbuch zeigen. Über 600
Rezepte und 300 farbige Abbildungen.

Erschienen im Schuler-Verlag